Christian Hacke

Zur Weltmacht verdammt

Die amerikanische Außenpolitik
von J. F. Kennedy bis G.W. Bush

Propyläen Taschenbuch

Who will provide the grand design, what is yours and what is mine?
'Cause there is no more new frontier, we have got to make it here.
We satisfy our endless needs and justify our bloody deeds
in the name of destiny and in the name of God.

(Wer macht den großen Plan, was dein ist und was mein? / Weil es kein neues Grenzland mehr gibt, müssen wir es uns selbst erschaffen. / Wir befriedigen unsere endlosen Bedürfnisse und rechtfertigen unsere blutigen Taten / im Namen des Schicksals und im Namen Gottes.)

Aus dem Song *The Last Resort* von Don Henley und Glen Frey,
The Eagles, *Hotel California*, 1976

Propyläen Taschenbücher erscheinen im Ullstein Taschenbuchverlag,
einem Unternehmen der Econ Ullstein List Verlag GmbH & Co. KG, München
1. Auflage 2001

Propyläen Verlag
Umschlagkonzept und -gestaltung: Morian & Bayer-Eynck, Coesfeld
Titelabbildung: Picture Press, Hamburg
Druck und Bindearbeiten: Ebner Ulm
Printed in Germany
ISBN 3-548-26585-5

Inhalt

Vorwort von Hans-Dietrich Genscher

Die Präsenz amerikanischer Truppen in Deutschland, das transatlantische Bündnis, die Teilnahme der Amerikaner an der OSZE, ihre Mitwirkung bei dem Versuch der Befriedung des früheren Jugoslawien erscheinen wie Selbstverständlichkeiten. Sind sie es wirklich? Ein Blick in die Geschichte dieses Jahrhunderts hält verschiedene Antworten bereit. Die Vereinigten Staaten von Amerika haben durch ihr Eingreifen den Ersten Weltkrieg entschieden. Sie haben aber darauf verzichtet, die Nachkriegsordnung mitzubestimmen. Wir alle kennen die Folgen. Auch der Zweite Weltkrieg hat durch die Teilnahme der Vereinigten Staaten die entscheidende Wende erfahren. Nach dem Zweiten Weltkrieg haben die Vereinigten Staaten auf die Gestaltung der europäischen Nachkriegsordnung nachhaltig eingewirkt. Sie haben sich keineswegs nur auf die Wahrnehmung ihrer Rechte als Besatzungsmacht des besiegten Deutschlands beschränkt. Die Rede des amerikanischen Außenministers Byrnes am 6. September 1947 in Stuttgart, der Marshall-Plan, die Gründung der westlichen Allianz der NATO, die Entwicklung einer gemeinsamen westlichen Kooperationspolitik, wie sie in dem Harmel-Bericht des Bündnisses von 1967 zum Ausdruck kommt, die Teilnahme der USA an der KSZE – all das zeugt von dem Willen der Amerikaner zur Verantwortung in und für Europa und zur Gestaltung der Nachkriegsordnung für Europa. Ihren Höhepunkt fand diese Haltung in dem nachhaltigen Eintreten der USA für die deutsche Vereinigung. Heute stehen wir vor der Frage, ob wir nach dem Ende des kalten Krieges eine Neuorientierung der amerikanischen Politik erleben; ob diese dem Beispiel nach dem Ersten Weltkrieg oder nach dem Zweiten Weltkrieg folgt. Die strategischen Interessen Europas und der Wille, den Raum von Vancouver bis Wladiwostok in Stabilität zu gestalten, verlangen auch das künftige Engagement der USA. Vor diesem Hintergrund sind wir in Europa gehalten, uns immer wieder neu mit dem Verständnis unseres wichtigsten Partners und Verbündeten zu befassen. Christian Hacke hat sich deshalb mit seinem Buch *Zur Weltmacht verdammt* zum richtigen Zeitpunkt zu Wort gemeldet.

Als ich bei der Vorbereitung auf die Vorstellung dieses Buches bei der Bibliothek des Deutschen Bundestages nachfragen ließ, welche Gesamtdarstellungen amerikanischer Außenpolitik seit Kennedy in deutscher Sprache vorliegen, lautete die Auskunft: Fehlanzeige, mit Ausnahme der Veröffentlichungen von Christian Hacke. Was das über die deutsche Amerikaforschung sagt, sei hier dahingestellt. Was es über Christian Hacke sagt, liegt auf der Hand: Ihm kommt das Verdienst zu, mit seinem Buch *Zur Weltmacht verdammt* diese Lücke geschlossen zu haben. Mehr als das: Keiner, der sich künftig über die amerikanische Außenpolitik kundig machen will, wird an Christian Hackes beeindrukkender Gesamtdarstellung vorbeikommen.

Daß gerade er ein solches Buch vorlegt, kann nicht verwundern. Christian Hacke gehört seit langem zu den profiliertesten deutschen Politikwissenschaftlern im Bereich der internationalen Beziehungen. Und er zählt zu den leider nur wenigen profunden deutschen Kennern der amerikanischen Außenpolitik. Christian Hacke ist zudem auch ein »Amerika-Fan«, wie er offen zugibt: Seit seinem ersten Aufenthalt in den USA Anfang der siebziger Jahre hat ihn dieses Land auch persönlich fasziniert wie kein zweites.

Eine Gesamtdarstellung der amerikanischen Außenpolitik der letzten 25 Jahre zu schreiben verlangt einen langen Atem. Und es verlangt Mut. Den Mut, nicht nur orientierende Schneisen in die Überfülle der Fakten zu schlagen, sondern diese auch kritisch zu werten. Christian Hacke hat diese doppelte Herausforderung gemeistert. Er hat eine hervorragend lesbare und zugleich differenzierte Darstellung amerikanischer Außenpolitik geschrieben. Eine Darstellung, die ihren Reiz nicht zuletzt auch von Christian Hackes Kunst der Zuspitzung bezieht, die allerdings nie das Gebot der Ausgewogenheit verletzt.

Es wäre vermessen, ein »opus magnum« wie das jetzt von Christian Hacke vorgelegte Buch in wenigen Minuten resümieren zu wollen. Ich will mich deshalb auf einige Beobachtungen beschränken.

Christian Hacke hat sein neues Buch mit dem Titel *Zur Weltmacht verdammt* überschrieben. In der Tat: Nach dem Ende des Zweiten Weltkrieges und dem Beginn des kalten Krieges hatten die USA nicht mehr die Wahl, eine Weltmacht zu sein oder nicht zu sein. Ob sie wollten oder nicht: Die USA waren – wie zunehmend auch die Sowjetunion – die einzige Macht mit der Möglichkeit, global zu handeln. Heute, nach dem Ende des kalten Krieges, sind sie die einzige verbleibende Weltmacht. Weltmacht zu sein widersprach allerdings der Tradition eines Landes, dessen außenpolitisches Selbstverständnis John Quincey Adams schon 1821 so definiert hatte: »Wo auch immer das Banner der Freiheit und Unabhängigkeit entfaltet worden ist oder werden soll, dort wird es Amerika im Herzen, in seinen Segenssprüchen und Gebeten bewahren. Aber es trachtet nicht danach, in die Fremde zu ziehen, um Ungeheuer zu vernichten. Es befürwortet Freiheit und Unabhängigkeit für alle. Es verficht und erkämpft sie jedoch nur für sich selbst.« 120 Jahre später, im Jahre 1946, markierte die berühmte Stuttgarter Rede des damaligen amerikanischen Außenministers Byrnes die endgültige Abkehr von dieser isolationistischen Haltung: »Wir haben wohl oder übel lernen müssen, daß wir alle in einer Welt leben, in der wir uns nicht isolieren können. Wir haben gelernt, daß Frieden und Wohlergehen unteilbar sind und nicht auf Kosten des Friedens und Wohlergehens eines anderen Volkes erkauft werden können.«

»Von der Weltflucht zur Weltmacht« – auf diese griffige Formel bringt Christian Hacke diesen fundamentalen Wandel des amerikanischen Selbstverständnisses, der mit Woodrow Wilson einsetzt. Allerdings war das Bewußtsein, für die Durchsetzung von Freiheit und Demokratie in der Welt Verantwortung zu tragen und globale Interessen zu haben, keineswegs gleichbedeutend mit einer einheitlichen außenpolitischen Konzeption Amerikas. Seit Amerika im Ersten Weltkrieg die Bühne der Weltpolitik betrat, schwankte seine Außenpolitik zwischen Idealismus und Realpolitik, Interventionismus und Isolationismus, Macht und Moral. Christian Hackes Buch gibt hierfür hinreichend Anschauungsmaterial: Kennedys Vision der »new frontier«, Nixons globale Gleichgewichtspolitik, Carters Menschenrechtspolitik, Reagans globaler Antikommunismus, Bushs »neue Weltordnung«. Diese irritierenden außenpolitischen Pendelausschläge sieht Christian Hacke auch im amerikanischen Präsidialsystem begründet. »Während in Europa auf politische Kontinuität verwiesen wird, interpretiert jeder amerikanische Präsident seine Wahl als epochalen Umbruch« – so schreibt Christian Hacke. Deshalb beschreibt er amerikanische Außenpolitik vor allem als Außenpolitik der acht Präsidenten – Kennedy, Johnson, Nixon, Ford, Carter, Reagan, Bush und schließlich Clinton.

Christian Hacke bemüht sich dabei um ein objektives Bild jenseits aller Mythen. Hinter der rhetorischen Brillanz John F. Kennedys und seiner Vision der »new frontier«, seinem Anspruch auf die Überlegenheit der amerikanischen Zivilisation und der Freiheitsidee macht Christian Hacke Widersprüche aus. Das gilt etwa für seine Status-quo-orientierte Deutschland- und Europapolitik oder die europäische Sicherheitspolitik. Kennedys bleibende Wirkung für die amerikanische Außenpolitik sieht Christian Hacke darin, daß er – für viele ein Idealbild des bürgerlichen Politikers – die Forderung nach Freiheit als überragendes Ziel amerikanischer Weltpolitik glaubwürdig vertreten hat. Kennedys Vision einer gleichberechtigten atlantischen Partnerschaft zwischen den USA und Europa war und ist auch heute noch wegweisend.

Daß kein amerikanischer Präsident außenpolitisch bei »Null« beginnt, sondern zunächst mit dem Erbe seiner Vorgänger, zeigt vor allem das amerikanische Engagement in Vietnam. Was Kennedy als Kampf für die Durchsetzung der Freiheit begonnen hatte, endete unter Lyndon B. Johnson als militärisches und politisches Desaster. Als Gründe hierfür konstatiert Christian Hacke eine »Moralisierung« der amerikanischen Außenpolitik unter Präsident Johnson, aber auch Hybris, Führungsschwäche und das Fehlen einer schlüssigen außenpolitischen Konzeption. Das amerikanische Debakel in Vietnam wurde, wie Christian Hacke schreibt, zur »Wasserscheide« der amerikanischen Nachkriegsaußenpolitik. Es beschädigte das weltweite Ansehen der USA, ihre politische Führungsautorität in der westlichen Welt. Und es erschütterte für viele Jahre den Glauben der Amerikaner an ihre moralische, politische, wirtschaftliche und technologische Überlegenheit.

Allerdings gilt auch für die Außenpolitik Johnsons: Wo Schatten ist, da ist auch Licht. In seine Amtszeit fiel auch die Verabschiedung des »Harmel-Berichts« der Atlantischen Allianz. Mit der Forderung nach der Überwindung der Teilung Deutschlands und Europas, nach der Errichtung einer dauerhaften und gerechten Friedensordnung für ganz Europa und der Doppelstrategie von Entspannung und militärischer Sicherheit wurde der Harmel-Bericht zur Grundlage der westlichen Entspannungspolitik.

Anders als Johnson hielten seine Nachfolger Richard Nixon und Gerald Ford wenig davon, Außenpolitik als Kreuzzug für Freiheit und Menschenrechte und gegen den Kommunismus zu betreiben. Richard Nixon ging es darum, durch einen Interessenausgleich mit der Sowjetunion und mit China zu mehr weltpolitischer Stabilität zu gelangen. Nicht mehr das Streben nach weltpolitischer Überlegenheit stand dabei im Vordergrund, sondern der Versuch, ein stabiles weltpolitisches Kräftegleichgewicht zwischen den USA, der Sowjetunion, Europa, China und Japan herzustellen. Die Öffnung gegenüber China, der Rückzug aus Vietnam und die Unterzeichnung von SALT I sieht Christian Hacke als die wichtigsten Erfolge dieser weitsichtigen, von Henry Kissinger konzipierten Außenpolitik. In der gemeinsamen amerikanisch-sowjetischen Erklärung von 1972 einigten sich beide Seiten erstmals darauf, ihre Beziehungen zueinander auf der Grundlage der Gleichheit zu entwickeln und sich der Drohung mit oder Anwendung von Gewalt zu enthalten. Erst die KSZE allerdings machte die Menschenrechte zum Gegenstand der West-Ost-Beziehungen.

Der neue Kurs von Nixon/Kissinger war eine entscheidende Voraussetzung für die neue Ostpolitik der Regierung Brandt/Scheel, auch wenn man in Washington zunächst Vorbehalte gegenüber der deutschen Ostpolitik und später gegenüber der KSZE hegte. Diese Skepsis war, wie sich zeigen sollte, unberechtigt. Sie hat letztlich auch nicht – wie der Einsatz von Gerald Ford und Henry Kissinger für die KSZE-Schlußakte 1975 zeigte – die amerikanische Politik bestimmt. Entscheidend war, daß Ostpolitik und KSZE – wie Christian Hacke zu Recht schreibt – objektiv in Einklang standen mit den Prämissen der amerikanischen Außenpolitik. Die Politik des Dialogs und der vertraglichen Zusammenarbeit mit dem Osten und die KSZE haben nicht den Status quo stabilisiert, sondern die unverzichtbaren Rahmenbedingungen zu seiner friedlichen Veränderung geschaffen.

Welchen Schwankungen die amerikanische Außenpolitik unterworfen ist, zeigt Christian Hackes Analyse der Carterschen Außenpolitik. Für Jimmy Carter sollte sich die weltpolitische Stellung der USA auf moralische Überzeugungskraft stützen. Ziel amerikanischer Weltpolitik sollte die Durchsetzung von Demokratie und Menschenrechten sein. Jimmy Carters Empfänglichkeit für moralische Argumente kann ich aus eigener Erfahrung bestätigen. Als er uns veranlassen wollte, den Vertrag über die Lieferung von Kernkraftwerken an Brasilien aufzukündigen, gelang es mir, Carter zu überzeugen, daß die Bundesregierung auf keinen Fall vertragsbrüchig werden dürfe. »Herr Präsident«, erklärte ich ihm im März 1977 in Washington, »es kann nicht in Ihrem Sinne sein, daß wir vertragsbrüchig werden – heute gegenüber Brasilien, morgen gegenüber wem? Das kann nicht sein, schon gar nicht, wenn man bedenkt, was in der deutschen Geschichte durch Vertragsbrüche geschehen ist.« Dieser moralisch-ethischen, nicht der formaljuristischen Argumentation hat sich Jimmy Carter schließlich geöffnet.

Die Methoden und Resultate der Carterschen Menschenrechtspolitik bewertet Christian Hacke allerdings skeptisch. Mangelnde Konsequenz, fehlenden Führungswillen und ein Verkennen der Realitäten konstatiert er auch in anderen Feldern amerikanischer Außenpolitik der Ära Carter – in der Iranpolitik, in der Diskussion um die Neutronenwaffe oder in der Reaktion auf die sowjetische Invasion in Afghanistan. Das nimmt nichts von den unbestreitbaren Erfolgen Carters, wie etwa dem Durchbruch von Camp David. Ein besonderes Verdienst Jimmy Carters sieht Christian Hacke darin, daß Jimmy Carter als Initiator des Berichts *Global 2000* schon im kalten Krieg sein Augenmerk auf die neuen globalen Herausforderungen nach dem Ende des kalten Krieges richtete: die Gefährdung unserer natürlichen Lebensgrundlagen, Bevölkerungswachstum, Nord-Süd-Konflikt.

Eine gemischte Bilanz zieht Christian Hacke auch für die Außenpolitik Ronald Reagans. Er sieht nicht nur den wirtschaftlichen Aufschwung der USA in den achtziger Jahren, sondern auch den Anstieg der Staatsverschuldung und die wachsende Schere zwischen Arm und Reich. Christian Hacke führt dies auch auf die imperiale Überdehnung der amerikanischen Außenpolitik, auf ihre Ideologisierung und Militarisierung im Zeichen eines militanten Antikommunismus zurück. Vor dem Hintergrund dieser Diagnose wirft Christian Hacke die Frage auf, ob die von Reagan initiierte Hochrüstung die USA krank- und die Sowjetunion totrüstete. Mir scheint – und Gorbatschow bestätigt das –, daß die Festigkeit Deutschlands und der anderen Stationierungsmitglieder für die amerikanischen Mittelstreckenwaffen – nicht aber das SDI-Projekt – entscheidend war für den Kurswechsel in Moskau und die Wahl Michail Gorbatschows zum Generalsekretär. Zu Recht warnt Christian Hacke davor, Ronald Reagan als kalten Krieger abzustempeln: Als sich mit Michail Gorbatschow neue Möglichkeiten für die Entspannung und für substantielle Fortschritte im Bereich der Abrüstung und Rüstungskontrolle eröffneten, hat Ronald Reagan sie mit großem Verantwortungsbewußtsein genutzt – auch gegen die Widerstände der Falken im eigenen Lager.

Reagans Außenpolitik, so urteilt Christian Hacke, signalisierte keinen Neubeginn, sondern das Ende des kalten Krieges. Das ist richtig. Den kalten Krieg tatsächlich zu beenden blieb seinem Nachfolger George Bush vorbehalten. Christian Hacke zeichnet George Bush als politischen Pragmatiker, der wenig Verständnis für Visionen gehabt habe. In der Tat: George Bush betrieb – wie sein Außenminister James Baker – Außenpolitik als die Kunst des Möglichen. Auf Staatskunst aber kam es während des revolutionären Umbruchs der Jahre 1989/1990 entscheidend an. George Bushs bleibendes Verdienst besteht darin, gemeinsam mit Außenminister Baker die Chance zur deutschen Einigung entschlossen genutzt zu haben, als diese sich durch die friedliche Freiheitsrevolution in der DDR und den Staaten Mittel- und Osteuropas eröffnete. George Bush und James Baker warfen in enger Zusammenarbeit mit der Bundesregierung das ganze politische Gewicht der USA für eine Regelung der deutschen Frage in die Waagschale, die auf der Selbstbestimmung des deutschen Volkes, der Zugehörigkeit des vereinten Deutschlands zu NATO und EU und der Unverletzlichkeit der Grenzen entsprechend der KSZE-Schlußakte von Helsinki beruhte.

Kritisch geht Christian Hacke dagegen mit George Bushs Leitbild der »neuen Weltordnung« nach dem Ende des kalten Krieges ins Gericht. »Die neue Weltordnung war eine Schimäre«, so urteilt er, »mit der allein der dominante Platz der USA in der Welt legitimiert werden sollte.« Christian Hacke vermißt hier eine klare Aussage zur Rolle Europas, zur Rolle Rußlands und der anderen Nachfolgestaaten der früheren Sowjetunion und zur Bedeutung der neuen globalen Herausforderungen.

Erst bei Bushs Nachfolger Bill Clinton sieht Christian Hacke ein sich schrittweise entwickelndes außenpolitisches Konzept für die Stellung Amerikas in der Welt nach dem kalten Krieg. Kern dieser Konzeption ist nach Christian Hacke der Versuch, die weltpolitische Führungsrolle der USA im Zeitalter der Globalisierung zu sichern. Das verlangt eine Politik, die zunehmend das wirtschaftliche Gewicht als Mittel der Außenpolitik erkennt. Konkret heißt das eine aktive Rolle der USA bei der Entwicklung neuer regionaler Großwirtschaftsräume und der Öffnung neuer Märkte – auf dem amerikanischen Kontinent durch die Gründung der NAFTA mit Kanada und Mexiko, im asiatisch-pazifischen Raum durch die Gründung von APEC. In dieser Ökonomisierung sieht Christian Hacke den ersten wirklichen Paradigmenwechsel amerikanischer Außenpolitik seit dem Ende des Zweiten Weltkrieges.

Das bedeutet aber keine Vernachlässigung klassischer Bereiche, wie etwa des Verhältnisses zu China als der aufsteigenden Macht in Asien, der transatlantischen Partnerschaft und der kooperativen Sicherheitspartnerschaft mit einem demokratischen Rußland. Nicht alle neuen Ansätze finden dabei die Zustimmung Christian Hackes. Skeptisch bewertet er etwa die von der Administration Clinton forcierte sogenannte NATO-Erweiterung. »Der Verdacht drängt sich auf«, so schreibt er, »daß die NATO-Erweiterung zu einem Instrument amerikanischer Europapolitik werden soll, das dazu dient, amerikanische Sicherheitsinteressen nebst Wirtschaftsinteressen bis an die Grenze Rußlands vorzuschieben.« Christian Hacke – und mit dieser Position ist er in den USA und Europa keineswegs allein – hätte eine schrittweise, wohldurchdachte Ausdehnung der EU und eine immer engere Zusammenarbeit mit den Nachfolgestaaten der früheren Sowjetunion vorgezogen. Diese Sicht wird gestützt durch die Reaktion der mittel- und südosteuropäischen Staaten, die weder zu Verhandlungen mit der NATO noch nach dem Vorschlag der Europäischen Kommission zur ersten Runde der EU-Beitrittsverhandlungen eingeladen wurden. Zu Recht befürchten diese Staaten, zu »vergessenen Staaten« in Europa zu werden.

Dennoch zieht Christian Hacke insgesamt eine positive Zwischenbilanz der Außenpolitik Clintons. Heute ist Amerika politisch, militärisch und auch wirtschaftlich die führende Macht in der Welt. Mit seiner multilateralen Weltwirtschaftspolitik hat Clinton, so Christian Hacke, die Grundlagen geschaffen, um Amerika seine Weltmachtrolle auch im 21. Jahrhundert zu sichern.

Nach dem Ende des Ost-West-Konflikts ist oftmals die Frage nach der künftigen Rolle der USA in Europa und der Welt gestellt worden. Werden die USA, so lautet die Frage, sich nunmehr wie nach dem Ersten Weltkrieg aus Europa und anderen Teilen der Welt zurückziehen, oder werden sie – wie nach dem Zweiten Weltkrieg – bleiben? Christian Hacke kommt zu einem insgesamt beruhigenden Befund: Ein Neo-Isolationismus ist nicht in Sicht. Die Weltmachtrolle der USA wird von den politischen Eliten Amerikas überwiegend bejaht. Allerdings wird viel für die Stabilität der Welt des 21. Jahrhunderts davon abhängen, ob die USA ihre Weltmachtrolle kooperativ wahrnehmen werden. Eine kooperative Weltordnung verlangt jedoch auch kooperationsfähige Partner. Das gilt auch für Europa. Die Europäer sind deshalb schlecht beraten, immer wieder ein »zuviel USA« in den transatlantischen Beziehungen zu beklagen; das Problem liegt eher in einem »zuwenig Europa«. Europa hat ein vitales Interesse an einem starken, nicht an einem schwachen Amerika. Hierfür finden sich in dem Buch Christian Hackes genügend Belege. Ich wünsche mir, daß Europa mit der gleichen Kreativität auf die Herausforderung der Globalisierung antwortet, wie Amerika in den vergangenen Jahrzehnten auf immer neue Anfechtungen und Herausforderungen zukunftsfähige Antworten gefunden hat. Antworten, die auf der Einsicht in die überragende Bedeutung der Außenpolitik für das Schicksal des Landes beruhten. Man kann nicht sagen, daß diese Einsicht bei uns sehr verbreitet ist. Zu Recht wird die Frage gestellt – und das führt über das europäische Engagement der USA hinaus –, wie Amerika seine Rolle in der entstehenden neuen multipolaren Weltordnung versteht. Schon deshalb möchte ich dem Buch von Christian Hacke bei uns möglichst viele aufmerksame Leser wünschen. Niemand, der sich um ein vertieftes Verständnis der Außenpolitik der USA bemüht, wird das künftig ohne das Buch von Christian Hacke tun können.

(Rede von Bundesminister a. D. Hans-Dietrich Genscher anläßlich der Vorstellung des Buches in Bonn am 10. September 1997)

Vorwort zur Taschenbuchausgabe

Die Reaktionen auf das Erscheinen der gebundenen Ausgabe von *Zur Weltmacht verdammt. Die amerikanische Außenpolitik von Kennedy bis Clinton* 1997 waren so erfreulich, daß eine erweiterte Neuauflage als Taschenbuch notwendig wurde. Hierfür erscheint der Zeitpunkt sinnvoll: Zum einen ist nach Ende der Präsidentschaft Clintons eine erste Bewertung seiner Außenpolitik möglich. Zum anderen setzt sein Nachfolger George W. Bush erste politische Zeichen, auch in der Außenpolitik. Der vorliegende Text unterscheidet sich von der Ausgabe von 1997 dadurch, daß er kritisch durchgesehen und an einigen Stellen erweitert wurde. Das Kapitel über die Außenpolitik von Präsident Clinton wurde völlig überarbeitet und erweitert, d.h. überwiegend neu geschrieben. Hinzu kommt das neue Kapitel über die außenpolitischen Anfänge der Regierung Bush und einige Anmerkungen zu den außenpolitischen Perspektiven der USA im 21. Jahrhundert.

Für die gewissenhafte Durchsicht des Manuskripts, des Anmerkungsapparates und der Aktualisierung des Inhaltsverzeichnisses danke ich meinem Mitarbeiter, Herrn Christoph Spieker, M. A. Herrn Dr. Kinan Jaeger danke ich für die Hilfe bei der Abfassung des Nahostkapitels der Regierung Clinton. Für die umsichtige Aktualisierung des Manuskripts danke ich Frau Helmi Cammin, Frau Anke Kreutz und Frau Giulia Prati.

Bonn, im Januar 2001 — Christian Hacke

Vorwort zur ersten Ausgabe von 1997

Dieses Buch ist das Ergebnis jahrelanger Lehre und Forschung über die Außenpolitik der USA. 1984 erschien es unter dem Titel *Von Kennedy bis Reagan. Grundzüge der amerikanischen Außenpolitik 1960–1984*, war aber bald vergriffen und überholt. Der Bitte, dieses Buch fortzuschreiben, komme ich gerne nach, denn mittlerweile sind fünfzehn Jahre vergangen, und es fehlt eine Gesamtdarstellung der amerikanischen Außenpolitik von Kennedy bis Clinton.

Der Blick auf die amerikanische Außenpolitik scheint mir heute besonders wichtig, denn Deutschland hat sich in den vergangenen zehn Jahren auf sich selbst konzentriert und vorwiegend nach Osteuropa geschaut. Angesichts der Zeitenwende 1989/90 ist dies verständlich. Nach jahrzehntelanger Westorientierung hat der glückhafte Ausgang des deutschen Vereinigungsprozesses, der auch durch Gorbatschows Zustimmung Wirklichkeit wurde, die politische Aufmerksamkeit nach Osten gelenkt.

Dabei darf nicht übersehen werden, daß es vor allem die Vereinigten Staaten von Amerika unter Führung George Bushs gewesen sind, die zur Vereinigung Deutschlands entscheidend beigetragen haben. Gorbatschow mußte sich schließlich der Vereinigung beugen – nicht zuletzt weil Bush und sein Außenminister Baker im engen Schulterschluß mit der Regierung Kohl/Genscher die Vereinigung durchboxten. Es waren also wieder die USA, die das Schicksal Deutschlands und der Deutschen nachhaltig und freundschaftlich und letztlich so glückhaft in diesem Jahrhundert bestimmt haben:

Nach dem Ersten Weltkrieg waren es die USA, die letztlich verhinderten, daß Deutschlands Schicksal durch Frankreichs Politik eine unglückliche Wendung nahm. Nach dem Zweiten Weltkrieg verhinderten sie die französischen Pläne für Zerstückelung und Machtlosigkeit Deutschlands. Und nach dem Ende des kalten Krieges waren es wiederum die USA, die vorbehaltlos die Einheit Deutschlands auch gegenüber England und Frankreich durchsetzten. Die Deutschen sind den Vereinigten Staaten deshalb zu großem Dank verpflichtet. Diese Wertschätzung ruht auf einer breiten Basis gemeinsamer Werte und verflochtener

Interessen. Hinzu kommt, daß seit einigen Jahren eine neue außenpolitische Dynamik – vor allem in der Außenwirtschaftspolitik – der USA zu erkennen ist. An der Schwelle zum 21. Jahrhundert zeigt sich, daß als letzte verbliebene Macht von globalem Rang die USA zur Weltmacht verdammt sind.

Seit meinem ersten Besuch in den USA 1970 hat mich dieses Land fasziniert wie kein zweites. Deshalb war ich dankbar, daß ich die Zeit von Januar bis Juni 1996 nutzen durfte, um in den USA für dieses Buch zu recherchieren. Die ersten Monate arbeitete ich als *Visiting Scholar* an der Hoover Institution on War, Revolution and Peace an der Stanford University in Kalifornien. Dem Direktor der Hoover Institution, Dr. John Raisian, und seinem Stellvertreter, Dr. Richard Sousa, danke ich herzlich für die Gastfreundschaft. Es gibt für mich keinen schöneren Arbeitsplatz als im zehnten Stock des Hoover Tower. Für die vielen Anregungen der Kollegen an der Hoover Institution danke ich besonders Prof. Dr. Donald Abenheim, Dr. Anneliese Anderson und Dr. Martin Anderson, dem früheren Direktor der Hoover Institution, Dr. Glenn Campbell, Dr. Robert Conquest, Peter Robinson, Prof. Dr. Henry Rowen und Dr. Kiron Skinner.

Ferner schulde ich folgenden Kollegen an der Stanford University Dank für nützliche Hinweise: Prof. Dr. Alexander George, Prof. Dr. David Holloway, Prof. Dr. Norman Naimark, Prof. Dr. Condoleezza Rice. Mein besonderer Dank gilt auch Prof. Dr. Gordon Craig von der Stanford University – Freund und Mentor seit vielen Jahren.

Die Zeit in Standford gab mir Gelegenheit, zwei deutsche Kollegen näher kennenzulernen. Mit Prof. Dr. Ludger Kühnhardt und Prof. Dr. Thomas Risse-Kappen entwickelten sich herzlich-kollegiale Beziehungen. Dank schulde ich auch Dr. Roberta Wohlstetter, Dr. Albert Wohlstetter und Prof. Dr. Richard Rosecrance von der University of California, Los Angeles. Prof. Dr. Chester A. Crokker, Chairman, und Dr. Richard Solomon, Direktor des United States Institute of Peace in Washington, D. C., bin ich besonders dankbar, daß ich als *Senior Fellow* des United States Institute of Peace am Jennings Randolph Program for International Peace teilnehmen durfte. Dem Direktor dieses Programms, Dr. Joseph Klaits, danke ich für die exzellenten Arbeitsbedingungen, die meinen Recherchen in Washington, D. C., zugute kamen. Folgende *Fellow*-Kollegen waren besonders hilfreich: Prof. Dr. Gwendolyn Mikell von der Georgetown University, Dr. Robert Litwak vom Woodrow Wilson Center und Dr. Erwin Schmidl vom österreichischen Verteidigungsministerium in Wien.

In Washington geht mein Dank an Karen Dornfried, Nina Serafino und

Dr. Stanley Sloan vom Congressional Research Service in der Library of Congress; an Dr. Peter Rodman, Nixon Center; an Prof. Dr. Detlef Junkers, Direktor des Deutschen-Historischen Instituts in Washington; an Prof. Dr. Robert Lieber, Prof. Dr. Alan Goodman, Georgetown University; an Prof. Dr. Richard Melanson, National War College; sowie an Daniel Hamilton im State Department. Im American Enterprise Institute danke ich besonders Dr. Jeff Gedmin und Dr. Joshua Muravchik. Bei der Brookings Institution danke ich Dr. Helmut Sonnenfeld und Dr. Susan Woodward. Prof. Dr. David Calleo und Prof. Dr. Michael Mandelbaum von der Johns Hopkins University ließen mich an ihren Kenntnissen und Erfahrungen teilhaben, desgleichen Prof. Dr. Philip Zelikow und Prof. Dr. Robert Blackwill von der Harvard University.

Dr. Benjamin Frankel, Herausgeber der *Security Studies*, war ein wichtiger Ratgeber und Kritiker, ebenso Prof. Dr. John Mearsheimer; beide verkörpern eine Denkhaltung des außenpolitischen Realismus, die mir entgegenkommt. Besonders dankbar bin ich, daß ich in der Princeton University Prof. Dr. George Kennan und Prof. Dr. Robert Gilpin sprechen durfte. Diesen Dank möchte ich auch Prof. Dr. Kenneth Thompson von der Louisiana State University in Charlottesville, Louisiana, abstatten. George Kennan, Robert Gilpin und Kenneth Thompson sowie meinen väterlicher Freund John Herz verehre ich seit meiner Studienzeit als »Gralshüter« des außenpolitischen Realismus von Hans J. Morgenthau. Mit dieser Schule außenpolitischen Denkens fühle ich mich eng verbunden, sie wurde in Deutschland besonders von Prof. Dr. Gottfried-Karl Kindermann und Prof. Dr. Hans-Peter Schwarz fortgesetzt. Beiden möchte ich an dieser Stelle meinen Dank für ihre Unterstützung abstatten.

Ein herzlicher Dank geht in diesem Zusammenhang auch an Prof. Dr. Karl Kaiser, meinen früheren Lehrer, als ich 1979/80 als wissenschaftlicher Referent am Forschungsinstitut der Deutschen Gesellschaft für auswärtige Politik arbeiten durfte. Er ermöglichte es mir, auf dem Gebiet der amerikanischen Außenpolitik weiterzuforschen.

Für die Literaturrecherchen danke ich meiner Mitarbeiterin Ursula Seul. Für die stilistische Durchsicht des Manuskripts danke ich herzlich meinen Mitarbeitern Claudia Bruns und Dr. Axel F. Gablik. Für die umsichtige und gewissenhafte Abfassung des Manuskripts danke ich ganz besonders herzlich meiner Mitarbeiterin Frau Brigitta Klein. Meinem Sohn Jens Hacke, Student der Geschichte und Politikwissenschaften an der Humboldt-Universität Berlin, danke ich herzlich für seine kritischen und konstruktiven Anmerkungen.

An Herrn Dr. Jürgen Mueller vom Verlag Ullstein geht mein Dank für den Anstoß, dieses Buch zu schreiben, und an Herrn Hans-Ulrich Seebohm für die gute

Zusammenarbeit bei der Schlußredaktion. Dem Amerika-Haus in Hamburg danke ich für jahrelange erstklassige Literaturbeschaffung. Mein Dank zu guter Letzt geht an die Universität der Bundeswehr Hamburg, an die Studenten, die mich in meinen Seminaren über die Außenpolitik der USA über die Jahre ertragen haben, und an die Kollegen, mit denen ich zusammenarbeite.

Einleitung: Der Präsident und die Aussenpolitik

Die außenpolitischen Doktrinen und die Kompetenzen des Präsidentenamtes

Mit der Außenpolitik zeigt jedes Land der Welt sein Gesicht. Es sind vor allem die Staats- und Regierungschefs, die das außenpolitische Antlitz eines Landes für einen bestimmten Zeitraum prägen. An der Spitze der USA bemüht sich jeder Präsident, dem außenpolitischen Profil seines Landes einprägsame Züge zu verleihen.

Während in Europa auf politische Kontinuität verwiesen wird, interpretiert jeder amerikanische Präsident seine Wahl als epochalen Umbruch. Hier wird ein spezifisch amerikanisches Selbstverständnis deutlich: Die föderative amerikanische Republik, die vielfach einem Bund selbstbewußter Staaten ähnelt, empfindet Präsidentschaftswahlen als spektakulär und einheitsbildend, die amerikanische Nation wird sich bei diesem Wahlvorgang stets ihrer Identität bewußt. Mit der Präsidentschaftswahl gründen sich, überspitzt formuliert, die Vereinigten Staaten immer wieder aufs neue. Die Beschwörung der Ideale der Gründungsväter und des amerikanischen Traumes von Freiheit, Wohlstand und Größe ist Ausdruck von Neubeginn, doch zugleich tief verwurzeltes Kontinuitätsmerkmal, das sich auch in der amerikanischen Außenpolitik niederschlägt: im Sendungsbewußtsein und im Auftrag, in der Welt für demokratische Werte einzustehen. So haben wir uns daran gewöhnt, die Phasen der amerikanischen Außenpolitik nach den Legislaturperioden der Präsidenten zu unterteilen.

Ausdruck des außenpolitischen Anspruchs der präsidialen Ambitionen bilden die außenpolitischen Doktrinen. In diesem Jahrhundert haben vor allem drei Präsidenten mit ihren außenpolitischen Doktrinen die Grundlagen für den Aufstieg der USA zur Weltmacht gelegt:

- Woodrow Wilsons »Vierzehn Punkte« von 1918 sollten nach dem Ersten Weltkrieg nationales Selbstbestimmungsrecht, Aufhebung aller Handelsschranken und einen Völkerbund verwirklichen und vor allem die traditionellen machtpolitischen Praktiken des alten Europa beenden.
- Franklin D. Roosevelt verpflichtete die USA an der Schwelle der vierziger

Jahre zum weltweiten Engagement gegen die Achsenmächte. Die »vier Freiheiten« der Atlantik-Charta von 1941 als angelsächsisches Nachkriegsprogramm (Verzicht auf territoriale Expansion, Selbstbestimmungsrecht der Völker, der freie, gleichberechtigte Zugang zum Welthandel und zu den Rohstoffen der Welt sowie der Verzicht auf die Anwendung von Gewalt) können die Verbindung zu den Universalprinzipien Woodrow Wilsons nicht verleugnen.

- Harry Truman rief nach dem Ende des Zweiten Weltkriegs die USA erneut zum weltweiten Kampf gegen den Totalitarismus und zum Kampf gegen den Kommunismus auf. Seine Doktrin der Eindämmung des Kommunismus bildete von 1947 bis 1989 die Grundlage der amerikanischen Außenpolitik.

Außenpolitische Doktrinen werfen ein Licht auf die deklaratorische Ebene der amerikanischen Außenpolitik. Aber sie allein reichen für die Analyse nicht aus. Dazu müssen die Rollen des Präsidenten und seiner engsten Mitarbeiter, die Bedeutung der außenpolitischen Institutionen, die Rolle des Kongresses, Werte und Interessen untersucht werden.

Der Präsident ist der machtvollste Politiker der Vereinigten Staaten, weil er »verschiedene Hüte trägt«: Er ist Oberbefehlshaber der Streitkräfte, Leiter und wichtigster Repräsentant der Außenpolitik, hauptverantwortlich für das Funktionieren des Regierungssystems. Er hat ein Vorschlags-, Mitsprache- und Einspruchsrecht. Vor allem liegt beim Präsidenten die vollziehende Gewalt, die ihm große Gestaltungsmöglichkeiten in der Außenpolitik gewährt.

Seit dem Zweiten Weltkrieg tragen die amerikanischen Präsidenten zwei weitere außenpolitische »Hüte«, die sich nicht aus der Verfassung, sondern aus der außenpolitischen Entwicklung des 20. Jahrhunderts ergeben haben. Die Präsidenten nach dem Zweiten Weltkrieg wurden zu Führern der freien Welt. Wie im delisch-attischen Seebund die griechischen Stadtstaaten zunächst freiwillig auf außenpolitische Souveränität verzichteten, so übertrugen europäische Staaten angesichts kommunistischer Bedrohung verteidigungspolitische Kompetenzen an die NATO, die von den USA geführt wurde. Neben dem nationalen Interesse der USA schützen also alle Nachkriegspräsidenten die »atlantische Zivilisation«.

Schließlich tragen amerikanische Präsidenten einen dritten Hut, der dem Schutz des weltweiten amerikanischen Imperiums dient und der von besonderer Machart ist: Man sieht ihn kaum, und jeder Präsident würde abstreiten, daß er ihn besitzt. Er ist der Führer eines »informellen Reiches der Freiheit«, das die amerikanische Einflußsphäre umschreibt und in globalem Ausmaß später skizziert werden soll.

Zur Analyse der amerikanischen Außenpolitik genügt es also nicht, allein das nationale Interesse heranzuziehen, sondern es ist auch die Rolle der USA als Führungsmacht des atlantischen Bündnisses und als Zentrum eines globalen Imperiums in Betracht zu ziehen, dessen Grenzen freilich ebenso schwer zu bestimmen sind wie die Herrschaftstechniken, Antriebskräfte und Wirkungsfaktoren. Das nationale Interesse, die atlantischen Demokratien und das informelle weltweite Imperium bilden die Bezugspunkte der amerikanischen Außenpolitik.

Wer gestaltet neben dem Präsidenten die Außenpolitik? Es sind der administrative Apparat des Präsidenten, die Ministerien und Behörden. Allerdings bildet die amerikanische Exekutive, mit dem Präsidenten an der Spitze, keinen einheitlichen Apparat. Sie ist fragmentiert und unterliegt zugleich im Gegensatz zu Deutschland und Europa einer starken personalpolitischen Fluktuation. Insofern nimmt der amerikanische Präsident auf der einen Seite eine überaus starke Stellung ein; seine verfassungsrechtliche Position ist nicht von ungefähr der des britischen Monarchen des 18. Jahrhunderts nachempfunden. Das Gegengewicht zum Präsidenten bildet der Kongreß.

Im Zuge des Aufstiegs der USA zur Weltmacht im 20. Jahrhundert ist eine gewisse Heroisierung des Präsidentenamtes zu beobachten. Der gigantische Ausbau des persönlichen Stabes des Präsidenten reflektiert die Entwicklung zur Machtkonzentration im Weißen Haus: Hatte der Präsident 1939 noch 37 Mitarbeiter, so waren es 1988 bereits mehr als neunhundert und sind es heute unter Clinton mehr als tausend, wodurch der Begriff des »persönlichen Mitarbeiters« natürlich ad absurdum geführt wird. Das »White House Office« und das »Executive Office« bilden die Schaltstellen des Präsidentenamtes; ein Regierungskabinett wie im parlamentarischen System, dessen Mitglieder jeweils dem Kongreß gegenüber für ihr Ressort verantwortlich sind, kennt das amerikanische Regierungssystem nicht. Mancher persönliche Berater kann daher mehr Einfluß als ein Kabinettsmitglied besitzen.

Die Entwicklung zur Informationsgesellschaft, der Zwang zur Personalisierung politischer Sachfragen und die Jagd der Medien nach Skandalen vor dem puritanischen Hintergrund des »American way of life« haben die Rolle des Präsidenten und die seines Amtes ins Zentrum des öffentlichen Interesses gerückt. Der Aufstieg der USA zur Weltmacht hat eine massive Ausweitung der außenpolitischen Entscheidungsgewalt des Präsidentenamtes mit sich gebracht. Im Nuklearzeitalter ist der amerikanische Präsident Herr über Krieg und Frieden, über Leben und Tod von Millionen Menschen in der Welt geworden, wie die Kubakrise im Oktober 1962 auf dramatische Weise bewies.

Der weltweite Kampf gegen den Kommunismus wurde von einer breiten innenpolitischen Mehrheit getragen. Deshalb besaßen die Präsidenten bis Ende der sechziger Jahre große Handlungsfreiheit. Diese Entwicklung zu einer »imperialen Präsidentschaft«[1] erreichte ihren Höhepunkt unter Nixon, war allerdings weniger Ausdruck persönlicher Machtambitionen als vielmehr das Resultat der Entwicklungsgeschichte der USA zur Weltmacht.

Bei der Gründung der Vereinigten Staaten war die Lage völlig anders: »Die Männer, die die Verfassung im Sommer 1787 in Philadelphia entwarfen, hatten sehr lebendige Vorstellungen vom menschlichen Übel und menschlicher Verdammtheit und glaubten mit Hobbes, daß der Mensch von Natur selbstsüchtig und anmaßend sei. ... Sie hatten wenig Vertrauen in den Menschen, aber um so mehr glaubten sie an eine gute Verfassung, um ihn zu kontrollieren, das galt vor allem für den ersten Mann des Landes, den Präsidenten.«[2]

Die Gründungsväter verliehen dem Präsidenten nur wenig außenpolitische Freiheit. Erst als ihm für den Fall des nationalen Notstands das Prärogativrecht als Oberbefehlshaber zugestanden wurde[3], sah sich die Exekutive in die Lage versetzt, Gewalt auch im außerverfassungsmäßigen Sinne auszuüben. In den Worten Thomas Jeffersons bedeutete dies: »Bei besonderen Anlässen muß jeder fähige Amtsinhaber bereit sein, das Risiko einzugehen, über eine strikte Gesetzesauslegung hinauszutreten, wenn es die Selbsterhaltung der Nation verlangt. Seine Motive werden gleichzeitig seine Rechtfertigung sein.«[4]

Jeder Präsident ist also verpflichtet, notstandsbedingte Verfassungsbrüche öffentlich vor der Nation zu rechtfertigen. Ungerechtfertigte Maßnahmen konnten im schlimmsten Falle zur Amtsenthebung führen. Erst Abraham Lincoln nutzte 1864 im Amerikanischen Bürgerkrieg dieses Notstandsrecht zur Machterweiterung der Exekutive in Krisen. Er verknüpfte das Notstandsrecht mit einer Kriegsvollmacht (»War Power«) des Präsidenten derart, daß die Verfassung die Oberbefehlshaberklausel während der Kriegszeit mit dem Kriegsrecht ausstattete, so daß die Verfassung bei Invasion oder Rebellion nicht mehr mit jener der Friedenszeit übereinstimmte.[5] Für Thomas Jefferson hingegen lag das Notstandsrecht noch außerhalb der Verfassung. Lincoln jedoch leitete es direkt aus der Oberbefehlshaberklausel ab.

Nach Ende des Bürgerkriegs 1865 wurden die Kriegsvollmachten des Präsidenten als Oberbefehlshaber zur Grundlage weiterer Machtbefugnisse der Exekutive.[6] Während des gesamten 19. Jahrhunderts blieb das Recht der Kriegserklärung grundsätzlich beim Kongreß. Die Präsidenten erkannten dessen legislative Vormachtstellung in dieser Angelegenheit an, wie zum Beispiel 1898 bei der Kriegserklärung an Spanien zur Unterstützung der kubanischen Rebellen. Präsident William McKinley sah 1899 schon voraus, daß die »War Power« eine

Eigendynamik entwickeln werde, die – jenseits der Befugnisse des Kongresses oder des Präsidenten – in der Weltpolitik selbst liege.[7]

Zu Beginn des 20. Jahrhunderts reichten Amerikas Interessen schon weit über die engen Grenzen hinaus, die seinerzeit die Gründungsväter gesteckt hatten. Theodore Roosevelts Blick ging noch weiter. Nach der Machtausdehnung bis nach Kuba, Puerto Rico, den Philippinen und der Insel Guam im Pazifik waren amerikanische Interventionen zu Beginn des 20. Jahrhunderts schon selbstverständlich geworden. Die Begründung lautete fast immer stereotyp: »um Leben und Eigentum zu schützen«. Dabei erklärte Theodore Roosevelt 1904, daß kein Land amerikanisches Eingreifen in seine inneren Angelegenheiten befürchten müsse, vorausgesetzt, es handle »einigermaßen effizient und anständig in sozialen und politischen Belangen, hält die Ordnung aufrecht und kommt seinen Verbindlichkeiten nach. Die Vereinigten Staaten würden nur im äußersten Notfall eingreifen und nur dann, wenn sich herausstellt, daß es nicht in der Lage oder willens ist, im Inland Gerechtigkeit walten zu lassen, und nach außen hin die Rechte der Vereinigten Staaten verletzt oder ausländische Aggression herausgefordert hat.«[8] Diese Politik wurde unter dem Begriff »Roosevelts Zusatz« zur Monroe-Doktrin von 1823 bekannt. Präsident James Monroe hatte seinerzeit die europäischen Nationen vor Intervention in der amerikanischen Hemisphäre gewarnt. Mit Blick auf europäische Intervention rechtfertigte Theodore Roosevelt jetzt amerikanisches Eingreifen. In Wirklichkeit ging es ihm damals um den Bau des Panamakanals.[9]

Nach Lincolns Tod behielt der Kongreß das entscheidende Wort in der Außenpolitik, bis Roosevelt dem Präsidentenamt die entscheidende Autorität verschaffte und ihm die heutige moderne Form gab. Theodore Roosevelt lebt weniger als innenpolitischer Reformer – der er auch war –, sondern vor allem als außenpolitischer Machtpolitiker fort. Im übrigen ließ er den Präsidentensitz rein äußerlich in ein modernes, weiß gestrichenes Gebäude verwandeln, das seitdem den Namen »Weißes Haus« trägt. Nach der Ermordung McKinleys 1901 rückte sein Vizepräsident »Teddy« Roosevelt mit 42 Jahren zum jüngsten Präsidenten in der Geschichte der Vereinigten Staaten auf. Sein Leitmotiv war: »Spreche sanft, aber trage stets einen dicken Knüppel mit dir!« Tatsächlich konnte Theodore Roosevelt auch recht rauhbeinig auftreten. So erweiterte er, wie erwähnt, kurzerhand die Monroe-Doktrin und legte den Grundstein für eine Lateinamerika-Politik, die bis 1930 zum Teil unter Umgehung des Kongresses dazu führte, daß die US-Präsidenten in Lateinamerika beliebig schalten und walten konnten – offiziell um den europäischen Nationen wirtschaftlich zuvorzukommen.[10] In den sogenannten Bananenkriegen von 1900 bis 1930 wurde die erweiterte Monroe-Doktrin zur Rechtfertigung von militärischer Intervention in Nikaragua, Vera Cruz, Haiti, der Dominikanischen Republik und in Kuba herangezogen. Die USA schufen sich eine Kette von Protektoraten, die dem Innenministerium zugeordnet wurden. Von der Einrichtung eines Kolonialministeriums sah man ab. Statt von Kolonien sprach man von inkorporierten Territorien wie Hawaii oder von nicht inkorporierten Gebieten wie Guam oder Puerto Rico. Wer von den zwanziger und dreißiger Jahren als einer Phase des amerikanischen Isolationismus spricht, mag dabei die Beziehungen zu Europa im Auge haben, aber mit Blick auf Mittel- und Lateinamerika kann davon keine Rede sein.[11]

Die nachfolgenden Präsidenten handelten in der Tradition von Theodore Roosevelt, sprachen aber fast alle in der idealistischen Tradition von Woodrow Wilson. Theodor Fontane hatte über die britische Außenpolitik folgende bissige Formel zur Hand: »Sie sprechen von Christus und meinen Kattun.«[12] Theodore Roosevelt und Woodrow Wilson personifizierten eine ähnliche Widersprüchlichkeit amerikanischer Weltpolitik zu Beginn des 20. Jahrhunderts.

Der pragmatische Präsident Franklin D. Roosevelt war kein Freund von Doktrinen, er orientierte sich vielmehr an der Verfassung und behielt den Kongreß im Auge. Das gilt insbesondere für die amerikanische Kriegsführung während des Zweiten Weltkrieges. Roosevelt benutzte vor allem das Instrument des »Executive Agreement«, einer außenpolitischen Vereinbarung, die nicht der Zustimmung des Senats bedurfte, so zum Beispiel, als er 1940 den bedrängten Engländern fünfzig Zerstörer im Austausch gegen Nutzungsrechte an britischen Marinebasen im karibischen Raum überließ. Kaum ein zweiter Präsident verstand die Kunst der Überredung so wie »F. D. R.«. Deshalb wurden seine verfassungspolitischen Vorstellungen vom Präsidenten als dem Zentrum der Außen- und Sicherheitspolitik zum einflußreichsten Vorbild für die Außenpolitik der USA nach dem Zweiten Weltkrieg.

Eine wichtige Machterweiterung des Präsidentenamtes wurde durch den National Security Act von 1947 vorgenommen. Er verlieh dem Präsidenten weitere außen- und sicherheitspolitische Befugnisse. Der Nationale Sicherheitsrat erweiterte die Aufgabenstellungen der Verteidigungs- und Rüstungspolitik sowie der Militärstrategie und Sicherheitspolitik. Mitglieder des Nationalen Sicherheitsrates wurden neben dem Präsidenten sein Vizepräsident, der Außen- und der Verteidigungsminister, der Vorsitzende der Vereinigten Stabschefs sowie der Direktor der CIA.[13] Die Befugnisse des Sicherheitsrates und die Machtkontrolle des Weißen Hauses über die Außenpolitik wurden erneut erweitert, als der Posten eines besonderen Beraters für den Präsidenten in nationalen Sicherheitsangelegenheiten geschaffen wurde. Der »Nationale Sicherheitsberater« erlebte in der Person Henry Kissingers seine größte Machtentfaltung.

Aber trotz dieser Entwicklungen zeigte die Geschichte, daß alle Präsidenten über kurz oder lang von gewissen Ohnmachtsgefühlen im Amt ergriffen wurden. So erklärte Harry S. Truman in einer Mischung aus Resignation und Schadenfreude am Ende seiner Amtszeit: »Armer Ike [Eisenhower]. Als ehemaliger General wird er hier sitzen und sagen: Tu dies, tu das, und dann wird er resigniert feststellen, daß nichts passiert.«[14]

Die Führungsqualitäten beweisen sich im Verhandlungsgeschick, in der Überredungskunst gegenüber den Repräsentanten der Staaten der Welt wie auch gegenüber denen des amerikanischen Volkes und der Bundesstaaten im Kongreß. Vor allem kommt es darauf an, ob der Präsident den Nerv der amerikanischen Öffentlichkeit trifft. Er muß nicht nur sachlich richtig entscheiden, sondern auch »amerikanisch« handeln. Präsidenten wie Theodore Roosevelt und Richard Nixon oder außenpolitische Experten wie George Kennan und Henry Kissinger, die die moralischen Obertöne vernachlässigten, wurden nur widerwillig im Land respektiert, denn die Herzen der Amerikaner öffnen sich denjenigen, die es verstehen, Machtpolitik durch idealistischen Glanz zu veredeln.

Also muß eine Analyse der amerikanischen Außenpolitik den permanenten Widerspruch zwischen idealistischem Selbstverständnis und realer Machtpolitik aufzeigen. Schon Theodore Roosevelt drängte nach neuen Exportmärkten, vor allem in Latein- und Mittelamerika sowie in Asien. Expansion und Intervention trieben die amerikanische Außenpolitik an. Während der europäische Kolonialismus fremde Völker direkt regierte, errichteten die USA kein Kolonialreich, sondern das amerikanische Imperium blieb informell, es zeigte sich vornehmlich durch wirtschaftliche Einflußnahme und blieb deshalb hinsichtlich Struktur und Grenzen undeutlich. Aber unter Theodore Roosevelt wurde die spätere Weltmacht USA auch erstmals diplomatisch global aktiv. Theodore Roosevelt regelte das Ende des russisch-japanischen Krieges im Frieden von Portsmouth, New Hampshire, weshalb ihm als erstem Amerikaner der Friedensnobelpreis verliehen wurde. Ähnlich erfolgreich vermittelte Roosevelt 1906 auf der Algeciras-Konferenz in der Ersten Marokko-Krise.

Eine Sicht, die nur die Widersprüchlichkeit zwischen Idee und Macht betonen würde, wäre einseitig. Genauso wichtig ist bis heute die Bereitschaft der USA, Macht und Stärke gemeinsam in den Dienst von Frieden und Vermittlung zu stellen. Diese beiden Seiten der Medaille kamen bei Theodore Roosevelt zum Tragen; er wurde der erste global handelnde Präsident der USA im 20. Jahrhundert.[15]

Das Schicksal Theodore Roosevelts beleuchtet zugleich die Rolle des Vizepräsidenten in der Geschichte der USA. Als Vizepräsident wurde Roosevelt nach dem Tod McKinleys überraschend Präsident. Vizepräsidenten genießen selten das volle Vertrauen des Präsidenten, denn sie werden ihm bisweilen von der eigenen Partei aus wahltaktischen Gründen zugeordnet. Deshalb kommt ihre Stunde – wenn sie kommt – unangekündigt.

Harry S. Truman wurde 1945 nach Franklin D. Roosevelts Tod Präsident. Nach der Ermordung Kennedys gelangte Lyndon B. Johnson ins Amt, und Richard Nixons Rücktritt machte Gerald Ford zum Präsidenten. Sie alle gehörten als Vizepräsidenten nicht zu den engen außenpolitischen Mitarbeitern ihrer Präsidenten, denn der wichtigste Mitarbeiter des Präsidenten ist in der Regel der »Secretary of State« (Außenminister), der dem State Department vorsteht.

Die wichtigsten außenpolitischen Mitarbeiter und ihre Institutionen

Das Außenministerium

Das State Department war ursprünglich als Ministerium gedacht, das nicht nur auswärtige, sondern auch innenpolitische Aufgaben erledigte. Die Sorge um seine Auslastung konnte dem Amt im Laufe der vergangenen zweihundert Jahre genommen werden.[16] Aber trotzdem ist das State Department für die Formulierung der Außenpolitik niemals so bedeutsam geworden wie die klassischen Auswärtigen Ämter der europäischen Staaten. Dafür gibt es verschiedene Gründe: Zunächst ist der »Secretary of State« kein typischer Minister im europäischen Sinne, sondern lediglich der fachlich zuständige Berater des Präsidenten in außenpolitischen Fragen, den er aber auch zugunsten anderer Berater übergehen kann. Schon der erste Präsident, George Washington, hörte weniger auf seinen Außenminister Thomas Jefferson als auf seinen Finanzminister Alexander Hamilton, der insofern nicht nur für Wirtschaft, Handel und Finanzen zuständig war: Modern ausgedrückt, war er der »Nationale Sicherheitsberater« George Washingtons, wenn es dieses Amt damals bereits gegeben hätte.

Die Bedeutung des State Department sank seit dem Zweiten Weltkrieg, weil sich auch das Verteidigungsministerium, der Nationale Sicherheitsrat, das Wirtschaftsministerium und andere Ministerien mit der Außenpolitik befassen. Kompetenzüberschneidungen wurden zum Problem.

Noch 1933 benötigte die Außenpolitik, institutionell gesehen, nur wenig

Raum. Den beiden Büros des Staatssekretärs und seines Stellvertreters und den beiden Büros für diplomatische und konsulare Angelegenheiten standen sechs Abteilungen zur Verfügung. Das Amt, das 1789 mit einem Stab von sechs Mann und einem Budget von 7961 Dollar und zwei diplomatischen Vertretungen begann, beschäftigt heute mehr als fünfundzwanzigtausend Mitarbeiter, benötigt ein Budget von rund vier Milliarden Dollar und hat zweihundertfünfzig diplomatische Vertretungen weltweit. Die größte Botschaft in London beschäftigt 274, die kleinste in Brazzaville im Kongo nur acht Mitarbeiter.

Ursprünglich kamen dem State Department fünf Hauptaufgaben zu: die Regierung in Übersee zu vertreten, die Ansichten ausländischer Regierungen der eigenen Regierung darzulegen, Verhandlungen zu führen, Entwicklungen und Tendenzen in Übersee zu analysieren und den Präsidenten politisch zu beraten. Heute besteht die Funktion des Außenministeriums vorrangig in der ersten und zweiten Aufgabe, wobei die Aufgabenstellung zunehmend repräsentativer geworden ist. Nach wie vor bleibt der Außenminister oberster Diplomat, Sprecher der Regierung in außenpolitischen Fragen gegenüber dem Kongreß und dem Präsidenten gegenüber für die meisten und vor allem wichtigsten außenpolitischen Aktionen verantwortlich. Sein Einfluß steht und fällt mit seinem persönlichen und politischen Verhältnis zum Präsidenten. Starke Präsidenten, wie beispielsweise Franklin D. Roosevelt, waren ihre eigenen Außenminister und verzichteten weitgehend auf die Mitarbeit des Amtsinhabers. Roosevelts Außenminister Cordell Hull schrieb hierzu in seinen Erinnerungen: »Der Präsident nahm mich nicht mit zu den Konferenzen von Casablanca, Kairo oder Teheran, noch beteiligte ich mich an den militärischen Diskussionen mit Premierminister Churchill in Washington. … Ich erfuhr aus anderen Quellen, nicht aber vom Präsidenten, was in Casablanca, Kairo und Teheran vorgefallen war. … Man hat mir nichts gesagt über die Atombombe.«[17] Eine untergeordnete Rolle spielten neben Cordell Hull die Außenminister James Buchanan, Dean Rusk oder William Rogers. Einflußreiche Außenminister waren William Seward, Dean Acheson, John Foster Dulles, Henry Kissinger und George Shultz.[18]

Innerhalb des Außenministeriums kommt dem Rat für Politische Planung (Policy Planning Council) besondere Bedeutung zu. Im Mai 1947 von Außenminister Marshall ins Leben gerufen, wurde er durch seinen ersten Direktor, George F. Kennan, bedeutend. Kennan personifiziert bis heute Intelligenz und diplomatische Tradition, aber auch Ohnmacht des State Department bei der Formulierung und Durchführung der amerikanischen Außenpolitik.[19]

So überrascht es nicht, daß fast alle Präsidenten in außenpolitischen Schlüsselfragen auf informelle Berater zurückgegriffen haben, wie schon die »Küchenkabinette« von Andrew Jackson und F. D. Roosevelt zeigen. Doch nicht nur Professionalität, auch lästige Wahlkampfverpflichtungen prägen das Amt, wie sich an der Art und Weise der Vergabe von Botschafterposten erkennen läßt. Während von Kennedy bis Reagan 35 Prozent der Botschafterposten an »politische Freunde« vergeben wurden, hat George Bush diese Pfründetradition intensiviert und damit die Kompetenz und das Ansehen des auswärtigen Dienstes geschmälert.

Das State Department prägte das goldene Zeitalter amerikanischer Diplomatie in der zweiten Generation amerikanischer Politiker am nachhaltigsten. Außenminister John Quincy Adams gilt bis heute als unerreichtes Vorbild[20], weil er die Diplomatie der USA begründete und 1814 den Vertrag von Gent unterzeichnete, der den amerikanisch-englischen Krieg von 1812 bis 1814 beendete. Adams hatte großen Einfluß auf die Formulierung der Monroe-Doktrin von 1823 und auf die Stärkung der amerikanischen Seemacht. Unter Adams' kluger Führung annektierten die USA Florida, drängten Rußland von der Westküste zurück und regelten die Grenzziehung zu Kanada auf friedliche Weise. Es war Adams, der zum ersten Mal die Pazifikküste als Ziel einer zukünftigen Westgrenze der USA in Aussicht stellte.

Ein zweiter Außenminister darf nicht unerwähnt bleiben: William Seward, der Außenminister von Abraham Lincoln und seinem Nachfolger Andrew Johnson. Seward hatte das Amt von 1861 bis 1869 inne. Er war während des Bürgerkrieges für die schwierigen auswärtigen Beziehungen zu den einzelnen Staaten verantwortlich. 1867 kaufte er Rußland mit Geschick Alaska ab. Er war der erste Außenminister, der mit Blick auf eine weltweite außenpolitische Verantwortung und Einflußnahme der USA dachte und handelte.[21]

Nach dem Aufstieg der USA zur Weltmacht im Zuge des kalten Krieges mußte das State Department außenpolitische Kompetenz und Verantwortung an das Verteidigungsministerium, an den Nationalen Sicherheitsrat und andere Institutionen abtreten. Die Kunst der Diplomatie mußte auf Kosten einer gewissen Militarisierung und Dogmatisierung der Außenpolitik zurücktreten. Durch die modernen Kommunikationstechniken, die dem Präsidenten direkten Kontakt und Informationsaustausch mit dem Ausland ermöglichten, verlor das Auswärtige Amt zusätzlich als Beratungsorgan an Bedeutung. Hinzugefügt werden muß, daß die Angehörigen des Auswärtigen Dienstes traditionell in Amerika nicht hoch angesehen werden. Diese Machtverschiebung hat seit 1947 ständige Rivalitäten zwischen Außenminister und Nationalem Sicherheitsberater nach sich gezogen, die mittlerweile sprichwörtlich geworden sind. Vor allem der Nationale Sicherheitsberater und sein Stab bestimmen heute die Richtlinien der Außenpolitik, dem State Department bleibt oft nur die routinemäßige Ausführung der Entscheidungen.

Der Nationale Sicherheitsberater und der Nationale Sicherheitsrat

Dem 1947 geschaffenen Nationalen Sicherheitsrat (NSC) kommt die Aufgabe zu, »den Präsidenten zu beraten hinsichtlich der Integration von Innen-, Außen- und Militärpolitik in bezug auf die nationale Sicherheit« (so der National Security Act von 1947, ergänzt 1949 und 1958). Interessanterweise ist hier nicht von Außenpolitik, sondern von nationaler Sicherheit die Rede, der die Außenpolitik im traditionellen Sinne untergeordnet wird. Die Sorge um die Sicherheit beschleunigte den Trend zur Militarisierung der amerikanischen Außenpolitik seit dem Zweiten Weltkrieg.[22]

Die außenpolitischen Richtlinien des NSC gehören zu den geheimsten Akten der Exekutive. Gab es noch unter Eisenhower wöchentliche Sitzungen des gesamten NSC, so bevorzugte Kennedy die Beratung allein mit dem Nationalen Sicherheitsberater McGeorge Bundy. Unter Nixon wurde der Einfluß des Sicherheitsberaters in der Person von Henry Kissinger am bedeutungsvollsten. Sein Einfluß übertraf bei weitem den von Außenminister William Rogers.

Das Verteidigungsministerium

James Forrestal wurde 1947 der erste Verteidigungsminister der USA, denn erst nach dem Zweiten Weltkrieg wurde durch den National Security Act das frühere Armee- und Marineministerium mit dem neugeschaffenen Luftwaffen-Department vereinigt. Heute ist dieses Ministerium zum wichtigsten Ressort der Außenpolitik aufgestiegen.[23]

Die Streitkräfte als Teil des Regierungssystems spielen erst im 20. Jahrhundert, vor allem seit dem Zweiten Weltkrieg und im kalten Krieg, eine zentrale Rolle. Letztlich waren es die Streitkräfte, die die Rhetorik der Truman-Doktrin in die Wirklichkeit umsetzten. Ein militärisch-politisches Paktsystem wurde in konzentrischen Kreisen weltweit aufgebaut. Die Pax Americana entstand im Rio-Pakt von 1947, wurde 1949 durch die NATO auf Europa, im Anzus-Pakt von 1951 auf Australien und Neuseeland sowie über den SEATO-Pakt von 1954 über den südostasiatischen Raum und schließlich im CENTO-Pakt von 1955 über den Mittleren Osten hinaus erweitert. Diese Entwicklung wurde vom Kongreß mißtrauisch beobachtet, denn traditionell hatten sich die USA nur auf eine kleine Streitmacht verlassen, um bei einem Ausbruch von Feindseligkeiten militärisch eingreifen zu können. Präsident Herbert Clark Hoover, der 1929 seinen Stabschefs die klare Frage vorlegte: »Ist unsere Verteidigung stark genug, die erfolgreiche Landung ausländischer Soldaten auf dem Boden der USA und in der westlichen Hemisphäre zu verhindern?«, bekam als Antwort ein eindeutiges »Ja«. Stehende Heere und der Beitritt zu einem stehenden Bündnis in Friedenszeiten, wie zur NATO, brachen nach dem Zweiten Weltkrieg mit der insularen und unmilitärischen Tradition. Andererseits begannen die Karrieren amerikanischer Präsidenten nicht selten in der Armee: George Washington, Andrew Jackson, Ulysses Grant und Dwight Eisenhower waren berühmte Generäle.

Seit dem Amtsantritt von F. D. Roosevelt haben die USA weltweite Verantwortung übernommen und beibehalten. Was zunächst im Kampf gegen Faschismus und Nationalsozialismus Ausnahme war, wurde im kalten Krieg selbstverständlich: der Aufbau einer gigantischen Militärmaschinerie zum Schutz weltweiter nationaler Interessen. Vietnam, das Ende des kalten Krieges und der Golfkrieg haben seitdem die Rolle und das Selbstverständnis der Streitkräfte nachhaltig verändert.

1990 belief sich der Etat des Pentagon, der rund dreißig Prozent des Staatshaushaltes ausmachte, auf über dreihundert Milliarden Dollar. Das Pentagon beschäftigte vier Millionen Menschen, davon zwei Millionen Berufssoldaten. Von ihnen waren 500000 in Übersee auf 3000 Stützpunkten in 21 Ländern und in 25 amerikanischen Überseeterritorien stationiert – eine globale Streitmacht ohne angemessene Strategie für die neuen militärischen Herausforderungen?[24]

Das Finanzministerium

Die Rolle des ersten Finanzministers Alexander Hamilton scheint sich heute zu wiederholen: Unter Bill Clinton ist der Außenminister weniger wichtig, vielmehr haben der Finanz- und Handelsminister das Ohr des Präsidenten.

Abgesehen von der Zeit militärisch-ideologischer Herausforderung von 1933 bis 1989 ist die amerikanische Außenpolitik im Kern immer Wirtschaftspolitik gewesen.[25] An der Schwelle zum 21. Jahrhundert scheint sie sich auf diese Grundvoraussetzung wieder einzupendeln, zeigt dabei aber ein Janusgesicht. Auf der einen Seite werden die Grundprinzipien des freien Handels hochgehalten, wenn sie Amerikas Überlegenheit zur Geltung bringen. Andererseits haben sich die USA nicht vor protektionistischen Maßnahmen und der Ausübung wirtschaftlichen Drucks gescheut, wenn dies amerikanischen Interessen zugute kam.

Die Politik der »offenen Tür« von Außenminister John Hay vom September 1899 spiegelte bereits den Wunsch der USA wider, »allen Nationen in China die unbezweifelbaren Handelsvorteile zu sichern, die jene Mächte hätten, deren Anspruch auf Interessensphären dort formell anerkannt würde, und daß alle Nationen vollständige Gleichheit in der Behandlung ihres Handels und ihrer Schiffahrt innerhalb solcher Sphären genießen sollten«.[26] Sie bildet bis heute die Grundlage für die Forderung nach freiem Zugang zu überseeischen Märkten und Rohstoffgebieten, um amerikanische Investitionen und Wirtschaftsinteressen zu sichern. Amerika setzte seine Interessen nicht durch militärische Gewalt direkt durch, sondern formulierte sie auf subtilere Weise in wirtschaftlicher Form und im gegenseitigen Interesse. Wirtschaftliche Hilfsprogramme für dritte Länder, Aufbau und Führung der internationalen Entwicklungshilfe, der Finanzinstitutionen wie Weltbank, Internationaler Währungsfonds (IWF) oder Organisation für wirtschaftliche Zusammenarbeit und Entwicklung (OECD) sichern den USA ihre wirtschaftlichen Interessen[27], die gleichzeitig den anderen zugute kommen sollen.

Ursprünglich haben sich die amerikanischen Wirtschaftskonzerne und Wirtschaftsführer gegen Eingriffe aus Washington in ihre Wirtschaftsstrategien verwahrt. Außenpolitische Entscheidungen in Washington wurden freilich nicht primär mit Blick auf direkte Wirtschaftsinteressen gefällt, sondern waren sicherheits- oder wertbezogen motiviert. Dabei haben die amerikanischen Regierungen Handel und Investitionen in Übersee begünstigt. Trotzdem spielte das Wirtschaftsministerium bis zum Ende des Zweiten Weltkriegs eine nachgeordnete Rolle, die erst im Zuge der Errichtung des Weltwirtschaftssystems von Bretton Woods (1944) und auf der Grundlage der Prinzipien des freien Handels nach dem Krieg aufgewertet wurde. Die weltweit positiven wirtschaftlichen Entwicklungen, insbesondere in Deutschland und Europa, gehen auf die wirtschaftspolitischen Anstöße des Marshallplans als Teil der Truman-Doktrin zurück. Diplomaten wie George Kennan stuften die Wirtschaft als Instrument der amerikanischen Außenpolitik stets hoch ein. Unter Clinton ist eine Wiederherstellung der wirtschaftspolitischen Prioritäten in der Außenpolitik erkennbar. Er sorgt dafür, daß die Wirtschaftsinteressen der USA mit Blick auf das 21. Jahrhundert ausgebaut werden.

Amerikanische Außenwirtschaftspolitik ist, institutionell gesehen, dezentral organisiert, so daß Kompetenzabgrenzungen schwierig sind. Das machen die vielen Institutionen deutlich, die sämtlich mit Wirtschaftsfragen befaßt sind, nämlich Finanz-, Außen-, Landwirtschafts-, Handels-, Energie- und Arbeitsministerium, Federal Reserve Board, Agency for International Development, Peace

Corps, International Trade Commission, Export-Import Bank, Overseas Private Investment Corporation, Council of Economic Advisers, Office of Management and Budget und Office of United States Trade Representative. Die institutionelle und sachpolitische Zersplitterung geht oft zu Lasten der Effizienz. Folglich hat es im Laufe der Jahre viele Vorschläge gegeben, die Außenwirtschaftspolitik der USA besser zu koordinieren.

Während in der traditionellen Außen- und Sicherheitspolitik der Präsident und mit ihm wenige entsprechende Institutionen im Zentrum des Entscheidungsprozesses stehen, ist der wirtschaftspolitische Teil der Außenpolitik durch breite Streuung der Kompetenzen gekennzeichnet. Folgende Kompetenzaufteilungen lassen sich feststellen: Das Büro des Handelsbeauftragten im Präsidialamt, das Handels- und das Landwirtschaftsministerium sowie die International Trade Commission sind für die Außenhandelspolitik, für Teilbereiche die Ministerien für Energie, Finanzen und Arbeit zuständig; das State Department überprüft entsprechende internationale Abkommen und Entscheidungen in Handels-, Rohstoff- und Finanzfragen auf ihre allgemeinen außenpolitischen Wirkungen. Das Finanzministerium ist zusammen mit der Zentralbank für die internationale Währungs- und Finanzpolitik verantwortlich und hat wichtige Kompetenzen in den Bereichen Außenhandel, Export- und Investitionsförderung inne. Das Außen- und das Landwirtschaftsministerium teilen sich mit der Auslandshilfebehörde die Planung und Verwaltung der Auslandshilfeprogramme. Für die Energie- und Rohstoffpolitik ist das Energieministerium zuständig, obgleich sie zum Teil auch vom Außen- und Finanzministerium verantwortet werden.[28] Erst Clinton versucht mit den Unübersichtlichkeiten der Außenwirtschaftspolitik Schluß zu machen, wie die Gründung des Nationalen Wirtschaftsrates zeigt.

Anders als in den klassischen Fragen der Außenpolitik sucht der Kongreß auf die Außenwirtschaftspolitik starken Einfluß zu nehmen. Wirtschaftsfragen interessieren die parlamentarischen Vertreter mehr als andere außenpolitische Belange. Zudem lassen sich wirtschaftspolitische Verantwortungen der Kongreßmitglieder den Wählern gegenüber direkter und spürbarer verdeutlichen als traditionelle Fragen der Außenpolitik. Das betrifft auch die Auslandshilfe als Teil staatlicher Außenwirtschaftspolitik. Sie dient der Hilfe für Staaten, die besonders verarmt und bedroht sind und die vor allem das besondere Interesse der USA auf sich ziehen; dabei hatten die USA bis 1990/91 jedoch auch eigene globale Interessen im Auge:

- Hilfe zum Aufbau einer starken freien Welt, die für die amerikanische Sicherheit entscheidend ist;

- Hilfe für den Aufbau angemessener Verteidigungssysteme;
- Beiträge für die amerikanische Verteidigung, um eigenes Geld und Personal einzusparen;
- Abschreckung sowjetischer Aggression;
- Hilfe zur Verbesserung des Lebensstandards, um kommunistischer Agitation vorzubeugen.[29]

Nach dem Ende des kalten Krieges befindet sich das Instrument der Auslandshilfe im Zuge der Neuordnung. Sie soll unter neuen wirtschaftlichen Prioritäten amerikanischen Einfluß in der Welt erweitern. Bill Clinton sucht über die Außenwirtschaftspolitik neue Wege zur Einflußnahme der USA auf die Weltpolitik. Seit Mitte der neunziger Jahre wird der amerikanische Außenhandel wieder zum Instrument außenpolitischer Interessenwahrnehmung.[30]

Von herausragender Bedeutung für die Außenwirtschaftspolitik ist die Mitgliedschaft der USA in den entscheidenden Institutionen der Weltwirtschaft. In der Weltbank mit 68 Mitgliedern dominieren die USA aufgrund der überwiegend amerikanischen Kapitalbeteiligung, ebenso im Internationalen Währungsfonds (IWF) und in der Internationalen Finanz-Corporation (IFC). So war es selbstverständlich, daß bisher alle Präsidenten der Weltbank Amerikaner waren.

Auch die Exportpolitik der USA muß unter außenpolitischen Gesichtspunkten gesehen werden: »Wir müssen prinzipiell unsere Exporte nicht nur als Zahlungsmittel für die importierten Rohstoffe, die wir brauchen, sondern auch als Mittel zur Erhaltung unserer politischen und militärischen Stellung in der Welt betrachten. Entweder verdienen wir uns diese Kosten mit unseren Exporten, oder wir werden gezwungen, Positionen aufzugeben, die zu verlieren wir uns nicht leisten können.«[31]

John F. Kennedy erklärte ganz in diesem Sinne 1962, daß ohne Ausdehnung des Handels »[wir] nicht fortfahren können, die Last zu tragen, die wir tragen müssen, um der Freiheit zu helfen, sich selbst zu verteidigen – vom amerikanischen Soldaten, der das Brandenburger Tor bewacht, bis hin zu den Amerikanern, die jetzt in Vietnam stehen, oder zu den Leuten vom Friedenskorps in Kolumbien. Wenn wir nicht die Mittel haben, diese gewaltigen Ausgaben zu finanzieren, dann werden die Vereinigten Staaten sich vor die schwere Wahl gestellt sehen, entweder diese Verpflichtungen einzuschränken oder sich aus dieser großen nationalen Anstrengung zurückzuziehen.«[32]

Die Konkurrenzfähigkeit amerikanischer Industriegüter ist unter Clinton wieder oberste Priorität. Auch die amerikanischen Waffenexporte haben als Teil der Außenwirtschaftspolitik wieder an Bedeutung gewonnen. Die USA sind »der wichtigste Waffenverteiler der Welt«, dessen Volumen schon Ende der sechziger Jahre sechsmal so groß war wie das der Sowjetunion. Der Verkauf von Waffen wurde zur Haupteinnahmequelle der USA im Ausland, wobei die Waffenverkäufe ein Licht auf die enge Verflechtung von Verteidigungs-, Rüstungs- und Wirtschaftspolitik werfen. Dabei ist von besonderem Interesse, daß die Rüstungsgeschäfte weitgehend ohne parlamentarische Kontrolle durchgeführt werden. Aber Waffenverkäufe haben ein weiteres Ziel: Über Waffenexporte soll der militärische und politische Einfluß gefestigt und erweitert werden. Waffenexporte als Teil der Außenwirtschaftspolitik haben aber nicht nur gesellschaftspolitische, sondern auch sicherheitspolitische Konsequenzen.

In der Außenwirtschaftspolitik ist allerdings staatliches Eingreifen oder Dirigismus aus Washington eher die Ausnahme. Außenwirtschaft und Außenpolitik sind nicht Teile einer Gesamtstrategie, sondern stehen nicht selten im Konflikt miteinander. Allenfalls kann durch kluge Außenpolitik ein günstiges Klima für private Investitionen geschaffen werden. Auch die Entwicklungsländer stellen das amerikanische Unternehmertum vor Herausforderungen.[33] Hinzu kommt das vitale Interesse der amerikanischen Regierung am Zugang zu außeramerikanischen Rohstoffquellen.

Außenwirtschaft und Außenhandel sind in freiheitlich marktwirtschaftlichen Gesellschaften wie den USA relativ autonom und staatlichen Direktiven oder strategischen Plänen nicht direkt unterworfen. Höchstens unter Berufung auf ein nationales Interesse können Konzerne und Wirtschaftsführer im Ausland angemahnt werden. Trotzdem ist die Außenwirtschaftspolitik Teil der Außenpolitik, wenn auch weniger plan- und steuerbar. Der amerikanische Geschäftsmann läßt sich nicht als Instrument der Außenpolitik der USA einsetzen beziehungsweise nur dann, wenn seine wirtschaftlichen Interessen voll berücksichtigt werden. Im übrigen verstanden sich Amerikas Wirtschaftsmagnaten als Pioniere der außenpolitischen Interessenwahrnehmung in Übersee. Meistens agierten sie sogar ohne Rücksicht auf Washington oder an Washington »vorbei«. Die gigantische Wirtschaftsmacht USA stellt den größten einzelnen ökonomischen Faktor in den auswärtigen Angelegenheiten der freien Welt dar.[34] Deshalb ist die Außenwirtschaftspolitik kein handhabbares Instrument der Regierungspolitik im engeren Sinne wie die Diplomatie oder die Verteidigungspolitik, sondern lediglich Summe von verschiedenen rivalisierenden und einander widersprechenden wirtschaftlichen Kräften. Trotzdem reflektiert die Wirtschaft, insgesamt gesehen, zentrale strukturgesellschaftliche, insbesondere wirtschaftliche Macht- und Ordnungsinteressen, die nach innen und nach außen wirken.[35]

Die Rolle des Kongresses für die amerikanische Außenpolitik

Der Präsident als Exekutive und der Kongreß als Legislative bilden die beiden zentralen Pole für die Außenpolitik der USA. Beide sind in Schlüsselfragen aufeinander angewiesen. So besitzt der Präsident verfassungsmäßig das Recht, völkerrechtliche Verträge abzuschließen, ist aber von der Zustimmung des Senats mit Zweidrittelmehrheit abhängig. Auch bei der Ernennung von Botschaftern hat der Senat ein Mitspracherecht, er muß ihrer Ernennung zustimmen. Der Präsident ist Oberbefehlshaber der Streitkräfte, aber das Recht zur Aufstellung der Streitkräfte und das Recht zur Kriegserklärung liegen beim Kongreß. Auch im Außenhandelsbereich besitzt der Kongreß Mitspracherechte.

Die Außenpolitik ist nach wie vor das politische Feld, das im Unterschied zur Innenpolitik vom Präsidenten zur Profilierung genutzt wird, weil die Ausdehnung der USA zur Weltmacht dem Prestige des Präsidenten neue Fülle verleiht. Aber die Entwicklung zur dominant außenpolitischen Präsidentschaft nach dem Zweiten Weltkrieg unterliegt zyklischen Schwankungen. Außenpolitisch gesehen, waren die Amtsperioden von Truman bis Kennedy von der herausragenden Stelle der Präsidenten geprägt, aber seit Ende der Regierung Johnson und unter Eindruck des Vietnamdebakels begann eine Phase des »Congressional Government«[36] in der Außenpolitik. Das entscheidungspolitische Wechselspiel zwischen Exekutive und Legislative wurde zwangsweise gleichberechtigter und zugleich mißtrauischer. Die Rolle des Senats, des Repräsentantenhauses und seiner führenden außenpolitischen Persönlichkeiten, und vor allem die Bedeutung der außen- und sicherheitspolitischen Ausschüsse stieg an. Gerade unter dem Einfluß des Vietnamdebakels hat der Kongreß Kritik und Kontrolle gegenüber dem Präsidenten auszubauen versucht.

Entscheidend bleibt, daß Präsident und Kongreß in der Außenpolitik aufeinander angewiesen sind, also im Rahmen des Systems der »Checks and Balances«[37] gesehen werden müssen. Die Gründungsväter haben dem Präsidenten mit Absicht keine absolut vom Kongreß unabhängige Macht verliehen – das gilt auch für die Außenpolitik. Die Verfassungswirklichkeit sieht freilich anders aus: In der amerikanischen Geschichte hat der Kongreß zwar nur fünfmal offiziell den Krieg erklärt, aber amerikanische Präsidenten haben mehr als zweihundertmal Streitkräfte nach Übersee entsandt. Mit dem Aufstieg des weltpolitischen Engagements der USA ist auch unweigerlich der Machtzuwachs des Präsidenten einhergegangen. 1950 entsandte Truman und in den sechziger Jahren Lyndon B. Johnson Truppen in großem Umfang nach Fernost, obwohl der Kongreß weder Nordkorea noch Nordvietnam offiziell den Krieg erklärte hatte. Es waren von den Präsidenten – mit Hilfe von »Executive Agreements« – oder unter Berufung beziehungsweise im Auftrag der UNO – wie zuletzt im Krieg gegen den Irak 1991 – geführte Kriege, durch welche die Verfassungsrechte des Kongresses umgangen wurden.[38]

Zwischen 1946 und 1974 schlossen die amerikanischen Regierungen mit anderen Staaten mehr als siebentausend Abkommen. Davon waren nur sechs Prozent offizielle Verträge, die vom Kongreß ratifiziert werden mußten. 87 Prozent wurden vom Kongreß gutgeheißen oder entsprachen früheren beziehungsweise anderen gesetzlichen Richtlinien.

Mit der Entwicklung zur »imperialen Präsidentschaft« verstärkte der Kongreß seit Mitte der siebziger Jahre seine Kontrollfunktionen und seine außenpolitischen Mitbestimmungsrechte. Wichtige Fragen wie militärische Intervention, Kontrolle der Geheimdienste und Rüstungsexporte bestimmte er durch seine Gesetzgebungsfunktion stärker mit. Allerdings führten die Reformen im Kongreß zu einem Verlust an Macht, Berechenbarkeit und Kontrolle, weil die einzelnen Kongreßmitglieder zunehmend unabhängiger wurden.

Da der Präsident auf keine sicheren parteipolitischen Mehrheiten im Kongreß zählen kann – wie die Regierungschefs in den europäischen Parlamenten –, muß er für jede außenpolitische Entscheidung neue Mehrheiten gewinnen. Das schwächt seine Position. Nicht selten scheitern seine Bemühungen auch an der Unbeweglichkeit der Bürokraten sowie an der unabhängigen Machtstellung der Kongreßabgeordneten, insbesondere der Ausschußvorsitzenden. In der Geschichte hat sich gezeigt, daß der Einfluß des Kongresses auf die Außenpolitik dann am stärksten ist, wenn es um formelle Verträge oder um Personalentscheidungen, also um die Ernennung von außenpolitischen Spitzenbeamten geht. Auch die Macht des Kongresses in Haushaltsfragen kann starke Wirkung auf die Außenpolitik haben.

Die massive Ausweitung der außenpolitischen Bürokratie im Kongreß hat dessen Funktion jedoch kaum gestärkt. Die Tatsache, daß die einzelnen Kongreßmitglieder gegenüber den Ausschußvorsitzenden unabhängiger geworden sind, hat zu weiterer Individualisierung und Zersplitterung der außenpolitischen Kompetenzen geführt und die Kontrollfunktion des Kongresses insgesamt gegenüber der Exekutive geschwächt. Dabei darf auch nicht vergessen werden, daß der Präsident nicht wie in den parlamentarischen Demokratien Westeuropas auf seine Fraktion im Senat oder im Repräsentantenhaus rechnen kann. Das Selbstbewußtsein der amerikanischen Abgeordneten reflektiert nach wie vor den konföderativen Ursprung der amerikanischen Republik.

Die innenpolitischen Grundlagen der Außenpolitik

Öffentliche Umfragen seit den sechziger Jahren zeigen immer wieder, daß die Masse der Bevölkerung nur wenig Kenntnis über die Welt außerhalb der Vereinigten Staaten aufbringt und sich dementsprechend an außenpolitischen Fragen desinteressiert zeigt: Die Hälfte der Amerikaner zeigte Unkenntnis über die Sandinisten und die Contras und über die Rolle der Vereinigten Staaten in Zentralamerika. Ein Drittel der Amerikaner konnte kein einziges NATO-Mitglied nennen, 16 Prozent glaubten sogar, daß die Sowjetunion ein Mitglied der westlichen Allianz sei. Auch haben viele Amerikaner nur geringe geographische Kenntnisse. 75 Prozent können auf einer Landkarte nicht angeben, wo der Persische Golf liegt. 50 Prozent finden weder Japan noch Südafrika, und 14 Prozent können nicht einmal die Vereinigten Staaten korrekt auf der Landkarte zeigen.[39] Minimales Bildungsinteresse und geringe Kenntnisse zeichnen die Masse der amerikanischen Bevölkerung aus. Dieser Umstand muß aber nicht bedeuten, daß Amerikaner kein Gefühl für politische Werte hätten. Das Gegenteil ist der Fall. Die Einstellung der Bevölkerung und der Öffentlichkeit zu außenpolitischen Fragen ist bis heute ein zu Unrecht vernachlässigter Faktor bei der Analyse der amerikanischen Außenpolitik, obwohl spätestens in den siebziger Jahren klar wurde, daß der öffentlichen Meinung bei Fragen von Krieg und Frieden eine zentrale Bedeutung zukommt. Erinnert man sich an den amerikanischen Rückzug aus Vietnam, so wird deutlich, daß nicht zuletzt der Wandel in der öffentlichen Meinung die amerikanische Regierung zwang, den Krieg aufzugeben. Auch in den Vorwahlen zu den Präsidentschaftswahlen zeigen die Amerikaner, daß sie demagogischen oder undemokratischen Argumenten nicht auf den Leim gehen. Zu denken gibt allerdings die vergleichsweise geringe Wahlbeteiligung und das schwindende Interesse an der Politik, insbesondere an der Außenpolitik, das allerdings von jeher gering ist. Zunehmende Freizeit, Technologie, Unterhaltung, Sport, Musik, Zerstreuung und familiäre Fragen dominieren den Alltag der Menschen. Die Weite des Landes, die innenpolitische Vielfalt finden mehr Interesse als die Weltpolitik.

Das war nicht immer so. Bis zum Ende der sechziger Jahre unterstützte eine breite Mehrheit den Kampf gegen den Kommunismus. Deshalb verlor die traditionelle außenpolitische Einstellung des Isolationismus an Wirkung. Hitlers Siege in Europa sowie der japanische Angriff auf Pearl Harbor im Dezember 1941 machten allen Amerikanern schlagartig klar, daß die Vereinigten Staaten sich nicht mehr unbeteiligt und unbehelligt auf ihren Kontinent zurückziehen konnten. Das Zeitalter der absoluten Sicherheit war vorüber. Für die »amerikanische Welt« mußte globale Verantwortung übernommen werden. Schon angesichts der Herausforderung durch Deutschland und Japan waren die USA zur Weltmacht verdammt, nicht nur im eigenen Interesse.

Als nach dem Zweiten Weltkrieg die Sowjetunion erneut demokratische Werte und Interessen mit Füßen trat, wurden die USA wieder in die Weltmachtrolle gezwungen, denn keine andere Macht hätte der Sowjetunion Paroli bieten können. Die Herausforderungen des kalten Krieges schweißten zugleich die USA im Innern zusammen. Das war keineswegs selbstverständlich. Liberalismus und Konservatismus als eigenständige Wertauffassungen besitzen in der amerikanischen Geschichte jeweils spezifische Traditionen. Nach 1945 verbanden sich beide im Antikommunismus, der zur gemeinsamen Grundlage wurde.[40] Aber nach dem Ende des kalten Krieges, nach dem Zusammenbruch des Sowjetimperiums sind die alten Gegensätze zwischen Konservatismus und Liberalismus auch in der Außenpolitik wieder aufgebrochen. Drehte sich im kalten Krieg alles um militärische Stärke und Antikommunismus, so sind die außenpolitischen Bezugspunkte, Traditionen und Interessen heute wieder in ihrer gesamten Vielfältigkeit erkennbar. Verzicht auf militärische Mittel, Sympathie für sozialistische Vorstellungen werden selbstverständlicher formuliert. Amerika besinnt sich politisch und kulturell auf »linke« Traditionen, die seit den vierziger Jahren verdrängt worden waren. Die amerikanische Außenpolitik spiegelt heute eine erweiterte politische Spannbreite und Diversifizierung der öffentlichen Meinung wider. Durch ethnische Veränderungen gerät die Außenpolitik als traditionelle Domäne der WASP-Eliten ins Wanken. Immer mehr Amerikaner afrikanischer, asiatischer oder lateinamerikanischer Abstammung steigen in die Zirkel der politischen Eliten auf, auch in der Außenpolitik.

Der Einfluß der verschiedenen gesellschaftlichen und politischen Interessengruppen auf die Außenpolitik ist wichtig. Sie versuchen direkt oder indirekt auf den außenpolitischen Entscheidungsprozeß Einfluß zu nehmen, indem sie Druck auf die Exekutive und Legislative ausüben und so den Entscheidungsprozeß beeinflussen. Informationen, Geld und gesellschaftlicher beziehungsweise ethnischer oder politischer Rückhalt in der Gesellschaft machen sie zu einflußreichen Faktoren.

Zu den wichtigsten organisierten Interessengruppen gehören seit dem kalten Krieg die Gewerkschaften. Sie sorgten nicht nur für die Unterstützung der antikommunistischen Politik der Regierung im eigenen Land, sondern unterstützten diese Politik tatkräftig in ihrer internationalen Arbeit und in der Zusammenarbeit mit ausländischen Gewerkschaften. Dies galt zum Beispiel für Lateinamerika, aber auch für Europa. Die Kirchen haben traditionell eine selbstbewußte und nicht selten selbstgerechte Rolle der USA in der Welt unterstützt.

Nicht zu vergessen sind auf der anderen Seite die Bürgerrechts- und Antikriegsbewegungen, die mit ihrer pazifistisch-liberalen Ausrichtung an Traditionen amerikanischer Außenpolitik vor der Zeit des kalten Krieges anknüpfen. Die Linke hat gerade im Zusammenhang mit dem Vietnamkrieg zum Zusammenbruch des dogmatischen und reaktionären Antikommunismus und zur Entwicklung eines selbstkritischen und toleranten Verständnisses der Außenpolitik beigetragen. Die »China-Lobby« gehört seit Jahrzehnten zu den bestorganisierten Interessengruppen, die in Washington Einfluß nehmen.

In der Zeit nach dem Vietnamkrieg ist die Zahl der registrierten Lobbyisten in Washington insgesamt dramatisch angestiegen. Waren es 1961 noch 365, so waren es 1987 über 23000. Da die Vereinigten Staaten ein Land von großer ethnischer Vielfalt sind, stellen ethnisch orientierte Interessengruppen einen wichtigen Teil der innenpolitischen Bedingungsfaktoren für die Außenpolitik dar. Die »Bindestrich-Amerikaner«, seien es Polen, Italiener oder Griechen, haben stets Einfluß genommen, wenn außenpolitische Entscheidungen gegenüber dem Heimatland zur Disposition standen. Die israelisch-jüdische Lobby hat in den vergangenen Jahrzehnten gezeigt, daß sie die Korridore der Macht in Washington zum Teil besser kennt als mancher Präsident zu Beginn seiner Amtszeit.

Der »Militärisch-Industrielle Komplex« (MIK) bildet zusammen mit den Interessengruppen aus Industrie und Geschäftswelt im Kongreß und in Wissenschaft und Bildung eine eigene riesige gesellschaftspolitische Infrastruktur, die an der Formulierung und Zielsetzung der Außenpolitik besonders mit Blick auf das nationale Sicherheitsinteresse von großem Einfluß ist. In der Zeit des kalten Krieges wurden vom MIK rund zehn Billionen Dollar für Verteidigung ausgegeben.[41] Aber der Grad der Militarisierung der amerikanischen Außenpolitik geht zurück. Die Bedeutung des traditionellen außenpolitischen Establishments mit seinen wichtigsten Institutionen und »think tanks« wie dem Council on Foreign Relations, dem Carnegie Endowment for Peace, der Brookings Institution, der Hoover Institution, um nur die wichtigsten zu nennen, hat ebenfalls abgenommen.

Abschließend bleibt festzuhalten, daß die Amerikaner zwar relativ wenig außenpolitische Kenntnisse, aber politischen Instinkt und gesunden Menschenverstand zeigen.[42] Die Mehrheit der Amerikaner plädiert weder für extremen Interventionismus noch für Neoisolationismus, sondern für maßvolles Engagement in der Welt. Die Werte, wie sie die Gründungsväter dem Land mit auf den Weg gegeben haben, wirken als Ideale weiter.

Die historischen Grundlagen der Außenpolitik: Thomas Jefferson und Alexander Hamilton

Die amerikanische Politik war sich seit Gründung der Vereinigten Staaten des machtpolitischen, machiavellistischen Moments bewußt. Die Gründungsväter waren geschichtsbewußt, sie kannten die Antike, die Stärken und Schwächen der griechischen und römischen Politik, wie sie von Thukydides, Polybios, Plutarch, Sallust oder Tacitus beschrieben wurden – realistisch und frei von einseitiger Idealisierung. In dieser realistischen Tradition prägten auch Machiavellis *Discorsi* und Thomas Hobbes' *Überlegungen über Staat und Politik* die amerikanische Verfassung und das amerikanische Politikverständnis[43], selbst wenn die Amerikaner lieber die idealistische Komponente ihrer Gründungsgeschichte betont sehen möchten. Alexander Hamilton, einer der Gründungsväter, verkörpert diese realistische Tradition.[44] Für ihn waren Krieg und Macht unabänderliche Tatsachen des politischen Lebens. Jedes Land mußte sich vor Angriff schützen. Es galt, Krieg zu vermeiden – am besten durch militärische Abschrekkung.[45] Dabei war Hamilton vorsichtig und nicht im entferntesten so expansiv denkend wie sein Rivale Jefferson. Hamilton hätte niemals eine außenpolitische Drohung ausgesprochen, die er nicht entsprechend hätte verwirklichen können. Auch war er kein Mann, der aus moralischen Empfindungen heraus die Sicherheitsinteressen der USA aufs Spiel gesetzt hätte. Ihm ist es zu verdanken, daß durch kühle Gleichgewichtspolitik die noch junge und außenpolitisch gefährdete Republik weder im Innern zerfiel oder wirtschaftlich stagnierte noch von außen in ihrer Souveränität und Integrität bedroht wurde. Hamilton maß den USA gesellschaftlich oder politisch keinen höheren Rang zu als anderen Staaten, denn er bezweifelte, daß Demokratien per Definition keinen Krieg führen:

»Sparta, Athen, Rom und Karthago waren Republiken: Zwei von ihnen, Athen und Karthago, waren Handelsrepubliken. Dennoch waren sie ebenso häufig wie die benachbarten Monarchien der damaligen Zeit in Angriffs- und Verteidigungskriege verwickelt. ... In der britischen Regierung bilden die Volksvertreter einen Zweig der Legislative. Jahrhundertelang bestand das vorrangige Ziel jenes Landes darin, Handel zu treiben; nichtsdestoweniger gibt es nur wenige andere Staaten, die häufiger an Kriegen beteiligt waren.«[46]

Alexander Hamilton stand als Führer der Föderalisten wie Edmund Burke der Französischen Revolution mißtrauisch gegenüber.[47] Deshalb plädierte er für eine starke Stellung des Präsidenten in der Außenpolitik. Als Finanzminister unterstützte er die Interessen der Besitzenden – Banken, Industrie, Handel und Schiffahrt. Hamilton schien am Ende seines Lebens selbst erkannt zu haben, daß das demokratisch-moralische Selbstverständnis der Amerikaner zunehmend in Gegensatz zu seinen eigenen Auffassungen geriet. Kurz vor seinem Tod resignierte er zusehends. Er war kein Befürworter kontinentaler Expansion, sondern glaubte, daß die dreizehn vereinigten Staaten genügend Raum und Schutz boten, wenn sie durch eine nüchterne, interessenorientierte Außenpolitik und entsprechende verteidigungspolitische Mittel abgesichert würden. Hamiltons politische Philosophie ist heute noch von Interesse. Lange vor Max Weber differenzierte er zwischen Gesinnungs- und Verantwortungsethik und übertrug diese Fragestellung auf die Außenpolitik: »Zwischen Einzelpersonen ergibt sich nicht selten Gelegenheit, anderen Gefallen zu erweisen. … Aber zwischen Nationen kommt das praktisch niemals vor. Man könnte den allgemeinen Grundsatz aufstellen, daß das vorherrschende Motiv, wenn eine Nation einer anderen gute Dienste leistet, das Interesse oder der Vorteil der den Dienst leistenden Nation ist.[48]

Nationale Interessen verdeutlichen für Hamilton den Gegensatz zwischen Verantwortungs- und Gesinnungsethik: »In der Tat gilt in dieser Hinsicht zwischen Nationen nicht genau der gleiche ethische Maßstab wie zwischen Einzelpersonen. Die Pflicht, das eigene Wohlergehen zur Richtschnur seines Handelns zu machen, ist bei ersteren viel stärker als bei letzteren; im Verhältnis zu der größeren Bedeutung und Wichtigkeit des nationalen im Vergleich zum individuellen Glück und zu der größeren Permanenz der Auswirkungen des nationalen im Vergleich zum individuellen Verhalten. Millionen Menschen und größtenteils auch zukünftige Generationen sind von den gegenwärtigen Maßnahmen einer Regierung betroffen; während die Folgen der privaten Handlungen einer Einzelperson üblicherweise mit ihr enden oder eng begrenzt bleiben. Daraus folgt, daß ein Individuum verdienstvoll seinen Regungen der Großzügigkeit und Wohltätigkeit nachgehen kann, nicht nur mit Blick auf seinen eigenen Vorteil, sondern sogar auch auf dessen Kosten. Eine Regierung kann jedoch nur selten, wenn überhaupt, einen ähnlichen Kurs verfolgen … es soll hier keine Empfehlung für eine absolut eigennützige oder Interessenpolitik von Nationen gegeben werden; sondern es soll aufgezeigt werden, daß eine von eigenem Interesse geleitete Politik, soweit dies im Rahmen von Gerechtigkeit und Redlichkeit möglich ist, in den Nationen vorherrschend ist und sein sollte.«[49]

Hamilton, der sich als Finanzminister in der britischen Tradition als Schatzkanzler und damit auch als Premierminister verstand, war für die Anfänge der amerikanischen Außenpolitik wichtiger als Außenminister Thomas Jefferson, weil George Washington auf Hamiltons Rat hörte, wie auch die berühmte Neutralitätsadresse und die Abschiedsbotschaft Washingtons dokumentieren.

In einer Serie brillanter Essays, die er unter dem Pseudonym »Pacificus« im Juli 1793 veröffentlichte, argumentierte Hamilton, daß die junge Republik weder die Macht noch die Verpflichtung für eine profranzösische Politik besäße, die zudem die USA auch an die revolutionäre Politik Frankreichs bände. Die USA würden dadurch in die ideologische und machtpolitische Auseinandersetzung der Europäer, vor allem zwischen England und Frankreich, mit einbezogen. Hamilton plädierte für Neutralität und Balancepolitik. Er fürchtete eine Überdehnung der amerikanischen Interessen durch profranzösische Verpflichtungen. Amerika wäre, so seine Befürchtung, überfordert und würde zudem angesichts kriegerischer Auseinandersetzungen zwischen den beiden europäischen Großmächten gefährdet. Es würde im Krieg zwischen beiden zerrieben werden. Dazu kam es zum Glück nicht.

Hamilton plädierte deshalb für außenpolitische Neutralität, solange die USA nicht in der Lage waren, selbst für ihre Sicherheit zu sorgen. In Washingtons Abschiedsadresse von 1796 wurde dieses außenpolitische Credo wiederholt und schließlich von allen außenpolitischen Gruppierungen, auch von den Anhängern Jeffersons, respektiert: Realismus bedeutete außenpolitischer Status quo, Isolationismus und Neutralität. George Washington und Alexander Hamilton wollten Zeit gewinnen, damit sich das Land ohne außenpolitische Händel frei entwickeln könne.

Als Präsident konnte sich Thomas Jefferson allerdings gegen Hamiltons außenpolitische Linie des Abwartens und Nichteinmischens insofern durchsetzen, als er, anders als Hamilton, für kontinentale Expansion plädierte und diese – mit Glück – verwirklichte, als er Napoleon die Kolonie Louisiana abkaufte. Dadurch hatte Jefferson die zentrale kontinentale Voraussetzung für die Ausweitung der Union gesichert. Zum Vorbild wurde Jefferson, weil er dieses Territorium auf friedliche Weise erwarb und damit seine Idee vom Imperium der Vereinigten Staaten als »Imperium der Freiheit«[50] verwirklichen konnte. Dagegen erschien Hamiltons Vision kleinmütig, hatte er doch befürchtet, daß bei territorialer Erweiterung die Vereinigten Staaten auseinanderbrechen würden. Jefferson hatte Hamiltons Auffassung, daß eine freiheitliche Republik nur im kleinen verwirklicht werden könne, wiederholt vehement angegriffen und durch den Kauf von Louisiana widerlegt. Jefferson war Expansionist. Er setzte

Ausdehnung und Sicherheit gleich: Je größer das Land, desto größer die Sicherheit und das Wohlergehen der Amerikaner. Die Furcht vor Intervention fremder Mächte auf dem nordamerikanischen Kontinent wurde für Jefferson deshalb zum zentralen Motiv für Expansion.[51] Diese Ausdehnung auf dem nordamerikanischen Kontinent sollte, so Jefferson, nur mit nichtkriegerischen Mitteln stattfinden. Isolation gegenüber Europa war dabei zwingende Voraussetzung.

Freier Handel mit allen Nationen, aber politische Händel mit niemandem – so könnte man Jeffersons außenpolitische Maxime umschreiben. Hamilton wandte sich ebenfalls gegen »politische Händel«, aber er hatte wiederholt für eine starke wirtschaftliche Anbindung an Großbritannien plädiert. In der Praxis war natürlich England bis zum Ersten Weltkrieg der Handelspartner Nummer eins für die USA, aber nicht Hamilton mit seiner probritischen Wirtschaftspolitik, sondern Jefferson begründete mit seiner Maxime von Freihandel und Nichteinmischung eine außenpolitische Tradition, mit der sich die Mehrheit der Amerikaner bis heute identifiziert. Denn Jefferson verstand es im Gegensatz zu Hamilton sehr geschickt, Realismus und Idealismus miteinander zu verbinden. James Madison, der Außenminister Jeffersons, übernahm später als Präsident die Vorstellung seines Mentors, daß der Friede von der Existenz und Weiterverbreitung der Demokratie abhänge, weil Demokratien keinen Krieg gegeneinander führten. Diese friedliche und idealistische Argumentation von James Madison und Thomas Jefferson entsprach dem amerikanischen Selbstverständnis. In dieser Logik sollte die demokratische Republik nur durch ihr moralisches Vorbild die Ideen in die Welt tragen.

In dieser Tradition stand auch Frederick Jackson Turner, als er 1893 seine »Frontier-These« erläuterte: Turner interpretierte die Westexpansion als ständige Erneuerung der Nation, als Trägerin demokratischer Ideale. Der Frontier-Mythos hat wesentlich den Glauben an die Einzigartigkeit und die besondere Bestimmung der USA in der Welgeschichte bestärkt. Welchen Eindruck Turners These von der »Frontier« (Grenze) hinterließ, zeigt sich in dem Begriff der »New Frontier«, hinter dem sich das Sendungsbewußtsein der USA verbirgt: Nachdem die Vereinigten Staaten den nordamerikanischen Kontinent von Ost nach West in Besitz genommen hatten, galt es, »neue Grenzen« zu finden, die notwendigerweise weltweit abgesteckt wurden.[52]

Da mehrfache Versuche, Kanada den Vereinigten Staaten einzuverleiben, gescheitert waren, drängten die Amerikaner nur nach Westen. Nach Westen expansionistisch, gegenüber Europa isolationistisch, so lautete Jeffersons außenpolitisches Credo, das jetzt Hamiltons Überlegungen mit einbezog. Dabei unterschied Jefferson geschickt zwischen Wirtschaft und Politik: »Ich bin für den freien Handel mit allen Nationen«, erklärte er 1799, »politische Verbindungen zu keiner und keine oder nur wenige diplomatische Einrichtungen.«[53]

Als Präsident übernahm Jefferson schließlich die Botschaft Washingtons: »Unsere Handelsbeziehungen mit den fremden Völkern erweitern und zwischen ihnen und uns so wenig politische Bande knüpfen wie nur möglich, das muß die Regel unserer Politik sein. Wir müssen getreulich die bereits eingegangenen Verpflichtungen einhalten, aber dabei müssen wir es bewenden lassen. Europa … findet sich … oft in Streitigkeiten verwickelt, die uns naturgemäß fremd sind; es hieße deshalb unklug handeln, wenn wir uns durch künstliche Bande mit den Wechselfällen seiner Politik verflöchten, uns in die verschiedenen Verbindungen seiner Freundschaften und seiner Gegnerschaften einließen und an den daraus folgenden Kämpfen teilnähmen. Unsere abgesonderte und von Europa entfernte Lage fordert uns auf, einen entgegengesetzten Weg einzuschlagen … Bleiben wir dabei, eine einzige Nation, durch eine einzige starke Regierung beherrscht, zu bilden, so ist die Zeit nicht fern, da wir uns vor niemandem zu fürchten haben werden. Dann können wir eine Haltung einnehmen, die unserer Neutralität Achtung verschafft; die kriegführenden Nationen werden davor zurückschrecken, uns ohne Grund herauszufordern; und wir werden in der Lage sein, zwischen Frieden und Krieg zu wählen. … Nehmen wir stets die Stellung ein, die unserer Lage Achtung verschafft, und zeitlich begrenzte Bündnisse werden genügen, um uns gegen alle Gefahren zu wappnen.« Damit legte Jefferson den Grundstein für eine überparteiliche Außenpolitik nach dem Grundsatz »Friede, Handel und ehrliche Freundschaft mit allen Nationen, aber keine Allianzen, die uns binden«.[54]

Diese Verhaltensregel wurde prägend für die politische Auffassung der großen Mehrheit der Amerikaner. Die selbstgewählte Isolation wurde zum stärksten Leitmotiv der amerikanischen Außenpolitik überhaupt. Mit dieser Perspektive erstreben die USA eine ideale Ordnung der Welt und hoffen, vor allem durch den Gegensatz zum machtpolitisch verderbten Europa, das eigene ethische Sendungsbewußtsein in der Welt besonders zur Geltung zu bringen.[55] Diese Einstellung hat bis heute eine gewisse Gültigkeit behalten. Thomas Jefferson war der erste, der das internationale System zu reformieren versuchte und eine Tradition von weltpolitischen Reformern im amerikanischen Präsidentenamt begründete, die zu Präsidenten wie Woodrow Wilson und Jimmy Carter führt. Die Welt sollte reformiert werden, weil Ideen und Ideale nur in einem günstigen politischen Klima wachsen und gedeihen können.[56]

Weil nur in Amerika die idealen politischen, gesellschaftlichen und wirtschaftlichen Voraussetzungen herrschten, so Jefferson, war den Amerikanern die zusätzliche Verpflichtung aufgetragen, Freiheit nicht nur für sie selbst, sondern auch für andere herzustellen: »Es ist unmöglich, nicht einzusehen, daß wir für die gesamte Menschheit handeln.« Dabei ging Jefferson aber realpolitisch, das heißt nicht zimperlich vor: »Jefferson entsandte ein Flottengeschwader ins Mittelmeer mit dem Geheimbefehl, die Berber-Piraten zu bekämpfen, suchte sechs Monate später die Billigung des Kongresses und täuschte dann den Kongreß hinsichtlich der wahren Natur der Befehle. Er genehmigte einseitig die Beschlagnahme bewaffneter Schiffe in Gewässern bis hinaus in den Golfstrom, unternahm Rüstungsmaßnahmen ohne Wissen des Kongresses, entwickelte ein System der Geheimhaltung, das großenteils gegen parlamentarische Kontrolle immun war, und berief sich auf die Lockesche Doktrin der Notstandsprärogative, um das Handeln des Präsidenten auch ohne Billigung des Kongresses zu rechtfertigen. Die weitgehenden Vollmachten für unumschränktes Handeln, die sich Madison als Präsident vom Kongreß verschaffte, führten schließlich zum Krieg von 1812.«[57]

Selbstbewußt erklärte Außenminister John Quincy Adams 1821: »Wo auch immer das Banner der Freiheit und Unabhängigkeit entfaltet worden ist oder werden soll, dort wird es Amerika im Herzen, in seinen Segenssprüchen und Gebeten verwahren. Aber es trachtet nicht danach, in die Fremde zu ziehen, um Ungeheuer zu vernichten. Es befürwortet Freiheit und Unabhängigkeit für alle. Es verficht und erkämpft sie jedoch nur für sich selbst.«[58]

Die Verbindung zum Leitmotiv von Woodrow Wilson – »to make the world safe for democracy« (»die Welt für Demokratie sicher zu machen«) – ist klar. Jefferson wie auch später Wilson wollten die USA offensichtlich nicht in einer passiven Vorbildrolle belassen, sondern legten den Grundstein für Kreuzzugsmentalität.

In der Tradition Thomas Jeffersons festigte sich das Imperium im Namen von Freiheit und Handel und wurde zur Weltmacht – in rhetorischer Opposition zur Tradition der europäischen Machtpolitik, die sie in Wirklichkeit aber selbst praktizierte. Imperiale Vorgehensweise erzeugte kein schlechtes Gewissen, denn sie wurde moralisch legitimiert. Hinter der idealistischen Verbrämung wurde geschickt Expansionspolitik betrieben: Außenminister Seward schützte die Union während des Bürgerkrieges und festigte sie nach dessen Ende außenpolitisch. Unter dieser Voraussetzung stiegen die Vereinigten Staaten zur mächtigsten Nation der Welt auf. Schon 1885 wurde England in der Industrieproduktion überflügelt. Seward träumte von einem Weltreich, das Kanada und Teile Mexikos umfassen und bis weit in den Pazifik reichen sollte[59], aber der Kongreß stellte sich den Expansionsbestrebungen Sewards und anderer entgegen und verweigerte die Mittel. Deshalb blieb die amerikanische Armee kleiner als die von Bulgarien und die Marine noch schwächer als Italiens Kriegsflotte.[60] Es war die strikte Weigerung des Kongresses, die eine machtvolle Ausdehnung der USA verhinderte.[61]

Erst unter Theodore Roosevelt wurden die entsprechenden Mittel bereitgestellt, um den Einfluß Amerikas weltweit zu verwirklichen. Roosevelt wandte sich von den Traditionen Jeffersons ab und erklärte in der Tradition von Hamilton, daß die Vereinigten Staaten eine Macht wie jede andere seien, aber keine besondere Verkörperung politischer Tugend. Bis heute sind die großen Debatten über die Außenpolitik in den USA Variationen der Kontroverse zwischen Hamilton und Jefferson. Sie wurden zu Beginn des 20. Jahrhunderts zwischen Theodore Roosevelt und Woodrow Wilson und später, von den fünfziger bis neunziger Jahren, in großen Debatten fortgesetzt.

Die Kombination aus Pragmatismus und Ideologie macht Thomas Jefferson zum »Apostel des Amerikanismus«.[62] Noch heute glauben die meisten Amerikaner gern, daß ihre Außenpolitiker das umsetzen, was Jefferson anstrebte, nämlich daß Amerikas politische Existenz einem noblen Zweck diene und Amerika einen Menschheitstraum von Bürgerrechten und Freiheiten verwirkliche. Die Französische Revolution fand in Jeffersons Augen ihre ideale Verwirklichung und Vollendung in der amerikanischen. Im 20. Jahrhundert wurden die USA nicht nur zum Fürsprecher einer weltweiten Revolution der Freiheit, sondern sie setzten sich auch tatkräftig dafür ein.

Die wichtigsten Antriebsfaktoren der amerikanischen Außenpolitik

Idealismus versus Realismus

Die Gründungsväter sahen Außenpolitik zunächst nur als Instrument, diplomatische Verwicklungen und Konflikte mit Europa zu vermeiden.[63] Deshalb überwog bis zum Beginn des 20. Jahrhunderts eine insulare Auffassung von Außenpolitik. Bis 1914 waren die USA durch ihren geographischen Vorteil, durch die britische Seemacht und durch das europäische Machtgleichgewicht geschützt. Insulares Handeln war kein Nachteil, sondern selbstgewählte Entscheidung, die gleichzeitig das moralische Sendungsbewußtsein zügelte und nüchternes Eigeninteresse ausdrückte.[64] Gebhard Schweigler sieht eine der Hauptantriebskräfte für diese traditionelle Form des Isolationismus in dem Bedürfnis, »Amerika den Amerikanern« zu erhalten. Aber darin liegt zugleich auch die größte Schwäche dieses Isolationismus begründet, »denn eine solche Politik versuchte – gegen den idealistischen Geist des Amerikanismus, der in den Vereinigten Staaten das ›Asyl der Welt‹ und die ›Werkstatt der Freiheit‹ sieht –, das Land auf einen bestimmten Stand der Entwicklung festzulegen«.[65] Auf Dauer war angesichts der Dynamik der Weltpolitik eine solche konservative Form von Außenpolitik nicht länger durchzusetzen. Schon die Generation der Föderalisten mußte erkennen, daß sie ihre elitäre Politik nach innen und ihre Neutralitätspolitik nach außen mit Hilfe strikter Einwanderungsgesetzen nicht länger absichern konnte.

Im Zuge des offensichtlichen Erfolges der amerikanischen Staatsgründung wuchs die Bereitschaft, daraus eine Vorbildrolle für die übrigen Staaten der Welt abzuleiten. Die Grundlage der eigenen friedensfähigen Gesellschaft wurde als Ideal für eine internationale Friedensordnung angesehen. Der Schritt zur außenpolitischen Intervention fiel leicht, denn er ließ sich mit dem Hinweis auf die demokratische Vorbildrolle legitimieren. Auch durch diese Entwicklung wurden die USA in die Rolle der Weltmacht gedrängt.

Bis zum Ersten Weltkrieg schien es möglich, die wesentlichen nationalen Interessen aus der Distanz und aus einer positiv verstandenen Isolation, aber mit diplomatischem Geschick und Gefühl für ein Machtgleichgewicht in Europa bewahren zu können. Erst die sich verändernde Machtlage während des Ersten Weltkrieges verlangte statt insularer Distanz aktives außenpolitisches Handeln. Die Pax Britannica neigte sich dem Ende zu, und die USA wurden zur stärksten Wirtschaftsmacht und einzigen Demokratie von weltpolitischer Wirkung. Die Wiederherstellung des Mächtegleichgewichts in Europa rückte jetzt in den Mittelpunkt des amerikanischen Interesses. Theodore Roosevelt wurde zum Begründer einer neuen, realpolitischen Tradition, die sich nicht mehr isolationistisch, sondern interventionistisch verstand.

Dieser Realismus stellt das eigene Macht- und Wohlfahrtsstreben als selbstverständlich dar. Jeder Staat der Welt ist darauf bedacht, eigene Interessen zu wahren und zu fördern und sich selbst Vorteile zu verschaffen. Die handelspolitische Tradition und die Größe der USA machen amerikanische Realpolitik aber zu weit mehr: Der Handel wird zum Instrument, der Amerikas Einfluß weltweit sichert und umgekehrt die Welt mit dem »American way of life« gesellschaftlich durchdringt und damit eine Einflußsphäre von besonderer Art schafft – scheinbar unpolitisch und doch einflußreicher als alle traditionellen militärischen Landgewinne. Nicht militärische, sondern zivilisatorische Durchdringung und Beeinflussung einer Gesellschaft beziehungsweise einer Region wurde erkennbar. So entstand das »informelle Imperium«.[66]

Der »American way of life« mit seinen technologischen und zivilisatorischen Errungenschaften wird bis heute von ähnlich strukturierten Ländern, wie den industriellen Demokratien in Europa, aber auch anderswo, bewundert und nachgeahmt. Doch arme, zum Teil rückständige Länder nahmen den Segen des »American way of life« oft mit gemischten Gefühlen auf. Andererseits rief er in Europa und anderswo auch ostentative Abneigung hervor, wobei die Furcht vor kultureller Überfremdung, vor dem Verlust eigener nationaler Identität sichtbar wurde.

An der Schwelle zum 20. Jahrhundert mischten sich in den USA Darwinismus und imperiale Vorstellungen mit demokratischem Sendungsbewußtsein. Die Hypothesen Darwins wurden auf die internationale Politik übertragen, so daß internationale Politik auch als Kampf ums Dasein, als nationale Auslese interpretiert werden konnte. Nur der Tüchtigste war wirklich lebensfähig – diese These begünstigte die USA im freien Spiel der Kräfte der internationalen Politik. Ergänzt wurde diese Form von internationalem Sendungsbewußtsein auf religiöse Weise durch christlichen Missionseifer im Stile des Pfarrers Josiah Strong, der in einer energischen kolonialen Ausdehnungspolitik der Vereinigten Staaten einen Auftrag Gottes sah. In seinem Buch *Our Country* behauptete er, die »angelsächsische Rasse« habe den göttlichen Auftrag, »seines Bruders Hüter zu sein«. Strong prophezeite, daß »diese unvergleichlich energische Rasse sich über die Erde verbreiten wird. Wenn ich nicht fehlgehe, dann wird diese machtvolle Rasse sich über Mexiko ausbreiten, über Zentral- und Südamerika, über die Inseln der Meere, über Afrika und noch darüber hinaus. Wer könnte daran zweifeln, daß das Ergebnis dieses Wettstreits der Rassen das Überleben der Tüchtigsten sein wird.«[67] Diese Auffassungen waren um Welten entfernt von dem Idealismus, der im 20. Jahrhundert die Völkerbundvorstellungen Woodrow Wilsons und die Eine-Welt-Vorstellung Franklin Delano Roosevelts prägte.

Alfred Thayer Mahan entwickelte 1890 eine Theorie der internationalen Beziehungen, die auf die See- und Handelsmacht USA zugeschnitten war. In den 1880er Jahren wurde er als Dozent der Kriegsmarineschule in Newport, Rhode Island, zum Protagonisten amerikanischer Weltherrschaft zur See. Nur eine Seemacht, so Mahan, konnte die Meere als Straßen des Welthandels beherrschen und eine sichere Vormachtstellung gegenüber anderen Nationen entwickeln.[68]

Sein insulares Machtdenken förderte aber paradoxerweise auch den Idealismus amerikanischer Politik, wie Gerhard Ritter nachgewiesen hat. In der Tradition von Thomas Morus' *Utopia* entwickelten die angelsächsischen Mächte – England und später die USA – ein Überlegenheitsgefühl als Kulturnationen, als Vorkämpfer der Zivilisation, wobei sich Sendungsbewußtsein und angelsächsischer Puritanismus mischten. Zusätzlich schafft die insulare Position ein Gefühl von absoluter Sicherheit.

»Wer sich in der Lage befindet, den meisten großen Machtkämpfen nur von außen zuschauen zu können, allenfalls als Schiedsrichter darin aufzutreten, der wird nicht leicht in das innere Verständnis ihrer Gegensätzlichkeiten eindringen. Weil er den Zwang des Kämpfenmüssens nicht ständig am eigenen Leibe verspürt, wird er in seiner gesicherten Neutralität zur moralischen Selbstüberhebung neigen – dies um so mehr, wenn er seine Kräfte statt für den Krieg für die innere Landeswohlfahrt aufwenden kann. Wer dagegen die eigenen Macht- und Lebensansprüche immer wieder mit denen des Nachbarn zusammenstoßen sieht, dem ist auch die unausweichliche Drangsal des echten politischen Lebenskampfes stets gegenwärtig, und er wird darum eher geneigt sein, mit der moralischen Beurteilung zurückzuhalten.«[69]

Thomas Morus' Idee von »Utopia« fand unter den englischen und amerikanischen Puritanern begeisterte Anhänger: »Wie die Utopier ihre Kriege niemals aus machtpolitischem Ehrgeiz führten, sondern nur um die Erhaltung des Rechtes in der Welt zu sichern, so zieht der englische und amerikanische Puritaner immer nur ins Feld, um gottlose Despotie auszurotten und christlich-humanitäre, freiheitliche Grundsätze zu verfechten. Der Krieg ist moralisch-religiös nur als Kreuzzug zu rechtfertigen.«[70]

Sendungsbewußtsein, Seemacht- und Handelsambitionen verschmolzen in der amerikanischen Politik, wobei Idealismus und Realismus schwer voneinander zu trennen sind. Roosevelt und Mahan wollten die Welt zivilisieren, zugleich die Vereinigten Staaten zu Weltgeltung bringen. Theodore Roosevelt wurde nach 1897 als Staatssekretär im Marineministerium zur treibenden Kraft des Flottenbauprogramms der USA mit gepanzerten Linienschiffen. Als Marineminister überzeugte er Präsident McKinley später davon, daß die USA dringend Marinestützpunkte im Pazifik und in der Karibik benötigten.

Hätte Theodore Roosevelt 1912 die Wahlen gewonnen, hätten die USA vielleicht einen anderen außenpolitischen Weg beschritten. Im Zuge des Ersten Weltkriegs weckte Woodrow Wilson jedoch Idealismus in den USA, als er erklärte: »Dies ist ein Zeitalter, in dem die Moral des nationalen Eigennutzes, von dem die Volksvertreter einst geleitet waren, abgelehnt wird. Die Forderung lautet nun, einer neuen Ordnung den Weg zu ebnen, in der nur gefragt wird: Ist es richtig? Ist es gerecht? Ist es im Interesse der Menschheit?«[71]

Frieden sollte durch ein weltweites kollektives Sicherheitssystem geschaffen werden. Nach dem Scheitern der Völkerbundsidee wandten sich die USA von Europa ab. Erst im Zuge des Aufstiegs der diktatorischen Mächte Deutschland,

Italien und Japan und angesichts des Zweiten Weltkriegs bereitete Franklin D. Roosevelt die USA ideell und realpolitisch auf einen außenpolitischen Normenwechsel vor: »Pearl Harbor mußte für jeden Realisten das Ende des Isolationismus bedeuten.«[72] Hatte bis Pearl Harbor Amerikas außenpolitische Elite Realismus und Isolationismus eng verkoppelt, so wurden danach die Realisten zu Verfechtern außenpolitischen Engagements. Als nach Ende des Zweiten Weltkrieges die Neoisolationisten wiederum an Einfluß gewannen, wurde dieser angesichts der kommunistischen Gefahr bald zurückgedrängt, wie die Vandenberg-Resolution dokumentiert.[73] Trotzdem haben bis heute realpolitisch orientierte Außenpolitiker in den USA einen schwereren Stand als die Vertreter der idealistischen Tradition. Selten berufen sich Politiker auf Alexander Hamilton, William Seward, Theodore Roosevelt oder Richard Nixon. Amerikas Politiker meiden die Rhetorik der Machtpolitik, sie wenden sie einfach an.[74]

Die »Manifest Destiny« bildet die moralische Bestimmung der Rolle Amerikas in der Welt.[75] Zunächst wurde Nordamerika im Sinne der »Manifest Destiny« erobert. Dann rechtfertigte dieses Sendungsbewußtsein die weitere Verbreitung des »American way of life«. »Manifest Destiny« begründete und legitimierte die Ausbreitung amerikanischer Ideale. Realismus und Idealismus stellen nur zwei unterschiedliche Seiten dar, die Amerikas Größe und Ausdehnung sichern und rechtfertigen sollen. Der Realismus sichert, der Idealismus rechtfertigt Amerikas Interessen. Idealismus und Realismus sind keine Gegensätze, sie ergänzen sich und werden je nach Veranlagung oder Konstellation zur Legitimation und Sicherung der Weltmachtrolle Amerikas herangezogen.

Antikolonialismus versus Antikommunismus

Das antikoloniale beziehungsweise antiimperiale Selbstverständnis der USA, das aus dem Gründungsakt entstand, hat die amerikanische Außenpolitik fast zwei Jahrhunderte lang geprägt. Schon im 19. Jahrhundert machten sich die USA zum Fürsprecher antikolonialer Freiheitsbewegungen. In der Tradition dieser Denkhaltung unterstützten sie auch die nationalen Einigungsbestrebungen in Europa im 19. Jahrhundert, wie zum Beispiel in Polen, Deutschland und Italien. Woodrow Wilson setzte sich nach dem Ersten Weltkrieg für die Auflösung der europäischen Kolonialreiche ein. Aber anders als erwartet wurden nur die Kolonialreiche der Verlierer des Ersten Weltkrieges – so auch Deutschlands – aufgelöst und dann sogar den Kolonialreichen der Sieger zugeschlagen. Diese Entwicklung beweist nicht Prinzipienlosigkeit, sondern die machtpolitische Wirkungslosigkeit der idealistischen Vorstellungen Woodrow Wilsons. Anspruch und Wirklichkeit klafften auseinander, aber die USA wahrten Distanz zu den europäischen Kolonialmächten. Erst als im Zuge des kalten Krieges kommunistische oder sozialistische Befreiungsbewegungen die beim Zusammenbruch der europäischen Kolonialreiche entstandenen Machtlücken auszufüllen drohten, gerieten beide Traditionslinien in Konflikt. Sollten die USA die Befreiungsbewegungen in antikolonialer Tradition unterstützen oder als kommunistische Bedrohung bekämpfen?

Die antikoloniale Tradition geriet zunehmend in Konflikt mit der neuen Strömung des Antikommunismus, die die amerikanische Außenpolitik nach 1945 dominierte. Wurden die USA im kalten Krieg vor die Wahl zwischen kolonialer Befreiung und Antikommunismus gestellt, so entschieden sie sich in der Regel für letzteres – der antikolonialistische Idealismus blieb dabei auf der Strecke. Aber seit Ende der Kolonialreiche und vor allem seit Ende des kalten Krieges ist der Gegensatz zwischen Antikolonialismus und Antikommunismus in der außenpolitischen Tradition der USA belanglos geworden. Neue Probleme dominieren.

Isolationismus versus Internationalismus

Isolationismus und Internationalismus stehen auch heute in einem spannungsreichen Verhältnis. Isolationismus betont die Forderung, sich aus Bündnissen möglichst herauszuhalten und politische Distanz, vor allem gegenüber den europäischen Nationen, zu wahren. Isolationismus war die bestimmende außenpolitische Einstellung der Amerikaner, sie blieb bis zur Wende des 20. Jahrhunderts gültig. Die USA sind im 19. Jahrhundert kein Bündnis mit irgendeinem europäischen Staat eingegangen, seit 1814 vermieden sie kriegerische Verwicklungen mit Europa.[76] Erst unter Woodrow Wilson kam es zum Kriegseintritt der USA und zur Bildung einer lockeren Gemeinschaft, in deren Folge der sich abzeichnende Internationalismus der USA einer kritischen Betrachtung unterzogen wurde: »Wenn wir uns darauf einlassen, einen Vertrag einzugehen, der vorsieht, daß Amerika mit militärischen Machtmitteln die Integrität jedes europäischen Kleinstaates schützt, dann haben wir uns in das Sturmzentrum europäischer Querelen begeben und genau die Politik gewählt, die unsere Gründungsväter verworfen haben.«[77]

Die Phase des klassischen Isolationismus war die erste Hälfte des 19. Jahrhunderts. Nach dem Ersten Weltkrieg und nach dem Scheitern der Völkerbundsidee dominierten isolationistische Überlegungen in der Europapolitik der USA. Die Präsidenten Harding und Coolidge verzichteten weitgehend auf politische Einflußnahme in Europa. Aber hinter dieser Kontroverse stand in Wirklichkeit die Frage, ob die USA außenpolitische Handlungsfreiheit behalten oder verlieren würden: »In Angelegenheiten des Handels sind wir nie isolationistisch gewesen und werden es nie sein … wenn irgendwo Menschen leiden, sind wir nie isolationistisch gewesen und werden es nie sein. Aber bei allen politischen Verpflichtungen, die nur im geringsten die freie Entscheidung unseres Volkes einschränken, bleiben wir frei, unabhängig und isolationistisch.«[78]

Isolationismus bedeutet keineswegs den Verzicht auf Außenpolitik, denn Isolationisten betonten das weltwirtschaftliche Engagement der USA, hüteten sich jedoch ängstlich davor, dieses Interesse und die Weltmachtrolle der USA militärisch abzustützen. Die Isolationisten, meist Republikaner aus dem Mittleren Westen, nicht selten voller Ressentiments gegenüber dem Ost- und Westküsten-Establishment, stellten nie eine Mehrheit. Aber zwischen 1920 und 1938 bildeten sie eine machtvolle Phalanx im republikanisch beherrschten Kongreß, herausragend repräsentiert durch Senator William E. Borah aus Idaho, der von 1907 bis 1940 im isolationistischen Sinne Einfluß auf die Regierungspolitik nahm. Die Internationalisten befürworteten außenpolitischen Multilateralismus und die außenpolitische Einbindung der USA in die internationalen Institutionen. Die Unilateralisten hingegen forderten freie Hand für die Außenpolitik. Sie pochten auf nationale Vorbehaltsrechte.

Aber der heutige Neoisolationismus hat nicht mehr viel mit dem alten gemein. Die Neoisolationisten stammen nicht mehr zwangsläufig aus dem Mittelwesten und aus der Landwirtschaft, sondern gehören zum linken Spektrum der Demokraten, zum intellektuellen Establishment und sind auch bei Republikanern anzutreffen. Neoisolationisten stellen die Weltmachtrolle der USA nicht mehr völlig in Frage, plädieren aber prinzipiell nur für ausgewähltes Engagement und bevorzugen im Falle militärischer Maßnahmen die Entsendung von See- oder Luftstreitkräften, sprechen sich aber gegen den Einsatz amerikanischer Bodentruppen aus. Sie verstehen die USA vor allem als See- und Wirtschaftsmacht mit globalen Verpflichtungen und sind skeptisch gegenüber multilateralen Einbindungen. Die Vorliebe für eine unilaterale Außenpolitik der freien Hand bildet das Verbindungsstück zwischen klassischen und Neoisolationisten. Die Aversion gegenüber einem kollektiven Internationalismus der UNO hat eine lange Geschichte, die mit der unerbittlichen Opposition der Neoisolationisten gegen den Völkerbund einsetzte und auch nach Ende des kalten Krieges mit Blick auf die UNO und andere Institutionen bedeutungsvoll geblieben ist.

Bis heute wirken diese Spannungen zwischen Isolationismus und Internationalismus fort und prägen regierungsintern in Washington wie auch zwischen Europäern und Amerikanern Gegensätze in der Verfolgung außenpolitischer Interessen:

- In der europäischen Geschichte galt der Primat der Außenpolitik, in den USA der Primat der Innenpolitik.
- In der europäischen Politik dominiert der Staat, in den USA hat dagegen der republikanische Gedanke der Volkssouveränität Vorrang.
- In Europa gelten die Staatsräson und das Nationale Interesse als außenpolitische Handlungsmaxime. In der amerikanischen Außenpolitik dominieren Wirtschaft und ideelle Werte.
- Amerikaner neigen dazu, außenpolitische Probleme in starren Freund-Feind-Kategorien darzustellen. Diesem dualistischen Denken widerspricht der europäische Sinn für Realpolitik, der interessenorientiert ist und wechselnde Machtkombinationen für selbstverständlich erachtet.
- Außenpolitischer Isolationismus als Idealzustand im Frieden und Kreuzzugsidee als Begründung für Krieg stehen im Gegensatz zur Tradition Europas, wo Krieg alltäglich war, aber im Prinzip begrenzt blieb.

Deshalb haben Margaret Boveris Grunderkenntnisse über die Amerikaner und ihr Verständnis von Politik auch heute noch Gültigkeit: »Die Amerikaner sind nicht Europäer, die zufällig ein paar Jahrzehnte oder Generationen auf einem anderen Kontinent verbrachten, im Grunde also dieselben Leute wie wir, nur mit einigen angenommenen Kolonialsitten und einem größeren Reichtum, sondern die Amerikaner sind ein neues Volk. ... Ihr Geschichtsbild, ihr Geschmack, ihre Denkprozesse sind andere als die europäischen. Verständnis zwischen den Völkern entsteht nicht dadurch, daß der eine die Sprache des anderen lernt, seine Bücher liest, sich auf die Gefühle und Reaktionen besinnt, die allen Menschen gemeinsam sind, Verständnis kann erst dann entstehen, wenn das von Grund auf Andersartige am Gegenüber erkannt und in seinen Wurzeln begriffen wird.«[79]

Der Gegensatz zwischen Isolationismus und Internationalismus löst sich in der gemeinsamen Vorstellung aller Amerikaner auf, daß die eigenen Interessen Vorrang haben: »›America first‹ bedeutet aber mehr: die ›Nummer eins‹ in der Welt als ständige Aufforderung und Herausforderung, gegenüber anderen Mächten »second to none« zu bleiben. Diese widersprüchliche Einstellung erklärt, warum im Juni 1992 91 Prozent der Amerikaner eine aktive Rolle ihres Landes in der Weltpolitik befürworteten, während gleichzeitig 88 Prozent der Ansicht zustimmten, die USA sollten sich weniger um andere Länder als vielmehr um die eigenen Probleme kümmern. Die USA wurden zum Beispiel moderner Staatengründung: demokratisch in der Struktur und interessiert am

Wohlergehen anderer Völker, wenn es Amerikas Interessen entspricht. Nach dem Ende des kalten Krieges stellt sich diese Frage neu: Wendet sich Amerika als einzig verbliebene Supermacht in Zukunft stärker nach innen, oder engagiert sich Amerika in der internationalen Politik?«[80]

Von der Weltflucht zur Weltmacht

Amerikas Ausdehnung und Aufstieg fand anfangs widerwillig statt. Durch die Insellage und Weitläufigkeit des Kontinents, den Schutz durch zwei Ozeane und ohne Grenzprobleme im Norden konnten die Menschen den reichen nordamerikanischen Kontinent von Meer zu Meer durchdringen. Mit dem Erwerb Alaskas, der Gründung von Protektoraten auf den Philippinen und in der Karibik wie auch in Mittel- und Lateinamerika, durch Besitznahme Hawaiis und durch den Bau des Panamakanals begründeten die USA ein informelles Imperium, das über ihre kontinentalen Grenzen weit hinausreicht. Es gibt keinen Staat in der Geschichte, der so mühelos und schnell den Weg zu einer beherrschenden Stellung in der Weltpolitik zurückgelegt hat wie die USA. Im Prozeß der industriellen Revolution und auf der Grundlage angelsächsischer Tradition entstand eine dynamische Wirtschaftsdemokratie, die alle anderen Mächte herausforderte. Die USA wurden zum Experiment einer optimistischen Geisteshaltung und zum Bahnbrecher neuer technologischer Entwicklungen. Aber erst zu Beginn des 20. Jahrhunderts wurden die USA zur Weltmacht. Dafür waren sie prädestiniert, aber nicht darauf vorbereitet. Schließlich nahmen sie diese Rolle widerstrebend an. Während sich die europäischen Großmächte zu Beginn des 20. Jahrhunderts im Kampf gegeneinander aufrieben, schufen im Zuge einer neuen isolationistischen Pause in der Zwischenkriegszeit die USA die Voraussetzungen für ihre Weltmachtrolle in der zweiten Hälfte des 20. Jahrhunderts. In wenigen Jahrzehnten, vom Ende des 19. bis zu den vierziger Jahren des 20. Jahrhunderts, fand ein außenpolitischer Wandel statt, der Sprung von einer zweitrangigen Macht zur Weltmacht. Dabei ließen die USA den Status der klassischen Imperialmacht aus. Sie beteiligten sich weder an der Aufteilung Afrikas noch an kolonialen Eroberungen im Nahen Osten oder am Wettlauf um die Anteile des desintegrierten Reiches der großen Mitte: China. Die Vereinigten Staaten von Amerika gingen andere, vor allem handelspolitische Wege. Im Wissen um ihre wirtschaftliche Kraft wollten die USA vor allem wirtschaftlich in der Welt dominieren. Dabei war der Schutz durch die englische Flotte Vorbedingung. Die USA errichteten ein informelles Imperium mit Hilfe Großbritanniens.

Erst als die USA stark genug waren, bezwangen sie den weltpolitischen Rivalen und drangen mit nichtmilitärischen Mitteln erfolgreich in dessen zerfallenes Weltreich ein. Amerikas Politiker predigten gern das Evangelium kolonialer Emanzipation, während sie informell britischen Kolonialbesitz übernahmen[81]: »Wenn sich jemals in der Geschichte eine großzügige Politik bezahlt gemacht hat, ist es in dem Verhältnis Englands zu den USA der Fall gewesen. Ohne sichtbare Gegenleistungen hatte England die USA an den Segnungen der Pax Britannica teilhaben lassen und den Amerikanern gestattet, in der westlichen Hemisphäre die erste Geige und in Ostasien eine hervorragende Rolle zu spielen. England hatte es auf sich genommen, die Wellen zu beherrschen, das europäische Gleichgewicht zu garantieren und englischer Sprache und Kultur Weltgeltung zu verschaffen. Die USA waren die Nutznießer dieser Entwicklung.«[82] Als stiller Teilhaber der englischen Weltgeltung nutzten die USA den schwindenden Einfluß Englands im 20. Jahrhundert zunehmend zum eigenen Vorteil. Schon in der Zeit zwischen dem Ersten und Zweiten Weltkrieg waren die USA zur potentiellen Weltmacht geworden.[83] Vor allem mit Blick auf Lateinamerika baute Franklin D. Roosevelt die Interessen der USA durch seine Politik der guten Nachbarschaft aus. Im Zuge der faschistischen und kommunistischen Bedrohung wurden die USA zur zupackenden Weltmacht. Truman setzte den Grundstein für antikommunistisches Engagement. In den folgenden Jahrzehnten ergriffen die USA ihre Weltmission schließlich mit ganzer Kraft. Doch Amerikas Außenpolitik wurde nicht nur durch Visionen und Konzepte geprägt, sondern ebenso durch handfeste Interessen, die sich von ursprünglicher selektiver Verteidigung zur globalen Eindämmungsstrategie erweiterten. Hinter der Rhetorik von Moral und Sendungsbewußtsein verbargen sich auch geopolitische bzw. geostrategische Interessen, die im Zuge des 19. Jahrhunderts entwickelt wurden und dann unter den spezifischen Herausforderungen im 20. Jahrhundert militärisch und ideologisch erweitert wurden.

Weil amerikanische Außenpolitik im Eigenverständnis auch moralisch gut sein soll, befleißigen sich (fast) alle Präsidenten und führenden außenpolitischen Repräsentanten einer moralisierenden und bisweilen altruistischen Rhetorik, aber operativ haben sie auch in geostrategischen Dimensionen gehandelt.

Schon im 19. Jahrhundert hat die Beziehung zwischen geographischem Raum und dem Faktor Macht in den USA große Bedeutung entfaltet. Geographische Lage, natürliche Ressourcen und Landerwerb verdichteten sich zusammen mit technischer und zivilisatorischer Leistung zu Unabhängigkeit und weltpolitischem Rang. Die Expansion über den nordamerikanischen Kontinent hinaus formte Konzepte und Ideen wie die Monroe-Doktrin oder die der Manifest Destiny sowie den Frontier-Gedanken, der mit der Entwicklung von vier geopolitischen Schulen korrespondierte: kontinentaler Isolationismus, globale Seestrategie, Atlantizismus und fernöstlich orientierte Weltpolitik.

Man muß kein Hellseher sein, um zu erkennen, daß diese Unterseite amerikanischer Außenpolitik natürlich im charakteristischen Selbstverständnis der USA von Idealismus und Moralismus weitgehend bedeckt gehalten wird.

Fröhlich zeigt, wie hinter der Rhetorik von Moral und Sendungsbewußtsein in Wirklichkeit geostrategische Nationalinteressen in Amerikas Außenpolitik seit dem 19. Jahrhundert Kontinuitätsmuster bilden, die dann unter den spezifischen neuen Herausforderungen im 20. Jahrhundert nicht nur fortgesetzt, sondern militärisch und ideologisch erweitert wurden.[84]

Im Verlauf zweier Weltkriege warfen die USA zunächst ihr Gewicht widerwillig, dann um so konsequenter in die Waagschale der weltpolitischen Auseinandersetzungen. Bereits 1949 hatten sie den Zenit ihrer weltpolitischen Einflußnahme erreicht. Japan und Deutschland waren besiegt und unter Kontrolle. Die USA verfügten über das Monopol an Nuklearwaffen. Als führende Macht des atlantischen Bündnisses schufen sie durch NATO und Marshallplan die Voraussetzungen für Sicherheit und wirtschaftlichen Aufbau Westeuropas. Im Krieg konnten Land und Bevölkerung Nordamerikas sogar vor Kriegseinwirkungen völlig bewahrt werden.

Trotzdem war John Quincy Adams' Warnung vor der Vernichtung von Ungeheuern in der Welt ungültig geworden, denn die Konturen des kalten Krieges wurden sichtbar: Jetzt gab es keine schnellen Lösungen mehr, weder durch einen moralisch-politischen Kreuzzug noch durch Rückzug oder Isolation. Im kalten Krieg mußten sich die USA auf Jahrzehnte mit einem globalen Herausforderer auf den unbefriedigenden Zustand des politischen Patts arrangieren.

Im Zuge der Eindämmung der sowjetischen Macht wurden in den fünfziger Jahren, als sich die USA noch als aufsteigende Macht verstanden, sogar neue Grenzen für die Außenpolitik der USA gezogen:

- Im August 1949 wurde das Nuklearmonopol gebrochen, das kostspielige strategische Wettrüsten setzte ein. Seit Ende der fünfziger Jahre waren auch die USA wie jedes andere Land schutzlos gegenüber einem Nuklearangriff. Nach knapp zwei Jahrhunderten war das Gefühl der absoluten Sicherheit verlorengegangen.
- Durch die Gründung der Volksrepublik China 1949 geriet nahezu ein Viertel der Weltbevölkerung unter ein kommunistisches Regime, das mit dem Erzfeind Sowjetunion verbündet war, die »kommunistische Weltrevolution« schien ihrem Ziel ein bedeutendes Stück näher gerückt.

- Im Koreakrieg machten die USA zum ersten Mal die schmerzliche Erfahrung, daß die Nuklearstrategie der Abschreckung versagte und daß kein Sieg, sondern nur Waffenstillstand und Wiederherstellung des Status quo erreicht wurden.
- In der SBZ 1953, in Ungarn und Polen 1956 wurde deutlich, daß die Rhetorik der Befreiung vom Kommunismus nicht in die Tat umgesetzt werden konnte, ja daß übertriebene Hoffnungen in Resignation und Verzweiflung umschlugen.
- Mit der Revolution in Kuba 1958/59 durchbrach Fidel Castro die Monroe-Doktrin und den amerikanischen Führungsanspruch in der Karibik.
- Die sprunghaft ansteigende Zahl neuer Mitgliedstaaten in der UNO als Folge der Dekolonisationsprozesse erschwerte die ehemals klaren proamerikanischen Mehrheitsverhältnisse in der UNO erheblich, und in der Dritten Welt schien die Befreiung vom kolonialen Joch durch Sozialismus und Kommunismus attraktiver als durch Anlehnung an die USA.

Die USA wurden in den fünfziger Jahren zum Opfer ihres eigenen Erfolges: Marshallplan, NATO und andere Hilfsmaßnahmen der USA hatten den Wiederaufbau in Westeuropa und in Japan beschleunigt, aber die wirtschaftspolitische Rivalität im Dreieck USA–Westeuropa–Japan verschärft. Die USA waren zwar nicht schwächer, aber die Verbündeten und Gegner waren insgesamt stärker geworden. Die starre bipolare Konfrontation im kalten Krieg, die alle Ebenen durchzog, wurde brüchig. Sie blieb im Kern militärisch bipolar, aber ökonomisch, politisch und ideologisch gab es erste Anzeichen für Multipolarität.

Eine Pax Americana schien aber nur unter den konfrontativen Bedingungen des kalten Krieges möglich. Bei Auflockerung der amerikanisch-sowjetischen Konfrontation strebten Staaten und Regionen nach Distanz und Unabhängigkeit. Das Gefühl der Grenzenlosigkeit amerikanischer Stärke in den fünfziger Jahren war am Ende des Jahrzehnts einem Gefühl neuer bedrängender Rivalität mit der Sowjetunion gewichen. Der Sputnik-Schock von 1957, die politische Aggressivität der Sowjetunion und die außenpolitische Schwäche Eisenhowers verstärkten das Gefühl amerikanischer Ohnmacht. Vielleicht zeigte Eisenhower mehr instinktive Zurückhaltung und Klugheit, als seinerzeit angenommen.[85] Aber Kennedy gewann die Präsidentschaftswahl knapp, weil er den Willen zur Wiederherstellung der Überlegenheit der USA überzeugender vermittelte als sein Herausforderer Nixon. Als Präsident mobilisierte Kennedy dann die USA zu neuen internationalen Anstrengungen.

Die Aussenpolitik der Regierung Kennedy

Die Außenpolitik der »Neuen Grenze«

Mit Präsident John F. Kennedy schienen die USA in ein »Augusteisches« Zeitalter einzutreten: Die Fortschritte bei der Verwirklichung der Menschenrechte wurden unter Kennedy und seinem Nachfolger Lyndon B. Johnson besonders deutlich, ja sie waren epochal. Dreihundert Jahre der Benachteiligung und Unterdrückung der Schwarzen gingen ihrem Ende entgegen. Der Wohlfahrtsstaat wurde ausgebaut. Mittels einer gewaltigen technologischen Anstrengung gelang es, binnen einer Dekade einen Menschen zum Mond zu schicken. Amerikas Prestige in der Welt stand im Zenit, seine zivilisatorische Vorbildrolle wirkte weltweit. Am Horizont wurden aber auch Probleme erkennbar: Der erfolgreiche Start der sowjetischen Rakete, die mit dem Sputnik den ersten von Menschen erbauten Satelliten in eine Umlaufbahn um die Erde setzte, ließ Zweifel an der eigenen Überlegenheit aufkommen. Mit der Mondlandung wollte Kennedy auch den sogenannten Sputnik-Schock überwinden, der Amerika zu lähmen drohte.

Der Sputnik-Schock, die Furcht vor einer vermeintlichen Raketenlücke, die seit 1948 ansteigende Berlinkrise, Chruschtschows brüske Abreise vom Pariser Gipfeltreffen, der Abschuß des amerikanischen U-2-Spionageflugzeugs über der Sowjetunion, die wachsenden Probleme mit Fidel Castro in Kuba, die schwelende Kongokrise und Nassers neue politische Orientierung nach Moskau schufen Unbehagen und verlangten nach Wiederherstellung von Amerikas Ansehen in der Welt. Ein recht erfolgloser außenpolitischer Berater der Regierung Kennedy erklärte 1974 retrospektiv: »Die Kennedy-Zeit ist wohl eher das Ende einer Ära als der Beginn einer neuen: das letzte große Aufblühen der naiven Version vom amerikanischen Idealismus – und das will ich nicht als Kritik verstanden wissen.«[1]

Die Präsidentschaft von John F. Kennedy signalisierte 1961 die Erneuerung amerikanischer Größe. Bereits im Wahlkampf hatte Kennedy vom künftigen Präsidenten Initiativen gefordert: »Der nächste Präsident wird eine Politik erben, die zum großen Teil nur als Reaktion auf die Aktionen der Sowjetunion konzipiert worden ist. ... Er wird einer Welt der Revolution gegenüberstehen, ausgerüstet mit einer Politik, die lediglich den Status quo zu konservieren sucht. ... Wir sind gezwungen, uns auf zusammengestoppelte Pläne und bedeutungslose Schlagworte zu verlassen. ... Unsere große Strategie besteht allein im Rüstungswettlauf und im kalten Krieg.«[2]

Bei seinem Amtsantritt versprach John F. Kennedy politischen Wandel: »Die Fackel ist an eine neue Generation von Amerikanern übergeben worden – geboren in diesem Jahrhundert, geläutert durch den Krieg, geformt durch einen kalten und bitteren Frieden, stolz auf unser überkommenes Erbe und nicht gewillt, die langsame Auflösung jener Menschenrechte zu dulden, denen sich diese Nation verschrieben hat. ... In der Geschichte der Welt ist es nur wenigen Generationen vergönnt gewesen, die Rolle der Verteidigung der Freiheit in der Stunde ihrer höchsten Gefahr zu spielen. Ich schrecke vor dieser Aufgabe nicht zurück, ja, ich begrüße sie.«[3]

Um den hohen Anspruch seiner Außenpolitik zu dokumentieren, versammelte Kennedy »die Besten und Gescheitesten«[4] des Landes um sich: Zum Außenminister ernannte er Dean Rusk. Rusk war unter Truman Staatssekretär für Fernost-Angelegenheiten gewesen und seit 1960 Präsident der angesehenen Rockefeller-Stiftung. Ein blasser Administrator, spielte er für die Außenpolitik unter Kennedy keine zentrale Rolle. Im Rückblick zeigt Rusks Ernennung, daß Kennedy in Wirklichkeit sein eigener Außenminister sein wollte.

Zum Verteidigungsminister ernannte er Robert McNamara, zuvor Präsident des Automobilkonzerns Ford, der in der Außenpolitik der kommenden Jahre eine herausragende Rolle spielen sollte. Dies gilt insbesondere für den Krieg in Vietnam. Zum Nationalen Sicherheitsberater berief Kennedy den 41jährigen McGeorge Bundy, einen angesehenen Professor für Zeitgeschichte an der Harvard University. General Maxwell Taylor beriet Kennedy in sicherheitspolitischen Fragen. Er gab den Anstoß für die Entwicklung der neuen Militärstrategie der »flexiblen Antwort«. Kennedys Bruder Robert hatte als U. S. Attorney General (Justizminister) vielleicht den größten Einfluß auf den Präsidenten, nicht nur als Berater in außenpolitischen Fragen. Zusammen mit den anderen Mitarbeitern repräsentierten diese Männer eine selbstbewußte Außenpolitik – bis zur Grenze der Arroganz. Sie waren erfolgreich und glaubten an Amerikas Mission in der Welt.

Kennedy aktivierte kühner als seine Vorgänger den alten Fortschrittsglauben vergangener Generationen, als er 1960 erklärte: »Wir stehen heute am Rande einer ›Neuen Grenze‹ ... der sechziger Jahre. Die ›Neue Grenze‹ ... ist keine Kette von Versprechungen, sondern eine Kette von Herausforderungen. ... Wir müssen von neuem beweisen, daß diese Nation lange durchhalten kann, daß unsere Gesellschaft mit ihrer Freiheit der Wahl, der Weite der Möglichkeiten, ihrer Vielfalt der Alternativen gegen den ganz auf einen Gedanken konzentrierten Fortschritt des kommunistischen Systems auftreten kann.«[5]

Kennedy glaubte, daß sich die bipolare Auseinandersetzung verschärfen und die Konflikte sich dabei von Europa in die Dritte Welt verlagern würden. Außerdem würden sie sich nicht mehr allein militärisch bekämpfen lassen, sondern verlangten gesellschaftspolitisch neue Maßnahmen. Deshalb sollten die USA sozialen Wandel in der Welt fördern, um kommunistischen Umstürzen vorzubeugen. Die Grundlage bildete dabei für Kennedy eine innenpolitische Erneuerung der USA und der westlichen Demokratien. Der Fortschritt der freien Welt war ihm Voraussetzung für Erfolg im kalten Krieg mit der Sowjetunion.

Vor diesem Hintergrund wirkte der außenpolitische Anspruch der »Neuen Grenze« attraktiv. Sie wurde zur globalen Interpretation der nationalen Interessen: Die »Neue Grenze« öffnete Amerikas Perspektiven für weltweite Verantwortung. Der Anspruch auf Überlegenheit der amerikanischen Zivilisation sollte Optimismus und Dynamik stimulieren. Kennedy appellierte an sozialliberale Traditionen und kritisierte die satte Wohlstandsmentalität der westlichen Industrieländer: »Wenn die freie Gesellschaft nicht den vielen helfen kann, die arm sind …, dann kann sie niemals jene wenigen retten, die frei sind. … Wir haben es zugelassen, daß die Kommunisten uns von dem zu Recht gebührenden Platz an der Spitze dieser weltumfassenden Bewegung vertrieben haben. Es ist dazu gekommen, daß wir als die Verteidiger des Status quo erscheinen, während die Kommunisten sich als die Vorhut hingestellt haben, die den Weg zu einer besseren Lebensordnung weisen.«[6] Er hatte dabei die südliche Hälfte des Globus im Auge: Asien, Lateinamerika und Afrika. Die USA sollten sich nicht mehr hinter dem Limes der von Außenminister Dulles in den fünfziger Jahren weltweit aufgebauten Sicherheitspakte verschanzen, sondern das neue junge Amerika sollte sich selbstlos für die Armenhäuser der Erde einsetzen. Zum sichtbaren Ausdruck dieser Bestrebungen wurden die von Kennedy ins Leben gerufene »Allianz für den Fortschritt« und das »Friedenskorps«, in dem junge Amerikaner in der Dritten Welt Entwicklungshilfe leisten sollten.

Die Mobilisierung der Außenpolitik war für Kennedy nur im Zusammenhang mit einer Revolutionierung der Innenpolitik möglich. Durch liberale und soziale Reformen sollte Amerika seine Verpflichtung glaubhaft machen, »an der Spitze der weltweiten Revolution zu stehen: ›Wir wollen und dürfen heute nicht vergessen, daß wir die Erben dieser ersten Revolution sind.‹« Kennedys Appell an die Bürger der Vereinigten Staaten gipfelte in seinem Aufruf: »Fragt nicht, was euer Land für euch tut, fragt, was Ihr für euer Land tun könnt!«[7]

Mobilisierung der Außenpolitik und Mobilisierung von Demokratie und Wirtschaft waren für Kennedy synonym. Kennedy hatte die Warnung des englischen Premierministers Macmillan mit Aufmerksamkeit notiert: »Was wird mit uns geschehen, wenn wir nicht vorweisen können, daß unsere moderne freie Gesellschaft in steter Ausdehnung unserer Wirtschaftskraft den vollsten Nutzen aus unseren Ressourcen und Leistungen zieht ... Wenn wir darin versagen, wird der Kommunismus triumphieren, aber nicht durch Krieg, sondern dadurch, daß er ein besserer Weg zu sein scheint, den Menschen materielles Wohlergehen zu bescheren. Sollten wir in irgend etwas wie die Rezession zurückverfallen, die wir zwischen den Kriegen hatten, ich glaube, dann hätten wir das Spiel verloren.«[8]

Macmillan hatte Kennedy davon überzeugt, daß der Kalte Krieg mit der Sowjetunion auf lange Sicht letztlich im wirtschaftlichen Wettbewerb entschieden werde – und er sollte recht behalten. Was Macmillan aber Kennedy verschwieg, war die Tatsache, daß die sowjetische Wirtschaft in den fünfziger Jahren doppelt so stark gewachsen war wie die britische. Daher rührte Macmillans Pessimismus. Aber auch um die USA war es beim Amtsantritt Kennedys wirtschaftlich nicht zum besten bestellt. Mehr und mehr begann der Kalte Krieg die Wirtschaft zu beeinflussen. Der Militärisch-Industrielle Komplex, vor dem bereits Eisenhower eindringlich gewarnt hatte, veränderte die industrielle Geographie der USA: Der Süden und der Westen, insbesondere Kalifornien, Texas und Georgia, profitierten vom Ausbau der Rüstungsindustrie. McDonnell-Douglas, North American, Hughes Aircraft und andere ließen seit 1940 in den jeweiligen Regionen die Bevölkerung um ein Fünffaches wachsen und den Wohlstand ansteigen. Boeing sorgte im Nordwesten für wirtschaftliche Expansion, General Dynamics und McDonnell-Douglas in und um St. Louis. Aber die Verteidigungsindustrie untergrub – wenn auch weitgehend unbemerkt – die finanzielle und wirtschaftliche Basis der Macht Amerikas. Unter Kennedy modernisierten und bauten die USA das strategische Nuklearpotential unter äußerster Kraftanstrengung aus: Die Zahl der Interkontinentalraketen wuchs von 60 auf 420, die Polaris-U-Boote wurden um 50 Prozent, die »Minuteman«-Raketen um 75 Prozent, die strategischen Nuklearwaffen insgesamt um mehr als 100 Prozent und die taktischen Nuklearwaffen in Westeuropa um 60 Prozent aufgestockt. Insgesamt stieg die Kriegsbereitschaft von Marine, Heer und Luftwaffe. Kennedy wollte die USA durch ein enormes Rüstungsprogramm für »zweieinhalb« mögliche Kriege in Europa und im Fernen Osten vorbereiten.

Als Kennedy am 4. Juli 1962 seine Erklärung gegenseitiger Abhängigkeit zwischen den Vereinigten Staaten und einem geeinten Europa verkündete, hoffte er auf wirtschaftliche Entlastung der USA durch eine weltweite Mitverantwortung der Westeuropäer. Nur unter Aufbietung der wirtschaftspolitischen Stärke beider Kontinente konnte – so Kennedy – die globale Herausforderung der »Neuen Grenze« angesichts der kommunistischen Bedrohung und der sozialen Probleme bewältigt werden.

Hinter diesem revolutionär erscheinenden Globalkonzept kam jedoch deutlich die klassische amerikanische Auffassung zum Vorschein, daß Zugang und Offenhaltung von ausländischen Märkten zur Lebensfähigkeit der amerikanischen Wirtschafts- und Gesellschaftsordnung notwendig seien. Profitinteresse verband sich mit politischem Sendungsbewußtsein: »Free Enterprise« sollte die Grundlage für Demokratie und Freiheit bilden. Angesichts des wachsenden Zahlungsbilanzdefizits und der Handelsbilanzprobleme der USA lag Kennedys Konzept im ökonomischen Eigeninteresse der USA: Anders als bei Roosevelts »New Deal« bestand Anfang der sechziger Jahre ein enger Zusammenhang zwischen den binnenwirtschaftlichen Problemen, wie verminderter Produktivität, Absatzschwierigkeiten, wachsender Arbeitslosigkeit und außenwirtschaftlichen Problemen im Außenhandel und der Währungspolitik, welche die Schwierigkeiten im magischen Dreieck Vollbeschäftigung–Wachstum–Zahlungsbilanz verstärkten. Hinter Kennedys idealistischem Schleier verbarg sich die Sorge um die nationalen Interessen der USA: Das polit ökonomische Wachstum der USA sollte durch mehr Beiträge der Westeuropäer gestützt werden, denn steigende Ausgaben in Übersee, bei den Streitkräften, bei der Auslandshilfe, bei den Auslandsinvestitionen sowie der Abfluß des Dollars ins Ausland hatten das Zahlungsbilanzdefizit vergrößert.[9]

Auch die enormen Rüstungsanstrengungen der fünfziger Jahre hatten die Wirtschaftskraft beeinträchtigt. Die Konzentration der Industrie und des Bildungssystems auf militärische Leistung, auf Entwicklung neuer Waffen stärkte zwar Amerikas äußere Sicherheit, untergrub jedoch zugleich die wirtschaftspolitischen Grundlagen. Als Kennedy 1961 die Regierung übernahm, waren die Kosten zur Aufrechterhaltung der weltweiten Pax Americana gestiegen, aber die Goldreserven auf nur noch 22 Milliarden Dollar in Gold gesunken, die sich jährlich um 1,5 Milliarden weiter verringerten.

Entscheidend war, daß die amerikanische Wirtschaft durch den kalten Krieg zunehmend militarisiert und internationalisiert wurde. Bis zum Zweiten Weltkrieg war sie binnenorientiert gewesen. Nach 1945 wurde sie zunehmend in ein globales Handelssystem eingebettet. Belief sich Amerikas Export in der Zeit der Depression 1933 auf 1,65 Milliarden Dollar, so stieg er nach dem Zweiten Weltkrieg sprunghaft an: 1950 auf 10,2, 1960 auf 20,4, 1970 auf 42,6, 1980 auf 216,7 und 1990 auf 421,6 Milliarden Dollar.

Die Militarisierung der Außenpolitik zeigte sich in folgender Entwicklung: 1963 hatten die USA weltweit über eine Million Soldaten auf insgesamt 1250 Stützpunkten stationiert. Amerikanische Militär- und Wirtschaftshilfe führte dazu, daß insgesamt 3,5 Millionen nichtamerikanische Truppen zur Eindämmung sowjetischer beziehungsweise kommunistischer Macht unterhalten wurden.

Während Kennedy den Nationalstaatsgedanken für Europa als rückständig und überholt ansah, wurde nationale Souveränität in der Dritten Welt als erstrebenswert erachtet. Mit Blick auf Lateinamerika wünschte sich Kennedy, daß sich die Staaten dort aufgeschlossener zu den USA hin orientierten. Mit dem ambitiösen Projekt der »Allianz für den Fortschritt« wollte Kennedy zwanzig Milliarden Dollar für wirtschaftliche Maßnahmen einsetzen, um Lateinamerika zu einer sozialen Revolution von oben zu ermutigen. Wie Westeuropa durch den Marshallplan vor sozialen Unruhen bewahrt wurde, so sollte auch Lateinamerika in der »Allianz für den Fortschritt« gemeinsam mit den USA zu Wohlstand und Demokratie geführt werden. Mißtrauisch beobachtete Kennedy den wachsenden Einfluß der kommunistischen Ideologie in der südlichen Hemisphäre.

Fidel Castro hatte 1959 durch den Sturz des korrupten Batista-Regimes in Kuba ein Beispiel für eine kommunistische Revolution gesetzt. Kennedys Hoffnung, daß Castros Revolution den lateinamerikanischen Oligarchien einen heilsamen Schock versetzt und die Chancen für Reformen erhöht hätte, erfüllte sich ebensowenig wie der Wunsch nach konstruktiven Beziehungen zu Kuba. Der Abbruch der diplomatischen Beziehungen am 4. Januar 1961 signalisierte Konfrontation. Die USA suchten die Entwicklung zurückzudrehen. Von der CIA wurden Exilkubaner in den Sümpfen von Guatemala für die Befreiung Kubas vom Kommunismus ausgebildet. Kennedy, unerfahren und erst seit drei Monaten im Amt, billigte die Invasionspläne der Regierung Eisenhower. Der Landungsversuch von 1 500 Exilkubanern im April 1961 in der Schweinebucht scheiterte jedoch völlig. Die indirekte Beteiligung der USA an der Niederlage erschütterte das Vertrauen in Kennedys Politik erheblich: Nicht die »Allianz für den Fortschritt« wurde geschlossen, sondern militärische Intervention fand statt.[10]

Obwohl Kennedy die Verantwortung seinem Vorgänger Eisenhower hätte anlasten können, übernahm er sie selbst und zog massive Konsequenzen: Er reorganisierte das außenpolitische Entscheidungssystem der USA grundlegend und sorgte dafür, daß der Präsident bei außenpolitischen Krisen selbst die Kontrolle behalten würde: Der Nationale Sicherheitsrat unter der Leitung von McGeorge Bundy avancierte zum außen- und sicherheitspolitischen Nervenzentrum der Regierung Kennedy. Die Tätigkeit der Geheimdienste wurde strenger Kontrolle unterstellt, und Kennedys persönlicher Militärberater Maxwell Taylor wurde Vorsitzender der Vereinigten Stabschefs.[11]

Es besteht kein Zweifel, daß die demütigende Niederlage der Exilkubaner in der Schweinebucht entscheidend dazu beitrug, daß die Regierung Kennedy im Oktober 1962 organisatorisch und entscheidungsmäßig auf die Raketenkrise mit der Sowjetunion gut vorbereitet war. Das Desaster vom April 1961 war der Anlaß, aus Fehlern zu lernen. Das Debakel hatte drei schwerwiegende Konsequenzen: Am 2. September 1961 erklärte Fidel Castro Kuba zur Sozialistischen Republik. Kuba nahm zu den sozialistischen Ländern diplomatische Beziehungen auf, akzeptierte Wirtschaftshilfe der Sowjetunion und erklärte dem Dollar-Imperialismus den Krieg. Castros offenes Bekenntnis zum Marxismus-Leninismus und zur Sowjetunion als Schutzmacht wurde zum Konfliktpotential und ständigen Krisenherd der amerikanischen Außenpolitik in den kommenden Jahrzehnten. Vor allem folgerte Nikita Chruschtschow aus Kennedys zögerlichem Verhalten, daß er unentschlossen und nachgiebig sei. Dieser Eindruck verstärkte sich bei dem Gipfeltreffen der beiden Regierungschefs in Wien im Juni 1961. Der amerikanische Präsident schien unsicher, Chruschtschow dagegen selbstbewußt und bereit, seine Ziele mit Nachdruck und Risikobereitschaft durchzusetzen.[12] Auch hier bemühte sich Kennedy, Fehler und Versäumnisse zu korrigieren: Nachdem Chruschtschow in Berlin und in der Deutschlandpolitik weiter mit einem separaten Friedensvertrag mit der DDR und mit einer freien, neutralisierten Stadt West-Berlin drohte, antwortete Kennedy im Juli 1961 mit der Teilmobilisierung der amerikanischen Streitkräfte und mit einer Verstärkung der amerikanischen Truppen in der Bundesrepublik. Gleichzeitig wurde der Militäretat um 3,2 Milliarden Dollar erhöht. Außerdem kündigte Kennedy den Aufbau einer Zivilverteidigung an. Die Sowjetunion verkündete ebenso wie die USA eine Teilmobilisierung: Offensichtlich standen die beiden Großmächte im Sommer 1961 während der Berlinkrise am Rande eines Krieges. Die Massenflucht aus der SBZ nach Westen hatte seit Chruschtschows Berlin-Ultimatum 1958 enorme Ausmaße angenommen. Das Regime Ulbricht stand kurz vor dem Zusammenbruch. Hätte damals ein weitsichtiger Reformer im Kreml regiert, wäre die deutsche Frage Anfang der sechziger Jahre vielleicht anders von der Geschichte beantwortet worden.

Der Bau der Mauer beendete am 13. August 1961 die Krise nur vordergründig. Zugleich wurde auch Kennedys Ansehen in Deutschland schwer erschüttert. Sein neues sicherheitspolitisches Konzept der flexiblen Antwort hatte nicht verhindern können, daß sich der Statuts quo in Berlin zum Nachteil des

Westens und der Menschen im Osten verändert hatte. Ob es eine Alternative gegeben hätte, bleibt Spekulation. Zwar konnte Kennedy die westlichen Rechtspositionen wahren, eine freiheitliche Wiedervereinigung auf der Grundlage einer europäischen Friedensordnung rückte aber von nun an in weite Ferne. Das war die bittere Erkenntnis aus dem Mauerbau von 1961.[13]

Doch versuchte Kennedy deutlich zu machen, daß er nicht geneigt war, kommunistischen Umsturz und Landgewinn weiter hinzunehmen. Dies führte schließlich zu einer weiteren Konsequenz des Debakels in der Schweinebucht: Kennedy war fasziniert von den revolutionären Guerillaführern der Dritten Welt. Folglich wurde deren Kampftechnik von den amerikanischen Spezialeinheiten der »Green Berets« übernommen. Kennedy schuf diese neue Eliteeinheit des Guerillakampfes, um auch auf der untersten – lokalen – Ebene im Kampf gegen den Kommunismus gewappnet zu sein. Dieser Aspekt seiner neuen Militärstrategie der flexiblen Antwort war langfristig ebenso von Bedeutung wie seine Anstrengungen, das nukleare Potential und die konventionelle Kampfkraft der Streitkräfte zu verbessern. Kennedy wollte auf allen Konfliktebenen der Sowjetunion überlegen sein – vom Guerillakampf bis zur nuklearstrategischen Ebene.

Angesichts des nuklearen Patts und des subversiven Grundcharakters der kommunistischen Herausforderung in der Dritten Welt schienen Kennedys Überlegungen und Strategien angemessen. Er wurde durch das Scheitern in der Schweinebucht bestärkt: »Wir sehen uns einem unnachgiebigen Kampf in allen Teilen der Welt gegenüber, der weit über den bloßen Zusammenprall von Armeen oder selbst atomaren Waffen hinausgeht. ... Wir dürfen den heimtückischen Charakter dieser neuen und tiefgehenden Auseinandersetzung nicht übersehen ... ob nun in Kuba oder Südvietnam. ... Was uns Kuba, Laos anzeigen – all diese Zeichen bedeuten dasselbe. Die selbstgefälligen, die genußsüchtigen, die weichen Gesellschaften sind im Begriff, mit dem Treibholz der Geschichte hinweggeschwemmt zu werden. Nur der Starke, der Arbeitsame, der Entschlossene, der Mutige, der Weitblickende kann überhaupt überleben. ... Zu lange schon haben wir unsere Augen auf die traditionellen militärischen Erfordernisse gerichtet, auf Armeen, die zum Überschreiten der Grenzen bereit sind, auf Raketen, die klar zum Abschuß stehen. Es sollte jetzt klar sein, daß dies nicht mehr genug ist – daß unsere Sicherheit verlorengehen kann, Stück um Stück und Land um Land, ohne daß eine einzige Rakete abgeschossen oder eine einzige Grenze überschritten wird. Wir gedenken, aus dieser Lehre Nutzen zu ziehen.«[14]

Kennedys Faszination für soziale Reformen und für Guerilla-Taktiken wurde durch Chruschtschows neue Konzeption sowjetischer Unterstützung für sogenannte Befreiungskriege verstärkt. Kennedy wollte amerikanische Stärke auch auf dieser Ebene demonstrieren: »In Vietnam werden wir dies unter Beweis stellen.«[15]

Vietnam

Vietnam war nicht nur eine Krise, sondern eine Kette von Krisen, die von amerikanischen Präsidenten über mehr als 25 Jahre bewältigt werden mußten. Franklin D. Roosevelt zeigte sich gegenüber den Unabhängigkeitsbestrebungen Indochinas aufgeschlossen. Der stark antikoloniale Impetus in Roosevelts Außenpolitik wurde von Frankreich keineswegs begrüßt. Gegenüber Josef Stalin hatte Roosevelt im November 1943 erklärt, daß er mit ihm völlig übereinstimme: Nach hundert Jahren Kolonialherrschaft der Franzosen in Indochina mache eine Art internationale Treuhänderschaft Sinn. Roosevelt dachte an eine Übergangsperiode von zwanzig bis dreißig Jahren, nach der Indochina souverän werden sollte.[16]

Die Regierung Truman betrachtete den französischen Versuch, das Kolonialreich in Indochina in den vierziger und fünfziger Jahren wiederherzustellen, mit Abscheu, war aber schon vor Ausbruch des Koreakrieges bereit, Paris zu Hilfe zu eilen, um den Sieg der kommunistischen Vietminh zu verhindern. Die USA unterstützten den Kolonialkrieg der Franzosen bis zum Fall von Dien Bien Phu mit mehr als zwei Milliarden Dollar, das waren über drei Viertel der Gesamtkosten. Damit sicherte sich Washington die Zusammenarbeit Frankreichs in Europa, vor allem in der deutschen Frage.[17]

Die Regierung Eisenhower war von der sogenannten Dominotheorie fasziniert: Sollte irgendwo auf der Welt, besonders im Fernen Osten, ein Land unter kommunistische Herrschaft geraten, so würden in der Folge weitere Staaten wie Dominosteine umfallen und kommunistisch werden. Eisenhower riskierte noch kein direktes Engagement der USA auf dem asiatischen Festland. Nach der Genfer Indochinakonferenz von 1954 jedoch verloren die USA ihre politische Unschuld mit Blick auf Vietnam vollends: In Genf wurde beschlossen, Vietnam nur vorübergehend zu teilen, innerhalb von zwei Jahren freie Wahlen unter Beteiligung der Vietminh stattfinden zu lassen und dann die Vereinigung friedlich zu vollziehen.[18]

In den Augen von John Foster Dulles kam das Abkommen der Genfer Friedenskonferenz einem »München des Fernen Ostens« (in Anspielung an die

Münchener Konferenz von 1938) gleich. So war es nicht verwunderlich, daß die Regierung Eisenhower, statt sich aktiv hinter die Ergebnisse der Genfer Konferenz zu stellen, das antikommunistische Regime in Südvietnam massiv, das heißt auch militärisch, unterstützte, um es vor Aggression aus dem Norden zu schützen. Die Gründung der SEATO als regionales Verteidigungsbündnis in Südostasien sollte diese politische Perspektive zusätzlich fördern.[19]

Schon vor Beginn der zunehmend tragischen Verwicklungen Amerikas in Vietnam zeigte sich, daß den USA in den fünfziger Jahren folgenschwere Fehler unterlaufen waren: Ihnen fehlte eine realistische Einschätzung des vietnamesischen Willens, außenpolitische Interventionen zurückzudrängen. Die Vietnamesen waren nicht bereit, auf lange Sicht die französische Kolonialherrschaft durch amerikanische Bevormundung ersetzen zu lassen. Ferner übersahen sie, daß die Vietnamesen, hier besonders Ho Chi Minh, von den USA enttäuscht waren. Truman hatte Ho Chi Minhs Anfragen auf Hilfe und Verständnis im Kolonialkrieg gegen die Franzosen ebenso unbeantwortet gelassen wie die eines anderen großen kommunistischen Führers, Mao Tse-tung. Auch Mao hatte unmittelbar nach dem Zweiten Weltkrieg versucht, in Amerika um Verständnis für seine Politik zu werben. Hier zeigten sich die fatalen außenpolitischen Folgen eines blinden Antikommunismus. Eine Art außenpolitischer »McCarthyismus« hatte den Blick der Vereinigten Staaten auf die Probleme des Fernen Ostens weitgehend getrübt. So waren Kennedy und sein Nachfolger Johnson nicht in der Lage, sich auch nur ein annähernd realistisches Bild über die Lage in Vietnam und in China zu machen. Für ihre Europapolitik und die Politik gegenüber der Sowjetunion konnte die US-Regierung auf den Rat hervorragender Kenner der Geschichte und der Politik Europas beziehungsweise Rußlands oder der Sowjetunion zurückgreifen. Für Asien fand sich eine entsprechende Sachkompetenz weder im Weißen Haus noch im State Department, im Verteidigungsministerium, in der CIA oder in einer der anderen wichtigen außenpolitischen Institutionen. Schließlich unterschätzten die USA auch die Attraktivität der Vietminh beziehungsweise des Vietkong und der kommunistischen Ideologie. Diese nahm in dem Maße zu, wie sich die Versprechungen von Frieden, Freiheit und wirtschaftlichem Wohlstand nicht realisieren ließen, sondern statt dessen die Regime in Saigon nur Unterdrückung, Korruption, Vetternwirtschaft und wirtschaftlichen Bankrott produzierten. Das amerikanische Engagement in Vietnam war fatal und hätte vermieden werden können, wenn man in Washington statt antikommunistischer Scheuklappenmentalität eine selbstkritische, historisch bewußte und für die Interessen anderer Länder offene Grundhaltung entwickelt hätte.

John F. Kennedy bildete in dieser Hinsicht keine Ausnahme. Er sah in Indochina den Testfall für die globale Auseinandersetzung mit dem Kommunismus. Diese Haltung stand allerdings im Widerspruch zu seinem erklärten Willen, die revolutionären und antikolonialen Bewegungen in der Dritten Welt zu unterstützen. Gegen einen nationalen vietnamesischen Kommunismus wären die Vereinigten Staaten vermutlich nicht eingeschritten, hätten sie beizeiten erkannt, daß Ho Chi Minh ursprünglich nicht Nähe, sondern Distanz zur Sowjetunion und zur Volksrepublik China gesucht hatte. Die Regierung Kennedy glaubte jedoch an eine zentral gelenkte kommunistische Verschwörung. So entstand das Bild von der kommunistischen Hydra, die in Vietnam besiegt werden sollte.

Der herausragende Krisenherd war zu Kennedys Zeiten jedoch noch nicht Vietnam, sondern Laos. Dort ging es um den ersten Test gemeinsamer amerikanisch-sowjetischer Entspannungsbemühungen in der Dritten Welt. Sie erschienen zunächst erfolgversprechend. Kennedy hatte unter Androhung militärischer Gewalt erreichen können, daß die kommunistische Pathet-Lao den neutralen Kurs des laotischen Premiers Prinz Souvanna Phouma vorerst respektierte. Aber er zog nicht den Schluß, daß das Problem Vietnam analog zu Laos gelöst werden mußte, wie manche Mitarbeiter vorschlugen, sondern wollte vielmehr, weil eine neutrale Zukunft von Laos unsicher war, Südvietnam vor einer Machtübernahme durch den Vietcong bewahren: »Ich kann nur eine begrenzte Anzahl von Niederlagen in den ersten fünf Monaten verkraften. Ich hatte das Debakel in der Schweinebucht und den amerikanischen Rückzug aus Laos zu verantworten. Ich kann keine dritte Niederlage hinnehmen«, erklärte er 1961.[20]

Von 1954 bis 1960 hatten die USA der südvietnamesischen Regierung Diem fast vier Milliarden Dollar an Wirtschafts- und Militärhilfe zukommen lassen, gleichwohl hatte sich die Lage nicht stabilisiert. Nach anfänglichem Reformeifer entpuppte sich Diem als ein gnadenloser, autoritärer Herrscher, der das amerikanische Drängen nach Reformen und nach freien Wahlen unterlief. Opposition und Widerstand des Vietcong in Südvietnam nahmen zu. Kennedy stand vor der entscheidenden Frage, ob Südvietnam sich selbst überlassen oder ob die Wirtschafts- und Militärhilfe verstärkt werden sollte. Er glaubte wie sein Vorgänger an die Dominotheorie, übersah dabei aber die sich andeutende Krise im sino-sowjetischen Verhältnis und die Tatsache, daß nationalkommunistische Erfolge in Befreiungs- und Unabhängigkeitskriegen nicht zwangsläufig den Interessen der Sowjetunion oder Chinas entsprechen mußten. Die antikoloniale Tradition amerikanischer Außenpolitik wurde durch antikommunistische Maxime verdrängt.

Die Geschichte des amerikanischen Engagements in Vietnam – vom Aufbau der Militärmission 1954, als Oberst Landsdale mit einer geborgten Schreibmaschine in Saigon eintraf, bis zur Stationierung von 543000 amerikanischen Soldaten fünfzehn Jahre später – ist fatal. Für die einen gerieten die USA aufgrund von Unwissenheit und Vorurteilen in einen politischen Morast, für andere war Amerikas Intervention in Vietnam logische Konsequenz einer Expansionspolitik, bei der der globale Anspruch auf Verteidigung der Freiheit gegen den Kommunismus Höhepunkt und Scheitern dokumentierte.

Der Krieg in Vietnam war von Anfang an Guerillakrieg und kolonialer Befreiungskrieg, in den die verschiedenen Gruppen sofort nach Unterzeichnung des Genfer Abkommens 1954 wieder eintraten. Die wachsende Unzufriedenheit in Südvietnam stärkte die Position der Vietminh, die ab 1959 über den neu entstandenen Ho-Chi-Minh-Pfad aktiv aus dem Norden unterstützt wurden. So begann der Vietnamkrieg als Rebellion im Süden gegen die Unterdrückung und Korruption der Regierung Diem. Der Rest von rund fünf- bis zehntausend nordvietnamesischen Widerstandskämpfern, die nach dem Genfer Abkommen im Süden zurückblieben, hatte offenbar den Auftrag, mit Blick auf die für 1956 angesetzten Wahlen den Kampf politisch zu führen. Als diese Perspektive illusorisch wurde, begann die Phase des militärischen Kampfes des Vietcong gegen Diem. Kennedy versuchte, Diems Wunsch nach Wirtschafts- und Militärhilfe mit der Forderung nach politischen und sozialen Reformen zu verknüpfen. Aber in Südvietnam, wie auch später gegenüber dem Schah von Iran, wurden die Grenzen der Wirkung amerikanischen Druckes deutlich. Antikommunistische und autoritäre Verbündete der USA erkannten, daß sie sich gegenüber der Großmacht USA gemeinsam zur Wehr setzen konnten, weil die USA im Kampf gegen die kommunistische Gefahr von ihnen abhängig wurden.

Seit 1960 weitete sich der Bürgerkrieg in Südvietnam rapide aus. Angesichts der Erfolge des Vietcong steigerten die USA ihre militärische Hilfe für das Regime in Saigon beträchtlich.[21] Bei Regierungsantritt Kennedys befanden sich nur einige hundert amerikanische Militärberater in Südvietnam. Im November 1963 waren dort bereits 16000 Mann stationiert. Kennedy hegte vermehrt Zweifel an dem Sinn des militärischen Engagements der USA. Seine Faszination an der Guerilla-Kampftaktik war geschwunden, weil er die tieferen politischen Wurzeln des Konflikts spürte. Das Übel sollte nun an der Wurzel gepackt werden: Im September 1963 erklärte Kennedy öffentlich, daß durch einen Regierungswechsel in Südvietnam die Moral wiederhergestellt werden könnte. Im November 1963 wurde Diem von oppositionellen südvietnamesischen Militärs ermordet – mit Wissen und Billigung der Regierung Kennedy. Diese amerikanische »Intervention für den Fortschritt« eröffnete neue Möglichkeiten. Aber Kennedy konnte diese Situation nicht mehr für eine selbstkritische Überprüfung der amerikanischen Interessen in Vietnam nutzen, denn am 22. November wurde er in Dallas ermordet. Es gibt einige wenige Anhaltspunkte dafür, daß er Amerikas Verpflichtung auf ein unabhängiges Südvietnam vielleicht aufgegeben hätte. Robert McNamara vertritt die Auffassung, daß Kennedy, hätte er eine zweite Amtsperiode vor sich gehabt, höchstwahrscheinlich Amerika aus Vietnam herausgezogen hätte: »Kennedy hätte zugestanden, daß ein solcher Rückzug ein Umfallen der ›Dominosteine‹ bewirken würde. Doch er wäre zu der Überzeugung gelangt, daß ein Verbleiben in Vietnam zu demselben Ergebnis führen würde, allerdings um den Preis eines schrecklichen Blutvergießens. ... Deshalb meine ich, daß John F. Kennedy unser Engagement in Vietman eher beendet hätte, als uns noch tiefer in den Krieg zu verstricken.«[22]

Ein weiterer Vertrauter von Kennedy, der Historiker Arthur M. Schlesinger, vertritt die gleiche Auffassung und zitiert eine Aussage Robert Kennedys gegenüber Daniel Ellsberg von 1967: »Meinem Bruder war schon frühzeitig klar, daß wir nie in [die] Lage [der Franzosen] geraten dürften.«[23] General Maxwell Taylor äußerte sich ähnlich: »Das letzte, was [Kennedy] wollte, war, unsere Bodenkräfte einzusetzen ... es war tatsächlich die persönliche Überzeugung des Präsidenten, daß US-Bodentruppen nicht in die Kämpfe eingreifen dürften.«[24] Es scheint, als ob Kennedy die Entwicklung der sechziger Jahre vorwegnahm, als er erklärte: »Die Truppen werden einmarschieren; die Menge wird jubeln, und nach vier Tagen ist alles vergessen. Dann heißt es, wir sollen mehr Truppen schicken. Es ist wie mit einem Drink. Die Wirkung vergeht, und man muß sich noch einen genehmigen.«[25]

Deshalb hatte Kennedy McNamara seit Juli 1962 damit beauftragt, einen phasenweisen Abzug der amerikanischen Streitkräfte aus Vietnam vorzubereiten. Auf Anraten McNamaras hatte Kennedy sogar öffentlich zugesagt, daß er bis zum 31. Dezember 1963 eintausend amerikanische Soldaten aus Südvietnam abziehen wolle. Kennedy mußte aber die öffentliche Meinung berücksichtigen, die zu neunzig Prozent glaubte, daß in Vietnam amerikanische Interessen und die der freien Welt verteidigt werden mußten. Als der kanadische Premierminister Lester Pearson ihm empfahl: »Gehen Sie raus aus Vietnam!«, antwortete Kennedy offen: »Das ist eine dumme Antwort. Jeder weiß das. Die Frage aber ist: Wie können wir uns am besten zurückziehen?« Und über den Zeitpunkt sagte er: »Ich kann es erst nach 1965 tun, falls ich wiedergewählt werde. Wenn ich jetzt den Versuch unternehmen würde, uns völlig aus Vietnam zurückzuziehen, würde mir ein neuer Joe McCarthy im Nacken sitzen.«[26] Auch

Kennedys Pressesprecher Pierre Salinger unterstützte diese Hypothese: »Kennedy hatte einen Truppenabzug im Auge. Er sprach oft von der Notwendigkeit, die amerikanische Beteiligung im Krieg in Vietnam zu beenden, denn der Krieg gleiche einem Morast, in den die USA mit hineingezogen würden.«[27]

Aber Kennedy machte seine Zweifel an der offiziellen Vietnampolitik seiner Regierung niemals publik. Auch privat äußerte er sich nur zurückhaltend. Seine öffentlichen Stellungnahmen zeigten bis zu seinem Tod unmißverständlich, daß eine Preisgabe amerikanischer Interessen in Vietnam nicht in Frage kam. Kennedy glaubte, daß der wirkliche Gegner in Vietnam die Volksrepublik China sei, die heimlich die Fäden des Vietcong in der Hand hielt. Auch gab Kennedy Anweisungen, den verdeckten Krieg nach Nordvietnam hineinzutragen. Sabotage, Infiltration und Propaganda waren die bevorzugten, aber wirkungslosen Mittel. Kennedys Chinabild war hoffnungslos antiquiert. Die Folgen waren fatal, denn ohne eine angemessene Einschätzung Chinas war die Regierung nicht in der Lage, das übrige Südostasien realistisch zu betrachten, vor allem nicht Vietnam. Versagen und Frustration der USA über die chinesische Entwicklung von 1948/49 führten dazu, daß sich die USA – zunächst indirekt, über Militärhilfe an die Franzosen – dort engagierten: »Weil sie sich nicht mit China einigen konnte, dauerte es nicht lange, bis die Regierung Kennedy die Vietnampolitik und das Vietnam-Engagement der Eisenhower-Adminstration in erweitertem Maße fortsetzte. Vor allem wollte John Kennedy Amerikas Asienpolitik nicht revidieren. Weil er also nicht bereit war, Amerikas Chinapolitik zu überdenken, fiel es ihm leichter, in Vietnam vorwärts zu schreiten.«[28]

Auch wirkte die Erfahrung des Koreakrieges fort: Nur bei begrenzter Kriegführung würde die Volksrepublik China nicht direkt in das Kriegsgeschehen eingreifen. Kennedys Bild eines aggressiven China war widersprüchlich. Einerseits galt ihm China als Verursacher der Dominotheorie, andererseits zwang Chinas Macht zur Vorsicht. Die Vietnampolitik der USA war deshalb schon unter Kennedy problematisch. Mit nur begrenzten militärischen Mitteln sollte ein politischer Kampf ausgefochten werden, der die USA von Anfang an in die Defensive zwang. Eine militärische Siegstrategie wurde nicht angestrebt.

Hier wird der zentrale Widerspruch der amerikanischen Vietnampolitik deutlich: Auf der einen Seite wurde behauptet, daß durch die kommunistische Machtübernahme in Südvietnam die Sicherheit der Vereinigten Staaten und der westlichen Welt empfindlich gefährdet würde. Auf der anderen Seite erklärte Kennedy, daß nur die Südvietnamesen selbst ihre Interessen verteidigen könnten. Die USA sollten ihre Rolle auf logistische Unterstützung und materielle Hilfe beschränken, und die amerikanischen Truppen müßten aus Südvietnam abgezogen werden, aber die USA hatten von 1955 bis 1961 immerhin gut sieben Milliarden Dollar an ökonomischer und militärischer Hilfe in Südvietnam investiert.[29]

Kennedy zog aus der globalen Entwicklung des kalten Krieges folgenschwere Schlußfolgerungen: Chruschtschows Aggressivität in Europa und Castros Hinwendung zu Moskau sowie dessen steigender Antiamerikanismus verleiteten Kennedy zu der Annahme, daß die Führer der Volksrepublik China und vor allem Nordvietnams ähnlich dachten und handelten. Hätte Kennedy Ho Chi Minh nicht mit Fidel Castro verglichen, sondern als Verkörperung eines asiatischen Titoismus verstanden, der Kommunismus mit Nationalismus verband und zugleich Distanz zu den kommunistischen Großmächten hielt, dann wäre die amerikanische Vietnampolitik anders verlaufen.

Die Kritik fällt aus der historischen Distanz leichter, aber Anfang der sechziger Jahre hatte der Kalte Krieg einen neuen Höhepunkt erreicht, und ein Rückzug der USA aus Südvietnam und die bewußte Inkaufnahme des Risikos einer kommunistischen Machtübernahme in Saigon hätten westlichen Politikern oder der eigenen Bevölkerung nur schwer vermittelt werden können. Deshalb fürchtete Kennedy vor allem innenpolitische Konsequenzen eines Rückzugs aus Südvietnam. Seit seiner Kritik an der französischen Kolonialpolitik als Senator galt er bei konservativen Kollegen im Kongreß als Weichling. Wenn Kennedy Südvietnam aufgegeben hätte, so hätte er seine Wiederwahl als Präsident 1964 aufs Spiel gesetzt. Für die Demokraten hatte der Vorwurf, China verloren und in Korea nicht gesiegt zu haben, innenpolitisch traumatische Folgen. Deshalb waren Kennedy hinsichtlich seiner Vietnampolitik innenpolitisch die Hände gebunden.

Auch ist es zweifelhaft, ob Kennedy nach einer erfolgreichen Wiederwahl 1964 das Engagement in Südvietnam radikal überprüft und amerikanische Truppen abgezogen hätte, obwohl er, wie sein Vorgänger Truman, der grundsätzlichen Auffassung war, daß ein Landkrieg in Asien nicht im amerikanischen Interesse lag. Aber, wie George F. Kennan bemerkte: »Eine Rede ist nicht genug.«[30] Kennedy vermutete, daß die Öffentlichkeit einen langwierigen und begrenzten Krieg dort nicht unterstützen würde. Wie sein Nachfolger Johnson verkannte er, daß der Krieg in Südvietnam vor allem ein Bürgerkrieg in einem geteilten Land war, für den es keine zutreffende geschichtliche Vergleichsmöglichkeit gab. Es war tragisch, daß die globale Konfrontation mit dem Kommunismus einen regionalen Kompromiß oder einen Rückzug, zum Beispiel aus Vietnam, unmöglich erscheinen ließ. Es ist zu bezweifeln, daß Kennedy eine radikale Wende in der amerikanischen Vietnampolitik hätte durchsetzen können, selbst wenn er dies gewollt hätte. Aber wollte er ein Ende des Vietnamkrieges? Es gibt genügend Anzeichen dafür, daß Kennedy fest entschlossen war, an der Eindämmungspolitik auch im Fernen Osten konsequent festzuhalten. Wenige Wochen vor seinem Tod erklärte er unmißverständlich in aller Öffentlichkeit: »Wir sind nicht hier in Vietnam, um einen Krieg zu verlieren.«[31] Kennedy konnte den Primat politischer Überlegungen insofern durchsetzen, als er den Wünschen seiner militärischen Ratgeber nach verstärkter amerikanischer Präsenz in Südvietnam nicht sofort nachgab, allerdings um den Preis eines lediglich zeitlich versetzten militärischen Aufbauprogramms. Nur wenige stellten die Möglichkeit eines militärischen Sieges oder gar den politischen Sinn der amerikanischen Präsenz in Südvietnam in Frage.

In einer Rede, die Kennedy am 22. November 1963, dem Tag seiner Ermordung, in Dallas halten wollte, hieß es, daß »wir nicht einfach dastehen und zusehen können, wie die Kommunisten Laos mit Gewalt erobern oder im Kongo intervenieren oder West-Berlin verschlingen oder Offensivraketen auf Kuba stationieren.«[32] Vietnam sei eines der neuen Schlüsselländer, die an der Grenze zum kommunistischen Block siebzig Prozent der amerikanischen Militärhilfe erhielten. »Keines dieser Länder verfügt über die Mittel zur Unterhaltung der Streitkräfte, die unsere eigenen Stabschefs im gemeinsamen Interesse für notwendig erachten. Eine Herabsetzung unserer Bemühungen, ihre Armeen auszubilden, auszurüsten und zu unterstützen, kann nur die kommunistische Unterwanderung fördern und gegebenenfalls den Einsatz amerikanischer Kampftruppen erforderlich machen.«[33] Die Regierung Kennedy war also entschlossen, Südvietnam zu halten. Der antikommunistische Damm durfte nicht brechen. Wenn es eine Kontinuität gab, der auch Kennedy folgte, dann Eisenhowers Warnung vor fallenden Dominosteinen in Ostasien.

Für diese Haltung war es charakteristisch, daß Kennedy diplomatische Vermittlungsvorschläge für ein neutrales Vietnam, wie sie zum Beispiel de Gaulle einbrachte, rundheraus ablehnte. Verteidigungsminister McNamara empfand retrospektiv gerade diesen Punkt als besonders bedrückend. Andere, auch persönliche Berater Kennedys, antworten auf die Frage, was Kennedy in Vietnam getan hätte, differenzierter. Sonderbotschafter Clark Clifford vertrat die Meinung, daß Kennedy 1964 dasselbe getan hätte wie Johnson, aber 1965 die Ausdehnung des Bodenkrieges und die Verstärkung amerikanischer Truppen wie auch die Bombardierung Nordvietnams nicht gutgeheißen hätte. Er hätte in seiner zweiten Amtsperiode andere Wege eingeschlagen. Allerdings machte Clifford auch deutlich, daß Kennedy niemals die Verantwortung für den Verlust Südvietnams an den Kommunismus übernommen hätte und deshalb entweder einen Verhandlungsfrieden oder einen phasenweisen Rückzug, nach dem Vorbild in Laos, angestrebt hätte.[34] Andere Mitarbeiter vertraten die Auffassung, daß Kennedy niemals einen amerikanischen Rückzug ins Auge gefaßt hätte: »Ich hatte Hunderte von Gesprächen mit John F. Kennedy über Vietnam, und niemals hat er etwas über Rückzug verlauten lassen«, so sein Außenminister Dean Rusk.[35] Kennedy hatte seine Überlegungen über einen amerikanischen Rückzug in der Tat immer an die Bedingung geknüpft, daß Südvietnam militärische Sicherheit selbständig, das heißt ohne amerikanische Truppen, garantieren könne.

Im übrigen haben alle außenpolitischen Berater Kennedys – Dean Rusk, McGeorge Bundy, Walt Rostow, Robert McNamara und andere – nach Kennedys Tod Johnson empfohlen, das amerikanische Engagement in Vietnam auszudehnen: Verteidigungsminister McNamara wollte die USA im Vietnamkrieg mittels Managermethoden der Automobilindustrie zum außenpolitischen und militärischen Erfolg führen. General Maxwell Taylor verstand den Vietnamkrieg als einen Test, um den Nachweis zu erbringen, daß die Techniken des begrenzten Krieges sich bewährten. Außenminister Dean Rusk wollte in Vietnam den antikommunistischen Kreuzzug fortsetzen, den er im State Department unter Außenminister Acheson in den fünfziger Jahren begonnen hatte. Der Nationale Sicherheitsberater McGeorge Bundy verkörperte die Arroganz der Macht der »Ivy League« als Teil der politischen Elite der USA; er bezweifelte nicht den politischen Sinn des Krieges. Walt Rostow, Wirtschaftshistoriker des Massachusetts Institute of Technology (MIT) und Bundys Stellvertreter, wollte seine These vom demokratischen »nation building« in der Dritten Welt angesichts der kommunistischen Herausforderung auch in Südvietnam verwirklicht sehen.

Sie alle waren, wie auch John F. Kennedy, Kinder des kalten Krieges und zudem durch die Erfahrung des Zweiten Weltkriegs geprägt. Rostow verglich den Sommer 1961 mit dem Jahr 1942, als sich die Alliierten gegenüber den Achsenmächten weltweit auf dem Rückzug befanden. Er forderte deshalb von Kennedy, daß die Vereinigten Staaten gerade in Vietnam gewinnen müßten, um die Zeitenwende zu erzwingen.[36] Das Versagen der westlichen Demokratien gegenüber Hitlerdeutschland 1938, die befürchtete weltweite Ausbreitung einer kommunistischen Verschwörung und die Furcht, daß bei einem Nachgeben gegenüber der kommunistischen Gefahr das Schreckgespenst des McCarthyismus in Amerika wiederaufleben könnte, verhinderten eine realistische Betrachtungsweise der kommunistischen Regierungen in Indochina und vor allem in Vietnam. Neutralitätslösungen wurden von vornherein als Niederlage interpretiert. Es gab nur ganz wenige Politiker, die selbstbewußt, aber ohne Wirkung ihre Bedenken äußerten. Kennedys Botschafter in Indien, John Kenneth Galbraith, schlug Verhandlungen vor, die auf eine Neutralität Vietnams zielen sollten. Im State Department warnten Chester Bowles und Botschafter Averell Harriman davor, das politische Prestige der USA in Vietnam in die Waagschale zu werfen.[37]

Angesichts dieser divergierenden Einschätzungen von Risiken und Chancen des amerikanischen Engagements in Südvietnam wurden hinter Kennedys lautstarker antikommunistischer Rhetorik Zweifel an der Vietnampolitik innerhalb der Regierung größer. Aber nach außen, darüber besteht kein Zweifel, trat Kennedy selbstbewußt und kämpferisch auf und befürwortete Amerikas Rolle in Südvietnam.

Ab 1965 nahm die Zahl der kritischen Beobachter der amerikanischen Vietnampolitik zu. George F. Kennan und Hans J. Morgenthau bildeten die intellektuelle Vorhut. Senator William Fulbright sorgte sich um die Arroganz der Macht besonders in bezug auf Vietnam. Die klugen alten Männer der amerikanischen Außenpolitik äußerten sich zunehmend skeptisch, wie Dean Acheson und John McCloy.[38]

Mir erscheint die Einschätzung Clark Cliffords zutreffend, Kennedy hätte bis zu seiner Wiederwahl keine Korrekturen an der Vietnampolitik vorgenommen, aber unter dem Eindruck der dramatischen Entwicklung in Südvietnam ab 1965 weitaus mehr auf Kritiker gehört, als dies Johnson tat. So ist nicht auszuschließen, daß Kennedy eine klügere und maßvollere Vietnampolitik betrieben hätte, die die USA vielleicht nicht in die außenpolitische Krise geführt hätte, in die sie dann unter Johnson gerieten.

So gesehen, überließ Kennedy seinem Nachfolger in Südvietnam eine politische Zeitbombe, die dieser nicht entschärfen konnte. Kennedys Zweifel blieben ohne Konsequenzen.

Die Kubakrise vom Oktober 1962

Nach 1902 intervenierten die USA dreimal in Kuba, um amerikanische Interessen zu sichern. Kuba geriet in völlige Abhängigkeit zu Amerika. Rund achtzig Prozent der Wirtschaft Kubas wurden von den USA kontrolliert, vierzig Prozent der Zuckerindustrie, neunzig Prozent bei der Förderung von Rohstoffen. In den fünfziger Jahren regierte der kubanische Diktator Fulgencio Batista in Abhängigkeit von Washington. Forderungen nach innenpolitischen Reformen ignorierte er auf ähnliche Weise wie der Schah im Iran oder Präsident Diem in Südvietnam. Batista stützte seine Macht auf die Armee, die wiederum von den USA ausgebildet und finanziert wurde. Sein Regime war repressiv. Nach einem langen, erbitterten Bürgerkrieg gelang Fidel Castro 1959 der Umsturz in Havanna. Er wurde begeistert gefeiert. Zunächst begrüßten die USA den Sieg Castros in der Hoffnung, daß er das Land demokratisch regieren, eine Landreform durchführen und vor allem Amerikas Einfluß in Kuba wieder willkommen heißen würde.

Castros Forderungen nach fairen handelspolitischen Bedingungen wiederum blieben in den USA ungehört. So war es kein Wunder, daß Castro Amerika kritisierte und politisch nach links rückte. Vor allem begann er eine grundlegende Landreform im kommunistischen Sinne und verstaatlichte amerikanisches Eigentum in Kuba ohne Kompensation. Chruschtschow hieß Castro als neuen Führer willkommen und unterzeichnete mit ihm im Februar 1960 ein Handelsabkommen. Die amerikanische Reaktion ließ nicht lange auf sich warten, eine der letzten Amtshandlungen Eisenhowers in den ersten Januartagen des Jahres 1961 war der Abbruch der diplomatischen Beziehungen zu Kuba. Gleichzeitig wies er die CIA an, einen Geheimplan zur Invasion Kubas und zum Sturz Castros auszuarbeiten. Als Kennedy Präsident wurde, übernahm er die weiterentwickelten Pläne größtenteils unkritisch und ließ es zu, daß Exilkubaner im April 1961 mit Hilfe der CIA einen Umsturzversuch unternahmen, der kläglich scheiterte.[39]

Als die USA ein Jahr später entdeckten, daß die Sowjetunion auf Kuba, also nur neunzig Meilen vor der amerikanischen Küste, Mittel- und Langstreckenraketen sowie Langstreckenbomber installieren wollten, kam es vom 16. bis 28. Oktober 1962 in der Karibik zu einer großen politischen und militärischen Konfrontation zwischen den USA und der Sowjetunion, die als »Kubakrise« oder »Raketenkrise« in die Geschichte eingegangen ist.[40] Durch eine Seeblokkade Kubas und durch ein militärisch-politisch abgestuftes Krisenmanagement setzte Kennedy gegenüber Chruschtschow durch, daß nach dreizehn Tagen höchster Kriegsgefahr die fast vollendeten Raketenbasen wieder abgebaut und mit den Raketen zurück in die Sowjetunion geschifft wurden.

Die erfolgreiche Bewältigung dieser Krise im Oktober 1962 bildete den herausragenden außenpolitischen Erfolg der Regierung Kennedy. Kein anderes Ereignis der tausend Tage währenden Präsidentschaft John F. Kennedys hat den Kennedy-Mythos so geprägt wie dieses. Kein anderes Ereignis symbolisiert in der Retrospektive so deutlich den Höhepunkt des kalten Krieges und zugleich den Wendepunkt von der Ära des kalten Krieges zur Ost-West-Entspannung. Kennedy handelte entschlossen und doch flexibel. Er gab damit der Sowjetunion die Möglichkeit zum ehrenvollen Rückzug, ohne daß sie außenpolitisch gedemütigt worden wäre. Wie war es zu dieser Krise gekommen?

Die Entscheidung der sowjetischen Regierung, auf Kuba Mittel- und Langstreckenraketen zu stationieren, innerhalb deren Aktionsradius der nordamerikanische und ein großer Teil des südamerikanischen Kontinents gelegen hätte, bestand aus einer Mischung von innen- und außenpolitischen sowie strategischen Überlegungen. Eine Raketenbasis der Sowjetunion vor der amerikanischen Küste hätte den Ländern Lateinamerikas deutlich gemacht, daß sich ein kleines Land sogar direkt vor den Küsten der USA unbesorgt der Sowjetunion anschließen könne. Diese Basen hätten das Prestige der Sowjetunion und Kubas in Lateinamerika enorm vergrößert und ihre machtpolitische Wirkung auch in anderen Teilen der Welt nicht verfehlt. Die Sowjetunion hätte zum Beispiel auf West-Berlin erneut Druck ausüben können. Kurz, die Sowjetunion hätte in Kuba verdeutlicht, daß sie in der Lage gewesen wäre, den Status quo politisch und militärisch zu ihren Gunsten zu verändern. Auch im sino-sowjetischen Konflikt, dem ideologischen und machtpolitischen Disput der beiden kommunistischen Hegemonialmächte, hätte die Sowjetunion bewiesen, daß sie noch immer die führende revolutionäre Macht war.[41]

Militärisch gesehen, besaßen die USA im Dezember 1961 gegenüber der Sowjetunion eine Raketenüberlegenheit von 3:1, die durch die enormen Rüstungsanstrengungen der Kennedy-Administration bis Oktober 1962 auf 17:1 erhöht wurde. Die Sowjetunion hätte durch die Stationierung von 48 Mittel- und 24 Langstreckenraketen sowie 42 Atombombern vom Typ IL 28 auf Kuba den strategischen Vorsprung auf 1:2 verkürzen und das Problem auch ökonomisch lösen können: Die geplanten Mittelstreckenraketen in Kuba hätten die Funktion von Langstreckenraketen gehabt und damit vorerst den Haushalt der Sowjetunion entlastet. Diese Aussicht mag die Kompromißbereitschaft der sowjetischen Militärs, die dem Experiment auf Kuba zunächst mit großer Skepsis gegenüberstanden, erleichtert haben. Auch hoffte die Sowjetunion, den bis dahin für dilettantisch gehaltenen amerikanischen Präsidenten in Kuba zu überrumpeln.[42]

Diese Strategie der Täuschung wäre fast aufgegangen, denn die noch im Bau befindlichen Raketenbasen wurden erst in letzter Minute von den USA entdeckt. Ein Grundmuster angelsächsischen Denkens, eine Art »politisches Fair Play«, wurde zu Unrecht auf die Denk- und Aktionskategorien der sowjetischen Führung übertragen. Daher schwang in Kennedys erbitterter Reaktion auf die Entdeckung der Basen Enttäuschung mit.

Die Krise war ausgebrochen, weil jede der beiden Seiten ihre eigenen Klischeevorstellungen über den anderen auf das zu erwartende Verhalten des Kontrahenten übertrug: Beide Regierungen konnten oder wollten nicht glauben, daß die Gegenseite das tun würde, was sie dann tatsächlich tat. Vor allem hoffte die Sowjetunion auf ein Tauschgeschäft: Sie würde vielleicht ihre Raketenbasen auf Kuba abbauen, wenn sich in der Folge die amerikanische Regierung in der Frage West-Berlins verständig zeigen würde. Aus einer Bemerkung Kennedys ging hervor, daß auch er die eigentliche Konfliktgefahr zunächst in Europa vermutete und in der Raketenstationierung auf Kuba einen Hebel für sowjetische Pressionen in Europa, insbesondere in Berlin, befürchtete. Auch hätte Chruschtschow einen Tausch mit den amerikanischen Mittelstreckenraketen in der Türkei versuchen können. Eine neue Berlinblockade wie auch die Idee einer gegenseitigen Aufgabe der Raketenbasen in Kuba und in der Türkei schienen denkbar. Die Krise hätte sich auf das westliche Bündnis ausdehnen können. Die NATO wäre in die Konfrontation hineingezogen worden. Kennedy blieb in dieser Frage nach außen fest, sicherte aber inoffiziell zu, die Raketenbasen in der Türkei später abzubauen. Das veranlaßte Chruschtschow schließlich zum Einlenken. Er ließ die Raketenbasen auf Kuba wieder abbauen. Damit war die Gefahr gebannt.

Vor der Kubakrise war das bipolare Verhältnis zwischen den USA und der Sowjetunion primär durch Prestige und Machtstreben gekennzeichnet. Die Kubakrise leitete nicht gerade eine intime Phase zwischen den beiden Supermächten ein, aber als Folge der gemeinsam überstandenen Gefahr eines Nuklearkrieges wurden in begrenztem Umfang bipolare Sicherheitsmechanismen – wie am 20. Juni 1963 der »heiße Draht« – eingebaut. Rüstungskontrolle und Nichtweiterverbreitung von Atomwaffen wurden für Kennedy und Chruschtschow dringlich. Der Abschluß des Teststoppabkommens vom 5. August 1963 signalisierte Fortschritt.

Nach der Krise schien eine Beruhigung der Weltlage einzutreten. Man glaubte an den Beginn einer neuen Ära der amerikanisch-sowjetischen Beziehungen. Dabei wurde jedoch vergessen, daß nicht die vorangegangene Annäherungspolitik Kennedys, sondern im Gegenteil erst sein entschlossenes Auftreten während der Krise eine gewisse Entspannung herbeigeführt hatte. Kennedy konnte der sowjetischen Regierung nur durch Stärke verdeutlichen, daß die bisherige Abgrenzung der Interessensphären durch die Großmächte selbst eingehalten werden mußte. Dies hatte zur Folge, daß die russische Strategie des Drucks und der Drohung mit militärischer Gewalt, die durchaus in militärische Aktionen eskalieren konnte, an Wirkung verlor. Auf der Grundlage des wiedergewonnenen Selbstvertrauens und Ansehens der USA und auf dem festen Fundament nuklearstrategischer Überlegenheit fiel es Kennedy deshalb leicht, der Sowjetunion Verhandlungsbereitschaft anzubieten. Für die Sowjetunion hingegen stellte sich die Lage nach der Kubakrise problematischer dar: Die Strategie der Täuschung und der Überraschung war gescheitert, ihr Prestige als sozialistische Führungsmacht schwer angeschlagen. Weder Chruschtschow, der 1964 gestürzt wurde, noch seine Nachfolger kehrten zu einer Politik des politischen Drucks gegenüber Berlin, Deutschland und Europa zurück. Die Volksrepublik China intensivierte ihre antisowjetischen Kampagnen und stellte den revolutionär-ideologischen Führungsanspruch der Sowjetunion zunehmend in Frage. Der sino-sowjetische Konflikt verschärfte sich.

Wenn auch die kurzfristigen Folgen der Kubakrise für die amerikanische Interessenlage günstig waren, so boten doch die langfristigen Folgen wenig Anlaß zu Optimismus. Die Sowjetunion rüstete ab 1961 massiv auf, um bei einer eventuellen zukünftigen Krise ein ähnliches Dilemma zu vermeiden. Die Kubakrise hatte deutlich gezeigt, daß erfolgreiche Diplomatie im Nuklearzeitalter nur vor dem Hintergrund militärischer Stärke möglich war.

Für einige Tage standen beide Supermächte am Rande einer gefährlichen, vielleicht nuklearen Konfrontation. Dieses sollte in Zukunft vermieden werden. Und in der Tat, die Kubakrise war die letzte direkte Konfrontation der beiden Supermächte und der Beginn einer gewissen Entspannungsbereitschaft auf beiden Seiten. Gleichzeitig stärkte der amerikanische Erfolg in der Kubakrise das westeuropäische Vertrauen in die Führungsrolle der Vereinigten Staaten. Nur de Gaulle blieb mißtrauisch.

Die Beziehungen zu den europäischen Verbündeten

Kennedys atlantische Partnerschaft basierte auf einer idealistischen Konzeption: »Die Nationen Westeuropas – lange durch bittere Fehden gespalten – schließen sich zusammen und suchen, wie dies unsere Vorväter taten, Freiheit in der Vielfalt und Stärke in der Einheit zu finden ... je weiter Europa auf dem Weg zur Einheit voranschreitet, desto größer wird seine Rolle und Verantwortung werden.«[43]

Gleichzeitig machte die wirtschaftliche Kräftigung Europas eine Überprüfung der bisherigen Bündnisstruktur zwingend. Das Verlangen nach einer Reform der NATO hatte auf beiden Seiten des Atlantiks zugenommen. Für Kennedy war der Sinn des Bündnisses in Frage gestellt, falls die Bündnispartner die Aufforderungen der USA zu besserer Zusammenarbeit mißachteten oder gar als amerikanische Vormundschaft kritisierten. Solange die politische Einigung Europas nicht erreicht war, ergab sich auch das Problem des Ungleichgewichts zwischen den USA und den europäischen Bundesgenossen. Kennedy forderte deshalb ein atlantisches Bündnis, das auf zwei gleich starken Säulen ruhen sollte: Die eine stand für die Vereinigten Staaten von Amerika, die andere sollte von den Vereinigten Staaten von Europa sukzessive errichtet werden.

Nicht alle NATO-Partner teilten die amerikanische Auffassung, daß die wachsende wirtschaftliche und politische Bedeutung Europas sich auch in gesteigerten Leistungen und Beiträgen zum Bündnis und nicht nur in Forderungen nach mehr Mitbestimmung niederschlagen sollte. Die Regierung Kennedy bot all ihr Geschick auf, um die Einheit des atlantischen Bündnisses zu erhalten und auszubauen. Kennedy war klar, daß nicht durch Zwang, sondern nur durch Überzeugungskraft die Einigkeit der freien Nationen erzielt werden konnte. Schließlich waren die westeuropäischen Länder keine Satellitenstaaten, die sich dem Befehl Amerikas unterordneten. Er hoffte, daß die Westeuropäer selbst einsähen, daß eine engere Zusammenarbeit mit den USA für beide Seiten vorteilhaft sein würde.

Unvergessen bleibt Kennedys Vision einer atlantischen Partnerschaft, in der die divergierenden Interessen der einzelnen Mitgliedstaaten zum Wohle aller ausgeglichen würden. So wie aus dem Marshallplan der Nordatlantikpakt entstanden war, so sollten eine enge transatlantische Handelspartnerschaft und die Herabsetzung der Einfuhrzölle die ersten Schritte auf dem Weg zu einer größeren wirtschaftlichen und politischen Einheit der Staaten diesseits und jenseits des Atlantiks sein.

Eine solche Politik lag auch im eigenen Interesse der USA. Kennedy betonte den Zusammenhang zwischen der negativen amerikanischen Zahlungsbilanz und dem Anwachsen der Goldreserven bei den europäischen Verbündeten. Es gab nach Auffassung Kennedys zwei Wege, um das Problem zu lösen: Entweder verminderten die USA ihre Leistungen für die europäische Verteidigung, oder die Verbündeten vergrößerten ihren finanziellen Beitrag zu den gemeinsamen Militärausgaben. Kennedy warnte die Westeuropäer eindringlich vor dem Verfall der westlichen Nationen und erinnerte an den Bericht von Thukydides über die alten Peloponnesier und ihre Verbündeten, die mächtig in der Schlacht, doch gehemmt durch eine politische Führung waren, in der »jeder seine eigenen Absichten verfolgt. ... Was im allgemeinen dazu führt, daß jede Aktion unterbleibt. Jeder glaubt, daß aus seinen eigenen Versäumnissen kein Schaden erwachse und daß es die Aufgabe anderer sei, dies oder jenes zu tun – und da somit jeder für sich die gleiche Illusion hegt, gerät die gemeinsame Sache unmerklich immer mehr in Verfall.«[44]

Vor dem Hintergrund der amerikanischen Forderungen nach dem Ausbau der konventionellen NATO-Streitkräfte stiegen besonders in Frankreich und in der Bundesrepublik die Zweifel an der Glaubwürdigkeit der amerikanischen Nukleargarantie für die Verteidigung Europas. Die neue Militärstrategie der »flexible response«, von Verteidigungsminister McNamara mit General Maxwell Taylor entwickelt, erweiterte die amerikanischen Optionen für den Fall einer Krise oder eines Krieges, aber in Westeuropa wurden Zweifel laut: Man glaubte, daß die Regierung Kennedy in der Tradition von F. D. Roosevelt den Ausgleich mit der Sowjetunion auf Kosten europäischer Interessen suchen könnte. Diese Bedenken wurden stärker, als sich Kennedy gemeinsam mit Chruschtschow gegen eine Verbreitung von Nuklearwaffen aussprach. Die Europäer, vor allem Frankreich, befürchteten angesichts dieser Entwicklung eine Nukleardominanz der USA im westlichen Bündnis und eine bipolare Nukleararistokratie der beiden Supermächte, die zu Lasten westeuropäischer Sicherheit gehen würde. Kennedy hingegen bezog die Position, daß kleine Nuklearmächte in der Größenordnung Großbritanniens oder Frankreichs höchstens die Sowjetunion zu Präventivschlägen einladen und die Kommandostruktur der NATO schwächen würden. In Wirklichkeit befürchtete die Regierung Kennedy den Verlust der amerikanischen Kontrolle der NATO. Durch Fehlkalkulation oder aus Versehen könnten die USA gegen ihren Willen in einen europäischen Nuklearkrieg hineingezogen werden.

Während der Bundesrepublik keine Alternative blieb, als sich wiederholt der amerikanischen Garantien zu versichern, zog Frankreich unter General de Gaulle eine andere Konsequenz: Dieser suchte für Frankreich politische Gleichberechtigung neben den zwei großen Supermächten durch nationale Unabhängigkeit, die er mit Hilfe einer autonomen Nuklearstreitmacht verwirklichen wollte. Nachdem de Gaulles Vorschlag für ein Dreierdirektorium an der Spitze der NATO 1958 von den USA und Großbritanniens abgelehnt worden war, begann de Gaulle zu Beginn der sechziger Jahre mit dem Aufbau der Force de Frappe. Ende 1965 hatte Frankreich fünfzig Atombomber vom Typ Mirage IV einsatzbereit. 1967 erfolgte der Stapellauf des ersten französischen Atom-U-Bootes, das 1971 mit Mittelstreckenraketen einsatzbereit war. Auch wenn die Force de Frappe von 1960 bis 1970 nur auf dem Papier bestand, so erfüllte sich de Gaulles politische Intention: die Demonstration nationaler Unabhängigkeit und Stärke bei gleichzeitiger Distanz zu den USA.

Der Bundesrepublik war eine Entwicklung nach gaullistischem Vorbild von Anfang an verschlossen. Eine nukleare Bundesrepublik war im Ausland und bei der eigenen Bevölkerung unerwünscht. Ersatzweise versuchte die Bundesregierung, nukleare Mitbestimmung im Bündnis über die Multilateral Force (MLF) zu erreichen, während England aufgrund seiner traditionell engen Bindung und durch technologische Hilfestellung der USA den Status einer Nuklearmacht mit amerikanischer Hilfe wahren konnte.

Nukleare Überlegenheit gegenüber der Sowjetunion, nukleare Kontrolle des Bündnisses, Nichtweiterverbreitung von Nuklearwaffen, ein Ausbau der konventionellen Streitkräfte insbesondere in Westeuropa und eine neue Faszination für die Guerilla-Kriegführung in der Dritten Welt kennzeichneten die Kernelemente der Strategie der »flexiblen Antwort« unter Kennedy. Im Unterschied zur Strategie der massiven Vergeltung der Eisenhower-Jahre, die auf Androhung massiver, das heißt nuklearer Vergeltung angewiesen war, strebte Kennedy die ständige Überlegenheit auf allen Ebenen an: Versuchten die USA unter Eisenhower, durch nukleare Überlegenheit allein asymmetrisch abzuschrecken, so legte Kennedy nun Wert darauf, daß jeder Bedrohung symmetrisch, das heißt gleichgewichtig und angemessen, entgegnet werden konnte. Das war revolutionär, aber undurchführbar. Doch Kennedy fürchtete sich vor dem »Alles oder Nichts«, das heißt, im Fall einer Krise nicht angemessen reagieren zu können.

Furcht vor politischer Demütigung und die Fähigkeit zur begrenzten Eskalation waren für Kennedy entscheidend. Deshalb haftete der Strategie der »flexiblen Antwort« ein gewisses Maß an Optimismus an, Konflikte durchstehen und gewinnen zu können. Sie war Ausdruck des Glaubens, daß Kriege begrenzt kontrolliert geführt und aufgrund der Überlegenheit amerikanischer Kapazitäten gewonnen werden könnten. Begrenzte Kriegführung sollte die Abschreckung glaubwürdig machen.[45]

Militärische Überlegenheit war nicht Selbstzweck, sondern sollte die Sowjetunion zur Kooperation zwingen. Angesichts der idealistisch-pazifistischen Tendenzen in den westlichen Demokratien in den siebziger und achtziger Jahren verdient folgender Satz John F. Kennedys in Erinnerung gerufen zu werden: »Wir werden nie aus Furcht verhandeln, aber wir wollen uns auch niemals vor Verhandlungen fürchten.«[46] Nach Kennedy, im Zeitalter amerikanisch-sowjetischer Parität, verliefen die Verhandlungen allerdings ungleich schwieriger.

Es ist verständlich, daß Kennedy zu seiner Zeit die amerikanische Überlegenheit ausbauen wollte. Sein Globalkonzept machte Überlegenheit zwingend. Aus sowjetischer Sicht hingegen waren Kennedys Angebote zur Entspannung unannehmbar, denn seine »Détente Americana« sollte nicht auf Gleichberechtigung beruhen, sondern vom Sockel amerikanischer Überlegenheit herab durchgesetzt werden. Chruschtschow hingegen suchte für die Sowjetunion Machtausdehnung und Gleichberechtigung neben den USA. Die Kubakrise zeigte allerdings, daß Chruschtschows globalistische Vorstellungen zunächst noch auf tönernen Füßen standen.[47]

Die außenpolitische Bilanz der Kennedy-Regierung am Vorabend der Kubakrise war nicht sonderlich beeindruckend: Die neue Militärdoktrin der »flexiblen Antwort« war zwar vernünftig, stieß aber bei den Bündnispartnern auf heftige Kritik und konnte erst 1967 offizielle NATO-Strategie werden. Sie führte dazu, daß Frankreich unter de Gaulle zum schärfsten Widersacher der Europapolitik Kennedys wurde, die de Gaulle zum Anlaß nahm, mehr Distanz für Frankreich und für Europa zu suchen. Die Bundesregierung in Bonn stand den amerikanischen Entspannungsansätzen kritisch gegenüber. Der Mauerbau von 1961 und die dilettantischen Vorschläge der USA zum Berlin- und Deutschlandproblem, welche die Übertragung sowjetischer Rechte auf das Regime in Ostberlin nicht ausgeschlossen hätten, führten zu heftigen Kontroversen. Nach dem Debakel der Schweinebucht vom April 1961 und der wenig überzeugenden Vorstellung Kennedys auf dem Gipfeltreffen in Wien erschien er vielen als ein Mann, der zwar wie Churchill sprach, als er die Engländer zum Durchhalten gegen Hitler aufrief, aber wie Chamberlain handelte, als er Monate vor dem Zweiten Weltkrieg unter Verkennung der Lage ausrief: »Der Friede ist gerettet.« In der westlichen Welt zweifelte man an Kennedys Durchsetzungsvermögen gegenüber der Sowjetunion.

Kennedys Europapolitik blieb widersprüchlich. Das galt besonders für die Sicherheitspolitik. Einerseits sprach er sich gegen nationale Atomstreitkräfte aus, andererseits unterstützte er die Bemühungen der Regierung Macmillan um englische Nuklearstreitkräfte. Die britische Atomstreitmacht war Ende der fünfziger Jahre aufgebaut worden. Weil jedoch die Produktion und Entwicklung eigener Nuklearraketen zu kostspielig war, hatte Macmillan von Eisenhower 1960 die Zusage erhalten, in amerikanisch-englischer Koproduktion die »Skybolt«-Rakete zu entwickeln, um die veraltete englische Luftwaffe zu modernisieren. Als Kennedy diese Kooperation aus technischen Gründen einstellen wollte, erbat Macmillan im Dezember 1962 in Nassau von Kennedy amerikanische »Polaris«-Raketen. Kennedys Einwand, daß Frankreich daraufhin den EWG-Beitritt Großbritanniens verhindern würde, wurde von Macmillan verworfen, denn er glaubte, daß die Beitrittsproblematik rein agrarpolitischer Natur sei. Kennedy hingegen sah die Komplexität der Probleme deutlicher: Hätte er die nukleare Rüstung Englands gegenüber Frankreich bevorzugt und eine unabhängige britische Atomstreitmacht durch amerikanische »Polaris«-Lieferungen gesichert, wäre wahrscheinlich die amerikanische Zielsetzung einer multi-*lateralen* Atomstreitmacht im Rahmen der NATO gescheitert. Auch das zweite Konzept, die multi-*nationale* Atomstreitmacht, hätte nur dann eine Chance gehabt, wenn die geplanten britischen Nuklearwaffen vollständig unter das NATO-Oberkommando gestellt worden wären. Die USA hatten immer wieder auf die Risiken einer autarken nationalen Atomstreitmacht hingewiesen. Hätte Washington das englische Anliegen jedoch nicht unterstützt, so hätte England seine traditionell enge Bindung an die USA gelockert und sich statt dessen enger an den europäischen Staaten orientiert. Eine gemeinsame französisch-englische Front hätte in der Folge möglicherweise die amerikanische Europapolitik blockiert.

So gesehen, war das Abkommen von Nassau zwischen den USA und Großbritannien vom Dezember 1962 ein Kompromiß: Einerseits bemühte sich Kennedy um Integration der westlichen Nuklearmächte, andererseits wollte er Englands Verlangen nach nuklearer Stärke und Souveränität entgegenkommen. Die geplanten englischen »Polaris«-U-Boote mit amerikanischen Raketen und englischen Sprengköpfen wurden als Ausgangspunkt für eine multilaterale wie auch für eine multinationale Atomstreitmacht angesehen. Doch statt der britischen Regierung eine Zusage zu einer ausschließlich multilateralen europäischen Atomstreitmacht abzuringen, gaben die USA dem englischen Anspruch auf nationale Unabhängigkeit nach und versetzten damit der Integration Westeuropas einen Rückschlag. Außerdem hatte der amerikanische Präsident seine eigene Nichtverbreitungsmaxime aufgegeben und statt dessen Großbritannien eine nukleare Sonderrolle zugestanden.[48]

Durch das Abkommen von Nassau wurde Frankreich diskriminiert. Zwar sandten Kennedy und Premierminister Macmillan sofort nach Unterzeichnung eine Botschaft an de Gaulle, in der das amerikanische Angebot an Großbritannien auch Frankreich in Aussicht gestellt wurde, doch wurde die nationale »Notstandsklausel« des Nassauer Abkommens, die England Spielraum für eine nationale Nuklearstrategie gab, der französischen Regierung vorenthalten.

Die USA versicherten den europäischen Verbündeten, daß die nukleare Schutzverpflichtung weiterhin verbindlich sei, daß aber verantwortliche Führung im Bündnis, besonders in Krisenzeiten, ein zentrales nukleares Entscheidungsgremium erfordere. Die Europäer wären deshalb schlecht beraten, wenn sie nationale Nukleararsenale als Alternative zum kollektiven Nuklearschutz der NATO aufbauen würden. Aber genau dies hatte de Gaulle im Sinn: eine Force de Frappe mit dem politischen Ziel, amerikanischer Bevormundung zu entgehen. Großbritanniens Lösung sah vor, die Lebensdauer seines eigenen Nuklear-Arsenals dadurch zu verlängern, daß es seine historischen Sonderbeziehungen zu den USA auch auf den nuklearstrategischen Bereich ausdehnte.

Die Bundesrepublik forderte eine integrierte NATO-Nuklearstreitmacht unter gleichberechtigter deutscher Teilnahme. Sie sah darin einen Mittelweg zwischen den beiden Extremen, entweder ein eigenes Nuklearpotential aufzubauen, was sowieso politisch außer Frage stand, oder gar keine nukleare Mitsprache zu haben. Sie optierte zu keinem Zeitpunkt für de Gaulles Force de Frappe, sondern blieb sicherheitspolitisch deutlich atlantisch orientiert.

Die Multilateral Force wurde von der Regierung Kennedy nur halbherzig vorangetrieben. Der amerikanische Präsident sah in der MLF lediglich ein Mittel, dem Zerfallsprozeß der NATO entgegenzuwirken, die Westeuropäer zusammenzuhalten und vor allem einen Nuklearpakt der Europäer untereinander, besonders zwischen Paris und Bonn, zu verhindern. Außerdem wurde die militärische Zweckmäßigkeit einer mit Raketen bestückten Überwasserflotte von Militärexperten in den USA und in Europa stark bezweifelt. Daß die Vereinigten Staaten sich selbst hauptsächlich auf U-Boote verließen, wurde auch als Zeichen dafür gewertet, daß der Plan keine großen Realisierungschancen besaß.

Die Kluft zwischen Anspruch und Wirklichkeit der amerikanischen Europapolitik wurde schlagartig deutlich, als Kennedy am 14. Januar 1963 die Perspektive einer atlantischen Partnerschaft hoffnungsvoll umriß, aber de Gaulle am gleichen Tag erklärte, Frankreich lehne die Aufnahme Englands in den Gemeinsamen Markt ab. Damit war Kennedys Europakonzeption gescheitert. Der französische Präsident strebte keine Integration der westeuropäischen Staaten in enger Verbindung mit den Vereinigten Staaten an, sondern suchte eine führende Rolle Frankreichs in Europa mit Distanz zu den USA. Damit zog de Gaulle genau die gegenteiligen Schlußfolgerungen aus der internationalen Entwicklung nach der Kubakrise wie die USA. Die amerikanische Garantie für die Sicherheit Europas sah er nicht mehr als gewährleistet an. Er glaubte, daß sich die USA bei einem Nuklearangriff auf Europa nicht der Gefahr einer Konfrontation mit der Sowjetunion aussetzen würden. Da im Falle der Verteidigung Europas durch die USA die Amerikaner mit einem direkten russischen Vergeltungsschlag auf ihrem Kontinent rechnen müßten, sei dies ein Risiko – so de Gaulle –, das keine Nation, auch nicht die USA, auf sich nehmen könne. De Gaulle wollte dementsprechend der Schrittmacher für europäische Sicherheit sein. Für ihn bewies die Kubakrise einen Grad europäischer Abhängigkeit von den USA, den es zu überwinden galt. Die Westeuropäer sollten sich von den USA abkoppeln, zumindest emanzipieren.

Hinter diesem Gaullismus der sechziger Jahre, der in den achtziger Jahren als Neo-Gaullismus, als offener Anti-Amerikanismus und im Gewand von Pazifismus und Neutralismus in Westeuropa wieder auftrat, stand 1962/63 folgendes machtpolitisches Kalkül: De Gaulle fürchtete, daß der Beitritt Englands zum Gemeinsamen Markt die Struktur Europas, unter anderem Frankreichs Stellung innerhalb Europas, verändern würde. England würde als »Trojanisches Pferd« der USA in Europa, durch die Bundesrepublik unterstützt, Frankreich auf die zweite Bank verweisen. De Gaulles Vorwurf, Europa könnte in amerikanische Abhängigkeit geraten und seine Identität verlieren, bezog sich vor allem auf Frankreichs mindere Rolle im Europakonzept der Regierung Kennedy.[49]

Auch England verfolgte in seiner Europapolitik die Quadratur des Kreises: Es wollte den Beitritt zur EWG, aber zugleich privilegierte Atombeziehungen mit den USA und den Status einer unabhängigen nationalen Nuklearmacht. »Großbritannien hat ein Weltreich verloren und noch keine neue Rolle gefunden!« erklärte der ehemalige amerikanische Außenminister Acheson. Dies traf in der Tat zu. Die Kubakrise, das Abkommen von Nassau und de Gaulles Nein zum EWG-Beitritt Englands wirkten sich negativ auf Kennedys Europapolitik aus. Die Kubakrise wirkte also ambivalent auf Europa: Sie hatte Amerikas Prestige, aber auch de Gaulles skeptische Haltung bestätigt. Westeuropa blieb vor einem russischen Angriff weitgehend sicher. Erst diese Sicherheit gab de Gaulle jedoch den nötigen Spielraum, den Konflikt im Bündnis, vor allem mit den USA, bis zur Krise oder sogar zum Bruch zu treiben. Sein Veto kann als eine Art Verzögerung der Europapolitik Kennedys gewertet werden. Aber de Gaulles Vision mußte letztlich scheitern, weil sie seine tatsächliche Gestaltungskraft übertraf. Heute scheint eine neue Bewertung seiner Europapolitik möglich. Die Politik der nationalen Unabhängigkeit hat an Attraktivität gewonnen. Ist nicht allen europäischen Nationen seit Beginn der neunziger Jahre ein erheblicher Schuß Gaullismus in die Politik gefahren? Scheint es heute nicht eher so, als ob die Größe von Kennedys Konzept die tatsächliche Gestaltungskraft der Vereinigten Staaten übertraf?

Kennedys Visionen und die atlantische Allianz wurden in der Realität immer wieder mit den Interessen und auch mit der historischen Andersartigkeit der europäischen Nationalstaaten konfrontiert. Die nationalstaatliche Konzeption de Gaulles für Frankreich und Europa hat heute, an der Schwelle des neuen Jahrtausends, an Kraft gewonnen. Hinter der hehren Integrationsrhetorik dominiert der Nationalstaatsgedanke in Westeuropa. Das gilt noch stärker für Mittel- und Osteuropa. Hans-Peter Schwarz hat auf die staatenbundähnliche Qualität Westeuropas hingewiesen, die aus den von Kennedy und de Gaulle repräsentierten Visionen und Energien mittlerweile entstanden ist.[50]

Aus der historischen Distanz wird deutlich, daß im Verlauf der sechziger Jahre die USA als westeuropäische Führungsmacht an Einfluß verloren. Folglich wurde der Prozeß der europäischen Integration zunehmend ein autonomer europäischer Vorgang und weniger ein Reflex auf amerikanische Impulse oder Unsicherheiten im Ost-West-Verhältnis. Auch das Scheitern der MLF machte die Grenzen amerikanischer Europapolitik deutlich. Zur Integration Europas an der Seite der USA war die Koordination der drei großen Staaten England, Frankreich und der Bundesrepublik Deutschland notwendig. Dies übertraf die Gestaltungskraft der Regierung Kennedy. Was blieb, war Uneinigkeit. Darüber konnten auch Kennedys triumphale Europareise im Sommer 1963 und sein begeisterter Empfang in der Bundesrepublik nicht hinwegtäuschen. Er hatte die Herzen der Europäer gewonnen, die europäischen Kabinette hingegen blieben im diplomatischen Grabenkampf des nationalen Konkurrenzdenkens stecken.

Nichtsdestoweniger wiesen Kennedys Überlegungen für eine atlantische Partnerschaft weit in die Zukunft. Kennedy wollte mit seinem Europabesuch im Juni 1963 diese verstärkte Zusammenarbeit der nordatlantischen Verbündeten fördern. Dabei warnte er vor den Gefahren eines Zerfalls der westlichen Nationen. Zu Recht forderte er, daß der wachsende Fortschritt und Wohlstand der europäischen Staaten zur Übernahme größerer Verantwortung in der gemeinsamen Verteidigung führen müsse. Er deutete an, daß Westeuropa darüber hinaus globale Mitverantwortung übernehmen solle, eine Aufgabe, die noch heute auf ihre Verwirklichung wartet: »Auf uns allein gestellt, können wir nicht überall auf der Welt Gerechtigkeit schaffen, wir können nicht dafür sorgen, daß Ruhe auf der Welt herrscht, oder für Ihre gemeinsame Verteidigung aufkommen oder Ihren allgemeinen Wohlstand fördern oder die Segnungen der Freiheit für uns und unsere Nachwelt sicherstellen. Aber gemeinsam mit anderen freien Nationen können wir dies und noch viel mehr tun. Wir können den Entwicklungsländern helfen, das Joch der Armut abzuschütteln. Wir können unseren weltweiten Handel und unseren Zahlungsverkehr auf einem Stande ausgleichen, der ein größtmögliches Wachstum verheißt. Und schließlich können wir dazu beitragen, eine Welt des Rechts und der Entscheidungsfreiheit zu schaffen und damit die Welt des Krieges und des Zwangs zu verbannen. Denn die atlantische Partnerschaft, von der ich spreche, würde nicht nur nach innen blicken und würde sich nicht nur mit ihrem eigenen Wohlergehen und ihrem eigenen Fortschritt befassen. Sie würde auch nach außen blicken und mit allen Nationen bei der Behebung der gemeinsamen Sorgen zusammenarbeiten. Sie würde einen Kern für den schließlichen Zusammenschluß aller freien Menschen bilden – derjenigen, die jetzt frei sind, und derjenigen, die eines Tages frei sein werden.«[51]

Vor dem Hintergrund des katastrophalen Versagens der Westeuropäer seit 1989, Frieden, Sicherheit und Wohlfahrt für ganz Europa zu schaffen, und der europäischen Unfähigkeit, globale Verantwortung, zumindest Mitverantwortung, zu übernehmen, sind diese Sätze Kennedys nach wie vor Aufruf und Mahnung zugleich.

Die Beziehungen zur Bundesrepublik Deutschland

Der Gegensatz zwischen Kennedy und Adenauer konnte zu Beginn der Kennedy-Administration nicht größer sein: Im Alter von 85 Jahren mußte sich der konservative Konrad Adenauer an den Umgang mit dem 44 Jahre jüngeren amerikanischen Präsidenten gewöhnen. Hinzu kam, daß die Demokraten die Mehrheit im Senat und Repräsentantenhaus bildeten, während Adenauer einer konservativen Regierung vorstand, die ihrerseits auf einer klaren parlamentarischen Mehrheit beruhte.

Kennedy schien entschlossen, den kalten Krieg zu beenden und eine neue Annäherung an Moskau zu versuchen. Er wollte das amerikanische Engagement für Deutschlands Wiedervereinigung begrenzen, den politischen Status quo in Europa sichern, eine neue Militärstrategie durchsetzen, die erst noch ihre Bewährungsprobe zu bestehen hatte und die vor allem daraufhin zielte, den konventionellen Verteidigungsbeitrag der Europäer zu erhöhen und die nukleare Beistandsverpflichtung der Vereinigten Staaten zu reduzieren. Kennedy plante außerdem, den Problemen der Dritten Welt mehr Aufmerksamkeit zu widmen. Nicht Europa, nicht Deutschland, sondern andere politische Brennpunkte wurden für Amerikas Außenpolitik zentral. Sehr bald stellte sich heraus, daß die Konsultationen zwischen Washington und Bonn immer lückenhafter wurden. Die Klagen über mangelhafte Konsultation wurden seit 1961 zum ständigen Bestandteil der deutsch-amerikanischen Beziehungen.

Zur Lage Deutschlands selbst hatte Kennedy öffentlich erklärt, daß es zwei deutsche Staaten geben werde, solange dies im Interesse der Sowjetunion läge. Diese Feststellung entsprach der Realität, war aber dem vertraglich vereinbarten politischen Ziel der Wiedervereinigung beider deutscher Staaten nicht gerade förderlich. Außerdem wurde deutlich, daß Kennedy im Zuge der Berlinkrise bereit war, über West-Berlin zu verhandeln. Dadurch war die Bonner Regierung zutiefst beunruhigt. Wenn es Verhandlungen mit der Sowjetunion hätte geben sollen, dann ihrer Ansicht nach nur über den Gesamtstatus von Groß-Berlin, nicht aber über West-Berlin allein, wie Kennedy einzuräumen bereit schien. In den deutsch-amerikanischen Konsultationen wurde auch die Frage kontrovers diskutiert, was zu tun sei, wenn eine neue Blockade oder ähnliche Maßnahmen zur Unterbrechung des freien Zugangs von und nach West-Berlin von der Sowjetunion getroffen würden. Die deutsch-amerikanischen Beziehungen verschlechterten sich, weil Bonn befürchtete, daß Kennedy zu erheblichen politischen Konzessionen bereit war, nämlich den Russen eine Art De-facto-Anerkennung der DDR einzuräumen, eine De-jure-Anerkennung der deutsch-polnischen Grenze zu gewähren und Garantien gegen eine Entwicklung der Bundesrepublik zu einer atomar bewaffneten Macht zu geben. Außerdem war Kennedy im Begriff, erste Schritte in Richtung einer Einschränkung des militärischen Engagements in Europa zu tun. Darüber hinaus signalisierte er eine gewisse Bereitschaft zu vertraglichen Abmachungen über den Zugang nach West-Berlin, wobei DDR-Personal im Rahmen einer internationalen Zugangsbehörde an den Grenzkontrollen mitwirken sollte.

Die Bundesregierung warnte vor Schritten, die eine verfrühte Anerkennung der DDR und eine Minderung der Rechte und Pflichten der Alliierten mit sich gebracht hätte. Vor allem widersetzte sich die Bundesregierung dem amerikanischen Druck, innerhalb von 48 Stunden den Vorschlägen des State Department zuzustimmen. Adenauer durchkreuzte die amerikanischen Pläne schließlich dadurch, daß er sie an die Öffentlichkeit trug. Die Auseinandersetzungen zwischen Adenauer und der Regierung Kennedy hatten damit einen Höhepunkt erreicht, der sich unter anderem in der Abberufung des Botschafters der Bundesrepublik in den USA, Wilhelm Grewe, niederschlug.[52]

Am Ende der Regierungszeit Kennedys war die deutsche Regierung desillusioniert. Adenauer befürchtete ein neues Jalta und eine verminderte militärische Sicherheit der Bundesrepublik. Enttäuscht über Kennedys Verhalten, wandte er sich de Gaulle zu.[53] Der deutsch-französische Vertrag über Freundschaft und Zusammenarbeit vom 22. Januar 1963 signalisierte deutlich die Verstimmungen im deutsch-amerikanischen Verhältnis. Dieser Wandel wurde auch durch die schwache amerikanische Reaktion auf den Berliner Mauerbau vom 13. August 1961 ausgelöst. Ein Beispiel für die Enttäuschung, die sich auf deutscher Seite breitmachte, sind die vertraulichen Aufzeichnungen des Vorsitzenden der CDU/CSU-Bundestagsfraktion und späteren Ministers Heinrich Krone: »Jetzt muß der Westen handeln. An einer entscheidenden Stelle packt Moskau an. Zweitausend Menschen fliehen täglich aus der Zone. Für alles, was in nächster Zeit verhandelt wird, ist entscheidend, daß wenigstens dieses schmale Tor in die Freiheit offen bleibt. Diese Tür darf nicht zugehen. Wenn der Westen diese Stunde verspielt, hat Moskau schon vor Beginn einer Verhandlung das Spiel in einer für den Frieden wichtigen Frage gewonnen.«[54] Der Regierende Bürgermeister von Berlin, Willy Brandt, äußerte sich ähnlich kritisch.

Ihn führte die Ernüchterung angesichts des Verhaltens der USA zu der Einsicht in die Notwendigkeit einer aktiveren deutschen Ostpolitik. Erst unter dem neuen Außenminister Gerhard Schröder kam es seit 1963 zu einer gewissen Verbesserung der deutsch-amerikanischen Beziehungen. Schröder war klar atlantisch ausgerichtet und verschaffte sich gegenüber Adenauer einen größeren Handlungsspielraum als sein Vorgänger Heinrich von Brentano.[55]

Angesichts der schweren bilateralen Differenzen reiste John F. Kennedy im Sommer 1963 nach Europa. Sein Deutschlandbesuch wurde für den amerikanischen Präsidenten zu einem regelrechten Triumphzug. In Bonn bekräftigte Kennedy das amerikanische Interesse an Berlin. Sein Versuch, die Bundesregierung für seine weltweite außenpolitische Konzeption zu begeistern, wie zum Beispiel für das Friedenskorps, blieb jedoch in Bonn weitgehend ohne Resonanz. Analog zum Friedenskorps wurde immerhin im Beisein von Kennedy der Deutsche Entwicklungsdienst gegründet. Die programmatischen Höhepunkte des Kennedy-Besuchs bildeten seine Reden in Berlin und in der Frankfurter Paulskirche. Dort beschwor Kennedy die Erneuerung Europas und die engen Bande zwischen Nordamerika und dem alten Kontinent: Die Welt sähe ein Zeitalter sowohl der Interdependenz als auch der Unabhängigkeit – den Internationalismus als Nachfolge des Nationalismus. Deutschland und Amerika seien nun Partner, »nicht in einem engumschlungenen, zweiseitigen Verhältnis«, sondern innerhalb der atlantischen Partnerschaft mit gemeinsamen Interessen und Zielen, mit sich ergänzenden Rollen und gemeinsam zu teilenden Lasten. Vor dem Hintergrund der wachsenden bilateralen Verstimmungen und der Annäherung Deutschlands an Frankreich wirken folgende Worte Kennedys um so überzeugender: »Ich möchte das Wunder der wirtschaftlichen Leistungen Deutschlands nicht schmälern. Aber das wahre deutsche Wunder war Ihre Abkehr von der Vergangenheit um der Zukunft willen – war Ihre Aussöhnung mit Frankreich, Ihre Beteiligung an der Schaffung Europas, Ihre führende Rolle in der NATO und Ihre wachsende Unterstützung konstruktiver Vorhaben in allen Teilen der Welt.« In seiner Frankfurter Rede erklärte Kennedy dagegen, auf de Gaulle anspielend: »Es liegt in der Natur der Sache, daß Amerikas nukleare Position innerhalb des Bündnisses Fragen aufgeworfen hat. Ich glaube, wir müssen uns mit diesen Fragen auseinandersetzen, nicht indem wir die Uhr auf die Zeit der separaten nationalen Abschreckung zurückdrehen, sondern indem wir eine noch einheitlichere atlantische Abschreckungsmacht mit echter europäischer Beteiligung schaffen.«[56]

Kennedys Berliner Rede vom 26. Juni 1963 bildete den emotionalen und rhetorischen Höhepunkt seiner Europareise. Schon vor den Gewerkschaftlern der

IG Bau, Steine, Erden rief er aus: »Dies ist mein Land. West-Berlin ist mein Land.« Vor dem Schöneberger Rathaus sprach er dann in deutsch den inzwischen legendär gewordenen Satz: »Ich bin ein Berliner!« und fügte hinzu: »Es gibt Leute, die sagen, dem Kommunismus gehöre die Zukunft. Sie sollen nach Berlin kommen. Und wieder andere, die behaupten, man könne mit dem Kommunismus zusammenarbeiten. Auch sie sollen nach Berlin kommen. Die Mauer ist die abscheulichste und stärkste Demonstration für das Versagen des kommunistischen Systems.«[57]

Durch seinen Besuch gelang es Kennedy, in der Öffentlichkeit einen positiveren Eindruck des deutsch-amerikanischen Verhältnisses herzustellen. Nach dieser Reise wurde Kennedy zum populärsten amerikanischen Präsidenten der Nachkriegszeit, und daran, so scheint es, hat sich bis in die neunziger Jahre nicht viel geändert. In den frühen sechziger Jahren verkörperte Kennedy für viele Deutsche die Idealgestalt des demokratischen Politikers. Dabei darf jedoch nicht übersehen werden, daß der kühle Pragmatiker Kennedy von der Emotionalität des Empfangs in Deutschland überrascht, ja zum Teil sogar erschrocken war. Auf jeden Fall waren die Deutschen von Kennedy faszinierter als er von ihnen. Der amerikanische Präsident symbolisierte für die Nachkriegsdeutschen die Ideale von Demokratie, Freiheit, Größe und Ansehen. Vielleicht hat die zivilisatorische Attraktivität der USA in Kennedy ihre brillanteste Verkörperung gefunden. Hinter dieser positiven Fassade wurden allerdings auch harte Interessenkonflikte zwischen beiden Ländern deutlich, die sich im Laufe der kommenden Jahrzehnte vertieften, aber zumeist auf freundschaftlicher beziehungsweise partnerschaftlicher Ebene ausgetragen wurden. Zweifelsohne wurde bereits Anfang der sechziger Jahre klar, daß Deutschland wieder zu einem international anerkannten und respektierten Staat aufrückte, dabei die privilegierte Position Englands im Rahmen der amerikanischen Europapolitik herausforderte und es darüber hinaus auf geschickte Weise verstand, auch im amerikanisch-französischen Konflikt zu vermitteln. Es sollte allerdings noch einige Jahre dauern, bis die Bundesrepublik zum wichtigsten europäischen Verbündeten der USA wurde. Umgekehrt ließ sich allerdings schon zu diesem Zeitpunkt erkennen, daß die deutsch-amerikanischen Beziehungen zum außenpolitischen Grundgesetz der Bundesrepublik geworden waren, wie es Walther Leisler Kiep treffend ausdrückte: »Das Bündnis mit Amerika ist das zweite Grundgesetz unseres Staates.«[58]

Die Beziehungen zur Sowjetunion

Bis zur Kubakrise wirkte Kennedy in seinem politischen Verhalten gegenüber der Sowjetunion angespannt. Die erfolgreich bewältigte Kubakrise hatte ihn verändert. Entspannter und selbstbewußter räumte Kennedy ein, daß es in der Kubakrise weniger um die Veränderung des wirklichen politischen Kräfteverhältnisses gegangen sei als vielmehr um Amerikas Prestige: »Die Sowjets [hatten] nicht etwa die Absicht, die Raketen abzufeuern, aber politisch hätte dies das Gleichgewicht der Kräfte verändert. Es würde so geschienen haben, und der Anschein steht neben der Wirklichkeit. Das wirkliche Problem liegt in dem Wunsch der Sowjets, ihre Macht und ihren Einfluß zu erweitern ...«[59]

Kennedys Bemühen um ein entspanntes Verhältnis zur Sowjetunion wurde in seiner Washingtoner Friedensrede vom 10. Juni 1963 besonders deutlich. Darin plädierte er für Rüstungskontrolle sowie für eine Überprüfung der eigenen Haltung gegenüber der Sowjetunion: »Jeder denkende Bürger, der den Krieg verabscheut und mithelfen will, Frieden zu schaffen, sollte damit beginnen, in sich zu gehen und seine eigene Einstellung zu den Möglichkeiten des Friedens, zur Sowjetunion, zum Verlauf des kalten Krieges, zur Freiheit sowie zum Frieden hier im eigenen Lande zu überprüfen.«[60] Kennedys Vorstellungen waren durch Nüchternheit und durch eine bewußte Politik der Stärke gekennzeichnet. Er hatte erkannt, daß sich Entspannungspolitik nicht an den harten Strukturen der Macht vorbei konstruieren läßt und daß das zerbrechliche Gehäuse der atlantischen Welt des Schutzes bedurfte.

Kennedy bot noch kein Entspannungskonzept an, aber instinktiv spürte er, daß Amerika eine Politik betreiben sollte, die nicht nur militärische Stärke, sondern auch politische Kooperation sucht. Kennedy griff nicht zu schnellen Lösungen, sondern paßte sich langfristig den neuen Realitäten des Nuklearzeitalters an. Er war der erste amerikanische Nachkriegspräsident, der erkannte, daß Sicherheit nicht mehr ausschließlich militärisch gegen, sondern politisch mit der Sowjetunion erreicht werden könnte. Erst an der Schwelle zum Jahr 1968 sollte das Konzept der Dualität von militärischer Sicherheit und politischer Entspannung zur Grundlage der NATO-Strategie werden. Kennedy hatte dieser Entwicklung die Bahn bereitet. Es ist verständlich, daß er als Kind seiner Zeit dieses Konzept auf der Grundlage amerikanischer Überlegenheit entwickeln wollte. Das war für die Sowjetunion unannehmbar. Erst knapp ein Jahrzehnt später waren die USA zu militärischer Parität und Entspannung bereit. So gesehen, war Kennedy der letzte amerikanische Präsident, der amerikanische Überlegenheit durchsetzen konnte, aber gleichzeitig war er der erste, der – wenn auch auf

Überlegenheit pochend – den Weg für ein Streben nach politischer Entspannung auf der Grundlage militärischer Sicherheit frei machte.

So weitsichtig Kennedys Überlegungen – bezogen auf die Sowjetunion – waren, so kurzsichtig blieb seine Chinapolitik. Statt den sino-sowjetischen Konflikt für amerikanische Interessen zu nutzen, blieb Kennedy der Vorstellung einer geschlossenen kommunistischen Weltbedrohung verhaftet, die von einem aggressiven China ausging. Die Kubakrise vertiefte den sino-sowjetischen Konflikt entscheidend, was Kennedy aber ironischerweise nicht realisierte. Abgesehen davon ist es sehr zu bezweifeln, ob Mao 1962 an einer Verbesserung der Beziehungen zu den USA interessiert gewesen wäre, selbst wenn es Kennedy gewollt hätte. Zudem wirkte die militante außenpolitische Rhetorik der Volksrepublik China in den sechziger Jahren wenig einladend für Entspannungsangebote.

Die Kubakrise hatte eine weitere Auswirkung: Sie hatte die Selbstsicherheit der Kennedy-Administration noch verstärkt. Die politische, strategische und moralische Überlegenheit der USA schien infolge der Kubakrise ihre Rechtfertigung und Bestätigung erfahren zu haben. Von Oktober 1962 bis November 1963 erreichten die USA ihren machtpolitischen Scheitelpunkt, einen Hauch von Überlegenheit und nationaler Geschlossenheit, der nie wiederkehren sollte. Auch Kennedys brillantes und mutiges Verhalten während der Kubakrise, das nur als Ausnahme hätte gewürdigt werden dürfen, weil es auf so anziehende Weise dem romantischen Ideal einer starken Präsidentschaft entsprach, wurde unzulässig verallgemeinert. Die Brillanz der Leistung Kennedys in der Kubakrise schien die Idee zu rechtfertigen, daß nur der Präsident allein das letzte Urteil über Krieg und Frieden abgeben kann. »Die Raketenkrise wurde vorzüglich gehandhabt, aber ihr Vermächtnis wurde die imperiale Konzeption des Präsidentenamtes, das die Vereinigten Staaten in Vietnam schließlich erniedrigte.«[61] Der Idealisierung der präsidentiellen Macht John F. Kennedys folgte die Desillusionierung, als die Präsidenten Johnson und Nixon den Vertrauensvorschuß der Öffentlichkeit und des Kongresses mißbrauchten, die öffentliche Meinung und den Kongreß irreführten.

Zusammenfassung

Im Rückblick wird deutlich, daß Rhetorik und Wirklichkeit in der Außenpolitik Kennedys auseinanderklafften. Bis zum Oktober 1962 war sie durch ansprechende Rhetorik und kluge Konzeption gekennzeichnet. Im krassen Gegensatz dazu steht jedoch die dürftige Bilanz. Der Anspruch auf Reform und Veränderung, die der »Neuen Grenze« zugrunde lag, konnte nicht eingelöst werden. Die selbstbewußten Entwürfe scheiterten an den realpolitischen Widrigkeiten und Fehleinschätzungen. Auch wurde deutlich, daß Erneuerung weniger die Substanz betraf, sondern sich überwiegend in einem neuen Kennedy-Stil zeigte – für viele glich seine Außenpolitik »altem Wein in neuen Schläuchen«.

An der Schwelle zum neuen Jahrtausend fällt eine abgewogene Beurteilung der Außenpolitik John F. Kennedys nach wie vor schwer. Auch wenn die Rhetorik der Erwartung einen Wandel in der amerikanischen Außenpolitik signalisierte, bleibt der Eindruck, daß die Kontinuitäten in Kennedys Außenpolitik die innovativen Elemente überwogen. Er war ein Präsident des kalten Krieges, vielleicht der repräsentativste, weil er die politischen Ambivalenzen verkörperte: Auf der einen Seite schien nach dem erfolgreichen Management der Kubakrise alles möglich. Die Regierung Kennedy stand danach im Zenit ihres außenpolitischen Ansehens. Wer so brillant und exemplarisch mit den Sowjets umging, der konnte doch in anderen Krisen, wie zum Beispiel in Vietnam, nicht versagen? Aber Vietnam verweist auf die andere Seite der Rolle der USA im kalten Krieg, die erst nach Kennedy voll zum Tragen kam und die Arroganz der Macht enthüllte.

Kennedys Rhetorik schien noch glaubwürdig, obgleich ihm die volle Übereinstimmung zwischen Wort und Tat in den tausend Tagen seiner Regierung außenpolitisch versagt bliebt. Die Kluft zwischen Wort und Tat blieb unübersehbar. Deshalb wurde Kennedy vorgeworfen, daß er die Politik Eisenhowers gerade dort unkritisch übernommen hatte, wo kritische Überprüfung notwendig gewesen wäre, wie im Fall Kubas oder Südostasiens. Umgekehrt hätte Kennedys voreilige Kritik an seinem Vorgänger, wie zum Beispiel in der Frage der »Raketenlücke«, selbstkritischer überprüft werden müssen. Seine Vorwürfe waren im nachhinein nicht mehr haltbar. Wenn noch heute die Reden von Truman oder Außenminister Marshall, die zur Truman-Doktrin und zum Marshallplan führten, bewegen, so liegt dies weniger an der rhetorischen Brillanz, sondern vielmehr an der Übereinstimmung von Wort und Tat: Truman-Doktrin und Marshallplan stehen für politische Aktionen. Ganz im Gegensatz dazu war Kennedys Rhetorik oft nur ein Ersatz für fehlende außenpolitische Aktion. So zeigt Kennedys Wirken in der Erinnerung vor allem ästhetische Züge. Er repräsentiert mit seinem nüchternen Idealismus und mit seinem gezügelten Pathos weniger außenpolitische Leistung als vielmehr die Hoffnung auf einen neuen Typus des Politikers. Kennedys einprägsame Leitsätze wirkten in der politischen Landschaft wie Orientierungslichter, wie klingende Münzen, die sich allerdings nicht in politische Realität einlösen ließen. Kennedy war sich durchaus bewußt, daß politische Wirkung nicht nur durch entschlossenes Handeln erzielt wird, sondern vor allem durch bewegende, ja mitreißende Rhetorik, die auch andere zum Handeln motivieren soll.[62]

Nichts wäre schlimmer, als wenn der schmale, aber bedeutende politische Nachlaß John F. Kennedys durch Idealisierung und Mythologisierung Museumscharakter annehmen würde. Sein tragischer und abrupter Tod hat natürlich die Legendenbildung beschleunigt. Gerade bei ihm stellt sich die Frage, inwieweit ein einzelner dem Rad der Geschichte in die Speichen greifen kann, vor allem weil der außenpolitische Pfad der USA nach Kennedy unübersichtlicher wurde. Auch kam der unvollendete Charakter seiner Politik der Mentalität des »American Dream« entgegen, die sich mit dem tief verwurzelten amerikanischen Sendungsbewußtsein verband. Dieses schuf den Boden für den Kennedy-Mythos, umgekehrt hat der Kennedy-Mythos das amerikanische Sendungsbewußtsein romantisiert und jung gehalten. Trotzdem zwingen Kennedys Analysen und seine Entscheidungen zum Nachdenken, weil er die Grundfragen des Nuklearzeitalters in aller Schärfe ausgeleuchtet hat. Er hat zum Teil dilettantisch gehandelt, aber es steht außer Frage, daß er auf unnachahmliche Weise zum glaubwürdigsten Politiker der bürgerlichen Gesellschaften seit dem Zweiten Weltkrieg geworden ist. Ihm gelang es, das Ideal der Freiheit als Ziel, nicht als dogmatische Forderung darzustellen. Kennedy wurde zum ansprechendsten Repräsentanten der bürgerlichen Demokratie, weil er gleichzeitig ihr härtester Kritiker war, ihre soziale und moralisch-politische Erneuerung eindringlich forderte und auch selbst vorantrieb. Vor allem war er ein Mann, der politische Niederlagen einstecken konnte, der aus Fehlern lernte und auch in Krisen Verantwortung übernahm. Dabei zeigte er eine allerdings typisch amerikanische Haltung, die man bei uns Deutschen oft vermißt: »Grace under pressure«, Haltung unter Druck. Die Kluft zwischen Anspruch und Wirklichkeit seiner Außenpolitik wird aufgrund der Kürze seiner Regierungszeit auch weiterhin Hauptkritikpunkt bleiben. Aber gerade diese Kluft wird den Kennedy-Mythos stets erneuern. Seine Wirkung ist auch in der atlantischen Welt und in den Armenhäusern Asiens, Afrikas und Lateinamerikas ungebrochen.

Vielleicht entstand der Kennedy-Mythos auch dadurch, daß wir das Leben eines Menschen nicht nur an seinen Taten messen, sondern an den Werten und Idealen, die er verkörpert. Hinzu kommt, daß sein politischer Stil faszinierte. Kennedy übte auf meine Generation der heute Fünfzig- bis Siebzigjährigen große Faszination aus. Schlagfertigkeit, Witz und Ironie, kühler Idealismus, Charme, Verantwortungsbewußtsein und Intelligenz sind in dieser Kombination in der heutigen Politikergeneration selten anzutreffen. Oder war Kennedy nur der Politiker, der die Jugend und den politischen Idealismus meiner Generation am ansprechendsten verkörperte?

Kennedy personifizierte eine neue Generation amerikanischer Politiker, die zwar im Zweiten Weltkrieg mitgekämpft hatten, aber erst in der Nachkriegszeit volle Verantwortung übernahmen. Seine Vorgänger sahen die Hauptaufgabe darin, sowjetischer beziehungsweise kommunistischer Aggression zu widerstehen. Diesem Erbe fühlte sich Kennedy verpflichtet. Zugleich wies er jedoch zu neuen Grenzen: Gerade mit Blick auf Europa wollte er eine atlantische Gemeinschaft formen, die darauf abzielte, Westeuropa verstärkt in weltpolitische Verantwortung mit einzubinden. Fand Kennedy bei den Völkern Europas großen Anklang, so stieß er bei deren politischer Führung auf Mißtrauen. Trotz wachsender wirtschaftlicher Stärke verharrten Europas politische Führer in einem Stadium militärischer und politischer Ohnmacht. Sie konnten sich nicht aus ihren engen nationalen Bindungen und Grenzen lösen und zu gemeinsamer Verantwortung auch im weltpolitischen Rahmen aufschwingen. Das war nicht Kennedys Schuld, sein kosmopolitisches Vorbild machte den Provinzialismus der Westeuropäer nur um so deutlicher.

Nach Kennedys Ermordung am 22. November 1963 schien das Land zunächst politisch zu erstarren. Sein Vizepräsident Lyndon B. Johnson übernahm ein anspruchsvolles, aber schweres Erbe. Bald sollte sich zeigen, daß keiner so intensiv gegen den übermächtigen Kennedy-Mythos ankämpfen mußte wie Lyndon B. Johnson.[63]

Die Aussenpolitik der Regierung Johnson

Der Umstand, der zu Johnsons Präsidentschaft führte, war bedrückend. Nach Kennedys Ermordung schien Amerika nicht mehr zu leben, es funktionierte lediglich. Das Land aus dem Schock herausgeführt zu haben gehört zu Johnsons Verdiensten. Aber in einer Zeit voller Probleme wurden die USA nun von einem außenpolitisch unsicheren Präsidenten regiert. Mit Johnson begann eine neue Phase amerikanischer Außenpolitik: Außenpolitisch unerfahrene Präsidenten führten das Land für die nächsten zwei Jahrzehnte, Nixon ausgenommen. Der Texaner Johnson fühlte sich in der Innenpolitik wohler. Er war ein Mann des Volkes und besaß bisweilen eine ruppig-joviale Art, eine aufgesetzte Selbstsicherheit und Kameraderie, die den Stil des Weißen Hauses völlig anders prägte als zu John F. Kennedys Zeiten. Dahinter verbarg sich Unsicherheit, vor allem in der Außenpolitik. Innenpolitisch erreichte Johnson zunächst Erstaunliches. Nüchtern erkannte er die Chance, das durch den Tod Kennedys entstandene politische und psychologische Vakuum zu nutzen. Mit Druck und Manipulation und vor allem mittels seiner intimen Kenntnisse als ehemaliger Vorsitzender der Demokraten im Senat peitschte er die innenpolitischen Reformvorhaben seines Vorgängers durch die Gesetzesinstanzen. Seine Außenpolitik aber wirkte von Anfang an dilettantisch, obwohl die wichtigen außenpolitischen Berater der Regierung Kennedy unter Johnson weiter im Amt blieben. Sie wurden allerdings nicht mehr durch Kennedys Autorität gezügelt, sondern handelten oft eigenständig. Johnson – unfähig, außenpolitisch zu führen – konnte die widersprüchlichen Ratschläge selbstbewußter Ratgeber nicht mehr überzeugend koordinieren. So setzte nach Johnsons Regierungsübernahme ein außenpolitischer Verfallsprozeß ein. Kennedys ambitiöse außenpolitische Visionen zerfielen, lösten sich auf. Johnson mußte sich zunehmend auf Vietnam konzentrieren.

Schritt für Schritt weitete er Amerikas Engagement aus. Dabei wollte Johnson komplizierte außenpolitische Verwicklungen wie in Vietnam vermeiden. Aber unter dem Druck seiner Berater und der militärischen Führung sowie im Glauben, daß durch massiven Militäreinsatz die Lage in Südvietnam schnell stabilisiert werden könne, entschloß er sich zu einem umfassenden Engagement. Schließlich machte er den Krieg in Vietnam zu seiner persönlichen Sache. Unwissenheit, Selbstgerechtigkeit und Engagement gingen eine unglückliche Symbiose ein. Vor allem fehlte von Anfang an ein klarer politischer und militärstrategischer Primat des Präsidenten und Oberbefehlshabers der Streitkräfte. Die politische Führung, vor allem Johnson selbst, drängte zu keinem Zeitpunkt auf eine klare Militärstrategie in der Kriegsführung, auf keine klare militärische und politische Zielsetzung. Vielmehr verließ sich Washington auf die bloße Annahme, daß die überwältigende militärische Überlegenheit allein ausreichen würde, um den Vietcong zur Aufgabe zu bewegen.[1] Diese simple Auffassung kam Johnson entgegen: Er bevorzugte es, in Schwarzweißkategorien zu denken.

Johnson fehlte außenpolitischer Instinkt. Statt dessen neigte er zu Polarisierung und Dramatisierung. Seine moralisierende Auffassung von Außenpolitik war die Kehrseite des alten Isolationismus der dreißiger Jahre: Beide Auffassungen ruhten auf einem selbstgerechten Podest moralischer Überlegenheit, die sich vom Stolz auf den materiellen Erfolg des amerikanischen Wirtschaftssystems und auf die amerikanische Demokratie leiten ließ. Johnson kannte zunächst keine Grenzen amerikanischer Macht, deren sich Kennedy noch bewußt gewesen war. So bauten seine außenpolitischen Entscheidungen mangels Wissen und Erfahrung primär auf Vorurteilen auf.[2]

Vietnam

Seine moralisierende Sicht ermöglichte Johnson den Kunstgriff, den Bürgerkrieg in Vietnam nahtlos in den internationalen Zusammenhang der ideologischen und machtpolitischen Auseinandersetzung einzufügen. Zunächst schien die Entwicklung in Vietnam Johnson recht zu geben: Er glaubte zwar an die gerechte Sache im Kampf gegen den Kommunismus in Indochina, warnte aber vor der intelligenten Hybris mancher Kennedy-Berater, insbesondere vor einem direkten Eingreifen amerikanischer Truppen auf dem asiatischen Festland. Er erklärte, daß die Gefahr weniger vom Kommunismus als vielmehr von Hunger, Krankheit, Unwissenheit und Korruption ausgehe. Johnson suchte einen Kompromiß, ohne diesen jedoch definieren und verhandlungspolitisch und praktisch umsetzen zu können. Aber die Souveränität Südvietnams stand für Johnson außer Frage, was für die Kommunisten nicht akzeptabel war. Johnsons Friedensangebote, in denen großzügige Wirtschaftshilfen einen zentralen Anreiz geben sollten, blieben ohne Erfolg. Je unnachgiebiger die nordvietnamesische Führung reagierte und je deutlicher sie ihren politischen Willen auch militärisch untermauerte, desto feindseliger reagierte Johnson. Er fand keinen Zugang zur kompromißlosen Interessendefinition der vietnamesischen Kommunisten. Seine Kriegführungsstrategie war diffus: Zwar sollte der Gegner militärisch zur Aufgabe gezwungen werden, um danach aus einer Position der Stärke und Überlegenheit verhandlungspolitisch entscheiden zu können, aber gleichzeitig wurde die Kriegführung begrenzt. Der Gegner wurde militärisch geschont und nicht an die Grenze seiner militärischen, territorialen und ökonomischen Belastbarkeit gebracht. Zunächst war der Einsatz von amerikanischen Bodentruppen – ganz im Sinne seines Vorgängers – nicht vorgesehen. Statt dessen sollte der Gegner durch intensiven See- und Luftkrieg und unter Einsatz der vollen materiellen und technologischen Überlegenheit bezwungen werden. Da sich die militärische und politische Lage im Laufe des Jahres 1964 nicht verbesserte, mußte Johnson entscheiden, ob er den Krieg wie in Korea militärisch und geographisch auf den Norden Vietnams ausdehnen oder Amerikas Truppen statt dessen abziehen, das heißt Vietnam aufgeben, oder den einmal beschrittenen Weg fortsetzen, nämlich Südvietnam verstärkt unterstützen, aber die Hauptverteidigungslast weiterhin den Südvietnamesen überlassen sollte. Eine kommunistische Machtübernahme in Südvietnam kam für Johnson nicht in Frage. Der Verlust Südvietnams hätte die globale Rolle der USA unterminiert. Besonders die Verbündeten in der Dritten Welt hätten die Verläßlichkeit amerikanischer Beistandsgarantien in Frage gestellt. Deshalb beruhte Johnsons Strategie in Vietnam anfänglich auf folgenden Überlegungen: Der politische und militärische Wille Hanois sollte durch entschlossene Anwendung der militärischen und ökonomischen Übermacht der USA gebrochen werden. Dann sollten der Vietcong und Hanoi zu Verhandlungen gezwungen werden. Johnson war anfangs optimistisch, daß die Überlegenheit der USA den Vietcong und die Nordvietnamesen zum Stillstand und die Luftbombardements schließlich Nordvietnam zum politischen Einlenken zwingen würden.

Am 2. und 4. August 1964 wurde der amerikanische Zerstörer »Maddox«, der sich auf einer Routinepatrouille im Golf von Tongking befand, von nordvietnamesischen Torpedobooten angegriffen, ohne daß es zu amerikanischen Verlusten kam. Dieser Zwischenfall schien an sich zunächst bedeutungslos, hatte aber weitreichende Konsequenzen. Der Kongreß stellte auf Antrag dem Präsidenten die Vollmacht aus, »alle notwendigen Maßnahmen zu ergreifen, um jedweden Angriff gegen die Streitkräfte der Vereinigten Staaten zurückzuschlagen und um weiteren Aggressionen vorzubeugen«. Der Präsident erhielt vom Kongreß eine Blankovollmacht, amerikanische Truppen nach Südvietnam zu entsenden. Diese sogenannte Tongking-Resolution kam einer Kriegserklärung nahe. Erst diese Resolution gab Johnson freie Hand für die Bombardierung Nordvietnams, für die Entsendung von über einer halben Million Soldaten, für eine gewaltige Eskalation des Krieges. Sie symbolisierte den Höhepunkt blinden Vertrauens, das der Kongreß in die Vietnampolitik Johnsons setzte. Wie schon in den fünfziger Jahren wurde dem Präsidenten auch jetzt, im Fall der Vietnampolitik, zunächst über die Parteigrenzen hinweg, vorbehaltlose Unterstützung gewährt.[3]

Die Veröffentlichung der Pentagon-Papiere 1971 erbrachte den Nachweis, daß Johnson den Wortlaut dieser Resolution schon Monate vor dem Tonking-Zwischenfall hatte ausarbeiten lassen.[4] Ahnungslos verabschiedete der Senat mit nur zwei und das Repräsentantenhaus ohne jede Gegenstimme am 7. August 1964 die Tongking-Resolution. Im Vertrauen auf Johnson hatte der Kongreß seine außenpolitische Kontrollfunktion aufgegeben. Als 1971 Johnsons geheime Eskalationsstrategie und die dubiose Bedeutung des Tongking-Zwischenfalls bekannt wurden, erfaßte den Kongreß nachträglich tiefes Mißtrauen gegenüber den demokratischen Praktiken Johnsons.[5]

Mit Hilfe der Tongking-Resolution vom August 1964 wollte Johnson den Eindruck erwecken, daß zwingende Gründe für eine maßvolle Intervention der USA in Vietnam gegeben seien. Diese Taktik paßte zum Bild des verantwortungsbewußten Präsidenten, das Johnson im Wahlkampf 1964 abgeben wollte, um sich von seinem Herausforderer Goldwater abzugrenzen: Dieser galt als Kriegstreiber, während Johnson für Zurückhaltung plädierte: »Ich werde sehr sorgfältig und zurückhaltend handeln. Ich glaube nicht, daß wir uns bereit erklären sollten, daß amerikanische Jungs den Kampf für Asiaten führen in einem Krieg, der siebenhundert Millionen Chinesen mit einbeziehen könnte. Wir schicken nicht amerikanische Soldaten auf einen Kriegsschauplatz zehntausend Meilen entfernt, wo die Asiaten selbst kämpfen sollen.«[6]

Nach gewonnener Wahl im November 1964 tat Johnson genau das, wogegen er noch im Wahlkampf vehement plädiert hatte: Er ließ den Krieg eskalieren, verstärkte die amerikanischen Bodentruppen in Südvietnam und vor allem die Luftbombardements auf Nordvietnam. Letzteres konnte den Widerstand Nordvietnams und des Vietcong jedoch nicht brechen. Im Gegenteil, er wurde dadurch noch gestärkt. Das Bombardement verringerte die nordvietnamesische Verhandlungsbereitschaft. Die 72 Friedensinitiativen, die Johnson in seinen Memoiren auflistete, waren allesamt Variationen seiner Grundposition vom April 1965, eines freien, unabhängigen Südvietnam ohne Militärstützpunkte für auswärtige Mächte. Sie blieben von Hanoi unbeantwortet.[7]

Hanoi hingegen forderte Frieden, Souveränität und territoriale Integrität für ein vereintes Vietnam unter Berufung auf das Genfer Abkommen von 1954 sowie den Rückzug aller amerikanischen Truppen aus Südvietnam. Die friedliche Wiedervereinigung Vietnams sollte ohne Einmischung von außen und in Übereinstimmung mit dem Programm der Nationalen Befreiungsfront von den Vietnamesen allein geregelt werden. Diese Forderungen bedeuteten den Sturz der Regierung in Südvietnam und die Machtübernahme durch die Kommunisten. Aber während Amerikas Militärstrategie ohne Bezug zur politischen Zielsetzung war, bestand zwischen Hanois politischer Zielsetzung und Militärstrategie ein innerer Zusammenhang. Selbst Johnson soll erklärt haben: »Wenn ich Ho Chi Minh wäre, würde ich niemals verhandeln.«[8]

Johnsons Militärstrategie war völlig unklar: So stimmte er lediglich einer begrenzten Eskalation der Luftbombardements auf Nordvietnam zu, verbot aber eine Verminung der Häfen und die Bombardierung der Städte und Dämme. Johnson wollte nicht als derjenige Präsident in die Geschichte eingehen, der Vietnam verlor. Das Bild eines kriegstreiberischen Johnson ist dennoch einseitig. Johnson nahm die weiterreichenden Forderungen seiner Mitarbeiter und der Joint Chiefs of Staff (Vereinigten Stabschefs) nach Entsendung amerikanischer Truppen zurückhaltend auf. Er sah in militärischer Eskalation einen Hebel, um den Vietcong und Nordvietnam an den Verhandlungstisch zu zwingen. Doch wurde dieser Hebel nur halbherzig angesetzt. Deshalb brachte die begrenzte Eskalation der Bombardierung Nordvietnams, »Rollender Donner«, von 1965 bis 1968 keine Verbesserung der politischen, militärischen und verhandlungspolitischen Lage. Die Forderung nach mehr Bodentruppen entwickelten eine eigene Eskalationslogik durch die Begründung, diese Truppen müßten die amerikanischen Luftstreitkräfte vor Übergriffen schützen.[9]

Nachdem am 8. März 1965 die ersten 3500 US-Marineinfanteristen in Da Nang an Land gegangen waren und damit den Grundstein für den Einsatz amerikanischer Bodentruppen gelegt hatten, landeten schon im April zwei weitere Bataillone. Im Sommer 1965 wurde der Rubikon überschritten. In nur drei Monaten, von März bis Juli 1965, wurde die Verstärkung amerikanischer Truppen von 33000 auf 180000 Mann beschlossen. Die permanente Eskalation der militärischen Präsenz der USA wurde zum Ersatz für politische und diplomatische Lösungsvorschläge. Gleichzeitig tat Johnson alles, um die Ausweitung des Krieges vor dem Kongreß und vor der Bevölkerung geheimzuhalten. Dadurch untergrub Johnson das Vertrauen in seine Vietnampolitik. Niemals hat er sie der Bevölkerung auf angemessene und realistische Weise dargelegt.

Aber das innenpolitische Mißtrauen stieg an und schlug Mitte der sechziger

Jahre in heftige Kritik um. Einer der politischen Wortführer der Kritiker war Senator William Fulbright. Schon vor der Tongking-Resolution hatte Fulbright am 24. März 1964 in seiner berühmten Rede »Über alte Mythen und neue Realitäten« den Antikommunismus als Grundsatz amerikanischer Nachkriegspolitik in Frage gestellt. Fulbrights Optimismus hinsichtlich der Humanisierung des Kommunismus war blauäugig, aber seine klugen Beobachtungen über den Zerfall des kommunistischen Blocks hätten grundlegende Veränderungen der amerikanischen Vietnampolitik nach sich gezogen.[10] Ein kommunistisches Vietnam könnte als Puffer gegenüber der Volksrepublik China gesehen werden, erklärte er in einer aufsehenerregenden Rede am 15. Juni 1965 in der Johns Hopkins University. In Fulbrights Stab arbeitete damals übrigens ein junger Student namens Bill Clinton. Aber bevor dieser in den neunziger Jahren Präsident werden sollte, war es Jimmy Carter, der von Fulbrights neoisolationistischen und moralischen Überlegungen stark beeinflußt wurde.

Drei weitere zentrale Persönlichkeiten des außenpolitischen Establishments übernahmen Fulbrights Ideen: Im Februar 1966 wandte sich der renommierte Publizist Walter Lippmann öffentlich gegen Johnsons Vietnampolitik: »Tatsache ist, daß Johnsons Kriegsziele unbegrenzt sind: Sie versprechen die Befriedung ganz Asiens. Bei derart grenzenlosen Zielen ist es nicht möglich, einen Krieg mit begrenzten Mitteln zu gewinnen. Da unsere Ziele grenzenlos sind, werden wir mit Sicherheit besiegt werden.«[11] Besonders wirkungsvoll war die Kritik von George F. Kennan, dem Doyen der amerikanischen Diplomatie und geistigen Vater der Eindämmungsstrategie.[12] Einer der einflußreichsten außenpolitischen Wissenschaftler, Hans J. Morgenthau, und schließlich auch der renommierte Historiker Arthur Schlesinger verstärkten und intensivierten die Kritik an der Vietnampolitik der Regierung Johnson.[13]

Johnson fühlte sich bei Kritik sofort persönlich angegriffen. Er war nicht in der Lage, wie es vielleicht John F. Kennedy gewesen wäre, aus Argumenten seiner Kritiker sachliche Schlußfolgerungen für die eigene Politik zu ziehen. Hier zeigten sich Spätfolgen des McCarthyismus. Von der Verfolgung sogenannter Kommunisten und ihrer Sympathisanten waren vor allem die China- und Ostasienexperten in der Regierung, besonders die des State Department, betroffen. Sie wurden alle entlassen. Vermutlich hätten sie John F. Kennedy und Johnson vor einem militärischen Engagement gewarnt – vielleicht hätten beide auf sie gehört. Das Fehlen von Sachverstand mag auch dazu geführt haben, daß Johnson in Vietnam zu den späten Opfern des McCarthyismus wurde.[14] So aber blieb die Kritik im Lande ungehört, oder sie kam zu spät. Zumindest die Medien griffen sie auf und verbreiteten sie: Harrison Salisbury von der *New York Times*,

David Halberstam und andere wurden zu Wortführern der öffentlichen Kritik.[15] Dabei war es nicht ohne Tragik, daß im Zuge der Kritik an der Eindämmungspolitik begründeter Antikommunismus auf der Strecke blieb und naivem Optimismus weichen mußte. Verdienstvolle und kluge Männer wie Fulbright verbreiteten den Wunschgedanken von der Reformfähigkeit des Kommunismus. Gerade unter dem Eindruck des Vietnamkriegs entwickelte die »revisionistische Schule« eine Selbstkritik an der amerikanischen Außenpolitik, die längst überfällig war.[16]

So veränderte sich das geistige und politische Klima im Verlauf des Vietnamkrieges in den USA radikal. Antikommunismus wurde unglaubwürdig, Kritik an den USA, ihrer Außenpolitik und ihren geistigen Grundlagen wurde populär und galt als »fortschrittlich«. Auf der Strecke blieb dabei die feine, aber unerläßliche Unterscheidung zwischen einem sinnvollen, demokratisch begründeten Antikommunismus, der die Eindämmungspolitik in Europa prägte, und einem problematischen Antikommunismus, der die Zusammenarbeit mit nichtdemokratischen Regimen in Lateinamerika, Afrika und Asien mit einschloß.

Im kalten Krieg unterstützten die USA autoritäre Regime und Diktaturen. Das war bedauerlich, aber die globale Bedrohung der freien Welt durch die kommunistischen Mächte machte diese undemokratische Spielart des Antikommunismus erklärlich. Nicht nur von links, auch von rechts wurde die Vietnampolitik Johnsons kritisiert. In der Republikanischen Partei, die sich um Barry Goldwater scharte, wurde eine radikale Militarisierung und eine Ausweitung des Krieges gefordert. Die Rechte plädierte für eine massive Bombardierung Nordvietnams unter Einschluß der Staudämme und befürwortete sogar den Einsatz von Atomwaffen. Das Debakel in Vietnam hatte die Kritik an der Regierung polarisiert. Radikale Militarisierung einerseits und kompletter Neoisolationismus andererseits standen sich unversöhnlich gegenüber und prallten in der öffentlichen Kontroverse aufeinander. Vor diesem Hintergrund erschien für viele Johnsons Vietnampolitik als maßvoller Mittelweg.

Aber kluger Antikommunismus und eine effektive Strategie der Eindämmung wurden durch linke wie rechte Kritik untergraben. Im Zuge der Kritik des Vietnamkrieges verbreitete sich der Glaube, daß die Eindämmung des Kommunismus moralisch falsch sei und den Interessen der USA widerspreche. Die Kritiker von links suggerierten, daß Antikommunismus keine Einstellung war, die die Demokratie stärkte, im Gegenteil: Antikommunismus wurde als Rechtsradikalismus diskreditiert. Eine negative Entwicklung setzte ein: Antikommunismus und Liberalismus, jahrzehntelang als unzertrennlich empfunden, wurden zu Widersachern. Die jahrelange Eskalation von Zerstörung und Grausamkeit im Vietnamkrieg hatte nicht nur die Kompromißbereitschaft der USA und der Kommunisten in Vietnam vermindert, sondern auch zu einer innenpolitischen Polarisierung in Fragen der Außenpolitik geführt.

Johnson versuchte daraufhin, es jedem recht zu machen. Luftangriffe ja, aber nicht zuviel, und mit Pausen. Die Pausen zwischen den Luftangriffen nutzte Nordvietnam aber zum Atemholen. Nur durch eine gewaltige, ja schockartige Eskalation der Luftbombardements hätte Johnson vielleicht nordvietnamesische Verhandlungsbereitschaft erzwingen können. Aber ein militärischer Sieg gar hätte die Präsenz von mindestens einer Million amerikanischer Soldaten in Südvietnam erfordert. Washingtons Militärfachleute gingen davon aus, daß im Fall eines Guerillakrieges der Sieg nur durch eine Überlegenheit von zehn zu eins möglich gewesen wäre. Dazu wäre die Bombardierung Nordvietnams, die Ausdehnung des Landkrieges nach Nordvietnam und der Einsatz von Atomwaffen nötig gewesen. Eine solche Ausdehnung stand für Johnson nicht zur Debatte. Er blieb bei einer Strategie, die lediglich den militärischen Sieg der anderen Seite verhindern wollte, aber angesichts der wachsenden Erfolge des Vietcong zur Eskalation gezwungen wurde. Es liegt im Wesen der militärischen Eskalation, daß bei jedem weiteren Schritt der anderen Seite nicht nur Möglichkeiten zur Reaktion, sondern auch zur Anpassung gegeben werden und damit eine zunehmende Ausweitung militärischer Gewalt zwangsweise eintritt, der sich die andere Seite wiederum anpaßt. Johnsons Eskalationsspirale blieb deshalb wirkungslos: Die Bombardements des Ho-Chi-Minh-Pfades und anderer Kommunikationsverbindungen brachten keinen Erfolg. Weder wurde die wirtschaftliche Leistungsfähigkeit beeinträchtigt noch der politische Wille Nordvietnams gebrochen. Die ländliche Struktur Nordvietnams war ein ungeeignetes Ziel für die amerikanischen Flächenbombardements. Nach Schätzungen soll Nordvietnam zwischen 1965 und 1968 Schäden in Höhe von sechshundert Millionen Dollar erlitten haben. Die Luftangriffe kosteten die USA aber allein sechs Milliarden Dollar an verlorenen Flugzeugen und weitere zwei Milliarden Dollar an Bomben und Munition. Aus rund 27 000 Tonnen amerikanischer Blindgänger verstärkten die Nordvietnamesen ihr eigenes Munitionsarsenal. Johnsons Optimismus, daß die ökonomischen und militärischen Mittel für Vietnam in unbeschränkter Höhe zur Verfügung stünden, spiegelte seinen tiefen Glauben an technologische Perfektion und ökonomische Allmacht wider. Seine Auffassung, daß die USA sich Butter und Kanonen würden leisten können, also einen kostenreichen Krieg in Vietnam und zugleich teure innenpolitische Reformen, zerbrach jedoch an den Realitäten. Johnson mußte den Krieg auf Kosten seines Reformprogramms der »Großen Gesellschaft« finanzieren. Amerika verschuldete sich in Vietnam. Der Krieg riß ein riesiges Loch in die Staatskasse, das von Jahr zu Jahr größer wurde. Jeder Dollar Zerstörung in Nordvietnam kostete die USA knapp zehn Dollar.[17] Die Zahl der Menschenopfer stieg von Jahr zu Jahr, vor allem in der Zivilbevölkerung Nord- und Südvietnams.

Die Gesamtkosten des Vietnamkrieges beliefen sich für die USA schließlich auf 150 bis 180 Milliarden Dollar. Der Druck auf Johnson und seine Ratgeber, endlich zu einer klaren Entscheidung zu gelangen, wurde übermächtig. Deshalb suchte der Präsident bei denjenigen Rat, die in den Nachkriegsjahrzehnten amerikanische Außenpolitik gestaltet hatten. Am 1. November 1967 versammelten sich im State Department Dean Acheson, Clark Clifford, Averell Harriman, Douglas Dillon, Omar Bradley, Maxwell Taylor und Henry Cabot Lodge.[18] Aber auch diese erfahrenen Köpfe konnten ihm nicht mehr helfen. Zwei Monate nach dem Treffen besuchte Dean Acheson Präsident Johnson im Weißen Haus und erklärte ihm offen und ehrlich, daß er in Vietnam das Schlimmste befürchte.[19] Wiederum zwei Monate später erklärte Acheson schonungslos: »Wir können kein unabhängiges Südvietnam aufbauen. Deshalb müßten wir uns spätestens bis Ende des Sommers [1968] überlegen, was wir sonst dort einrichten können. Die Frage ist, ob wir mit militärischen Mitteln die Nortvietnamesen von den Südvietnamesen fernhalten können. Ich glaube nicht, daß wir das können.«[20]

Auch engste Mitarbeiter wandten sich jetzt von Johnson ab oder traten zurück, wie zum Beispiel Verteidigungsminister McNamara. Am 31. März 1968 erklärte Johnson schließlich, daß er für die Präsidentschaftswahlen nicht mehr zur Verfügung stünde. Vietnam hatte ihn und seine Präsidentschaft ruiniert. Er kündigte eine Pause in der Bombardierung Nordvietnams an und entsandte Averell Harriman zu Friedensverhandlungen nach Hanoi.

Unter dem Eindruck der Tet-Offensive zu Beginn des Jahres 1968 brach die öffentliche Unterstützung für Johnsons Vietnampolitik völlig zusammen. Ironischerweise brachte Tet dem Vietcong eine empfindliche militärische Niederlage, schockierte aber den amerikanischen Fernsehzuschauer, der noch wenige Wochen zuvor von Johnson gehört hatte, daß der Krieg bald siegreich beendet werden könne. Die Fernsehbilder der Tet-Offensive suggerierten aber den Amerikanern das Gegenteil. Damit fiel der letzte entscheidende Dominostein – die innenpolitische Zustimmung in den USA zum Engagement in Vietnam. Der Protest stieg an. Er erweckte den Eindruck, als hätte der Vietcong die amerikanische Öffentlichkeit manipuliert. Darauf hatten die Vietcong gehofft. Die USA waren militärisch in Südvietnam nicht zu besiegen, deshalb konnte der Vietcong den Krieg nur politisch, das heißt in Amerika selbst gewinnen. Als die amerikanische Bevölkerung der Vietnampolitik ihres Präsidenten nicht mehr folgte, war dieses Ziel erreicht. So wurde der Umschwung in der öffentlichen Meinung und in der Bevölkerung der USA zum entscheidenden Eckpfeiler der nordvietnamesischen Strategie, der die amerikanische Vietnampolitik letztlich zu Fall brachte. Nachdem der Kongreß schon tief in der Vietnamfrage gespalten war, wurden die Gegensätze in die Regierung Johnson direkt hineingetragen. Der Zustimmungsschwund zum Bombardement auf Nordvietnam verstärkte die wachsende Opposition innerhalb der Regierung, die im Rücktritt von Verteidigungsminister McNamara ihren sichtbaren Ausdruck und Höhepunkt fand. Als General Westmoreland, der amerikanische Kommandeur in Südvietnam, 200000 weitere Soldaten anforderte, war niemand mehr bereit, einer weiteren Aufstockung der Streitkräfte in diesem Umfang zuzustimmen. Johnson war schließlich besiegt. Er mußte sich eingestehen, daß das militärische Engagement der USA ein Fehler war. Johnson stand vor einem politischen Scherbenhaufen und gab auf.

Die Geschichte des amerikanischen Engagements in Vietnam zeigt, daß kein Präsident »bei Null« anfangen konnte, sondern mit dem Erbe der Entscheidungen und Unterlassungen seiner Vorgänger beladen war. Dabei gingen Hybris, Hoffnung und eine Klischeevorstellung von Kommunismus eine Symbiose ein, welche die USA schrittweise in den Morast von Vietnam führte. Nur wenige Jahre nach dem grandiosen Erfolg in der Kubakrise von 1962 war das internationale Ansehen der USA nur noch ein Schatten seiner selbst.

Aus dem Vietnam-Krieg wurden in den USA zwei unterschiedliche Schlußfolgerungen gezogen.[21] Die eine besagt, daß der Krieg und das amerikanische Eingreifen auf einem tragischen Irrtum beruhe, daß aber im Prinzip die USA weiter den globalen Kampf im Zusammenprall von Kolonialismus, Nationalismus, Kommunismus und Demokratie fortsetzen müßten. Die Geschichte gab dieser Einstellung recht. Schließlich fiel Südvietnam im April 1975 erst, als auch das letzte Politbüromitglied in Hanoi, Peking und Moskau überzeugt war, daß der amerikanische Kongreß dem Präsidenten die ökonomische und militärische Unterstützung für Südvietnam versagte. Die kommunistische Diktatur in Vietnam hat nach 1975 die Lebensbedingungen weiter verschlechtert. Zur ideologischen Dogmatisierung und Unterdrückung im Innern kam Expansionismus, wie die Invasion der Vietnamesen in Kambodscha und Laos belegt. Der alte ideologische Verbündete im Kampf gegen die USA, die Volksrepublik China, früher »mit Nordvietnam wie Zähne und Lippen miteinander verbunden«, machte Nordvietnam 1979 zum Ziel einer militärischen Strafexpedition. Es war tragisch, daß die USA den Kitt der kommunistischen Ideologie als unzerbrechlich angesehen, die historischen Gegensätze zwischen China und Vietnam unterschätzt hatten.

Die entgegengesetzte Schlußfolgerung, die aus dem Vietnamdebakel gezogen wurde, besagte, daß Amerikas Eingreifen in Vietnam ein grundsätzlicher Fehler war. Die Generation von Jimmy Carter bis Bill Clinton wurde von diesem Vietnamsyndrom befallen, wie später zu zeigen sein wird. In den kommenden Jahrzehnten der amerikanischen Außenpolitik wird eine grundsätzliche Abneigung gegenüber dem Instrument militärischer Macht deutlich. Das Selbstbewußtsein der amerikanischen Streitkräfte wurde erheblich beeinträchtigt. Es ist nicht ohne Ironie, daß Johnsons späterer demokratischer Nachfolger Carter, der die Folgen des Vietnamkrieges überwinden wollte, zum erneuten Opfer dieses Vietnamsyndroms werden sollte. Die moralische Komponente der amerikanischen Außenpolitik, die weltweites Eingreifen über Jahrzehnte gerechtfertigt hatte, wurde nach Vietnam zum Hauptargument für den weltweiten Rückzug der Amerikaner. Diese Abkoppelung des Moralismus vom Internationalismus und seine neue Ankoppelung an einen Neoisolationismus stellte die wichtigste Veränderung gegen Ende der sechziger Jahre dar. Moralismus und Neoisolationismus wurden verflochten und repräsentieren seit den siebziger Jahren eine herausragende außenpolitische Grundhaltung in den USA. Dabei zerbrach die breite innenpolitische Zustimmung zur Politik der Eindämmung des Kommunismus, welche die Außenpolitik der USA seit 1947 gekennzeichnet hatte: »Von 1965 bis 1975 wurde das Desaster in Vietnam zunehmend dem Antikommunismus angelastet. Ein fehlgeschlagener Krieg gegen den Kommunismus, schlußfolgerten viele, mußte auf falschen Versprechungen beruhen. Der Antikommunismus geriet nicht nur als Ursache der Katastrophe unter Beschuß, welche die amerikanische Gesellschaft erodierte, sondern als Irrglaube, der das Land seit Beginn des kalten Krieges auf Abwege geführt hatte.«[22]

Auch bei den westeuropäischen Verbündeten setzte eine nicht zu unterschätzende Entwicklung ein: Wurde Westeuropa nach dem Zweiten Weltkrieg von einer Welle der Amerikanisierung erfaßt, so wuchs unter dem Eindruck von Vietnam in den sechziger Jahren der Antiamerikanismus. Die aufrüttelnde Funktion der Kritiker des Vietnamkrieges ist unbestritten.[23] Aber die Kritik war nicht selten zu einseitig. Als die Kommunisten in Vietnam, Kambodscha und anderswo die Bevölkerungen brutal unterdrückten, war von den Protesten der antiamerikanischen Vietnamkritiker nichts mehr zu hören.

Aber beide Schlußfolgerungen – die einer »Dolchstoßlegende von rechts«, daß ein Sieg in Vietnam möglich und sinnvoll gewesen wäre, wie auch die entgegengesetzte Haltung, daß die USA auf keinen Fall in Vietnam sich hätten engagieren dürfen – verkennen eines: Vietnam wurde für die USA zu einer spezifischen Erfahrung, die lehrte, daß allgemeingültige Schlußfolgerungen aus der Geschichte problematisch sind. Rückschlüsse auf die Eindämmungsstrategie waren nur sinnvoll, wenn Klarheit über Mittel, Gegebenheiten und Zielsetzung bestand. Johnson war sich jedoch nicht im klaren darüber, welche Interessen und Werte die USA in Vietnam mit welchen Mitteln und zu welchen Zielen verteidigen wollten. Ohne Kenntnis der historischen Faktoren und des Gegners glich Amerikas militärische und ökonomische Unterstützung für Südvietnam endlosen Bluttransfusionen, die das Leben des Patienten nicht retteten, sondern nur quälend verlängerten, weil die Krankheit selbst – Armut, Unterdrückung und politische Instabilität – nicht an der Wurzel gepackt und vor allem vom Patienten selbst nicht bezwungen werden konnte. Kennedys Forderung, daß Südvietnam sich zunächst selbst helfen müsse, blieb unerfüllt. Der Patient mußte deshalb nach langanhaltenden Bemühungen aufgegeben werden – auch weil der Arzt falsch diagnostiziert hatte.

Zwar hatten die Amerikaner seit Mitte der fünfziger Jahre Südvietnam auch großzügig geholfen, aber politisch wurde falsch entschieden. Rechtzeitiger Rückzug hätte Amerikas Prestige nie so beeinträchtigen können, wie es in Wirklichkeit durch Amerikas militärische Eskalation geschah. Der Zusammenbruch der korrupten und ineffektiven Regierung Südvietnams hätte lediglich früher und mit geringeren ökonomischen, moralischen, politischen, militärischen und menschlichen Kosten stattgefunden. Noch 1963 wäre ein Abzug amerikanischer Truppen aus Südvietnam möglich gewesen, bei vergleichsweise geringen Kosten für das außenpolitische Prestige der USA. Mit Blick auf die innenpolitische Stimmung in den USA wäre ein Rückzug aus Südvietnam allerdings schwergefallen, weil der größte Teil der Bevölkerung glaubte, in Südvietnam sei die Freiheit der Welt bedroht. Nach wie vor glaubten die Mehrheit der Bevölkerung und die amerikanischen Politiker an die Dominotheorie. Hier hätte der Präsident klug führen müssen. Denn nach einem frühen kommunistischen Sieg in Südvietnam wären weitere kommunistische Offensiven in Kambodscha, Laos und anderswo zu erwarten gewesen. Genau das befürchtete Johnson, außerdem daß im Falle einer Aufgabe Südvietnams der Kongreß sein ambitiöses innenpolitisches Reformprogramm der »Großen Gesellschaft« fallen lassen würde. Die konservativen Stimmen im Kongreß hätte er für sein liberales innenpolitisches Programm seiner Einschätzung nach nur erhalten, wenn er in Vietnam »hart« geblieben wäre. Der Verlust Südvietnams hätte darüber hinaus sogar seine Präsidentschaft gefährden können. Eine neue antikommunistische Hysterie wäre nicht auszuschließen gewesen. Nach China und Korea seien die

Demokraten auch zum Sieg in Vietnam unfähig, hätte der Vorwurf von rechts gelautet.

1968 jedoch zeigte sich das Problem seitenverkehrt: Aus innenpolitischen Gründen hätte Johnson die amerikanischen Truppen aus Vietnam abziehen können, ohne vermutlich seine Wahl zu gefährden. Aber unter außenpolitischen Gesichtspunkten schien der Abbau des politischen und militärischen Engagements nicht geraten, denn der Rückzug aus Südvietnam hätte den Glauben an amerikanische Bündnistreue bei den Verbündeten in der Dritten Welt schwer erschüttert. Die Regierung Johnson hatte sich zunehmend dadurch in ein Dilemma verstrickt, daß sie verkündete, in Südvietnam die Freiheit der nichtkommunistischen Welt zu verteidigen. Dabei sah das Problem der Eindämmung in Asien ganz anders aus als zum Beispiel in Europa. Dort waren die Fronten des kalten Krieges klar: Die Elbe trennte westliche Demokratien mit gemeinsamer Geschichte und Kultur von kommunistischen Regimen im Osten. Die Konfliktlinien in Asien waren dagegen verwischt und unklar, oft folgten sie Bürgerkriegen, kolonialen Befreiungskriegen, seltener konventioneller Kriegsführung zwischen zwei Staaten. In der Dritten Welt traf die ideologische Kanonade zwischen Kommunismus und Demokratie nirgendwo ins Schwarze, weil diese Alternative real nicht bestand. Demokratie glich dort einem fernen Traum, während die Idee des Kommunismus nicht unbedingt dem Machtzuwachs der Sowjetunion oder der Volksrepublik China diente, sondern die nationalen Sehnsüchte nach Souveränität und Überwindung des Kolonialismus widerspiegelte. Diese Unterschiede wurden in Washington nicht selten verkannt.

Moralische Absichten allein sind keine Garantie für Erfolg. Zwar war Amerikas Bereitschaft, international einzugreifen, ein ehrenwertes Motiv, von dem besonders die Europäer profitiert haben. Aber für Asien und andere Kontinente der Dritten Welt erlag Amerika oft der Hybris, die eigenen Vorstellungen von Staat und Gesellschaft als allein richtungsweisend anzusehen und anderen vorzuschreiben. Freiheit, Demokratie und Wohlstand für diejenigen zu fordern, denen nicht einmal das existentielle Recht auf Leben und Frieden gewährt wird, war unangemessen; hier wurde der zweite Schritt vor dem ersten getan. Indem die USA den Vietnamkrieg in einen moralischen Kreuzzug für Freiheit und Demokratie gegen den Kommunismus verwandelten, verkannten sie die minimalen Grundbedingungen für Menschenrechte, ja sie zerstörten das, was sie verteidigen wollten. In den Worten eines amerikanischen Majors im Vietnamkrieg kommt diese Absurdität zum Ausdruck: »Wir müssen das Dorf zerstören, damit wir es retten können.«

Selbst wenn Marx und Lenin als junge Männer an Masern gestorben wären, hätten sich in der Dritten Welt Revolutionen entzündet. Aber ohne den Großmachtgegensatz USA–Sowjetunion und ohne ideologische Konfrontation wären kommunistische Führer nicht zwingend antiamerikanisch geworden: Ho Chi Minh verstand ursprünglich die Amerikanische Revolution als Vorbild für die Befreiung vom Kolonialismus und übernahm die indochinesische Unabhängigkeitserklärung von 1945 fast wörtlich von der amerikanischen. Es ist schmerzlich, zu erkennen, daß durch die vermeintliche Totalität einer globalen ideologischen Konfrontation kein Raum für regionale oder nationale Eigenständigkeit und vor allem nicht für Verständigung bestand. Saigon war eben nicht Westberlin, denn in der Zeit des kalten Krieges zerfiel die Welt in eine ungerechte, aber stabile Teilordnung in Europa und in eine revolutionäre und unübersichtliche Teilordnung in der Dritten Welt. Daß dieser Unterschied weder in den USA noch in der Sowjetunion akzeptiert wurde, gehört zum Unglück der Nachkriegsgeschichte.

Was Europa betrifft, waren die USA in der glücklichen Lage gewesen, nicht zwischen moralischen Überzeugungen und strategischen Analysen wählen zu müssen. Moral und Strategie deckten sich fast immer. Aber in Vietnam ließ sich weder der Partner als demokratisch bezeichnen, noch war der Gegner eine zentrale Herausforderung amerikanischer Interessen. Die Dominotheorie machte eine solche Differenzierung unmöglich. Fast alle Verantwortlichen haben zu lange geglaubt, in Südvietnam die Freiheit des Westens zu verteidigen.

Auch ließ sich das Asien der sechziger Jahre nicht mit dem Europa der dreißiger und vierziger Jahre vergleichen, wie es in Washington versucht wurde. Die Probleme der Dritten Welt wie auch das Verhältnis zu den USA waren völlig anders. Dementsprechend mußten auch die Ziele und Methoden der Eindämmungspolitik für Asien anders ausfallen. Die USA haben die Realität in Vietnam mißverstanden, weil sie aus unangemessenen historischen Analogien falsche Schlüsse zogen. München 1938, als Europa Hitler nachgab – von Außenminister Rusk und Johnson ständig zitiert –, war als Analogie für Vietnam absurd. Ho, Mao und Breschnew waren nicht mit Hitler zu vergleichen. Antikommunistische Mythen, Angst, Unkenntnis und Hybris verformten die amerikanische Vietnampolitik bis zur Unkenntlichkeit dessen, was ursprünglich moralisch und interessenmäßig sinnvoll erschien. So wurde der Vietnamkrieg zum Prototyp eines ungerechten Krieges, der absurde Züge annahm, als in Washington erklärt wurde, daß zehntausend Meilen entfernt Amerikas Interessen unmittelbar bedroht seien. Zudem war es ungerecht, daß nicht die Vietnamesen, sondern die USA über Mittel und Ziele des Krieges bestimmten. Der Widerspruch zwischen den erklärten Zielen und den angewandten Methoden verweist auf die Selbstüberschätzung der amerikanischen Macht: Aus der vermeintlichen moralischen Verpflichtung, überall kommunistische Aggressionen zu verhindern, wuchs der Glaube, dies tatsächlich leisten zu müssen.

Johnson suchte in Vietnam eine Lösung analog zum Koreakrieg, aber dieser Vergleich war unangebracht: 1950 lag ein offener militärischer Angriff Nordkoreas vor, Amerikas Reaktion auf dem Höhepunkt des kalten Krieges wurde von der überwältigenden Mehrheit der eigenen Bevölkerung und der Verbündeten geteilt und von der UNO-Vollversammlung bestätigt. In Südvietnam hingegen gab es anfangs keine offene Aggression des Nordens, sondern einen nationalen Befreiungs- und Bürgerkrieg, um koloniale Herrschaft abzuschütteln. Im Unterschied zu Korea kämpften in Südvietnam die amerikanischen Truppen einen Krieg mit unzulänglichen Mitteln ohne politischen oder moralischen Sinn und ohne Siegstrategie. Der Krieg war nicht zu gewinnen. Inzwischen überstiegen die Kosten den schon längst zweifelhaften Nutzen. Dabei hatten die USA in Vietnam ihre Kräfte überschätzt. Die vermeintlichen Interessen und moralischen Verpflichtungen übertrafen Amerikas Leistungsfähigkeit. Der Krieg geriet in einen bitteren Widerspruch zu allem, was die Gründungsväter der USA gelehrt hatten, nämlich weit entfernte militärische Verwicklungen zu vermeiden. Die langfristigen Folgen des Krieges auf der persönlichen, psychologischen und politischen Ebene wurden innen- und außenpolitisch erst in den kommenden Jahrzehnten sichtbar. Sie weiteten sich aus zu einer Krise der amerikanischen Zivilisation und Verfassung.[24]

Das Verhältnis zur Sowjetunion

Der Krieg in Vietnam belastete die Beziehungen zwischen den beiden Weltmächten. Eine direkte Konfrontation schien zwar unwahrscheinlich, aber die Sowjetunion wurde doch wegen ihrer materiellen Hilfe und ihrer politischen Unterstützung zum Hauptverbündeten Hanois. Auch blockierte der Vietnamkonflikt den Entspannungsansatz, der nach der Kubakrise eingeleitet wurde. Erleichterungen in den Handelsbeziehungen und Reisemöglichkeiten waren Ausdruck des Bemühens der Regierung Johnson um Entspannung. Aber die sowjetische Führung reagierte ablehnend. Zuerst müßten die USA den Aggressionskrieg in Vietnam beenden, lautete die kategorische Forderung des Kreml. Zwar suchte auch die Sowjetunion nach neuen Wegen, sie befand sich aber ebenfalls in einem Dilemma. Angesichts der wachsenden Kluft gegenüber der Volksrepublik China, die den ideologischen und machtpolitischen Führungsanspruch der Sowjetunion im kommunistischen Lager in Frage stellte, wäre ein sowjetisches Eingehen auf die amerikanischen Vorschläge von Peking als Verrat an der Weltrevolution verstanden worden. Aber gerade wegen ihres Konflikts mit China suchte die Sowjetunion Entspannung an der westlichen Grenze ihres Imperiums, vor allem mit Europa und den USA. So kam es trotz Vietnam im Januar 1967 zur Unterzeichnung des »Vertrages über die Grundsätze zur Regelung der Fähigkeit der Staaten bei der Erforschung und Nutzung des Weltraums«, der die Stationierung von Kern- und Massenvernichtungswaffen und militärischen Einrichtungen auf Himmelskörpern wie auch auf Umlaufbahnen verbot. Die gute Absicht, eine militärische Nutzung des Weltraums zu verhindern, wurde erkennbar. Aber auf der Erde blieben die amerikanisch-sowjetischen Gegensätze bestehen.

Nur die Aufrechterhaltung einer bipolaren Nukleararistokratie und das Interesse an der Nichtweiterverbreitung von Atomwaffen waren Ausdruck von Gemeinsamkeiten. Deshalb gab Johnson das Projekt einer Multilateral Force schließlich auf. Er konnte jedoch nicht verhindern, daß Frankreich sein nationales Nuklearprogramm weiterverfolgte. Nachdem de Gaulle im Mai 1962 erklärt hatte, daß sich die nukleare Abschreckungsstreitmacht Force de Frappe in der Aufbauphase befinde, kündigte er im März 1966 Frankreichs Austritt aus der integrierten Militärstruktur der NATO an. Im August 1967 wurde die erste französische H-Bombe gezündet. Parallel dazu nutzte de Gaulle seit Mitte der sechziger Jahre die amerikanische Schwäche im Bündnis dazu, im nationalen Alleingang neue Wege der Aussöhnung zwischen West und Ost zu suchen.

Spiegelbildartig traten für die Sowjetunion Probleme auf: Die Volksrepublik China stellte den sowjetischen Führungsanspruch in Frage und zündete im Juni 1967 ihrerseits ihre erste H-Bombe. Sie suchte aber, im Gegensatz zu Frankreich, nicht Entspannung, sondern Konfrontation mit dem ideologischen Gegner. Vor diesem Hintergrund bemühten sich die beiden Supermächte um die Nichtweiterverbreitung von Atomwaffen. Der entsprechende Vertrag wurde am 1. Juli 1968 unterzeichnet und im März 1970 in Kraft gesetzt. Parallel dazu bemühte sich die Regierung Johnson um Rüstungskontrolle. Seit der Kubakrise hatte die Sowjetunion erhebliche Anstrengungen unternommen, ihr strategisches Nuklearpotential aufzustocken. Im Sommer 1968 schienen beide Seiten bereit, in Rüstungskontrollverhandlungen einzutreten. Die Sowjetunion hatte ihre nukleare Unterlegenheit verringern können. Eine vertragliche Begrenzung auf paritätischer Grundlage schien möglich. Es war eindrucksvoll, wie die Regierung Johnson – gefangen in Vietnam – Entspannung mit der Sowjetunion suchte.[25]

Am 19. August 1968 einigten sich die USA und die Sowjetunion darauf, die SALT-Verhandlungen am 15. Oktober zu beginnen. Durch eine für Oktober geplante Moskau-Reise unterstrich Johnson die Bedeutung der SALT-Gespräche.[26] Der Einmarsch der sowjetischen Truppen an der Spitze des Warschauer Paktes in die ČSSR am 20. August 1968 bereitete dieser Initiative ein jähes Ende. Kernwaffensperrvertrag und SALT-Verhandlungen wurden auf Eis gelegt. Auch die Ansätze für eine europäische Entspannungsstruktur waren vorerst gescheitert. Da Johnson die Vorbereitungen für eine Rüstungskontrolle mit der Sowjetunion über die Köpfe der europäischen Verbündeten hinweg begonnen hatte, war die Allianz bei amerikanisch-sowjetischen Alleingängen mißtrauisch geworden. Johnsons Entspannungshektik und die sowjetische Reaktion in der ČSSR ließen erkennen, daß der bipolare Entspannungsansatz diffus war. Die eine Supermacht war in Vietnam, die andere in der ČSSR verstrickt. Die USA hatten das westliche Bündnis nicht angemessen konsultiert. Die sowjetische Invasion war Ergebnis weitgehend rigider Vorstellungen über die Struktur des Warschauer Pakts.

Beide Ereignisse hatten innerhalb der Bündnisse unterschiedliche Wirkung. Während die Sowjetunion unter Einsatz aller militärischen und politischen Machtmittel innerhalb ihres Imperiums intervenierte und mit der Breschnew-Doktrin deutlich zu machen versuchte, daß in Zukunft die Verbesserung der Ost-West-Beziehungen nur auf der Grundlage der bestehenden Grenzen und nur unter strikter Einhaltung des Führungsanspruchs der Sowjetunion möglich sein würde, verringerte der Vietnamkonflikt die Wirkung der amerikanischen Macht im Bündnis. Die sowjetische Intervention in der ČSSR bedeutete das Ende der Entspannungsillusionen. Sie zeigte auch, daß die Sowjetunion im Unterschied zur atlantischen Allianz eine Erosion ihres Bündnisses auf keinen Fall tolerieren konnte. Eine Anerkennung des Reformkommunismus hätte den Anfang vom Ende sowjetischer Hegemonie in Osteuropa bedeuten können.

Die amerikanische Vietnampolitik bedeutete Schrecken ohne Ende, die sowjetische Invasion in der ČSSR hingegen ein Ende mit Schrecken, das Ungerechtigkeit, aber Ordnung und Klarheit über die Möglichkeiten für einen neuen Entspannungsansatz in Europa auf der Grundlage des Status quo schuf.

Die Nahostpolitik der Regierung Johnson

Der Ausbruch des Sechstagekrieges im Juni 1967 zwischen Israel und seinen arabischen Nachbarn rückte schlagartig den Nahen Osten ins Zentrum der Weltöffentlichkeit. Die USA hatten dort seit Mitte der sechziger Jahre eine immer wichtigere Rolle gespielt. Sie besaßen im Nahen Osten zwar keine imperiale Erfahrung wie das Britische Empire, aber im Zuge des Niedergangs der Engländer nach der Suezkrise 1956 und infolge der wachsenden Ost-West-Bipolarität wuchsen sie allmählich in eine Vormachtstellung im Nahen Osten hinein, vor allem um die Sowjetunion einzudämmen. Dabei ging es ihnen vor allem darum, den sowjetischen Einfluß durch eine Politik der Eindämmung zu reduzieren, den politischen und ökonomischen Einfluß der USA und den Zugang zu den arabischen Ölquellen zu sichern, Israels territoriale und politische Integrität und Souveränität zu wahren und eine friedliche Lösung des arabisch-israelischen Konflikts zu fördern.[27]

Schon vor Ausbruch des Junikrieges hatte sich die amerikanische Interessenlage verändert: Wie bereits unter Kennedy, so wurde auch unter Johnson amerikanische Wirtschaftshilfe als Druckmittel benutzt, um arabische Staaten, vor allem Ägypten, von einer Hinwendung zur Sowjetunion abzuhalten. Mit Beginn der Regierung Kennedy waren zum ersten Mal im großen Stil amerikanische Waffen an Israel geliefert worden. Zwar hatte Kennedy auf die notwendige Machtbalance im Nahen Osten verwiesen, die angesichts sowjetischer Waffenhilfe an Ägypten und Syrien durch diese Maßnahme wiederhergestellt werden sollte. Er hatte aber zugelassen, daß nun Israel im Rahmen der amerikanischen Nahostpolitik eine militärstrategische Bedeutung zukam, die es vorher nicht besessen hatte.[28]

Dank sowjetischer Militärhilfe begann der ägyptische Präsident Nasser einen militärischen Waffengang im Jemen. Je länger, intensiver und auch erfolgloser er aber im Jemen intervenierte (1967 lagen 70000 Mann ägyptischer Truppen im Jemen), desto bedrohlicher drehte sich die Rüstungsspirale, denn auch die Johnson-Administration sah sich veranlaßt, Israel mit Offensivwaffen wie Panzern, Jagdflugzeugen und Bombern auszurüsten, um die radikal-arabischen Staaten Ägypten, Irak und Syrien von Expansion abzuschrecken. Gleichzeitig sah sich die Johnson-Regierung durch Nassers militärisches Abenteuer veranlaßt, die Wirtschaftshilfe an Ägypten einzustellen.

Johnsons Nahostpolitik beruhte auf der Prämisse, daß amerikanische Waffenlieferungen an Israel und die Kürzung beziehungsweise Streichung der Wirtschaftshilfe an Ägypten die Lage langfristig stabilisieren würden. Außerdem sollte Israels Militärmacht auf die arabischen Staaten abschreckend wirken. Hatten sich die USA unter Truman und Eisenhower um ein überparteiliches Profil der USA im Spannungsfeld der arabisch-israelischen Interessen bemüht, so wurde unter Johnson eine proisraelische Haltung in der amerikanischen Nahostpolitik erkennbar.

Durch Nassers militante Rhetorik geriet das arabische Lager in eine antiisraelische Kriegspsychose, die alle tiefen innerarabischen Interessengegensätze kurzfristig verdrängen konnte. Es wuchs die Hoffnung, durch Vernichtung Israels die Gelegenheit zu ergreifen, das Unrecht von 1948 rückgängig zu machen. Selbst die gemäßigten Regierungen in Jordanien, Kuwait, Saudi-Arabien, Sudan, Algerien, Libyen und Tunesien gaben ihre Zurückhaltung auf und trugen die Aggressivität Nassers mit, die nun auf einer Woge fanatischer Zustimmung der Massen auch gefährlich an die eigenen Regierungspaläste brandete.[29]

Nach dem Aufmarsch der ägyptischen Streitkräfte auf dem Sinai, dem Ultimatum an die UNEF, den Sinai zu verlassen, nach der Blockade von Akaba sowie der wachsenden Kriegsvorbereitung der arabischen Streitkräfte blieb Israel keine andere Wahl, als dem arabischen Angriff präventiv zu begegnen. Nachdem Israel im Sechstagekrieg von 1967 gesiegt hatte, schien sich die Lage im Nahen Osten zu stabilisieren. Es würde lange dauern, bis die arabischen Staaten einen neuen Krieg riskieren konnten. Langfristig jedoch waren neue Faktoren entstanden, die die bereits vorhandenen Konflikte weiter verschärfen sollten:

- Das Selbstbewußtsein der arabischen Regierungen und Bevölkerungen hatte einen tiefen Schock erlitten. Die militärische Niederlage hatte einen Stachel hinterlassen, der das Verlangen nach Revanche und Wiederherstellung des Prestiges ständig nährte.
- Israel hatte arabisches Territorium besetzt. Dem ideologischen Konflikt wurde somit eine neue territoriale Dimension hinzugefügt.
- Das Flüchtlingsproblem führte zu einer radikalen palästinensischen Bewegung, die den Terrorismus nicht nur in der Nahost-Region, sondern weltweit zu einem neuen Problem der inneren und äußeren Sicherheit der Staatenwelt gemacht hat.
- Die Sowjetunion entwickelte sich zum ideologischen Fürsprecher der radikal-arabischen Forderungen und unterstützte diese durch Wirtschaftshilfe und Waffenlieferungen.
- Das Existenzrecht Israels, von der Vereinigten Arabischen Republik (VAR) unter Nasser noch vor dem Sechstagekrieg implizit anerkannt, wurde nun von den radikalen arabischen Staaten völlig in Frage gestellt.
- Israel wiederum machte Friedensverhandlungen mit den arabischen Nachbarn von der expliziten Anerkennung seines Existenzrechts abhängig und erklärte, daß auch die künftigen Grenzen Gegenstand von Verhandlungen sein müßten. Israel war also nicht bereit, die besetzten Gebiete gänzlich beziehungsweise bedingungslos zurückzugeben. Damit bestimmte die »Quadratur

des Kreises« den arabisch-israelischen Konflikt und zwang zur Solidarität der arabischen Staaten im Kampf gegen Israel.

Territorial macht Israel weniger als ein Prozent des Gebietes im Nahen Osten aus. Seine ökonomische Bedeutung ist minimal. Auf seinem Boden befinden sich keine militärisch-strategischen Punkte von Bedeutung. Israel besitzt keine nennenswerten Bodenschätze; auch die Bevölkerung von 3,6 Millionen fällt wenig ins Gewicht.

Aber die Geschichte von Menschen und Staaten läuft nicht nach rationalen oder logischen Gesetzen ab. Es ist die Tragik des Nahostkonflikts, daß hier zwei Geistesströmungen aufeinandertreffen, die sich auf jahrtausendealte Traditionen berufen und darüber hinaus zwei Elemente miteinander verkoppeln, die in der modernen Geschichte unter großen Anstrengungen getrennt wurden: Religion und Politik. Im Nahen Osten stoßen religiös inspirierte und moderne Ideologien aufeinander. Sie haben die Zeit nach dem Zweiten Weltkrieg zu einer Ära der Konfrontation und wiederholten Waffengänge zwischen den verfeindeten Parteien gemacht.

Die USA hatten den Sieg Israels im Junikrieg begrüßt. Der Juni 1967 markiert in der historischen Distanz vielleicht den Kulminationspunkt eines amerikanisch-israelischen Konsenses auf Regierungsebene und in der öffentlichen Meinung, denn der Sieg hatte Israels Sicherheit verbessert, das Machtverhältnis zwischen Sowjetunion und USA im Nahen Osten zugunsten der USA verschoben und einen erneuten Waffengang der Araber vorerst unwahrscheinlich gemacht.

Nach der Ablehnung des Gromyko-Goldberg-Kompromisses legte Johnson am 8. September 1968 einen Fünfpunkteplan vor, in dem Israel zu prinzipiellem Einlenken aufgefordert wurde: »Grenzziehungen können und sollten nicht das Gewicht von Eroberungen widerspiegeln.«[30] Parallele Waffenlieferungen an Israel dämpften jedoch diesen diplomatischen Druck auf Israel, zumal die Israelis nun davon ausgehen konnten, daß die USA im Notfall zu Hilfe eilen würden. Andererseits hatte Johnson sich erst zu Lieferungen von fünfzig »Phantom«-Jägern/Bombern an Israel entschlossen, nachdem die Sowjetunion ihre Waffenlieferungen an Ägypten und Syrien drastisch erhöht hatte.

Spielgelbildartig handelte die Sowjetunion: Am 22. Dezember 1968 legte sie nach der Johnson-Initiative den Westmächten einen Plan auf der Grundlage der UNO-Resolution 242 vor, in dem nicht mehr die arabischen Forderungen nach Rückkehr zum alten Grenzverlauf, sondern die flexible Formel von den »sicheren und anerkannten Grenzen« auftauchte. Das hohe Maß an Übereinstimmung zwischen Johnsons Fünf Punkten vom 10. September und der sowjetischen Initiative vom 22. Dezember 1968, der Geheimverhandlungen zwischen Staatssekretär Joseph Sisco und dem sowjetischen Botschafter Anatoli Dobrynin in Washington und Moskau folgten, signalisierte eine sowjetische Kursänderung. In Umrissen wurde nun ein amerikanisch-sowjetisches Vorgehen erkennbar, das in der Territorialproblematik zeigte, daß beide ihre Partner im Nahen Osten in Richtung Kompromiß beeinflussen wollten. Aus diesen Beratungen entwickelte sich ein Konzept der Supermächte für den Nahen Osten, das die Regelung der Grenzfrage als vorrangig erachtete.

Aber weder die USA noch die Sowjetunion konnten ihre Partner im Nahen Osten an den Verhandlungstisch bringen. So waren die Friedensinitiativen gegen Ende der Regierung Johnson an einem Endpunkt angekommen: Direkte Verhandlungen zwischen Israelis und Arabern scheiterten ebenso wie der gemeinsame amerikanisch-sowjetische Versuch, auf ihre Partner im Nahen Osten Einfluß zu nehmen. Gleichzeitig wuchs die Rüstungsspirale rapide an.[31] Zudem zeigte der Abnutzungskrieg seit 1967, daß die israelischen Vorstellungen von Abschreckung sich nicht verwirklichen ließen. Nach israelischen Quellen wurden in den anderthalb Jahren nach dem Sechstagekrieg 1 288 Sabotage- und Terroranschläge verübt, bei denen 234 Soldaten und 47 Zivilisten getötet sowie 765 Soldaten und 330 Zivilisten verwundet wurden.[32]

Die USA und die Sowjetunion befürchteten wechselseitig, daß die Aufrüstung auf der Gegenseite mit Unterstützung der rivalisierenden Supermacht die eigenen Sicherheitsinteressen und die der Partner im Nahen Osten bedrohen könnte, und glaubten deshalb, daß eigene, defensiv verstandene Maßnahmen notwendig seien. Der Krieg in Vietnam und die Invasion der Warschauer-Pakt-Staaten in der ČSSR taten ein übriges, um amerikanisch-sowjetisches Mißtrauen auch im Nahen Osten zu nähren. Amerikanische Initiativen zur Rüstungsbegrenzung stießen auf die sowjetische Bedingung, daß erst eine politische Regelung des Konflikts zu Abmachungen über Rüstungskontrolle im Nahen Osten führen könne.[33] Solange die Supermächte in dieser Furchtperzeption gefangen blieben, herrschte ein latentes Konfrontationsklima, das den Interessen radikaler Araber und intransigenter Israelis entgegenkam: Letztere hofften auf den Faktor Zeit, der der Festigung des territorialen Status quo dienlich sein würde, während Araber und Palästinenser auf die Gelegenheit zur Revanche warteten. Die Idee der Machtbalance, welche die Waffenlieferungen der Supermächte rationalisieren sollte, wurde irrational, weil beide durch Waffenlieferungen ein militärisches Übergewicht zum eigenen Vorteil zu erreichen suchten.

Das zentrale Versäumnis in der Nahostpolitik Johnsons lag vermutlich in dem zu großen Spielraum, den die USA den Israelis nach dem Sechstagekrieg gewährten. Niemand fragte, was Israel langfristig mit den besetzten Gebieten zu tun gedachte. Oder wollte Johnson, daß Israel besetzte Gebiete Schritt für Schritt in dem Umfang zurückgeben sollte, in dem die Araber sich zu Gewaltverzicht und zur territorialen und politischen Souveränität Israels bekennen würden?[34] Jedenfalls zog er, der schon 1956 Eisenhowers Forderung nach sofortigem Abzug der Israelis aus den besetzten Gebieten kritisiert hatte, aus der Nahostkrise 1956 die Schlußfolgerung, daß ein Rückzug Israels aus den besetzten Gebieten auch 1967 nicht zum Frieden in der Nahostregion führen würde. Der Umkehrschluß, daß ohne Rückzug der Israelis die Region einem Frieden nähergebracht werden könnte, führte aber ebenso in eine Sackgasse. Eisenhowers Bemühungen um eine Nahostpolitik der Äquidistanz zu Arabern und Israelis waren von Johnson aufgegeben worden, statt dessen dominierte der amerikanisch-israelische Konsens. Wurde Eisenhowers Maklerposition im Nahen Osten schließlich von der Furcht vor kommunistischen Umstürzen eingeholt, so scheiterten Johnsons Annäherungsversuche an die Sowjetunion an weltpolitischen Gegensätzen und an der einseitigen Bevorzugung israelischer Interessen nach dem Junikrieg.

Am Ende der Regierung Johnson bestand weder zwischen den Supermächten noch zwischen den arabischen Staaten untereinander, noch in der PLO oder in Israel eine Übereinstimmung über Sinn, Inhalt und Kompromißnotwendigkeit eines arabisch-israelischen Friedens. Weder Araber noch Israelis hatten jemals explizit erklärt, welche Interessen und welche Wege zu einem Ausgleich führen könnten. Nach zwei Jahrzehnten Schattendasein war nun auch das Palästinenserproblem, um dessen Lösung sich die arabischen Staaten vor 1967 nicht mit letztem Einsatz bemüht hatten, ins Zentrum der Überlegungen gerückt.[35]

Die Beziehungen zu Westeuropa und Deutschland

Die USA blieben zunächst von Vietnam absorbiert. Außenpolitik reduzierte sich auf Vietnampolitik. Für die Westeuropäer bot dies Chancen und Risiken. Sie konnten Westeuropas Interessen stärker in die Ost-West-Beziehungen einbringen, mußten aber gleichzeitig darauf achten, nicht in einen Entspannungssog zu geraten, der Amerikas grundsätzliche Interessen in Europa und gegenüber der Sowjetunion unterspült hätte. Für Westeuropa war es schwer zu verstehen, warum die USA einen sowjetischen Satellitenstaat 150 Kilometer vor der Küste Floridas tolerierten, sich aber gleichzeitig am anderen Ende der

Welt in einen nationalen Befreiungskampf verstrickten, der weder von sowjetischen noch von chinesischen Globalzielen diktiert wurde.

Um den Verbündeten in Asien und vor allem in Europa das Vietnamproblem zu erklären, reiste der Mehrheitsführer der Demokraten im Senat, Mike Mansfield, Ende 1965 in die westlichen und asiatischen Hauptstädte. Nach seiner Rückkehr erklärte er: »Je länger der Krieg in der gegenwärtigen Form weitergeht und je mehr er sich ausdehnt, um so größer wird allem Anschein nach die Belastung der Beziehungen der Vereinigten Staaten zu ihren Verbündeten sowohl im Fernen Osten als auch in Europa.« Noch im September 1966 hatte zum Beispiel Bundeskanzler Ludwig Erhard die amerikanische Politik nachhaltig begrüßt und mit dem amerikanischen Engagement in Berlin verglichen. Die seit Dezember 1966 amtierende Regierung Kiesinger aber übte sich in Zurückhaltung.

Frankreich, die ehemalige Kolonialmacht, lehnte die amerikanische Eskalation von Anfang an ab. De Gaulle hatte schon John F. Kennedy vor einem militärischen Engagement gewarnt und forderte eine verhandlungspolitische Lösung, die nur durch den Abzug der amerikanischen Truppen erreicht werden könne. Die Differenzen zwischen Johnson und de Gaulle waren so stark, daß die französische Regierung nicht bereit war, eine Vermittlerrolle für die Amerikaner zu übernehmen, solange Washington nicht bereit war, eine Neutralitätslösung für Vietnam in Erwägung zu ziehen. England, die zweite Garantiemacht des Genfer Abkommens von 1954, unternahm mehrere erfolglose Vermittlungsversuche. Auch der Weg über die Sowjetunion scheiterte. Premierminister Wilson kritisierte jedoch öffentlich die Luftangriffe auf Nordvietnam.

Sieht man von den offiziellen Stellungnahmen der verbündeten Regierungen in Europa und Asien ab, so äußerten viele Politiker intern deutliche Kritik. In der Bevölkerung und öffentlichen Meinung Westeuropas wurde offen Protest demonstriert. An den Universitäten wurde die Vietnampolitik der USA zum Ausgangspunkt für einen Antiamerikanismus, der für die mit den USA verbündeten Länder beispiellos war. Gleichzeitig wurden Ho Chi Minh und Mao Tse-tung zu politischen Kultfiguren. Aber schon zehn Jahre später führten die chinesischen und vietnamesischen Nachfolger einen begrenzten, aber intensiven Krieg gegeneinander.

Auf das atlantische Bündnis hatte die Vietnampolitik der USA insgesamt negative Auswirkungen. Während einerseits in Westeuropa der Ruf nach Abzug der Amerikaner lauter wurde, befürchteten andere, daß die USA wegen Vietnam ihren Verpflichtungen in Westeuropa nicht mehr voll nachkommen und ihre Truppen verringern würden. Die kontroversen Auffassungen innerhalb der atlantischen Allianz und die politische Schwerpunktverlagerung der USA nach Asien hatte Rückwirkungen auf den Zusammenhalt des Bündnisses.[36] Die meisten Verbündeten teilten die Auffassung der Regierung Johnson nicht, daß der Krieg in Vietnam als Teil einer kommunistischen Großoffensive – sei es aus chinesischem oder sowjetischem Antrieb – gesehen werden müsse. Während man in Washington dieser vermeintlichen Großoffensive mit ebenso großem Machteinsatz entgegentreten wollte wie einst Truman der Offensive Stalins in Europa, sah man besonders in den europäischen Hauptstädten mit kolonialer Erfahrung Vietnam als nationales Problem. Weil sie ihre Unabhängigkeit von der Kolonialherrschaft durch kommunistische Führer erkämpft hatte, besaß die kommunistische Bewegung eine Stärke, die einzigartig und ohne Vergleich in anderen halb- oder exkolonialen Ländern war. Die tragische Verstrickung der Regierung Johnson in Vietnam beeinflußte vermutlich de Gaulles Entscheidung 1966, aus dem integrierten NATO-Kommando auszutreten und der Allianz keine Streitkräfte mehr zur Verfügung zu stellen.

Die Verschiebung und Konzentration aller politischen Energien auf Asien und Vietnam hatte auch zur Folge, daß die Regierung Johnson die europäischen Entspannungsbemühungen vernachlässigte. Vertrauenskrise und Orientierungslosigkeit innerhalb der Allianz waren die Folge. Dies führte zur Schwächung und Zersplitterung des Westens. Bei westlicher Geschlossenheit und Stärke hätte die Krisenlage in Europa Ende der sechziger Jahre wirkungsvoller genutzt und überwunden werden können, denn die Sowjetunion befand sich nicht nur in einer Konfrontation mit der Volksrepublik China, die zu den Grenzkonflikten am Ussuri führte, sondern ihr drohten auch an der Westgrenze Machteinbußen, als sich die ČSSR unter Dubček um größere innen- und außenpolitische Distanz zur Sowjetunion bemühte.

Nichts zeigt den prinzipiellen Gegensatz zwischen den USA und der Sowjetunion, zwischen NATO und Warschauer Pakt deutlicher als der Vergleich zwischen der amerikanischen und der sowjetischen Reaktion auf die nationalen Unabhängigkeitsbestrebungen im jeweiligen Bündnissystem. Während die sowjetische Führung mit Truppen des Warschauer Pakts im August 1968 in der ČSSR einmarschierte, das Land brutal unterdrückte und die Dubček-Regierung absetzte, lautete Johnsons Antwort auf de Gaulles Austritt aus der integrierten Militärstruktur der NATO: »Wenn jemand verlangt, man soll sein Haus verlassen, dann diskutiert man nicht, sondern nimmt seinen Hut und geht.«[37] Weil Johnson aber in Vietnam die entsprechende Souveränität und Gelassenheit fehlten, distanzierten sich die meisten Bündnispartner von der Vietnampolitik der USA.

Aus der Verwirrung und Hektik der amerikanisch-sowjetischen Bemühungen um Entspannung folgte, daß die Westeuropäer ab 1966 die Détente zum Hauptanliegen der atlantischen Allianz machten. Zusätzlich hatte das amerikanische Machtvakuum einseitige Entspannungsschritte herausgefordert. De Gaulles spektakuläre Osteuropapolitik, in Verbindung mit der Herauslösung Frankreichs aus der Militärorganisation der NATO, verbesserte die sowjetischen Chancen, die westlichen Staaten gegeneinander auszuspielen und die Einheit der Allianz zu schwächen. Schließlich kam es 1967 zu der langfristig wichtigsten Formulierung europäischer Friedenspolitik, die auch heute nach Ende des kalten Krieges im Kern ihre Bedeutung behalten hat: »Das atlantische Bündnis hat zwei Hauptfunktionen. Ihre erste Funktion ist es, adäquate militärische Stärke und politische Solidarität zu erhalten, um Aggression und andere Formen der Pression abzuschrecken und das Staatsgebiet von Mitgliedstaaten im Falle einer Aggression zu verteidigen. Die zweite Funktion ist es, die Suche nach Fortschritt auf dem Wege zu einer stabileren Beziehung, in der die politische Aufgabe gelöst werden könnte, fortzusetzen. Militärische Sicherheit und eine Politik der Entspannung sind nicht gegensätzlich, sondern ergänzen einander.« Dieser Leitsatz des Harmel-Berichts vom Dezember 1967, genannt nach dem belgischen Außenminister, machte deutlich, daß von nun an das atlantische Bündnis nicht nur den Rahmen für militärische Verteidigung stecken sollte, sondern darüber hinaus sich ein positives Friedensziel setzte: die politische Regelung der Probleme in Europa durch Entspannung, wobei »Entspannung kein Ziel in sich selbst ist, sondern Teil eines langfristigen Prozesses für bessere Beziehungen und eine europäische Regelung« sein sollte.[38]

Johnsons Rede vom Dezember 1966 über den geplanten Brückenschlag zwischen Ost und West wurde von Westeuropa als Signal für Aufbruch verstanden, denn man befürchtete, daß eine exklusive Détente der beiden Supermächte die europäischen und deutschen Interessen übergehen könnte. Die USA hingegen waren daran interessiert, den vielfältigen Entspannungsversuchen der Westeuropäer einen Riegel vorzuschieben. Der Entspannungs-Bilateralismus einzelner Westeuropäer wie auch der Weltmacht-Bilateralismus lösten Verwirrung aus. So gesehen, dokumentierte der Harmel-Bericht den Grundstein für eine neue, genuin europäische Qualität in den Bemühungen um Ost-West-Entspannung. Eine neue Mischung von außenpolitischer Flexibilität und Einheit der atlantischen Allianz schlug sich in dem Konzept der »Siamesischen Zwillinge« Détente und Sicherheit nieder: Jedes Anliegen blieb für sich allein nutzlos, nur in der Kombination der beiden Pfeiler Sicherheit und Entspannung, die scheinbar gegensätzlich waren, konnte eine Friedensordnung geschaffen werden.

Erst in den siebziger und achtziger Jahren sollte vollends deutlich werden, daß die Westeuropäer auf dieser Grundlage die Ost-West-Politik forcieren würden. Dabei nahm die Bundesrepublik eine – nicht immer unumstrittene – Führungsrolle ein. Nicht nur die sowjetische Führung, sondern auch die Präsidenten Nixon, Ford, Carter und Reagan wurden dabei mit einer konstruktiven Widerlagerrolle der Westeuropäer und der Deutschen konfrontiert, die den Interessen der USA bisweilen abträglich schien, letztlich aber die Allianz politisch einte und stärkte.

Zusammenfassung

Die Außenpolitik der USA läßt sich am Ende der Regierung Johnson folgendermaßen zusammenfassen: Ein Jahrzehnt amerikanischer Außenpolitik, das – so Henry Kissinger – »mit der kühnen Erklärung begonnen hatte, Amerika werde für den Erfolg und Fortbestand der Freiheit jeden Preis bezahlen und jede Last auf sich nehmen, [ging] zu Ende in einer Agonie der Attentate, Unruhen, Rebellionen und häßlichen Demonstrationen. Die sechziger Jahre erlebten das Ende unserer Unschuld.«[39] Idealistische Träume und machtpolitische Ziele der Präsidenten Kennedy und Johnson scheiterten am Unvermögen, sich den Veränderungen in der Welt so anzupassen, daß Konflikte verringert und Amerikas Interessen gewahrt bleiben konnten. Im Gegenteil: Die Konflikte hatten sich verstärkt, und Amerikas außenpolitische Stellung war am Ende der sechziger Jahre schwach und ohne Elan. Innenpolitisch waren die USA polarisiert, außenpolitisch waren sie demoralisiert. In der Bündnispolitik und gegenüber der Sowjetunion zeigten sich amerikanische Macht- und Kraftlosigkeit. Mit diesem außenpolitischen Erscheinungsbild konnten die USA weder Freunde gewinnen noch die Gegner beeindrucken. Vietnam hatte Johnson schließlich in die Knie gezwungen.[40] Sechs Wochen, nachdem Nordvietnam den formellen Waffenstillstand gebrochen und einen verheerenden Angriff auf amerikanische Militäranlagen geführt hatte, dem amerikanische Soldaten und Tausende von Zivilisten zum Opfer fielen, machte Johnson Hanoi das Angebot, an der wirtschaftlichen Entwicklung Südostasiens teilzuhaben. Johnson war völlig ratlos. Jetzt bot er sogar wirtschaftliche Entwicklungshilfe an, ohne zu überlegen, wie Krieg und Diplomatie in Vietnam langfristig miteinander verknüpft werden konnten. Henry Kissinger kritisierte die Art und Weise, wie Johnson zurücktrat, als »eine der verhängnisvollsten Entscheidungen eines US-Präsidenten in der Nachkriegszeit«[41] und erklärte weiter: »Hätte Johnson nicht diesen dramatischen

Verzicht [seinen Rücktritt] ausgesprochen, dann wäre der Vietnamkrieg das Hauptthema des Wahlkampfes geworden, und er hätte darüber auf die eine oder andere Weise eine Art Volksentscheid herbeiführen können. Und wenn seine Gesundheit es ihm nicht erlaubte, eine zweite Amtsperiode auf sich zu nehmen, dann hätte Johnson für den Rest seiner Amtszeit zumindest den Druck auf Hanoi aufrechterhalten müssen, um seinem Nachfolger alle Optionen für die Entscheidungen offenzuhalten. Angesichts der Schwäche Hanois nach der Tet-Offensive hätte im Jahr 1968 ein fortgesetzter Druck höchstwahrscheinlich eine wesentlich bessere Ausgangsbasis für Verhandlungen geschaffen, als es später tatsächlich der Fall war. Indem Johnson den Krieg deeskalierte, von vornherein auf die Möglichkeit einer zweiten Amtsperiode verzichtete und gleichzeitig Verhandlungen anbot, schwächte er seine Verhandlungsposition in jeder Hinsicht. Seine potentiellen Nachfolger überboten einander mit Friedensversprechungen, ohne indessen einen Termin dafür festzusetzen. So wurden die Voraussetzungen für die Enttäuschung geschaffen, die sich in der Öffentlichkeit breitmachte, als die Verhandlungen tatsächlich begannen. ... In Hanoi hatte man gar keinen Anlaß, sich mit Johnson zu einigen, im Gegenteil: Alles sprach dafür, die Kraftprobe mit seinem Nachfolger zu wiederholen.«[42]

Die USA hatten alle Krisen und Kriege seit Ende des Zweiten Weltkrieges im Zuge des kalten Krieges bewältigt. Aber Vietnam wurde zu einer Anstrengung, die über Amerikas Kräfte ging. Amerikas Engagement entsprach nicht mehr seinen Wertvorstellungen und Interessen. Vor allem wurde eines mit bedrückender Klarheit deutlich: Nach Vietnam hatten die USA keinen Grund mehr, sich wie in den vergangenen zweihundert Jahren über kriegerisches und machiavellistisches Verhalten anderer, insbesondere der Europäer oder der Kommunisten, zu stellen. Kissinger hat recht: In Vietnam hatten die USA endgültig ihre außenpolitische Unschuld verloren. Wenn Amerika auch weiterhin für sich in Anspruch nehmen wollte, weltweit zu führen, so mußte es in den Augen der Welt und angesichts einer Generation im eigenen Lande, die unter dem Eindruck des Vietnamtraumas heranwuchs, eine Periode der Selbstfindung durchmessen, die zu einem fatalen Zeitpunkt stattfand: Seit Beginn der siebziger Jahre war die kommunistische Führungsmacht, die Sowjetunion, zu einer Macht angewachsen, die nun militärisch weltweit den USA ebenbürtig war. Angesichts dieser Situation war es besonders fatal, daß am Ende der Präsidentschaft Johnsons amerikanische Außenpolitik nur noch aus Vietnampolitik, aus unkoordinierten Reflexen bestand. Das außenpolitische Antlitz der USA hatte sich verändert. Das war nicht nur außenpolitisch mit Blick auf die Sowjetunion gefährlich, sondern auch innenpolitisch tragisch, denn Johnson war gezwungen, seine Domäne, die Innenpolitik, zu vernachlässigen. Sein Herz und seine Ambitionen hingen an dem Reformkonzept der »Großen Gesellschaft«: »Ich mußte die Frau, die ich liebte [die ›Große Gesellschaft‹] verlassen und statt ihrer mich mit dieser Kriegsnutte an der anderen Seite der Welt [Vietnam] einlassen«, wie Johnson drastisch sein Dilemma umschrieb.[43] Im Zuge der fatalen Vietnampolitik hatte Johnson die Außenpolitik der USA ruiniert und Amerikas Ansehen in der Welt beeinträchtigt.

Die Aussenpolitik der Regierung Nixon

Der Anspruch der Nixon-Doktrin

Nur wenige amerikanische Politiker haben ihr persönliches Profil so sehr mit dem politischen zu vereinbaren versucht und sind dabei als Person so blaß und unauffindbar geblieben wie Richard Nixon. Sich politisch, ja geschichtlich zu stilisieren war vielleicht die Hauptanstrengung im Leben Richard M. Nixons.[1] Vielleicht wäre er niemals Präsident geworden, wäre 1968 nicht der Zeitpunkt gewesen, als sich wachsende soziale und politische Unruhen im Innern, Vorurteile gegenüber der Außenpolitik der Demokraten, Demonstrationen gegen den Vietnamkrieg und eine tiefe ökonomische Unsicherheit zu einem amorphen Angstgefühl verbanden. Nicht eine einzige außen- oder innenpolitische Grundidee wurde von Nixon 1968 angeboten, statt dessen paßte er sich der Stimmung im Lande an, das sich von den aktivistischen Zeiten der Kennedy- und Johnson-Administration erschöpft zeigte.

Nixon teilte nicht die Auffassung Woodrow Wilsons, daß der Mensch von Natur aus gut sei und daß dementsprechend auch Harmonie zwischen den Nationen existiere und sich die Welt zu mehr Frieden und Demokratie hin entwickle. Nixon war Realist. Er teilte die Welt in Freunde und Feinde ein; folglich gab es Länder und Regionen, mit denen kooperiert werden konnte, und andere, mit denen es Interessenkollisionen gab, die in Kauf genommen werden mußten. Für Nixon war die Welt voller Gefahren. Stabilität und Frieden waren seiner Ansicht nach nur durch mühsame Anstrengungen zu erreichen.

Als Nixon – noch vor der Ernennung von William Rogers zum Außenminister – Henry Kissinger zu seinem Sicherheitsberater ernannte, wurde zum ersten Mal seit Woodrow Wilson die amerikanische Außenpolitik wieder von einem Mann von überragendem akademischen Ruf mitgeleitet und mitgestaltet.[2] Im Unterschied zu Wilson hatte sich Kissinger jedoch nur mit der Außenpolitik der USA befaßt. Vielleicht wäre es sinnvoll gewesen, wenn er sich intensiv mit Wilsons Analysen des politischen Spannungsfeldes zwischen Präsident und Kongreß[3] auseinandergesetzt hätte, denn die innenpolitischen Überlegungen und Rückversicherungen für außenpolitisches Handeln blieben ihm fremd.

Nicht die Zusammenarbeit mit dem Kongreß und anderen Regierungsstellen, sondern außenpolitische Machtkonzentration im Weißen Haus wurden von Nixon und Kissinger fast rücksichtslos angestrebt. Beide verfolgten einen politischen Kurs, der durch die nationalen Interessen der USA bestimmt wurde. Für die traditionellen Moralisten und Idealisten in der Tradition Woodrow Wilsons war diese Vorstellung abstoßend, sie stieß jedoch im Ausland bei Freunden wie Gegnern auf Respekt.

Richard Nixon und Henry Kissinger besaßen ein subtiles Gespür für außenpolitische Strömungen und Veränderungen, vor allem besaßen beide die Fähigkeit, diesen Wandel auch stilistisch brillant in eine außenpolitische Konzeption zu gießen, das Ergebnis war die Nixon Doktrin.[4] Die Zusammenarbeit zwischen Nixon und Kissinger war ähnlich positiv wie die zwischen Wilson und Colonel Edward House, zwischen Franklin D. Roosevelt und Harry Hopkins sowie zwischen Harry Truman und Dean Acheson. Aber der Preis dafür war hoch. Personalisierung, Geheimhaltung und Machtkonzentration im Weißen Haus wurden zentral. Fast alle Teile der außenpolitischen Regierungsmaschinerie der USA wurden in Krisensituationen vom Entscheidungs- und Willensbildungsprozeß ausgeschlossen.

Als Nixon am 20. Januar 1969 Präsident wurde, standen fast 550000 US-Soldaten in Vietnam. 1969 waren die Kriegskosten auf rund hundert Milliarden Dollar aufgelaufen. Mehr als 31000 Amerikaner waren seit 1961 in Vietnam gefallen. Nixon war deshalb entschlossen, Amerikas Verpflichtungen zu reduzieren: »Amerika kann nicht alle Pläne ausarbeiten, nicht alle die Programme aufstellen, nicht alle die Entscheidungen ausführen und nicht die gesamte Verteidigung der freien Welt übernehmen. ... Unser Ziel ist es in erster Linie, unsere Interessen auf weite Sicht mit einer gesunden Außenpolitik zu unterstützen. Je stärker diese Politik auf einer realistischen Einschätzung unserer Interessen und derjenigen anderer Nationen basiert, desto wirksamer kann unsere Rolle in der Welt sein. Wir sind nicht am Weltgeschehen beteiligt, weil wir Verpflichtungen haben; wir haben Verpflichtungen, weil wir beteiligt sind. Unsere Verpflichtungen müssen an unseren Interessen orientiert sein, nicht umgekehrt.«[5]

Das heißt nicht, daß in Nixons politischem Denken das amerikanische Sendungsbewußtsein keinen Platz gehabt hätte. Im Gegenteil, aber er machte sich über den rhetorischen Altruismus seiner Vorgänger keine Illusionen. Deshalb fiel es ihm leichter, Amerikas Eigeninteresse sinnvoll zu verdeutlichen. Dabei ging Nixon zweigleisig vor: Einerseits benutzte er die idealistische Rhetorik Wilsons, um seine außenpolitischen Ziele zu erklären, andererseits berief er sich aber auf das nationale Interesse der USA, um in der Welt berechenbar zu erscheinen.

Am 25. Juli 1969 erläuterte Richard Nixon in Guam die außenpolitischen Grundlagen der USA als pazifische Macht. Seine Äußerungen schienen zufällig, und zunächst war das Echo nicht besonders groß. Aber hier formulierte er das, was die Nixon-Doktrin ausmachte – den Schritt von der Ära der Konfrontation zur Ära der Verhandlungen und zu einer internationalen Friedensstruktur. Nicht mehr totale Feindschaft oder unverbrüchliche Freundschaft, sondern eine neue Mischung von abgestuften Beziehungen eröffnete Chancen für eine neuartige Gleichgewichtsdiplomatie. Die neue wirtschaftliche Stärke und politische Lebenskraft Westeuropas und Japans, das wachsende Selbstvertrauen der entkolonialisierten Staaten der Dritten und Vierten Welt, das Zerbrechen der Einheit des kommunistischen Blockes, das Ende der militärstrategischen Überlegenheit der USA und Nixons Überzeugung, daß die anderen Länder größere Lasten und Pflichten übernehmen müßten, wurden zentral. Weil die neoisolationistischen Tendenzen im Zuge des Vietnamkrieges anstiegen, forderte die Nixon-Doktrin den Abbau der amerikanischen Streitkräfte in Asien, eine neue Militärdoktrin der nuklearen Parität, also die Reduzierung der Fähigkeit, »zweieinhalb« Kriege zu führen, auf die von »eineinhalb« Kriegen sowie eine stärkere Differenzierung der amerikanischen Asienpolitik.

Die Nixon-Doktrin faßte das nationale Interesse der USA enger.[6] Mehr Eigenverantwortlichkeit der Verbündeten sollte Amerikas Bürden in der Welt erleichtern. Auch im Verhältnis zu den ehemaligen Gegnern bekam das »Nationale Interesse« eine neue Bedeutung. Nixon lehnte die alte Forderung nach innenpolitischer Liberalisierung der Sowjetunion als Voraussetzung für politische Annäherung ab. Der Maßstab der Bewertung des sowjetischen Verhaltens wurde strikt außenpolitisch formuliert.

»Eindämmung ohne Isolation« nannte Nixon sein Konzept für Asien. Er forderte die übrigen asiatischen Staaten zu größerer Eigenverantwortung auf. Falls der Versuch, China in die asiatische Völkergemeinschaft zu reintegrieren, scheitern sollte, müßten die asiatischen Staaten chinesischen Hegemonialbestrebungen durch eigene Sicherheitsvorkehrungen vorbeugen.

Die Zersplitterung des kommunistischen Lagers brachte Chancen für neue Entwicklungen mit sich: Amerika würde in Zukunft nur noch denjenigen helfen, die sich selbst helfen können, und folglich seine Rolle als Weltpolizist einschränken. Nixon wollte die Lücke zwischen übermächtigen Verpflichtungen und begrenzten Möglichkeiten schließen. Daraus ließ sich jedoch keineswegs der voreilige Schluß ableiten, er würde der neuen innenpolitischen Welle des

Neoisolationismus nachgeben. Das Gegenteil war der Fall. Nixon wollte der Forderung nach außenpolitischem Rückzug aus Vietnam begrenzt Rechnung tragen, er wollte die Welle sozusagen abreiten. Nixon war sich darüber im klaren, daß er die Außenpolitik erst wieder flottmachen und Amerikas Engagement in Asien erst dann würde überzeugend wiederherstellen können, wenn das Vietnam-Problem gelöst wäre. Das Konzept des »Ehrenvollen Friedens« für Vietnam wurde zum herausragenden Teil der Nixon-Doktrin. Außenpolitische Autorität und Glaubwürdigkeit konnten nur wiederhergestellt werden, wenn Nixon innenpolitische Zustimmung und außenpolitische Handlungsfähigkeit gewonnen haben würde.

Frieden bezog sich auf Abzug aller amerikanischen Streitkräfte aus Vietnam, aber auch auf die USA selbst; amerikanischer Friede als Überwindung der innenpolitischen Gegensätze, ein neuer »Seelenfrieden« der amerikanischen Nation sollte erreicht werden. Es ist nicht zufällig, daß Nixons Popularität am höchsten war, als er im November 1969 die Verhandlungsinitiative ergriff und im Januar 1973 das Vietnam-Abkommen in Paris unterzeichnet wurde. Richard Nixon wollte nicht zum ersten Präsidenten der Vereinigten Staaten werden, der einen Krieg verliert. Aber er zweifelte an der Überlebensfähigkeit Südvietnams ohne amerikanische Hilfe. Deshalb war das Konzept des »Ehrenvollen Friedens« eindeutig und ambivalent zugleich: Es war eindeutig, weil die Nixon/Kissinger-Regierung einen ehrenvollen Rückzug der amerikanischen Truppen aus Südvietnam für unumgänglich hielt. Es war ambivalent, weil die offiziellen Äußerungen der Nixon/Kissinger-Administration zur Vietnampolitik gezwungenermaßen optimistisch waren, aber eine Machtübernahme Südvietnams durch die Kommunisten mit einkalkuliert werden mußte. Die minimale Zielsetzung des »Ehrenvollen Friedens« war der vollständige Rückzug der amerikanischen Truppen und die Rückkehr der amerikanischen Kriegsgefangenen. Maximal hofften die USA, durch eine verstärkte Vietnamisierung des Krieges eine kommunistische Machtübernahme abwenden zu können. Insgeheim spekulierten Nixon und Kissinger auf eine »Korealösung«, nämlich daß sich Südvietnam gegenüber den Kommunisten behaupten könne.

Nixon personifizierte eine außenpolitische »Zwischenzeit« der USA. Einerseits glaubte er noch immer an die rigiden moralischen Maßstäbe des kalten Krieges, andererseits entwickelte er gegenüber den beiden kommunistischen Großmächten eine objektivere und differenziertere Einstellung als seine beiden Vorgänger Johnson und Kennedy. Nixon revidierte die alte Dominotheorie, die Zwillingsschwester der Theorie vom monolithischen Kommunismus. Dahinter stand die Idee, daß – bei stärkerer Zurückhaltung der Großmächte und einer entsprechenden Einflußnahme auf die verschiedenen abhängigen Mittelmächte – eine neue Form von »Nation-Building« in Südostasien möglich sein könnte. Die USA mußten sich nicht zwingend aus Vietnam zurückziehen, weil für Nixon und Kissinger der Kommunismus akzeptabel wurde, sondern weil sie realistisch erkannten, daß kommunistische Eindämmung in Vietnam von nachgeordneter Bedeutung, aber mit untragbaren moralischen, politischen und ökonomischen Kosten verbunden und daß die »Dominotheorie« eine Fiktion war.

Nixon stand vor dem Problem, einen Krieg zu beenden, der sich auch nachträglich nicht durch eine positive nationale Gesinnung rechtfertigen ließ, wie dies in den beiden Weltkriegen oder im kalten Krieg in Europa der Fall war. Er mußte den Krieg lediglich deshalb beenden, weil er die politische Handlungsfähigkeit der USA wiederherstellen wollte. Dabei hofften Nixon und Kissinger, daß die Sowjetunion, China und Nordvietnam selbst durch Anreize dazu gebracht werden könnten, die Situation in Vietnam mit entspannen zu helfen. Nixon kehrte die Dominotheorie um: Während seine Vorgänger befürchtet hatten, daß die kommunistischen Großmächte den Vietcong unterstützen könnten, hofften Nixon und Kissinger nun auf umgekehrte Wirkung.

In Vietnam ging es Nixon auch um eine globale Neuordnung der amerikanischen Macht. Ein »pentagonales« System wurde sichtbar: Die Neuordnung des Bündnisdreiecks USA–Japan–Westeuropa und vor allem die des Großmachtdreiecks USA—China—Sowjetunion wurde ins Visier genommen: An die Stelle von totaler Feindschaft beziehungsweise unverbrüchlicher Freundschaft sollten interessenorientierte Beziehungen treten, die Freund-Feind-Bilder abgebaut und die Chancen für einen Ausgleich vergrößert werden. Den Platz der antikommunistischen Leidenschaft der fünfziger Jahre nahmen nun Pragmatismus und eine Philosophie des Machtgleichgewichts ein.[7] Eine neue Faszination für die politischen Gegner wurde charakteristisch für die amerikanische Außenpolitik. Die Entideologisierung der amerikanischen Außenpolitik, eine neue Betonung von Macht und nationalem Interesse und das Angebot zur Kooperation an die beiden sozialistischen Führungsmächte wurde zunächst bestimmend für die Außenpolitik Nixons.[8]

Nixon war klargeworden, daß die Strategie der Eindämmung – nicht zuletzt unter dem Eindruck der idealistischen Rhetorik Kennedys und wegen der unglücklichen Verstrickung seines Vorgängers Johnson in den Vietnamkrieg – die USA politisch überfordert hatte. Diese außenpolitische Überdehnung, die Diskrepanz zwischen Wunsch und Wirklichkeit, war in den USA in Selbstkritik umgeschlagen. Deshalb betrachtete es Nixon als herausragende Aufgabe, diese widersprüchlichen Erfahrungen des Überengagements in Vietnam in ein außenpolitisches Konzept umzusetzen. Das Ergebnis war die Nixon-Doktrin: Die Vereinigten Staaten würden auch in Zukunft als Weltmacht Verantwortung übernehmen, aber ihr Engagement in Zukunft bewußter und restriktiver wahrnehmen. Nixon wollte mit seiner Doktrin den Amerikanern näher erläutern, wann sie lediglich Hilfestellung leisten und wann sie eine zentrale Rolle übernehmen müßten. Er suchte einen Mittelweg zwischen übermäßigem Engagement und totalem Verzicht. Drei Kriterien wurden dabei für zukünftiges Handeln maßgebend:

1. Die Vereinigten Staaten würden ihre vertraglichen Verpflichtungen einhalten.
2. Sie würden als »Schutzschild dienen, wenn eine Nuklearmacht die Freiheit einer der mit uns verbündeten Nationen bedroht oder einer Nation, deren Überleben wir für unsere Sicherheit als lebenswichtig erachten«.
3. In Fällen nichtnuklearer Aggressionen würden die Vereinigten Staaten sich »um die direkt bedrohte Nation kümmern und vorrangig die Verantwortung übernehmen, die zur Verteidigung notwendigen Truppen zur Verfügung zu stellen«.[9]

Die Nixon-Doktrin war vorrangig auf Krisen abgestellt, die nicht durch Bündnisse abgedeckt waren und die sich an der Peripherie der Weltpolitik abspielten. Mit der Doktrin konstruierte Richard Nixon ein Modell, um ähnliche Situationen wie in Vietnam in Zukunft zu vermeiden.

Vor allem war die Nixon-Doktrin darauf abgestellt, das Verhältnis gegenüber den beiden kommunistischen Weltmächten neu zu gestalten. Die Ost-West-Beziehungen waren in eine Sackgasse geraten, das galt nicht nur für das Verhältnis zur Sowjetunion, sondern auch das zur Volksrepublik China. Gerade gegenüber diesen beiden Staaten machte Richard Nixon das nationale Interesse zum Ausgangspunkt seiner Politik, um ideologische Entspannung zu betonen. Mit Ausnahme Theodore Roosevelts hatte sich keiner von Nixons Vorgängern in diesem ideologischen Jahrhundert so ausdrücklich auf das nationale Interesse als Ausgangspunkt für amerikanische Außenpolitik berufen. Vor allem gegenüber China sollte dies von Vorteil sein.

Die Entwicklung der Beziehungen zur Volksrepublik China

Der Besuch Nixons in Peking im Februar 1972 gehört zu den spektakulärsten Ereignissen der amerikanischen Außenpolitik seit dem Zweiten Weltkrieg. Erst zwanzig Jahre zuvor hatten sich amerikanische und rotchinesische Soldaten in

Korea bekämpft, und noch 1962 hatte Außenminister Rusk erklärt, daß die amerikanischen Truppen zur Eindämmung des chinesischen Kommunismus in Vietnam stünden. Nixon korrigierte historische Verirrungen und baute ideologische Gegensätze ab.

Die Geburtsumstände der Volksrepublik China im Jahr 1949 machten diese zum ideologischen Verbündeten der Sowjetunion, während die USA zum imperial-kapitalistischen Feind avancierten. Diese Entwicklung war nicht zwingend, blickte China doch auf eine Geschichte zurück, in der es Phasen politischer und kultureller Bewunderung für die USA gegeben hatte. Das Kaleidoskop der Amerikabilder der Chinesen ist mannigfaltig. Ideologische Verblendung, historische Arroganz, aber auch schiere Unkenntnis und Furcht haben Chinas Vorstellungen von den USA ebenso geprägt, wie umgekehrt das amerikanische Chinabild verzerrt wurde.

Die amerikanische Chinapolitik, noch in den vierziger Jahren zwischen Anerkennung und Eindämmung schwankend, weder sino-sowjetischen Konflikt noch amerikanisch-chinesische Annäherung ausschließend, vollzog nach der Gründung der Volksrepublik 1949 einen radikalen antikommunistischen Kurswechsel. Aber gerade gegenüber China blieb Amerika innenpolitisch stets gespalten: Auf der einen Seite forderten einige wenige weitsichtige Chinaexperten, dem kommunistischen China entgegenzukommen. Man sollte auch dem kommunistischen Peking den Sitz Chinas in den Vereinten Nationen überlassen und Möglichkeiten eines nationalen Kommunismus für eigene Interessen nutzen, statt die Volksrepublik China an die Seite Stalins zu drängen. Auf der anderen Seite war die breite Mehrheit felsenfest davon überzeugt, daß die Volksrepublik China fanatisch ideologisch und expansiv ausgerichtet sei und sich wie Moskau der Weltrevolution verschrieben hätte. Diese innenpolitischen Kräfte schürten eine amerikanische Dolchstoßlegende, die glauben machen wollte, die USA hätten durch eine Intervention in China die Machtübernahme der Kommunisten verhindern können. Diese Dolchstoßlegende war Teil des fanatischen Antikommunismus vom Schlage McCarthys und lag auch der Dominotheorie zugrunde. Fanatismus und Hysterie verhinderten gerade gegenüber der Volksrepublik China eine interessenorientierte Außenpolitik.

Nixon teilte, obwohl überzeugter Antikommunist, der die Chinapolitik der Regierung Truman noch heftig kritisiert hatte, unter dem Eindruck der Ereignisse der sechziger Jahre diese konfrontative Auffassung nicht mehr. Er glaubte, daß der Dialog mit dem kommunistischen China überfällig war, um in dem subtilen Dreiecksverhältnis zwischen Washington, Peking und Moskau die Möglichkeiten der Verständigung mit jeder dieser Mächte verbessern zu können:

»Langfristig können wir es uns einfach nicht leisten, China für immer aus der Völkerfamilie auszuschließen und es so seine Phantasien nähren, seine Haßgefühle pflegen und seine Nachbarn bedrohen zu lassen. Auf diesem kleinen Planeten ist nicht genügend Platz, als daß dort eine Milliarde seiner potentiell fähigsten Menschen in wütender Isolation leben könnten.«[10]

Nixon öffnete den USA die Augen. Die Annäherung an die Volksrepublik China wurde zum Hebel, um auf die chinesische und sowjetische Politik Einfluß zu gewinnen. Nixons Herkunft und lebenslange Verbundenheit mit Kalifornien, dem Ort seiner großen Niederlagen und Erfolge, führte zu einer pazifischen Sicht der amerikanischen Außenpolitik. Nixon sah zuerst in Richtung Asien, dann nach Europa. Die kommunistische Entwicklung in China, die Kriege in Korea und Vietnam weckten sein Interesse und prägten sein Bild von den Grenzen und Möglichkeiten der amerikanischen Politik. Johnson ging von einer Einheitsfront Moskau–Peking–Hanoi aus, Nixon hingegen stellte nicht nur die machtpolitischen und ideologischen Rivalitäten der drei Mächte in Rechnung, sondern ging noch weiter: Er warnte die Sowjetunion, die USA würden nicht gleichgültig reagieren, falls China angegriffen würde. Hintergrund waren die sowjetisch-chinesischen Grenzstreitigkeiten am Ussuri. Besorgt über den sowjetischen Aufmarsch entlang der chinesischen Grenze, entsandte Nixon den stellvertretenden Außenminister Elliott Richardson, um den Sowjets eine entsprechende Botschaft zu übermitteln: »Als einziger amerikanischer Präsident dieses Jahrhunderts zeigte Nixon die Bereitschaft, ein Land zu unterstützen, zu dem die Vereinigten Staaten zwanzig Jahre lang keine diplomatischen Beziehungen unterhalten hatten, mit dem seine Regierung bis dahin auf keiner Ebene irgendwelche Kontakte gehabt hatte und dessen Diplomaten und Medien den amerikanischen Imperialismus bei jeder Gelegenheit verteufelten. All dies signalisierte die Rückkehr der Vereinigten Staaten in die Welt der Realpolitik.«[11]

Nixons Realpolitik war erfolgreich, denn China wie auch die Sowjetunion brauchten das Wohlwollen der USA, um nicht befürchten zu müssen, daß Amerika den jeweiligen kommunistischen Rivalen favorisierte.[12] In langen Geheimverhandlungen wurden von Sicherheitsberater Henry Kissinger der Besuch Nixons in Peking und das Shanghai-Kommuniqué vorbereitet. Kissinger schildert die Verhandlungspartner folgendermaßen: »Mao, Tschou und später auch Deng Xiaoping, sie alle waren außergewöhnliche Persönlichkeiten. Mao war der Visionär, der rücksichtslose und manchmal geradezu blutdürstige Revolutionär, Chou der brillante Verwalter mit Eleganz und Charme, Deng der Reformer von Grundüberzeugungen. Alle drei waren gewissenhafte Analytiker, und so spiegelten sich in ihnen die Traditionen und die Quintessenz der Erfahrungen eines alten Volkes wider, das ein intuitives Gespür dafür besaß, ob etwas von Dauer sein würde oder lediglich Taktik war. Ihr Verhandlungsstil unterschied sich grundlegend von dem ihrer sowjetischen Kollegen: Die Moskauer Diplomaten diskutierten fast nie über konzeptionelle Fragen. Ihre Strategie war es, ein den Kreml unmittelbar betreffendes Problem aufzugreifen und mit verbissener Ausdauer auf seiner Lösung zu beharren, um so den Gesprächspartner langsam zu zermürben, anstatt ihn zu überzeugen. Die Unnachgiebigkeit und Vehemenz zeigten, wie brutal und mit welchem Druck innerhalb der sowjetischen Politik verfahren worden war, und machten aus hoher Politik Krämergeschäfte. Gromyko war geradezu das Sinnbild dieser Auffassung von Diplomatie. Die chinesische Führung hingegen vertrat eine Gesellschaft, die emotional bedeutend zuverlässiger war als die sowjetische. Peking war weniger an ausgetüftelten Aspekten als an der Schaffung von Vertrauen interessiert. Bei seinem ersten Treffen mit Nixon verlor Mao deshalb auch keine Zeit, dem amerikanischen Präsidenten zu versichern, daß man nicht mit Gewalt gegen Taiwan vorgehen werde. Auf eine Gegenleistung für diese Zusicherung, auf die Washington zwanzig Jahre lang gewartet hatte, verzichtete Mao.«[13]

Im Rahmen der vertraglichen Vereinbarungen der amerikanischen Entspannungspolitik Nixons kommt dem Shanghai-Kommuniqué vom Februar 1972 besondere Bedeutung zu. Dessen herausragendes Merkmal war eine Gegenüberstellung der unterschiedlichen Positionen. Man kann im Stil dieses Kommuniqués einen Triumph der chinesischen Verhandlungsführung sehen, aber im Kern war es der vertragliche Ausdruck einer Diplomatie substantieller Toleranz, hinter der allerdings harte Gegensätze fortwirkten. Wegen unüberbrückbarer politischer Gegensätze, und um möglichen Interpretationsproblemen a priori aus dem Wege zu gehen, hatten sich Nixon und Premierminister Tschou En-lai entschlossen, auf eine konventionelle Vertrags- beziehungsweise Kommuniquéform zu verzichten. So entstand ein Text, der zwar von keiner der beiden Seiten so abgefaßt worden wäre, hätte sie allein entscheiden können, der jedoch exakt den Entwicklungsstand der Beziehungen zwischen den beiden Ländern widerspiegelte.

Stärke und Schwäche bei der Wiederbelebung der sino-amerikanischen Beziehungen lagen darin, daß beide Seiten die bilateralen Aspekte wie wirtschaftliche, wissenschaftliche oder kulturelle Kooperation nicht als Schlüsselelemente ihrer Beziehungen, sondern als Nebenaspekte ansahen. Bilaterale Fragen wie Menschenrechte und Freizügigkeit waren selbst bei konservativen Kritikern der sino-amerikanischen Beziehungen kaum von Bedeutung. Diese Auffassung vertrug sich mit der amerikanischen, denn die Regierung Nixon verfolgte ebenfalls nur wenige bilaterale Interessen, sondern faßte statt dessen ein Zusammengehen unter regionalen und globalen Aspekten ins Auge, auch wenn dies öffentlich verneint wurde.

Die Regelung des Taiwan-Problems, ehemals Haupthindernis für die amerikanisch-chinesischen Beziehungen, sollte Entspannung mit den Chinesen bewirken. Taiwan (Formosa) hatte seit 1683 über zweihundert Jahre lang, bis zur japanischen Besetzung 1895, zu China gehört und sollte – aufgrund alliierter Vereinbarungen in Kairo 1943 und des Potsdamer Abkommens 1945 – wie viele andere von den Japanern besetzte Gebiete an China zurückgegeben werden. Am 25. Oktober 1945 erklärte die chinesische Regierung Tschiang Kai-schek Taiwan wieder zur chinesischen Provinz. Als Tschiang 1949 nach der Machtübernahme durch die KP Chinas vom chinesischen Festland nach Taiwan geflohen war, entwickelte sich folgende Lage:

– Die Volksrepublik China erklärte, Taiwan sei eine Provinz der Volksrepublik China und müsse befreit werden.
– Tschiang Kai-schek erklärte seinerseits, Taiwan sei eine Provinz Chinas, aber die Volksrepublik China müsse von Taiwan aus befreit werden.
– Die Regierung Truman respektierte am 5. Januar 1950 die territoriale Integrität Chinas.

Das Außenministerium ging sogar soweit, die Möglichkeit einer Volksabstimmung über den zukünftigen Status von Taiwan unter der Oberaufsicht der Vereinten Nationen abzulehnen, um den Primat der territorialen und politischen Integrität Chinas nicht zu gefährden. Die Zurückhaltung von Außenminister Dean Acheson schloß einen sino-sowjetischen Konflikt langfristig nicht aus. Schon die Regierung Truman strebte eine gewisse Überwindung des kalten Krieges an, die durch den Angriff Nordkoreas auf Südkorea jedoch vereitelt wurde.

Dean Acheson versuchte 1950, als Mao bei Stalin in Moskau weilte, China politisch zu ködern und eine Kluft zwischen der Volksrepublik und der Sowjetunion aufzureißen. Gegenüber Tschiang Kai-schek entwickelte er wachsende Distanz und deutete an, daß bei einer möglichen Invasion Formosas durch Mao die USA nicht eingreifen würden. Ferner schlug Acheson die Anerkennung Rotchinas vor. Truman und Acheson glaubten nicht an die These, daß Mao ein Vasall der Sowjetunion sei. Sie hofften vielmehr, daß Mao sich zum asiatischen Tito entwickeln könnte. Nur durch eine Politik der strikten Neutralität hätten die USA allerdings eine solche Entwicklung fördern können.[14]

Diese Hinweise auf die differenzierte außenpolitische Denkhaltung der frühen Regierung Truman deuten auf ungenutzte Möglichkeiten hin, die durch den Ausbruch des Koreakrieges am 25. Juni 1950 vernichtet wurden. Richard Nixon wollte an diese Möglichkeiten wieder anknüpfen. Damit korrigierte er eigene Fehler, denn er selbst gehörte zu denjenigen, die den antikommunistischen Umschwung der Regierung Truman Anfang der fünfziger Jahre nachdrücklich forderten und Taiwan zum neuen chinesischen Verbündeten erkoren. Diese Haltung blieb für die amerikanische Asienpolitik bis zum Ende der sechziger Jahre bestimmend und fand ihren sichtbaren Ausdruck im Sicherheitsvertrag zwischen den USA und Taiwan von 1954 und in der Tatsache, daß nicht die Volksrepublik China, sondern Taiwan in der UNO für China sprach und diplomatische Beziehungen mit den USA unterhielt.

Das Shanghai-Kommuniqué von 1972 signalisierte Bereitschaft, zu den ursprünglichen Positionen, wie von Truman – wenn auch unter anderen internationalen Bedingungen – im Jahr 1950 umrissen, zurückzukehren, denn »die Vereinigten Staaten erkennen an, daß alle Chinesen auf beiden Seiten der Straße von Taiwan der Auffassung sind, daß es nur ein China gibt, und daß Taiwan nur ein Teil Chinas ist. Die amerikanische Regierung stellt diesen Standpunkt nicht in Frage, sie bekräftigt ihr Interesse an einer friedlichen Regelung der Taiwanfrage durch die Chinesen selbst.«[15] Zum ersten Mal sprachen die USA 1972 offiziell von Taiwan statt von der Republik China und erkannten damit an, daß es nur ein China gebe und daß Taiwan einen integralen Bestandteil davon bilde. Allerdings bestand die Regierung Nixon auf einer friedlichen Regelung dieser Frage, die langfristig nur von den Chinesen selbst gelöst werden sollte. Damit wurde die Möglichkeit der Konstituierung eines selbständigen Taiwan als zweites China ausgeschlossen.

Obwohl beide Seiten ihre Bereitschaft betonten, in Richtung auf eine Normalisierung hinzuwirken, wurden dafür im Shanghai-Kommuniqué keine konkreten Voraussetzungen geschaffen. Es gab weder genaue Hinweise auf einen Kompromiß in der Taiwan-Frage, noch gab es substantielle Leitlinien für die Verminderung von Spannungen. Entscheidend blieb die amerikanische Forderung nach einer Regelung der Taiwan-Frage auf friedlichem Wege. Ein Kompromiß in dieser Frage wurde hinsichtlich des Sicherheitsvertrages von 1954 erkennbar. Während die Volksrepublik China bis 1972 auf einem ausdrücklichen Verzicht beziehungsweise einer ausdrücklichen Aufhebung des Vertrags von 1954 bestanden hatte, wurde dieser nun im Shanghai-Kommuniqué stillschweigend von China akzeptiert, wobei sich die Volksrepublik allerdings von der Hoffnung leiten ließ, daß die USA im Zuge der verminderten Spannungen in diesem Raum nicht nur, wie vertraglich vereinbart, ihre Truppen abziehen, sondern auch den Beistandspakt mit Taiwan auflösen würden. Im Gegenzug verzichteten die USA im Shanghai-Kommuniqué auf eine ausdrückliche Bestätigung des Beistandspakts mit Taiwan.[16]

Insgesamt spiegelte die amerikanische Position im Shanghai-Kommuniqué zur Taiwan-Frage die Widersprüchlichkeiten in der amerikanischen Außenpolitik wider. Einerseits versuchte man, die Idee der Selbstbestimmung als Grundleitlinie aufrechtzuerhalten. Dies entsprach der amerikanischen Chinapolitik bis 1949, widerspricht aber der Chinapolitik der Vereinigten Staaten der letzten fünfundzwanzig Jahre. Andererseits bezog man sich auf die Forderung nach der territorialen und politischen Integrität Chinas, was der amerikanischen Chinapolitik 1949 entsprach, aber im krassen Gegensatz zu den Positionen der fünfziger und sechziger Jahre stand. Das Shanghai-Kommuniqué ist Ausdruck des amerikanischen Dilemmas, einerseits Neuorientierung signalisieren zu wollen, andererseits aber die alten vertraglichen Bindungen weiter aufrechtzuerhalten.

Die Regelung des Taiwan-Problems, ehemals Haupthindernis für die amerikanisch-chinesischen Beziehungen, sollte Entspannung mit den Chinesen bewirken. Nixon faßte eine dramatische Umkehrung der Beziehungen ins Auge: Die Beziehungen zur Republik China – Taiwan –, das im Sicherheitsrat der UNO für Gesamtchina sprach, wurden abgebaut. Zwar kritisierte Nixon zunächst die Entwicklung in der UNO, als im Oktober 1971 die Vollversammlung die Volksrepublik China als einzigen rechtmäßigen Vertreter wählte, aber diese Entwicklung entsprach der Logik seiner Politik. Damit deutete Nixon an, daß er nur dann die militärische Unterstützung für Taiwan abbauen würde, wenn sich die Spannungen in Vietnam vermindern würden. Im Klartext bedeutete dies, daß die USA die Volksrepublik China drängten, Verhandlungsdruck auf Nordvietnam auszuüben. Diese Hoffnung sollte sich jedoch nicht erfüllen. Mit ihrer neuen Chinapolitik wollte die Nixon-Administration die ideologischen Bindungen zwischen der Sowjetunion und der Volksrepublik China lösen. Je stärker die Nixon-Regierung ihre Politik deideologisierte und auf die lokalen nationalen und regionalen Interessen der Verhandlungspartner abstellte, desto deutlicher wurde der Riß im ideologischen Band zwischen Moskau und Peking.

Die Regierung Nixon widerstand dem Druck Pekings, eine politische Allianz gegen die Sowjetunion zu bilden. Auch deshalb war Nixon gegen die Aufnahme diplomatischer Beziehungen zur Volksrepublik China und gegen antisowjetische Spitzen. Die Amerikaner stimmten lediglich einer Anti-Hegemonialklausel zu, nach der »keine von beiden Seiten eine Hegemonie im asiatisch-pazifischen Bereich anstreben sollte und daß jede von ihnen Bemühungen irgendeines anderen Landes ... zur Errichtung einer solchen Hegemonie ablehnt«.[17] Damit wurde nur sehr allgemein das übereinstimmende Interesse betont, sich sowjetischen Vormachtbestrebungen in Asien zu widersetzen. Binnen eines Jahres wurden die gemeinsamen Interessen deutlicher und globaler formuliert: In einem im Februar 1973 veröffentlichten Kommuniqué vereinbarten China und die USA, gemeinsam (im Shanghai-Kommuniqué hatte es noch »in getrennter Verpflichtung« geheißen) gegen den Versuch eines jeden Landes, die Weltherrschaft (statt lediglich »über Asien«) zu ergreifen, Widerstand zu leisten (anstelle des schwächeren Ausdrucks »sich entgegenzustellen«). In knapp eineinhalb Jahren hatten sich die chinesisch-amerikanischen Beziehungen von krasser Feindschaft und Abschottung in eine fast bündnisähnliche Gemeinsamkeit gegen die Sowjetunion verwandelt.[18]

Nixons historische Leistung bestand darin, daß er in einer Phase der Schwäche die Außenpolitik der USA vom ideologischen Ballast der Vergangenheit befreite und die Vereinigten Staaten in eine vorteilhafte Position gegenüber den sozialistischen Großmächten brachte. Erstaunlicherweise hat sich im Verlauf der Beziehungen beider Länder auch nach Nixons Rücktritt und nach Maos Tod bis Ende der achtziger Jahre keine ernsthafte Verstimmung ergeben. Vermutlich war jede Seite sich von Anfang an über die Absichten des Verhandlungspartners und damit auch über die Notwendigkeit der Begrenztheit der eigenen Zielvorstellungen im klaren.[19]

1973 wurden in Peking und Washington Verbindungsbüros eröffnet, die de facto als Botschaften wirkten, bis 1979 diplomatische Beziehungen aufgenommen wurden. 1974 erreichte das beiderseitige Handelsvolumen knapp eine Milliarde Dollar. Die USA exportierten Flugzeuge vom Typ Boeing 707 nach China sowie Düsentriebwerke, Satellitensysteme von RCA, Coca-Cola, chemische Kunstdüngeranlagen und vieles mehr. 1975 hatten zehntausend Amerikaner die Volksrepublik China besucht, Hunderte von Chinesen reisten in die USA. Eine regelrechte China-Begeisterung wurde in den USA erkennbar. Der Kulturaustausch wurde intensiviert, und chinesische Studenten strömten in den folgenden Jahren an amerikanische Universitäten.

Von 1974 bis 1976 trat nach der großen Phase der Erwartungen langsam Ernüchterung ein: Nixon und Mao sowie Kissinger und Tschou En-lai, die Architekten der Annäherung, waren von der politischen Bühne abgetreten oder gestorben.

Man kann das amerikanische Entspannungskonzept gegenüber der Volksrepublik China als Ausdruck klassischer Machtbalancepolitik werten, denn die übergeordnete Zielsetzung war nicht mehr Freizügigkeit oder Öffnung der Grenzen, sondern die Ziele entsprangen der spezifischen Weltmachtsituation der USA. Die Öffnung gegenüber der Volksrepublik China sollte vor allem entspannungspolitisch auf die Sowjetunion wirken. Die weiteren Jahre zeigten, daß Großmachtbeziehungen, die sich hauptsächlich an der eigenen Interessenlage gegenüber Dritten orientieren, auf lockeren Fundamenten ruhen und deshalb ständig neu justiert werden müssen. Deutliche Qualitätseinbußen der amerikanischen China-Diplomatie traten aber erst nach Nixon und Kissinger auf.

Die kluge und ideenreiche Diplomatie Nixons und Kissingers zeigt beispielhaft, welche herausragende Rolle einzelne Persönlichkeiten in der Außenpolitik spielen können. Nixon übersprang seinen eigenen antikommunistischen Schatten und revolutionierte die amerikanische Chinapolitik. Ihn kümmerten die chinesischen Interessen wenig, er suchte vor allem die außenpolitische Initiative im Interesse der USA, um neuen Handlungsspielraum zu gewinnen. Mao, der das riesige Land in der Phase der Kulturrevolution einem furchtbaren ideologischen Sturm ausgesetzt hatte, suchte nun in der Außenpolitik Sachlichkeit und Stabilität. Weil Mao sich vor sowjetischer Expansion fürchtete, begrüßte er die Öffnung zu den Vereinigten Staaten, um dort für eigene Interessen Rückhalt zu finden.

Die Annäherung zwischen der Volksrepublik China und den USA wirkte sich auf den gesamten pazifischen Raum aus: So war die japanische Führung durch die überraschende Ankündigung der ersten Reise Henry Kissingers nach Peking und über Nixons Chinabesuch schockiert. Japan hätte bei der Herstellung normaler Beziehungen zwischen den USA und der Volksrepublik China gern eine Vermittlerrolle übernommen. Auch in ihrer Wirtschaftspolitik verhielt sich die Regierung Nixon rücksichtslos gegenüber Japan. Die amerikanisch-japanischen Beziehungen befanden sich deshalb 1971/72 auf einem Tiefpunkt. Die positive Wirkung der amerikanisch-chinesischen Annäherung bestand allerdings darin, daß die japanische Regierung Tanaka eine diplomatische Aktivität gegenüber der Volksrepublik China entwickelte, die ohne die sino-amerikanische Annäherung kaum eingetreten wäre, die sogar im weiteren Verlauf auf Drängen Chinas über die sino-amerikanischen Entspannungsbemühungen hinausging.[20]

Vor dem Hintergrund der zerbröckelnden Konfrontationsstrukturen des kalten Krieges wurde der Weg für Japan frei, die Beziehungen zur Volksrepublik China zu normalisieren, ohne jedoch die fundamentalen Pfeiler des amerikanisch-japanischen Bündnisses zu verändern. Die amerikanisch-chinesische Annäherung legte eine China-Sehnsucht der Japaner frei, die schon früher zu spüren war, aber auch in einem historischen Schuldkomplex Japans gegenüber den

Chinesen sowie in kultureller Affinität begründet war. Die politische Führung der Volksrepublik China nutzte diesen Schuldkomplex der Japaner diplomatisch geschickt aus, indem sie den japanischen Militarismus vergangener Zeiten als Hebel für Vorteile zu nutzen suchte. Als im September 1971 der japanische Regierungschef Tanaka nach Peking reiste, wurden Ergebnisse erzielt, die weitgehend den chinesischen Vorstellungen entsprachen und auch für die zukünftige Entwicklung der Beziehungen von Bedeutung waren. Japan kam der Volksrepublik China mehr entgegen als die USA im Shanghai-Kommuniqué:

- Die Regierung Japans erkannte die Regierung der Volksrepublik China als die einzige legitime Regierung Chinas an.
- Die japanische Regierung respektierte den Standpunkt der Volksrepublik China, daß Taiwan ein unabtrennbarer Teil des Territoriums der Volksrepublik China sei.
- Beide Regierungen beschlossen, am 29. September 1972 diplomatische Beziehungen aufzunehmen und so schnell wie möglich Botschafter auszutauschen.
- Zusätzlich erklärte der japanische Außenminister Huira, daß der japanisch-chinesische Friedensvertrag von 1951 mit Taiwan abgelaufen sei.[21]

Darüber hinaus konnte die Volksrepublik China gegenüber Japan zwei Ziele erreichen: Abbruch der diplomatischen Beziehungen zu Taiwan und gleichzeitig Aufnahme voller diplomatischer Beziehungen zur Volksrepublik China. So ist es nicht verwunderlich, daß diese »Japanische Formel« zur Zielsetzung der Volksrepublik gegenüber den USA wurde: Abzug aller Truppen aus Taiwan, Kündigung des Sicherheitspaktes von 1954 zwischen den USA und Taiwan, Beendigung aller diplomatischen Beziehungen zwischen den USA und Taiwan, Aufnahme der diplomatischen Beziehungen zwischen den USA und der Volksrepublik China. Japan offerierte ein Entspannungsmodell, das über die amerikanischen Vorstellungen hinausging. Nixons Chinapolitik hatte die Lage in Asien schlagartig verändert: Eine neue sino-japanisch-amerikanische Interessengemeinschaft schien zu entstehen. Die Sowjetunion mußte reagieren. Vor allem gegenüber den USA, die nun die Trumpfkarte in der Hand hielten.[22]

Beide Seiten profitierten von der neuen amerikanisch-chinesischen Entwicklung. Mao suchte zwar eine amerikanisch-sowjetische Kooperation zu verhindern; Nixon hatte jedoch Erfolg bei seinem Versuch, durch die begrenzte Annäherung an die Volksrepublik China die Sowjetunion gesprächsbereiter für eine Politik der Entspannung zu machen. Der amerikanisch-sowjetische Entspannungsdialog, der seit 1969 stagnierte, erlebte einen Durchbruch.[23]

Die Politik gegenüber der Sowjetunion

Das Konfliktverhältnis zwischen den USA und der Sowjetunion war der bestimmende Grundfaktor der Weltpolitik seit dem Ende des Zweiten Weltkrieges. Die Intensität und das Ausmaß der Konflikte reflektierten Chancen und Gefahren für den Weltfrieden. Gegen Ende der sechziger Jahre verwiesen die Veränderungen in den USA und in der Sowjetunion auf Möglichkeiten, von einer Ära der Konfrontation zu einer Ära der Kooperation zu gelangen, wie es die Nixon-Kissinger-Doktrin postulierte.

Auch wenn die Verständigungspolitik der Regierung Nixon/Kissinger mit den beiden rivalisierenden sozialistischen Führungsmächten in einem Atemzug genannt wird, so darf dies nicht darüber hinwegtäuschen, daß sich der amerikanisch-sowjetische Bilateralismus von dem der sino-amerikanischen Beziehungen unterschied. Die Annäherung zwischen den USA und Rotchina erhielt ihre Bedeutung durch globale und taktische Überlegungen: Die USA erhofften sich verbesserte Bedingungen für eine amerikanisch-sowjetische Annäherung. Dem Bilateralismus zwischen USA und Sowjetunion kam objektiv die zentrale Bedeutung zu. Im Unterschied zu den amerikanisch-chinesischen Nachkriegsbeziehungen, die im Kern Nicht-Beziehungen waren, zeichnen sich die amerikanisch-sowjetischen Nachkriegsbeziehungen durch einen hohen Intensitätsgrad aus.

Als Chruschtschow im Oktober 1964 gestürzt wurde, hinterließ er nicht nur eine ambitiöse, aber gescheiterte Außenpolitik, auch in der Innenpolitik wurden die Fehler seiner unsteten und ungeduldigen Handschrift sichtbar. Mit den neuen kulturellen Freiheiten hatte er einen Setzling in die politische Landschaft gepflanzt, der seine Nachfolger vor neue Probleme stellte. Chruschtschows konzeptionslose Entstalinisierung, die er 1956 einleitete, hatte zur Folge, daß zwar die politischen Gefängnisse leerer, die kommunistischen Führungskader der Sowjetunion aber verwirrter wurden. Der sino-sowjetische Konflikt, die Invasion in der ČSSR 1968, Unklarheit über die Ost-West-Beziehungen, wirtschaftliche Rückständigkeit und schwindende Kontrolle über den eigenen Machtbereich legten sowjetische Schwächen bloß, die allerdings Chancen für Ausgleich und Kooperation mit den USA boten. Es mußten nun neue Stabilitätskriterien mit den USA entwickelt werden:

- Mit Hilfe von Wissenschaft, Technologie und Kapital aus dem Westen, durch Einfuhr hochwertiger Qualitätsprodukte, mit westlichem Management und westlichen Investitionen hoffte die sowjetische Führung, die Wirtschaftspolitik der Sowjetunion in erfolgreiche Bahnen zu lenken, dabei aber längst überfällige Wirtschaftsreformen zu vermeiden.[24]

- Die sowjetische Führung hoffte auf militärstrategische Parität über den Verhandlungsweg und zu geringen Eigenkosten.
- Eine kontrollierte Öffnung nach Westen barg neben ökonomischen Vorteilen auch Risiken für die innersozialistische Stabilität. Andererseits bot die Öffnung nach Westen aber die Chance, bi- und multilateral den sowjetischen Besitzstand politisch und rechtlich zu legitimieren. Eine solche Legitimierung des sowjetischen Besitzstandes durch die westlichen Staaten, seit den fünfziger Jahren ein permanent ins Spiel gebrachtes Ziel, würde vielleicht die Unruhen, die Gefahren an der Westgrenze des sowjetischen Einflußbereiches beenden helfen.
- Die Hoffnung der Sowjetunion, daß die chinesische Kulturrevolution den prosowjetischen Einfluß in der chinesischen Führung verstärken würde, hatte sich als trügerisch erwiesen. Das Hauptziel der chinesischen Außenpolitik wurde die internationale Isolierung und Diskriminierung der Sowjetunion. Bei der parallel verlaufenden internationalen Aufwertung der Volksrepublik China und der gleichzeitigen Annäherung an die USA wuchs zudem die Gefahr einer sowjetischen Isolierung im Kräftedreieck USA–China–UdSSR. Verbesserte Beziehungen zu den Vereinigten Staaten wurden dringlich. Die enttäuschende und deprimierende Erfahrung der Sowjetführung in der Auseinandersetzung mit China hatte zu einer weiteren Schwächung der ideologisch revolutionären Komponente der sowjetischen Außenpolitik geführt.

Im Unterschied zur amerikanisch-chinesischen Annäherungsdiplomatie waren die amerikanischen Verhandlungsansätze gegenüber der Sowjetunion weniger zentralisiert und geheim. Die Komplexität der Sachfragen machte eine Information der Öffentlichkeit notwendig.

Nixon und Kissinger wollten gegenüber der Sowjetunion fünf Ziele verwirklichen: Vermeidung einer nuklearen Konfrontation, Ausbau der bilateralen Beziehungen, Entspannung in Europa und im Nahen Osten sowie die Lösung des Vietnamproblems. Vor allem hofften Nixon und Kissinger auf eine Begrenzung des Wettrüstens und auf eine Einhegung der außenpolitischen Macht der Sowjetunion. Konstruktive Beziehungen waren wünschenswert. Vor allem ging es Nixon und Kissinger um außenpolitische Zurückhaltung. Grundlage der amerikanischen Entspannungsbereitschaft war eine Politik der Stärke, mit der die Sowjetunion weiter eingedämmt werden sollte. Von 1969 bis 1972 hatte Nixon bereits angezeigt, daß er in der Lage war, dieses Doppelkonzept von politischer Entspannung und militärischer Stärke durchzusetzen:

- bei der südvietnamesischen Invasion mit amerikanischer Unterstützung im Süden Kambodschas im Mai 1970 als Reaktion auf die Offensiven des Vietcong,
- als die Sowjetunion in Cienfuegos auf Kuba einen Stützpunkt für sowjetische U-Boote mit strategischen Nuklearwaffen aufbauen wollte,
- durch die Verminung des Hafens von Haiphong und weiterer sechs Häfen in Nordvietnam und durch die Eskalation des Luftkrieges über Nordvietnam Anfang Mai 1972 am Vorabend der Reise Nixons nach Moskau.

Diese Ereignisse beziehungsweise amerikanischen Reaktionen veranschaulichen die konfliktbewußte und konfliktbereite Seite der Entspannungskonzeption des amerikanischen Präsidenten. Nixons Reaktionen waren kalkuliert, entschlossen und entspannungsbewußt. Er wehrte die sowjetischen Versuche, regionale und marginale Vorteile zu erlangen, ebenso ab, wie er den Primat der sowjetisch-amerikanischen Annäherung im Auge behielt.

Diese Friedensstrategie mit hohem intellektuellem Anspruch sowie das Beharren auf einer Politik der militärischen Stärke und der politischen, ökonomischen und strategischen Anreize für die Sowjetunion, eine virtuose Großmachtpolitik mit klassischen Stilelementen und eine rücksichtslose Konzentration der außenpolitischen Planung und Entscheidung im Weißen Haus brachten den USA Vorteile. Die Kodifizierung, das heißt die formelle Festlegung von Normen und Verfahrensweisen, sollte schließlich den politischen Umgang miteinander regeln.

Durch wirtschaftliche Anreize wurde die Sowjetunion zu politischen Konzessionen ermutigt. Diese positive »Politisierung« der Handelsbeziehungen war ebenso neu wie die Aufgabe der traditionellen amerikanischen Auffassung, daß erst eine innenpolitische Liberalisierung der Sowjetunion die Voraussetzung für verbesserte Beziehungen zwischen den beiden Staaten bilden könne. Das Scheitern der Verhandlungen über amerikanisch-sowjetische Handelsbeziehungen an den inneramerikanischen Forderungen nach Durchsetzung der Menschenrechte untergrub Nixons Bemühungen um Entspannung: Nixon wurde dafür kritisiert, daß sowjetische Techniker und Wissenschaftler dank amerikanischer Wirtschaftshilfe in die Lage versetzt würden, sich auf die Lösung militärtechnologischer Probleme zu konzentrieren. Weil auswanderungswillige Juden in der Sowjetunion Behinderungen und Schikanen ausgesetzt waren, brachte der demokratische Senator H. Jackson bereits im Oktober 1972 einen Antrag ein, dem zufolge die Meistbegünstigungsklausel kommunistischen Ländern nur dann eingeräumt werden sollte, wenn sie die Auswanderung nicht behinderten. Das Befürchtete trat ein: Die Sowjetunion lehnte eine öffentliche Festlegung von Ausreisequoten, wie von Senator Jackson gefordert, ab. Dies führte wiederum zur Verschärfung der inneramerikanischen Kritik an der Entspannungspolitik der Regierung Nixon. Kissingers Befürchtung wurde Wirklichkeit: »Die Versuchung, Entspannung mit einem wachsenden Druck auf die Sowjetunion zu kombinieren, wird wachsen. Eine solche Haltung wäre jedoch katastrophal. Wir würden sie von Moskau nicht akzeptieren; Moskau wird sie von uns nicht akzeptieren. Wir wären am Ende wieder im kalten Krieg, und wir würden weder den Frieden noch ein humanitäres Ziel erreichen.«[25]

Die Menschenrechtspolitik der Regierung Nixon/Kissinger gegenüber der Sowjetunion war außerordentlich erfolgreich, weil Nixon öffentlich nie über Menschenrechtsverletzungen in der Sowjetunion sprach. Er hielt sich so peinlich an die diplomatischen Grundregeln, daß er selbst im Wahlkampf zu keinem Zeitpunkt für sich das Verdienst in Anspruch nahm, die sowjetische Auswanderungspraxis erleichtert zu haben. Aber unter seiner Präsidentschaft stieg die Zahl jüdischer Emigranten aus der Sowjetunion Jahr für Jahr an, so daß bis 1973 35 000 Juden die Ausreise erlaubt wurde. Darüber hinaus übermittelte das Weiße Haus dem Kreml regelmäßig eine Liste von Härtefällen, denen dann meistens die Auswanderung gestattet wurde. Alles wurde stillschweigend verhandelt. Aber als Senator Jackson öffentlich die Menschenrechtsfrage mit anderen Themen verknüpfte, änderte die Sowjetunion ihr Verhalten. Für Jackson entwickelte sich die Auseinandersetzung um die Auswanderungsquoten sowjetischer Juden zum Ersatz für die ideologische Konfrontation mit der kommunistischen Sowjetunion. Damit drängte er den Kreml in eine schwierige Situation, die Nixon stets bewußt vermieden hatte. Nixon, der sich als erster Präsident intensiv um die Auswanderungsfragen gekümmert hatte, ging nie soweit, die Ost-West-Beziehungen der Auswanderungsfrage unterzuordnen. Für ihn waren in den Beziehungen zur Sowjetunion die nationalen Interessen der USA vorrangig. Dies wurde besonders bei den SALT-Verhandlungen deutlich.

Die SALT-Verhandlungen

Die SALT-Verhandlungen um die Begrenzung der strategischen Waffen machten deutlich, daß sie durch Entscheidungen der vorangegangenen Regierung vorbestimmt waren. Schon 1967 hatte Verteidigungsminister McNamara empfohlen, daß durch verstärkte Rüstung der USA angesichts der massiven Aufrüstung der Sowjetunion eine klare nukleare Überlegenheit nicht mehr erstrebenswert sei. Selbst wenn die Regierung Johnson nukleare Überlegenheit gewollt hätte, der Kongreß hätte sie angesichts der enormen Militärausgaben für Vietnam und angesichts wachsender neoisolationistischer Tendenzen nicht mehr gebilligt. Deshalb war Parität zum Schlüsselbegriff der außenpolitischen Philosophie der Regierung Nixon geworden. Das Wettrüsten sollte reguliert und auf einem akzeptablen Gleichgewicht festgeschrieben werden. Nicht nur strategische, sondern auch politische Selbstbeschränkung war das Ziel von SALT.[26]

Durch SALT sollte die militärische Macht der USA ökonomisiert werden. Aber es war Nixon klar, daß Rüstungskontrollverhandlungen ohne eine Politik der Stärke keinen Sinn machten. Bereitschaft für Verhandlungen durfte nicht mit Schwäche verwechselt werden. Mehr Sicherheit bei weniger Kosten, Begrenzung des Rüstungswettlaufs und außenpolitische Zurückhaltung der Sowjetunion sollten erzielt werden. SALT zwang die Sowjetunion zu Entscheidungen: Ohne Verhandlungen ging die sowjetische Führung das Risiko eines neuen Wettrüstens in den strategischen Offensiv- und Defensivwaffen ein. Angesichts der technologischen Überlegenheit der USA und der wachsenden Konfrontation mit der Volksrepublik China schienen Verhandlungen mit den USA zwingend.[27]

Im SALT-Abkommen vom Mai 1972 einigte man sich schließlich auf paritätischer Grundlage. Jeweils nur zwei Raketenabwehrsysteme, eines zum Schutz der Hauptstadt und eines zum Schutz einer Raketenstellung, wurden installiert. Außerdem wurde ein Interimsabkommen geschlossen, nach dem keine weiteren offensiven Raketenabschußvorrichtungen gebaut werden sollten. Die Zahl der offensiven Raketenwaffen wurde auf die Dauer von fünf Jahren eingefroren.

Der Sowjetunion wurde eine zahlenmäßige Überlegenheit an Abschußrampen zu Land und zur See zugestanden. Die sowjetische Forderung nach einer Einbeziehung der in Europa stationierten Nuklearwaffen wurde nach entschiedenem Protest der Westeuropäer von den USA abgelehnt. Ende der siebziger und Anfang der achtziger Jahre sollte sich erst herausstellen, daß dies eine folgenschwere Entscheidung war. Die USA verließen sich bei der zahlenmäßigen Ungleichheit außerdem auf die qualitative Überlegenheit ihrer strategischen Bomber und vor allem auf die der atomaren Sprengköpfe. Die Mehrfachgefechtsköpfe, bei den USA bereits einsatzbereit, von den Sowjets dagegen noch nicht erprobt, blieben im SALT-Abkommen ausgeklammert. Weder waren die USA geneigt, den qualitativen Vorsprung, den die Mehrfachgefechtsköpfe erlaubten, aufzugeben, noch – so schien es – wollte die Sowjetunion über Mehrfachgefechtsköpfe sprechen. Sie war entschlossen, zunächst ihre eigenen Mehrfachgefechtsköpfe zu dislozieren, um dadurch in eine günstigere Position bei späteren Rüstungskontrollverhandlungen zu gelangen.

Leider konnte SALT dem Rüstungswettlauf kein Ende setzen, denn der Sowjetunion wurde die Möglichkeit eingeräumt, Mehrfachgefechtsköpfe zu installieren. Dadurch konnte sich die Spirale weiter hochschrauben. Der Rüstungswettlauf wurde von der quantitativen auf die qualitative Ebene verlagert. Beide Seiten waren sich der begrenzten Wirkung von SALT I bewußt und strebten daher ein umfassenderes SALT-II-Abkommen an. SALT I hatte somit eine Doppelfunktion.

Einerseits sollte der strategische Status quo kodifiziert werden, doch erst ein umfassendes SALT-II-Abkommen konnte durch Überwindung dieser zerbrechlichen und gefährlichen Realität Erfolg und Kontrolle bringen. Aber die Sowjetunion verschleppte die Verhandlungen für SALT II. Jetzt zeigte sich, daß sie nicht am Gleichgewicht, sondern an Überlegenheit interessiert war. Die Rüstungskontrolle geriet folglich in eine Sackgasse. Aber Kissinger beschwor die Notwendigkeit einer SALT-Vereinbarung: »Wenn wir nicht rechtzeitig vor 1977 zu einem Abkommen gelangen, dann werden wir eine Explosion der Zahlen erleben, an deren Ende wir froh sein müssen, wenn wir noch eine Stabilität wie heute haben, dann wird es unmöglich sein, zu definieren, was strategische Überlegenheit bedeutet. Und eine der Fragen, die wir uns als Land zu stellen haben, lautet: ›Was in Gottes Namen ist eigentlich strategische Überlegenheit? Was für eine Bedeutung hat sie politisch, militärisch, operativ auf dem Niveau solcher Zahlen? Was soll man damit anfangen?‹«[28]

Kissinger sollte recht behalten. Ab 1977 fragte man sich in den westlichen Demokratien immer intensiver, wohin dieser Rüstungswahn führen sollte. Aber Kissingers zweite Warnung blieb in Europa ungehört: »Wenn die Sowjetunion die Entspannung zu dem Zweck nutzen sollte, ihre militärische Schlagkraft in allen Bereichen zu verstärken; wenn sie in Krisenzeiten Maßnahmen ergreifen sollte, die die Spannungen verschärfen; wenn sie nicht zum Fortschritt in Richtung auf Stabilität beitragen sollte, sie versuchen sollte, unsere Bündnisse zu unterminieren; wenn sie sich den dringenden Erfordernissen der am wenigsten entwickelten Länder und den neu auftretenden Problemen der Interdependenz verschließen sollte, dann würde sie ihrerseits eine Rückkehr zu den Spannungen und Konflikten herausfordern, die zu überwinden wir so große Anstrengungen unternommen haben. ... Wir haben gegenüber der Sowjetunion darauf bestanden, daß es nicht möglich ist, nur die Atmosphäre der Entspannung ohne deren Substanz zu schaffen. Es ist gleichermaßen klar, daß die Substanz der Entspannung in einer Atmosphäre der Feindseligkeit zerrinnen wird.«[29]

In der Grundsatzerklärung vom Mai 1972 gelang es der Sowjetunion, erstmals in Übereinstimmung mit den USA den Begriff der friedlichen Koexistenz zu verankern. Vielleicht hatten Nixon und Kissinger die Bedeutung der ideologischen Komponente der sowjetischen Außenpolitik zu leicht genommen oder Parallelität der Interessen dort vermutet, wo in Wirklichkeit ein klarer Hinweis auf den ideologischen Widerspruch hätte deutlich gemacht werden müssen. Denn so wurde fälschlicherweise der Eindruck erweckt, als ob Entspannung schwindende Rivalität oder gar amerikanisch-sowjetische Komplizenschaft auf Kosten der Interessen der Verbündeten bedeuten könnte. Die Regierung Nixon wollte aber niemanden ausschließen, sondern die sowjetische Außenpolitik strategisch einbinden. Zu diesem Zweck sollten die ideologischen und machtpolitischen Gegensätze gemildert werden. Aber die Sowjetunion sah die Vertragsgrundsätze von 1972 und 1973 als Statusaufwertung und als Möglichkeit zur Machterweiterung.

Auch deshalb war es tragisch, daß seit 1973 das außenpolitische Durchsetzungsvermögen der Regierung Nixon schwand. Watergate bremste den schnellen Erfolg der Außenpolitik der ersten Amtszeit. War sie bis Anfang 1973 noch erfolgreich, mußte sie zunehmend innenpolitische Entlastungsfunktion übernehmen. Die drei amerikanisch-sowjetischen Gipfeltreffen von 1972, 1973 und 1974 zeigen die schwindende Substanz. Der Gipfel 1972 war noch Ausdruck eines kraftvollen Neubeginns, der Gipfel 1974 nur noch Stagnation. Die Fülle der nichtssagenden Grundsatzerklärungen, Verträge und Protokolle verschleierte Leere und Enttäuschung. Zum Schluß seiner Amtszeit versuchte Nixon, durch bombastische außenpolitische Rhetorik vom Problem Watergate abzulenken.

Der Rückblick auf John F. Kennedys erste entspannungspolitische Ansätze legt es nahe, zu glauben, Nixon hätte diese lediglich ausgebaut. Aber Nixons Situation war schwieriger: Während Amerika unter Führung Kennedys im Zenit seiner Macht stand, war die Weltmacht USA zu Beginn der Regierung Nixon kaum noch handlungsfähig. Außenpolitik war zur Vietnampolitik geschrumpft. Nixon mußte erst wieder außenpolitischen Bewegungsspielraum schaffen. Sein pragmatischer Stil und die Einsicht in die Gleichrangigkeit der beiden Supermächte waren richtungweisend. Vor allem war es ein Fortschritt, daß Nixon von der Forderung nach innenpolitischem Wandel der Sowjetunion als Vorbedingung für außenpolitische Kooperation abließ. Allerdings wurde dabei der Antikommunismus, der politische Zement, der die Außen- und die Innenpolitik der USA zusammenhielt, brüchig. Doch konnte Nixon den Anspruch auf Entspannung realpolitisch durch Eindämmung und Abschreckung untermauern. Nicht Eindämmung durch Konfrontation – wie in den fünfziger Jahren –, sondern Eindämmung durch Anreize und Diplomatie lautete das Konzept, während die entspannungspolitischen Ansätze der USA in den fünfziger und sechziger Jahren noch auf Überlegenheit gegründet waren. Aber seitdem die Sowjetunion nahezu militärische Parität mit den USA erreicht hatte, schien Nixon ein weiterer Ausbau der militärischen Macht wenig sinnvoll. Da diese aus sowjetischer Sicht die außenpolitische Leitwährung darstellte, mußte Nixon gegenüber der Sowjetunion zumindest militärische Ausgewogenheit praktizieren.

Die neue Militärstrategie der Genügsamkeit wurde zum Grundstein für die Neuordnung der amerikanisch-sowjetischen Beziehungen. Nixon garantierte wegen seiner antikommunistischen Grundeinstellung zugleich, daß die Politik gegenüber den kommunistischen Staaten ihr weltanschauliches Grundprofil behielt. Dennoch baute Nixon die ideologischen Belastungen der Vergangenheit ab und ebnete den Weg für sach- und problembezogene Verhandlungen, die das Trennende zwischen beiden Staaten in den Hintergrund stellten und das Verbindende suchten. Aber militärstrategisch wirkte sich die Entspannungspolitik zugunsten der Sowjetunion aus. Das war teilweise von Nixon beabsichtigt, um einen Anreiz für außenpolitische Mäßigung der Sowjetunion auf anderen Gebieten zu erreichen. Im Unterschied zu SALT blieben die Wiener MBFR-Verhandlungen (*Mutual Balanced Forces Reductions* – so der westliche Sprachgebrauch; der Begriff »balanced« wurde von den Sowjets abgelehnt) erfolglos. Sie zeigten, daß für Erfolge im Bereich der Ost-West-Beziehungen ein akutes Interesse beider Supermächte notwendig war. Nixon und Kissinger sicherten ihre Entspannungspolitik durch Eindämmung ab, während die Sowjetunion ihren Einfluß auf Kosten der USA zu erweitern suchte, weshalb Kissinger mißtrauisch blieb. Seine Haltung war ambivalent: Er mißtraute den sowjetischen Motiven zutiefst, war entschlossen, die sowjetische Expansion zu verhindern, und ärgerte sich über die Kritiker, die den Sowjets blind vertrauten und sich darauf verließen, daß die Geschichte dieses Problem lösen werde. In gewissem Maße war Kissingers Interesse an der Entspannung von taktischen Erwägungen bestimmt, er sah in ihr ein Mittel, die Sowjets in Widersprüche zu verwickeln und den sowjetischen Einfluß zu schwächen.

Wenn die Sowjetunion ihren Weltmachtstatus expansiv interpretierte, wurde Entspannung durch Eindämmung ergänzt oder gar verändert. Nixon und Kissinger mußten seit 1974 eine neue expansive Profilierung in der sowjetischen Außenpolitik feststellen. Restriktion war für die sowjetische Seite nur dort annehmbar, wo sie ökonomische Entlastung, militärischen Vorteil oder politischen Prestigegewinn versprach. Die Sowjetunion nutzte darüber hinaus die Kontroversen innerhalb der amerikanischen Regierung und Öffentlichkeit zum eigenen Vorteil. Die innenpolitischen Gegensätze hinderten die USA daran, den Sowjets wirkungsvoll entgegenzutreten. Die Sowjetunion hatte keinen Anlaß, sich vernünftiger zu verhalten. Die Regierung Nixon gab sich keinen Illusionen über die sowjetischen Absichten hin, aber die innenpolitische Debatte verwirrte die Öffentlichkeit und trug nicht dazu bei, daß die Komplexität der Herausforderung begriffen wurde.

Nixon nahm eine gewisse Stärkung der Sowjetunion in Kauf, aber die Sowjets wollten mehr. Sie wollten die USA durch Entspannung schwächen. Die Motivationen der beiden Supermächte waren also nicht identisch in ihren weltpolitischen Perspektiven. Deshalb bleiben Vorbehalte gegenüber der Politik Nixons. Sein Versuch, das internationale System durch amerikanisch-sowjetischen Bilateralismus zu dynamisieren, blieb problematisch, weil dadurch die internationalen Organisationen, wie zum Beispiel die UNO oder die OECD, aber auch die Bündnispartner vernachlässigt wurden.

Die Europapolitik

Die atlantische Staatenwelt bildete gegen Ende der sechziger Jahre eine Insel des Wohlstands und der Freiheit angesicht weltweiter politischer Unterdrükkung, großer Armut und lokaler Krisen. Doch drei Entwicklungen gestalteten die Struktur der atlantischen Staatenwelt komplexer: Der neue amerikanisch-sowjetische Bilateralismus hatte die latenten Zweifel Westeuropas an der amerikanischen Sicherheitsgarantie verstärkt. Mit ihrer Ostpolitik zeigte die Bundesrepublik Deutschland ab 1969, daß die Bündnispartner, die sich in der Vergangenheit in Fragen der Ost-West-Entspannung zurückgehalten hatten, nicht mehr bereit waren abzuwarten, sondern eine neue, eigenständige europäische Ostpolitik entwickelten. Die Bundesrepublik wurde hierbei zum Schrittmacher. Nirgendwo prallten aber sicherheitspolitisch motivierter Skeptizismus und entspannungspolitischer Optimismus derart aufeinander wie in der Bundesrepublik und erschwerten auch der Regierung Nixon/Kissinger eine angemessene Einschätzung der Ziele der Regierung Brandt/Scheel.

Der Ausbruch der Energiekrise infolge des Yom-Kippur-Krieges vom Oktober 1973 verschärfte die Probleme der Industrienationen zusätzlich und führte zu wirtschaftspolitischen Konflikten innerhalb des Bündnisdreiecks USA–Westeuropa–Japan. Henry Kissinger nahm diese Entwicklungen zum Anlaß, im April 1973 ein neues Konzept für die politische Zusammenarbeit in der atlantischen Welt vorzulegen, das sich an der Neuordnung des Großmachtdreiecks USA–Sowjetunion–VR China orientierte. Diesen Überlegungen waren vier Jahre intensiver Bündnispolitik vorangegangen, wobei sich zeigte, daß es vor allem Kontroversen hinsichtlich der Einschätzung der sowjetischen Bedrohung gab.

In Westeuropa gingen die Meinungen über die neuen amerikanisch-sowjetischen Abkommen auseinander. Einerseits vertrat man die Auffassung, daß eine Verbesserung der amerikanisch-sowjetischen Beziehungen sich positiv auf Europa auswirken würde. Durch Rüstungsabmachungen, Wirtschaftskooperation und andere Abkommen zwischen den USA und der Sowjetunion würde auch die Sicherheit Westeuropas vergrößert werden. Man räumte dem Dialog der Großmächte Vorrang ein und sah in der Nachordnung der westeuropäischen Interessen auch eine Chance zu mehr westeuropäischer Eigenständigkeit im Rahmen des atlantischen Bündnisses. Andererseits wurden die amerikanisch-sowjetischen Beziehungen mit Mißtrauen beobachtet, weil durch die angestrebte militärische Parität die amerikanische Sicherheitsgarantie für Europa geschwächt würde. Das Gespenst der Abkoppelung der USA von Westeuropa ging um. Dahinter verbarg sich folgendes Dilemma:

»Eine europäische Sicherheit ist nicht möglich. Entweder man bleibt unter Europäern, und in diesem Falle ist die Sowjetunion derart übermächtig, oder die UdSSR sieht ihre politische Macht durch die des einzigen westlichen Landes in Schach gehalten, das ebenfalls eine wirkliche Großmacht ist, und in diesem Falle reduziert sich die europäische Sicherheit weitgehend auf den Zustand eines Subsystems des amerikanisch-sowjetischen Großsystems. Jeder westeuropäische Staatsmann empfindet zwei gegensätzliche Gefühle: Befriedigung darüber, daß die USA existieren, und Ärger darüber, daß das Leben und Wohl seiner Mitbürger in großem Maße von den Entscheidungen eines fremden und fernen Präsidenten abhängen. Welches der beiden Gefühle dominiert, ist je nach Zeit und Land verschieden.«[30]

Die Probleme verschärften sich dadurch, daß Westeuropa in den Augen Nixons an Stellenwert verloren hatte. Das Sicherheitsrisiko war für Europa gesunken. Die Regierung Nixon ließ dies die Westeuropäer fühlen. Eine exklusive und geheime Gipfeldiplomatie der Nixon-Administration mit der Sowjetunion verstärkte den Argwohn der Westeuropäer. Dabei fand die Regierung Nixon nicht immer den diplomatisch richtigen Ton. Diplomatische Fehler, aber auch hegemoniales Verhalten der USA sowie eine Politik der »vollendeten Tatsachen«, fehlende Konsultation und Information fanden in Westeuropa kein Verständnis. Auch rückte die neue Konsultationspflicht zwischen Amerikanern und Sowjets in Konkurrenz zu den NATO-Verpflichtungen. All dies vermittelte den Eindruck, als ob grundsätzliche Veränderungen im Bündnis zu Ungunsten der Westeuropäer stattgefunden hätten.

Umgekehrt erschien es der amerikanischen Regierung paradox, daß von den Westeuropäern der amerikanisch-sowjetische Bilateralismus als Gefahr angesehen wurde, denn Entspannung zwischen den beiden Supermächten verbesserte auch die Sicherheitslage für Europa. Lediglich die Bundesrepublik Deutschland, an der Nahtstelle zwischen Ost und West, mit der Flanke Westberlin und einem intensiv ausgeprägten Sicherheitsbedürfnis, kam den Forderungen des Bündnisses nach Aufrechterhaltung und Ausbau der Streitkräfte vollständig nach.

Als Nixon die amerikanischen Auslandsverpflichtungen überprüfte und eine Reduzierung der amerikanischen Truppenpräsenz in Westeuropa erwog, wurde Kritik in Westeuropa, insbesondere in der Bundesrepublik, laut. Die Lösung der europäischen Sicherheitsfrage hatte nicht nur mit Logik zu tun.

Die Beziehungen zur Bundesrepublik Deutschland

Richard Nixon ließ wenig Zuneigung zu Deutschland erkennen. Seine Einstellung blieb sachlich, geschäftsorientiert – ungetrübt und ohne Sentimentalitäten. Realistisch erkannte er, daß Deutschland der Schlüssel zu Europa war. Allerdings war Nixon stets ein Bewunderer von Konrad Adenauer gewesen. Es waren Charles de Gaulle und vor allem Konrad Adenauer, die Nixon schon Mitte der sechziger Jahre darauf hinwiesen, daß die USA ihre China-Politik überprüfen sollten. Adenauer und de Gaulle hatten ihm gegenüber als erste auf die Möglichkeit eines sowjetisch-chinesischen Zerwürfnisses hingewiesen und erkannt, daß die sino-sowjetische Rivalität Chancen für westliche Ostpolitik bot. Daß Konrad Adenauer als sattelfester Antikommunist diese pragmatischen Vorschläge machte, mag Nixon besonders gefallen haben.[31]

Nixon bewertete Deutschland in erster Linie nach machtpolitischen und ökonomischen Gesichtspunkten; gegenüber Adenauers Nachfolgern allerdings, besonders gegenüber Bundeskanzler Willy Brandt, hegte er Vorbehalte. So war er zeit seines Lebens gegenüber der deutschen Sozialdemokratie und gegenüber Willy Brandt skeptisch eingestellt. (Bundeskanzler Brandt wird in Nixons Memoiren mit keinem Wort erwähnt.)

Die amerikanisch-deutschen Beziehungen waren unter Präsident Eisenhower und Vizepräsident Nixon harmonisch, trübten sich aber unter Kennedy und Johnson. Die von der CDU geführten Regierungen zeigten zwar bis 1969 ein dünnes Entspannungsprofil, weltanschaulich bestand aber keinerlei Zweifel, daß bei christdemokratischer Führung auch in Zukunft die Bundesrepublik eng an der Seite des republikanischen Präsidenten stehen würde. Der Regierungswechsel von 1969 signalisierte deshalb für die USA nicht nur Erfreuliches. Willy Brandt schien zwar ein Garant für außenpolitische Veränderungen im Ost-West-Verhältnis zu sein, die im Rahmen der Nixon-Doktrin erwünscht waren. Zugleich befürchtete man in amerikanischen Regierungskreisen jedoch, daß Brandt eine Schaukelpolitik betreiben würde. Nixon schien überrascht, wie schnell die Bundesregierung Brandt/Scheel ostpolitisch Tritt faßte, ja sogar Schrittmacherfunktion im Ost-West-Verhältnis entwickelte. Dabei hatte Brandt die Prämissen der Nixon-Doktrin lediglich genutzt und ganz im Sinne von Nixon Eigenverantwortung entwickelt.

Gewisse Kräfte in der deutschen Sozialdemokratie, befürchtete Nixon, könnten der Sowjetunion naiv vertrauen und durch eigenmächtige Neutralitätspolitik die Grundlagen der atlantischen Allianz erschüttern sowie den sowjetischen Einfluß in Europa vergrößern: »Die Nixon-Administration hegte anfangs ernsthafte Vorbehalte gegenüber der Ostpolitik Brandts. Wenn beide deutschen Staaten versuchten, den jeweils anderen zu irgend etwas zu verführen, dann vereinigten sie sich vielleicht eines Tages auf der Grundlage eines nationalistischen und neutralistischen Programms, wie schon Adenauer und de Gaulle befürchtet hatten. Die Bundesrepublik hatte das attraktivere politische und gesellschaftliche System; die Kommunisten konnten sich zugute halten, daß die Anerkennung ihres Staates, war sie erst einmal ausgesprochen, nicht mehr rückgängig zu machen sei. Sie hielten den Schlüssel zur deutschen Einheit in ihren Händen. Vor allem aber sorgte sich die Nixon-Administration um den Zusammenhalt des Westens. De Gaulle hatte die geschlossenen Reihen gegenüber Moskau bereits aufgebrochen, als er Frankreich aus der NATO löste und seine Sonderpolitik mit dem Kreml in Angriff nahm. So sah Washington nun mit Bestürzung ein neues Schreckgespenst auf sich zukommen: Westdeutschland könnte versucht sein, auf eigene Faust aus dem Verbund auszubrechen.«[32]

Genau wie Nixon zeigt sich Henry Kissinger in seinen Memoiren als ein Bewunderer Bismarcks und Adenauers, jedoch als ein großer Skeptiker hinsichtlich der Sozialdemokraten. Aber diese Bewunderung trübte Kissingers Blick für den Wandel der Realitäten nicht. Kühl diagnostizierte er den politischen Machtverfall der Christdemokraten nach Adenauer, wobei seine politische Sympathie in Kritik umschlug: »Die immer noch regierenden Christlichen Demokraten hielten jedoch starr an den politischen Maximen der fünfziger Jahre fest. Ihr an Besessenheit grenzender Eifer, die einmal eingeschlagene Richtung beizubehalten, erregte die Ungeduld einer amerikanischen Regierung, die neue Perspektiven eröffnen wollte und die, von der Richtigkeit ihrer Perspektiven überzeugt, besser mit Linken oder wenigstens reformistischen Gruppen umgehen konnte als mit den konservativen Christlichen Demokraten, die das Nachkriegseuropa aufgebaut hatten.«[33]

Kissinger erkannte, daß nach Adenauer die CDU-Außenpolitik einfallslos geworden war und die entspannungspolitischen Ideen der Sozialdemokraten auf Zustimmung stießen. Daher erstaunt es nicht, daß die Regierung Nixon mit Blick auf Deutschland unsicher war. Dahinter verbarg sich die Sorge um den Führungsanspruch der USA in den Ost-West-Beziehungen. Zumal 1970, das Erfolgsjahr der deutschen Ostpolitik, für Nixon spannungsgeladen war und die Probleme in Asien und Vietnam ihn absorbierten. Aber 1970 fand Nixon weder gegenüber der Sowjetunion noch gegenüber der Volksrepublik China, noch gegenüber Nordvietnam eine Lösung der Probleme. Im Unterschied zu dem schwerfälligen außen- und innenpolitischen Start der Nixon-Administration geriet die Bundesregierung Brandt/Scheel sehr schnell in einen Sog wachsender Popularität und politischer Erfolge. Zwar blieb die deutsche Ostpolitik in den Augen der Regierung Nixon problematisch, aber der Moskauer und der Warschauer Vertrag erhöhten das internationale Ansehen der Bundesrepublik beträchtlich. Vor diesem Hintergrund wird erklärbar, warum Washington die Ostpolitik der Regierung Brandt/Scheel anfänglich mit Zurückhaltung beobachtete. Zweifel an der Richtigkeit der eigenen Schritte und ausbleibende außenpolitische Erfolge schlugen in Mißtrauen und Neid auf die schnellen Anfangserfolge des kleineren Bündnispartners um. Das, was Nixon selbst erreichen wollte, wurde ihm von Willy Brandt vorexerziert: neue Verträge mit den ehemaligen Gegnern und innenpolitische Zustimmung, ja teilweise Begeisterung. Die Furcht, daß unter sozialdemokratischer Führung in der Bundesrepublik ein neuer Nationalismus, gepaart mit antiwesteuropäischen und antiamerikanischen Tendenzen, aufleben könnte, konnte in Europa kaum nachempfunden werden. Nixon und Kissinger hatten die Ära der Verhandlungen postuliert, die Westdeutschen setzten sie lediglich in die Tat um, ohne die Bindungen zum Westen einzuschränken.

Das Berlinabkommen von 1971 zeigte schließlich den Wunsch des Westens nach einer abgestimmten Entspannungspolitik. Brandt und Nixon wurden sich im April 1970 einig, daß die deutschen Ostverträge erst dann ratifiziert werden sollten, wenn es konkrete vertragliche Fortschritte für Berlin gäbe. Die Nixon-Administration hoffte auf einen dadurch beschleunigten Fortgang des amerikanisch-sowjetischen Bilateralismus, vor allem auf Erfolge in den SALT-Verhandlungen. Für die Bundesrepublik stand aber die Forderung nach Freizügigkeit im Mittelpunkt. Die Westeuropäer und allen voran die Westdeutschen hofften, daß im Rahmen der KSZE die Entspannung im Verhältnis der Supermächte auf die Ebene der europäischen Mittel- und Kleinmächte erweitert werden könnte.

Anstatt sich von Anfang an in den europäischen Entspannungsprozeß einzuschalten, übte die Regierung Nixon/Kissinger gerade bei der KSZE Zurückhaltung. Damit weckte sie in Osteuropa und bei den Bündnispartnern den Verdacht, daß ihr an den Menschenrechten als Ziel der Entspannung wenig gelegen sei. Nixon und Kissinger zogen eine exklusive bilaterale »Détente Americana« vor. Aber ohne die Ostpolitik der Bundesrepublik wäre im amerikanisch-sowjetischen Verhältnis wenig gelaufen. Beim Drängen auf ein Berlinabkommen und vor allem bei den Ostverträgen wurde die Bundesrepublik zum Eisbrecher der sowjetisch-amerikanischen Entspannung. Die Bundesrepublik rückte nach Unterzeichnung der Ostverträge und mit der Inkraftsetzung des Berlinabkommens in eine Schlüsselposition der amerikanisch-sowjetischen Entspannungsbemühungen, weil sie die Skepsis der Nixon-Administration und das Drängen der Sowjetunion in Sachen KSZE zu überbrücken vermochte.

Das Treffen von Bundeskanzler Brandt und Parteichef Breschnew 1971 in Oreanda auf der Krim symbolisierte die neue Position der Bundesrepublik im Entspannungsgeflecht zwischen Ost und West. In Oreanda versuchte Breschnew, Brandt für seine Ziele und Interessen einzuspannen – ohne Erfolg. Oreanda zeigte, daß die Bundesrepublik die Ost-West-Beziehungen von nun an entscheidend mitgestaltete. Es markierte kein neues Rapallo, sondern ein neues Ost-Locarno. Keiner wird dies vermutlich klarer erkannt haben als Nixon selbst, der, wie Willy Brandt, seine Außenpolitik unter den Primat des Ausgleichs mit den ehemaligen Gegnern gestellt hatte.

Der Wandel der Bundesrepublik vom Mitmacher zum Schrittmacher der Entspannungsbemühungen in Europa, ihr Aufstieg zur europäischen Entspannungsvormacht, standen objektiv im Einklang mit den grundlegenden Prämissen der Nixon-Administration. Die Ostpolitik der Bundesrepublik zwang die Supermächte zu europäischen Entspannungsbeiträgen unterhalb ihrer bilateralen Interessensphären, umgekehrt wurde in diesem Wechselprozeß die Ostpolitik atlantisch verankert.[34]

Mit dem Erfolg der bilateralen Weltmachtentspannung von 1972 bis 1974 schwand der bundesdeutsche Einfluß vorübergehend. In der multilateralen

Phase der Entspannung (KSZE und MBFR) wurde die Rolle der Europäer insgesamt wieder zentral. Die USA sträubten sich gegen die KSZE, konnten aber schließlich, wenn auch widerwillig, mit einbezogen werden. Willy Brandts Ostpolitik hatte allerdings an Dynamik verloren. Er »wandte sich von Konrad Adenauers starrem Anti-Sowjetismus ab, um den entschlossenen Versuch zu unternehmen, Spannungen und Mißtrauen zwischen Ost und West zu verringern in der Hoffnung, daß die Sowjetunion einen Abbau der Barrieren zwischen den beiden Hälften des geteilten Deutschland zulassen werde. Aber was vielleicht als praktische Überlegung begonnen hatte, wurde durch Brandts emotionale Natur im Laufe der Zeit in einen psychologischen Zwang verwandelt. Doch besaß Brandt nach seinem Bruch mit den alten Stereotypen weder die innere Kraft noch die intellektuellen Fähigkeiten, die Kräfte zu zügeln, die er freigesetzt hatte. Er wurde vielmehr ihr Gefangener und schwelgte in dem Beifall, den sie ihm zollten, anstatt sie mit dem richtigen Sinn für die Proportionen oder eine in die weitere Zukunft gerichtete Kritik zu disziplinieren. … Er war ein Paradox: Er hatte den Lauf der Geschichte verändert, war aber dadurch selbst überflüssig (und in mancher Hinsicht gefährlich) geworden. … Brandts historische Leistung bestand darin, einen Weg gefunden zu haben, mit der Teilung Deutschlands zu leben, die seine Vorgänger in Bonn während der ganzen Nachkriegszeit nicht hatten akzeptieren wollen. … Im Rahmen seiner neuen Ostpolitik suchte Brandt die Beziehungen zur DDR zu festigen, und gab die deutschen Ansprüche auf die von Polen und der UdSSR annektierten Ostgebiete auf. … Dieser Teil der Ostpolitik wurde von den Vereinigten Staaten unterstützt und gefördert. … Es gab aber immer auch noch einen zweiten Aspekt der Politik Brandts, dem gegenüber wir unsere Zurückhaltung niemals haben aufgeben können. … Brandt stellte seine Politik nicht wirklich als eine Hinnahme der Teilung Deutschlands dar. Er erklärte vielmehr, daß sie der Weg sei, der zur deutschen Wiedervereinigung führte, wenn man gute Beziehungen zum Osten herstellte und aus der Bundesrepublik einen Magneten für Osteuropa machte. … Wir fragten uns allerdings, auf welcher Seite der Trennungslinie der Magnet entstehen würde. Wir fürchteten, daß die kommunistische Welt mit der Zeit, wenn auch zunächst unmerklich, in die stärkere Position geraten könnte. … Ich fürchtete mich vor dem Augenblick, da kein deutscher Kanzler sich die Feindschaft der Sowjetunion leisten kann. Wenn es soweit gekommen ist, dann wird die Lage sehr gefährlich. Das ist bisher noch mit keinem deutschen Kanzler geschehen, aber im Verlauf von Brandts persönlicher Odyssee sind wir sehr nahe an diesen Punkt herangekommen.«[35]

Es mutet paradox an, aber erst als die Begrenztheit der Erfolge in Richtung

Freizügigkeit und Annäherung im deutsch-deutschen Verhältnis offenkundig wurde und nur eine Formalisierung ohne eine entsprechende Normalisierung der deutsch-deutschen Beziehungen eintrat, wuchs die Zustimmung in Washington zur deutschen Ostpolitik. Annäherung und Freizügigkeit bargen aus amerikanischer Sicht politische Sprengkraft, die den sowjetischen Herrschaftsbereich hätte bedrohen können. Dann wäre die Grundbedingung der Nixon/Kissinger-Administration, die Respektierung des Status quo, in Gefahr geraten. Es ist um so höher zu bewerten, daß die amerikanische Regierung Bush 1989/90 keine Minute zögerte, Partei für die deutsche Wiedervereinigung und die europäische Freiheitsrevolution zu ergreifen.

Die Ostpolitik der Bundesrepublik leitete eine gewisse Erosion im Führungsanspruch der USA ein. Zum ersten Mal wurde der zentrale Bereich der amerikanischen Außenpolitik, die Ost-West-Beziehungen und insbesondere die Beziehungen zur Sowjetunion, von einem Bündnispartner weitgehend selbständig gestaltet. Rhythmus, Umfang und Zielsetzung der westlichen Entspannungspolitik wurden nicht von der Führungsmacht USA, sondern von der Bundesrepublik Deutschland selbst festgelegt. Im Zuge der zunehmenden Multilateralisierung der Außenpolitik markierte die Ostvertragspolitik der Bundesrepublik vielleicht den letzten und erfolgreichen Versuch, die Interessen bilateral wahrzunehmen. Ihre Westpolitik war von der Bundesrepublik von Anfang an multilateral angelegt, ihre Ostpolitik, als sie dann stattfand, hingegen bilateral.

Doch Gemeinsamkeit zwischen Nixon und Brandt überwog. Allerdings überließ Henry Kissinger das endgültige Urteil über die Ostpolitik der Geschichte: »Das deutsche Problem ist nicht einfach eine Frage der jeweiligen Politik, sondern bedeutet ein Navigieren zwischen der Loyalität zu den westlichen Alliierten und dem historischen Imperativ des Wunsches nach Wiedervereinigung, das heißt, ein Navigieren zwischen der Realität der Lage in Zentraleuropa und den Gefahren, die eine unabhängige Politik mit sich bringt. ... Die Ostpolitik bedeutet die Erkenntnis von Realitäten. ... Die formale Politik der Wiedervereinigung und der Nichtanerkennung hätte nicht ewig so weitergehen können, und doch sind keine speziellen Schritte eingeleitet worden, die Ostpolitik in die Tat umzusetzen. Die Ostpolitik war eine sehr mutige Entscheidung – sie war nicht in der ersten Phase problematisch, sondern sie wird es in der nächsten, die jetzt beginnt.«[36]

Die Vereinigung Deutschlands ist rückblickend ohne die Ostpolitik der Regierung Brandt/Scheel, aber auch ohne die Ostpolitik der Regierung Nixon/Kissinger nur schwer vorstellbar. Zwischen beiden Ostpolitiken wirkte eine »konstruktive Rivalität«, die durch unterschiedliche Interessenlagen gemeinsame Ziele verwirklichte. Vielleicht ist »konstruktive Rivalität« das herausragende Moment demokratischer Bündnispolitik, das auch die Ostpolitik prägte.

Alle Beteiligten, sowohl innerhalb einer Regierung wie auch im Rahmen der gesamten Allianz, suchten nach besten Lösungen über den Weg kontroverser Kritik. Im Ringen der unterschiedlichen Interessen und unter Berücksichtigung der Allianzinteressen kam es zu einer konstruktiven Rivalität, weil Freiheit und Konkurrenz für die gemeinsamen Werte und Ziele der Ostpolitik genutzt wurden. So kann insgesamt ein großer Teil der Außenpolitik der atlantischen Allianz als Ergebnis von konstruktiver Rivalität zwischen den USA und Westeuropa angesehen werden. Traf dies auch für die Wirtschaftspolitik der Regierung Nixon zu?

Die Wirtschaftsbeziehungen zu Europa

Die Nachkriegspolitik der Vereinigten Staaten gegenüber Europa war von den Grundsätzen des freien Handels geleitet, nicht zuletzt weil er den USA ökonomischen Wohlstand und Wachstum gebracht hatte. Güter, die die USA besser und billiger herstellen konnten, sollten exportiert und umgekehrt Güter, die andere Länder billiger herstellen konnten, importiert werden. Diese liberalen Grundsätze sollten die USA vor Handelsrestriktionen in anderen Teilen der Welt bewahren, wie zum Beispiel auf dem Gemeinsamen Markt im Europa der fünfziger und sechziger Jahre. Zugleich dämpfte der freie Handel inflationistische Tendenzen im eigenen Land und hielt den Zwang zum Wettbewerb und zur ausländischen Konkurrenz aufrecht. Er war notwendig, um Handelsüberschüsse zu erzielen und die Handelsbilanz der USA positiv zu gestalten.

Das politische Interesse der USA an einem geeinten Westeuropa als Bollwerk gegen den Kommunismus dominierte über etwaige wirtschaftspolitische Nachteile, die die USA bei einer vollständig integrierten Außenhandelspolitik Westeuropas hätten in Kauf nehmen müssen. Unter gesamtpolitischen Aspekten war der freie Handel mit Westeuropa und Japan eine Grundmaxime, weil durch wachsenden Wohlstand die Strategie der Eindämmung durch einen ökonomischen Magneteffekt auf die kommunistisch beherrschten Länder ergänzt werden sollte. Der Handel der USA war also »politisiert«, das heißt politischen Grundsätzen zugeordnet.

Im Verlauf der sechziger Jahre wurde eine Prioritätenverschiebung erkennbar: Westeuropas strategische Funktion als nach Osten gerichteter Sperrgürtel verlor im Zuge der Einkapselungsbemühungen des Ost-West-Konfliktes an Dringlichkeit. Gleichzeitig wuchs Westeuropa als eigenständige ökonomische Kraft und verlor als amerikanischer Exportmarkt an Bedeutung.[37] Ebenso regte sich in den USA das Unbehagen gegenüber dem Protektionismus der Europäischen Gemeinschaft. Es wurde durch Unmut über die zu geringe Beteiligung der Westeuropäer an den gemeinsamen Verteidigungskosten verstärkt, denn der Grund für das wachsende Zahlungsbilanzdefizit der USA wurde – soweit nicht nur durch Kapitalbewegungen verursacht – in den Militärausgaben im Ausland gesehen. Im Vordergrund der wachsenden Schwierigkeiten stand also das Problem eines zunehmenden Zahlungs- und Handelsbilanzdefizits.[38]

Die amerikanische Zahlungsbilanz wies während des Marshallplans ein geringes Defizit auf, das bis zum Ende der sechziger Jahre konstant gehalten werden konnte. Ein massiv einsetzender Dollarabfluß führte aber 1970 zu einem Rekord-Defizit von 10,7 Milliarden Dollar. Trotz der Einführung mehrfacher Restriktionen, die den Dollarabfluß erschweren sollten, hatten Großbritannien, Frankreich, Italien und Japan feste Paritäten beibehalten, um den Dollar zu stützen. Noch gravierender als das Anwachsen des Zahlungsbilanzdefizits war für die USA die Perspektive des Handelsbilanzdefizits. Diese Entwicklung setzte 1971 mit einem Minus von 2,9 Milliarden Dollar ein. Die Regierung Nixon versuchte deshalb eine Überbewertung des Dollars abzubauen, sträubte sich aber gegen eine Abwertung. Die Verteuerung der Importe und die Verbilligung der Exporte erschwerten eine positive Handelsbilanz wie auch eine Verringerung der wachsenden Arbeitslosenzahlen. Die amerikanische Zahlungsbilanz machte in typischer Weise den für die siebziger Jahre klassischen Zielkonflikt deutlich: Im Verlauf einer Konjunkturbaisse, welche die Arbeitslosigkeit ansteigen ließ, gerieten die USA in den Zustand der Stagflation. Sie befanden sich also Mitte 1971 in einer Lage, in der die wirtschaftspolitischen Vorteile der Vergangenheit schwanden. Amerikas Anspruch auf ökonomische und militärische Doppelhegemonie war herausgefordert, ökonomisch durch Westeuropa, militärisch durch die Sowjetunion. Vor allem schwand über die ökonomische Wertminderung hinaus das Vertrauen in den Dollar. Der Vietnamkrieg ließ die wachsenden Defizite und die hohen Inflationsraten weiter steigen.[39]

Die amerikanische Außenwirtschaftspolitik wurde erschwert, weil die Europäische Gemeinschaft durch Schutzzölle besonders die amerikanischen Agrarexporte nach Westeuropa behinderte. Wirtschaftliche Interessengruppierungen in den USA favorisierten plötzlich Protektionismus, weil dieser von Westeuropa vorexerziert wurde. Hinzu kamen, der Logik entsprechend, isolationistische Tendenzen, die die liberale Außenwirtschaftsstruktur der USA gefährdeten. Ansteigender Protektionismus verband sich mit dem »Marshallplan-Syndrom« – der Annahme, die Amerikaner hätten gegenüber Europa stets mehr gegeben als genommen. Im Kongreß verbreitete sich diese Stimmung und damit auch der Druck auf die Nixon-Administration, die Verpflichtungen der USA in Übersee abzubauen, dabei aber Protektionismus und Neoisolationismus zu vermeiden.[40]

Im August 1971 kündigte Nixon ein neues Wirtschaftsprogramm an, das auf die westliche Welt wie ein Schock wirkte. Er forderte die Industrienationen auf, den Verkauf von amerikanischen Produkten nicht mehr durch Zollschranken zu behindern. Der Erlaß einer zeitweiligen zehnprozentigen Importsteuer sollte ökonomisch und innenpolitisch die Prosperität der amerikanischen Wirtschaft beschleunigen und gleichsam als Schutzzoll auch die Handelsbilanz verbessern helfen. Mit der formellen Aufhebung der Goldeinlösungsgarantie beseitigte Nixon die Konvertibilität des Dollars, diplomatisch wurde mittels einer protektionistischen Rhetorik eine Abwertung umgangen.[41]

Die ökonomischen Schocks vom August 1971, die sogenannten Nixon-Schocks, und die folgende Dollarkrise wirkten als Wende in der internationalen Wirtschafts- und Währungspolitik, denn die USA verknüpften ihre handels- und wirtschaftspolitischen Maßnahmen mit sicherheitspolitischen Überlegungen, um ihre Interessen durchzusetzen.[42] Zugleich wurden aber innenpolitische und wirtschaftliche Reformen, die für viele gesellschaftliche Gruppierungen in den USA materielle Härten mit sich gebracht hätten, vermieden. Die Regierung Nixon versuchte sie auf die westeuropäischen Partner abzuwälzen und wollte so die wirtschaftspolitische Führungsrolle der USA aufrechterhalten.[43]

Schwindende Exportfähigkeit, wachsende Inflation und Verlagerung wirtschaftlicher Energien nach Übersee sowie Einbuße und Verlust der Golddekkung der Währung sind in der Geschichte typische Kennzeichen schwindenden imperialen Einflusses. Auch die Jahre 1971/72 markierten einen solchen Scheitelpunkt in der amerikanischen Außenpolitik. Die politische Annäherung an die kommunistischen Führungsmächte fiel mit wirtschaftlichen Auseinandersetzungen unter den Partnern der westlichen Welt und Japan zusammen. Das wirtschaftliche Gleichgewicht sollte auf Kosten der Verbündeten, das politische hingegen mit den ehemaligen Gegnern neu justiert werden. Im Allianzdreieck kam eine aggressive Dollardiplomatie zum Vorschein.[44]

Mit seiner Rede im April 1973 zum »Jahr Europas« wollte Henry Kissinger der atlantischen Welt neue Impulse vermitteln. Aber sein Hinweis, daß die USA globale, Westeuropa jedoch nur regionale Interessen verträten, kam in den westeuropäischen Hauptstädten nicht so an, wie Kissinger erwartet hatte. Doch seine Kritik sollte sich schneller als erwartet bestätigen: Westeuropa weigerte sich während des Nahostkrieges im Herbst 1973, amerikanische Hilfe für Israel durch Lande- und Hafenrechte in der Bundesrepublik und in anderen europäischen Staaten zu erleichtern; zu Recht war die Regierung Nixon enttäuscht. Distanz entstand auch in der darauffolgenden Energiekrise.

Zunächst veränderten sich die transatlantischen Beziehungen durch die Öl- und Energiekrise infolge des Oktoberkrieges von 1973. Eine Epoche billiger Energie war zu Ende gegangen. Die Vervierfachung des Ölpreises binnen weniger Wochen, die erste in einer langen Reihe von Preisexplosionen, warf schwere Probleme für die Volkswirtschaften der atlantischen Demokratien auf. Sicherheit wurde jetzt nicht mehr wie in den fünfziger Jahren militärisch, nicht mehr wie in den sechziger und siebziger Jahren allein entspannungspolitisch, sondern ökonomisch definiert. Die Verknappung, Verteuerung und Boykottierung von Öl durch die OPEC wurde zur Hauptherausforderung der amerikanischen Außenpolitik, auch hinsichtlich der europäischen Verbündeten. Allein von Oktober bis Dezember 1973 stieg der Weltmarktpreis für Erdöl von rund zwei auf knapp zwölf Dollar pro Barrel. Man wich kurzfristig auf Erdgas und Kohle aus. Langfristig wurden alternative Energieträger entwickelt beziehungsweise ausgebaut. Vor allem versuchte man die Folgen der Verknappung durch Sparmaßnahmen, aber auch durch neue technologische Entwicklungen, wie zum Beispiel im Automobilbau, aufzufangen. Auch konnten die Embargo-Maßnahmen der arabischen Ölproduzenten weitgehend umgangen werden. Gravierend blieben jedoch auf lange Sicht die Folgen der massiven Verteuerung und das Gefühl, den ölproduzierenden Ländern ausgeliefert zu sein. Die jahrzehntelange Gewohnheit, wirtschaftliche Stabilität auf der Grundlage billigen Öls als selbstverständlich zu nehmen, war über Nacht verflogen.

Für die USA schien das Energieproblem nur von kurzfristiger Bedeutung. Nixon setzte auf energiepolitische Autarkie. Westeuropa und Japan aber mußten ihre Energieprogramme auf eine langfristige Abhängigkeit von den OPEC-Ländern ausrichten. Hier lag ein grundsätzlicher Interessengegensatz. Während die USA als Globalmacht, als Ölproduzent und als Schutzmacht im Nahen Osten den OPEC-Staaten offensiv gegenübertraten, suchten die Westeuropäer wegen ihrer hohen Rohstoffabhängigkeit Konflikte zu vermeiden und statt dessen die wirtschaftspolitische Kooperation mit den arabischen Staaten zu intensivieren. Es sollten wechselseitige Abhängigkeiten entstehen, um neuen Krisen vorzubeugen. In der Nahost- und Energiekrise 1973/74 wurden die Seiten plötzlich getauscht: Die USA, die seit Beginn der siebziger Jahre eine nüchterne Interessenpolitik entwickelt hatten, traten in der Energiekrise moralisierend und als Bewahrer atlantischer Einheit auf. Westeuropa hingegen, in der Vergangenheit klar proamerikanisch orientiert, suchte zwischen amerikanischem Druck zur Konfrontation und der Ölverteuerung auszubalancieren. Während die USA mittels einer gemeinsamen Interessenfront gegenüber den arabischen OPEC-Staaten auch ihre atlantische Dominanz neu festigen wollten, bevorzugten die Europäer eine Machtbalancepolitik gegenüber der OPEC und den USA.[45]

Die Weigerung westeuropäischer Staaten, amerikanische Hilfe für Israel zu erleichtern, behinderte die amerikanische Nahostpolitik. Diese Tendenz verstärkte sich in der Resolution von Venedig vom November 1973. Wäre Westeuropa die dritte Macht gewesen, die es zu sein behauptete, so hätte es 1973/74 am Mittelmeer eine konstruktivere Gleichgewichtsrolle suchen müssen. Vielleicht wäre sogar zusammen mit den USA eine Diplomatie mit verteilten Rollen möglich gewesen. So aber blieben die USA allein bestimmend. Sie standen plötzlich vor der Aufgabe, die Probleme der Weltwirtschafts- und -finanzordnung, der Ost-West-Entspannung, des Wirtschaftswachstums, der sozialen Sicherheit und der Konfliktbeilegung im Nahen Osten zugleich lösen zu müssen. Alles schien ineinander zu verschmelzen. Vor allem die Energiepolitik geriet in ein komplexes außenpolitisches Interessengeflecht, in dem die internationale Rolle der USA an Einfluß verlor.[46]

Die Resolution der Europäischen Gemeinschaft vom 6. November 1973 erweckte in den USA den Eindruck, die Westeuropäer würden anstelle der von Amerika gewünschten Kritik an den arabischen Staaten eine neutrale Position einnehmen. Daß die USA bei der Resolution nicht konsultiert wurden, wurde als Beweis antiamerikanischer Tendenzen gewertet.

Die gegenseitigen Vorwürfe bildeten den vorläufigen Höhepunkt einer langen Konfliktkette, die das »Jahr Europas« durchzogen hatte: Die Konsultationen über eine Atlantikcharta wurden mit Mißtrauen und Lustlosigkeit geführt, die Differenzen über handels- und finanzpolitische Probleme waren weiter angewachsen, die *Offset*-Verhandlungen zur Entlastung der amerikanischen Zahlungsbilanz stagnierten, und bei den KSZE-Verhandlungen mauerten nun auch die USA.

Als Henry Kissinger am 12. Dezember 1973 in London die Gründung einer Internationalen Energieagentur (IEA) vorschlug, hatte er die Westeuropäer nicht konsultiert. Nur wenige Tage zuvor hätte Kissinger hierzu eine gute Gelegenheit gehabt, als der NATO-Ministerrat in Brüssel tagte. Kissinger wollte die Europäer überraschen und unter Druck setzen. Seine Rede vor der Pilgrim Society war nicht ohne diplomatisches Geschick: Er griff die europäische Kritik an den USA auf, gab den Westeuropäern partiell recht und schmeichelte dem Alten Kontinent.

Kern der Rede war Kissingers Vorschlag, daß »die Länder Europas, Nordamerikas und Japans eine Energieaktionsgruppe bilden sollten«, um die Versorgung zu vernünftigen Preisen zu sichern. Zu diesem Zweck lud Nixon die Regierungschefs von Kanada, England, der Bundesrepublik Deutschland, Frankreich, Italien, Japan, Holland und Norwegen vom 11. bis 13. Februar 1974 zu einer Energiekonferenz ein, zu der dann aber lediglich die Außenminister aller Mitgliedstaaten der Europäischen Gemeinschaft anreisten. Anders als nach den Nixon-Schocks vom 15. August 1971 reagierte Westeuropa jetzt abgestimmt, als Kissinger auf dieser Konferenz vorschlug, die Energiekrise dreidimensional zu verstehen, nämlich anhand der Parameter Embargo–Verknappung–Preiserhöhung. Er wollte mittels einer kooperativen »Konfrontationsstrategie« die westeuropäischen Staaten und Japan in eine amerikanische Energiepolitik einbinden. Diese waren aber auf eine Strategie der Ölpreissenkung ausgerichtet, die die Entwicklungsländer mit einbeziehen sollte.

Kissinger hingegen wollte durch die IEA eine Umverteilung der finanziellen Lasten und Überschüsse der westlichen Industrienationen erreichen. Die ökonomische Verwundbarkeit sollte durch integrierte Notstandsvereinbarungen verringert werden. Kerngedanke war, daß die Abhängigkeit von importiertem Öl nicht durch eine Kooperation mit der OPEC, sondern durch interne Kooperation der Verbraucher reduziert werden sollte. Die IEA war aus amerikanischer Sicht als Instrument für eine Wirtschaftspolitik der Stärke, eine Art »ökonomische NATO«, angelegt: Die Industriestaaten und die armen Verbraucher der Dritten Welt sollten solidarisch und stark die Reduzierung des Ölpreises von der OPEC erzwingen. Kissinger erhoffte sich von dem Konzept ein Zerbrechen der OPEC-Preisfront.[47]

Am 14. November 1974, einen Tag vor Gründung der IEA, schlug Kissinger in Chicago vor, daß die Industrienationen ihren Ölkonsum um zehn Prozent verringern und einen 25-Milliarden-Dollar-Fonds in der IEA schaffen sollten – aber nur für diejenigen, die ihren Ölkonsum entscheidend drosselten. Damit war Kissinger ein kluger Schachzug im energiepolitischen Spannungsfeld der atlantischen Staaten gelungen.[48]

Unterschiedliches Selbstverständnis und ungleiche Abhängigkeiten vom Ölimport führten zu unterschiedlichen Reaktionen im Verlauf der Energiekrise. Die USA sahen diese primär als ein politisches Problem an, während die westeuropäischen Staaten sie vorrangig ökonomisch perzipierten, um durch eigene Neutralität ein Optimum an Unabhängigkeit für den Fall bewahren zu können, daß im Nahen Osten neue Konflikte entstünden. Die westeuropäische Energiediplomatie zielte auf einen schnellen und umfassenden Aufbau der wirtschaftspolitischen Beziehungen zu den arabischen Staaten ab, um ökonomische Abhängigkeiten zu schaffen, die bei einer neuen Krise die Interessen der arabischen Staaten empfindlich treffen würden.

Die Politik der USA war dagegen widersprüchlich: Einerseits wurden die Nationen zu neuen ökonomischen Leistungen angetrieben, andererseits verbreitete Kissinger Spenglersche Untergangsvisionen. Sein Krisengerede wirkte allerdings angesichts der innenpolitischen Tatenlosigkeit der Nixon-Administration für ein Energiesparprogramm nicht überzeugend, denn die USA, die nur drei Prozent der Erdbevölkerung stellen, verbrauchten allein ein Drittel der Weltjahresförderung an Öl und zeigten keinerlei Anzeichen, ihren Verbrauch zu senken. Deshalb warfen die Westeuropäer den USA vor, das Energieproblem auf Preiserhöhung und Embargo zu reduzieren und die OPEC-Staaten zu verteufeln. 1975 schloß Kissinger selbst militärische Interventionen in der Erdölfrage nicht mehr aus. Kein Wunder, daß seine Energiekrisendiplomatie scheiterte, denn die konfrontative Grundstimmung gab den Erdölförderstaaten wenig Anreiz zum Verhandeln. Erst später zeigte er sich auf westeuropäischen Druck hin konzilianter. Auch seine kurzfristige Zielsetzung der Ölpreisreduzierung hatte sich als nicht realisierbar erwiesen. Die Nixon-Administration konnte ihre eigenen Forderungen zur Energieeinsparung nicht erfüllen. Dieser Mangel an Glaubwürdigkeit stand im Gegensatz zum energiepolitischen Alarmismus und trug zum Mißerfolg der amerikanischen Energiekrisendiplomatie bei.

Die westliche Entspannungspolitik und die Energiekrisenpolitik von 1973 stehen in Zusammenhang. Mit der Ostpolitik bewies die Bundesrepublik, daß ein kleinerer Bündnispartner der USA eigenständig in einem außenpolitischen Bereich, den diese als exklusiv erachteten, eigene Interessen durchsetzte. Vielleicht schwächte die Ostpolitik Bonns die amerikanische Position gegenüber der Sowjetunion vorübergehend. Aber letztlich waren Vorgehen und Zielsetzung der bundesrepublikanischen Ostpolitik auch mit der Entspannungspolitik der USA vereinbar, ja sie stärkte langfristig die amerikanische Diplomatie gegenüber der Sowjetunion, denn im Zuge der Entspannung schwand die Gefahr eines sowjetischen Angriffs auf Europa. Außerdem verringerte die Ostpolitik die Abhängigkeit von den USA. Diese neue Situation beinhaltete Risiken, aber auch Chancen.

Die Europapolitik der Regierung Nixon diente bis 1972 dazu, die Entspannungspolitik von amerikanisch-westeuropäischen Störungen freizuhalten und aufkommendes Mißtrauen der Europäer gegenüber dem amerikanisch-sowjetischen Bilateralismus zu entkräften. Dieser »Valium-Charakter« der amerikanischen Europapolitik war bis 1971 nicht zu übersehen, wurde dann aber durch die Nixon-Schocks abrupt unterbrochen. Ökonomische Probleme und eine neue globale Machtbalancepolitik traten in den Vordergrund. Die Rücksichtnahme auf europäische Interessen wurde geringer. Das Interesse der USA war nicht mehr bündnispolitisch zentriert, sondern wurde global mit neuen entspannungspolitischen Gewichten versehen, die die alten Allianzgewichte verminderten. Westeuropa suchte statt atlantischer Solidarität verstärkt nach einer eigenen europäischen Identität, wobei es nicht ausbleiben konnte, daß Westeuropa sich als Ganzes und mit unterschiedlicher Intensität der Einzelstaaten gegen die amerikanische Vormachtstellung auflehnte, gleichzeitig aber an den strategisch-militärischen Schutzgarantien der USA festhielt.

Die Nahostpolitik der Regierung Nixon/Kissinger

Die globale Ost-West-Konfrontation im kalten Krieg schloß regionale Kooperationen der Supermächte weitgehend aus. Das galt auch für den Nahen Osten. Außerdem scheiterten gemeinsame amerikanisch-sowjetische Lösungsversuche am arabisch-israelischen Gegensatz. Weder die USA noch die Sowjetunion konnten ihre Partner im Nahen Osten an den Verhandlungstisch bringen. Direkte Verhandlungen zwischen Israelis und Arabern mißlangen ebenso wie der gemeinsame amerikanisch-sowjetische Versuch, auf ihre Partner im Nahen Osten Einfluß zu nehmen. Gleichzeitig drehte sich die Rüstungsspirale rapide weiter. Die USA und die Sowjetunion befürchteten jeweils, daß die Aufrüstung auf der Gegenseite die eigenen Sicherheitsinteressen und die der Partner im Nahen Osten bedrohen könnte, und meinten deshalb, daß eigene, defensiv verstandene Maßnahmen notwendig seien.[49]

Solange die Supermächte in dieser Angstvorstellung gefangen blieben, herrschte ein latentes Konfrontationsklima, das den Interessen radikaler Araber und intransigenter Israelis entgegenkam: Letztere hofften auf den Faktor Zeit, der der Festigung des territorialen Status quo dienlich sein würde, während Araber und Palästinenser auf Revanche warteten. Einerseits hoffte Nixon, daß sich eine Einbeziehung der Sowjetunion in die Nahostdiplomatie positiv auf die amerikanischen Interessen in Vietnam auswirken könnte, andererseits befürchtete er, eine Eskalation der lokalen Konflikte im Nahen Osten könnte zu einer militärischen, vielleicht zu einer nuklearen Konfrontation zwischen den beiden Supermächten führen.

Außenminister Rogers' gescheiterter Friedensplan von 1969 reflektierte die Stärken und Schwächen der amerikanischen Verhandlungssituation. Die Stärke bestand darin, daß ein amerikanisch-sowjetischer Kompromiß zeitweilig möglich schien; seine Hauptschwäche lag darin, daß die USA und die Sowjetunion ihre regionalen Verbündeten nicht zu Verhandlungen bewegen konnten. Rogers versuchte die Rolle der USA vom engen israelischen Bündnispartner zu einer allseits akzeptierten Maklerposition hin zu verschieben, aber Israel torpedierte dieses Ansinnen. Das Scheitern des Rogers-Plans dokumentierte zudem, daß beide Supermächte an die Interessenlage ihrer Klienten gebunden blieben. Außerdem wurden die ägyptischen Streitkräfte aufgerüstet. Zum ersten Mal seit dem Zweiten Weltkrieg stationierte die Sowjetunion außerhalb des sozialistischen Lagers militärisches Personal in Ägypten. Diese neue Qualität sowjetischer Präsenz im Nahen Osten, die Verletzung des Waffenstillstandsabkommens vom August 1970 und das sowjetische Engagement in der Jordan-Krise im September 1970 waren den amerikanischen und israelischen Interessen im Nahen Osten abträglich.[50]

Der Nahostkonflikt ließ wenig Raum für kooperative Lösungen auf Supermachtebene – der Oktoberkrieg von 1973 zeigte, daß die Formel von der Unteilbarkeit der Entspannung mehr Wunsch als Wirklichkeit blieb. Hinzu kam, daß Kissingers Diplomatie ganz und gar nicht darauf abgestellt war, die Probleme mit der Sowjetunion gemeinsam zu lösen. Ganz im Gegenteil: Kissinger war bemüht, den Einfluß der Sowjets zurückzudrängen.[51] Auch der Versuch der USA, in der Nahostdiplomatie eine überparteiliche Maklerrolle zu übernehmen, scheiterte schon vor Ausbruch des Krieges. Deshalb setzten sie auf Militärhilfe für Israel. Die Sowjetunion hingegen rüstete Ägypten, Syrien und den Irak auf: Diese Eskalationsspirale legte die militärischen Grundlagen für den Oktoberkrieg 1973.

Nicht diplomatische Initiative, sondern der Primat der militärischen Balance wurde in Washington als Schlüssel für Stabilität angesehen. Das reichte nicht aus, und so wurden Nixon und Kissinger vom Ausbruch des Krieges im Oktober 1973 völlig überrascht, obwohl es genügend Anzeichen dafür gab: Seit 1972 hatte Ägypten diplomatische Fühler in Washington ausgestreckt, die von der Regierung Nixon aber nicht beachtet wurden.[52]

Während des Krieges erkannte Kissinger, daß dieser als eine Art Schmelztiegel genutzt werden könnte, um in dessen Hitze die Gegensätze zwischen den arabischen Staaten und Israel bis zu einem gewissen Grad durch eine kluge amerikanische Diplomatie aufzuweichen. Den Krieg als diplomatische Chance genutzt und seinen Ausgang kalkuliert mitbestimmt zu haben, was die USA anschließend in eine optimale Verhandlungsposition brachte, das gehört vermutlich zu Kissingers Meisterleistungen. So wurde der Yom-Kippur-Krieg als Ausgangspunkt für eine neue Nahostpolitik der USA in Clausewitzscher Tradition genutzt. Kissingers diplomatische Zurückhaltung im Nahost-Konflikt in den Jahren 1969 bis 1973, sein instinktives Erfassen der Situation, daß der Konflikt vorerst nicht zu lösen war, hängt vielleicht auch mit seiner politischen Grundauffassung zusammen, daß in politisch festgefahrenen Situationen erst durch Krieg neue Ansatzpunkte zu Verhandlungen entstehen können.

Henry Kissingers Schritt-für-Schritt-Diplomatie verlief in vier Phasen. In der Schlußphase des Krieges war es Kissinger gelungen, durch eine kluge Balancepolitik die Maklerrolle der USA diplomatisch vorzubereiten. Dann baute er die militärische Konfrontation ab und empfahl, die Truppen zu entflechten, den unsicheren Waffenstillstand zu stabilisieren, das Ölembargo aufzuheben und insgesamt ein gutes verhandlungspolitisches Klima unter den beteiligten Parteien zu schaffen. Von Anfang an wandte sich Kissinger gegen einen umfassenden Friedensplan und gegen Prinzipienerklärungen, die den Verhandlungsprozeß nur gestört hätten. Statt dessen befürwortete er öffentlich einen multilateralen Verhandlungsrahmen, nämlich eine Nahost-Friedenskonferenz in Genf unter Einbeziehung der Sowjetunion und unter dem Dach der Vereinten Nationen. In Wirklichkeit setzte Kissinger aber auf eine bilaterale Geheimdiplomatie unter Ausschluß der sozialistischen Führungsmacht. Diplomatische Initiativen der USA gegenüber Ägypten, Israel, Syrien und Jordanien waren für ihn von Vorrang.

Auffallend bei Kissingers Nahostdiplomatie war die Diskrepanz zwischen öffentlicher Formulierung und realer Vorgehensweise. Nicht mit Hilfe, sondern auf Kosten der Sowjetunion stärkte er die Rolle der USA im Nahen Osten. Die Sowjetunion konnte zwar Waffen liefern, aber besetzte Territorien nicht wieder zurückgewinnen. Kissinger konnte die Araber davon überzeugen, daß ihre Ziele nur durch die USA und allein auf dem Verhandlungswege verwirklicht werden könnten. Schritt für Schritt handelte Kissinger zwei Abkommen aus: das erste Entflechtungsabkommen zwischen Ägypten und Israel vom 18. Januar und das syrisch-israelische Entflechtungsabkommen vom 31. Mai 1974. Durch Waffenlieferungen und durch Wirtschaftshilfe gelang es ihm, die Interessen beider Seiten miteinander zu verknüpfen. Weder die Ägypter noch die Israelis waren voll zufrieden, aber beide Seiten wußten, daß sie, allein auf sich gestellt, kein besseres Ergebnis erzielt hätten.

Kissingers Nahostdiplomatie stand in der Tradition früherer Regierungen, vor allem amerikanische Interessen zu verfolgen. Sein Konzept der relativen Sicherheit für den Nahen Osten war begrenzt erfolgreich, denn die tiefen historischen und religiösen Spannungen und die Konflikte prägen auch heute noch die Realität.

Der Rückzug der USA aus Vietnam: das Abkommen vom Januar 1973

Nixon war gezwungen, einen Krieg, den seine demokratischen Vorgänger Kennedy und Johnson geführt hatten, mit dem Ziel der Wiederherstellung der innen- und außenpolitischen Handlungsfähigkeit zu beenden. Im Unterschied zu Johnson wollte Nixon den Krieg gegen den Vietcong nicht militärisch gewinnen, aber er war ebensowenig gewillt, als erster Präsident der Vereinigten Staaten einen Krieg zu verlieren.[53]

Das Konzept des »Ehrenvollen Friedens« intendierte einerseits den ehrenvollen Rückzug der amerikanischen Truppen aus Südvietnam, der vor allem aus innenpolitischen Gründen für unumgänglich gehalten wurde. Andererseits mußten die offiziellen Äußerungen der Nixon/Kissinger-Administration zur Vietnampolitik gezwungenermaßen optimistisch erscheinen, obwohl die Verantwortlichen eine Machtübernahme Südvietnams durch die Kommunisten nicht ausschließen konnten.[54] Ferner sollte das Konzept des »Ehrenvollen Friedens« am exponierten Krisenpunkt Südvietnam politisches Vertrauen in Südostasien wiederherstellen. Ein neuer asiatischer Regionalismus ohne direktes Engagement der USA, aber auch ohne kommunistische Bedrohung bildete die Perspektive. Mit diesem Konzept personifizierte Richard Nixon eine außenpolitische »Zwischenzeit« der USA: Einerseits glaubte er noch immer an die moralischen Maßstäbe des kalten Krieges, andererseits entwickelte er gegenüber den kommunistischen Großmächten eine Politik, die auf eine differenziertere Einstellung, auch eine Revision der Dominotheorie, der Zwillingsschwester der Theorie vom monolithischen Kommunismus, hindeutete.

Kissinger hatte anfangs vergeblich auf die Kompromißbereitschaft der Nordvietnamesen gesetzt. Deshalb wuchs seine Überzeugung, daß eine effektive Verhandlungsführung durch eine Politik der Stärke untermauert werden mußte: »Es mußten mehrere Faktoren zusammenwirken, um Hanoi dazu zu bewegen, unsere bislang so hartnäckig abgelehnten Forderungen zu akzeptieren: Das zunehmende Versickern seines Nachschubs als Folge unserer Verminung nordvietnamesischer Häfen, unsere Angriffe gegen die Schlupfwinkel in Laos und Kambodscha 1970 und 1971, das Fehlschlagen der nordvietnamesischen Frühjahrsoffensive von 1972, die ausbleibende politische Unterstützung aus Moskau und Peking, als die Nixon-Administration die Bomberflüge gegen Nordvietnam wieder aufnahm, und die Befürchtung, daß Nixon es nach einer Wiederwahl auf eine Kraftprobe ankommen lassen werde.«[55]

Nach Abschluß des Vietnam-Abkommens stand Richard Nixon auf dem Gipfel seines politischen Ansehens. Seine Außenpolitik hatte die Rolle der USA gegenüber den ehemaligen Gegnern gestärkt. Nach Jahren der innenpolitischen Polarisierung und Agonie versprach das Abkommen innen- und außenpolitische Stabilisierung. Das Konzept des »Ehrenvollen Friedens« schien sich zu verwirklichen: »Ich habe damals geglaubt und glaube es auch jetzt noch, daß sich der Vertrag hätte einhalten lassen. Er war Ausdruck des wirklichen Gleichgewichts der Kräfte am Boden. Wenn dieses Gleichgewicht erhalten wurde, konnten die Vertragsbedingungen eingehalten werden. Wir glaubten, daß Saigon stark genug sei, um mit den Guerillas und geringfügigen Vertragsverletzungen fertig zu werden. ... Über Hanois langfristige Ziele machten wir uns keine Illusionen. ... Wir waren entschlossen, das Äußerste zu tun, um es Saigon zu ermöglichen, in Sicherheit und Wohlstand zu wachsen, damit es aus diesem politischen Ringen als Sieger hervorging. Wir dachten nicht an ein Intervall vor dem Zusammenbruch, sondern an einen langen und ehrenhaften Frieden. Wenn die Autorität der Exekutive in Folge von Watergate nicht zusammengebrochen wäre, hätten wir das, glaube ich, auch erreicht.«[56]

Aber im Abkommen vom Januar 1973 war schon der Keim der großen Niederlage vom Frühjahr 1975 enthalten: Die legalisierte Präsenz nordvietnamesischer Truppen in Südvietnam von mehr als hunderttausend Mann bedeutete, daß nicht nur der politische Konflikt, sondern auch mit diesem »Trojanischen Pferd« die militärische Auseinandersetzung vorprogrammiert war. Daß beide Seiten nach einem bestimmten Schlüssel eine ständige qualitative Erneuerung ihrer Waffen vornehmen konnten, verstärkte das Kriegsrisiko. Auch blieb unklar, nach welchen Gesichtspunkten die Kontrolle über Südvietnam zwischen den verfeindeten Gruppierungen aufgeteilt werden sollte. Denn nach dem Abkommen sollte in Südvietnam die Regierung Thieu gemeinsam mit den Nordvietnamesen eine demokratische und friedliche Lösung für Vietnam entwikkeln. Dies bedeutete, daß Nordvietnam ein Recht auf Intervention ableiten konnte, um gegebenenfalls mit militärischen Mitteln eine politische Lösung, wie sie im Abkommen vorgeschrieben war, durchzusetzen.[57] So gesehen, war das Abkommen nur ein Paravent für den Abzug der amerikanischen Truppen und für die Rückführung amerikanischer Kriegsgefangener aus Nordvietnam. Danach interpretierten beide Kriegsparteien in Vietnam das Abkommen zu ihrem eigenen Vorteil und schritten schneller zur Tat, als erwartet.

Watergate und die Folgen für die Außenpolitik

Richard Nixon wurde in den Jahren nach seinem Rücktritt zum international geachteten *elder statesman*, aber in den USA blieb sein Leben und politisches Wirken von Watergate überschattet. In welchem Umfang hat Watergate den außenpolitischen Handlungsspielraum der Nixon-Administration beeinflußt? Wie versuchte umgekehrt die Nixon/Kissinger-Administration, durch Außenpolitik von Watergate abzulenken?[58]

Nixon hatte 1972/73 den Zenit seiner politischen Karriere erreicht, inhaltlich war der Höhepunkt seiner Außenpolitik jedoch längst überschritten. Die Dynamik ließ nach, Außenpolitik degenerierte zur innenpolitischen Ersatzhandlung. Nixons Politik der Stärke, ehemals Rückgrat einer Diplomatie des Ausgleichs, verlor an Wirkung, die Entspannungspolitik geriet innen- und außenpolitisch unter Beschuß. Nixons kämpferische Rhetorik während der Energiekrise und seine Ankündigung der höchsten Alarmbereitschaft für die amerikanischen Streitkräfte während des Yom-Kippur-Krieges im Oktober 1973 sowie seine Neigung zu spektakulären Auslandsreisen waren schon von Watergate beeinflußt. Jetzt suchte er vermehrt Zuflucht bei einer gespielten außenpolitischen Dramatik, um von Watergate abzulenken. Die Fassade einer erfolgreichen Außenpolitik sollte aufrechterhalten werden. Angesichts des rasanten innenpolitischen Autoritätsverfalls war es erstaunlich, daß die Regierung Nixon/Kissinger 1974 außenpolitisch handlungsfähig blieb.

Henry Kissingers Kritik am »Eurokommunismus« erweckte 1974 den Eindruck außenpolitischer Unsicherheit. Nixon und Kissinger hatten zwar die Furcht vor den beiden kommunistischen Großmächten abgebaut, malten jedoch in Portugal, Frankreich und Italien das Schreckgespenst eines kommunistischen Umsturzes an die Wand. Kissinger war geprägt von den kommunistischen Revolutionen zu Beginn dieses Jahrhunderts und befürchtete jetzt auch für Europa, daß die Demokratien wie Dominosteine umfallen würden. Seine Zweifel an den demokratischen Institutionen, Parteien und Persönlichkeiten der europäischen Politik wurden durch die tatsächliche Entwicklung widerlegt. Ihre Einschätzung der Lage erwies sich als falsch. Aber sie weckten Mißtrauen gegenüber dem amerikanischen »Mettermarck«, weil Kissinger die Lage in Südeuropa und Lateinamerika über Gebühr dramatisierte, gleichzeitig aber in Europa Status-quo-orientiert dachte und den sowjetischen Herrschaftsbereich festigte, wie die Sonnenfeld-Doktrin zeigte. Zwar wurde die amerikanische Außenpolitik hinsichtlich der kommunistischen Großmachtzentren Moskau und Peking deideologisiert, ansonsten dominierten aber die antikommunistischen Affekte in Washington weiter.

Die Tragik von Watergate bestand darin, daß Richard Nixon den unreflektierten Antikommunismus zwar außenpolitisch weitgehend überwunden hatte, doch innenpolitisch kommunistische Verschwörungen witterte. Als Nixon den Luftkrieg in Südostasien, besonders in Vietnam, ausweitete, wuchs deshalb in den USA die Opposition gegen seine Vietnampolitik. Nixon hingegen sah sich in seiner kommunistischen Verschwörungstheorie bestätigt und verstärkte eine Politik der Bespitzelung und der politischen Einschüchterung, um Amerika angeblich vor politischem Verfall und kommunistischer Unterwanderung zu retten. In Wirklichkeit wurde die Rechtsstaatlichkeit zunehmend in Mitleidenschaft gezogen. Während Nixon öffentlich davon sprach, daß er dieselben Ziele wie die Gegner des Vietnamkrieges verfolge, und gleichzeitig den Anbruch eines anarchischen Zeitalters befürchtete, sah er sich einem Kampf an zwei Fronten ausgesetzt: nach außen gegen Nordvietnam, nach innen gegen kommunistische Helfershelfer, die die USA umstürzen, die traditionellen Werte zerstören und seiner Außenpolitik die innenpolitische Grundlage nehmen wollten. Er entwickelte apokalyptische Visionen; er sah die USA samt ihrer politischen Führung von inneren und äußeren Feinden umzingelt.[59] Presse und Fernsehen machten in Nixons Augen gemeinsame Sache mit den »Staatsfeinden« und wurden im Weißen Haus mit Mißtrauen beobachtet. Kritiker der Regierung wurden einer doppelten Prüfung ihrer Steuererklärung durch Mitarbeiter des Präsidenten unterzogen, um eventuelle Unregelmäßigkeiten aufzuspüren. Mit Berufung auf Begriffe wie Ehre, Würde, Freiheit und nationale Sicherheit wurden Maßnahmen gerechtfertigt, die diesen Begriffen widersprachen beziehungsweise sie aushöhlten.

Eine Kette von Rechtsbrüchen entstand. Der Einbruch in das Hauptquartier der Demokratischen Partei, das Watergate-Hotel, 1972 war die Konsequenz von Nixons paranoidem Wahn, der der Sorge um den Bestand amerikanischer Moral, Freiheit und Würde entsprang. Hierbei ist Richard Nixons »Caracas-Syndrom« von besonderem Interesse. Nixon wurde 1958, als er noch Vizepräsident der USA war, auf einer Reise durch Lateinamerika von heftigen antiamerikanischen Demonstrationen überrascht. Dort entstanden erstmals seine heftigen Haßgefühle gegen Demonstranten, die damals gegen sein Erscheinen demonstrierten und die sein Leben in Gefahr brachten. Er hielt sie alle für Kommunisten. Dieses »Kommunismus-Syndrom« Nixons brach unter dem Eindruck der Demonstrationen gegen seine Politik, besonders seine Vietnampolitik, in den USA wieder auf.[60]

Die zweite Ursache für Nixons unreflektierten Kommunistenhaß läßt sich mit dem »Hiss-Syndrom« umschreiben. Alger Hiss war ein hoher Beamter im

State Department gewesen, der eng mit F. D. Roosevelt zusammenarbeitete und entscheidenden Anteil an der Verwirklichung von dessen UNO-Idee hatte. Hiss wurde 1948 im Zuge der antikommunistischen Hysterie der Spionage für die Sowjetunion angeklagt, der Vorwurf konnte jedoch nie glaubwürdig erhärtet werden. Richard Nixon war an der Anklage gegen Hiss seinerzeit maßgeblich beteiligt und hat auf Grund dieser Erfahrung Kommunismus auch als individuelle Konspiration und als Gefahr der Unterwanderung der amerikanischen Institutionen empfunden.

Daß auch illegale Maßnahmen gegen den Kommunismus moralisch gerechtfertigt sein konnten, stand für Nixon vermutlich außer Zweifel.[61] Nirgendwo hat er seine persönlichen und politischen Interessen so mit den Interessen des Landes gleichgesetzt wie im Kampf gegen den Kommunismus. Deshalb ist es nicht verwunderlich, daß seine Vorstellungen von innenpolitischer Krise mit seinen Vorstellungen vom Kommunismus zusammenfielen. Die »siebte Krise« Richard Nixons schien vorprogrammiert.[62] Er sah in den Demonstrationen an den amerikanischen Universitäten und in den gewaltsamen Auseinandersetzungen innerhalb der USA eine Parallele zu den Ereignissen von Caracas aus dem Jahr 1958. In Männern wie Daniel Ellsberg und anderen führenden Kritikern seiner Vietnampolitik vermeinte er fehlgeleitete Idealisten wie Whittaker Chambers und Alger Hiss zu erkennen. Daniel Ellsberg, früherer Mitarbeiter des Verteidigungsministeriums, konnte – wie Alger Hiss in den vierziger Jahren – der kommunistischen Verschwörung überführt werden. Mit der Bekämpfung der kommunistischen Gefahr war nach Nixon also der demokratischen Sache gedient. Wie schon zu Beginn der fünfziger Jahre schien ihm die Demokratische Partei blind für die neuen innenpolitischen Gefahren des Kommunismus zu sein.

Aber Richard Nixon wurde von seinem paranoiden Antikommunismus eingeholt, als die Nation seine Vietnampolitik kritisierte. Faktisch gab es kein psychologisches Klima des militanten Antikommunismus mehr in den USA. Nixons Antikommunismus griff nicht mehr: Seine Angst vor innenpolitischer kommunistischer Gefahr war angesichts der völligen Bedeutungslosigkeit sozialistischer oder kommunistischer Gruppierungen in den USA geradezu absurd. Es war nicht ohne Tragik, daß Nixon von einer Vergangenheit eingeholt wurde, die das Land längst überwunden hatte. Er hatte Ursache und Wirkung verkehrt und verhielt sich gegenüber seinen Gegnern, wie er glaubte, daß sich die Gegner ihm gegenüber verhalten würden: konspirativ und ohne Rechtsverständnis. Nur so konnte es soweit kommen, daß er mit seinen eigenen Taten seine schlimmsten Befürchtungen selbst in die Tat umsetzte.[63]

Historisch gesehen, bedeutet Watergate aber mehr: Dieser Skandal reflektierte eine tiefe Struktur- und Sinnkrise des amerikanischen Regierungssystems. Was vordergründig als moralische oder individuelle Krise erschien, hatte gesellschaftspolitische Bedeutung. Die Watergate-Affäre symbolisierte den politischen Niedergang eines spezifischen militanten antikommunistischen Konservatismus, der im kalten Krieg erfolgreich war, aber paradoxerweise durch Nixons Politik seine Legitimierung verlor. Mit seiner neuen deideologisierten Außenpolitik gegenüber den kommunistischen Führungsmächten hatte Nixon außenpolitisch Erfolg. Zugleich verlor aber das Bindemittel »Antikommunismus« seine innenpolitische Funktion, doch hatte Nixon versäumt, die außenpolitische Reform durch eine entsprechende innenpolitische zu ergänzen. Hätte Nixon auch innenpolitisch den Liquidierungsprozeß der amerikanischen Nachkriegsideologie eingeleitet, hätte er eine reformerische Gesellschaftspolitik entwickelt, wären die Dinge anders verlaufen. Aber er projizierte periphere außenpolitische Krisensyndrome auf die Innenpolitik. Ihm fehlte ein geistiger Kompaß, der ihm über die Klippen von globalem Antikommunismus und Neoisolationismus hinaus eine entsprechende innenpolitische Perspektive gezeigt hätte. Statt dessen führte sein ideenloser, überholter Antikommunismus zur Watergate-Affäre. Der Einbruch im Appartementkomplex Watergate symbolisierte die illegalen Machenschaften der Regierung Nixon. In der Folge erzwangen demokratische Kritik und Kontrolle schließlich den Rücktritt Nixons. Dabei führte die Watergate-Affäre zur politischen Desillusionierung der Bevölkerung. Kriminelle Handlungen amerikanischer Regierungen gab es vor und nach diesem Einbruch. Aber nach Watergate wurden Reformen angestrengt, welche die politische Kontrolle des Präsidenten durch den Kongreß verstärkten. Die Konsequenzen blieben allerdings begrenzt. Als die Iran-Contra-Affäre ein Jahrzehnt später ans Licht kam, hatte der Kongreß Watergate vergessen. Die strukturellen Fehler im Regierungssystem, die Entwicklung zur imperialen Präsidentschaft wurde nicht gestoppt. Watergate wurde nur auf die Person Nixons reduziert und dieser anschließend einfach politisch totgeschwiegen. Niemand fand den Mut, das politische Phänomen Nixon als einen strukturellen und geistigen Teil des politischen Amerika kritisch anzuerkennen.[64] So blieb Watergate folgenlos. Die moralische Entrüstung blieb ohne Konsequenzen. Reagan spielte in der Iran-Contra-Affäre eine zwielichtige Rolle, blieb aber dank seiner Popularität von politischen Konsequenzen verschont. Der Kongreß sah über seine Verfehlungen großzügig hinweg. Eine rücksichtslose Untersuchung und öffentliche Verurteilung führender Politiker der Regierung Reagan sowie eine umfassende Untersuchung von Reagans Verhalten selbst kamen in der Iran-Contra-Affäre nicht in Frage, obwohl deutlich wurde, daß Mitarbeiter wie Oberst Oliver North den Kongreß belogen und Regierungsunterlagen vernichtet hatten. Ja, der Kongreß ließ sogar zu, daß North für den amerikanischen Senat kandidieren durfte.

Nach der Watergate-Affäre waren die Wege der amerikanischen Politik mit guten Vorsätzen gepflastert, aber konsequente Reformen blieben aus. Politik und Gesellschaft begnügten sich damit, Nixon persönlich und politisch zur Persona non grata zu erklären und zur Ausnahme zu stilisieren beziehungsweise ihn zu verteufeln.[65] In Wirklichkeit nahmen Skandale und Rechtsbrüche im Umkreis der Präsidenten weiter zu. So erscheint Watergate lediglich als Meilenstein auf dem Weg zum Verfall der politischen Sitten, die während des kalten Krieges eine spezifische antikommunistische Begründung fanden. Aber wie sieht es heute aus? Weil man die Watergate-Affäre nicht als Glied einer Kette, sondern als Ausnahme ansah, wurde letztlich wenig daraus gelernt.[66] Nixon war kein Monster, sondern er tat das, was viele Präsidenten vor und nach ihm getan haben – dies sogar in gutem Glauben. Seine Amtsführung unterschied sich kaum von der anderer Präsidenten. Indem Amerika Nixon isolierte und anklagte, verschloß es die Augen vor der Tatsache, daß Nixon keine Ausnahmeerscheinung war, sondern ein typischer Präsident des kalten Krieges. Dabei wurde aber zu wenig gewürdigt, daß er die USA auf neue entspannungspolitische Wege geführt hatte. Außenpolitisch war Nixon vielleicht neben Harry Truman der fähigste Präsident der Nachkriegszeit. Es war Nixons Tragik, daß er die internationale Politik beherrschte, es aber nicht verstand, sein Land vorbildlich zu regieren.

Vermutlich werden die Schatten von Watergate, die Nixons außenpolitische Verdienste bis heute verdunkeln, in der historischen Distanz schwinden. Wird Watergate, wie Richard Nixon vermutet, einmal zur Fußnote reduziert werden, oder wird es als herausragender Teil seiner Präsidentschaft in der Erinnerung an Nixon weiterleben? Fest steht, daß die Auswirkungen von Watergate Nixons Außenpolitik zu einem Torso, wenn auch zum brillantesten Torso der amerikanischen Nachkriegsgeschichte, reduziert haben: »Hätte es kein Watergate gegeben, dann hätte Nixon vielleicht die beachtlichen außenpolitischen Erfolge seiner ersten Amtszeit in dauerhafte Richtlinien verwandeln können, ähnlich wie es Franklin D. Roosevelt gelungen war, eine neue amerikanische Innenpolitik zu konzipieren und anschließend institutionell zu verankern, oder wie Truman und Acheson den Weg für die Eindämmungspolitik geebnet hatten. Watergate aber machte all diese Möglichkeiten zunichte.«[67]

Nixons Betonung des nationalen Interesses könnte für die amerikanische Außenpolitik des 21. Jahrhunderts eine ähnlich grundlegende Bedeutung erhalten wie Woodrow Wilsons Idealismus für die des 20. Jahrhunderts. Nixon war vermutlich der erste Präsident, der nicht nur eine Anpassung der übrigen Welt an die Ideale der USA forderte, sondern der auch bereit war, Amerika umgekehrt an die neuen Gegebenheiten und Veränderungen der Welt anzupassen. Für Nixon blieben traditionelle amerikanische Werte zwar gültig, aber nur, um Amerika innere Kraft zu geben, und nicht, um die Welt mit utopischen Visionen zu füttern, die in der amerikanischen Politik selbst nie eingehalten wurden. Nixon hielt nichts von Woodrow Wilsons Idee kollektiver Sicherheit. Auch hielt er wenig, ganz im Sinne George Kennans, von der Möglichkeit, Streitfragen auf juristische Probleme zu reduzieren. Er teilte auch nicht den liberalen Glauben, daß die Konzentration auf Abrüstung der einzig richtige Weg für internationale Stabilität sei. Nixon führte außenpolitische Erfolge weder auf Prinzipien noch auf juristische Formeln, noch auf utopische Visionen zurück. Er war der erste amerikanische Präsident des 20. Jahrhunderts, der nüchterne Interessenpolitik praktizierte und zugleich den Mut hatte, diese innenpolitisch und rhetorisch zu erklären. Leider ohne Erfolg. Kein anderer Präsident trat so deutlich in die Fußstapfen von Theodore Roosevelt wie Richard Nixon. Er war ein Mann des politischen Gleichgewichts, der geopolitischen Überlegungen und des politischen Augenmaßes. Aber im Zuge von Watergate taten sich die liberalen antikommunistischen Demokraten und die fanatischen Konservativen und Reaktionäre zusammen, um Nixon wegen »unamerikanischer Umtriebe in der Außenpolitik« zu Fall zu bringen. Das war nicht ohne Tragik, denn durch seine kluge Diplomatie schaffte Nixon die Voraussetzungen für eine nüchterne Interessenpolitik, vor allem mit den beiden kommunistischen Führungsmächten, deren Außenpolitik er dadurch nachhaltig veränderte und in gewisser Weise versachlichte. Er verminderte damit auch die Gefahr einer sowjetischen Aggression, sorgte aber gleichzeitig für eine angemessene Stärke und Strategie der NATO. Nixon mußte allerdings in Vietnam einen Krieg zu Ende bringen, den er nicht gewollt und nicht begonnen hatte. Aber ebensowenig wollte er als erster amerikanischer Präsident der Nachkriegszeit eine militärische Niederlage hinnehmen.

Die Außenpolitik Nixons symbolisiert eine Mischung aus Isolationismus und Interventionismus, eine Übergangsperiode zwischen Eindämmung, Entspannung und Gleichgewichtsdiplomatie. Seine Politik setzte die frühe restriktive Eindämmungspolitik Trumans fort, akzeptierte aber auch zum ersten Mal die formale Gleichrangigkeit und Ebenbürtigkeit der Sowjetunion, die jeder amerikanische Präsident dem Kreml bis dahin versagt hatte.[68] Nixons Politik schuf die Voraussetzungen für eine neue, erfolgreiche Entspannungspolitik, seine Grundidee der pentagonalen Welt schuf Raum für neue regionale Friedensstrukturen.

Nixons Vorstellungen einer pentagonalen, also fünfpoligen Welt war wegweisend für die Abkehr von der Bipolarität und die Hinwendung zu Multipolarität. Durch geschickte Gleichgewichtspolitik suchten Nixon und Kissinger Amerikas internationalen Führungsanspruch zu sichern. Mit Bedacht verweist Kissinger in seinen Memoiren auf die außenpolitische Geschicklichkeit der amerikanischen Gründungsväter: Sie waren »erfahrene Staatsmänner, die das Gleichgewicht der Kräfte in Europa brillant zu manipulieren wußten.«[69] Auch Nixon suchte die sowjetische Macht geschickt auszugleichen, wenn nötig einzugrenzen und einzudämmen. Die Öffnung gegenüber der Volksrepublik China nutzte er zur Durchsetzung eigener Interessen. Allerdings hofften die USA vergeblich auf Unterstützung ihrer Vietnampolitik durch die kommunistischen Führungsmächte. Deshalb blieb das Dreiecksverhältnis der rivalisierenden Großmächte fragil, während Amerikas Rolle im Bündnisdreieck mit Japan und Westeuropa nach wie vor herausragend blieb.

Man kann den kalten Krieg als eine besondere Form von Gleichgewichtspolitik verstehen und die bipolare Konfrontation mit einer Ziehharmonika vergleichen, die, total zusammengedrückt, beiden Seiten jeglichen politischen Spielraum nahm. Erst eine Modifizierung der Bipolarität in eine aufgelockerte Multipolarität gab »Luft« und Spielraum für Kooperation beziehungsweise für einen Prozeß der Deideologisierung. Dieser pragmatische Ansatz forderte jedoch das amerikanische Moralbewußtsein und das Gebot heraus, daß Außenpolitik auf höhere Werte gegründet sein müsse.

George Meany, Präsident des amerikanischen Gewerkschaftsbundes AFL-CIO, brachte mit unhaltbaren, aber wirkungsvollen und plastischen Argumenten auf einen gemeinsamen Nenner, was linke Liberale und rechte Konservative an der Außenpolitik Nixons zu kritisieren hattten – seine Entspannungspolitik: »Das ist es, was die Sowjetunion unter Entspannung versteht: Entspannung beruht auf der Schwäche der USA. Entspannung bedeutet Verstärkung der ideologischen Kriegführung. Entspannung bedeutet Unterhöhlung der NATO. Entspannung bedeutet letzten Endes militärische Überlegenheit der Sowjets über den Westen. Entspannung bedeutet, daß der Westen anerkennt, daß Osteuropa zur Sowjetunion gehört. Entspannung bedeutet den Abzug der US-Streitkräfte aus Europa.«[70]

Nixon war immer der Auffassung, daß Entspannungspolitik gegenüber der Sowjetunion nur Sinn machte, wenn auch der Kreml sich davon Vorteile versprechen konnte. Aber entscheidend war natürlich, ob die Entspannung auch den Interessen der USA diente. Daran hat Nixon, zu Recht, nie Zweifel gehegt. Die weitere Entwicklung widerlegt diese Entspannungskritik von seiten der

Gegner Nixons. Die westliche Entspannungspolitik, eine historisch großartige Mischung aus bundesrepublikanischer Ost- und amerikanischer Entspannungspolitik, entstand in nicht immer freiwilliger, aber letztlich konstruktiver Rivalität und trug auch dazu bei, daß das Sowjetimperium Ende der achtziger Jahre zusammenbrach. Diese Entwicklung hat Nixon recht gegeben – spät, aber nachhaltig.

Die Aussenpolitik der Regierung Ford

Gerald Ford, der 38. Präsident der USA, war eine integere Persönlichkeit. Zeit und Umstände seines Amtsantritts am 9. August 1974 stellten ihn vor schwere Aufgaben, denn Nixons Erbe war komplex: Das Land befand sich zwar nicht im Schockzustand wie nach Kennedys Tod, aber wegen des Mißbrauchs der präsidentiellen Macht in der Watergate-Affäre war das Präsidentenamt an einem Tiefpunkt des öffentlichen Ansehens angelangt. Nixon hatte Ford im Oktober 1973 überraschend zum Vizepräsidenten gemacht, nachdem Spiro Agnew wegen steuerlicher Unregelmäßigkeiten hatte zurücktreten müssen. Zu seinem Vizepräsidenten ernannte Ford Nelson Rockefeller. Gerald Ford schien der richtige Mann zum richtigen Zeitpunkt. Er wurde geschätzt wegen seiner Würde und Bescheidenheit, wegen seines gesunden Menschenverstandes und seiner offenen, geraden Art.

Kissinger und Ford kannten sich seit längerem, wobei Kissinger den Vizepräsidenten Ford bei den regulären Treffen zwischen dem Präsidenten und der republikanischen Führung ausgesucht höflich behandelte. Ford hatte ihm dies nicht vergessen. So war niemand überrascht, als er Kissinger noch vor seiner Vereidigung bat, weiterhin sowohl als Außenminister als auch als nationaler Sicherheitsberater im Amt zu bleiben: »Henry«, erklärte er, »ich brauche Sie. Das Land braucht Sie ... ich werde alles in meiner Macht Stehende tun, um mit Ihnen zusammenzuarbeiten.«[1]

Ford verließ sich fast völlig auf die außenpolitische Expertise Henry Kissingers, denn sein außenpolitischer Sachverstand war begrenzt. 1948 ins Repräsentantenhaus gewählt, war er seit 1953 Mitglied des Unterausschusses des Bewilligungsausschusses für Verteidigung, außerdem Mitglied des Sonder-Unterausschusses zur Kontrolle der Finanzierung der CIA gewesen, und als Vizepräsident war er einmal pro Woche von Kissinger über die außenpolitische Lage informiert worden. Im Gegensatz zu Nixon ruhte Ford in sich selbst und vertraute Kissinger völlig. Der persönliche Umgang zwischen beiden war entspannt. Es war offensichtlich, daß Kissinger nach den Nixon-Jahren des Mißtrauens und der Mißgunst dieses neue Vertrauensverhältnis zu schätzen wußte.[2]

Kissingers Intellekt und Fords Vertrauen stellten sicher, daß Kissinger in der Doppelrolle als Außenminister und Nationaler Sicherheitsberater in der Außenpolitik praktisch die Rolle des Präsidenten übernahm. Aber nach Nixons Rücktritt stand Kissinger nicht nur für Erfolg, sondern er personifizierte für viele Kritiker auch den Niedergang amerikanischer Macht. Kritisiert wurden sein angeblich mangelndes Gespür für Menschenrechte und amerikanische Werte in der Außenpolitik sowie übertriebene außenpolitische Geheimhaltung.

Ford erschien vielen als machtloser Verwalter einer politischen Konkursmasse: Der Kongreß beschnitt durch die War-Power Resolution von 1973 die außenpolitischen Befugnisse des Präsidenten nachhaltig.[3] Die öffentliche Meinung verfolgte mit Mißtrauen eine Entspannungspolitik, die wegen ausbleibender Erfolge und »unamerikanischer« Durchführung nie zu einer Herzensangelegenheit der Amerikaner wurde. Sie wurde von Außenminister Kissinger fortgesetzt, konnte aber vom Präsidenten, der bei Regierungsantritt bescheiden von sich gesagt hatte, er sei kein Lincoln, sondern nur ein Ford, kaum mitgedacht, geschweige denn erneuert werden. Wenn Ford schließlich im März 1976 erklärte, er verzichte auf den Begriff »Détente«, spiegelte seine Äußerung tiefe Enttäuschung über den außenpolitischen Machtverfall der USA wider.

Die Beziehungen zur Sowjetunion und die SALT-Verhandlungen

Die sowjetische Führung unter Breschnew war durch Watergate und den Rücktritt Nixons verunsichert. Wie würde sich die Außenpolitik unter dem Nachfolger Ford weiterentwickeln? Durch die erneute Ernennung Henry Kissingers zum Außenminister wurde der Kreml in gewisser Weise beruhigt, denn sie schien Kontinuität zu signalisieren. Unter Ford würde es offensichtlich keine entscheidenden Veränderungen geben.

Zu Beginn ihrer Zusammenarbeit kamen Ford und Kissinger zu einer pessimistischen Bestandsaufnahme der amerikanisch-sowjetischen Beziehungen: »Der einzige Lichtblick, an den ich mich während dieses Gesprächs erinnere, war, daß möglicherweise die Chance bestand, bei den SALT-Gesprächen zu einer Übereinkunft mit den Sowjets zu kommen«, erinnert sich Ford.[4]

Nach dem ersten Treffen zwischen Ford und dem sowjetischen Botschafter Dobrynin blieb die Bestandsaufnahme der Situation unbefriedigend: Das Handelsgesetz war noch in der Schwebe, und die Sowjetunion wollte lediglich mündlich garantieren, daß 55 000 Juden jährlich ausreisen könnten. Die Forderung Senator Jacksons nach einer schriftlichen Vereinbarung wurde von den Sowjets rundheraus abgelehnt. Auch waren die Sowjets unzufrieden über die Forderung nach einem Ergänzungsantrag zur Gesetzesvorlage über die Export-Import Bank, der die Möglichkeiten zur Kreditaufnahme beschnitt.[5]

Henry Kissinger gab am 19. September in einer Erklärung vor dem Senatsausschuß für Auswärtige Beziehungen eine brillante Gesamtdarstellung der amerikanisch-sowjetischen Beziehungen. Sie ist bis heute ein grundlegendes Dokument geblieben. Vor der Öffentlichkeit nahm Kissinger die Gelegenheit wahr, seine Kritiker zu widerlegen und um Zustimmung für die Entspannungspolitik der neuen Regierung zu werben. Dabei beschrieb er Entspannung als »die Suche nach einem konstruktiveren Verhältnis zur Sowjetunion, als einen fortlaufenden Prozeß, nicht als einen Endzustand, der zu irgendeinem bestimmten Zeitpunkt erreicht worden ist oder erreicht werden könnte.«[6]

Kissinger wollte damit der landläufigen Meinung gegensteuern, es gäbe eine schnelle Lösung des Konfliktes. Statt dessen betonte er die Langwierigkeit des Entspannungsprozesses und die Notwendigkeit des langen Atems, um diesen fundamentalen Konflikt durchzustehen: »Was den uralten Antagonismus zwischen Freiheit und Tyrannei angeht, so sind wir nicht neutral. Aber andere zwingende Notwendigkeiten legen unserer Fähigkeit Grenzen auf, innere Veränderungen in anderen Ländern zu bewirken. Das Bewußtsein unserer Grenzen entspringt der Erkenntnis der Notwendigkeit des Friedens – nicht moralischer Gefühllosigkeit. Die Erhaltung des menschlichen Lebens und der menschlichen Gesellschaft sind auch moralische Werte.«[7]

Kissinger trat den rechtskonservativen Kritikern energisch entgegen, die als Vorbedingung für eine verbesserte Außenpolitik innenpolitische Veränderung in der Sowjetunion forderten. Realpolitisch forderte Kissinger seinerseits eine Abkehr vom sogenannten Freund-Feind-Denken gegenüber der Sowjetunion: »Die meisten Amerikaner sehen die Beziehungen zwischen Staaten als freundlich oder feindlich an, wobei für sie beide Begriffe nahezu absolut festliegen. Die sowjetische Außenpolitik ist im Gegensatz dazu in einer Grauzone und weitgehend von den sowjetischen Vorstellungen vom Gleichgewicht der Kräfte beherrscht. Deshalb ist die sowjetische Diplomatie nie frei von taktischen Pressionen oder Anpassungen, und ihr Kurs wird zu keinem Zeitpunkt unabhängig von dem jeweiligen militärischen Kräfteverhältnis festgelegt. Was Moskau angeht, dienen Ost-West-Kontakte und -Verhandlungen zum Teil dem Zweck, den sowjetischen Einfluß im Ausland und insbesondere in Westeuropa zu stärken –

und die formale Anerkennung jener Elemente des Status quo zu erlangen, die Moskau genehm sind.«[8]

Kissinger forderte die Amerikaner auf, einen angemessenen Blick für die Komplexität der Probleme zu entwickeln: »Wir haben den engen Zusammenhang zwischen den Problemen, der in dem sogenannten Paketkonzept zum Ausdruck kommt, nicht erfunden; dieser Zusammenhang war eine Realität angesichts der langen Reihe von Problemen und Gebieten, bezüglich deren die Interessen der Vereinigten Staaten und der Sowjetunion ineinandergreifen.«

Daraus zog Kissinger folgende Schlußfolgerung für die amerikanische Außenpolitik: »Für die Vereinigten Staaten war die Wahl klar: soviel Anreize wie nur möglich für jene Art des Vorgehens seitens der Sowjetunion zu schaffen, die dem Frieden und dem individuellen Wohlergehen so förderlich wie möglich ist, und das Hin und Her zwischen illusionärem Optimismus und rauhem Antagonismus zu überwinden, das für lange Perioden der Nachkriegszeit charakteristisch war.«[9] Die Hauptanreize sah Kissinger auf wirtschaftlichem Gebiet. Folglich forderte er, daß die Wirtschaftsbeziehungen nicht nur als kommerzielle Chance betrachtet würden, sondern auch als politischer Hebel, so daß Handel und Investitionen die autarken Tendenzen des sowjetischen Systems auflokkern könnten.

Kissinger idealisierte Entspannung keineswegs. Er sah sie realistisch im Gesamtrahmen amerikanisch-sowjetischer Beziehungen: »Entspannung ist weit von einem modernen Äquivalent für die Art von stabilem Frieden entfernt, der weitgehend das 19. Jahrhundert gekennzeichnet hat. Aber sie ist ein weiter Schritt weg von dem bitteren und aggressiven Geist, der für einen so großen Teil der Nachkriegsperiode kennzeichnend war.« Aber Kissinger warb um Sensibilität und Vorsicht bei der Entspannungspolitik: »In dem Maße, wie der Kalte Krieg aus dem Gedächtnis schwindet, kann die Entspannung als etwas so Natürliches erscheinen, daß man glaubt, Schritt für Schritt immer größere Ansprüche an sie stellen zu dürfen. Die Versuchung, Entspannung mit einem wachsenden Druck auf die Sowjetunion zu kombinieren, wird wachsen. Eine solche Haltung wäre jedoch katastrophal. Wir würden sie von Moskau nicht akzeptieren; Moskau wird sie von uns nicht akzeptieren. Wir wären am Ende wieder im kalten Krieg, und wir würden weder den Frieden noch ein humanitäres Ziel erreichen.«[10] Selten hat in der modernen Geschichte ein amerikanischer Außenminister so detailliert und zugleich politisch wie auch intellektuell ansprechend Stand und Perspektiven der amerikanisch-sowjetischen Beziehungen analysiert. Dabei standen zwei Fragenkomplexe im Vordergrund: die sogenannte Konferenz über Sicherheit und Zusammenarbeit in Europa (KSZE) und SALT.

Die KSZE war insbesondere bei den Konservativen unpopulär. Sie schien lediglich der Sowjetunion Vorteile zu versprechen, vor allem die Anerkennung der Grenzen in Europa und damit des sowjetischen Herrschaftsbereiches. Daß der Prinzipienkatalog und die sogenannten Körbe schließlich erstmalig eine politische Grundlage boten, auf die sich Systemkritiker und Widerständler in den kommunistischen Staaten berufen konnten, wurde damals nicht gesehen. Vermutlich auch von Kissinger nicht. Auch er stand der KSZE anfänglich zurückhaltend gegenüber, entwickelte dann aber besonders unter dem Einfluß der Bundesregierung und im Zuge der Gespräche mit seinem Amtskollegen Hans-Dietrich Genscher eine aufgeschlossenere Haltung. Vor allem konnte Genscher bei seinem amerikanischen Kollegen erreichen, daß die von der Bundesrepublik geforderte Klausel des »peaceful change« endlich akzeptiert wurde.[11]

Am Tag der Amtseinführung unternahm Ford mit seinem Außenminister und Sicherheitsberater Kissinger eine Bestandsaufnahme der Weltpolitik. Dabei kam den Beziehungen zur Sowjetunion herausragende Bedeutung zu: »Der einzige Lichtblick, an den ich mich während dieses Gesprächs erinnere«, so Ford in seinen Erinnerungen, »war, daß möglicherweise die Chance bestand, bei den SALT-Gesprächen zu einer Übereinkunft mit den Sowjets zu kommen.«[12]

Der Stand der Gesamtbeziehungen ließ zu wünschen übrig. Die Zahl der Ausreisen jüdischer Emigranten aus der Sowjetunion war dramatisch gesunken, Breschnew fühlte sich öffentlich von den konservativen Forderungen des Kongresses bloßgestellt, und die Wirtschaftsbeziehungen entsprachen ebenfalls nicht sowjetischen Wünschen. Die überzogenen Forderungen Senator Jacksons verprellten die Sowjets zusätzlich. Gromyko überreichte seinem Amtskollegen Kissinger sogar eine formelle Protestnote und warnte davor, daß die Sowjetunion die Bedingungen zurückweisen würde, die an die Meistbegünstigungsklausel geknüpft wurden. So war es nicht verwunderlich, daß die SALT-Verhandlungen nicht vorankamen.

Von Anfang an sah sich Kissinger auch heftiger innenpolitischer Kritik ausgesetzt. Die Konservativen warfen ihm vor, er verhalte sich gegenüber der Sowjetunion zu weich: Mit seiner Entspannungspolitik verabreiche er ihr im voraus Belohnungen für einen Wandel in ihrem Verhalten, den wirklich zu vollziehen sie gar nicht die Absicht hätte. Die Sowjetunion breite ihren Einfluß nicht nur weltweit aus, sondern rüste massiv auf, um die Vereinigten Staaten zu überrunden. Diese Einschätzung war nicht unzutreffend, das Ende der Entspannungspolitik schien unausweichlich. Hatte sich Kissinger in ein entspannungspolitisches Netz verstrickt, das den Entwicklungen nicht mehr entsprach? Die

SALT-Verhandlungen schienen den Kritikern recht zu geben. Hatten die Sowjets – früher, als Kissinger es wahrnahm – ihr Interesse an einem SALT-Kompromiß verloren?[13]

Ford wurde von Henry Kissinger ermutigt, sich im November 1974 nach seiner Reise nach Japan und Südkorea mit Breschnew zu treffen, um die SALT-Verhandlungen wieder flottzumachen. Am 23. November flog Ford von Tokio nach Wladiwostok in der Hoffnung, einen Durchbruch zu erzielen, um dann durch ein erfolgreiches SALT-Abkommen seiner Außenpolitik einen herausragenden Erfolgsstempel aufdrücken zu können. Ford wollte ein langfristiges SALT-Abkommen abschließen, das Treffen in Wladiwostok sollte den Durchbruch bringen. Tatsächlich konnten Ergebnisse erzielt werden: Ford und Breschnew einigten sich über einige Eckdaten für ein Abkommen. Für beide Seiten wurden die Höchstgrenzen der strategischen Nuklearwaffen auf 2400 Flugkörper festgelegt. Davon sollten 1320 mit Mehrfachgefechtsköpfen ausgerüstet werden dürfen. Auch war die Stimmung außerordentlich entspannt. »Kissinger ist ein Halunke«, sagte Breschnew zu Ford, und Kissinger erwiderte darauf: »Nur ein Halunke erkennt einen anderen Halunken.« Kissingers Erfahrung und Witz trugen wesentlich dazu bei, daß Ford und Breschnew sich in Wladiwostok gut verstanden. Dieser forderte Ford auf, die Produktion des »Trident«-U-Bootes zu stoppen und das B-1-Bomberprogramm auszusetzen.[14] Es gab gemeinsame Anknüpfungspunkte, aber Breschnew war nicht bereit, die schweren Raketensysteme massiv zu reduzieren. Entscheidend war, daß die amerikanische Seite Breschnews Angebot gleicher Obergrenzen akzeptierte. Die Übereinkunft von Wladiwostok war eine wichtige Station der SALT-Verhandlungen. Vor allem hoffte Ford, daß er wegen seiner intimen Kenntnis des Kongresses die Senatoren und Mitglieder des Repräsentantenhauses davon überzeugen könnte, daß er hart mit den Sowjets verhandelt habe. Aber er sollte sich täuschen: Sein Argument, mit der Übereinkunft von Wladiwostok den atomaren Rüstungswettlauf gebremst zu haben, überzeugte nicht.

Die innenpolitische Kritik in den USA konzentrierte sich auf zwei Aspekte: Die Höchstgrenze von 2400 schien zu hoch, und viele befürchteten, daß 1320 sowjetische Flugkörper mit Mehrfachgefechtsköpfen wegen ihrer größeren Nuklearkapazität die amerikanischen landgestützten »Minuteman«-Raketen-Silos gefährden könnten, sobald die Sowjetunion ihr MIRV-Programm abgeschlossen hatte. Um es deutlich auszudrücken: Die USA fürchteten um ihre Zweitschlagskapazität. Zwei Waffensysteme gerieten ins Zentrum der Kritik. Eines davon war eine neue amerikanische Cruise-Rakete mit dem Namen »Tomahawk«. Das zweite war ein neuer sowjetischer Bomber, TU 22M, von der NATO »Backfire«

genannt, der bald der bekannteste Bomber der Welt wurde. Jede Seite sah im neuen System der anderen Seite die Hauptbedrohung für die eigene Sicherheit und somit auch für SALT.

Kissinger sah die Chancen schwinden, noch 1975 ein SALT-II-Abkommen zu unterzeichnen. Hatten er und Ford noch in Wladiwostok eine Einigung mit Breschnew vor Augen, so wurden sie in den USA von einem Sturm der Entrüstung erfaßt. Die SALT-Verhandlungen in Genf schleppten sich nur mühsam fort, aber das Glück war SALT noch aus anderen Gründen nicht hold: Im April 1975 eroberten die Nordvietnamesen Saigon, das politische Klima – Voraussetzung für angemessene Rüstungskontrollverhandlungen – verschlechterte sich in der Folge auch in den amerikanisch-sowjetischen Beziehungen. Fords innenpolitische Kritiker waren zudem erbost, daß er ein Treffen mit Alexander Solschenizyn abgelehnt hatte, der gerade aus der Sowjetunion ausgebürgert worden war. Kissinger hatte dem Präsidenten unglücklicherweise von diesem Treffen abgeraten.

Das Treffen zwischen Ford und Breschnew im Juli 1975 auf der KSZE-Konferenz in Helsinki bestärkte die konservativen Kritiker. Ford hatte für die Präsidentschaftswahlen kandidiert, wurde aber von der Republikanischen Partei zusehends nach rechts gedrängt. Er mußte mit diesem Strom schwimmen, war deshalb aber um so mehr auf Erfolge bei den SALT-Verhandlungen angewiesen. Breschnew konnte umgekehrt keine weiteren Zugeständnisse machen, die Aussichten waren also trübe. Nach Watergate, Vietnam und angesichts des sowjetisch-kubanischen Vorgehens in Angola und der sowjetischen Schikanen gegenüber auswanderungswilligen Juden opponierte der Kongreß gegen die Entspannungspolitik Fords und Kissingers. Dabei war unklar, wem der Kongreß mehr mißtraute: der eigenen oder der sowjetischen Regierung.[15]

Am 11. Januar 1975 annullierte die sowjetische Führung das amerikanisch-sowjetische Handelsabkommen von 1972, weil sie die Forderung des Kongresses, Verknüpfung der Meistbegünstigungsklausel mit öffentlichen Garantien für die Menschenrechte, nicht akzeptierte. Diese moralisierende »Alles oder Nichts«-Haltung des Kongresses war ein Schritt zur entspannungsfeindlichen Wende in den amerikanisch-sowjetischen Beziehungen. Die Sowjetunion erkannte die Schwäche von Kissinger und Ford, die sich gegenüber einem moralisierenden und sich neoisolationistisch gebärdenden Kongreß nicht mehr durchsetzen konnten. Die kalkulierbare und ausgewogene Entspannungspolitik der USA schien am Ende.[16]

Im Januar 1976 suchte Kissinger in Moskau eine letzte Verhandlungschance für SALT. Er gestand der Sowjetunion »Backfire«-Bomber zu, dafür würden die

USA ihre mit Marschflugkörpern ausgerüsteten Bomber in die Unterbegrenzung von 1320 MIRV-Waffen einbeziehen. Die Sowjets lehnten ab. Kissinger schlug dann vor, daß sich die Sowjets bis 1981 auf 275 »Backfire«-Bomber beschränken sollten, während die USA nur Marschflugkörper kurzer Reichweite auf U-Booten dislozieren würden. Dazu forderte Kissinger eine zehnprozentige Reduzierung der Obergrenze von 2400 Abschußrampen. Kissinger konnte diese Vorstellungen jedoch nicht durchsetzen. Seine Gegenspieler drängten auf eine Sitzung des Nationalen Sicherheitsrates, um über seine Vorschläge zu beraten. Am 21. Januar 1976 entschied sich der Nationale Sicherheitsrat gegen Kissingers Vorschlag. Diese Nachricht schlug auch in Moskau wie eine Bombe ein. Kissinger erwog sogar seinen Rücktritt, denn Fords innerparteilicher Konkurrent um die Präsidentschaft, Ronald Reagan, erklärte unmißverständlich: »Unter Kissinger und Ford ist diese Nation die Nummer zwei geworden, und das in einer Welt, wo es gefährlich, wenn nicht tödlich ist, die Nummer zwei zu sein.«[17] Das Ende von SALT und das Ende der Entspannung in der Tradition von Nixon und Kissinger schien unabwendbar.

Sowjetische Unnachgiebigkeit bei den SALT-Verhandlungen, aber auch interne Kritik ließen Kissingers Kernstück der Entspannung scheitern. Seine Entspannungspolitik wurde zwischen zwei Mühlsteinen zerrieben: zwischen der wachsenden Opposition gegen die Entspannung in den USA und Moskaus Weigerung, mit Ford eine Übereinkunft zu treffen, die er innenpolitisch hätte durchsetzen können. Zwar scheiterte SALT an der sowjetischen Weigerung, den »Backfire«-Bomber, und an der amerikanischen Weigerung, die Marschflugkörper in SALT einzubeziehen, jedoch ging es um mehr: SALT war auch ein Opfer der veränderten Rahmenbedingungen geworden. Wenn die Entspannungspolitik an allen Fronten zum Stillstand kam, wenn die Sowjetunion militärisch und politisch weiter ausgriff, wie sollten dann SALT-Verhandlungen zum Erfolg gebracht werden?

SALT glich während der Regierung Ford/Kissinger einem Perpetuum mobile der Entspannung. Es bewegte nichts, nur sich selbst. Der Kongreß übte heftige Kritik an den SALT-Verhandlungen, tat jedoch nichts, um der wachsenden militärischen Stärke der Sowjetunion entgegenzuwirken, dagegen alles, um amerikanische Programme – wie beim B-1-Bomber, beim »Trident«-Atom-U-Boot, bei der MX-Rakete und bei den Marschflugkörpern – zu stoppen oder zu verzögern. Noch 1975 kürzte der Kongreß den Militärhaushalt um sieben Milliarden Dollar, nachdem längst offenkundig geworden war, daß die Sowjetunion sich anschickte, zu Lande, in der Luft und zur See strategisch wie konventionell einen enormen Rüstungsschub zu verwirklichen. Der Kongreß trug die Hauptschuld am außenpolitischen Machtverfall der USA in den siebziger Jahren. Aber auch Kissinger machte Fehler, die er selbst eingestand: »Ich habe die SALT-Verhandlungen fast bis zum Ende meiner Amtszeit nur mit Angehörigen meines Stabes geführt und das Verteidigungsministerium nicht daran beteiligt. Das war taktlos und unklug, denn für einen Vertreter des Verteidigungsministeriums wäre die Teilnahme an den Verhandlungen sehr lehrreich gewesen. … Außerdem wäre es leichter gewesen, die Unterstützung des Verteidigungsministeriums für die Belange des Nationalen Sicherheitsrates zu gewinnen.«[18]

Es war tragisch, daß Ford die Unterstützung des Kongresses für militärpolitische Programme verlor, als bereits die Spatzen von den Dächern pfiffen, daß die Sowjetunion militärisch mächtig ausholte. Während die USA als neue Waffen nur die »Minuteman III« mit Mehrfachgefechtsköpfen und die Langstreckenrakete »Poseidon« für U-Boote aufstellte, brachte die Sowjetunion acht neue oder modernisierte Langstreckentypen, zwei neue SLBMs und den »Backfire«-Bomber in Stellung.

Während die USA von 1970 bis 1977 ihre Landtruppen um 207000 Mann verringerten, wurden die sowjetischen Truppen um 262000 Mann erweitert. Die sowjetische Marine befand sich 1976 in einer enormen Aufbauphase. Während der prozentuale Anteil des Verteidigungshaushaltes der USA am Bruttosozialprodukt von 8,2 Prozent (1970) auf 5,2 Prozent (1977) fiel, die realen Kosten dabei um rund 4,5 Prozent sanken, stiegen die sowjetischen Kosten jährlich im gleichen Zeitraum um etwa drei Prozent bei einem Anteil von elf bis dreizehn Prozent am Bruttosozialprodukt. So geriet Ford im Wahljahr 1976 unter kritischen Beschuß von zwei Seiten. Kissingers Entspannungspolitik brannte 1976, einer Kerze gleich, an zwei Enden gleichzeitig ab: Während Jimmy Carter die Außenpolitik Fords als unmoralische Machtpolitik diffamierte, erklärte dessen innerparteilicher Herausforderer Ronald Reagan, daß unter Kissinger und Ford die USA zur Nummer zwei in der Welt abgesunken seien. In der Tat war der Anteil der Verteidigungsausgaben am Gesamthaushalt der Regierung von 40,8 Prozent (1970) auf 24,3 Prozent (1977) und damit auf den geringsten Anteil seit dem Zweiten Weltkrieg geschrumpft, wobei man allerdings den Abbau des militärischen Engagements der USA in Südvietnam berücksichtigen muß.

Aber befanden sich die USA deshalb in erhöhter Gefahr? Wohl kaum. Gerade Kissinger erkannte, daß der monolithische Charakter der kommunistischen Welt einer Fragmentierung gewichen war und besonders die sino-sowjetischen Spannungen verhandlungspolitische Vorteile für die USA boten. Aber Kissingers Hypothese, daß die Sowjetunion ihre eigenen Verbündeten, wie Nordvietnam, zur Mäßigung anhalten könnte, war eine Fehlkalkulation, denn die Sowjetunion kam den USA nicht zu Hilfe, sondern nutzte deren Zurückhaltung zum eigenen Vorteil aus. So hatte die Sowjetunion den ägyptischen Überraschungsangriff im Oktober 1973 auf Israel toleriert, ohne die USA vorab zu warnen, wie es die Grundsatzvereinbarungen von 1972 und 1973 verlangt hätten. Die Sowjetunion unterstützte die portugiesische KP in der Hoffnung auf einen kommunistischen Sieg nach der Revolution von 1974 und steigerte ihre militärische Unterstützung für Nordvietnam, als amerikanische Hilfe für Südvietnam vom Kongreß radikal beschnitten wurde; sie unterstützte den Sieg in Südvietnam 1975 wie auch die MPLA und kubanische Truppen in Angola, um ihren Einfluß in Afrika auszudehnen. Gleichzeitig verschärfte die sowjetische Regierung ihre Unterdrückungspolitik gegenüber Dissidenten und ausreisewilligen Juden ab 1975 erheblich.[19]

Was aber erreichten die USA durch ihre Entspannungspolitik? Nixon brachte die USA vom Rande der außenpolitischen Schwäche und Ohnmacht in eine überlegene Position, solange die Sowjetunion an Kooperation interessiert war. Sie zeigte außenpolitische Zurückhaltung bis 1972. Wenn Nixon drohte oder militärische Stärke anzeigte, wich die Sowjetunion zurück, wie die Ereignisse von 1970 bis 1972 zeigten. Doch nach Vietnam und Watergate erhielt die Rechte in den USA Auftrieb. In gewisser Weise wurden Ford und Kissinger von der Rechten gehaßt, weil beide an der Entspannung festhalten wollten – Trotz- und Wunschdenken mischten sich dabei. Hätte die Sowjetunion einem Geflecht von außenpolitischer Zurückhaltung und Anreizen zugestimmt, wenn das Handelsabkommen nicht durch das Menschenrechtsjunktim des Kongresses belastet worden wäre? Aber Senator Henry Jackson war entschlossen, Kissinger politisch zu Fall zu bringen.[20] Kissinger wurde Opportunismus und Machiavellismus vorgeworfen, weil er die Verwirklichung der Menschenrechte in der Sowjetunion nicht öffentlich eingefordert hatte. Doch Nixon, Ford und Kissinger machten sich keine Illusionen über die innenpolitische Struktur der Sowjetunion; aber sie glaubten, daß öffentliche Forderungen der falsche Weg waren.

Die amerikanisch-sowjetischen Beziehungen von der Qualität der innenpolitischen Struktur der Sowjetunion abhängig zu machen und öffentlich die Sowjetführung zu kritisieren wurde von Kissinger abgelehnt: »Ich habe mir nie Illusionen über die brutal unterdrückerische Natur der sowjetischen Gesellschaft gemacht. Aber ich wußte, daß die sowjetischen Führer um so unnachgiebiger würden, je mehr öffentlichen Druck wir auf sie ausübten. Ich wußte auch, daß es völlig unrealistisch war, anzunehmen, daß ein fundamentaler Wandel des sowjetischen Systems dadurch herbeigeführt werden könne, daß wir die Anwendung der Meistbegünstigungsklausel auf die Sowjetunion verweigerten.

Ich glaubte vielmehr, für die jüdischen Auswanderer mehr tun zu können, wenn wir mit den Sowjets im Gespräch blieben. Die Kreml-Mauern sind sehr dick. Wenn man drinnen ist, hören sie einem vielleicht zu; wenn man draußen ist, werden sie einen noch nicht einmal hören.«[21]

Durch Geheimdiplomatie, bei der die sowjetische Regierung ihr Gesicht wahrte, hatten Nixon und Kissinger mehr Menschenrechte durchgesetzt als ihre Widersacher. Die öffentliche Kritik des Kongresses und seiner führenden Mitglieder, insbesondere Senator Henry Jacksons, bewirkten sogar das Gegenteil: Hatte die Zahl der genehmigten Ausreisen von Juden aus der Sowjetunion von 1968 bis 1971 noch jährlich 15000 betragen, so durften auf dem Höhepunkt der Entspannung 1973 knapp 35000 Juden ausreisen. In den Jahren danach sanken die Zahlen massiv ab.

Das Mißtrauen der amerikanischen Öffentlichkeit gegenüber Kissingers Politik lag aber in dem philosophischen und historischen Gegensatz zwischen amerikanischer und europäischer Auffassung von Machtpolitik. Kissinger betrieb zwar in der Zielsetzung eine amerikanische, in der Wahl der Methoden jedoch eine Außenpolitik nach europäischer Tradition: Geheimhaltung, Machtbalance, Eigeninteresse und Ausgewogenheit galten als unamerikanisch. Kissinger schien sich von den klassischen amerikanischen Idealen wie Sendungsbewußtsein und Moral zu distanzieren.[22]

Die Menschenrechte bilden die Grundlage sowohl der europäischen wie auch der amerikanischen Außenpolitik. Aber während in der amerikanischen Tradition die öffentliche, ja moralische Forderung nach Verwirklichung der Menschenrechte auf Sympathie stößt, sind Westeuropäer skeptischer. Ihnen geht es weniger um moralische Begründung als vielmehr um die politische Wirkung, um den Erfolg und die Folgen. Die neue Rechte um Ronald Reagan und die moralisierenden Liberalen um Jimmy Carter hatten miteinander mehr gemeinsam als mit Nixon und Kissinger, weil sie sich auf amerikanische Werte beriefen, wenn auch in unterschiedlicher Akzentuierung. Sowohl für Reagan als auch für Carter war die Wiederherstellung moralischer Überlegenheit und des Sendungsbewußtseins wichtig. Nixon, Kissinger und Ford hingegen handelten zwar pragmatisch, aber nicht im Einklang mit der Stimmung in den USA. Deshalb waren sie zum Scheitern verurteilt. Der frühere Außenminister Dean Acheson erklärte einmal, Amerikaner erwarteten von der Außenpolitik eine Aspirin-Wirkung – schnell und effektiv. Kein Wunder, daß Nixon und Kissinger scheiterten, denn sie wollten die Amerikaner lehren, in langfristigen außenpolitischen Kategorien zu denken und zu handeln.

Kissinger fiel in den siebziger Jahren die wichtige pädagogische Aufgabe zu, die Strategie der USA gegenüber der Sowjetunion im Rahmen der atlantischen Allianz zu koordinieren. Dafür war er dank seiner europäischen und deutschen Herkunft prädestiniert. Im europäischen Denken aufgewachsen und politisch tätig in den USA, bemühte sich Kissinger, auf beiden Seiten des Atlantiks zu wirken. In den Vereinigten Staaten warb er für das europäische Verständnis von Menschenrechtspolitik und warnte vor öffentlich aggressiv vorgetragenen Protesten gegen Menschenrechtsverletzungen. In Europa warb Kissinger um Verständnis für die amerikanische Auffassung, Menschenrechtsforderungen in die Außenpolitik einfließen zu lassen.

Kissinger war mit Herz und Verstand Verfechter des europäischen Stils der Geheimdiplomatie und bevorzugte den direkten Dialog mit den politischen Führern anderer Staaten, um Menschenrechte durchzusetzen. In seiner Rolle als amerikanischer Staatsmann wurde er aber immer wieder dazu gedrängt, die amerikanische Mentalität zu berücksichtigen. Dies galt besonders im Hinblick auf die Verwicklung in Vietnam.

Der Zusammenbruch von Südvietnam und Kambodscha

In Vietnam und auch in Kambodscha hatte die Mischung von Neoisolationismus und Mißtrauen des Kongresses gegenüber dem Präsidenten fatale Folgen: Die amerikanische Asienpolitik stand 1975/76 weitgehend im Zeichen des Rückzugs. Am 17. April 1975 fiel Phnom Penh nach fünf Jahren Bürgerkrieg in die Hände der Roten Khmer, am 30. April kapitulierte Südvietnam vor den nordvietnamesischen und Vietcong-Truppen. Außerdem kündigten die laotischen Kommunisten am 2. Dezember 1975 das Koalitionsabkommen von 1974 auf, schafften die 661 Jahre alte Monarchie ab und riefen die Volksrepublik Laos aus.

Besonders die Lage in Südvietnam tangierte die amerikanische Außenpolitik. Das Abkommen vom Januar 1973 war zwar keine Garantie – weder für südvietnamesisches Überleben noch für nordvietnamesischen Sieg –, aber nur solange die USA militärische und wirtschaftliche Hilfe leisten und Nordvietnam vor einem Angriff abschrecken konnten, bestand für Südvietnam eine Überlebenschance. Ab 1973 und verstärkt unter Ford hatten aber vier Prozesse schwerwiegende Konsequenzen:

- Die innenpolitische Unterstützung in den USA für eine Politik der Stärke im Falle eines Wiederaufflackerns des Konflikts in Südvietnam war nicht mehr in ausreichendem Maße gegeben. Der Kongreß versagte dem Präsidenten seine Unterstützung in Südvietnam.

- Die Hoffnungen der amerikanischen Regierung, die beiden sozialistischen Großmächte würden Nordvietnam in Südvietnam zurückhalten, hatten sich nicht erfüllt.
- Das Vietnamisierungsprogramm erwies sich nicht als dauerhaft, und
- innerhalb der nordvietnamesischen Führungsgruppen hatte sich eine Mehrheit für den Umsturz in Südvietnam mit vollem militärischem Einsatz ausgesprochen.

Die Entwicklung nach 1973 war von Anfang an nicht günstig. Die Bürgerkriegshandlungen nahmen zu. Von 1973 bis Anfang 1975 fanden mehr als hunderttausend Soldaten und Zivilisten den Tod in Südvietnam. Der Krieg ging mit unverminderter Härte weiter. Die politischen Verhandlungen in Paris und Saigon reflektierten nur die Feindseligkeit der vietnamesischen Parteien. Als die amerikanische Regierung die Militärhilfe von 2,3 Milliarden Dollar von 1973 wegen der Forderungen des Kongresses auf 500 Millionen im Jahre 1975, also auf gut ein Fünftel, senken mußte, war das Signal für Südvietnam bedenklich. Die Wirtschaftshilfe, rund 600 Millionen Dollar pro Jahr, wurde durch eine galoppierende Inflation in Südvietnam nahezu aufgesogen. Für Kambodscha wurden in Washington überhaupt keine Hilfsgelder mehr bewilligt. Damit wurde das Land den innenpolitischen Bürgerkriegsparteien völlig preisgegeben. Militärisch verfolgte Thieu – ungeachtet der Richtlinien des Abkommens – allerdings eine aggressive Strategie, um den Vietcong zu besiegen. Er hatte sogar bis 1974 beträchtliche Erfolge vorzuweisen. An der Jahreswende 1974/75 hatte die Regierung Thieu rund neunzig Prozent des Gebietes und der Bevölkerung Südvietnams unter Kontrolle. Das machte Eindruck. Bei der nordvietnamesischen Offensive 1975 wurde aber schnell deutlich, daß die Stabilität des Thieu-Regimes nur vordergründig bestand. Entscheidend für den Umsturz aber war, daß die Nordvietnamesen und der Vietcong ein Gespür für die außenpolitische Ohnmacht der Regierung Ford und für die entsprechenden Konsequenzen in Südvietnam entwickelten. Weil der Kongreß die politischen Verpflichtungen und die Wirtschaftshilfe für Südvietnam radikal zusammengestrichen hatte, wirkte die Androhung von Sanktionen der Regierung Ford gegenüber Nordvietnam hohl. Ford hatte in Wirklichkeit keine Handlungsfreiheit mehr, um in Südvietnam, ja in Südostasien einzugreifen. Die *War-Power Resolution* vom November 1973 untersagte dem Präsidenten, amerikanische Truppen für einen längeren Zeitraum einzusetzen. Die außenpolitische Macht des Präsidenten glich einem Adler mit gestutzten Flügeln und stumpfen Klauen. Vier Präsidenten hatten Vietnam als lebenswichtig für die amerikanische Sicherheit angesehen. Jetzt wurden Vietnam, Laos und Kambodscha von der außenpolitischen Interessenliste gestrichen. Daraufhin wurden die Länder von Kommunisten überrannt. Die Folgen waren entsetzlich. In Kambodscha kam es zum Völkermord, mindestens fünfzehn Prozent der Bevölkerung wurden auf bestialische Weise umgebracht. In Vietnam war das Leiden zwar weniger drastisch, aber Hunderttausende wurden in »Umerziehungslager« verschleppt, die in Wirklichkeit nichts anderes waren als Konzentrationslager.[23]

Die Dominotheorie fand in den siebziger Jahren auf deprimierende Weise ihre Bestätigung. Man kann nur darüber mutmaßen, aber hätten Castro und Breschnew in Angola interveniert oder hätte die Sowjetunion den Krieg in Äthiopien auch dann geschürt, wenn die USA nicht in Indochina gescheitert, durch die Watergate-Affäre demoralisiert und in der außenpolitischen Handlungsfähigkeit drastisch eingeschränkt worden wären? Jedenfalls zogen die Sowjets genau die Schlußfolgerungen, welche die Vertreter der Dominotheorie befürchtet hatten: Das historische Kräfteverhältnis zwischen den USA und der Sowjetunion hatte sich zugunsten Moskaus verschoben. In der Folge versuchten die Sowjets im Jemen, in Angola, in Äthiopien und schließlich in Afghanistan ihre Interessen rücksichtslos durch militärische Intervention durchzusetzen. Umgekehrt zwang das Vietnamdebakel die USA, ihre außenpolitischen Grenzen enger zu ziehen. Als Kissinger den sowjetischen Botschafter wegen der sowjetischen Unterstützung Nordvietnams kritisierte und vor einer Eskalation der Lage in Südvietnam warnte, antwortete Dobrynin kühl, Kissinger solle seine Kritik an Senator Fulbright richten.[24] Die Erfolge Nordvietnams wurden möglich, weil die Macht Kissingers und Fords vom Kongreß radikal beschnitten worden war. Keine illusionäre Entspannungspolitik, sondern die Folgen von Watergate und ein neuer Isolationismus führten dazu, daß außenpolitische Kritik in einen umfassenden neoisolationistischen und zugleich moralisierenden Sog geriet.[25] Noch im Januar 1973 hatte Henry Kissinger erklärt, daß Friede in Südvietnam für Südostasien und für die globale Machtbalance bedeutsam sei. Nach dem Zusammenbruch Südvietnams forderte er nur noch kleinlaut die Freigabe der vermißten amerikanischen Soldaten und ging stillschweigend zur Tagesordnung über.

Der Zusammenbruch Südvietnams, aber auch von Laos und Kambodscha, hatte Kissingers These von der Unteilbarkeit der Entspannung widerlegt. In einer politischen Welt, die zwischen kaltem Krieg und Entspannung oszillierte, mußte auch Entspannung teilbar oder regionalisierbar bleiben. Faßte man sie global-dogmatisch auf, dann glich sie der Vorstellung von der Unteilbarkeit des kalten Krieges. In Vietnam erlebte Kissinger das Dilemma des konservativen Staatsmanns, das er bei Metternich beobachtet hatte und nun selbst erleben mußte: »Geschichte kann Logik illustrieren, aber nicht unter Beweis stellen; zwar erteilt sie ihre Lehren gewiß irgendwann, aber nicht während eines Menschenlebens. Und darin lag letztendlich auch die Versinnbildlichung des konservativen Dilemmas: daß es Aufgabe des Konservativen ist, Revolutionen nicht niederzuschlagen, sondern ihnen vorzubeugen; daß eine Gesellschaft, die eine Revolution nicht verhindern kann und deren Werteverfall durch die Tatsache der Revolution demonstriert wurde, nicht in der Lage sein wird, sie durch konservative Mittel niederzuschlagen, daß die Ordnung, nachdem sie einmal erschüttert ist, nur durch die Erfahrung des Chaos wiederhergestellt werden kann.«[26]

Nordvietnam hatte das politische und militärische Vakuum in Südvietnam rücksichtslos ausgenutzt, weil Nixon und Ford durch den Kongreß zur Ohnmacht verurteilt waren. Die moralische Antriebskraft der amerikanischen Außenpolitik, im Zeitalter der Eindämmung globaler Antikommunismus, wurde Mitte der siebziger Jahre zum Argument für außenpolitischen Rückzug. Dieser Wandel löste den kommunistischen Umsturz in Südvietnam aus. Es galt nun als einzig moralisch richtig, sich aus Südvietnam zurückzuziehen. Der Kongreß spielte dabei eine zentrale Rolle, denn neben den wirtschaftspolitischen Kürzungen im Hilfsprogramm für Südvietnam verbot das Fulbright-Amendment vom 1. Juli 1973 amerikanische Unterstützung auch bei kriegerischen Auseinandersetzungen in Südvietnam.

Die USA führten schließlich einen Krieg, in dem ihre moralische, materielle und zivilisatorische Überlegenheit auch im eigenen Land in Frage gestellt wurde. Die antikommunistische Gesinnung eines John Foster Dulles und der außenpolitische Idealismus eines John F. Kennedy wurden in Vietnam pervertiert, die amerikanische Gesellschaft orientierungslos. So gesehen, hatte Vietnam auf Amerika innen- und außenpolitisch traumatische Folgen. Vielleicht hatte die Erfahrung des Vietnamkrieges für die Amerikaner innenpolitisch tiefere Einschnitte zur Folge als der Erste und Zweite Weltkrieg: Zwar prägten diese Amerikas außenpolitische Rolle im 20. Jahrhundert maßgeblich, doch innenpolitisch beeinflußte der Vietnamkrieg die kollektive Psyche der USA stärker als beide Weltkriege zusammen. Amerika verlor sein Selbstvertrauen, seinen politischen Kompaß und seine außenpolitische Leitidee. Eindämmung und Entspannung, Antikommunismus und globales Sendungsbewußtsein versanken im Morast des Vietnamkrieges. Isolationismus und Rückzug wurden zur moralischen Losung.

Ford folgte in seiner gesamten Amtszeit den Empfehlungen seines Außenministers Kissinger – bis auf eine Ausnahme: Als Kissinger angesichts des Zusammenbruchs in Südvietnam im April 1975 von Ford massive Hilfeleistung für

Südvietnam forderte, lehnte Ford ab. Er erkannte die Lage realistisch und wußte, daß nichts mehr zu retten war. Die 700 Millionen Dollar, die Kissinger forderte, hätten die Dinge nicht mehr ändern können. So erklärte Ford in seiner Rede am 24. April 1975 in Tulane: »Amerika kann das Gefühl des Stolzes zurückgewinnen, das vor Vietnam existierte. Das kann es aber nicht, wenn es einen Krieg noch einmal ausficht, der, soweit es Amerika betrifft, beendet ist.«[27] Ford hatte erkannt, daß der Kongreß der Empfehlung Kissingers nicht gefolgt wäre. Zehn Jahre nachdem die ersten amerikanischen Truppen an der Küste von Da Nang gelandet waren, brach Amerikas Strategie in Südvietnam zusammen. Das Konzept des »Ehrenvollen Friedens« war gescheitert, weder Ehre noch Friede konnten gerettet werden.

Welche Lehren zogen die USA aus dem Krieg? Er hatte vor allem die in der amerikanischen Gesellschaft bis dahin vorhandene breite Zustimmung zur Eindämmung des Kommunismus zerstört und die amerikanische Wirtschaft schwer strapaziert. Entscheidend war, daß der Vietnamkrieg im Widerspruch stand zu allem, was die Gründungsväter gelehrt und gepredigt hatten. Hatte nicht Washington schon seine Landsleute davor gewarnt, in Länder am anderen Ende der Welt einzumarschieren, um Ungeheuer zu beseitigen? Der Krieg hatte die Vereinigten Staaten weltweit unbeliebt gemacht. Die kalte Behandlung der aus Vietnam zurückgekehrten Soldaten war auch Ausdruck eines schlechten Gewissens und der Versuch, sich von den Folgen des Krieges abzuwenden. Eine Generation von Amerikanern hat darunter gelitten. Es dauerte viele Jahre, bis die Veteranen des Vietnamkrieges zu Hause Trost und Respekt fanden. Der Vietnamkrieg hatte ähnliche Auswirkungen auf die Psyche des amerikanischen Volkes wie der Erste Weltkrieg auf die der Europäer.[28] Die Folgen waren persönlich und psychologisch langwierig und weiteten sich zu einer gesellschaftspolitischen, zu einer Krise der amerikanischen Zivilisation und inneren Verfassung aus. Auch zeigte der Vietnamkrieg, daß selbst bei größter Überlegenheit von Waffen und Technologie der Erfolg ausblieb. Auch wurde deutlich, daß Atomwaffen keinerlei Bedeutung hatten – weder für Sieg noch für Waffenstillstand. Vor allem machte der Krieg klar, daß das Fehlen einer sinnvollen politischen Leitidee katastrophale Folgen hat. Weiterhin zeigte er, daß es falsch war, den Krieg halbherzig zu führen. Entweder hätte er beizeiten abgebrochen werden müssen, oder die Regierung hätte die Bevölkerung davon überzeugen müssen, daß die Wirtschaft auf Kriegsbedingungen umzustellen war – unter Mobilisierung aller Reserven.

Wie hat der Vietnamkrieg die amerikanische Außenpolitik und Amerikas Rolle in der Welt verändert? Für die einen war Vietnam Ausdruck amerikanischer Arroganz und das Scheitern ein Schockerlebnis. Andere sahen im Vietnamkrieg eine verpaßte Chance, den kommunistischen Einfluß weltweit zurückzudrängen.

Außenminister Dean Rusk, der nationale Sicherheitsberater Walt Rostow und andere vertraten die These, »daß ohne die Intervention der Vereinigten Staaten die Sowjetunion und China die kommunistische Herrschaft in Süd- und Ostasien weiter ausgedehnt hätten, mit dem Ziel einer Hegemonie über Indonesien, Thailand und gegebenenfalls Indien«[29]. Andere, wie der damalige Verteidigungsminister McNamara, vertreten im nachhinein die Auffassung, daß sich die USA spätestens 1963 oder 1964 aus Vietnam hätten zurückziehen sollen und können, denn »möglicherweise hätten wir an Glaubwürdigkeit gewonnen, wenn wir aus Vietnam abgezogen wären und unsere Kräfte für andere Positionen aufgespart hätten, die leichter zu verteidigen waren«. Nach Ansicht McNamaras gab es elf Gründe für Amerikas Desaster in Vietnam:

»1. Wir haben die geopolitischen Absichten unserer Gegner ... falsch eingeschätzt und die Gefahren, die den Vereingten Staaten aus ihrem Vorgehen drohten, überbewertet.

2. Wir haben die Bevölkerung und die führenden Politiker Südvietnams nach unseren Maßstäben beurteilt: Wir meinten, sie hätten einen übermächtigen Wunsch nach Freiheit und Demokratie und seien entschlossen, dafür zu kämpfen. Wir haben die politischen Kräfte dieses Landes ganz und gar falsch eingeschätzt.

3. Wir haben unterschätzt, welche Kraft das Nationalbewußtsein einem Volk (hier den Nordvietnamesen und dem Vietcong) verleiht, für seine Überzeugungen und seine Werte zu kämpfen und zu sterben. ...

4. Unsere Fehleinschätzung von Freund und Feind hat unsere völlige Unkenntnis bewiesen, was Geschichte, Kultur und Politik der Völker Indochinas sowie die Persönlichkeit und Haltung der führenden Politiker dieser Länder angeht. ... Experten, auf die sich die Verantwortlichen bei Entscheidungen über Vietnam hätten stützen können, standen uns für den südostasiatischen Raum nicht zur Verfügung.

5. Zudem haben wir nicht erkannt ..., daß den modernen, hochtechnologisch ausgerüsteten Streitkräften und den für sie entwickelten Strategien Grenzen gesetzt sind, wenn es zur Konfrontation mit einem unkonventionell kämpfenden und hochmotivierten Volk kommt. Auch ist es uns nicht gelungen, unsere militärische Taktik so auszurichten, daß wir die Herzen und den Verstand der Menschen eines vollkommen andersgearteten Kulturkreises hätten gewinnen können.

6. Wir haben es versäumt, den Kongreß und die amerikanische Bevölkerung vorab in eine Diskussion über das Pro und Contra eines großangelegten militärischen Engagements der USA in Südostasien einzubeziehen.
7. Nachdem das Unternehmen bereits in Gang gekommen war und aufgrund unerwarteter Ereignisse einen anderen Verlauf nahm als geplant, ist es uns nicht gelungen, in der Bevölkerung dafür einen Rückhalt zu finden. Das lag zum Teil daran, daß wir nicht umfassend über die Geschehnisse und unsere Vorgehensweise Auskunft gaben. Wir hatten die Öffentlichkeit nicht darauf vorbereitet, die komplizierten Ereignisse zu verstehen, mit denen wir es zu tun hatten. Und wir hatten der Nation nicht erklärt, wie man konstruktiv reagiert, wenn man in unbekannten Gewässern einen neuen Kurs einschlagen muß. Die größte Stärke eines Landes liegt nicht in seinem militärischen Können, sondern in der Einigkeit seines Volkes. Es ist uns nicht gelungen, diese zu bewahren.
8. Wir haben nicht erkannt, daß weder unser Volk noch die führenden Politiker allwissend sind. Sofern unsere eigene Sicherheit nicht unmittelbar gefährdet ist, sollte unsere Meinung darüber, was für ein anderes Volk oder Land von größtem Nutzen ist, auf internationalen Foren in öffentlicher Diskussion einer Prüfung unterzogen werden. Wir haben keinerlei von Gott verliehenes Recht, jede beliebige Nation nach unseren Vorstellungen zu formen.
9. Wir haben nicht den Grundsatz befolgt, daß militärische Aktionen der USA, sofern sie nicht als Erwiderung auf eine direkte Bedrohung unserer eigenen Sicherheit erfolgen, nur in Übereinkunft mit multinationalen Streitkräften und bei umfassender Unterstützung … durch die internationale Staatengemeinschaft erfolgen dürfen.
10. Wir haben nicht erkannt, daß ebenso wie im täglichen Leben auch auf internationaler Ebene Schwierigkeiten auftauchen können, für die es keine unmittelbaren Antworten gibt. Für jemanden, der sich zum Lösen von Problemen berufen fühlt, ist das eine besonders betrübliche Erkenntnis. Aber zuweilen bleibt uns nichts anderes übrig, als uns mit einer unvollkommenen und unordentlichen Welt abzufinden.
11. Viele dieser Fehler resultieren aus unserem Unvermögen, die ranghöchsten Verantwortlichen in der Regierung anzuleiten, wie man mit solch außergewöhnlich komplizierten politischen und militärischen Fragen effizient umgeht, auch im Hinblick auf die hohen Risiken und Kosten, die entstehen – vor allem der Verlust von Menschen –, wenn einem über einen langen Zeitraum hinweg die Anwendung militärischer Gewalt aufge-

> zwungen wird. Eine solche Schwäche wäre zu verschmerzen gewesen, hätten der Präsident und seine Berater nur mit dieser einzigen Aufgabe zu tun gehabt. Selbstverständlich war dem nicht so. Daneben gab es gleichzeitig noch eine Vielzahl innenpolitischer und internationaler Probleme, mit denen wir uns beschäftigen mußten. Daher haben wir versäumt, unser Vorgehen in Südostasien ... ebenso intensiv und gründlich zu analysieren und zu erörtern, wie dies in den Debatten des Exekutivkomitees während der Kubakrise geschehen war.«[30]

Die Umstürze in Indochina bewirkten auch positive Veränderungen in Asien. Japan modifizierte im Zuge der neuen Chinapolitik der USA seine Außenpolitik, viele asiatische Staaten folgten dem japanischen Beispiel, ohne es blind zu imitieren. Auf Indonesien, Thailand, Malaysia, die Philippinen und Singapur, selbst auf Birma wirkten die kommunistischen Siege in Indochina besorgniserregend. Auch die außenpolitischen Reaktionen der südostasiatischen Nachbarstaaten waren von der Erkenntnis geleitet, daß nicht mehr allein der Verlaß auf die USA und ein konsequenter Antikommunismus die Sicherheit der eigenen Interessen garantieren würde. Die Organisation der ASEAN-Staaten hatte bis Mitte der siebziger Jahre ein Schattendasein geführt, unter dem Eindruck der kommunistischen Aggressionen in Indochina allerdings wurde auf der Gipfelkonferenz von Bali im Februar 1976 beschlossen, die seit 1967 locker bestehende Gemeinschaft zu straffen. Die meisten ASEAN-Staaten entschieden sich für eine massive Stärkung der Organisation. Andere, wie Thailand und vor allem die Philippinen, lehnten sich nun um so stärker an die USA an. 1975 kamen Ford und der philippinische Diktator Ferdinand Marcos überein, die Sicherheitsbeziehungen zu intensivieren. Ob das der Weisheit letzter Schluß war, ist eine Frage, auf die später zurückzukommen sein wird. Zunächst konnte die amerikanische Präsenz auf den Philippinen beibehalten werden. Es wurden neue Stationierungsverträge für die beiden amerikanischen Großstützpunkte, Clark Air Base für die Luftwaffe und Subic Bay für die Marine, ausgehandelt.

Während der Präsidentschaft Fords stagnierten die Beziehungen zu China offensichtlich. Peking wünschte zwar die Aufnahme der diplomatischen Beziehungen, aber nur unter der Bedingung, daß die USA ihre offiziellen Beziehungen zu Taiwan abbrächen und der amerikanisch-taiwanesische Verteidigungsvertrag gekündigt würde. Dazu war die Regierung Ford jedoch nicht bereit, weil die Volksrepublik China nicht formell auf Gewaltanwendung bei der Lösung des Taiwanproblems verzichtete. Anfang 1975 wurde sogar die Einladung zur USA-Tournee einer chinesischen Musikgruppe zurückgezogen, weil diese nicht bereit war, ein Lied über die Befreiung Taiwans aus dem Programm zu streichen. Aber abgesehen von diesen Randproblemen wurde deutlich, daß Peking eine fortgesetzte Präsenz der USA im asiatisch-pazifischen Raum befürwortete. Ausgenommen blieb natürlich Taiwan, von wo die Volkschinesen den vollständigen Abzug der US-Truppen wünschten. Peking sah die USA vor allem als asiatisches Gegengewicht zur Sowjetunion. So war es kaum verwunderlich, daß Deng Xiaoping die amerikanisch-sowjetische Entspannung kritisierte, weil die USA sie mit Naivität und Selbstzweck betrieben hätten.

Fords Besuch in der Volksrepublik China vom 1. bis 4. Dezember 1975 verlief in herzlicher Atmosphäre, blieb aber ohne politische Folgen. Er wiederholte dabei die für China zentrale Antihegemonialklausel, nach der beide Staaten nicht nach Hegemonie streben wollten und sich gleichzeitig dem Hegemoniestreben Dritter entgegenstellen würden. Die Einladung des früheren Präsidenten Richard Nixon als Privatperson vom 21. bis 28. Februar 1976 mit allem Pomp verweist auf die Raffinesse chinesischer Diplomatie und zeigt die ungebrochene Wertschätzung der chinesischen Führung für den früheren amerikanischen Präsidenten, der die Beziehungen zwischen den beiden Staaten revolutioniert hatte.

Das amerikanische Engagement in Angola

Chester Crocker, Mitarbeiter im NSC unter Sicherheitsberater Kissinger und Staatssekretär für Afrika im State Department während der Regierung Reagan, schreibt in seinen Erinnerungen, daß Angolas Unabhängigkeit am 11. November 1975 einen grausam-ironischen Charakter hatte, denn in Wirklichkeit nutzte die kommunistische Befreiungsbewegung MPLA dieses Ereignis, um mit sowjetischer und kubanischer Hilfe die Regierungskoalition zu stürzen.[31] Das »souveräne« Angola war in den nächsten dreizehn Jahren ein besetztes, von Bürgerkrieg überzogenes Land. Vor diesem Hintergrund war es tragisch, daß unmittelbar auf Vietnam der Rückzug der USA aus Angola folgte. Angola wurde das erste Opfer des amerikanischen Vietnam-Debakels. Eine massive sowjetisch-kubanische Intervention in Angola hatte die Entspannungspolitik 1976 zum Stillstand gebracht. Diese Entwicklung war nicht zwingend, die amerikanische Unterstützung für die FNLA blieb minimal, kam aber verfrüht: Für den Oktober 1975 waren freie Wahlen vorgesehen, die am 11. November 1975 zur Unabhängigkeit Angolas führen sollten. Aber statt abzuwarten, ob die Koalitionsregierung überleben würde, legte sich die Regierung Ford schon eine Woche nach Abschluß des Abkommens, am 22. Januar 1975, auf eine der drei Befreiungsbewegungen fest. Das sogenannte Vierziger-Komitee autorisierte die

CIA, zunächst dreihunderttausend Dollar für politische Aktivitäten an die FNLA zu zahlen. Die FNLA verfügte über die größte und am besten ausgebildete Guerilla-Armee in Angola, kontrollierte aber im Vergleich zu den anderen nur ein kleines Gebiet und nur einen geringen Anteil der Bevölkerung.[32]

Die amerikanische Hilfe war wichtig, weil die Gegenseite von Moskau und Peking unterstützt wurde. China sah in Angola eine Möglichkeit, seinen Einfluß in Afrika auf Kosten der Sowjetunion auszuweiten. Für die Sowjetunion wiederum zeichnete sich eine bedrohliche amerikanisch-chinesische Gemeinschaftsstrategie ab. Die Sowjets hatten die MPLA seit Jahren unterstützt, wobei diese Hilfe zwischen 1960 und 1974 auf rund 27 Millionen Dollar geschätzt wurde.[33] Die Sowjets stockten diese Hilfe massiv auf, zwischen März und Juli 1975 lieferten sie rund hundert Tonnen Waffen im Wert von 20 bis 35 Millionen Dollar. Kissinger sah diese Unterstützung nicht nur als sowjetischen Versuch einer Einflußnahme in Angola, sondern im Zusammenhang mit den kommunistischen Umsturzversuchen in Portugal. Eurokommunismus und sowjetisches Vorgehen in Angola bildeten für ihn eine Zange, die die amerikanischen Interessen und die der freien Welt umfassend bedrohten. Um so mehr war Kissinger entschlossen, dem Expansionismus der Sowjets gerade in Angola entschlossen entgegenzutreten, um nach dem Verlust von Vietnam hier Widerstandswillen zu demonstrieren.[34] Folglich entschied sich die Regierung Ford für eine Intervention in Angola durch direkte Waffenlieferungen an die FNLA und die UNITA sowie durch indirekte Waffenlieferungen über Zaire und Sambia.

Diese Politik war in der Regierung Ford umstritten. Das Bureau of African Affairs im State Department unter der Leitung von Nathaniel Davis kritisierte Kissingers Vorgehen und plädierte statt dessen für eine Politik der Zurückhaltung und der diplomatischen Lösung.[35] Dort bevorzugte man Vermittlungsaktionen über die UNO beziehungsweise OAU. Ebenso wurde Kissingers Maxime bezweifelt, daß ein Sieg der MPLA eine politische Katastrophe für die USA bedeuten würde. Auch die Gulf Oil Company, Vertreterin der wichtigsten amerikanischen Wirtschaftsinteressen in Angola, hatte keinen Zweifel daran gelassen, daß sie bei einem Sieg der MPLA ihre Beziehungen zur MPLA nicht abbrechen würde.

Kissinger lehnte diese Einstellung ab und entschied sich für geheime militärische Unterstützungsaktionen für die FNLA und UNITA, weil er es für sinnlos erachtete, den Dialog mit der Sowjetunion über Angola zu suchen, ohne nicht vorher FNLA und UNITA militärisch entscheidend gestärkt zu haben. Kissinger kämpfte somit an vier Fronten:

– Innenpolitisch suchte er die Fesseln zu lösen, die ein isolationistischer Kongreß der Regierung Ford anlegen wollte, auch in Angola.

- Vor der amerikanischen Öffentlichkeit suchte Kissinger Unterstützung für maßvolle und zugleich überzeugende Eindämmungspolitik.
- Der Sowjetunion versuchte Kissinger im direkten Gespräch die Gefahren zu verdeutlichen, die sich aus temporärem Machtvorteil langfristig für die amerikanisch-sowjetischen Beziehungen ergeben würden.
- In Angola suchte Kissinger mit zum Teil chinesischer und südafrikanischer Rückendeckung nach neuen Wegen für eine amerikanische Afrikapolitik.

Kissingers Fixierung auf die Sowjetunion erschwerte eine abgewogene und vor allem regionale Bewertung der Ereignisse. Umgekehrt führte Kissingers Obsession für Geheimdiplomatie zu einem tiefen Mißtrauen der amerikanischen Öffentlichkeit gegenüber seiner Politik: »Man gewinnt aus dieser Entfernung den Eindruck, daß, falls Kissinger sagt, Angola sollte der russischen Interessensphäre überlassen werden, die Liberalen sich einstimmig erheben würden, um ihn einer krassen Beschwichtigungspolitik zu zeihen; und daß, wenn er sagt, die Russen befleißigten sich in Angola einer rücksichtslosen Machtpolitik, er ebenfalls angegriffen werden würde. ›Henry kann nichts richtig machen‹ scheint zum Ersatz für objektives Denken geworden zu sein.«[36]

Henry Kissinger sah die Ereignisse in Angola unter globaler Perspektive: In einer Region, in der die Sowjetunion bisher keinen Einfluß besaß, wollte er – vor dem Hintergrund des Vietnamdebakels – kommunistisches Vordringen vereiteln. Kissinger war entschlossen, Angola, das wertvollste Erbstück des kolonialen Nachlasses der Portugiesen mit Diamanten- und Eisenvorkommen, nicht dem sowjetisch-kubanischen Einfluß zufallen zu lassen. Seit 1960 hatten die Sowjets die MPLA mit knapp 30 Millionen Dollar unterstützt, allein zwischen März und Juli 1975 hatten sie ihr Waffen im Wert von 20–35 Millionen Dollar geliefert. Während Kissinger und Ford mit Mühe und Not vom Kongreß die Zusage erhielten, daß die FNLA im Januar 1975 mit wenigstens 300000 Dollar unterstützt werden sollte[37] – ein Tropfen auf dem heißen Stein –, schickte Kuba Militärausbilder nach Angola, um die Kampfkraft der MPLA zu stärken – mit Erfolg.

Da die Sowjetunion nach der Revolution in Portugal die dortige Kommunistische Partei auch unterstützte, befürchtete Kissinger das Schlimmste: Ohne amerikanische Stärke würde die Sowjetunion in Portugal und in Angola neuen Einfluß gewinnen. Seine Bemerkung gegenüber dem portugiesischen Sozialistenführer Soares – »Ich glaube an Ihre Aufrichtigkeit, aber Sie sind naiv, Sie sind ein Kerenski«[38] – zeigt Kissingers Furcht vor neuen kommunistischen Revolutionen an den Peripherien der Weltpolitik. Aber er war auch vorausschauend: »Angola stellt das erste Mal seit der Zeit nach dem Zweiten Weltkrieg dar, daß die Sowjets militärisch einen weiten Weg gegangen sind, um einem Regime ihrer Wahl zur Macht zu verhelfen. Es ist das erste Mal, daß die USA es nicht fertiggebracht haben, militärischen Maßnahmen der Sowjets außerhalb deren unmittelbarer Einflußsphäre entgegenzutreten. Und es ist das erste Mal, daß der Kongreß der Exekutive in den Arm gefallen ist, als sie im Begriff war, dieser Art der Bedrohung zu begegnen. ... Ich muß mit einer gewissen Traurigkeit feststellen, daß der Kongreß durch sein Vorgehen den Präsidenten der unverzichtbaren Flexibilität bei der Formulierung einer Außenpolitik beraubt hat, die unseres Erachtens in unserem nationalen Interesse liegt. ... Unsere Diplomatie war wirksam, solange wir uns die Macht der Einflußnahme auf ein mögliches militärisches Gleichgewicht erhielten. Die Entschlossenheit Afrikas, sich der sowjetischen und kubanischen Intervention zu widersetzen, trat immer deutlicher zutage. ... Nach dem Senatsbeschluß, Angola jede weitere Hilfe zu versagen, haben die Kubaner ihre Streitkräfte mehr als verdoppelt, und sowjetische Militärhilfe wurde in sogar noch höherem Grad wiederaufgenommen. Das Ausmaß der sowjetisch-kubanischen Intervention hat drastisch zu-, die Kooperation der Sowjetdiplomatie dagegen abgenommen.«[39]

Während der Kongreß und die amerikanische Öffentlichkeit aus Vietnam folgerten, daß sich die USA aus dem Bürgerkrieg in Angola heraushalten sollten, zog Kissinger entgegengesetzte Schlußfolgerungen: Er votierte für ein entschlossenes Eingreifen der USA in Angola, jedoch nicht direkt und öffentlich, sondern in Form verdeckter Unterstützung der FNLA und UNITA durch die CIA. So hoffte er eine Machtübernahme durch die von den Sowjets und Kubanern unterstützte MPLA verhindern zu können. Er drohte der sowjetischen Führung, daß die USA das sowjetische Eingreifen weit außerhalb ihrer regionalen Interessensphäre nicht hinnehmen würden. Aber Breschnew fühlte sich auf dem Höhepunkt seiner Macht und ließ Kissinger im Januar 1976, als er sich in Moskau um sowjetisches Einlenken bemühte, kalt abblitzen, wie der folgende Dialog vor der Presse in Moskau dokumentiert: »Auf die Frage, ob Breschnew mit Kissinger über Angola diskutieren wolle, antwortete jener: ›Wenn Kissinger über Angola diskutieren will, dann soll er das mit Sonnenfeld machen.‹«[40]

Kissinger wurde nicht nur von Breschnew abgewiesen, sondern auch vom Kongreß, der Kissingers Bitte um Steigerung der Militärhilfe für UNITA und FNLA rundheraus ablehnte. Auch in Angola blieb der amerikanische Adler gestutzt und konnte nichts ausrichten. Kissinger schien in seinem eigenen Entspannungsnetz gefangen: Er hatte – wie schon Johnson – versäumt, die Öffentlichkeit und den Kongreß rechtzeitig über die Lage in Angola deutlich zu informieren. Wieder wurden Kongreß und öffentliche Meinung von Geheimdienstenthüllungen überrascht. Das Mißtrauen stieg. Kissinger, der seine Außenpolitik innenpolitisch unzureichend abgestützt hatte, bot deshalb resigniert seinen Rücktritt an. Ford hielt aber an seinem Außenminister unerschütterlich fest. Auch Kissingers Versuch im Januar 1976, in Moskau amerikanische Kompromisse bei SALT mit sowjetischen Zugeständnissen in Angola zu verbinden, scheiterte. Die sowjetische Führung insistierte allein auf dem SALT-Abkommen und lehnte Kissingers Vorschlag, die amerikanisch-sowjetische Entspannung auch in Angola anzuwenden, ab. Kissingers Entspannungspolitik schien ebenso gescheitert wie seine Angolapolitik. Die Regierung Ford hatte die Fähigkeit verloren, durch Anreize oder durch Vergeltung die sowjetisch-kubanischen Erfolge in Angola zu vereiteln.[41]

Kissinger unterliefen Fehler und Versäumnisse: Gegen die Empfehlung der Experten im Außenministerium hatte er auf direkten Waffenlieferungen an die FNLA und UNITA sowie auf indirekter Militärhilfe über Zaire und Sambia bestanden, wodurch die Präsidenten Mobutu und Kaunda zu Erfüllungsgehilfen der USA abgestempelt wurden. Ferner hatte Kissinger Vorschläge seiner Mitarbeiter, über die OAU oder die UNO eine politische Kompromißlösung zu suchen, abgelehnt, statt dessen auf eine militärische Lösung mit Hilfe von Südafrika gesetzt. Auch schien er beim Besuch Fords in Peking im November 1975 auf eine amerikanisch-chinesisch-südafrikanische Allianz in Angola zu hoffen.

Die massive Hilfe der Sowjetunion von rund vierhundert Millionen Dollar und die Präsenz von zwölftausend kubanischen Soldaten brachten am Ende die Entscheidung. Nicht durch freie Wahlen, wie ursprünglich geplant, sondern durch militärischen Sieg wurde schließlich am 10. Februar 1976 die MPLA-Regierung als legitime Vertretung Angolas anerkannt.[42]

Die Regierung Ford/Kissinger versäumte eine realistische Überprüfung der Situation, vor allem der drei afrikanischen Befreiungsbewegungen. Durch Kissingers geopolitische Manie wurde die MPLA voreilig zum Handlanger der Sowjetunion abgestempelt und überstürzt die Unterstützung von FNLP und UNITA beschlossen. Amerikas Stärke sollte demonstriert, gleichzeitig die Sowjetunion geschont werden. Kissinger hatte sich in Angola zwischen alle Stühle gesetzt, während die Sowjetunion die Chance zum eigenen Vorteil nutzte – wenigstens kurzfristig. Langfristig begann in Angola – das wurde erst nach Jahren deutlich – der außenpolitische Niedergang der Sowjetunion: Georgi Arbatow, der entscheidenden Anteil an der Außenpolitik der Sowjetunion hatte, erklärt retrospektiv: »Wie es einem in der Politik oftmals ergeht, wenn man gerade noch mal davongekommen ist und es so aussieht, als hätte man Erfolg gehabt, ist man praktisch gezwungen, diese Politik zu wiederholen. Das tut man, bis man dann wirklich in die Klemme gerät. So war es auch in Angola. Für den Augenblick rechneten wir nicht mit großen Schwierigkeiten, weil die Amerikaner damit beschäftigt waren, die Wunden von Watergate zu heilen und einen heißen Wahlkampf in die Wege zu leiten. Natürlich wurde protestiert, und es fielen einige starke Worte, aber die Beziehungen blieben mehr oder weniger intakt, und die Tatsache, daß die Sowjetunion nun noch suspekter und des Vertrauens unwürdiger geworden war, wurde bald unter dem Deckmantel des ›Business as usual‹ begraben. ... Wir waren unfähig, weiteren Versuchungen zu widerstehen, uns auf die komplexen inneren Angelegenheiten anderer Staaten einzulassen. Nach Angola beschritten wir kühn den Pfad der Intervention und Expansion, den wir so selbstsicher ausgetreten hatten. Er führte uns durch Äthiopien, Jemen, eine Reihe weiterer afrikanischer Staaten und schließlich nach Afghanistan hinein.«[43]

Das Debakel in Angola wirkte letztendlich positiv auf die USA: Die Regierung Ford/Kissinger suchte ab Februar 1976 nach neuen Wegen in der Afrikapolitik. Kissinger besann sich auf regionale Kooperation. Im April 1976 reiste er nach Afrika. Seine Rede vom 27. April in Lusaka, Sambia, demonstrierte neue Aufgeschlossenheit. Er gestand indirekt ein, daß seine Intervention in Angola kein Vorbild für eine langfristige Afrikapolitik sein könne. Jetzt trat er für einen raschen Übergang zur schwarzen Herrschaft in Rhodesien und Südwestafrika sowie für eine Beendigung der Apartheid in Südafrika ein. Damit machte Kissinger deutlich, daß die USA mit Weißen und Schwarzen im südlichen Afrika verhandeln konnten und sich für gemäßigte schwarze Regierungen einsetzten. Rhodesien und Namibia wurden zu Krisenherden, die erst in den achtziger Jahren mit Hilfe der USA zur Ruhe kamen.[44]

Kissingers diplomatische Initiativen in Angola scheiterten, weil der Kongreß die von Kissinger geforderte finanzielle Unterstützung der FNLA nicht bewilligte: »Die Senatoren beurteilten die Situation genau umgekehrt. Vietnam hatte gezeigt, daß selbst massivste amerikanische Hilfe den westlichen Interessen nicht zum Sieg verhelfen konnte, wenn die lokalen Verhältnisse es nicht zuließen. Eben dieser Fall schien auch in Angola gegeben zu sein, wobei noch erschwerend hinzukam, daß die westlichen Interessen keineswegs eindeutig zu bestimmen waren. Die Senatoren weigerten sich daher, in einen Konflikt hineingezogen zu werden, der die kostspieligen und beschämenden Erfahrungen in Vietnam zur Wiederholung hätte bringen können, wobei die Parallele zu Vietnam für sie gerade deshalb so nahe lag, weil die Administration so konstant darauf beharrte, die amerikanische Verwicklung in Angola geheim – auch gegenüber dem Kongreß – durchzuführen.«[45] Kissinger handelte übereilt, sein

Ansehen in der Sowjetunion und in den USA war gesunken, schließlich konnte er sich nicht mehr durchsetzen. Zwar bekannte er sich zum revolutionären Erbe der USA und wurde nicht müde, Amerikas Gründungsgeschichte als beispielhaft für kolonialen Befreiungskrieg darzustellen, aber die schwarzen Befreiungsbewegungen blieben ihm – und er blieb ihnen – suspekt. Doch Kissinger zeigte sich lernfähig und nahm fortan von militärischen Interventionen in der Dritten Welt Abstand. Er hatte erkannt, daß Politik in Afrika, Lateinamerika und Asien nicht nur auf dem Schachbrett der globalen Ost-West-Konfrontation gespielt wurde, sondern daß die jeweiligen lokalen und historischen Bedingungen überwiegend entscheidend waren. Seine neue Afrikapolitik rückte in die Tradition von Kennedys »Allianz für den Fortschritt«. Die sowjetische Bedrohung blieb aktuell, aber Kissinger wollte jetzt präventiv die neuen revolutionären Kräfte politisch und ökonomisch stützen und damit kommunistischem Zugriff zuvorkommen. Auch nach Angola ging es Kissinger um Prestige und Glaubwürdigkeit.[46]

Doch außerhalb des Großmachtdreiecks USA–Sowjetunion–China und außerhalb des Bündnisdreiecks USA–Westeuropa–Japan hinsichtlich der Dritten Welt handelte Kissinger ohne sichere Hand. Zudem besaß Gerald Ford nicht den außenpolitischen Instinkt seines Vorgängers. Doch er behielt mit seiner Prognose recht, daß Mitte der siebziger Jahre, »da die internationale Stellung der Vereinigten Staaten auf dem Nullpunkt angekommen zu sein schien, der Zerfall der kommunistischen Welt einsetzte«.[47] Im Zuge der sowjetischen Invasion in Afghanistan hatte Breschnew die außenpolitischen Kräfte der Sowjetunion endgültig überdehnt. Diese Schwäche war zunächst schwer erkennbar, denn das Sowjetimperium war aufgedunsen, die Basis der Macht war rein militärisch und zerbröckelte zunehmend am Widerstand der unterdrückten Menschen und Völker.

Die Afrikapolitik der Regierungen Nixon und Ford läßt sich abschließend in drei Phasen bewerten: In der ersten Phase von 1969 bis 1974 ging die amerikanische Regierung davon aus, daß gemeinsam mit Südafrika und den Chinesen die sowjetisch-kubanische Herausforderung in Angola militärisch eingedämmt werden müßte. In der zweiten Phase wurde die amerikanische Afrikapolitik durch den Zusammenbruch Südvietnams und durch Watergate gelähmt. In der dritten Phase wurden neue kooperative Grundlagen entworfen, wie Kissingers Rede in Lusaka dokumentiert. Den Dialog mit den afrikanischen Frontstaaten, vor allem mit Tansania und Sambia, zu suchen sowie mit den weißen Minderheitsregimen einen Machtwechsel einzuleiten, ohne der Sowjetunion Gelegenheit zur Einmischung zu geben, gelang erst der Regierung Reagan unter der Federführung von Staatssekretär Chester Crocker.[48]

Die Nahostpolitik der Regierung Ford/Kissinger

Die Nahostpolitik der Ford-Administration stand Anfang 1975 vor zwei Herausforderungen: Seit dem ägyptisch-israelischen Truppenentflechtungsabkommen vom 18. Januar 1974 war der ägyptisch-israelische Friedensprozeß ins Stocken geraten und seit dem syrisch-israelischen Entflechtungsabkommen vom 31. Mai 1974 der Friedensprozeß zwischen Israel und dem arabischen Lager zum Stillstand gekommen. Zwar konnte Kissinger die unterschiedlichen Parteien zu zwei Abkommen drängen und damit die Kriegsgefahr im Nahen Osten verringern sowie den Einfluß der USA auf Kosten der Sowjetunion in der Region vergrößern, aber dann trat der amerikanische Außenminister mit seiner Schritt-für-Schritt-Diplomatie auf der Stelle. Der wachsende Gegensatz zwischen Ägypten und der arabischen Ablehnungsfront verhinderte einen umfassenden Frieden zwischen Israel und den arabischen Staaten.

Die USA machten aus der diplomatischen Not eine Tugend und versuchten, wenigstens zwischen Ägypten und Israel zu vermitteln. Zunächst schien Israel kaum kompromißbereit. Daher war Kissinger überrascht, als Premierminister Yitzak Rabin am 7. Februar 1975 erklärte: »Für einen Gewaltverzicht und die formelle Beendigung des Kriegszustands könnte Ägypten die Pässe Mitla und Gidi zurückerhalten.«[49] Kissinger wie auch der ägyptische Präsident verstanden dies als ein gutes Zeichen, weshalb Sadat die diplomatischen Initiativen Kissingers ermutigte. Mit Rücksicht auf die gesamtarabischen Interessen konnte Ägypten die israelische Forderung nach formellem Gewaltverzicht und Beendigung des Kriegszustandes nur in einem umfassenden Friedensvertrag zusagen, wenn Israel sich zum Abzug aus den besetzten Gebieten verpflichtete. Sadat bestand aber auf der Forderung, die Rabin indirekt als verhandlungsfähig anerkannt hatte, daß Israel die beiden Pässe räumen müsse.

Kissingers Vermittlungsversuch auf seiner zehnten Nahostreise vom 9. bis 23. März 1975 scheiterte jedoch, denn Israel wollte für den Abzug aus den Pässen Mitla und Gidi und aus den Ölfeldern von Abu Rudeis, daß Ägypten formell den Kriegszustand mit Israel beendete und auf Gewalt verzichtete. Aber Israel lehnte am 19. März 1975 den letzten ägyptischen Vermittlungsvorschlag ab. Kissingers Mission war gescheitert. Eine psychologische Wende trat durch die knappe Botschaft Fords ein, die Premierminister Rabin am 21. März übergeben wurde, als die Verhandlungen der israelischen Regierung mit Kissinger ihr kritisches Stadium erreicht hatten. Die außergewöhnlich schroff gehaltene Botschaft, in der der amerikanische Präsident die israelische Regierung zur Zustimmung zum ägyptischen Vorschlag fast ultimativ aufforderte, verhärtete Israels

Haltung. Unter dem ultimativen Druck der USA fürchtete Rabin – aber noch mehr Verteidigungsminister Shimon Peres und Außenminister Yigal Allon – negative innenpolitische Konsequenzen, nachdem die Note von Präsident Ford im israelischen Kabinett auf heftigen Widerspruch gestoßen war. Rabin, dessen Politik wachsender Kritik aus den eigenen Reihen ausgesetzt war, erschien durch sein Nein plötzlich als starker Mann Israels.[50]

Im Sommer 1975 kündigte Kissinger eine Revision der bisherigen Nahostpolitik der USA in Form einer selektiven Embargopolitik für militärische Ausrüstung an, um Israel zu Kompromissen zu zwingen.[51] Gleichzeitig stellte er Israel verstärkte Wirtschafts- und Militärhilfe in Aussicht. Auch Ägypten wurde Wirtschaftshilfe versprochen, falls Kairo den israelischen Interessen entgegenkäme. Unter ökonomischen Gesichtspunkten hatten Ägypten und Israel keine andere Wahl, als einen Kompromiß einzugehen. Die Verteidigungsausgaben machten 1975 in Ägypten mehr als dreißig Prozent des Bruttosozialprodukts aus, während in Israel der Anteil sogar auf über vierzig Prozent angestiegen war. Die jahrzehntelange Anspannung und Konzentration der Volkswirtschaften auf militärische Zielsetzungen machten eine Neuorientierung – und zusätzliche Wirtschaftshilfe – dringlich. Ein Verhandlungsdurchbruch konnte erst erzielt werden, als Kissinger Waffenlieferungen und Wirtschaftshilfe an Israel und Ägypten in großem Stil zusagte.[52]

Das Abkommen umfaßte einen Rahmenvertrag zwischen Israel und Ägypten, einen Anhang mit Leitlinien für die israelisch-ägyptische technische Arbeitsgruppe und ein Dokument über die Errichtung von Frühwarnstationen auf dem Sinai. Darüber hinaus wurde eine vertrauliche Vereinbarung zwischen Israel und den Vereinigten Staaten über amerikanische Wirtschafts- und Militärhilfe getroffen.[53] Unter territorialen Aspekten sah das Abkommen den Rückzug der israelischen Truppen von der Ostküste des Golfs von Suez und von den strategisch wichtigen Sinai-Pässen Mitla und Gidi vor. Ägypten erhielt einen wichtigen Teil des eroberten Territoriums zurück, die ökonomisch wichtigen Ölfelder mit eingeschlossen. Auf militärischer Ebene verstärkte das Abkommen den Waffenstillstand. Es erweiterte die Pufferzonen und begrenzte die Streitkräfte gegenüber dem Abkommen vom Januar 1974 noch weiter. Damit wurde ein Überraschungsangriff wie 1967 und 1973 erschwert. Politisch verpflichtete das Abkommen beide Seiten zu einer friedlichen Lösung des Nahostkonflikts und erlaubte erstmals den Israelis wieder die Benutzung des neueröffneten Suezkanals zu nichtmilitärischen Zwecken. Kissinger kleidete das Ergebnis in folgende Worte: »Was wir dem Kongreß und der amerikanischen Bevölkerung mit diesem Abkommen vorlegen, stellt kein amerikanisches Kriegsengagement dar, sondern ist eine Investition in den Frieden.«[54] Auch dieses Abkommen trug, wie die vorangegangenen, den typischen Balance-Charakter der Schritt-für-Schritt-Diplomatie Kissingers: Keine Seite war völlig glücklich über das Abkommen, aber beide Seiten wußten, daß jede für sich keine bessere Alternative hätte vorlegen können, die beiderseitige Zustimmung gebracht hätte.

In den USA wuchs die Kritik an Kissingers Diplomatie. Es erschien dem Kongreß zweifelhaft, ob der Verkauf von »Pershing«-Raketen, die im Geheimabkommen an Israel vorgesehen waren (und über die Sadat nicht informiert wurde), angemessen war.[55] Allerdings konnte mit dem Sinai-Abkommen zum ersten Mal ein Verhandlungsergebnis zwischen beiden Parteien erreicht werden, ohne daß unmittelbar Kriegshandlungen vorausgegangen waren. Mit dem Abkommen verbesserten die USA die Beziehungen zu Ägypten; gleichzeitig diente es der Souveränität, Sicherheit und Lebensfähigkeit Israels. Vor allem stärkte es die amerikanische Position im Nahen Osten. Die USA hatten gezeigt, daß sie aufgrund ihrer Wirtschaftskraft eine Dollardiplomatie ohne Einsatz militärischer Mittel durchsetzen konnten.

Henry Kissingers Schritt-für-Schritt-Diplomatie fand mit dem Zweiten Sinai-Abkommen ihren Höhepunkt und Abschluß. In einer kurzen Zeitspanne errichtete er im Nahen Osten ein Fundament für den Frieden. Bedenkt man, daß sich die USA beim Zweiten Sinai-Abkommen gegenüber Ägypten und Israel zu einer Wirtschafts- und Militärhilfe in Milliarden-Dollar-Höhe verpflichteten, damit ein Ölfeld und zwei Pässe geräumt wurden, dann muß man sich allerdings fragen, was bei weiteren und umfassenderen Abkommen von den USA in Zukunft noch beigesteuert werden sollte, damit Frieden im Sinai, auf den Golan-Höhen, im Gaza-Streifen, auf der Westbank sowie in Jerusalem hergestellt werden konnte. Standen Verpflichtungen und Leistungen der USA noch in einer akzeptablen Kosten-Nutzen-Relation? Würden nicht vielleicht Ägypten und Israel weitere finanzielle und wirtschaftliche Forderungen geltend machen, die möglicherweise unvertretbar wurden? Hatten die USA nicht beim Zweiten Sinai-Abkommen schon einige ihrer wichtigsten Anreize derart großzügig ins Spiel gebracht, daß sie zum Abschluß weiterer Lösungen kaum mehr gesteigert werden konnten? Und hatten die USA schließlich durch ihre geheimen Zusagen an Israel in der Palästinenser-Frage nicht ihre eigene Manövrierfähigkeit verloren und Israel überlassen? So gesehen, blieb 1975/76 die Frage offen, ob der von den USA in Gang gesetzte schrittweise Friedensprozeß den arabisch-israelischen Gegensatz nicht nur zeitlich einkapselte und den innerarabischen Gegensatz verstärkte.

Die Gefahren lagen in der unklaren Perspektive. Während Ford und Kissinger das Zweite Sinai-Abkommen als Teil eines Prozesses verstanden (der Ende 1976 allerdings als vorerst gescheitert gelten mußte, weil nach September 1975 weder mit Syrien noch mit Jordanien weitere Abkommen erzielt werden konnten), sah die arabische Ablehnungsfront sich in all ihren Befürchtungen bestätigt, denn die Palästinenserfrage wurde weiter ausgeklammert. Während Israel gegenüber Ägypten nur zu Zugeständnissen bereit war, wenn es dafür eine gewisse politische Friedensgarantie erreichte, wollte Ägypten Israels Wunsch nach einem endgültigen Friedensvertrag nicht entsprechen.

Kissingers Hoffnung, daß Syrien und Jordanien folgen würden, um eine umfassende Friedensregelung unter Berücksichtigung des Palästinenser-Problems zu verwirklichen, blieb Illusion. Auf dem arabischen Gipfel am 26. Oktober 1974 wurde die PLO als der alleinige Repräsentant der Palästinenser anerkannt. Damit verlor König Hussein von Jordanien als Partner Israels seine arabische Verhandlungslegitimation.

Die Haltung der USA zur PLO während der Ford-Administration reflektierte die wachsende Bedeutung der legitimen Palästinenser-Organisation. Anfang 1975 stand die PLO auf dem Gipfel ihres politischen Einflusses. Als am 12. Januar 1976 die USA die Zulassung der PLO zur Nahost-Debatte in der UNO verhindern wollten, mußten sie eine Niederlage hinnehmen: Von den fünfzehn Sicherheitsratsmitgliedern stimmten elf für die PLO; Großbritannien, Frankreich und Italien enthielten sich der Stimme, nur die USA gaben ein negatives Votum ab. Die Nahost-Resolutionen vom 27. Januar und 2. Juli 1976, in denen den Palästinensern das Recht auf einen unabhängigen Staat zugesprochen und Israel zum Rückzug aus den besetzten Gebieten aufgefordert wurde, kamen ebenfalls durch amerikanisches Veto zu Fall.

Eine Wende in der amerikanischen Haltung zur PLO trat im November 1976 ein, als alle Staaten gemeinsam mit den USA eine Resolution im Sicherheitsrat der Vereinten Nationen verabschiedeten, in der Israel zum Abzug aus den seit 1967 besetzten Gebieten aufgefordert wurde.[56] Israel kritisierte die Haltung der USA heftig, weil es den Amerikanern nicht gelungen war, die Resolutionen 242 und 338, die Israels Existenzrecht beinhalteten, mit zu verankern, und die USA dennoch dieser Resolution zustimmten. Ohne Zweifel markierte das offizielle Nein der USA zu Israels Besetzungspolitik einen Wandel, wobei Ford und Kissinger die Absicht verfolgt haben mögen, nach der inzwischen erfolgten Wahl Jimmy Carters Israel zu einer Überprüfung seiner Position aufzufordern.

Schon im November 1975 hatte sich in der Nahostpolitik der USA eine Neubewertung der PLO angekündigt. Der Staatssekretär im Außenministerium, Harold Saunders, erklärte am 12. November 1975 vor dem außenpolitischen Ausschuß des Repräsentantenhauses, die USA negierten nicht die Tatsache, daß die PLO die Hauptorganisation der Palästinenser darstelle, daß das Palästinenserproblem das Herzstück des Nahostkonflikts ausmache und daß die legitimen Interessen der Palästinenser im Verhandlungsprozeß zwischen Arabern und Israelis berücksichtigt werden müßten.[57] Kissinger, der diese Erklärung vorab sorgfältig studiert und gebilligt hatte, sah sich angesichts des israelischen Sturms der Empörung dazu genötigt, von Saunders' Erklärung Abstand zu nehmen.[58] Aber weniger der Inhalt als vielmehr der Zeitpunkt der Erklärung war von Bedeutung, denn die USA schienen nun eine flexiblere Position gegenüber der PLO einzunehmen. Grundlegend blieb jedoch die von Saunders und Kissinger wiederholt zum Ausdruck gebrachte Maxime, die PLO so lange nicht anzuerkennen und mit ihr zu verhandeln, wie diese nicht Israels Existenzrecht sowie die UNO-Resolutionen 242 und 338 akzeptiere und anerkenne. Damit beabsichtigten die USA auch eine Stärkung der gemäßigten Kräfte innerhalb der PLO.

Nach dem Zweiten Sinai-Abkommen tat sich eine diplomatische Sackgasse auf: Die wachsenden Gegensätze zwischen Ägypten und der arabischen Ablehnungsfront machten weitere bi- oder multilaterale Verhandlungsergebnisse zwischen Israel und den arabischen Staaten unmöglich. Auch trugen die Nachwirkungen von Vietnam und Watergate sowie Henry Kissingers Neigung, Außenpolitik unter Vernachlässigung der innenpolitischen Transparenz und ohne ausreichende Konsultationen mit dem Kongreß zu betreiben, dazu bei, daß Kissinger im Nahen Osten auf der Stelle trat.

Jetzt bewies Sadat psychologisches Einfühlungsvermögen. Als im Frühjahr 1975 Kissingers Nahostinitiative scheiterte und Südvietnam unter dem Ansturm von nordvietnamesischen Truppen zusammenbrach, als in Portugal aus amerikanischer Sicht eine linke Revolution drohte und die Beziehungen zu einigen westeuropäischen Verbündeten nicht gerade zum besten standen, zeigte Sadat gegenüber den USA Festigkeit und traf damit geschickt die Stimmungslage in der amerikanischen Administration. Damit wurde er im besten Sinne kreditwürdig. Weil er 1975/76 außerdem die amerikanischen Verpflichtungen gegenüber Israel diplomatisch respektierte, gleichzeitig aber geschickt die Schwächen der israelischen Position für die eigenen Interessen zu nutzen wußte, gewann er bei Ford und Kissinger Respekt. Als die beiden Präsidenten vom 1. bis 3. Juni 1975 in Salzburg zusammentrafen, unterstützte Sadat die Schritt-für-Schritt-Diplomatie Henry Kissingers vorbehaltlos, hielt dabei seine Position gegenüber Israel aufrecht. So hoffte er auf verbesserte wirtschaftliche Unterstützung sowie amerikanische Waffenlieferungen an Ägypten.[59]

Der Erfolg der bilateralen, im Weißen Haus konzentrierten Geheimdiplomatie gegenüber der Sowjetunion und der Volksrepublik China bestätigte Ford und Kissinger, daß ein ähnliches Vorgehen im Nahen Osten Erfolgschancen haben könnte. Außerdem waren alle vorangegangenen Versuche, im Nahen Osten Frieden zu stiften, wie zum Beispiel der Teilungsplan der Vereinten Nationen von 1947, die Konferenz von Lausanne 1949, die UNO-Initiative nach dem Sechstagekrieg 1967 und nicht zuletzt auch der Rogers-Plan, erfolglos gewesen.

Charakteristisch für Kissingers Schritt-für-Schritt-Diplomatie ist die Diskrepanz zwischen öffentlicher Formulierung und realer Interessenlage der USA. Nur verbal war von der Einbeziehung der Sowjetunion die Rede. In Wirklichkeit zielten Kissingers Überlegungen darauf ab, die Rolle der USA im Nahen Osten auf Kosten der Sowjetunion zu stärken. Die amerikanische Diplomatie war nach einem geostrategischen Primat ausgerichtet: Souveränität, Sicherheit und Lebensfähigkeit Israels, Zugang zu den strategisch wichtigen Rohstoffen, Sicherung der Ölzufuhr in den Westen und eine Verschiebung der Machtbalance in der Region zugunsten der USA. Kissingers Vorliebe für die Formel des Machtgleichgewichts ist mit Vorsicht zu genießen. In der Regel strebt jede Großmacht unter dem Primat der Machtbalance weniger ein Gleichgewicht als vielmehr jenes Quentchen Übergewicht zum eigenen Vorteil an, mit dem die eigenen Interessen durchgesetzt werden können.[60] Die ökonomische Überlegenheit der USA, ihre politischen Einflußmöglichkeiten auf Israel und Kissingers diplomatisches Geschick gaben den Ausschlag für Teilerfolge. Die Schritt-für-Schritt-Diplomatie zeichnet sich durch Abneigung gegen multilaterale und Vorrang für bilaterale Verhandlungen, Zurückhaltung gegenüber umfassenden und endgültigen Friedensvertragslösungen sowie durch die Forderung aus, Konflikte allein auf dem Verhandlungsweg zu lösen.

Diplomatische Phantasielosigkeit und existentielle ökonomische Unzulänglichkeiten der Sowjetunion standen im krassen Gegensatz zum diplomatischen Geschick Kissingers und zur ökonomischen Stärke der USA. Politisch kalkulierte Waffenlieferungen und vor allem Wirtschaftshilfe machten die westliche Führungsmacht im Nahen Osten attraktiv.

Die Bewertung der Nahostdiplomatie Henry Kissingers ist eine Frage des Maßstabs: Welche Alternativen wären erfolgversprechender gewesen, nachdem sich gezeigt hatte, daß alle umfassenden Lösungsansätze im Nahen Osten bis dahin gescheitert waren? Was war an Konfliktregelung möglich in einer Region, in der sich die Interessen der Beteiligten »in einer Mischung aus Überzeugungen, Ressentiments und Träumen« verbergen? »Es sind die Reflektionen einer transzendentalen Realität, die sich mit dem trockenen Legalismus eines normalen Verhandlungsprozesses nicht erfassen lassen.«[61] Was war möglich in einer Region, in der die Maxime galt: »Wenn Wahrheiten aufeinanderstoßen, gilt ein Kompromiß als erste Niederlage«?[62]

Vielleicht kann man es so ausdrücken: Kissinger teilte die Probleme im Nahen Osten verhandlungspolitisch bis zu einem gewissen Grad in Segmente auf und führte wichtige Teilstücke einer Lösung zu. Nach einer Phase heftiger militärischer Auseinandersetzungen konnte er mit seiner Diplomatie ein Wiederaufbrechen militärischer Konflikte verhindern, die bedrohliche Lage entflechten, zum Teil auch die Interessen der Kontrahenten vertraglich miteinander verknüpfen. Es gelang ihm eine militärische Eindämmung des ägyptisch-israelischen und des syrisch-israelischen Konfliktes, der sowjetische Einfluß im Nahen Osten wurde kraft seiner Diplomatie zurückgedrängt.

Wenn man die Schritt-für-Schritt-Diplomatie unter taktischen Gesichtspunkten bewertet und die restriktiven Maßstäbe der Nixon/Kissinger-Administration zugrunde legt, so fällt das Urteil weitgehend positiv aus. Wenn man aber diese Diplomatie als Vorstufe zu einer langfristigen umfassenden Friedensregelung für den Nahen Osten interpretiert, so ist Zurückhaltung geboten. Es stellt sich die Frage, ob für unwesentliche Geländegewinne oder ambivalente diplomatische Kompromißformeln ein solcher Aufwand an Zeit, an außenpolitischer Energie und an wirtschaftspolitischen und militärischen Investitionen der USA notwendig und sinnvoll war.

Umgekehrt darf Kissingers Argument nicht von der Hand gewiesen werden, daß ohne Amerikas Eintreten für militärische Entflechtung erneut Krieg ausgebrochen wäre, der auch ein Ölembargo und verstärkte sowjetische Einflußnahme im Nahen Osten mit sich gebracht hätte. Erkennbar wird, daß der »Negativcharakter« der Schritt-für-Schritt-Diplomatie den respektablen Teil ausmacht. Kissinger wußte besser und genauer, was zu vermeiden war, als daß er in der Lage war, den Verhandlungsgegnern positive und umfassendere Friedensregelungen abzutrotzen. Kissingers Einflußmöglichkeiten waren in der Übergangsperiode vom Yom-Kippur-Krieg zum Waffenstillstand am größten. Die Furcht unter den Kontrahenten hielt noch an, demzufolge war die Vermittlungsfunktion Kissingers essentiell. In dem Maße, in dem militärische Entflechtung Wirklichkeit wurde und ein erneuter Krieg ausgeschlossen schien, verhärteten sich wiederum die gegensätzlichen Standpunkte. So wurde paradoxerweise Kissinger auch in der Nahostpolitik ein Opfer seines eigenen Erfolges.

Kissingers Diplomatie zeigte, daß die Bemühungen um Détente auf Großmachtebene im Nahen Osten nichts bewirkten.[63] Deshalb mußte Entspannung teilbar, das heißt regionalisierbar bleiben. Die Dynamik der lokalen Interessengegensätze sprengte im Nahen Osten die gemeinsamen Bemühungen der Supermächte um Eingrenzung der Konflikte. Israel und Ägypten sorgten dafür, daß regionale Konfrontation auch in Mißtrauen zwischen den Supermächten umschlug. Ägypten und Israel zeigten wenig Interesse an globaler Entspannung, weil amerikanisch-sowjetisches Zusammenwirken die Furcht vor einem Friedensdiktat verstärkte. Kissinger erkannte dieses Paradoxon und nutzte es, wie es scheint, zum Vorteil der Region und der Interessen der USA.

Vor Kissingers Diplomatie betrachteten Ägypten und Israel den Konflikt als politisches und militärisches Nullsummenspiel. Kissinger hingegen suchte Raum für Gleichgewicht und Kompromiß. Aber sein »unamerikanischer« diplomatischer Ansatz geheimer Machtbalance-Diplomatie provozierte innenpolitische Kritik in den USA. Doch nur Kissingers vorsichtige Schritt-für-Schritt-Diplomatie konnte nach dem Krieg wirken. Die tiefen historischen und religiösen Spannungen, das historische Beharrungsvermögen der Konfliktlage im Nahen Osten setzten enge Grenzen für einen rationalen Gebrauch der Macht, als Carter im Januar 1977 die amerikanische Nahostpolitik in die Hand nahm.

Die Europapolitik

Bei Ausbruch des Nahost-Konflikts im Oktober 1973 standen die USA plötzlich vor einer Situation, in der die Probleme der Weltwirtschafts- und Finanzordnung, der Ost-West-Entspannung, der atlantischen Allianz, des Wirtschaftswachstums, der sozialen Sicherheit, der Konfliktbeteiligung im Nahen Osten ineinander zu verschmelzen schienen. Die Folgen der Energiekrise von 1973 rückten plötzlich die Wirtschaftspolitik ins Zentrum der Überlegungen. Die latenten Spannungen, die in den vergangenen Jahren zwischen den USA und Westeuropa aufgetaucht waren, vergrößerten sich angesichts der neuen Probleme.

Kissinger schlug am 12. Dezember 1973 in London bei Gründung der Internationalen Energie-Agentur (IEA) eine Umverteilung der finanziellen Lasten und Überschüsse der westlichen Industrienationen vor. Vielleicht hat die anfängliche Energiekrisenpolitik in der IEA die OPEC von dramatischen Eskalationen in der Ölpreispolitik zurückgehalten. So gesehen, hat das energieabhängige Westeuropa von der Kissinger-Diplomatie der Stärke auch profitiert. Andererseits gelang es den Westeuropäern im weiteren Verlauf der Jahre 1974/75, Kissingers Idee des Reservefonds zu verwässern. Auf europäische Anregung kamen zum ersten Mal die Staats- und Regierungschefs der USA, Frankreichs,

Großbritanniens, Italiens, Deutschlands und Japans im November 1975 in Rambouillet zum Weltwirtschaftsgipfel zusammen. Ford und Kissinger waren ebenso wie die Westeuropäer daran interessiert, nationale Alleingänge und Protektionismus, die in den zwanziger und dreißiger Jahren zu schwersten Weltwirtschaftskrisen mit katastrophalen politischen Folgen geführt hatten, weltweit abzubauen. Abbau der Handelsschranken und gemeinsames wirtschaftliches Krisenmanagement sollten entsprechenden Entwicklungen vorbeugen.

Von den europäischen Staatsmännern war es besonders Bundeskanzler Helmut Schmidt, der die Europapolitik der Regierung Ford/Kissinger begrüßte, obwohl die amerikanisch-deutschen Beziehungen gerade in diesen Jahren nicht nur von wirtschaftlichem Erfolg gekrönt waren. Doch Fords zweitägiger Staatsbesuch Ende Juli 1975, unmittelbar vor dem KSZE-Gipfeltreffen in Helsinki, wurde zu einem großen Erfolg für beide Seiten, wie Helmut Schmidt selbst feststellte.[64] Das *Time Magazine* schrieb nach Fords Besuch: »Kein Land Europas ist mit Ford zufriedener als die Bundesrepublik Deutschland. Kanzler Schmidt findet Ford wohl vorbereitet, gut informiert und zugleich ernsthaft. ... Was die Deutschen an Ford höher schätzen als alles andere, ist das Gefühl der Stabilität und Gelassenheit, das ihnen die Ford-Regierung vermittelt.« Helmut Schmidt sagte die natürliche Würde von Gerald Ford ebenso zu wie die intellektuelle Brillanz Henry Kissingers.

Vertrauensvolle deutsch-amerikanische Konsultationen führten weiter dazu, daß sich beide Seiten auf dem KSZE-Gipfel in Helsinki zusammen mit Giscard d'Estaing und dem englischen Premierminister Wilson einigten, alljährlich Weltwirtschaftstreffen der westlichen Regierungschefs abzuhalten.[65] Hierzu erklärte Helmut Schmidt: »Der Gedanke war ursprünglich in einem Gespräch zwischen Giscard und mir entstanden; ... aber Washington hatte zunächst gezögert; denn sein Verhältnis zu Paris war seit de Gaulles Zeiten von Vorsicht, zeitweilig auch von leichtem Mißtrauen gekennzeichnet gewesen. In Bonn hatten Ford und ich ein gemeinsames Konzept erarbeitet, und inzwischen hatte sich auch ein gutes persönliches Verhältnis zwischen Ford und Giscard entwikkelt. So beschlossen wir an einem schönen Sommernachmittag an einem Gartentisch in Helsinki die erste Gipfelkonferenz.«[66]

Der erste Weltwirtschaftsgipfel fand vom 15. bis 17. November 1975 in Rambouillet statt. Das Hauptergebnis dieses ersten Gipfels lag in einem wichtigen Kompromiß zwischen den USA und Frankreich: Die Regierung Ford, die auf ein möglichst freies Wechselkurssystem gesetzt hatte, und die Franzosen, die auf schrittweise Rückkehr zu einem System von festen Paritäten bestanden, einigten sich. Die Franzosen hatten ihre Vorbehalte gegen das »Floaten« im Tausch gegen die amerikanische Zusage aufgegeben, unter bestimmten Bedingungen zur Stützung des Dollars einzugreifen. Alle Länder konnten ihr Wechselkurssystem frei wählen, mußten sich aber verpflichten, ihre Wahl dem Internationalen Währungsfonds (IWF) mitzuteilen und sich einer Überwachung ihrer Wechselpolitik durch den IWF zu unterwerfen.

Ford hatte einige Erfolge bei der Bekämpfung der Inflation vorzuweisen, aber gleichzeitig war er mit steigender Arbeitslosigkeit konfrontiert. Währungspolitisch kamen sich Paris und Washington entgegen. Auf dem zweiten Weltwirtschaftsgipfel in Puerto Rico im Juni 1976 mit Ford als Gastgeber wurde nur noch das bescheidene Ziel der Eindämmung der Inflation gesetzt. Maßnahmen für eine restriktive Finanzpolitik und für eine Reduzierung der Haushaltsdefizite wurden festgesetzt.[67] Auf den großen europäischen Konferenzen in Helsinki Ende Juli 1975 und während des ersten Wirtschaftsgipfels in Rambouillet im November 1975 lernten die Staatsmänner Europas Gerald Ford als zuverlässigen außenpolitischen Partner zu schätzen, dem sie – besonders Helmut Schmidt – menschlich vertrauten. Die erneute Ernennung Henry Kissingers zum Außenminister beruhigte die Europäer, weil sie Kontinuität in der amerikanischen Außenpolitik versprach. Amerikaner und Westeuropäer waren sich einig, daß gemeinsame Sicherheit vor der Sowjetunion durch gemeinsame Verteidigungsfähigkeit wie auch Kooperation mit der Sowjetunion besonders im Bereich der Rüstungskontrolle notwendig waren. Zu leichten Meinungsunterschieden kam es allerdings bei der Einschätzung der Frage der kommunistischen Gefahr auf der Iberischen Halbinsel. Unter europäischem, speziell deutschem Einfluß gaben Ford und Kissinger letztlich der europäischen maßvollen Einschätzung der Lage recht.[68] Mit Blick auf SALT II gab es kaum Meinungsverschiedenheiten, besonders Helmut Schmidt hegte keinen Zweifel, daß Ford nach einem SALT-II-Abkommen auch die deutschen und europäischen Sicherheitsbelange berücksichtigen würde.

Die drei großen Gipfelkonferenzen 1975, die KSZE-Konferenz in Helsinki, der Weltwirtschaftsgipfel in Rambouillet und die NATO-Tagung in Brüssel symbolisierten atlantische Einigkeit wie selten zuvor. In den Augen Helmut Schmidts »ging dies alles nach dem nächsten Präsidentenwechsel in Washington zwar nicht völlig verloren, aber es zerbröckelte. … Das Ende der Ära Nixon-Ford/Kissinger war zugleich das Ende jener erfolgreichen Phase der Gesamtstrategie des Westens, wie sie zehn Jahre zuvor im Dezember 1967 von Pierre Harmel formuliert worden war. Aber das konnten wir 1975 und 1976 noch nicht wissen.«[69]

Zusammenfassung

1976 ging eine außenpolitische Ära der USA zu Ende, bei der Ergebnisse erzielt wurden, die vor 1969 undenkbar gewesen waren: die Annäherung zwischen den USA und der Volksrepublik China, das SALT-I-Abkommen, einige grundlegende Prinzipien, die die amerikanisch-sowjetischen Beziehungen berechenbarer machen sollten, der Abzug der Truppen aus Vietnam, die Nahostdiplomatie Kissingers, Ägyptens neuer proamerikanischer Kurs, Entspannung in Europa, gefestigte Beziehungen zwischen den USA und Westeuropa, vor allem mit der Bundesrepublik Deutschland, und gute Perspektiven für die Afrikapolitik.

Alpträume konnten wiederum gebannt werden: Keine Krise eskalierte in einen Nuklearkrieg; der Zusammenbruch der Regierungsautorität durch den Watergate-Skandal konnte mit politischer Kraftanstrengung langsam überwunden werden, führte auch keine fremde Macht in Versuchung, die USA ernsthaft politisch herauszufordern.

Die zwei letzten Jahre der Regierung Ford/Kissinger waren allerdings außenpolitisch wenig ergiebig. Kissinger konnte zwar seine globale Gleichgewichtspolitik unter Fords Führung begrenzt fortsetzen. Doch waren neue regionale Probleme entstanden, mit denen Kissinger nicht so leicht fertig wurde, wie zum Beispiel in Afrika. Kissingers Feststellung, daß die Weltordnung in eine stabile, legitime sowie in eine anarchische und illegitime Teilordnung zerfiel, war richtig, aber was war zu tun?

Die schrittweise Anerkennung der Forderungen der Dritten Welt nach einer gerechteren Lösung der globalen Verteilung von Wohlstand und wirtschaftlichen Gütern wurde von Kissinger erst spät zur Kenntnis genommen. In seiner Rede vom 1. September 1975 vor der UNO zeigte Kissinger ansatzweise Gespür für die neuen globalen Probleme der Weltwirtschaft, des Handels, der Rohstoffverteilung, des Hungers und der Armut. Unter seiner Ägide begannen Verhandlungen über die Rückgabe des Panamakanals, über ein neues Seerecht und über die Begrenzung bei der Weitervergabe von nuklearer Technologie sowie Ansätze einer neuen Afrikapolitik.

Ford und Kissinger gaben politische Denkanstöße, die unter Carter vertieft wurden. Der Präsidentenwechsel von 1976 war nicht zwingend, aber wie schon 1960, so spielte auch 1976 das Medium Fernsehen eine entscheidende Rolle. Amerika wollte einen wirkungsvollen und kenntnisreichen Präsidenten, der auch die moralischen Sehnsüchte verstand. Zunächst führte Ford laut Meinungsumfragen im Wahlkampf, aber in der zweiten Fernsehdebatte unterlief ihm ein kapitaler Fehler. Auf die Frage, ob die KSZE-Schlußakte von Helsinki der

Sowjetunion Vorteile verschafft habe, antwortete Ford: »Es gibt keine sowjetische Herrschaft über Osteuropa, und es wird auch keine während einer Regierung Ford geben.« Als der erstaunte Interviewer nachhakte, wurde Ford noch ominöser: »Ich glaube nicht, daß die Polen sich als von der Sowjetunion beherrscht betrachten.« Man hat Ford aufgrund dieser Äußerungen mangelnden außenpolitischen Sachverstand vorgeworfen, aber die Dinge waren komplizierter. Ford hielt sich an ein politisch unklar formuliertes Wahlkampfdokument, das sein Stab ihm vorbereitet hatte. Die Wirkung von Fords Erklärung im Zeitalter der Massenmedien war katastrophal, ergänzende Erklärungen und Korrekturen konnten an der fatalen Wirkung nichts mehr ändern.

Ford war vielleicht der konservativste Präsident des Landes seit Coolidge und Herbert Hoover[70], gleichzeitig war er bei der neuen Rechten unter der Führung von Ronald Reagan unbeliebt, weil er unverbrüchlich zu seinem Außenminister Kissinger stand. Seine größte Enttäuschung war, daß ein SALT-II-Abkommen unter seiner Präsidentschaft nicht erreicht werden konnte. Außerdem verzieh ihm ein großer Teil der Amerikaner nie, daß er Nixon vor einer formellen Anklage im Watergate-Skandal verschonte und begnadigte.[71]

DIE AUSSENPOLITIK DER REGIERUNG CARTER

Jimmy Carters knapper Wahlsieg über Gerald Ford war, historisch gesehen, eine große Überraschung: Seit dem Bürgerkrieg war kein Präsidentschaftskandidat der großen Parteien aus dem Süden der USA aufgestellt worden. Jimmy Carter war der erste nach Zachary Taylor aus Louisiana, der 1848 die Präsidentschaftswahl gewonnen hatte. Er war außerdem nach knapp fünfundzwanzig Jahren wieder der erste Präsident ohne politische Erfahrungen in Washington. Das war 1976 seine Chance. Er schwamm auf einer Welle, die durch Enttäuschung und Zynismus im Land geprägt war und sich nach den Erfahrungen von Vietnam und Watergate gegen die Politiker in Washington richtete.

Carter, 1924 in Plains, Georgia, geboren, hatte keine herausragende außenpolitische Erfahrung. Von 1943 bis 1953 diente er in der amerikanischen Marine, engagierte sich dann politisch in Georgia und wurde dort schließlich 1970 zum Gouverneur gewählt. Im Präsidentschaftswahlkampf 1976 entwickelte er bewußt das Image eines politischen Außenseiters, der aus der Provinz wieder politische Moral und Anständigkeit nach Washington bringt. Er gab sich populistisch und, so paradox es klingen mag, antipolitisch: »Er mag keine Politiker. Er ist nicht bereit, seine Zukunft nur auf die Politiker zu setzen. ... Er ist gegen Politiker.«[1] Carter gab sich als der nette und ehrliche Mann von nebenan, der das amerikanische Volk niemals von Washington aus belügen würde, um das öffentliche Vertrauen in die Regierung der Vereinigten Staaten wiederherzustellen. Die Außenpolitik sollte dementsprechend die Moral Amerikas widerspiegeln. Für Carter war Außenpolitik die äußere Darstellung der Werte und Rechte Amerikas in der Welt, also die Fortsetzung der Innenpolitik.

Carters staatspolitische Unerfahrenheit, seine offensichtliche Distanz zum außenpolitischen Establishment in Washington, das für den Niedergang verantwortlich gemacht wurde, seine tiefe Religiosität und die innenpolitische Enttäuschung der Amerikaner aufgrund des Vietnam-Debakels und des Watergate-Skandals bildeten eine ideale Mischung für diesen Politiker, der sich neoisolationistisch und moralistisch ganz in der Tradition von Woodrow Wilson gab. Die Amerikaner wählten Carter, weil sie hofften, daß er die Wunden heilen würde.

Carter übernahm die Präsidentschaft in dem festen Glauben, daß seine Vorgänger moralisch gescheitert waren. Zwar schuf Carter diese für ihn günstige Stimmung nicht, doch er nutzte die moralisch-neoisolationistische Welle zum richtigen Zeitpunkt. Carters Wahl war auch in weiterer Hinsicht ein Novum: In vielen Präsidentschaftswahlen des 20. Jahrhunderts spielte die Außenpolitik eine herausragende Rolle, so 1916, 1920, 1940 sowie in allen Wahlen von 1948 bis 1972. Es gewannen jeweils die Kandidaten, die überzeugend für Frieden und für amerikanische Stärke plädierten. Jimmy Carter durchbrach dieses Kontinuitätsmuster. Er war der erste Präsidentschaftskandidat, der sich für Frieden, aber gegen militärische Stärke aussprach und als neoisolationistischer Friedenskandidat den Kandidaten der Stärke, in diesem Fall Gerald Ford, besiegte. Schon 1980 wählten die USA wieder in den bekannten und traditionellen Mustern, als sie für Ronald Reagan votierten.

Carter brachte nur wenig historisches Bewußtsein mit: »Geschichte bestand für Carter aus Vietnam und Watergate; wenn sie die Fehler dieser beiden Episoden vermeiden konnten, würden sie ihre Sache gut machen. Keine militärischen Interventionen, keine schmutzigen Tricks, keine Tonbandgeräte im Haus und keine Isolierung des Präsidenten.«[2] Angesichts der mangelnden Erfahrung und des fehlenden historischen Bewußtseins kam Carters außenpolitischen Beratern große Bedeutung zu. Zum Außenminister ernannte er Cyrus Vance, einen erfahrenen Diplomaten und Anwalt, der zum New Yorker Establishment gehörte. Vance hatte in Yale Jura studiert und im Zweiten Weltkrieg als Offizier auf Zerstörern im Pazifik gedient. 1961 war er unter Robert McNamara im Verteidigungsministerium tätig, 1962 wurde er zum Secretary of the Army (Heeresminister) und 1964 zum stellvertretenden Verteidigungsminister ernannt. Johnson erkannte sein Verhandlungstalent und setzte ihn, nach den antiamerikanischen Umtrieben, 1964 in Panama, ferner 1965 in der Dominikanischen Republik, 1967 in Zypern, 1968 in Verhandlungen mit Korea und vor allem von 1966 bis 1969 in den Verhandlungen mit den Nordvietnamesen ein.

Vance repräsentierte den Wandel des außenpolitischen Establishments unter dem Eindruck von Vietnam. Er hielt wenig von der Absolutierung von Idealen in der Außenpolitik und war skeptisch gegenüber militärischen Mitteln. Er fürchtete das nukleare Wettrüsten und setzte auf amerikanisch-sowjetische Kooperation. Er war der Auffassung, daß lokale Konflikte meistens lokale Ursachen hätten und weniger durch die amerikanisch-sowjetische Rivalität verursacht würden.

Vance hatte großen Einfluß auf das außenpolitische Denken und Handeln Carters bis zum Ausbruch der Doppelkrisen im Iran und in Afghanistan.[3] Danach schlug die Stunde von Zbigniew Brzezinski, den Carter zu seinem nationalen Sicherheitsberater ernannte. Brzezinskis Karriere glich in vielerlei Hinsicht der seines Erzrivalen Henry Kissinger. Beide waren renommierte Professoren an der Ostküste, Kissinger in Harvard, Brzezinski an der Columbia University in New York. Brzezinski, Sohn eines polnischen Diplomaten, gehörte seit langem zum außenpolitischen Establishment und genoß hohes akademisches Ansehen. Als intellektuelles Kind der fünfziger Jahre war er kompromißlos antikommunistisch und als Pole antisowjetisch eingestellt. 1962, während der Kubakrise, hatte Brzezinski seinem Kollegen Arthur Schlesinger, der zum Beraterstab Kennedys gehörte, ein Telegramm gesandt und gefordert, daß die Raketensilos in Kuba unverzüglich bombardiert werden sollten.[4]

Brzezinski entwickelte während der Präsidentschaft Carters Geschmack an dramatischen militärischen Gesten und Aktionen. Er plädierte für weltweite Führung der USA. Macht war das Ziel, Moral lediglich das Instrument. Die Weltpolitik ist kein Kindergarten, pflegte Brzezinski gegenüber Carter zu sagen. Er sah sich in der Tradition von Außenminister Dean Acheson und war darauf aus, Carter zum Truman der siebziger Jahre zu machen.[5] Kissinger warf er vor, sich zu sehr auf das Großmachtdreieck USA–Sowjetunion–China konzentriert und dabei das Bündnisdreieck USA–Westeuropa–Japan vernachlässigt zu haben. Deshalb gründete Brzezinski zusammen mit dem Vorsitzenden der Chase Manhattan Bank, David Rockefeller, und einigen anderen die Trilaterale Kommission – eine Gruppe von Geschäftsleuten, Politikern und Akademikern aus Europa, Japan und den USA –, die regelmäßig zusammenkam, um die Beziehungen untereinander zu stärken. Brzezinski wurde der erste Direktor der Kommission, und da man die regionale Vielfalt der amerikanischen Teilnehmer schätzte, suchte man auch nach vielversprechenden Politikern aus dem Süden. Als im Frühjahr 1973 der Gouverneur Jimmy Carter aus Atlanta, Georgia, vorgeschlagen wurde, nutzte Brzezinski diese Gelegenheit, um Carter außenpolitisch das Parkett zu ebnen.

Kein anderer kümmerte sich so intensiv um Carter wie Brzezinski und nahm daher auf dessen außenpolitische Entwicklung Einfluß. Aber während Carter den Ausgleich mit der Sowjetunion suchte, die Menschenrechte deklaratorisch an die Spitze seiner Politik stellte und hauptsächlich nach innen blickte, war Brzezinski von Antikommunismus und Antisowjetismus tief durchdrungen; er glaubte an die Kraft militärischer Stärke als Rückhalt für erfolgreiche Diplomatie und suchte dementsprechend eine globale Führungsrolle der USA.

Brzezinski und Vance waren mit Blick auf den Präsidenten Rivalen, aber die Aufgabenverteilung war klar: Vance als Außenminister verantwortete in der Öffentlichkeit die Außenpolitik, während Brzezinski seinen Präsidenten vertraulich beriet. Doch der Konflikt zwischen ihnen war unausweichlich, weil beide mit unterschiedlichen Argumenten die Außenpolitik des Präsidenten beeinflußten. Gleichzeitig wuchs im NSC wie auch im Außenministerium während der Präsidentschaft Jimmy Carters eine neue außenpolitische Elite heran, die später unter Clinton Einfluß nehmen würde: der stellvertretende Außenminister Warren Christopher, Staatssekretär David Newsom, der Assistant Secretary for Eastern and South-Eastern Affairs, Richard Holbrooke, der Direktor des Planungsstabs Anthony Lake und Brzezinskis Stellvertreter David Aaron.

Als Verteidigungsminister kam Harold Brown, der schon unter Verteidigungsminister Robert McNamara gedient hatte, seinen Aufgaben diskret und professionell nach. Vizepräsident Walter Mondale reiste nicht selten als Sonderbeauftragter und machte sich vor allem um den Friedensprozeß im Nahen Osten verdient.

Was waren die herausragenden außenpolitischen Ziele der Regierung Carter? Vor Regierungsantritt formulierte Sicherheitsberater Brzezinski zehn Ziele:

1. An erster Stelle die Kooperation mit den demokratischen Industriestaaten im Rahmen der Triade USA–Westeuropa–Japan. Angestrebt wurde eine stärkere makro-ökonomische Koordinierung der Wirtschaftspolitiken, um ein stabiles und offenes Handels- und Finanzsystem aufrechtzuerhalten. Dazu gehörte aber auch eine militärische Stärkung der NATO, unter anderem durch die Reintegration Griechenlands, die Lösung des Zypern-Problems und die Koordinierung der westlichen Handelspolitik gegenüber der Sowjetunion und Osteuropa.
2. Aufbau eines weltweiten Netzes von Beziehungen mit den neuen einflußreichen Regionalstaaten wie Venezuela, Brasilien, Nigeria, Saudi Arabien, Iran, Indien und Indonesien durch Ausweitung der amerikanischen Verpflichtungen.
3. Eine befriedigende Regelung der globalen Nord-Süd-Problematik, um gerade in der Dritten Welt wirtschaftliche Stabilität und Wachstum zu fördern, sowjetischen Einfluß einzudämmen und antiamerikanische Strömungen zurückzudrängen. Dazu gehörte die Ratifizierung eines neuen Vertrages über den Rechtsstatus der Panamakanalzone.
4. Beschleunigung der SALT-Verhandlungen mit dem Ziel wirklicher Abrüstung, um die bilateralen Beziehungen und den Weltfrieden zu sichern. Entspannung sollte den Interessen beider Seiten dienen, insbesondere sollte SALT II

1978 abgeschlossen werden, um dann auch bei MBFR Erfolge durchsetzen zu können.

5. Normalisierung der Beziehungen zur Volksrepublik China zwecks Stabilisierung der Weltpolitik. Die Aufnahme diplomatischer Beziehungen sollte die Basis für eine langfristige Kooperation legen.
6. Umfassender Friede im Nahen und Mittleren Osten, um eine weitere Radikalisierung in der arabischen Welt zu verhindern und den Wiedereintritt der Sowjetunion in dieser Region zu ermöglichen.
7. Friedliche Veränderung von Südafrika, die Abschaffung der Apartheid und eine Koalitionsregierung zwischen weißen und schwarzen afrikanischen Politikern. Gleichzeitig sollte die sowjetisch-kubanische Präsenz auf dem afrikanischen Kontinent aufgelöst werden.
8. Verpflichtung der USA, ihr Waffenarsenal um fünfzehn Prozent zu verringern, um das globale Wettrüsten zu begrenzen. Die Nichtweiterverbreitung von Nuklearwaffen und ein wirkungsvolles Atomteststoppabkommen wurden ebenfalls angestrebt.
9. Durchsetzung der Menschenrechte.
10. Eine ausreichende Verteidigungspolitik, um die Sowjetunion vor politischem Druck oder Intervention abzuschrecken. Modernisierung sowie Standardisierung der militärischen Ausrüstung der NATO und Überprüfung der weltweiten militärischen Verpflichtungen der USA.[6]

Aber auch Außenminister Cyrus Vance war von Jimmy Carter gebeten worden, seine außenpolitischen Zielvorstellungen darzulegen. Für Vance war besonders wichtig, daß die amerikanisch-sowjetischen Beziehungen nicht eine Dominanz erhielten, welche die USA zwingen würde, andere wichtige Beziehungen und Probleme zu vernachlässigen; daß der Nord-Süd-Dialog intensiviert wurde, vor allem in Fragen der nuklearen Weiterverbreitung, der Energie und des Umweltschutzes; daß die Durchsetzung der Menschenrechte eingefordert wurde; daß nicht große Visionen, Konzepte und Doktrinen im Mittelpunkt standen, sondern die Probleme Schritt für Schritt gelöst würden; und daß schließlich Kongreß und Bevölkerung als außenpolitische Partner des Präsidenten gewonnen würden.[7]

Weder die Vorstellungen Brzezinskis noch die von Vance können als umfassende Strategie angesehen werden, aber eines forderten sie gemeinsam: »Sie stimmten zu, daß die Vereinigten Staaten sich pragmatisch den Realitäten einer neuen und komplexen Welt anpassen mußten.«[8] Jimmy Carter war der erste Präsident, der Amerika selbst zur Anpassung an die weltpolitischen Veränderungen aufrief, statt Anpassung der Welt an Amerika zu fordern. Nach einem

Jahrzehnt des Krieges, der Skandale, der Ermordungen und der Enttäuschungen fürchtete die Regierung Carter, daß die Amerikaner aus Bitterkeit in einen neuen Isolationismus verfallen würden. Gerade durch die Forderung nach Durchsetzung der Menschenrechte sollte aber Amerika aufgerufen bleiben, sich international zu engagieren. Oder wie es Brzezinski ausdrückte: »Durch Betonung der Menschrechte konnte sich Amerika wieder zum Hoffnungsträger der Menschheit, zur Woge der Zukunft machen und Amerikas politische Anziehungskraft gegenüber der Dritten Welt wiederherstellen.«[9]

Dabei ging es Carter und seinen Mitarbeitern auch darum, eine neue Balance zwischen den schwindenden Mitteln und dem steigenden internationalen Engagement zu finden. Wiederholt betonte Carter die Komplexität und Widersprüchlichkeit der internationalen Welt, die für Amerika neue Chancen biete. In diesem Zusammenhang forderte Leslie Gelb, hochrangiger Diplomat im Außenministerium: »Die Welt um uns ist viel zu komplex, um in der Tradition der US-Politik der Zeit nach dem Zweiten Weltkrieg auf eine Doktrin reduziert zu werden. In der Tat beruht der Ansatz Carters auf dem Glauben, daß die Welt nicht nur viel zu komplex ist, um auf eine Doktrin reduziert zu werden, sondern daß es grundsätzlich falsch ist, überhaupt eine Doktrin zu haben.«[10]

Die Abneigung gegenüber einem globalen Konzept, eine radikale Herabstufung des Instruments der militärischen Macht, wachsende Kritik an der klassischen Haltung des Antikommunismus, Betonung der Nord-Süd-Problematik und die Empfehlung, alle Probleme Schritt für Schritt anzupacken, bildeten den außenpolitischen Auftakt. Aber während Vance die Idee der Eindämmung der Sowjetunion, Kernstück der Truman-Doktrin, überwinden wollte, suchte Brzezinski hier Kontinuität zu Truman. Aber zunächst blieb Brzezinski im Schatten, statt dessen wurde die Idee der Menschenrechte im Außenministerium unter Führung von Patricia Derian, einer früheren Aktivistin der Bürgerrechtsbewegung ohne jegliche außenpolitische Erfahrung, vorangetrieben.

Die Betonung der Menschenrechte

Carter suchte innenpolitische Polarisierung und Frustration nach Watergate und Vietnam zu überwinden. Der angemessene gemeinsame Nenner für eine neue Außenpolitik auf breiter innenpolitischer Basis schien in der Betonung der Menschenrechte zu liegen. Deshalb bekräftigte Carter folgende moralische Vision: »Weil wir frei sind, können wir gegenüber dem Schicksal der Freiheit anderswo niemals gleichgültig sein. Unsere moralische Einstellung zwingt uns zu einer eindeutigen Bevorzugung derjenigen Gesellschaften, die mit uns einen tiefen Respekt vor den Menschenrechten des einzelnen teilen.«[11]

Wie auch andere Präsidenten mit hohem moralischem Eigenanspruch suchte Jimmy Carter sich von Anfang an von seinen republikanischen Vorgängern zu unterscheiden: Während die Präsidenten Nixon und Ford mit ihrem Außenminister Kissinger Machtbalance und Geheimdiplomatie betonten, wollte Carter Moral und öffentliche Diplomatie zur Geltung bringen. Während Nixon und Ford den Ost-West-Konflikt als zentral angesehen hatten, betonte Carter die Nord-Süd-Problematik. Hatten Nixon und Ford den Begriff des Interesses als zentral erachtet, so betonte Carter den moralischen Anspruch seiner Politik. Wurde unter Nixon und Ford die Loyalität zu den Verbündeten nach den strategischen Interessen der USA ausgerichtet und wurden die Konflikte in der Dritten Welt als Testfall für die Auseinandersetzung mit der Sowjetunion angesehen, so suchte Carter sowjetische Kooperation, um Konflikte gemeinsam zu lösen. Hatten Nixon und Ford die Androhung oder Anwendung von Gewalt als zentrales und notwendiges Element der Außenpolitik verstanden, so erklärte Carter: »Wir haben Feuer mit Feuer bekämpft und dabei nicht bedacht, daß Feuer sich besser mit Wasser löschen läßt. Diese Politik scheiterte, wobei Vietnam beispielhaft für ihre intellektuelle und moralische Armseligkeit dasteht.«[12]

Carter suchte für die USA nach dem Debakel in Vietnam einen neuen moralischen Führungsanspruch in der Welt. Mit seiner Rede in der University of Notre Dame (Indiana) am 22. Mai 1977 begründete er die Menschenrechtsdoktrin, den Glauben an eine Außenpolitik, »die demokratisch ist, die von unseren grundlegenden Wertvorstellungen ausgeht und die Stärke und Einfluß für humane Ziele einsetzt ...«[13]

Macht diente Carter zur Durchsetzung moralischer Prinzipien. Die Politik der Eindämmung schien überholt, denn »die Drohung eines Konfliktes mit der Sowjetunion, die uns einigte, hat nachgelassen«[14]. Carter setzte fünf neue Schwerpunkte: die Menschenrechte, Kooperation mit den demokratischen Industrienationen, die Beziehungen zur Sowjetunion und zur Volksrepublik China, die Kluft zwischen Arm und Reich im Nord-Süd-Konflikt sowie die globalen Probleme wie Atomkriegsgefahr, Rassenhaß, Wettrüsten, Hunger, Armut und Krankheit.

Die Menschenrechtskampagne der Regierung Carter führte in Indonesien, in Südkorea, auf den Philippinen, in Brasilien, in Nepal und auch auf Kuba zu kleinen Fortschritten. In Ghana, Nigeria und Thailand gab es sogar Ansätze für neue politische Mitverantwortung außerhalb der Militärregime. Auch wurde hie und da mehr Pressefreiheit erlaubt, aber im großen und ganzen war die Wirkung der Menschenrechtskampagne problematisch. Der gravierende Rückschritt, der in Carters Menschenrechtsphilosophie deutlich wurde, lag in der Wiederbelebung des Gefühls der moralischen Überlegenheit der USA als Ersatz für angemessene weltpolitische Verantwortung.[15]

Carter setzte andere Prioritäten. Befreundete, aber undemokratische Regierungen verloren amerikanische Unterstützung. Statt dessen wurden die verschiedenen revolutionären Bewegungen wie die Sandinistas in Nikaragua, Polisario, FRELIMO, SWAPO, MPLA in Afrika und die PLO im Nahen Osten von der Regierung Carter hofiert. Auch wollte Carter bald diplomatische Beziehungen mit Kuba, Vietnam und der Volksrepublik China aufnehmen, wurde aber vom Kongreß gebremst. Nur mit der Volksrepublik China kam es schließlich am 1. Januar 1979 zur Aufnahme diplomatischer Beziehungen. Vietnams rücksichtslose Interventionspolitik in Südostasien und seine exorbitanten Reparationsforderungen an die USA sowie Kubas Engagement in Afrika, insbesondere in Angola und Äthiopien, waren keine ermutigenden Zeichen zur Intensivierung der bilateralen Beziehungen. Ganz davon abgesehen, zeichnete sich keines der Länder durch eine ernstzunehmende Menschenrechtspolitik aus. Verwirrung bei Freund und Feind und Gegensätze innerhalb der Regierung Carter waren die Folge.

In Zentral- und Lateinamerika sowie in Afrika gab es zunächst für die neue Menschenrechtsdoktrin der Regierung Carter ermutigende Anzeichen. Am 7. September 1977 wurde mit Panama ein Vertrag unterzeichnet, der den Kanal der Souveränität Panamas unterstellte, gleichzeitig aber den USA die Benutzungsrechte in Kriegs- und Friedenszeiten in der Zukunft garantierte. Carter argumentierte moralisch, um dem Antiamerikanismus in der Region vorzubeugen, war jedoch innenpolitisch bei der Rechtfertigung des Vertrages gezwungen, seine Kritiker mit machtpolitischen Argumenten davon zu überzeugen, daß militärstrategisch kein entscheidender Nachteil für die USA entstanden war. Trotzdem mußte Carter rund neunzig Vorbehalte und zusätzliche Bedingungen des Senats akzeptieren, damit dieser dem Vertrag schließlich zustimmte. Carter hatte einen wichtigen und richtigen Schritt getan, um die koloniale Belastung der USA in Zentralamerika zu verringern.[16]

Die Nikaragua-Politik der Regierung Carter war ambivalenter. Zwar wurde die Militär- und Wirtschaftshilfe schon 1977 aus Menschenrechtsüberlegungen gekürzt, bald jedoch wieder gelockert, um dann wiederum gekürzt zu werden. Diese Zickzack-Strategie spiegelte folgendes Dilemma wider: Einerseits wurden die Sandinistas durch Carters Politik ermutigt, andererseits jedoch verbittert, wenn Carter den Diktator Somoza zu seiner Menschenrechtspolitik ausdrücklich beglückwünschte. Als Außenminister Vance im Juli 1979 eine Wende in der amerikanischen Nikaragua-Politik verkündete, Waffenstillstand und eine Verhandlungslösung in Nikaragua forderte, kam die Regierung Carter jedoch zu spät.[17]

Washington schätze das antidemokratische Regime Somozas in Nikaragua keineswegs. Aber es garantierte amerikanischen Einfluß und Abwehr des Kommunismus.[18] Als die sandinistische Befreiungsfront im Juli 1979 das Regime Somoza stürzte und die Macht übernahm, änderte sich die Lage: Die Sandinistas entwickelten eine antiamerikanische und zugleich kuba- und sowjetorientierte Diktatur. Doch der amerikanische UNO-Botschafter Andrew Young, der »Verbündete« der Menschenrechtsprotagonisten im Außenministerium, suchte die Kooperation mit den Sandinistas. Er stellte nahezu alle vergangenen Maßstäbe auf den Kopf: Er nannte Khomeini einen Heiligen, hofierte die PLO und wollte mit Vietnam diplomatische Beziehungen aufnehmen. Neben Patricia Derian wurde er zur treibenden Kraft für eine neue Menschenrechtspolitik, besonders in Afrika.[19] Unter der Ägide von Young und Vance suchte die Regierung Carter Zusammenarbeit mit Radikalen, Gemäßigten und Neutralen in Rhodesien, Namibia und Südafrika. In diesem Sinne erklärte Carter als erster Präsident im April 1978 in Lagos, Nigeria: »Wir teilen mit Ihnen eine Verpflichtung zur Mehrheitsherrschaft und den Menschenrechten des einzelnen. Wir teilen mit Ihnen eine Verpflichtung zum wirtschaftlichen Wachstum und der menschlichen Entwicklung, um die Grundforderungen der Menschen zu erfüllen. Wir teilen mit Ihnen eine Verpflichtung zu einem Afrika, das in Frieden lebt, frei von Kolonialismus, frei von Rassismus, frei von militärischer Einmischung durch fremde Staaten und frei von den unvermeidlichen Konflikten, die entstehen können, wenn die Integrität nationaler Grenzen nicht geachtet wird.«[20] Doch Nigeria wurde in den achtziger und neunziger Jahren zum Beispiel gescheiterter amerikanischer Menschenrechtspolitik.

Carters Menschenrechtsforderungen zeigten zunächst Wirkung: Am 26. Januar 1977 wurde gegen die Verfolgung von Mitgliedern der Bürgerrechtsbewegung Charta 77 durch das kommunistische Regime in der Tschechoslowakei protestiert. Die Regierung Carter nahm Bezug auf die Schlußakte von Helsinki und forderte die Respektierung der Menschenrechte. Zum ersten Mal ergriff das Außenministerium offiziell Partei für den populären sowjetischen Dissidenten Andrej Sacharow und protestierte gegen die Verhaftung des sowjetischen Regimekritikers Alexander Ginzburg. Im März 1977 empfingen Carter und Vizepräsident Mondale sogar den sowjetischen Dissidenten Wladimir Bukowski im Weißen Haus, während noch im Vorjahr Präsident Ford einen offiziellen Empfang von Alexander Solschenizyn verweigert hatte.

Aber Carter ging noch weiter. Er bezeichnete die Menschenrechtsinitiativen der USA als legitimen Teil eines »ideologischen Kampfes mit der Sowjetunion«.[21] So entstand der Eindruck, als betreibe die Regierung Carter einen Kreuzzug für Menschenrechte. Die negative Reaktion des Kreml ließ nicht lange auf sich warten: Die Menschenrechtskampagne sei eine Einmischung in die inneren Angelegenheiten der Sowjetunion und gefährde den Entspannungsprozeß, lautete die Antwort. Auch die Dissidentenbewegung wurde von Moskau als Erfindung des Westens abgetan. Die schroffe Reaktion des Kreml muß vor dem Hintergrund der ansteigenden Protestwellen innerhalb des eigenen Machtbereichs gesehen werden. Der KSZE-Prozeß begann, wenn auch langsam, zu wirken – nicht zuletzt dank einer neuen, aufgeschlossenen Einstellung Washingtons.

Ein tiefer Dissens zwischen den USA und der Sowjetunion wurde deutlich: Während der amerikanische Präsident seine Menschenrechtspolitik im Rahmen des KSZE-Prozesses als Teil der Ost-West-Entspannung verstand und sich konsequent bemühte, Menschenrechts- und Entspannungspolitik miteinander zu verbinden, kritisierten die Sowjets die offensive Menschenrechtskampagne von Jimmy Carter als kontraproduktiv für die Entspannung. Die Menschenrechtsdebatten auf den KSZE-Konferenzen in Belgrad und Madrid führten zu heftigen Kontroversen, aber der KSZE-Prozeß blieb intakt. Auch wenn die entscheidenden Durchbrüche ausblieben, so stellte die Menschenrechtspolitik doch eine der herausragenden Leistungen des Präsidenten dar.[22] Carter wollte durch Menschenrechtspolitik den Wandel zur Freiheit innerhalb des kommunistischen Herrschaftsbereichs fördern. Vielleicht ist in Europa bisher zuwenig berücksichtigt worden, daß auch die Menschenrechtskampagne von Jimmy Carter ihren Beitrag zur Zeitenwende 1989/90 geleistet hat. Er suchte im Rahmen des KSZE-Prozesses eine überzeugende und abgestimmte Ostpolitik des Westens unter Berufung auf die gemeinsamen Wertvorstellungen von Menschenwürde. Damit gab Carter der Ostpolitik des Westens eine ethische Dimension, die nicht zu unterschätzen ist.

Aber tiefe Gegensätze innerhalb der Regierung, innerhalb der USA und innerhalb des Westens wirkten auf die Menschenrechtspolitik ein. Konservative Kräfte warfen Carter vor, befreundete Militärdiktaturen aufgrund von Menschenrechtsverletzungen öffentlich bloßzustellen, die Sowjetunion hingegen zu verschonen. Dagegen wünschten die amerikanischen Liberalen schärfere Maßnahmen gegen Rechtsdiktaturen, zum Beispiel in Lateinamerika und Afrika, aber auch gegenüber der Sowjetunion. Carters Menschenrechtspolitik blieb innen- und außenpolitisch kontrovers, aber bei den sowjetischen Dissidenten genoß er Sympathie: »Carters Menschenrechtspolitik stellt die Antwort auf die Herausforderungen unserer Zeit dar. Es ist sehr wichtig, daß sie noch größere Unterstützung erfährt.«[23]

Langfristig gab die Geschichte Carter recht. Aber tagespolitisch scheiterte seine Menschenrechtspolitik auf vielfache Weise. Die Verknüpfung von Menschenrechtsforderungen mit der Auslandshilfe war problematisch. Gingen den einen die vorgeschlagenen Maßnahmen der Regierungen nicht weit genug, so kritisierten die anderen, daß das Gegenteil der Fall sei. Aus Protest gegen die amerikanische Einmischung in die inneren Angelegenheiten souveräner Staaten verzichteten Argentinien und Uruguay 1977 auf amerikanische Auslandshilfe. Brasilien, Guatemala und El Salvador schlossen sich wenig später dieser Maßnahme an. Der argentinische Außenminister Guzzetti erklärte, daß kein Staat das Recht habe, sich die Rolle eines internationalen Gerichtshofes anzumaßen. Ähnlich reagierte Uruguay. Lediglich im demokratischen Venezuela wurde die Haltung Carters mit Sympathie betrachtet. Die Beziehungen der Vereinigten Staaten zu den südamerikanischen Regimen verschlechterten sich wegen der Menschenrechtsforderungen nachhaltig. Die drastischen Reaktionen aus Lateinamerika riefen in den USA diejenigen auf den Plan, die gute Beziehungen zu den antikommunistischen Militärdiktaturen als Eckpfeiler für amerikanische Sicherheitsinteressen ansahen (so zum Beispiel der amerikanische Senator Jesse Helms und die spätere UNO-Botschafterin während der Regierung Reagan, Jeanne Kirkpatrick).

Von links wurde Carter vorgeworfen, Länder willkürlich mit Auslandshilfekürzungen zu belegen, während andere Staaten, die in gleicher Weise oder noch schlimmer Menschenrechte verletzen, von Sanktionen ausgenommen blieben. So bringe Carter nicht den Mut auf, die Wirtschafts- und Militärhilfe für Südkorea und die Philippinen zu senken, wo Menschenrechte seit Jahren verletzt würden. Man warf ihm selektive Moral und Heuchelei vor.[24] Das Pentagon argumentierte, bestimmte Militärbasen seien von vitaler Wichtigkeit für die amerikanische Sicherheit, weshalb die Menschenrechtspolitik der Überprüfung bedürfe. So blieben bestimmte Länder ausgenommen, Doppelmoral wurde erkennbar.

Die mannigfaltige Konfusion der Menschenrechtskampagne führte dazu, daß eine programmatische Klarstellung notwendig wurde. Außenminister Vance, sein Stellvertreter Warren Christopher und Carter selbst suchten eine präzisere Definition der Menschenrechte, um von einer widersprüchlichen Menschenrechtskampagne zu einer überzeugenden Menschenrechtspolitik zu gelangen.[25] Selbstkritisch setzten sie sich mit den Schwierigkeiten einer praktischen Menschenrechtspolitik auseinander. Carter betonte die Grenzen moralischer

Überredungskunst in einer komplexer gewordenen Welt. Warren Christopher sprach von zwingenden Gründen, die verlangten, Idealismus mit Realismus in Übereinstimmung zu bringen, und verwies darauf, daß die Fähigkeit der USA, Menschenrechtspraktiken in anderen Gesellschaften zu ändern, begrenzt sei und man sich vor Selbstgerechtigkeit hüten müsse. Außenminister Vance warnte vor den Gefahren einer Überbetonung der Menschenrechte zugunsten anderer legitimer außenpolitischer Ziele. Die USA müßten sich der Grenzen ihrer Macht und Weisheit bewußt sein, realistische Politik betreiben und sich davor hüten, in starrer und arroganter Weise anderen Ländern amerikanische Werte aufzuzwingen. Vance kritisierte jeglichen doktrinären Aktionsplan, aber auch moralische Gleichgültigkeit. Er führte drei Bündel von Fragen an, die als Entscheidungskriterien für künftige Menschenrechtspolitik in Betracht kämen.[26]
Allmählich kristallisierten sich sieben Grundelemente der Menschenrechtspolitik der Regierung Carter heraus:

1. Die Wiederbelebung des amerikanischen Idealismus, der die Stärke der Nation im Innern und nach außen wiederbegründen und dem Volk zu neuem Selbstbewußtsein, Optimismus und Einigkeit verhelfen sollte.
2. Die Ausweitung der Menschenrechtsdefinition von der liberalen Betonung individueller Freiheitsrechte in Richtung auf soziale Rechte, was den Forderungen der Entwicklungsländer entgegenkam.
3. Die Konzentration von Kritik auf wesentliche international anerkannte Menschenrechtsverletzungen, um eine Identifizierung mit universellen Forderungen zu ermöglichen und um eine Internationalisierung der Menschenrechtspolitik zu erreichen.
4. Die machtpolitische Einbettung, indem die sicherheitspolitischen Nachteile einer zu engen Verbindung der USA mit autoritären Regimen vermieden und statt dessen ein Welttrend für Menschenrechte betont wurde.
5. Die Offenlegung von Schwierigkeiten, die sich bei der Umsetzung der Menschenrechtsidee in die Praxis durch das Eingeständnis latenter Spannungen zwischen Menschenrechtsinitiativen und sicherheitspolitischen Erwägungen ergeben würden.
6. Die Entschlossenheit, im Einzelfall und abgestuft zu beurteilen, wobei Maßnahmen der stillen Diplomatie wichtiger, öffentliche Kritik und Auslandshilfekürzungen jedoch nicht ausgeschlossen wurden.
7. Das Eingeständnis, daß Menschenrechte nach außen nur dann erfolgreich vertreten werden können, wenn gleichzeitig im eigenen Land die grundlegenden Menschenrechte garantiert beziehungsweise verwirklicht werden.[27]

Zusammenfassend läßt sich sagen, daß dort, wo vitale Interessen der USA auf dem Spiel standen, eine zurückhaltende Menschenrechtspolitik betrieben wurde, wie zum Beispiel in Südkorea, in Indonesien und auf den Philippinen. Der Haupteffekt der Menschenrechtsinitiative lag in der öffentlichen Anprangerung einzelner Diktaturen und gleichzeitig in der moralischen Stärkung der oppositionellen Demokraten. Carter gelang es teilweise, das Ansehen der Vereinigten Staaten in der Dritten Welt zu heben, weil er sich mit seiner Menschenrechtspolitik bewußt von Regimen absetzte, mit denen sich früher andere Regierungen identifiziert hatten. Auch die Aufstockung von Auslandshilfe für demokratische oder sich demokratisierende Staaten der Dritten Welt war als positives Signal zu werten: Jamaika, Peru, die Dominikanische Republik, Costa Rica sowie Botswana, Gambia und Sri Lanka galten als Beispiele des Fortschritts.

Durch die veränderte Auslandshilfepolitik der USA im Rahmen der Menschenrechte wurde eine weltweite Diskussion über Menschenrechtsfragen und das Menschenrechtsbewußtsein gefördert. Diktatorische Regime mögen teilweise ihre Repressionen und ihren Terror gemildert haben. Dies ist schwer nachzuprüfen. Im Rahmen der UNO wirkte Carters Menschenrechtspolitik dynamisierend. Seine Worte machten den unterdrückten Opfern, die unter Menschenrechtsverletzungen überall auf der Welt zu leiden hatten, Mut: »Die Effektivität unserer Menschenrechtspolitik ist inzwischen eine eindeutige Tatsache. Sie hat zu einer Atmosphäre des Wandels beigetragen, die in vielfacher Weise den Fortschritt gefördert hat. All denjenigen, die den Sinn unseres Engagements bezweifeln, sage ich dies: Fragt die Opfer, fragt die im Exil Lebenden. Aus den Gefängnissen, aus den Lagern, aus dem Exil erhalten wir eine Botschaft: Sagt es offen heraus, haltet durch, laßt die Stimme der Freiheit hören!«[28]

Doch Carters Leitmotiv wurde von den außenpolitischen Realitäten überrollt. Der Katechismus der Menschenrechte ließ sich mit den komplexen Widersprüchlichkeiten der Realität nicht in Übereinstimmung bringen. Die Sowjetunion empfand die Menschenrechtsforderungen als Bedrohung, hatte doch Carter die Menschenrechtsinitiative zum legitimen Teil eines ideologischen Kampfes mit der Sowjetunion erklärt. Damit verschlechterte Carter das Entspannungsklima. Ausschnittartig deutet sich hier schon das Dilemma der Menschenrechtskampagne an: Die ursprüngliche Absicht führte nicht zu den gewünschten, sondern zu unerwünschten Konsequenzen. Die Sowjetunion verlor ihr geringes Entspannungsinteresse völlig. Sie verfolgte ihre außenpolitischen Ziele nun um so rücksichtsloser, je deutlicher wurde, daß Carter geradezu ängstlich bemüht war, militärische Stärke aus dem außenpolitischen Arsenal zu verbannen.

Carter wurde von Jeanne Kirkpatrick vorgeworfen, daß er bei seiner Menschenrechtspolitik nicht zwischen autoritären und totalitären Regimen unterschied und deshalb den Sicherheitsinteressen der Vereinigten Staaten erheblichen Schaden zufüge. Sie formulierte die zentralen Vorwürfe von konservativer Seite. Jeanne Kirkpatrick warf Carter vor allem vor, daß er den Unterschied zwischen traditionellen und revolutionären Autokratien verkannt hätte; dies verleite ihn dazu, mit Hilfe der Menschenrechtspolitik auf die Ablösung traditioneller Rechtsdiktaturen hinzuarbeiten und diese durch revolutionäre, linke Autokratien zu ersetzen. Das sei ein Fehler, denn die Rechtsdiktaturen wie im Iran oder Nikaragua duldeten im Vergleich zu vielen linken Diktaturen wenigstens in begrenztem Umfang Kritik und Opposition, kritische Medien und Parteien eingeschlossen, während Linksdiktaturen durchweg totalitären Charakter trügen. Carter negierte diesen wichtigen Unterschied und ebnete Linksdiktaturen den Weg. Dadurch gefährdete er vor allem Interessen der USA, weil Linksdiktaturen, anders als Rechtsdiktaturen, ihr außenpolitisches Umfeld ebenso wie die eigene Gesellschaft revolutionieren wollten. Jeanne Kirkpatrick unterstellte der Regierung Carter keineswegs, daß sie die Verbreitung sowjetisch gestützter marxistischer Regime wünsche, aber die bewußte Destabilisierung befreundeter Autokratien ohne Garantie auf eine folgende nichtmarxistische Entwicklung hatte genau diesen Effekt. Die ursprüngliche Intention der Menschenrechtspolitik und ihre realpolitischen Folgen klafften nicht selten auseinander. Nicht Menschenrechte und Demokratisierung, sondern neue Diktaturen und die Abschaffung von Menschenrechten waren oft die Folge. Die These von Jeanne Kirkpatrick, daß nur rechtsgerichtete autoritäre Regime prinzipiell wandlungsfähig seien, wurde durch die Beispiele Griechenland, Spanien und Portugal belegt.[29]

Als Carter und Vance ab Mitte 1977 die Menschenrechte zurückhaltender definierten, waren die Folgen der moralischen Beckmesserei nicht mehr zu reparieren. Kleine Staaten ohne Bedeutung für die USA, wie Haiti, Paraguay, Kambodscha, wurden unter politischen Druck gesetzt, während die autoritären Potentaten in Ländern von amerikanischem Interesse, wie der Schah im Iran, Somoza in Nikaragua, Park in Korea und Marcos auf den Philippinen, geschont wurden. Der Vorwurf der doppelten Moral war nicht von der Hand zu weisen. Verwirrung und Unverständnis breiteten sich weiter aus, als Carter im Glauben, die Sowjetunion würde Nordkorea mäßigen, anordnete, die amerikanischen Bodentruppen aus Südkorea abzuziehen. Es blieb letztlich alles beim alten: In Südkorea verletzte das Regime weiter die Menschenrechte, und die US-Truppen blieben stationiert. Wirtschaftshilfe wurde nach einer »Moralskala«

vergeben. Im Außenministerium wurde – gut gemeint – sorgfältig Buch darüber geführt, welches Land in welchem Umfang die Menschenrechte verletzte oder förderte. Eine gewisse Pfadfindermentalität war in der Außenpolitik der Regierung Carter unübersehbar.[30]

Ohne Zweifel machte Carter in seiner persönlichen Identifikation mit der naturrechtlichen Idee der Menschenrechte den besten Teil der amerikanischen Tradition wieder lebendig. In Osteuropa, aber auch in den Ländern der Dritten und Vierten Welt wurden neue Hoffnungen auf Freiheit und auf den moralisch-geistigen Führungsanspruch der Vereinigten Staaten geweckt. Die Verengung der außenpolitischen Perspektive auf die Menschenrechte konnte aber nicht darüber hinwegtäuschen, daß dringende Probleme, die nicht nach moralischen Gesichtspunkten, sondern unter Berücksichtigung politischer, ökonomischer und militärischer Interessen gelöst werden mußten, zu kurz kamen. Moralischer Rigorismus verringerte zudem die Kompromißbereitschaft der politischen Gegenspieler. Gerade die menschenrechtlich motivierte Forderung nach reziproken Beziehungen mit der Volksrepublik China und der Sowjetunion wirkte angesichts der weltanschaulichen Asymmetrie hemmend. Der Doyen der amerikanischen Außenpolitik, George F. Kennan, kam zu dem Ergebnis, daß die Regierung Carter alle Lektionen, die die USA in den Nachkriegsbeziehungen zur Sowjetunion gelernt hatten, mißachtete und dabei jeden Fehler beging, der nur möglich war. Nicht die Suche nach außenpolitischer Anpassung der USA an eine komplexe Welt, sondern Arroganz im Mantel puritanischer Selbstlosigkeit wurde deutlich.[31]

Je absoluter Moral in die internationale Politik getragen wird, um so zwangsläufiger ist der Zusammenstoß mit den abweichenden Moralvorstellungen anderer Staaten und Akteure. Ob in Chile oder in Polen, ob in der Schweiz oder Kambodscha, ob in Südafrika oder Syrien, ob in der Sowjetunion oder in den USA, nirgendwo gibt es übereinstimmende Auffassungen über die Frage, wie Menschen und Nationen miteinander leben sollten. Nicht allgemeingültige Moralvorstellungen, sondern maßvolle Interessenpolitik mit Kompromißbereitschaft und dem Gefühl für Distanz garantiert die Vielfalt globalen Lebens. Wenn Regierungen Gutes und Moralisches bewirken wollen, gehört dazu zuerst Takt und Respekt, nicht aber moralische Anmaßung. Weil die Regierung Carter diese Grundsätze außer acht ließ, wurde ihre Außenpolitik schließlich zu einem globalen Spießrutenlauf.

Die Menschenrechte wurden zum Mühlstein Carterscher Politik. Die Beziehungen zu den demokratischen Industriestaaten verkümmerten. Die Beziehungen zur Volksrepublik China konnten zwar verbessert werden, die Konflikte und Probleme mit der Sowjetunion hingegen erreichten eine Intensität, wie sie seit der Kubakrise 1962, und eine Schärfe, wie sie seit der Formulierung der Truman-Doktrin nicht mehr aufgetaucht waren. Die Kluft zwischen Reich und Arm konnte nicht verringert werden, Carters Ansätze blieben hier diffus. Die globalen Probleme konnten trotz Carters gutem Willen nicht entschärft werden. Hinzu kam, daß die Außenpolitik der USA durch Krisen und durch Unvermögen der Regierung selbst an Macht und Prestige verlor.

Die Forderung Carters nach Verwirklichung der Menschenrechte und seine gleichzeitige Aufforderung, sich international zurückzuhalten, wirkten verwirrend. Dies wurde auch in Angola deutlich. Carters neoisolationistische Prämissen ermutigten gemeinsame sowjetisch-kubanische Aktivitäten in und um Angola, wo schließlich vierzigtausend kubanische Soldaten stationiert waren. Von Angola aus wurde die Shaba-Provinz von zairischen Aufständischen angegriffen. Ferner verschärfte die massive Intervention der Sowjets und Kubaner am Horn von Afrika Anfang 1978 die Spannungen. Durch die Unterstützung Äthiopiens gegen das Eindringen Somalias in die Ogaden-Provinz demonstrierte die Sowjetunion eine neue weltweite Interventionsfähigkeit. In kürzester Frist wurden knapp zwanzigtausend Soldaten und Militärtechniker sowie Waffen im Wert von zwei Milliarden Dollar aus der Sowjetunion eingeflogen. Die Menschenrechtspolitik konnte diese Entwicklung nicht aufhalten. Die USA mißbilligten zwar die Intervention gegen Somalia, aber die Folge – massive Präsenz der Sowjetunion und Kubas in Äthiopien – konnte nicht verhindert werden. Eine neue ungünstige Kräftekonstellation am strategisch wichtigen Horn von Afrika wurde in Umrissen sichtbar. Ursprünglich an der Seite Somalias, unterstützte die Sowjetunion dann auch noch zusammen mit den Kubanern den Kampf der äthiopischen Armee gegen die eritreische Befreiungsbewegung. Diese wachsende Macht der Sowjetunion und Kubas führte zu Besorgnis in Kairo, Teheran, Riad und Khartum. Carters Sicherheitsberater Brzezinski sprach in diesem Zusammenhang von einem neuen Krisenbogen, der sich von Zentralamerika über die Karibik, Zentral- und Ostafrika über den Nahen und Mittleren Osten spannte.[32] Brzezinski versuchte vergeblich, Carter für eine Politik der Stärke zu gewinnen, um die Sowjetunion und Kuba von militärischen Engagements abzuhalten. Aber Außenminister Vance verhinderte, daß Brzezinski sich bei Carter durchsetzte.

Als im April 1978 das Regime Daud mit sowjetischer Hilfe in Afghanistan gestürzt wurde, die Regierung Carter aber nicht reagierte, fühlten sich die Sowjets sicher. Wie zuvor 1975 in Vietnam und 1976 in Angola, so begünstigte amerikanische Unentschlossenheit kommunistische Aggressivität in Afghanistan.

Carters Bekenntnis zur Machtlosigkeit ermutigte Moskau zu riskanten Entscheidungen, die jetzt sogar risikolos schienen. Ein Motiv für Carters Zurückhaltung lag in seinem Bemühen um ein SALT-II-Abkommen.

Das SALT-II-Abkommen

Am 18. Juni 1979 unterzeichneten Carter und Breschnew in Wien das SALT-II-Abkommen. Das geringe Interesse der Öffentlichkeit verdeutlichte Skepsis und spiegelte Verwirrung über die reale Bedeutung der Rüstungskontrolle wider. War diese ein Teil der Entspannung oder ein Instrument der Sicherheitspolitik? SALT bildete den Schnittpunkt von militärischer Sicherheit und politischer Entspannung und war deshalb nach militärischen Kriterien, aber auch im politischen Gesamtkontext der amerikanisch-sowjetischen Beziehungen zu bewerten.[33]

Das Abkommen wurde sieben Jahre lang verhandelt. Es war nicht ohne Tragik, daß es letztlich nicht in Kraft trat, weil der Senat nicht zustimmte. Dabei waren die rüstungskontrolltechnischen Abmachungen kaum kontrovers. Das Abkommen bot – strategisch gesehen – Fortschritte. Die Zahl der Abschußvorrichtungen für strategische Nuklearwaffen wurde begrenzt. Auch wurde beiden Seiten die Produktion neuer, sogenannter schwerer Flugkörper untersagt, allerdings durfte die Sowjetunion ihre bestehenden 308 schweren Raketen behalten und mit MIRV ausrüsten. Luftgestützte Marschflugkörper sollten nur begrenzt modernisiert werden können. Der Vertrag begrenzte auch die Zahl der Gefechtsköpfe, die ein ballistischer Flugkörper, und die Zahl der Marschflugkörper, die ein schwerer Bomber tragen durfte. Entscheidend war aber folgende Verbesserung gegenüber SALT I: Zum ersten Mal wurde eine numerische Parität für beide Seiten festgeschrieben. Zum ersten Mal mußte die Sowjetunion die Zahl ihrer strategischen Offensivwaffen reduzieren. Theoretisch hätte SALT II den USA insgesamt 17000 und der Sowjetunion 14000 zielfähige nukleare Angriffsspitzen erlaubt. Das entsprach einer erlaubten Zuwachsrate für die USA von 87 Prozent und für die Sowjetunion von 280 Prozent. Aber ein Abkommen, das 17000 Waffen erlaubt, wenn nur etwa 11000 geplant waren, gab keine Auskunft über das tatsächliche Kräfteverhältnis am Ende seiner Geltungsdauer. Allerdings löste SALT II nicht das Problem der zunehmenden Verwundbarkeit der amerikanischen landgestützten Langstreckenraketen vom Typ »Minuteman«, wenn auch die sowjetische Fähigkeit zum vernichtenden Erstschlag auf 802 landgestützte, mit MIRV ausgerüstete Interkontinentalraketen begrenzt wurde.

Aus europäischer Sicht war an SALT II besonders problematisch, daß dem sowjetischen Konzept für strategische Waffen im Verhältnis zu den in Europa stationierten weiterreichenden amerikanischen Nuklearwaffensystemen kein rüstungskontrollpolitisches Konzept der Parität zugeordnet wurde. So drohte den USA die Gefahr, von den Verbündeten kritisiert zu werden, die Entspannung politisch zu gefährden und gleichzeitig die militärische Sicherheit des Westens zu vernachlässigen. Leider erfaßte SALT II nicht die sowjetischen Mittelstrekkenraketen vom Typ SS 20, die Westeuropa bedrohten.[34] Dieses Verhandlungsversäumnis nutzte die Sowjetunion zu einer massiven Aufrüstung in Europa. Sie führte zum NATO-Doppelbeschluß vom Dezember 1979, zu heftigen Kontroversen innerhalb der NATO und schließlich zu einer militärischen Überdehnung der Sowjetunion, die Ende der achtziger Jahre fatale Konsequenzen haben sollte.

Die zurückhaltende Rüstungspolitik der Regierung Carter hatte dazu geführt, daß die Sowjetunion die Aufrüstung schneller und intensiver vorantrieb, als ursprünglich erwartet. Während die USA ihre strategischen Programme verzögerten, wie zum Beispiel das MX-, das »Trident«- und das Marschflugkörperprogramm, oder sogar teilweise aufgab, wie den B-1-Bomber, den atomaren Flugzeugträger, die Neutronenwaffe und die »Minuteman III«, modernisierte die Sowjetunion ihr Rüstungspotential mit Höchstgeschwindigkeit. Henry Kissinger traf mit seiner Kritik an SALT II den Kern: »Nachdem wir der Verteidigung fünfzehn Jahre lang nicht den ihr zukommenden Stellenwert eingeräumt haben, wird es Zeit, über einen langen Zeitraum hinaus alles zu unternehmen, um zu verhindern, daß ein für uns bedrohliches Ungleichgewicht entsteht. Zu dem Verteidigungsprogramm gehören unbedingt der beschleunigte Ausbau einer Gegenschlagskapazität durch MX und Trident II, der Luftabwehr gegen Backfire, Sofortmaßnahmen zur Wiederherstellung des Gleichgewichts bei den taktischen Kernwaffen und zur Erhöhung unseres Potentials bei der regionalen Verteidigung einschließlich der beschleunigten Modernisierung des Ausbaus unserer Flotte. ... Ich kann daher die Ratifizierung nur unter der Bedingung empfehlen, daß ein neues Programm entwickelt und eine strategische Doktrin entworfen werden, die durch Kongreßbeschluß eine bindende Form bekommen.«[35]

Kissinger forderte keine neuen Verhandlungen, aber von seiten der Sowjetunion außenpolitische Mäßigung: »Ein Mangel an politischer Zurückhaltung wird die Fortführung von SALT ernsthaft gefährden. Das schließt die sowjetische Unterstützung oder Förderung von Interventionen durch militärische Kräfte ein, die von mit der Sowjetunion befreundeten Staaten zur Verfügung gestellt werden. Ebenso ist damit die Verwendung sowjetischer Streitkräfte auf dem Territorium von Verbündeten der Sowjetunion wie Kuba gemeint, mit der kubanische Streitkräfte für den Einsatz in Afrika frei gemacht werden.«[36] Er plädierte für einen Aufschub der Entscheidung, bis die Sowjetunion die amerikanischen Forderungen erfüllt hätte.

Daß SALT II letztlich nicht ratifiziert wurde, lag am außenpolitischen Verhalten der Sowjetunion. Was waren Rüstungskontrollabmachungen wert, wenn die Sowjetunion geopolitische Vorteile durch Militärintervention suchte? Der Einmarsch kubanischer Truppen in Angola 1975/76, die wachsende Präsenz kubanischer Truppen und sowjetischer Militärs in Äthiopien 1977 sowie ostdeutsche Militär- und Geheimdienstberater in Afrika und im Mittleren Osten, die beiden von Kuba unterstützten Invasionen Zaires 1977/78, der kommunistische Putsch im April 1978 in Afghanistan und im Südjemen, die Invasion Kambodschas durch Vietnam 1978, der Ausbau der sowjetischen Waffendepots in Libyen und Äthiopien, die antiamerikanische Haltung der Sowjets beim Zusammenbruch des Schah-Regimes im Iran sowie das Anwachsen terroristischer Organisationen und Aktivitäten durch sowjetische Hilfe schufen insgesamt ein Klima, das mit dem Geist von Entspannung, der gerade mit SALT von der Regierung Carter immer wieder beschworen wurde, nichts mehr gemein hatte. SALT konnte weder im machtpolitischen Vakuum bewertet werden, noch konnte man der Sowjetunion kostenfrei eine Version von Entspannung erlauben, die nur noch zum Schlagwort taugte, weil sie in Wirklichkeit nur sowjetischem Vorteil diente.

In dieses gespannte Klima fiel 1979 ein weiteres Ereignis, das den Glauben an eine vernünftige Außenpolitik der Regierung Carter weiter erschütterte. Im Spätsommer 1979 entdeckten die amerikanischen Geheimdienste eine sowjetische Kampfbrigade auf Kuba. Um den SALT-Ratifizierungsprozeß zu retten, spielte die Regierung Carter die Angelegenheit herunter, verwickelte sich jedoch in Widersprüche: Carter erklärte einerseits, die Brigade sei schon seit Jahren auf Kuba stationiert, stelle also keine direkte Bedrohung dar, andererseits erklärte er aber, sie sorge für Spannungen und Furcht in der Karibik. Manche Länder befürchteten verstärkten sowjetischen Einfluß. Aber fatal war folgende Bemerkung Carters: »Eine Konfrontation mag für einige Tage oder Wochen unser Gefühl befriedigen, sie wäre aber für das nationale Interesse und für die Sicherheit der USA katastrophal. ... Die größte Gefahr für Amerikas Sicherheit heute sind mit Sicherheit nicht zwei- oder dreitausend Soldaten auf Kuba, sondern der Zusammenbruch des gemeinsamen Versuchs der USA und der Sowjetunion, den Frieden zu bewahren angesichts der äußersten Bedrohung eines

Nuklearkrieges.«[37] Wer die reale und weltweite sowjetische Aggressions- und Unterdrückungspolitik negierte, aber die Gefahren eines unwahrscheinlichen Nuklearkrieges massiv beschwor, dem fehlte der angemessene Blick für die Realitäten.

Die sowjetische Invasion in Afghanistan am 25. Dezember 1979 bildete angesichts dieser Entwicklungen nur den letzten Tropfen, der das Faß zum Überlaufen brachte. So gesehen, war es konsequent, daß Carter am 3. Januar 1980 den Senat bat, er möge den Ratifizierungsprozeß von SALT II vertagen. SALT konnte die politischen Gefahren eines Nuklearkrieges vielleicht mindern. Aber SALT war letztlich doch nur ein Instrument zur Ökonomisierung des strategischen Potentials der beiden Supermächte, wie Verteidigungsminister Brown selbst einräumte: »Es wird mit SALT für die Vereinigten Staaten wesentlich billiger sein, vielleicht bis zu dreißig Milliarden Dollar billiger in den nächsten zehn Jahren, dieses Gleichgewicht aufrechtzuerhalten.«[38] So dienten die SALT-Verhandlungen allenfalls als Barometer für das Gesamtklima der amerikanisch-sowjetischen Beziehungen. Diese Funktion entfiel letztlich nach dem Einmarsch der Sowjets in Afghanistan. Bevor eine neue Eiszeit in den amerikanisch-sowjetischen Beziehungen anbrach, konnte Carter jedoch im Nahen Osten Erfolge erzielen.

Die Nahostpolitik der Regierung Carter

Unter Verzicht auf Menschenrechtsüberlegungen wurde von der Regierung Carter eine Nahostpolitik entwickelt, die zunächst die Schritt-für-Schritt-Diplomatie seiner Vorgänger kritisierte und statt dessen eine umfassende Friedensregelung suchte. Brzezinski forderte von Israel konziliantere Maßnahmen und rückte die Frage nach der Festlegung von Israels Grenzen und dem Status Jerusalems in den Mittelpunkt. Zugleich forderte er eine stärkere Beachtung des Palästinenserproblems. Zusammengefaßt kam die Regierung Carter zu folgender pragmatischer Beschreibung der amerikanischen Interessen im Nahen Osten:

- Die USA hätten ein starkes moralisches, politisches und wirtschaftliches Interesse an einem stabilen Frieden im Nahen Osten.
- Auch wenn die Schritt-für-Schritt-Diplomatie ihre positiven Seiten gehabt hätte, so habe sie doch die grundlegenden Elemente des arabisch-israelischen Konflikts unberührt gelassen. Der beste Weg, um diese Probleme zu lösen, sei eine umfassende Friedensregelung.
- Die Zeit sei reif für Verhandlungen über eine umfassende Friedensregelung,

die entweder auf einer umfassenden Konferenz oder bei informellen multilateralen Gesprächen ausgehandelt werden müsse.

Die entscheidende Neuerung in der Nahostdiplomatie Carters bestand in der unkonventionellen, aber nicht unproblematischen Behandlung der Palästinenserfrage. Zum ersten Mal sprach ein amerikanischer Präsident von den legitimen Rechten der Palästinenser und erweiterte damit faktisch die bisherige amerikanische Position, die die Rechte der Palästinenser lediglich als Flüchtlingsproblem behandelt hatte. Die PLO allerdings honorierte Carters Entgegenkommen nicht in dem Maße, wie er es erwartet hatte. Arafat unterlag in den internen Auseinandersetzungen, deshalb bestimmten die radikalen Gruppen weiterhin den Kurs.[39]

Carters Äußerungen über das Recht der Palästinenser auf ein Heimatland waren mutig, forderten aber König Hussein heraus, denn das palästinensische Heimatlandkonzept konnte, konsequent weitergedacht, nur auf Kosten jordanischen Territoriums Wirklichkeit werden. Carter hoffte auch, daß die gemäßigten arabischen Führer die sogenannte Jordanische Option unterstützen würden.[40] Trotz der historischen und religiösen Gegensätze setzte er auf eine umfassende Friedensregelung und erkannte dabei als erster amerikanischer Präsident das Recht der Palästinenser auf ein Heimatland an. Am 8. April 1977 ging er noch einen Schritt weiter: Er schlug vor, das Palästinenserproblem solle auf einer Friedenskonferenz erörtert werden. Damit riskierte er vor allem eine Verhärtung der amerikanisch-israelischen Beziehungen, wachsende Kritik durch die proisraelische Lobby in den USA und eine Schwächung der Position Jordaniens. Durch proarabische Stellungnahmen in der Grenzfrage und bezüglich der Rolle der PLO hoffte Carter allerdings, das gesamte arabische Lager an den Verhandlungstisch bringen zu können, wobei Syrien eine konstruktive Rolle im Friedensprozeß spielen sollte. Aber diese Hoffnungen erfüllten sich nicht. Die PLO honorierte Carters Entgegenkommen ebensowenig.

Zu Anfang konnte Carter seine Ungeduld über den mangelhaften Fortschritt nur schwer verbergen, konnte aber die beteiligten Konfliktparteien auch nicht an einen Verhandlungstisch zwingen. Angesichts dieser verhandlungspolitischen Sackgasse entschloß sich Carter zu einem riskanten Schritt: Er suchte den Frieden durch Kooperation mit der Sowjetunion. In der gemeinsamen amerikanisch-sowjetischen Erklärung vom Oktober 1977 wurde der Abzug der israelischen Truppen aus den besetzten Gebieten, die Garantie der legitimen Rechte des palästinensischen Volkes und die Herstellung normaler friedlicher Beziehungen zwischen den beteiligten Konfliktparteien gefordert. Die israelische Regierung lehnte ab. Sie weigerte sich kategorisch, die von den Supermächten diktierte Erklärung anzuerkennen. Besonders die verbriefte Garantie der legitimen Rechte des palästinensischen Volkes erregte israelisches Mißfallen. Die Israelis waren gegen eine Wiedereinbeziehung der PLO und der Sowjetunion in den Friedensprozeß, weil dies die arabische Ablehnungsfront und die PLO unterstützte.

Selten ist in der Geschichte der amerikanisch-israelischen Beziehungen eine amerikanische Nahostinitiative mit so wenigen Worten vom Tisch gefegt worden. Aber auch die innenpolitische Unterstützung blieb aus. Die amerikanische Öffentlichkeit verstand nicht, warum Carter die Sowjetunion wieder am Friedensprozeß im Nahen Osten beteiligen wollte, nachdem Kissinger sie diplomatisch geschickt isoliert und Sadat die Sowjets endlich aus Ägypten getrieben hatte.[41]

Die amerikanisch-sowjetische Erklärung vom 1. Oktober 1977 bildete daher den Tiefpunkt amerikanischen Einflusses im Nahen Osten. Wie nach dem Rogers-Plan von 1969, so war auch in der Regierung Carter ab September 1977 Konfusion die Folge. Neue Initiativen der Großmächte schienen erfolglos. Niemand erkannte dies deutlicher als der ägyptische Präsident Sadat, der deshalb Wandel durch eine eigene kühne Initiative zu erzwingen suchte. So wurde durch das Scheitern der amerikanisch-sowjetischen Initiative der Friedensprozeß – wenn auch in eine andere Richtung, als ursprünglich beabsichtigt – beschleunigt. Sadat, verärgert und enttäuscht über die amerikanische Bereitschaft, der Sowjetunion, von der sich Ägypten gerade gelöst hatte, eine zentrale Rolle im Nahen Osten wieder zuzugestehen, entschloß sich zum direkten diplomatischen Vorstoß.

Es gibt nur wenige politische Gesten in den siebziger Jahren, die so überrascht und so viele Hoffnungen geweckt haben wie die Reise des ägyptischen Präsidenten Sadat nach Israel. Dort erklärte er vor der Knesset am 20. November 1977: »Wer hätte je gedacht, daß der Präsident des größten arabischen Landes, welches die größte Last und die höchste Verantwortung für die Sache von Krieg und Frieden im Nahen Osten trägt, sich entschließen würde, ins Land des Gegners zu kommen, während noch der Kriegszustand andauert und wir alle noch an den Folgen von vier mörderischen Kriegen leiden, die innerhalb von dreißig Jahren stattgefunden haben.«[42]

Mit dem Mut der Verzweiflung übernahm Sadat die Initiative. In ihrer Wirkung läßt sie sich durchaus mit Nixons Reise nach Peking oder Willy Brandts Kniefall in Warschau vergleichen. Sie veränderte das psychologische Klima im Nahen Osten nachhaltig. Ägypten wurde – zur Überraschung der USA – damit zum Zentrum der Verhandlungsinitiativen. Aber nach dem Besuch Sadats gerieten die Verhandlungen bald in eine Sackgasse. Dieses Dilemma bildete zugleich den Auftakt für die Gespräche in Camp David im September 1978, zu denen Carter die politische Führung Israels und Ägyptens eingeladen hatte. Das Ergebnis der Beratungen waren die beiden Rahmenabkommen über einen Frieden im Nahen Osten und über die Voraussetzungen für den Abschluß eines Friedensvertrages zwischen Ägypten und Israel vom 17. September 1978. Sie waren Ausdruck eines umfassenden Friedenswillens und standen zugleich – dem Zwang der Umstände entsprechend – in der Tradition der Schritt-für-Schritt-Diplomatie Henry Kissingers.

Auf der einen Seite blieb Israels Festungsmentalität in der Westbank und im Gazastreifen psychologisch unerschüttert, auf der anderen Seite begann unaufhaltsam der Prozeß der Isolierung Ägyptens innerhalb des arabischen Lagers. Der Vorwurf im arabischen Lager, Sadat hätte durch seinen Besuch in Israel seine Brüder verraten, zeigte Wirkung.

Eingekeilt zwischen der Kritik der arabischen Ablehnungsfront und der Kompromißlosigkeit Israels, demonstrierte Sadat Stärke; in Wirklichkeit aber verpuffte der politische Impuls, der von der Reise nach Jerusalem ursprünglich ausgehen sollte. »Katzenjammer nach Polterabend« trat ein, nachdem Ägypten durch dramatische Gipfeldiplomatie aus den bekannten und erfolglosen Bahnen ausbrechen wollte, aber erkennen mußte, daß der große Anlauf sich verlor. Deshalb modifizierte Ägypten seine Strategie: Anstatt die direkten Kontakte mit Israel auszubauen, wirkte Sadat auf Carter ein. Während die arabische Ablehnungsfront tagte, berieten vom 3. bis 5. Februar 1978 in Camp David die Präsidenten Carter und Sadat über weitere Lösungsansätze. Sadat, offensichtlich enttäuscht über Carters ausbleibenden Erfolg gegenüber Begin, erklärte dem überraschten amerikanischen Präsidenten, er werde die bilateralen Gespräche mit Israel völlig abbrechen. Jedoch konnten Carter, Vance, Mondale und Brzezinski den ägyptischen Präsidenten davon überzeugen, daß er damit auch die ägyptisch-amerikanischen Beziehungen schädigen würde. Carter versprach Sadat, den Druck auf Begin zu verstärken[43], und erhielt damit eine neue Chance, in den Friedensprozeß einzugreifen. Das ägyptisch-amerikanische Abschlußkommuniqué vom 8. Februar 1978 machte deutlich, daß sich die amerikanische Nahostpolitik dem ägyptischen Standpunkt annäherte. Carter erklärte im Gegensatz zum israelischen Standpunkt, die Resolution 242 betreffe alle Fronten, Israel müsse folglich auch die Westbank räumen, und ohne Lösung der Palästinenserfrage könne es keinen gerechten und dauerhaften Frieden geben. Im Hinblick auf die israelischen Siedlungen hieß es in der Erklärung: »Präsident Carter wiederholte den traditionellen amerikanischen Standpunkt, dem zufolge diese Siedlungen in den besetzten Gebieten völkerrechtswidrig seien und eine Friedensregelung behinderten. Weitere israelische Siedlungen müßten einen Friedensschluß noch erschweren.« Zwei Tage später verurteilte die Regierung Carter die israelische Siedlungspolitik auf dem Sinai: Sie würde die Bemühungen um einen Friedensvertrag erschweren.

Dem öffentlichkeitswirksamen Besuch Sadats in den USA folgte der Besuch des israelischen Premierministers Begin vom 21. bis 23. März 1978. Für den amerikanischen Präsidenten lautete die Kernfrage: Erkennt Israel an, daß die UN-Resolution 242 auch die Westbank betrifft? Ist Israel bereit, sich von dort zurückzuziehen? Brzezinski schildert die gespannte Atmosphäre dieses Treffens: »Carter war deutlich in einer kämpferischen Stimmung, und dies zeigte sich bei der nächsten offiziellen amerikanisch-israelischen Sitzung. … Der Präsident setzte sich hin, gab Begin ein eisiges Lächeln und erklärte mit fester Stimme folgendes: ›Ich bin enttäuscht über die weitere Entwicklung. Ich werde einen Bericht an die Mitglieder des Kongresses über unsere und Ihre Position geben müssen, und ich werde Ihnen jetzt sagen, was ich den Mitgliedern sagen werde, so daß Sie mich korrigieren können. Meine Auffassung ist, daß Sie nicht bereit sind, den Ausbau weiterer Siedlungen zu stoppen, daß Sie nicht bereit sind, die Siedlungen auf dem Sinai aufzugeben, daß Sie nicht bereit sind, eine UN-Überwachung für die Siedlungen auf dem Sinai zu akzeptieren, daß Sie sich nicht politisch von der Westbank zurückziehen werden, daß Sie nicht bereit sind, die UN-Resolution 242 an allen Fronten zu akzeptieren, daß Sie nicht bereit sind, die Araber zwischen drei verschiedenen Alternativen nach dem Ende der fünfjährigen Übergangsregelung auf der Westbank wählen zu lassen.‹ Als er geendet hatte, machten die Israelis einen bestürzten Eindruck. Begin saß Carter gegenüber, mit steinerner Miene, aschgrau im Gesicht.«[44]

Die Gegensätze zwischen der Regierung Carter und der Regierung Begin blieben unüberbrückbar. Israel blieb bei der Auffassung, daß das vorgeschlagene Autonomiestatut für die arabischen Bewohner auf der Westbank und im Gazastreifen mit der Resolution 242 vereinbar sei. Der Vorschlag, »die Militärregierung dort aufzulösen, bedeutete doch, daß die israelischen Streitkräfte aus den Wohngebieten der Araber abgezogen würden und nicht mehr die Regierungsgewalt über die arabische Bevölkerung ausüben würden«. Gleichzeitig warf die israelische Seite der Regierung Carter vor, daß sie gemeinsam mit Ägypten von Israel fordere, daß Israel seine Streitkräfte von allen drei Fronten, also der ägyptischen, syrischen und jordanischen, zurückziehen solle. Vor allem wünschte Carter das israelische Einverständnis, daß die Palästinenser sich nach einer fünfjährigen Übergangszeit für den Anschluß an Jordanien entscheiden könnten.

Aber die israelische Seite weigerte sich, den Palästinensern – auch nach einer Übergangszeit von fünf Jahren – freizustellen, ob sie sich Israel oder Jordanien anschließen oder den Status quo beibehalten wollten.[45] Begin war zum unüberwindbaren Hindernis für eine umfassende Friedensregelung geworden.[46] Zusätzlich erschwerend war Israels Siedlungspolitik auf der Westbank und im Gazastreifen. Deshalb forderte die Carter-Administration von Israel den Stopp des Siedlungsbaus und die Rückgabe der Oberhoheit über die besetzten Gebiete nach Ablauf einer Fünfjahresfrist – jedoch vergeblich.

So schälten sich im Verhandlungsprozeß folgende Rollen für die USA heraus: Während Sadats Bemühungen darauf abzielten, die USA als vollen Partner im Rahmen einer Dreiecksdiplomatie zu engagieren, wohl wissend, daß sie den ägyptischen Interessen zuneigten, versuchte Israel stets, die Rolle der amerikanischen Administration im Verhandlungsprozeß einzuschränken. Israel wollte lieber direkt und bilateral verhandeln. Um die ägyptische und israelische Delegation zu direkten Gesprächen zu bringen, berief die Carter-Administration für den 18. Juli 1978 eine ägyptisch-israelisch-amerikanische Konferenz auf Schloß Leeds in England ein. Kernpunkt der Erörterungen war das Palästinenserproblem. Aber in Leeds konnte kein Durchbruch erzielt werden. Als sich die Fronten wieder verhärteten, ergriff Carter erneut die Initiative und lud Israel und Ägypten im August 1978 zu einem weiteren Treffen nach Camp David ein.

Die Verhandlungen in Camp David, die vom 5. bis 17. September andauerten, waren im Grunde kein Gipfeltreffen, denn die beiden Hautpverhandlungspartner, Sadat und Begin, kamen lediglich dreimal im direkten Gespräch, jeweils in Gegenwart Carters, zusammen. Diese Gespräche waren völlig fruchtlos. Sie wurden lediglich von den beiden Staatschefs dazu benutzt, miteinander abzurechnen. Carter übernahm deshalb in Camp David eine unverzichtbare Vermittlerrolle, die schließlich Früchte trug.

Das Abkommen über einen Rahmen für den Frieden im Nahen Osten und das Abkommen über einen Rahmen für den Abschluß eines Friedensvertrages zwischen Ägypten und Israel bildeten zwei unterschiedliche Marksteine auf dem Weg des arabisch-israelischen Friedensprozesses. Das erste war Ausdruck eines umfassenden Friedenswillens, das zweite stand – dem Zwang der Umstände entsprechend – in der Tradition der Schritt-für-Schritt-Diplomatie Henry Kissingers. Das erste markierte Carters ursprüngliche Friedensstrategie, die er gemeinsam mit der Sowjetunion im Auge hatte, wie in der Resolution vom 1. Oktober 1977 dokumentiert. Da sich außer Ägypten kein weiteres Land bereit fand, an den Verhandlungen für einen umfassenden Friedensrahmen teilzunehmen, beinhaltete dieses Abkommen lediglich zukunftsweisende Entwicklungslinien, weniger jedoch konkrete Vereinbarungen. In Camp David war Carter gezwungenermaßen der Tradition der Schritt-für-Schritt-Diplomatie in der Hoffnung gefolgt, den Weg zu einem umfassenden Frieden zu finden. Zugleich gelangen ihm in den ägyptisch-israelischen Verhandlungen Erfolge, die Kissinger versagt geblieben waren.[47]

Dieses umfassende Rahmenabkommen zwischen Israel und allen arabischen Staaten war dadurch gekennzeichnet, daß alle arabischen Staaten von den Vertragsunterzeichnern eingeladen wurden, sich aber kein einziges arabisches Land dazu bereit fand, sich anzuschließen. Das Abkommen bezog sich primär auf die Probleme in der Westbank und im Gazastreifen, wobei sich Israel verpflichtete, den dortigen Bewohnern volle Autonomie zu gewähren. Um dieses Ziel zu erreichen, sollten die weiteren Verhandlungen in drei Phasen erfolgen: Ägypten und Israel stimmten darin überein, daß mit Rücksicht auf die Interessen aller Beteiligten Übergangsregelungen für einen Zeitraum von höchstens fünf Jahren getroffen werden sollten. Um den Bewohnern die volle Autonomie zu gewähren, sollten die israelische Militärregierung und ihre Zivilverwaltung abgezogen werden, sobald eine von den Bewohnern frei gewählte Selbstverwaltungskörperschaft die Militärregierung ablösen würde. Die Regierung von Jordanien wurde zu den Verhandlungen eingeladen.

Die Vereinbarung sah ausdrücklich vor, daß die legitimen Rechte des palästinensischen Volkes und seine rechtmäßigen Forderungen anerkannt werden müßten. Die meisten Streitfragen blieben späteren Verhandlungen vorbehalten. Camp David verdeutlicht, daß beide Parteien sich in dem vollen Bewußtsein trennten, daß in einigen wesentlichen Punkten – Status Jerusalems, israelische Siedlungen in den besetzten Gebieten, Abschaffung oder Rückzug der israelischen Militärregierung – wenig Hoffnung auf Einigung bestand. Über die Siedlungen im Westjordanland und im Gazastreifen kam es sofort zu einer Kontroverse: Während Carter in seinem Bericht an den Kongreß am 18. September erklärte, Israel habe zugestimmt, bis zum Abschluß der Verhandlungen über die Errichtung der palästinensischen Selbstverwaltung keine neuen Siedlungen in diesem Gebiet anzulegen, widersprach Begin dieser Auffassung: Der Siedlungsstopp gelte nur für die Zeit der Friedensverhandlungen mit Ägypten, also lediglich für drei Monate.

Das zweite Abkommen von Camp David steckte den Rahmen für einen bilateralen israelisch-ägyptischen Friedensvertrag ab. Beide Parteien einigten sich, innerhalb von drei Monaten einen Friedensvertrag nach folgenden Grundsätzen abzuschließen:

1. Völlige Räumung der Halbinsel Sinai durch Israel und Anerkennung der Souveränität Ägyptens über dieses Territorium,
2. Entmilitarisierung des größten Teils der Halbinsel Sinai,
3. Überwachung der Entmilitarisierung durch UN-Kontingente, die insbesondere mit der Aufgabe betraut wurden, die ungehinderte Schiffahrt im Golf von Eilat zu gewährleisten,
4. völlige Normalisierung der Beziehungen zwischen Israel und Ägypten.

Beide Abkommen zeigten Unterschiede: Während das umfassende Rahmenabkommen über die Zukunft der Westbank und des Gazastreifens vage formuliert war, also unterschiedliche Interpretationen zuließ, war das bilaterale Abkommen zwischen Israel und Ägypten eindeutig und von klarer Friedensperspektive. Weil das umfassende Abkommen der Zustimmung aller bedurfte, betonte Sadat, er habe mit Israel keinen Separatvertrag unterzeichnet und keine arabischen Ziele aufgegeben. Israel hingegen betonte die strikt bilaterale Bedeutung des Friedensvertrages. So standen am 12. Oktober 1978 in Washington die weiteren Friedensverhandlungen zwischen Ägypten, Israel und den USA unter wechselseitigem Druck. Schließlich wurde am 11. November ein Friedensvertragsentwurf vorgelegt, der dann am 24. November von der amerikanischen Regierung veröffentlicht wurde. Aber erst im März 1979 wurde der bilaterale Friedensprozeß zwischen Ägypten und Israel vertraglich festgelegt. Mit der Aufnahme der diplomatischen Beziehungen zwischen beiden Staaten sowie der Rückgabe des Sinai an Ägypten und dem Abzug der Israelis im März 1982 wurde ein Markstein für den Frieden im Nahen Osten gesetzt. Carter hatte entscheidend zu diesem Erfolg beigetragen.

Die Ergebnisse von Camp David stellen ein Novum in der amerikanischen Nahostpolitik dar: Nachdem die USA bisher vor allem als Garant der israelischen Sicherheits- und Existenzrechte aufgetreten waren, gingen sie in Camp David eine überparteiliche Makler- und Vermittlerrolle ein. Darüber hinaus bildete diese Dreiervereinbarung zwischen den USA, Ägypten und Israel einen neuen regionalen Eckpunkt für die amerikanische Eindämmungspolitik. Damit war die Regierung Carter von ihrer ursprünglichen Absicht, wie in der gemeinsamen amerikanisch-sowjetischen Erklärung niedergelegt, völlig abgerückt. Umgekehrt wirkten diese Vereinbarungen aber polarisierend gegenüber der arabischen »Ablehnungsfront«, die mit der Sowjetunion sympathisierte.

Hauptproblem blieb die Erfüllung des umfassenden Rahmenabkommens für den Frieden zwischen Israel und den arabischen Staaten, weil diese zwar alle von den Vertragsunterzeichnern eingeladen wurden, sich aber kein einziger zu Verhandlungen bereit fand, da Israel hinsichtlich der besetzten Gebiete kompromißlos blieb. Begins Starrsinn und Sadats großzügige, aber auch arrogante Pharao-Attitüde, mit der er nicht selten Einsamkeit und Machtlosigkeit überspielte, erschwerten Carters Maklerrolle. Aber für Israel verringerte sich die militärische Gefahr sowie das Problem eines neuen Krieges im Nahen Osten, weil Ägypten die ultima ratio – Land gegen Anerkennung – für seine nationalen Interessen durchsetzen konnte. Dabei wurde Ägypten jedoch aus der arabischen Einheitsfront herausgestoßen. Zwar waren militärische Aktionen des arabischen Lagers zur Befreiung der besetzten Gebiete unwahrscheinlich, doch die Opposition der arabischen Ablehnungsfront stabilisierte sich. Umgekehrt konnte die Regierung Carter durch die Einbeziehung Ägyptens in die amerikanische Interessensphäre einen großen Erfolg verbuchen. Ägypten wurde zu einem Partner, der in den folgenden Jahren im Mittleren Osten amerikanische Interessen nachhaltig unterstützte.

Die USA hatten in Camp David zwar gewisse Sachzwänge geschaffen, doch fehlte im Vertragswerk von Camp David nach wie vor eine klare Verknüpfung der Erfüllung des israelisch-ägyptischen Friedensvertrages mit der Verwirklichung der Autonomie in den besetzten Gebieten, wie es ein umfassender Frieden vorgesehen hätte. Israel blockierte diese umfassende Friedensperspektive.

Die Regierung Carter hatte einen Präzedenzfall geschaffen, indem sie sich vertraglich festlegte, konnte aber keine weiteren Länder zu vertraglichen Friedensregelungen verpflichten. Carter trat ungewollt in die Fußstapfen der Schritt-für-Schritt-Diplomatie Henry Kissingers. Dabei wurde deutlich, daß die Alternative zwischen einer Schritt-für-Schritt-Strategie und einer umfassenden Friedensregelung im Nahen Osten nicht Ausdruck außenpolitischer Möglichkeiten, sondern ein Reflex der Krisenlage im Nahen Osten war.

Ist angesichts der großen Anfangserfolge der Camp-David-Friedensprozeß mit einem umgekehrt abgelaufenen Hollywoodfilm zu vergleichen, dessen Happy-End am Anfang stand? Durch das starre Verhalten der Regierung Begin wurde der weitere Abbau der Konfrontation unmöglich. Die Israelis sperrten sich gegen die Verwirklichung der legitimen Rechte der Palästinenser in den besetzten Gebieten. Die Verwaltungsautonomie als Kompromißformel wurde von den Israelis eng ausgelegt und blieb deshalb hinter den arabischen Vorstellungen zurück.

Fünf Entwicklungsmöglichkeiten standen zur Diskussion, die alle nach Ablauf der Fünfjahresfrist hätten Wirklichkeit werden können: unbegrenzte Fortsetzung der israelischen Besatzung in der Westbank und im Gaza-Streifen; Autonomie, wie sie in der Fünfjahres-Übergangsperiode verwirklicht und festgelegt wird; die sogenannte Jordanische Option; ein autonomer Palästinenserstaat auf der Westbank und im Gazastreifen; verschiedene Formen der Teilung.[48]

Die Entwicklung in den neunziger Jahren deutet darauf hin, daß ein autonomer Palästinenserstaat entstehen könnte. So begünstigte der Camp-David-Friedensprozeß seit 1980 eine neue Phase der Entwicklung, weil er, so paradox es klingt, an Dringlichkeit verlor: Ägypten und Israel waren offensichtlich, nachdem sie ihre dringlichsten Eigeninteressen bilateral durchgesetzt hatten – Land gegen Anerkennung –, an einem weiteren umfassenden Friedensprozeß nicht mehr interessiert. Die Regierung Carter mußte außerdem ihre außenpolitischen Kräfte auf andere Probleme konzentrieren. In Israel verlor durch Weizmanns und Dajans Rücktritt Begin die Unterstützung seiner beiden wichtigsten Minister, die wesentlichen Anteil an den Friedensverhandlungen mit Ägypten hatten. Seitdem verschob sich in der Regierung Begin das Gewicht zugunsten der Kritiker des Friedensprozesses. Ägypten konzentrierte sich ganz, wenn auch nicht völlig freiwillig, auf den bilateralen Friedensprozeß mit Israel. Vor allem Begins Verhalten führte dazu, daß praktisch alle Themen des Verhandlungsrahmens – Sicherheit, Land, Wasser, Selbstverwaltung –, die vor allem die Mitarbeit Jordaniens und der Palästinenser, insbesondere der PLO, verlangten, ungelöst blieben. Die PLO und Jordanien lehnten eine Teilnahme an den Verhandlungen völlig ab. Dies war Begins Absicht. Nicht zu unterschätzen war auch der enorme Druck, der durch terroristische Übergriffe der PLO auf verhandlungsbereite Palästinenser ausgeübt wurde. Ohne gemeinsame Ziele, ohne Beteiligung aller Betroffenen waren Israel, Ägypten und die USA nicht in der Lage, Verhandlungen erfolgreich zu führen. Was blieb, war nur noch gebetsmühlenartige Verhandlungsrhetorik.

Die Unterzeichnung des israelisch-ägyptischen Friedensvertrages im März 1979 markierte den letzten Höhepunkt der Nahostpolitik der Regierung Carter. Aber Camp David I und II waren Erfolge für Carter, der sich seit Anfang seiner Präsidentschaft den Problemen des Nahen Ostens gewidmet hatte. Er erkannte, daß ein einziges Rahmenabkommen für den Frieden im Nahen Osten und für den ägyptisch-israelischen Friedensprozeß nicht zum Ziel führen würde. Entschlossen, sich nur auf den Sinai und auf die Probleme zwischen Ägypten und Israel zu konzentrieren, schlug er deshalb eine Trennung der Probleme vor: zwei Vereinbarungen, eine über den Frieden zwischen Israel und Ägypten und eine zweite für die Gesamtregelung des Konflikts im Nahen Osten.

Unter Berücksichtigung des weltpolitischen Engagements der USA und der Veränderungen, die sie nach der Niederlage in Vietnam und nach dem Verlust ihres Einflusses im Iran in der Folge des Sturzes des Schahs hinnehmen mußten, markierte Camp David eine entscheidende Wendemarke. Die Carter-Administration beendete den Prozeß des weltpolitischen Rückzugs der USA. Sie war entschlossen, unter Einsatz aller politischen, diplomatischen und ökonomischen Mittel den Friedensprozeß im Nahen Osten aktiv zu gestalten und zu sichern. Doch nach Abschluß von Camp David zeigte die Nahostpolitik der Regierung Carter Schwächen. Nach dem Sturz des Schahs und der iranischen Geiselnahme von amerikanischen Diplomaten, vor allem aber seit der sowjetischen Invasion in Afghanistan verschärften sich die weltpolitischen Probleme für die Regierung Carter weiter, wodurch der arabisch-israelische Friedensprozeß an Dringlichkeit verlor. Da sich zudem die direkte bilaterale Friedensstruktur zwischen Ägypten und Israel insgesamt positiv entwickelte, wurde das, was vor Jahren noch eine Sensation bedeutet hätte, nun zum Alltag. Insgesamt gesehen, markierte die Unterzeichnung des israelisch-ägyptischen Friedensvertrages im März 1979 den letzten Höhepunkt der Nahostpolitik der Regierung Carter. Danach wurde er zunehmend von der Irankrise absorbiert.

Die Iranpolitik

Der Iran wurde – noch vor Deutschland – der erste Brennpunkt der amerikanisch-sowjetischen Auseinandersetzung im kalten Krieg. Aber dank amerikanischer Entschlossenheit blieb dem Iran das Schicksal der osteuropäischen Staaten wie auch eine begrenzte Einengung der Souveränität nach dem Vorbild Finnlands erspart.[49] Doch war der Iran allein zu schwach, um kommunistischem Druck zu widerstehen. Deshalb setzte der Schah auf amerikanische Hilfe. Umgekehrt waren die USA an einer Kooperation mit dem Iran interessiert, denn der sowjetische Einfluß sollte mit iranischer Hilfe eingedämmt werden. Während Roosevelt den Iran als Testfall für die Atlantik-Charta und für die Zusammenarbeit mit der Sowjetunion in den geplanten Vereinten Nationen ansah, wurde für seinen Nachfolger Harry Truman der Iran zum Testfall westlicher Entschlossenheit. Nur ein starker Iran, frei von innenpolitischer und wirtschaftlicher Not und frei von kommunistischer Erpressung, würde regional und global zur Stabilität beitragen. Dank amerikanischer Entschlossenheit verließ die Sowjetunion im Mai 1946 den Iran, die kommunistische Tudeh-Revolte wurde niedergeschlagen, und der gemeinsame Antikommunismus Washingtons und Teherans wurde zum zentralen Bindeglied zwischen beiden Ländern.

Gleichzeitig wurde der Iran aber auch zur Achillesferse des amerikanischen Allianzsystems: Er war zwar antikommunistisch, aber autoritär. Die Spiralwirkung des kalten Krieges im Iran bestand in der iranisch-amerikanischen Furcht vor sowjetischer Aggression, während sich die Sowjetunion wiederum durch den wachsenden Einfluß der Vereinigten Staaten im Iran in ihrer Furcht vor einer Einkreisung bestätigt sah.[50]

Schon Ende der vierziger Jahre wurde das klassische Dilemma in den amerikanisch-iranischen Beziehungen der kommenden Jahrzehnte deutlich: Während der Schah massive militärische Unterstützung von der Regierung Truman forderte, befürchtete Außenminister Dean Acheson – unter Hinweis auf die Niederlage Tschiang Kai-scheks –, daß der Schah zwar die Sicherheit des Iran nach außen garantiere, aber im Innern durch Unterdrückung das Land gefährde. Der Iran veranschaulichte die prinzipielle Frage amerikanischer Bündnispolitik mit autoritären Staaten: In welchem Umfang war es möglich, sozialen Fortschritt und politische Demokratisierung zur Vorbedingung gemeinsamer Interessen zu machen?

Die demokratischen Regierungen unter Truman, Kennedy und Johnson drängten gegenüber dem Schah wiederholt auf innenpolitische Reformen und scheuten sich auch nicht davor, »Demokratie durch Umsturz« in Erwägung zu ziehen. Die republikanischen Administrationen Eisenhower und Nixon dagegen gaben in der Regel den außenpolitischen, strategischen und ökonomischen Interessen der USA Vorrang vor innenpolitischen Veränderungen. Dahinter stand die nüchterne Einsicht, »daß es nur zwei Strukturen gibt, die die Zwänge der Modernisierung überleben können: Es sind entweder totalitäre Regierungen, die ihren Willen durchsetzen und die Nation disziplinieren, oder es sind demokratische Regierungen, in denen der Pluralismus und eine Verfassungstradition schon vor Beginn der Industrialisierung bestanden haben. Leider gibt es in den Entwicklungsländern gegenwärtig nur wenige Beispiele für eine Entwicklung zur demokratischen Regierungsform. Die Entwicklungsländer sind für den Marxismus (oder heute für die Theokratie) so anfällig, da sich in diesem Rahmen die absolute Macht des Staates und starre Strukturen der Disziplin und Autorität begründen lassen, während die überlieferten Lebensformen sich auflösen.«[51] Deshalb fürchteten die USA, daß der Sturz König Faruks in Ägypten und die neue revolutionäre Entwicklung seit 1952 unter Nasser im Iran Schule machen würden. In Washington erinnerte man sich noch der Worte Stalins kurz vor seinem Tod am 5. März 1953, daß der Iran bald »wie ein verfaulter Apfel« in sowjetische Hände fallen würde.[52]

Mit der Hilfe amerikanischer und britischer Geheimdienste wurde die wankelmütige und erfolglose Regierung Mossadeq 1953 gestürzt. Der Schah kehrte aus seinem Exil in Rom zurück, eine Ära enger Beziehungen mit den USA begann.[53] Aber während die USA bis 1953 Hoffnungen auf Vermittlung zwischen den rivalisierenden politischen Kräften im Iran geweckt hatten, war nun seit dem Coup deutlich, daß das Regime des Schah nur dank amerikanischer Interventionen überleben konnte. Fünfundzwanzig Jahre später wurde der traumatische Charakter dieser Erfahrung wieder sichtbar: Die jahrzehntelange Abhängigkeit schlug in haßerfüllten Antiamerikanismus um.

Bis 1968 gestaltete sich die Iranpolitik der USA nach folgenden Maßgaben:

- Die amerikanischen Interessen im Persischen Golf waren abhängig von und eng verknüpft mit der Person und Politik des Schahs.
- Iranische Außenpolitik fand in einem regionalen Zusammenhang statt, in dem die USA gemeinsam mit Großbritannien den Handlungsspielraum bestimmten.
- Die amerikanische Militärhilfe gegenüber dem Iran stieg kontinuierlich an, blieb aber begrenzt, denn alle Präsidenten von Truman bis Johnson standen den ambitiösen militärischen Zielen des Schah hinsichtlich Ausbau und Bewaffnung der iranischen Streitkräfte reserviert gegenüber.
- Die amerikanische Regierung suchte ihre Hilfe an den Schah mit innenpolitischen und sozialen Reformen im Iran zu verknüpfen. Je schneller diese vom Schah verwirklicht würden, desto großzügiger würden die USA Wirtschaftshilfe gewähren.

Die Entscheidung Großbritanniens im Juli 1967, sich nach 150 Jahren Herrschaft östlich von Suez zurückzuziehen, erweiterte zusätzlich die geopolitische und regionale Rolle der USA im Nahen und Mittleren Osten – auch im Iran. Es entstand Unsicherheit, deshalb übertrug die Regierung Nixon nach Abzug der Briten den befreundeten Staaten wie dem Iran im Sinne der Nixon-Doktrin mehr regionale Eigenverantwortung. Folglich wurde der Iran zum Gendarmen am Golf ausgerüstet.[54] Im Zuge der Unterstützung durch acht US-Präsidenten wurde der Schah zur Stütze in einer unruhigen Region. Auch sein Rat wurde geschätzt. Der Schah bezog geschickt Position: In Übereinstimmung mit den moderaten Kräften im arabischen Lager kritisierte er die Politik Israels in den besetzten Gebieten, unterhielt jedoch laufend geheime Kontakte mit Israel in Sicherheits- und Wirtschaftsfragen.

Im Oktoberkrieg 1973 lagen die Sympathien des Schahs bei Ägypten und den arabischen Staaten, darüber hinaus schickte er Piloten und Flugzeuge nach Saudi-Arabien. Er genehmigte sowjetischen, verbot aber israelischen Flugzeugen das Überfliegen iranischen Territoriums. Vor allem unterstützte er vorbehaltlos Kissingers Schritt-für-Schritt-Diplomatie, wie er später auch die Abkommen von Camp David und die Rolle Carters würdigte.

Im indisch-pakistanischen Krieg 1971 suchte der Schah zu vermitteln. Er unterstützte die USA bei den Verhandlungen für einen Frieden in Vietnam. Er stellte sich vehement hinter die Friedensinitiative Sadats und brachte die ägyptisch-israelischen Beziehungen, die unter Nasser zusammengebrochen waren, auf Kooperationskurs. In dem Maße, wie sich Ägypten vom Einfluß der Sowjetunion zu lösen begann, verbesserten sich die iranisch-ägyptischen Beziehungen. Während der Schah die Beziehungen zu Saudi-Arabien und den Golf-Emiraten ausbauen konnte, blieben sie zu Syrien und dem Irak problemgeladen; mit dem Irak konnte allerdings, wenn auch nicht völlig befriedigend, 1975 das Kurdenproblem geregelt werden. Im Rahmen der OPEC gehörte der Schah zu denjenigen, die statt politischer Konfrontation und der Drohung mit einem Ölembargo eine im Kern prowestliche Position befürworteten, wenn auch unter klarer Wahrnehmung eigener ökonomischer Interessen.[55]

Mit Israel verband den Schah mit Rücksicht auf die arabischen Staaten eine »diskrete Entente«.[56] Er drängte, wenn auch erfolglos, Israel zur Räumung der besetzten Gebiete und erwarb damit bei den Arabern politischen Kredit. Da die Haltung des Schahs gegenüber der PLO zurückhaltend war, gewann er damit Verständnis bei den Israelis, aber auch bei Sadat. Zukünftige Regelungen für die Westbank waren nach Auffassung des Schahs eng mit den Interessen von König Hussein abzustimmen. Er schien einer jordanischen Option nicht abgeneigt. Die Achse Kairo–Riad–Teheran war aus iranischer Sicht nicht gegen Israel gerichtet, sondern sollte sowjetischen Einfluß zurückdrängen sowie regionale Kräfte stärken. Der Schah bemühte sich um eine diskrete Maklerposition im israelisch-arabischen Konflikt mit dem Ziel, den Einfluß der regionalen Mächte, insbesondere den des Iran, auszuweiten. Eine moderate und kooperative Politik im Rahmen der OPEC sollte die Interessen der ölproduzierenden Staaten weiterhin eng mit denen des Westens verbinden. Trotz Repression im Innern, trotz einer gewissen außenpolitischen Arroganz wirkte die Politik des Schahs vorerst stabilisierend. Dank seiner Unterstützung konnte Sultan Qabus von Oman den Aufstand in der Dhofar-Provinz niederschlagen. Die Hilfe des Iran bildete ein Band gemeinsamer Interessen mit den konservativen arabischen Staaten. Ziel des Schahs war die Entwicklung der Golfregion unter Einschluß Israels. Die zentralen Konflikte sollten Schritt für Schritt gelöst werden.

Diese außenpolitischen Streiflichter zeigen eindrucksvoll, daß der Schah von 1969 bis 1976 eine Außenpolitik betrieb, die von Realismus und Übersicht geprägt war. Er handelte prowestlich, wurde Regulator eines regionalen Gleichgewichts im Nahen Osten, aber auch zentraler Außenposten strategischer, politischer und ökonomischer Interessen der USA. Natürlich suchte er den eigenen

Vorteil. Doch wenn man diese weitsichtige und maßvolle Außenpolitik des Schahs mit der Außenpolitik der späteren Mullah-Theokratie vergleicht, wird der Verlust an Augenmaß, Toleranz und Stabilität deutlich. Aber der Schah stürzte nicht wegen seiner Außenpolitik. Seine Fehlkalkulation bestand darin, daß er außenpolitische Macht mit militärischen Mitteln anstrebte, die dem ökonomischen und sozialen Gefüge seines Landes nicht entsprachen.[57]

Der Sturz des Schahs 1979 hatte kaum mit den Waffenkäufen in den USA zu tun, aber die amerikanische Militärpräsenz im Iran schürte den Antiamerikanismus. Sein Einfluß auf die amerikanische Politik war zwar gewachsen, aber in den Augen der Bevölkerung, der Opposition und der Schiiten verstärkte sich paradoxerweise der Eindruck iranischer Abhängigkeit von den USA in dem Maß, wie der Schah seinen Einfluß auf die USA auszuweiten suchte. Für viele Iraner herrschte nach wie vor ein amerikanisches Dreigestirn von Ölinteressen, Geheimdienst und Waffengeschäften.

Der Schah kaufte von den USA während des Zeitraums der Nixon-Ford/Kissinger-Administrationen Waffen und Ausrüstung, mit denen er die iranischen Streitkräfte allen Golfstaaten technisch weit überlegen machte. Mit knapp einer halben Million Mann unter Waffen, ausgerüstet mit den modernsten Waffensystemen, gehörten die iranischen Streitkräfte – in der Größenordnung der Bundeswehr der Bundesrepublik Deutschland – auf dem Papier zu den fünf stärksten Streitkräften der Welt. Und dennoch: Der neue Ölreichtum hatte den Schah blind gemacht. Er versäumte die Chance, Streitkräfte aufzubauen, die dem Entwicklungsstand seines Landes entsprochen hätten. Statt dessen wurden die iranischen Soldaten technisch und geistig überfordert. Der Schah unterließ es, die Streitkräfte modern zu gliedern, die Teilstreitkräfte blieben unkoordiniert und direkt dem Schah verantwortlich. Damit konnte er zwar einem Militärputsch vorbeugen, doch die Entwicklung der Armee zu einem Instrument nationaler Politik wurde blockiert. Neid, Standesrivalitäten, ständige Unruhen, technische Überforderung und die Frage nach dem Sinn dieses vehementen Aufbauprogrammes schufen Probleme. Indem der Schah eine elitäre Offizierskaste heranzüchtete, legte er den Grundstein für seinen eigenen Untergang. Nationalismus und Demokratie – Forderungen, die gerade in dieser Verbindung in den Staaten der Dritten und Vierten Welt an Kraft gewannen – blieben den iranischen Streitkräften unbekannt.[58]

Das Waffengeschäft der Vereinigten Staaten mit dem Iran war im strengen politischen Sinne kein Bereich der amerikanisch-iranischen Beziehungen, weil die Regierungs- und Geschäftsaktivitäten aus der Sicht der amerikanischen Regierung streng getrennt wurden. So entstand ein Wettrennen amerikanischer

Firmen im Iran, wobei vermutlich Bestechungsgelder von mehreren hundert Millionen Dollar gezahlt wurden. Die Regierung Nixon hatte Anweisung gegeben, daß sich der amerikanische Botschafter und die Military Assistance Advisory Group (MAAG) aus diesem Wettrennen der Industrie völlig heraushalten sollten. Aber Nixon hatte fatalerweise dem Schah einen Freibrief gegeben, alle Waffensysteme in den USA zu bestellen, die er wünschte, trotz der Kritik von Außen- und Verteidigungsministerium und der CIA. Die Kombination einer neuen Allianz schien perfekt: Der Schah wurde durch die Waffenkäufe unabhängig, gleichzeitig war nach der Ölkrise und dem Ölembargo die Bedeutung des Iran für die amerikanische Außenpolitik gestiegen. Als Schatzminister William Simon vorschlug, die Waffenverkäufe an den Iran als Druckmittel zu benutzen, um so Preisstabilität zu erzwingen, waren Nixon und Kissinger dagegen. Auch der Kongreß schaltete sich kritisch ein: »Man braucht keinen Vorschlaghammer, um eine Nuß zu knacken«, erklärte der Abgeordnete Lee Hamilton, während Kissingers Staatssekretär Sisco vorbrachte, daß diese Waffen für die Sicherheit des Iran und die Stabilität der Region notwendig seien.[59]

Auch wenn die amerikanisch-iranischen Beziehungen an der Oberfläche geordnet schienen, kündigte sich doch eine bedenkliche Entwicklung an. Bisher waren in der Region Regierungsumstürze in der Regel nicht durch Krieg, sondern infolge innenpolitischer Unruhen und Revolutionen entstanden, die auch durch erhöhte Waffenlieferungen nicht verhindert werden konnten. Die supermoderne »Überrüstung« der iranischen Streitkräfte begünstigte Rüstungswettlauf und weitere Spannungen. Ursprünglich gab es für den Iran gar keine außenpolitische Bedrohung, die diese maßlose Rüstung gerechtfertigt hätte. Weder kündigte sich eine direkte sowjetische Bedrohung im Iran an, noch rechtfertigten die strategischen Überlegungen der Regierungen Nixon und Ford eine derartige Hochrüstung. Außerdem versäumte Nixon – im Gegensatz zu seinen Vorgängern –, amerikanische Waffenlieferungen und iranische Öllieferungen in einen politischen Zusammenhang zu stellen, um Reformen im Iran zu begünstigen. Die Öl- und Energiekrise brachte weitere Spannungen in die amerikanisch-iranischen Beziehungen.[60]

Als im März 1975 ein amerikanisch-iranisches Handelsabkommen unterzeichnet wurde, in dem für die nächsten fünf Jahre ein Warenaustausch im Wert von 15 Milliarden Dollar vorgesehen war, der Finanzüberschuß des Iran aber von 10,7 Milliarden Dollar 1974 auf 4,5 Milliarden Dollar geschrumpft war und sich 1977 ein Defizit in Höhe von 2,5 Milliarden Dollar abzuzeichnen begann, fraß die Inflation in den USA und im Iran die geplanten Militärprogramme auf. Ein »Spruance«-Zerstörer, der bei der Bestellung noch 200 Millionen Dollar gekostet hatte, kostete real zwei Jahre später 350 Millionen Dollar. Während die Ölexporte des Iran 1975 um 12,5 Prozent fielen, hatte der Schah die Ausgaben um 26 Prozent erhöht; 1977 erreichte die Inflation in Iran gar 30 Prozent. Das Öl, einst Quelle unbegrenzter Möglichkeiten, wurde zur Quelle der Inflation. Der Teufelskreis schloß sich immer enger: Höhere Ölpreise führten zur Inflation in den USA und im Westen, der wiederum die Kosten für die Waffen drastisch erhöhte.[61]

Als der Iran aus der Not eine Tugend machte und einen direkten Handel zwischen Öl und Waffen vorschlug, lehnten die USA ab. Die gegenseitigen Vorwürfe wurden heftiger, jeder machte den anderen für den Inflationszyklus verantwortlich. Im August 1976 veröffentlichte der Senat einen Bericht, in dem festgestellt wurde, daß die USA in immer größere Abhängigkeit vom Schah gerieten. Die folgenden fünf Punkte des Senatsberichts verwiesen schon 1976 auf die Konfliktlinien der kommenden Jahre:

1. Der Iran war dank fortgeschrittener Technologie und Wirtschaft eine regionale Großmacht.
2. Der Schah baute eine hochmoderne Militärmacht in einem Land auf, das weder über die entsprechenden technischen und industriellen noch über die ausbildungsmäßigen Voraussetzungen verfügte.
3. Nixons überließ dem Iran praktisch alle Waffen, die er wünschte, und befreite den Schah von allen politischen Restriktionen.
4. Die Präsenz einer großen Zahl von Amerikanern im Iran brachte sozioökonomische Probleme mit sich und schürte Antiamerikanismus.
5. Die gigantische Militärmacht des Schahs stand in einem eklatanten Mißverhältnis zur realen außenpolitischen Lage und zu den sozialen Mißständen und der Armut im Lande selbst.[62]

Als dann nach einem Treffen des Schahs mit dem Präsidenten der Firma Northrop zweihundertfünfzig F-18 L im Wert von 2,5 Milliarden Dollar für den Iran geordert werden sollten, griff Verteidigungsminister Donald Rumsfeld ein und verhinderte das Geschäft. Selbst das amerikanische Verteidigungsministerium hatte diese Maschinen noch nicht bestellt, sie existierten nur auf dem Reißbrett.

Als der Schah dem Westen und den USA außenpolitische Lektionen erteilte, die westliche Dekadenz kritisierte und sich selbst als Erneuerer präsentierte, schien seine Politik vom Größenwahn befallen.[63] Gigantische Krönungs- und Gründungsfeiern symbolisierten seinen Realitätsverlust, die Kluft zwischen Wahn und Vision vergrößerte sich. Diese Entwicklung und sein schleichender körperlicher Verfall machten den Schah zu einer Person, deren Schicksal an die Helden Shakespearescher Tragödien erinnert.[64] Es ist fraglich, ob irgendeine amerikanische Regierung die revolutionäre Entwicklung im Iran hätte verhindern können.

Mit dem Regierungsantritt Carters wuchs die Unsicherheit im iranischen Königshaus, denn die Politik der Menschenrechte verärgerte den Schah. Als sein Glückwunschtelegramm zur Wahl Carters einen Monat lang unbeantwortet blieb, wurde dieses Schweigen, ebenso wie die verzögerte Entsendung eines neuen US-Botschafters nach Teheran, im Iran als ungünstiges Zeichen gewertet.

Von welchen Interessen ließ sich Carter leiten? Die Durchsetzung der Menschenrechte bei autoritären Verbündeten sowie das Verlangen, keine weiteren Vietnams und keine weiteren Schahs oder Pinochets zuzulassen, waren für ihn entscheidend. Seine Abneigung gegen autoritär-antikommunistische Regime verhieß nichts Gutes für den Schah und die amerikanisch-iranischen Beziehungen. Als Außenminister Vance im Mai 1977 nach Teheran reiste, suchte er Menschenrechte und Waffenverkäufe zu verknüpfen. Der Schah sollte innenpolitische Reformen einleiten, seine Waffenansprüche reduzieren und demokratische Normen beachten.[65] Doch der Schah war gewappnet: Wie schon Kennedy gegenüber versprach er auch Carter und Vance Reformen. Die Zahl der politischen Gefangenen, die ohne Gerichtsverfahren eingesperrt waren, und die Terrorpraktiken der SAVAK wurden eingeschränkt, der Leiter der SAVAK, General Nassuri, wurde als Botschafter nach Pakistan versetzt. Aber es war eine Sache, die Gefängnisinsassen besser zu behandeln, jedoch eine völlig andere, demokratische Reformen zu verwirklichen. Auch hatte die Regierung Carter den Schah nicht so intensiv zu politischen Reformen gedrängt, wie die Menschenrechtsrhetorik vermuten ließ. Amerikanische Diplomaten in Teheran verstärkten zwar ihre Kontakte mit Oppositionellen, in den Beziehungen blieb aber im wesentlichen alles beim alten. Weder Carter noch der amerikanische Botschafter in Teheran hätte es gewagt, den Schah in direktem Gespräch mit demokratischen Forderungen zu konfrontieren oder gar mit politischen Bedingungen aufzuwarten. Die Rhetorik der Regierung Carter gegenüber dem Schah war zurückhaltender, doch die Substanz der Iranpolitik wurde nicht wesentlich geändert. Bisweilen schien es sogar, als ob die Carter-Administration die Politik des Schahs verteidigte. Hinter diesen Widersprüchlichkeiten verbargen sich tiefe Gegensätze innerhalb der US-Administration.

Als am 7. September 1978, am »schwarzen Freitag«, bei Demonstrationen im Iran zwischen siebenhundert und zweitausend Menschen von Soldaten getötet wurden, telefonierte Carter am 8. September von Camp David aus, vermutlich auf Vorschlag Sadats, mit dem Schah und drückte sein Bedauern, aber auch seine Unterstützung für ihn aus. Da Carters Appell über Radio Teheran gesendet wurde, entstand später in der iranischen Öffentlichkeit die Meinung, er habe die Maßnahmen des Schahs gegenüber den Demonstranten unterstützt. Andererseits erschwerte die Menschenrechtsrhetorik eine nüchterne Interessenpolitik: »Es war klar, daß der Schah das Gefühl hatte, daß unsere Menschenrechtspolitik seinen Opponenten half und daß er der amerikanischen Unterstützung nicht sicher war.«[66] Eine Kluft zwischen Interesse und Moral tat sich auf. Das zeigte sich bei den Waffenexporten, die eine erstaunliche Entwicklung durchmachten: Zwar hatte Carter eine Obergrenze von 8,6 Milliarden Dollar festgelegt, real wurde aber 1977 mit 12 Milliarden Dollar ein neuer Rekord erreicht. Doch im Herbst 1978 wurde deutlich, daß der Schah nicht mehr Herr der Lage im Lande war. Seine politischen Entscheidungen waren nicht mehr entschlossen, sondern eher halbherzig. Ein Gefühl des Fatalismus kam auf. Manches schien noch im Herbst 1978 auf Reformen hinzudeuten. Aber die Gespräche des Schahs im Dezember 1978 mit Führern der Nationalen Front scheiterten; sie forderten seine Entmachtung. Carter drängte auf Kompromiß und suchte den Schah zu einer Form von konstitutioneller Monarchie zu bewegen – ohne Erfolg.[67] Im Dezember 1978 bat Carter den ehemaligen Staatssekretär und Nahostexperten George Ball um eine Expertise zur weiteren Iran-Politik. Ball legte binnen zwei Wochen folgende Analyse vor:

- Der Prozeß der Entmachtung des Schahs sei nicht zu stoppen.
- Die Regierung Carter solle den Schah deshalb dazu bewegen, eine zivile Regierung unter Einbeziehung oppositioneller Gruppen einzusetzen.
- Gleichzeitig solle der Schah seine Macht einem Kronrat übertragen.
- Ein Rat von Notabeln solle gebildet werden, der die neue Regierung vor Eingriffen des Schahs bewahren sollte.[68]

Ball erkannte, daß eine Reformregierung nur bei gleichzeitiger Entmachtung des Schahs eine Chance hatte. Aber der Plan beruhte auf der illusorischen Annahme der Liberalen, daß die Opposition konstruktiv und kooperationsfähig handeln könnte, vor allem daß es eine Opposition im westlichen Sinne gab. Doch Ball irrte: Von der Nationalen Front, den alten Männern der Mossadeq-Periode, hatte schon Kennedy in den sechziger Jahren vergeblich gehofft, daß sie eine politische Alternative zum Schah bilden würden. Die Situation ähnelte der vorrevolutionären Lage im zaristischen Rußland, als viele auf die demokratische Alternative eines Alexander Kerenski setzten. Ball baute auf den politischen Einfluß der westlich gebildeten und kulturell ausgerichteten iranischen Politiker, Geschäftsleute und Intellektuellen – also auf demokratisch-reformerische Entwicklung und Amerika-Orientierung.

Ob 1917 im zaristischen Rußland, ob 1949 in China, ob in den fünfziger, sechziger und siebziger Jahren bei Aufständen oder Reformversuchen im kommunistischen Herrschaftsbereich in Osteuropa, ob Anfang der sechziger Jahre und in den siebziger Jahren in Vietnam, ob in den siebziger Jahren in Lateinamerika, in Afrika oder bei den gesellschaftspolitischen Umwälzungen in Spanien oder Portugal: Immer war die westliche Welt und waren vor allem die USA von der Hoffnung beseelt, daß die revolutionären Kräfte von demokratischen Gruppierungen nach westlichem Vorbild abgelöst würden. Man kann diese Haltung in Anlehnung an die historischen Ereignisse in der Sowjetunion 1917 als Kerenski-Syndrom bezeichnen: Mitarbeiter im Außenministerium, wie zum Beispiel Leslie Gelb oder der amerikanische Botschafter im Iran, William Sullivan, hofften, daß Khomeini eine Art »Gandhi-Rolle« beim Aufbau einer reformwilligen und westlich orientierten islamischen Republik Iran spielen würde. Aber Balls Vorschlag hinkte den sich überschlagenden Ereignissen im Iran hinterher. Alternativen fehlten. Carter war vom Camp-David-Prozeß völlig absorbiert, die Iran-Problematik schien noch von zweitrangiger Bedeutung.

Am 3. November 1978 bestärkte Sicherheitsberater Brzezinski den Schah, die Lage unter Kontrolle zu bringen.[69] Aber inzwischen war diesem deutlich geworden, daß eine Politik der »eisernen Faust« der Militärregierung Azari, die er am 5. November ernannt hatte, zum Scheitern verurteilt war. Doch mit halbherzigen Reformangeboten konnte der Schah den »revolutionären Hunger« im Land nicht mehr stillen. Ohne Rückendeckung durch Carter suchte Botschafter Sullivan in Teheran einen anderen Ausweg. Aber die Mossadeq-Garde der Siebzig- und Achtzigjährigen war ohne Einfluß, und bei den Mullahs gab es keine Kompromißbereitschaft. Khomeinis Mitarbeiter Abolhassan Bani Sadr forderte revolutionäre Gewalt.

Kein Wunder, daß Botschafter Sullivan in der Militärregierung Azhari die letzte Chance sah.[70] Carter mißbilligte das eigenständige Vorgehen seines Botschafters in Teheran. Im Außenministerium wurde der politische Niedergang des Schahs mit Sympathie beobachtet. Die Gesinnungsethiker der Menschenrechtspolitik begrüßten seinen Sturz, machten sich aber über die politischen Folgen für die Interessen der USA kaum Gedanken: »Ich war bestürzt wegen des Fehlens jeglicher langfristig orientierter Diskussionen mit Blick auf den Iran und über die völlige Inanspruchnahme meiner Kollegen aus dem State Department hinsichtlich der Evakuierung der Amerikaner aus dem Iran.«[71]

Im NSC wurde Khomeini als ein Mann gesehen, der seine fundamentalistische antiamerikanische Rhetorik aufgeben würde, sobald der Schah entmachtet wäre und die Regierung Carter sich von ihm distanziert hätte. Diese hoffnungsvolle Auffassung wurde von Außenminister Vance, Vizepräsident Mondale, Staatssekretär Newsom, Botschafter Sullivan und anderen vertreten, traf aber auf erheblichen Widerspruch bei Sicherheitsberater Brzezinski, Energieminister Schlesinger und zum Teil auch bei Verteidigungsminister Brown. Letzterer forderte rücksichtslose Unterstützung des Schahs, fand jedoch keine Rükkendeckung beim Präsidenten.[72]

Schien Bakhtiar nicht als Retter in letzter Sekunde, der – wie Kerenski 1917 – den revolutionären Prozeß durch Reformen zumindest verzögern könnte? Als am 16. Januar 1979 der Schah das Land verlassen und am 31. Januar Khomeini den Iran betreten hatte, bahnte sich aber das Ende der alten Ordnung an, zumal die iranischen Streitkräfte Bakhtiar ihre Unterstützung entzogen und sich der Opposition um Khomeini angeschlossen hatten. Die Würfel waren gefallen. Als das Maschinengewehrfeuer der Opposition den Amtssitz des Premierministers Bakhtiar erreichte, flüchtete dieser, noch unter dem Schah verfolgt und eingesperrt, ins Exil nach Frankreich. Bakhtiar war das Schicksal eines Kerenski nicht erspart geblieben.

Nach jahrzehntelanger Pahlevi-Monarchie hatte die Revolution gesiegt. Der Iran war als herausragender Partner der USA im Nahen und Mittleren Osten zusammengebrochen, weil der Schah weder die brutale Entschlossenheit seines Vaters noch dessen intime Kenntnis der Psyche seines Volkes besaß. Er hatte die Versäumnisse zu verantworten. Doch auch die Politik der Regierung Carter war ideenlos, widersprüchlich und ohne Sinn für die strategischen, politischen und ökonomischen Interessen der USA in der Golfregion. Die Verbindung von Carters Menschenrechtsinternationalismus und politischem Neoisolationismus bewirkte außenpolitische Kurzschlüsse und Ohnmacht. Es gab keine kohärente Politik, denn verschiedene Gruppen innerhalb der Administration rangen um Einfluß. Carter, Vance, Brzezinski, Schlesinger, Sullivan und andere bildeten untereinander wechselnde Koalitionen, die den Entscheidungsprozeß lähmten. Es gab keine Iranpolitik, nur Ansätze von Einzelinitiativen, die meistens von rivalisierenden Gruppierungen unterminiert wurden. Die Ergebnisse »geheimer Sitzungen« konnte man am nächsten Tag nicht selten in der *New York Times* nachlesen oder in den Nachrichten hören.

Fatalismus und Interventionismus bildeten die beiden extremen Pole in der Regierung Carter. Wäre massive Intervention von seiten der USA von außen – sei es um den Preis totaler militärischer Intervention – sinnvoll und erfolgversprechend gewesen? Wohl kaum, aber ähnliche Hoffnung wie diese wurden geäußert: »Ich habe keineswegs den Glauben an einen guten Ausgang der russischen Revolution verloren. Rußland wird, wie Frankreich im vergangenen

Jahrhundert, ohne Zweifel durch tiefes Wasser gehen müssen, aber es wird auf der anderen Seite des Ufers auf festen Grund stoßen, und das große russische Volk wird meiner Meinung nach seinen angemessenen Platz in der Welt einnehmen.«[73] Ähnlich dachten die Schüler Woodrow Wilsons in der Regierung Carter. Von Wilson bis Carter wirkte dieses Kerenski-Syndrom in der amerikanischen Außenpolitik des 20. Jahrhunderts: Washington hoffte auf den Zusammenbruch totalitärer Regime und setzte auf demokratische Erneuerer, die wie Phönix aus der Asche erscheinen würden, um eine prowestliche Politik zu betreiben.

Wie Woodrow Wilson wurde auch Jimmy Carter ein Opfer der Illusion des Kerenski-Syndroms. Die Premierminister Bakhtiar und später Bazargan scheiterten wie Kerenski. Wilson und Carter wurden nicht durch realpolitische Überlegungen, sondern durch noble Ideen und Hoffnungen geleitet. Wie 1917 wurden auch 1979 die westlichen und demokratischen Regierungen von der Revolution völlig überrascht. Wie 1917, so glaubte auch Carter, könnten nach der Revolution neue konstruktive Beziehungen mit den neuen Machthabern begonnen werden. Wie ab 1917 in der Sowjetunion, so wurde auch seit 1979 im Iran deutlich, daß weder durch Intervention noch durch Integrationsbemühungen amerikanischer Einfluß wiederhergestellt werden konnte. Wie Wilson 1917 auf die provisorische Regierung Kerenski setzte, die wirkliche Macht aber längst beim Petrograder Sowjet lag, so hoffte die Regierung Carter auf die Stärke der Regierung Bazargan, als in Wirklichkeit die Macht längst bei den revolutionären Mullahs lag.

Carters Menschenrechtskampagne hatte negative Auswirkungen auf den Iran.[74] Weder konnte er mit seinen Appellen Menschenrechte im Iran durchsetzen noch – und dies folgenschwerer für die internationale Entwicklung – die ökonomische, strategische, politische und energiepolitische Bedeutung des Iran für den Westen aufrechterhalten.

Der außenpolitische Wandel in der Außenpolitik der Regierung Carter war selektiv, illusorisch und irreführend:

– Selektiv, weil sich politische Veränderungen nach Maßgabe Carters nicht auf totalitär-kommunistische, sondern primär auf autoritär-prowestliche Regime bezogen. Die Forderung nach Menschenrechten, Selbstbestimmung und Nichtintervention war primär gegen Regime gerichtet, die die westlichen und besonders die amerikanischen Interessen stützten. Dieser politische Wandel war amerikanischen Machtinteressen abträglich.
– Illusorisch, weil die Forderung nach Veränderung die radikalen Kräfte unter- und die reformerischen Kräfte überschätzte. Nur wer Revolutionen ahi-

storisch verstand, also historische Erfahrungen völlig außer acht ließ wie Carter, konnte annehmen, daß auf den Sturz von autoritären Regimen automatisch Reformen und Demokratie folgen würden. Die Alternative zu einem »schlimmen« Regime des Schahs war nicht nur ein besseres, reformerisches, sondern ein noch schlimmeres Regime wie das der Mullahs. Im Iran bestätigten sich Jeanne Kirkpatricks Befürchtungen.

– Irreführend, weil die Regierung Carter die Einflußmöglichkeiten der USA auf den politischen Wandel in der Welt absichtlich reduzierte und dabei besonders auf die machtpolitischen Instrumente von Druck, militärischer Gewalt und kraftvoller Diplomatie verzichtete.[75]

Aber anders als bei der Berlinkrise von 1948/49 und 1953 oder der Kubakrise von 1962 war die Irankrise von schleichender, schrittweiser Dynamik, wobei der »point of no return« schwer festzustellen war. Deshalb wurde die Regierung Carter von den neuen Ereignisse überrollt:

– Als George Ball im Dezember 1978 empfahl, der Schah solle eine breitere liberale innenpolitische Grundlage schaffen, war dies für die iranische Opposition, die den Rücktritt des Schahs forderte, unannehmbar.
– Als Brzezinski im Januar 1979 einen Militärcoup plante, hatten sich die Streitkräfte aber schon vom Schah gelöst, befanden sich in Auflösung oder waren im Übergang zum oppositionellen Lager begriffen.
– Als die Menschenrechtsaktivisten der Regierung Carter für eine Unterstützung Bakhtiars plädierten, erschwerten sie damit nicht nur dessen innenpolitische Zustimmung, sondern schafften den Nährboden für den Antiamerikanismus der oppositionellen Kräfte in Iran.
– Als sich Washington offiziell hinter die gemäßigte Regierung Bazargan stellte, setzte sich dieser durch die offene amerikanische Unterstützung dem Vorwurf des »Lakaientums« aus und bestärkte die Argumente der Radikalen.
– Als das Außenministerium, der NSC und die Botschaft in Teheran noch auf Khomeinis Kompromißbereitschaft hofften, suchte dieser schon die Konfrontation.

Carter schwankte zwischen den beiden entgegengesetzten Auffassungen seiner Mitarbeiter Vance und Brzezinski. In einem Memorandum empfahl letzterer dem Präsidenten am 18. Januar 1979 schnelles und entschlossenes Handeln: »Ich argumentierte, daß wir wohl kaum im Iran mit einer angenehmen und einfachen Schwarz-Weiß-Dichotomie rechnen können, sondern vielmehr mit einer graduellen Verschlechterung der Lage, die schließlich katastrophale internationale Konsequenzen für die Vereinigten Staaten mit sich bringen wird. … Daß der Iran sich vermutlich Stück für Stück in eine Richtung wie Libyen oder hin zur Anarchie bewegen wird mit dem Resultat, daß unsere Position in der Golfregion ausgehöhlt wird, daß unsere Stellung in der gesamten arabischen Welt bedroht sein wird und daß die Israelis noch mehr sicherheitsbedürftig werden und demzufolge weniger bereit zu Kompromissen, daß der sowjetische Einfluß in Südwestasien anwachsen wird, daß unsere Alliierten uns als hilflos ansehen werden, daß der Ölpreis ansteigen wird, daß wir vermutlich Aufklärungseinrichtungen und Geheimdienstkapazitäten für SALT verlieren werden und daß es schließlich schwere innenpolitische Rückwirkungen geben wird.«[76]

Vance teilte Brzezinskis Auffassungen und Vorschläge nicht. Er befürchtete, daß amerikanisches Engagement, insbesondere militärische Unterstützung, negative Folgen mit sich bringen würde. Der amerikanische Außenminister personifizierte auf ansprechende Weise den Adel der Menschenrechtsidee und der Nichtintervention. Seine Crux bestand jedoch darin, daß er weder einem internationalen Gerichtshof noch einem neutralen Kleinstaat vorstand, sondern die Außenpolitik der Weltmacht des 20. Jahrhunderts repräsentierte, deren Macht, Prestige und Einfluß in den vorangegangenen Jahren ständig abgenommen hatten. Vance glaubte, daß allein vertragliche Verpflichtungen, Vernunft und Kompromiß zu einer besseren Welt führen würden, aber Macht zur Wahrung amerikanischer Interessen eine unmoralische Qualität hatte. Die Analysen des amerikanischen Außenministers widersprachen also denen des nationalen Sicherheitsberaters.[77]

Vance und seine engsten Mitarbeiter hofften, daß Ayatollah Khomeini eine islamische Republik ausrufen würde, in der die Menschenrechte verwirklicht werden könnten – ein Widerspruch in sich. Während Brzezinski auf amerikanisches Engagement drängte, spielten Vance und Staatssekretär Christopher, unterstützt von Vizepräsident Mondale, auf Zeit. Unter moralischem Aspekt waren Vance und seine Mitarbeiter der Auffassung, daß die USA keinerlei Verantwortung für den Ausbruch eines Bürgerkrieges in einem anderen Land übernehmen dürften.

Auch Brzezinski teilte diese Auffassung, aber er widersprach einer angeblichen Alternative zwischen Gut und Böse. Er ahnte, daß es unter Khomeini sehr viel schlimmer kommen würde: »Carters Versuch, den Schah für Menschenrechte aufgeschlossener zu machen, war ein Schritt in die richtige Richtung, aber er kam zu einer Zeit, als die fundamentalen Probleme im Iran aus der Hand zu gleiten drohten und die Autoritätsstrukturen im Begriff waren zusammenzubrechen. Zu diesem Zeitpunkt war meines Erachtens die Entscheidung für einen Militärputsch notwendig, denn die Alternative war Aufruhr mit destruktiven Konsequenzen für unsere regionalen Interessen. ... Trotzdem war es eine Entscheidung, die der Schah als erster zu treffen hatte und nicht der Präsident der Vereinigten Staaten, der nicht an seiner Stelle handeln oder ihn gar von dieser Verantwortung befreien konnte.«[78]

Carter richtete die Menschenrechtspolitik am innenpolitischen Modell der amerikanischen Bürgerrechtsbewegung aus. Dabei negierte er die fundamentalen Unterschiede zwischen Außen- und Innenpolitik.[79] Bei seiner Faszination für progressive, revolutionäre, schwarze, antikoloniale und demokratische Bewegungen verkannte Carter, daß Begriffe wie Moral, Menschenrechte und Religion im internationalen Kontext unterschiedliche Bedeutung haben. Der Begriff »religiös«, für Carter von großer Bedeutung, wirkte verführerisch. UNO-Botschafter Andrew Youngs Charakterisierung von Khomeini als »Heiligem« beruhte auf einer unkritischen und naiven Betrachtung, die Carter teilte. Carter respektierte offensichtlich den Ayatollah als religiösen Führer. Gleichzeitig glaubte Carter, daß er mit seiner Religiosität Eindruck auf Khomeini machen könnte. Diese Einschätzung erwies sich als trügerisch. Vielmehr nahm die Dramatik in den amerikanisch-iranischen Beziehungen nach der Machtübernahme Khomeinis zu, wie die Geiselnahme in Teheran und das gescheiterte Befreiungsunternehmen zeigten. Beide Ereignisse hatten vergleichsweise geringe realpolitische Bedeutung, die politisch-psychologischen Auswirkungen sind jedoch bis heute spürbar geblieben. Amerikanisches Prestige wurde im Iran lädiert, der Gigant unter den Nationalstaaten der Welt schien gelähmt, gefesselt und gedemütigt. Im Zeitalter der Massenmedien wurde dieses Faktum allabendlich in den Nachrichten um den Globus verbreitet. Wie konnte es geschehen, daß amerikanische Diplomaten in Teheran von iranischen Fanatikern 444 Tage als Geiseln gehalten werden konnten? Wie kam es dazu, daß die Regierung Carter in ihren Bemühungen erfolglos blieb?

Der Sturz des Schahs und die Übernahme der Macht durch den Ayatollah Khomeini war ein herber Verlust für die USA. Der Iran, jahrzehntelanges Bindeglied für amerikanische Interessen im Nahen und Mittleren Osten, betrieb nun antiamerikanische Politik. Dieser Verlust wurde dadurch gemildert, daß er nicht zu sowjetischem Gewinn führte. Aber die antiamerikanische Entwicklung ebbte auch nach einer unruhigen Übergangsperiode nicht ab. Bedrohliche Entwicklungen kündigten sich an, als am 14. Februar 1979 die amerikanische Botschaft von iranischen Fanatikern besetzt wurde. Nur mit Mühe war es der Regierung Bazargan gelungen, amerikanische Geiseln zu befreien und die iranischen Besetzer zum Abzug zu bewegen. Am 25. Mai wurde die amerikanische Botschaft mittlerweile von hundertfünfzigtausend Demonstranten belagert: »Tod den USA, Tod für Carter« lautete das vieltausendfache Echo auf Khomeinis Haßtiraden. Schlagartig wurde deutlich, daß die Substanz des amerikanischen Interesses im Iran auf den kleinstmöglichen Kern zusammengeschmolzen war. Es ging nicht mehr um globale, regionale, ökonomische oder strategische Interessen, sondern lediglich um die Sicherheit der noch verbliebenen Amerikaner im Iran, vor allem der Botschaftsangehörigen.

Ursache des antiamerikanischen Hasses in Teheran war die Entscheidung der Regierung Carter, dem Schah in den USA Asyl zu gewähren. Sie wurde allerdings am 19. April 1979 zurückgezogen. Doch als sich der Gesundheitszustand des Schahs verschlechterte, wurde ihm zur ärztlichen Behandlung ein zeitweiliger Aufenthalt in den USA zugesichert. Am 22. Oktober 1979 reiste er in die USA ein, verließ sie am 15. Dezember, blieb bis zum 23. März 1980 in Panama, um anschließend nach Ägypten zu reisen, wo er am 27. Juli im Alter von sechzig Jahren an Lungenkrebs starb. Wiederholt hieß es zwar, daß der Schah erst in die USA einreisen dürfe, wenn der effektive Schutz für die amerikanische Botschaft gewährleistet sei. Dieser Schutz konnte aber kaum allein durch die Garantie einer Regierung gesichert werden, die dem Land nur noch als Fassade vorstand. Als Premierminister Bazargan und Außenminister Yazdi am 1. November 1979 mit Sicherheitsberater Brzezinski in Algier zusammentrafen, ohne vorher Khomeini über das geplante Treffen informiert zu haben, witterten die radikalen Kräfte in Iran Komplott und Kollaboration. Deshalb wurde am 4. November die amerikanische Botschaft in Teheran gestürmt, die Botschaftsangehörigen wurden als Geiseln gefangengenommen. Eine neue Eskalation in den amerikanisch-iranischen Beziehungen setzte ein. Studentischer Protest bewirkte in der Folge ein politisches Drama und eine internationale Krise, die das außenpolitische Prestige der Weltmacht USA schwächte und schließlich Carters Wiederwahl vereitelte. Am Ende führte die Geiselnahme zu einem verzweifelten Befreiungsversuch vom 24. April 1980, bei dem acht amerikanische Soldaten ums Leben kamen. Diese Geiselnahme hatte einen jahrhundertealten Konsens der internationalen Diplomatie verletzt, nach der Diplomaten eines jeden Landes Immunität genießen.

Militärische Vergeltungsmaßnahmen hätten das Leben der Geiseln gefährdet, deshalb wurde eine Blockade des Iran auch für den Fall in Betracht gezogen, daß die Diplomaten mißhandelt oder abgeurteilt werden sollten. Letztlich entschied sich die Regierung Carter für eine Befreiung der Geiseln. Dies führte zu Meinungsverschiedenheiten innerhalb der Regierung: Außenminister Vance wandte sich von Anfang an gegen einen gewaltsamen Versuch, die Geiseln in Teheran zu befreien, denn

- für eine solche Aktion fehle die Unterstützung der Verbündeten;
- die Entwicklung des iranischen Parlaments, das die rechtliche Verantwortung für die Geiselnahme trug, deute auf ein zukünftiges funktionierendes Regierungssystem hin, mit dem die USA die Freilassung der Geiseln würde aushandeln können;
- die Geiseln befänden sich in keiner physischen Gefahr und in zufriedenstellender gesundheitlicher Verfassung;
- die Befreiung würde den Tod von Geiseln und Iranern zur Folge haben;
- die iranische Regierung könne weitere amerikanische Geiseln festnehmen, wie zum Beispiel amerikanische Journalisten in Teheran;
- die nationalen Interessen der USA in der Region würden geschädigt, und es käme vielleicht zu einem Krieg zwischen der islamischen Welt und dem Westen;
- möglicherweise würde der Iran durch einen Befreiungsversuch in die Arme der Sowjetunion getrieben.[80]

Aus diesen Gründen erklärte Vance schon vor der Aktion seinen Rücktritt. Als oberster Dienstherr des Außenministeriums wollte er keiner Aktion zustimmen, die das Leben seiner Mitarbeiter in der Botschaft in Teheran gefährdet hätte. Aber für eine militärische Rettungsaktion sprachen folgende Überlegungen:

- Der innenpolitische Druck auf Carter war gestiegen. Die Bevölkerung der USA und große Teile der Weltöffentlichkeit erwarteten nach den politischen und ökonomischen Sanktionen sowie den mehrmonatigen ergebnislosen Verhandlungen und nach dem Abbruch der diplomatischen Beziehungen endlich eine tatkräftige Entscheidung. Die USA unter Carter erschienen als hilfloser Riese, der nach Erschöpfung seiner ökonomischen und politischen Kräfte nun auch sein Prestige zu verlieren schien.
- Insbesondere Amerikas Verbündete im Nahen und Mittleren Osten kritisierten die amerikanische Passivität. Wie würden die USA unter Carter bei Gefährdung der Interessen anderer amerikanischer Verbündeter reagieren?
- Nach der sowjetischen Invasion in Afghanistan im Dezember 1979 war eine Blockade oder ein militärischer Angriff auf iranische Ölförderzentren riskant, denn eine Ausweitung des amerikanisch-iranischen Konflikts durch sowjetische Einmischung war nicht auszuschließen.
- Außenpolitischer Handlungsspielraum schien nur durch Befreiung der Geiseln möglich.[81]

Am 24. April 1980 flogen acht Hubschrauber des Flugzeugträgers Nimitz zu einem Treffpunkt in der iranischen Wüste (Desert I), um dort mit sechs Herkules-Transportern zusammenzutreffen, die aus der Golf- beziehungsweise Mittelmeerregion gestartet waren. Mit einer weiteren Hubschraubergruppe sollten Spezialeinheiten die Geiseln in der Botschaft in Teheran befreien. Doch einer von den acht Nimitz-Hubschraubern mußte wegen Rotorschadens auf dem Hinflug aufgeben, ein zweiter kehrte wegen eines Schadens an den Navigationsinstrumenten zum Flugzeugträger zurück, ein dritter hatte Probleme an der Hydraulik, so daß bei Ankunft in Desert I nach Rücksprache mit Carter die geplante Aktion abgebrochen werden mußte. Sechs einsatzfähige Hubschrauber waren als Minimum für eine erfolgversprechende Aktion angesetzt worden, aber nur fünf standen zur Verfügung. Als bei einem Tankmanöver ein Hubschrauber mit einer Herkules C-130 kollidierte, gingen beide in Flammen auf, acht Soldaten fanden dabei den Tod.

Seither sind kritische Fragen gestellt worden: War die geplante Operation militärisch präzise vorbereitet worden? Gab es eine reelle Chance, die Geiseln auf diesem Wege zu befreien?[82] Warum vertraute man auf eine so geringe Anzahl von Helikoptern, und warum wurde der Befreiungsversuch so spät gestartet? Auch sarkastische Fragen wurden gestellt: »Auf der Grundlage eines Verteidigungsbudgets von 1979 in Höhe von 118 Milliarden Dollar sollte man von den amerikanischen Streitkräften vernünftigerweise erwarten können, daß sie sechs oder vielleicht sogar vierundzwanzig funktionierende Hubschrauber zur Verfügung stellen könnten.«[83]

Unzureichende Planung, technische Mängel, unzuverlässige Kommunikation, überflüssige Rivalitäten der Teilstreitkräfte, die ihre jeweiligen Taktikkonzepte durchsetzen wollten, und zuwenig Training haben wohl zum Zusammenbruch des Unternehmens geführt. Deshalb trösteten auch Brzezinskis Worte nicht, der meinte: »Wenn man es nicht versucht hätte, obwohl man gekonnt hätte, wäre es für Amerika beschämend und unwürdig gewesen.«[84] Der Sturz des Schahs hatte die Außenpolitik der USA im Nahen und Mittleren Osten schwer erschüttert, doch das gescheiterte Rettungsunternehmen traf die Psyche der Amerikaner. Auch das Selbstbewußtsein der Streitkräfte wurde erschüttert, weil trotz überlegener Militärtechnologie kein rettender Ausweg gefunden wurde. Daß schließlich die Geiseln freikamen, lag daran, daß die iranische Regierung die Entschlossenheit des neuen Präsidenten Reagan fürchtete.[85]

Die Regierung Carter hatte Fehler und Versäumnisse zu verantworten. Sie unterschätzte die Gefahr für die Botschaftsangehörigen in Teheran und unterließ entsprechende Schutzmaßnahmen. Nach der Geiselnahme waren die öffentlichen Erklärungen der Regierung Carter, auf militärische Macht völlig zu verzichten, fatal. Sie machten alle weiteren diplomatischen Bemühungen druck- und wirkungslos. Carter hatte sich auf die Mullahs psychologisch und politisch falsch eingestellt und irrigerweise auf die gemäßigten Gruppen und Kräfte um Bazargan, Bani Sadr und Ghotbzadeh gesetzt. Aber diese moderaten Kräfte hatten keinen Einfluß. Bazargan und Bani Sadr mußten flüchten, Ghotbzadeh, stets undurchschaubar, wurde später hingerichtet.

Die Geiselnahme zeigte, daß guter Wille gegenüber einer fanatischen Macht zum Scheitern verurteilt war, weil die Mullah-Theokratie nicht am guten Willen, sondern an der Erniedrigung der USA interessiert war. Deshalb wären eine Politik der Stärke und Entschlossenheit bei umfassender militärischer Planung angemessen gewesen.

In der Schlußphase griff Carter sogar aus Verzweiflung zu selbsterniedrigenden Vorschlägen. Er versuchte, das militärische Scheitern noch in eine Freilassung der Geiseln umzufunktionieren: Die Geiseln sollten nach Täbris gebracht werden, wo inmitten der toten amerikanischen Soldaten und der Flugzeugwracks die Iraner den gerechten Sieg über die USA ausrufen sollten. Der Befreiungsversuch sollte die gescheiterte und teuflische Politik der USA symbolisieren, die Freilassung der Geiseln sollte die Großherzigkeit und das Mitgefühl der iranischen Revolution zeigen. Selbst für Heikal, der gewissen Zielen der iranischen Revolution aufgeschlossen gegenüberstand, war dieser selbsterniedrigende Vorschlag der Regierung Carter zuviel.[86] Nicht die Botschaftsangehörigen in Teheran allein, sondern die Außenpolitik der Regierung Carter wurde zur Geisel des Ayatollah Khomeini. Aus dieser außenpolitischen Gefangenschaft konnte Carter sich nicht befreien.

Diese traurige Entwicklung führte schließlich zu Carters Abwahl als Präsident. Seine Camp-David-Diplomatie steht für Geschicklichkeit, Mut und strategischen Weitblick. Seine zögernde, widersprüchliche Haltung in der Iranpolitik, insbesondere bei der Geiselnahme, zeigte jedoch Schwäche. Fest steht, daß Carter im Nahen und Mittleren Osten seinen größten Triumph in Camp David erfuhr und seine größte Niederlage im Iran erlitt. Vielleicht relativiert sich in der historischen Distanz auch diese Bewertung: Der Sieger von Camp David war vermutlich weniger Carter als vielmehr Menachem Begin, dem es hinter dem Paravent schillernder Rhetorik gelang, seine politischen Interessen durchzusetzen. Wünschte Carter eine volle Anwendung der Abkommen von Camp David, so wurde er primär durch Begins kompromißlose Position der »restriktiven Einhaltung« zur Passivität verdammt.

Im Iran lagen die Dinge etwas anders. Die Passivität und Unsicherheit des Schahs boten den USA gewisse Chancen zur Beeinflussung: entweder eine langfristige Entscheidung für die neuen politischen Kräfte im Iran, wie von Vance und Mondale befürwortet, oder nachdrückliche Unterstützung des Schah-Regimes. Carter fehlten Herz und Verstand, sich zu entscheiden. Erst nach dem Einmarsch sowjetischer Truppen in Afghanistan sah er sich endgültig gezwungen, seine außenpolitische Passivität im Nahen und Mittleren Osten aufzugeben.

Ab Herbst 1978 war die Regierung Carter nicht mehr in der Lage, den Sturz des Schahs zu verhindern. Daß Carter jedoch nicht mehr den Schutz der eigenen Diplomaten gewährleisten konnte, ließ ihn als Laienprediger der internationalen Politik erscheinen. Carter hatte kein Verständnis für die Widersprüchlichkeiten in der Welt. Nach drei Jahren außenpolitischer Rückschläge hätte er zu dem Ergebnis kommen müssen, daß moralische Forderungen und Verzicht auf Machtpolitik die Probleme nicht lösten, sondern verschärften.

Im Verlauf der sechziger und siebziger Jahre war deutlich geworden, daß Moralismus als Attribut amerikanischer Außenpolitik eine tiefgreifende Veränderung nach außen und innen bewirkte. Hatte noch John F. Kennedy moralische Postulate zur Begründung eines interventionistischen Internationalismus herangezogen, so schlug das Pendel später um: Mit moralischen Argumenten begründete man außenpolitischen Rückzug und Neoisolationismus. Nixon und Kissinger stemmten sich dagegen, indem sie Amerikas Führung durch neue regionale, proamerikanische Gewichte auszutarieren suchten. Das war ein prekärer Balanceakt, der Chancen und Risiken in sich barg. Im Nahen und Mittleren Osten wogen die Probleme besonders schwer. Nach dem Rückzug Großbritanniens hatten Nixon und Kissinger dem Schah militärisch und politisch eine regionale Vormachtrolle eingeräumt. Nixon, Kissinger und Ford ließen dem Schah innen- und außenpolitisch freie Hand. Doch Nixon und Kissinger schätzten die Reformmöglichkeiten im Iran realistischer ein als Carter. Es war kein Zeichen von Unmoral, sondern von nüchterner Einsicht, daß Nixon und Kissinger amerikanische Interessen und nicht moralische Prinzipien zum Maßstab amerikanischer Iranpolitik machten. Doch die USA schützen nicht andere Staaten als Belohnung für »gutes Benehmen«, sondern aus eigenen vitalen Sicherheitsinteressen heraus. Kissinger hat dieses Problem bei autoritären Regimen in der Dritten und Vierten Welt klar erfaßt: Es lag »tiefer und läßt sich nicht nur mit Schuldbekenntnissen erklären. Angenommen, wir hätten die Gefahr erkannt, was hätten die Vereinigten Staaten empfehlen sollen? Haben wir eine politische Theorie für die Weiterentwicklung von Entwicklungsländern? Wissen wir, wie in feudalen, religiösen Gesellschaftssystemen der Ausgleich zwischen Autorität und Freiheit und zwischen Menschenrechten und Anarchie geschaffen werden soll? Es ist leicht, zu behaupten, daß Fortschritte auf dem Weg zur parlamentarischen Demokratie und zur Teilnahme des Volkes an politischen Entscheidungen die Lage entschärft hätten. Abgesehen von der Frage, ob wir darauf Einfluß nehmen konnten, hätten diese ›aufgeklärten‹ Maßnahmen die Katastrophe wahrscheinlich nur beschleunigt. Das Herrschaftssystem des Schahs wurde in der Hauptsache von Gruppen bedroht, die sich für solche westlichen Vorstellungen nicht interessierten. Seine versöhnlichsten Feinde waren die konservativen Feudalisten, die ihre sozialen Privilegien verloren hatten, und die radikalen Linken. Beide hatten nichts für seine parlamentarische Demokratie übrig. Nach dem Sturz des Schahs schalteten sie zunächst die wenigen Fürsprecher demokratischer Institutionen aus und wandten sich erst dann den Streitigkeiten in den eigenen Reihen zu, um sich gegenseitig zu vernichten. Darin waltete kein Zufall. Das Konzept der repräsentativen Demokratie setzt einen sozialen Zusammenhalt voraus, den es in vielen Entwicklungsländern nicht gibt.«[87]

Das Schicksal des Iran und des Schahs sollte lehren, daß es keine einfachen Antworten auf die komplexen Entwicklungsprobleme autoritärer Regime gibt. Aber moralische Maßstäbe und die Konzentration auf Menschenrechte allein waren ungeeignet. Gesinnungsethische Phantasie, konzeptionelle Fehleinschätzung und ein völliges Mißverhältnis in der Relation zwischen Zielen und Mitteln gingen unter Carter eine Symbiose ein, deren Folgen zu den schlimmsten Erfahrungen und Niederlagen der amerikanischen Nachkriegspolitik gehören. Natürlich trug die Regierung Carter nicht die Schuld am Sturz des Schahs, aber sie hat durch eine Politik der Mißverständnisse und Widersprüchlichkeiten den Prozeß des Niedergangs beschleunigt. Durch eine naive Menschenrechtsrhetorik hat sie die Stellung des Schahs unterminiert und Kräften den Weg zur Macht erleichtert, denen es nicht um Menschenrechte und sozialen Fortschritt ging, sondern um eine Wiedererweckung des islamischen Glaubens als Protest gegenüber kultureller, politischer und ökonomischer Überfremdung durch den Westen und vor allem durch die USA: »Die fundamentalen Schwierigkeiten ergaben sich nicht daraus, daß der Schah rückständig gewesen wäre, sondern daß er sein Land modernisieren wollte. Die Mehrheit seiner Gegner war nach westlichen Maßstäben nicht fortschrittlich. Im Vergleich mit den reaktionären Nachbarländern war er jedoch wirklich ein fortschrittlicher Herrscher. ... Wir [haben] im Hinblick auf den Iran zu wenig auf den Grundsatz geachtet, daß ein politischer Aufbau mit dem wirtschaftlichen Aufbau Hand in Hand gehen sollte. Hier haben weniger die Nachrichtendienste versagt als der Planungsapparat. Seit Jahrzehnten hat man die fortschrittliche Auffassung vertreten, eine wirtschaftliche Weiterentwicklung werde mehr oder weniger automatisch die politische Stabilität bewirken; das hat sich eindeutig als falsch erwiesen.«[88]

Im Sinne einer anderen fortschrittsgläubigen Mentalität unterliefen Carter drei zentrale Fehleinschätzungen. Er glaubte,

– daß eine Aufrechterhaltung des Status quo im Iran nicht möglich sei;
– daß es zum Zeitpunkt der Krise im Iran eine bessere, demokratischere Alternative geben würde;
– daß alle Veränderungen dem Schah-Regime vorzuziehen seien.

Dabei verkannte er, daß die Entscheidung zur Demokratie, die in Europa und in den USA sieben Jahrhunderte in Anspruch genommen hatte, nach Jahrzehnten autoritärer Pahlevi-Herrschaft nicht kurzfristig auf den Iran übertragen werden konnte. Folglich war das Ergebnis vorhersehbar – nicht mehr Demokratie, sondern mehr Despotie, nicht Stärkung der reformerischen, sondern der radikalen Kräfte mußte nach dem Sturz des Schahs eintreten.

»Im Fall des Iran merkten [die Architekten von Carters Außenpolitik] nicht, daß das einzige wahrscheinliche Resultat des Unterfangens, einen amtierenden Autokraten durch einen seiner moderaten Kritiker oder durch eine ›breitgefächerte Koalition‹ zu ersetzen, darin bestehen würde, das Fundament des bestehenden Regimes zu untergraben, ohne das Land der Demokratie irgendwie näher zu bringen. Das Ergebnis war völlig vorhersehbar. Autorität wird in traditionellen Autokratien durch persönliche Beziehungen übertragen: vom Herrscher auf seine engsten Verbündeten (Verwandte, Mitglieder des Haushalts, persönliche Freunde) und von diesen auf Leute, zu denen die Verbündeten durch persönliche Bande in einem ähnlichen Verhältnis stehen wie der Herrscher zu ihnen. Das Autoritätsgefüge löst sich schnell auf, wenn Macht und Status der Männer an der Spitze untergraben oder eliminiert werden. Je länger der Autokrat an der Macht gewesen ist und je durchdringender sein persönlicher Einfluß, desto abhängiger werden die Institutionen des Staates von ihm. Ohne ihn bricht die gesellschaftliche Organisation zusammen wie ein Mauerbogen, aus dem der Schlußstein entfernt worden ist. Die Mischung der Eigenschaften, welche die iranische Armee an den Schah oder die Nationalgarde an Somoza band, ist typisch für das – persönliche, hierarchische, nicht übertragbare – Netz der Beziehungen, von dem eine traditionelle Autokratie getragen wird. Amerikanische Politiker und Journalisten, daran gewöhnt, daß öffentliche Institutionen auf universalistischen Normen und nicht auf partikularistischen Beziehungen aufgebaut sind, zeigen sich häufig überrascht von der Schnelligkeit, mit der Armeen zusammenbrechen, Regierungen abdanken und soziale Strukturen sich auflösen, ist der Autokrat erst einmal aus dem Wege geräumt.«[89]

Aber nicht die USA verloren den Iran, sondern der Schah konnte die iranische Bevölkerung nie gewinnen. Dabei wurde die Regierung Carter, die die

USA von der traumatischen Vietnam-Erfahrung befreien wollte, zum exponiertesten Opfer ihrer eigenen Schlußfolgerung, nach der die Anwendung oder Androhung von Gewalt nach Vietnam per se als unmoralisch galt.

Die gescheiterte Befreiung der Geiseln von Teheran hatte, selbst wenn Carter persönlich dafür keine Verantwortung trug, doch eine tiefe, tragische Konsequenz. Dort, wo Carter eigenes persönliches Profil zeigte wie in der Menschenrechtspolitik, war er erfolglos. Dort, wo er Entschlossenheit signalisierte, war er nicht er selbst. So sahen viele in Carters ostentativer Demonstration von Stärke ein Eingeständnis von Schwäche. Der Adel der Menschenrechtsidee wurde dilettantisch verbraucht. Es blieb die Ohnmacht moralischer Prinzipien.

Carter und die sowjetische Invasion in Afghanistan

Nach mehr als einem Jahrhundert wiederholter Übergriffe in die inneren Angelegenheiten Afghanistans und nach vergeblichen Bemühungen um eine stabile und sowjetfreundliche afghanische Regierung besetzte die Sowjetunion während der Weihnachtstage 1979 das Land.

Das Schlüsseldatum der sowjetischen Afghanistan-Politik war aber schon der 18. April 1978: Der prokommunistische Umsturz mit Hilfe der Sowjets in Afghanistan wurde von den Amerikanern ignoriert. Weil die Sowjets zu diesem Zeitpunkt ihren Einfluß in Kabul ungehindert, ohne amerikanische Reaktion weiter ausdehnen konnten, erkannte der Kreml sofort, daß der Regierung Carter machtpolitisches Bewußtsein fehlte. Schon im Dezember 1978 schlossen die Sowjets einen Freundschaftsvertrag mit Afghanistan ab, erhöhten ihre Militärhilfe und die Anzahl der Militärberater in Afghanistan rapide; am 14. Februar 1979 wurde der amerikanische Botschafter in Kabul, Adolph Dubs, erschossen, am 28. März wurde Außenminister Hafisollah Amin durch einen Putsch Premierminister, am 14. September kam Staatspräsident Nur Mohammad Taraki in einer Palastrevolte ums Leben, und Amin übernahm die Macht. Schließlich zogen die Sowjets im November und Dezember 1979 ihre Truppen an der Grenze zu Afghanistan zusammen. Damit war eine Serie von Ereignissen abgelaufen, auf die die USA hätten reagieren müssen. Aber die Regierung Carter glaubte, daß Drohungen die sowjetische Invasion in Afghanistan beschleunigen würden. Auch ist schwer verständlich, daß Vance glaubte, die Sowjets seien ebenso vom Sturz des Regimes Daud und von der Machtübernahme des prosowjetischen Taraki-Regimes überrascht worden wie er selbst.[90]

Die Beziehungen zur Volksrepublik China wurden nicht als Gegengewicht zur Sowjetunion genutzt. Deng, der die amerikanische Regierung vorab über die Strafexpedition gegen Vietnam im Februar 1979 informierte, warnte vor Passivität gegenüber der Sowjetunion angesichts deren direkter oder indirekter Übergriffe an ihrer Südgrenze. Wie schon Monate zuvor der Schah, so warnte auch Deng im Februar 1979 vor einem sowjetischen Eingreifen in Afghanistan. Aber die Regierung in Washington war über die Entwicklung in Afghanistan ebenso geteilter Auffassung wie über ihre Iranpolitik.[91] Während Sicherheitsberater Brzezinski den Präsidenten vergeblich zu einer härteren Haltung und zu öffentlichen Warnungen zu bewegen suchte, riet Außenminister Vance zur Zurückhaltung.

Carters Unentschlossenheit trug dazu bei, daß die Sowjetunion schließlich zur offenen Invasion überging. Die plötzliche und großangelegte Invasion in Afghanistan bestätigte Brzezinskis langgehegte Befürchtungen. Als die Sowjetunion dann im Dezember 1979 in Afghanistan einmarschierte, verließ sie damit das Terrain und die Regeln der Entspannung. Zum ersten Mal seit 1945 setzte die Sowjetunion Truppen außerhalb des kommunistischen Wirkungsbereichs der Breschnew-Doktrin ein. 140 Staaten verurteilten daraufhin in der UNO wie auch auf der Islamischen Konferenz in Islamabad im Juni 1980 die Invasion und forderten den Abzug der sowjetischen Truppen aus Afghanistan. Deshalb war die Begründung von Generalsekretär Breschnew für den sowjetischen Einmarsch völlig abwegig: »Gemeinsam mit seinen Helfershelfern begann der Imperialismus im Grunde genommen einen nicht erklärten Krieg gegen das revolutionäre Afghanistan. ... Die fortwährende bewaffnete Intervention und das weit gediehene Komplott der auswärtigen reaktionären Kräfte haben die reale Gefahr geschaffen, daß Afghanistan seine Unabhängigkeit einbüßt und zu einem imperialistischen Kriegsaufmarschraum an der Südgrenze unseres Landes gemacht wird. ... Es kam der Augenblick, daß wir dem Ersuchen der Regierung des uns freundschaftlich verbundenen Afghanistan stattgeben mußten.«[92]

Die Wirklichkeit sah anders aus: Nach dem Sturz von König Daud 1973 gab es Anzeichen, daß der Einfluß der Kommunistischen Partei und der Sowjets in Afghanistan zurückgedrängt würde. Zwar war der wirtschaftspolitische Einfluß der Sowjetunion in Afghanistan seit den sechziger Jahren groß, aber es gab Befürworter für eine Politik der Blockfreiheit, die auch Kubas Einmischung in afrikanische Angelegenheiten kritisierten. Durch den Putsch im April 1978 versuchte die Sowjetunion, einer ihr genehmen kommunistischen Machtgruppierung wieder zur Macht zu verhelfen, weil die Politik der faktischen Einbindung

Afghanistans in den sowjetischen Einflußbereich 1978/79 durch Unruhen gefährdet schien.

Die Sowjetunion schaffte durch die Invasion neue Tatbestände. Sie brach vertragliche Abmachungen mit den USA, die seit 1972 im Rahmen des Entspannungsdialogs beide Seiten zu außenpolitischer Zurückhaltung und zum Nichteingreifen verpflichteten, wie zum Beispiel die amerikanisch-sowjetische Grundsatzerklärung vom 29. Mai 1972, in der es hieß, daß beide Seiten »bestrebt sind, Bedingungen herbeizuführen, unter denen alle Länder in Frieden und Sicherheit leben können und nicht Gegenstand einer Einmischung in ihre inneren Angelegenheiten von außen werden«.

Die sowjetische Invasion zwang die Regierung Carter zur außenpolitischen Wende. War der Präsident bisher den konzilianten Ratschlägen seines Außenministers gefolgt, so machte er sich nach der Doppelkrise im Iran und in Afghanistan die machtpolitischen Forderungen von Sicherheitsberater Brzezinski zu eigen.[93] Brzezinski hatte den Präsidenten schon seit 1978 zu energischen Reaktionen auf sowjetische Machtausweitung gedrängt, wie Carters Reden am 17. März 1978 in der Wake Forest University und am 7. Juni 1978 in der Marine-Akademie in Annapolis zeigten: Carter verwies »auf die unheilvolle Neigung der Sowjetunion, ihre militärische Macht einzusetzen, um in örtliche Konflikte wie in Afrika einzugreifen«. Seine Schlußfolgerungen blieben jedoch zunächst vage: »Die Sowjetunion kann wählen zwischen Konfrontation und Kooperation.« Carter glaubte, ein Wettstreit ohne Mäßigung und ohne gemeinsam anerkannte Regeln würde zu Spannungen führen: »Ich glaube nicht, daß Herr Breschnew dies wünscht.« Die sowjetische Invasion in Afghanistan hatte diese Zweifel ausgeräumt. Vor allem teilte Carter jetzt Brzezinskis zentrale Befürchtung eines möglichen weiteren Vordringens der Sowjetunion nach Süden. Deshalb erklärte Carter am 23. Januar 1980: »Die Implikationen der sowjetischen Invasion könnten die ernsthafteste Bedrohung des Weltfriedens seit dem Zweiten Weltkrieg darstellen.« Carter formulierte eine neue Doktrin, die genau das Gegenteil seiner antimilitärischen neoisolationistischen Menschenrechtsdoktrin darstellte. Hatte Carter wiederholt davor gewarnt, amerikanische Truppen weltweit zu entsenden, so erklärte er nach Afghanistan, daß die Regierung ihre Fähigkeit und Kapazität verbessern wolle, damit die amerikanischen Streitkräfte schnell in weit entlegenen Gebieten eingesetzt werden könnten, und daß Luftwaffen- und Seestützpunkte in Nordostafrika und am Persischen Golf angestrebt würden. Hatte Carter zu Beginn seiner Präsidentschaft seine Vorgänger auf das heftigste kritisiert, weil sie Diktatoren unterstützten, nur weil diese antikommunistisch eingestellt waren, so traf er jetzt selbst Anstalten, eine antisowjetische Militärallianz, vor allem mit Pakistan, zu schmieden. Hatte Carter seinerzeit die Existenzberechtigung der CIA in Frage gestellt, so war er nun entschlossen, die Aufgaben und den Wirkungsbereich der CIA unter dem Eindruck von Afghanistan zu vergrößern.

Carter forderte jetzt von der Sowjetunion einen hohen Preis für ihre Aggression. Sie sollte für die Invasion büßen: Sowjetischen Schiffen wurde die Fanggenehmigung in amerikanischen Küstengewässern entzogen, technologische Ausrüstung und landwirtschaftliche Produkte wie Weizen und Mais aus den USA wurden für die Sowjetunion sanktioniert. Schließlich wurden die Olympischen Spiele 1980 in Moskau boykottiert. Diese Sanktionen dienten lediglich als Ersatz für Vergeltungsmaßnahmen, sie selbst waren keine eindrucksvolle Vergeltung. Dabei hatte Carter langfristige Maßnahmen vor Augen. In Anlehnung an die Truman-Doktrin erklärte er: »Ein Versuch irgendeiner auswärtigen Macht, die Kontrolle über die Region des Persischen Golfs zu erlangen, wird als Angriff auf die lebenswichtigen Interessen der Vereinigten Staaten betrachtet werden. Und solch ein Angriff wird unter Einsatz aller notwendigen Mittel, einschließlich militärischer Macht, zurückgewiesen werden.«

Ein militärisches Aufbauprogramm zur Eindämmung des sowjetischen Einflusses im Nahen und Mittleren Osten, besonders in der Golfregion, wurde vorbereitet. Unter Rückgriff auf Überlegungen von Truman und Dulles entwickelte Carter unter dem Einfluß Brzezinskis folgende Strategie der Eindämmung:

1. Carter ermutigte die öffentliche Meinung, seine Politik als Carter-Doktrin zu bezeichnen, um seine machtvolle Reaktion am Persischen Golf zu unterstreichen.
2. Er wurde initiativ, damit im Rahmen der UNO und der Islamischen Weltkonferenz die sowjetische Invasion verurteilt und die Sowjetunion in der Welt isoliert wurde.
3. Er stärkte die Streitkräfte unter anderem durch die Aufstellung einer schnellen Eingreiftruppe (Rapid Deployment Force).
4. Er stellte alle bilateralen Verhandlungen mit der Sowjetunion ein, SALT II eingeschlossen.
5. Er suchte neue Militärstützpunkte und militärische Koalitionspartner im Osten Afrikas, am Persischen Golf und in Südwestasien.
6. Die Regierung Carter intensivierte die Bündnispolitik mit der NATO und mit Japan.

Nicht erst unter Reagan, sondern bereits unter Carter wurden also Voraussetzungen für eine neue antisowjetische Politik gelegt. Alte Pläne, sich nicht militärisch im Nahen und Mittleren Osten und im Indischen Ozean zu engagieren, wurden korrigiert. Auf der Insel Diego Garcia entstand ein amerikanischer Stützpunkt. Verstärkte Präsenz der US-Kriegsmarine, AWACS-Systeme für Saudi-Arabien, eine Luftbrücke mit Nordjemen, Kooperation mit Ägypten sowie der rapide Ausbau der schnellen Eingreifreserve unterstrichen die neuen außenpolitischen Leitlinien: Nicht mehr Abkehr von der Eindämmungspolitik der Vorgänger Carters, sondern Kontinuität der antisowjetischen Politik wurde für Carter bestimmend. Hatte er bis zur Invasion in Afghanistan generell die Weltlage positiv, als Chance für amerikanische Interessen interpretiert, so wurde sie unter dem Eindruck von Afghanistan negativ gesehen. Militärische Aufrüstung und Modernisierung wurden für die neue Politik der Stärke als notwendig erachtet, Amerikas militärische Überlegenheit sollte wiederhergestellt werden. Nationale Geschlossenheit und die Wiederherstellung des traditionellen innenpolitischen Konsenses zur Eindämmung der Sowjetunion wurden zur Grundlage der Carterschen Außenpolitik.[94]

Der Zusammenbruch der amerikanischen Rolle im Iran, die sowjetische Intervention in Afrika, die Invasion in Afghanistan und die sowjetische Rüstung führten in der Regierung Carter zu einer Kehrtwendung um hundertachtzig Grad. Eine schnelle Eingreifreserve, eine neue Nuklearstrategie auf der Grundlage intensivierter Rüstung und einer verfeinerten Nukleardoktrin, eine Militarisierung der amerikanischen Rolle im Nahen und Mittleren Osten waren das Letzte, was Carter zu Beginn seiner Präsidentschaft geplant hatte, nun aber selbst vorantrieb. Unter Anleitung von Sicherheitsberater Brzezinski, der im letzten Jahr der Regierung Carter zur außenpolitischen Schlüsselfigur wurde, entwickelte der Präsident eine neue Politik der Stärke. Unter Brzezinskis Einfluß wurden die ursprünglichen Prioritäten der Carter-Doktrin I, Menschenrechte und Entspannung, völlig umgekehrt: Eine Forcierung der militärischen Anstrengungen mit dem Ziel der Eindämmung wurde zur neuen Grundlage der Carter-Doktrin II, die der Präsident in seiner Rede vom 23. Januar 1980 begründete. Sollte nach der Menschenrechtsdoktrin das Verhältnis zur Sowjetunion in den globalen Überlegungen Carters zurücktreten, so wurden nun alle außenpolitischen Überlegungen dem Primat der Eindämmung der Sowjetunion nachbeziehungsweise zugeordnet. Wirtschafts- und Militärhilfe wurden von nun an nicht mehr nach menschenrechtlichen, sondern nach strategischen Überlegungen vergeben. Auch die Beziehungen zur Volksrepublik China, die bisher ohne antisowjetische Spitzen ausgebaut wurden, veränderten sich. Als Verteidigungsminister Brown im Januar 1980 nach Peking reiste, wollte Carter »nichttödliche« Militärhilfe anbieten. Aber wie schon Pakistans Militärdiktator Mohammed Zia ul-Haq zunächst die angebotene Militärhilfe von vierhundert Millionen Dollar nach der Invasion in Afghanistan gegenüber dem Erdnußfarmer Carter bezeichnenderweise als *peanuts* abgelehnt hatte, reagierte die chinesische Führung auf das amerikanische Angebot vorerst zurückhaltend. Die Volksrepublik und Pakistan wollten sich nicht uneigennützig als Gegengewicht in die amerikanisch-sowjetische Machtrivalität einspannen lassen.[94a]

Jetzt warf Carter alle Menschenrechtsüberlegungen über Bord, um den antisowjetischen Allianzring zu schmieden. Im Hinblick auf Pakistan verschloß er die Augen völlig vor der Tatsache, daß Staats- und Ministerpräsident Zia ul-Haq gegen internationalen und amerikanischen Protest seinen Vorgänger als Ministerpräsident, Zulfikar Ali Bhutto, 1979 hinrichten ließ, daß neben der Unterdrückung der Menschenrechte Pakistans Nuklearprogramm der Carterschen Nichtweiterverbreitungspolitik völlig zuwiderlief und antiamerikanische Ausschreitungen in Pakistan selbst kaum zur Verbesserung der Beziehungen beigetragen hatten. Trotz dieser Entwicklungen buhlte die Regierung Carter um Sympathie und Unterstützung in Islamabad, ja Carter scheute sich nicht einmal, Zia ul-Haq nach Washington einzuladen und mit allem Pomp zu empfangen: »Wir sind persönlich durch Ihren Besuch geehrt«, erklärte Carter gegenüber Zia ul-Haq, der die Menschenrechte mit Füßen trat, ein ambitiöses Nuklearprogramm plante und zugleich sein Land mit Kriegsrecht regierte. Doch Carter setzte neue Akzente: »Er ist ein Mann des Militärs, der sein Training in unserem Land erfahren hat. Er ist mit unserer Nation vertraut. Seine Kenntnisse der amerikanischen Wünsche und Ideale machen ihn besonders wertvoll für uns.« Mit der präsidentiellen Direktive 59 wurden Modernisierung und Ausbau eines Aufrüstungsprogramms für die USA verkündet, das Carter selbst in den vergangenen Jahren mit allen Mitteln bekämpft hatte.

Jetzt zeigte sich, daß Carter Macht und Moral niemals sinnvoll miteinander verknüpfen konnte. Sie blieben für ihn gegensätzlich. Die Carter-Doktrin I war puristisch-moralistisch-pazifistisch. Die Carter-Doktrin II reflektierte Enttäuschung, Wut und eine Umkehr um hundertachtzig Grad, hin zu Militarisierung und nackter Machtpolitik. Deshalb waren die Carter-Doktrinen I und II eine einmalige Erfahrung für die USA: Während einer Präsidentschaft wurden zwei völlig gegensätzliche außenpolitische Doktrinen formuliert, wobei nach Inkraftsetzung der zweiten die erste aufgehoben wurde. Carter mußte schließlich erkennen, daß die sowjetische Macht nicht durch Moral, sondern durch strategische Präsenz der USA einzudämmen war. Nach drei Jahren idealistischer Menschenrechtsrhetorik entdeckte er im Scherbenhaufen die Realpolitik: »Wir müssen die strategische Bedeutung Afghanistans begreifen. Ein von den Sowjets besetztes Afghanistan bedroht sowohl Iran als auch Pakistan und ist ein

Sprungbrett zur Herrschaft über ein gut Teil des Erdöls in der Welt ... diese Situation verlangt sorgfältige Überlegungen, gute Nerven und entschlossenes Handeln – nicht nur in diesem Jahr, sondern auf viele Jahre hinaus. Sie erfordert kollektive Anstrengungen, um dieser neuen Bedrohung der Sicherheit am Persischen Golf und in Südwestasien zu begegnen.«

Aber Carters neue außenpolitische Stärke wirkte für viele genauso dilettantisch wie seine alte Menschenrechtspolitik. Zu lange hatte er militärische Maßnahmen unterlassen und auf Rüstungskontrolle gesetzt. Deshalb wirkte der neue harte Carter unwirklich und unglaubhaft. Sicherheitsberater Brzezinski, das realpolitische Gewissen Carters, gesteht in bezug auf Afghanistan offen ein: »Ich verstand sein Verlangen, in die Geschichte wie Präsident Wilson einzugehen, fügte aber hinzu: ›Bevor Sie ein Präsident Wilson sein können, müssen Sie einige Jahre lang als ein Präsident Truman gehandelt haben.‹ ... Wären wir von Anfang an härter gewesen, hätten wir uns um die Art von Konsultationen rechtzeitig bemüht, wie ich sie oft empfohlen hatte, vielleicht wäre den Sowjets dann nicht diese Art von Fehlkalkulation unterlaufen. ... Es wäre besser gewesen, wenn die Sowjets durch ein klareres Verständnis unserer Entschlußkraft von vornherein abgeschreckt worden wären.«[95]

Brzezinski versuchte, die Carter-Doktrin II in die Tradition der Truman Doktrin von 1947 zu stellen: »Die Truman-Doktrin war Modell für die Carter-Doktrin. ... Nach der sowjetischen Invasion von Afghanistan drängte ich Präsident Carter ausdrücklich, Präsident Trumans historische Haltung nachzuahmen. Die wachsende Verwundbarkeit von Saudi-Arabien machte eine solche umfassende strategische Antwort notwendig. ... Der für die Truman- und Carter-Doktrin beidermaßen entscheidende Punkt war, der Sowjetunion klarzumachen, daß der Einfall sowjetischer Streitkräfte in ein Gebiet von außerordentlicher Wichtigkeit für amerikanische Interessen die Auseinandersetzung mit den USA beschleunigen würde, und daß dann die Vereinigten Staaten selbst die freie Wahl hätten, wie sie darauf antworten sollten.«[96]

Substanz und Zielsetzung der Carter-Doktrin II wurden in den USA begrüßt. Aber die Amerikaner mißtrauten Carters Gesinnungswandel. Deshalb wurde eine Carter-Doktrin ohne Carter zum Wunsch der Stunde. Der glücklose Präsident mußte schließlich abtreten. Aber er hatte für die Außen- und Sicherheitspolitik der USA in den achtziger Jahren die entscheidenden Fundamente gelegt. Zwischen dem entschlossenen Carter in der Schlußphase seiner Amtszeit und der Sicherheitspolitik Reagans gibt es deshalb mehr Parallelen, als man bei oberflächlicher Betrachtung annehmen könnte.

Carters Ohnmacht gegenüber dem Iran und angesichts der sowjetischen Invasion in Afghanistan hatte aber auch schwerwiegende Folgen für die Bündnispolitik, wie aus dem folgenden Kapitel zu ersehen ist.

Die Entwicklung der Beziehungen zu Westeuropa

Die Westeuropäer standen der Menschenrechtskampagne Carters von Anfang an skeptisch gegenüber. Diese Form von Außenpolitik betrachteten die europäischen Verbündeten, insbesondere der französische Präsident und der deutsche Regierungschef, distanziert. Erste Spannungen entwickelten sich, als der amerikanische Präsident aus eigenen Wirtschaftsinteressen die Bundesrepublik davon abhalten wollte, Kernreaktoranlagen nach Brasilien zu liefern. Als Carter am 10. März 1978 ein Gesetz unterzeichnete, das den Export amerikanischen Kernbrennstoffs, besonders seine Verwendung in europäisch gefertigten Atomkraftwerken, einer totalen Kontrolle der USA unterwerfen sollte, und damit gültige Exportverträge aufkündigte, stieg der Unmut. Nicht einmal 1965, als Johnson die von der Bundesrepublik besonders verfochtene Multilateral Force (MLF) aufgab, war die Kritik in Westeuropa so heftig wie angesichts der amerikanischen Daumenschrauben, um amerikanische Nuklearexporte zu sichern. Die Regierung Schmidt/Genscher reagierte prompt. Außenminister Genscher erinnert sich: »Schon am 12. März 1977 reiste ich selber nach Washington, um das Thema mit Präsident Carter zu erörtern. Persönlich sichtlich um eine freundschaftliche Zusammenarbeit bemüht, wollte er uns dennoch veranlassen, den Vertrag über die Lieferung von Kernkraftwerken an Brasilien aufzukündigen, obwohl wir uns damit streng an die Nichtweiterverbreitungspolitik hielten. Immerhin gelang es mir, Carter zu überzeugen, daß Deutschland auf gar keinen Fall vertragsbrüchig werden könne. Weder seine Vorgänger noch die anderen Nuklearmächte hätten seinerzeit etwas gegen diesen Vertrag einzuwenden gehabt, sagte ich und fügte hinzu: ›Herr Präsident, wir sind Ihr wichtigster Verbündeter in Europa. Es kann nicht in Ihrem Sinne sein, daß wir, ein Land, das in Europa eine herausragende Position innehat, vertragsbrüchig werden – heute gegenüber Brasilien, morgen gegenüber wem? Ihnen oder anderen Verbündeten gegenüber? Das kann nicht sein, schon gar nicht, wenn man bedenkt, was in der deutschen Geschichte durch Vertragsbrüche geschehen ist.‹ Ich stellte fest, daß eine solche moralisch-ethische Argumentation Carter außerordentlich beeindruckte. Hätte ich rein formal-juristisch oder politisch argumentiert, wäre er mir womöglich nicht gefolgt. Am Ende dieses Gesprächs jedenfalls zeigte sich eine Öffnung in der amerikanischen Position.«[97]

Auch die Wirtschaftspolitik der Regierung Carter traf auf Bedenken in Westeuropa. Als der amerikanische Dollar international weiter abfiel und die Europäer, allen voran die Bundesrepublik, aufgefordert wurden, im internationalen Währungssystem eine Art Lokomotive zu spielen, verstärkten sich die westeuropäischen Bedenken gegenüber der Regierung Carter.

Zu Kontroversen kam es bei der Diskussion um die sogenannte Neutronenwaffe. Nach langen Unterredungen beschloß Carter im April 1978 eine Vertagung der Entscheidung über den Bau von Sprengköpfen beziehungsweise Artilleriemunition mit »erhöhter Strahlen- und verminderter Druckwirkung«, so die korrekte Beschreibung des geplanten ER-RB-Gefechtskopfes. Die europäischen Partner hatten die USA seit Jahren gedrängt, strahlungsarme Nuklearwaffen speziell für das europäische Gefechtsfeld zu entwickeln. Diese ER-RB-Gefechtsköpfe mit 80 bis 120 Kilometer Reichweite als Verteidigungswaffe zur weiträumigen Panzerabwehr, eine taktische Waffe für das Gefechtsfeld, sollte die Abschreckungskraft des westlichen Bündnisses erhöhen. Bundeskanzler Schmidt, der auf die wachsende Überlegenheit der sowjetischen Mittelstreckenraketen durch die Stationierung der SS 20 hingewiesen hatte, erklärte am 28. Oktober 1977 vor dem IISS in London: »Die Neutronenwaffe ist daraufhin zu prüfen, ob sie als ein zusätzliches Mittel der Abschreckungsstrategie, als Mittel zur Verhinderung eines Krieges, für das Bündnis von Wert ist. Wir sollten uns aber nicht auf diese Prüfung beschränken, sondern auch untersuchen, welche Bedeutung und welches Gewicht dieser Waffe in unseren Bemühungen um Rüstungskontrolle zukommt.«[98]

Schmidts Plan, die Stationierung der Neutronenwaffe rüstungskontrollpolitisch einzusetzen, um die Stationierung der SS–20 zahlenmäßig zu verringern oder vollständig zu verhindern oder die Neutronenwaffe in die MBFR-Verhandlungen einzubringen, wurde durch Carters Unentschlossenheit, aber auch durch eigenes Zaudern, verhindert. Außenminister Genscher schildert das entscheidende Treffen mit Carter folgendermaßen: »Am 4. April wurde ich nach einem kurzen Vorgespräch mit Brzezinski im Oval Office von Präsident Carter empfangen. Carter äußerte Unwillen über die wankelmütige Haltung der europäischen Verbündeten. Er sei nicht länger geneigt, sich ständig wegen seiner Aufrüstungsabsichten kritisieren zu lassen. Wenn die Europäer die Neutronenwaffe nicht wollten, dann müsse man auf ihre Einführung in das Bündnis eben verzichten. Erst vor ein paar Tagen wieder habe ihn der Regierungschef eines verbündeten Landes erklärt, daß er die Neutronenwaffe ablehne. An dieser Stelle unterbrach ich ihn. Ich sagte, ich hätte in der letzten Zeit ganz im Gegenteil den Eindruck gehabt, daß die europäischen Verbündeten, einschließlich derjenigen, die ihre Zustimmung eher widerstrebend erteilt hätten, sich mit großer Solidarität hinter die gemeinsame Absicht im Bündnis gestellt hätten. Als ich ihn fragte, wen er denn meine, antwortete Carter: ›Bundeskanzler Kreisky.‹ Cyrus Vance beugte sich an dieser Stelle zu dem Präsidenten vor und sagte: ›Aber Österreich gehört dem Bündnis nicht an.‹ Daraufhin bemerkte Carter unwirsch: ›Das mag sein. Auf jeden Fall ist Kreisky ein Sozialdemokrat.‹ Danach versuchten wir das Gespräch in sachlichem Ton fortzusetzen. Nachdem auch der Verteidigungsminister, Cyrus Vance und Brzezinski sich geäußert hatten, wurde schließlich eine Erklärung formuliert, die darauf hinauslief, daß man die Entscheidung über die Produktion der Neutronenwaffe zurückstellte. Das kam praktisch einer Beerdigung zweiter Klasse gleich, ermöglichte uns aber, zu Hause das Gesicht zu wahren, und vielleicht hatte es auch für die Rüstungskontrollverhandlungen einen nicht unerheblichen Wert.«[99]

Carters Entscheidung über die Neutronenwaffe war auch von seinen Motiven hinsichtlich der SALT-Verhandlungen abhängig: Er tat alles, um ein SALT-II-Abkommen mit der Sowjetunion nicht zu gefährden. Er stoppte die Neutronenwaffe und im Juni 1978 die Planung für den B-I-Bomber, negierte zunächst die Aufstellung der SS–20, verzögerte das Marschflugkörper-Programm sowie die Entwicklung des »Trident«-Atom-U-Bootes und stoppte vorübergehend die Produktion der neuen Generation der »Minuteman«-Raketen.

Carter wollte als Präsident der Abrüstung und Entspannung in die Geschichte eingehen, nicht als ein Mann, der Bomben einführte, die Menschen töten, aber Gebäude intakt lassen. Er war von Anfang an gegen die Neutronenwaffe und repräsentierte damit den neuen moralisch-theologischen Zeitgeist, wie er ähnlich in der SPD von Eppler und Bahr formuliert wurde. Diese Haltung der Regierung Carter und innerhalb der SPD war dafür verantwortlich, daß ein moralisierender naiv-pazifistischer Zeitgeist an Einfluß gewann. Die Regierung Schmidt hätte deshalb am liebsten die Pläne zur Stationierung der Waffe ohne eigenes Zutun als Entscheidung der amerikanischen Regierung ausgeführt. Sie betonte deshalb, daß sie nicht an einer Entscheidung über die Produktion mitwirke und daß sie prinzipiell für die Lagerung der Waffe auf deutschem Boden nur eintrete, wenn auch andere Westeuropäer dies beschließen würden. Es sollte für die Bundesrepublik keine Sonderrolle geben. Carter zog aber den Antrag auf Zustimmung der Westeuropäer, auf den sich die europäischen Verbündeten eingestellt hatten, in letzter Minute am 7. April 1978 gegen den Rat seines Verteidigungsministers, seines Außenministers und seines nationalen Sicherheitsberaters zurück. Er hatte sich statt dessen mit seinen Beratern Hamilton Jordan und Jody Powell und seinem UNO-Berater Andrew Young besprochen und ohne Rücksprache mit seinem sicherheitspolitischen Berater die Entscheidung gegen die Neutronenwaffe gefällt. Auch die Befürwortung durch die Vereinigten Stabschefs sowie ein letztes Telegramm von Helmut Schmidt konnten Carter nicht umstimmen. Aber sein Versuch, die Rüstungskontrolle – vor allem SALT II – durch Verzicht auf Neutronenwaffen zum Erfolg zu führen, schwächte die Verhandlungsposition der USA gegenüber den Sowjets. Carters Antinuklearpolitik begünstigte im Bündnis den Protest gegen die Kernkraft, der durch seine Opposition gegen die Neutronenwaffe breiter wurde.

Eine gefährliche Entwicklung in Westeuropa und den USA bahnte sich an: Beschlossen wurde von den Politikern nicht mehr, was sicherheitspolitisch nötig, sondern was lediglich innenpolitisch auf dem kleinsten gemeinsamen Nenner durchsetzbar schien. Viele Politiker versäumten in der zweiten Hälfte der siebziger Jahre, der Öffentlichkeit zu erklären, daß die sowjetische Rüstung und Aggression Stärke und Verteidigung gemeinsamer politischer Interessen und Werte erforderte, die standhaft deutlich gemacht werden müßten. Aber unter Carter waren nicht nur die USA, sondern das gesamte westliche Bündnis ohne überzeugende Führung. Die Einschätzung der militärischen Macht der Sowjetunion war kontrovers. Rüstungsoptionen wurden verzögert, rüstungskontrollpolitische Positionen aufgegeben. Die Sowjetunion wurde nicht unter rüstungskontrollpolitischen Druck gesetzt. Washington ließ eine ungünstige Verschiebung der militärischen Balance zu und wich gleichzeitig vor dem Druck der öffentlichen Meinung zurück. Carter vergrößerte den Raum für eine moralisierende, ja dämonisierende Argumentation gegenüber einer Waffe, die gerade auf dem europäischen Gefechtsfeld angesichts der massiven Übermacht der sowjetischen Panzerverbände eine Abschreckungs- oder rüstungskontrollpolitische Funktion hätte wahrnehmen können.[100]

Das Debakel um die sogenannte Neutronenwaffe führte allerdings zu einer verbesserten Koordination und zu größerer Aufmerksamkeit der amerikanischen Regierung für die europäische Sicherheitslage. Im Frühjahr 1977 wurde eine Arbeitsgruppe auf hoher Ebene, die sogenannte High-Level Group, eingesetzt, die dann die Stationierung von 572 neuen, weiterreichenden taktischen Nuklearwaffen (LRTNF) empfahl. Das Ergebnis war der NATO-Doppelbeschluß vom Dezember 1979.

In der Geschichte der Rüstungskontrolle wurde ein neuer Ansatz gewählt. Erstmalig wurde die angekündigte Modernisierung der Mittelstreckenraketen des Westens von der Haltung der Sowjetunion abhängig gemacht. Sie hatte es in der Hand, ob es zur Nachrüstung oder zur vereinbarten Abrüstung kommen würde. Nicht der amerikanische Präsident, sondern der deutsche Bundeskanzler Schmidt ergriff die Initiative und warnte in seiner Rede vor dem IISS am 28. Oktober 1977 vor der destabilisierenden Wirkung der sowjetischen Aufrüstung im Mittelstreckenraketenbereich durch die SS-20. Carter blieb zunächst ratlos, als die Sowjetunion die nuklearstrategische Parität durch wachsende Überlegenheit ihrer Mittelstreckenraketen in Europa zu eigenen Gunsten veränderte. Aber die Westeuropäer drängten die USA, und so beschlossen am 12. Dezember 1979 alle NATO-Staaten – außer Frankreich –, 572 nukleare Mittelstreckenflugkörper ab Ende 1983 in Westeuropa zu stationieren, falls nicht vorher in Verhandlungen mit der Sowjetunion ein befriedigendes Ergebnis erreicht werden sollte.

Amerikanisch-westeuropäische Turbulenzen bahnten sich nur wenige Wochen später erneut an. Die Westeuropäer kritisierten den Einmarsch der Sowjetunion in Afghanistan, zeigten sich aber besorgt wegen negativer Folgen für die europäische Entspannung. Nur mit Mühe konnten sich Staaten wie die Bundesrepublik zu einem Boykott der Olympischen Spiele im Sommer 1980 in Moskau durchringen. Carters Reaktion auf die sowjetische Invasion in Afghanistan hatte zu Unmut bei den Westeuropäern geführt. Er hatte amerikanische Sanktionen und Vergeltungsmaßnahmen ohne vorherige Konsultation der Bündnispartner verkündet und schien auf die europäischen Entspannungsinteressen wenig Rücksicht zu nehmen. Auch war die Regierung Carter verärgert, weil die Westeuropäer seinen Sanktionen gegenüber der Sowjetunion nur unter Vorbehalt folgten.

In einer Rede am 6. März 1980 in New York forderte Bundeskanzler Schmidt ein abgestimmtes und arbeitsteiliges Vorgehen bei der Krisenbewältigung und maßvolles Handeln: »Wir sollten dort, wo heute Spannungen existieren, nicht etwa Spannungen hervorrufen. Vergessen wir doch nicht, was es bedeutet, daß die Zufahrtswege nach Berlin unbeeinträchtigt sind, daß seit der Konferenz von Helsinki Hunderttausenden Deutschen, die bislang in der Sowjetunion oder in der Volksrepublik Polen oder in der DDR oder in anderen osteuropäischen Ländern lebten, die Ausreise aus diesen Ländern erlaubt wurde und sie zu ihren Familien in der Bundesrepublik kommen konnten. Allein im vergangenen Jahr erlangten etwa fünfzigtausend Menschen auf diese Weise volle Menschenrechte und die Chance, mit ihrem eigenen Volk, das ihre Sprache spricht, zu leben. Diese und andere Gründe veranlassen uns, die Fortsetzung des Dialogs in Europa zwischen Ost und West zu wünschen. … Ich wiederhole: Entspannung läßt sich nur erreichen, wenn wir bereit und in der Lage sind, das Kräftegleichgewicht, das Gleichgewicht der militärischen Kräfte oder Faktoren zu erhalten. … All das beruht auf Konsultationen mit unseren Freunden … und für mich ist Konsultation keine Einbahnstraße. Auch Solidarität kann nie Einbahnstraße sein. Sie ist immer Geben und Nehmen.«[101]

Diese Rede von Bundeskanzler Schmidt war ein brillantes Plädoyer für die Fortsetzung der Grundphilosophie des Harmel-Reports von 1967, wonach westliche Politik aus Entspannungsbereitschaft und zugleich aus militärischer und politischer Stärke bestehen müsse. Schmidt schien nicht selten an Carter zu verzweifeln, weil der amerikanische Präsident nicht militärische Stärke, als sie nötig war, nicht Entspannung mit Augenmaß, als sie möglich war, nicht Konsultation, als sie aus Bündnissolidarität angemessen war, praktizierte, sondern in extremen Moralismus, in einseitige Entspannungseuphorie, machtpolitische Rhetorik oder Militarisierung und »Bestrafungspolitik« verfiel. Helmut Schmidt war ein Glücksfall für die Bundesrepublik, für Europa und für das westliche Bündnis. Zusammen mit Giscard d'Estaing versuchte er, das politische Machtvakuum, das wegen Carters Führungsschwäche in der atlantischen Allianz entstanden war, auszufüllen.

Am Ende der Regierung Carter war die atlantische Gemeinschaft in Unordnung: Die politische Führung hatte sich offenkundig von den USA nach Westeuropa verlagert. Das Tandem Giscard d'Estaing und Helmut Schmidt dominierte. Beide hegten an der Führungskunst Carters erhebliche Zweifel. Beide drängten zugleich in eine Maklerrolle zwischen den USA und der Sowjetunion. Sie waren nach Afghanistan und nach der Polenkrise im Winter 1980 die ersten, die den Ost-West-Dialog in Moskau wiederaufnahmen. Es ist nicht ohne Ironie, daß Schmidts Kritik am Moralisten Carter in seiner eigenen Partei als Bumerang wieder auftauchte. Dabei ist allerdings nie deutlich geworden, ob der linke Antiamerikanismus in der SPD, wie er sich später in der Kritik an der Regierung Reagan niederschlug, Carters Moralvorstellungen beziehungsweise seine Antinukleartheologie zum Ausgangspunkt hatte oder vielmehr Carters Schwäche ausnutzte. Auf jeden Fall bestand eine komplexe Wechselwirkung.

Die amerikanische Regierung und die europäischen Verbündeten schienen unterschiedlicher Auffassung über die Herausforderung der sowjetischen Macht. Auf beiden Seiten des Atlantiks entwickelten sich unterschiedliche Meinungen über die Bilanz der Ost-West-Entspannung. Seit Mitte der siebziger Jahre war die entspannungspolitische Skepsis über Carters Menschenrechtspolitik angestiegen, denn die Sowjetunion hielt weder militärische Parität ein, noch reagierte sie angemessen auf amerikanische Verhandlungsangebote. Breschnew suchte politischen Machtgewinn, Carters Verzicht auf machtpolitisches Kalkül kam den Ambitionen der Kreml-Herrscher entgegen.

Die heftige Reaktion der USA auf den Einmarsch in Afghanistan war im

Grunde die nach außen projizierte Enttäuschung über die eigene Unfähigkeit, mit den westlichen Verbündeten eine langfristig ausgewogene Politik zu betreiben. Dahinter steckte auch ein neuer Trend: Die politischen Führungen in den westlichen Demokratien handelten populär und angepaßt; sie reagierten auf öffentliche Meinungstrends und entsprachen der Vox populi, anstatt zu führen und auch unpopuläre, aber notwendige Maßnahmen zu ergreifen. Nicht Sachverstand, sondern moralische Betroffenheit gehörte zum neuen Trend, den Carter personifizierte. Er glich einem Mann, der mit einem frisch erworbenen Führerschein direkt in einen Formel-I-Rennwagen einsteigt und diesen nach einer gefährlichen Runde in die Leitplanken fährt – mit Totalschaden. Aber es gab zwischen den USA und Westeuropa, auch objektiv gesehen, unterschiedliche Interessen und Prioritäten, die schwer zu vereinbaren waren. Die Westeuropäer bestanden nach Afghanistan auf einer Fortsetzung des europäischen Entspannungsdialogs. Die globale Détente Americana wurde aber darüber hinaus weltweit in Afrika und in Afghanistan sowie bei SALT II in Mitleidenschaft gezogen. Die Europäer zeigten eine sehr enge regionale Interessenausrichtung und hatten gleichzeitig zuwenig Verständnis für die globale Interessendimension, die vorrangig von den USA ins Auge gefaßt werden mußte, denn die Entspannungspolitik der Weltmächte bot andere Gefahren der Fehlkalkulation und Enttäuschung als das europäische Konzept, das im wesentlichen als ein System von kommunizierenden Röhren verstanden werden kann: Westeuropa – und vor allem die Bundesrepublik – war in dem Umfang bereit, den Herrschaftsbereich der Sowjetunion – und besonders der DDR – anzuerkennen, in dem die DDR und die Sowjetunion Freizügigkeit gewähren würden. In dem Maße, wie die Sowjetunion und die DDR sich bereit zeigten, die Qualität der Grenzen zu verbessern, in dem Maß würde auch die Bundesrepublik bereit sein, die Grenzen und den sowjetischen Herrschaftsbereich anzuerkennen.

Diese Formel verweist auf eine komplexe Wechselwirkung zwischen West- und Osteuropa. Selbst im Schatten der Konfrontation der beiden Großmächte nach Zusammenbruch der Großmacht-Détente blieben die Grundelemente der europäischen Entspannungspolitik bestehen. Damit wurde Entspannung faktisch teilbar: Während die Forderung der USA nach Unteilbarkeit der Entspannungspolitik auf das globale Verhalten der Sowjetunion abgestellt war, konzentrierte sich das westeuropäische Entspannungskonzept regional auf Europa. Es hatte transnationalen Charakter und war auf Freizügigkeit sowie Kooperation und Verwirklichung der Menschenrechte abgestellt. Das globale Entspannungskonzept der USA hingegen war in gewissem Sinne abstrakter, es bezog sich auf die macht- und weltpolitische Rivalität, auf Rüstungskontrolle, auf Einhegung weltweiter Konflikte, auf die Vermeidung des Nuklearkrieges, aber weniger auf eine konkrete Veränderung des Alltags in den Ost-West-Beziehungen wie zum Beispiel zwischen West- und Osteuropa.

Ein wesentliches Element der westeuropäischen und westdeutschen Entspannungspolitik war eine gewisse Abkoppelung – im Positiven wie im Negativen – vom Kontext der globalen Détente in Krisenzeiten. Dabei handelten die Westeuropäer oft eigennützig, bisweilen ein wenig unloyal gegenüber den USA. Aber der eigene Vorteil war offenkundig: Europäische Entspannung sollte bei einem neuen kalten Krieg zwischen beiden Supermächten nicht automatisch mit vereisen, ja die Westeuropäer – fest im westlichen Bündnis verankert – konnten sogar vorsichtig als Vermittler nach Osten auftreten, wie es Schmidt und Giscard praktizierten. Andererseits entstand der Eindruck, daß die Westeuropäer gegenüber den Sowjets zu sehr nachgaben, wie umgekehrt die USA auf die Westeuropäer übertrieben konfrontativ wirkten. Bindeglieder im Entspannungskonzept blieben die Rüstungskontrolle und eine neue Bereitschaft, die Ost-West-Beziehungen vertraglich zu fixieren. Aber Rüstungskontrolle war bis Anfang der achtziger Jahre ein Hort der Ablenkungsmanöver der Sowjetunion.

Erfolge der Entspannungspolitik überdeckten jedoch Probleme der militärischen Sicherheit. Ja, für viele schien Entspannung militärische Sicherheit sogar überflüssig zu machen. Länger als die Amerikaner hofften die Westeuropäer vergeblich auf befriedigende Ergebnisse der Abrüstungsverhandlungen. Die Entwicklung gab dem schroffen Realismus und der Härte der Regierung Reagan recht, denn Rüstungskontrolle war nur dann im Interesse der Sowjets, wenn sie ihre eigene militärische Sicherheit verstärkte, die des Westens aber möglichst schwächte. Unsicherheit machte sich in Europa breit, weil die Sowjetunion in ihrem Herrschaftsbereich als Antwort auf Carters Menschenrechtsdoktrin ihren Unterdrückungsapparat ausbaute. Carters Politik, als höhere Moral verstanden, verfälschte den fragilen Interessenansatz und deformierte ihn zu einer plumpen und stumpfen Waffe im Ringen um Entspannung.

Selbst in größter politischer Bedrängnis und Schwäche, wie aus Anlaß der Invasion sowjetischer Truppen in Afghanistan, zeigte Breschnew politische Dreistigkeit: »Die ganze Summe der Schritte der amerikanischen Administration im Zusammenhang mit den Ereignissen in Afghanistan beweist, daß Washington erneut, wie vor Jahrzehnten, versucht, mit uns in der Sprache des kalten Krieges zu sprechen. Dabei zeigt die Administration Carter ihre Verachtung für wichtige zwischenstaatliche Dokumente und beeinträchtigt die bestehenden Verbindungen. ... Es fällt schwer, auch nur aufzuzählen, wieviel Verträge, zwischenstaatliche Abkommen, Vereinbarungen und gegenseitige Übereinkommen, die zwischen unseren beiden Ländern in bezug auf die Beziehungen in verschiedenen Bereichen erzielt wurden, in der letzten Zeit von der Regierung Präsident Carters willkürlich und einseitig verletzt wurden.«[102] Unter Berufung auf die Verträge und Abkommen bezichtigte Breschnew die Regierung Carter des Bruchs der Entspannungspolitik, während hunderttausend sowjetische Soldaten in Afghanistan einmarschierten! Selbstbewußt erklärte Breschnew: »Wenn man mit all diesen Angriffen auf unsere Politik uns einer Festigkeitsprobe unterziehen will, so bedeutet das eine vollständige Ignorierung der Erfahrungen der Geschichte. Als der erste sozialistische Staat der Welt 1917 geboren wurde, bat unser Volk niemanden um Erlaubnis. Es wird auch jetzt selbst entscheiden, nach welchen Gesetzen es zu leben hat.«

Auch der Keil zwischen Westeuropa und den USA wurde von Breschnew luzid gesetzt: »Die Grundinteressen der europäischen Völker sind jedoch untrennbar mit der Entspannung verbunden. Die Europäer haben bereits aus eigenen Erfahrungen ihre wohltuenden Früchte kennengelernt. Sie, die Bewohner eines Kontinents, der wiederholt von zerstörenden Kriegen befallen wurde, sind durchaus nicht bereit, auf Wunsch von Politikern in Übersee den Weg von Abenteuern zu gehen. Es ist kaum anzunehmen, daß sich in Europa Staaten finden, die es wünschten, die Früchte der Entspannung vor diejenigen zu werfen, die bereit sind, sie mit Füßen zu treten.«

Breschnews Drohungen und Verlockungen blieben nicht ungehört. Die Westeuropäer übten nach der Invasion der Sowjetunion in Afghanistan große Zurückhaltung. Die USA und die westeuropäischen Regierungen waren sich im Prinzip über Tragweite und Folgen der Invasion für das Ost-West-Verhältnis einig. Beide Seiten hielten eine starke Reaktion mit abschreckender Wirkung für notwendig. Die Differenzen entstanden nicht hinsichtlich der Frage, ob, sondern vielmehr wie der Sowjetunion geantwortet werden sollte. Während bei der Regierung Carter, beim Kongreß und der amerikanischen Öffentlichkeit der Aspekt der Bestrafung vorrangig war, suchten die Westeuropäer nach einer langfristigen Strategie, bei der beide Aspekte – militärische Stärke, aber auch Fortsetzung des Entspannungsdialogs – gesichert werden konnten. Dies kam in dieser Situation einer Quadratur des Kreises gleich. Eine Form von europäischem Isolationismus wurde erkennbar. Der Vorwurf der Europäer, die USA hätten überreagiert, war in dieser Situation schwer verständlich. Wie hätte Westeuropa reagiert, wenn die USA gar nicht auf die sowjetische Invasion in Afghanistan reagiert hätten?

Westeuropäischer Provinzialismus schimmerte durch. Man klammerte sich in Westeuropa an Entspannungsruinen, aus denen einzig das Berlinabkommen und der Moskauer Vertrag herausragten, ansonsten aber Abgrenzung und Aufrüstung von den Sowjets praktiziert wurden. Melancholie war jedoch nur schwer vereinbar mit den neuen machtpolitischen Herausforderungen der Sowjetunion. Waren Verträge, Abkommen und Verhandlungen nicht verkümmert? Die unterschiedlichen Perspektiven im Atlantischen Bündnis zur Einschätzung der sowjetischen Macht sollten sich während der Regierung Reagan noch vertiefen. Als Carter das Weiße Haus verließ, war die atlantische Welt in Turbulenzen geraten – warum?

Die Beziehungen zur Bundesrepublik Deutschland

Die Regierung Schmidt/Genscher war von Carters Außenpolitik befremdet. Die amerikanische Reaktion auf die sowjetische Invasion in Afghanistan schmeckte Helmut Schmidt gar nicht. Unüblich war jedoch, daß der deutsche Bundeskanzler sich öffentlich mehrfach geringschätzig über Carter äußerte. Dieser Affront gegenüber dem amerikanischen Präsidenten war Wasser auf die antiamerikanischen Mühlen der SPD. Zudem hob sich der selbstbewußte Schmidt deutlich von dem zaudernden Carter ab.

Durch Berechenbarkeit, Stabilität und Kontinuität wollte Schmidt die Außenpolitik der Bundesrepublik und der Westeuropäer von Carters Pendelschwüngen frei halten. Schmidt strotzte vor Selbstbewußtsein, als er erklärte, daß die Bundesrepublik »mittlerweile großjährig geworden sei«. Er personifizierte im Frühjahr 1980 eine Bundesrepublik, die nicht mehr Anerkennung in Washington suchte, sondern gemeinsam mit den Westeuropäern die Zügel selbst in die Hand nehmen wollte. Die politische Führung des Bündnisses hatte sich offenkundig von den USA nach Westeuropa verlagert.

Schmidt wollte zeigen, daß die Bundesrepublik nicht nur zur Weltwirtschaftspolitik, sondern zur Weltpolitik reif war. Das Tandem Giscard d'Estaing und Helmut Schmidt dominierte in der Ost-West-Diplomatie. Carters Fähigkeit zur Führung war zerbrochen. Doch es hatte nur den Anschein, als ob Schmidt gemeinsam mit Giscard in den Ost-West-Beziehungen die Führung des Westens übernommen hatte. Diese Optik trog, denn die realpolitischen Machtstrukturen hatten sich politisch, ökonomisch und militärisch nicht verändert. Schmidt und Giscards Entspannungsdiplomatie konnte nur für einen Wimpernschlag der Geschichte den Eindruck erwecken, als ob das Tandem eine Weltmachtrolle spielen würde. Die Schwäche der USA war nicht strukturell oder von Dauer, sondern temporär und in der Führungsschwäche Carters begründet. Vor allem in Abstimmung mit Giscard und den Westeuropäern suchte Helmut Schmidt den Dialog mit der Sowjetunion, um den Entspannungsdialog zwischen den Supermächten wieder neu zu schalten. Aber in der europäischen Entspannung herrschte ein anderes Klima als bei den amerikanisch-sowjetischen Beziehungen.

Zu erneuten Verstimmungen zwischen Schmidt und Carter kam es, als der deutsche Bundeskanzler im April 1980 andeutete, daß er ein Moratorium, ein Einfrieren der derzeitigen Mittelstreckenraketen in Europa begrüßen, also das Ungleichgewicht festschreiben und damit vielleicht den Doppelbeschluß umgehen wolle. Diese mißverständliche Äußerung – denn bisher hatte der Westen keine Raketen dieser Art stationiert – rief innen- und außenpolitische Kritik hervor. Carter glaubte, Schmidt wolle sich vor dem Nachrüstungsteil des Doppelbeschlusses drücken. Ein kritischer Brief an den Bundeskanzler brachte das anschließende Treffen der beiden auf dem Weltwirtschaftsgipfel in Venedig in eine entsprechende Stimmung. Carter bezeichnete das Treffen später als die unerfreulichste Begegnung, die er je mit einem Staatsmann gehabt habe. Schmidt hingegen fühlte sich in seiner Ehre verletzt und sagte zu Carter, wie dieser sich erinnerte: »›Warum gehen Sie nicht hinaus und erklären der Presse, daß Sie in mich Vertrauen haben?‹ Also gingen wir hinaus, und ich gab diese Erklärung ab.«[103]

Auch wenn die persönlichen Animositäten zwischen den beiden Staatschefs über das gewohnte Maß hinausgingen, so reflektierten sie doch die unterschiedlichen Stimmungslagen in der Allianz: Die westlichen Staats- und Regierungschefs suchten verzweifelt nach einer angemessenen und gemeinsamen politischen Strategie gegenüber der Sowjetunion. Sie mißtrauten aber Carters einsamen und erfolglosen Krisenentscheidungen. Dahinter kamen die historischen Wurzeln der unterschiedlichen Grundeinschätzungen der internationalen Politik zwischen der Alten und Neuen Welt wieder zum Vorschein. Während die Westdeutschen und Westeuropäer auf ein respektables entspannungspolitisches Erbe der siebziger Jahre zurückblickten, saßen die Amerikaner auf einem Scherbenhaufen enttäuschter Entspannungsillusionen. Amerika fühlte sich geschlagen, gedemütigt und ohnmächtig, während die Sowjetunion erstmals seit dem Zweiten Weltkrieg geopolitische Landgewinne verbuchen konnte. Der Krisenbogen von Vietnam bis Zentralamerika hatte die Machtbalance zuungunsten der USA verschoben.

Ganz anders bewerteten die Bundesrepublik und die Westeuropäer ihre Außenpolitik. Für sie waren die Krisen mit der Sowjetunion begrenzt geblieben.

Nach dem erfolgreichen Krisenmanagement Helmut Schmidts bei der Bekämpfung des Terrorismus in Mogadischu wurde das Selbstbewußtsein des deutschen Bundeskanzlers durch Carters Scheitern weiter gestärkt. Die internationale Entwicklung gab nicht dem amerikanischen Präsidenten, sondern dem deutschen Bundeskanzler recht. Vor diesem Hintergrund ist die schwierige Beziehung der beiden führenden Staatsmänner nach der sowjetischen Invasion in Afghanistan zu sehen. Grundsätzlich begrüßte Schmidt die neue Nüchternheit und Härte der amerikanischen Politik gegenüber der Sowjetunion, aber gleichzeitig wußte er, daß diese Politik nicht von Carter planvoll entwickelt, sondern unter dem Zwang der Ereignisse entstanden war. Es war eine gekünstelte Härte, die nicht organisch oder in langer Erfahrung gereift war. Deshalb hatten sich Helmut Schmidts Zweifel an Carter, die anfänglich vielleicht nur instinktiv angelegt waren, im Verlauf der Krisen verstärkt.[104]

Helmut Schmidt war enttäuscht über Carters Unfähigkeit, der sowjetischen Herausforderung elastisch zu begegnen. Deshalb akzeptierte Schmidt den amerikanischen Führungsanspruch im Bündnis nicht wie früher. Gleichzeitig war er sich jedoch der grundsätzlichen Solidarität bewußt, die die Bundesrepublik den USA in diesen schwierigen Jahren schuldete. Nach dem Debakel der Neutronenwaffe wurde die umsichtige und vertrauensvolle Konsultation und Abstimmung zwischen den USA und den Westeuropäern, vor allem der Bundesrepublik, beim NATO-Doppelbeschluß zum herausragenden Kennzeichen erfolgreicher Allianzdiplomatie. Je mehr der weltpolitische Einfluß der Vereinigten Staaten unter Carter zurückging, desto mehr suchten Helmut Schmidt und Giscard d'Estaing das entstandene Vakuum in den Ost-West-Beziehungen aufzufüllen. Als erster Bundeskanzler reiste Schmidt mit dem erklärten Ziel in die USA, als ehrlicher Makler zwischen den USA und Frankreich zu vermitteln. Dank Schmidts Vermittlerdiensten kam es auf Martinique zum amerikanisch-französischen Kompromiß bei der Formulierung einer westlichen Strategie zur Lösung der Energieprobleme. Bei einem Treffen mit Premierminister Wilson schlug Schmidt vor, daß England seine europapolitischen Differenzen mit Frankreich vor dem Europagipfel 1974 bereinigen solle. Dank Schmidts Vermittlung kam es wiederum zum britisch-französischen Arrangement. Schmidt wurde auch zum Vermittler innerhalb der atlantischen Allianz und übernahm zum Teil die alte amerikanische Maklerposition.

Zusammenfassung

Carters Weg zur Präsidentschaft hatte ein historisches Vorbild: 1848 wurde Zachary Taylor, ein Südstaatler, zum Präsidenten gewählt, weil er im Krieg mit Mexiko seinerzeit eine klare Stellungnahme für oder gegen den Krieg vermieden hatte. Auch 1848 gab es, wie 1976, eine Reihe herausragender Männer, die der Präsidentschaft würdig gewesen wären: Daniel Webster oder William Seward, der später, während des Bürgerkriegs und danach, zu dem herausragenden amerikanischen Außenminister des 19. Jahrhunderts wurde. Aber diese beiden waren, wie alle anderen politischen Persönlichkeiten, durch ihre Haltung für oder gegen den Krieg gegen Mexiko, für oder gegen die Sklavenfrage festgelegt.

Jimmy Carter war wie Zachary Taylor an den Entscheidungen in Washington nicht beteiligt. Diese Aura der politischen Unschuld und politischen Unkenntnis, muß man hinzufügen, war bei beiden die Grundvoraussetzung dafür, daß sie in das Präsidentenamt gewählt wurden. Auch Carter war vor seiner Wahl ein unbeschriebenes Blatt. Geschichte wiederholt sich nicht, aber sie reimt sich, hat Mark Twain einmal festgestellt. Doch zeigt die Geschichte, daß kein Präsident nach einer krisenreichen Amtsperiode wiedergewählt wird, wenn er nicht die Kunst des Regierens schnell lernt und Entscheidungen richtig trifft. Hier endet die Parallele: Zachary starb schon nach zwei Jahren im Amt, Carter jedoch war politisch nach vier Jahren tot, weil er eine realitätsferne außenpolitische Grundphilosophie entwickelte, von der sich die Bevölkerung nicht angezogen fühlte, weil sie durch die Ereignisse widerlegt wurde.

Die Regierung Carter fing sich »in einer Politik der schlimmsten aller Möglichkeiten: Die USA waren überall verstrickt, hinkten aber immer den Ereignissen nach. ... Gefangen zwischen dem Gefühl für Ehre von Vance, der gegen die Anwendung von Gewalt in einer solch risikohaften Operation votierte, ... und Brzezinskis Verwirrung zwischen Ehre und Rache, wählte Carter wiederum einen mittleren Kurs und erlebte ein Fiasko.«[105]

Diese Entwicklung, die schließlich zu Carters Abwahl als Präsident führte, war nicht ohne Tragik. Seine Camp-David-Diplomatie steht für Geschicklichkeit, Mut und für strategischen Weitblick. Seine zögernde, widersprüchliche Haltung in der Iranpolitik, insbesondere bei der Geiselnahme, zeigte jedoch große Schwächen. Die schiitischen Mullahs gingen dagegen geschickt vor: Bei den Schlußverhandlungen beherrschten sie die Kunst des politischen Timings: Wenige Minuten nach Reagans Amtsübernahme wurden die Geiseln freigelassen.

Carter hinterließ eine schwere politische Erblast. Wegen seiner Mißachtung der machtpolitischen Gesetze der internationalen Politik wurde die Regierung Carter zur Geisel ihrer eigenen Vorstellungen. Binnen vier Jahren waren die Postulate von Carters Inaugurationsrede durch das Scheitern der Operation Desert I ad absurdum geführt worden. Aber selbst bei seinem Rücktritt behielt Carter seinen bekannten moralischen Maßstab bei: Während seiner Regierungszeit sei kein Soldat im Krieg umgekommen, erklärte er.[106] (Die acht Soldaten waren ja nicht im Krieg gefallen, sondern lediglich bei einem Unglücksfall ums Leben gekommen.) Erst durch den Einmarsch sowjetischer Truppen in Afghanistan wurde Carter gezwungen, seine außenpolitische Passivität aufzugeben.

Hier zeigen sich interessante Parallelen (aber auch Unterschiede) zur Außenpolitik der Regierung Kennedy, der sich Carter politisch verwandt fühlte. Ähnlich wie Kennedy setzte Carter zunächst auf einen Ausgleich mit der Sowjetunion und auf human-moralische Initiativen in der Dritten und Vierten Welt. Ähnlich wie Kennedy hielt auch Carter Distanz zu den europäischen Verbündeten und vor allem zu dem deutschen Bündnispartner. Unübersehbar war auch der Wunsch, die Weitergabe von Nuklearwaffen und Nuklearwissen zu verhindern. Dieses Bestreben war mit ökonomischen Eigeninteressen verbunden.

Aber anders als Kennedy konnte Carter – zum Teil aus eigenem Verschulden, zum Teil wegen der objektiv veränderten außenpolitischen Realitäten – außenpolitische Krisen nicht in Gewinn umsetzen. Kennedys außenpolitische Bilanz bis zur Kubakrise im Oktober 1962 war weniger eindrucksvoll als die von Carter bis kurz vor Ausbruch des Debakels im Iran. Aber Kennedys glänzendes Verhalten in der Krise, das so sehr dem Verlangen nach einem kühnen und entschlossenen Präsidenten entsprach, trug dazu bei, daß die gesamte Außenpolitik der Regierung Kennedy über Gebühr erhöht wurde. Hätte Carter – auch unter Menschenopfern – die Befreiung der Geiseln erreicht, wäre er mit an Sicherheit grenzender Wahrscheinlichkeit wiedergewählt worden. Prestige, Drama und militärische Macht sind auch im Nuklearzeitalter Faktoren, die ihre Wirkung nicht verloren haben. Dieser Einsicht wollten sich Carter, sein Stellvertreter und sein Außenminister jedoch nicht öffnen: »Wenn Diplomatie in Machtpolitik überging, zog es Vance vor, über die Probleme endlos zu streiten. Er schreckte vor dem unvermeidbaren Bestandteil der Gewalt bei der Behandlung internationaler Realitäten zurück und hatte statt dessen einen ausgeprägten Glauben, daß alle Angelegenheiten durch Kompromiß gelöst werden könnten. Unglücklicherweise wurde eine solche Haltung in einer revolutionären Zeit der Gaddaffis und Khomeinis oder gar der Breschnews oder Begins in unserer Zeit ausgenutzt. Vance war ein Rechtsanwalt von Anstand und Ehre ... er hatte das Gefühl, daß man nicht einmal die Post von anderen Menschen lesen sollte ...«[107]

Die Regierung Carter, die die USA von der Traumatik der Vietnam-Erfahrung befreien wollte, wurde zum exponiertesten Opfer einer politischen Schlußfolgerung, nach der die Anwendung oder Androhung von Gewalt nach Vietnam per se unmoralisch geworden sei: Außenminister Vance »war in seinem Element, wenn er mit anständigen Partnern oder Parteien in der Welt verhandelte. ... Er war völlig aufgeworfen, wenn er mit den Strolchen dieser Welt zu tun hatte. Seine tiefe Abneigung gegen die Anwendung von Gewalt war die kennzeichnende Einschränkung seiner Amtswaltung in einem Zeitalter, in dem amerikanische Macht auf sehr breiter Front herausgefordert wurde.«[108]

Besonders demokratische Regierungen seit John F. Kennedy blieben in der Quadratur des Kreises gefangen, Moral und Macht so sinnvoll miteinander zu verknüpfen, daß sowohl die Interessen der USA als westlicher und globaler Führungsmacht als auch die Idee der westlichen Demokratie bewahrt werden konnte. Was die Präsidentschaft Carters auszeichnet, ist die Tatsache, daß sie Interessenwahrung und moralischen Anspruch nicht miteinander verknüpfen konnte, sondern so gegensätzlich ausformulierte, daß man von einer Carter-Doktrin I und einer Carter-Doktrin II sprechen kann. Aber Carters neue außenpolitische Demonstration der Stärke wirkte für viele genauso dilettantisch wie seine alte Menschenrechtspolitik. Oder wie es Paul Kennedy ausdrückte: »Erfüllt von den ehrwürdigsten Überzeugungen Gladstones und Wilsons, eine gerechte Weltordnung zu schaffen, trat Carter munter in ein internationales System ein, in dem viele der anderen Akteure keineswegs die Absicht hatten, ihre Politik im Einklang mit christlichen Prinzipien zu führen. Angesichts der Unzufriedenheit der Dritten Welt über die wirtschaftliche Kluft zwischen armen und reichen Nationen, die durch die Ölkrise 1973 noch verbreitert wurde, zeugten seine Bemühungen um Zusammenarbeit zwischen Nord und Süd von Besonnenheit und Großmut. Auch seine Neuaushandlung des Panamakanal-Vertrages und seine Abneigung, jede Reformbewegung in Lateinamerika mit Marxismus gleichzusetzen, waren von gesundem Menschenverstand geleitet. Carter erhielt außerdem gerechtfertigte Anerkennung für seine Vermittlerarbeit im Camp-David-Abkommen zwischen Ägypten und Israel. Trotz aller ehrenwerten Absichten indessen scheiterte die Carter-Regierung an den Klippen einer komplexen Welt, die immer weniger bereit war, sich amerikanischem Rat zu beugen. Als die russischen Truppen Ende 1979 in Afghanistan einmarschierten, begann Washington genau jene Machtpolitik zu treiben, die der Präsident nur vier Jahr zuvor verurteilt hatte.«[109]

Carters herausragende langfristige Leistung war die Erstellung des Berichtes über die globale Entwicklung, genannt »Global 2000«. Mit diesem Bericht wurde Jimmy Carter der erste amerikanische Präsident, der noch zu Zeiten des kalten Krieges über den Tellerrand der Tagespolitik hinausdachte und die weltpolitische Entwicklung kühn bis ins 21. Jahrhundert hinein einer kritischen Analyse unterzog.

In seiner Botschaft zur Umweltproblematik an den Kongreß am 23. Mai 1977 hatte Carter den Council on Environmental Quality sowie das Außenministerium aufgefordert, in Zusammenarbeit mit anderen Bundesbehörden die voraussichtlichen Veränderungen der Bevölkerung, der natürlichen Ressourcen und der Umwelt auf der Erde bis zum Ende dieses Jahrhunderts zu untersuchen. Carter wollte diesen Report zur Grundlage seiner längerfristigen Außenpolitik machen. Nach dreijähriger Arbeit wurde ein Bericht erstellt, in dem die Entwicklungstrends für Bevölkerung, natürliche Ressourcen und Umwelt langfristig festgehalten wurden. Neu an dieser Studie war das wachsende Bewußtsein der Interdependenz von Bevölkerung, Ressourcen und Umwelt. »Global 2000« wurde zum ersten Versuch einer amerikanischen Regierung, alle drei Probleme aus einer langfristigen Globalperspektive zu betrachten. Das Ergebnis war nicht frei von Pessimismus: Wenn sich die gegenwärtigen Entwicklungstrends fortsetzen, so hieß es, werde die Welt im Jahr 2000 noch überbevölkerter, verschmutzter, ökologisch noch weniger stabil und für Störungen anfälliger sein als die Welt der siebziger Jahre. Der 1 500 Seiten umfassende Report wurde zum Ausgangspunkt für ökologische Unternehmungen und für ein neues umweltpolitisches Bewußtsein in allen Ländern. Carter kommt das Verdienst zu, die Grundlagen für eine neue kooperative globale Führungsrolle der USA definiert zu haben. Keiner seiner Nachfolger, auch nicht Clinton, der prinzipiell in diesen Dingen ähnlich wie Carter denkt, hat die vollen Konsequenzen aus diesem Bericht gezogen.[110]

Nach wie vor sind die verantwortlichen Stellen in Washington nicht bereit, über traditionelle Überlegungen hinaus die weltpolitische Führungsrolle der USA unter besonderer Berücksichtigung der neuen globalen Probleme kraftvoll auszuüben. Dies ist vielleicht die wichtigste Hinterlassenschaft Carters, der als erster Präsident Perspektiven für die Zeit nach dem kalten Krieg entwickelte. Aber er war für seine Zeit, die zwischen Entspannung und Konfrontation oszillierte, schlecht gerüstet. Carter regierte zur falschen Zeit. Das spiegelte sich auch in seinen persönlichen Beziehungen zu anderen Politikern wider: Allein in der Umgebung von nichteuropäischen und nichtamerikanischen Politikern, wie Sadat von Ägypten, Torrijos von Panama, Deng von China oder Ohira von

Japan, schien er sich wohl zu fühlen.[111] Zu Politikern, die in Rang und Einfluß als seinesgleichen gelten konnten, hatte Carter selten ein entspanntes Arbeitsverhältnis. Die schlechtesten Beziehungen, die Carter zu einem ausländischen Regierungschef unterhielt, waren die zu Bundeskanzler Schmidt. Aber auch mit den übrigen Europäern kam Carter nicht zurecht, deshalb blieben die Beziehungen zu Europa angespannt und waren kaum von gegenseitigem Verständnis geprägt. Ebenso schwand die Zustimmung im eigenen Land. Anfangs hatte er von den Amerikanern ein neues Bewußtsein als Weltbürger mit Verpflichtung gegenüber künftigen Generationen, nicht nur auf dem nordamerikanischen Kontinent, sondern in der Welt, gefordert. Diese moralisch verantwortliche, anspruchsvolle und visionäre Einstellung ließen ihn weltfremd und naiv erscheinen. Als er dann im Verlaufe seiner Präsidentschaft mit schweren außenpolitischen Krisen konfrontiert wurde, fiel er in wohlbekannte Rhetorik zurück und appellierte an kämpferische und nationalistische Instinkte. Aber die pragmatischen Amerikaner lehnten beides ab. Doch ausgewogene Besonnenheit war für Carter nicht mehr möglich, weil er sich durch die Sowjetunion – in Wirklichkeit durch die gesamte außenpolitische Realität – tief enttäuscht sah. Die Weltpolitik entwickelte sich einfach nicht in dem Sinne, wie Carter es gern gehabt hätte. Die Militarisierung der Außenpolitik im letzten Jahr seiner Präsidentschaft war ebenso Flucht vor der Realität wie die einseitige Dominanz der Menschenrechtspolitik der ersten Jahre. Deshalb gerieten die USA in eine Gefahrenzone: »Ich erinnere mich an kein Beispiel in der modernen Geschichte, bei welchem ein solcher Zusammenbruch der politischen Kommunikation und ein solcher Triumph der hemmungslosen militärischen Verdächtigung, wie sie die sowjetisch-amerikanischen Beziehungen heute kennzeichnen, nicht am Ende zum bewaffneten Konflikt geführt hätten. Die Gefahr erhöht sich noch dadurch, daß wir zum gegenwärtigen Zeitpunkt nicht wissen, mit wem wir es auf sowjetischer Seite eigentlich zu tun haben. Wenn es je eine Zeit gegeben hat, die Realismus, Besonnenheit und Zurückhaltung in der amerikanischen Diplomatie verlangte, so ist es diese Zeit.«[112]

Diese realistische Einschätzung George Kennans vom Februar 1980 traf die Lage. Die Amerikaner vertrauten ihrem Präsidenten nicht mehr. Vor allem trauten sie ihm nicht mehr zu, daß er das Land durch die neuen außenpolitischen Stürme und durch die neuen wirtschaftspolitischen Schwierigkeiten sicher hindurchsteuern würde.

Die Aussenpolitik der Regierung Reagan

Vision und außenpolitisches Programm Ronald Reagans

Die Führungsschwäche Jimmy Carters sowie die desolate Wirtschaftsentwicklung der USA mit einer Inflationsrate von vierzehn und einer Arbeitslosenquote von über sieben Prozent führten zur Wahl Reagans als 40. Präsident der USA. Gleichzeitig eroberten die Republikaner zum ersten Mal seit 1953 wieder eine Mehrheit im Senat, konnten aber auch im Repräsentantenhaus Sitze hinzugewinnen. Bei dieser Tendenzwende fiel allerdings die schwächste Wahlbeteiligung bei Präsidentschaftswahlen seit 1824 auf – nur 52,3 Prozent der Stimmberechtigten gingen zur Wahl.

Ronald Reagan verkörperte konservative Ideologien und Konzeptionen in der Innen- und Außenpolitik. Die neue Rechte, die sich aus älteren konservativen Strömungen, Traditionalisten, kreuzzüglerischen Antikommunisten und religiösen Fundamentalisten zusammensetzte, gewann seit Jahren an Einfluß, mobilisierte das Kleinbürger-, aber auch das konservative Großbürgertum der USA. Reagan hatte sich schon im Wahlkampf gegen »big business«, »big labor« und »big government« ausgesprochen und Bekämpfung der Kriminalität, Abbau des Wohlfahrtsstaates und Besinnung auf traditionelle Werte gefordert.[1]

Reagan wollte durch radikale Wirtschaftskonzepte vor allem Inflation, Wirtschaftsstagnation und anhaltende Arbeitslosigkeit bekämpfen. Weniger Staat – mehr Eigeninitiative, lautete die Parole. Die kränkelnde Wirtschaft machte den Amerikanern mehr Sorge als außenpolitische Prestigefragen. Deshalb konzentrierte sich Ronald Reagan zunächst auf die Wirtschaft. Sein ökonomisches Selbstverständnis war grundsätzlich anders als das seiner Vorgänger. In den Jahrzehnten der Nachkriegsära hatte es in den USA Übereinstimmung in der Anwendung defizitärer Wirtschaftspolitik und dem politischen Stellenwert von Haushaltsdefiziten gegeben. Antizyklische Staatsdefizite waren zur Regel geworden. Im Kongreß wie im Weißen Haus hatten beide Parteien der Wirtschaftssteuerung auf Grundlage der Keynes'schen Wirtschaftsprinzipien zugestimmt und die antikommunistische Eindämmungspolitik gemeinsam getragen.

Die Verknüpfung einer wirtschaftlichen und vor allem politischen Aufbruchsstimmung mit dem Kampf gegen den Kommunismus gehörten für Ronald Reagan unabdingbar zusammen. Aber die Voraussetzungen für eine Mobilisierung der USA unter dem Banner des Antikommunismus waren denkbar schlecht. Antikommunismus schien Anfang der achtziger Jahre anachronistisch, das hatte schon das gescheiterte amerikanische Engagement in Vietnam gezeigt. In intellektuellen und politischen Kreisen der USA ging man sogar soweit, Amerikas Antikommunismus für den kalten Krieg verantwortlich zu machen.[2] Die liberale, bürgerlich-kraftvolle, demokratische Grundlage für ein weltweites antikommunistisches Engagement war im Verlauf der sechziger Jahre brüchig geworden. Amerikas Verstrickung in Vietnam führte dazu, daß im Zeichen des Antikommunismus nach dem Spuk des McCarthyismus die Bürgerrechte weiter ausgehöhlt wurden. Joseph McCarthy, FBI-Chef Edgar Hoover, der militante Republikaner Barry Goldwater und Richard Nixon personifizierten einen Antikommunismus, der Bürgerrechte und liberales Ethos gefährdete und außenpolitisches Engagement der Gefahr der Eskalation aussetzte.

Viele außenpolitische Falken der Vietnam-Generation wandelten sich deshalb in den siebziger Jahren zu reumütigen Tauben und Friedensstrategen, die sich, um vergangene Fehler wiedergutzumachen, um so liberaler und pazifistischer aufführten. Der frühere Verteidigungsminister McNamara ist ein typischer Vertreter dieses Wandels vom Saulus zum Paulus des außenpolitischen Ostküsten-Establishments. Seine kühle Logik, die die amerikanische Militärmaschinerie in Vietnam effizient zum Erfolg hatte führen sollen, war gescheitert. McNamara war unfähig zur differenzierten politischen Analyse und zur angemessenen Berücksichtigung der nationalen Interessen anderer Staaten. In den späteren Jahren argumentierte McNamara wiederum apodiktisch, diesmal aber rigoros pazifistisch.

Während in den siebziger Jahren die Präsidenten Nixon, Ford und Carter auf eigene Weise Kooperationen und Kompromisse mit der kommunistischen Führungsmacht Sowjetunion, also einen Mittelweg zwischen Überengagement und Isolationismus, gesucht hatten, gab es neben Ronald Reagan nur wenige, die wie er die Gefahr der Sowjetunion für Amerika schonungslos aufdeckten. Einer davon war der demokratische Vorsitzende des einflußreichen Senatsausschusses für Militärangelegenheiten, Henry »Scoop« Jackson.[3]

Gemeinsam mit dem demokratischen Senator Jackson wurde der Republikaner Ronald Reagan zum Hauptkritiker der von Nixon, Kissinger, Ford und Carter praktizierten Entspannungspolitik. Ab Mitte der siebziger Jahre gewannen die dogmatischen Antikommunisten wie Reagan und Jackson an Einfluß, wie das

Jackson-Vanik Amendment dokumentierte. Von nun an wurde jeder Präsident gezwungen, die Gewährung der sogenannten Meistbegünstigungsklausel an die Sowjetunion von der Erfüllung der Menschenrechte, vor allem vermehrten Ausreisegenehmigungen für Juden, abhängig zu machen. Die dogmatischen Antikommunisten gewannen weiter an Unterstützung, als nach der sowjetischen Invasion in Afghanistan das Gefühl der Bedrohung weiter anwuchs. Schon unter Carter wurde deshalb ein neokonservativer Trend erkennbar – vor allem innerhalb der Republikanischen Partei unter Wortführung des Gouverneurs von Kalifornien, Ronald Reagan.

Reagan war schon als Schauspieler in den vierziger Jahren überzeugter Antikommunist, der im Zuge der hysterischen McCarthy-Ära kommunistische Sympathisanten in Hollywood verdächtigte, sie wollten die »amerikanische Kulturindustrie« unterwandern.[4] Von 1947 bis 1952 und 1959/60 agierte Ronald Reagan – ein zweitklassiger Hollywood-Schauspieler – als erfolgreicher Vorsitzender der Screen Actors Guild, der wichtigsten Schauspielergewerkschaft, die er streng antikommunistisch führte.[5] Zusammen mit John Wayne wurde er zum prominentesten Antikommunisten der Filmindustrie, dem es sogar gelang, die Filmmogule Walt Disney oder Cecil B. DeMille vom Kampf gegen den Kommunismus zu überzeugen. In seinen Memoiren erklärt Ronald Reagan freimütig, daß er in den vierziger Jahren »erstklassige Erfahrungen gemacht hat, wie Kommunisten lügen, betrügen, Gewalt oder ähnliche Taktiken anwenden, um ihr Ziel, die sowjetische Expansion, durchzusetzen. Ich wußte aus eigener Erfahrung und Auseinandersetzung mit Kommunisten, daß Amerika keine teuflischere Gefahr drohte als die des Kommunismus.«[6] Reagans militante und dogmatische antikommunistische Einstellung wurde von Politikern wie »Scoop« Jackson, Paul Nitze und anderen in dem Maße unterstützt, in dem das liberale außenpolitische Establishment in den siebziger Jahren offensichtlich zu versagen drohte.

Ronald Reagans wichtigste politische Interessengruppe, die seine Ambitionen unterstützte, wurde das »Komitee über die gegenwärtige Gefahr« (CPD), am 11. November 1976 von Paul Nitze gegründet[7], zwei Tage nach der Wahl Jimmy Carters. Zusammen mit Gerald Fords Verteidigungsminister Schlesinger, einem weiteren Intimfeind der Politik Henry Kissingers, scharte Paul Nitze die Besten und Gescheitesten des konservativen Establishments um sich. Viele von ihnen nahmen ab 1981 außenpolitische Schlüsselstellungen in der Regierung Reagan ein. Sie machten den Antikommunismus nach Jahrzehnten der innenpolitischen Isolation wieder intellektuell attraktiv, militärisch erstrebenswert, politisch wirkungsvoll und vor allem wieder gesellschaftsfähig. Ronald Reagan gehörte zu den Mitbegründern des Komitees. Unter seiner Führung begann Ende der siebziger Jahre eine antikommunistische Kanonade, die sich außenpolitisch auf die Sowjetunion und innenpolitisch auf das linksliberale politische Establishment konzentrierte.

Die Wahl Reagans im November 1980 hatte deshalb besondere Bedeutung: Nach zwei Jahrzehnten zunehmender innenpolitischer Isolation erlebte der Antikommunismus in den USA seinen Kulminationspunkt in einer mehr als ein halbes Jahrhundert währenden Wirkungsgeschichte.[8] Für Ronald Reagan und seine Anhänger hatte sich der Kommunismus seit 1917 nicht geändert: »Jeder Sowjetführer seit Lenin bis hin zu dem gegenwärtigen, diesen eingeschlossen, hat gesagt, Ziel der Sowjetunion sei es, die Welt zu kommunisieren. Außer einer kurzen Unterbrechung während des Zweiten Weltkriegs sind die Russen seit fast fünfundsechzig Jahren unsere … Feinde gewesen; die ganze Zeit über war ihre Politik beständig und gewissenhaft auf den einzigen Zweck ausgerichtet, die Demokratie zu vernichten und den Kommunismus einzuführen.«[9]

Ronald Reagan stellte mit seinen Auffassungen über die Sowjetunion alles auf den Kopf, was amerikanische Sowjetexperten seit 1945 zu unumstößlichen Grundsätzen amerikanischer Politik erklärt hatten: die klassischen Prinzipien der Politik der Eindämmung, die nukleare Abschreckung, Entspannung, Rüstungskontrolle und Kooperation sowie seit den siebziger Jahren die Einsicht, daß das gegenseitige Verhältnis nur auf Parität und wachsendem Vertrauen entwickelt werden kann. Die sogenannte Reagan-Revolution bedeutete, daß Reagan diese klassischen Prinzipien mit einer Handbewegung vom Tisch fegte und an ihre Stelle ein dogmatisches und konfrontatives Grundmuster in den Beziehungen zur Sowjetunion setzte.[10]

Um dieses radikale, ja revolutionäre außenpolitische Programm durchzusetzen, rekrutierte Reagan seine engsten außenpolitischen Mitarbeiter aus den Mitgliedern und Freunden des CPD: Paul Nitze und Eugene Rostow übernahmen die Verantwortung in der Rüstungskontrollpolitik. Jeanne Kirkpatrick, renommierte Professorin der Georgetown University, wurde Botschafterin bei den Vereinten Nationen; William Casey, enger Freund Reagans und Geheimdienstveteran des Zweiten Weltkriegs, wurde Direktor der CIA. Casey entwikkelte sich zum »Schattenaußenminister« und genoß Reagans volles Vertrauen. Er war streng katholisch und antikommunistisch. Während des Zweiten Weltkriegs machte er wichtige Erfahrungen in der Spionage, später war er begeisterter Anhänger von Senator McCarthy. Wie die meisten Reaktionäre und Antikommunisten war er eigentlich nie von der Richtigkeit der Doktrin der Eindämmung zu überzeugen, blieb ein Anhänger des *Roll-back* und träumte davon, Osteuropa, Rußland und den Rest der Welt vom Kommunismus zu befreien.[11]

Zusammen mit Casey baute Ronald Reagan mit Hilfe von Zbigniew Brzezinski, dem ehemaligen Sicherheitsberater von Jimmy Carter, die ersten Ansätze der antikommunistischen Maßnahmen Carters weiter aus, um die afghanische Widerstandsbewegung gegen die Sowjets – auch mit Hilfe von Saudi-Arabien, Ägypten, Pakistan und der Volksrepublik China – zu stärken. Casey zeichnete für fast alle Geheimdienstoperationen der Reagan-Doktrin verantwortlich und wurde zur Hauptantriebskraft eines militanten Antikommunismus, der auch jenseits der Gesetze, unter dem Gesichtspunkt »Der Zweck heiligt die Mittel«, durchgesetzt wurde.[12]

Auch die Auswahl des Nationalen Sicherheitsberaters folgte der strikt antikommunistischen Ausrichtung. Richard Allen, Mitbegründer des CPD, wurde Reagans erster Sicherheitsberater. Allens Wirken blieb begrenzt, weil er sich dem Abbau seiner Kompetenzen nicht entgegenstemmte und selbst kein angemessenes außenpolitisches Konzept im Rahmen des NSC organisieren konnte. Weder gelang es ihm, eine kohärente amerikanische Außenpolitik zu entwikkeln, noch konnte er die Überlegungen der verschiedenen *Departments* und Ämter entsprechend koordinieren. Als das FBI im November 1981 aufgrund des Verdachtes gegen ihn ermittelte, er habe von japanischen Journalisten für die Vermittlung eines Interviews mit der First Lady eine goldene »Rolex«-Uhr angenommen, mußte er zurücktreten. Das Zeitalter der *political correctness* hatte begonnen. Sein Nachfolger, William »Judge« Clark, ein enger Freund und Mitstreiter Reagans aus Kalifornien, zeigte entwaffnende Unkenntnis in außenpolitischen Fragen. Mit ihm wurde zum ersten Mal ein Mann zum Nationalen Sicherheitsberater bestellt, der weder außenpolitische Ambitionen noch entsprechende Kenntnisse vorzuweisen hatte. Clark entwickelte kein außenpolitisches Profil, verringerte den NSC-Stab und nutzte seinen Einfluß primär, um die Wirkungen der Außenpolitik auf Reagans Popularität und Innenpolitik zu steuern. Er verstand sich strikt als verlängerter Arm des Präsidenten.[13] Schien Clark zunächst nach außen unsichtbar, so stellte er im Verlauf seiner Amtszeit vermehrt außenpolitische Weichen: 1982 zwang er alle beteiligten Regierungsstellen zum Kompromiß bei den START-Verhandlungen. 1983 schickte er UNO-Botschafterin Jeanne Kirkpatrick auf eine Reise nach Mittel- und Südamerika und überredete den Präsidenten schließlich zusammen mit Verteidigungsminister Weinberger, in Mittelamerika tätig zu werden. Sein Verhältnis zu Außenminister Shultz war angespannt, weil er diesen oft überging. Als Ronald Reagan im März 1983 seine Strategische Verteidigungsinitiative (SDI) präsentierte, war diese ohne Konsultation beziehungsweise Unterrichtung der anderen verantwortlichen Ministerien und Behörden von Clark und seinem Stellvertreter McFarlane und anderen engen Freunden des Präsidenten vorbereitet worden.

Im Oktober 1983 trat Clark zurück und übernahm das Innenministerium, weil er der Querelen im Weißen Haus müde war. Nachfolger wurde sein ehrgeiziger Stellvertreter Robert McFarlane, der von 1973 bis 1975 für Henry Kissinger und dessen Nachfolger Brent Scowcroft tätig gewesen war. McFarlane arbeitete eng mit Außenminister Shultz zusammen, wurde fachlich respektiert, war aber von Geltungsdrang erfüllt. Im Weißen Haus war er als einziger außenpolitischer Experte von außenpolitisch unerfahrenen Dogmatikern umgeben, die ihm das politische Leben nicht gerade erleichterten. McFarlane scheiterte, als er das obskure Waffengeschäft mit dem Iran begann, um im Tausch amerikanische Geiseln im Libanon zu befreien. Sein Scheitern ist bezeichnend für den außenpolitischen Stil des Weißen Hauses unter Ronald Reagan: Dieser ließ seinen Mitarbeitern viel Handlungsspielraum, der allerdings nicht immer verantwortungsbewußt, fachkompetent und im Team genutzt, sondern für eigene Machtambitionen mißbraucht wurde.[14]

John Pointdexter, ein unpolitischer Vizeadmiral, der in Physik mit Auszeichnung promoviert hatte, wurde McFarlanes Nachfolger. Damit wurde das Amt des Nationalen Sicherheitsberaters zunehmend zurückgestuft. Schien schon McFarlane mit dem Amt überfordert, Pointdexter war es mit Sicherheit. Er war weder willens noch fähig, vor der Öffentlichkeit außenpolitische Erklärungen abzugeben, aber ein willfähriges Instrument der dogmatischen Antikommunisten und Geheimdienststrategen vom Schlage eines William Casey. Halb gezogen, halb eigeninitiativ geriet Pointdexter in den Sog der Iran-Contra-Affäre. Angeblich traf er die Grundsatzentscheidungen, ohne Reagan je gefragt zu haben – wenn man seinen und Reagans Aussagen Glauben schenken kann.[15]

Nachdem die Iran-Contra-Affäre aufgedeckt worden war, wurde Pointdexter von Frank Carlucci, einem erfahrenen Karrierebeamten abgelöst, der schon als stellvertretender Direktor der CIA und als stellvertretender Verteidigungsminister überzeugt hatte. Carlucci reorganisierte den NSC und gab ihm seine frühere Bedeutung zurück. Mit ausgleichendem Temperament, Sachkompetenz und politischer Gradlinigkeit gelang es Carlucci sogar zeitweilig, zwischen Außenminister Shultz und Verteidigungsminister Weinberger zu vermitteln. Als Verteidigungsminister Weinberger im November 1987 zurücktrat, wurde Carlucci zu dessen Nachfolger ernannt. Das Amt des Nationalen Sicherheitsberaters übernahm General Colin Powell, der durch Kenntnis, Regierungserfahrung und gute Beziehungen zum Kongreß überzeugte. Powell war skeptischer als

Shultz in der Einschätzung Gorbatschows und in den entsprechenden Schlußfolgerungen für die amerikanische Sowjetpolitik. Seine Amtszeit dauerte nur knapp zwei Jahre, aber er hatte maßgeblichen Anteil daran, daß die Außenpolitik der Regierung Reagan wieder Fuß faßte.[16] Die Tatsache, daß Reagan sechs Sicherheitsberater »verbrauchte«, zeigt, daß die Außenpolitik seiner Regierung durch interne Gegensätze gekennzeichnet war, besonders zwischen Außen- und Verteidigungsminister.

Reagans erster Außenminister, General Alexander Haig, Stabschef im Weißen Haus unter Nixon, genoß einen erstklassigen Ruf in den USA und bei den europäischen Verbündeten, hatte er sich doch bis 1978 als Oberbefehlshaber der NATO-Streitkräfte um die Einheit der atlantischen Allianz verdient gemacht. Weil er mit Carters Sicherheitspolitik nicht übereinstimmte, trat er 1978 vom Amt zurück. Alexander Haig bemühte sich um eine starke, aber zugleich pragmatische Außenpolitik in der Tradition seines Mentors Henry Kissinger, scheiterte aber schnell an den ideologischen Hardlinern im Weißen Haus. Hinzu kam auch eine gewisse Überschätzung seiner eigenen Fähigkeiten. Als er sich als »Vikar« der Außenpolitik Reagans bezeichnete und nach dem Attentat auf Reagan im militärischen Stil erklärte, er habe alles unter Kontrolle, mischten sich Kritik, Belustigung und Verwunderung.

Im Krieg um die Falkland-Inseln zwischen Argentinien und Großbritannien vermittelte Haig erfolglos. Im Laufe seiner kurzen Amtszeit schätzte Haig die meisten weltpolitischen Probleme realistisch ein, wie sich aus seinen Memoiren erkennen läßt.[17] Er scheiterte letztlich nicht außenpolitisch, sondern an seinem eigenen Temperament. Er war den reaktionären, aber lässigen und gewitzten kalifornischen Beratern um Reagan nicht gewachsen. Als junger Offizier arbeitete er im Stab General MacArthurs, des legendären Kriegshelden, der nach dem Zweiten Weltkrieg in Asien im Stil eines römischen Konsuls regierte. Haig bewunderte MacArthur offensichtlich, aber im Weißen Haus und in der Regierung von Ronald Reagan war kein Platz für diese Art egoistischer Exzentriker.

Übersteigerter Stolz, mangelhafte Kooperationsfähigkeit und politische Uneinigkeit mit dem Weißen Haus und schließlich der Verlust des Vertrauens von Präsident Reagan führten zum voreiligen und unrühmlichen Rücktritt im Juni 1982. Selten war ein Außenminister mit soviel Vertrauensvorschuß ins Amt gegangen, und selten wurde dieses Kapital so schnell verspielt. Die Amtszeit Alexander Haigs war nur eine kurze Episode. Sein Nachfolger George Shultz dagegen war aus gänzlich anderem Holz geschnitzt. Shultz brachte viel Erfahrung als Arbeits- und Finanzminister und vor allem als Direktor des einflußreichen

Office for Management and Budget in den Regierungen Nixon und Ford mit. Schon Helmut Schmidt hatte Shultz schätzen gelernt.[18]

Shultz' außenpolitische Einschätzung der amerikanischen Interessenlage mag sich von der seines Vorgängers nicht erheblich unterschieden haben, aber er hatte Reife, Charakter, Souveränität und kalifornische Gelassenheit. Im Kern teilte er die konservativen und antikommunistischen Überlegungen Reagans, aber Shultz war konziliant und pragmatisch. Mit dieser Einstellung hatte er allerdings in den ersten Jahren wenig Erfolg. Die antikommunistischen Dogmatiker behinderten die Verwirklichung seiner außenpolitischen Ambitionen. Erst in der zweiten Amtszeit unter dem Eindruck von Gorbatschows Glasnost und Perestroika, aber auch aufgrund der Parteinahme der westeuropäischen Verbündeten für Shultz und nicht zuletzt unter dem katastrophalen Eindruck der Iran-Contra-Affäre nahm sein Einfluß zu. Danach steuerte er unbestritten die Außenpolitik. Nach dem Rücktritt Weinbergers endeten die ständigen Querelen zwischen Außen- und Verteidigungsminister. Jetzt wirkte die Außenpolitik Ronald Reagans wie aus einem Guß.

Shultz' Hauptgegenspieler war Verteidigungsminister Caspar (»Cap«) Weinberger, der Reagans Vertrauen besonders während der ersten Amtszeit genoß. Persönliche Rivalitäten und sachliche Gegensätze führten dazu, daß Shultz und Weinberger in fast allen außenpolitischen Schlüsselfragen unterschiedliche, ja gegensätzliche Meinungen vertraten und damit den außenpolitischen Entscheidungsprozeß und die Durchsetzung amerikanischer Interessen erschwerten. Die Iran-Contra-Affäre war eine der seltenen Gelegenheiten, die beide Kontrahenten Seite an Seite führte. Weinbergers Stil war aggressiv, bisweilen sogar konfrontativ. Shultz hingegen wirkte wie ein Buddha.

Zu einer weiteren Dogmatisierung der Außenpolitik der Regierung Reagan und zu einem verschärften Gegensatz zwischen Weinberger und Shultz führte die Berufung von Richard Perle und Richard Pipes auf hohe Posten im Verteidigungsministerium. Beide verfolgten eine offensive Strategie der Konfrontation mit der Sowjetunion und waren – wie ihr Chef – schonungslose Kritiker der bisherigen Rüstungskontrollpolitik. Ihr Auftreten war den Interessen der USA, besonders in Westeuropa, nicht immer zuträglich, denn sie monierten ständig die Entspannungspolitik der Verbündeten, insbesondere die der Bundesrepublik. Der geschmeidige Außenminister Genscher wurde zur bevorzugten Zielscheibe ihrer Kritik.

Der lässige außenpolitische Stil Ronald Reagans und seine antikommunistische Einstellung ließ den außenpolitischen Mitarbeitern viel Handlungsspielraum, der allerdings eine abgestimmte Außenpolitik erschwerte. Eiferer und

Ideologen dominierten; wer für Abgewogenheit und Vorsicht plädierte, verlor an Einfluß. Amerikas Bevölkerung und das Ausland zeigten sich bisweilen irritiert angesichts der internen außenpolitischen Auseinandersetzungen. Aber Reagans große Popularität überstrahlte zunächst diese Mängel. Das lag vor allem an seinem politischen Stil, wie er nationale Macht darstellte und ausübte. Im Unterschied zum pastoral und unsicher wirkenden Jimmy Carter erschien Ronald Reagan als die Inkarnation derjenigen Attribute, die Amerika für sich in Anspruch nimmt: Optimismus, Entscheidungsfreudigkeit, Risikobewußtsein, Entschlossenheit und psychische Stärke. Selbst nach dem Attentat, bei dem er in die Brust geschossen wurde, oder bei der Behandlung seines Krebsleidens zeigte Reagan Leichtigkeit und Spannkraft – eine typisch amerikanische Haltung, die man bei Deutschen oft vermißt: *grace under pressure* – Haltung unter Druck. Persönlicher Charme, Großzügigkeit und Humor konnten aber nicht darüber hinwegtäuschen, daß Reagan politisch aus hartem Holz geschnitzt war.[19]

Ronald Reagan verstand sich nicht nur als Präsident der Vereinigten Staaten, sondern auch als Führer der freien Welt. Wie keiner seiner Vorgänger suchte er die nichtkommunistische Welt im Kampf gegen den Kommunismus zu mobilisieren. Der französische Präsident Mitterrand hatte dies 1986 klar erkannt: »Ronald Reagan ist nicht nur der Präsident der Vereinigten Staaten, er ist der Führer des mächtigsten Imperiums der Welt.«[20] Reagan forderte die amerikanische Führungsrolle in der Welt auf selbstverständliche Weise. Er wollte den Amerikanern das Gefühl von Größe zurückgeben. Reagans Mitarbeiter Martin Anderson hat zu Recht von einer »konservativen Revolution« gesprochen, als er Reagans Politik beschrieb. Dabei bildete die radikale Absage an bisherige außenpolitische Selbstverständlichkeiten der amerikanischen Außenpolitik die eine Seite der Medaille, die andere betraf seine revolutionären innenpolitischen Visionen. Reagan verfolgte eine neokonservative Wirtschaftsphilosophie, insbesondere das angebotsorientierte Prinzip der sogenannten *Supply-Side Economics*, die der Wirtschaft mittels Steuersenkungen Auftrieb verschaffen und somit die Nettosteuereinnahmen der Regierung vergrößern und das Haushaltsdefizit und die Arbeitslosigkeit reduzieren sollten. Die Herabsetzung der Steuern, vor allem der einkommensstarken Gruppen, sollte das Staatseinkommen erhöhen. Dies stellte sich als eine wirtschaftspolitische Scheinlösung heraus, die George Bush als Vizepräsident mittrug, aber im Vorwahlkampf gegen Reagan schon als *»Voodoo-Economics«* verspottet hatte. Nach 1980 stieg der amerikanische Realzins von null auf über acht Prozent. Das senkte zwar die Inflationsrate und trug dazu bei, das Haushaltsdefizit zu finanzieren, aber die Arbeitslosigkeit stieg an, und eine weltweite Rezession trat ein.

Während der zweiten Amtszeit der Regierung Reagan begann der Dollar eine steile Talfahrt, ohne Zweifel war er zuvor überbewertet worden. Er fiel nach seinem Höchststand im Februar 1985 so stark, daß vor allem die Deutschen und die Japaner sich gezwungen sahen – auch von der Regierung Reagan gedrängt wurden –, sich einer weiteren Abwertung des Dollars zu widersetzen. Die Deutschen reagierten zurückhaltend, während Japan in großem Stil das Haushaltsdefizit der Regierung Reagan mitfinanzierte.

Reagan kürzte die zahlreichen sozialpolitischen Programme und Aufgaben, erhöhte die Ausgaben für Rüstung drastisch und gab der Privatinitiative den Vorrang vor gesamtstaatlicher Vorsorge. *Reagonomics* war ein wirtschafts- und sozialpolitisches Programm, das eine angebotsorientierte Wirtschaft favorisierte. Reagan versuchte die großen Sozialprogramme der Präsidenten Franklin D. Roosevelt und Lyndon B. Johnson zurückzuschrauben und der Privatwirtschaft und der Einzelinitiative mehr Raum zu verschaffen. Reagan wollte die Kosten für die gesellschaftliche Wohlfahrt senken, weil sie die äußere Sicherheit der USA gefährdeten. Statt Sozialpolitik förderte er die Aufrüstung. Er hat an wenigen Grundzielen festgehalten und lieber das unglaubliche Haushaltsdefizit von mehr als drei Billionen Dollar in Kauf genommen, als durch Steuererhöhungen oder Rüstungskürzungen einen ausgeglichenen Haushalt anzustreben. 1986 waren die Ausgaben des amerikanischen Sozialstaats um 12,5 Prozent gefallen, praktisch auf den Stand von 1964.[21] Die Steuererleichterungen kamen fast ausschließlich den Reichen zugute, während Reagans Präsidentschaft wurden die Reichen reicher und die Armen ärmer. Die überwältigende Mehrheit der Amerikaner plädierte für weniger Militärausgaben, war aber nicht bereit, auf Sozialleistungen zu verzichten. Das aber war nicht in Reagans Sinn; folglich stieg das Defizit in schwindelnde Höhen. So fällt es schwer, folgender Beobachtung zu widersprechen: »Ronald Reagan war kein konservativer Republikaner, der die liberale Gesellschaftsordnung der Vereinigten Staaten und einen ausgeglichenen Staatshaushalt wiederherstellen wollte. Reagan war im Laufe seiner politischen Entwicklung ein Rechtsradikaler geworden, der die Staatsintervention abbauen wollte, sofern sie sich auf die Sozialpolitik richtete; der sie aber vergrößerte, wenn sie dazu diente, die Verfügungskompetenzen des politischen Systems zugunsten der Machtpolitik gegen die Sowjetunion zu stärken.«[22]

Erschwerend kam hinzu, daß die Regierung Reagan in der Wirtschaftspolitik Verfehlungen zu verantworten hatte, daß sie von der *New York Times* 1988 als eine der korruptesten amerikanischen Regierungen bezeichnet wurde.[23] Auch kam die Regierung Reagan weder in der Innen- noch in der Außenpolitik den neuen ökologischen Forderungen nach verbessertem Umweltschutz und Naturschutzinteressen angemessen nach. Reagan zeigte kein Bewußtsein für die neuen gemeinsamen globalen Probleme. Was Carter mit seinem Bericht »Global 2000« angestoßen hatte, wurde unter Reagan wieder aufgegeben. Damit vergab er die Chance, die Vereinigten Staaten zur globalen Führungsmacht zu erheben und die neuen Herausforderungen mit multilateralen Organisationen und den Staaten der Welt gemeinsam anzupacken. Die Reaganschen Revolution war in Wirklichkeit eine Politik, die im Innern den Fortschritt vergangener Präsidenten umkehrte und in der Außenpolitik die neuen globalen Fragen negierte. Aber Reagan wurde nicht wegen, sondern trotz seiner widersprüchlichen Vorstellungen in der Innen- und Außenpolitik gewählt. Sein militantes Auftreten als außenpolitischer »John Wayne«, der die Hand im Showdown mit den Sowjets gefährlich nah am Abzug hält, war im Wahlkampf ebensowenig stimmenfördernd wie seine umstrittenen wirtschaftspolitischen Vorstellungen: »Es gibt zwei Reagans. Der eine ist, legt man seine Reden zugrunde, der Rechtsaußen, der rein gefühlsmäßig eine in der Bevölkerung weit verbreitete Enttäuschung über die amerikanische Nachkriegspolitik zum Ausdruck bringt. ... Der andere Reagan ist der Politiker, der mit Macht pragmatisch umgeht. Seine Stellungnahmen enthalten mehr Vorsicht, seine Sprache ist sorgfältiger, mehrdeutiger und besser. Wenn der Rechtsaußen Reagan ein eifriger Befürworter einer Seeblokkade Kubas war, dann lehnt es der Pragmatiker Reagan gerissen ab, sich zum Befürworter eines amerikanischen Eingreifens im Iran machen zu lassen.«[24]

Ronald Reagan sprach die Amerikaner vor allem als großer Kommunikator und glänzender Vereinfacher an, der den Menschen auf sympathische Weise die Probleme und ihre Lösungen überzeugend einfach erklärte. Aus europäischer Sicht mochte er naiv wirken, aber Reagan sprach der Bevölkerung aus dem Herzen, wenn er den amerikanischen Traum durch Betonung amerikanischer Werte und historischer Vorbilder wiederbelebte: Moral, Zivilcourage, Fairneß, Verpflichtung und nationale Ehre.

Reagans Visionen bezogen sich auf vier Themen: nationalen Stolz, individuelle Verantwortung, freien Markt und internationalen Moralismus. Dabei griff er auf die Traditionen Woodrow Wilsons zurück wie bei seinem Appell für Freiheit und Demokratie: »Wenn wir wollen, daß Freiheit und demokratische Ideale sich bis zum Ende dieses Jahrhunderts weiterentwickeln, müssen wir uns tatkräftig an der Kampagne für die Demokratie beteiligen.«[25] Reagan plädierte für Aktivismus: Die demokratischen Werte würden die Zukunft der Welt bestimmen. Reagan »militarisierte« die Lehre Wilsons gleichermaßen in der Tradition von Theodore Roosevelt, als er Amerika aufrief, eine weltweite Ära der demokratischen Revolution einzuleiten, und zugleich den Untergang des Kommunismus beschwor. Während sich die überwältigende Mehrheit der Amerikaner den Vietnam-Schuldkomplex zu eigen gemacht hatte, verteidigte Reagan stolz Amerikas Mission für weltweiten Frieden.[26] Optimismus und Antikommunismus gehörten in Reagans Vision zusammen. Wie Woodrow Wilson und Jimmy Carter betonte auch er die Bedeutung von Moral und Menschenrechten in der internationalen Politik, aber im Unterschied zu beiden hatte er eine zupackende Einstellung zur Macht. Er vertrat einen konservativen Internationalismus, den er während seiner Amtszeit unter folgenden Gesichtspunkten fortentwickelte:

– Die amerikanisch-sowjetische Machtrivalität ist zentral.
– Die Sowjetunion ist schwach und steht am Rande des Zusammenbruchs, deshalb ist Entspannung unangebracht naiv und von einseitigem Vorteil für die Sowjetunion, weil sie den Prozeß des Niedergangs des Sowjetimperiums nur verzögert.
– Weltweit sollen deshalb die regionalen Konflikte in Afrika, Lateinamerika und im Nahen Osten wieder als Teil des globalen Wettbewerbs zwischen Freiheit und Kommunismus gesehen und entsprechende Schlußfolgerungen für die USA gezogen werden.
– Die Taktik der vorangegangenen Regierungen in Washington, marxistische Staaten der Dritten Welt zu hofieren, ist grundfalsch, statt dessen sollen die rechtsautoritären Regime gestärkt und die marxistischen unterminiert werden.
– Die Sowjetunion und ihre Klientel hätten weltweit das Vietnam-Syndrom der amerikanischen Politik zum eigenen Vorteil ausgenutzt. Nun sollten die USA ihre militärischen und geheimdienstlichen Mittel erneuern und ausbauen.
– Amerika sei an seiner außenpolitischen Schwäche selbst schuld. Durch Wiederherstellung von Stärke und Optimismus soll der Niedergang von Macht und Selbstvertrauen gestoppt werden.

Reagans Antikommunismus und Optimismus wirkten »synergetisch«. Sein Optimismus wirkte ansteckend, allerdings wurde sein Antikommunismus weltweit weniger wohlwollend aufgenommen. Er personifizierte gewissermaßen die USA der fünfziger Jahre, denn er stilisierte die Nachkriegszeit als eine Ära von Glück, Prestige und Harmonie, während er die sechziger und siebziger Jahre negativ skizzierte. Vor diesem Hintergrund sollte die Vision von den demokratisch-revolutionären achtziger Jahren seiner Präsidentschaft um so deutlicher hervortreten. Reagan war geschichtsbewußt. Dabei war jedoch nicht zu übersehen, daß er die Geschichte geschickt manipulierte.

Wiederholt beschwor Ronald Reagan die Fehler der Appeasement-Politik der dreißiger Jahre, die Hitlers Aufstieg ermöglichten: »Ich erinnere mich daran, als Hitler aufrüstete – keiner hat so aufgerüstet wie die Sowjetunion, aber vergleichsweise hatte dies Hitler damals getan, F. D. Roosevelt machte das in einer Rede in Chicago deutlich, und in dieser Rede forderte er die freie Welt auf, Nazideutschland zu isolieren. Aber das Interessante daran war, daß Roosevelt hier bei uns im eigenen Land deshalb angegriffen wurde. Können wir daher offen zurückblicken und sagen, daß der Zweite Weltkrieg auch dann stattgefunden hätte, wenn wir das getan hätten, was Roosevelt von uns 1938 forderte?«[27]

Ronald Reagan sah die USA nicht nur als Vorbild, als »strahlende Stadt auf dem Hügel«, sondern sie sollten selbst aktiv an der Verwirklichung der Menschenrechte und am Zusammenbruch des Kommunismus mitwirken: »Im Krieg gibt es keinen Ersatz für den Sieg; und die Vereinigten Staaten stehen im Dritten Weltkrieg. Also reicht Eindämmung der Sowjetunion nicht aus … nur die Vereinigten Staaten können, als Partner, die unabhängigen Staaten beschützen.«[28] Reagans Optimismus ging über schlichte Eindämmung hinaus: »Die Jahre vor uns werden für dieses Land großartige Jahre sein, denn die Sache der Freiheit und die Verbreitung der Zivilisation ist das Ziel. Der Westen wird nicht den Kommunismus eindämmen, er wird den Kommunismus überwinden, er wird über ihn hinweggehen und ihn entlarven als irgendein groteskes Kapitel der Menschheitsgeschichte, dessen letzte Seiten gerade jetzt geschrieben werden.«[29]

Reagans Anspruch auf revolutionäre Zeiten unterschied sich wesentlich von früheren ähnlichen Perioden: Um 1790, 1850 und 1920 hatte es revolutionär-demokratische Wendemarken in der Weltpolitik gegeben, doch damals besaßen die USA zwar Macht, aber weder den Willen noch die innenpolitische Einstellung zum weltpolitischen Engagement. Das war 1980 anders: Ronald Reagan hatte den Willen, Amerikas Macht auszubauen, um international entschlossen einzugreifen. Doch die Verwirklichung dieser globalen Vision war schwierig. Die wirtschaftlichen Mittel waren im Vergleich zu den fünfziger und sechziger Jahren geschwunden, und die Bevölkerung war durch Amerikas Scheitern in Vietnam tief verunsichert. Auch die außenpolitischen Eliten waren zerstritten und unsicher. Die USA und die freie Welt wünschten Entspannung und Abrüstung, mußten aber erkennen, daß die Sowjetunion daraus einseitig Vorteile zog. Als »großer Kommunikator« wußte Ronald Reagan geschickt die eigene Bevölkerung, die Verbündeten und die Weltöffentlichkeit vorzubereiten. Er konzentrierte sich auf eine Art psychologischer Kriegsführung gegenüber der Sowjetunion.

Während Carter um eine offene, ehrliche und demokratische Außenpolitik bemüht war, heiligte für Ronald Reagan der gute Zweck des Antikommunismus auch umstrittene außenpolitische Mittel. Diese lagen bisweilen außerhalb der Legalität. Reagan verachtete sterilen Moralismus. Vielmehr vertrat er einen kraftvollen Antikommunismus, der Optimismus verbreiten sollte.

Wiederherstellung der Stärke Amerikas

Reagan zog eine negative Bilanz der amerikanischen Außenpolitik. Vor dem Hintergrund der Desaster im Iran und in Afghanistan und der Enttäuschung über die Entspannungspolitik verstand er seine Wahl als außenpolitisches Mandat. Aufrüstung, Stärke und Antikommunismus wurden die herausragenden Kennzeichen. Er war der erste Präsident, der herausfordernd erklärte, er werde mit den Sowjets keine Kompromisse eingehen. Vielmehr wollte er durch Konfrontation mit der Sowjetunion den Handlungsspielraum der USA wiederherstellen.

Gewalt zur Eindämmung der kommunistischen Macht wurde wieder salonfähig. Militärische Stärke erhielt wieder Vorrang, Rüstungskontrolle wurde auf Eis gelegt. Die Macht der Sowjetunion erforderte einen neuen strategischen Konsens zwischen den USA und ihren Verbündeten. Reagan nahm das außenpolitische Heft in die Hand. Die Führer im Kreml sollten vor weiterer Expansion abgeschreckt werden. Besonderes Augenmerk galt denjenigen Regimen, die offensichtlich von der Sowjetunion abhängig wurden.[30]

Zunächst unterschied sich Reagans Aufrüstungsprogramm nicht sonderlich von dem, das Carter geplant hatte: Der hatte für die nächsten fünf Jahre 1,3 Billionen Dollar vorgesehen, Ronald Reagan erhöhte »nur« auf 1,4 Billionen. Reagans Aufrüstungsprogramm war von Anfang an umstritten. Das galt für den geplanten B-1-Bomber ebenso wie für die Aufstockung der Marine von 450 auf 600 Schiffe und andere geplante Neuerungen. Ein Viertel des Verteidigungshaushalts entfiel allein auf das strategische Aufrüstungsprogramm, der Löwenanteil jedoch auf die Aufrüstung der konventionellen Streitkräfte. Meinungsverschiedenheiten zwischen Präsident und Kongreß entstanden beim geplanten Aufbau der MX-Raketen-Silos. Entscheidend und kontrovers zugleich waren die Veränderungen in der Militärstrategie. Hatte Reagan zunächst die nukleare Abschreckung verstärkt, so schwächte er die Strategie der nuklearen Abschrekkung, als er seine SDI-Pläne verkündete.

Ronald Reagan war als Gouverneur von Kalifornien 1967 tief beeindruckt von einem Besuch des Lawrence Livermore National Laboratory der Universität von Kalifornien: Professor Edward Teller, einer der Väter der Atombombe, hatte ihn mit Versuchen mit X-Ray-Laserstrahlen fasziniert, die eines Tages feindliche Langstreckenraketen zerstören könnten. Als Reagan am 31. Juli 1979 in Colorado das Nordamerikanische Verteidigungszentrum (NORAD) besuchte, wurde er an Tellers Forschungen erinnert: Als sein Mitarbeiter Martin Anderson den Viersternegeneral James Hill, der das Zentrum leitete, fragte, was passieren würde, wenn sowjetische SS–18-Raketen auf NORAD niedergehen würden, antwortete Hill, ohne mit der Wimper zu zucken: »Ganz einfach, hier würde alles in die Luft fliegen. Sehen Sie, diese Anlage wurde in den sechziger Jahren gebaut. Sie ist völlig veraltet.«[31] Reagan konnte nicht glauben, daß die Vereinigten Staaten gegen einen Angriff sowjetischer Raketen keine Möglichkeiten zur Verteidigung besaßen. Kopfschüttelnd fragte er: »Wir haben unglaubliche Summen in diese Ausrüstung, in unsere Raketensysteme und unsere Verteidigung gesteckt, und es gibt trotzdem nichts, was wir tun können, um einen nuklearen Angriff zu verhindern?« Von diesem Tag an war für ihn klar: Er mußte einen Weg finden, um den nordamerikanischen Kontinent vor feindlichen Nuklearraketen zu schützen. Doch zunächst behielt Reagan seine Befürchtungen für sich. Deshalb war die Welt überrascht, als er am 23. März 1983 ein strategisches Verteidigungssystem ankündigte. Reagan handelte typisch amerikanisch: Zwar schien ein solches Projekt unmöglich, aber ein Weg sollte gefunden werden, um das Unmögliche möglich zu machen.

Was am Anfang impulsiv schien oder als Marotte belächelt wurde, entwickelte sich im Laufe der Jahre zu einem gigantischen Forschungsprogramm. Auf typisch amerikanische Weise sollte der amerikanische Traum der Unverwundbarkeit mit Macht, Geld und technologischer Logik zurückgeholt werden. SDI war für Reagan auch eine moralische Frage. Amerika sollte einem Armageddon, einem nuklearen Weltkrieg, nicht schutzlos ausgeliefert werden. Reagan wollte die nukleare Abschreckungsstrategie überwinden. Er glaubte nicht an langfristige Stabilität und Sicherheit durch eine gesicherte Zweitschlagskapazität, sondern wollte Nuklearwaffen völlig abschaffen. Dafür erschien ihm SDI als das geeignete Mittel. Auch war SDI für ihn der entscheidende Trumpf in den Abrüstungsverhandlungen mit der Sowjetunion. Er wollte die Sowjets durch schnelle Fortschritte bei SDI vor den Kosten eines dynamisierten Wettrüstens abschrecken.

In Amerika entwickelte sich eine kontroverse Debatte über den Sinn von Raketenabwehrsystemen. Unter den Verbündeten wurden Zweifel an SDI laut.[32] Forschung und Entwicklung von SDI widersprachen dem ABM-Vertrag von

1972. Deshalb hemmte SDI die Abrüstungsverhandlungen mit der Sowjetunion, ja die Sowjets wurden durch SDI ermuntert, ihre eigenen Anstrengungen für ein Antiraketensystem zu verstärken. Noch bedrohlicher war die Perspektive, daß die Sowjets wegen SDI ihre nuklearen Langstreckenraketen qualitativ und quantitativ ausbauen beziehungsweise verbessern würden. SDI war Teil einer globalen Politik der Stärke und der militärischen Aufrüstung, Teil einer Palette von Initiativen mit globaler Langzeitwirkung, welche die USA ohne Rücksicht auf die Bündnispartner durchsetzen wollten. Im Bündnis stiftete SDI ein Maß an Verwirrung und Unsicherheit, wie es in der bisherigen Geschichte der Allianz beispiellos war.[33]

Innerhalb der Regierung war die strategische Verteidigungsinitiative umstritten: Welche Rolle sollte SDI in den Rüstungskontrollverhandlungen mit der Sowjetunion spielen? SDI war auf eine irreale Gefahr ausgerichtet, schwächte den Zusammenhalt des Westens sowie die strategischen Grundlagen der NATO, die amerikanische Wirtschaft und den Staatshaushalt, führte zur Militarisierung der Außenpolitik – und dennoch: SDI war einer der entscheidenden Gründe, warum Gorbatschow im Wettrüsten, bei der Abrüstung und bei der Gestaltung der sowjetisch-amerikanischen Beziehungen nachgab. Ronald Reagan hatte schließlich recht behalten, aber einen hohen Preis dafür gezahlt – er hatte die Grundlagen von Amerikas Staat und Gesellschaft durch SDI geschwächt. Amerikas Wissenschaftler hätten an anderer Stelle Nützlicheres geleistet. Aber der Erfolg gab ihm recht: Zwar hatte er mit SDI Amerika krank-, die Sowjetunion aber totgerüstet. Die Sowjetunion hätte vermutlich ohne SDI in den Schlüsselfragen der West-Ost-Beziehungen nicht nachgegeben. Alexander Solschenizyn erklärte, daß »der Kalte Krieg im Grunde von Ronald Reagan gewonnen wurde, als er das SDI-Programm entwickelte und die Sowjetunion erkennen mußte, daß sie bei diesem weiteren Schritt nicht mehr mithalten konnte«.[34]

Die Beziehungen zur Sowjetunion

Reagans Botschaft »Frieden durch Stärke« war vor allem an die sowjetische Führung gerichtet, die er zwingen wollte, ihre Aufrüstungs- und Expansionspolitik aufzugeben. Reagan strebte revolutionäre Veränderungen im West-Ost-Verhältnis, in den Beziehungen zur Sowjetunion an, denn er wünschte Frieden, Abrüstung und echte Kooperation. Doch vorab wollte er eine starke Ausgangsposition aufbauen. Seine Politik war nicht von vornherein auf Verhandlungen und Kompromisse angelegt, sondern zuerst sollte Amerikas Stärke wiederhergestellt werden. Nur unter dieser Voraussetzung, so Reagan, hätte Diplomatie Aussicht auf Erfolg. Selbstbewußt erklärte er der sowjetischen Führung, daß sie in diesem Wettbewerb chancenlos sei: »Es war meine feste Absicht, die sowjetische Führung wissen zu lassen, daß wir alles daransetzen werden, um das Wettrüsten zu gewinnen. Wir werden niemals den zweiten Platz akzeptieren. Der große und dynamische Erfolg des Kapitalismus hat uns eine mächtige Waffe im Kampf gegen den Kommunismus in die Hand gegeben: Geld. Die Russen können niemals das Wettrüsten gewinnen. Wir können sie für immer mit unseren finanziellen Mitteln überbieten. Außerdem sind die verschiedenen Anreize des kapitalistischen Systems für uns eine industrielle Basis, um für immer den technologischen Vorsprung zu wahren.«

Reagans Sicht der Beziehungen zur Sowjetunion entsprach einem Freund-Feind-Verhältnis. Es gab nur »wir« und »sie«, aber keinen Raum für Neutralität. Immer wieder hämmerte Reagan in den Anfangsjahren seine Botschaft über die Fernsehschirme: »Die einzige Moral, die die Sowjets kennen, ist die, die ihren Zielen dient: einer Weltrevolution und einem kommunistischen Weltstaat. Zu diesem Zweck nehmen sie für sich das Recht in Anspruch, jedes Verbrechen, jede Lüge, jeden Betrug zu begehen, um ihre ideologischen Ziele zu erreichen.« In seiner Rede vor dem britischen Parlament am 8. Juni 1982 verdammte er das sowjetische System auf eine Weise, die John Foster Dulles alle Ehre gemacht hätte. Reagan prophezeite den Zusammenbruch des sowjetischen Imperiums und erklärte, daß der repressive Charakter des sowjetischen Systems über kurz oder lang zu Revolution und Untergang führen werde. Aber er ließ es nicht dabei bewenden: »Wir müssen außerordentlich behutsam vorgehen, um diesen Wandel zu ermutigen«, sagte er, »aber wir dürfen nicht zögern, öffentlich zu erklären, daß es in unserem Interesse liegt, daß es zu einer solchen Entwicklung kommt.« – »Deshalb«, fuhr Reagan vor den britischen Parlamentariern fort, »ist die Zeit gekommen, einen neuen Kreuzzug für die Freiheit zu beginnen, um den Marxismus-Leninismus auf den Müllhaufen der Geschichte zu werfen.« Reagan schloß dabei geheimdienstliche Aktivitäten nicht aus. Im Gegenteil, er intensivierte sie wie kaum ein Präsident vor ihm. Der Handlungsspielraum der CIA wurde durch neue Richtlinien vergrößert, die Reagan schon im Dezember 1981 erließ. Von da an wurden geheime Aktionen der CIA wieder hoffähig. Dabei wurde die CIA dem politischen Kontrollprozeß entzogen und zu einer nahezu unabhängigen Sicherheitseinrichtung ausgebaut. Auch die National Security Agency (NSA), der Nachrichtendienst des Verteidigungsministeriums, wurde erweitert. Der Auslandspropaganda wurde eine stärkere Rolle zugewiesen. Die United States Information Agency (USIA) wurde entsprechend ausgerichtet, und die Auslandsinformationen wurden politisiert. Auch der NSC erhielt neue Handlungsbefugnisse. Erstmalig unterhielt dieser unter den Sicherheitsberatern McFarlane und Pointdexter Einsatzkader für Schiffe und Flugzeuge und verstieß damit, wie der Kongreß 1987 feststellen sollte, gegen die Verfassung. Reagan radikalisierte – von der Radiopropaganda bis zu SDI – die Politik gegenüber der Sowjetunion und stellte dabei die wertepolitische Auseinandersetzung zwischen Demokratie und Diktatur ins Zentrum: »Es geht hierbei nicht um Kulturimperialismus«, versicherte Reagan, »sondern es müssen angemessene Mittel bereitgestellt werden, um Selbstbestimmung und den Schutz für Pluralität herzustellen.«[35] Monate später verschärfte er seine Attacke vor einem religiösen Forum in Orlando, Florida, als er die Sowjetunion als das »Zentrum des Teufels der modernen Welt« bezeichnete. Später sprach er gern von der Sowjetunion als dem »Reich des Teufels«. Reagans Zwei-Lager-Theorie, das Gegenstück zu Schdanows Zwei-Lager-Theorie von 1946, führte zu einer hochgradigen Ideologisierung und Polarisierung der Weltpolitik.[36] Kein Wunder, daß vierzig Jahre später diese Ideologisierung und Militarisierung der Reaganschen Außenpolitik als Rückfall in die dunkelsten Zeiten des kalten Krieges empfunden wurde. Reagans Politik gegenüber der Sowjetunion ließ keinerlei Raum für Differenzierung. Sein Maßstab für Amerikas Außenpolitik war das nationale Interesse, dagegen schienen die Interessen der Bündnispartner unwichtig. Diese Interessenperspektive ließ den multilateralen Charakter der Allianzbeziehungen, die Sonderinteressen der Westeuropäer und die neue interdependente Globalstruktur unberücksichtigt. In Westeuropa fürchtete man, daß Reagan die – zugegebenermaßen nicht immer ausgereiften – Früchte der Entspannungspolitik der vergangenen zehn Jahre verkommen ließ und nicht mehr bereit war, mit dem Bündnis eine abgestimmte Ostpolitik zu entwickeln. Vor allem bedauerten die Westeuropäer, insbesondere die Deutschen, daß Reagan jegliches Interesse an der Wiederaufnahme von Abrüstungsverhandlungen mit der Sowjetunion abging.[37] Unterstützung erfuhr Ronald Reagan im Bündnis von der britischen Premierministerin Margaret Thatcher. In der eigenen Regierung wurde er vor allem von Verteidigungsminister Weinberger und einigen engen Beratern des Weißen Hauses gestützt. Außenminister Shultz hingegen beobachtete diese Politik mit gemischten Gefühlen; er wartete auf den richtigen Zeitpunkt, um Ronald Reagan auf maßvollen Kurs zu bringen. Aber zunächst dominierte Verteidigungsminister Weinberger, der die von Reagan gewünschte massive Aufrüstung gegenüber der Sowjetunion folgendermaßen begründete: »Es ist völlig unangemessen, die militärische Aufrüstung der Sowjetunion als defensiv zu betrachten. Es wäre sogar auf gefährliche Weise naiv, zu erwarten, daß die Sowjetunion, falls sie militärische Überlegenheit erreichen sollte, diese nicht noch mehr ausnützen würde, als sie es nicht ohnehin schon tut. Wir müssen davon ausgehen, daß in den enormen Anstrengungen der Sowjetunion, auf Kosten fundamentaler menschlicher, ziviler Wünsche die militärischen Kräfte derart auszubauen, ein bestimmter politischer Sinn steckt. Tatsächlich haben wir klare Beweise aggressiven sowjetischen Verhaltens rund um die Welt. Diese sowjetischen Aktivitäten, die in den vergangenen Jahren von den Vereinigten Staaten ohne Antwort hingenommen wurden, haben zu sowjetischen Machtgewinnen geführt und zu einer Auffassung der Sowjets und ihrer Stellvertreter, daß sie weiterhin uneingeschränkt so handeln können. Dieser Trend muß gestoppt und umgekehrt werden.«[38]

In einem Punkt glich Reagans Einstellung der von Franklin D. Roosevelt: Auch Reagan war von der Hoffnung durchdrungen, durch ein Gipfelgespräch mit den Sowjets die Probleme lösen zu können. Auf der einen Seite war er rhetorisch aggressiv, auf der anderen Seite glaubte er, die kommunistischen Führer durch Gespräche von Aggression abbringen zu können. Reagan glaubte offensichtlich an beides: An die Fähigkeit der Kreml-Herrscher zur machtpolitischen und ideologischen Umkehr, aber auch an das unabänderlich Böse der kommunistischen Ideologie.

Schon kurz nach Breschnews Tod im November 1982 hatte er im Sommer 1983 an Juri Andropow geschrieben und jegliche aggressiven Absichten von seiner Seite verneint. Nach Andropows Tod schrieb Reagan in sein Tagebuch: »Ich hatte so ein Gefühl im Bauch, daß ich gern von Mann zu Mann mit ihm über unsere Probleme sprechen und sehen würde, ob ich ihn davon überzeugen kann, daß es von materiellem Nutzen für die Sowjets wäre, wenn sie sich der Völkerfamilie anschlössen.«[39] Aber nach außen zeigte sich Reagan entschlossen, die Aggression der Sowjetunion zu vereiteln.

Die indirekte Intervention der Sowjetunion in Polen im Dezember 1981 förderte die antisowjetische Stimmung in der Regierung, zugleich wuchs die Sorge: »Bei meinem ersten Treffen als Außenminister mit A. Gromyko in New York am 23. September 1981 nahm ich sofort die Gelegenheit wahr, Gromyko klarzumachen, die Lage in Polen liege den Vereinigten Staaten besonders am Herzen: ›Jede äußere Verwicklung in die inneren Angelegenheiten des polnischen Volkes würde schwerwiegende Folgen für alles haben, worüber wir sprachen, und für alles, was wir zu erreichen hoffen.‹ Gromyko gab keine Antwort« – so Alexander Haig in seinen Erinnerungen.[40] In jeder Zusammenkunft mit Gromyko und dem sowjetischen Botschafter Dobrynin betonte Haig, die Hoffnung auf Fortschritte in jedweder Frage zwischen den Vereinigten Staaten und der Sowjetunion sei von deren Verhalten gegenüber Polen abhängig. Aber die Sowjetunion nahm Polen weiter in die Zange, um den Reformprozeß in Polen zurückzudrehen und das kommunistische Regime zu stabilisieren. Die Sowjetunion verweigerte Kredite, setzte in Polen eine neue Militärregierung durch, und die Truppen der Roten Armee unternahmen Manöver gefährlich nahe der polnischen Grenze. Die Wirkung blieb nicht aus. In Polen wurde die Stimmung düster, dazu kam die Nahrungsmittelknappheit. Aber die Bevölkerung blieb trotzig, allen voran die Arbeiter, mit Lech Wałesa an der Spitze. Die Reformbewegung der Solidarność erhielt Auftrieb und wurde zum Ansatzpunkt der amerikanischen Polenpolitik. Allerdings waren sich Reagan und Haig darüber im klaren, daß eine direkte Einflußnahme auf die Ereignisse schwierig war. Deshalb beschränkte sich die offizielle amerikanische Polenpolitik auf Sanktionen und auf maßvolle Kritik gegenüber der Sowjetunion. Nach der Verhängung des Kriegsrechts im Dezember 1981 konzentrierten sich die USA nach außen auf humanitäre Hilfe für das polnische Volk und auf Kritik an der Sowjetunion. Sanktionen gegen die Sowjetunion und die Jaruzelski-Regierung wurden heftig diskutiert, ebenso ein totales Embargo durch den Westen. Aber die Verhängung des amerikanischen Weizenembargos hätte beispielsweise drei Milliarden Dollar Ausgleichszahlungen an die Farmer gekostet. Dazu war Reagan nicht bereit. Die UNO-Botschafterin Jeanne Kirkpatrick wollte die polnische Krise sogar vor die UNO bringen, aber Haig bedrängte Reagan, dies nicht zu tun, da im Sicherheitsrat zweifellos ein sowjetisches Veto zu erwarten war. Der Präsident verzichtete auf offene Konfrontation mit der Sowjetunion, nahm aber die Krise zum Anlaß, das Erdgasröhrengeschäft der Westeuropäer mit den Sowjets durch ein Embargo wichtiger amerikanischer Maschinen zu vereiteln – letztlich ohne Erfolg, aber mit Konsequenzen für die amerikanisch-westeuropäischen Beziehungen. Die offizielle Polenpolitik der USA blieb schließlich unter dem Einfluß der Westeuropäer maßvoll. Im Januar 1982 forderten die NATO-Außenminister die Aufhebung des Kriegsrechts in Polen, die Freilassung der polnischen Gefangenen und einen Dialog zwischen dem Jaruzelski-Regime, der Solidarność und der katholischen Kirche. Diese drei Grundsätze wurden zur Grundlage der westlichen Polenpolitik.

Aber im geheimen wurde eine völlig andere Strategie verfolgt. Inoffiziell und hinter den Kulissen entwickelte die Regierung Reagan fieberhaft Pläne, um das kommunistische Regime in Polen zu schwächen und zu stürzen. CIA-Chef Casey entwickelte ein Hilfsprogramm für Solidarność, denn Polen wurde für Reagan zur wichtigsten Region, in der der Kampf zwischen Freiheit und Unterdrükkung entschieden wurde. Für Reagan war das Versagen des Westens und der

USA synonym mit der Konferenz von Jalta 1945, weil Polen dort aufgegeben wurde. Polen war deshalb der Ort, an dem der Präsident die amerikanische Politik des *Roll-back* »remoralisieren« wollte. Hier sollte die Sowjetunion zu Fall gebracht werden – in ihrem eigenen Herrschaftsbereich.[41]

Reagan wurde darin von Haig und dessen Nachfolger Shultz unterstützt. Aber Haig plädierte für Zurückhaltung und für eine enge Abstimmung mit den Westeuropäern. Nach dem Zusammenbruch des Kommunismus in Europa ist es interessant, nachzulesen, wie Alexander Haig Mitte der achtziger Jahre die Politik Reagans persönlich einschätzte: »Am 13. November 1981 legte ich dem Präsidenten schriftlich dar, der vom polnischen Volk gemachte Fortschritt sei zwar weiterhin anfällig, aber die Bedeutung der polnischen friedlichen Revolution als Beweis dafür, daß es möglich war, die Macht Moskaus in Frage zu stellen, lasse sich gar nicht überschätzen. Wenn das, was in Polen geschehe, konsolidiert werden könne, dann wäre das ein für die Völker Osteuropas und die westlichen Wertvorstellungen historisches Ereignis.«[42]

Aufgrund dieser Einschätzung unterstützte die Regierung Reagan von Anfang an das Ringen um Demokratie in Polen, wenn auch fern der Öffentlichkeit: »Aus der Sicht des Arbeitszimmers im Weißen Haus, des Oval Office, wirkten die Ereignisse in Polen aufregend«, schrieb Ronald Reagan in seinen Memoiren. »Eines der grundsätzlichsten Verlangen der Menschheit, das Verlangen nach Freiheit, schien hinter dem Eisernen Vorhang aufzuleben. Das bedeutete einen Dammbruch im kommunistischen Reich. Ich wollte sichergehen, daß wir nichts taten, um diesen Prozeß zu stören, sondern wir wollten ihn unterstützen. Dies war das Ereignis, und dies war der Zeitpunkt, auf den wir seit dem Zweiten Weltkrieg gewartet hatten. Was in Polen passierte, könnte vielleicht wie ein Bazillus ganz Osteuropa anstecken.«[43] Nachdem das Kriegsrecht in Polen ausgerufen worden war, erklärte Reagan vor dem National Security Council, daß »dies vielleicht die letzte Chance in unserem Leben ist, um einen fundamentalen Wandel im sowjetischen Imperium in Osteuropa herbeizuführen«[44]. Gleichzeitig warnte er die Sowjets vor Intervention und Verletzung der Menschenrechte. Insgeheim intensivierte Reagan jedoch die Zusammenarbeit mit der polnischen Kirche und dem Vatikan und ließ durch die amerikanische Arbeitergewerkschaft und die CIA ein nichtmilitärisches Hilfsprogramm für Solidarność organisieren.[45]

Immer wieder verwies Reagan auf die Lage in Polen. Im Dezember 1981, nach Ausrufung des Kriegsrechts, redete er auf die westeuropäischen Verbündeten ein, sie sollten ihre Entspannung vom Fortschritt in Polen abhängig machen und die Kreml-Herrscher vor Intervention in Polen eindringlich warnen.

In Carol Wojtyła, ehemals polnischer Kardinal und seit 1978 als Johannes Paul II. auf dem Papstthron, fand Ronald Reagan schließlich einen idealen Verbündeten. Man entwickelte eine gemeinsame Einschätzung der Lage in Polen und daraufhin eine abgestimmte und koordinierte Strategie, um das kommunistische Regime zu Fall zu bringen. Beide waren kompromißlos antikommunistisch eingestellt. Lech Wałesa wurde der Dritte im Bunde, der dann durch materielle und finanzielle Hilfen der Regierung Reagan den Einfluß der Gewerkschaft Solidarität stärkte. Nicht nur der amerikanische Präsident, vor allem der Direktor der CIA, Casey, traf mit dem Papst mehrfach zusammen. Reagan war davon überzeugt, daß der gesamte Sowjetblock auseinanderbrechen würde, falls das kommunistische Regime in Polen fallen sollte.[46]

Er sollte recht behalten. Im Mai 1982 wurde die Zerstörung des Sowjetreiches offizielle Politik, als Reagan die Direktive 32 des Nationalen Sicherheitsrates unterzeichnete und ein Bündel von Maßnahmen autorisierte, um die oppositionellen antikommunistischen Kräfte mit entsprechenden Mitteln auszustatten. Auch Außenminister Haig sollte recht behalten: »Im letzten Grunde war die Solidarität ein Mittel, Regierung und Partei und letzten Endes den Kreml zu zwingen, sich die Wahrheit über das polnische Volk anzuhören. Die Kamera brachte die Botschaft weltweit zu Gehör. Mit dem Kriegsrecht wollte man die Solidarität wieder in die Gewalt bekommen, aber eben auch die Kameras verbannen. Vielleicht auch wird der Spruch der Geschichte lauten, in beidem hätten Jaruzelski und der Kreml zu spät gehandelt.«[47]

Ronald Reagan attackierte die Entspannungspolitik kompromißlos, weil diese von der Sowjetunion zum eigenen Vorteil genutzt wurde. Deshalb gehörten in den Augen Ronald Reagans Entspannung und militärische Vorherrschaft der USA zusammen. Deshalb plädierte er für eine 180-Grad-Wende der amerikanischen Politik gegenüber der Sowjetunion. Weil Frieden und Koexistenz den sowjetisch-kommunistischen Weltherrschaftsanspruch nicht stoppen konnten, war Stärke angezeigt. Schon auf der Konferenz der Warschauer-Pakt-Staaten im Frühjahr 1974 hatte Breschnew erklärt: »Wir Kommunisten müssen eine Zeitlang mit den Kapitalisten zusammenarbeiten. Wir brauchen deren Landwirtschaft und Technologie, aber wir werden unsere Rüstungsprogramme fortsetzen und Mitte der achtziger Jahre in der Lage sein, zu einer wesentlich aggressiveren Außenpolitik zurückzukehren, um in unseren Beziehungen zum Westen die Oberhand zu gewinnen.« Mit Blick auf Europa soll Breschnew gegenüber der tschechoslowakischen Führung im Februar 1977 erklärt haben: »Im Jahre 1985 werden wir die meisten unserer Ziele in Westeuropa erreicht haben, und die Umkehrung des Kräfteverhältnisses wird dann so einschneidend sein, daß wir unseren Willen immer, wenn es nötig ist, durchzusetzen imstande sein werden.« Ronald Reagan sorgte sich um die Konsequenzen dieser sowjetischen Politik. Weil die Sowjetunion weiter massiv aufrüstete, setzte er alles daran, die Stationierung der nuklearen Mittelstreckenraketen SS–20 rückgängig zu machen. Nach der westlichen Nachrüstung zog sich die Sowjetunion zunächst von weiteren Verhandlungen zurück. Das störte Reagan zunächst weniger als seine westeuropäischen Verbündeten, denn er war nicht bereit, an den Verhandlungstisch zurückzukehren, ohne vorher eigene Stärke demonstriert zu haben.

So konzentrierte sich Ronald Reagan in seiner ersten Amtsperiode auf die Wiederherstellung von Amerikas militärischer Stärke und forderte vom Senat bis 1987 insgesamt 1,7 Billionen US-Dollar für Rüstung. Sie wurden ihm bewilligt, im gleichen Atemzug wurden die Sozialleistungen radikal gekürzt. Aber angesichts des steigenden Haushaltsdefizits, der hohen Zinsraten und der gesamtwirtschaftlich besorgniserregenden Situation schmolz der Nutzen dieses gigantischen Rüstungsprogramms zusammen. Ronald Reagan hatte jedoch die militärische Überlegenheit der Sowjetunion gebrochen. Sie hatte die Fähigkeit zur Eskalationsdominanz verloren. Das bedeutete, die Sowjetunion würde im Moment einer politischen Krise oder bei Kriegsausbruch nicht mehr durch militärische Überlegenheit den weiteren Verlauf des Konflikts bestimmen können. Reagan hatte eine vertikale Eskalationsdominanz erreicht: Besaßen die USA in den sechziger Jahren noch die Fähigkeit zur Führung von »zweieinhalb« Kriegen, das heißt zwei kontinentalen und einem lokalen Krieg, so hatte Nixon diese Fähigkeit auf »anderthalb« Kriege reduziert. Unter Ford und Carter blieb es dabei. Erst Verteidigungsminister Weinberger erweiterte die Militärstrategie erneut, so daß die USA wieder gleichzeitig in drei verschiedenen Regionen – in Asien, Europa und im Persischen Golf – für Kriege gewappnet waren.

Zu Beginn seiner zweiten Amtszeit war klar, daß Reagan zwar ein klares Feindbild hatte und eine ambitiöse Militärstrategie verfolgte, aber kein politisches Konzept für den Umgang mit den Sowjets besaß. Es fiel Reagan nicht schwer, den Sowjets alle Schuld an den Problemen der Welt zuzuweisen, aber er schien keine kohärente Strategie und keine angemessene Politik gegenüber der Sowjetunion zu entwickeln. Er hatte zwar Tausende von neuen Waffen angehäuft, die militärischen Kommunikationssysteme verbessert, neue Rüstungsprogramme angeregt – SDI hatte den Sowjets einen entscheidenden Stoß versetzt –, aber der Dialog mit der Sowjetunion war dabei auf der Strecke geblieben. Der Kreml wurde aufgerüttelt und war zugleich schockiert. Die westeuropäischen Verbündeten der USA drängten Reagan dazu, den Dialog mit der sowjetischen Führung zu suchen. Reagan folgte nur widerwillig. Er schien zu einer pragmatischen und kooperativen Außenpolitik gegenüber der Sowjetunion weder fähig noch willens. Durch seine Neigung zur ideologischen Vereinfachung, sein Desinteresse an komplexen politischen Entscheidungsprozessen, seine Unfähigkeit, zwischen antikommunistischer Ideologie und pragmatischer Politik zu unterscheiden, wurden die Probleme verschärft. Viele bezweifelten, ob er überhaupt daran interessiert war, mit der Sowjetunion zu verhandeln. Mit SDI hatte Reagan Freund und Feind vor den Kopf gestoßen. Erst wenn die Zahl der Angriffsraketen drastisch reduziert worden wäre, hätten Raketenabwehrsysteme Sinn gemacht. So aber wurde SDI von sowjetischer Seite als zusätzliche Stärkung der Angriffswaffen interpretiert. Reagans gleichzeitiger Aufbau neuer Offensivsysteme und des SDI-Programms ließ nicht nur bei den Sowjets die Vermutung aufkommen, daß die amerikanische Regierung die Festigung ihrer Erstschlagsfähigkeit suchte.

Deshalb bemühten sich Außenminister George Shultz, der Stabschef des Weißen Hauses, Donald Regan, und nicht zuletzt Reagans Frau Nancy, den Präsidenten davon zu überzeugen, daß das Gespräch mit den Sowjets überfällig sei.[48] Durch Abrüstung würde die eigene Wirtschaft entlastet werden. Das war dringend notwendig, denn die optimistischen Prognosen der »Reagonomics« waren nicht eingetreten, vielmehr war die Verschuldung des Staatshaushaltes drastisch angestiegen. Zwar hatte die US-Regierung protektionistischen Forderungen widersprochen, sogar Notmaßnahmen getroffen, um die Schulden Mexikos, Brasiliens und Argentiniens abzubauen, doch das amerikanische Finanz- und Wirtschaftssystem war in den ersten vier Jahren der Regierung Reagan arg strapaziert worden. Auch ging Amerikas Wiederaufschwung zum großen Teil auf Kosten anderer Länder, deren Kapital wegen der hohen amerikanischen Zinssätze in die Vereinigten Staaten abfloß.[49] Protektionismus griff um sich, da der hohe Dollarkurs die Konkurrenzfähigkeit der amerikanischen Waren im Ausland beeinträchtigte und ausländische Produkte auf den US-Markt drängten, was den USA gewaltige Handelsdefizite bescherte. Das amerikanische Haushaltsdefizit, Hauptursache der hohen Zinssätze, sowie die weltwirtschaftlichen Probleme konnten leichter gelöst werden, wenn die horrenden Rüstungsausgaben gesenkt wurden. Aber Reagan hielt an der Aufrüstung fest, besonders an der Ausweitung des SDI-Programms. SDI war für ihn eine Trumpfkarte, während Shultz, McFarlane und einige andere SDI bei den Rüstungskontrollverhandlungen mit der sowjetischen Führung zur Disposition stellen wollten.[50] Doch erst mit dem Machtantritt Michail Gorbatschows änderte sich Reagans Einstellung, wenn auch langsam.

Reagan glaubte wie F. D. Roosevelt vor allem an seinen Charme und seine

Überredungskunst. Mit Gorbatschow wollte er ein neues vertrauensvolles Verhältnis aufbauen: »Ich hatte davon geträumt, einem sowjetischen Führer persönlich von Mann zu Mann zu begegnen, weil ich glaubte, daß es möglich sein würde, zwischen uns beiden Dinge zu erreichen, die unsere Diplomaten nicht erreichen konnten, weil sie einfach dafür nicht die Autorität besaßen. Oder um es anders auszudrücken: Ich spürte, daß, wenn ich mit dem Mann der Spitze auf einem Gipfel spreche und verhandele, wir beide dann Arm in Arm zu dem Ergebnis kommen könnten: Wir haben dies und das erreicht. Bürokraten wären nicht in der Lage, ein solches Abkommen zu schaffen. Aber ich hatte keine Chance und keine Gelegenheit, meine Ideen mit einem sowjetischen Führer auszuprobieren. Erst als Gorbatschow kam, hatte ich das Gefühl, daß sich diese Chance ergeben könnte.«[51] Fortan milderte Reagan seine antikommunistische Rhetorik. Zwar zeigte er sich von Gorbatschow nicht so beeindruckt wie die Deutschen, die ihn wiederholt zum Dialog mit dem Sowjetführer drängten. Aber vielleicht war mit dem neuen Mann doch eine Wende möglich?

Gorbatschow lag viel daran, Reagan persönlich kennenzulernen. Zunächst hatten die Außenminister in vorangegangenen Gesprächen ein gewisses Vertrauen zueinander gefaßt. Schewardnadse erinnert sich: »Bei unserer zweiten Begegnung im September 1985 in New York sagte ich zu Shultz: ›Vieles in der Welt hängt vom Zustand der sowjetisch-amerikanischen Beziehungen ab. Diese wiederum hängen in vielerlei Hinsicht von meinen Beziehungen zu Ihnen ab. Ich bin gewillt, Ihnen ein ehrlicher und verläßlicher Partner und, wenn Sie das ebenfalls wollen, auch ein Freund zu sein.‹ Shultz erhob sich spontan vom Tisch und streckte mir die Hand entgegen: ›Da haben Sie meine Hand. Geben Sie mir die Ihre!‹ Seither habe ich seinen Händedruck immer gespürt. Bisweilen wurde er aus Gründen, auf die wir beide keinen Einfluß hatten, schwächer; doch nie waren diese Elemente stärker als der beiderseitige Wunsch, einander anzuhören und zu verstehen, ein für beide Seiten annehmbares Resultat zu erzielen.«[52] Auch wenn man die üblichen diplomatischen und freundschaftlichen Beteuerungen beiseite läßt, so ist doch unübersehbar, daß seit dem Amtsantritt von Gorbatschow und Schewardnadse ein fundamentaler Wandel in der sowjetischen Politik eintrat, der seinen Eindruck auch bei Reagan und Shultz nicht verfehlte.

Schließlich konnte bei dem Treffen zwischen Reagan und dem sowjetischen Außenminister im Weißen Haus am 27. September 1985 das Eis gebrochen werden.[53] Shultz hatte auch mit Blick auf seine Auseinandersetzung mit den Falken in der amerikanischen Regierung einen wichtigen Sieg errungen. Er schildert in seinen Memoiren die bürokratischen Auseinandersetzungen ausführlich und vermittelt den Eindruck, daß er für die Auseinandersetzung mit seinen Washingtoner Gegnern fast soviel Zeit wie für die Verhandlungen mit seinen sowjetischen Kollegen aufwenden mußte. Zu Beginn der zweiten Amtszeit hatte Shultz schließlich Erfolg und konnte den Präsidenten dem Einfluß seiner erzkonservativen Berater entziehen. Der Weg zum Gipfel in Genf war freigekämpft, in Moskau wie in Washington.

Reagan bereitete sich auf seinen ersten Gipfel mit der sowjetischen Führung ausgiebig vor, auch schauspielerisch: Neben den intensiven Vorbereitungen mit seinen Beratern wurden die Gespräche mit Gorbatschow simuliert, um Reagan auf alle Eventualitäten vorzubereiten. Der Sowjetexperte und spätere Botschafter in Moskau, Matlock, spielte in diesem Schlagabtausch die Rolle Gorbatschows. Reagans kampfbetonter Antikommunismus war einer gemäßigten Sprache gewichen. Jetzt spielte Reagan seine früheren harten Attacken auf die Sowjetunion als »sprachliche Mißverständnisse« in der Öffentlichkeit herunter. Vor seiner Abreise nach Genf erklärte er, daß er dort den Frieden stärken wolle. Das aber rief die kalten Krieger in Washington auf den Plan: Verteidigungsminister Weinberger warnte seinen Präsidenten ungewöhnlicherweise in einem offenen Brief vor Zugeständnissen:

»In Genf werden Sie auf dreifache Weise unter Druck geraten und könnten dabei ihre Optionen gegenüber der Sowjetunion gefährden:

1. Die erste Gefahr besteht darin, daß Sie sich als Präsident in Zukunft an die (nicht ratifizierten) Abmachungen von SALT II halten,
2. daß Sie in Genf formell zustimmen werden, SDI auf Forschung, Entwicklung und Test zu beschränken,
3. daß die Sowjetunion eine Kommuniqué-Sprache durchsetzen könnte, die die sowjetischen Rechtsbrüche der Rüstungskontrolle verschleiern könnten.«[54]

Das Gipfeltreffen vom 19. bis 21. November 1985 in Genf brachte zwar keine greifbaren Ergebnisse, war jedoch für das psychologische Klima der Beziehungen wichtig. Beide Staatschefs lernten sich gegenseitig besser kennen. So erkannte Gorbatschow, daß Reagan nicht von SDI als Mittel zur Beendigung des nuklearen Wettrüstens abrücken wollte. Reagan sah umgekehrt, daß Gorbatschow revolutionären Wandel im sowjetischen Imperium anstrebte. Aber Reagans Vorschläge einer fünfzigprozentigen Reduzierung der Nuklearwaffen bei gleichzeitiger Fortsetzung des SDI-Forschungsprogramms blieben für Gorbatschow unannehmbar.[55]

Weder Reagan noch Gorbatschow waren in Genf zu substantiellen Kompromissen bereit. Das zweitägige Gipfeltreffen brachte deshalb keine konkreten

Ergebnisse, aber beide wurden verständnisvoller und entwickelten ein persönliches Verhältnis zueinander. Gorbatschow allerdings hielt mehr auf Distanz; er war mit dem Gipfel ein größeres Risiko eingegangen als der amerikanische Präsident. Reagan hatte von Anfang an Kompromißlosigkeit gezeigt. Es war also kein Geben und Nehmen, sondern zuerst ein harter Schlagabtausch. Michail Gorbatschow erinnert sich: »Die erste Verhandlungsrunde förderte im wesentlichen das enorme Ausmaß und die Schärfe der Konfrontation zu Tage. Gegenseitiges Mißtrauen und politische Taubheit, die es nicht erlaubten, auf Zwischentöne zu achten, prägten die Atmosphäre. Dieser Eindruck verstärkte sich noch, als wir zur Erörterung regionaler Konflikte übergingen. Reagan ließ sich detailliert über unsere Einmischung in die inneren Angelegenheiten der Dritten Welt aus und beklagte, daß diese wesentlich die Spannungen zwischen Washington und Moskau verursachten.«[56]

Im Verlauf der Gespräche entspannte sich die Situation. Keiner von beiden war mehr allein auf Sieg aus, vielmehr war jeder auch um Verständnis für die Sorgen und Interessen des anderen bemüht. Das war schon sehr viel: »Ich machte den Amerikanern nochmals klar, daß das SDI-Projekt der Halbierung unserer Atomwaffenarsenale im Wege stand, die amerikanische Administration also etwas unternehmen mußte; andernfalls würde es uns nicht gelingen, die Nuklearwaffen zu reduzieren. Reagan beharrte auf seinem Standpunkt. Auch wir wollten nicht klein beigeben. ... Und dies war wohl der einzige erfolgversprechende Umstand: Keine der Seiten wollte das Genfer Treffen scheitern lassen.«[57]

Genf war für beide Staatschefs ein Lernprozeß, wie Gorbatschow sich weiter erinnert: »Etwas ganz Wichtiges [war] in uns beiden an jenem schweren Tag vorgegangen. Ich glaube, dabei haben zwei Faktoren eine Rolle gespielt – Verantwortungsbewußtsein und Intuition. Noch mittags und selbst noch beim abendlichen Abschied vertraten wir völlig entgegengesetzte Standpunkte. Unmerklich jedoch begann der Faktor Mensch eine Rolle zu spielen. Politisches Fingerspitzengefühl hatte uns beide veranlaßt, den Bruch zu meiden und die Kontakte fortzusetzen. Tief im Innern war die Hoffnung entstanden, vielleicht doch zu einer Übereinkunft gelangen zu können.«[58] Gorbatschow erkannte, daß Reagan die Nukleararsenale beider Seiten radikal abrüsten wollte, doch an SDI kompromißlos festhielt. Ferner warnte Reagan vor sowjetischen Verwicklungen in internationale Krisen und drängte auf Einhaltung der Menschenrechte. Gorbatschow blieb über SDI höchst beunruhigt, schien aber an Abrüstung aufrichtig interessiert und gewillt, die Sowjetunion innen- und außenpolitisch von oben nach unten zu revolutionieren, ohne Rücksicht auf die dogmatisch-kommunistischen Kräfte.

In Genf entwickelten beide Präsidenten Respekt voreinander. Die Grundlage für weitere Verhandlungsrunden auf Gipfelebene wurde gelegt. Sachlich einigte man sich in Genf auf folgende Punkte:

- Für START wurde eine Reduzierung der strategischen Arsenale um fünfzig Prozent sowie ein getrenntes, gesondertes Abkommen über eine möglichst vollständige Abrüstung der nuklearfähigen Mittelstreckenraketen (INF) in Europa ins Auge gefaßt.
- An die Stelle der erfolglosen MBFR-Verhandlungen sollte eine Konferenz über konventionelle Abrüstung und vertrauensbildende Maßnahmen treten.
- Beide Seiten erklärten, keine militärische Überlegenheit anzustreben. »Genügsamkeit« wurde zum Schlüsselbegriff.[59]

Unterschiedliche Prioritäten blieben auch nach Genf erkennbar: Reagan hielt weiter an SDI fest, weil er eine sowjetische Erstschlagskapazität fürchtete. Gorbatschow hingegen suchte die Dynamik der amerikanischen Rüstungsinnovationen, die sich nicht nur auf SDI bezogen, insgesamt zu drosseln, denn mit diesem Tempo konnte der Kreml nicht mithalten. So muß nüchtern festgehalten werden, daß hinter der irrealen Vision einer Welt ohne Nuklearwaffen beide Supermächte nach wie vor ihre alten machtpolitischen Ziele verfolgten.

Von Genf reiste Reagan nach Brüssel, um die NATO zu informieren. Besonders die deutsche Bundesregierung war erleichtert, daß Reagan endlich in Gespräche mit Gorbatschow eingetreten war. Auch Gorbatschow, der sofort die Mitgliedstaaten des Warschauer Pakts informierte, erntete Zustimmung. Aber in Moskau und Washington blieben die Hardliner wachsam und mißtrauisch. Die Monate nach dem Gipfeltreffen waren von dem gegenseitigen Bemühen gekennzeichnet, Klima und Substanz der Beziehungen zu verbessern. Die politische Sprache wurde verständnisvoller, Reagan hielt zur Jahreswende 1985/86 sogar eine Neujahrsansprache im sowjetischen, desgleichen Gorbatschow im amerikanischen Fernsehen. Spione und politische Gefangene wurden ausgetauscht, Handelsrestriktionen abgebaut.

Gorbatschow ergriff die Initiative mit einer Serie von Abrüstungsvorschlägen, die den Westen und vor allem die USA überraschten. Washington reagierte zögerlich und vorwurfsvoll: Die Sowjetunion würde die Abrüstungsverträge nicht einhalten. Gorbatschow war unzufrieden: »Die Tatsache, daß die USA und ihre Verbündeten an der strategischen Verteidigungsinitiative festhielten, machte deutlich, daß sich sowohl die Regierung als auch das Großkapital Westeuropas immer weiter in den verhängnisvollen Plan hineinziehen ließen und so zu Komplizen einer neuen, noch gefährlicheren Runde des Rüstungswettlaufs wurden.«[60] Für Gorbatschow war das Abrücken von SDI Voraussetzung für eine Wende in der sowjetischen Sicherheitspolitik. Deshalb drängte er die Regierungen des westlichen Bündnisses, vor allem Bonn, auf einen Wandel der amerikanischen Position hinzuwirken. Doch Reagan ging noch weiter: Er erklärte öffentlich, die USA fühlten sich nicht länger an den SALT-II-Vertrag von 1979 gebunden; dann ließ er Libyen, einen Verbündeten der Sowjetunion, bombardieren und erneuerte den Vorwurf, die Sowjetunion unterstütze den Terrorismus weltweit. Gleichzeitig drängte besonders Außenminister Shultz auf weitere Gipfeltreffen. In Moskau war man irritiert, denn ein weiterer Gipfel ohne greifbare Ergebnisse war für Gorbatschow machtpolitisch gefährlich. Das gigantische Rüstungsprogramm der USA wurde fortgeführt, ebenso die verdeckten geheimen militärischen Hilfsmaßnahmen für antikommunistische Kräfte in aller Welt wie in Afghanistan oder Zentralamerika. Reagan, bekannt für geschmacklose Witze, erklärte während einer Sprechprobe im Glauben, das Mikrofon sei abgeschaltet: »Meine lieben Amerikaner, ich bin erfreut, Ihnen heute mitzuteilen, daß ich ein Gesetz unterschrieben habe, das Rußland für immer für gesetzlos erklärt. Wir beginnen in fünf Minuten mit der Bombardierung.«[61] Amerika, Europa und vor allem die Sowjetunion waren über Reagans Entgleisung entsetzt. Aber Moskau ließ sich nach außen nichts anmerken und blieb an einem weiteren Gipfel interessiert.

Am 18. September 1986 übermittelte Außenminister Schewardnadse in Washington dem amerikanischen Präsidenten den Vorschlag Gorbatschows zu einem neuen Gipfeltreffen, entweder in London oder in Reykjavik. Shultz war überrascht, denn Gorbatschow hatte jetzt zwei Hauptstädte von NATO-Mitgliedstaaten vorgeschlagen – das war neu und deutete auf Beweglichkeit hin![62] Nach Überwindung einiger Schwierigkeiten in nachgeordneten Einzelfragen, wie zum Beispiel Spionageangelegenheiten, einigten sich beide Seiten auf ein Gipfeltreffen in Reykjavik vom 10. bis 12. Oktober 1986.

Reagan reiste ohne ausreichende Vorbereitung zu diesem Gipfel – ausgerechnet er hatte wiederholt erklärt, daß er keinem Gipfel ohne angemessene Vorbereitung zustimmen würde.[63] Er war davon überzeugt, daß die Abschaffung von Atomwaffen so bedeutend sei, daß dieser Vorschlag auch Gorbatschow beeindrucken werde – jeder vernünftige Mensch müsse derselben Meinung sein. Das war von Reagan nicht zynisch gemeint. Mit entwaffnender Offenheit machte er auf diesem Gipfel deutlich, daß er auch die bündnispolitischen Fragen bilateral mit den Sowjets regeln wolle. Umgekehrt wurde Reagan von Gorbatschow mit Vorschlägen überschüttet. Plötzlich lag eine sensationelle Einigung in der Luft: Beide Seiten standen kurz vor der Übereinstimmung, innerhalb von zehn Jahren sämtliche Nuklearwaffen und Raketensysteme zu vernichten – vorausgesetzt, so Gorbatschow, die USA hielten den ABM-Vertrag ein und beschränkten SDI auf Forschung. Aber Reagan bestand weiterhin hartnäkkig darauf, daß das SDI-Programm Forschung, Entwicklung und Test beinhalten müsse. Nach stundenlangen Verhandlungen waren beide Seiten enttäuscht. Kurz vor dem Ziel konnte keiner verstehen, warum die andere Seite nicht zustimmte. Reagan sah nicht ein, warum sein Verteidigungssystem die Abschaffung aller Nuklearwaffen behindern sollte, und Gorbatschow blieb mißtrauisch, denn SDI war für ihn ein rotes Tuch. Hinter den rüstungskontrollpolitischen Argumenten beider blieben die Gegensätze bestehen. Reagan bestand auf SDI, vor allem auf uneingeschränkter Forschung und Erprobung für weitere zehn Jahre, Gorbatschow hingegen wollte die SDI-Forschung auf Laboratorien und die Abmachungen des ABM-Vertrages beschränkt wissen. Reagan wäre zu Teillösungen bei der Abrüstung der Interkontinental- oder Mittelstreckenraketen bereit gewesen. Gorbatschow hingegen beharrte auf einer Paketlösung. Die Begrenzung beziehungsweise Eliminierung von SDI und die Reduktion der Nuklearwaffen gehörten für ihn zusammen.

Der amerikanische Präsident wollte die USA unangreifbar machen und zur führenden Weltmacht und Weltraummacht ausbauen. Er glaubte, daß die Sowjetunion einen forcierten Rüstungs- und Technologieschub nicht würde durchhalten können. Gorbatschow hingegen versuchte genau dies zu verhindern, wohl wissend, daß ein Rüstungswettlauf im All sein ehrgeiziges innenpolitisches Reformprogramm behindern würde. Beide Präsidenten machten aus ihrer unmittelbaren Enttäuschung keinen Hehl: »Wir waren so dicht an einem Ergebnis!« erklärte Ronald Reagan.[64]

In Reykjavik schien ein sowjetisch-amerikanisches Kondominium in Reichweite. Darüber waren die Verbündeten der Amerikaner ziemlich entsetzt. Vor allem die Atommächte verfolgten die Gespräche mit Mißtrauen, denn Großbritannien, Frankreich und China waren nicht gewillt, ihre Atomwaffen zu vernichten. Doch im letzten Moment scheiterte das Gipfeltreffen. Gorbatschow hatte seine Forderungen überzogen. Er hatte die Situation und die Hartnäckigkeit Reagans falsch eingeschätzt, als er versuchte, die Abschaffung strategischer Waffen mit einem zehnjährigen Testverbot für SDI zu verbinden. Vielleicht wäre Gorbatschow besser beraten gewesen, wenn er nur auf Abschaffung der Raketenarsenale bestanden hätte. Bisher ausgehandelte Punkte hätten festgeschrieben werden können. Aber als Gorbatschow Reagan bedrängte, in Sachen SDI Zugeständnisse zu machen, reagierte Reagan völlig unerwartet: Er stand einfach auf und verließ den Verhandlungsraum. Gorbatschow erinnert sich: »Wir legten Pausen ein, kamen erneut zusammen, um die Diskussion fortzuführen, zogen uns wieder zu Beratungen im Rahmen der Delegationen zurück. Nur ein einziger Schritt noch trennte uns von einem triumphalen Abschluß; SDI jedoch wurde zum Stolperstein. Kurz und gut, im fernen Reykjavik tobten wahrscheinlich Shakespearesche Leidenschaften.«[65]

Aber war ein Abkommen in Reykjavik tatsächlich unvorstellbar? Gorbatschow erklärte weiter in seinen Erinnerungen: »Neulich nahm ich den Reader einer Konferenz in Princeton vom Februar 1993 in die Hand. An der Konferenz hatten viele der Amerikaner teilgenommen, mit deren Hilfe es letzten Endes gelungen war, den Weg zur Beendigung des kalten Krieges zu ebnen: George Shultz, Paul Nitze, Jack Matlock, Rozanne Ridgway, Frank Carlucci. Matlock hatte dort unter anderem von seinem Gespräch mit McFarlane über das Treffen in Reykjavik erzählt. Der ehemalige Sicherheitsberater des Präsidenten hatte sich demnach verblüfft gezeigt, daß Reagan unsere Vorschläge abgelehnt hatte: Schließlich hätten sie doch genau dem entsprochen, was er, McFarlane, immer angestrebt habe. Angesichts der Reduzierung der strategischen Waffen sei ein zehnjähriger Aufschub der Tests für SDI durchaus zu vertreten gewesen; den Vorschlag abzulehnen war, so McFarlane, absurd. Die Logik unseres Vorgehens wurde also selbst von einem der engsten Mitarbeiter des Präsidenten anerkannt.«[66]

Im nachhinein erscheint der Gipfel von Reykjavik als ein klassisches Beispiel für amateurhafte, schlecht vorbereitete und zum Teil romantisch-naive Gipfeldiplomatie, wie sie Reagan verabscheute und doch selbst herbeigeführt hatte. Er hatte sich überschätzt und Gorbatschow für zu leicht befunden: »Ich war sicher, daß der Präsident gewillt war, in Reykjavik die Früchte zu ernten, die ich für ihn gezüchtet hatte. Er glaubte, mich matt gesetzt zu haben. Und ich hatte recht. Das Treffen in Reykjavik zeigte, daß mein Partner auf ein sachliches Gespräch nicht gründlich vorbereitet war, obwohl die Aufgabe vorab deutlich umrissen wurde, galt es doch, den Verhandlungen über die Reduzierung der strategischen Offensivwaffen neuen Auftrieb zu verleihen.«[67]

Aber nur zwei Tage später wich die Enttäuschung einer optimistischen Sicht, als Reagan erklärte: »Glauben Sie mir, die Bedeutung des Treffens in Reykjavik liegt nicht in der Tatsache, daß letztlich kein Abkommen unterzeichnet wurde, sondern vielmehr darin, daß wir unsere Standpunkte so nah aufeinander zubewegt haben.«[68] Gorbatschow teilte diese Meinung im nachhinein: »Reykjavik bedeutete bei aller Dramatik keine Niederlage, sondern einen Durchbruch, da beide Seiten erstmals einen Blick hinter den Horizont gewagt hatten.«[69]

Er sollte recht behalten. Nur ein Jahr später wurde die Vernichtung aller Mittelstreckenraketen in Europa beschlossen. Aber Gorbatschows und Reagans

»Beinahe-Ergebnis« in Reykjavik, die Abschaffung aller Nuklearwaffen, kam als Schock für die Verbündeten in Europa, besonders für die beiden weiteren Nuklearwaffenstaaten im westlichen Bündnis. In den vergangenen Jahren war nur unter Aufbietung aller außen- und innenpolitischen Kräfte der NATO-Doppelbeschluß und damit die Strategie der nuklearen Abschreckung gestärkt und gefestigt worden. Die politische, militärische und nicht zuletzt auch die moralische Verankerung der Nuklearstrategie als Garant des Friedens war nicht nur angesichts der großen innenpolitischen Gegenströmungen der Friedensbewegungen in Europa eine große Leistung der NATO-Staaten, die der alternden Kremlführung unter Breschnew, Andropow und Tschernenko klarmachte, daß der Westen die maßlose Aufrüstung der Sowjetunion nicht tatenlos hinnehmen würde. Nun war es nicht die politische Linke und die Friedensbewegung im Westen, sondern der amerikanische Präsident selbst, der die völlige Eliminierung der Nuklearwaffen vorschlug und damit an den Festen der westlichen Nuklearstrategie des Bündnisses rüttelte. Reagans Vorschläge zu SDI und sein Auftreten in Reykjavik gegenüber Gorbatschow stellten die moralischen und strategischen Grundlagen des westlichen Bündnisses so radikal in Frage, wie dies kein anderer amerikanischer Präsident in der Nachkriegszeit gewagt hätte, ohne den Rat der Bündnismitglieder einzuholen. Um Reagan nicht öffentlich zu desavouieren, wurde die Kritik in den Hauptstädten der westlichen Welt hinter vorgehaltener Hand artikuliert. Auch in Washington gingen die Meinungen weit auseinander. Vizepräsident Bush war ebenso entsetzt wie viele westeuropäische Regierungschefs. Aber Reagan nahm diese Gefahr der Spaltung des Bündnisses offenbar seelenruhig in Kauf.

Umgekehrt waren der Schock, die Enttäuschung und Verbitterung im Bündnis groß: Wie konnte der amerikanische Präsident nur so weit gehen und sich mit dem sowjetischen Präsidenten (fast) einigen, ohne sich vorher mit den Verbündeten zu beraten? Erneut war für Westeuropa deutlich geworden, daß Reagan die amerikanische Führungsrolle »absolutistisch« interpretierte und allein entschied, ohne die entsprechenden multilateralen oder multinationalen Gremien und Verhandlungsprozeduren zu berücksichtigen, geschweige denn sich mit den Staatschefs einzeln oder gemeinsam abzusprechen. Reagans Rolle als Hüter der Interessen der NATO war in Reykjavik unglaubwürdig geworden.[70] Die Ironie des Scheiterns bestand darin, daß Reagans stures Festhalten an einer Nebensächlichkeit wie der Unterscheidung in Sachen SDI zwischen Forschung, Entwicklung und Test letztlich die westliche Welt vor einer sicherheitspolitischen Katastrophe bewahrte: »In Reykjavik war Präsident Reagan offensichtlich bereit, unsere gesamte Nuklearstrategie zu verraten, aber gleichzeitig völlig unvorbereitet, einen Kompromiß in Sachen SDI-Test außerhalb des Laboratoriums zu finden. Es ist kaum zu glauben, daß Reagans Beharren auf absoluter Freiheit, SDI umfassend zu testen, letztlich dazu führte, daß die jahrzehntealte westliche Sicherheitsstrategie der nuklearen Abschreckung unangetastet blieb.«[71]

Umgekehrt glaubte die Linke in Europa (und ein Teil der Rechten in den USA), daß eine große Chance leichtsinnig vertan worden war. Beinahe wäre Ronald Reagan in Reykjavik zum Helden der Friedensbewegung geworden. Er selbst fühlte sich von Reykjavik enttäuscht: »Meine Hoffnungen auf eine nuklearfreie Welt waren verflogen, deshalb gehörten diese Tage in Reykjavik zu den zutiefst enttäuschenden und ärgerlichsten meiner Präsidentschaft.«[72]

Dabei darf aber nicht vergessen werden, daß in Reykjavik auch positive Ergebnisse erzielt wurden. Beide Seiten stimmten darin überein, innerhalb von fünf Jahren die strategischen Arsenale um fünfzig Prozent zu verringern und die Mittelstreckenraketen möglichst durch eine Nullösung abzuschaffen, allenfalls hundert SS–20-Raketen weltweit außerhalb Europas zuzulassen.

Nach dem Gipfeltreffen konzentrierte sich die Regierung Reagan auf die Reduzierung strategischer Waffen. Dazu gehörte auch die Planung der Vernichtung sowjetischer und amerikanischer Kurz- und Mittelstreckenraketen in Europa. Diese abrüstungspolitische Perspektive stand im Einklang mit der politischen Entwicklung. Das Ende des kalten Krieges rückte näher, beide Seiten erkannten zunehmend die Sinnlosigkeit der nuklearen Überrüstung. Trotzdem entwikkelte sich der Dialog nach Reykjavik zunächst zähflüssig, woran die USA nicht ganz unschuldig waren. Die Treffen zwischen Shultz und Schewardnadse wurden zu einem harten Ringen um die Interpretation der in Reykjavik erzielten Teilergebnisse. Vor allem wurde der Disput über die Menschenrechte von beiden Außenministern im Rahmen der KSZE hart fortgesetzt: »Eine Regierung, die kein Vertrauen in die Rechte ihrer eigenen Bürger hat, der kann auch außenpolitisch oder international nicht vertraut werden«, so Außenminister Shultz.[73] Das war starker Tobak, doch gleichzeitig als Ansporn für Gorbatschow und Schewardnadse gedacht, Glasnost und Perestroika noch stärker anzukurbeln.

Weil die Bundesregierung in Bonn Gorbatschow ermutigte, wurde Washington mißtrauisch. Eine andere Sicht der West-Ost-Beziehungen, Unterschiede in der Ostpolitik des Westens waren Ausdruck verschiedener Interessen, geopolitischer Positionen und letztlich unterschiedlicher Vorstellungen über Sinn und Ziel von Entspannungspolitik. Die innerwestlichen Rivalitäten in der Ostpolitik, vor allem die Konflikte zwischen Bonn und Washington, die auf amerikanischer Seite in dem Vorwurf des »Genscherismus« gipfelten, hatten auch eine positive Seite: Sie waren Ausdruck einer konstruktiven Rivalität von Demokratien, die um den richtigen Weg rangen, dabei aber die Interessen des anderen wohlweislich im Auge behielten. Die Sowjetunion hatte, was die Westpolitik ihres Bündnisses anging, nichts Gleichwertiges vorzuweisen. Die Verbündeten kritisierten nicht, um das »Lager« zusammenzuhalten, sondern suchten in Glasnost und Perestroika nach Möglichkeiten, dem Sowjetimperium zu entkommen, dieses zu sprengen und den Traum von eigener nationaler Unabhängigkeit, von Freiheit und Menschenrechten zu verwirklichen.

Angesichts dieser grundsätzlich günstigen Lage im West-Ost-Verhältnis erstaunt es, daß sich die Ausgangslage für die amerikanische Außenpolitik drei Wochen nach Reykjavik verschlechtert hatte. Das lag daran, daß die Republikaner ihre Mehrheit im Senat verloren und – noch schlimmer – die Öffentlichkeit von den geheimen und widerrechtlichen Waffengeschäften der Regierung Reagan mit dem Iran erfuhr, mit deren Hilfe amerikanische Geiseln im Libanon befreit und die antikommunistischen Contadora-Rebellen in Nikaragua unterstützt wurden. Die Iran-Contra-Affäre wurde publik.[74] Ähnlich wie im Fall Watergate wurde auch »Iran-Gate« zur Hauptbelastung der Politik der Regierung Reagan der letzten Jahre. Sie überschattete zusehends alle anderen Erfolge. Nur oberflächlich waren die USA in der Defensive, substantiell sah die Lage günstig aus: Gorbatschow war außenpolitisch überall zum Rückzug gezwungen. Dank der amerikanischen Unterstützung mußten die Sowjets in Afghanistan nachgeben und baten praktisch Amerika um Hilfe, um sich aus Afghanistan möglichst ungeschoren zurückziehen zu können. Zu Recht konnte Shultz im November 1986 seinem Präsidenten erklären: »Wir sind psychologisch in einer überlegenen Position, und wir werden das bleiben. Wir können es uns erlauben, Gorbatschow als Erneuerer zu respektieren, solange er die Erneuerungen auch in unsere Richtung lenkt, wie zum Beispiel bei INF und in Afghanistan.«[75]

Der Teufel war nicht mehr die Sowjetunion, sondern er lag im Detail der Abrüstungsverhandlungen in Genf, die nur langsam vorankamen. Auch die sowjetische Führung zeigte sich von der Iran-Contra-Affäre berührt. Zwar war Reagans Position innen- und außenpolitisch geschwächt, während Gorbatschows Machtposition in der Sowjetunion vorübergehend gestärkt schien. Aber Gorbatschow mußte erkennen, daß Reagan in Sachen SDI trotzdem kompromißlos blieb. Folglich bemühte sich Gorbatschow um so mehr um ein separates INF-Abkommen, um die eigene prekäre und kostenintensive Lage durch Abrüstung aller Mittelstreckenraketen zu erleichtern. Diese Perspektive kam Reagan entgegen, denn er hatte schon seit langem für die Nullösung plädiert, die allerdings als Propaganda abgewertet worden war.[76]

Trotz Opposition in den eigenen Reihen unterstützte die Regierung Kohl/

Genscher diese neue Entwicklung und erleichterte den Verhandlungsdialog in Genf dadurch, daß sie auf die »Pershing IA«-Raketen verzichtete.[77] So konnten schließlich Michail Gorbatschow und George Shultz im August 1987 in Moskau die entscheidenden Punkte gemeinsam abstecken: »Mir schien, als hätte ich soeben einen starken Eindruck auf Gorbatschow gemacht: Er hatte nicht geglaubt, daß Ronald Reagan jemals ein Abkommen mit dem Reich des Bösen schließen oder daß sich Reagan jemals auf etwas einlassen würde, das nicht genau dem entsprach, was er wollte. Jetzt hatte ich plötzlich das Gefühl, daß Gorbatschow Reagan in einem ganz neuen Lichte sah.«[78]

Als Reagan und Gorbatschow am 1. Dezember 1987 in Washington zum dritten Mal zusammentrafen, war es seit 1974 das erste Mal, daß der erste Mann der Sowjetunion in die amerikanische Hauptstadt reiste. Diese Lücke in der amerikanisch-sowjetischen Gipfeldiplomatie verweist auf die Schwächen und Versäumnisse in den Beziehungen seit dem Rücktritt Richard Nixons. Obwohl die Regierung Reagan den sowjetischen Gast gerade wegen seiner Popularität in ein streng politisches Programm zu pressen versuchte, konnte sie nicht verhindern, daß auch in Washington und den USA insgesamt, wie schon vorher in Westeuropa, eine gewisse »Gorbimanie« ausbrach. Die Ostküsten-Elite lag Gorbatschow zu Füßen.[79] Während die Amerikaner einen Schlußstrich unter den kalten Krieg ziehen wollten und sich nach neuen und konstruktiven Beziehungen mit der Sowjetunion sehnten, blieb das offizielle republikanische Washington zurückhaltend und mißtrauisch. Selbst Vizepräsident Bush mußte im Gespräch mit Gorbatschow eingestehen: »Sie persönlich haben zu einer neuen Etappe in unseren Beziehungen wesentlich beigetragen. Im Rahmen meiner Wahlkampagne nahm ich heute an einer Live-Sendung teil und sprach mit Einwohnern der Staaten im Mittleren Westen, unserer tiefen Provinz. Die Reaktion auf Ihren Besuch dort grenzt an Euphorie.«[80]

Gorbatschows Reise nach Washington wurde auch politisch ein großer Erfolg für die Fortsetzung der bilateralen Beziehungen. Der INF-Vertrag wurde unterzeichnet. Dazu erklärte Ronald Reagan: »›Vor sechs Jahren, am 18. November 1981, schlug ich zum ersten Mal eine Nullösung vor. Es war ein einfacher Vorschlag, auf entwaffnende Weise einfach. Anders als bei anderen Verträgen in der Vergangenheit wollte ich nicht den Status quo kodifizieren, sondern zum ersten Mal in der Geschichte wollte ich Rüstungskontrolle durch Abrüstung ersetzen und wahr machen.‹ Als Reagan dann, auf ein altes russisches Sprichwort anspielend, erklärte: ›Vertrauen ist gut, Kontrolle ist besser‹, wurde er von Gorbatschow unterbrochen: ›Sie wiederholen das auf jedem Treffen.‹ Reagan nickte, lachte und antwortete: ›Aber ich liebe es!‹«[81] Die Stimmung in Washington unter den Delegationen war glänzend, denn mit dem Vertrag zur doppelten Nullösung wurde Geschichte geschrieben:

- Das INF-Abkommen war das erste Abrüstungsabkommen, mit dem Waffen nicht nur auf Höchstgrenzen eingefroren, sondern tatsächlich beseitigt wurden.
- Mit dem Abkommen wurden mehrere Waffenkategorien, die sich nur schwer miteinander vergleichen lassen, abgeschafft. Sowjetische SS–20 mit einer Reichweite bis zu 5500 Kilometern, amerikanische Pershing-II-Raketen von knapp 1800 Kilometern Reichweite und mit nur einem Sprengkopf im Gegensatz zur SS–20, veraltete sowjetische SS–4 beziehungsweise SS–5 sowie hochmoderne amerikanische Marschflugkörper wurden unter dem Begriff Mittelstreckenraketen längerer Reichweite zusammengefaßt. Auch bei den Raketen kürzerer Reichweite wurden unterschiedliche Waffenkategorien subsumiert: Die veralteten »Pershing IA«-Raketen auf dem Boden der Bundesrepublik gehörten ebenso dazu wie die sowjetischen SS–12 und SS–23.
- Zum erstenmal kam es zu asymmetrischen Reduktionen. Die Sowjets bauten weitaus höhere Bestände an Trägerwaffen und Sprengkörpern ab als die USA. Nicht die Symmetrie der Zahlen, sondern das Endergebnis, die doppelte Nullösung, war entscheidend.
- Die Sowjetunion öffnete den bisher völlig abgeschlossenen militärischen Sektor für örtlich begrenzte Inspektionen.

Kein Zweifel, das INF-Abkommen wurde erst durch die Wende in der sowjetischen Politik seit Gorbatschow möglich. Gorbatschow wollte die Sowjetunion aus der außenpolitischen Isolierung herausmanövrieren, ohne zentrale sicherheitspolitische Optionen aufzugeben. Die USA wiederum, die sich im Zuge der Nachrüstung stärker mit Westeuropa verkoppelt hatten, gewannen größere Handlungsfreiheit zurück.[82]

Reagan hatte dieses Abkommen letztlich ohne Mitwirkung der Verbündeten unterschrieben: Von der amerikanischen Iran- und Nahostpolitik, von SDI bis zu Iran-Gate, vom Einsatz militärischer Mittel in Grenada oder im Kampf gegen die Sowjetunion in Afghanistan, beim amerikanischen Angriff auf Libyen, bei den Gipfeltreffen mit der Sowjetunion oder bei der Entwicklung der amerikanischen Militärstrategie – auf allen Gebieten verdammte er die Westeuropäer zur Sprachlosigkeit. Doch beim INF-Abkommen waren die Bündnispartner dem amerikanischen Präsidenten nicht gram, vielmehr wurde es begrüßt, ja weitere Schritte zur Vernichtung der Kurzstreckenraketen und bei der konventionellen Abrüstung wurden gewünscht.

Besonders in der Bundesrepublik stieß das INF-Abkommen auf Zustimmung, hatte doch Außenminister Genscher schon seit Jahren für Rüstungskontrolle plädiert: »Der Rückblick zeigt, daß es in diesem Jahrhundert selten eine Lage gab, bei der Betrachtungsweisen und Interessen sich in verhältnismäßig kurzer Zeit so dramatisch verändert haben, wie bei der Abrüstung gegen Ende der achtziger Jahre. Der INF-Vertrag verbesserte nicht nur die Sicherheitslage der Bundesrepublik, er wirkte auch als Katalysator für die Überwindung des Ost-West-Konflikts. Er stärkte Gorbatschows Reformpolitik, er entspannte die politische Lage weiter. Die politischen Folgen der Abrüstungsabkommen konnten also gar nicht hoch genug eingeschätzt werden. Zugleich bekräftigten wir den amerikanisch-europäischen Schulterschluß und leisteten einen entscheidenden Beitrag zu einer realistischen Entspannungspolitik nach Osten hin. Trotzdem hat der Westen nach dem INF-Abkommen nicht auf Optionen verzichtet: Das Abkommen verbot keine Abstandswaffen, ein gleiches galt für konventionelle Trägersysteme. Der Westen konnte seine technologischen Möglichkeiten also weiter zur Gänze nutzen – wenn es denn nötig sein sollte. Bei einem Rückfall in den kalten Krieg beispielsweise oder falls Gorbatschow aus innenpolitischen Gründen seinen Kurs nicht hätte fortsetzen können, wären der westlichen Seite auch bei Achtung der geschlossenen Verträge genügend Reaktionsmöglichkeiten geblieben. Erstaunlicherweise wurde über Kurzstreckenraketen und nukleare Artilleriemunition in der Friedensdiskussion in Deutschland kaum gesprochen, obwohl gerade die Deutschen von diesen Waffen bedroht waren. Nukleare Sprengköpfe mit einer Reichweite bis zur nächsten Stadt, darunter nukleare Artilleriemunition mit der Vernichtungskraft der Bombe von Hiroshima, wurden für mich im Lichte der sich verändernden Lage in Mitteleuropa, vor allem angesichts der Gorbatschowschen Politik, zunehmend untragbar.«[83]

In der westeuropäischen Öffentlichkeit wurden auch Bedenken laut: Die im INF-Abkommen vernichteten 1752 sowjetischen und 859 amerikanischen Mittelstreckenraketen und Sprengköpfe machten nur fünf Prozent, also einen Bruchteil des gesamten Nuklear-Arsenals der Supermächte aus und waren letztlich für beide leicht verzichtbar. Nur ein Anfang war gemacht. Deshalb drängte Gorbatschow schon bei der Unterzeichnung auf weitere, umfassendere Abkommen.[84]

Andere Themen, wie zum Beispiel die regionale Konfliktregelung, blieben ungelöst. Reagans Hinweis, die Sowjetunion helfe den Völkern lediglich, die Freiheit zu erlangen[85], konnte jedoch nicht darüber hinwegtäuschen, daß auch noch unter Gorbatschow bis zum Ende der achtziger Jahre den kommunistischen Freunden in aller Welt Unterstützung gewährt wurde, wenn auch in vermindertem Maß.

Immerhin erklärte sich Gorbatschow einverstanden, die Waffenlieferungen an Nikaragua einzustellen.[86] Aber das war nur die halbe Wahrheit: Indirekt flossen über Kuba weiterhin sowjetische Mittel nach Nikaragua. Auch die Situation in Afghanistan blieb unbefriedigend, solange sich die Sowjetunion nicht endgültig zurückzog. Hier war der Druck, den die Regierung Reagan auf die antikommunistischen Parteien ausübte, entscheidend für die Veränderung: Die Reagan-Doktrin hatte, indem sie die sowjetische Verletzbarkeit an der Peripherie ihres Imperiums geschickt ausnutzte, einen Rückzug aus Afghanistan erzwungen. Zu Recht konnte Außenminister Shultz feststellen: »Der sowjetische Rückzug aus Afghanistan stellte einen unerhörten Triumph, eines der größten Ereignisse während der zwei Amtszeiten Reagans und eine Wende von zukunftsträchtiger Bedeutung in der sowjetischen Innen- wie Außenpolitik dar.« Zufrieden resümierte er: »Die Sowjets waren ›zurückgerollt‹ worden. In die Breschnew-Doktrin war eine Bresche geschlagen. Welche Auswirkungen das in anderen Teilen des Sowjetimperiums nach sich ziehen würde, blieb abzuwarten, aber das Ereignis selbst war monumental.«[87] Im April 1988 wurde das entsprechende Abkommen, das den Rückzug der Sowjets regelte, in Genf unterzeichnet. Am 15. Februar 1989 hatten die sowjetischen Truppen das Land vollständig verlassen. Aber der sowjetische Abzug aus Afghanistan hat den Konflikt nicht beendet, sondern lediglich sein Wesen verändert. Ethnische, religiöse und historische Rivalitäten brachen aus. Aus einem ideologischen Konflikt im Rahmen der Ost-West-Auseinandersetzung wurde bald ein regionaler Konflikt. Die USA beendeten den Ost-West-Konflikt erfolgreich, indem sie durchsetzten, daß die Sowjets sich zurückzogen, aber eine Lösung des Afghanistan-Problems im Rahmen einer neuen Weltordnung beziehungsweise im Rahmen einer neuen lokalen, regionalen Ordnung steht noch aus. Die blutige Geschichte ist für die Afghanen noch nicht zu Ende. Die folgende UN-Statistik von 1990 bestätigt dies: »Fast eine Million Tote, 535 000 schwerverletzte Soldaten, 700 000 Witwen und Waisen, ein Drittel aller Dörfer zerstört, zwei Drittel aller Straßen unbrauchbar, 26 Typen von tödlichen Minen über das ganze Land verstreut, ohne zu wissen, wo sie liegen; ein Flüchtlingsstrom von knapp sechs Millionen Menschen nach Pakistan, Iran und in den Westen, einschließlich einer Million Kinder, die in Camps geboren wurden und niemals ihre Heimat gesehen haben. Von den zurückgebliebenen 11,7 Millionen Einwohnern leben 25 Prozent in Städten und Dörfern. Mehr als zwei Millionen sind in die Stadtzentren geflüchtet, um Schutz zu suchen. Während das Land verwaist, ist die landwirtschaftliche Produktion zusammengebrochen. Die Weizenproduktion, zentral für die Ernährung, ist um 54 Prozent gesunken.«[88] Auch Ende der neunziger Jahre kommt Afghanistan nicht zur Ruhe, nicht zuletzt deshalb, weil die rivalisierenden Kräftegruppierungen im Innern nach wie vor von außen unterstützt werden.

Doch zurück zum Gipfel in Washington: Er war alles in allem erfolgreich, vielleicht bildete er sogar den greifbarsten Höhepunkt in den amerikanisch-sowjetischen Beziehungen dieser turbulenten Jahre. Hier wurde, nach dem Genfer Abkommen über Afghanistan, das zweite bedeutsame Abkommen unterzeichnet. Ansonsten blieben die Verhandlungen zwar ereignisreich, doch ergebnisarm. Diese Feststellung verblüfft, weil doch seit dem Machtantritt Gorbatschows Fortschritte greifbar wurden. Letztlich handelte die Regierung Reagan jedoch oft zu zögerlich, zu vorsichtig und zu passiv gegenüber Gorbatschows Abrüstungsangeboten. Wenn der Westen reagierte und eigene Initiativen, auch für eine neue Ostpolitik, entwickelte, dann vor allem in Westeuropa, besonders in Bonn. Die Regierung Kohl/Genscher, insbesondere der Außenminister, hatte schon zu Beginn 1986 den Westen aufgefordert, Gorbatschow beim Wort zu nehmen und ihn zu unterstützen.[89]

Von Bonn aus wurde der Dialog mit der Sowjetunion mit Leidenschaft, aber auch mit Augenmaß, vor allem mit dem Gefühl für die historische Bedeutung der Zeit, geführt. Bei seinem Treffen mit Gorbatschow im Juli 1987 hatte Genscher den Eindruck gewonnen, daß sein Gespräch, »das mit einer scharfen Kontroverse begonnen hatte, eine mehr als nur versöhnliche Wendung genommen hatte. Wichtig waren in diesem Zusammenhang die von Gorbatschow aufgezeigten Perspektiven für die Innen- und Außenpolitik, das Bewußtsein, daß zwischen beiden ein innerer Zusammenhang bestand, und die Kenntnis der internationalen Interdependenz. ... Der Hinweis auf die Perspektiven war die eigentliche Botschaft. ... Bedeutsam waren die Aussichten, die das Gespräch eröffnet hatten, die Feststellung des Generalsekretärs, man solle ein neues Kapitel in den Beziehungen aufschlagen, ebenso wie sein innen- und außenpolitisches Reformbekenntnis.«[90]

Die zentrale Feststellung, daß der Westen Gorbatschow ernst nehmen, ihn beim Wort nehmen solle, um eine historische Chance nicht verstreichen zu lassen, wurde nicht in Washington getroffen, sondern – wie gesagt – vom deutschen Außenminister. In seiner eindrucksvollen Rede in Davos am 1. Februar 1987 zog er die Konsequenzen, vor denen sich die Regierung Reagan noch immer scheute: »Die Menschheit steht vor der Entscheidung, in der Konfrontation unterzugehen oder gemeinsam zu überleben. Überleben verlangt Zusammenarbeit bei der Sicherung der natürlichen Lebensgrundlagen und bei der Schaffung kooperativer Sicherheitsstrukturen. Wer Gorbatschows Erklärungen beim

Wort nehmen will, muß zur Zusammenarbeit bereit sein. Wer Zusammenarbeit verweigert, versündigt sich an den eigenen Interessen. Der Westen hat keinen Anlaß, kleinmütig die Zusammenarbeit zu scheuen. Unsere Devise kann nur lauten: Nehmen wir Gorbatschow ernst, nehmen wir ihn beim Wort! Wenn es heute die Chance geben sollte, daß nach vierzig Jahren Konfrontation im West-Ost-Verhältnis ein Wendepunkt erreicht werden könnte, dann wäre es ein Fehler von historischem Ausmaß, wenn der Westen diese Chance vorübergehen ließe, nur weil er sich nicht aus einem Denken lösen kann, das beim Blick auf die Sowjetunion immer nur einzig und allein den schlimmsten Fall anzunehmen vermag. Sitzen wir nicht mit verschränkten Armen da und warten, was uns Gorbatschow bringt! Versuchen wir vielmehr, die Entwicklung von unserer Seite aus zu beeinflussen, voranzutreiben und zu gestalten. Gefährlich wäre es, wenn wir anstelle der Ermutigung zu neuen Entwicklungen der Illusion erliegen würden, die Sowjetunion handle aus einer Situation der Schwäche, die es auszunutzen, ja, die es zu verstärken gelte. Festigkeit ist geboten, aber eine Politik der Stärke, des Strebens nach Überlegenheit, des In-die-Ecke-Rüstens muß ein für allemal zu den Denkkategorien der Vergangenheit gehören – auch im Westen. Eine solche Haltung müßte die Menschheit in die Katastrophe führen.«[91]

Genscher hatte die Dogmatiker in Washington im Visier, als er diese Rede hielt. Die Regierung Reagan sprach von »Genscherismus«, um deutsche Entspannungspolitik zu diskreditieren. Obwohl ursprünglich von der deutschen Linken als Kritik an der realistischen Entspannungspolitik von Genscher erfunden, bekam der Begriff erst durch die Regierung Thatcher und vor allem durch die Regierung Reagan einen negativen Klang. In London und vor allem in Washington verband man damit den Vorwurf der Illusion und der Weichheit gegenüber der Sowjetunion. In seinen Memoiren erklärt Außenminister Genscher, für sein Temperament ungewöhnlich offen: »Die amerikanische Politik schien mir in jener Zeit widersprüchlich. Ganz offenkundig wollte Reagan die Teilung Europas und Deutschlands überwinden, was auch unseren Vorstellungen als einem dem Harmel-Bericht verpflichteten Mitgliedsland der NATO vollkommen entsprach. Die Abrüstungsvorschläge der Amerikaner lagen ebenfalls in unserem Interesse, selbst wenn ich mich hier von manchen Konservativen in Europa und in den USA unterschied, die bekanntlich Reagan zu große Nachgiebigkeit vorwarfen.«[92]

Ähnlich wie schon zu Zeiten von Bundeskanzler Schmidt, so rückte auch die Bundesrepublik in dieser schwierigen Phase der West-Ost-Beziehungen wieder in eine Schlüsselposition, weil Washington zu zögerlich voranging. Nicht mehr die USA, sondern vor allem die Bundesrepublik drängte auf Fortschritte in der Entspannung und auf eine Neueinschätzung der Sowjetunion unter Gorbatschow. Zwar besaß die Bundesrepublik nicht die Macht zu führen, aber mit ihrer mutigen und ideenreichen Entspannungsdiplomatie unter Genschers Federführung perfektionierte sie die Kunst der Überredung in Moskau und Washington.[93]

So gesehen, glich das Abkommen von Washington über den Abbau der Mittelstreckenraketen einem Abgesang auf eine alte Zeit. Es bildete den Endpunkt eines jahrzehntelangen Dialogs, der schließlich erfolgreich beendet wurde. Doch mit Blick auf die neuen Chancen in den Ost-West-Beziehungen seit Gorbatschows Machtantritt blieb die Regierung Reagan ideenlos. Deshalb entspannten sich die Beziehungen zwischen den beiden Supermächten nach dem Gipfel im Dezember 1987 nur langsam. Die Handelsbeziehungen blieben unbefriedigend, wie die Tagung der gemeinsamen amerikanisch-sowjetischen Handels- und Wirtschaftskommission im April 1988 zeigte. Auch die Differenzen über Konflikte in der Dritten Welt und in Afghanistan konnten nicht ausgeräumt werden. Obwohl Gorbatschow veranlaßte, daß sich die sowjetischen Truppen innerhalb der nächsten zehn Monate bis zum 14. Februar 1989 vollständig aus Afghanistan zurückzogen, verzichtete die Regierung Reagan nicht auf Unterstützung der antikommunistischen Rebellen in Afghanistan. Das machte allerdings Sinn, denn hier war Druck auf Moskau angebracht. Die Vereinigten Staaten hatten die aufständischen Antikommunisten in Afghanistan mit fast einer Milliarde Dollar unterstützt. Schließlich zahlte sich diese Investition aus.[94]

Auch bei den START-Verhandlungen war kein Durchbruch in Sicht. Als Shultz im April 1988 Gorbatschow in Moskau besuchte, um den Besuch des amerikanischen Präsidenten vorzubereiten, wurde er mit einer antikommunistischen Rede Reagans konfrontiert, die er als Außenminister selbst gar nicht kannte. Reagan brüstete sich öffentlich mit der sowjetischen Niederlage in Afghanistan und zugleich mit Amerikas Rolle bei den Aufständischen – das war wenig hilfreich für die Weiterentwicklung der Beziehungen.

Der amerikanisch-sowjetische Gipfel in Moskau vom 29. Mai bis 2. Juni 1988 war primär ein Medienereignis. Reagan hatte es gewollt; er hatte keine weiteren Verhandlungsziele, ganz im Gegensatz zu Gorbatschow. Als die sowjetische Delegation wenigstens ein Abschlußkommuniqué wünschte, in dem der Terminus der friedlichen Koexistenz fast wie selbstverständlich auftauchte, lehnte Reagan auf Anraten seiner Berater ab. Gorbatschow war tief enttäuscht, sich des alten Denkens wohl nicht voll bewußt. Es bedurfte erst weiterer, tieferer, ja revolutionärer Umwälzungen, damit auch Gorbatschow begriff, daß die alten Zeiten und Maßstäbe endgültig vorüber waren. Reagan hingegen hielt vor den Studenten der Lomonossow-Universität in Moskau eine eindrucksvolle Rede, die, im Außenministerium vorbereitet, zukunftsweisend war: »Ich möchte vor Ihnen über eine andere Revolution sprechen, die in diesem Moment stattfindet, wenn auch fast unbemerkt, ohne Blutvergießen und ohne Krieg oder Konflikt. Es ist die technologische oder die Informationsrevolution, und ihr Zeichen ist nicht größer als ein Fingernagel, ein Silikon-Chip.« Reagan sprach aber auch über Freiheit, über Unternehmertum. Er zitierte Boris Pasternaks Dr. Schiwago und sprach erneut über das Symbol der Teilung der Welt, über die Berliner Mauer: »In meinen Gesprächen mit Generalsekretär Gorbatschow habe ich die Bedeutung des institutionellen Wandels gefordert, damit Reformen garantiert werden können. Und wir haben vor allem zusammen über eine traurige Erinnerung der geteilten Welt gesprochen – über die Berliner Mauer. Es ist Zeit, daß diese Mauer, die die Menschen seit Jahrzehnten trennt, niedergerissen wird.« Er schloß seine Rede mit einer visionären Note: »Ein freies Volk wird immer Frieden wählen. Ihre Generation lebt in einer aufregenden, hoffnungsvollen Zeit der sowjetischen Geschichte. Es ist eine Zeit, in der die Freiheit zu atmen beginnt und das Herz des Landes zu einem beschleunigten Rhythmus der Hoffnung schlägt und die geistigen Energien nach einer langen Zeit der erzwungenen Stille sich danach sehnen, freigesetzt zu werden.« Reagans Stärke war die Vision. Er hatte Instinkt und ein frappierend sicheres Gefühl für die kommenden Dinge. Gorbatschow erkannte allerdings, daß Reagan detaillierte Abmachung scheute: »Bereits bei unserem ersten Treffen hatte ich gespürt, daß Reagan Konkretes nicht mochte.«[95]

Reagan lag vor allem daran, seinen Landsleuten Selbstbewußtsein und Optimismus zu vermitteln. Aber während seiner zweiten Amtszeit wurde Reagan konzilianter: Als er in Moskau gefragt wurde, ob er noch immer glaube, daß die Sowjetunion ein Reich des Teufels sei, antwortete er: »Nein, ich sprach über eine andere Zeit, eine andere Ära.« Gorbatschow war von diesem Wandel so angetan, daß er diese Bemerkung selbst öffentlich weitergab.

Zwar hatte Reagan seine antisowjetische Einstellung modifiziert, aber seine Vision blieb unverrückbar: eine nuklearwaffenfreie Welt ohne Kommunismus, in der die westlichen Demokratien, vor allem die USA, den Ton angeben. Gorbatschow zeigte ein gewisses Verständnis für Reagans Mißtrauen. Nun wollte er selbst die Gefahren entschärfen, die die Sowjetunion seit Jahrzehnten hervorgerufen hatte.[96] Er entschied, daß die sowjetischen Truppen in Osteuropa innerhalb der nächsten zwei Jahre um 500 000 Mann verringert, daß die konventionellen sowjetischen Waffen in Europa um 10000 Panzer, 8500 Geschütze und 800 Flugzeuge reduziert wurden. Ähnliche Reduktionen kündigte er für Asien an, vor allem einen Rückzug aus der Mongolei, um die Beziehungen mit der Volksrepublik China zu verbessern. Bald darauf deutete Gorbatschow an, daß er auch umfassende politische Freiheiten gewähren wollte. Diese Hinweise verfehlten ihren Eindruck in Washington nicht.

Reagan und Gorbatschow trafen sich ein letztes Mal nach der Wahl von George Bush zum Präsidenten. Gorbatschow hatte vor den Vereinten Nationen weitere Liberalisierung in der Innen- und Außenpolitik angekündigt.[97] Zwei Tage nach diesem fünften Gipfeltreffen der beiden Staatsmänner begrüßte Reagan Gorbatschows Visionen vor der UNO, beklagte aber die anhaltende konventionelle Überlegenheit des Warschauer Paktes. Deshalb wiederholte er seine Hoffnung, den Tag zu erleben, an dem alle Länder Osteuropas Freiheit, Demokratie und Selbstbestimmung erlangten, auf die die Völker so lange vergeblich gewartet hatten.

Am 22. September 1988 konnte schließlich durch amerikanisch-sowjetische Zusammenarbeit die Lage in Angola, Kuba und Südafrika stabilisiert werden. Freie Wahlen und Unabhängigkeit in Namibia, Veränderungen in Südafrika und der Rückzug kubanischer Truppen aus Angola deuteten eine neue Weltordnung an, die auf amerikanisch-sowjetischer Kooperation aufbaute. Schließlich bestätigte Shultz am 17. Januar 1989 in Wien, daß die KSZE-Konferenz über Menschenrechte 1991 in Moskau stattfinden würde. Dazu war er von den Deutschen gedrängt worden.

Mit dieser hoffnungsvollen Note wurden die amerikanisch-sowjetischen Beziehungen in der Ära Reagan beendet. Sie waren trotz Fehlern und Versäumnissen besser denn je seit dem Zweiten Weltkrieg. Die bipolare Rivalität war einem neuen, konstruktiveren Verhältnis gewichen. Die Machtgewichte hatten sich allerdings drastisch verlagert. Während das Sowjetimperium seiner Auflösung zusteuerte, blieben die USA, trotz aller Niedergangsprognosen und -psychosen, unangefochten. Sie blieben die einzige globale Ordnungsmacht mit dem entsprechenden politischen Willen und den nötigen Kapazitäten. Reagans Strategie »Frieden durch Stärke« hatte sich als erfolgreich erwiesen, und seine Grundprämissen hatten sich bewahrheitet: »Reagan glaubte, die Beziehungen zur Sowjetunion würden sich verbessern, wenn auch sie Angst vor einem nuklearen Armageddon hätte. Daher war er fest entschlossen, dem Kreml vor Augen zu führen, wie risikoreich die Fortsetzung des expansionistischen Kurses sei. Zehn Jahre zuvor hätten solche Aussprüche in den USA eine unkontrollierbare Welle zivilen Ungehorsams ins Rollen gebracht, ja hätten womöglich zur

Konfrontation mit der damals noch selbstsicheren Sowjetunion geführt. Zehn Jahre später hätte man sie für antiquiert gehalten. Doch unter den Bedingungen der achtziger Jahre schufen sie die Grundlage für einen bis dahin einmaligen Ost-West-Dialog.«[98]

Die Re-Ideologisierung und Militarisierung von Reagans Politik gegenüber der Sowjetunion provozierte im Westen kontroverse Debatten über die Grundwerte der freien Welt und über die Wirklichkeit kommunistischer Unterdrükkung. Nirgendwo war dies wirkungsvoller als im geteilten Deutschland der achtziger Jahre. Des weiteren zwang Reagan den Westen zur Parteinahme gegen die kommunistische Machtausdehnung in der Dritten Welt. Zentralamerika, der Mittlere und Ferne Osten lieferten dafür anschauliche Beispiele. Reagan war dabei in der Wahl seiner Mittel nicht zimperlich. Auch schätzte er die Lage bisweilen nicht ganz realistisch ein, aber das war nebensächlich. Ihm ging es um die Vision. Der Erfolg entschuldigte schließlich zum Teil seine widerrechtlichen Mittel. Reagan zeigte in seiner Politik gegenüber der Sowjetunion schlafwandlerische Sicherheit.

Abschließend läßt sich sagen, daß der antikommunistische Dogmatismus der ersten Amtsperiode für die Machtübernahme eines Reformers vom Schlage Michail Gorbatschows in Moskau unverzichtbare Voraussetzung war. Eine zweite Amtsphase im Stil Jimmy Carters hätte dagegen in der Sowjetunion Nachfolger im selbstgefällig-orthodoxen Stil Breschnews hervorgebracht. Dabei darf aber nicht übersehen werden, daß Ronald Reagan früher, als allgemein angenommen, nämlich schon zur Zeit Andropows, mit der sowjetischen Führung eine echte Neuordnung der Beziehungen angestrebt hatte.[99] Aber erst unter Gorbatschow wurde Reagans Vision eines Neuanfangs in den Beziehungen Wirklichkeit. Mit Gorbatschow als Verhandlungspartner konnte Reagan die Entspannungspolitik und die Politik der Eindämmung beenden und durch Konfrontation und Stärke die USA sowie das westliche Bündnis nach einem Jahrzehnt der Selbstzweifel zum Erfolg führen. »Wir sollten uns daran erinnern, wo Amerika vor fünf Jahren stand. Es war nicht nur die Krise der Geiselnahme im Iran oder die sowjetische Invasion in Afghanistan, sondern die von vielen unserer Freunde empfundene Furcht, daß Amerika seine Verpflichtungen nicht einhalten könne oder würde. Andere Nationen meinten, es sei gefährlich, sogar tödlich, ein Freund der Vereinigten Staaten zu sein. … Als wir 1981 die Regierung übernahmen, hatten Guerillas in El Salvador mit dem begonnen, was sie ihre letzte Offensive nannten, um diese Nation in den zweiten kommunistischen Staat auf dem nordamerikanischen Kontinent zu verwandeln. Aber in diesen letzten fünf Jahren ist kein Quadratzentimeter an Territorium mehr verlorengegangen – und Grenada ist befreit worden.« In dieser Rede vom 26. Februar 1986 machte Reagan deutlich, daß er seine außenpolitischen Vorstellungen im Rahmen einer außenpolitischen Doktrin darzulegen wußte.

Die Reagan-Doktrin

Die Wurzeln der Reagan-Doktrin gehen auf die Politik des *Roll-back* zurück.[100] Wie schon Außenminister Dulles, so betonte auch Reagan die Notwendigkeit einer weltweiten Revolution, um den Kommunismus zu Fall zu bringen: »Ich glaube, daß wir an einem historischen Wendepunkt angekommen sind. Auf ironische Weise hatte Karl Marx recht: Wir beobachten heute eine große revolutionäre Krise, wo die Anforderungen der Wirtschaft direkt mit der politischen Ordnung in Konflikt geraten. Aber die Krise findet nicht in der freien Welt statt, sondern in der Heimat des Marxismus-Leninismus, in der Sowjetunion. Es ist die Sowjetunion, die gegen die Welle der Geschichte anrennt und menschliche Freiheit sowie menschliche Würde ihren Bewohnern verweigert. Es sind auch schwere wirtschaftliche Schwierigkeiten, die hinzukommen. Wir beobachten in der Sowjetunion eine politische Struktur, die nicht länger mit ihrer Wirtschaftsbasis sinnvoll verknüpft ist, sondern wo die Produktivkräfte durch die politischen behindert und niedergedrückt werden. Der Niedergang des sowjetischen Experiments ist für mich keine Überraschung. Wo immer wir den Vergleich zwischen freien und geschlossenen Gesellschaften machen – West- und Ostdeutschland, Österreich und die Tschechoslowakei, Malaysia und Vietnam –, überall sind es nur die demokratischen Länder, die sich gesund entwickeln und auf die Wünsche ihrer Völker reagieren.«[101] Die Reagan-Doktrin zog ihre Kraft aus der demokratischen Idee, die vor allem in der Dritten Welt wirken sollte. Sie entsprach seinen tiefsten inneren politischen, moralischen und religiösen Vorstellungen. Er war der felsenfesten Überzeugung, daß der Kommunismus ausgedient hatte: »Diejenigen, die glauben, daß die westlichen Demokratien die Geschichte zurückrollen wollen, sind im Irrtum. Die Geschichte bewegt sich in die Richtung menschlicher Würde, die Zukunft gehört der Freiheit.«[102] In Dublin verteidigte Reagan auch das Recht der zentralamerikanischen Staaten, sich gegen den Kommunismus zu verteidigen, gleichzeitig erweiterte er diesen Kampf in eine weltweite Auseinandersetzung zwischen Freiheitskämpfern und Kommunismus: »Die Völker von Nikaragua und El Salvador haben das Recht, den Alptraum, der ihnen aufgezwungen wird, abzuschütteln, so wie wir das Recht gegen Extremismus und Gewalt haben, sei es von links oder von rechts. Die Vereinigten Staaten dürfen sich nicht abwenden von den demokratischen Zielen und Hoffnungen der Völker Zentralamerikas. Wir, die Vereinigten Staaten, müssen der Welt eine Politik der Hoffnung und eine Strategie der Freiheit anbieten. Überall in der Welt heute, auf der Werft von Danzig, in den Hügeln von Nikaragua, in den Reisfeldern von Kambodscha, in den Bergen von Afghanistan, überall erschallt der Ruf nach Freiheit.«

Reagans kraftvolle Sprache allein konnte die Dinge noch nicht verändern, schuf aber eine optimistische Stimmung, die über die deklaratorische Ebene hinausreichte und zu entsprechenden Maßnahmen ermutigte. Unterstützt wurde er intellektuell vor allem durch die amerikanische Botschafterin bei den Vereinten Nationen, Jeanne Kirkpatrick. Diese hatte im November 1979 einen wichtigen Aufsatz veröffentlicht, dessen Grundthesen dem Denken und Handeln Reagans entsprachen. Im Kampf gegen den Kommunismus sollten auch autoritäre Militärdiktaturen gestützt werden, den marxistischen Regimen hingegen wurde der Kampf angesagt.[103]

Die Reagan-Doktrin läßt sich im Kern in folgende Punkte zusammenfassen:

- Reagans offensive Strategie der Freiheit[104] besaß globale Reichweite und war antikommunistisch konzentriert.
- Die Reagan-Doktrin schaffte einen Rahmen für amerikanische Außenpolitik gegenüber der Dritten Welt, um Freiheit, Demokratie und Menschenrechte auch militant durchzusetzen. War die *Roll-back*-Politik der Regierung Eisenhower/Dulles direkt auf die Sowjetunion und auf Osteuropa gerichtet, so konzentrierte sich die Reagan-Doktrin auf die sowjetisch unterstützten marxistischen Regime in Afghanistan, Nikaragua, Angola, Äthiopien und Kambodscha.[105]
- Motor der Doktrin war der Optimismus des Präsidenten, die Machtverhältnisse zugunsten der Vereinigten Staaten und der freien Welt zu verändern. Shultz benutzte in diesem Zusammenhang gern die sowjetische Diktion von der Korrelation der Kräfte: »Heute wankt das Sowjetreich unter den Belastungen seiner inneren Probleme und seiner außenpolitischen Überdehnung.«[106] Shultz setzte auf den Zeitpunkt, da die Außenpolitik der USA die Breschnew-Doktrin sprengen würde.[107]
- Die Reagan-Doktrin war auf innenpolitische Unterstützung, auf Intervention abgestellt: »Wenn die Vereinigten Staaten diejenigen unterstützen, die sich gegen Totalitarismus stellen, dann beweisen wir damit nicht nur unsere historische Sympathie für Demokratie und Freiheit, sondern handeln auch in unserem eigenen nationalen Sicherheitsinteresse. In vielen Teilen der Welt haben wir gar keine andere Wahl, als zu handeln, aus moralischen und strategischen Gründen.«[108]

- Das Herz der Doktrin bildete die antikommunistische Ausrichtung. Aber für den Pulsschlag, für die Dynamik, war finanzielle und militärische Unterstützung für die Freiheitskämpfer in aller Welt notwendig.
- So wurde die Reagan-Doktrin zur Rechtfertigung amerikanischer Militärintervention in der Dritten Welt auf der Grundlage des Rechts auf individuelle oder kollektive Selbstverteidigung gegen Aggression. Dieses Argument wurde durch den Internationalen Gerichtshof in Den Haag bei der amerikanischen Verminung der Häfen Nikaraguas 1984 zurückgewiesen.
- Die Reagan-Doktrin war umfassender, als ihre praktische Umsetzung erkennen ließ. Die ideologische Reichweite war global, aber die Regierung Reagan konzentrierte ihre Unterstützung auf Afghanistan, Nikaragua und Angola. Die Hilfe für Kambodscha blieb fragwürdig, weil die nichtkommunistischen Guerillas in Verbindung mit den Roten Khmer standen. Immerhin erhielt Kambodscha 1986 fünf Milliarden Dollar Unterstützung im Widerstand gegen den Kommunismus.
- Amerikanische Unterstützung für die Freiheitskämpfer blieb, insgesamt gesehen, undurchsichtig und rechtlich zweifelhaft. Die Regierung verschwieg in der Regel, unter welchen Bedingungen sie bewaffnete Aktionen als legitim anerkannte. Die Lücke zwischen militanter Rhetorik und tatsächlicher Tatenlosigkeit wurde in Osteuropa deutlich – abgesehen von Polen. So erklärte Außenminister Shultz: »Wir sollten die Kräfte der Freiheit in allen kommunistischen totalitären Staaten unterstützen, die Vereinigten Staaten werden niemals die künstliche Teilung Europas in freie und unfreie Staaten akzeptieren.«[109]

Die sowjetische Führung verstand die Reagan-Doktrin als direkte Herausforderung. Aus einem später veröffentlichten Geheimdokument des ZK von 1986 wird deutlich, daß die Autoren dieses Dokuments – Schewardnadse, Dobrynin und Jakowlew – zu dem Ergebnis kamen, daß die Reagan-Doktrin sich direkt gegen die Sowjetunion und den Sozialismus wandte, um die Verbreitung des Kommunismus, des Sozialismus in der Welt zu verhindern, aber vor allem um die Sowjetunion und ihre Verbündeten zu schwächen, um sie schließlich in Konflikten in der Dritten Welt in die Knie zu zwingen.[110] Die Instrumente und Aktionen der Reagan-Doktrin konnten in den ersten Jahren geheimgehalten werden, aber seit 1986 entstand eine intensive öffentliche Debatte im Rahmen der Iran-Contra-Affäre, die schließlich dazu führte, daß dieser Aspekt der Reagan-Doktrin fast alle anderen außenpolitischen Aktivitäten und Erfolge der Regierung Reagan überschattete und beeinträchtigte.[111] Im Zuge dieser Enthüllungen zeigte sich die unklare Aufgabenverteilung und vor allem die unklare

Verantwortung für die Begründung der Bereitstellung der Mittel und für die Zielsetzung der Reagan-Doktrin. Mitglieder der Regierung, CIA-Agenten, paramilitärische Aktivisten, Rebellen und Abenteurer unterschiedlicher Couleur versammelten sich unter dem Banner der Kämpfer für die Freiheit im Rahmen der Reagan-Doktrin. In Amerika waren es nicht selten extrem konservative, um nicht zu sagen reaktionär-antikommunistische Organisationen, welche die Ziele der Reagan-Doktrin aktiv unterstützten. Ihre Versammlungen wurden oftmals von Reagan durch persönliche Botschaften unterstützt und erhielten damit quasi offiziösen Rang.[112] Außerdem nahm Reagan hin, von rechtsgerichteten Diktatoren und paramilitärischen Organisationen wie zum Beispiel den Todesschwadronen in Honduras, Guatemala und El Salvador sowie brutalen Rebellen in Mosambik unterstützt zu werden.

Die Reagan-Doktrin sprach nicht nur demokratische Freiheitskämpfer und Idealisten an, sondern unter der Fahne des Antikommunismus versammelten sich auch rechtsextreme, um nicht zu sagen faschistische Kräfte. Dies führte dazu, daß sich Reagans moralischer Anspruch auf klare Unterscheidung zwischen Gut und Böse in Wirklichkeit verflüchtigte. Indem antikommunistische Aktionen als prodemokratisch legitimiert wurden und die Vereinigten Staaten islamisch-fundamentalistische Mudjaheddin, rechtsradikale Contras, kriegerische Stämme in Angola sowie Kräfte unterstützten, die enge Beziehungen zu Massenmördern in Kambodscha unterhielten, geriet Reagans Anspruch, Friedens- und Freiheitskämpfer wie die Contras moralisch mit den Gründungsvätern der Vereinigten Staaten gleichzusetzen, zur Farce.

Die Doktrin bestand also aus militärischer Unterstützungshilfe für befreundete, aber gefährdete autoritäre Regime, wie zum Beispiel die Philippinen unter Marcos. Noch wichtiger waren die Hilfsmaßnahmen für antikommunistische Freiheitsbewegungen, die innerhalb kommunistisch regierter Regime deren Umsturz bewerkstelligen sollten, wie zum Beispiel in Nikaragua.

Ihren Namen verdankt die Reagan-Doktrin dem gleichnamigen Aufsatz von Charles Krauthammer[113], in dem der Autor Reagans Rede über die Lage der Nation im Februar 1985 zu einer Reagan-Doktrin stilisierte. Hinter der deklaratorisch-moralischen Fassade der Reagan-Doktrin standen auch spezifische Interessenvorstellungen. Reagan ging es vor allem um geopolitische Interessen wie die Aufrechterhaltung der Zugangswege zu den Rohstoffen und Stützpunkten oder die Offenhaltung der Seeverbindungen.

Die Reagan-Doktrin wurde vor allem im Weißen Haus, im Verteidigungsministerium und bei der CIA geplant und auf drei Wegen durchgesetzt: durch Militärhilfe, durch Kriegsführung auf niedriger Ebene und mit verdeckten Mitteln sowie durch globale Machtprojektion.[114] Zwar waren die Konflikte in der Dritten Welt für die Regierung Reagan nur Kriege *en miniature*, aber Reagan war fasziniert vom Einsatz der Geheimdienste und der Guerillataktik der antikommunistischen Freiheitskämpfer. Intellektuell bewaffnet mit den Thesen von Jeanne Kirkpatrick und begeistert von den Vorschlägen von CIA-Chef Casey, mit »verdeckten Mitteln« in der Dritten Welt den Kommunismus zu bekämpfen, wurde die Reagan-Doktrin weltweit zum »Exportschlager« des Präsidenten, der ihm selbst am meisten zusagte. Reagan hatte schon Eisenhowers erfolgreiche Aktionen im Rahmen der CIA, wie zum Beispiel den Umsturz des marxistischen Regimes in Guatemala oder die Wiederherstellung der Macht des Schahs im Iran durch Intervention der CIA, bewundert. Reagan wollte den Kampf gegen den Kommunismus, vor allem gegen die Sowjetunion, in der Spannweite zwischen SDI und geheimdienstlichen Aktionen führen. Casey machte im März 1981 detaillierte Vorschläge, die vom Präsidenten, vom Vizepräsidenten, vom Außen- und Verteidigungsminister sowie vom Vorsitzenden des Nationalen Sicherheitsrates gebilligt und unterstützt wurden. Sein Plan sah eine massive Unterstützung für Guerillatruppen vor, die in prokommunistischen oder prosowjetischen Staaten wirken sollten, vor allem in Afghanistan, Kuba, Nikaragua, Laos und Libyen. Ein Grund für dieses geheime Vorgehen lag darin, daß der Kongreß eine öffentliche Unterstützung derartiger Maßnahmen abgelehnt hätte. Deshalb wurden diese Aktionen nicht nur geheimgehalten, sondern bei Nachfragen aus dem Kongreß oder der Öffentlichkeit auch verneint. Selbst zehn Jahre nach dem Zusammenbruch Südvietnams und fünf Jahre nach dem Regierungsantritt Reagans mußte seine Regierung immer noch auf die innenpolitischen Folgen von Vietnam auf die amerikanische Gesellschaft Rücksicht nehmen. Zwar sorgte Ronald Reagan dafür, daß sich die Vereinigten Staaten auf dramatische Weise erneut weltweit engagierten und die kommunistische Herausforderung annahmen, aber die kommunistischen Regime wurden nun überwiegend mit geheimdienstlichen Mitteln bekämpft. Vor Ort standen nicht amerikanische Soldaten, sondern amerikanisch unterstützte Freiheitskämpfer. Indirekte Unterstützung war ungefährlicher: Washington blieb im Hintergrund und konnte seine Unterstützung verbergen.

Am 14. März 1986 verpflichtete sich Reagan in seiner Botschaft an den Kongreß zum ersten Mal öffentlich, im Rahmen der Reagan-Doktrin die Tyrannei in jeder Form zu bekämpfen. Diese Ankündigung glich der Truman-Doktrin: Auch Truman hatte inhaltlich vom Kampf gegen Totalitarismus gesprochen. Die Reagan-Regierung äußerte sich in ähnlicher Form. In Wirklichkeit ging es jedoch einseitig um den Sturz der kommunistischen oder sowjetfreundlichen Regime –

zum einen durch aktive Unterstützung antikommunistischer Widerstandsgruppen und zum zweiten durch eigene Intervention, aber nur im Ausnahmefall wie zum Beispiel in Grenada.[115] Gleichzeitig verschärfte Reagan seine antikommunistische Rhetorik mit Blick auf Mittelamerika.

Seit Anfang 1985 konnten Reagan und Shultz die Doktrin mit zunehmendem Selbstbewußtsein vertreten, denn seit Reagans Engagement in Zentralamerika und seit der Befreiung Grenadas konnten neue kommunistische Aggressionen vereitelt werden. In Lateinamerika war der Trend zur Demokratie unübersehbar. Es waren aber nicht linke oder kommunistische Diktaturen, sondern rechte Militärregime, die in Lateinamerika und Asien demokratischen Regierungen Platz machen mußten. Lebte 1979 nur ein Drittel der Bevölkerung Lateinamerikas nicht unter Militärdiktaturen, so hatten bereits Mitte der achtziger Jahre neunzig Prozent der lateinamerikanischen Bevölkerung die Militärdiktaturen überwunden. Aber weniger Reagans Doktrin als vielmehr die erfolgreichen Demokratisierungsprozesse der siebziger Jahre in Spanien und Portugal hatten Einfluß auf die demokratischen Veränderungen in Lateinamerika. Reagan bekämpfte nur kommunistische Regime. Doch Shultz drängte, sehr zum Unmut seines Präsidenten, auf Abdankung rechter Militärregime wie auf den Philippinen oder in Chile. Erst in letzter Minute konnte Reagan überredet werden, seinen alten Freund Marcos fallenzulassen, um die demokratische Entwicklung auf den Philippinen nicht weiter zu blockieren.[116] Nach heftigen Auseinandersetzungen setzte sich Shultz schließlich durch: Er forderte im Rahmen der Reagan-Doktrin eine härtere Gangart gegenüber den rechten Militärdiktaturen. Reagan gab nach, und 1986 wurde Frau Aquino neue Präsidentin der Philippinen.

Elliott Abrams, Ministerialdirektor für Menschenrechte und humanitäre Angelegenheiten im State Department, wurde zur treibenden Kraft einer Lateinamerika-Politik, die auf den Rücktritt des chilenischen Diktators Pinochet drängte. Pinochet mußte schließlich Ende der achtziger Jahre freien Wahlen zustimmen. Dieser »moralische Interventionismus« in Lateinamerika im Namen der Menschenrechte zeigt, daß die Reagan-Doktrin auch historische Bezüge zu Woodrow Wilson und Jimmy Carter aufwies. Gab es Parallelen in der Sache, so waren die Methoden verschieden. Im Unterschied zu Carter betonte Reagan bilaterale Maßnahmen und macht- beziehungsweise militärpolitischen Einsatz. Reagan wollte vor allem die Welt nicht auf multilaterale Weise für die Demokratie sichern, sondern vorwiegend im Alleingang, in der Tradition der Truman-Doktrin: Wie Truman 1947, so wußte auch Ronald Reagan 1985, daß er zur Unterstützung seiner Ziele durch die amerikanische Öffentlichkeit und den amerikanischen Kongreß die Lage in der Welt und besonders die Lage in Zentralamerika dramatisieren mußte. »Vor vierzig Jahren standen Republikaner und Demokraten gemeinsam hinter der Truman-Doktrin. Es muß unsere Politik sein, so erklärte Harry Truman, Völker zu unterstützen, die für die Erhaltung ihrer Freiheit kämpfen. Unter dieser Doktrin sandte der Kongreß Hilfe nach Griechenland, gerade noch rechtzeitig, um das Land vor dem Zugriff einer kommunistischen Tyrannei zu bewahren. Wir haben zu jener Zeit die Freiheit in Griechenland gerettet – und mit demselben gemeinsamen Geist können wir heute die Freiheit in Nikaragua retten.«[117]

Nikaragua wurde zum Testfall der Reagan-Doktrin. Außenminister Haig verlangte, daß die von Carter gewährte Auslandshilfe an das Regime der Sandinistas in Nikaragua eingestellt wurde. Die Regierung Reagan begann statt dessen mit der Ausbildung antisandinistischer paramilitärischer Truppen in den USA. Gleichzeitig warnte Haig davor, daß durch kommunistische Hilfe und Infiltration das Nachbarland El Salvador destabilisiert werden könnte. Folglich wurde die Auslandshilfe der USA für El Salvador, vor allem die Militärhilfe, massiv erhöht. Mit seiner Initiative vom 24. Februar 1982 umriß Reagan eine Art Marshallplan für die karibische Region. Aber der Kongreß koppelte die Freigabe der Mittel an die Durchsetzung beziehungsweise Einhaltung der Menschenrechte. Das Ergebnis war folgender politischer Kuhhandel: »Die Reagan-Doktrin begann als ein Akt politischer Geschäftstaktik. Mit ihr wurde die aggressive antikommunistische Strategie eines konservativen republikanischen Präsidenten mit einen weiten Mantel umhüllt, der moderate Demokraten ansprach, während er Liberale verwirrte. Berücksichtigt waren darin die politischen Umstände, in denen sich Amerika nach dem Vietnamkrieg befand, wo unverfrorene Unterstützung von Rechtsdiktaturen – sogar solchen, die kommunistische Guerillas bekämpften – vor der öffentlichen Kritik und Ablehnung nicht bestehen konnte und wo die Unterstützung für antikommunistische Guerillagruppen auf mehr als der Grundlage von Realismus oder Antikommunismus gerechtfertigt werden mußte. Die neue Doktrin paßte zu dem von Reagan bevorzugten politischen Stil. Sie bedeutete eine völlige Revision der grimmigen Äußerungen eines Alexander Haig und anderer, eher traditionell denkender konservativer Republikaner. Sie vermittelte eine optimistische statt einer verzweifelten Botschaft; sie verwies auf Chancen und nicht auf Gefahren. Reagan brauchte den Amerikanern nicht zu erzählen, daß die Unterstützung von brutalen Diktaturen ein notwendiges Übel oder der Kampf gegen den Kommunismus ein Kampf ohne Ende sei. Die neue Doktrin bot die Möglichkeit einer Beendigung des kalten Krieges, die sowohl friedlich als auch demokratisch vonstatten gehen würde.«[118] Kagan trifft mit diesen Sätzen den Kern der Reagan-Doktrin: Viele Amerikaner wollten an sie glauben, weil sie ein Ende des kalten Krieges in Aussicht stellte. Diese Perspektive wurde in Europa belächelt, aber Reagan sollte recht behalten.

Zunächst wurde Nikaragua zum Hauptfeind und zum Unruheherd erklärt. Am 1. März 1982 beschuldige Jeanne Kirkpatrick das sandinistische Regime der massiven Menschenrechtsverletzung. Haig beschuldigte die Sandinisten sogar des Völkermordes an Indianerstämmen.[119] Reagan strebte offen den Sturz der sandinistischen Regierung Nikaraguas an, um ein »zweites Kuba« in dieser Region zu verhindern. Auf der Grundlage der Direktive NSDD 17 wurden die Contras durch die CIA unterstützt und zur »Nicaraguan Democratic Force« (FDN) zusammengeschlossen. Parallel dazu verstärkten die USA ihre Flottenpräsenz in der Karibik und weiteten ihre Manöver aus, um der Drohung Wirkung zu verleihen. Die erfolgreiche Invasion Grenadas im Oktober 1983 beseitigte nicht nur eine marxistische Regierung, sondern war auch eine deutliche Warnung an Nikaragua und an die Sowjetunion.

Im Laufe der zweiten Amtsperiode verschärfte die Regierung Reagan ihre Maßnahmen gegenüber Nikaragua durch Verhängung eines Wirtschaftsboykotts und vor allem durch illegale Maßnahmen, die dann zur Iran-Contra-Affäre führten. Unkontrollierte Beamte des Nationalen Sicherheitsrats wie Oliver North unterstützten die Contras mit Geldern, die zum Teil privat oder durch den Verkauf von Waffen an den Iran beschafft wurden. Recht und Gesetz wurden gebrochen, wie die Aussagen von Oberst North vor dem Untersuchungsausschuß des Kongresses belegen. Zwar konnte nicht nachgewiesen werden, daß Reagan diese Aktionen persönlich in Auftrag gegeben hatte, aber sie standen im Einklang mit der Reagan-Doktrin. Der Nationale Sicherheitsberater Pointdexter, Oberst North und andere mußten zurücktreten, die Verantwortungslosigkeit ihres Handelns erschreckte die Nation. Die vom Präsidenten eingesetzte Tower-Kommission und die Untersuchungsausschüsse des Kongresses enthüllten ein unvorstellbares Ausmaß eigenmächtiger Handlungen, die unter Berufung auf die Reagan-Doktrin im Weißen Haus, in der CIA und im Sicherheitsrat um sich griffen.[120] Als besonders befremdlich wurde von vielen die wohlwollende Geste Reagans empfunden, die er beiden Männern, die er entlassen mußte, zukommen ließ: Er lobte ihr Verhalten und machte sie zu Helden der Nation. Die Iran-Contra-Affäre schien für Reagan ebenso typisch wie Watergate für Nixon. Daß Reagan diese Krise überstand, verdankte er seiner Popularität und der Tatsache, daß Bevölkerung und Kongreß seine neue Politik gegenüber Gorbatschow honorierten.

Auch das zweite Ziel der Reagan-Doktrin, die Bekämpfung des internationalen Terrorismus, wurde von Bevölkerung und Kongreß unterstützt. Der Iran, Syrien, Libyen, Südjemen und Kuba wurden als die Zentren des internationalen Terrorismus bezeichnet. Reagan handelte unmißverständlich. Im Januar 1986 erklärte er den nationalen Notfall gegenüber Libyen und verordnete Handelsbeschränkungen. Im April 1986 ließ er sogar Teile der Hauptstadt Tripolis als Strafaktion bombardieren. Während die arabischen Länder und die Westeuropäer diese Aktion kritisierten, fand sie in den USA Zustimmung.[121]

Als 241 amerikanische Soldaten bei einem Terrorangriff in Beirut ums Leben kamen, stieg die Angst vor dem internationalen Terrorismus weiter an. Die Regierung Reagan vermutete auch hier kommunistische Drahtzieher. Im Januar 1986 erklärte Verteidigungsminister Weinberger, daß sich jedes vierte Land auf der Welt in einem Krieg befände, hinter dessen Maske »die Sowjetunion und diejenigen stehen, die ihre Befehle ausführen«. Sein Stellvertreter Fred C. Ikle zählte kurz darauf 42 Kriege auf, deren »treibende, organisierende Kraft« die Sowjetunion sei.[122] Dabei wurden auch die Auseinandersetzungen zwischen China und Vietnam, also zwischen kommunistischen Staaten, zu den von der Sowjetunion angestifteten Kriegen gerechnet.

Aber viele Friedens- und Freiheitskämpfer setzten sich gegen Feinde ein, die nicht antikommunistisch oder antidemokratisch eingestellt waren. Es ist richtig, daß innerhalb weniger Jahre kommunistische oder kommunistisch unterstützte Regime wie in Afghanistan, Angola, Kambodscha, Mosambik, Nikaragua und anderswo aufgeben mußten, aber nicht weil die Freiheitskämpfer erfolgreich waren. In Angola mußte der Friedenskämpfer Sawimbi in freien Wahlen 1993 seine Niederlage eingestehen. In Afghanistan waren es nicht demokratische Mudjaheddin, die den Krieg gewannen. Der Reagan-Doktrin fehlten die idealen, das heißt demokratischen Partner. Zudem waren die Prioritäten umstritten. Indem die Regierung Reagan sowjetfreundliche Regime schwächen beziehungsweise stürzen wollte, wurden die Interessen anderer Staaten übergangen. Allein amerikanische Interessen im globalen Maßstab zählten. Die Doktrin war dabei nicht frei von Doppelmoral. Die USA suchten zum Beispiel Pakistans Unterstützung, um die Waffen an die Mudjaheddin in Afghanistan weiterzuleiten, dafür sah man darüber hinweg, daß Pakistan ein nukleares Waffenprogramm aufbaute, Menschenrechte verletzte[123] und Drogengeschäfte der afghanischen Mudjaheddin duldete.

Die Verstrickung mit antidemokratischen Kräften war Ronald Reagans Achillesferse. Er war nicht bereit, autoritäre Diktatoren als »Friedenskämpfer« auszuschließen. Allein die antikommunistische und proamerikanische Einstellung zählte. Amerikas Verbindung mit der argentinischen Junta und mit Panamas General Noriega gehört zu den Schattenseiten der Reagan-Doktrin. Die CIA unterstützte auch die fundamentalistischen und undemokratischen Führer der Mudjaheddin in Afghanistan sowie undemokratische Kräfte in Aserbaidschan und Tadschikistan. Deshalb wurde die Reagan-Doktrin vielerorts zum Synonym für amerikanische Hilfe an Diktatoren. Verbrechen, Aufruhr und Bürgerkrieg, Schwindel, Geheimhaltung, Irreführung des amerikanischen Kongresses, der amerikanischen Öffentlichkeit, der Weltöffentlichkeit, Mißachtung von amerikanischem Recht und internationalem Recht waren dem Ansehen der USA abträglich. Diese Methoden standen im Widerspruch zur Tradition der Menschenrechte und Demokratie. Der Wille, zu antikommunistischen Zwecken bedenkliche Mittel zuzulassen, sich der Hilfe von Hasardeuren, Fanatikern und drittklassigen Politikberatern in Washington zu bedienen, unterminierte die Glaubwürdigkeit der Außenpolitik Reagans.[124] Als die Öffentlichkeit von diesen Machenschaften erfuhr, geriet die Politik der Regierung in Mißkredit. Innerhalb der Regierung kam es zu Kontroversen über die Ziele der Reagan-Doktrin.

Die Iran-Contra-Affäre zeigt das ganze Ausmaß der widerrechtlichen Aktionen. Die CIA hatte den Contras seit Jahren Anleitung zu Terrorismus und Mord gegeben. Weil der Kongreß der Regierung keine Mittel für Aktionen zur Verfügung stellte, ging das Weiße Haus illegal vor, zum Beispiel durch Waffengeschäfte mit dem Iran, um Gelder für die Unterstützung der Freiheitskämpfer, wie zum Beispiel der Contras, zu beschaffen. Auch die Verbündeten reagierten empört. Die Vereinigten Staaten hatten gerade die Westeuropäer seit Jahren inständig gebeten, den Iran weder wirtschaftlich noch militärisch zu unterstützen. Jetzt verstießen sie selbst gegen diese Grundsätze. Als das Ausmaß dieser Aktionen publik wurde, waren die außen- und innenpolitischen Folgen der Iran-Contra-Affäre für die Regierung Reagan verheerend. In den letzten zwei Jahren schien Reagan außenpolitisch wie gelähmt. Außerdem hatten die positiven Veränderungen in Lateinamerika nur selten mit der Reagan-Doktrin zu tun. In Zentralamerika waren die Contras nicht in der Lage, das Regime in Nikaragua zu stürzen. Es trat nach freien Wahlen ab. In Honduras gelang es nur, den Einfluß der Sandinisten zu begrenzen, ein Waffenstillstand war die Folge. In El Salvador blieb dank amerikanischer Hilfe die proamerikanische Regierung an der Macht, aber die innenpolitischen militanten Auseinandersetzungen setzten sich fort. In Wirklichkeit ging es weder um den Kampf zwischen Kommunisten und Freiheitskämpfern noch um den zwischen Kommunisten und Militärdiktatoren, sondern um innenpolitische Auseinandersetzungen zwischen demokratischen und reaktionären Kräften wie in El Salvador. Dort hat die Regierung Reagan leider nicht nur Demokratie gefördert, sondern zeitweilig rechtsradikale Kräfte gegen die Demokratie unterstützt.

Doch insgesamt gesehen, wurde der Wandel in der Dritten Welt auf Kosten des Kommunismus durch die Außenpolitik der Regierung Reagan beschleunigt. Vor allem seit Gorbatschow zentrale Positionen räumte, kam es zu einer gewissen Beruhigung der amerikanisch-sowjetischen Auseinandersetzung im Ringen um globale Einflußsphären. Die sowjetischen Initiativen, die Schwerpunktverlagerung von der Konfrontation zur Kooperation hatte Konsequenzen für das Ost-West-Verhältnis, auch in der Dritten Welt. In der Retrospektive erscheint die amerikanische Politik gegenüber der Dritten Welt im Rahmen der Reagan-Doktrin also nicht nur als bizarrer Antikommunismus, sondern als Teil einer Strategie, die couragiert den Einfluß der Sowjetunion zurückdrängte.

SDI auf der einen und die Geheimdienstaktionen auf der anderen Seite bildeten die extremen Pole einer antikommunistischen Strategie, die – wie SDI – extrem teuer oder – bei der Unterstützung der Freiheitskämpfer – relativ billig und für Amerika scheinbar risikolos war. Das Besondere der Reagan-Doktrin bestand darin, daß die Vereinigten Staaten zum ersten Mal im großen Stil antikommunistische Außenpolitik vom Guerillakampf am Boden bis zur Entwicklung von SDI im Weltraum betrieben. Aber die Reagan-Doktrin machte auch deutlich, daß trotz gegenteiliger Beteuerungen die Angst vor einer Verwicklung wie in Vietnam Reagans Politik mitbestimmte. Auch wirkte die Kritik der Verbündeten heilsam auf den antikommunistischen Aktionismus der Reagan-Doktrin. Der Charakter der Freiheitskämpfer war nicht so sauber, wie von Washington dargestellt.[125] Zweifellos förderte die Reagan-Doktrin den Trend zur Militarisierung der Außenpolitik. Reagan erweiterte die Kompetenzen der Nachrichtendienste. Allein 1983 unterhielt die CIA zwölf Sicherheits- und Nachrichtenoperationen. Sie wurde kaum kontrolliert und war politisch fast unabhängig. So ist es nicht verwunderlich, daß Reagans antikommunistische Mobilisierung der Außenpolitik auch die politische Kultur der USA beschädigte. Er, der Liberalität, Freiheit und Menschenrechte betonte, mußte sich vorhalten lassen, daß er gegen die Traditionen und gegen das liberale Selbstverständnis der USA verstieß – nicht nur im Fall der Iran-Contra-Affäre. War diese Militarisierung der Außenpolitik die unvermeidliche Konsequenz der letzten Phase des Wettrennens beider Supermächte, das schließlich den kalten Krieg zuungunsten der Sowjetunion entschied?

Die Nahostpolitik

Die Nahostpolitik der ersten Amtszeit Reagans

Im Unterschied zu Carter sah Reagan anfänglich die Hauptbedrohung für den Frieden im Nahen Osten weniger im arabisch-israelischen Konflikt als vielmehr in den Machtambitionen der Sowjetunion. Er betrachtete den Nahen und Mittleren Osten einschließlich des Persischen Golfs – begrenzt durch die Türkei, Pakistan und das Horn von Afrika – als strategische Einheit und Teil einer globalen Auseinandersetzung. Nicht im Rückblick auf Camp David, sondern eingedenk der sowjetischen Gefahr und in Erinnerung an das Debakel der USA im Iran vollzog die Regierung Reagan einen Wandel in der Nah- und Mittelostpolitik.

Die Sicherung der westlichen Interessen angesichts der verstärkten Rohstoffabhängigkeiten, die Lösung regionaler Krisen, die Eindämmung des direkten oder indirekten sowjetischen Einflusses bildeten die Kerninteressen der Nahostpolitik der Carter-Administration. Dieses Konzept wurde von der Regierung Reagan übernommen und ausgebaut. Hauptsäulen des neuen Konzepts des strategischen Konsenses bildeten die Länder Israel, Ägypten und Saudi-Arabien, die als Bollwerk gegen den sowjetischen Einfluß im Nahen Osten dienen und die Interessen der USA garantieren sollten.

Die Beziehungen zu Ägypten und Saudi-Arabien

Nach der Ermordung Sadats im Oktober 1981 modifizierte sein Nachfolger Mubarak die ursprünglich strikt proamerikanisch angelegte Außenpolitik Ägyptens und reagierte damit auf das schwindende Interesse der Reagan-Administration am Friedensprozeß von Camp David. Mubarak suchte bei den USA nicht nur militärstrategische Gemeinsamkeiten oder Wirtschaftshilfen, sondern auch Gehör für die gesamtarabischen Interessen im Konflikt mit Israel.

Nachdrücklicher als Sadat forderte Mubarak nun von den USA, die arabischen Positionen im Friedensprozeß zu berücksichtigen. Unter Mubarak wurde Ägypten nach Israel und neben Saudi-Arabien zu einem zentralen strategischen Verbündeten der USA in der Region. Um die Rolle Mubaraks zu stärken und Ägypten die Rückkehr in das arabische Lager zu erleichtern, tat König Hussein den ersten Schritt und nahm die diplomatischen Beziehungen zu Ägypten wieder auf.[126]

Die Aussöhnung Ägyptens mit Saudi-Arabien war eine weitere Aufgabe Mubaraks, die ganz in Übereinstimmung mit dem amerikanischen Konzept des strategischen Konsenses stand. Mubarak versuchte allerdings erst, den Camp-David-Friedensprozeß aktiv zu beeinflussen, nachdem der Sinai im April 1982 von Israel zurückgegeben worden war.

Saudi-Arabien kam eine weitere Schlüsselrolle in der Nahostpolitik der USA zu: Zur Eindämmung des sowjetischen Einflusses unterstützte die Regierung Reagan die sicherheitspolitischen Forderungen der Saudis. Das militärische Element spielte dabei eine herausragende Rolle. Saudi-Arabien sollte vor allem davon überzeugt werden, daß amerikanische Bodentruppen, die Schnelle Eingreiftruppe sowie Stützpunkte notwendig seien, um sowjetischer Bedrohung vorbeugen zu können. Saudi-Arabien als Ort einer verstärkten militärischen Präsenz der USA am Golf sollte nach dem Zusammenbruch des strategischen Vorpostens Iran zusammen mit Ägypten und Israel zum Eckpfeiler amerikanischer Interessen ausgebaut werden.

Die Erklärung Reagans vom 1. Oktober 1981 – »Die USA werden nicht zulassen, daß in Saudi-Arabien eine Lage wie im Iran entsteht« – zeigte Entschlossenheit, aber Saudi-Arabien begegnete dem Konzept des strategischen Konsenses zurückhaltend. Außer Ägypten und Oman zeigte sich kein arabischer Staat bereit, sich in einen strategischen Abwehrgürtel einzureihen, Stützpunkte für die Schnelle Eingreiftruppe oder amerikanische Schiffe einzuräumen und damit einzig den amerikanischen Interessen zu entsprechen. Die arabischen Regierungen sahen weniger in einer aggressiven Außenpolitik der Sowjetunion als vielmehr in subversiven Umtrieben, innenpolitischen Revolutionsprozessen und vor allem in israelischen Angriffen die wirkliche Gefahr für die Stabilität der Region. Die Herrscher fürchteten, daß ein offenes und intensives Zusammengehen mit den USA gerade den antiwestlichen und fundamentalistischen Kräften im Innern Auftrieb geben würde.

Außerdem wollte Saudi-Arabien nicht zum Streitpunkt von Großmachtrivalitäten werden. Daraus ergaben sich paradoxe Konsequenzen: Je mehr offene Distanz zu den Vereinigten Staaten in Diplomatie, Wirtschaft und Militärstrategie gepflegt wurde, desto intensiver konnte in Wirklichkeit prowestliche Politik betrieben werden. Umkehrt galt: Je nachdrücklicher die USA eine offene Parteinahme für die amerikanischen Interessen forderten, je nachhaltiger sie amerikanische Truppenpräsenz durchsetzen wollten, um so distanzierter gaben sich Saudi-Arabien und die Golfemirate, obwohl sie sich realpolitisch mit den Vereinigten Staaten in einem strategischen Konsens befanden. Allerdings zeigten die Saudis tiefes Mißtrauen in die amerikanische Führung, nachdem der Schah trotz aller Beteuerungen der USA im innenpolitischen Kampf letztlich ohne amerikanischen Beistand geblieben war. Sie glaubten, daß die USA militärisch stark, aber politisch unzuverlässig seien.[127]

Die gemäßigten arabischen Herrscherhäuser suchten also eine ausbalancierte Nah- und Mittelostpolitik der USA, die aber die Reagan-Administration in ihrer ersten Phase unter dem Primat des strategischen Konsenses nicht vermittelte. Deshalb waren Saudi-Arabien und andere konservative Scheichtümer nicht bereit, sich mit den Vereinigten Staaten strategisch zu verbinden oder den USA Territorialrechte einzuräumen, obwohl sie grundsätzlich gute Beziehungen zu Washington wünschten. Vielmehr setzte man in den arabischen Staaten auf mehr regionale Eigenverantwortung, wie die Gründung des Golfrates Anfang 1981, ökonomisch nach dem Vorbild der Europäischen Gemeinschaft, militärisch als Regionalpakt gebildet, zeigte. Die Grundprämisse saudi-arabischer Politik bestand darin, beide Supermächte militärisch außerhalb der Region zu halten. Dennoch wurden die Flottenpräsenz der USA sowie kleine Militärkontingente in Oman und Somalia und vor allem natürlich die amerikanische Hilfe bei der Entwicklung der saudi-arabischen Streitkräfte begrüßt.

Am 28. Oktober 1981 stimmte der Senat mit 52 gegen 48 Stimmen dem Verkauf von AWACS-Flugsystemen an das Königreich zu. Saudi-Arabien erwarb für 8,5 Milliarden Dollar fünf AWACS-Maschinen, dazu 1 177 Raketen für die bereits gekauften F-15-Kampfflugzeuge und einige Tankflugzeuge vom Typ KC 135. Dies war der größte einzelne Waffenverkauf, den die USA seinerzeit tätigten. Innenpolitisch bedeutete dieses Geschäft einen Erfolg für die außenpolitische Handlungsfähigkeit Reagans gegenüber seinen eigenen skeptischen Parteianhängern und gegenüber der starken israelischen Lobby im Kongreß. Außenpolitisch bildete das AWACS-Geschäft einen zentralen Baustein für das Konzept des strategischen Konsenses im Nahen Osten. Es brachte Prestigegewinn für die proamerikanische Führung in Saudi-Arabien, eine Festigung der Beziehungen sowie eine Stärkung der äußeren Sicherheit Saudi-Arabiens. Der Verkauf war auch als »Belohnung« für saudi-arabische Mäßigung bei der Gestaltung des Erdölpreises im Rahmen der OPEC, als Dank für seine Vermittlerrolle bei der Eindämmung des Libanon-Konflikts und als Anreiz für eine aufgeschlossene Haltung gegenüber dem weiteren Verlauf des Camp-David-Friedensprozesses gedacht. Aber durch das AWACS-Geschäft wurde die militärische Aufrüstung im Nahen Osten beschleunigt, in Israel wuchs das Gefühl der Bedrohung weiter an. Die Sonderrolle Saudi-Arabiens wurde durch dieses Geschäft betont. In den Augen vieler Nachbarn rückte Riad zu nahe an die USA heran.

Die Beziehungen zu Israel

Die proarabische Komponente im Konzept des strategischen Konsenses der Regierung Reagan und der Verkauf des AWACS-Systems an Saudi-Arabien hatten Israel verunsichert. Deshalb verlangte Premierminister Begin bei seinem Besuch in Washington im September 1981 als Ausgleich den Ausbau der Beziehungen zu einer bilateralen Allianz.

Am 30. November 1981 wurde zwischen den Verteidigungsministern Weinberger und Scharon in einem Abkommen ein strategischer Konsens fixiert, der dem neuen amerikanischen Konzept offensichtlich entsprach. Für Israel bot dieses Abkommen eine Möglichkeit, die amerikanische Strategie eng an die eigene zu binden und damit den seit der Carter-Administration wachsenden Israel-kritischen Tendenzen in der amerikanischen Nahostpolitik entgegenzuwirken.

Diese erhielten jedoch Auftrieb durch die Annexion Jerusalems am 30. September 1980, die Angriffe auf den Südlibanon und auf den irakischen Kernreaktor und schließlich durch die Annexion der Golan-Höhen im Dezember 1981, die im Gegensatz zum syrisch-israelischen Entflechtungsabkommen vom 31. Mai 1974 stand. Durch die Annexion der Golan-Höhen blockierte Israel den Friedensprozeß politisch und psychologisch. Dahinter stand die Absicht, die arabische Ablehnungsfront unter syrischer Führung zu stärken und die PLO zu radikalisieren. Verschärfte Militanz und Unnachgiebigkeit der Palästinenser würden wiederum Israels Intransigenz rechtfertigen. Mit der Annexion verstieß Israel auch gegen das zwei Wochen vorher unterzeichnete Abkommen zur strategischen Kooperation mit den USA, denn dies verpflichtete die Unterzeichner zur Rücksichtnahme auf die politischen Bedürfnisse und Interessen des Verhandlungspartners. Konsequent traten die USA von der amerikanisch-israelischen Vereinbarung zurück. Nach der Annexion der Golan-Höhen und der Kündigung des gemeinsamen Abkommens zur strategischen Kooperation waren die Beziehungen an einem neuen Tiefpunkt angelangt. Frieden ohne Golan-Höhen oder Golan-Höhen ohne Frieden – mit der Annexion versuchte Begin eine Quadratur des Kreises, nämlich Frieden *und* Annexion der Golan-Höhen. Aber damit hatte er die Eskalationsspirale im arabisch-israelischen Konflikt erneut in Bewegung gesetzt und die bilateralen Beziehungen zu den USA schwer getroffen.

Washington versäumte es, Israel zu Zugeständnissen im Friedensprozeß zu bewegen. Dabei wurden zwei unterschiedliche Auffassungen in Washington deutlich: Die eine plädierte – wie in den siebziger Jahren unter Nixon, Ford und

Carter – für eine überparteiliche Maklerrolle der USA in der Region und vor allem im arabisch-israelischen Konflikt. Die andere Denkschule trat für eine klare Bevorzugung Israels ein. In Reagans Regierung behielten in der Regel die proisraelischen Kräfte die Oberhand. Dies wurde problematisch, weil die israelische Regierung den Friedensprozeß unterband, ihre Besatzungspolitik forcierte und brutalisierte, gleichzeitig aber eine Militärstrategie und Außenpolitik betrieb, die auf absolute Sicherheit, sprich Überlegenheit, ausgerichtet war.[128] Doch die Reagan-Administration unternahm nichts, um die israelische Führung von der Neuansiedlung von siebzigtausend jüdischen Siedlern in »Judäa und Samaria« (Westjordanland) abzuhalten. Diese Siedler waren bekannt für ihre militante Haltung gegenüber den Arabern und Palästinensern. Die schweren Aufstände und Unruhen in Gazastreifen und Westjordanland gegenüber den israelischen Besatzungstruppen seit dem Winter 1987 waren die Folge.

Bei der israelischen Invasion im Libanon vom Juni 1982 traten erneut Gegensätzlichkeiten in Washington zutage: Gefühlsmäßige Abneigung gegen die PLO und Sympathie für Israel standen im Widerspruch zum Angriff Israels auf die PLO im Libanon, weil damit der Friedensprozeß aufgehalten wurde. Dank der diplomatischen Intervention von Sonderbotschafter Habib kam es am 20. August 1982 zu einem Waffenstillstand und zu einem Plan für den Abzug der PLO aus dem Libanon, der von einer multinationalen Streitmacht, bestehend aus je achthundert Soldaten aus den USA und Frankreich sowie vierhundert aus Italien, überwacht wurde und am 1. September abgeschlossen werden konnte. Mehr als elftausend Palästinenser wurden in verschiedene arabische Staaten evakuiert, der Sitz der PLO nach Tunis verlegt.

Wie schon der Yom-Kippur-Krieg im Jahr 1973, so bot auch die Libanon-Krise eine Chance, den Friedensprozeß im Nahen Osten neu anzustoßen. Aber Begin und besonders Verteidigungsminister Scharon waren daran nicht interessiert. Während die Reagan-Administration hoffte, daß durch die israelischen Aktionen die PLO an den Verhandlungstisch »gebombt« werden könnte, wollte die Regierung Begin die PLO militärisch und politisch vernichten. Am 17. Mai 1983 wurde durch Vermittlung von US-Sonderbotschafter Habib ein libanesisch-israelisches Abkommen unterzeichnet, das den Rückzug ausländischer Truppen aus dem Libanon regeln sollte. Als im Oktober 1983 bei einem Terroranschlag auf einen amerikanischen Stützpunkt 241 US-Soldaten getötet wurden, zogen die USA ihre Truppen aus dem Libanon beschleunigt ab, obwohl die terroristischen Anschläge weiter anhielten. Im Sinne der Reagan-Doktrin war dies nicht.

Mitte der achtziger Jahre zeigte sich, daß Reagans Konzept des strategischen Konsenses mehr Nach- als Vorteile mit sich brachte. Weil Reagan die israelischen Sicherheitsbedürfnisse im Konzept des strategischen Konsenses nicht mit dem vorrangig politischen Problem der Autonomiefrage auf der Westbank und im Gazastreifen koppelte, versäumte er, die Ratio des arabisch-israelischen Friedensprozesses – Land gegen Sicherheit – zur Grundlage des strategischen Konsenses mit Israel zu machen.

Vor diesem Hintergrund wird deutlich, daß die Nahostpolitik der Regierung Reagan in ihrer ersten Phase all das vernachlässigte, was Weisheit, Klugheit und Geschicklichkeit der amerikanischen Nahostpolitik der siebziger Jahre ausgemacht hatte. Statt dessen wurde mit dem Konzept des strategischen Konsenses die Interessenvielfalt der Staaten im Nahen und Mittleren Osten in ein enges Korsett geschnürt. Während sich arabische Staaten – wenn auch widerwillig – einbinden ließen, weigerte sich Israel und zwang statt dessen die USA selbst in ein strategisches Korsett, das den USA bald zu eng wurde und ihnen die politische Bewegungsfreiheit nahm, vor allem gegenüber Israel. Tatenlos mußte Reagan einer israelischen Strategie der Expansion, des Fait accompli und der Täuschung zusehen. Während es Nixon, Ford und Carter verstanden hatten, die Konfliktherde in der Region einzudämmen und die USA an einer regionalen Friedensstruktur Schritt für Schritt mit umfassender Perspektive zu beteiligen, behandelte die Reagan-Administration in ihrer ersten Phase sowohl den Camp-David-Friedensprozeß als auch arabische Friedensinitiativen wie beispielsweise den Fahd-Plan mit großer Nachlässigkeit. Der strategische Konsens ebnete alle brisanten Konfliktformationen im Nahen Osten und der Golf-Region ein und transferierte sie auf Supermachtsebene. Das war gefährlich, auch weil das komplizierte innerarabische und arabisch-israelische Machtbalancesystem dabei vernachlässigt wurde.

Wirkliche Gefahr für die Region drohte weniger von sowjetischer Seite als vielmehr von innen her, nämlich von radikalen oder fundamentalistischen religiösen Strömungen und Gruppierungen. Waren es nicht im Prinzip ähnliche Kräfte, die den Schah stürzten, Sadat ermordeten, in Saudi-Arabien die Heilige Moschee besetzten, in Syrien und Nordafrika an Einfluß gewannen? Wirkte nicht das ungelöste Palästinenser-Problem radikalisierender als eine angebliche militärische Bedrohung durch die Sowjetunion?

Aber das Konzept des strategischen Konsenses hatte auch positive Seiten: Araber, aber auch Westeuropäer, neigten zu der Annahme, daß mit einer Regelung der Palästinenser-Frage automatisch alle anderen Probleme in der Region gelöst werden könnten. Die Entwicklungen im Iran, in Afghanistan und im Libanon sowie der irakisch-iranische Krieg haben deutlich gemacht, daß es in der Region auch andere Gefahrenherde gab. Außerdem darf nicht übersehen werden, daß im Rahmen des strategischen Konsenses bedeutende Militär- und Wirtschaftshilfe von den USA geleistet worden ist. Auch der potentielle Abschreckungseffekt, der dem Konzept des strategischen Konsenses innewohnt, darf nicht unterschätzt werden.[129] Man muß dieses Konzept nicht unbedingt im Gegensatz zum Camp-David-Prozeß und zu anderen amerikanischen Initiativen sehen, sondern kann es als Element der militärischen Abschreckung verstehen. Das politische Zögern der Regierung Reagan hing auch mit inneren Widersprüchen zusammen.

Die Tatsache, daß ein ehemaliger Vier-Sterne-General das Außenministerium leitete, dagegen ein Zivilist dem Verteidigungsministerium vorstand, wirkte nicht nur optisch verwirrend. Außenminister Haig personifizierte eine Variante des strategischen Konsenses, die Israel zum demokratischen und strategischen Bollwerk gegen direkten oder indirekten kommunistischen Einfluß im Nahen und Mittleren Osten ausbauen wollte. Im Gegensatz zu Haig war Verteidigungsminister Weinberger stärker proarabisch eingestellt. Israels Angriff auf den Atomreaktor in Bagdad, die Annexion der Golan-Höhen, die Kündigung des gemeinsamen Abkommens über strategischen Konsens und die immer aggressivere Politik der Regierung Begin schwächten Haigs Position. Als Israel 1982 im Südlibanon einmarschierte, war Haigs israelfreundliche Konzeption gescheitert.[130] Von Konsens konnte weder in den amerikanisch-israelischen Beziehungen noch in der amerikanischen Administration selbst die Rede sein.

Der Rücktritt Haigs am 25. Juli 1982 war nur teilweise durch Differenzen innerhalb der Regierung über die Nahostpolitik verursacht. Im Kern ging es um Haigs Rolle bei der Gestaltung der amerikanischen Außenpolitik, bei der er sich als »Vikar« des Präsidenten verstanden hatte.[131] Er suchte von Anfang an ungestüm eine dominante Rolle, suchte die riskanten Vermittlerrollen im Falkland- und im Nahost-Konflikt, um durch erfolgreiches Krisenmanagement zu glänzen.

Kein Nachfolger Kissingers im Amt des Nationalen Sicherheitsberaters oder des Außenministers konnte sich von dessen gewaltigem Schatten lösen. Sie alle wurden mit ihm nachteilig verglichen. Lediglich Brzezinski konnte als nationaler Sicherheitsberater dem Vergleich mit Kissinger standhalten. Aber keiner von Reagans nationalen Sicherheitsberatern erreichte annähernd die Klasse Kissingers oder Brzezinskis. Dabei wäre kraftvolle und ideenreiche Beratung nötig gewesen, denn Reagan neigte zu Passivität. Aber als Haig das Steuer übernommen hatte, verschärften sich die Probleme, weil Haig die Verantwortung nicht teilen wollte und auch in Stil- und Protokollfragen wenig Souveränität und Gelassenheit zeigte.[132]

Mit seiner Initiative vom 1. September 1982 nahm Reagan die Politik im Nahen Osten aktiv in die Hand. Vorbild und Grundlage wurden durch den rechtlichen Rahmen und durch die politischen Perspektiven des Camp-David-Abkommens festgelegt. Es enthielt genügend Spielraum für alle Parteien, um in Verhandlungen einzutreten. Reagans Vorschläge waren deshalb auf einen Kompromiß zugeschnitten; Maximalpositionen sollten von allen Seiten aufgegeben werden:

- Die Palästinenser sollten die Existenz Israels, aber auch die Tatsache anerkennen, daß für einen eigenen souveränen Palästinenserstaat kein Raum vorhanden ist. Statt dessen plädierte Reagan für die sogenannte jordanische Option: Der endgültige Status der von Israel besetzten Gebiete müsse in Verhandlungen festgelegt werden. Es sei aber die feste Ansicht der USA, daß eine Selbstverwaltung der Palästinenser auf der Westbank und im Gazastreifen in Assoziation mit dem Königreich Jordanien die besten Aussichten für ein dauerhaftes Ergebnis biete.
- Die Israelis müßten ihre Besiedlungspolitik revidieren, weil sie das Haupthindernis bei der Suche nach einem Frieden darstelle. Dazu wurden die Israelis aufgefordert, politische Autonomie zu gewähren.[133]

So bildeten die Kontrolle Israels über die besetzten Gebiete einerseits und die arabischen Forderungen nach einem souveränen Palästinenserstaat andererseits Scylla und Charybdis im Nahen Osten, die Reagan mit seinem Vorschlag zu umschiffen suchte. Er schloß bei seiner Initiative die Errichtung eines unabhängigen Palästinenserstaates ebenso aus, wie er auf arabische Interessen Rücksicht nahm und eine mögliche Annexion oder permanente Kontrolle der besetzten Gebiete durch Israel ablehnte. In Übereinstimmung mit Camp David forderte Reagan die friedliche Übertragung der inneren Verwaltung auf die palästinensischen Einwohner in der zweiten Phase von Camp David. Israel blokkierte jedoch Reagans Initiative, mit Hilfe der Jordanischen Option einen Mittelweg im Interessenstreit zu finden. Aber auch die Araber gingen andere Wege: Auf dem 12. Arabischen Gipfel vom 9. September 1982 lehnten sie die jordanische Option ab.

Die Nahostpolitik der zweiten Amtszeit Reagans im Zeichen der Iran-Contra-Affäre

Zu Beginn der zweiten Amtszeit Reagans schien es so, als ob der Friedensprozeß im Nahen Osten eine neue Chance erhalten sollte. Nach dem Rücktritt von Menachim Begin 1983 waren unter seinem Nachfolger Yitzhak Schamir und unter Premierminister Shimon Peres die Chancen für verbesserte Beziehungen zwischen beiden Ländern gestiegen. Peres suchte über Geheimverhandlungen mit Jordanien neue direkte Verhandlungsansätze gegenüber der PLO.

Aber Reagan mißbilligte offizielle Treffen amerikanischer Unterhändler mit PLO-Sympathisanten. Schließlich konnte Außenminister Shultz den Präsidenten im Herbst 1985 davon überzeugen, daß Unterstaatssekretär Murphy mit einer jordanisch-palästinensischen Delegation zusammentreffen sollte, um direkte Verhandlungen der PLO mit Israel vorzubereiten. König Hussein war in einer schwierigen Situation und zeigte wenig Verhandlungsbereitschaft. Reagan weigerte sich im letzten Moment, Murphy mit konkreten Verhandlungen zu beauftragen, auch weil sich im Oktober 1985 die Beziehungen zwischen Jordanien und der PLO weiter verschlechtert hatten. Die Vereinigten Staaten favorisierten die jordanische Option, mußten aber feststellen, daß König Hussein im arabischen Lager an Einfluß verloren hatte. Gleichzeitig geriet PLO-Chef Arafat innerhalb seiner Organisation unter Druck. Als das italienische Kreuzfahrtschiff »Achille Lauro« am 7. Oktober 1985 von radikalen Palästinensern der Befreiungsorganisation von Abul Abbas gekapert und dabei sogar ein amerikanischer Bürger ermordet wurde, schwand die ohnehin zögerliche Verhandlungsbereitschaft der Regierung Reagan völlig dahin. Zudem verwiesen die 17tägige Entführung einer amerikanischen TWA-Maschine durch Terroristen aus dem Libanon sowie die Kaperung der »Achille Lauro« auf amerikanische Ohnmacht und die Nutzlosigkeit einer Konfrontation mit Libyen und dem Iran.

Nachdem die amerikanischen Geiseln der TWA-Maschine aufgrund iranischer Intervention befreit worden waren, entschloß sich Reagan zu folgender Politik: Der Ayatollah sollte umarmt, Gaddaffi aber vernichtet werden. Die amerikanischen Bombenangriffe auf libysches Territorium am 14. April 1986 waren das Ergebnis der »kleinen Lösung«, nachdem sich Ägypten geweigert hatte, mit den USA militärisch gegen Libyen vorzugehen. Gegenüber dem Iran war die Regierung Reagan offensichtlich ratlos.

Die Iran-Contra-Affäre wurde zum Negativsymbol der Außenpolitik Reagans in den letzten beiden Jahren seiner Amtszeit. Sie hat die Nahostpolitik der USA nachhaltig belastet. Was war geschehen?

Reagan unterzeichnete am 17. Januar 1986 eine geheime Anweisung, amerikanische Waffen an den Iran zu verkaufen. Im Mai reiste der Nationale Sicherheitsberater McFarlane mit Oberst Oliver North und Howard Teicher, unterstützt von Peres-Berater Amiram Nir, heimlich nach Teheran, um dort mit »moderaten« Kräften zu verhandeln. Doch die Amerikaner mußten feststellen, daß man dort nur an Waffen interessiert war, nicht an einer Verbesserung der

Beziehungen. Doch Oberst North reaktivierte die Verhandlungen, um durch Waffengeschäfte mit dem Iran die Contras in Nikaragua in ihrem Kampf gegen die Sandinisten finanziell zu unterstützen, ohne daß der Kongreß dazu Mittel bereitstellen mußte.[134] In Washington hoffte man auf iranische Hilfe, zum Beispiel bei den amerikanischen Geiseln in Beirut. Aber nur zwei Geiseln kamen im September 1985 und im Juli 1986 frei. Eine weitere Geisel, für die fünfhundert Raketen geliefert wurden, war bereits ermordet worden. Weil im September und Oktober 1986 im Libanon drei weitere Amerikaner als Geiseln genommen wurden, blieben nach wie vor fünf amerikanische Staatsbürger in der Gewalt der schiitischen Milizen.

Reagan, der seine Iranpolitik in die Hände weniger und vor allem wenig kompetenter Mitarbeiter des Nationalen Sicherheitsrates und des Weißen Hauses gelegt hatte, fehlte ein politisches Konzept über die Geiselbefreiung hinaus. Aber es kam noch schlimmer: Reagan setzte sich über die schweren Bedenken von Außenminister Shultz und Verteidigungsminister Weinberger hinweg und schloß sie einfach vom weiteren Entscheidungsprozeß aus. Als Shultz von dem Skandal erfuhr, war er so erschüttert, daß er an Rücktritt dachte.[135] Doch der Skandal hatte schließlich auch sein Gutes: Er schwächte die dogmatischen Antikommunisten und dogmatischen Gegner des Außenministers innerhalb der Regierung, weil sie für die Iran-Contra-Affäre verantwortlich zeichneten. Die neue Autorität von Shultz machte den Weg frei für verbesserte Beziehungen zur Sowjetunion. Ansonsten immer loyal gegenüber seinem Präsidenten, distanzierte sich Shultz im Dezember 1986 sogar öffentlich von dessen außenpolitischen Entscheidungen in der Iran-Contra-Affäre. Ohne Rücksprache mit Reagan verbot er kurzerhand alle weiteren Waffenverkäufe. Jetzt hatte Shultz die Außen- und insbesondere die Nahostpolitik wieder in die Hand genommen.

Aber am 25. November 1986 explodierte die nächste politische Bombe: Reagan erklärte öffentlich, daß die Erträge der Waffengeschäfte mit dem Iran dazu benutzt worden seien, die Contras in Mittelamerika zu unterstützen. Das Waffengeschäft mit dem Iran war schlimm genug, doch diese Enthüllung war in den Worten von Shultz ein schwerer Schlag: »Das war entsetzlich. Ich konnte es kaum glauben, obwohl es sich zweifellos um einen zutreffenden Bericht handelte. Reagan, Bush, Bill Casey und Don Regan hatten alle von einer Änderung der Anweisungen gewußt und sie sogar unterstützt, mit denen die früheren Geschäfte mit dem Iran am Leben erhalten wurden.«[136]

Der Außenminister mußte erfahren, daß die CIA die Freilassung von Geiseln immer noch mit Waffen erkaufen wollte und immer noch mit dem Iran verhandelte. Auch daß im Golfkrieg zwischen dem Iran und Irak die USA durch unverantwortliche Schaukelpolitik beide Seiten militärisch unterstützten, wurde jetzt bekannt.

Die Iran-Contra-Affäre geriet zum Skandal. Sie erreichte im Juli 1987 einen neuen Höhepunkt, als das ganze Ausmaß von Chaos und Rechtsbrüchen publik wurde: Die USA hatten Waffen geliefert, aber Teheran hatte seine Verpflichtungen zur Freilassung der Geiseln nicht eingehalten. Im Oktober 1986 hatten die USA jedoch weitere Waffen, unter anderem Panzerabwehrraketen, in den Iran gesandt, ohne daß die iranische Seite weitere Geiseln freigelassen hätte! Danach forderte die iranische Seite weitere Waffen, die Amerikaner lieferten bedingungslos. Die Regierung Reagan wurde bei diesem Handel von den Iranern ähnlich gedemütigt wie die Regierung Carter. CIA-Chef Casey, Sicherheitsberater Pointdexter und andere waren enttäuscht. Aber anstatt die Operation abzubrechen, wurde das Geschäft fortgesetzt. Die Krone wurde dem Ganzen aufgesetzt, als Reagan erklärte: »Ich habe nicht Waffen gegen Geiseln getauscht. Mein Herz und meine besten Absichten sagen mir immer noch, es ist wahr, aber die Tatsachen und Beweise sagen das Gegenteil.«[137]

Völlig deprimiert unternahm Shultz, unterstützt von dem neuen Nationalen Sicherheitsberater Frank Carlucci, einen neuen Anlauf im Nahen Osten. Shultz entsprach als erstes der Bitte Kuwaits von 1987, kuwaitische Tanker vor iranischen Luftangriffen zu schützen. Mit Unterstützung von Verteidigungsminister Weinberger wurden elf kuwaitische Tanker umgeflaggt und damit unter amerikanischen Schutz gestellt. Damit signalisierten die USA außerdem gegenüber dem Iran, daß die reichen Ölstaaten der arabischen Halbinsel auf den Schutz der USA rechnen konnten. Die Operation war erfolgreich, und die USA konnten die irakische Moral im Kampf gegen den Iran stärken; andererseits hatten der Iran und die Vereinigten Staaten auch ein gemeinsames strategisches Interesse. Beiden war an einem ungestörten Verkehr der Öltanker im Golf und an der Eindämmung der Sowjetunion gelegen. Hieraus ergab sich für die USA ein Dilemma: Sie wollten den Konflikt mit dem Iran nicht vertiefen, zugleich aber auch nicht den Eindruck erwecken, sie würden vor dem Iran zurückschrecken. Ein militärisches Patt zwischen Iran und Irak lag im geheimen Interesse der USA. Die Einsicht der militanten Mullah-Führung, daß der Krieg nicht gewonnen werden konnte, führte schließlich zum Waffenstillstand, der durch Kooperation beider Supermächte im Juli 1988 im Rahmen der UNO erreicht werden konnte.

Resümee der Nahostpolitik Reagans

Sehr spät ergriff Reagan am 1. September 1982 die Initiative im Nahen Osten. Mit der Ablehnung eines souveränen Palästinenserstaates trug er Jordaniens Interessen Rechnung und beugte einer Annexion der Westbank durch Israel vor. Damit stand sein Ansatz in der Tradition der Politik Henry Kissingers und Jimmy Carters.

Die jordanisch-palästinensischen Gespräche, die Anfang 1983 begannen, mündeten nach wechselvollem Schicksal 1985 in die »Hussein-Arafat-Initiative«, die auf bedingte Anerkennung Israels und auf Verhandlungen zwischen Israel und einer gemischt jordanisch-palästinensischen Delegation ausgerichtet war. Washington unterstützte diese Initiative freilich nicht mit vollem Gewicht; deshalb blieb sie wirkungslos und endete mit dem Bruch zwischen König Hussein und Arafat im Februar 1986 und neuen innerarabischen Streitigkeiten.

Die »Intifada«, der Palästinenseraufstand in den besetzten Gebieten, kündigte dramatischen Wandel an, denn sie zeichnete sich durch eine neue Intensität und durch neue Taktiken einer verbitterten Nachkriegsgeneration von unterdrückten jugendlichen Palästinensern – der nach dem Krieg von 1967 Geborenen – aus. Der militante Freiheitsdrang der Palästinenser war auch Folge israelischer Besatzungspolitik, also logische Konsequenz von Unterdrückung.

Unter dem Eindruck der palästinensischen Aufstände erneuerten die USA ihre diplomatischen Aktivitäten im Nahen Osten, wie die Besuche von Außenminister Shultz von März bis Juni 1988 zeigten. Seine Vorschläge verwiesen auf die amerikanischen Bemühungen um eine friedliche Beilegung des arabisch-israelischen Konflikts im Nahen und Mittleren Osten. Shultz' Vorschlag bestand darin, die Verhandlungen über die Übergangsperiode auf der Westbank und im Gazastreifen mit dem endgültigen Status der besetzten Gebiete zu verknüpfen. Außerdem wollte Shultz, daß wegen der Palästinenserfrage direkt zwischen den Israelis und einer jordanisch-palästinensischen Delegation verhandelt würde. Er regte an, noch vor den bilateralen Verhandlungen zwischen Israel und der jordanisch-palästinensischen Delegation eine internationale Konferenz unter dem Schirm der Vereinten Nationen abzuhalten. Voraussetzung der Teilnahme war die Zustimmung zu den UN-Resolutionen 242 und 338. Damit wies Shultz den Weg nach Madrid, aber seine Initiative scheiterte, weil König Hussein am 31. Juli 1988 erklärte, daß Jordanien alle rechtlichen und administrativen Verantwortlichkeiten für die Westbank an die PLO übergeben würde. So war die jordanische Option politisch gestorben, eine neue Lage war entstanden.[138]

Aber Shultz blieb vorsichtig: Am 16. September 1988 erklärte er in Maryland, daß die Vereinigten Staaten die Vorstellung der Palästinenser von ihrer Selbstbestimmung nicht teilten, wenn sie das Recht auf Staatsbildung einschließe. Doch langsam wurde Shultz gegenüber der PLO aufgeschlossener. Im September 1988 forderte er über inoffizielle Kanäle PLO-Chef Arafat zu Verhandlungen auf und stellte eine amerikanische Antwort binnen sechs Wochen in Aussicht. Das war genauso neu und überraschend wie die darauf folgende Reaktion der PLO: Am 19. Oktober akzeptierte sie die UN-Resolution 181 von 1947, in der die Aufteilung Palästinas in zwei Staaten gefordert wurde und die damals von den Arabern zurückgewiesen worden war. Außerdem akzeptierte die PLO schließlich die Resolutionen 242 und 338 als Grundlage für eine internationale Konferenz. Vor allem rang sie sich dazu durch, den Terrorismus öffentlich zu verdammen. Auf dem Nationalkongreß der Palästinenser konnte Arafat im November 1988 sein politisches Programm, die Forderung nach der Existenz eines unabhängigen palästinensischen Staates unter seiner persönlichen Präsidentschaft auf der Westbank und im Gazastreifen, durchsetzen. Vor allem rief er – als Antwort auf Husseins Verzicht auf die Souveränität über die Westbank im November 1988 – auf der Tagung des Palästinensischen Rates in Algier einen unabhängigen Palästinenserstaat auf dem Boden Palästinas mit Ost-Jerusalem als Hauptstadt aus. Dieser Schritt stand in engem Zusammenhang mit der Aufstandsbewegung in den besetzten Gebieten. Die mit dieser Unabhängigkeitserklärung verbundene Anerkennung des Existenzrechts Israels und die explizite Erklärung Arafats, auf Terror zu verzichten (er hatte diesen bisher lediglich verurteilt), wurde von Israel als unzureichend kritisiert.

Auch die USA bezeichneten die Beschlüsse von Algier als nicht ausreichend und lehnten es weiterhin ab, mit der PLO in direkten Kontakt zu treten, weil vor allem Gruppen der PLO an terroristischen Aktionen – besonders gegen Amerikaner – beteiligt waren. Deshalb lehnten die USA im November 1988 den Visumsantrag von Arafat für eine Reise zum UNO-Sitz in New York ab. Daraufhin beschloß die Generalversammlung der UNO, die Palästina-Debatte im Dezember 1988 in Genf abzuhalten. In seiner Rede vor den Vereinten Nationen am 13. Dezember 1988 wiederholte Arafat seinen Verzicht auf Terrorismus und präzisierte zur Zufriedenheit der USA den Standpunkt der PLO: »Unser Staat bedeutet die Erlösung für die Palästinenser, und er bedeutet Frieden für beide, Palästinenser wie Israelis. Das Recht auf Selbstbestimmung bedeutet die Existenz der Palästinenser, und unsere Existenz zerstört nicht die Existenz der Israelis. ... Was den Terrorismus betrifft, wiederhole ich, daß wir vollständig und kategorisch alle Formen des Terrorismus zurückweisen, eingeschlossen den individuellen, den von Gruppen ausgeübten und den Staatsterrorismus.« Noch am gleichen Tage erklärte Reagan seine Bereitschaft, den Dialog mit der PLO aufzunehmen. Schon am 16. Dezember 1988 traf der amerikanische Botschafter in Tunis mit zwei Mitgliedern des Exekutivrats der PLO zu einem ersten Gespräch zusammen. Damit hatte sich die Lage im Nahen und Mittleren Osten erneut verändert:

- Die Haltung der USA gegenüber der PLO wurde aufgeschlossener, aber die harte Besatzungspolitik der Israelis sowie die Politik der PLO des Alles oder Nichts verhinderten weitere Kompromisse. Die Wahlen in Israel vom 1. November 1988 tendierten zu politischem Extremismus.
- Das iranische Mullah-Regime bedrohte seit 1979 zunehmend die Integrität und Souveränität vieler arabischer Staaten. Allerdings bot der vorläufige Waffenstillstand zwischen Irak und Iran Chancen zur regionalen Stabilisierung.
- Der Nahe Osten wurde zu einem explosiven Waffenlager. Israel kann vermutlich binnen kürzester Zeit Nuklearwaffen bereitstellen, wie auch der Start der israelischen Weltraumrakete im September 1988 bewies. Israel, Syrien und Saudi-Arabien besitzen ein Mittel- und Kurzstreckenwaffenpotential, mit dem auch außerregionale Ziele erreicht werden könnten.
- Die Ölbooms von 1974 und 1979 beschleunigten in den arabischen Staaten große gesellschaftspolitische Veränderungen. Das Anwachsen der Städte, des materiellen Reichtums, der Bildung und Erziehung, der Kontakte mit der übrigen Welt machen die Nahostregion zu einem neuen Kraftzentrum.

Aber die Krisen und Gegensätze konnten nicht beseitigt werden. Die amerikanische Nahostpolitik stieß in den achtziger Jahren auf veränderte strukturelle Bedingungen im Nahen und Mittleren Osten.[139]

Reagan und Shultz setzten den Friedensprozeß fort, wenn auch mit weniger Nachdruck als ihre Vorgänger. Beide rafften sich zu diplomatischen Initiativen erst auf, wenn sie durch dramatische Ereignisse im Nahen Osten dazu gezwungen wurden.

Eines war am Ende der Regierung Reagan deutlich: Der Verzicht auf die jordanische Option kam sehr spät – nämlich erst, als sich die Chancen für einen Frieden schon wieder verschlechtert hatten. Zur Zeit der Unterzeichnung des Camp-David-Abkommens lebten erst zehntausend Israelis in der Westbank und im Gazastreifen, 1992 stieg die Zahl der Siedler auf rund hunderttausend an. In den folgenden Jahren wurde diese Entwicklung zu einem der Hauptprobleme, vielleicht auch, weil sich die Regierung Reagan zu wenig gegen die Siedlungspolitik der israelischen Regierung gestemmt hatte. Ein weiterer Fehler der amerikanischen Nahostpolitik mag auch darin gelegen haben, daß Reagan und Shultz zu lange auf die jordanische Option setzten und die PLO zu lange isolierten, anstatt sie in den Verhandlungsprozeß mit einzubeziehen. Auch stellte Shultz seine Nahostpolitik nur ungern der Öffentlichkeit vor und reagierte hauptsächlich auf Krisen, im Falle der Intifada allerdings mit viel Umsicht. Ohne die Intifada wäre die PLO nicht zum Verhandlungspartner im Friedensprozeß geworden.[140]

Israel wurde zwar zum herausragenden Partner der USA, aber die strategische Bindung nutzten die Israelis nicht zur Verwirklichung des Friedensprozesses. Vielmehr suchten sie Zeit zu gewinnen und Verhandlungen über die Westbank und den Gazastreifen zu vermeiden. Der Intifada-Aufstand war die Folge.

Trotz der Widersprüchlichkeiten im Entscheidungsprozeß zeichnete sich der Kern der amerikanischen Nahostpolitik unter Reagan durch bemerkenswerte Kontinuität aus. Der Grundsockel amerikanischer wirtschafts- und energiepolitischer Interessen blieb auch in den Jahren nach Reagan unbeschädigt, wie auch sowjetischer Einfluß eingedämmt werden konnte. Dennoch folgte auf die diplomatischen Bemühungen der USA im Nahen Osten in den achtziger Jahren der Stillstand der arabisch-israelischen Friedensbemühungen.

Der Machtwechsel im Kreml von 1985 hatte Auswirkungen auf die amerikanische Nahostpolitik. Auch Michail Gorbatschow befand, daß sich das Ende des kalten Krieges auf den Nahen Osten und den arabisch-israelischen Konflikt positiv auswirkte.[141] Jetzt kam es darauf an, »mit der Strategie der ›kontrollierten Spannung‹ zu brechen, die unserer wie der amerikanischen Politik in dieser Region zugrunde lag, damit eine Lösung des Konfliktes möglich werden konnte«. Gorbatschow bemühte sich, gerade die Führer der arabischen Staaten, die bislang durch die Sowjetunion nachhaltig unterstützt worden waren, zu neuer Mäßigung zu überreden. So wies Gorbatschow im Mai 1986 den syrischen Vizepräsidenten in die Schranken: Im Nahen Osten dürfe es keinesfalls zu einem neuen Krieg kommen.

Gorbatschow setzte zusammen mit seinem Außenminister Schewardnadse alles daran, die Palästinenser zu maßvolleren Positionen gegenüber Israel zu bewegen. Das betraf nicht nur die Anerkennung Israels, sondern auch gutnachbarliche Beziehungen und politische Lösungen: »Greifen Sie auf keinen Fall zum Gewehr«, mahnte Gorbatschow Yassir Arafat am 9. April 1988, »auch wenn man Sie dazu ermuntert. Der friedliche Widerstand ist eine starke Position. Sie findet in der Welt Unterstützung.«[142] Nachdem die Sowjetunion jahrzehntelang keinerlei diplomatische Beziehungen mit Israel unterhalten hatte, bemühte sich Gorbatschow um neue Kontakte zu dem jüdischen Staat, zunächst allerdings noch inoffiziell. Auch die Normalisierung der sowjetischen Beziehungen zu Ägypten veränderte die Lage im Nahen Osten nachhaltig.

Entscheidend war die sowjetisch-amerikanische Verständigung, die nach 1985 langsam, aber stetig wuchs. Im Februar 1988 konsultierte Shultz die sowjetische Führung auch in Nahostfragen. Nicht zuletzt diese Entwicklung führte zur internationalen Nahostkonferenz in Madrid.

Doch Reagans Antikommunismus wurde auch im Nahen Osten von der realen Entwicklung überrollt. Dort reagierte er auf die Veränderungen der sowjetischen Politik zögerlich, jahrzehntelange Enttäuschungen über die Sowjetunion wirkten nach. Bis 1988 war die sowjetische Haltung im Nahen Osten auch nicht immer eindeutig. Einerseits gab es Anzeichen der Auflockerung, andererseits blieb Gorbatschows neues Denken hinter den amerikanischen Wünschen zurück.[143]

Solange das Sowjetimperium Bestand hatte, solange die bipolare Aufteilung der Welt anhielt, blieb die amerikanische Regierung mißtrauisch. Erst nach dem Zusammenbruch der Sowjetunion und dem Verlust sowjetischer Unterstützung waren die mit der Sowjetunion verbundenen Kräfte und Staaten im Nahen Osten endgültig gezwungen, ihre konfrontative Politik, die die amerikanische Diplomatie in der Region erschwert hatte, zu überdenken. Als dann die USA auf eine veränderte PLO zugingen, gewannen sie wieder an Handlungsspielraum. Zugleich wurde der Druck auf Israel größer, den Palästinensern zivile Rechte und politische Souveränität Schritt für Schritt zuzugestehen.

Die Beziehungen zu Westeuropa

Während der Amtszeit Reagans setzten sich die transatlantischen Krisen der siebziger Jahre fort. Streitpunkte waren ein atlantischer Stahlkrieg, amerikanische Hochzinspolitik, Diskussionen über die Weltwirtschaftspolitik und ein Handelsembargo, das westeuropäische Erdgas-Röhren-Geschäft mit der Sowjetunion, die Polenkrise, der NATO-Doppelbeschluß, Meinungsverschiedenheiten über die Militärstrategie und der internationale Terrorismus. Diese Streitpunkte stellten den Zusammenhalt der Allianz auf eine harte Probe. In den Jahren 1980 bis 1988 haben sich amerikanische Abneigungen und Vorurteile gegenüber Europa und irrationaler Antiamerikanismus in Europa nicht selten auf unglückliche Weise in die Hände gearbeitet.[144]

Anfänglich zeigten die Westeuropäer viel Verständnis für Reagans Rüstungsprogramm. Die massive Vorrüstung der Sowjetunion hatte die militärische Lage auch in Europa verschlechtert. Aber die harte ideologische Sprache der Regierung Reagan gegenüber der Sowjetunion erweckte auch den Eindruck unnötiger Aggressivität. Mangelndes Fingerspitzengefühl und unzureichende Konsultation der Bündnispartner wurden deutlich, als Reagan im August 1981 die Produktion der Neutronenwaffe ankündigte und im Oktober sogar erklärte, er könne sich den Einsatz von taktischen Nuklearwaffen vorstellen, ohne daß eine der Großmächte auf den Knopf drücken würde – also die Großmächte vor Nuklearwaffen geschützt blieben. Es entstand der Eindruck, als wäre für Reagan ein begrenzter Nuklearkrieg in Europa denkbar. Als Haig im November 1981 Reagans Aussage exemplarisch bestätigte, »daß Nuklearwaffen eingesetzt werden könnten, um der anderen Seite zu demonstrieren, daß sie die Toleranzschwelle eines konventionellen Angriffs überschritten habe«, nützte auch der Widerspruch von Verteidigungsminister Weinberger nichts. Der Präsident selbst steigerte die Verwirrung, als er mit Bezug auf die Haig/Weinberger-Kontroverse öffentlich eingestand, daß ein nuklearer Warnschuß als Teil der NATO-Strategie umstritten sei. Auch die Diskussion über nukleare Kriegführungsstrategien sowie unausgegorene Pläne über kombinierte Luft-/Landkriegsstrategien in Europa wirkten auf dem alten Kontinent alarmierend. Nicht die Sowjetunion, sondern vielmehr die Westeuropäer fühlten sich von amerikanischen Strategieüberlegungen abgeschreckt.

Verbarg sich hinter Reagans Rhetorik der Anspruch, Amerikas Führungsrolle im Bündnis im Stil der fünfziger Jahre wiederherzustellen? Reale Bevormundung wurde durch »Verantwortungsrhetorik« kaschiert. Treue zum Bündnis oder Ostpolitik wurde als Alternative aufgebauscht, die mit den Realitäten der achtziger Jahre ebensowenig zu vereinbaren war wie mit der dualen NATO-Philosophie von Sicherheit und Entspannung. Die ersten beiden Jahre der Regierung Reagan wurden so zu einer harten Bewährungsprobe atlantischer Solidarität.[145] Konfliktstoff ergab sich auch durch die antikommunistische Kraftmeierei der USA, die den westeuropäischen Entspannungsinteressen widersprach, so zum Beispiel beim westeuropäisch-sowjetischen Erdgas-Röhren-Geschäft. Hinzu kamen Unstimmigkeiten in der Einschätzung der Polenkrise sowie der globalen Rolle der Sowjetunion und ihrer Verbündeten. Belastend wirkte auch das Zögern der Regierung Reagan beim europäischen Wunsch nach Rüstungskontrollverhandlungen. So blieben die politischen Konsultationen lückenhaft. In der Sache mußte Reagan den Europäern in vielen Punkten nachgeben. Seine ideologische Konfrontationsrhetorik wich einer Sprache, die später Entspannungsbereitschaft vermuten ließ. Auch zeigte Reagan zunehmend Verständnis für die ökonomischen und entspannungspolitischen Interessen der Westeuropäer. Die Regierungschefs der sieben wichtigsten europäischen Staaten der nichtkommunistischen Welt waren übereingekommen, »gegenüber der UdSSR und Osteuropa ein vernünftiges und nuanciertes wirtschaftliches Vorgehen einzuschlagen im Einklang mit unseren politischen und sicherheitspolitischen Interessen«. Sie hatten ihren Willen außerdem erneuert, sich »protektionistischem Druck und handelsverzerrenden Praktiken zu widersetzen«, um Stabilität und Beschäftigung sowie Handel und Wachstum zu fördern. Doch beim Erdgas-Röhren-Geschäft verbot der Präsident, ohne die Verbündeten zu konsultieren, amerikanischen Firmen und deren ausländischen Lizenznehmern die Zulieferungen.[146]

War die Gipfelerklärung von Versailles im Juli 1982 ebenso wie die Bonner NATO-Erklärung eine Bestätigung der gemeinsam beschlossenen Politik, den kommunistischen Machtblock in ein weltweites System wachsender wirtschaftlicher Interdependenzen einzubinden, so führte die Embargomaßnahme Reagans zu wirtschaftspolitischer Konfrontation mit dem Osten. Die Sanktionen der Regierung Reagan waren problematisch. Als Reagan am 15. Oktober 1982 die Ausfuhr technischen Materials für die Erdgasröhren in Höhe von drei Millionen Dollar verhindern wollte, hob er gleichzeitig das Weizenembargo, das unter Carter eingeführt worden war, auf. Die Sowjetunion durfte von den USA wieder Getreide beziehen, Europa hingegen sollte an dem Geschäft mit der Sowjetunion gehindert werden. Erst als die Westeuropäer geschlossen zu ihren vertraglichen Verpflichtungen standen, gaben die USA im November 1982 ihren Widerstand gegen das Erdgas-Röhren-Geschäft auf.

Grundsätzlich verringerte sich der Einfluß der USA in den atlantischen Wirtschaftsbeziehungen. Während die USA noch Anfang der fünfziger Jahre allein rund vierzig Prozent des Weltbruttosozialproduktes erwirtschaftet hatten, halbierte sich ihr Anteil bis zum Beginn der achtziger Jahre. Umgekehrt zeigt ein entsprechender Zahlenvergleich für 1987, daß die EG zum stärksten Wirtschaftsblock aufstieg. Mit einem Bruttosozialprodukt von 6350 Milliarden DM übertraf sie das der USA, das 5884 Milliarden DM betrug.[147]

Reagan wollte nicht nur die amerikanische Wirtschaft stärken, sondern auch weltwirtschaftliches Terrain zurückgewinnen. Die Überwindung der Rezession und die Schaffung eines inflationsfreien Wirtschaftswachstums verwiesen auf Erfolg, doch die Wirtschaftsbilanz blieb insgesamt negativ. Hinzu kam das riesige Doppeldefizit im amerikanischen Bundeshaushalt und in der US-Handelsbilanz. Das Bundesbudget der USA, das 1982 einen Fehlbetrag von 128 Milliarden Dollar aufgezeigt hatte, stieg in den Haushaltsjahren von 1983 bis 1986 auf einen Jahresdurchschnitt von über 200 Milliarden Dollar, der erst 1988 auf rund 150 Milliarden Dollar reduziert werden konnte. Ende der achtziger Jahre nahm das Haushaltsdefizit erneut zu und betrug 1989/90 etwa 220 Milliarden Dollar.[148]

Die Folgen für die transatlantischen Wirtschaftsbeziehungen waren fatal. Die Westeuropäer kritisierten, daß wegen des großen Bedarfs an Fremdkapital zur Finanzierung der Finanzlücken ein Kapitalsog in Richtung USA ausgelöst wurde, der angesichts der unsoliden Außenwirtschafts- und Währungspolitik der USA die Instabilität der Weltwirtschaft vergrößerte. Gleichzeitig verstärkte sich in Kongreß und Regierung der USA die Neigung zum Protektionismus. Handelskonflikte zwischen den USA und der EG waren die Folge. Vor allem kritisierten die USA die kostspieligen Subventionen der Agrarpolitik der EG, weil dadurch amerikanische Exporte erschwert wurden. Umgekehrt warf die EG den USA im Agrarbereich Protektionismus vor.[149]

In der Stahlindustrie konnte schließlich ein Kompromiß gefunden werden, der die EG zu einer Selbstbeschränkung ihrer Exporte in die USA verpflichtete und amerikanischen Drohungen und Gegenmaßnahmen zuvorkam. Konflikte entstanden auch im Bereich der modernen Technologien. Die USA beklagten sich, daß sie im Telekommunikationsbereich von den europäischen Verbrauchermärkten ausgeschlossen waren. Zugleich kritisierten sie die hohen Subventionen für die europäische Airbus-Industrie. Dagegen hielten die Europäer den USA vor, daß Washington, insbesondere das Pentagon, technologische Forschungs- und Entwicklungsprogramme massiv subventioniere. Schließlich wurde die Auseinandersetzung um die Strategische Verteidigungsinitiative zu einem fundamentalen Konfliktpunkt zwischen den USA und Westeuropa. Dabei zeigte sich allerdings einmal mehr, daß die Westeuropäer in der Regel nicht in der Lage waren, eine gemeinsame Position zu entwickeln.

Großbritannien und die Bundesrepublik Deutschland schlossen bilaterale SDI-Abkommen mit den USA. Im Dezember 1985 unterzeichnete die englische Regierung als erste ein Abkommen, in dem die britische Beteiligung an SDI festgelegt wurde. Damit machte London den Weg frei für eine amerikanische Schritt-für-Schritt-Diplomatie in Sachen SDI. Es kam zu keiner gemeinsamen europäischen Position, aber die Amerikaner konnten mit den einzelnen westeuropäischen Staaten bilateral verhandeln. Allein Mitterrand erklärte im Mai 1985, daß Frankreich sich am SDI-Forschungsprogramm nicht beteiligen und statt dessen das Forschungsprogramm EUREKA vorlegen werde. Am 27. März 1986 unterzeichneten dann der deutsche Wirtschaftsminister Bangemann und der amerikanische Verteidigungsminister Weinberger in Washington zwei Vereinbarungen. In der Bundesrepublik kam es daraufhin zu massiver politischer

Kritik, die in Kontrast zu der geringen technologischen Bedeutung der deutschen Mitarbeit stand. Was waren die Gründe?[150]

Die Regierung Reagan wünschte eine deutsche und europäische Mitarbeit an SDI weniger aus forschungsspezifischen als vielmehr aus politischen Überlegungen. Für sie war SDI Teil einer globalen Politik der Stärke gegenüber der Sowjetunion. Ronald Reagan, so schien es, wollte den Führungsanspruch der USA unilateral, das heißt ohne Rücksicht auf die Bündnispartner, durchsetzen. SDI darf deshalb als Teil einer breiten Palette von politischen Initiativen, wirtschaftspolitischen Maßnahmen und ideologischen Prämissen mit globaler Langzeitvision angesehen werden. In diesem Sinn hatte SDI als politische Mehrzweckwaffe gerade hinsichtlich der Abmachungen mit der Bundesrepublik entscheidende Bedeutung. Mit ihrer Unterschrift dokumentierte die Bundesregierung einen hohen Grad an Zustimmung zur Politik der Regierung Reagan.

Mit den Unterschriften unter die beiden SDI-Abkommen hat die Regierung Reagan die Bundesregierung in eine politische Mitverantwortung gelockt, ohne dabei den technologischen, geschweige denn den politischen Interessen der Bundesrepublik zu entsprechen. Kurzsichtige technologische Argumente dominierten. Auch wurde von den westeuropäischen Regierungen weder die westeuropäische Union noch der NATO-Rahmen konsequent für einen gemeinsamen europäischen Kooperationsansatz genutzt. Die Bundesrepublik und Westeuropa als Ganzes verloren auch bei SDI an Einfluß auf die Regierung Reagan und damit auch auf die Gestaltung der Ost-West-Beziehungen. Nicht durch Abkommen mit den USA in Sachen SDI, sondern in kritischer Distanz hätte sich Westeuropa als geeinte politische Größe profilieren können und gleichzeitig die Kräfte in den USA und in der Regierung Reagan gestärkt, die auch die Harmel-Philosophie, nämlich Rüstungskontrolle, Einhaltung von ABM-Vertrag und SALT sowie eine realistische Entspannung, befürworteten, wie zum Beispiel Außenminister Shultz.

Aber 1986 zeigte sich, daß SDI nicht das nukleare Abschreckungssystem abschaffen, sondern vielmehr die nukleare Abschreckungsdoktrin ergänzen sollte. Die Positionen in Sachen SDI waren also innerhalb der Regierung Reagan völlig widersprüchlich. Deshalb konnte die Frage innerhalb der Administration auch zunächst nicht geklärt werden, welche Rolle SDI in den Rüstungskontrollverhandlungen mit der Sowjetunion spielen könnte. Zunächst lehnten Weinberger und Reagan jedes Zugeständnis bei SDI ab. Die Haltung Reagans zu SALT und ABM zeigte allerdings, daß er sich bei der Erforschung und Erprobung von weltraumgestützten Antiraketensystemen nicht durch Verträge binden lassen würde.

Deshalb distanzierten sich die Europäer zunehmend von SDI. Der Verlust der absoluten Sicherheit seit Beginn des Nuklearzeitalters war für die Europäer, auch für die Sowjets, so selbstverständlich, wie er den Amerikanern grundsätzlich fremd blieb. Deshalb waren die Westeuropäer davon überzeugt, daß im Prinzip nicht konventionelle Verteidigung, sondern vielmehr seit vierzig Jahren die nukleare Abschreckung den Kern ihrer Sicherheit ausmachte. Für rund vierzig Jahre bildeten Nuklearwaffen den Garanten der Sicherheit. Deshalb hatte die Nachrüstung mit nuklearen Mittelstreckenraketen 1983 die Sicherheit des Bündnisses vergrößert. Aber durch SDI drohten drei unterschiedliche Sicherheitszonen in der NATO, erstens die USA, zweitens Frankreich und England sowie drittens die nicht-nuklearen westeuropäischen Staaten. Viele Westeuropäer befürchteten, daß mit SDI in den USA ein neuer Isolationismus und Festungsmentalität um sich greifen würden. Hinter einem vermeintlich sicheren Antiraketenschirm könnte eine militärische und politische Abkoppelung von Westeuropa eintreten. Ein Verteidigungsschirm für Westeuropa schien überhaupt sinnlos. Die Flugzeit sowjetischer Raketen nach Westeuropa war zu kurz, das sowjetische Arsenal zu breit gefächert, als daß man – nur durch wenige hundert Kilometer getrennt – sowjetische Raketen, atombestückte Flugzeuge, Marschflugkörper und Artillerie durch raketendichte Schirme hätte abhalten können. Diese Vorstellung war technologisch nicht realisierbar.

Vor allem befürchteten die Westeuropäer, daß SDI grundsätzlich den Entspannungsprozeß behindern würde, denn mit Hilfe von SDI würde die alte Idee von Überlegenheit und Sendungsbewußtsein wiederaufleben und die Sowjetunion ideologisch vom Podest der Gleichrangigkeit gestoßen werden. So schuf SDI ein hohes Maß an Verwirrung und Unsicherheit im Bündnis. »Vertrauen schaffen« war die Grundlage der Allianzdiplomatie. Ohne Vertrauen, vor allem ohne Vertrauen in die Abwehrsysteme und in die Waffen, konnte der Verteidigungsauftrag nicht durchgeführt werden. Weil es technologisch nie perfekt sein würde, konnte SDI nur Mißtrauen schüren. Andererseits führte jedoch SDI die Sowjetunion an die Grenze ihrer Belastbarkeit und wurde somit zum Auslöser revolutionärer Veränderungen.

Auch die Verhandlungen im Rahmen der KSZE sowie die KVAE-Verhandlungen in Stockholm waren von amerikanisch-westeuropäischer Dissonanzen nicht frei.[151] Vor allem erschreckte der Einsatz militärischer Macht die Westeuropäer, wie ihre Reaktion auf die Landung amerikanischer Truppen auf Grenada im November 1983 zeigte. Es ist kein Zufall, daß der damalige Staatssekretär Eagleburger – im Außenministerium für die Grenada-Aktion politisch zuständig –

nur wenige Monate nach der enttäuschenden Haltung der Westeuropäer eine erweiterte Rolle der USA in Asien und im pazifischen Raum ankündigte.[152] Für die Europäer war es indessen ein gravierender Unterschied, ob Reagan allein aus ökonomischen und strategischen Überlegungen die pazifische Komponente seiner Außenpolitik ausbauen wollte, oder ob dieser Schritt durch Enttäuschung über westeuropäisches Unverständnis gegenüber amerikanischen Aktionen vollzogen wurde.

Neoisolationismus und Moralismus, das zeigten die darauffolgenden Jahre, waren keine genuin amerikanischen Attribute. Im Gegenteil: Die Außenpolitik der USA wies unter Ronald Reagan realistische Elemente auf, während Westeuropäer und vor allem Bundesrepublikaner sich bei manchen Reaktionen durch Provinzialismus und doppelte Moral auszeichneten.

Libyens Beteiligung und Mitverantwortung für langjährige Terrorakte in Westeuropa, zuletzt in Westberlin, führten zum amerikanischen Bombenangriff vom 15. April 1986. Allein die Regierung Thatcher gab ihre Zustimmung, auch in England stationierte Flugzeuge für einen Angriff gegen Libyen einzusetzen. Die Franzosen – ebenfalls informiert – zogen die entgegengesetzte Konsequenz und verweigerten das Überfliegen französischen Territoriums. Die Bundesregierung glaubte, daß diplomatische Sanktionen gegen Libyen einen Vergeltungsschlag überflüssig machen würden. Angst vor innenpolitischer Kritik machte eine offene Zustimmung zur amerikanischen Aktion unmöglich. Die amerikanische Aktion gegen Libyen verfehlte indessen ihren Eindruck auf Gaddaffi nicht. Indirekt signalisierte diese Aktion auch der sowjetischen Führung, daß Reagan militärische Gewalt einzusetzen gewillt war, wenn amerikanische Interessen auf dem Spiel standen. Die Westeuropäer – mit Ausnahme Englands – beschränkten sich auf hilflose Appelle an Mäßigung unter Berufung auf Gewaltlosigkeit. Die USA hingegen verhängten wirtschaftliche und diplomatische Sanktionen und forderten die Westeuropäer zum Mitmachen auf. Deren Nein erschwerte eine wirkungsvolle Bekämpfung des Terrorismus schon im früheren Stadium: Die Solidarität blieb aus und verringerte somit das Gewicht Europas im außenpolitischen Kalkül der Regierung Reagan.

Ein weites Feld für transatlantische Mißstimmungen bot die Frage, wie sowjetischer Einfluß in Mittel- und Osteuropa eingedämmt werden könnte. Die seit Beginn der achtziger Jahre schwelende Krise in Polen machte dies besonders deutlich.[153]

Die Reaktion des Westens auf die Entwicklung in Polen blieb unkoordiniert. Während Reagan die sowjetische Regierung für ihre Repressionspolitik in Polen durch Sanktionen bestrafen wollte, zeigten die Westeuropäer Zurückhaltung.

Fast schien es, als ob nicht das polnische Schicksal, sondern das der westlichen Einigkeit auf dem Spiel stand. Die Frage, ob die Sowjetunion im Dezember 1981 mit dem Aufmarsch von knapp sechzig Divisionen an der Grenze zu Polen, durch Unterstützung der Regierung Jaruzelski und durch massiven Druck nun direkt oder nur indirekt beteiligt war, ob General Jaruzelski ein Patriot oder – wie viele Polen und die Regierung Reagan erklärten – ein Verräter sei, glich dem Streit um des Kaisers Bart. Die Europäer störte besonders, daß die USA zwar oft auf sowjetische Aggressivität mit militanter Rhetorik und mit Sanktionen antworteten, aber diese sehr schnell zurückzogen, wenn eigene ökonomische oder innenpolitische Interessen ein Aufheben der Sanktionen für wünschenswert erscheinen ließen. Mangelnder Zusammenhalt im westlichen Bündnis, unterschiedliche Auffassungen der westlichen Länder machten Wirtschaftssanktionen zum untauglichen Instrument in den Ost-West-Auseinandersetzungen.

Reagan verfolgte die krisenhafte Entwicklung in Polen mit besonderem Interesse, weil es dort bereits 1956, 1970 und 1976 zu schweren Erschütterungen des kommunistischen Regimes und teilweise zu blutigen Auseinandersetzungen zwischen der Staatsmacht und Teilen der Bevölkerung, insbesondere der Arbeiterschaft, gekommen war. Der erneute Ausbruch von Unruhen im August 1980 hatte Reagan alarmiert. Von nun an sah er in der Entwicklung in Polen einen besonderen Ansatzpunkt, um Kommunisten aus der Macht zu hebeln. Deshalb initiierte Reagan über die CIA und in Zusammenarbeit mit anderen antikommunistisch eingestellten Persönlichkeiten die Unterstützung der Opposition in Polen. Die Polenpolitik der Regierung Reagan zeigte, daß die Reagan-Doktrin nicht nur peripher auf die Dritte Welt bezogen war, sondern direkt in das Sowjetimperium hineinzielte. Geographisch gesehen, wurden von Polen bis Afghanistan unterschiedliche Mittel angewandt, die jeweils dazu dienen sollten, die kommunistischen Regime zu Fall zu bringen.

Am 7. Juni 1982 trafen in der Vatikanbibliothek Reagan und Papst Johannes Paul II. zusammen, während zur gleichen Zeit die engsten Mitarbeiter des Papstes mit Haig und dem nationalen Sicherheitsberater Judge Clark konferierten. In den folgenden Monaten und Jahren entwickelte sich zwischen der Regierung Reagan und dem Vatikan »eines der größten geheimen Bündnisse aller Zeiten«, so Reagans früherer nationaler Sicherheitsberater Richard Allen. Der amerikanische Präsident und der Papst waren gleichermaßen davon überzeugt, daß es ihre Aufgabe sei, zum Zusammenbruch des Kommunismus aktiv beizutragen. Polen war unter besonderer Berücksichtigung von Lech Wałesa und der Gewerkschaft Solidarität von herausragender Bedeutung. Deshalb wurden über geheime Kanäle der CIA und mit Hilfe der amerikanischen Gewerkschaftsorganisation AFL-CIO tonnenweise Hilfsgüter nach Polen gesandt: Faxgeräte – die ersten in Polen –, Druckereien, Telefone, Kurzwellensender, Videokameras, Fotokopierer, Telexmaschinen und Computer sollten die Informationsarbeit der antikommunistischen Kräfte in Polen fördern.

Johannes Paul II. und Reagan waren fest davon überzeugt, daß ein freies und demokratisches Polen das Sowjetreich zum Einsturz bringen würde. Polens Beispiel würde Schule machen. So entwickelte sich die Zusammenarbeit zwischen dem Vatikan und der Regierung Reagan optimal: Die Amerikaner hatten die finanziellen, technischen und militärischen Mittel, der Vatikan verfügte über erstklassige Verbindungen zur polnischen Kirche und zur Gewerkschaft Solidarität und über eine zutreffende Einschätzung der Lage in Polen. So entstand eine »Heilige Allianz« zwischen den USA und dem Vatikan zum gegenseitigen Vorteil. Tonnenweise wurde für die Solidarität – überwiegend per Schiff – Material über Dänemark oder Schweden nach Danzig geschmuggelt. Dank dieser Hilfesendungen stieg die Bedeutung der Solidarität. Mehr als vierhundert Untergrundzeitschriften entstanden in Polen, die in mehr als dreißigtausend Exemplaren erschienen. In Kirchen, Kellern und zu Hause betrachteten Hunderttausende, wenn nicht sogar Millionen Menschen politische Videos, die in das Land geschmuggelt worden waren. Mit Hilfe raffinierter Sender unterbrach die Solidarität immer wieder das offizielle Radioprogramm mit Botschaften wie: »Es lebe die Solidarität!« oder »Leistet Widerstand!«

Diese kurzen Unterbrechungen hatten große Wirkung. Zusätzlich wurde es der Solidarität durch die aus Amerika erhaltenen Geräte ermöglicht, normale Fernsehprogramme mit visuellen Botschaften zu unterbrechen. Auch wurden Sportereignisse zum Protest genutzt: Bei Fußballspielen wurden in der Halbzeit über das Fernsehen Banner gezeigt mit der Losung: »Die Solidarität lebt!« Die kommunistische Regierung wurde verunsichert. Gleichzeitig wuchs der Einfluß der Solidarität. Schließlich mußte die Regierung Anfang 1987 den Dialog mit der Kirche und mit der Gewerkschaft Solidarität aufnehmen. Daraufhin hob Reagan amerikanische Sanktionen auf, die nach der Verkündung des Kriegsrechts im Dezember 1981 verhängt worden waren. Vier Monate später wurde Papst Johannes Paul II. in Polen von Millionen enthusiastisch begrüßt, als er die Verwirklichung der Menschenrechte forderte und die Gewerkschaft Solidarität über alle Maßen lobte. Im Juli 1988 besuchte Michail Gorbatschow Warschau und signalisierte sein Einverständnis, ja indirekt forderte er die polnische Regierung zur Kooperation mit Solidarność auf. Im April 1989 wurde schließlich der Status der Solidarität legalisiert, im Juni wurden freie Wahlen beschlossen. Im Dezember 1990, neun Jahre nach Wałesas Verhaftung, wurde er der erste demokratische Präsident eines Landes innerhalb des sowjetischen Imperiums.[154] Reagan und Papst Johannes Paul II. hatten die Entwicklung mit eingefädelt, doch niemand erfuhr davon, auch nicht die Verbündeten in Europa. Während die Sowjets und unbelehrbare Westeuropäer die Politik Reagans als Cowboy-Politik eines alternden Schauspielers belächelten, stellte dieser die Weichen für die entscheidende machtpolitische Veränderung in Polen. Sie führten zum Zusammenbruch des kommunistischen Regimes.

Auch die Bündnispartner in Westeuropa prangerten die Verhängung des Kriegsrechts in Polen als eklatante Verletzung der Menschenrechte an, waren jedoch nicht bereit, sich den weitgehenden Wirtschaftssanktionen Washingtons anzuschließen. Als schließlich 1989 in freien Wahlen in Polen die erste nichtkommunistische Regierung im sowjetischen Herrschaftsbereich die Demokratie einführte, war der Vorabend revolutionärer Umwälzungen erreicht.

Diese Entwicklung wurde auch durch die Verwirklichung des NATO-Doppelbeschlusses vom Dezember 1979 unterstützt. Die Sowjetunion hatte sich militärisch in Europa übernommen.[155] Für die NATO-Staaten brachte die Nachrüstung mehr Sicherheit. Der politische Zusammenhalt des Bündnisses wurde gestärkt. Die sowjetische Forderung nach Einbeziehung der Force de Frappe sowie der britischen Nuklearpotentiale war absurd angesichts der Tatsache, daß zum einen das strategische Kernwaffenarsenal Frankreichs und Englands zusammen nur aus 144 Sprengköpfen bestand, das sowjetische aber weit über 8000 ausmachte. Außerdem wurde in den INF-Verhandlungen nur über die Mittelstreckenraketenpotentiale gesprochen.

Die Stationierung von Marschflugkörpern und »Pershing II« bedeutete, daß erstmals Mittelstreckenraketen von Westeuropa aus die Sowjetunion bis kurz vor Moskau erreichen konnten. Der Sowjetunion wurde nicht erlaubt, sich gegenüber Westeuropa und gegenüber der Bundesrepublik ein Monopol bei landgestützten Mittelstreckenraketen zu sichern. Damit wurde die defensive Abschreckungsfähigkeit der NATO erhöht, denn im Falle eines Konflikts konnte die Sowjetunion nicht mehr von der Annahme ausgehen, daß ein Nuklearschlag nur auf Westeuropa begrenzt bleiben würde.

Vor allem vereitelte die Stationierung die sowjetischen Hoffnungen, Westeuropa von den USA politisch oder militärisch abzukoppeln. Erst die geschlossene Haltung des Westens beim NATO-Doppelbeschluß ermöglichte das amerikanisch-sowjetische Abkommen über vollständige Abrüstung der Mittelstreckenraketen vom Dezember 1987. Abgesehen von der gemeinsamen Haltung beim Doppelbeschluß verbargen sich hinter diesem Fächer von Problemen in den transatlantischen Beziehungen während der Regierung Reagan divergierende

Auffassungen über die Einschätzung der sowjetischen Macht. E. O. Czempiel verweist zu Recht auf folgende unterschiedlichen Sichtweisen in den USA und Westeuropa: »Für Westeuropa handelt es sich noch immer um den traditionellen Ost-West-Konflikt, dessen Zentrum trotz einiger Ausfransungen in die Dritte Welt eindeutig in Mitteleuropa liegt und der hier seine größte Gefährlichkeit aufweist. Deswegen kann er nur durch eine Politik des Gleichgewichts und der Rüstungskontrolle beruhigt, aber nicht durch Aufrüstung und Konfrontation gewonnen werden. Für die Vereinigten Staaten hingegen ist längst ein ganz anderer Konflikt entstanden. Sie sehen sich durch die Sowjetunion global herausgefordert, perzipieren eine Auseinandersetzung mit der aufkommenden zweiten Supermacht um Einfluß- und Machtpositionen in der Welt. Weil nur sie weltweite Interessen haben, verspüren nur die Vereinigten Staaten diese Herausforderung.«[156]

Die bilateralen Beziehungen zu Großbritannien und Frankreich

Die Beziehungen der USA zu Westeuropa ruhen nur zum Teil auf multilateralen Institutionen. Vielmehr zeigen die vergangenen Jahrzehnte, daß diese Beziehungen vor allem vom Grad der Intensität der bilateralen Beziehungen der USA zu den Partnern in Westeuropa abhängen. Die traditionelle »besondere Beziehung« Großbritanniens zu den USA gewann in den achtziger Jahren an Bedeutung. Die seit Mai 1979 regierende konservative britische Premierministerin Margaret Thatcher teilte im wesentlichen die antikommunistische Gesinnung Ronald Reagans. Als im Juni 1982 argentinische Truppen die britischen Falkland-Inseln besetzten, zeigte Frau Thatcher ihre kämpferische Seite: Großbritannien brach die diplomatischen Beziehungen zu Argentinien ab, fror die argentinischen Guthaben in London ein, überzeugte seine EG-Partner und die Vereinigten Staaten von Finanzsanktionen und von einem Handelsembargo gegen Argentinien. Nachdem alle Vermittlungsversuche Haigs gescheitert waren, eroberten die Engländer die Inseln im Mai zurück. Im britisch-argentinischen Krieg gab es über 1 000 Tote, 1 700 Verwundete und hohe Verluste an Schiffen, Flugzeugen und anderem Material. Reagan zollte Frau Thatcher Respekt, denn sie hatte nicht nur einen militärischen Sieg errungen, sondern sie hatte angemessen auf Aggression reagiert in einer Zeit, als offensichtlich nicht nur die Sowjetunion glaubte, daß die westlichen Demokratien wie England, aber auch die USA, von Schwäche und Dekadenz gezeichnet und deshalb nicht mehr bereit seien, sich zu wehren. Diese große Gefahr für den Frieden konnte durch die entschlossene Reaktion der Regierung Thatcher gebannt werden. Durch die amerikanische Vermittlungsdiplomatie, auch wenn sie scheiterte, wurde aber erst deutlich, daß Argentinien zu einem Kompromiß nicht bereit war. Indirekt hatte die amerikanische Parteinahme für Frau Thatcher die Lateinamerikapolitik der USA vorübergehend geschwächt. Das war auch der Grund, warum Jeanne Kirkpatrick Haigs Vermittlungsdiplomatie mit Argwohn betrachtete.[157]

Insgesamt gesehen, hatte das Unternehmen nicht nur das Ansehen Großbritanniens, sondern das der freiheitlichen Demokratien gestärkt, weil Großbritannien der Verletzung von Recht und Völkerrecht mit Entschlossenheit begegnete. Deshalb unterstützten alle NATO- und EG-Partner die britische Position. Die Zusammenarbeit während dieser Krise festigte auch die Beziehungen zwischen Ronald Reagan und Margaret Thatcher. Sie revanchierte sich später, als sie die in Europa umstrittenen amerikanischen Militäraktionen gegen Libyen im April 1986 tatkräftig unterstützte.

Die Beziehungen zu Frankreich gestalteten sich hingegen auch unter den Nachfolgern de Gaulles kompliziert. Zwischen Frankreich und den USA bestanden seit Jahrzehnten latente Spannungen, weil Frankreich sich als führende Macht in Westeuropa empfand und an der Vormachtstellung der Vereinigten Staaten in der westlichen Allianz Anstoß nahm. Immer wieder dokumentierte Frankreich, daß es nicht bereit war, den USA bei der Lösung der vielfachen politischen Probleme ohne weiteres zu folgen. Um so überraschender mutete es an, als nach dem Präsidentenwechsel in Frankreich im Mai 1981 unter dem Sozialisten Mitterrand eine Verbesserung im amerikanisch-französischen Verhältnis eintrat.[158] Herausragend war die französische Unterstützung des NATO-Doppelbeschlusses. Die Übereinstimmung zwischen dem konservativen amerikanischen Präsidenten und dem Sozialisten François Mitterrand blieb aber nicht allein auf die Nachrüstung beschränkt, sondern setzte sich in der Verurteilung der expansionistischen Außenpolitik der Sowjetunion fort. Auch die Ausrufung des Kriegsrechts in Polen im Dezember 1981 wurde von Paris und Washington gleichermaßen verurteilt und zum Ausgangspunkt einer weiteren Gemeinsamkeit: Reagan und Mitterrand verkörperten kämpferische Machtpolitik. Mit Genugtuung beobachtete Reagan, daß Mitterrand in Afrika und dem Nahen Osten zur Verteidigung westlicher Interessen interventionierte, wie 1983 im Tschad und im Libanon.

Die verbesserten Beziehungen des sozialistischen Frankreich zu den USA und zur atlantischen Allianz kamen symbolhaft zum Ausdruck, als der Atlantikrat 1983 zum ersten Mal seit 1966, als de Gaulle Frankreich aus der Militärorganisation der NATO herauslöste, wieder in Paris tagte. Aber wirtschaftspolitisch blieben die Beziehungen der USA auch zu Frankreich konfliktgeladen. Die

Europäische Gemeinschaft wurde zum wirtschaftspolitischen Rivalen. Die Dollaraufwertung Anfang der achtziger Jahre, die defizitäre Haushalts- und Hochzinspolitik, Importrestriktionen und Exportsubventionen wurden von den Europäern heftig kritisiert. Die vier großen EG-Staaten Frankreich, England, Bundesrepublik Deutschland und Italien widersetzten sich 1982 der amerikanischen Forderung nach Verzicht auf das mit der Sowjetunion geplante Erdgas-Röhren-Geschäft. Reagan hob letztlich das Embargo auf, auch konnte er die Verschärfung der COCOM-Liste (der strategisch nutzbaren Güter westlicher Industriestaaten, deren Export in Staaten des Warschauer Pakts untersagt war) in Westeuropa nicht durchsetzen. Schließlich forderte Mitterrand mehr Kooperation mit der Dritten Welt, als die Regierung Reagan zuzugestehen bereit war. Auch SDI wurde zum Streitpunkt in den amerikanisch-französischen Beziehungen, weil Mitterrand negative Konsequenzen für die französische Nuklearstreitmacht befürchtete. Konsequenterweise entwickelte Frankreich zusammen mit der Bundesrepublik Deutschland das Forschungsprogramm EUREKA. Dieser Plan einer europäischen Technologiegemeinschaft wurde vom Europäischen Rat unterstützt, aber in Washington argwöhnisch betrachtet. Mitterrand wünschte eine größere Eigenständigkeit für Westeuropas Verteidigung, um damit auch die Abhängigkeit von den USA zu verringern. Ein europäischer Verteidigungsraum, eine westeuropäische sicherheitspolitische Identität war das Ziel Mitterrands. Weil er die WEU wiederbeleben und in gewisser Weise die Bedeutung der NATO mindern wollte, waren Kritik und Mißtrauen aus Washington vorprogrammiert.

Die bilateralen Beziehungen zur Bundesrepublik Deutschland

Mit Deutschland verband Ronald Reagan politisch viel, aber menschlich wenig. Reagan war Realpolitiker und sah die Bedeutung der Bundesrepublik für die Interessen der USA in Europa unsentimental. Sein Verhältnis zu Bundeskanzler Schmidt hatte nur wenig Zeit zur Entwicklung und blieb kühl. Schmidt machte keinen Hehl daraus, daß er die »Reaganomics« für falsch hielt. Ebensowenig schätzte er Reagans Konfrontationskurs gegenüber der Sowjetunion. Nahezu alle Deutschen hatten seit Beginn der siebziger Jahre die Harmel-Philosophie, das heißt die Verbindung von Entspannung und militärischer Verteidigungsfähigkeit, verinnerlicht, deshalb betrachtete man in der Bundesrepublik nicht ohne Sorge die militanten und aggressiven Obertöne in der Regierung Reagan.[159] Im Zuge der Reaganschen Außenpolitik verstärkten sich deshalb Antiamerikanismus-Tendenzen. Der Protest war nicht nur antiamerikanisch, sondern auch ökologisch-pazifistisch und richtete sich vor allem gegen die Nachrüstungsbestrebungen im westlichen Bündnis, negierte aber völlig die Ursachen des Problems, die sowjetische Aufrüstung.

Angesichts der starken innenpolitischen Proteste gegen den NATO-Doppelbeschluß zeigte Ronald Reagan besonderen Respekt für die entschlossene und konsequente Haltung der Bundesregierung Kohl/Genscher. Umgekehrt zeigte Helmut Kohl im November 1982, als er zum ersten Mal zu Ronald Reagan reiste, Gespür für die Mißstimmungen, die in den USA gegenüber der Bundesrepublik aufgetreten waren. Anläßlich seines Amerikabesuches unterstrich Kohl die »Tiefe und Breite der deutsch-amerikanischen Freundschaft«. Umgekehrt würdigte Reagan die Bedeutung der Bundesrepublik für die gemeinsame Verteidigung und die faire Lastenteilung im Bündnis. Die Regierung Kohl blieb jedoch wegen Reagans ideologischer Konfrontation der Sowjetunion besorgt.

Im Vordergrund der Beziehungen zwischen Reagan und Kohl stand bis 1988 die Festigung der sicherheitspolitischen Interessen. Auch suchten Kohl und Genscher in Washington Einfluß auf den amerikanisch-sowjetischen Rüstungskontrolldialog zu nehmen. Bonn wollte Washington davon überzeugen, daß wirtschaftliche Sanktionen gegenüber der Sowjetunion dem gesamten Ost-West-Prozeß abträglich seien, hatte damit allerdings nur selten Erfolg wie bei der Aufhebung des US-Embargos im Erdgas-Röhren-Geschäft. Auch war der Versuch der Regierung Kohl/Genscher, die USA stärker für den KSZE-Prozeß zu engagieren, nur begrenzt erfolgreich. Doch das deutsche Verständnis für Reagans Sicherheitspolitik wurde im Laufe der Zeit größer. Dagegen betrachtete die Regierung Kohl/Genscher die neue amerikanische Wirtschafts- und Haushaltspolitik mit Sorge. Die amerikanische Hochzinspolitik, die starke Staatsverschuldung und die Neigung zu Protektionismus wurden in Bonn kritisch vermerkt. Aber die diplomatischen Umgangsformen hatten sich verbessert. Schmidt hatte in Washington die amerikanische Politik hart kritisiert und wenig Verständnis für deren emotionale Seite gezeigt. Kohl hingegen erkannte, daß das amerikanische Selbstwertgefühl, das außenpolitisch in den siebziger Jahren schwer gelitten hatte, mit Gespür wieder ins Lot gebracht werden konnte. Kohl trat nicht so selbstbewußt wie Schmidt auf, sondern gab sich bescheiden. Er beeindruckte zwar weniger das intellektuelle Ostküsten-Establishment, bewegte aber die Herzen. Reagan und Kohl machten mit ein wenig »Schmalz« politische Reibungen erträglicher. Kohls Taktik gegenüber der Regierung in Washington war geschmeidiger und geschickter. Während Schmidts Intellekt und kosmopolitisches Auftreten in den USA zwar Respekt erweckte, aber auch als Schulmeisterei empfunden wurde, gab sich Kohl freundschaftlich und betont proamerikanisch. Kohl und Reagan neigten beide dazu, die politischen Probleme allgemeinverständlich darzustellen. Kohl versuchte – von einer freundschaftlichen Grundposition ausgehend – vorsichtig und unprätentiös Einfluß zu gewinnen.[160]

Doch hinter den emotionalen Freundschaftsbeteuerungen verbargen sich handfeste Interessenunterschiede: Im Kern setzte Kohl die Schmidtsche Politik fort. Auch zog Kohl der Rüstung die Abrüstung vor. Ebenso wie Schmidt war Kohl skeptisch, ob Reagans Konfrontation gegenüber der Sowjetunion Sinn machte. Ebenso wie Schmidt kritisierte Kohl die Praxis der Waffenkäufe im Bündnis zum einseitigen Vorteil der USA. Auch drängte er auf ein stärkeres entspannungspolitisches Engagement der USA. Ebenso wie Schmidt fürchtete Kohl, daß Reagan der Sowjetunion außenpolitische Daumenschrauben anlegen wollte. Im Gegensatz zu Reagan war er der Auffassung, daß die Sowjetunion sich keineswegs an die Wand rüsten ließe und nicht durch rigorose Exportrestriktionen oder durch Sanktionen in die Knie gezwungen werden könnte. Auch verfolgte die Bundesrepublik eigene wirtschaftspolitische Interessen und war an einem konstruktiven Ausbau der Handelsbeziehungen zu Moskau und den Staaten Osteuropas interessierter als die USA. Auch die entspannungsspezifischen Interessen der Bundesrepublik lagen zum Teil anders als in Washington. Die persönliche Atmosphäre zwischen den politischen Führern in Bonn und Washington war günstig, das Klima wurde dementsprechend besser, aber strukturell hatten sich durch Reagans Konfrontationspolitik die Probleme verschärft. Während Reagan und Kohl Gemeinsamkeiten suchten, blieben sie doch auf eigene Interessenwahrung bedacht. Kohl ging dabei geschmeidig vor, seine Ratschläge gab er zurückhaltend und stellte keine Bedingungen. In der Bundesrepublik kritisierte man Kohls konziliantes Auftreten in Washington als Anbiederung. Er habe Schmidts außenpolitisches Kapital und die Interessen der Bundesrepublik vernachlässigt. Aber diese Vorwürfe waren haltlos. Vielmehr zeigten die kommenden Jahre große sicherheitspolitische Gemeinsamkeiten und wachsenden deutschen Einfluß auf die USA.

So sprach sich die Regierung Kohl/Genscher für Reagans Nullösung vom November 1981 aus. Kohl drängte auf START-Verhandlungen zwischen den beiden Supermächten, aber auch auf Ergebnisse bei MBFR in Wien und bei der KVAE in Stockholm. Die Regierung Kohl/Genscher forderte mit Nachdruck ein Verbot aller chemischen Waffen und konkrete vertrauensbildende Maßnahmen bei der Rüstungskontrolle. In den gemeinsamen deutsch-amerikanischen Kommuniqués wurde der Ton gegenüber der Sowjetunion entschlossener. Die Bedrohung durch die neuen SS-20-Mittelstreckenraketen und der weltanschauliche Gegensatz zwischen Ost und West traten jetzt wieder deutlicher hervor. War es

Zufall, daß an dem Tag, als Breschnew beigesetzt wurde, Kohl und Reagan in Washington zu intensiven Gesprächen zusammentrafen und nicht zu den Begräbnisfeierlichkeiten nach Moskau reisten? Beide, so schien es, wollten zuerst die atlantische Allianz festigen.

Die sicherheitspolitische Achse Washington–Bonn stabilisierte das Bündnis in dieser entscheidenden sicherheitspolitischen Phase. Durch die Stationierung von Marschflugkörpern und »Pershing II«-Raketen wurde der Sowjetunion die passende Antwort gegeben, ihr wurde gegenüber Westeuropa und der Bundesrepublik ein Monopol im Bereich der landgestützten Mittelstreckenraketen verwehrt. Die defensive Abschreckungsfähigkeit der NATO wurde erhöht, im Falle einer Krise konnte die Sowjetunion nicht mehr von der Annahme ausgehen, daß ein Nuklearschlag nur auf Westeuropa begrenzt bliebe.[161]

Die zweite Phase der Beziehungen zwischen der Bundesrepublik und den USA begann 1985 in Sachen SDI. Mit dem Machtantritt von Michail Gorbatschow im März 1985 war ein Grad an Geschmeidigkeit und Finesse der sowjetischen Außen- und Sicherheitspolitik deutlich geworden, wie sie der Westen seit dem Zweiten Weltkrieg nicht mehr erlebt hatte. Konnte durch SDI die Rüstungskontrolle beschleunigt werden?

Die Reaktion der Westeuropäer auf die Strategische Verteidigungsinitiative blieb kontrovers.[162] Die Hoffnungen der Regierung Kohl/Genscher auf eine gemeinsame westeuropäische Haltung zerschlugen sich. Jede Regierung in Westeuropa handelte für sich allein. Frankreich reagierte typisch: In der Öffentlichkeit kritisierte Verteidigungsminister Hernu SDI, gleichzeitig setzten die staatlich unterstützten französischen Unternehmen auf forschungspolitische Zusammenarbeit mit den USA. Formelle vertragliche Vereinbarungen zwischen Paris und Washington lehnte Mitterrand jedoch ostentativ ab, statt dessen forderte er mit EUREKA eine europäische Weltrauminitiative.[163]

Die Regierung Kohl machte sich die Entscheidung ungleich schwerer. Die spezifische sicherheitspolitische Abhängigkeit der Bundesrepublik von den USA machte es unmöglich, sich allein gegen das SDI-Forschungsprogramm zu stellen. Umgekehrt hätte eine bedingungslose Zustimmung zu SDI den deutschen Interessen ebensowenig genutzt. Die Regierung Kohl/Genscher versuchte deshalb, SDI von Anfang an unter allen Gesichtspunkten auszuleuchten.[164]

Für Kohl und Genscher wurde es entscheidend, die amerikanische SDI-Politik von innen heraus – das heißt möglichst ohne öffentliche Kritik, sondern auf vertraulichem Wege – beeinflussen zu können. Über die Vorgehensweise kam es innerhalb der Regierung zu heftigen Diskussionen. Eine Minderheit plädierte dafür, gemeinsam mit anderen westeuropäischen Partnern öffentlich das SDI-

Forschungsprogramm zu kritisieren. Im Auswärtigen Amt und im Verteidigungsministerium gab es Vorbehalte, wie die skeptischen Anmerkungen des Generalinspekteurs der Bundeswehr, Wolfgang Altenburg, andeuteten. Aber das Argument der Regierung Reagan, daß die bisherige Rüstungskontrollpolitik in einer Sackgasse angelangt sei, war schwer zu widerlegen. Die Sowjets hatten sich verbal zur Rüstungskontrolle bekannt, aber nuklear und konventionell zu Land, zu Wasser und in der Luft weiter aufgerüstet, und sie investierten große Summen in ähnliche Forschungsprogramme wie SDI. Auch die amerikanische Skepsis gegenüber der Entspannungspolitik der siebziger Jahre war begründet. Reagans moralische Bedenken gegenüber der nuklearen Abschreckungsstrategie entsprachen der Kritik in der Friedensbewegung, in Teilen der SPD und bei den Grünen, die alle die Abhängigkeit von Atomwaffen verringern wollten, um dem nuklearen Abschreckungsdilemma zu entrinnen. Andererseits befürchtete die Regierung Kohl/Genscher, daß die nukleare Abschreckungsstrategie, die man gerade gemeinsam mit Washington durch den Doppelbeschluß gefestigt hatte, durch SDI gefährdet würde. Nach Westen suchte die Regierung Kohl/Genscher daher trotz SDI die uneingeschränkte Gültigkeit der Strategie der flexiblen Erwiderung zu festigen, nach Osten war sie bemüht, ihr entspannungspolitisches Profil nicht zu verlieren. Aber letztlich triumphierten die USA durch verhandlungspolitisches »divide et impera!« bei SDI gegenüber den westeuropäischen Verbündeten. Wie schon bei der Debatte um die Neutronenwaffe und den NATO-Doppelbeschluß wurde nun auch bei SDI deutlich, daß Westeuropa keine gemeinsame Position finden konnte.

Aber kein anderes Ereignis polarisierte die deutsch-amerikanischen Beziehungen wie Reagans Besuch in Deutschland im Frühjahr 1985. Schon bei seinem Besuch in Washington im November 1984 hatte Bundeskanzler Kohl die Durchführung der Feiern zum Jahrestag des alliierten Sieges am 8. Mai angesprochen. Kohl hatte den Wirtschaftsgipfel 1985 für den 2. bis 4. Mai in Bonn angesetzt, um genügend Zeit für einen Staatsbesuch Reagans in der Bundesrepublik zwischen beiden Ereignissen zur Verfügung zu haben. Reagan hatte bedauert, daß Deutschland 1984 nicht zum 40. Jahrestag der Landung in der Normandie eingeladen worden war. Einerseits war dies verständlich, andererseits jedoch hatten die vergangenen Jahrzehnte eindeutig gezeigt, daß die Bundesrepublik zum festen Bestandteil der demokratischen Welt geworden war, für deren Werte man am Strand der Normandie gekämpft hatte. Ronald Reagan wollte den Blick nicht zurück, sondern gemeinsam mit Deutschland in die Zukunft richten. Deshalb begrüßte er Kohls Einladung für den Mai 1985. Kohl schlug dem amerikanischen Präsidenten einige Ortstermine vor, darunter auch das

Konzentrationslager Dachau bei München. Kohl wollte außerdem mit Reagan einen Soldatenfriedhof besuchen, wo ein Händedruck über den Gräbern der Gefallenen zum Symbol der Versöhnung zwischen den einstigen Gegnern werden sollte.

Nach Kohls Fernbleiben von den Feiern am »Omaha Beach« in der Normandie 1984 hatten er und Mitterrand einen symbolischen Händedruck über den Gräbern von Verdun, dem Schlachtfeld aus dem Ersten Weltkrieg, ausgetauscht. Eine ähnliche Geste wollte Kohl mit Reagan in Deutschland wiederholen und schlug dafür den deutschen Soldatenfriedhof in Bitburg vor. Dieser Friedhof war ausgesucht worden, weil er in Kohls Heimat liegt und außerdem Bitburg ein Stützpunkt der US Air Force war. Doch bald wurde bekannt, daß sich auf dem Friedhof auch Gräber der Waffen-SS befanden. Deshalb wuchs in den USA die Opposition gegen Reagans Entscheidung, Bitburg zu besuchen. Außenminister Shultz erklärte gegenüber seinem Präsidenten: »Bitburg ist eine Katastrophe.« Die Öffentlichkeit forderte, Reagan solle von einem Besuch in Bitburg Abstand nehmen. Diese Meinung teilte man auch zunehmend innerhalb der Regierung Reagan. Doch Bundeskanzler Kohl drohte im Fall einer Absage mit einer politischen Katastrophe: Reagan habe die Wahl, so Kohl, nach Bitburg zu gehen, oder er könne den Besuch streichen und dann den Sturz der Regierung Kohl miterleben.

Shultz war über diese »einmalige Botschaft, die vom Führer einer mächtigen Nation an einen anderen gerichtet wurde«, konsterniert: »Ich betrachtete sie als Ausdruck von Schwäche, mit oder ohne Bitburg. ›Wie stark ist eine Regierung‹, sagte ich, ›die stürzen könnte, wenn wir einen anderen Friedhof besuchen?‹ Ich wußte aber auch, daß der Präsident eine derart emotionsgeladene Bitte von Kanzler Kohl nicht ignorieren konnte.«[165] Shultz lehnte einen Besuch in Bitburg ab, weil die meisten der Soldaten in den über vierzig Gräbern mit der Aufschrift »Waffen-SS« der 2. SS-Panzerdivision angehörten, die unter dem Namen »Das Reich« an Massakern im Zweiten Weltkrieg beteiligt gewesen waren (so unter anderem an dem vom Juni 1944 im französischen Oradour-sur-Glane). Reagan blieb jedoch bei seiner Entscheidung und reiste nach Bitburg. Allerdings gaben sich dann der amerikanische General Matthew Ridgeway und der deutsche General Johannes Steinhoff, beide Veteranen des Zweiten Weltkrieges, die Hand, nicht jedoch Reagan und Kohl.

Für Shultz stellte Reagans Besuch in Bitburg ein Desaster dar, was vermutlich übertrieben war. Aber Bitburg belastete die deutsch-amerikanischen Beziehungen unnötig. Ganz anders als Verdun symbolisierte der Friedhof von Bitburg, wo Ende 1944 die letzten Divisionen zur deutschen Ardennen-Offensive zusammengezogen wurden, die Greuel des nationalsozialistischen Regimes und des Zweiten Weltkrieges. Auch Genscher war skeptisch gegenüber dem Besuch in Bitburg. Im Gegensatz zu Verdun war hier ein Friedhof ausgewählt worden, auf dem keine amerikanischen Soldaten des Zweiten Weltkriegs lagen, weil die Amerikaner das Recht genutzt hatten, ihre gefallenen Soldaten in die Heimat zurückzuführen. Auch lag Bitburg, anders als Verdun, auf deutschem Boden. Die Diskussion um die Gräber und um die weiteren Begleitumstände der Reise Reagans führten zu Belastungen der Beziehungen. Schließlich mußte Kohl das ganze Gewicht seiner persönlichen und amtlichen Autorität einsetzen, damit Reagan, entgegen den Ratschlägen seiner Mitarbeiter, den Besuch in Deutschland nicht absagte. Die Entscheidung des amerikanischen Präsidenten für den Besuch stand jedenfalls auf des Messers Schneide, wie die Memoiren von Außenminister Shultz deutlich machen. Shultz zeigt auch, daß Reagan von Kohls Brief vom 15. April tief betroffen war. Letzlich trug Reagans würdevolles Auftreten in Bitburg dazu bei, daß seine Popularitätseinbußen bald wettgemacht wurden.

Abgesehen von dieser intensiven, aber kurzfristigen Aufwallung der Gefühle entwickelten sich die Beziehungen in den kommenden Jahren zu einer »reifen Partnerschaft, in der sich beide Seiten ausgewogener Aufgaben und Verpflichtungen erfreuen konnten«.[166] Gemeinsam setzten Ronald Reagan und Helmut Kohl eine umfassende Abrüstung der nuklearen Mittelstreckenraketen in Europa durch. Im Abkommen von 1987 wurden schließlich die weltweite Beseitigung aller amerikanischen und sowjetischen Mittelstreckenraketen längerer Reichweite (zwischen 1 000 und 5 500 km) sowie die Abschaffung aller amerikanischen und sowjetischen Mittelstreckenraketen kürzerer Reichweite (zwischen 500 und 1 000 km) vereinbart. Helmut Kohl hatte Ronald Reagans doppelte Nulllösung nachhaltig unterstützt. Gleichzeitig waren paradoxe innenpolitische Parallelen in den USA und in Deutschland deutlich geworden: Reagan, aber auch Kohl wurden in ihrer Entscheidung für die doppelte Nullösung weniger von den eigenen Parteifreunden als vielmehr durch die innenpolitischen Gegner unterstützt.

Den emotionalen Höhepunkt der deutsch-amerikanischen Beziehungen der achtziger Jahre bildete Ronald Reagans Besuch in Berlin anläßlich der 750-Jahr-Feier der deutschen Hauptstadt. Jeder amerikanische Präsident habe die Pflicht, hier von Freiheit zu sprechen, meinte Reagan am 12. Juni 1987. Sein Appell an die sowjetische Führung ist seit der Wiedervereinigung Deutschlands legendär geworden: »Generalsekretär Gorbatschow, wenn Sie nach Frieden streben, wenn Sie Wohlstand für die Sowjetunion und für Osteuropa wünschen, wenn

Sie die Liberalisierung wollen, dann kommen Sie hierher zu diesem Tor. Herr Gorbatschow, öffnen Sie dieses Tor. Herr Gorbatschow, reißen Sie diese Mauer nieder.«[167]

Ronald Reagan mag 1987 manchen Deutschen erschreckt, vielleicht sogar belustigt haben, im historischen Rückblick hat er viele Deutsche beschämt. Reagan personifizierte auf couragierte Weise die amerikanische Verpflichtung für die Einheit Deutschlands in einem freien Europa, weil dieses Ziel den amerikanischen Interessen und Grundwerten entsprach. Im Vergleich zu anderen Bündnispartnern zeigten sich die Amerikaner großherziger und engagierter, wenn es um deutsche Belange ging. Das zeigte sich am Ende des Ersten Weltkrieges, am Ende des Zweiten Weltkrieges und auch am Ende des Kalten Weltkrieges zwischen West und Ost. Daß Ronald Reagan den kalten Krieg beendete, trifft nicht zu. Aber er hat sein Ende beschleunigt und im besten Sinne intensiviert. Das war nicht ohne Risiko, aber die Geschichte gab ihm recht. Er ritt nicht rückwärts in die fünfziger Jahre, wie ihm seine Kritiker vorwarfen, sondern er war der erste, der die Vision der neunziger Jahre erahnte und an das Tor für ein vereintes Deutschland in einem vereinten Europa pochte.

Außenpolitische Zwischenbilanz

Die Bewertung der Außenpolitik Ronald Reagans bleibt schwierig. Auffällig ist auf der einen Seite, daß die innen- und sozialpolitischen, wirtschaftlichen und bildungspolitischen Grundlagen Amerikas erheblich geschwächt wurden. Die massive Ideologisierung und Militarisierung der Außenpolitik führte zu erheblicher Kritik und zu dem Vorwurf, Reagan habe den Niedergang von Amerikas Macht mitzuverantworten.[168]

»Reaganomics« wurde zum Symbol für Hochrüstung und Verschuldung. Reagans Ankündigung, daß sinkende Steuern zu steigenden Investitionen und folglich zu erhöhten Staatseinnahmen führen würden, erfüllte sich nicht. Die jährlichen Haushaltsdefizite nahmen zwar geringfügig ab, aber die Staatsschuld, die 1985 auf 1,8 Billionen Dollar angestiegen war (eine Verdoppelung gegenüber dem letzten Carter-Jahr), stieg 1989 auf 2,8 Billionen US-Dollar an. Wachstum fand statt, aber das entsprechende Kapital war vom Ausland geborgt. Deshalb verloren die USA unter Reagan ihre traditionelle Gläubigerposition und wurden 1985 zum größten Schuldner der Welt. Hatten die USA noch 1981 ein Haben von 141 Milliarden Dollar aufzuweisen, so belief sich ihr Soll 1986 auf 264 Milliarden US-Dollar, ein Verlust von mehr als 400 Milliarden Dollar innerhalb von fünf Jahren. Folglich trieb die Nachfrage den Dollar auf ungeahnte Höhen; das wiederum führte zu zusätzlichen Belastungen des amerikanischen Außenhandels, dessen Fehlbeträge unter Reagan sprunghaft anstiegen: Von 1982 bis 1985 verfünffachten sie sich von 27,6 auf 126,5 Milliarden US-Dollar.[169] Unter Reagan verloren die USA ihre führende Position in der Weltwirtschaft.

Während Reagans Präsidentschaft entstanden neue soziale Probleme, die er selbst verursachte, weil er das soziale Netz kappte und damit die Armen ärmer und die Reichen noch reicher machte. Insgesamt gesehen, stagnierte das Realeinkommen der meisten Amerikaner oder nahm sogar ab. Die amerikanische Gesellschaft bezahlte den Preis für Reagans Aufrüstung mit schweren wirtschaftlichen, politischen und sozialen Einbußen. Aber der größte Teil der Mehrkosten für die Verteidigung wurde durch die enormen Preissteigerungen der Rüstungsindustrie verursacht. Die Militarisierung vieler Forschungsbereiche, das zeigte zum Beispiel SDI, führte dazu, daß wenig industrielle Innovation stattfand und dadurch die amerikanische Wettbewerbsfähigkeit geschwächt wurde. Teile der Industrieproduktion wanderten ins Ausland ab, und Wirtschaftsbereiche, die traditionell eine Domäne der USA waren – wie Auto-, Textil-, Stahl- und Maschinenbauindustrie – forderten protektionistische Maßnahmen, weil sie den Anschluß an die internationale Spitze verpaßt hatten.

Erst in der Schlußphase der Präsidentschaft Reagans trat eine Wende ein: Das Außenhandelsdefizit sank, und die amerikanische Wirtschaft zeigte Anzeichen der Erneuerung. In seiner zweiten Amtsperiode folgte Reagan dem innenpolitischen Wunsch nach Abrüstung und Wiederherstellung der wirtschaftlichen Leistungsfähigkeit der USA. Die meisten Amerikaner machten sich mehr Sorgen um die Wettbewerbsfähigkeit der USA als um die sowjetische Gefahr, darauf nahm Reagan Rücksicht. Aber am Ende seiner Amtszeit war eine umfassende Reform der amerikanischen Wirtschaft und Gesellschaft überfällig. Schlüsselbereiche der Industrie lagen darnieder, so daß sogar vom Untergang der amerikanischen Technologie gesprochen wurde. Die Luftfahrt- und Computer-, die Unterhaltungselektronik- und die chemische Industrie befanden sich in einer tiefen Krise. Vor allem die strukturpolitischen Probleme hatten beklemmende Ausmaße angenommen: Dreißig bis vierzig Millionen Menschen lebten unterhalb der Armutsgrenze von etwa vierzehntausend Dollar Jahreseinkommen. Das Analphabetentum bei Jugendlichen, vor allem bei Farbigen, hatte bedrohlich zugenommen. Obwohl die USA mehr für Schul- und Ausbildung ausgaben als Deutschland oder Japan, war die Bildungspolitik, vor allem in ihrer Breitenwirkung, an einem kritischen Punkt angelangt. Die Obdachlosigkeit stieg dramatisch an, fast zwanzig Millionen Amerikaner litten ständig unter

Hunger. Die Infrastruktur der USA – Brücken, Straßen, Autobahnen und Eisenbahngleise – war schwer geschädigt; der Zerfall vieler Innenstädte nahm dramatisch zu; Amerikas Kindersterblichkeit war inzwischen größer als in 22 anderen Staaten der Welt; die Kostenexplosion für »Medicare« und »Medicaid«, die medizinischen Programme für Arme und Alte, war kaum mehr zu bezahlen; Kriminalität und Drogenkonsum hatten so dramatisch zugenommen, daß sie vielerorts nicht mehr in den Griff zu bekommen waren; traditionelle Grundwerte in Familie, Schule und Nachbarschaft waren einer Mentalität des Egoismus gewichen.[170]

Am Ende der Regierung Reagan sahen sich die USA immer stärker vor die Notwendigkeit gestellt, die ökonomischen und politischen Grundlagen von Staat und Gesellschaft wiederherzustellen. Praktisch waren alle Bereiche der Innenpolitik betroffen, denn nichts ist wichtiger als eine angemessene innenpolitische Grundlage für die Formulierung und Durchsetzung außenpolitischer Zielsetzungen und Interessen. Zunehmend stellte die Bevölkerung die Art und Weise der Steuergesetzgebung, die Haushaltspolitik der Regierung und die Wirtschaftskraft des Landes im wahrsten Sinne des Wortes in Frage. Die Überprüfung der innen- und außenpolitischen Grundprinzipien und Interessen sowie der materiellen und geistigen Grundlagen des Landes wurde vorrangig.[171]

Durch diese Entwicklung hatten die USA auch ihre Vorbildrolle im Bündnissystem und in der Weltpolitik beeinträchtigt oder bei manchen sogar verspielt. Vielfach konnte man sich des Eindrucks nicht erwehren, als lebe Amerika unter Reagan nur noch von der Hand in den Mund und sei nur noch zu antikommunistischen Reflexen fähig. Das Leben wurde auf Pump geführt, mit Krediten aus Japan und Westeuropa.[172] Die Folge war, daß das außen- und sicherheitspolitische Engagement der USA durch die Verbündeten mitfinanziert werden mußte. Der Weltpolizist USA begann unter Reagan wie eine Wach- und Schließgesellschaft für seinen Dienst abzukassieren.

Gleichzeitig wurde die Nation mit betäubenden Drogen gefüttert: Der Aufbau der teuersten und modernsten Militärmaschinerie mit gepumpten Geld und die gleichzeitige Ermunterung zu sorglos verschwenderischem Leben, finanziert durch Steuersenkung und Auslandskapital, führte zu Symptomen des Niedergangs. Reagans Außenpolitik der massiven Militarisierung kostete die USA den Rang der ersten Industrienation; die Aufrüstung wurde mit einem ähnlichen Instrumentarium wie in Deutschland unter Hjalmar Schacht in den dreißiger Jahren finanziert: mit staatlichen Schuldverschreibungen ohne Rücksicht auf Konjunktur- und Budgetlage. So gesehen, war die amerikanische Wirtschaft in den achtziger Jahren in Wirklichkeit eine Kriegswirtschaft unter der Tarnkappe einer hedonistischen Genußgesellschaft. Die von Reagan ausgelöste Rüstungskonjunktur schuf neuen Wohlstand, aber auch neue Armut. Gleichzeitig wurde die Industriestruktur des Landes auf dramatische und gefährliche Weise verschoben: Kalifornien, der Nordosten und der tiefe Süden blühten auf, aber am Farmland und dem alten Industriegürtel um die Großen Seen ging das Geschäft vorbei. Boston und San Francisco verwandelten sich zu Hochburgen neuer Lebensqualität, Detroit und andere Standorte der Autoindustrie gingen unter.

Die Ära Reagan war eine Zeit der Spekulationen. 35 Großbanken standen zeitweise am Rande des Zusammenbruchs. Die Chase Manhattan Bank mußte fünftausend Angestellte entlassen. Das Sparkassenwesen geriet in eine schwere Krise. Hatten die USA im Bereich der Computerindustrie 1970 noch einen Marktanteil von neunzig Prozent, so wurde der Markt zwanzig Jahre später von Japan dominiert. Waren 1970 noch neunzig Prozent aller amerikanischen Fernsehgeräte Eigenproduktionen, so wurden Ende der achtziger Jahre nur noch zehn Prozent in den USA produziert. Waren die USA bis in die siebziger Jahre führend in der Luftfahrtindustrie gewesen, so stellte Europas Airbus Ende der achtziger Jahre die Hälfte sämtlicher Großraumjets.

Firmen wurden ausgeplündert und durch künstlich hochgetriebene Aktienkurse zerstört. Spekulanten wurden reich, aber es wurden kaum produktive Werte geschaffen. Skrupellose Unternehmensjäger übernahmen Firmen auf deren Kosten. Aktien wurden in großem Ausmaß den Aktionären einer Firma zu überhöhten Preisen abgekauft. Zur Kreditsicherung wurde nicht eigenes Vermögen, sondern die Substanz der Firma, die erst gekauft werden sollte, herangezogen. Zwischenfinanzierungen wurden durch »Schrottanleihen« oder »Junk Bonds« besorgt. Danach gab es zwei Möglichkeiten: Entweder wurden die Schulden durch die Firma übernommen, die dem Unternehmensjäger gehörte, und ein Management eingesetzt, das mit drakonischen Sparmaßnahmen zu Lasten der Arbeitnehmer die aufgenommenen Schulden verdiente, oder Teile des Unternehmens wurden gegen Inkasso verkauft. Die Schäden dieser Praktiken beliefen sich auf dreistellige Milliardenbeträge. Gewinner waren einzig Unternehmensjäger, Aktionäre und Anwälte.

Ein untypischer amerikanischer Charakterzug wurde in der Ära Reagan deutlich: Verachtung gegenüber Armut und Minderheiten sowie eine neue Egozentrik schädigten das Wertesystem der Gesellschaft. Aus Frustration wurden neue Feindbilder geschaffen: Japan wurde zum Handelsfeind Nummer eins stilisiert und diente als Sündenbock, um von eigenen Fehlern und Unzulänglichkeiten abzulenken. Zu lange hatten sich amerikanische Firmen selbstgefällig in der Sicherheit des eigenen riesigen Marktes gewogen.[173]

Zwei Drittel der Probleme Amerikas waren hausgemacht. Doch auch die Globalisierung der Wirtschaft wirkte auf die amerikanische Provinz. So waren die USA am Ende der Amtszeit Reagans ökonomisch eingeklemmt zwischen zunehmender Abhängigkeit von äußeren Kräften und der schwindenden Fähigkeit, diese Kräfte selbst zu beeinflussen. Der Druck des kalten Krieges, der auf die amerikanische Gesellschaft disziplinierend gewirkt hatte, war verschwunden. Jetzt wurden die eigenen Unzulänglichkeiten und die Kosten, die der Kalte Krieg über Jahrzehnte verursacht hatte, Zug um Zug erkennbar.

Die Vereinigten Staaten verloren an innerem Zusammenhalt. Im wirtschaftspolitischen Niedergang entstanden unterschiedliche gesellschaftspolitische Aggregatzustände: Einige Bundesstaaten, wie Kalifornien, wurden reich; andere, die strukturell in diesen Jahren an Bedeutung verloren, sanken auf das Niveau von Staaten der Dritten Welt herab. Auch wurden Teile der Bevölkerung so reich, daß sie sich selbst versorgen könnten, während andere ohne Sozialpolitik nicht überleben konnten.

Paul Kennedys These über den Niedergang der USA aufgrund imperialer Überdehnung traf deshalb am Ende der achtziger Jahre einen empfindlichen Nerv.[174] Truman und Eisenhower war es noch gelungen, Außen- und Innenpolitik in Einklang zu bringen. Die Eindämmungspolitik wurde im Zusammenwirken mit der inneren Wirtschafts- und äußeren Sicherheitspolitik formuliert, wobei eine weitgehende Übereinstimmung in der Bevölkerung entstand. Diese Verflechtung schuf einen breiten Konsens, der auch während der Regierung Kennedy trug. Auf der Basis wachsenden Wohlstands schritt die gesellschaftliche und wirtschaftspolitische Entwicklung fort, ja wurde sogar beschleunigt. Erst unter Johnson kam es zu Einbußen. Unter Johnson erreichte die Verflechtung der äußeren und inneren Wirtschaftspolitik ihren Höhe- und zugleich ihren Tiefpunkt. Die Last des Vietnamkriegs und die Kosten für die »Great Society« überforderten die Finanzkraft der amerikanischen Wirtschaft, verstärkten die Zahlungsbilanzschwierigkeiten und führten schließlich zum Zusammenbruch des großen überparteilichen Konsenses. In dieser Situation und zu diesem Zeitpunkt hätten die USA entscheidende außen- und innenpolitische Kursänderungen vornehmen können. Das wurde versäumt. Erst vor diesem Hintergrund wird klar, daß die wachsende Bugwelle innen- und außenpolitischer Probleme während der Amtszeit Reagans ins Unermeßliche anschwoll, zumal dieser keine Anstalten machte, diese Welle durch politische und wirtschaftliche Maßnahmen aufzufangen. Die globale Überdehnung der amerikanischen Außenpolitik hat das Land Ende der achtziger Jahre zwar nicht funktionsunfähig gemacht, aber Teile des Landes und der Bevölkerung schwer belastet.

Notwendige Lösungen wie Produktionserhöhung, Einschränkungen im Lebensstandard, technologische Innovation und Förderung des Bildungswesens hätten allerdings gemeinsame Anstrengungen in Staat und Gesellschaft erfordert. Hätte Reagan in diesem Sinne gehandelt, dann hätte er die amerikanische Regierung, die amerikanische Wirtschaft und den amerikanischen Wähler gleichermaßen zur Verantwortung erzogen, um Haushalts- und Handelsbilanzdefizite sowie Privatüberschuldungen abzubauen. Doch muß der Niedergangsprozeß der USA relativ gesehen werden. Seit Johnsons Versuch einer »Great Society« wurde kein wirtschaftspolitischer Versuch mehr unternommen, die Struktur der USA von Grund auf zu sanieren. So wurden die späten sechziger, die siebziger und die achtziger Jahre, wenn auch auf unterschiedliche Weise, zu verlorenen Jahrzehnten für die Supermacht USA. Gleichzeitig wurden sie aber die Jahre des Aufstiegs für Westeuropa, Deutschland und Japan sowie für die asiatischen Wirtschaftsnationen. Während diese Staaten an Bedeutung gewannen, war Amerikas wirtschaftspolitische Machteinbuße nicht zwangsläufig. Aber es fehlte an wegweisenden Programmen. Kein Präsident wagte die konsequente Erneuerung von Staat und Gesellschaft, sondern jeder bevorzugte ein beständiges »Sichdurchwursteln«. Auch »Reaganomics« hieß im Kern: *muddling through.*

Die beiden Jahrzehnte von 1970 bis Ende der achtziger Jahre waren für die USA innenpolitisch verloren, weil die Hauptverantwortlichen im Spiegel des kalten Krieges und der Eindämmung der Sowjetunion die neuen Zeichen der Zeit und der globalen Herausforderung nicht erkennen wollten und nur alte Ängste zur Bewahrung des Status quo mobilisierten. Dabei war es besonders fatal, daß Carters Versuch, die Beziehungen zur Sowjetunion zu entspannen und ein neues Bewußtsein für die neuen globalen Probleme in Amerika selbst zu schaffen, in die Schlußphase massiver sowjetischer Aufrüstung und Expansion fiel.

Schon an der Schwelle zu den siebziger Jahren war deutlich geworden, daß die Eckpfeiler der globalen Pax Americana außen- und innenpolitisch brüchig geworden waren, und diese Risse hatten sich zehn Jahre später vertieft:

- Die außergewöhnliche Rolle der USA im Weltsystem wurde von Teilen der eigenen Bevölkerung und in der Welt immer weniger akzeptiert. Das amerikanische Engagement in Vietnam endete im politischen Morast, die Vorbildrolle wurde zum Teil verspielt, und die Beziehungen zur Sowjetunion bedurften ebenso einer dringlichen Überprüfung wie das Verhältnis zu den Verbündeten. Sich von Beginn der siebziger Jahre an den neuen globalen Entwicklungen anzupassen wäre eine sinnvolle und realistische Forderung an alle Präsidenten gewesen, die jedoch von keinem konsequent eingelöst wurde. Ronald Reagan drehte diese Forderung im Stil der fünfziger Jahre um und machte unmißverständlich klar, daß der Rest der Welt sich an seine Außen- und Sicherheitspolitik anzupassen habe.

- Die USA verloren ihre absolute militärische Sicherheit, nachdem die Sowjetunion in den siebziger Jahren mit ihnen gleichgezogen hatte.
- Amerikas ökonomische Überlegenheit schwand schon zu Beginn der siebziger Jahre. Der Vietnamkrieg hatte Wirtschaft und Gesellschaft schwer erschüttert. Nur durch finanz- und wirtschaftspolitische Manipulationen, durch den Nachdruck von US-Dollars und durch finanzielle und ökonomische Hilfe der Verbündeten war Amerika noch in der Lage, eine gewisse Überlegenheit zu erhalten.[175] Doch kein Präsident zog Konsequenzen zur Strukturerneuerung. Ronald Reagans Militarisierung der Außenpolitik schwächte die finanz- und wirtschaftspolitischen Grundlagen noch mehr.
- Das globale Sendungsbewußtsein der USA war im Verlauf der siebziger Jahre in Arroganz umgeschlagen. Watergate war dem Ansehen der USA abträglich.
- Die Irankrise 1979/80 bildete den fünften Krisenpunkt dieser Entwicklung, der dann durch die Iran-Contra-Affäre einen traurigen Höhepunkt erreichte und die Außenpolitik Reagans in Mitleidenschaft zog.

All dies trug zum Niedergang von Ansehen und Leistungsfähigkeit Amerikas bei. Die Krisen weiteten sich aus und griffen auf die gesamte politische Struktur der USA über. Am Ende der Regierung Reagan legte die Iran-Contra-Affäre den byzantinischen Charakter des Weißen Hauses offen.[176] Hier wurde Außenpolitik von Abenteurern und Dilettanten gemacht, die in ideologischer Verblendung und widerrechtlicher Amtsanmaßung im Namen des Präsidenten handelten. Hatte der Kongreß in der Watergate-Affäre noch eine gewisse Kontrollfunktion wahrgenommen, so versagte er in der Iran-Contra-Affäre völlig und zog keine Konsequenzen. Das Versagen des Kongresses als Kontrollinstrument der Regierung führte auch dazu, daß der »achtjährige konsequente Ausbau des Sicherheitsstaates«[177] zur teuersten Rechnung wurde, die Ronald Reagan den USA präsentierte. Man kann über Czempiels These streiten, ob Sicherheit und Machtpolitik nach außen die beiden einzigen Staatsfunktionen waren, die Reagan für zulässig hielt[178], aber ohne Zweifel hat er zuwenig bundesstaatliche Verantwortung praktiziert.

Durch seine Versäumnisse trug Reagan selbst zum Niedergang der USA bei, ja er beschleunigte diesen Prozeß in den achtziger Jahren. Mit seiner Wirtschaftspolitik und seiner ideologische Zielsetzung, Amerika wieder zur »Nummer eins« zu machen, verwandelte er die USA von der größten Gläubiger- zur größten Schuldnernation, hinterließ ein strukturelles Haushaltsdefizit und förderte Egoismus und Ellenbogenmentalität. Aber ebenso wurde – wenn auch erst nach 1989 – deutlich: Durch die Mobilisierung der äußersten ökonomischen Kraftreserven, durch Konzentration der Wirtschaftsmacht in die Aufrüstung, symbolisiert durch SDI, wurde die Sowjetunion in den Ruin getrieben und ideologisch-weltpolitisch unter Druck gesetzt.

Reagan rüstete die USA krank, aber er rüstete die Sowjetunion tot. Es bleibt die Frage, ob das Sowjetimperium Ende der achtziger Jahre unter einem Präsidenten Carter genauso zusammengebrochen wäre. Die Antwort kann nur spekulativ sein. Sowjetische beziehungsweise russische Zeitzeugen aus Politik und Kultur haben darauf hingewiesen, daß erst Reagans entschlossenes antikommunistisches Eintreten und seine konsequente Rüstungspolitik dem Kreml signalisierten, daß das Sowjetreich nur durch Anpassung und Nachgeben zu retten sei.[179] Trotz aller kritischen Einwände darf nicht vergessen werden, daß die USA unter Reagan die herausragende Weltmacht blieben. Wenn auch ihre Fähigkeiten in vielerlei Hinsicht geschrumpft waren, sie allein behielten die Fähigkeit zur globalen Machtprojektion, die wirtschaftlichen Ressourcen, den militärischen Apparat und eine politische Leitidee für eine globale Vorbildrolle. Amerikas Niedergang seit Beginn der siebziger Jahre war relativ und nicht determiniert. Aber diese reiche Nation handelte nicht selten armselig, so daß der amerikanische Traum zwar nicht ausgeträumt war, aber auch traumatische Züge entwickelte, daß wirtschaftliche Anpassung und steuerpolitische Umverteilung ausblieben.

Die Niedergangsdebatte warf ein bezeichnendes Licht auf den Wandel der USA. Nicht mehr die klassischen Machtfaktoren wie militärische Stärke, Bevölkerungszahl, Industrieproduktion und nukleare Stärke, sondern neue kooperative Aspekte waren gefragt, wie die zivilisatorische Vorbildrolle, eine ansprechende Entspannungspolitik, multilaterale Diplomatie, neue Technologien, kulturelle Innovation und vor allem das Bewußtsein für neue globale Probleme wie den internationalen Umweltschutz, Ökologie und Verminderung der Armut.

Statt dessen setzten alle amerikanischen Regierungen bis Reagan den »American way of life«, die eigene Sprache, die eigene Kultur und die eigenen Maßstäbe in Staat und Gesellschaft immer noch absolut, als schon offenkundig war, daß diese keine Leitfunktion im Weltmaßstab mehr besaßen. Diese Anpassungsprobleme führten zum vorübergehenden Niedergang und zu schwindender Attraktivität der amerikanischen Macht.[180] Diese Entwicklung war auch eine Folge von Starrköpfigkeit: Oft mißachtete Reagan die zentralen multilateralen Institutionen der Welt- und Weltwirtschaftsordnung wie UNO, GATT, Weltbank und andere. Vielmehr suchte er diese für amerikanische Vorherrschaft zu instrumentalisieren. Dieses Bemühen war angesichts der obengenannten neuen globalen Trends immer weniger erfolgreich.[181]

So hat die sogenannte Reagan-Revolution in den USA einen Trend zur politischen und finanziellen Oligarchie gefördert. Rigorose Oberklassenherrschaft und Egoismus wurden über das allgemeine Staatswohl gestellt. Mit antikommunistischen Parolen und geschickter Rhetorik appellierte Reagan an Nationalstolz und lenkte damit von den strukturellen Schwierigkeiten ab. Im Kongreß wagte es niemand, Reagans Politik anzugreifen. Kongreß und Medien wurden Teil der Reagan-Oligarchie. Wahlkämpfe schienen immer mehr von vornherein abgekartet: Sponsoren und Spezialisten sowie Geldbeschaffer trafen sich in Washington mit den Abgeordneten, wobei erstere dann später nach der Wiederwahl als Lobbyisten wieder auftauchten und nun auf Gegenleistung drängten. Politik wurde zum Geschäft auf Gegenseitigkeit, wobei der Kongreß seine Kontrollfunktion weitgehend aufgab. Auch die Abgeordneten zeigten oligarchische Tendenzen: 1988 wurden 85 der zur Wiederwahl anstehenden Senatoren und 98 der Abgeordneten des Repräsentantenhauses wiedergewählt. Diese Rate liegt nur wenig unter der Rate des Britischen Oberhauses, wo allein der Tod einen Platz frei macht.

Aus europäischer Sicht erschienen Wahlkampf und Politik der USA naiv, oberflächlich und wenig vorbildlich. Die byzantinischen Zustände im Weißen Haus und zum Teil im Kongreß griffen weiter um sich. Die Korruptionsaffären nahmen zu. Doppelmoral wurde erkennbar.[182] Allein die amerikanische Geschäftswelt ahnte wohl, daß Reagans Wirtschaftspolitik zum Desaster führen mußte, doch kurzfristig profitierte sie. Durch Reagans Doppelspiel, Steuern zu senken und Militärausgaben zu erhöhen, diese aber durch das Ausland finanzieren zu lassen, mußten die Demokraten im Kongreß angesichts steigender Defizite ihre sozialpolitischen Vorstellungen beerdigen. Die Folge war, daß der Kongreß seine regierungskritische Funktion verlor. Die Auswirkungen auf die junge Generation waren schwerwiegend, Bildung und Ausbildung wurden schlechter. Andererseits personifizierte Ronald Reagan mit seiner Außenpolitik eine Eigenschaft der USA, die den meisten Europäern, und vor allem den Deutschen, abgeht: Die Fähigkeit, das Ruder um hundertachtzig Grad herumzureißen. Diese amerikanische Fähigkeit widerlegt die These vom Niedergang.

Allerdings läßt sich auch argumentieren, daß Aufrufe zur Erneuerung und Reorganisation von Amerikas Macht die These vom Niedergang bestätigen. Vor einigen Jahrzehnten wären solche Aufrufe in den USA nicht notwendig gewesen. Ein starker Mann, so der Schriftsteller G. K. Chesterton, macht sich keine Sorgen um seinen Körper; erst wenn er schwach wird, spricht er von Gesundheit.[183]

So konnte man am Ende der achtziger Jahre überspitzt die Schlüsselfrage stellen, die letztlich über den Ausgang des kalten Krieges entscheiden würde: Welche Macht, welche Wirtschaft würde schneller verfallen; welche politische Führung würde die Notwendigkeit der Umorientierung schneller begreifen – die amerikanische oder die sowjetische? Entscheidend würde vor allem die Frage sein: Welches Land besaß die besseren Leistungsreserven, die besseren politischen, wirtschaftlichen und zivilisatorischen Grundbedingungen – die USA oder die Sowjetunion?

Als Ronald Reagan abtrat, wurde der amerikanische Niedergang von der militärischen Stärke der USA überdeckt. Die USA hatten fast ein Jahrhundert lang die führende Rolle in der demokratischen Welt gespielt. In zwei Weltkriegen waren sie ihren Freunden und Verbündeten zur Hilfe geeilt, und im dritten großen Krieg, der noch andauerte, dem kalten Krieg, waren es allein die USA, die die Sicherheit und Freiheit der freien Welt garantierten und für diese Garantien auch tatkräftig eintraten. Durch dieses Verhalten hatten sie sich während eines Jahrhunderts Freunde und Verbündete geschaffen und damit ein System von globalem Einfluß errichtet, dem die Sowjets nichts Ebenbürtiges entgegensetzen konnten.

Als Ronald Reagan das Weiße Haus verließ und das Amt seinem Nachfolger George Bush übergab, begann die Schlußphase im Ringen der beiden Supermächte um globalen Einfluß und Vorherrschaft. Mag sein, daß die USA ihre Kräfte außenpolitisch überdehnt hatten, aber diese Überdehnung war letztlich dem Wohl der freien, nichtkommunistischen Länder zugute gekommen. Auch wenn Ronald Reagan schwere Fehler in der Innen- und Außenpolitik vorzuwerfen sind, so ahnte er instinktiv, daß es gerade jetzt darauf ankam, nicht zwischen Kanonen und Butter zu wählen, sondern daß die Zeit und die Umstände beides erforderten. Ökonomische und militärische Anspannung bis zum äußersten war nötig, da die Sowjetunion bereits am Rande des Zusammenbruchs stand: »Die inneren Spannungen des sowjetischen Systems nähern sich ihrem Zerreißpunkt. In zehn, zwanzig oder dreißig Jahren wird eine überraschte Welt den Zerfall oder den Zusammenbruch des bedeutendsten der kommunistischen Systeme erleben. Die Geschichte der UdSSR tritt in eine entscheidende Phase.«[184] Reagan war mit dieser Politik nach innen und außen ein hohes Risiko eingegangen, aber die Geschichte sollte ihm recht geben.

Der Sieg der freiheitlichen Idee im kalten Krieg hat mehrere Väter. Er war Ergebnis gemeinsamer Anstrengungen, die im wesentlichen von der Politik acht amerikanischer Präsidenten über vierzig Jahre hinweg getragen wurden. Der Zusammenbruch des Sowjetimperiums war vor allem auch das Ergebnis einer siebzig Jahre währenden Politik der Unterdrückung, der Verkrustung und der wirtschaftlichen und sozialen Rückständigkeit. Ronald Reagan hat den Niedergang der Sowjetunion beschleunigt, weil er die richtige Person zum richtigen Zeitpunkt am richtigen Ort mit der richtigen Politik war. Wäre er früher an die Macht gekommen, hätte er mit seiner Militarisierung der Außenpolitik vermutlich gefährliche sowjetische Reaktionen hervorgerufen, die den kalten Krieg verschärft hätten. Mit der Reagan-Doktrin wurden zwischen Polen und Afghanistan entsprechende Mittel eingesetzt, um die kommunistischen Regime zu Fall zu bringen. Gerade die amerikanische Polenpolitik zeigt dies deutlich. Die revolutionären Veränderungen von 1989/90 in Mittel- und Osteuropa lassen deshalb die kritischen Punkte von Reagans Europapolitik in einem gänzlich neuen Licht erscheinen. Was bis Sommer 1989 gefährlich oder gar reaktionär erschien, erweist sich in der Retrospektive als visionär und realistisch zugleich.

Selten ist eine Außenpolitik so kontrovers bewertet worden wie die von Ronald Reagan. Es wird noch Jahre, vielleicht Jahrzehnte andauern, bis die Nachwelt zu einer abgewogenen Beurteilung kommen wird. Aber es besteht kein Zweifel, daß die Widersprüche auch Reflex der widersprüchlichen Tendenzen in der Weltpolitik dieses Jahrzehnts waren. Vor allem waren sich die Politiker und Beobachter uneins über eine angemessene Politik gegenüber der Sowjetunion: War es sinnvoll, auf Umsturz und Abschaffung des Sowjetsystems oder auf Koexistenz und Entspannung zu setzen?

Die Überlegenheit des Westens lag darin, daß alle demokratischen Kräfte in Staat, Gesellschaft und Wissenschaft mit Leidenschaft darum rangen, Menschenrechte, Selbstbestimmung, freie Marktwirtschaft und Demokratie in ihrer Politik gegenüber den kommunistischen Staaten durchzusetzen – sowohl in den West-Ost-Beziehungen als auch in den kommunistischen Staaten selbst.

Auch hier, wie in allen anderen innen- und außenpolitischen Schlüsselfragen, war das Prinzip der konstruktiven Rivalität unter den Demokraten eines Landes wie auch im Ringen innerhalb der gesamten Allianz ausschlaggebend. Konflikt wurde nicht pathologisch, sondern konstruktiv verstanden. Auch in der Kritik war der eine als Individuum oder als Staat bereit – wenn auch bisweilen nur zähneknirschend –, vom anderen zu lernen. Die konkreten Kontroversen wie zwischen Jimmy Carter und Helmut Schmidt oder zwischen Ronald Reagan und den westeuropäischen Partnern stehen dafür beispielhaft. Aber das Prinzip der konstruktiven Rivalität gilt auch für die internen Debatten innerhalb einer Regierung, wie zwischen Außenminister Shultz und Verteidigungsminister Weinberger, zwischen Bundeskanzler Kohl und Außenminister Genscher oder innerhalb der transnationalen Institutionen wie der NATO.

Die Sowjetunion hatte kein vergleichbares bündnispolitisches Korrektiv und keine konstruktive Auffassung von Konflikt vorzuweisen. Weil Stil und Politik der kommunistischen Sowjetunion keine partnerschaftliche Rivalität zuließen, brach schließlich das Imperium auseinander. Alle »Partner« in Warschauer Pakt und COMECON warteten nur begierig auf den Zeitpunkt, nationale Bevormundung und kommunistische Diktatur abzuschütteln.

Weil Ronald Reagan überzeugend machtpolitische Konfrontation in Aussicht stellte und kompromißlos klarmachte, daß die Sowjetunion den verschärften Wettbewerb letztlich nicht durchhalten und bestehen würde, hat er entscheidend dazu beigetragen, daß die kommunistischen Eliten in den Jahren der schwersten Krise keinen dogmatischen Führer an ihre Spitze wählten, sondern den Reformer Gorbatschow.[185] Wäre Reagan nicht Präsident geworden, hätte die sowjetische Führung nicht Gorbatschow gewählt.

Als Ronald Reagan schließlich vom Amt zurücktrat, war der Westen keineswegs von der Wirkungskraft seiner Politik gegenüber der Sowjetunion überzeugt. Vielmehr glaubten viele im Westen, daß nicht die USA unter Reagan, sondern die Sowjetunion unter Gorbatschow auf dem besten Wege war, Macht, Stärke und Reformfähigkeit zu entwickeln. Der nächste Präsident, so hieß es in Washington, wird nicht mehr den Luxus haben, mit einer schwachen und unbeweglichen Führung der Sowjetunion umzugehen. Vielmehr hofften die politische Linken, daß der Westen endlich den antikommunistischen Alptraum Ronald Reagan abschütteln würde. Gleichzeitig flackerte das Feuer der Hoffnung bei den Linken wieder auf, daß unter Führung eines attraktiven und reformerischen Gorbatschow Frieden und Fortschritt im kommunistisch-sozialistischen Sinne an Boden gewinnen und der Niedergang der USA und des Westens beschleunigt würde. Die weitere Entwicklung sollte zeigen, daß dieses Strohfeuer wirkungslos blieb wie alle Reformversuche seit den zwanziger Jahren. Reform und Kommunismus blieben offensichtlich unvereinbar. Erst die neunziger Jahre sollten in der Volksrepublik China zeigen, daß diese Auffassung der Revision bedarf.

Die Mischung aus politischem Instinkt, ideologischer Militanz und persönlicher Überzeugungskraft charakterisierte die Eigenschaften Reagans, die in dieser Zeit des sowjetischen Niedergangs notwendig waren, um diesen Prozeß zu beschleunigen. Reagans Außenpolitik signalisierte keinen Neubeginn, aber das triumphale Ende der Ära des kalten Krieges aus westlicher und vor allem aus amerikanischer Sicht.

Die Aussenpolitik der Regierung Bush

Selten hat ein Präsident seine Amtszeit mit so eindrucksvollen außenpolitischen Erfahrungen begonnen wie George Bush. Er stammte aus einer »politischen« Familie, zeichnete sich im Zweiten Weltkrieg als Pilot aus, studierte in Yale, war ein erfolgreicher Geschäftsmann mit internationalen Verbindungen, 1967 bis 1970 Abgeordneter im Repräsentantenhaus, Vorsitzender der Republikanischen Partei, unter Nixon 1971/72 Botschafter bei den Vereinten Nationen, 1974/75 Leiter des Verbindungsbüros der USA in Peking und unter Ford 1975/76 Direktor der CIA, schließlich unter Reagan acht Jahre Vizepräsident. Doch trotz seiner großen internationalen Erfahrung hinterließ er bis Ende der achtziger Jahre keine markanten außenpolitischen Spuren, setzte keine eindrucksvollen Akzente, sondern blieb ein Technokrat, der seine außenpolitische Meinung, wenn überhaupt, nur sehr zurückhaltend äußerte. Bush war auch kein mitreißender Redner, sondern immer – in Wort und Tat – vorsichtig abwägend. Aus dieser Einstellung heraus rührten seine Vorbehalte gegenüber der sprunghaften und ideologisierten Außenpolitik Ronald Reagans. Weder teilte er dessen Aufgeschlossenheit und teilweise Begeisterung gegenüber Michail Gorbatschow noch dessen frühere militante, ideologische und antikommunistische Akzentuierung der Außenpolitik.[1]

Im Grunde war George Bush ein Außenpolitiker des Status quo, der Veränderungen grundsätzlich mißtraute.[2] Bush verstand sich als politischer Pragmatiker, politische Visionäre waren aus seiner Sicht gefährlich, denn sie gefährdeten die politische und soziale Ordnung und setzten nur unkontrollierbare Leidenschaften frei. Daher rührte auch seine fast verächtliche Herabsetzung von Ideen als »the vision thing«.[3] Bush setzte auf persönliche Gipfeldiplomatie, auf Teamwork mit wenigen Vertrauten, auf Vorsicht und Kompromiß. Mit diesen »pragmatischen Prinzipien«, die an die englischen Tories erinnern, begann George Bush seine Präsidentschaft.

Als er im Januar 1989 ins Weiße Haus einzog, lag jedoch eine Amtszeit vor ihm, die wie selten zuvor eine konstruktive Führung verlangte, weil fast alle

Status-quo-Prinzipien von revolutionären Veränderungen hinweggefegt wurden. Wie würde George Bush sich verhalten, welche außenpolitischen Vorstellungen würde er entwickeln, und welche Mitarbeiter würde er auswählen?

Zunächst wollte George Bush die Außenpolitik zu seiner persönlichen Hauptaufgabe machen, seiner Präsidentschaft einen besonderen außenpolitischen Stempel aufdrücken – zusammen mit einem engen Kreis von gleichgesinnten professionellen Mitarbeitern. Zu seinem Außenminister ernannte er seinen Freund und langjährigen politischen Weggefährten James Baker. Baker hatte als Handelsminister und als Chef des Stabes des Weißen Hauses unter Reagan gedient. Seine Stärke war Politik im Sinne der Kunst des Möglichen. Er verstand sich selbst weniger als einen Mann der Reflexion, sondern vielmehr als Aktivisten. Er besaß einen klaren Blick für das Machbare; seine Stärke lag in der Diplomatie, in der Kunst des Verhandelns. Auch besaß Baker ein Gespür für gute Mitarbeiter, um anfängliche eigene Unzulänglichkeiten auszugleichen. Baker war von schneller Auffassungsgabe, deshalb war es nicht erstaunlich, daß er binnen kurzer Zeit das Amt des Außenministers der stärksten Macht der Welt voll ausfüllte. Baker gehörte wie Bush einer Generation an, die das Konzept der »Pax Americana« verkörperte, eine Vorstellung von Amerika als einer Macht, die sich für demokratischen Wandel in der ganzen Welt einzusetzen hatte. Deshalb war Baker davon überzeugt, »daß nahezu alles, was sich in den vergangenen fünfzig Jahren Weltgeschichte als von bleibendem Wert erwies, dem dynamischen Einsatz der amerikanischen Führungsrolle zu verdanken ist. Für mich war diese Rolle immer eine selbstverständliche Gegebenheit.«[4]

Bush und Baker bildeten zusammen mit dem Nationalen Sicherheitsberater Brent Scowcroft ein außenpolitisches Trio, das gut abgestimmt arbeitete und deshalb die amerikanische Außenpolitik von den Reibungsverlusten und Querelen der vergangenen Jahre weitgehend befreite. Politische Rivalitäten arteten nicht wie unter Reagan aus, sondern spornten an. Es herrschte ein Klima konstruktiver Rivalität in der Außenpolitik der Regierung Bush, aber es fehlten Visionen und Originalität. Alle drei – Bush, Baker und Scowcroft – hatten im Laufe ihrer langen Erfahrung gelernt, daß außenpolitisches Vorpreschen in revolutionären Perioden riskant sein konnte. Die amerikanischen Interessen umriß George Bush folgendermaßen: gemeinsame amerikanisch-sowjetische Sicherheitspolitik, langfristige Friedenssicherung durch die Verbreitung von Demokratie und wirtschaftlichem Wohlstand, Verhinderung und Abschrekkung militärischer Aggressionen sowie Stärkung der internationalen Instrumente der Konfliktbewältigung und eine vorausschauende Politik der Krisenbewältigung.[5]

Bei seinem Amtsantritt kündigte Bush ein Zeitalter der »ausgestreckten Hand« an, machte jedoch klar, daß diese Hand stark genug bleiben müsse, um sich bei Bedarf auch wieder zur kräftigen Faust schließen zu können. Bush plädierte für maßvolle außenpolitische Kontinuität, für Wachsamkeit und Aufgeschlossenheit gegenüber der Sowjetunion, für eine starke NATO, für SDI, für den Friedensprozeß im Nahen Osten, für die Abschaffung der Apartheid in Südafrika, für Handelsabkommen mit Japan und vor allem für verbesserte Beziehungen zur Volksrepublik China.

Die Beziehungen zur Volksrepublik China

George Bush war von der Volksrepublik China fasziniert, seitdem er als Botschafter in Peking gewesen war. Die chinesische Führung erkannte in ihm einen – fast stoisch zu nennenden – Fürsprecher ihrer Interessen, selbst wenn Chinas Innen- und Außenpolitik vom Kongreß und in der öffentlichen Meinung der USA kritisiert wurde. Niemand ahnte oder wußte gar, daß 1989 zu einem der Schlüsseljahre in der Geschichte des 20. Jahrhunderts werden sollte, deshalb war niemand erstaunt, daß George Bush in seiner Antrittsrede wenig Visionäres zur Außenpolitik zu sagen hatte, zumal man seine Abneigung gegenüber dem »vision thing« kannte.

Den Tod von Kaiser Hirohito im Januar 1989 nahm Bush zum Anlaß für seine erste Auslandsreise. Nach den Beisetzungsfeierlichkeiten in Japan galten seine Gespräche vor allem der Verbesserung der amerikanisch-japanischen Handelsbeziehungen, die zunehmend schwieriger geworden waren. Danach reiste Bush weiter nach Südkorea, bestärkte dort die amerikanischen Verpflichtungen und versprach, keinerlei Truppen abzuziehen.

Hauptziel seiner Reise war aber Peking, wo er zwei volle Tage mit der chinesischen Führung konferierte und ihr versicherte, daß der unmittelbar bevorstehende chinesisch-sowjetische Gipfel – der erste seit dreißig Jahren – den amerikanischen Interessen nicht widerspräche. Bush war auf Ausgleich bedacht. Während im Kongreß, der in beiden Häusern von demokratischen Mehrheiten bestimmt wurde, Kritik an der Politik Pekings immer stärker aufflammte, wollte Bush mit seinem Besuch ein politisches Zeichen für engere und herzlichere Beziehungen setzen.

In den Beziehungen zu China wurde der Wandel von Reagan zu Bush besonders deutlich. Ronald Reagan hatte die Volksrepublik China von der außenpolitischen Prioritätenliste so deutlich gestrichen wie kein Präsident vor ihm. Er sah keinerlei Sinn darin, die Beziehungen zum kommunistischen China auszubauen. So war es logisch, daß Außenminister Shultz im März 1983 Japan zum wichtigsten Partner der USA im Fernen Osten erklärte. War für Nixon und Carter die Volksrepublik China ein zentraler Eckpfeiler, ja eine Weltmacht im strategischen Fünfeck der globalen Balancepolitik gewesen, so wurde unter Ronald Reagan die Volksrepublik China zur regionalen Macht herabgestuft. Reagan ließ sich in seiner Parteinahme für Taiwan nicht beirren. Er akzeptierte die Realitäten, die von Nixon und Carter in China gesetzt wurden, nur widerwillig, machte aber aus seiner antikommunistischen Haltung in der amerikanischen Chinapolitik keinen Hehl. Deshalb intensivierte er die Wirtschaftsbeziehungen zu Taiwan, was auch Waffenexporte mit einschloß. Reagans höfliche, aber unübersehbare Vernachlässigung der Volksrepublik China wirkte sich erstaunlicherweise nicht negativ aus. Im Gegenteil, China war bemüht, Reagans Gunst zu gewinnen, und hielt sich mit Kritik an dessen Taiwan-Politik zurück, ja erleichterte selbst die schwierigen Beziehungen zu Taiwan im Wirtschafts- und Besuchsverkehr.[6] Und obwohl Reagan desinteressiert schien, waren zum ersten Mal seit 1949 die Beziehungen im Dreieck Peking–Taipeh–Washington auf einem Weg des Ausgleichs, auch das Handelsvolumen, einschließlich der Waffenverkäufe der USA an die Volksrepublik China, stieg an, es war 1985 dreimal so groß wie 1979.[7]

Aber durch die seit 1987 vermehrten Menschenrechtsverletzungen der Volksrepublik China, unter anderem in Tibet, wurden die Beziehungen zunehmend belastet, wie auch durch Waffenexporte Chinas, besonders von Raketen, an den Iran. 1987 war die Volksrepublik China zur drittgrößten Waffenexport-Nation der Welt aufgestiegen. Die Regierung Reagan und der Kongreß warnten Peking nachdrücklich. Jetzt wurden die amerikanischen Waffenverkäufe der siebziger Jahre nach China in kritischem Licht gesehen.

Die internationale Rolle der Volksrepublik China wurde also von der Regierung Reagan angemessen kritisch bewertet, wobei Reagan, durch den Kongreß gestützt, sich nicht vor unpopulären Maßnahmen scheute und eine deutliche Sprache sprach. Der kompromißlos antikommunistische Reagan hat sich vermutlich nie ganz an die interessenorientierte Gleichgewichtspolitik seiner drei Vorgänger gewöhnen können. Seine Abwertung der Rolle der Volksrepublik China und die neue offene Kritik an den Menschenrechtsverletzungen des Regimes in Peking fanden innenpolitische Zustimmung.[8]

Vor diesem Hintergrund der Chinapolitik seines Vorgängers reiste Bush nach Peking, auch weil er mit dieser Politik nicht einverstanden war. Aber eine Entkrampfung der Lage war heikel: Der Kongreß hatte die chinesische Entscheidung, in Tibet das Kriegsrecht zu verhängen, durch eine Resolution heftig kritisiert. Die kommunistische Führung unter Deng antwortete mit der charakteristischen dogmatischen Entgegnung, sie verbitte sich die Einmischung in die inneren Angelegenheiten der Volksrepublik. Unterdrückung der Menschenrechte und die brutale Politik der sogenannten Familienplanung, bei der weiblichen Säuglingen und jungen Frauen ein trauriges Schicksal drohte, war weder für die amerikanische noch für andere westliche Regierungen, noch für die Weltöffentlichkeit ein Thema. Diese »Familienplanung« zeigte die menschenverachtende Praxis des Pekinger Regimes. Sie war Vorbote der Unterdrückungspolitik, die bei den Massendemonstrationen gegen die kommunistische Regierung im Frühjahr 1989 zum Ausdruck kam, als Studenten im April 1989 gegen die Regierung demonstrierten. Die Lage entwickelte sich ähnlich wie in der DDR, allerdings mit dem Unterschied, daß in China gerade die Universitäten zum Zentrum der Opposition wurden. Dort demonstrierten die Studenten gegen das kommunistische Regime und für Demokratie, wobei die amerikanische Freiheitsstatue auf Plakaten als Symbol für ihre Ziele bei Umzügen demonstrativ gezeigt wurde. Ein solcher Vorgang wäre in Ostberlin undenkbar gewesen.

Die Entscheidung des Regimes Deng, die Massendemonstrationen auf dem Platz des Himmlischen Friedens im Sommer 1989 durch Maschinengewehre und Panzer aufzulösen, erregte weltweit Schrecken und Empörung.[9] Hunderte, wenn nicht noch mehr Menschen wurden getötet, Studentenführer exekutiert oder eingesperrt. Fast alle Staaten der Welt reagierten mit Kritik und Sanktionen auf die Pekinger Gewaltpolitik, auch die Regierung Bush. Aber erstaunlicherweise sandte Bush zu einem Zeitpunkt, als alle anderen Regierungen der Welt das Pekinger Regime demonstrativ ächteten, am 1. Juli 1989 Brent Scowcroft und Staatssekretär L. Eagleburger auf einer geheimen Mission nach Peking, was jedoch keine Änderung zum Besseren bewirkte – weder in Peking noch in den Beziehungen der beiden Staaten zueinander.

Als der Kongreß Monate später von dieser geheimen Mission erfuhr, reagierte er mit heftigster Kritik und mit einem Gesetzesvorschlag, um den in den USA studierenden Chinesen, die nach den Ereignissen auf dem Platz des Himmlischen Friedens nicht nach Rotchina zurückkehren wollten, einen weiteren Aufenthalt in den USA zu ermöglichen. Aber Bush verweigerte diesem Vorschlag die Zustimmung. Die Öffentlichkeit und der Kongreß hielten dies für einen schweren Fehler, zumal Bush auch noch die Aufhebung des Kriegsrechts in der Volksrepublik China Anfang 1990 als Zeichen wirklicher Veränderung würdigte. Bushs Chinapolitik blieb trotz des Massakers auf dem Platz des Himmlischen Friedens kooperativ ausgerichtet. Das außenpolitische Establishment reagierte irritiert.[10]

Winston Lord, amerikanischer Botschafter in Peking unter Carter, erklärte kritisch, daß die Regierung Bush die Wiederannäherung an die Volksrepublik China nach den schrecklichen Ereignissen im Sommer 1989 von folgenden Forderungen hätte abhängig machen müssen:

- nicht nur rhetorische, sondern wirkliche Aufhebung des Kriegsrechts in Peking und Tibet;
- Aufhebung der Verurteilung der friedlichen Demonstranten;
- Wiedergutmachung gegenüber den Demonstranten und Aufnahme eines friedlichen und kooperativen Dialogs mit den demokratischen Kräften in China;
- Abkehr von den ausländerfeindlichen Kampagnen;
- Öffnung der Medien in China, einschließlich der »Stimme Amerikas«;
- Wiederbelebung des Studentenaustausches zwischen beiden Ländern;
- Verpflichtung zu echter politischer und wirtschaftlicher Reform in China;
- Wiederherstellung normaler, zivilisierter Umgangsformen mit Ausländern (Journalisten, Geschäftsleuten, Wissenschaftlern etc.);
- Neuverhandlung über die rechtlichen Grundlagen der Wiedereingliederung Hongkongs.[11]

Aber die Regierung Bush ging einen anderen Weg. Der Präsident schickte Scowcroft und Eagleburger im Dezember ein zweites Mal nach Peking. Die Kritik in den USA schwoll weiter an, als bekannt wurde, daß Scowcroft in Peking erklärt hatte, er komme als Freund.[12] Es fehlte Bush vielleicht an nüchterner Distanz, als er zu einem Zeitpunkt Partei für die Pekinger Führung ergriff, da kein anderes Land der Welt dies tat und auch keine politische Entwicklung in China dazu Anlaß gab. Bush war felsenfest davon überzeugt, daß er persönlich aufgrund seiner langen Erfahrung am besten qualifiziert sei, die Beziehungen zur Volksrepublik China zu verbessern.[13] Dennoch verschlechterten sich unter Bush die Beziehungen zu Peking rapide.

Die amerikanische Öffentlichkeit hatte kein Verständnis dafür, daß Bush auf das Massaker in Peking öffentlich zurückhaltend reagierte und sich danach in Geheimdiplomatie sogar um eine Verbesserung der Beziehungen bemühte, als offene Kritik an der Pekinger Führung die Lage der Menschen und ihrer Rechte hätte verbessern können. Daß Scowcroft nur drei Wochen nach dem Massaker »als Freund« nach Peking reiste, war für die Amerikaner ebenso unverständlich wie die Tatsache, daß die Regierung Bush Pekings Forderung nach Geheimhaltung dieser Kontakte akzeptiert hatte. Deshalb warfen Kongreß und öffentliche Meinung Bush Liebedienerei gegenüber der chinesischen Führung vor. Als dann die Öffentlichkeit und der Kongreß erfuhren, daß Eagleburger zwar im Dezember 1989 über seinen Besuch in Peking im Dezember dem Mehrheitsführer im Senat, George Mitchell, Bericht erstattet hatte, aber nicht über seinen Besuch im Juli, und sich die Regierung Bush daraufhin durch eine haarspalterische Unterscheidung zwischen Kontakten und Gedankenaustausch zu rechtfertigen suchte, schwand die Toleranz der Öffentlichkeit und des Kongresses für Bushs Chinapolitik weiter. Besonders bestürzend empfanden Kongreß und öffentliche Meinung die Tatsache, daß der Präsident das »Pelosi-Gesetz« ablehnte, das den weiteren Aufenthalt chinesischer Studenten in den USA ermöglicht hätte. Auch hier hatte Bush dem Druck der chinesischen Führung nachgegeben. China zeigte sich an allen Fronten uneinsichtig: Tibet, Menschenrechte, Raketenexport in den Mittleren Osten, Fulbright-Studentenprogramm, Dissidentenfrage, Freilassung von Gefangenen, Kriegsrecht und Demokratisierung. Schließlich mußte Bush im März 1990 resignierend erklären, daß er über Chinas Haltung tief enttäuscht sei. Damit hatte er auch indirekt zugegeben, daß seine Chinapolitik gescheitert war. Bush hatte offenbar die Zeichen der Zeit nicht erkannt. Trotz der Hinweise auf dramatische Veränderungen stützte er das Regime in Peking, anstatt Verständnis für die demokratischen Kräfte zu zeigen, die die Diktatur in China abschütteln wollten.

Bis 1985 hatte die amerikanische Diplomatie des Gleichgewichts im Rahmen einer fünfpoligen Welt Sinn gemacht, um die kommunistischen Führungsmächte in Schach zu halten. Aber seit den Veränderungen in der Sowjetunion unter Michail Gorbatschow und angesichts der Umgestaltungen in Europa wäre eine mutige und freiheitsfördernde amerikanische Chinapolitik nötig gewesen.[14] Die Konsequenzen von Bushs Politik waren fatal: Die chinesische Führung war nicht gewillt, dem Beispiel Gorbatschows zu folgen, sondern setzte auf brutale Reaktion, auf Unterdrückung von Freiheit, Reform und Menschenrechten, weil die USA sich passiv verhielten. Unter dem Eindruck der Entwicklung in Rumänien, die in der Ermordung Ceauşescus gipfelte, reagierte das Pekinger Regime rücksichtslos und attackierte die Politik der Reformkommunisten in Moskau wie auch die Politik der Regierung Bush kompromißlos. Bushs Politik der Umarmung ging ins Leere, die Restriktionen gegenüber ausländischen Journalisten wurden in China Anfang 1990 sogar noch verschärft. Jetzt wurden Journalisten nicht nur observiert, sondern ausgewiesen. Chinesischen Studenten wurde die Ausreise zum Studium in den USA verweigert. Die Raketenexporte in den Mittleren Osten wurden entgegen Pekings Versprechen intensiviert, desgleichen die militärische Unterstützung der Roten Khmer in Kambodscha. Die Volksrepublik China handelte innen- und außenpolitisch konfrontativ und ausländerfeindlich.

In einem umfassenden Sinne wurde in Bushs Chinapolitik deutlich, daß er im Zuge des Zusammenbruchs der alten bipolaren Ordnung und des Kommunismus in der Welt keine Konsequenzen für die internationale Rolle der USA entwickeln konnte.[15] Bush blieb von den bilateralen und strategischen Überlegungen des kalten Krieges geleitet. Aber er hätte, aufbauend auf der Chinapolitik Richard Nixons, eine zeitgemäße Chinapolitik entwickeln und in einer Zeit schwindender Legitimität der kommunistischen Ideologien und wachsender Forderungen nach Freiheit hinsichtlich der Rolle der USA und derjenigen der Volksrepublik China in Asien und in der Welt neue Akzente setzen können. Hätte Peking darauf nicht angemessen reagiert, hätte Bushs Kritik der chinesischen Führung doch zu denken gegeben. Aber es kam anders: Bush nahm Peking sogar gegenüber der Kritik der eigenen gewählten Vertreter im Kongreß in Schutz. Mit Blick auf China fehlte ihm einfach Fingerspitzengefühl. Würde er gegenüber anderen Ländern, zum Beispiel in Mittel- und Südamerika, seine außenpolitische Kompetenz unter Beweis stellen können?

Die Mittel- und Südamerikapolitik

Die anhaltenden Konflikte in Mittelamerika belasteten die amerikanische Außenpolitik unter Bush weiter. Sie polarisierten auch die USA im Innern. Die Differenzen zwischen Exekutive und Kongreß in der Lateinamerikapolitik erreichten in den achtziger Jahren ihren Höhepunkt.[16] Bush und Baker suchten deshalb die Kooperation mit dem Kongreß. Bereits knapp zwei Wochen nach seiner Wahl hatte Bush den Speaker (Präsidenten) des Repräsentantenhauses, Jim Wright, zu einem vertraulichen Gespräch über die Mittelamerikapolitik gebeten. Wright erklärte Bush, daß die Lateinamerikapolitik in den vergangenen Jahren das Land polarisiert hätte wie kein anderes Thema. Bush stimmte zu und konnte Wright dazu überreden, das Kriegsbeil mit dem Weißen Haus zu begraben und statt dessen eine gemeinsame Lateinamerikapolitik von Weißem Haus und Kongreß ins Auge zu fassen.[17] Auch nach Ansicht Bakers war es »die dringendste Aufgabe, den Zwei-Parteien-Konsens aufzubauen, was bedeutete, enge Beziehungen zum Kongreß herzustellen. ... Ich wußte, der Schlüssel zum Zwei-Parteien-Konsens würde die Beilegung des Streits über Mittelamerika sein.«[18]

In Nikaragua war der Krieg der Contras gegen die Sandinisten in eine Sackgasse geraten, weil der Kongreß sich weigerte, neue Militärhilfe für die Contras zu bewilligen. Auf Drängen des amerikanischen Kongresses reduzierte Bush die amerikanische Unterstützung der Contras. Das Ergebnis war eine verbesserte Zusammenarbeit zwischen Weißem Haus und Kongreß, auch wenn Bush im Prinzip den Kurs von Ronald Reagan beibehielt. Er blieb genau wie dieser skeptisch gegenüber dem Friedensplan der Contadora-Gruppe, der eine sofortige Entwaffnung der Contras und ihren Rückzug, auch aus Honduras, vorsah.

Bush hielt die Wirtschaftssanktionen gegenüber Nikaragua aufrecht, welche die wirtschaftliche und gesellschaftliche Lage des Landes erschwerten. Im März 1989 ließ Ortega 1 800 Mitglieder der nikaraguanischen Nationalgarde frei, wie im Friedensplan gefordert, und gab sogar im entscheidenden Punkt nach – er ließ freie Wahlen zu, die er allerdings zu gewinnen glaubte. Aber er verlor den Wahlkampf gegen Violetta Chamorro. Doch er erkannte das Wahlergebnis an, und der Regierungswechsel in Nikaragua verlief ohne Zwischenfälle. Das Land atmete auf, die amerikanische Regierung hatte aber an dieser Entwicklung kaum Anteil. Vielmehr hatte Bushs Unterstützung für die Contras in Honduras den Friedensprozeß und die freien Wahlen in Nikaragua verzögert, ja sogar gefährdet. Die Demokratie siegte in Nikaragua letztlich aufgrund des Engagements der Präsidenten der zentralamerikanischen Staaten, der sogenannten Contadora-Gruppe.[19]

Die Entwicklung in Panama warf ebenfalls zweifelhaftes Licht auf die Regierung Bush. Die nicht wirklich freien Wahlen vom 7. Mai 1989 hatten in Panama General Noriega an die Macht gebracht. Die Regierung Bush protestierte zwar gegen die Unregelmäßigkeiten bei der Wahl Noriegas und ermunterte die Bevölkerung, diesen wieder abzuwählen, aber letztlich war Bush ratlos. Oder war seine Kritik an Noriega nur halbherzig? Noriega war ein alter Bekannter der amerikanischen Regierung, besonders von George Bush, der in seiner Eigenschaft als Direktor der CIA 1976 mit ihm, damals Chef der panamesischen Geheimdienste, konferiert hatte. Im Dezember 1983 besuchte George Bush als Vizepräsident Noriega erneut und bat ihn um Hilfe für den Kampf der Contras gegen die Sandinisten.[20]

Im Präsidentschaftswahlkampf wurde Bush vorgeworfen, er habe von Noriegas Drogengeschäften gewußt, zumal dieser als Agent für die CIA tätig gewesen sein soll. Im Mai 1988 bot die Regierung Reagan Noriega an, ihn von der Anklage des Drogenhandels der Gerichte in Miami und Tampa zu schützen, falls er zurücktreten würde. Noriega lehnte ab, woraufhin George Bush erklärte: »Ich will nichts mit Drogenhändlern zu tun haben, sie sollten ihre verdiente Strafe erhalten.« Reagan und Bush waren über Noriega vor allem deshalb verärgert, weil er sich auch als Agent bei Castro, bei den Marxisten in Kolumbien und bei Gaddafi angedient hatte.[21] Schon im April 1988 hatte Reagan, nachdem Noriega einen Staatsstreich brutal niedergeschlagen hatte, Wirtschaftssanktionen veranlaßt. Der besonnene Außenminister Shultz hatte sogar für eine militärische Intervention plädiert. Bush ging in dieser Richtung, als er die CIA vertraulich mit der Unterstützung der innenpolitischen Opposition beauftragte, öffentlich aber lediglich freie Wahlen forderte. Nach einem gescheiterten Putsch gegen Noriega im Dezember 1989 erklärte dieser, daß sich Panama im Kriegszustand mit den USA befände. Diese Erklärung gab Bush endlich die ersehnte rechtliche und moralische Begründung für den Eingriff amerikanischer Truppen in Panama.

Am 20. Dezember 1989 marschierten amerikanische Soldaten in Panama ein. Die Luftwaffe setzte sogar »Stealth«-Bomber ein. 400 Bomben wurden über Panama City abgeworfen, Panzer und Infanterie wurden eingesetzt. 23 US-Soldaten starben, mehrere hundert, vielleicht sogar tausend Panameser kamen während der Straßenkämpfe ums Leben. Nach zwei Wochen ergab sich Noriega, der zum Schluß in der Botschaft des Vatikan Zuflucht gesucht hatte, aber schließlich, durch tagelange lautstarke Beschallung durch Heavy-Metal-Rock – eine neue Art der psychologischen Kriegsführung der CIA – entnervt, aufgab und in den USA vor Gericht gestellt wurde.[22]

Die Weltöffentlichkeit reagierte zurückhaltend. Die UNO-Generalversammlung verurteilte in ihrer Resolution vom 29. Dezember 1989 die amerikanische Intervention als flagranten Bruch des Völkerrechts und als Einmischung in die inneren Angelegenheiten eines souveränen Staates und forderte den sofortigen Rückzug der amerikanischen Truppen. Die militärischen, menschlichen, aber auch die politisch-diplomatischen Kosten waren hoch. Die Regierung Bush erklärte später, fast entschuldigend, daß die Kanalzone allein durch die US-Soldaten, die dort stationiert waren, hätte verteidigt werden können. Die US-Regierung zahlte als Wiedergutmachung eine Milliarde Dollar an Panama. Aber das politische Ziel demokratischer Reformen wurde verfehlt. Noriegas Parteigänger schalten und walten heute nach wie vor ungestört und intensivierten sogar den Drogenhandel. Die Invasion hatte nichts verändert, aber den Antiamerikanismus vertieft.[23]

Im gleichen Zeitraum weitete die Regierung Bush ihre Zentralamerikapolitik aus. Sie verstärkte die Hilfe an die neue Regierung Chamorro in Nikaragua wie auch an die kolumbianische Regierung, um den Kampf gegen das organisierte Drogenkartell in Medellin zu stärken. Zusammen mit der Hilfe an El Salvador und Honduras erhielten diese relativ kleinen Staaten mehr Hilfe aus den USA als alle Länder Europas zusammen. Der Löwenanteil der amerikanischen Auslandshilfe ging nach Zentralamerika.

Aber die Lösung der Konflikte, wie in Nikaragua, wurde weniger durch Bush als durch das herausragende Engagement der zentralamerikanischen Präsidenten im Rahmen der Contadora-Gruppe und durch die neue internationale Verantwortung der Sowjetunion möglich, die unter Gorbatschow ihre Hilfsmaßnahmen auch in Lateinamerika massiv reduzierte. Letztlich hatte die Sowjetunion trotz umfangreicher Militär- und Wirtschaftshilfe in Nikaragua nie die Errichtung eines zweiten Kuba angestrebt.[24] Vor allem wurde für Gorbatschow eine neue Kooperation der beiden Supermächte bei regionalen Konflikten vordringlich. Schließlich stimmten auch beide, Bush und Gorbatschow, der Konfliktregelung in Nikaragua zu. Wahlen konnten dort nur deshalb stattfinden, weil sie international überwacht wurden. Nikaragua wurde das erste unabhängige Land, in dem die UN Wahlen überwachten. Mit den freien Wahlen in Nikaragua hatte die Regierung Bush wesentliche Ziele ihrer Zentralamerikapolitik erreicht. Bush war angenehm überrascht, denn er hatte, wie viele andere, mit einem Wahlsieg der Sandinisten gerechnet. Die weitere Entwicklung in den neunziger Jahren sollte zeigen, daß nach dem Zusammenbruch des Sowjetimperiums die Sandinisten sich politisch und ökonomisch neu orientierten. Sie erkannten, daß sie jetzt auf den Westen und vor allem auf die USA angewiesen waren.

Mit dem Wahlsieg von Violetta Chamorro über die Sandinisten war zunächst ein elementarer Bestandteil der zentralamerikanischen Regionalkonflikte entschärft, aber der Bürgerkrieg in El Salvador ging weiter. Doch die alten antikommunistischen Bedrohungsvorstellungen waren nach dem Niedergang der Sowjetunion obsolet geworden. Plötzlich hatte Zentralamerika an Bedeutung für Amerikas Außenpolitik verloren. Nun waren auch die Kosten für die Militärhilfe mit Blick auf El Salvador nicht mehr zu rechtfertigen, zumal sich Washington und Moskau verständigt hatten, in El Salvador eine Verhandlungslösung anzustreben.[25] Konkreter Anlaß für die Neuorientierung der amerikanischen Politik mit Blick auf El Salvador war die brutale Ermordung von sechs Jesuiten im Dezember 1989, für die das Militär verantwortlich war. Amerikas politische Repräsentanten im Kongreß und im Weißen Haus waren empört. Die Regierung Bush drängte ihre salvadorianischen Verbündeten zu Verhandlungen. Auch die linken Guerillaführer waren verhandlungsbereit, weil sie ohne kommunistische Unterstützung den Bürgerkrieg nicht mehr gewinnen konnten. Das sandinistische Schicksal in Nikaragua hatte abschreckend gewirkt. Somit eröffnete das weltweite Ende des kalten Krieges zwischen den USA und der Sowjetunion auch in Mittel- und Lateinamerika neue Möglichkeiten einer partnerschaftlichen Zusammenarbeit.

Das Ende des Ost-West-Konflikts beschleunigte den Niedergang der ideologisch bedingten bewaffneten Auseinandersetzungen in Lateinamerika. In Peru, Kolumbien und Guatemala hielten sie zwar unter anderen Bedingungen noch an. Aber die Beendigung des kalten Krieges ebnete insgesamt den Weg für Frieden und Freiheit in Mittel- und Südamerika, zu mehr Demokratie und vor allem zu neuen Möglichkeiten wirtschaftlicher Zusammenarbeit.

George Bush wurde schließlich initiativ. Am 27. Juni 1990 präsentierte er sein »Enterprise for the Americas« und eröffnete die Nordamerikanische Freihandelszone (NAFTA) zwischen Mexiko, Kanada und den USA im Dezember 1992. Dieser Schritt markierte den Beginn einer neuen Ära der Zusammenarbeit, welche die amerikanische Hemisphäre wirtschaftlich vereinen und stärken sollte. NAFTA wurde zum Auftakt für ein Regionalkonzept amerikanischer Wirtschaftspolitik. Jetzt endlich zeigten die USA wirtschaftspolitische Ansätze von multilateraler Diplomatie.

Die Nahostpolitik

Der Aufstand in den von Israel besetzten Gebieten, die Intifada, erregte weltweites Aufsehen, vor allem in den Vereinigten Staaten. Aber das Jahr 1988 war wegen des Präsidentschaftswahlkampfes für neue außenpolitische Initiativen wenig geeignet. Auch deshalb war Außenminister Shultz mit seiner forcierten Reisediplomatie im Nahen Osten gescheitert.

Aber die Intifada hielt mit unverminderter Heftigkeit und vor allem mit steigender Militanz auf beiden Seiten an. Unter dem Eindruck dieser Ereignisse änderten die USA ihre Einstellung: Sie waren bereit zum Dialog mit der PLO, der in Tunis über den dortigen Botschafter eingeleitet wurde. Gleichzeitig war die Regierung Bush darauf bedacht, das Verhältnis zu Israel nicht zu sehr zu belasten. Bush ließ sich in den ersten Monaten Zeit, um die Nahostpolitik zu entwickeln.[26]

Im Nahen Osten schien in den Augen der Regierung Bush der Friedensprozeß festgefahren. Bush und Baker wurden zunächst nicht initiativ. Anders als die Vorgänger im Amt glaubten beide, daß ein Frieden nur von den Beteiligten selbst in direkten Verhandlungen erreicht werden könne. Die Rolle der USA verglichen sie mit der eines Gärtners, der aufmerksam den Boden bearbeitet, die Saat pflegt und den Reifeprozeß genau beobachtet und im richtigen Moment die Ernte einfährt. Baker und Bush befürchteten, daß unreflektierter Aktionismus im Nahen und Mittleren Osten nur sinnlosen Gegendruck bewirken würde: »Ich hatte nie in den Friedensprozeß im Nahen Osten eingreifen wollen: In einer Zeit, in der sich fundamentale historische Veränderungen in den Ost-West-Beziehungen abzeichneten, sah ich den Disput zwischen Arabern und Israelis eher als Fallgrube denn als Chance an. Zu dieser nüchternen Beurteilung war ich gelangt, weil es nichts gab, was auf eine ernstzunehmende Veränderung des Klimas hingewiesen und angedeutet hätte, daß die Zeit reif sei, Bewegung in einen Konflikt zu bringen, der sich seit nahezu einem halben Jahrhundert jeglicher Lösung widersetzt hatte.«[27]

Auch stand der Friedensprozeß im Nahen Osten im Schatten der Zeitenwende in Europa und zog vergleichsweise wenig Aufmerksamkeit auf sich. Doch die fundamentalen Veränderungen, die sich seit Ende der achtziger Jahre im Nahen und Mittleren Osten anbahnten, sind von ebenso großer Bedeutung wie die Veränderungen in Europa. Aber zunächst sprach sich Außenminister Baker im Mai 1989 gegen »die unrealistische Vision eines größeren Israel« aus; die Folge war, daß sich die Beziehungen zu Israel sofort verschlechterten.[28] An der PLO führte jedoch kein Weg mehr vorbei. Baker entwarf ein neues Konzept für die Nahostpolitik der Regierung. Als pragmatische Machtpolitiker verstanden Bush und Baker die nahostpolitischen Probleme auch unter innenpolitischen Aspekten. Beiden war klar, daß sie gegen die israelische Lobby, besonders im Kongreß, wenig erreichen konnten. Der israelische Premierminister Schamir zeigte keine Anzeichen, die Kontrolle über die besetzten Gebiete abzugeben. Baker scheute sich dennoch nicht, der israelischen Regierung anzudeuten, daß Bush den geplanten Sonderkredit für Israel nur dann gewähren würde, wenn Israel den Bau neuer Siedlungen in den besetzten Gebieten stoppen würde.

Gleichzeitig bemühten sich die USA um klärende Gespräche mit der PLO, um herauszufinden, ob die PLO und Israel an einen Verhandlungstisch gebracht werden konnten. Dabei fiel die pragmatische Vorgehensweise der Regierung Bush ins Auge: Sie überließ Mubarak die Verhandlungsinitiative, nachdem Ägypten, wiederum im Auftrag der PLO, ein Zehn-Punkte-Programm vorgelegt hatte, das Baker aufgeschlossen mit fünf Punkten beantwortete, die wiederum von Arafat Ende 1989 im Prinzip anerkannt wurden. Das bedeutete Fortschritt. Anfang 1990 schien deshalb ein Durchbruch in Sicht, aber Israels Ministerpräsident Schamir spielte auf Zeit, verzögerte die Verhandlungen und erweiterte sogar die Siedlungen in den besetzten Gebieten, vor allem in Ostjerusalem, durch Neuansiedlung jüdischer Flüchtlinge aus der Sowjetunion. Im Januar 1990 verkündete Schamir in der Knesset, daß die bevorstehende Einwanderungsexplosion von Hunderttausenden jüdischer Emigranten aus der

Sowjetunion »ein großes Israel« erfordern würde.[29] Das war eine Provokation: Die Regierung Schamir wollte über neue Siedlungen »mit einer Expansionspolitik die Option ›Land für Frieden‹ zur rein akademischen Frage verkommen lassen«.[30] Als Bush daraufhin antwortete, daß die Vereinigten Staaten keine neuen Siedlungen am Westufer oder in Ostjerusalem befürworteten, kam es zu einer Krise innerhalb der israelischen Regierung, die zur Entlassung von Finanzminister Shimon Peres und – nach einem Mißtrauensantrag in der Knesset im März – zum Sturz der Regierung führte. Schamir hatte seine Regierung über die völlig unbedeutende Frage stürzen lassen, ob ein Palästinenser mit zweitem Wohnsitz in Jerusalem der Friedensdelegation angehören dürfe oder nicht. Damit war klar, daß Schamir kein Interesse an einer substantiellen Friedenskonferenz hatte. Völlig entnervt erklärte Außenminister Baker, nachdem er sich ein Jahr lang um Fortschritt in Israel bemüht hatte: »Unsere ersten Versuche, Frieden im Nahen Osten zu schaffen, endeten wie gehabt: Sabotiert von uralten Widersachern, die nicht bereit waren, auch nur das geringste Risiko einzugehen.«[31]

Die gute Entwicklung in den amerikanisch-sowjetischen Beziehungen hatte zu einem breiten Strom jüdischer Auswanderer geführt. Waren 1986 nur 914 Juden aus der Sowjetunion ausgewandert, so stieg die Zahl 1987 auf 8 155 und 1989 auf 71 509; davon wanderten 1989 knapp 13 000 in Israel ein.[32] Als die amerikanischen Behörden den Einwanderungsstrom in die USA drosselten, stieg der Strom der Auswanderer nach Israel weiter an. Er bestärkte vor allem die Regierung Schamir in ihrem Konzept vom »Groß-Israel«, um die aus der Sowjetunion beziehungsweise Rußland und anderen mittel- und osteuropäischen Staaten einwandernden Juden aufnehmen zu können. Gleichzeitig unterstützte die jüdische Lobby in den USA die Regierung Schamir und forderte die amerikanischen Politiker auf, dessen Politik zu fördern. Im Oktober 1990 übernahm die Regierung Bush nach längerem Zögern die Bürgschaft für einen Kredit von vierhundert Millionen US-Dollar, um den Wohnungsbau für jüdische Einwanderer aus der Sowjetunion finanzieren zu helfen, allerdings mit der festen Zusage, die neuen Wohnungen nicht in den besetzten Gebieten zu bauen.

Als im April 1990 ein geplanter Terroranschlag der Palästinensischen Befreiungsfront (PLF) vereitelt werden konnte und die PLO-Führung sich nicht deutlich genug davon distanzierte, sah sich Bush gezwungen, vorerst den Dialog mit der PLO einzustellen. Erst nach dem Sieg im Golfkrieg über den Irak hatten sich dann die Dinge derart verändert, daß ein Neuansatz der USA für den Friedensprozeß gewagt werden konnte. Die Position der PLO und König Husseins von

Jordanien war geschwächt. Die Rolle der USA als Ordnungsmacht im Nahen Osten war herausragend, vor allem für den Friedensprozeß. Unmittelbar nach dem Waffenstillstand am Golf forderte Bush am 6. März 1991 Verhandlungen. Auch Baker wurde wieder initiativ und reiste zwischen März und Oktober 1991 mehrfach in den Nahen Osten, um eine internationale Konferenz vorzubereiten. Baker ging geschickt vor: Gegenüber den arabischen Parteien war er darum bemüht, kein Gefühl amerikanischer Bevormundung aufkommen zu lassen. Israel drängte er geschickt zum Dialog. Gleichzeitig versicherte er sich der sowjetischen Kooperation schon im Vorfeld der geplanten Konferenz, die dann am 30. Oktober unter der Schirmherrschaft der USA und der Sowjetunion in Madrid eröffnet wurde. Sie wurde zum Triumph amerikanischer Nahostdiplomatie.

Der Regierung Bush war jetzt klargeworden, daß jede neue Initiative über den Status quo hinausgehen mußte, vor allem mußte sie »eine neue Dimension haben: Es mußte um einen neuen arabischen Staat gehen.«[33] Die Regierung Bush entschied sich für ein Doppelkonzept: Zum einen sollte der israelisch-palästinensische Dialog vorangetrieben werden. Gleichzeitig strebten die USA auf einer zweiten Schiene direkte Gespräche zwischen Israel und den arabischen Staaten auf einer regionalen Nahostkonferenz unter der Schirmherrschaft der USA und der Sowjetunion an. Baker wollte alle Seiten davon überzeugen, daß sich die Einstellung der jeweils anderen Seite entscheidend geändert hatte. Deshalb schlug er das sogenannte Konzept der parallelen Reziprozität vor: »Wir würden Israel und seine arabischen Nachbarn auffordern, gleichzeitig gewisse vertrauensbildende Maßnahmen ins Auge zu fassen, zum Zeichen, daß beide Seiten bereit waren, neue Wege für den Frieden einzuschlagen. Mir war klar, daß jede Seite zur Rückendeckung im eigenen Land etwas von der anderen bekommen müßte. Die Araber beispielsweise würden jedes Zugeständnis an Israel mit dem Hinweis auf eine neue, flexiblere Einstellung des jüdischen Staates gegenüber den Palästinensern rechtfertigen müssen; die Israelis hingegen würden jede Konzession an die Palästinenser in den Kontext einer allgemeinen Aussöhnung mit arabischen Staaten stellen müssen. Da jedoch keine Seite bereit war, den ersten Schritt zu tun, schienen mir parallel ausgeführte, reziproke Schritte der vernünftigste Ausweg aus dieser Sackgasse zu sein.«[34] Durch seine umsichtige Vorgehensweise legte Baker den Grundstein für erste gemeinsame Friedensgespräche zwischen der PLO und Israel. Die Schwäche der PLO und Jordaniens bot jetzt Chancen, wie auch der Zusammenbruch der Sowjetunion und die schwindende Rolle Gorbatschows auf die PLO und Syrien wirkten. Sie waren plötzlich ohne Rückendeckung durch die alte Schutzmacht. Die neue

Stärke der USA im Nahen Osten suchten Bush und Baker für eine erfolgreiche Nahostdiplomatie zu nutzen.[35]

Die Region stand nach dem Golfkrieg vor umwälzenden Veränderungen, die der Bedeutung der Zeitenwende in Europa nur wenig nachstanden: »Die Geschichte des diplomatischen Prozesses, der nach Madrid führte, ist geprägt von Durchsetzungswillen, Rückschlägen, persönlichem und politischem Einsatz, Sackgassen, Beharrlichkeit, Fehlurteilen, Wutausbrüchen, endlosen Verhandlungen, unzähligen kreativen Kompromissen und ebensoviel Zuversicht wie Skepsis. Am Ende siegten der Mut und die Entschlossenheit aller Beteiligten, dem Frieden eine Chance zu geben und die Jahre der Feindschaft und des Chaos hinter sich zu lassen. Doch ohne den psychologischen Beistand, die Glaubwürdigkeit und die katalytisch wirkende schöpferische Kraft der letzten noch existierenden Supermacht wäre das alles nicht zustande gekommen.«[36]

In der Tat hatten die USA unter George Bush zwischen 1989 und 1992 durch vier Entscheidungen den Durchbruch bewirkt:

1. Durch ihre Hilfe für Israel ermöglichten sie die Aufnahme Hunderttausender von Juden aus Rußland, Syrien und Äthiopien und trugen dazu bei, daß Israel diplomatische Beziehungen zu 44 Staaten aufnahm, vor allem zur Sowjetunion.
2. Dank amerikanischer Beharrlichkeit wurde die verabscheuungswürdige UN-Resolution aus dem Jahr 1975, die den Zionismus mit Rassismus gleichgesetzt hatte, endlich widerrufen.
3. Mit der Operation »Desert Storm« hatten die USA nicht nur das Selbstbestimmungsrecht Kuwaits wiederhergestellt und die Aggression des Irak bestraft, sondern die Bedrohung Israels durch einen seiner gefährlichsten arabischen Gegner beendet.
4. Schließlich hatten die USA die arabischen Staaten und die PLO zu Friedensgesprächen an einen Tisch mit Israel gebracht. Das Ergebnis war der Friedensschluß zwischen Israel und Jordanien sowie das historische Grundsatzabkommen zwischen Israel und der PLO.

Die Konferenz von Madrid wurde aber erst möglich vor dem Hintergrund veränderter Beziehungen zwischen den USA und der Sowjetunion.[37] Der Golfkrieg und die neue amerikanisch-sowjetische Kooperation hatten eine einmalige Gelegenheit geschaffen, den Frieden zwischen Israel und seinen arabischen Nachbarn zu erzwingen.[38] Nachdem sich die USA und die Sowjetunion abgesprochen hatten, bereiteten Baker und sein sowjetischer Amtskollege Bessmertnych gemeinsam den Weg nach Madrid.

Nach dem gescheiterten Moskauer Putsch im August 1991, der zum Zusammenbruch der Sowjetunion führte, wurde jedoch der sowjetische beziehungsweise russische Handlungsspielraum immer enger. Es war eine paradoxe Lage entstanden: Moskau betrieb zusammen mit Washington Außenpolitik, um den Anschein von Autorität nach außen zu wahren. Doch das Treffen von Bush und Gorbatschow in Madrid war nur formal ebenbürtig beziehungsweise gleichrangig. In Wirklichkeit dominierten die USA, die Sowjetunion war nur noch der verlängerte Arm der amerikanischen Nahostdiplomatie. Gorbatschow machte sozusagen als diplomatischer Frühstücksdirektor gute Miene zum bösen Spiel, hoffte auf amerikanisches Entgegenkommen und vor allem auf spätere Wirtschaftshilfe. Immer wieder kam Gorbatschow auf diese Bitte zurück, so auch im September bei seinem Treffen mit Baker.[39] War es nicht eine Ironie der Geschichte, daß die beiden Kontrahenten des kalten Krieges erst dann im Nahen Osten zusammenarbeiteten, nachdem der eine zusammengebrochen war? Madrid symbolisierte auch keine echte Kooperation, sondern den Sieg der USA in dieser Auseinandersetzung. Der Zusammenbruch der Sowjetunion ging zu schnell, als daß er durch neue außenpolitische Kooperation mit den USA noch hätte aufgehalten werden können. So endete der Zusammenbruch des Sowjetimperiums schließlich auch mit dem sowjetische Rückzug aus dem Nahen und Mittleren Osten, der sich in drei Etappen vollzog:

1. Der Rückzug aus Afghanistan signalisierte die schwindende Macht der Sowjetunion und neue außenpolitische Chancen für aktive Gegenmaßnahmen der USA. Deshalb war Afghanistan in der Geschichte des kalten Krieges eine Art Wasserscheide.[40] Reagans Unterstützung der Opposition trug dazu bei, daß sich die Sowjetunion zurückziehen mußte. Die sowjetische Führung machte eine ähnliche Erfahrung wie die USA in Vietnam: Der Erfolg blieb aus, die innenpolitischen Probleme stiegen an, die Führung reagierte ratlos. Auch die Außenpolitik der UdSSR wurde fast ein Jahrzehnt lang durch Afghanistan belastet.
2. Der achtjährige irakisch-iranische Krieg demonstrierte, daß trotz der Gegensätze die Aufrechterhaltung des Status quo für beide Supermächte vorrangig war. Erst als sich der Krieg 1987 auf die gesamte Golfregion auszuweiten drohte, reagierten beide kooperativ: Erst die von den USA und der Sowjetunion gemeinsam unterstützte Resolution 598 des Sicherheitsrates führte zur Beilegung weiterer regionaler Konflikte, wie in Angola, Nikaragua und Kambodscha.
3. Durch die amerikanisch-sowjetische Zusammenarbeit während der Krise am Golf wurde Saddam Hussein in die Schranken verwiesen. Allerdings war die sowjetische Führung schon nicht mehr voll handlungsfähig: Gorba-

tschow stand unter innenpolitischem Druck durch die reaktionären Kräfte und hatte keine außenpolitische Alternative. Er war letztlich zur Zusammenarbeit mit den USA gezwungen.[41] Gorbatschow stimmte sogar einer militärischen Lösung unter dem Druck der Ereignisse zu. Die Sowjetunion stellte keinen eigenständigen Machtfaktor mehr dar und mußte den USA das Feld überlassen.

Die Madrider Nahostkonferenz besiegelte schließlich den außenpolitischen Machtniedergang der Sowjetunion. Bushs Dank für die konstruktive Rolle der Sowjetunion bei der Vorbereitung der Nahostkonferenz und sein öffentlicher Hinweis auf »meinen Freund Gorbatschow« konnte nicht über das politische Kalkül der USA hinwegtäuschen, das Ansehen und die Würde der Sowjetunion zu schonen.

Am 30. Oktober 1991 begann unter der Schirmherrschaft von Bush und Gorbatschow die Eröffnungskonferenz für die Friedensverhandlungen in Madrid. Ursprünglich hatte die Sowjetunion Prag oder Kairo als alternativen Tagungsort vorgezogen, aber Schamir war gegen eine Konferenz in einem arabischen Staat, so daß sich die amerikanische Regierung schließlich, buchstäblich in letzter Minute, für Madrid entschied, nachdem die weiteren Vorschläge, Den Haag oder Kopenhagen, gescheitert waren. Der Königliche Palast in Madrid wurde ein würdiger Ort für diese Friedenskonferenz. Unter acht riesigen Lüstern des üppig verzierten Säulensaals versammelten sich am 30. Oktober 1991 die Repräsentanten Israels, Syriens, Ägyptens, Jordaniens, des Libanon und der Palästinenser an einem Tisch. Nach 43 Jahren blutiger Konflikte waren endlich die Barrieren gefallen, die die Verständigung zwischen Israelis und Arabern verhindert hatten. Zum ersten Mal sprachen die Palästinenser für sich und saßen gleichberechtigt mit Israel und den USA an einem Verhandlungstisch. Damit hatte die Regierung Bush – dank der neuen politischen Lage – erreicht, was keiner ihrer Vorgängerinnen gelungen war. Bei den folgenden Verhandlungen in Washington von Dezember 1991 bis April 1992 sowie bei weiteren Treffen in Rom hielten sich Bush und Baker mit eigenen Vorschlägen zurück. Sie blieben bei ihrer Devise, daß die Verhandlungspartner ihre Probleme im direkten Gespräch untereinander klären sollten. Schamir hatte der Konferenz zugestimmt, weil die PLO als Organisation von den Verhandlungen ausgeschlossen war und die palästinensischen Vertreter aus den besetzten Gebieten zusammen mit Jordanien eine Delegation bildeten. Vor allem war die Teilnahme Syriens und anderer arabischer Verhandlungspartner fast eine Sensation.

Die Regierung Bush setzte vor allem auf das Prinzip »Frieden gegen Territorium« wie alle ihre Vorgänger seit 1967. Aber Bush war klug beraten, sich nicht im einzelnen darauf festzulegen, wo die endgültigen Grenzen verlaufen sollten. Damit bekräftigte er die englische Fassung der Resolution 242, in der vom Rückzug »aus besetzten Gebieten« unklar gesprochen wurde und mit dieser unscharfen Formulierung Grenzrevisionen immer noch möglich waren. Auch hielt die Regierung Bush an der bisherigen amerikanischen Position gegenüber den Palästinensern fest. Baker hatte in seiner programmatischen Rede vom 22. Mai 1989 lediglich von »politischen Rechten« der Palästinenser gesprochen, ihnen aber das volle Selbstbestimmungsrecht und einen eigenen unabhängigen Palästinenserstaat nicht zugestanden. Die Regierung Bush stellte ihre Strategie darauf ab, die traditionelle Führung der PLO, so vor allem Arafat, soweit wie möglich auszuschalten und an ihrer Stelle Repräsentanten der palästinensischen Bevölkerung als Verhandlungspartner zu fördern. Diese Einstellung entsprach wiederum den Vorstellungen der Regierung Schamir. Nicht die amerikanische Position war neu, sondern die Lage hatte sich in der Region nach dem Golfkrieg und dem Zusammenbruch der Sowjetunion drastisch zugunsten der USA verändert.

Auch unter entscheidungspolitischen Aspekten ist die Nahostpolitik der Regierung Bush von Interesse. Alle Entscheidungen wurden im kleinsten Kreise der engsten Berater des Präsidenten und des Außenministers ausgearbeitet.[42] Die Regierung Bush ging sachpolitisch-pragmatisch vor, denn es kam ihr allein auf ein Ergebnis an, das tragfähig, zukunftsorientiert und für alle Parteien zustimmungsfähig war. Bald wurden die Sachfragen über die spezifischen Probleme des Friedensprozesses ausgelotet: Wirtschaftsfragen, Abrüstung, Umwelt, Wasserversorgung und Flüchtlingsprobleme wurden in die Gespräche mit einbezogen.

Die Chancen für einen Erfolg stiegen weiter, als Ende Juni 1992 die Likud-Partei unter Schamir abgewählt und die Arbeiterpartei unter Führung von Yitzhak Rabin die Wahlen gewann, so daß der Weg für neue Initiativen und Zugeständnisse von israelischer Seite frei wurde, wie sie Bush schon in seinem Brief an Assad, König Hussein, König Fahd und Mubarak angedeutet hatte. Vor allem Rabin trieb in der Folge die Verhandlungen mit den Vertretern der Palästinenser voran, so daß es schließlich im September 1993 zur gegenseitigen Anerkennung Israels und der PLO kam. So gesehen, wurde die Konferenz von Madrid zur zentralen Weichenstellung des Friedensprozesses im Nahen Osten.

Nach seinem Amtsantritt stellte Rabin sofort geplante Siedlungsprogramme in den besetzten Gebieten ein, ernannte I. Rabinovitch von der Universität Tel Aviv zum neuen Verhandlungsleiter und reiste sofort nach Ägypten sowie im August 1992 in die USA. Die neue israelische Aufgeschlossenheit und Dynamik wurde von der Regierung Bush postwendend belohnt: Am 5. Oktober wurde ein Zehn-Milliarden-Dollar-Kredit von beiden Häusern des Kongresses gebilligt, der wegen der aggressiven Siedlungspolitik in den besetzten Gebieten in der Vergangenheit auf Eis gelegt worden war.[43]

Als Baker mit dem neuen Ministerpräsidenten im Juli 1992 in Israel zusammentraf, schrieb er an Bush: »Ich habe gerade ein anderes Israel besucht, die Stimmung hat sich verändert und ist jetzt voller Hoffnung. Rabin war offen, direkt und klar, was seine Ziele anbelangt. Er will die Prioritäten Israels von den besetzten Gebieten auf die Wiederbelebung der israelischen Wirtschaft verlagern.«[44] Aber weil sich in den USA 1992 Präsidentschaftswahlen ankündigten, war die Zeit für weitere Initiativen ungünstig. Als die sechste Verhandlungsrunde im August 1992 im Rahmen des arabisch-israelischen Friedensprozesses zusammentrat, war Baker schweren Herzens vom Amt des Außenministers zurückgetreten, denn Bush hatte ihn mit der Führung des Wahlkampfes beauftragt. Es wurde immer deutlicher, daß die amerikanische Bevölkerung von anderen Sorgen als außenpolitischen Fragen bedrückt wurde. Bush hatte die Innenpolitik sträflich vernachlässigt.[45]

Es war dem Friedensprozeß abträglich, daß er in dieser kritischen Phase nicht durch aktive amerikanische Politik gestützt werden konnte. Gerade in den Monaten von August 1992 bis Januar 1993 waren Assad, Rabin und die PLO-Delegation in eine verhandlungspolitische Sackgasse geraten. Als Rabin unter innenpolitischem Druck vierhundert vermutete islamische Aktivisten kurzerhand in den Libanon deportieren ließ und die Gewalt zwischen Palästinensern und Israelis um die Jahreswende 1992/93 weiter eskalierte, erklärte die PLO, daß sie erst nach Normalisierung der Lage an den Verhandlungstisch zurückkehren werde. Jetzt erforderten die Veränderungen in Osteuropa Bushs ganze Aufmerksamkeit.

Die Beziehungen zur Sowjetunion/Rußland und zu Europa

Bush teilte weder den Glauben Ronald Reagans, daß der Kalte Krieg zu Ende sei, noch dessen optimistische Einschätzung Gorbatschows; vielmehr glaubte Bush nach wie vor an die Notwendigkeit der Eindämmung sowjetischer Macht. Das war nicht unbedingt fortschrittlich, aber auch nicht rückschrittlich, sondern vorsichtig gedacht. Bush mißtraute Reagans Pendelschwüngen gegenüber der Sowjetunion, weil dieser erst einen zweiten kalten Krieg forciert und dann voreilig dessen Ende verkündet hatte. Bush hingegen wollte ein stabiles, ausgewogenes Verhältnis zwischen den beiden Supermächten entwickeln, das weder unerfüllbare Hoffnungen noch übertriebene Befürchtungen erweckte.[46] Aber die Probleme für Bush waren schwieriger, als er bei Amtsantritt ahnen konnte. Schnell stellte sich heraus, daß seit Harry Truman kein anderer Präsident Außenpolitik in derart revolutionären Zeiten betreiben mußte. Sollten die USA Gorbatschows Politik weiterhin unterstützen? Was waren seine Ziele? Wie würde sich seine Politik auf Europa, vor allem auf Osteuropa, auswirken? Könnte und würde die NATO überleben, falls die sowjetische Bedrohung sich drastisch vermindern oder gar völlig schwinden würde? Wie würde die Rolle der USA in einer Zeit nach dem kalten Krieg aussehen? Bedurfte es eines neuen innenpolitischen Konsenses angesichts der schwindenden sowjetischen Bedrohung? Diese und andere Fragen mußten bald geklärt werden.[47]

Als Henry Kissinger George Bush im Dezember 1988 nach seinem Wahlsieg sofort seine Dienste anbot, um in Moskau mit Gorbatschow über neue Initiativen zu sprechen, war Bush zunächst beeindruckt und stimmte zu. Noch bevor Bush als Präsident vereidigt wurde, sprach Kissinger mit Gorbatschow am 18. Januar im Kreml über die Zukunft der Beziehungen. Aber Außenminister Baker wollte keine Einmischung des erfahrenen Kissinger dulden und blockte dessen Einfluß ab. Er machte von Anfang an klar, daß die außenpolitische Verantwortung von ihm persönlich wahrgenommen würde. Kalt desavouierte Baker Henry Kissinger öffentlich, um den Schatten des übermächtigen Außenministers loszuwerden. Um einen Neuanfang zu verdeutlichen, entließ der Republikaner Baker Hunderte von republikanischen Mitarbeitern im State Department. Jetzt brachen auch alte Wunden zwischen den unterschiedlichen politischen und außenpolitischen Lagern innerhalb der Republikanischen Partei wieder auf. Baker hielt seinen Vorgänger Shultz und dessen Mitarbeiter für zu weich und konziliant gegenüber der Sowjetunion. Im Baker-Kreis sprach man – wenn auch hinter vorgehaltener Hand – von Shultz als dem schlechtesten Außenminister seit Stettinius.[48]

Bush und Baker wollten die Beziehungen zur Sowjetunion von Anfang an ausgewogen und langfristig anlegen: »Im ersten Zahlungspapier zu unserer langfristigen Sowjetpolitik, das für mich erarbeitet worden war, hieß es: ›Die Sowjetunion ist eine Großmacht im Niedergang. In der Tat deuten alle Anzeichen darauf, daß die Sowjetmacht schwindet. Als Außenminister wird es Ihre zentrale Aufgabe im Rahmen der Ost-West-Beziehungen sein, die internationalen Auswirkungen dieses Niedergangs produktiv und friedlich zu handhaben.‹ Falls ich also dazu beitragen könnte, dem sowjetischen Imperium zu einer ›weichen Landung‹ zu verhelfen, würden sich endlose Möglichkeiten eröffnen, zum

Wachstum von Demokratie und freien Märkten, auch zur Beilegung regionaler Konflikte beizutragen. Falls sich die Reformen aber festfahren sollten oder rückgängig gemacht würden, bekämen es die Vereinigten Staaten mit einer äußerst instabilen Umwelt zu tun. Schlimmstenfalls müßten wir erleben, wie aus einem Kalten ein Heißer Krieg werden würde.«[49]

Baker, Bush und Scowcroft bildeten ein abgestimmtes außenpolitisches Team – anders als die Vorgänger Reagan, Shultz, Weinberger und die diversen Nationalen Sicherheitsberater.[50] Für Bush hieß das Schlüsselwort »prudence« (Vorsicht); Baker hielt sich selbst für einen pragmatischen Realisten; den früheren britischen Außenminister (1945–1951) Ernest Bevin bewunderte er, weil dieser »nicht an Theorien, sondern an ihrer praktischen Umsetzbarkeit interessiert war«.[51] Als Pragmatiker mit langer innenpolitischer und wahlkampfpolitischer Erfahrung – Baker war Fords Wahlkampfmanager gewesen – näherte er sich den außenpolitischen Fragen zunächst unter innenpolitischen Gesichtspunkten: »Ich betrachtete die Welt des Jahres 1989 von innen nach außen, ich begann mit der Grundsatzüberlegung: Was wollen wir erreichen? Dann arbeitete ich mich zurück bis zu der Frage: Welche Institutionen müssen wir am stärksten kontrollieren oder beeinflussen, um unser Ziel zu erlangen? Und zwar als erstes die Bürokratie, als zweites den Kongreß, als drittes die Presse.«[52]

Bis zum Herbst 1989 zeigte sich die Regierung Bush von den atemberaubenden Veränderungen in der Sowjetunion und in Mittel- und Osteuropa allerdings wenig beeindruckt. Man setzte auf Zeit, wollte abwarten, wie sich die politische Lage im sowjetischen Imperium unter Gorbatschow weiter entwickeln würde. Bush drückte seine Hoffnung aus, daß mit der »Perestroika« der kommunistische Teufelskreis der Vergangenheit durchbrochen würde. Aber er erklärte ebenso unmißverständlich, daß die USA nicht auf Hoffnung und nicht allein auf Gorbatschow setzen würden, sondern daß dessen Worten entsprechende Taten folgen müßten, um einen strukturellen Wandel in Politik und Wirtschaft der Sowjetunion zu bewirken.[53]

Diese Einschätzung der Lage war innerhalb der amerikanischen Regierung und innerhalb des Westens sehr umstritten. Deshalb drängte Baker: »Wir konnten es uns einfach nicht leisten, auf sowjetische Initiativen zu warten; wir mußten selber Vorschläge unterbreiten, die in strategischer Hinsicht sinnvoll waren und für die westliche Öffentlichkeit verständlich und akzeptabel. Gorbatschows Absicht war, durch profilierte Vorschläge den Zusammenhalt des Westens zu schwächen und daraus wirtschaftliche Vorteile zu ziehen. Eben das wollten wir mit eigenen Vorschlägen durchkreuzen, mit Initiativen, die das sowjetische System für westliche Einflüsse empfänglich machen, zugleich Stabilität und Vorhersagbarkeit etablieren und damit eine Abkehr von den Reformen vorbeugen sollten, um schließlich zu rechtlich bindenden politischen Vereinbarungen in der UdSSR anzuregen. Damit meinten wir natürlich eine Demokratisierung. Aber wir wollten unser Vorhaben nicht gleich in so helles Licht stellen, daß wir Gefahr liefen, eine politische Feuersbrunst in Moskau zu entfachen.«[54] Die Regierung Bush wünschte Demokratisierung in Osteuropa, blieb aber vorsichtig: Zuviel stand auf dem Spiel, zu oft war man in der Vergangenheit von sowjetischen Reformankündigungen enttäuscht worden. Die Erfahrungen der Supermacht-Rivalitäten taten ein übriges, um gerade im Moment möglicher günstiger Veränderungen einen klaren Kopf zu behalten. Wie lange würde Gorbatschow an der Macht bleiben? Was würde geschehen, wenn er gestürzt würde?

In Westeuropa und besonders in Deutschland sah man die Verteilung der Chancen und Risiken anders. Das hatte auch mit der geopolitischen Lage, mit der historischen Erfahrung sowie mit der spezifischen Interessenlage zu tun. Gerade die Erfahrungen der letzten zwanzig Jahre im Rahmen der West-Ost-Entspannung waren aus westeuropäischer und besonders aus westdeutscher Sicht günstiger. Entspannung aus amerikanischer Sicht war und blieb im Kern eine gemischte, modifizierte Form der Supermacht-Konfrontation, wobei die Idee der Eindämmung für Bush zunächst zentral blieb. Die Westeuropäer, vor allem die Deutschen, hatten hingegen von den Früchten der Entspannung profitiert. Sie suchten die Sowjetunion deshalb nicht militärisch einzudämmen, sondern politisch in einen zunehmend multilateralen Entspannungsprozeß einzubinden.

Diese Kontroversen bildeten den Hintergrund für die zunehmenden Ambivalenzen von Bushs Ostpolitik. Bush und Baker plädierten ihrem Temperament gemäß für Zeitgewinn, weil sie beide von Gorbatschows Reformwirbel beeindruckt waren, aber die Konsequenzen für Europa und vor allem für Amerikas Sicherheit noch nicht abzuschätzen wußten. Es wäre zu einfach, die Regierung Bush als unbeweglich, aber die Westeuropäer und die Deutschen allein als fortschrittlich und visionär zu beschreiben. Die Lage war komplexer: Vor allem die Deutschen blickten selten über den Tellerrand ihres Kontinents. Die USA hingegen mußten die globale Lage berücksichtigen, mußten alle Konsequenzen für ihre Weltmachtrolle im Auge behalten. Die Zurückhaltung Bushs und Bakers kann auch als Stärke interpretiert werden. Ihre außenpolitischen Fähigkeiten würden sie dann beweisen müssen, wenn der Zeitpunkt zum Handeln gekommen war. Doch zunächst schien die US-Administration unter dem stürmischen Verlauf der Ereignisse wegzutauchen. Einseitige sowjetische Vorleistungen Schewardnadses gegenüber Baker wurden abgelehnt oder nur halbherzig aufgegriffen.[55] Als Folge geriet Schewardnadse in den eigenen Reihen unter Druck, weil seine Politik der Zugeständnisse wirkungslos blieb.[56] Nur langsam begann Bush die alte Rhetorik konfrontativer Eindämmung abzumildern: Im Mai 1989 deutete er erstmals an, daß er bereit sei, über die Eindämmung hinaus neue Ideen zu entwickeln, die die positiven Veränderungen der sowjetischen Politik in Rechnung stellen sollten. Baker erklärte bei seinem Besuch im Mai 1989 in Moskau: »Wir haben keinerlei Interesse am Scheitern der Perestroika, im Gegenteil, wir hoffen, daß sie erfolgreich ist, denn sie könnte Ihr politisches Denken und Ihre Haltung gegenüber dem Rest der Welt völlig revolutionieren.«[57] In seinem Gespräch mit Gorbatschow erläuterte er sein aktives Interesse an konstruktiven Beziehungen.

Im Vergleich zu der aufgeschlossenen Haltung der deutschen Bundesregierung gegenüber Gorbatschow blieb die Regierung Bush jedoch reserviert.[58] Bush hatte die Zeichen der Zeit noch nicht erkannt, geriet aber unter Druck: »Für mich war klar, daß wir die Ost-West-Beziehungen nur zurechtrücken konnten, wenn wir zuvor die west-westliche Einheit gesichert hatten, und zwar nicht nur hinsichtlich unserer Reaktionen auf Gorbatschow, sondern auch was die anderen vier Punkte betraf, in denen das Bündnis zu einer Einigung kommen mußte: konventionelle Rüstungskontrolle, Wirtschaft, politische Liberalisierung Osteuropas und die Integrationsbemühungen Westeuropas.«[59]

Nach einer längeren Europareise entwickelte Baker mehr Gespür für die aufgeschlossenere Haltung in Paris, London und Bonn gegenüber Gorbatschow: »Der Weg zum Erfolg mit dem Kreml begann nicht in Moskau, sondern in den Hauptstädten Westeuropas und in Kanada.«[60] Vor allem waren es wohl die Konsultationen mit der Bundesregierung Kohl/Genscher, die die Regierung Bush zu eigenen Aktivitäten in den West-Ost-Beziehungen ermutigte. Konsequenterweise wollte Bush Amerikas Führungsrolle im Bündnis durch einen kühnen Abrüstungsvorschlag unterstreichen. Zum Auftakt des NATO-Gipfels in Brüssel im Mai 1989 forderte er konventionelle Abrüstung – einen zwanzigprozentigen Abbau der amerikanischen und sowjetischen Truppen in Europa. Die USA sollten etwa 30000 Mann aus Westeuropa abziehen, Moskau hingegen 325000 Soldaten aus Osteuropa. Bush regte ferner an, daß die SNF-Raketen völlig abgeschafft werden sollten.

Dieser Schritt war mutig, andere jedoch weniger, wie aus den Memoiren Genschers hervorgeht: »Wenige Wochen vor dem NATO-Gipfel im Mai 1989 plädierten die USA und Großbritannien noch immer für eine sofortige Modernisierung der Lance-Raketen. Gleichzeitig wurde immer deutlicher, daß die große Mehrheit der Mitgliedsstaaten unserer Forderung nach sofortiger Aufnahme von SNF-Verhandlungen zustimmte. Man wandte sich gegen einen vorzeitigen und unzeitgemäßen Modernisierungsbeschluß. Am 12. Mai kam der amerikanische Außenminister Jim Baker zu einem Treffen der Außenminister der NATO nach Brüssel, um die Verbündeten über seinen Besuch in Moskau zu unterrichten, bei dem auch die Thematik der Kurzstreckenraketen besprochen worden war. Anschließend sprachen wir unter vier Augen in einem der großen Konferenzräume im Erdgeschoß des NATO-Hauptquartiers; über Eck an einem Tisch sitzend, legte ich Baker meine Auffassung dar. Ich spürte, daß meine Argumente bei ihm Eindruck hinterließen: Eine Entscheidung über die Modernisierung sei jetzt nicht notwendig, insistierte ich, das Bündnis sollte deshalb auch nicht negativ entscheiden, sondern gar nicht. Wir sollten uns vielmehr fragen: Wer ist der potentielle Aggressor? Gewiß nicht die DDR, Polen oder die ČSSR, die in der Reichweite dieser Raketen lägen. Wenn überhaupt, dann sei die Sowjetunion der potentielle Angreifer, obschon ich davon überzeugt sei, daß dies nicht mehr zutreffe. ... Baker war sichtlich beeindruckt. Gleichwohl hielt er mir entgegen: Aus dem Bündnis, vor allem von den Engländern, wird ein starker Druck für die Modernisierung ausgeübt. Ich antwortete ihm direkt: Die NATO ähnelt einer Aktiengesellschaft, in der Hauptversammlung entscheiden die Stimmpakete. Ich möchte Sie daran erinnern, daß England nur wenige schwere Panzer mehr besitzt als Holland. Deutschland aber stellt ein Vielfaches an schweren Panzern. Wenn Sie möchten, kann ich Ihnen den deutschen Beitrag der NATO im Vergleich zu den anderen Staaten zeigen. Wir bestehen lediglich auf Offenhaltung einer Option.«[61]

Genschers Sorge war, daß die fragwürdige »Lance«-Modernisierung die überfällige Modernisierung des politischen Denkens behindern und einen aussichtsreichen Prozeß gefährden würde. Für Genscher hatte der Wille zur Unabhängigkeit und Demokratie in Europa schon eine solche Dynamik entwickelt, daß er, wenn der Westen richtig handelte, nicht mehr gebremst werden konnte. Folglich wurde die entscheidende Diskussion in Brüssel zwischen dem amerikanischen, dem britischen und dem deutschen Außenminister ausgetragen. Die anderen Kollegen hielten sich zurück. Genscher schloß eine dritte Nullösung nicht aus, verlangte sie aber auch nicht als Verhandlungsziel. Baker machte schließlich den Vorschlag, das Ziel der SNF-Verhandlungen mit *»partial reductions«* (teilweise Reduzierungen) zu umschreiben, weil die Allianz mit dieser Feststellung deutlich machte, daß sie auf einer Mindestanzahl von Kurzstreckenraketen bestehen würde. Die dritte Nullösung war damit in den Augen Genschers theoretisch ausgeschlossen.[62] Die Westeuropäer hatten sich gegenüber den USA durchgesetzt, die »Lance«-Modernisierung war auf Eis gelegt, aber Abrüstungsverhandlungen in Aussicht gestellt worden. Deshalb ging von diesem NATO-Jubiläumsgipfel, vierzig Jahre nach Gründung der Allianz, ein angemessenes Signal für eine weitere West-Ost-Annäherung aus. Für die Deutschen war dieses Ergebnis ein großer Erfolg: Baker und Genscher waren sich in dieser Kontroverse nähergekommen und hatten ein freundschaftliches Verhältnis entwickelt. Das deutsch-amerikanische Zusammenwirken hatte dazu geführt, daß der Gipfel ein Erfolg wurde. Unter dem Druck der Deutschen hatte auch die Regierung Bush militärische Rüstungsüberlegungen zurückgestellt und ein größeres Gespür für die historischen Veränderungen im Osten entwickelt. Genschers beschwörender Hinweis, den dramatischen Veränderungen in Europa mehr Beachtung zu schenken als dubiosen Rüstungsvorschlägen, bestätigte sich schon wenige Tage nach dem NATO-Gipfel. Am 4. Juni fanden in Polen die ersten freien Wahlen eines kommunistischen Landes statt. Die erste nichtkommunistische Regierung im Warschauer Pakt wurde demokratisch gewählt.

In harten Auseinandersetzungen hatte der deutsche Außenminister schließlich seinen amerikanischen Kollegen davon überzeugen können, daß eine Modernisierung der nuklearen Kurzstreckenraketen zu diesem Zeitpunkt, in dem die Ost-West-Beziehungen auf eine historische Weggabel zusteuerten, in Moskau ein völlig falsches Zeichen setzen würde. Sie wäre ein Signal in die falsche Richtung und würde die harten Ideologen in Moskau gegenüber Gorbatschow und Schewardnadse nur stärken. Nicht die Modernisierung von Raketen, sondern die Modernisierung des politischen Denkens und Handelns war für Genscher vorrangig.

Die amerikanische Regierung blieb von den Argumenten Genschers nicht unbeeindruckt. Umgekehrt hielt Bonn den Abrüstungsplan Bushs für einen klugen Schachzug: Er war sowohl eine Reaktion auf sowjetische Zugeständnisse als auch auf die scharfe NATO-Debatte über die Modernisierung von Kurzstreckenraketen, die die Allianz in diesen Wochen vor eine Zerreißprobe gestellt hatte. Bushs Vier-Punkte-Plan wurde von der NATO unterstützt:

1. Annahme der vom Warschauer Pakt vorgeschlagenen Obergrenzen für Panzer, Infanterie, Kampfflugzeuge und Artilleriegeschütze;
2. Einwilligung in eine Beschränkung von Flugzeugen und Hubschraubern auf ein Niveau, das um fünfzehn Prozent unter dem gegenwärtigen Bündnisstand liegen sollte;
3. Beschränkung der Stärke der amerikanischen und sowjetischen Truppen außerhalb des nationalen Territoriums im Gebiet vom Atlantik bis zum Ural auf maximal 275 000 Mann; sowie

4. Beschleunigung des Verhandlungszeitplans, damit ein Abkommen innerhalb von sechs Monaten bis zu einem Jahr und die Reduzierung selbst bis 1993 abgeschlossen werden konnten.

Jetzt ging es im Verhältnis zur Sowjetunion nicht mehr allein um Rüstungskontrolle und Menschenrechte, sondern um mehr: Bush wollte die Sowjetunion stärken, weil er eine gemeinsame Politik der kooperativen Stabilisierung ins Auge faßte. Es ging im Mai 1989 um neue außenpolitische Ziele wie um die Beendigung der Politik der Eindämmung, die dauerhafte Überwindung der Ost-West-Konfrontation und um die Integration der Sowjetunion in die internationale Staatengemeinschaft und Weltwirtschaft.

Bushs Besuche in Polen und Ungarn im Juli 1989 wie auch die zunehmende Intensität der Gespräche zwischen dem amerikanischen und sowjetischen Außenminister öffneten der amerikanischen Regierung vollends die Augen für die Veränderungen in Europa.[63] Als im September 1989 Schewardnadse in Washington mit Baker zusammentraf, hatte sich die Lage in der Sowjetunion weiter verschärft. Arbeiterunruhen, Nationalitätenkonflikte und Massendemonstrationen im Baltikum anläßlich des 50. Jahrestages des Molotow-Ribbentrop-Paktes sowie die Unruhen in den zentralasiatischen Republiken und im Kaukasus waren auch der Anlaß dafür, daß Gorbatschow die erzkonservativen Kommunisten aus dem Politbüro ausschloß. In dieser unklaren Lage plädierten Vizepräsident Quayle, Verteidigungsminister Cheney, der stellvertretende Außenminister Eagleburger und der NSC-Vorsitzende Scowcroft gegen einen amerikanisch-sowjetischen Gipfel. Aber Bush hielt daran fest.

Bakers außenpolitische Grundsatzrede vom 16. Oktober 1989 verstärkte den Eindruck neuer Aufgeschlossenheit. Im Sommer 1989 war noch unklar, ob die Sowjetunion fähig blieb, in der Phase des Niedergangs und der mannigfachen revolutionären Implosionen im System einen Schlußstrich unter den kalten Krieg zu ziehen. Das Ende der Breschnew-Doktrin auf dem Gipfel des Warschauer Paktes in Bukarest im Juli 1989, der Beginn des Abzugs der Roten Armee aus Ungarn im April 1989, Gorbatschows Abkehr von der kostspieligen Unterstützung der kommunistischen Weltrevolution waren Indizien für eine neue Außenpolitik der Sowjetunion, die allerdings einer politischen Gratwanderung glich. Würde es Gorbatschow gelingen, die Kontrolle über die innen- und außenpolitische Entwicklung zu behalten? Aufruhr und Chaos in dem nicht nur nuklear hochgerüsteten Sowjetimperium und der damit verbundene Verlust des zentralen weltpolitischen antagonistischen Partners erforderte eine komplexe Überprüfung der amerikanischen Interessenlage. Einerseits begrüßte Bush die günstigen Verschiebungen im Machtverhältnis der beiden Supermächte, andererseits beschwerte er sich privat darüber, daß man ihm Gorbatschows Aktivismus vorgehalten und damit den Vorwurf fehlender Visionen gemacht hatte. In Europa, vor allem in der Bundesrepublik Deutschland, wurde Gorbatschow begeistert gefeiert. Nicht ganz ohne Mißtrauen und mit ein wenig Neid beobachtete man in Washington die neue Intensität der Beziehungen zwischen Bundesrepublik und Sowjetunion. Es hatte sich ausgezahlt, daß Genscher schon 1987 die Politik Gorbatschows nicht als Propagandamanöver, sondern als neue Chance aktiv aufgegriffen hatte: »Eine Sowjetunion, die auf Zusammenarbeit und Öffnung setzt, ist ein besserer Partner für die Friedenssicherung als eine Sowjetunion, die sich abschließt und in den alten Denkschablonen verharrt.«[64] Genscher forderte eigene Anstrengungen des Westens, um Gorbatschows außenpolitische Ansätze verhandlungspolitisch zu nutzen: »Sitzen wir nicht mit verschränkten Armen da und warten, was uns Gorbatschow bringt! Versuchen wir vielmehr, die Entwicklung von unserer Seite aus zu beeinflussen, voranzutreiben und zu gestalten!«

Kein Wunder, daß am Vorabend der revolutionären Veränderungen Hans-Dietrich Genscher einen schweren Stand hatte. Er wies den Weg für eine realistische und visionäre Ostpolitik, aber Bush blieb mißtrauisch. Auch Baker war nicht frei von diesen Gefühlen: »Während der letzten Monate hatte mich die Europa-Abteilung des State Departments immer wieder vor den Gefahren gewarnt, die nach Einschätzung ihrer Mitarbeiter vom ›Genscherismus‹ drohten, also vor Genschers angeblichem Hang, die Sowjets mit Samthandschuhen anzufassen. Das habe auch seine Davos-Rede von 1987 bewiesen, in der er gesagt hatte, daß der sowjetische Staatschef ›beim Wort‹ genommen werden könne. Die Reagan-Administration hatte ihm nicht vertraut, ich aber war bereit, mich zu seinen Gunsten zu entscheiden, nicht zuletzt, weil mich Richard Burt, unser damaliger Botschafter in Bonn, dazu gedrängt hatte. Einige Wochen später stand ich mit Genscher auf der Galerie im achten Stock des State Departments und fragte ihn: ›Hans-Dietrich, wie kommt es, daß Dich hier jeder für einen schlechten Kerl hält? Ich finde Dich gar nicht so übel.‹ Er trug es mit Humor. Im Laufe der Zeit wuchs mein Respekt vor ihm, seiner Intelligenz, seinen politischen Fähigkeiten und seiner Gabe, die Dinge ins Rollen zu bringen.«[65]

Diese ominöse Einschätzung Genschers in Washington hatte auch damit zu tun, daß man dort nicht ohne Neid zusehen mußte, wie die Bundesrepublik dank Genschers Diplomatie zum ersten Ansprechpartner der Sowjetunion wurde. Genscher erkannte, daß Gorbatschow den kalten Krieg nicht weiterführen wollte. Gorbatschow seinerseits hoffte, das Sowjetimperium – innenpolitisch reformiert in der Form eines lockeren Commonwealth unter sowjetischer

Führung – zusammenhalten zu können. Im März 1989 versprach er den osteuropäischen Staaten, sie hätten nunmehr die »freie Wahl«:

- Unabhängigkeit für eine selbständige nationale Entwicklung und verstärkte Öffnung der kommunistischen Staaten zum Westen.
- Durch wirtschaftliche Hilfe des Westens und nach weiterem Abbau der ideologischen und militärischen Konfrontation sollte staatlicher Zwang abgebaut und eine Demokratisierung der sozialistischen Gesellschaften und staatlichen Institutionen verwirklicht werden.
- Nach erfolgter Demokratisierung könne ein freiwilliges Commonwealth reformierter sozialistischer Staaten in Osteuropa unter Führung der sozialistischen Reformvormacht Sowjetunion entstehen.[66]

Diese Gorbatschow-Doktrin der »Freien Wahl« – salopp als Sinatra-Doktrin (»My Way«) umschrieben – bot neuen Raum für die Dynamik kultureller, wirtschaftlicher und politischer Kräfte innerhalb und außerhalb der Sowjetunion. In Deutschland hoffte man, daß sich durch Entspannung, Abrüstung und wirtschaftliche Zusammenarbeit die deutsche Lage verbessern würde. Zunächst jedoch blieb Gorbatschows Haltung zur deutschen Frage widersprüchlich. Einerseits erklärte er bis 1989 ganz offen, »daß all diese Erklärungen über die Wiederbelebung der deutschen Einheit weit entfernt sind von der sogenannten Realpolitik … es hat der BRD in den vergangenen vierzig Jahren nichts gebracht. Der Illusion von einer Rückkehr zum Deutschland der Grenzen von 1937 Nahrung zu geben bedeutet, das Vertrauen in die BRD unter seinen Nachbarn und anderen Nationen zu untergraben.« Wie so oft berief sich Gorbatschow hierbei auf die Geschichte: »Ganz gleich, was Ronald Reagan und andere westliche Regierungschefs in dieser Hinsicht sagen, sie können der BRD bezüglich der sogenannten deutschen Frage kein realistisches Angebot machen. Was hier historisch geformt wurde, sollte am besten der Geschichte überlassen bleiben. Das gilt auch für die Frage nach der deutschen Nation und nach den Formen deutscher Staatlichkeit. … Es gibt zwei deutsche Staaten mit unterschiedlichen gesellschaftlichen und politischen Systemen. Jeder hat seine eigenen Wertvorstellungen. Beide haben aus der Geschichte Lehren gezogen, und jeder von ihnen kann einen Beitrag leisten für die Sache Europas und der Welt. Und was in hundert Jahren sein wird, das soll die Geschichte entscheiden.«[67] Konnte Gorbatschow ahnen, daß sein Angebot der freien Wahl ausgerechnet von *der* sozialistischen Gesellschaft aufgegriffen würde, der es an einer eigenen nationalen Identität mangelte? Er vertrat die kühne Auffassung, daß die verkrusteten stalinistischen Formen des Kommunismus reformierbar seien und daß gleichzeitig die Breschnew-Doktrin in eine flexible Gorbatschow-Doktrin unter der Leitidee eines von der Sowjetunion angeführten Commonwealth sozialistischer Staaten verwirklicht werden könne. Gorbatschow als Marxist glaubte an die Vorstellung, auch eine moderne industrielle Gesellschaft lasse sich von einem Zentrum aus planen und regeln. Nach wie vor hoffte er, daß die marxistisch-leninistische Partei als einzige gesellschaftliche Kraft im Besitz der wissenschaftlichen Einsicht sei, gesellschaftliche Gesetzmäßigkeiten vorherzusehen und in die Realität umzusetzen. In dieser tief dogmatischen Vorstellung liegt der Grund für »Glasnost« und »Perestroika«.

Bei seinem Besuch in der Bundesrepublik im Juni 1989 bekräftigte Gorbatschow unter dem Eindruck der deutsch-sowjetischen Gespräche die explizite Anerkennung des Selbstbestimmungsrechts der Deutschen. Gorbatschow bekannte sich gemeinsam mit Bundeskanzler Kohl dazu, »an die geschichtlich gewachsenen europäischen Traditionen anzuknüpfen und so zur Überwindung der Trennung Europas beizutragen«.[68] Damit erhielt der Bau eines europäischen Hauses die Perspektive einer Überwindung des Status quo. Kohl und Gorbatschow postulierten als Bauelemente eines Europa des Friedens und der Zusammenarbeit »die uneingeschränkte Achtung der Integrität und der Sicherheit jedes Staates. Jeder hat das Recht, das eigene politische und soziale System zu wählen«, sowie die »uneingeschränkte Achtung der Grundsätze und Normen des Völkerrechts, insbesondere Achtung des Selbstbestimmungsrechts der Völker«.[69]

Diese revolutionäre Anerkennung des Selbstbestimmungsrechts aus dem Munde Gorbatschows machte den sozialistischen Führungseliten in den osteuropäischen Staaten und der DDR deutlich, daß die Sowjetunion nicht mehr zwingend in die Politik ihrer Staaten eingreifen würde. Kommunistische Herrschaft stand seit dieser revolutionären Erklärung prinzipiell zur Disposition. Gewaltsame Unterdrückung von Reformbewegungen durch den Einsatz sowjetischer Truppen, wie zuletzt 1968 in der Tschechoslowakei, war nicht mehr zu befürchten.

Eine zweite überraschende Aussage Gorbatschows während seines Deutschlandbesuchs 1989 war – neben der Betonung des Rechts auf Selbstbestimmung der Völker –, daß er die Bedeutung des politischen Rangs und des Prestiges der Bundesrepublik in der europäischen Politik hervorhob. Gorbatschow würdigte die politische Rolle der Bundesrepublik, als er die Beziehungen der beiden Länder zueinander umschrieb als »zwei große Mächte, die eine zentrale Bedeutung für die Situation in Europa und für die Ost-West-Beziehungen im Ganzen haben«. Der von Gorbatschow ausdrücklich hervorgehobene außenpolitische Rang der Bundesrepublik war das zweite Hauptergebnis seines Besuches. Im

Sommer 1989 wurde klar, daß Deutschland in eine Schlüsselrolle der Ost-West-Beziehungen hineingewachsen war. Symbolisch wurde dies durch die Besuche Gorbatschows und Bushs in der Bundesrepublik deutlich. Inhalt und Symbolik der deutsch-sowjetischen sowie der deutsch-amerikanischen Abschlußerklärungen zeigten, daß die Bundesrepublik vierzig Jahre nach ihrer Gründung zu einem zivilisatorischen Vorbild geworden war, das es in der deutschen Geschichte bis dahin nicht gegeben hatte. Demokratie und wirtschaftliche Stärke der Bundesrepublik waren auch symbolisch und beispielgebend für die Verfassung des westlichen Bündnisses, wie auf der anderen Seite die strukturelle ideologische und wirtschaftliche Schwäche der DDR symbolisch für die Verfassung des Warschauer Paktes und des COMECON gesehen werden kann.

Trotz aller amerikanisch-sowjetischen Aktivitäten war es nicht zu übersehen, daß die beiden ehemaligen Supermächte 1989 infolge der sich überstürzenden Ereignisse in Europa praktisch an den Rand des politischen Geschehens gerückt wurden. Die Sowjetunion unter Gorbatschow kämpfte einen verzweifelten Kampf ums Überleben. Die Regierung Bush, durch die Dynamik der Ereignisse in der Sowjetunion und Europa überrascht, beobachtete den weiteren Gang der Dinge mit gemischten Gefühlen. Einerseits freute man sich in Washington über den Sieg der freiheitlichen Ideen und über den Zusammenbruch der kommunistischen Regime, andererseits befürchtete man neue Gefahren. Eines war klar geworden: Nach der Massenflucht der Menschen aus der DDR in die Bundesrepublik, nach dem Fall der Mauer, nach den revolutionären Ereignisse in Polen, in der Tschechoslowakei, in Ungarn, Bulgarien, Rumänien und anderswo war die Zeit des Abwartens und des Taktierens vorbei. Doch die Regierung Bush scheute – zu Recht – außenpolitische Planspiele; sie wären ohnehin von den Ereignissen überrollt worden. Nicht Visionen, sondern Realismus, kühle Berechnung, nüchterne Interessenpolitik und emotionale Zurückhaltung waren angesagt. Nicht Freude und Siegerpose angesichts des Zusammenbruchs des Kommunismus, sondern Mäßigung und ein Stück gespielten Mitgefühls für Gorbatschow waren taktisch wirkungsvoller und stabilitätssichernder. Nachdem im revolutionären Oktober 1989 in den amerikanisch-sowjetischen Beziehungen nahezu atemlose Funkstille eingetreten war[70], sollten im direkten Gipfelgespräch die revolutionären Veränderungen sondiert werden. Ein Gipfeltreffen mit Gorbatschow wurde deshalb für Anfang Dezember in Malta vereinbart.

Die Idee für einen amerikanisch-sowjetischen Gipfel war während eines Gesprächs zwischen Bush, Baker und Scowcroft am Rande des G-7-Gipfels im Juli 1989 in Paris entstanden.[71] Während Scowcroft Bedenken äußerte, stimmte Baker sofort zu. Aber jeder fragte sich, ob der Gipfel in Malta Erinnerungen an Jalta hervorrufen würde. Würden zum Beispiel die beiden Supermächte die deutsche Frage unter sich ausmachen? Bushs Vorschlag, den Gipfel an Bord eines Schiffes abzuhalten, kam Gorbatschows Wunsch nach einem neutralen Ort entgegen, aber auch der Liebe des US-Präsidenten zur See. Außerdem war er von Franklin D. Roosevelts Gewohnheit fasziniert, ausländische Staatschefs an Bord von Schiffen zu treffen, wie zum Beispiel Churchill im Februar 1945, ebenfalls vor Malta.[72]

Malta markierte das Ende des kalten Krieges, das Gorbatschow offensichtlich herbeisehnte, während Bush verständlicherweise von Siegesgefühlen erfüllt war. Seinem Temperament entsprechend und mit Gefühl für die Verletzlichkeit der Würde Gorbatschows und der Sowjetunion empfand der US-Präsident den Zusammenbruch des Sowjetreiches mit Genugtuung, aber nach außen zeigte er Zurückhaltung und Verständnis für die prekäre Lage Gorbatschows, der erklärte, der Westen habe keinerlei Grund für Siegesgefühle, weil die Sowjetunion jetzt dieselben universalen Werte teile. Das war überraschend und erstaunte die freie Welt, zugleich nahm Gorbatschow mit diesem klugen Schachzug dem Westen jeglichen Grund, den Sieg über den Kommunismus öffentlich zu feiern.[73]

Auf der Mittelmeerinsel wurden Hoffnungen auf eine neue Architektur der Weltpolitik geweckt. So sagte Bush: »Wir können es nun wagen, uns eine neue Welt vorzustellen.« Gorbatschow seinerseits erklärte einige Monate später: »Wir sind nun am Beginn des Prozesses der Gestaltung einer neuen Weltordnung.«[74] Damit wurde Vision im Zusammenhang des revolutionären Wandels in Europa erkennbar, Monate bevor Bush die neue Weltordnung zum fünften Prinzip der amerikanischen Politik in der Golfregion erklärte.

Auf dem Gipfel hatten sich Bush und Gorbatschow versichert, daß sie den fundamentalen Gegensatz zwischen beiden Supermächten überwinden wollten. Konsequenterweise wurde die Zusammenarbeit in den folgenden Monaten besser. Gleichzeitig verschoben sich die Gewichte und das Aktions-Reaktions-Muster der amerikanisch-sowjetischen Beziehungen: Die US-Regierung wurde zunehmend initiativ, das Gesetz des Handelns war von Gorbatschow auf Bush übergegangen. Der innen- und außenpolitische Zusammenbruch der Sowjetunion und Gorbatschows schwindende Macht brachten neue Möglichkeiten und Handlungsspielräume für die USA mit sich. Aber die USA und die Bundesrepublik triumphierten nicht, sondern reagierten verhalten und klug, ja nach außen kaschierten sie die wahre Entwicklung und suggerierten den Eindruck der Gleichrangigkeit sowjetischer Macht, um den Stolz der Sowjets nicht zu verletzen, denn nur mit deren Zustimmung war eine friedliche Veränderung in Europa und vor allem in Deutschland zu erreichen.

Nur wenn das politische Selbstwertgefühl der Sowjetunion, seiner Führung und Bevölkerung angemessen respektiert wurde, waren friedliche und im westlichen Sinne erfolgreiche Veränderungen durchzusetzen. Nur wenn der Westen ausdrücklich verneinte, daß das Ende des kalten Krieges Sieger und Besiegte brachte, konnte der Sieg verwirklicht werden. Das war die Paradoxie zwischen Rhetorik und Realität. So betonte der amerikanische Außenminister unter völliger Mißachtung der politischen Realitäten im Gespräch mit der sowjetischen Führung, daß es beim Einigungsprozeß der Deutschen keine Gewinner und Verlierer gebe.[75] Nur unter völliger Selbstverleugnung der revolutionären machtpolitischen Verschiebungen war die sowjetische Führung Schritt für Schritt zur Kooperation bereit. Das galt für Osteuropa und insbesondere für die Lösung der deutschen Frage. Überspitzt ausgedrückt, hätte ein zynischer Beobachter behaupten können, der Westen forderte die Sowjetunion auf, die Erde für eine neue politische Brücke zwischen West und Ost mit auszuheben, in Wirklichkeit schaufelte sie jedoch ihr eigenes Grab. Während der Westen erklärte, sich und vor allem die gemeinschaftlichen Institutionen für die Sowjetunion und ihre ehemaligen Satellitenstaaten zu öffnen, war diese Einladung zur Kooperation im Kern eine rhetorische Geste, die die Konfrontation der Sowjetunion mit den harten Realitäten mildern sollte. Von Macht wurde nicht gesprochen, aber jeder wußte, daß seit Herbst 1989 eine gigantische Machtverschiebung zwischen West und Ost eingetreten war:

- Die sowjetische Besetzung von Afghanistan wurde aufgegeben.
- Kubanische Truppen zogen sich aus Angola zurück.
- Die Sandinistas in Nikaragua gaben dem sowjetischen Druck nach und sagten freie Wahlen zu, während militärische Unterstützung aus Moskau eingestellt wurde.
- Osteuropa hatte sich vom kommunistischen Joch befreit.
- Der Warschauer Pakt und COMECON waren im Zusammenbruch begriffen.
- Die Mauer, Symbol der Teilung Berlins, Deutschlands, Europas und der Welt, war gefallen, Deutschland wurde vereint.
- Sowjetische Truppen zogen sich aus Deutschland, Mittel- und Osteuropa zurück.
- Sowjetische Hilfe für Länder der Dritten Welt ging massiv zurück.
- Die Sowjetunion gab weitgehend die Unterstützung Kubas auf und beteiligte sich statt dessen an gemeinsamen Konfliktlösungen mit den USA, wie in Namibia oder im Golfkrieg gegen Saddam Hussein.

- Die Sowjetunion arbeitete im Rahmen der UNO zunehmend mit den USA zusammen, wie zum Beispiel im Nahen Osten.[76]

Dieser revolutionäre Wandel führte zum rapiden Verfall der Sowjetunion und der Regierung Gorbatschow. Nachdem der real existierende Sozialismus an den Rändern des Sowjetreiches implodiert war, setzte sich dieser Prozeß auf dem Territorium der Sowjetunion fort; sie zerfiel, und neue nationale, ethnische, religiöse und ideologische Kräfte brachen wie Naturgewalten an die politische Oberfläche. Mehrere schwere politische Erdbeben fanden zugleich statt: Während die erste Welle ihre Wirkung erst voll entfaltete, kam schon die zweite Welle, die dann krachend auf die erste schlug und die Gewalt der Umwälzungen noch potenzierte: Die Gründung neuer Nationalstaaten auf dem Territorium der alten Sowjetunion sowie wachsende innenpolitische, wirtschaftliche und soziale Krisen, Umstürze und Kriege folgten, bevor die erste Welle der Probleme abgeebbt war. Während die Sowjetunion ihre Position in Deutschland, Mitteleuropa und anderswo räumen mußte, entwickelten sich Spannungen im Baltikum. Sie hatten für die amerikanisch-sowjetischen Beziehungen herausragende Bedeutung, denn die USA hatten sich seit dem Zweiten Weltkrieg niemals mit der Einverleibung der drei baltischen Staaten in die Sowjetunion abgefunden, weil sie eine Folge des gemeinsamen Überfalls von Hitler und Stalin auf Polen und das Baltikum war.

Kaum hatte das litauische Parlament im März 1990 seine Unabhängigkeit erklärt, dröhnten schon sowjetische Militärmaschinen über Vilnius (Wilna). Die USA fürchteten, daß der Kreml in Litauen Gewalt anwenden werde, obwohl Schewardnadse mehrfach das Gegenteil versichert hatte. Schließlich hatte er Baker gegenüber erklärt: »Natürlich könnte das anders werden, wenn unsere Garnisonen dort angegriffen würden.«[77]

Genau vier Tage nach der Unabhängigkeitserklärung intervenierte die Sowjetunion mit Fallschirmjägern und weiteren Truppen in Vilnius. Die amerikanisch-sowjetischen Beziehungen verschlechterten sich dramatisch, gleichzeitig hatte die Regierung Bush den Eindruck, daß Gorbatschow und Schewardnadse von den reaktionären Hardlinern im Kreml wie Marschall Achromejew und anderen zur Intervention gedrängt worden waren. Als sich Baker und Schewardnadse bei dessen Besuch in den USA am 3. April 1990 begegneten, hatte der amerikanische Außenminister den Eindruck, »als sitze vor mir ein Diplomat, dem man die Pistole an die Schläfe gesetzt hat. Jede Vorwärtsbewegung konnte zum politischen Selbstmord führen.«[78] Die Ereignisse im Baltikum verschärften zugleich die inneren Gegensätze in der Regierung Bush, wobei sich zwei Positionen abzeichneten:

- Die USA und alle westlichen Industriestaaten sollten die Sowjetunion nach Vorbild des Marshallplans massiv unterstützen.
- Der Westen sollte sich mit Hilfe zurückhalten und sich auf die Sicherung der eigenen Interessen konzentrieren, denn die Reform und der Neuaufbau der durch Kommunismus und Planwirtschaft zerstörten Länder überträfe die Leistungsfähigkeit des Westens bei weitem.

Erneut entwickelte sich ein Disput innerhalb der Allianz und innerhalb der Regierung Bush: Während Teile der Regierung in Washington nicht zuletzt unter dem Eindruck der Entwicklung in Deutschland für massive Hilfe an Moskau und/oder Mittel- und Osteuropa plädierten, blieben die Mehrheit und vor allem der Präsident selbst zurückhaltend. England und Frankreich sowie der größte Teil des Bündnisses teilten diese zurückhaltende Einschätzung.[79]

Bush und Baker waren im Prinzip nicht abgeneigt, Gorbatschow zu helfen, aber dessen Forderung nach zwanzig Milliarden Dollar jährlich war nicht durchzusetzen. Die massive Hilfe beim Auf- und Umbau der früheren DDR, die von 1989 bis 1996 mehr als tausend Milliarden D-Mark verschlang, zeigte, daß ein Gebiet vom Ausmaß der Sowjetunion – zumal angesichts der Tatsache, daß dort nicht erst ab 1945, sondern bereits seit 1918 der Kommunismus gewütet hatte – ein Faß ohne Boden war. Als daher Baker Ende Mai 1990 in Moskau zur Vorbereitung des Gipfels verhandelte, stagnierten die Beziehungen. Gorbatschow wurde mißtrauisch: »Mir liegen Informationen vor, daß ein Teil Ihrer Politik [der Außenpolitik der Regierung Bush] von dem Versuch bestimmt ist, Osteuropa von der Sowjetunion loszulösen. Sie kennen meine Einstellung und wissen, daß ich diese Länder, wenn sie sich selbst lösen wollen, gewähren lasse. Das ist in Ordnung. Aber nicht in Ordnung ist, wenn sie dazu gedrängt werden.«[80] Als Gorbatschow außerdem hinzufügte, daß ein vereintes Deutschland in der NATO sehr bedenkliche Folgen für das strategische Gleichgewicht haben würde, entgegnete ihm Baker, daß es für die USA schwierig sei, den Einsatz von amerikanischen Steuergeldern zur Hilfe der Sowjetunion zu rechtfertigen, solange die Sowjetunion weiterhin Länder wie Kuba, Vietnam und Kambodscha mit zehn, ja fünfzehn Milliarden Dollar jährlich subventioniere und gleichzeitig die hohen Verteidigungsausgaben beibehalte. So wundert es nicht, daß der amerikanisch-sowjetische Gipfel Anfang Juni 1990 für beide Seiten unbefriedigend blieb.

Ein Wirtschaftsabkommen, das die Sowjetunion großzügig unterstützt hätte, kam ebensowenig zustande wie Durchbrüche bei der nuklearen oder konventionellen Abrüstung. Bush war in der Position des Stärkeren und beharrte auf fortgesetzter Mitgliedschaft des vereinten Deutschland in der NATO. Zur Überraschung der Amerikaner kam es auf diesem Gipfel zu einer Sensation: Nach längerem, fruchtlosem Hin und Her wählte Bush in den Verhandlungen eine härtere Gangart. Er erklärte Gorbatschow, daß nach den KSZE-Prinzipien alle Staaten das Recht hätten, ihr Bündnis frei zu wählen. Auch Deutschland sollte deshalb in der Lage sein, selbst zu entscheiden, welchem Bündnis es beitreten wolle. Bush wandte sich an Gorbatschow und fragte: »Habe ich recht?« Gorbatschow entgegnete »Ja« und nickte. Die amerikanische Delegation war überrascht: »Ich freue mich«, sagte der Präsident, »weil Sie offenbar zustimmen, daß alle Staaten ihr Bündnis frei wählen können«, um Gorbatschow zu bewegen, seine neue Position zu bestätigen. Gorbatschow erwiderte: »Sagen wir es einmal so, die USA und die UdSSR sind einverstanden, daß Deutschland frei entscheidet, welchem Bündnis es sich anschließen möchte.«

Offensichtlich war Gorbatschow ohne Absprache mit Schewardnadse weiter gegangen, als er selbst vielleicht ursprünglich wollte.[81] Baker erinnert sich: »Gorbatschow wollte anscheinend schnell wieder auf seine alte Argumentationsweise zurückgreifen und begann, über die Notwendigkeit einer verlängerten Übergangsphase zu sprechen. Er wandte sich an Schewardnadse und bat ihn, mit mir zusammenzukommen und über Deutschland zu diskutieren. Doch in einer seltsamen Umkehr der Dinge stellte sich Schewardnadse Gorbatschow entgegen. Vor versammelter Mannschaft sagte er, daß dies ein Thema sei, daß zwischen den beiden Präsidenten diskutiert werden müsse. Nachdem Gorbatschow jedoch nicht locker ließ, stimmte er schließlich zögernd zu. Ich nehme an, ihm war ganz genau bewußt, welche Konzession Gorbatschow gerade gemacht hatte; nun wollte er vermeiden, daß ihm auf irgendeine Weise dafür die Verantwortung zugeschoben werden konnte.«[82]

In dieser Begegnung diktierten die USA mittlerweile das Tempo in den Beziehungen. Das wirkte sich zum Glück auch günstig auf die deutsche Vereinigung aus. Gorbatschows Machtverlust und sein schwindendes Prestige zwangen ihn auf den Weg der Anpassung und des Verzichts auf eigene Interessen. Illusionslos erkannte er, daß aus Washington keine Hilfe zu erwarten war. Bush sprach zwar von Kooperation, meinte aber Kapitulation. Wirtschaftlich hätte Bush Gorbatschow gern unterstützt, war aber, wie seine Mitarbeiter, davon überzeugt, daß umfassende Finanzhilfen letztlich nutzlos waren. Bush erkannte früh die Machtlosigkeit Gorbatschows in der deutschen Frage und zog entsprechende machtpolitische Schlußfolgerungen für die Deutschlandpolitik. Umgekehrt sperrte Gorbatschow sich nicht länger der Logik der Geschichte, die er gern für seine Argumentation, das heißt gegen Deutschlands Vereinigung, in Anspruch nahm. Jetzt ließ die Logik der Geschichte nur noch die Vereinigung zu.

Deutschland zeigte sich deshalb im Rahmen seiner Möglichkeiten gegenüber der Sowjetunion finanziell großzügig und versuchte, die Westmächte zu einer ähnlichen Haltung gegenüber der Sowjetunion zu bewegen – ohne Erfolg. So blieb die Mahnung der Deutschen auf dem G-7-Gipfel in London im Juli 1990, die Sowjetunion und die Länder Osteuropas zu unterstützen, weitgehend ungehört, wie auch Gorbatschows entsprechende Bitte ohne konkrete Antwort blieb. Ähnlich unbefriedigend blieben die Ergebnisse des amerikanisch-sowjetischen Gipfels im Juli 1991 in Moskau. Angesichts des weiteren Zerfalls der Sowjetunion reagierten die USA vorsichtig-skeptisch.[83] Allerdings kam es im Herbst und Winter 1990/91 zu einer wichtigen krisenpolitischen Kooperation der beiden Weltmächte, nachdem der Irak im August 1990 Kuwait überfallen hatte. Seitdem Hunderttausende von sowjetischen Juden nach Israel ausreisen durften, stellte in den Augen der Araber die Sowjetunion keinen eigenständigen Machtfaktor mehr im Nahen Osten dar. Damit hatte die Sowjetunion ihre Rolle als Schutzmacht arabischer Interessen und als Gegengewicht zu den USA ausgespielt. Saddam Hussein beschloß daraufhin, die Dinge selbst in die Hand zu nehmen. So drohte der irakische Diktator den Israelis, daß die Amerikaner bei erneuten Sicherheitsgarantien von Israels Führung auch verlangen würden, den Irak nicht anzugreifen. Damit hielt sich Saddam Hussein für den Angriff auf Kuwait den Rücken frei.[84]

Nach dem Angriff Saddam Husseins auf Kuwait wurde die amerikanisch-sowjetische Kooperation enger, denn es war Gorbatschow gelungen, die erzreaktionären Arabisten im Kreml und im sowjetischen Außenministerium, die jahrzehntelang den Irak gestützt hatten, politisch auszuschalten. Nach der gemeinsamen amerikanisch-sowjetischen Erklärung vom 3. August war die sowjetische Zustimmung zur Resolution 678 am 9. November 1990 der zweite entscheidende Schritt in der amerikanisch-sowjetischen Kooperation in der Krise um Kuwait. Schewardnadses Auftritt in New York am 20. Dezember 1990 war ein letzter Appell zur Kooperation und bildete zugleich den politischen Abschluß seines Wirkens, denn er trat im Dezember 1990 zurück: »Hätte sich zu diesem Zeitpunkt Präsidentenberater Primakow durchgesetzt, wäre es nicht zur sowjetischen Zustimmung zur Resolution Nr. 678 gekommen. Damit wären auch die Strategie der Regierung Bush und die Bemühungen von Außenminister Baker gefährdet gewesen, dem Aggressor eine breite und zum Handeln entschlossene internationale Allianz entgegenzustellen«[85], vor allem unter Einschluß der Sowjetunion. Aber nach dem Rücktritt des sowjetischen Außenministers wurde klar, daß die reaktionären Vertreter der sowjetischen Außenpolitik an Einfluß gewannen. Sie verhinderten, daß sich die Sowjetunion an einem Angriff gegen den Irak beteiligte.

Gerade aus amerikanischer Sicht war es Gorbatschow hoch anzurechnen, daß er nicht in letzter Minute die alliierte Bodenoffensive verhinderte, wodurch er als gefeierter Friedensstifter die amerikanische Position unterminiert hätte. Dann wäre Primakows Politik doch noch verwirklicht worden. Allerdings distanzierte sich Gorbatschow am 26. Februar deutlich von der alliierten Bodenoffensive. Im großen und ganzen jedoch blieb die sowjetische Führung auf kooperativem Kurs mit den USA. Vermutlich war das Drängen Gorbatschows auf einen möglichst schnellen Waffenstillstand ein gewichtiger Grund, warum Bush am 27. Februar das Ende der Kampfhandlungen verfügte, anstatt, wie vielfach gewünscht, den Krieg weiter in den Irak hineinzutragen. Entscheidend war, daß die Sowjetunion das amerikanisch geführte Vorgehen gegen Saddam Hussein unterstützte. Im Gegenzug hatten die USA der Sowjetunion im weiteren Nahost-Friedensprozeß eine herausgehobene Rolle als Mitveranstalter einer internationalen Friedenskonferenz offeriert. Damit kehrten die USA und die Sowjetunion, historisch gesehen, zu einer gemeinsamen Haltung zurück, die sie beide schon 1947 in den Vereinten Nationen eingenommen hatten, als sie beide den Teilungsplan für Palästina unterstützt und dann auch 1948 den Staat Israel anerkannt hatten.

Die Beziehungen zwischen der Regierung Bush und der sowjetischen Führung um Gorbatschow war trotz außenpolitischer Streitfragen so eng wie nie zuvor geworden. Um so überraschter war man in Washington, als der sowjetische Außenminister im Dezember 1990 seinen Rücktritt erklärte, um gegen den Beginn einer Diktatur zu protestieren.[86] Schewardnadses Rücktritt, die starre Haltung der ideologischen Hardliner in Moskau, die Unnachgiebigkeit der sowjetischen Militärs und vor allem die Ereignisse in Litauen und die Zunahme der Nationalitätenkonflikte stimmten die Regierung Bush skeptisch. Machtpolitisch bedeutete dies, soviel wie möglich aus den Sowjets herauszuholen, bevor es zu einem noch stärkeren Rechtsruck oder gar zur Auflösung kommen würde, so die Auffassung Bakers.[87] Dieser Prozeß verstärkte sich, als Gorbatschows Stern verglühte, sein vorgesehener Unionsvertrag in den Papierkorb der Geschichte wanderte und die Rivalität zwischen Gorbatschow und Jelzin die machtpolitische Lage in Moskau zunehmend zugunsten des letzteren veränderte. Gorbatschow war im Sommer 1991 vermutlich der unpopulärste Politiker der Sowjetunion, aber immer noch Präsident und Oberkommandierender eines Landes mit dreißigtausend Atomwaffen, während Jelzin die neue Macht Rußlands repräsentierte: Im Juni wurde er zum ersten frei gewählten Führer der russischen Geschichte und erzielte ein überwältigendes Mandat. Auch die Regierung Bush mußte, ob sie wollte oder nicht, zu Jelzin Beziehungen aufbauen und ihn, als den ersten Mann Rußlands, unterstützen.

Auch hatte sich die Lage im Baltikum weiter verschärft, seit in allen drei Republiken »Rettungskomitees« gegründet worden waren mit dem Ziel, sowjetische Truppen nach dem Muster der Prager Interventionspolitik von 1968 auch hier zu Hilfe rufen zu lassen. Am 13. Januar 1991 versuchten in der litauischen Hauptstadt Vilnius sowjetische Sondertruppen – die berüchtigten »Schwarzen Barette« – öffentliche Gebäude zu stürmen, wobei vierzehn Menschen ums Leben kamen und mehr als hundertfünfzig schwer verletzt wurden. Es erschien Bush wenig glaubhaft, daß Gorbatschow, wie er später mehrmals erklärte, erst hinterher von den Vorfällen erfahren haben wollte.

Zwar hatten zwischen 1988 und 1990 alle fünfzehn Sowjetrepubliken ihre Souveränität erklärt, doch waren die drei baltischen Republiken für Moskau ein besonderes Problem, denn sie gehörten nicht zu den Unterzeichnern des Unionsvertrages von 1922, sondern waren im Zuge des Molotow-Ribbentrop-Pakts nach dem Angriff auf Polen annektiert worden. Während Gorbatschow stur blieb, reiste Jelzin nach dem »Blutsonntag von Riga« in die estnische Hauptstadt Tallinn (Reval), um mit den Präsidenten der baltischen Staaten ein Beistandsabkommen zu schließen und diplomatische Beziehungen mit ihnen aufzunehmen. Im Januar 1991 wurden entsprechende Abkommen mit Estland und Lettland unterzeichnet, mit dem litauischen Präsidenten Landsbergis schloß Jelzin demonstrativ am Vorabend des amerikanisch-sowjetischen Gipfels in Moskau am 29. Juli 1991 einen entsprechenden Vertrag. Erst nach dem August-Putsch, am 6. September 1991, erlangten die baltischen Staaten auch von der Führung der Union ihre offiziell anerkannte Unabhängigkeit.

Auf dem Gipfel in Moskau im Juli 1991 wurden die Vorboten der neuen Zeit deutlich, auf die Bush seine Politik neu einstellte[88]: Er sprach sich gegen eine Teilnahme Gorbatschows auf dem G-7-Gipfel in London aus, gab aber schließlich – wenn auch widerwillig – nach, plädierte dafür aber gegen eine volle Mitgliedschaft der Sowjetunion im IWF und gegen Kredite an die Sowjetunion. Die veränderte machtpolitische Lage in Moskau stellte er nur zögerlich und kühl in Rechnung: Bereits im Juni hatte er Gorbatschows Erzrivalen Jelzin, den neuen Präsidenten Rußlands, demonstrativ im Weißen Haus in Washington empfangen. Trotzdem war der letzte sowjetisch-amerikanische Gipfel erfolgreich – das START-I-Abkommen wurde nach langwierigen Vorbereitungen endlich unterschrieben. Fast zehn Jahre hatten beide Seiten verhandelt. Aber erst die veränderten politischen Bedingungen schafften den Durchbruch. Der START-Vertrag brachte eine Verminderung der amerikanischen Langstreckenwaffenpotentiale um 25 Prozent und der sowjetischen um 35 Prozent mit sich. Er führte zu weiteren Verhandlungen, die im Januar 1993 mit dem START-II-Abkommen, der

Abrüstung von weiteren zwei Dritteln der strategischen Arsenale, abgeschlossen wurden. Wenige Jahre früher wären diese Ergebnisse als sensationell begrüßt worden. Unter den veränderten politischen Bedingungen der Zeit nach dem kalten Krieg wurden sie als selbstverständlich hingenommen, so dramatisch hatte sich die Welt verändert.

Aber auch ein zweiseitiges Wirtschaftsabkommen wurde unterzeichnet; der Sowjetunion wurde die Meistbegünstigungsklausel zugestanden. Wenige Monate später wurden die COCOM-Kontrollisten gelockert und schließlich 1994 völlig abgeschafft.

Mit Blick auf die Konfliktherde in der Dritten Welt gab es in Moskau, wenn auch zögerlich, Fortschritte. Vergeblich jedoch forderte Bush von Gorbatschow die Einstellung der Hilfe an Kuba, war aber selbst schließlich bereit, gemeinsam mit der Sowjetunion im Nahen Osten den Frieden zu suchen. Zum ersten Mal seit Beginn des kalten Krieges waren die USA bereit, die Sowjetunion an Friedensverhandlungen im Nahen Osten zu beteiligen. Die erfolgreiche Zusammenarbeit im Golfkrieg gegen den Irak war Voraussetzung für diese Neuorientierung. Während des Gipfels kam es in den drei baltischen Staaten zu gewaltsamen Übergriffen der sowjetischen Geheimpolizei. Gorbatschow kritisierte diese Übergriffe. Sie bestärkten Bush in seiner Absicht, die Unabhängigkeitsbestrebungen der drei baltischen Staaten nachhaltig zu fördern. In Moskau drängte Bush nicht nur auf weitere Abrüstung, sondern vor allem auf eine dramatische Verminderung der sowjetischen Militärausgaben. Politisch war Gorbatschow auf dem amerikanisch-sowjetischen Gipfel in Moskau bereits ein toter Mann. Jelzin hatte mit seinen Kollegen schon die Grundlagen für die neue Ordnung, für die Souveränität Rußlands und der früheren Sowjetrepubliken geschaffen.

In Moskau und Washington hatten Bush und Gorbatschow gemeinsam den kalten Krieg friedlich und kooperativ beigelegt. Das war eine große Leistung, die viel Fingerspitzengefühl und Takt auf westlicher sowie Mut und Realismus auf sowjetischer Seite erfordert hatte. In Moskau wurde das Ende der Außenpolitik der Sowjetunion besiegelt. Schewardnadse ahnte, was kommen würde, als er erklärte: »Ich denke, wenn es zu irgendwelchen Auswirkungen auf die [sowjetisch-amerikanischen] Beziehungen kommen sollte, dann allenfalls von inneren Unruhen in der Sowjetunion. Wenn die Sowjetunion es nicht schafft, die wirtschaftliche und politische Bühne zu stabilisieren, dann wird das zu einem Faktor, der den Beziehungen schadet. Ich glaube, das ist das einzige, was die amerikanisch-sowjetischen Beziehungen beeinträchtigen kann. Dies ist das einzige, was der dynamischen Entwicklung in den Beziehungen zwischen den Vereinigten Staaten und der Sowjetunion im Wege steht.«[89]

Oberflächlich gesehen, schien die Lage ruhig, als Bush im Anschluß an den Gipfel in die ukrainische Hauptstadt Kiew reiste, obwohl Gorbatschow davon abriet. Er befürchtete, daß Bush Kräfte freisetzen könnte, die verstärkt auf nationale Selbstbestimmung drängten. Bush wollte Gorbatschows Bedenken in seiner Rede berücksichtigen und geriet deshalb in ein Dilemma: Einerseits wollte er die Ukrainer nicht in ihrem Streben nach nationaler Unabhängigkeit enttäuschen, andererseits wollte er Gorbatschows Position in Moskau und den Zusammenhalt der Sowjetunion nicht gefährden. Bush versuchte die Quadratur des Kreises, indem er beide Seiten zu beruhigen suchte: »Bleiben wir in dieser Sache einfach offen und warten ab, ob es gelingt oder nicht ... Wir werden uns einer besonnenen Diplomatie befleißigen, weder von Unmäßigkeit noch von Extremen getrieben.«[90] Sein Bemühen um Aufrechterhaltung eines unbefriedigenden Status quo in der Sowjetunion war nicht mehr zeitgemäß, widersprach den revolutionären Entwicklungen und einem Eckpfeiler amerikanischer Außenpolitik: Unterstützung des Selbstbestimmungsrechts der Völker. Bush zeigte sich im August in Kiew unentschlossen. Er war von der Entwicklung in Moskau hin und her gerissen.[91]

Ende August wurde gegen Gorbatschow geputscht. Die Regierung Bush war alarmiert. Aber dank Jelzins mutiger Haltung konnte verhindert werden, daß die Reaktionäre die Herrschaft übernahmen, so daß der Putsch schließlich scheiterte. Sofort erklärten die baltischen Staaten und später die anderen Republiken ihren Anspruch auf staatliche Souveränität und Unabhängigkeit. Die Entwicklungen waren dramatisch: »Wenn uns vor zwei Monaten jemand gesagt hätte«, schrieb Baker an Bush, »daß der Außenminister eines unabhängigen Litauen im September mitten in Moskau eine sehr positive Rede vor der KSZE halten würde, hätten wir ihn wohl gefragt, was er geraucht habe. Das versinnbildlicht die enormen Veränderungen, die hier stattgefunden haben.«[92]

Das Verhältnis zwischen Gorbatschow und Jelzin war spannungsgeladen, aber beide mußten miteinander kooperieren. Gorbatschow betonte Jelzins Mut, Jelzin nannte Gorbatschow einen veränderten Mann und betonte, daß beide in ständigem Kontakt miteinander stünden. Auch Gorbatschow mußte anerkennen, daß Jelzins mutige Haltung während des Putsches ihm auch bei den Sowjetbürgern eine gewisse Legitimität verschafft hatte, die er vorher nicht besaß. Jelzin war der Mann, der jetzt im Volk begeistert gefeiert wurde. So war es nicht verwunderlich, daß er den direkten Kontakt mit der amerikanischen Regierung suchte, was wiederum zu diplomatischen Schwierigkeiten führte, weil Gorbatschow allein mit den Amerikanern verhandeln wollte. Aber in Washington wurde zunehmend klar, daß »die Sowjetunion, die wir gekannt haben, nicht mehr existiert. Jetzt ist die wichtigste Frage, wie sich ihr Zusammenbruch von nun an vollziehen wird. Unser Ziel muß sein, den Kollaps so risikolos wie möglich zu machen.«[93] Am 8. Dezember 1991 antwortete Baker auf die Frage, ob Gorbatschow die Sowjetunion noch zusammenhalten könne: »Ich glaube, die Sowjetunion existiert schon jetzt nicht mehr in ihrer alten Form. Wahrscheinlich wird man versuchen, auch weiterhin eine Art Zentrum zu wahren. Aber wer weiß schon, wie dessen Machtstrukturen aussehen werden?«[94] Boris Jelzin tat alles, um den Untergang der Sowjetunion zu beschleunigen.[95] Gorbatschows Zeit war abgelaufen. Am 20. Dezember 1991 formten sich die ehemaligen Republiken zur GUS, Gorbatschow trat zurück, die Sowjetunion war vom Erdboden verschwunden. Boris Jelzin war als Präsident Rußlands der neue starke Mann.

In seiner Weihnachtsansprache erklärte George Bush mit stolzer Zurückhaltung: »Mehr als vierzig Jahre lang haben die USA den Westen im Kampf gegen den Kommunismus angeführt, um westliche Werte zu bewahren. Dieser Kampf, diese Konfrontation ist nun zu Ende gegangen.« Er würdigte dann Gorbatschows Verdienste und erkannte die Unabhängigkeit der einzelnen Republiken an. Der Zusammenbruch der Sowjetunion hatte Rußland befreit und gleichzeitig vierzehn neue Staaten geschaffen. Nicht nur für Amerika, sondern auch für viele Europäer waren die Namen der Republiken wie Zeichen aus der Vergangenheit. Sie sollten bald neue Bewegung in die europäische, asiatische und übrige Weltpolitik bringen.

Wie würden die USA als letzte Weltmacht von Rang ihren globalen Handlungsspielraum weiter nutzen? Zweifellos hatten Bush, Baker und Scowcroft bis zuletzt gehofft, daß die Sowjetunion in modifizierter Form überleben würde: Bushs Vision einer neuen Weltordnung ruhte auf bilateraler Kooperation mit der Sowjetunion. Deshalb hatte er alles getan, um Gorbatschow zu stärken. Er hatte das Selbstbestimmungsrecht der Sowjetrepubliken zu einem Zeitpunkt negiert, als es politisch unklug, ja anachronistisch geworden war, wie sein Verhalten in Kiew zeigte. Bush hätte eine starke Zentralregierung in Moskau, die die alte Sowjetunion regierte, einer GUS vorgezogen; er sorgte sich um die Zukunft der Nuklleararsenale, die jetzt zum Teil in die Hände autonomer Republiken fielen. Abrüstung würde schwieriger werden, neue Konflikte konnten entstehen, alte sich verschärfen. Sicherheitsberater Scowcroft und Verteidigungsminister Cheney teilten Bushs Bedenken. Deshalb hatte Bush Gorbatschow buchstäblich bis zur letzten Minute gestützt, auch durch die Ko-Schirmherrschaft der USA und der Sowjetunion bei der Konferenz in Madrid. Dort war Gorbatschow machtpolitisch nur noch ein Schatten seiner selbst. Bush konnte die Entwicklung in Moskau nicht mehr beeinflussen.[96]

Bush hatte zu lange auf Gorbatschow gesetzt. Nach dem Zusammenbruch der Sowjetunion war eine neue Weltordnung nötiger denn je, aber in Zusammenarbeit mit Rußland und den selbständigen Republiken, unter Berücksichtigung der neuen nationalen Interessen und vor allem der veränderten Situation in Mittel-, Ost- und Südosteuropa. Mit vierzehn neuen Staaten, zumeist von ehemaligen Apparatschiks der untergegangenen KPdSU geführt, die nur opportunistisch von Demokratie sprachen, aber in Wirklichkeit nicht wußten, wohin sie ihre Länder politisch und wirtschaftlich steuern sollten, mußten neue Beziehungen aufgebaut werden.

Rußland unter Jelzins Führung – von einem explosiven Ring nationaler Autonomieansprüche nach Jahrzehnten unterdrückter Freiheitsforderungen und kommunistischer Gewalt umgeben – war zu einem neuen Faktor für Amerikas Interessen geworden. Den USA fiel es offensichtlich schwer, sich nach siebzigjähriger Rivalität mit der Sowjetmacht auf die neue Lage einzustellen. »Sind wir noch Feinde oder nicht?« fragte Boris Jelzin den amerikanischen Präsidenten, als er ihn im Februar 1992 in Camp David besuchte. Der Kalte Krieg war zu Ende, aber wie sollte es weitergehen? Die Reise des amerikanischen Außenministers im Februar 1992 in die neuen Republiken illustrierte einen fast Kafkaesken Übergangscharakter der Beziehungen.[97] Amerikas Außenpolitik hatte über Nacht ihren Hauptbezugspunkt verloren.

Bushs Herausforderer bei den im November anstehenden Präsidentschaftswahlen erkannte schnell die Schwächen der bisherigen amerikanischen Politik gegenüber der Sowjetunion beziehungsweise Rußland. Bill Clinton erklärte, daß Rußland die Zeichen der Zeit verkannt und zu langsam, zu spät erst das Recht der Sowjetrepubliken auf Selbstbestimmung unterstützt habe. Entsprechend kritisch bewertete Clinton die Politik seines Kontrahenten Bush gegenüber der Sowjetunion. Der Wahlkampf warf außenpolitische Schatten: Baker wurde von Bush gebeten, als Berater ins Weiße Haus zurückzukehren, um seinen Wahlkampf zu organisieren. Schließlich faßte Bush die Außenpolitik gegenüber der Sowjetunion so zusammen: »Ich sah die Chance, den atomaren Alptraum zu beseitigen. In den letzten vier Jahren sind mehr Menschen in den Genuß geraten, die Luft der Freiheit zu atmen, als in der gesamten Geschichte der Menschheit. Dies waren die beiden einmaligen Möglichkeiten, die ich für unsere Kinder und Kindeskinder nutzte: Deutschland ist vereint, die Sowjetunion findet man nur noch im Geschichtsbuch, und die Gefangenschaft der Staaten in Mittel- und Osteuropa ist vorbei. Der Kalte Krieg ist vorüber, und die Freiheit hat gesiegt.« Dieses Bild war beeindruckend, aber Bush konnte diese Veränderungen nicht als alleinigen Erfolg seiner Regierungstätigkeit in Anspruch nehmen. Sein Herausforderer Clinton bemerkte dazu trocken: Wer die Nacht schlafend auf der Hühnerstange verbracht habe, könne nicht für sich in Anspruch nehmen, er habe für das Morgengrauen gesorgt.[98]

Die Entwicklungen im sowjetischen Imperium waren auch durch vier Jahrzehnte amerikanischer Eindämmungspolitik beeinflußt worden. Alle Präsidenten hatten gehofft, daß die Sowjetunion eines Tages aufgrund innenpolitischer, wirtschaftlicher und ideologischer Widersprüche zusammenbrechen, also implodieren würde. Bereits 1947 hatte George F. Kennan visionär die Probleme erkannt, wie sie dann ab 1989 Wirklichkeit wurden: »Einer der gefährlichsten Momente für die Stabilität der Welt wird kommen, wenn eines Tages die russische Herrschaft anfangen wird zu zerfallen.«[99]

Bush hatte allerdings einen historischen Beitrag zur Beendigung des kalten Krieges geleistet, weil er durch Ermunterung und Zurückhaltung den politischen Weg Michail Gorbatschows so zu beeinflussen suchte, daß das Ziel der Reformpolitik und die Interessen der USA und des Westens möglichst vereinbar blieben. Das war keine leichte Aufgabe. Der US-Präsident agierte kontrolliert und erfolgreich, bezahlte jedoch für seine unspektakuläre Vorgehensweise einen hohen Preis. Seine Zurückhaltung wurde in den USA kaum honoriert. Allerdings wartete er mit eigenen Vorschlägen oft erst dann auf, wenn der Druck der öffentlichen Meinung und der Bündnispartner es erforderte. Dabei spielte die Bundesrepublik Deutschland eine Schlüsselrolle. Die Regierung Kohl/Genscher suchte die Initiative in der Ostpolitik. Bush hingegen wartete ab und folgte erst zögerlich. Deshalb war die Bundesrepublik, schon lange bevor die deutsche Vereinigung ins Spiel kam, zum eigentlichen Kugellager der Neuordnung der West-Ost-Beziehungen geworden. War die Bundesrepublik in den siebziger und achtziger Jahren der Eisbrecher für mehrere erfolgreiche Entspannungsexpeditionen der Supermächte, so wurde sie 1989 nicht nur Objekt der historischen Veränderungen, sondern Schlüsselmacht bei der Beendigung des kalten Krieges. Die USA unter Bush verfolgten das politische Drama in Europa eher vom Rande als Beobachter, griffen aber ein, als die zentralen Machtfragen geklärt werden mußten. Das war der Bundesrepublik allein nicht möglich.

Auf den Gipfeltreffen mit der Sowjetunion, aber auch im Rahmen der G-7-Gipfel entwickelte die Regierung Bush Gespür für die Grenzen westlicher Finanz- und Wirtschaftshilfe für die Sowjetunion. Bush und Baker erkannten realistisch, daß Gorbatschow und seine Reformer nicht überblickten, wie die Entwicklung einer funktionierenden freien Marktwirtschaft vor dem Hintergrund von siebzig Jahren katastrophaler kommunistischer Mißwirtschaft durch westliche Hilfe unterstützt werden könnte. Enthusiasmus und Naivität der russischen Reformer machten sich bemerkbar, wenn diese die Bücher Ludwig Erhards über die Marktwirtschaft mit ähnlicher Gläubigkeit lasen wie vorher Karl Marx. Wie sollte in der Sowjetunion Marktwirtschaft ohne Markt und ohne wirtschaftspolitische Ansätze verwirklicht werden?

Die weitere Geschichte Rußlands zeigt Parallelen zur Weimarer Republik.[100] Nur ist die Lage der GUS brisanter und von größerer weltpolitischer Bedeutung, als es diejenige der Weimarer Republik gewesen war. Weil Bush Gespür für die Gefahren des revolutionären Übergangsprozesses zeigte, suchte er durch eine Verbesserung der bilateralen Beziehungen und durch kluge Diplomatie die Würde Gorbatschows, der Sowjetunion und später auch Jelzins zu wahren. Hier haben alle westlichen Regierungen großes Taktgefühl bewiesen. Aber die Frage bleibt: Hat die Regierung Bush zu lange auf Gorbatschow gesetzt und politische Loyalität auch dann noch bewahrt, als schon längst klar war, daß nicht mehr er, sondern Boris Jelzin die Reformen weiter voranbringen würde, und als Gorbatschows Vorstellungen von der Zukunft der Sowjetunion schon längst überholt waren, während die von Boris Jelzin in die Zukunft neuer nationalstaatlicher Realitäten wiesen? Bush unterstützte weder die Unabhängigkeitsbestrebungen der baltischen Republiken noch die der Ukraine, Georgiens oder anderer kaukasischer oder südlicher Republiken der Sowjetunion zu einem Zeitpunkt, als diese Entwicklung schon offenkundig war. Er fühlte sich Gorbatschow gegenüber verpflichtet, denn dieser hatte die USA im Kampf gegen den Irak diplomatisch gestützt. Bei einem Veto Gorbatschows wäre die Kriegskoalition gegen Saddam Hussein nicht zustande gekommen. Als im August 1991 gegen Gorbatschow geputscht wurde, erkannte Bush widerwillig, daß dessen Tage gezählt waren, und wandte sich Boris Jelzin zu.

Es ist relativ einfach, die Ereignisse mit historischer Distanz zu beurteilen, und viel schwerer, in der konkreten revolutionären Situation die Dinge klar zu erkennen und angemessen zu entscheiden. Im strengen Sinne waren alle Regierungen im Westen letztlich Beobachter der Revolution, auch die USA. Auf die Dynamik der Entwicklung innerhalb des sowjetischen Imperiums hatte der Westen kaum Einfluß – es sei denn, der Westen hätte massiv intervenieren wollen. Diese Frage stellte sich zu keinem Zeitpunkt.

Bush erlag im Wahlkampf einer anderen zentralen Fehleinschätzung: Er glaubte, daß der außenpolitische Erfolg die innenpolitischen Schwächen und Versäumnisse seiner Präsidentschaft verdecken würde. Diese Rechnung ging nicht auf, weil der außenpolitische Erfolg nicht sein persönlicher, nicht allein das Ergebnis seiner Außenpolitik war. Bush unterlag, weil innenpolitische Reformen des Landes dringlicher denn je wurden, er aber diesen Ruf nicht hörte.[101]

Am Ende des kalten Krieges war auch deutlich geworden, daß die USA selbst dringend eigener Reformen bedurften. Die Kosten des Nuklearzeitalters, zumal die letzten acht Jahre Rüstung unter Reagan, hatten die finanziellen, ökonomischen und militärischen Reserven angegriffen. Amerika war erschöpft. Man freute sich, wie nach 1945, über den Sieg nach einem Krieg, der alle Kräfte jahrzehntelang angespannt hatte. Die Menschen wünschten endlich innenpolitische Reformen, keine neuen außenpolitischen Verpflichtungen. Ebenso wie Churchill nach 1945 diese Sehnsucht und Notwendigkeit nicht erkannte, so fehlte auch Bush der Wille zu innenpolitischer Erneuerung. Das sollte ihn, wie auch Churchill 1945, die Wiederwahl kosten. So waren Anfang 1993 Bush und Gorbatschow auf seltsame Weise wieder vereint – von ihren Völkern abgewählt, wo sie doch beide im Interesse ihrer Völker den kalten Krieg würdig beendet hatten.

Die amerikanische Bevölkerung hatte am Ende einer fast vierzigjährigen Kriegsperiode entsprechende Friedensdividenden erwartet, war aber enttäuscht, als die Regierung Bush auf dem altbekannten verteidigungspolitischen Niveau verharrte, anstatt den Militärhaushalt radikal zusammenzustreichen. Statt dessen wurden neue Waffensysteme geplant, obwohl der Warschauer Pakt und das Sowjetreich zusammengebrochen waren und damit die militärische Gefahr der vergangenen vierzig Jahre gebannt war.

Bush hatte zwar den kalten Krieg zu Ende geführt, aber er verkörperte die Politik der Kriegsgeneration im doppelten Sinne: Als Soldat des Zweiten Weltkrieges war und blieb George Bush von der Notwendigkeit militärischer Stärke überzeugt. Zum zweiten blieb er vom Weltbild des kalten Krieges geprägt. Das zeigte sich in der mangelnden Fähigkeit, die neuen globalen Fragen aufzugreifen, wie sie schon in Carters »Global 2000« dargelegt worden waren und seitdem immer dringlicher gestellt wurden. Hierfür hatten weder Bush noch Baker politische Antennen entwickelt. Deshalb hinkten sie den strukturellen Problemen der neuen Weltordnung hinterher: Moderne umweltpolitische Probleme und die Nord-Süd-Fragen zwischen Industrienationen und Ländern der Dritten Welt waren für Bush nicht zentral. So gesehen, war Jimmy Carter der erste moderne, global denkende Präsident der USA, der das amerikanische Interesse an die neuen weltpolitischen Realitäten anpassen wollte – wenn auch nicht immer auf glückliche Weise. Carter wurde allerdings mit den machtpolitischen Herausforderungen der späten siebziger Jahre und mit einem nach wie vor expansiven Sowjetkommunismus konfrontiert, der seinen wirklich visionären globalen Überlegungen einen Strich durch die Rechnung machte. Carter war ein unzeitgemäßer Präsident, der aber an der Zeitenwende 1989/90 vielleicht für die Probleme der neuen Weltordnung mehr Weitsicht, Sensibilität und multilaterale

Führungskraft aufgebracht hätte, wie er auch die innenpolitische Reformnotwendigkeit der USA schon zu seiner Zeit erkannt hatte. Hätte er, wie Bush, nach 1990 knapp sechshundert Millionen Dollar Militärhilfe an Pakistan geleistet, um die sowjetische Armee in Schach zu halten, die doch schon längst aus Afghanistan abgezogen war? Doch Bush ließ sich von seinen Kritikern nicht davon abbringen, weiter auf den alten Pfaden des kalten Krieges zu wandeln: Der Löwenanteil der Auslandshilfe ging weiter nach Zentralamerika, nach Ägypten und Israel. Aber sie hätte spätestens zu Beginn der neunziger Jahre umgeschichtet werden müssen.

Doch Bushs Bekenntnis zur Wirtschaftshilfe für Mittel- und Osteuropa blieb vornehmlich rhetorisch. Wałesa und Havel erhielten in Washington einen warmen Händedruck von Bush, aber nicht die erhoffte finanzielle Unterstützung. Bush hat durch dieses Versäumnis die amerikanische Rolle in Europa und Amerikas Ansehen für die Zeit nach dem kalten Krieg nicht so gestärkt, wie es vielleicht möglich gewesen wäre. Verständlich bleibt seine Zurückhaltung bei der Wirtschaftshilfe für die Sowjetunion, aber warum hat er die neuen Demokratien in Mittel- und Osteuropa nicht stärker und eindrucksvoller unterstützt? Warum half die Regierung Bush den von der Sowjetunion befreiten Ländern so wenig, machte sich aber soviel Sorgen um Gorbatschow? Warum reagierte der Präsident so zögerlich auf die neuen nationalen Unabhängigkeitsbestrebungen, unterstützte aber Gorbatschows Streben nach Zusammenhalt der Sowjetunion? Die Regierung Bush handelte mit ihrer Status-quo-Politik kaum zeitgemäß – bis auf eine Ausnahme: Ihre große Leistung war die rückhaltlose und kluge Unterstützung bei der Wiedervereinigung Deutschlands, dem herausragenden Problem des kalten Krieges in Europa.

Die deutsche Wiedervereinigung

Am Tag, als die Mauer fiel, am 9. November 1989, war die amerikanische Regierung genauso überrascht wie die übrige Welt. Baker gab gerade ein Mittagessen für die philippinische Präsidentin Corazon Aquino, als ihm von dem Ereignis berichtet wurde: »Mit einiger Bewegung, wie ich zugeben muß, las ich den Zettel meinen Tischpartnern vor, erhob mein Glas und stieß auf den Tag an, auf den der Westen seit achtundzwanzig Jahren gewartet hatte – eine wahrhaft erstaunliche Wendung der Dinge.«[102] Seit dem Ende der Viermächtegespräche 1953 hatten die USA wie auch die anderen westlichen Alliierten offiziell am Ziel der deutschen Wiedervereinigung festgehalten. Damals hatten die USA gemeinsam mit Großbritannien und Frankreich folgendes Kommuniqué veröffentlicht: »Die Wiedervereinigung Deutschlands sollte durch freie Wahlen erlangt werden, die zur Bildung einer gesamtdeutschen Regierung führen, mit welcher ein Friedensvertrag geschlossen werden könnte.«

Nach dem Bau der Mauer im August 1961 hatte sich bei den meisten Amerikanern die Überzeugung gefestigt, daß Deutschlands Teilung zur Stabilisierung Europas beitrage. Deshalb stand das Jahr 1989 in West und Ost im Zeichen der Jubiläen: Bush und Gorbatschow waren im Sommer 1989 in die Bundesrepublik gereist, um dem vierzigsten Jahrestag der Gründung der Bundesrepublik ihre Reverenz zu erweisen, und Michail Gorbatschow reiste im Oktober in die DDR. Schließlich stand 1989 auch im Zeichen der Zweihundertjahrfeier der Französischen Revolution. Keiner konnte ahnen, daß nach diesen zweihundert Jahren, wiederum unter dem Banner der Freiheit, politische Revolutionen in Europa ausbrechen würden. Im Gegenteil, fast alle teilten die Einschätzung: »Was die deutsche Wiedervereinigung angeht, so muß man am allerwenigsten eine Neuauflage des Bismarckschen Deutschlands fürchten. Wie groß auch immer in Westdeutschland der Wunsch nach kultureller Re-Integration ist oder in Ostdeutschland nach den Konsumprodukten des Westens, so besteht doch selbst für eine Nach-Honecker-DDR nur eine geringe Wahrscheinlichkeit, daß sie es zuläßt, sich von ihrem dynamischen westlichen Nachbarn absorbieren zu lassen. Sie hat sich eine Identität und eigenen perversen Stolz zugelegt.«[103] In der Bundesrepublik Deutschland hatte man sich, wenn auch zähneknirschend, mit dem politischen Status quo abgefunden. Im übrigen Europa in Ost und West wurde die Teilung als Voraussetzung von Gleichgewicht und Sicherheit in Europa angesehen.

In den Hauptstädten der Welt, so auch in Washington, hoffte man allenfalls auf mehr Entspannung zwischen West und Ost, nicht aber auf Durchsetzung der Freiheit in ganz Europa. Man hatte sich im Status quo der Nachkriegsordnung, so gut es ging, eingerichtet. Auch Ronald Reagan, der 1987 Gorbatschow aufgefordert hatte, die Mauer niederzureißen, beließ es in seiner Deutschlandpolitik bei emotionalen Gesten. In der praktischen Diplomatie stand die deutsche Frage nicht auf der Tagesordnung, auch nicht in Washington.[104] Die Regierung Bush beurteilte deshalb die gärende Entwicklung in Deutschland und Europa mit Zurückhaltung. Stimmen, die vom Ende des kalten Krieges sprachen, schienen der Regierung Bush verfrüht: »Wenn man einmal feststellt, daß der Kalte Krieg vorbei ist«, so Brent Scowcroft, »dann kann man es nicht mehr zurücknehmen. Man kann diese Feststellung deshalb nur einmal machen«[105]; davor schreckte man in Washington zurück. Aber in der zweiten Hälfte der achtziger Jahre bahnte sich Revolutionäres an. Doch wie alle großen Ereignisse, so entwickelte sich auch die Europäische Freiheitsrevolution von 1989 nur oberflächlich gesehen spontan und abrupt. Jacob Burckhardt sprach schon im 19. Jahrhundert von den zunächst unsichtbaren revolutionären Kräften, die dann plötzlich und zum Teil wie zufällig in die politische Wirklichkeit einbrechen.[106] So nimmt es nicht Wunder, daß die revolutionären Entwicklungen in Europa auch für die Amerikaner überraschend kamen.

Als die Mauer am 9. November plötzlich fiel, zeigte sich Bush erfreut, aber auf die Frage, ob dies das Ende des Eisernen Vorhanges sei, antwortete er vorsichtig: »Nun, ich glaube nicht, daß ein einzelnes Ereignis schon das Ende dessen ist, was Sie als Eisernen Vorhang bezeichnen.« Bush zeigte sich besorgt über die weiteren Auswirkungen dieser Ereignisse auf die West-Ost-Beziehungen. Zu oft waren seit 1945 hoffnungsvolle Liberalisierungsansätze zusammengebrochen, weil die Sowjets brutal eingegriffen hatten. Vielleicht erinnerte sich der Präsident auch daran, daß die antikommunistische Rhetorik amerikanischer Regierungen 1956 in Ungarn und Polen große, aber vergebliche Hoffnungen geweckt hatte. Vielleicht wollte Bush kühne Visionen vermeiden, um die Entwicklung Schritt für Schritt kontrollieren zu können. Deshalb gab er sich bei aller inneren Zufriedenheit über den Fall der Mauer nach außen sachlich, um Gorbatschow nicht herauszufordern oder gar durch vorzeitige Freuden- oder gar Siegesgesten zu demütigen: »Ich werde mir nicht auf die Brust schlagen und auf der Mauer tanzen«, erklärte er, als man ihm vorschlug, nach Berlin zu reisen.[107]

Nach dem Fall der Mauer kam es sofort zu öffentlichen Kontroversen zwischen Washington, Bonn, Berlin, Moskau, London und Paris über die deutsche Frage. Interessant war, daß die üblichen diplomatischen Kanäle für inoffizielle Gespräche kaum genutzt wurden, denn zunächst waren die Regierungen vor allem damit beschäftigt, ihre eigenen Interessen zu definieren. Als erster reagierte Michail Gorbatschow: Er sandte einen Brief an die drei westlichen Regierungschefs und warnte vor chaotischen Entwicklungen. Deshalb regte er ein Gespräch der vier Mächte über die Lage in Deutschland an. Margaret Thatcher sympathisierte mit Gorbatschow, auch die französische Regierung blickte mit Wohlwollen nach Moskau. Allein der amerikanische Präsident beriet sich sofort mit Bundeskanzler Helmut Kohl. Diese Einstellung war konsequent. Bush hatte bewußt eine zentrale Vorentscheidung gefällt, auf die auch Genscher gedrängt hatte: Die Bundesregierung wünschte jetzt und in Zukunft keine Gespräche der vier Mächte über Deutschland über die Köpfe der Deutschen hinweg, sondern wollte selbst gleichrangig mitentscheiden. Die Verhältnisse hatten sich machtpolitisch grundlegend geändert: Die Deutschen übernahmen in der deutschen Frage jetzt die Initiative und suchten vor allem den Schulterschluß mit den USA.

Unmittelbar nach dem Fall der Mauer war man sich in Washington über die Details der Vorgehensweise und die endgültige Zielsetzung der USA noch uneins. Auf jeden Fall unterstützte Bush die Regierung Kohl/Genscher rückhaltlos. Ohne zu übertreiben, läßt sich sagen, daß diese unverbrüchliche Achse die Voraussetzung dafür war, daß die Vereinigung Deutschlands überhaupt stattfand, daß sie unter Bedingungen durchgesetzt wurde, die eine fast dekkungsgleiche Interessenlage zwischen Washington und Bonn offenbarte, daß die Vereinigung zügig und ohne Verzögerung vonstatten ging und daß die innen- und außenpolitischen Grundbedingungen der alten Bundesrepublik auch für das vereinigte Deutschland galten.

Als der deutsche Außenminister am 22. November 1989 in Washington mit Bush und Baker über die deutsche Frage konferierte, betonte er zunächst die Notwendigkeit, in der DDR demokratische Verhältnisse zu schaffen. Auch Genscher legte sich zunächst nicht fest, sondern wollte sich für die weitere Entwicklung Optionen offenhalten. Er wiederholte seine Auffassung, daß es keine Viermächtegespräche über Deutschland geben dürfe und daß die deutsche Frage im europäischen Rahmen einer Lösung zugeführt werden müsse. Als Bush erklärte, Gorbatschow sei besorgt wegen der deutschen Frage, antwortete Genscher: »Gerade wegen der Wirkung auf Moskau sei es Sache der Deutschen in der DDR, sich zur Frage der Einheit zu äußern. Wir hätten von uns aus in unserer Verfassung diesen Willen zur Einheit ja bereits bekundet. Eines allerdings müsse ganz klar sein: Wir wollten keinen deutschen Alleingang, stünden vielmehr zur NATO und zur Europäischen Gemeinschaft. In der Vergangenheit sei oft grundlos Sorge vor einer deutschen Sonderrolle geäußert worden; heute dürfe es nicht dadurch zu einer deutschen Sonderrolle kommen, daß die Deutschen aus der gesamteuropäischen Entwicklung ausgeklammert würden.«[108] Genschers Versicherung, daß Deutschland auch in Zukunft fest im Westen integriert bleiben müsse, war für die amerikanische Regierung wichtig und bekräftigte sie in ihrer Absicht, den Wunsch der Deutschen nach Selbstbestimmung und freien Wahlen zu unterstützen. Aber der deutsche Außenminister ging bei seinem Besuch noch weiter: In seinem Gespräch mit Sicherheitsberater Scowcroft machte er folgende Perspektiven deutlich:

- Es sei jetzt von entscheidender Bedeutung, dem deutschen Volk die Möglichkeit einzuräumen, sein Selbstbestimmungsrecht auszuüben.
- Die Idee eines Friedensvertrages sei durch die Entwicklung überholt worden. Eine Viermächtekonferenz über Deutschland wäre daher ein Rück-

schritt. Auf keinen Fall dürfe es wieder zu einer Katzentischlösung wie in den fünfziger Jahren in Genf kommen.

- Alle sechs Teilnehmer – die beiden deutschen Staaten Bundesrepublik und DDR sowie die vier Mächte USA, Sowjetunion, Frankreich und Großbritannien – müßten an einem Tisch Platz haben.

Damit hatte Genscher im Grunde schon die Struktur der späteren Verhandlungen vorgezeichnet. Wie sich später noch mehrfach zeigen sollte, war er entschlossen, mit dem Ziel der Wiedervereinigung alle machtpolitischen Finessen einzusetzen, die er allerdings bescheiden in eine Rhetorik der Verantwortungspolitik hüllte.

Mit Baker vertiefte Genscher dann die Konsultationen, das Ergebnis war »eine übereinstimmende Einschätzung der Situation sowie der Chancen, die sich daraus ergaben. Persönlich hatten wir uns längst gefunden.«[109] Damit waren für die deutsche Wiedervereinigung zwischen Bonn und Washington optimale Voraussetzungen geschaffen worden: Bush und Baker erkannten nach Genschers Besuch noch deutlicher, daß es durch den Zerfall des Sowjetimperiums und den Bankrott des DDR-Regimes notwendig geworden war, gemeinsam mit der Bundesregierung eine neue europäische Ordnung aufzubauen – eine Einsicht, die sich bei den Verbündeten in London und Paris allerdings nicht so schnell durchsetzte. Während Premierministerin Thatcher und Präsident Mitterrand, wenn auch auf unterschiedliche Weise und aus unterschiedlichen Gründen, der deutschen Vereinigung zurückhaltend gegenüberstanden – um nicht zu sagen: sie ablehnten –, reagierten die USA schon im November 1989 auf die Entwicklung in Deutschland und Europa vom Standpunkt einer verantwortungsbewußten Weltmacht. Die Einstellung der USA zur deutschen Einheit war positiv und großzügig, weil die Erinnerung an das Deutschland vor 1945 nicht so belastet war wie in Frankreich und England. Noch wichtiger war die Tatsache, daß die USA in der außenpolitischen Geschichte der Bundesrepublik bis 1989 einen herausragenden Platz eingenommen hatten. Während für Frankreich das wiedervereinigte Deutschland Großmachtrivalitäten neu belebte, stellte sich die Wiedervereinigung aus amerikanischer Sicht als krönender Abschluß eines gemeinsamen Kampfes gegen sowjetische Herrschaftsansprüche in Europa dar. Es war dem amerikanischen Botschafter in Deutschland, Vernon A. Walters, vorbehalten, als einer der ersten auf Deutschlands Wiedervereinigung hinzuweisen. Als er im Mai 1989 gefragt wurde, ob er sich die deutsche Einheit in fünf Jahren vorstellen könne, antwortete er: »Sogar in viel kürzerer Zeit.«[110] Walters zeigte eine konservativ-freundschaftliche Einstellung zu Deutschland, die sein Außenminister Baker nicht immer teilte. »Ich war ziemlich bestürzt darüber, daß fast keiner der Deutschlandexperten meine Auffassung von einer baldigen Wiedervereinigung teilte. Ich [war] überzeugt, daß wir uns der Wiedervereinigung mit Windeseile näherten, und überrascht, mich in diesem Glauben so ziemlich allein zu sehen.«[111]

Anders als in Paris erkannte man in Washington, daß mit dem Zusammenbruch der DDR auch die Nachkriegsordnung in Europa unwiderruflich verloren war. Aber während man in Paris zeitweilig an eine Wiederbelebung der DDR auch noch nach dem Fall der Mauer glaubte und selbst daran mitwirkte, suchte Amerika von Anfang an einen Platz an der Seite Deutschlands. Wie selbstverständlich ging die Regierung Bush/Baker frühzeitig davon aus, daß es Amerikas Interessen dienen würde, den deutschen Einigungsprozeß zu fördern. Als Kohl am 28. November 1989 überraschend seinen Zehn-Punkte-Plan vorstellte, reagierten die französische und britische Regierung zurückhaltend, um nicht zu sagen abweisend. Der britische Außenminister Douglas Hurd wünschte einen elften Punkt, der besagen sollte, daß nichts unternommen würde, was das Gleichgewicht und die Stabilität Europas zerstören könnte. Margaret Thatcher schlug vor, daß die existierenden Grenzen so lange unverändert bleiben sollten, bis die Demokratie in der DDR tiefere Wurzeln geschlagen habe. François Mitterrand verkündete nach Kohls Zehn-Punkte-Rede brüsk, daß er Hans Modrow im Dezember einen Besuch abstatten werde. Damit wollte er die DDR unübersehbar aufwerten und außenpolitisch stabilisieren. Dagegen war die Reaktion der amerikanischen Regierung entspannt, die der amerikanischen Bevölkerung sogar enthusiastisch. Bush unterstützte Helmut Kohl, obwohl auch er von dessen Zehn Punkten überrascht wurde. Er erklärte trotzdem ohne Vorbehalte, auf derselben Wellenlänge mit Deutschland zu sein, ohne sich öffentlich über die mangelnde Konsultation zu beklagen und vermutlich in stiller Übereinkunft mit Kohl, daß dieser nicht anders handeln konnte.

Im Unterschied zu anderen außenpolitischen Themen zeigte Bush gerade in der deutschen Frage bemerkenswerten Mut und stoische Ruhe. Er plädierte für eine Überwindung des Status quo und für eine neue Vision Europas. Selbstbewußt nahm er deshalb zu dem Vorwurf Stellung, es mangele ihm an visionärer Kraft: »Wie ich bereits im Frühjahr erklärte« – so Bush am 29. November gegenüber Reportern in Washington –, »Sie sehen, daß diese Sache mit der politischen Vision Gestalt annimmt. Ich wünsche mir ein Europa, das vereint und frei ist – weniger als Vision, sondern als Realität.« Bush und Baker waren durch Genschers Lagebericht, den er eine Woche zuvor in Washington abgegeben hatte, voll informiert und deshalb zuversichtlich, daß »Bonn und Washington die deutsche Vereinigung ohne Unstimmigkeiten handhaben würden. Die entscheidende Frage war, wie Moskau und in gewisser Weise auch London und Paris auf unsere Seite gebracht werden konnten. All das sprach dafür, unsere Begeisterung über den Mauerfall, um den sich Amerika seit Jahrzehnten bemüht hatte, zurückzuhalten.«[112]

Auf dem amerikanisch-sowjetischen Gipfel am 2./3. Dezember in Malta handelte Bush ganz im deutschen Interesse, als er gegenüber Gorbatschow deutlich machte, daß er für ein überlegtes und umsichtiges Vorgehen in der deutschen Frage plädiere und auf der Berliner Mauer keinen Freudentanz aufführen werde, aber daß Gorbatschow nicht im Ernst damit rechnen könne, daß die USA die deutsche Wiedervereinigung behindern würden. Von diesem Zeitpunkt an war Gorbatschow zu Rückzugsgefechten gezwungen, denn die beiden Hauptakteure, die zugleich die machtvollsten Staaten in diesem Verhandlungsprozeß waren, die USA und die Bundesrepublik, setzten sich Seite an Seite für die deutsche Vereinigung ein. Bush und Kohl waren sich einig, daß die deutsche Frage den westlichen Integrationsrahmen nicht sprengen dürfe, sondern stärken müsse. Deshalb unterstützte Bush die europapolitische Einbettung eines vereinten Deutschland, wie sie von Bundeskanzler und Außenminister der Bundesrepublik selbst sofort verhandlungspolitisch in die Wege geleitet wurde.

Auf der NATO-Tagung in Brüssel am 4. Dezember berichtete Bush zunächst von dem Gipfel in Malta und seiner Einschätzung der deutschen Frage[113], die den deutschen Interessen voll entsprach. Im weiteren Verlauf der Tagung verkündete er folgende »vier Grundsätze« der amerikanischen Regierung, die sich mit Unterstützung der Regierung Kohl/Genscher in den vergangenen Wochen herauskristallisiert hatten: »*Erstens* muß die Selbstbestimmung so ausgeübt werden, daß das Ergebnis des Prozesses nicht vorweggenommen wird. Wir sollten zum jetzigen Zeitpunkt kein bestimmtes Modell der Einheit befürworten oder ausschließen. *Zweitens* sollte die Wiedervereinigung von dem unveränderten Bekenntnis Deutschlands zur NATO und einer mehr und mehr zusammenwachsenden Europäischen Gemeinschaft ausgehen, und sie müßte die Rechte und Verantwortlichkeiten der alliierten Mächte gebührend berücksichtigen. *Drittens* müssen im Interesse der allgemeinen Stabilität in Europa Maßnahmen in Richtung auf die Wiedervereinigung friedlich, allmählich und schrittweise getroffen werden. *Schließlich* sollten wir in der Frage der Grenzen unser Bekenntnis zu den Prinzipien der Schlußakte von Helsinki bekräftigen.«[114] Sofort im Anschluß an die Rede Bushs erklärte Kohl, daß niemand die Situation hätte besser darstellen können als der amerikanische Präsident und man deshalb am besten die Sitzung beenden sollte. Als daraufhin Italiens Ministerpräsident Andreotti davor warnte, daß Selbstbestimmung zu Schwierigkeiten führen könnte, erklärte Kohl erregt, daß Andreotti eine andere Meinung vertreten würde, wenn der Tiber sein Land politisch teilen würde.[115] Dank amerikanischer Festigkeit unterstützte die NATO in Brüssel öffentlich die Interessen Bonns und stellte sich klar hinter die Vereinigung, wobei aber noch offenblieb, in welcher Form ein vereintes Deutschland Mitglied der NATO werden sollte.

Bakers DDR-Besuch vom 12. Dezember 1989, auf dem er in Potsdam mit Regierungschef Modrow zusammentraf, verursachte leichte Irritationen in Bonn. Denn damit war der amerikanische Außenminister dem Vorschlag des US-Botschafters in Ostberlin, Richard Barkley, gefolgt, obgleich der Botschafter in der Bundesrepublik, Vernon Walters, von einem solchen Besuch nachdrücklich abgeraten hatte. Doch der Besuch hatte auch sein Gutes, denn nach seinen Eindrücken kabelte Baker dem Präsidenten: »Am meisten bin ich vom Willen zur Reform und zu friedlichem Wandel beeindruckt. ... Meiner Ansicht nach wird es in jedem Fall de facto zu einer wirtschaftlichen Vereinigung der DDR und der BRD kommen, aber ich glaube nicht, daß sich der durchschnittliche Ostdeutsche viel Gedanken um diese Option macht: Er sieht im Westen einfach grüneres Gras. Aber es gibt offensichtlich ein Dilemma. Es muß ein Weg gefunden werden, gewisse Hoffnungen auf wirtschaftliche Verbesserung aufzubauen, um den Druck auf Vereinigung zu entschärfen. Deutlich ist, daß ein Prozeß des friedlichen Wandels in der DDR glaubwürdige strukturelle und politische Reformen im Innern und eine wahrnehmbare Wirtschaftshilfe von außen erfordert. Unser Engagement könnte Kohl etwas Rückhalt geben, um die notwendigen wirtschaftlichen Schritte zur Unterstützung einer reformierten, aber hinfälligen DDR zu unternehmen, ohne Ängste der Nachbarn allzusehr zu schüren. ... Ich vermute, die Sowjets werden zunehmende Verflechtungen zwischen den deutschen Staaten bereitwilliger zulassen, wenn sie glauben, daß wir ein Auge auf die Szenerie haben.«[116] Noch schloß Baker Zweistaatlichkeit nicht aus. Aber bald wurde dem amerikanischen Außenminister klar, daß die Vereinigung zwingend wurde und die Bundesrepublik dann auf keinen Fall an einer Wiedereinsetzung der vier alliierten Mächte interessiert war, die wie in den fünfziger Jahren über die Deutschen bestimmen würden. Genscher hatte sich über das Treffen der vier alliierten Botschafter in Berlin erregt und vor einem Friedensvertrag à la Versailles über die Köpfe der Deutschen hinweg gewarnt.[117]

Der sonst so bedacht agierende Genscher war selten so emotional wie während dieser Sitzung, als er erregt ausrief: »Niemals, niemals werden die Deutschen einem solchen weiteren Treffen zustimmen, niemals werden die Deutschen sich an einen Katzentisch wie in den fünfziger Jahren in Genf setzen.«[118] Andererseits ist nicht auszuschließen, daß der erfahrene deutsche Außenminister seinen Ausbruch genau kalkuliert hatte, um jegliche Alternativen zu einem gleichberechtigten Sechsertreffen auszuschließen. Die Wirkung war jedenfalls eindrucksvoll, denn der amerikanische Außenminister, der neben Genscher saß, legte seine Hand auf Genschers Arm und erklärte ruhig und verständnisvoll: »Hans-Dietrich, wir haben dich verstanden.« Genscher hatte die Wirkung seiner Intervention richtig berechnet: »Das Vierertreffen im Kontrollratsgebäude hatte im nachhinein eine wichtige und richtige Wirkung. Unseren Partnern war durch meine Reaktion klar geworden, daß die Deutschland und Berlin betreffenden Fragen keine Sache mehr waren, die die Alliierten ohne uns mit der Sowjetunion in einem Viererkreis besprechen konnten. An der gleichberechtigten Teilnahme Deutschlands führte kein Weg mehr vorbei.« Schewardnadse gegenüber erklärte Genscher in derselben Sache am 10. Februar 1990: »Wir werden keiner Verhandlung zustimmen, bei der die Vier über uns zu Gericht sitzen. Jedes Volk hat seine Würde. Wir wollen mit den Vieren sprechen. Über das Treffen der vier Botschafter Anfang Dezember in Berlin waren wir nicht erfreut. Zu einer Konferenz wie in Genf in den fünfziger Jahren, bei der die deutschen Delegationen am Katzentisch saßen, werde ich nicht erscheinen.«[119]

Anfang 1990 erkannten die amerikanische und deutsche Regierung, daß die Vereinigung in Sachfragen, aber auch in der Vorgehensweise dringend der Klärung bedurfte. Der Drang nach Freiheit und dann nach Einheit, der Ruf nach Wiedervereinigung, von der Bevölkerung in der DDR machtvoll geäußert, erforderte nun das ganze diplomatische Geschick der beteiligten Regierungen, um die Vereinigung in die richtigen politischen und diplomatischen Kanäle zu leiten.

Während die Regierungen in Paris und London den Prozeß zu verzögern suchten, blockierte die sowjetische Führung nach wie vor die Vereinigung. Aber der ausdrückliche Rückhalt der USA gab den Bonner Initiativen Durchschlagskraft. Als die DDR 1990 wirtschaftlich und gesellschaftlich wie ein Potemkinsches Dorf zerfiel, die Menschen zu Tausenden in die Bundesrepublik flüchteten, beschleunigte Helmut Kohl den Prozeß dramatisch: Hatte er noch vor Wochen mit einem langfristigen Prozeß der Vereinigung gerechnet, der Jahre dauern würde, so drückte er jetzt aufs Tempo. Als Teltschik sich Anfang Februar 1990 in München mit seinem Kollegen Scowcroft beriet, war beiden klar, daß in Washington und Bonn parallel gedacht wurde: »Welches Pfand die

Sowjetunion gegen die Bundesregierung in der Hand habe, will Brent wissen. Ich verweise auf die Vier-Mächte-Verantwortung. Da werden die USA nicht mitmachen, erwiderte Brent. Das lasse sie auch zögern, einem KSZE-Gipfel zuzustimmen, weil die Sowjetunion versucht sein könnte, daraus eine Ersatz-Friedenskonferenz über Deutschland zu machen.«[120]

Ein kühner Plan zur Vereinigung war notwendig: Kohl und Bush befürchteten, daß Gorbatschow von reaktionären Kräften gestürzt werden könnte. Die Konsequenzen wären für die deutsche Vereinigung verheerend gewesen. Deshalb waren für die Deutschland- und Europapolitik der USA drei Fragen entscheidend:

1. Wie schnell soll Deutschland vereinigt werden, und wie soll das Verhältnis Deutschlands zur NATO aussehen?
2. Welcher Prozeß, welche diplomatische Vorgehensweise ist für die Klärung der außenpolitischen Vereinigung angemessen?
3. Wie soll die militärische Präsenz der USA in Europa und Deutschland in den neunziger Jahren aussehen?

Um die Jahreswende 1989/90 suchte die Regierung Bush zwei gegensätzliche Entwicklungen unter Kontrolle zu halten: Auf der einen Seite war erkennbar geworden, daß die Regierung Bush endlich Gorbatschows Reformkurs unterstützte, sich aber gleichzeitig bemühte, weiter für die deutsche Vereinigung einzutreten, ohne den sowjetischen Führer zu schwächen. Das war nicht einfach. Deshalb hatte Bush mit Gorbatschow auf dem Gipfel in Malta zunächst vereinbart, keine übereilten Maßnahmen zu ergreifen, die die Nachkriegsordnung in Europa zerstören könnten.

Hinsichtlich der deutschen Frage wurde Bushs Neigung zu kontrollierter Machtpolitik erkennbar, als er auf dem NATO-Gipfel in Brüssel seine vier Grundsätze zur deutschen Frage formulierte. Bei genauerer Betrachtung wird ein Widerspruch zwischen dem ersten und zweiten Grundsatz deutlich: Wenn die Selbstbestimmung von den Deutschen »so ausgeübt werden« sollte, »daß das Ergebnis des Prozesses nicht vorweggenommen wird«, so hätten sie sich auch für ein vereinigtes, neutrales, blockfreies Deutschland entscheiden können – aber genau dies schloß der zweite Grundsatz, nämlich das »unveränderte Bekenntnis Deutschlands zur NATO und ... Europäischen Gemeinschaft«, aus. Bush wußte um diesen Widerspruch, der nur durch zwei Entwicklungen aufgelöst werden konnte: Die wirtschaftliche und politische Lage der DDR konnte sich so positiv entwickeln, daß die DDR-Bürger in ihrem Staat bleiben wollten und entsprechend eine reformierte DDR entstünde, oder der Ruf nach Einheit würde sich verstärken und in dramatischer Geschwindigkeit zum Zerfall der DDR führen. Es ist nicht auszuschließen, daß Bush und Baker sich als vorsichtige Pragmatiker der Macht in dieser prekären Übergangsphase eine Hintertür für die erste Möglichkeit offenhalten wollten, weil sie ihren Status-quo-Überlegungen sowie ihrer Neigung, Gorbatschow zu unterstützen, Spielraum ließ.

Das Hauptinteresse der amerikanischen Regierung lag jedoch eindeutig in der Überwindung der Spaltung Deutschlands und Europas. Bei aller Wertschätzung Gorbatschows war eindeutig, daß die amerikanische Außenpolitik für Freiheit, Selbstbestimmung und Einheit eintrat, wie die Rede Bakers vor dem Berliner Presseclub am 12. Dezember 1989 deutlich machte: »Präsident Gorbatschow gebührt das Verdienst dafür, als erster sowjetischer Staatschef den Mut und die Weitsicht besessen zu haben, die Unterdrückung in Osteuropa zu beenden. Der wahre Impuls für den Wandel kommt jedoch aus einer völlig anderen Quelle: den Völkern Polens, Ungarns, der Tschechoslowakei, Bulgariens und der DDR. Sie haben sich selbst befreit. Freie Menschen und freie Regierungen sind die Bausteine eines ungeteilten freien Europa.«[121]

Gleichzeitig betonte die amerikanische Regierung, daß die deutsche Vereinigung aus ihrer Sicht im Rahmen eines europaweiten Kontexts vor sich gehen sollte. Nach Baker bestand die Aufgabe darin, eine neue Architektur für ein neues Zeitalter zu entwerfen und schrittweise aufzubauen: »Diese neue Struktur muß ferner zwei spezielle Zwecke erfüllen. [Vor allem] muß es als Teil der Überwindung der Teilung Europas eine Chance geben, die Teilung Berlins und Deutschlands durch Frieden und Freiheit zu überwinden. Seit vierzig Jahren stehen die Vereinigten Staaten und die NATO für die deutsche Einheit, und wir werden von diesem Ziel nicht abrücken.«[122]

Der rasante Zusammenbruch der DDR zur Jahreswende 1989/90 erforderte schnelle Entscheidungen. Die USA suchten einen Prozeß, der den beiden deutschen Staaten zur Vereinigung verhelfen und gleichzeitig Gorbatschow einen Platz am Tisch freihalten würde, damit er den Scharfmachern im eigenen Land klarmachen konnte, daß er die Dinge noch immer in der Hand habe. Zugleich wollte Baker, daß »die Hebelkraft der innenpolitischen Ereignisse auf die außenpolitische Dimension der Vereinigung verstärkt würde«.[123] Baker wollte vor allem vermeiden, daß die Sowjets Probleme schufen, um die amerikanischen und bundesrepublikanischen Ziele der Vereinigung zu verhindern.

Vor diesem Hintergrund verfaßte der politische Planungsstab im State Department ein Memorandum, das deutsche und amerikanische Überlegungen für eine Vereinigungsdiplomatie kombinierte: »Dieses Rezept hieß ›Zwei plus Vier‹. Die USA sollten die zwei plus die vier Mächte einbinden, um das Ziel der Vereinigung Deutschlands zu erreichen. Die Vorzüge dieser Formel lagen klar auf der Hand. Sie würden den Deutschen (den zwei) die Kontrolle über ihre inneren Angelegenheiten überlassen und zugleich den vier Siegermächten gestatten, im Hinblick auf die außenpolitischen Aspekte der Vereinigung eine Rolle zu spielen. Außerdem würde die Beteiligung der Siegermächte der Vereinigung mit dieser Formel die notwendige Legitimität verleihen, vor allem würde sie einen diplomatischen Vereinigungsprozeß in Gang setzen, der mit den Ereignissen tatsächlich Schritt halten konnte.«[124]

Auf dieser Grundlage wurde in Zusammenarbeit mit der Bundesregierung der »2+4«-Prozeß entwickelt, der für die USA unverzichtbar war, denn »ohne einen solchen Prozeß liefen wir Gefahr, daß sich die Deutschen und die Sowjets selbständig machten und gemeinsam einen Deal aushandelten (wie sie es 1918 in Brest-Litowsk, 1922 in Rapallo und 1939 mit dem Molotow-Ribbentrop-Nichtangriffspakt getan hatten), der den westlichen Interessen nicht gut bekommen würde. Mir schien es daher wichtig, alle Großmächte an einem Tisch zu versammeln, damit jeder in die Karten des anderen schauen konnte.«[125] Den USA kam es also vor allem darauf an, daß der Prozeß der deutschen Vereinigung, der Anfang 1990 letztlich allen unaufhaltsam erschien, nicht bilateral zwischen Deutschen und Sowjets ausgehandelt wurde. Traditionslinien amerikanischer Deutschlandpolitik wurden erkennbar. Deutsche Einigung ja, aber nicht unter prosowjetischem oder neutralem Vorzeichen, sondern in unverbrüchlicher Verbindung der Deutschen zur westlichen Staatengemeinschaft und damit zur amerikanischen Interessensphäre.

Die historische Gunst der Stunde lag darin, daß es in diesem Punkt völlige Interessenübereinstimmung mit der Bundesregierung gab. Die Machtverschiebungen zugunsten des Westens waren so gigantisch, daß selbst die Vorbehalte der Franzosen und Engländer kaum spürbaren Nadelstichen glichen, die zwar auf der historisch sensiblen Haut der Deutschen Schmerz und Enttäuschung hinterließen, aber die Dynamik der revolutionären Veränderungen nicht im geringsten beeinflussen konnten.

Karl Kaiser betont, daß sich die amerikanische Politik während des deutschen Vereinigungsprozesses an vier Prioritäten ausrichtete: volle Souveränität, »Zwei plus Vier« statt »Vier plus Zwei«, Einhegung der sowjetischen Interessen und die Gunst der Stunde nutzen. Das ist richtig, aber hinzu kam folgender entscheidender fünfter Punkt: Einbindung des vereinten Deutschland in die Kontinuitätsmuster der bundesrepublikanischen Außen- und Sicherheitspolitik; er brachte erst die Sicherung und Vergrößerung der westlichen, sprich amerikanischen Interessensphäre mit sich. Drei Bedingungen sollten diese Entwicklung absichern: Die Verhandlungsdelegation der DDR durfte nur als Ergebnis freier

Wahlen und einer entsprechenden demokratischen Regierung in Ostberlin an einem solchen Verhandlungsprozeß teilnehmen; die beiden deutschen Delegationen sollten absolut, das heißt uneingeschränkt gleichberechtigt an den Verhandlungen teilnehmen; und schließlich sollten sich alle Teilnehmer einig sein, daß das Ziel der Gespräche die Einheit Deutschlands sei. Schließlich konnten folgende Vorbehalte überwunden werden:

- Premierministerin Thatcher hatte ursprünglich »4+2«-Gespräche gewünscht und gleichzeitig auf eine Langzeitperspektive der deutschen Vereinigung verwiesen, wobei zunächst als Vorbedingung die DDR selbst demokratischen Charakter entwickeln müsse.
- Die französische Regierung bevorzugte ebenfalls ursprünglich »4+2«-Gespräche und suchte zunächst den Vereinigungsprozeß aufzuhalten oder zumindest zu verzögern.
- Gorbatschow wünschte allenfalls ein neutrales Deutschland und deshalb möglichst nur Viermächteverhandlungen über Deutschland.[126]
- Die Regierung Modrow schließlich wünschte sich eine Art Deutschen Bund unter militärischer Neutralität von DDR und Bundesrepublik Deutschland – Ulbricht und Grotewohl ließen aus den fünfziger Jahren grüßen!

Aber dank der Wucht der Vereinigungsbewegung von unten und der synergetischen Macht der amerikanischen und bundesrepublikanischen Vorstellungen zu »2+4« waren alle Alternativen schnell anachronistisch. Sie wurden vom Tisch gefegt. Bush und Kohl waren sich einig: Es sollte für Deutschland keinen Sonderstatus, keine Singularisierung, keine Diskriminierung geben dürfen.[127] Kohls Zehn-Punkte-Plan über eine Vertragsgemeinschaft zwischen der Bundesrepublik Deutschland und der DDR wurde von den Ereignissen überholt. Hatte er zunächst mit seinen zehn Punkten die deutschlandpolitische Initiative innerhalb der Bundesregierung an sich gezogen, so eroberte im Zuge der Entstehung des »2+4«-Mechanismus das Auswärtige Amt verhandlungspolitisches Terrain zurück.

In den schwierigen »2+4«-Gesprächen waren es wieder die USA, die gegen Frankreichs und Englands Bedenken diesen Rahmen festzimmerten: Während Frau Thatcher am liebsten – wenn überhaupt – reine Viermächteverhandlungen über Deutschland gesehen hätte, neigten andere Verbündete zu einer Behandlung der deutschen Frage im KSZE-Rahmen; besonders die Sowjetunion suchte die KSZE für die deutsche Frage zu aktivieren.[128] Dank klugen diplomatischen Taktierens gelang es den Deutschen und Amerikanern, die KSZE-Idee geschickt, aber unverbindlich mit einzubeziehen: Eine Gipfelkonferenz der KSZE war denkbar und wünschenswert, aber nur um den Vereinigungsprozeß protokollarisch abzusegnen.

Der sicherheitspolitische Status der Bundesrepublik wurde zum Hauptproblem der Verhandlungen. Im Januar 1990 suchten die Bundesregierung und die Regierung Bush fieberhaft nach einer Lösung. Nicht alle Fragen konnten zwischen den Sechs geregelt werden; die Aspekte der Sicherheit berührten auch NATO und Warschauer Pakt. Genscher wollte das Problem über einen veränderten Sicherheitsbegriff und den sich daraus ergebenden Wandel der Militärallianzen angehen, ohne das Problem der NATO-Mitgliedschaft aussprechen zu müssen.[129] »Kooperative Sicherheitsstruktur« war für Genscher der prägende Begriff: »Den Bündnissen NATO und Warschauer Pakt kommt dabei in diesem Prozeß eine besondere politische Steuerungsfunktion zu: Die den Völkern Europas von den Bündnissen gewährte Sicherheit muß in einem ersten Schritt durch kooperative Sicherheitsstrukturen bestärkt werden. In einem zweiten Schritt müssen die dann kooperativ strukturierten Bündnisse in einen Verbund gemeinsamer, kollektiver Sicherheit überführt werden.«[130]

Genscher stand in diesen entscheidenden Monaten in engem Kontakt mit seinem Amtskollegen Baker. Jetzt machte sich bezahlt, daß die beiden einander vertrauten, aber gleichzeitig vorsichtig das gesamte Terrain sondierten. Beide, der Deutsche wie der Amerikaner, bewegten sich nach den Gesetzen kontrollierter Machtpolitik: »mit der Vorsicht eines Rieseninsektes, das mit seinen vielen Fühlern vorsichtig das Umfeld abtastete, bereit, zurückzuzucken, wenn es Widerstand spürte, um dann sofort den Fühler an einer anderen Stelle anzusetzen«.[131] Beide bewegten sich aber nur taktisch flexibel, strategisch verband sie dasselbe Ziel: ein vereintes Deutschland in klarer Bindung und Fortsetzung der Werte und Interessen und in Kontinuität der alten Bundesrepublik.

In Washington und Bonn wußte man, daß der Schlüssel zur Lösung der deutschen Frage in der Respektierung der sowjetischen Interessen lag. Nur wenn diese als legitim anerkannt und behandelt wurden, konnte man darauf vertrauen, daß die Sowjetunion die Veränderungen dulden würde. Genscher »schien es dringend geboten, Klarheit über unseren Willen zu fortdauernder NATO-Mitgliedschaft zu schaffen«. In seiner Tutzinger Rede nahm Genscher Einfluß auf die öffentliche Meinung und die Staaten der Welt. Er gab ein unmißverständliches Signal, das von den Amerikanern mit Zustimmung, ja erleichtert aufgenommen wurde, weil Genscher zur NATO-Frage unmißverständlich erklärt hatte: »Ein neutralistisches Gesamtdeutschland wollen wir nicht.«[132] Damit hatte er auch ausgeschlossen, das Gebiet der DDR könne von der NATO-Mitgliedschaft ausgeklammert, also quasi neutralisiert werden. Die NATO-Erklärungen von Turnberry und London im Frühjahr und Sommer 1990 bekräftigten das amerikanische und bundesdeutsche Anliegen. So wurde der Weg geebnet, der die Sowjetunion in der Bündnisfrage zu einem Umdenken veranlaßte.

Diese Geburtsphase der »2+4«-Gespräche war durch vertrauliche Kooperation der USA und der Bundesrepublik gekennzeichnet. Genscher und Baker bedienten sich in diesen Monaten häufig ihrer »rechten Hände« (Elbe auf deutscher Seite, Zoellick und Ross auf amerikanischer Seite), um heikle Fragen vorab zu erörtern, die sich aus den Umwälzungen in Europa ergaben: »In Zoellicks Büro auf der Ministeretage des State Department akzeptierten Elbes amerikanische Gesprächspartner am 1. Februar 1990 die Tutzing-Formel von Außenminister Genscher. ... Ihrerseits schlugen Zoellick und Ross für die Verhandlungen einen sogenannten Sechser-Mechanismus vor.« So wurden die »2+4«-Gespräche geboren: »Der Sechser-Mechanismus, den sich Baker, seine Berater Zoellick und Ross und im Nationalen Sicherheitsrat Bob Blackwill ausgedacht hatten, kam den deutschen Interessen nach einem möglichst begrenzten Verhandlungskreis entgegen.«[133] Die Vaterschaft der »2+4«-Formel auf amerikanischer Seite wurde mehrfach beansprucht. Intern wurde auf der 7. Etage des State Department – also auf der Führungsetage – der Begriff schon früher verwandt. Er wurde in den Beratungen Zoellicks mit dem Planungsstab entwickelt, beteiligt war auch Francis Fukujama vom Planungsstab des State Department.

Der Einfluß der Regierung Bush auf den Vereinigungsprozeß wurde erneut deutlich, als Baker (und nicht die deutsche Bundesregierung) Gorbatschow drängte, die Deutschen nach Moskau einzuladen; Bush wußte, daß ein Durchbruch bei den deutsch-sowjetischen Gegensätzen zwingend war. In seinen Gesprächen mit Schewardnadse suchte Baker fintenreich die starre Haltung der Sowjetunion aufzuweichen, denn ursprünglich hatten Gorbatschow und Schewardnadse völlig entgegengesetzte Vorstellungen.

Eines der Hauptprobleme war die Frage der Bündniszugehörigkeit eines vereinten Deutschland: Baker konnte Schewardnadse davon überzeugen, daß ein neutrales, ungebundenes Deutschland eine große Gefahr darstellen, dagegen ein wiedervereinigtes Deutschland in der NATO die europäische Sicherheit stabilisieren würde. Im Rahmen der NATO und unter den Augen der USA würde Deutschland keine politischen Eskapaden wagen, die es als ungebundener neutraler Staat versuchen könnte. Die Sowjets ließen sich von diesem Argument zunächst noch wenig beeindrucken; doch die Regierung Bush hatte erkannt, daß zuerst der Grundcharakter der NATO geändert werden müsse, bevor die Sowjets von der deutschen Vereinigung und NATO-Mitgliedschaft überzeugt werden konnten. In seinem Gespräch mit Gorbatschow hatte Baker auch das Gefühl, daß der Generalsekretär Überlegungen, die auf Veränderung des Charakters der NATO abzielten, aufgeschlossener gegenüberstand als Außenminister Schewardnadse. Die Begründung für die unterschiedliche Haltung liefert Baker in seinen Erinnerungen: »Zum ersten Mal erlebte ich, daß Schewardnadse einen Punkt ablehnte, zu dem sich Gorbatschow offen bekannte [gemeint ist die Aussicht auf die Vereinigung Deutschlands]. Was aber vermutlich daran lag, daß Gorbatschow eine wesentlich bedeutendere Gegebenheit nicht wahrhaben wollte: den Niedergang der Sowjetunion als Großmacht. ... Gorbatschow schien davon auszugehen, daß die Sowjetunion für alle Zeiten eine überragende Macht in Europa bleiben würde – selbst wenn Deutschland vereinigt war. Und ich begann zu verstehen, daß Schewardnadse die Zukunft sehr viel klarer sah als er und einfach nur versuchte, jedes Gespräch über den immer deutlicheren Niedergang der Sowjetunion zu vermeiden.«[134]

Bush und Baker blieben im Unterschied zur Bundesregierung von Anfang an hinsichtlich der Forderung nach voller Einbeziehung Deutschlands in die NATO kompromißlos. Die Sowjets gaben schließlich nach, weil auf Drängen der Bundesregierung und der USA der defensive Charakter der NATO weiter betont und ihre neue politisch kooperative Rolle gegenüber dem Warschauer Pakt erweitert wurde. Die USA spielten für die NATO-Einbindung Deutschlands eine unverzichtbare Rolle. So sprach Baker in Moskau mit Gorbatschow und Schewardnadse darüber, daß die beiden deutschen Staaten und die vier Siegermächte Verhandlungen an einem gemeinsamen Tisch führen sollten. »Das nachdrückliche Werben Bakers wurde in dieser Situation zu einer entscheidenden Hilfe für die deutsche Seite.«[135]

Diese Sicht wird von Elizabeth Pond bekräftigt: »Die Vereinigten Staaten befanden sich in einer Position, in der sie starken Einfluß auf die Bedingungen der Vereinigung nehmen konnten. Ihre einzigartige Supermachtsbeziehung zur Sowjetunion erlaubte es ihr, Gorbatschow zu versichern – was Bush auch sofort tat –, daß Moskau im Verlauf des folgenden Anpassungsprozesses nicht isoliert oder erniedrigt werden würde und daß die wirklichen sowjetischen Sicherheitsinteressen nicht beeinträchtigt würden. Das amerikanische Engagement in Europa war implizit auch für Deutschlands Nachbarn die Versicherung, daß die USA als Gegengewicht zu einer wachsenden deutschen Macht bereitstünden. Zur gleichen Zeit half die vorbehaltlose Unterstützung der Vereinigung Bonn dabei, einen glatten Übergang zu bewerkstelligen – trotz der Befürchtungen anderer Europäer –, und es erlaubte den USA, einige harte Wahrheiten über die Notwendigkeit des Fortbestands der NATO zu sagen, die die Franzosen und die Briten aufgrund ihres Widerstandes gegen die Vereinigung nicht mehr vorbringen konnten.«[136] Bush präsentierte Gorbatschow neun Garantien des Westens, welche die sowjetischen Sicherheitsbedenken zerstreuen sollten:

1. Reduzierung der Truppenstärke der Bundeswehr durch die VKSE II;
2. Beschleunigung der SNF-Verhandlungen,
3. die Absicherung, daß Deutschland atomare, biologische oder chemische Waffen niemals herstellen, besitzen oder erwerben werde,
4. die Zusicherung, daß während einer Übergangsperiode keine NATO-Streitkräfte auf dem Boden der DDR stationiert würden,
5. die Festlegung einer Übergangsperiode für den Abzug sowjetischer Truppen von deutschem Territorium,
6. die politische und militärische Anpassung der NATO,
7. eine verbindliche Vereinbarung über die polnisch-deutsche Grenze,
8. die Institutionalisierung und Weiterentwicklung der KSZE und schließlich
9. die Entwicklung von vorteilhaften Wirtschaftsbeziehungen zwischen der Sowjetunion und Deutschland, bei gleichzeitiger Erfüllung aller wirtschaftlichen Verpflichtungen der DDR gegenüber der UdSSR.

Die USA wollten diese Schritte ursprünglich einzeln einleiten. Doch indem sie zu einem Paket verschnürt und als neun Garantien präsentiert wurden, verstärkte sich ihre politische Wirkung: »Das Paket war so zusammengestellt worden, daß einerseits die Deutschen nicht ausgesondert wurden und es andererseits für die Sowjets keine entwürdigende Niederlage bedeutete. Vor allem aber hatten wir uns mit diesem Paket bemüht, Gorbatschow den Rücken zu dekken, um dem Ganzen einen Rahmen zu geben, der ihm innenpolitisch helfen würde.«[137]

Die neun Garantien verfehlten ihre Wirkung nicht. Aber Gorbatschow zögerte zunächst, die Mitgliedschaft eines vereinten Deutschland in der NATO zu akzeptieren. Daraufhin konzentrierten sich Washington und Bonn auf das Ziel, den Charakter der NATO tiefgreifend zu verändern und die Beziehungen zwischen NATO und Warschauer Pakt soweit zu »entfeinden«[138], daß Gorbatschow der Mitgliedschaft Deutschlands zustimmen konnte. Die Beziehungen der Blöcke beziehungsweise der Verteidigungssysteme sollten einen neuen kooperativen Charakter erhalten. Das war leichter gesagt, als getan, denn zunächst mußten die NATO-Mitglieder selbst von dieser politischen Strategie überzeugt werden. Baker schildert die Stimmungslage auf der NATO-Konferenz in Ottawa Mitte Februar folgendermaßen: »Ich ging hinunter zur NATO-Vollversammlung, die bereits seit einiger Zeit im Gang war. Es herrschte eine gespannte Atmosphäre. Keiner der anderen Außenminister war in die Diskussionen eingeweiht worden, die zur Verständigung über die 2+4-Gespräche geführt hatten; und um dem Ganzen die Krone aufzusetzen, hatten sie von Journalisten davon erfahren, noch bevor Genscher, Hurd, Dumas oder ich ins Konferenzzentrum hatten zurückeilen und sie davon in Kenntnis setzen können. Die Bündnispartner waren empört, daß man sie nicht konsultiert hatte. ... Wir versuchten, sie mit ihrer Zurücksetzung zu versöhnen ... doch nach dem ganzen Hin und Her war Genscher nicht mehr in der Stimmung für Höflichkeitsfloskeln. Als er De Michelis brüsk das Wort abschnitt, schlug Joe Clark mit dem Hammer auf den Tisch und beendete das Treffen.«[139]

Zu diesem kritischen Zeitpunkt des Verhandlungsprozesses war erneut engste amerikanisch-bundesdeutsche Abstimmung nötig. Bevor Kohl und Genscher im Februar 1990 zu den entscheidenden Verhandlungen nach Moskau reisten, hinterließ Baker deshalb einen dreiseitigen Brief mit den Ergebnissen seines Gesprächs, das er gerade mit Gorbatschow geführt hatte: »Am Flughafen steckt mir unser Botschafter, Klaus Blech, einen Brief Bakers für den Bundeskanzler zu. Es ist die versprochene Unterrichtung über seine Gespräche mit Gorbatschow und Schewardnadse.«[140] In diesem Brief empfahl der amerikanische Außenminister dringend, daß der Bundeskanzler Deutschlands Grenzen dauerhaft und unverrückbar festschreiben solle – eine Forderung, die Genscher von Anfang an als zentral angesehen hatte. Auch Bush hatte dem Bundeskanzler vor diesem wichtigen Treffen in einem persönlichen Schreiben nahegelegt, unbedingt auf der Mitgliedschaft eines vereinten Deutschland in der NATO zu bestehen, wenn er Michail Gorbatschow gegenübersitze.[141]

Die Regierung Bush tat alles, um vor dem entscheidenden deutsch-sowjetischen Treffen den westdeutsche Kanzler im westlichen Bündnis eingesponnen zu halten. »Immer wenn Kohl vor der Wahl steht, die NATO zu verlassen oder einen Bruch mit den Russen zu riskieren, werden die westlichen Nationen einen Ring um ihn bilden. Wie ein einmütiger Chor wird der Westen hinter ihm stehen und ihm einflüstern: Wir stehen zu dir. Wir werden ihm in Erinnerung rufen, daß die Deutschen ihn auf die gleiche Stufe wie Bismarck und Adenauer stellen werden, was immer auch in diesem Jahr mit Deutschland geschieht.«[142]

Auf der NATO-Tagung in Ottawa im Mai 1990, dem ersten Treffen zwischen NATO und Warschauer Pakt, waren die deutsch-amerikanischen Abstimmungen ebenfalls zentral, wie Bakers unermüdliches Einwirken auf die Verbündeten und zukünftigen Partner in Mittel- und Osteuropa zeigte. Baker berichtet allerdings von internen Differenzen innerhalb der Regierung, weil Mitarbeiter des Nationalen Sicherheitsrates sich gegen die 2+4-Formel gestellt hatten und dementsprechend den Präsidenten dazu bringen wollten, sie nicht zu akzeptieren.[143]

Als sich Gorbatschow am 30. Mai 1990 zu Gesprächen in Washington aufhielt, betonte Bush, daß die NATO-Mitgliedschaft Deutschlands die Sicherheit in Europa stabilisiere. Gorbatschow blieb mißtrauisch, schlug jedoch vor, daß NATO und Warschauer Pakt jeweils ihre politische Bedeutung erweitern sollten und Deutschland Mitglied in beiden Bündnissen sein müsse.[144] Baker stellte Gorbatschow die erwähnten neun Garantien vor. Eine einseitige Mitgliedschaft würde Europas Balance gefährlich verändern, erwiderte Gorbatschow. Bush antwortete mit einem Vorschlag, der alle Anwesenden elektrisierte und Gorbatschow politisch entwaffnete: Er erklärte, in der KSZE-Schlußakte von Helsinki sei das Recht der freien Wahl einer Bündniszugehörigkeit verankert. Also könne man auch dem vereinten Deutschland dieses Recht nicht verweigern. Nach Bushs Ausführungen warteten alle gespannt auf Gorbatschows Reaktion. Er nickte und erklärte nur knapp: Ja, das sei wahr. Die amerikanische Delegation war begeistert, aber den sowjetischen Begleitern Gorbatschows stand der Schrecken ins Gesicht geschrieben. Besonders Falin und Achromejew waren konsterniert. Um sicherzugehen, bat Bush Gorbatschow noch einmal ausdrücklich, seine Auffassung zu wiederholen, worauf Gorbatschow seine Aussage bekräftigte. Er hatte ohne Rücksicht auf seine Mitarbeiter ein großes, ja zentrales Zugeständnis gemacht. Bush hatte sich ganz spontan geäußert. Vielleicht war Gorbatschow dadurch so überrascht, daß er ebenfalls ganz spontan zustimmte, ohne im Moment die Tragweite seiner Aussage zu übersehen. Aber nun war der Weg frei, um in der NATO die neuen politischen kooperativen Ergänzungen zu besprechen, denn damit hatte Gorbatschow am 30. Mai in Washington der Mitgliedschaft eines vereinten Deutschland in der NATO zugestimmt – das war eine Sensation, wie Horst Teltschik zu Recht feststellte.[145] Nach diesem Durchbruch hatte Baker das Gefühl, »daß wir die Initiative bei den amerikanisch-sowjetischen Beziehungen zurückgewonnen hatten«.[146]

Nun lag es am Westen, entsprechende Veränderungen der NATO in Politik und Strategie deklaratorisch zu verdeutlichen. In langen Verhandlungen, in denen die Initiativen zumeist von den USA und der Bundesrepublik ausgingen, bahnten sich sieben entscheidende Veränderungen der NATO an.

1. Die ehemaligen Gegner wurden eingeladen, ständige Verbindungsbüros mit der NATO einzurichten.
2. Die NATO versprach, die konventionellen Streitkräfte in einem CFE-II-Abkommen um die Hälfte zu verringern.
3. Die NATO wollte die konventionellen Streitkräfte noch stärker unter multinationale Kontrolle stellen (um vor allem die Befürchtungen der Sowjets vor der Bundeswehr zu zerstreuen).

4. Die USA versprachen, nukleare Artillerie zu vernichten und die entsprechenden Reserven stark zu reduzieren. Außerdem sollte eine neue Nukleardoktrin der sogenannten letzten Wahl entwickelt werden.
5. Die NATO wollte den kommenden Verhandlungen über Nuklear-Kurzstreckenraketen durch Ankündigung eigener massiver Kürzungen zum Erfolg verhelfen.
6. Die NATO wollte eine neue Militärstrategie entwickeln, in der sowohl die Vorwärtsverteidigung wie auch die »flexible response« durch eine neue Doktrin der letzten Wahl (»last resort«) ersetzt werden sollten.
7. Neue KSZE-Institutionen wie das Zentrum für Konfliktverhütung sollten die Verteidigungspolitik der Allianz mitbestimmen.[147]

Verhandlungstechnisch mußten die USA unter größtem Zeitdruck Widersprüche und Bedenken verschiedener Bündnispartner ausräumen beziehungsweise durch entsprechende Formulierungen so berücksichtigen, daß der Kern der neuen NATO-Strategie nicht verwässert wurde. Es ist das historische Verdienst der Regierung Bush, daß sie vorbehaltlos an der Seite der Bundesregierung stand, um auf dem NATO-Gipfel in London diese Veränderungen durchzusetzen.

Die traditionelle NATO-Bürokratie, der alteingefahrene NATO-Entscheidungsprozeß wurde bei dieser revolutionären Veränderung weitgehend außer Kraft gesetzt. Die westliche Führungsmacht setzte sich statt dessen mit ihrem ganzen Prestige unilateral ein. Das war ein in der Geschichte der NATO seltener Vorgang, weil Grundstruktur, Strategie, politisch-ideologische Einstellung zum Gegner, ja die Grundphilosophie der vergangenen vierzig Jahre im Handstreich so verändert wurden, daß die sowjetische Führung den Eindruck gewann, daß zwischen NATO und Warschauer Pakt Zusammenarbeit dominieren würde. Die USA waren zum revolutionären Schrittmacher der neuen Militärstrategie der NATO geworden. Sie konnten diese unilateral durchsetzen, weil die Europäer im Prinzip erleichtert waren, hatten sie doch schon früher auf die Verwirklichung von Zielen gedrängt, wie sie in diesen sieben Punkten von der amerikanischen Regierung formuliert wurden.

Hierbei gilt es natürlich zwischen Schein und Wirklichkeit zu unterscheiden – ein Grundproblem bei der Analyse der Vereinigung Deutschlands und insbesondere der amerikanischen und deutschen Argumentation gegenüber der Sowjetunion. Initiativen wie die der Veränderung der NATO waren grundsätzlich Voraussetzung für das sowjetische Einverständnis zur deutschen Einheit. Gorbatschow konnte nur zustimmen, wenn die sowjetischen Sicherheitsinteressen verbessert wurden. Das war nur möglich, wenn das militärische, politische

West-Ost-Verhältnis auch in Struktur und Strategie sichtbar von der NATO verändert wurde! Diese Veränderung war wiederum für Gorbatschow wichtig, weil er auf dem Parteitag, im ZK und im Politbüro nur dann Zustimmung für seine Deutschlandpolitik erhalten würde, wenn die Vereinigung die eigenen Interessen der Sowjetunion nicht beeinträchtigen würde.

Die Regierungen Bush und Kohl wußten von dem Doppelspiel, das notwendig war: Einerseits wollten sie dem neuen West-Ost-Beziehungsrahmen auch in der NATO-Deklaration Rechnung tragen, andererseits sollten der Grundcharakter, die Lebensfähigkeit und die Zielsetzung der NATO jedoch beibehalten werden. Dieser Quadratur des Kreises war sich Bush bewußt: »Wenn ihm, Bush, nach dem Gipfel von Journalisten die Frage gestellt werde, ob die NATO vorhabe, ihre Nuklearstrategie diesen Veränderungen anzupassen, könne er natürlich sagen, ›daß wir darüber nachdenken. Aber damit beweisen wir keine Führungskraft. Wenn ich sage, daß die flexible Erwiderung ungeachtet der neuen Umstände bestehenbleiben wird, dürfte es sehr schwer sein, den Konsens über die nukleare Abschreckung der NATO aufrechtzuerhalten. Und wenn ich erkläre, daß sich die NATO-Strategie ändern wird, müssen wir dann nicht etwas sagen, um die neue Richtung zu bestimmen?‹« Bush erkannte: »›Wenn wir beim Londoner Gipfel keine kühnen Schritte unternehmen, ... werden wir die öffentliche Prüfung nicht bestehen, welche die Erklärung, wie wir ... meinen, zu durchlaufen hat.‹«[148]

Teltschik war sich der Problematik der sowjetischen Interessenlage bewußt und schlug deshalb vor, in noch formellerem Rahmen eine Übereinkunft zwischen NATO und Warschauer Pakt über die Verpflichtung zum gegenseitigen Nichtangriff zu verankern.[149] Man verfuhr entsprechend, und deshalb wurde der NATO-Gipfel im Juni 1990 in London ein voller Erfolg. Er spiegelte die veränderte Situation Europas und des künftig vereinigten Deutschland wider. »Der Kalte Krieg ist Geschichte«, erklärte NATO-Generalsekretär Manfred Wörner. Die NATO hatte die Veränderungen in Europa durch eigene konstruktive Initiativen sicherheitspolitisch aufgefangen: »Mit der Vereinigung Deutschlands wird auch die Teilung Europas überwunden. Das geeinte Deutschland im atlantischen Bündnis freiheitlicher Demokratien und als Teil der wachsenden politischen und wirtschaftlichen Integration der Europäischen Gemeinschaft wird ein unentbehrlicher Stabilitätsfaktor sein, den Europa in seiner Mitte braucht. ... Wir wissen, daß in dem neuen Europa die Sicherheit eines jeden Staates untrennbar mit der Sicherheit seiner Nachbarn verbunden ist. Die NATO muß zu einem Forum werden, in dem Europäer, Kanadier und Amerikaner zusammenarbeiten, auch beim Aufbau einer neuen Partnerschaft mit allen Ländern Europas. Die atlantische Gemeinschaft wendet sich den Ländern Mittel- und Osteuropas zu, die im kalten Krieg unsere Gegner waren, und reicht ihnen die Hand zur Freundschaft.«[150]

Unter Federführung der USA entstand eine eindrucksvolle Deklaration, die erst nach langen Diskussionen verabschiedet werden konnte, nachdem die Einwände Englands und Frankreichs ausgeräumt worden waren. Hans-Dietrich Genscher erinnert sich: »In einer Besprechungsrunde der Außenminister wurde über den Entwurf über die Gipfelerklärung beraten. Die meisten von uns hatten die Jacken ausgezogen. Jim Baker und ich bestritten die Debatte Seite an Seite. … Die NATO-Gipfelerklärung von London wurde schließlich zu einem zukunftsweisenden Dokument, das ein neues Verhältnis zu den Gegnern von gestern eröffnete.«[151]

Gorbatschow zeigte sich befriedigt, wobei die Bedeutung des Textes durch ein persönliches Schreiben Bushs an Gorbatschow noch unterstrichen wurde.[152] Dank des Londoner Signals zur Veränderung der NATO und ihres Verhältnisses zum Warschauer Pakt konnten entscheidende Vorbehalte der Sowjetunion gegenüber der Vereinigung Deutschlands ausgeräumt werden. Auch hier hatten sich die Vereinigten Staaten um die deutschen und westlichen Interessen verdient gemacht. Die Frage der Truppenstärke der Bundeswehr wurde ebenfalls zwischen den USA und der Bundesrepublik abgestimmt. Bush war mit 350 000 bis 330 000 Mann einverstanden. Auch der entscheidende Durchbruch in den deutsch-sowjetischen Gesprächen Mitte Juli 1990 in der Sowjetunion beruhte auf intensiver Kooperation zwischen Bonn und Washington. Nachdem Kohl das historische Ergebnis und die Zustimmung der Sowjetunion zur deutschen Einheit in acht Punkten öffentlich dargelegt hatte, verwies Gorbatschow auf die Bedeutung des NATO-Gipfels in London: Erst die historische Veränderung der NATO hatte ihn zu seiner entscheidenden Wende in der Vereinigungsfrage gebracht. Nach seiner Rückkehr rief Kohl sofort den amerikanischen Präsidenten an und dankte ihm für seine Unterstützung.[153] Bush war ebenso überrascht über das schnelle und günstige Ergebnis wie die übrige Welt. Mitte Juli waren die Haupthindernisse aus dem Weg geräumt. Jetzt ging es nur noch um Einzelfragen. Die Schlüsselentscheidungen waren gefallen. Der Weg zur deutschen Einheit war vorgezeichnet, vor allem weil in den deutsch-sowjetischen Gesprächen auch die Frage der wirtschaftlichen und finanziellen Unterstützung geklärt werden konnte.

Die Weichen der Vereinigungspolitik waren im Machtdreieck Washington–Bonn–Moskau gefallen. Die »2+4«-Gespräche waren in Wirklichkeit »2+1«-Gespräche, in denen die übrigen Teilnehmer eine nachgeordnete Rolle spielten und sich schließlich dem im Dreieck Washington–Bonn–Moskau ausgehandelten Ergebnis anpassen mußten. Richtung, Geschwindigkeit, Inhalt und Verfahrensweise wurden im diplomatischen Wechselspiel zwischen Washington und Bonn festgelegt. In der deutschen Frage zeigte die Regierung Bush einen unverbrüchlichen Schulterschluß. Nirgendwo ist die Formel »Partnership in Leadership« zwischen den USA und der Bundesrepublik Deutschland so konsequent und angemessen in die Tat umgesetzt worden wie im deutschen Vereinigungsprozeß bei den »2+4«-Gesprächen.

Zwischen November 1989 und Juli 1990 konzentrierten sich alle außenpolitischen Kräfte, Sinne und Wünsche auf dieses gemeinsame Ziel, während die beiden anderen Großmächte Frankreich und England nur noch Rückzugsgefechte lieferten und schließlich den beiden Schrittmachern folgten. Zeitweiliges Aufflackern von Allianzen, die an die Zwischenkriegszeit erinnerten, wie zwischen Paris und Warschau oder Paris und Moskau, waren schon im Ansatz zum Scheitern verurteilt – dank amerikanisch-bundesrepublikanischer Interessenübereinstimmung. Am Ende des »2+4«-Prozesses stand ein wiedervereinigtes Deutschland, das glücklich darüber war, daß die USA, wie schon nach dem Ersten und nach dem Zweiten Weltkrieg, nun auch nach dem kalten Krieg den Deutschen angesichts ihrer verworrenen psychologischen Verfassung und ihrer schwierigen Interessenlage und Standortbestimmung rückhaltlose Unterstützung boten. Ein fest in der NATO verankertes wiedervereinigtes Deutschland lag natürlich im amerikanischen Interesse. Weniger Gorbatschows Politik, sondern vielmehr die absehbare Vereinigung Deutschlands hatte die Amerikaner endgültig davon überzeugt, daß die neuen außenpolitischen Realitäten in Europa auch eine veränderte Deutschlandpolitik erforderten.

Während oberflächlich gesehen der Eindruck von Symmetrie und Gleichrangigkeit zwischen NATO und Warschauer Pakt vorherrschte, war die Entwicklung in Wirklichkeit gegenläufig. Während der Warschauer Pakt und das Sowjetimperium zusammenbrachen, wurden USA und NATO zu den herausragenden Stützpfeilern westlicher und gesamteuropäischer Sicherheit sowie zu den Steigbügelhaltern des deutschen Einigungsprozesses. Die Rhetorik der Gleichrangigkeit war Kosmetik, damit die sowjetische Führung nicht so alt und verbraucht aussah, wie sie in Wirklichkeit war. Die Menschen in West und Ost erkannten diese Diskrepanz und waren um so dankbarer, daß der Westen, allen voran die USA und die Bundesrepublik, diese gefährliche Lage der Sowjetunion mit Takt, Zurückhaltung und mit Gefühl für Würde diplomatisch handhabten.

Im Westen hielten alle an der fortgesetzten Präsenz der amerikanischen Truppen fest. Man erkannte klar, daß im Westen Festigung, im Osten aber Auflösung die unmittelbaren Folgen der Ereignisse von 1989/1990 waren. Auch die politische Gegensätzlichkeit in der Neuorientierung der Allianzbeziehungen war deutlich: Während sich die bi- und multilateralen Beziehungen der Sowjetunion zu den Staaten in Mittel- und Osteuropa völlig veränderten, weil die Sowjetunion an Macht, Einfluß und Ansehen verloren hatte, gewannen die USA an Einfluß, weil das »Kronjuwel« DDR aus dem Sowjetimperium herausgebrochen und im Zuge der Wiedervereinigung zum Teil der Pax Americana wurde. Jetzt war auch die Politik der Eindämmung obsolet geworden, weil der Kalte Krieg zu Ende war. Das Herz Europas konnte wieder frei schlagen.

Bei der deutschen Vereinigung zeigte sich auch der Unterschied zwischen Reagan und Bush: Reagan sorgte für Aufmerksamkeit, als er Gorbatschow 1987 in Berlin aufforderte, die Mauer niederzureißen, aber seine Deutschland- und Europapolitik hielt sich im engen vorgezeichneten Rahmen. George Bush profitierte von den historischen Veränderungen, ließ sich aber in der Stunde des Sieges im kalten Krieg, der mit der Vereinigung Deutschlands besiegelt war, von Zurückhaltung leiten, denn die Sowjetunion war noch präsent, wenn auch vom politischen Todeskampf gezeichnet. Gorbatschows Zugeständnisse, die die Lösung der deutschen Frage erst ermöglichten, haben seinen politischen Rückzug beschleunigt. Für die Sowjetunion war die Vereinigung Deutschlands kein Sieg, sondern Teil des schmerzlichen Zusammenbruchs ihres Imperiums, das Lenin und Stalin mit brutaler Gewalt erzwungen und zusammengehalten hatten. Im September 1990 hatte das Imperium mit der Vereinigung Deutschlands im Rahmen der NATO seinen westlichen Eckpfeiler verloren, was den weiteren Zusammenbruch beschleunigte. Im Dezember 1991 verschwand die Sowjetunion völlig von der politischen Bildfläche.

Die bipolare Machtrivalität zwischen den USA und der Sowjetunion wurde durch diesen letzten Kampf um die deutsche Einheit zugunsten der USA entschieden. In Deutschland wurde 1990 auch der gegensätzliche Charakter und der unterschiedliche Wert der Bündnissysteme offensichtlich: Der Warschauer Pakt zerfiel, weil die Satelliten abfielen. Schließlich machten sich sogar die Sowjetrepubliken selbständig. Auch in der Bewältigung der deutschen Frage stand Gorbatschow schließlich allein, denn nach den freien Wahlen in der DDR drängte das Land zur Einheit und nach Westen. Ganz anders war die Situation im Westen: Die USA, die Bundesrepublik und das atlantische Bündnis gingen gestärkt aus dem kalten Krieg hervor, den westlichen Grundforderungen nach Einheit und Freiheit stand nichts mehr im Wege. Auch Gorbatschow konnte letztlich den Weg nicht länger versperren, höchstens den Prozeß verzögern. Durch Deutschlands Einheit wurde der Westen, die atlantische Staatenwelt mit ihren Schlüsselinstitutionen NATO und EG, gestärkt. Das war für die USA eine tiefe Genugtuung. Die westliche Nachkriegsstruktur, von den USA über Jahrzehnte aufgebaut und erhalten, hatte sich bewährt.

Für das Sowjetimperium war die deutsche Einheit der letzte Nagel zum Sarg. Bald wurden Warschauer Pakt, COMECON und Sowjetunion zu Grabe getragen. Die würdigende Rhetorik der Westmächte gegenüber Gorbatschow, die Anerkennung seiner Rolle, die Londoner Schlußerklärung der NATO, die vielen Gesten und Reden westlicher Staatsmänner, besonders diejenige Genschers, verdeckten geschickt die revolutionären machtpolitischen Veränderungen. So wurde die Sowjetunion wenigstens auf würdige Weise verabschiedet. Historisch brach mit der Sowjetunion das letzte europäische Imperium im 20. Jahrhundert zusammen. Sosehr die Regierung Bush diesen Machtzerfall zunächst zu bedauern schien, politisch gesehen gab es keinen Grund, dem Sowjetimperium auch nur eine Träne nachzuweinen. Bush zeigte persönliche Sympathie für Gorbatschow, vernächlässigte aber die Staaten und Menschen, die jahrzehntelang auf das schwerste unter der sowjetischen Herrschaft gelitten hatten. Die Regierung Bush verpaßte in diesen Monaten einen mutigen politischen Neuanfang der Beziehungen zu den mittel- und osteuropäischen Demokratien, der früher und eindrucksvoller hätte in die Wege geleitet werden können. Auch mußten die befreiten Länder Osteuropas feststellen, daß die amerikanische Regierung weder bereit noch in der Lage war, in Mittel- und Osteuropa großzügig zu helfen, wie dies die Bundesrepublik tat. Nirgendwo schlug sich das verheerende Ergebnis der defizitären Finanzpolitik von Ronald Reagan und George Bush schmerzlicher nieder als in Mittel- und Osteuropa. Die USA waren unfähig, diesen notleidenden Staaten angemessen zu helfen. Nach wie vor blieb die amerikanische Auslandshilfe auf Staaten wie Ägypten und Israel, Jordanien und Lateinamerika konzentriert.

Versuche der Bundesregierung – wie auf dem Gipfeltreffen der G-7 in Houston –, die USA zu verstärkter Wirtschaftshilfe für die Sowjetunion und Osteuropa zu bewegen, scheiterten.[154] Für die USA und Großbritannien machte eine solche Hilfe wenig Sinn. Margaret Thatcher wollte nicht »das Sauerstoffzelt liefern, das wesentlichen Strukturen des alten Systems das Überleben sichert«[155]. Bush hatte Gorbatschow und Kohl schon früher verdeutlicht, daß Wirtschafts- und vor allem Finanzhilfe keinen Sinn mache, solange die sowjetische Führung kein überzeugendes Reformprogramm vorlegen könne und durch massive Abrüstung anzeige, daß sie im militärischen Bereich die dringend notwendigen Kürzungen einleite sowie ihre massive Hilfe an kommunistische Staaten wie Kuba einschränke beziehungsweise völlig einstelle.

Die mutige Lösung der deutschen Frage war das herausragende Verdienst der Regierung Bush – vielleicht, weil sie keine neue Problematik aufwarf, sondern weil es um ein Relikt aus der Zeit des kalten Krieges ging. Bonn und Washington waren zwar nicht im wörtlichen Sinne auf die Vereinigung vorbereitet, aber im Grunde genommen wurde hier ein Problem gelöst, mit dem sich der Westen, insbesondere die Amerikaner und die Deutschen, so intensiv beschäftigt hatte wie mit keiner anderen Frage während des kalten Krieges. Die Wege, die Methoden und die Nuancen der Diplomatie mögen zeitweise unklar gewesen sein, aber die Zielbestimmung eines vereinten Deutschland als Teil des westlichen Bündnisses war zentraler Punkt der interessenpolitischen Gemeinsamkeit. Die USA und die Bundesrepublik bewegten sich also in diesen schwierigen Monaten auf vertrautem politischem Terrain, wenn auch unter neuen und plötzlich erfolgversprechenden Bedingungen. Um so erstaunlicher, ja befremdlicher wirkten die Versuche in London und Paris, die Vereinigung, zu der sich beide Länder seit den fünfziger Jahren verpflichtet hatten, letztlich zu verzögern.

Zusammenfassend läßt sich festhalten, daß die Vereinigten Staaten die Vereinigung Deutschlands aus der Perspektive der letzten verbleibenden Weltmacht durch kontrollierte und verantwortungsbewußte Machtpolitik in eine Richtung steuerten, die voll und ganz mit den Interessen der Bundesregierung übereinstimmte. Während Frankreich und Großbritannien sich im Zuge der Vereinigung plötzlich fragten, wie sie mit der neuen Macht Deutschlands psychologisch fertig werden sollten, stellte sich diese Frage für die Vereinigten Staaten nie. Für die Regierung Bush bedeutete die Vereinigung auch die Durchsetzung ihres eigenen Wertsystems in Europa und bildete deshalb den krönenden Abschluß des kalten Krieges im Zeichen der jahrzehntelangen Eindämmungspolitik. Moskaus Hegemonie über Mittel- und Osteuropa war zusammengebrochen, Gorbatschow mußte unter dem Druck der Ereignisse Reagans Appell vom Juni 1987 nachkommen. Dabei darf nicht vergessen werden, daß der Vereinigungsprozeß unter großem Zeitdruck und unter der Gefahr des Einwirkens anderer zentraler Ereignisse stand. Für die deutsche Vereinigung war es ein Glück, daß die Invasion Kuwaits durch irakische Truppen erst am 1. August 1990 begann. Hätte der Krieg früher begonnen, so hätte sich die Lösung der deutschen Frage verzögern oder gänzlich anders entwickeln können. Auch hätten politische Fehler, diplomatische Kurzsichtigkeiten oder taktische Entgleisungen den Vereinigungsprozeß behindern können. Die Regierungen in Washington und Bonn arbeiteten jedoch an der Vereinigung wie ein Tandem, denn es lag im beiderseitigen Interesse, daß der Einigungsprozeß erfolgreich zu Ende gebracht wurde. Jetzt bewährte sich die Führungspartnerschaft, die Bush der Bundesrepublik während seines Deutschlandbesuchs im Mai 1989 angeboten hatte. Außerdem bot ein vereinigtes Deutschland die beste Aussicht, daß die amerikanisch-deutsche Führungspartnerschaft in Zukunft auch den regionalen und globalen Interessen der USA dienen würde.

So war es kein Zufall, daß die Grußbotschaften der vier Mächte zum 3. Oktober 1990, dem Tag der deutschen Einheit, unterschiedlich ausfielen. Während Margaret Thatcher und François Mitterrand nur kurze, fast protokollarisch höflich zu nennende Botschaften übermittelten und Michail Gorbatschow mit Würde und nicht ohne Wärme der »großen deutschen Nation« Glück, Wohlergehen und immerwährenden Frieden wünschte, war allein die Grußbotschaft des amerikanischen Präsidenten voller Herzlichkeit und Anteilnahme:

»Ich freue mich, Bundeskanzler Kohl und dem deutschen Volk in diesem historischen Augenblick meine Glückwünsche übermitteln zu dürfen. Und es ist mir eine große Ehre, dem Volk eines vereinigten Deutschland eine Botschaft zu überbringen.

In Berlin und Bonn, von Leipzig im Osten bis hin zu Städten im Westen entlang des Rheins, feiern die Menschen den Tag, auf den ganz Deutschland fünfundvierzig Jahre lang gewartet hat.

Für die Welt waren es fünfundvierzig Jahre der Spannung und des Aufruhrs. Zu Ihrer Nation war das Schicksal besonders grausam. Im Herzen eines geteilten Kontinents lag fünfundvierzig Jahre lang ein geteiltes Deutschland. Durch die Trennungslinie zwischen Ost und West wurde ein Volk in zwei Welten gespalten.

Das ist vorüber. Heute wird ein neues Kapitel in der Geschichte Ihrer Nation aufgeschlagen. Fünfundvierzig Jahre des Konflikts und der Konfrontation zwischen Ost und West liegen jetzt hinter uns. Endlich ist der Tag gekommen, Deutschland ist vereinigt. Ganz Deutschland ist endlich frei.

Die Vereinigten Staaten sind stolz darauf, gemeinsam mit Ihnen das Fundament der Freiheit gelegt zu haben, stolz beim Streben nach einem ungeteilten und freien Deutschland ein verläßlicher Partner gewesen zu sein. Die Vereinigten Staaten sind stolz, sich heute und in Zukunft zu den Freunden und Verbündeten eines freien Deutschland zählen zu dürfen.

Unsere Völker sind durch gemeinsame kulturelle Bande und ein gemeinsames Vermächtnis der Geschichte verbunden. Niemals zuvor waren diese Bande offenkundiger als im vergangenen Jahr, während wir gemeinsam auf das Ziel der deutschen Einheit hinarbeiteten. Heute genießen wir gemeinsam die Früchte unserer Freundschaft.

Im vergangenen Jahr wurden wir Zeugen einer Welt im Wandel – für die Vereinigten Staaten, ein vereinigtes Deutschland und für das atlantische Bündnis, dem wir angehören. Und selbst während Deutschland diesen Neubeginn feiert, besteht kein Zweifel daran, daß die Zukunft neue Herausforderungen und Verantwortlichkeiten bereithält.

Ich bin sicher, daß unsere beiden Nationen diese Herausforderungen wie bisher auch – durch gemeinsame Freiheitsliebe vereint – bewältigen werden. Aufbauend auf unseren gemeinsamen Werten, werden wir *Partner in der Führung* sein.

Dieser für Deutschland so bedeutsame Tag ist auch für die Welt von großer Bedeutung. Nur wenige Meter vom Reichstagsgebäude, dem Schauplatz der ersten Sitzung des gesamtdeutschen Parlaments, entfernt stand die Berliner Mauer – als schreckliches Mahnmal des Konflikts und kalten Krieges. Jahrzehntelang träumten freie Menschen überall auf der Welt von dem Tag, an dem die Berliner Mauer fallen würde. An dem eine Welt ohne die Mauer ein wieder ungeteiltes Deutschland bedeuten würde. An dem ein vereinigtes und souveränes Deutschland in vollem Umfang als Kraft für Frieden und Stabilität am Weltgeschehen teilhaben würde.

Heute liegt die Mauer in Trümmern. Und unsere Augen blicken auf eine neue Welt der Hoffnung. Heute ist Deutschland erneut vereinigt. Die Mauer spaltet eine Nation und die Welt nicht länger in zwei Lager. Die letzten Relikte der Mauer stehen im Herzen eines freien Berlin – ein düsteres Monument aus Beton und Stacheldraht – als Beweis dafür, daß keine Mauer je stark genug ist, den menschlichen Geist zu ersticken, und keine Mauer je die Seele einer Nation unter sich begraben kann. Heute tritt die deutsche Nation in ein neues Zeitalter ein. Ein Zeitalter, um die Worte Ihrer Nationalhymne zu zitieren, von ›Einigkeit und Recht und Freiheit‹. Während wir in diesem feierlichen Augenblick gemeinsam mit Ihnen voller Hoffnung und Zuversicht in die Zukunft blicken, möchte ich im Namen aller Amerikaner sagen: Möge Gott das deutsche Volk schützen!«[156]

Diese Erklärung des amerikanischen Präsidenten zum Tag der deutschen Einheit bildete zugleich die Krönung der bilateralen Beziehungen zwischen beiden Ländern, die seit 1949 eine so enge Entwicklung aus deutscher Sicht genommen hatten wie zu keinem anderen Land. Die USA zogen aus der Vereinigung Deutschlands folgende Schlußfolgerungen:

- Die aufgeschlossene Haltung der USA gegenüber Deutschland und gegenüber Westeuropa insgesamt nahm in dem Maße zu, wie die politische Union unter Einschluß Gesamtdeutschlands verwirklicht und Westeuropa sich in enger Kooperation mit den USA auch weltpolitisch verantwortungsbewußt weiterentwickeln würde.

- In den bilateralen Beziehungen der USA zu Europa zeichnete sich nach der Vereinigung eine Akzentverlagerung ab: Zu Lasten Großbritanniens und Frankreichs konzentrierten sich die USA seit 1990 stärker auf die Bundesrepublik, die nicht nur ihre Rolle im Rahmen der atlantischen Allianz vergrößerte, sondern im Geflecht der neuen Beziehungen zwischen West- und Osteuropa ihre Schlüsselrolle weiter ausbaute.
- Bush erkannte, daß die USA die Gemeinschaftsinstitutionen der Allianz stärken müßten, damit der ordnungspolitische Rahmen westlicher Politik gefestigt würde.
- Die NATO blieb für die USA zentrale Institution für militärische Sicherheit und Rückversicherung bei einem Scheitern der neuen kooperativen Strukturen zwischen West und Ost.
- Der Sinn der Beziehungen zwischen den USA und Westeuropa müßte sich nach Ende des kalten Krieges stärker aus sich selbst heraus entwickeln. Die Grundlage der atlantischen Zivilisation[157] würde sich aus sich selbst heraus positiv bestimmen und entwickeln müssen. Daraus könnte sich ein beiderseitiges Verständnis gleichgewichtiger Partnerschaft entwickeln. Andererseits könnte nach Wegfall des alten Bindemittels »Antikommunismus« die NATO-Bindung zwischen den Mitgliedsländern schwächer werden.

Nach wie vor fehlt in Washington ein Neuansatz amerikanischer Osteuropapolitik »über Eindämmung hinaus«. Aber die amerikanische Politik für die Vereinigung Deutschlands war eine diplomatische Sternstunde. Die eigenen Interessen wurden klug verfolgt, und die Interessen der Freunde, Partner und Rivalen wurden realistisch eingeschätzt. Nach der klugen Handhabung der Kubakrise 1962 war die Lösung der deutschen Frage 1990 die zweite herausragende Leistung der USA im Ringen um die Oberhand im kalten Krieg, der auf dem Kriegsschauplatz Europa 1989/90 zu einem glücklichen Ende gebracht werden konnte. In Europa, ja in Deutschland wurde letztlich der Kalte Krieg um Macht und Einfluß entschieden.

Historisch gesehen, hatte der gemeinsame amerikanisch-deutsche Sieg im kalten Krieg, der seinen Höhepunkt in der Vereinigung Deutschlands fand, einen tieferen Sinn: Zum ersten Mal stand Deutschland im Oktober 1990 im Verlauf dieses Jahrhunderts auf der Seite der Sieger. Gleichzeitig wurde es, anders als 1918 oder 1945, beruhigt und befriedet. Es wurde wie 1871 vereint, aber ohne die Belastungen des Krieges wie bei der Reichsgründung durch Bismarck.

Darüber hinaus hat der Einschluß des vereinten Deutschland in die Pax Americana die globale Rolle Amerikas gestärkt, wie umgekehrt erst der Schutz und Beistand der USA die Vereinigung möglich machten. Diese wechselseitige Interessenverknüpfung ist Teil einer politischen Wertebindung, über den sich Deutsche und Amerikaner freuen können. Sie ist Aufgabe und Herausforderung zugleich. Nachdem die große Schlacht des kalten Krieges gewonnen wurde, sollten im Herbst 1990 die Fragen der neuen Weltordnung angepackt werden.

Als Helmut Kohl jedoch als Kanzler des wiedervereinigten Deutschland den amerikanischen Präsidenten im März 1992 in Camp David aufsuchte, wurde erkennbar, daß sich zwar die freundschaftliche Atmosphäre vertieft hatte, aber eine Reihe von neuen strittigen Fragen entstanden war. Erneut hatte Kohl den Präsidenten gedrängt, Boris Jelzin zum Münchner Wirtschaftsgipfel im Juli gemeinsam einzuladen. Kohl setzte sich auch für großzügigere Hilfe an die GUS ein, aber Bush zögerte. Auch mit Blick auf die Zukunft des Welthandels, der amerikanisch-westeuropäischen Wirtschaftsbeziehungen fehlten ihm das Interesse und die Vision. Die Welt hatte sich seit der Vereinigung Deutschlands dramatisch verändert. Neue Fragen, wie die Struktur der Weltwirtschaft, mußten unter neuen machtpolitischen Konstellationen geregelt werden. Als Kanzler des vereinten Deutschland war Kohl nicht mehr in dem Maße um Konzessionen bemüht wie früher, als er amerikanische Unterstützung und den Schutz der Vereinigten Staaten noch nicht entbehren konnte, sondern trat in Washington selbstbewußter und deutlicher im Namen Europas sprechend auf.

Auch in den sicherheitspolitischen Fragen wurde klar, daß das vereinigte Deutschland seine Interessen selbstbewußter wahrnahm, wie zum Beispiel beim Aufbau eines neuen Deutsch-Französischen Corps. Des weiteren forderte das neue Deutschland nachdrücklicher amerikanische Unterstützung in der Ostpolitik. Mit Rückendeckung anderer westeuropäischer Staaten und entgegen amerikanischem Widerstand strebten die Deutschen einen Abbau der Einschränkungen beim Technologieexport in die ehemaligen kommunistischen Staaten an. Auf deutsches Drängen hin wurden schließlich im Mai 1992 die Einschränkungen gelockert. Aus amerikanischer Sicht bemühten sich die Deutschen zu intensiv um die Mitgliedschaft Rußlands im IWF, erlangten zum Unbehagen amerikanischer Wirtschaftler zu schnell großen wirtschaftlichen Einfluß auf Osteuropa und die GUS-Staaten. Deutsche Bankfachleute und Wirtschaftsexperten sorgten für entsprechende Produktionsnormen wie auch für die Einführung entsprechender Grundsätze im Finanz- und Bankwesen.

Genscher besuchte im Februar 1992 zum ersten Mal nach sechs Jahren Japan, aber das Hauptinteresse des vereinten Deutschland blieb auf Europa beschränkt, dort sah Bonn seine Hauptverantwortung. Wünschten die Amerikaner aber deutsche Mitwirkung außerhalb Europas – gar in der Sicherheitspolitik, wie im Golfkrieg – zog sich Deutschland zurück. Die Regierung Bush hatte gehofft, daß Deutschland als loyalster und stärkster Verbündeter der USA globale Interessen tatkräftiger verfolgen würde. Der Golfkrieg in der Folge der Besetzung Kuwaits durch den Irak zeigte, daß Deutschland nicht bereit war, der Allianz mit eigenen Soldaten im Kampf beizustehen; andererseits zögerte Deutschland nicht, mit Material und hohem finanziellem Beitrag die Kriegsallianz zu unterstützen. Deutschlands Beitrag zum Kriegsgeschehen war wichtig, vollzog sich jedoch in aller Stille. Die deutsche Regierung verwies darauf, daß das Grundgesetz die Entsendung deutscher Streitkräfte außerhalb des NATO-Vertragsgebietes verbiete. Die Regierung Kohl versuchte eine hochbrisante politische Frage mit legalistischen Mitteln zu lösen.

Zum Leidwesen der USA entwickelte die Bundesrepublik nach der Wiedervereinigung nur zögerlich eine kraftvolle Definition der nationalen Interessen. Im Zuge der Jugoslawienkrise kam es schließlich zum offenen Streit zwischen Washington und Bonn. Die USA hatten Jugoslawien wegen seiner unabhängigen Haltung in Osteuropa bewundert und ließen Tito Hilfe zukommen. Aber sie setzten noch auf die Einheit Jugoslawiens, als bereits deutlich wurde, daß der Zerfall und vor allem die undemokratische Regierung in Belgrad eine Überprüfung dieser Politik zwingend machte.[158] Noch im Juni 1991 wollte Baker den Teilrepubliken das Versprechen abringen, nichts zu tun, was die Einheit gefährden könnte.[159]

In der Jugoslawienfrage wurde amerikanische Führungslosigkeit deutlich, als sich die Regierung Bush in dieser Frage zurückzog und der Europäischen Gemeinschaft die Initiative überließ.[160] Angesichts der militärischen Aggression Belgrads nahm die Forderung der breiten Öffentlichkeit in Deutschland und in Europa nach Anerkennung von Slowenien und Kroatien zu. Dieser Druck bestärkte die Regierung Kohl/Genscher, Kroatien und Slowenien anzuerkennen, nachdem diese sich unabhängig erklärt hatten.

Wie schon im Golfkrieg, so wurde auch im Fall Jugoslawiens Abscheu gegen den Krieg zum Leitmotiv deutschen Handelns.[161] Sehr bald zeigte sich, daß eine gemeinsame Jugoslawienpolitik des Westens unter Führung der USA kaum zu verwirklichen war. Die Jugoslawienpolitik der USA unter Bush setzte auf die Zentralregierung in Belgrad. Der amerikanische Botschafter in Belgrad, Warren Zimmermann, begründete die amerikanische Haltung auch mit dem Hinweis, die Vereinigten Staaten hätten in zwei Kriegen an der Seite von Serbien gekämpft, diese historische Erinnerung hielten sie auch in ihrer Politik 1991/92 in

Ehren. Aber Zimmermann gelangte im Juli 1992 zu der Einsicht, »daß nichts außer Gewalt von seiten des Westens den serbischen Plan vereiteln könnte; wir sollten eine Reihe von Luftangriffen starten. Mein Eindruck war, daß die Serben in dem Glauben handelten, daß die NATO nicht reagieren würde. In der Tat konnten aus dem bisherigen Verhalten des Westens auch gar keine anderen Schlüsse gezogen werden.«[162] Er erläuterte seine Vorstellungen Sicherheitsberater Brent Scowcroft.

Scowcroft zweifelte an der Effektivität der vorgeschlagenen Maßnahmen, so daß in der Regierung Bush die Auffassung vorherrschte, daß, »da kein höherer Charge bereit war, einen Landkrieg zu führen, die Anwendung von Gewalt generell ausgeschlossen bleiben mußte. Am Ende geschah nichts, nicht einmal nachdem die amerikanische Presse im Juli serbische Konzentrationslager in Bosnien entdeckt hatte. Das Vietnam-Syndrom und die Powell-Doktrin erwiesen sich als mächtige Dämpfer für Aktionen Bushs, zumal in einem Wahljahr.«[163]

Zwei Jahre früher, im Sommer 1990, hatten die USA noch viel entschlossener reagiert. Im Nahen Osten wurde mit einem Paukenschlag deutlich, daß nach dem Ende des kalten Krieges eine neue Welt jenseits der alten Bipolarität im Entstehen begriffen war.

Der Golfkrieg und die neue Weltordnung

Als in Osteuropa der Kommunismus zusammenbrach und der kalte Krieg fast über Nacht zu Ende ging, sprach Bush noch nicht von einer neuen Weltordnung. Die große Zeitenwende in Europa 1989/90, die in der Vereinigung Deutschlands ihren Höhepunkt fand, blieb unbenannt. Bush hat in diesem Ereignis kein bestimmendes Moment der Weltgeschichte und keine Initialzündung für eine neue Weltordnung erkannt. Daß sich die USA als Sieger empfanden, als letzte Supermacht nach dem Kollaps des Sowjetimperiums, wurde ihnen erst nach der Befreiung Kuwaits und durch den Sieg über den Irak bewußt. Was sind die Gründe für dieses verzögerte Gewahrwerden der neuen ordnungspolitischen Pax Americana?

Die Welt wurde von dem Einmarsch irakischer Truppen in Kuwait am 2. August 1990 völlig überrascht. Saddam Hussein hatte einen souveränen arabischen Staat überfallen. Er besaß nun ein Fünftel der Welt-Ölreserven, die sich wiederum verdoppeln würden, sollte Saddam Hussein auch Saudi-Arabien angreifen. Eine überragende Vormachtstellung des Irak in der Golfregion kündigte sich an. Wie hatte es zu dieser Entwicklung kommen können?[164]

Auch Washington schien überrascht, hätte es aber besser wissen müssen. Schon seit Jahren hatte die amerikanische Regierung eine strategische Partnerschaft mit dem Irak entwickelt, versuchte diese aber verständlicherweise zu verschleiern. Der Diktator in Bagdad ließ sich nur schlecht als strategischer Partner vorzeigen. Seitdem der Iran unter der Herrschaft der islamischen Mullahs zum Hauptfeind der USA avanciert war, hatten die USA den Irak unter Saddam Hussein seit den achtziger Jahren systematisch zum Partner aufgebaut und im Krieg gegen den Iran tatkräftig unterstützt. Dies wurde möglich, weil das State Department den Irak 1982 von der Liste der sogenannten Terroristenländer gestrichen hatte, damit US-Kredite bewilligt werden konnten. Da sich der Irak bis in die siebziger Jahre an die Sowjetunion angelehnt hatte, wurde diese prekäre Entwicklung als Erfolg angesehen, und 1984 wurden mit dem Irak volle diplomatische Beziehungen aufgenommen. Die amerikanischen Regierungen ermunterten auch ihre Verbündeten, dem Irak Waffen und Hochtechnologie zu verkaufen. Als Bush die Präsidentschaft übernahm, belief sich der Handel zwischen beiden Ländern auf 3,6 Milliarden Dollar.

Da die Menschenrechtsverletzungen im Irak zunahmen, der Irak im Krieg gegen Iran chemische Waffen einsetzte und sich der Verdacht verstärkte, daß Saddam Hussein Nuklearwaffen entwickeln würde, forderte der Kongreß den Präsidenten zu einer kritischen Überprüfung der Beziehungen auf. Bush lehnte jedoch ab. Statt dessen gab er im Januar 1990 eine präsidentielle Anweisung, die sicherstellte, daß Bankkredite an den Irak nicht – wie vom Kongreß gewünscht – gestoppt werden konnten. Von nun an wurde Saddam Husseins Verhalten immer bedrohlicher. Er ließ einen im Iran geborenen britischen Journalisten wegen Spionage hinrichten und beklagte sich gleichzeitig über westliche Medien, die den Irak als Polizeistaat anprangerten. Vor allem beschuldigte Saddam Hussein die Vereinigten Staaten öffentlich, sich im Golf einzumischen. Völlig unverfroren postierte er sechs »Scud«-Raketen-Abschußbasen im westlichen Irak zur Bedrohung israelischer Städte. Gleichzeitig ließ er militärische, besonders atomare Programme auf Hochtouren weiterentwickeln.

Dieser Hintergrund erklärt, warum der irakische Diktator seine rhetorischen Attacken auf Kuwait schließlich in die Tat umsetzte. Er glaubte, der strategische Partner USA würde ihm freie Hand lassen und nicht eingreifen. Die amerikanische Regierung hatte es versäumt, Saddam Hussein rechtzeitig und eindrucksvoll abzuschrecken.

Wenn Baker schreibt, daß der Irak ein Rätsel sei, ein Mysterium, das sich in einem geheimnisvollen Dunkel verberge, in dem es schwer zu bestimmen sei, bis zu welchem Grad Saddam eine strategische Kehrtwendung unternehme[165], so ist dies eine schwer nachvollziehbare nachträgliche Rechtfertigung problematischer amerikanischer Außenpolitik.[166] In Wirklichkeit sahen die USA weitgehend tatenlos zu, wie Saddam Hussein seine Drohpolitik systematisch ausdehnte. Wären die USA besser beraten gewesen, wenn sie in diesen Jahren eine doppelte Eindämmungspolitik gegenüber dem Iran und dem Irak verfolgt hätten? Doch sie betrachteten den Irak als strategischen Verbündeten gegen den Iran und behandelten Saddam Hussein mit entsprechender Nachsicht. Als dieser im April 1990 mit dem Einsatz chemischer Waffen gegen Israel drohte, trat allerdings eine Verstimmung in den Beziehungen ein. Im State Department wurde vorsichtig eine Neuorientierung in der Irakpolitik erwogen; Saddams »pyrotechnische Rhetorik«[167] (»Bei Gott, wir werden dafür sorgen, daß ein Feuer halb Israel verschlingt«, so Saddam Hussein am 2. April in einer Ansprache vor dem Oberkommando seiner Streitkräfte) veranlaßte das State Department, an die amerikanische Botschaft in Bagdad zu kabeln: »Der Irak begibt sich auf Kollisionskurs mit den USA, wenn er weiterhin Aktionen verfolgt, welche die Stabilität der Region gefährden, globale Rüstungskontrollbemühungen unterminieren und Gesetze der Vereinigten Staaten verhöhnen.«[168]

Aber im Weißen Haus, vor allem im Nationalen Sicherheitsrat, wurde für die Fortsetzung der bisherigen Beziehungen plädiert. Kurz darauf besuchte eine Delegation von Kongreßabgeordneten aus den amerikanischen Agrarstaaten unter der Leitung von Robert Dole den Irak; Saddam Hussein war der neuntgrößte Kunde für amerikanische Agrarprodukte und wurde dementsprechend hofiert. Doch er nutzte die Kredite der USA, um seine Militärmacht auszubauen. Aber die Regierung Bush spielte auch hier mit. Die militärische Zusammenarbeit mit dem Irak wurde so eng, daß noch im Juli 1990 gemeinsame militärische Manöver der USA und des Irak für Ende 1990 geplant waren[169], obwohl Saddams Rhetorik weiterhin eskalierte und sein Außenminister Assis, Saddam Husseins »Ribbentrop«, die Arabische Liga in einem Brief an Kuwait und die Vereinigten Arabischen Emirate beschuldigte, die zulässige Ölproduktion überschritten zu haben. Jetzt drohte Saddam Hussein bereits deutlich: Falls Worte nichts bewirkten, müßte eben etwas Wirkungsvolleres unternommen werden.

Wenn Bush Saddam Hussein nach der Invasion in Kuwait als verdammungswürdigen und aggressiven Diktator an den Pranger stellte, so hatte er damit recht. Bush hätte aber hinzufügen müssen, daß die amerikanische Politik in dieser Region seit Jahren auf Interessenverknüpfung zwischen den USA und dem Irak baute. Als die amerikanische Botschafterin in Bagdad, April Glaspie, am 24. Juli mit Saddam Hussein zusammentraf, folgte sie logischerweise den Instruktionen Bakers, als sie erklärte: »Wir haben keine Meinung zu innerarabischen Konflikten wie dem Grenzkonflikt zwischen Irak und Kuwait.« Als zwei Tage später Bush in milder Form Saddam Hussein bat, er möge die Grenzfrage mit Kuwait einverständlich und ohne Krieg regeln, forderte das State Department eine härtere Sprache gegenüber dem Diktator – jedoch ohne Erfolg. Folglich erklärte der zuständige Staatssekretär John Kelly am 31. Juli 1990 vor dem Ausschuß für den Mittleren Osten des Repräsentantenhauses, daß die USA für den Fall, daß der Irak angreifen sollte, keine vertraglichen Sicherheitsverpflichtungen gegenüber Kuwait hätten. Für Saddam Hussein war diese Stellungnahme ermunternd. Auch die amerikanische Botschafterin reagierte in ihrem Gespräch mit Saddam Hussein am 25. Juli zu beschwichtigend. Außerdem erhielt Saddam am 28. Juli noch eine persönliche Botschaft von Bush, in der dieser zwar die Drohung mit Gewalt als unannehmbar bezeichnete, zugleich aber sein lebhaftes Interesse an einer Verbesserung der Beziehungen unterstrich. Vor diesem Hintergrund wird verständlich, daß die Regierung Bush enttäuscht und wütend über Saddam Husseins Überfall auf Kuwait war und unnachgiebig die Bestrafung des Diktators wünschte – auch um von eigenen Fehlern abzulenken.

Hätten die USA Saddam Hussein nicht früher durch eine entschlossene Politik von einer Aggression abschrecken können? Die Diplomatie in den zwischenstaatlichen Beziehungen tendiert grundsätzlich dazu, Beziehungen verbessern zu wollen. Aber in einem kritischen Moment wie diesem wäre ein Umschwenken von der Kooperation zur Konfrontation notwendig gewesen. Die USA haben deshalb schwere Versäumnisse und Fehler in den Beziehungen zum Irak zu verantworten.[170] Kuwait selbst hatte in diesen Jahren eine interessante Entwicklung durchgemacht. Die Hilfe der westlichen Staatenwelt nach der irakischen Invasion war nicht selbstverständlich, denn seit Ende der siebziger Jahre hatte das Emirat seine Beziehungen zur Sowjetunion und den Ostblockstaaten intensiviert, Waffenlieferungen eingeschlossen.[171]

Die Welt wurde völlig überrascht, als in der Nacht zum 2. August 1990 irakische Truppen Kuwait besetzten. Nun erschien die vorangegangene Entwicklung plötzlich in einem neuen Licht: Der über Wochen beobachtete Aufmarsch irakischer Truppen entpuppte sich als Teil eines langfristigen Plans, die gescheiterten Verhandlungen mit Kuwait über die Erdölförderung erwiesen sich nur noch als Vorwand für militärische Aggression.

Die internationale Staatenwelt reagierte schnell und entschlossen. Schon am 2. August verurteilte der UN-Sicherheitsrat den irakischen Einmarsch und forderte Bagdad auf, alle Streitkräfte sofort zurückzuziehen (Resolution 660). In weiteren elf Resolutionen verhängte der Sicherheitsrat ein weltweites Handelsembargo, erklärte die Annexion Kuwaits für widerrechtlich und forderte schließlich auf Drängen der USA die Staaten der Welt auf, alle notwendigen Mittel einzusetzen, um die entsprechenden Resolutionen zu verwirklichen, falls der Irak sich nicht bis zum 15. Januar 1991 zurückzöge.[172] Grundsätzlich zogen die USA folgende Möglichkeiten in Betracht:

- Der Irak könnte durch eine Kombination militärischer und wirtschaftlicher Sanktionen eingedämmt werden (das heißt der Rückzug der irakischen Truppen aus Kuwait wäre dann zwingend gewesen).
- Der Irak müßte sich aus Kuwait völlig zurückziehen, die irakische Armee müßte weitgehend aufgelöst werden, so daß sie nur noch für defensive Aufgaben und die Aufrechterhaltung der inneren Ordnung zuständig gewesen wäre.
- Saddam Hussein müßte gestürzt werden und der Irak auf der Grundlage demokratischer Prinzipien einen Neuanfang machen.

Nach intensiven Gesprächen mit Margaret Thatcher in Aspen, Colorado, erklärte George Bush schließlich grimmig: »Das können wir nicht hinnehmen, diesen Angriff auf Kuwait.« In seiner Rede vom 8. August 1990 reagierte Bush entschlossen mit vier Forderungen: bedingungsloser und vollständiger Rückzug aller irakischen Truppen aus Kuwait, Wiederherstellung der legitimen Regierung in Kuwait, Verpflichtung zur Aufrechterhaltung von Stabilität und Sicherheit am Golf – insbesondere zum Schutz Saudi Arabiens – und Schutz der amerikanischen Bürger in der Region. Bereits am 2. August hatte Bush die Invasion verurteilt und den bedingungslosen Rückzug gefordert. Damit wurde er in den folgenden Monaten zum Gegenspieler des irakischen Diktators.

Vor dem Kongreß umriß Bush am 11. September die Ziele seiner Politik gegenüber dem Irak. Dann deutete er folgende globale Vision an: »Aus diesen bewegten Zeiten kann unser fünftes Ziel hervorgehen: eine neue Weltordnung, eine neue Ära, freier von der Bedrohung durch Terror, stärker bei der Durchsetzung der Gerechtigkeit, sicherer im Streben nach Frieden. Eine Ära, in der die Völker der Welt, Ost und West, Nord und Süd, in Harmonie leben und gedeihen können.« Doch zunächst mußte Kuwait befreit werden. Als in der zweiten Jahreshälfte 1990 erkennbar wurde, daß mit nichtmilitärischen Mitteln Saddam nicht zum Rückzug aus Kuwait zu bewegen war, wurde für Bush eine militärische Lösung unausweichlich.[173]

Die Antwort der internationalen Gemeinschaft und vor allem die der USA wäre nicht so wirkungsvoll gewesen, wenn die sowjetische Führung in dieser Frage nicht auf erstaunlich enge Weise mit den USA zusammengearbeitet hätte. Die kompromißlose Reaktion des US-Präsidenten wie auch die Kehrtwendung der sowjetischen Irakpolitik gehören zu den zentralen Fehleinschätzungen Saddam Husseins. Damit wurde eine neue Qualität des internationalen Krisenmanagements im Rahmen der UNO unter amerikanischer Führung möglich. Der alliierte Militäraufmarsch in der Golfregion verlor seinen möglicherweise provokanten Charakter auch deshalb, weil die arabische Öffentlichkeit durch Saddam Husseins Vorgehen verunsichert, ja verängstigt war. Zum ersten Mal hatte ein arabischer Staat seinen Nachbarn brutal militärisch überfallen und annektiert. Deshalb scheiterte auch Saddam Husseins Aufruf zum Heiligen Krieg gegen die amerikanischen Truppen in Saudi Arabien, denn es stand nicht die Auseinandersetzung zwischen den Arabern auf der einen und dem Westen auf der anderen Seite zur Diskussion, sondern es ging hier um einen irakischen Angriff auf ein arabisches Nachbarland. Eine militärische Lösung war zwingend geworden, denn:

- Die Wirtschaftssanktionen, die gegen den Irak verhängt worden waren, waren ohne sichtbare Wirkung geblieben.
- Ohne militärisches Eingreifen würden Saddam Husseins Truppen von Kuwait wenig übrig lassen. Die kuwaitische Bevölkerung wurde brutal mißhandelt, das Land, seine Ressourcen und Infrastruktur wurden geplündert und ausgebeutet.
- Je länger die Krise andauerte, um so größer war die Gefahr, daß Saddam Hussein Nuklearwaffen entwickeln würde und dann vollends unangreifbar werden könnte.
- Die Gefahr einer irakischen Invasion in Nachbarstaaten, vor allem in Saudi-Arabien, stieg.
- Andere Diktatoren in anderen Teilen der Welt würden Saddam Husseins Verhalten zum Vorbild nehmen, weil die Welt und vor allem die westliche Führungsmacht keinen Willen entwickelte, kriegerische Besetzungen von Staaten aufzuhalten oder davon abzuschrecken beziehungsweise sie rückgängig zu machen.
- Das Problem der Ölversorgung, des freien Zugangs zum Öl hätte die Weltwirtschaft und die Industrienationen besonders betroffen.[174]

Deshalb entwickelte Bush folgende Aktivitäten:

- Zum militärischen Hauptziel wurde die unmittelbare Sicherung Saudi-Arabiens durch schnelle Stationierung amerikanischer Truppen auf der arabischen Halbinsel erklärt.
- Diplomatische Bemühungen wurden unternommen, um von der UNO eine Legitimation zum militärischen Einsatz gegen den Irak zu erhalten.
- Eine internationale militärische Operation gegen den Irak nach Vorbild des Koreakrieges wurde angestrebt.

- Die öffentliche Meinung in den USA und bei den Verbündeten in Europa und im Mittleren Osten wurde für den Einsatz amerikanischer Truppen mobilisiert, um diesen weitgehend von der Haltung des Kongresses unabhängig zu machen.
- Ein gemeinsames Vorgehen mit Gorbatschow zum Krisenmanagement im Rahmen der UNO wurde ins Auge gefaßt.
- Die Verbündeten sollten die wesentlichen Kriegskosten übernehmen.
- Die arabischen Verbündeten wie Ägypten und Jordanien, möglichst auch alte Gegner wie Syrien und der Iran sollten einbezogen werden, um den Eindruck der Intervention einer westlichen Allianz zu vermeiden und statt dessen den einer umfassenden weltweiten Kriegsallianz zu festigen und damit den Irak diplomatisch, politisch und militärisch zu isolieren.
- Eine verhandlungspolitische Lösung des Konflikts kam nur in Frage, nachdem sich der Irak bedingungslos aus Kuwait zurückgezogen hätte, wobei Bush die Forderung Saddam Husseins nach umfassenden Verhandlungen über den arabisch-israelischen Friedensprozeß ablehnte.

»Viermal nein« lautete die Parole des US-Präsidenten: keine Verhandlungen – kein Kompromiß – keine Gesichtswahrung für Saddam Hussein – keine Belohnung für Aggression.[175] Am 30. Oktober verdoppelte Bush die Truppen von 250000 auf 550000 Mann – mehr, als die USA je in Südvietnam stationiert hatten. Die öffentliche Meinung in den USA und in der freien Welt befürwortete überwiegend Bushs Entscheidung, denn die Gefahr, daß Saddam Hussein als gewaltsamer und aggressiver Diktator in den Besitz von A-Waffen geraten könnte, versetzte nicht nur die arabischen Staaten in Schrecken.

Die militärische Führung – viele hatten als junge Offiziere in Vietnam gedient – war von Bushs Entscheidung nicht begeistert, denn sie befürchtete eine längere kriegerische Auseinandersetzung. Die Alternative »Wirtschaftssanktionen« wurde jedoch von Bush verworfen, sie hätte erst nach ein bis zwei Jahren Wirkung gezeigt – wenn überhaupt. Aber die Zeit wurde zum Feind von Bushs Strategie: 550000 Mann konnten nicht über längere Zeit in der Wüste postiert werden, nur um abzuwarten. Die Kriegsallianz wäre dann auseinandergebrochen. Im Zuge einer Marathondiplomatie, die Baker im November 1990 in achtzehn Tagen durch zwölf Länder führte, gelang es ihm, dreizehn der fünfzehn Mitgliedsstaaten des UNO-Sicherheitsrates von den Argumenten der Regierung Bush zu überzeugen. Zum vierten Mal in ihrer Geschichte traten schließlich am 29. November die Außenminister der Ratsmitglieder unter dem turnusmäßigen Vorsitz der USA zusammen. Baker eröffnete die Sitzung mit folgenden Worten: »Ich möchte die heutige Diskussion mit einem Zitat eröffnen, das, wie ich glaube, den Kontext unserer heutigen Gespräche wiedergibt: ›Es gibt keinen Präzedenzfall für ein Volk, welches zum Opfer einer derartigen Ungerechtigkeit wurde und nun in Gefahr ist, einem Aggressor preisgegeben zu werden. Ebenso beispiellos ist, daß eine Regierung mit barbarischen Mitteln die systematische Ausrottung einer ganzen Nation betreibt und dabei die feierlichsten Versprechungen aller Nationen der Welt bricht, welche besagen, daß keine Maßnahmen für einen Eroberungskrieg getroffen werden und kein schreckliches Gift und keine schädlichen Gase gegen unschuldige Menschen eingesetzt werden dürfen.‹ Diese Worte könnte der Emir von Kuwait gesprochen haben, aber sie stammen nicht von ihm. Sie stammen aus dem Jahr 1936. Es sind die Worte von Haile Selassi, dem Kaiser von Äthiopien, einem Mann, der erleben mußte, wie sein Land erobert und besetzt und ähnlichen Brutalitäten ausgesetzt wurde wie Kuwait seit dem 2. August. Bedauerlicherweise stieß sein Appell beim Völkerbund auf taube Ohren. Jetzt gibt uns die Geschichte eine neue Chance. Nachdem der Kalte Krieg hinter uns liegt, haben wir die Chance, jene Welt aufzubauen, welche die Gründer der Vereinten Nationen im Sinne hatten. Deshalb wird die Debatte eine der wichtigsten in der Geschichte der Vereinten Nationen sein. Unser heutiges Ziel muß sein, Saddam Hussein zu überzeugen, daß die gerechten und humanen Forderungen dieses Rats und der internationalen Gemeinschaft nicht ignoriert werden können. Wenn der Irak seinen Kurs nicht friedlich ändert, sollten andere notwendige Maßnahmen – auch der Einsatz von Waffengewalt – gestattet werden. Wir sollten Saddam Hussein unmißverständlich vor die Wahl stellen.«[176]

Konsequentes Handeln war angesagt. So setzte der UN-Sicherheitsrat auf Drängen der USA dem Irak ein Ultimatum, sich bis zum 15. Januar 1991 aus Kuwait völlig zurückzuziehen. Nach dieser Abstimmung war der Plan klar: Der Irak sollte mit allen Mitteln gezwungen werden, Kuwait zu räumen. Deshalb wurde die Anzahl der amerikanischen Truppen verdoppelt. Vor allem stand der Koalition eine Resolution der Vereinten Nationen zur Verfügung, die den Einsatz dieser Waffengewalt legitimierte.

Als sich Saddam Hussein weiterhin weigerte, aus Kuwait abzuziehen, und nachdem letzte Gespräche und Friedensmissionen gescheitert waren, wurde am 16. Januar 1991 die Aktion »Desert Storm« (Wüstensturm) ausgelöst. Die USA hatten in einer umfassenden logistischen Aktion eine multinationale Streitmacht aufgestellt, die in ihrer Größenordnung nur mit der Landung der Alliierten in der Normandie 1944 zu vergleichen ist. Bush hatte den Kampf gegen Saddam Hussein zur persönlichen Sache erklärt und den irakischen Diktator wiederholt mit Hitler verglichen – ein psychologischer Schachzug, um jegliche

Verhandlungskompromisse auszuschließen. Bush erinnerte wiederholt an die Beschwichtigungspolitik Chamberlains, die sich nicht wiederholen dürfe. So wurde »Desert Storm« zum Wendepunkt in den Supermachtsbeziehungen, weil die USA und die Sowjetunion zusammenarbeiteten, weil die UNO deshalb endlich die Rolle spielen konnte, die ihr die Gründer, vor allem Franklin D. Roosevelt, zugedacht hatten, und weil Bushs Vorgehensweise breite innenpolitische Zustimmung fand.

Die innenpolitische Unterstützung für die größte amerikanische Militäraktion seit dem Vietnamkrieg war nicht selbstverständlich; auch Bush schien in den Stunden nach der irakischen Invasion noch unentschieden. Aber es gab drei entscheidende Gründe, warum die amerikanische Bevölkerung schließlich mit überwältigender Mehrheit Bushs Politik und Militärstrategie gegenüber dem Irak unterstützte:

1. Hätte Saddam Hussein Kontrolle über einen großen Teil der Ölvorkommen im Nahen Osten erhalten, hätte dies direkte Auswirkungen auf den Lebensstandard der westlichen Industrienationen, insbesondere auf den US-Bürger gehabt. Deshalb unterstützten rund siebzig Prozent der Bevölkerung Bushs Entscheidung, Truppen nach Saudi-Arabien zu entsenden, sofort: »In den fünfundvierzig Jahren seit dem Zweiten Weltkrieg gab es kein vergleichbares Ereignis, das von der amerikanischen Bevölkerung so bereitwillig unterstützt wurde, bevor überhaupt Truppen entsandt wurden.«[177]
2. Die Internationalisierung der militärischen und politischen Reaktionen auf Saddam Husseins Invasion, die Verteilung der Kosten auf andere und die politisch verantwortliche Rolle der UNO fanden bei der amerikanischen Bevölkerung und beim Kongreß überwältigende Zustimmung.[178]
3. Bushs kluge und mutige Führung der Kriegsallianz im Rahmen der UNO bewies, daß ein außenpolitisch entschlossener Präsident, der die Autorität seines Amtes voll nutzte, innenpolitische Opposition überwinden kann.

Bush erhielt die Zustimmung des UNO-Sicherheitsrates für eine zweigleisige Vorgehensweise: Zuerst sollten alle diplomatischen und verhandlungspolitischen Möglichkeiten ausgeschöpft, erst dann sollte militärisch entschieden werden. Die entsprechenden Resolutionen legten diese Strategie wie auch den äußersten Termin für Verhandlungen fest. Erst danach gab der Sicherheitsrat die Möglichkeit zu militärischem Eingreifen. Im Senat (52 zu 47 Stimmen) und im Repräsentantenhaus erhielt Bush vor diesem Hintergrund eine hauchdünne Mehrheit für ein militärisches Eingreifen. Aber Bakers Argument überzeugte die Abgeordneten letztlich: »Wir müssen uns für eine Führungsrolle der USA stark machen, nicht weil wir sie unbedingt wollen, sondern weil einfach kein anderer da ist, der sie ausfüllen kann. Wir haben uns nicht seit vierzig Jahren für ein friedliches Ende des kalten Krieges eingesetzt, um es nun Leuten wie Saddam Hussein in dieser Welt bequem zu machen.«[179]

Dies war das knappste Votum für eine militärische Aktion, das der Senat seit dem Krieg gegen England von 1812 abgegeben hatte. Es zeigte, daß zwar die Mehrheit der Bevölkerung Bushs Vorgehensweise am Golf enthusiastisch begrüßte, der Kongreß aber, mehrheitlich von Demokraten regiert, sehr zurückhaltend blieb und nur mit hauchdünner Mehrheit Bushs Politik billigte. Aber auch in der Öffentlichkeit blieben Zweifel und Vorbehalte bestehen: Umfragen im Januar und Februar 1991 ließen den Schluß zu, daß nur elf Prozent der Bevölkerung für den Einsatz von Bodentruppen votierten. Aber einen Tag nach dem ersten Militäreinsatz stimmten bereits 75 Prozent zu. Der entscheidende Grund, warum Kongreß und Bevölkerung den Einsatz letztlich billigten, war der Auftrag durch die Vereinten Nationen. Auch war die internationale Staatengemeinschaft besonders über die Geiselnahme nichtarabischer Staatsbürger durch Saddam Hussein erregt. Aus diesem Grund entwickelte sich zeitweilig ein »Geiseltourismus«, der auch angesehene Politiker wie Willy Brandt nach Bagdad führte.

Saddam Husseins Invasion in Kuwait und die Reaktion der USA im Rahmen des UNO-Sicherheitsrates verschoben auch die Fronten im Nahen Osten: Zwei Jahre nach dem Ende eines achtjährigen Krieges, der auf beiden Seiten zwei Millionen Tote gefordert hatte, stellte sich der Iran erstaunlicherweise auf die Seite des ehemaligen Kriegsgegners Irak. Andererseits suchten die USA Hilfe bei Präsident Assad in Damaskus, obwohl dieser von den USA immer wieder als Terroristenhelfer kritisiert worden war. König Hussein von Jordanien, der seit Jahrzehnten ohne amerikanische Hilfe kaum überlebt hätte, kritisierte die Vereinigten Staaten und suchte zwischen Saddam Hussein und der UNO zu vermitteln.

Die Arabische Liga spiegelte die Spaltung des arabischen Lagers angesichts der irakischen Aggression wider. Der Verurteilung des Irak schlossen sich Jordanien, Jemen, der Sudan, Palästina, Mauretanien, Libyen und Tunesien nicht an. Auf der außerordentlichen Gipfelkonferenz am 10. August wurde vollends das Ausmaß des Zwistes deutlich. Tunesien und Jordanien nahmen gar nicht erst an der Konferenz teil, der Iran, Libyen und die PLO waren auf der Seite Saddam Husseins, Algerien und Jemen enthielten sich der Stimme. Deshalb scheiterte eine arabische Lösung des Konflikts.[180]

Bush wies jegliche Verbindung zwischen Kuwait und dem Konflikt über Palästina, wie von Saddam Hussein gefordert, entschieden zurück, sondern konzentrierte sich auf die Befreiung Kuwaits. Er schmiedete eine internationale Koalition gegen den Irak zusammen, welche die arabischen Staaten mit einschloß. Auch hatte er die Zustimmung des Kongresses und das Mandat der UNO nach dem Vorbild des Koreakrieges erhalten. Dabei vermied er Trumans Versäumnis, die Zustimmung des Kongresses einzuholen, aber auch Johnsons Fehler, militärisch zu halbherzig vorzugehen. Das Vietnamtrauma eines anhaltenden und langsam eskalierenden Krieges wollte Bush am Golf nicht wiederbeleben.

Am 30. November 1990 unternahm Bush einen letzten Versuch, den irakischen Präsidenten dazu zu bewegen, *»to go the extra mile for peace«*. Er lud den irakischen Außenminister Assis nach Washington ein, umgekehrt bot er einen Besuch Bakers in Bagdad an. Schließlich wurde ein Treffen der beiden Außenminister am 9. Januar 1991 in Genf vereinbart. Dort übergab Baker Assis folgenden Brief an Saddam Hussein: »Unser Ziel ist, Sie zum Abzug aus Kuwait zu veranlassen. Das ist die einzige Lösung, die wir akzeptieren werden. Tun Sie es nicht, werden wir uns im Krieg befinden, und wenn Sie gegen die Koalition Krieg führen, werden Sie mit Sicherheit verlieren. Das ist keine Drohung, es ist eine Information. Sie mögen es vorziehen, sie zurückzuweisen oder unseren Worten keinen Glauben zu schenken, aber wir haben die Pflicht, Ihnen mitzuteilen, daß unsere Truppen über einen gewaltigen technologischen Vorteil verfügen und Ihre Truppen nach Beginn der Kampfhandlungen einer verheerend überlegenen Streitmacht ausgesetzt sein werden. Wir sind Ihnen die Erklärung schuldig, daß es kein Patt geben wird, keinen UN-Waffenstillstand und keine Atempause für Verhandlungen. Wenn es zu Kampfhandlungen kommt, werden sie gewaltig sein. Es wird kein zweites Vietnam geben. Sollte der Krieg beginnen, was Gott verhüten möge, werden wir rasch und entschlossen siegen.«[181]

Das Gespräch zwischen den beiden Außenministern war kühl und brachte kein Einlenken der irakischen Seite. Es war bezeichnend, daß Baker nach dem Gespräch nicht nur Bush, sondern sofort auch seinen Kollegen Schewardnadse in Moskau darüber informierte, daß man es in dieser Situation mit einem modernen Diktator zu tun habe, der sich selbst mit Nebukadnezar vergleiche, und mit einem Strategen, der im Krieg gegen den Iran sein Land und seine Streitkräfte nur geschont hätte, um sie für spätere hegemoniale Ziele in der Region zur Verfügung zu haben.[182] Baker flog aus Genf in der Boeing 707 zurück in die USA, die einst Kennedys Air Force One gewesen war. Damals, 1962, hatte Kennedy in der Kubakrise die Sowjetunion zum Gegner gehabt, jetzt suchten Bush und Baker die Kooperation mit der sowjetischen Führung, um den irakischen Diktator in die Schranken zu weisen.

Als das UNO-Ultimatum am 15. Januar 1991 ablief, waren gegen den Irak 425000 Amerikaner, 34000 Briten, 13000 Franzosen, 40000 Ägypter, 15000 Syrer und 5000 Marokkaner aufmarschiert. Weitere Länder hatten kleinere Verbände an den Golf geschickt. Der Angriff auf den Irak begann nach Ablauf des Ultimatums mit einem massiven Luftwaffeneinsatz, der sechs Wochen andauerte und große Teile der irakischen Streitkräfte, insbesondere der Luftwaffe, zerstörte. Ziel des pausenlosen Bombardements war vor allem auch die Vernichtung der Produktionsstätten für chemische, biologische und nukleare Waffen.

Am 18. Januar wurden die ersten irakischen »Scud«-Raketen auf Israel und Saudi Arabien abgefeuert. Zwar blieb die militärische Wirkung aus, doch es entstand ein politisch-psychologisches Problem für die USA. Der israelische Außenminister David Levy hatte erklärt, daß ein irakischer Angriff gegen Israel als Kriegsakt verstanden würde, der Vergeltungsmaßnahmen erfordere. Bush schickte Sonderbeauftragte nach Israel, um Ministerpräsident Schamir vor Vergeltungsschlägen oder gar einem Angriff gegen den Irak zurückzuhalten. Das war nicht einfach, denn das Grundprinzip der israelischen Militärstrategie war massive Vergeltung für jeden Angriff auf das Territorium Israels. Die Israelis lenkten erst ein, als sie von den USA »Patriot«-Raketenabwehrsysteme und vor allem Militär- und Wirtschaftshilfe in Höhe von dreizehn Milliarden Dollar erhielten.

Am 24. Februar begannen die alliierten Streitkräfte mit der Bodenoffensive, die praktisch in hundert Stunden entschieden wurde. In einer großangelegten Operation wurden die irakischen Streitkräfte von Süden und Westen in Kuwait und im Südirak überrannt. Schon am 27. Februar marschierten die kuwaitischen Truppen wieder in Kuwait-Stadt ein, und Saddam Hussein sah sich gezwungen, alle Resolutionen des UN-Sicherheitsrates zum bedingungslosen Rückzug anzunehmen. Saddams Vorschlag eines phasenweisen Rückzugs über mehrere Wochen hinweg wurde von Bush kategorisch abgelehnt.

Nach sechs Wochen war die Operation »Desert Storm« mit der Befreiung Kuwaits und dem Sieg über die irakische Armee abgeschlossen. Die Angaben über die Verluste im Golfkrieg sind nach wie vor ungenau. Nach Schätzungen des Pentagon kamen hundert- bis zweihunderttausend Iraker ums Leben, auf seiten der Kriegskoalition starben 139 Soldaten.[183]

Der Sieg der Alliierten hatte auch für die Verbündeten und politischen Parteigänger Saddam Husseins negative Folgen. Der Jemen wurde innerhalb der Arabischen Liga isoliert, die Golfstaaten stellten ihre Finanzhilfe weitgehend ein. Der jordanische König Hussein, der über Jahrzehnte als Stütze der amerikanischen Nahostpolitik galt und der sich in dieser Situation an die Seite von Saddam Hussein gestellt hatte, mußte schwere Prestigeeinbußen hinnehmen. Durch seine Parteinahme für Saddam hatte er nicht nur die amerikanische Regierung, sondern auch den Kongreß und die öffentliche Meinung gegen sich aufgebracht. Erst als König Hussein im Juli 1991 seine Bereitschaft erklärte, an einer Nahost-Friedenskonferenz teilzunehmen, kam es wieder zu einer graduellen Verbesserung der Beziehungen.

Am schwersten traf es die PLO. Sie isolierte sich durch ihre Parteinahme für Saddam Hussein nicht nur in der arabischen Welt, sondern weltweit. Die arabischen Golfstaaten stellten ihre Finanzhilfe an die PLO fast völlig ein. Die Entscheidung Arafats für die Teilnahme der PLO an der geplanten Nahost-Friedenskonferenz ist indirekt auch das Ergebnis des Golfkrieges.

Unter Bushs Führung war der Golfkrieg zu einem phänomenalen militärischen und politischen Erfolg geworden. Am Morgen des 27. Februar versammelte er seine engsten Mitarbeiter im Oval Office des Weißen Hauses, um mit ihnen über das weitere Vorgehen zu beraten. General Colin Powell, der Vorsitzende der Vereinigten Stabschefs, riet zu sofortigem Waffenstillstand. Daraufhin rief der Präsident den Oberbefehlshaber der Operation »Desert Storm«, General Schwarzkopf, an, der zustimmte. Am Abend des 27. Februar 1991 verkündete Bush den Waffenstillstand.

Bushs Befehl an General Schwarzkopf, nach vier Tagen schwersten Einsatzes der Bodentruppen einem Waffenstillstand zuzustimmen, war für viele unverständlich. Doch General Powell wollte keine weiteren Soldaten gefährden, und Bush stimmte zu. Powell befürchtete vor allem einen langanhaltenden Stellungskrieg im Irak und entsprechende verlustreiche Straßenkämpfe in Bagdad, wenn der Krieg gegen Saddam im Irak fortgesetzt würde.[184]

Für Bush wurde das Schreckgespenst Vietnam im Sand der arabischen Halbinsel für immer begraben. Privat erklärte er: »Mein Gott, das Vietnam-Syndrom sind wir endlich los!«[185] Colin Powell überzeugte Bush, daß durch den Sieg über Saddam Husseins Truppen die amerikanischen Streitkräfte ihr Selbstwertgefühl wiedergewonnen hätten, das sie vor dem Vietnamkrieg ausgezeichnet hatte. Das sollte genügen. Zwar hatten bereits Reagan in Grenada und Libyen und Bush in Panama Krieg geführt, doch waren diese »kleineren« Kriege sehr begrenzt im Vergleich zu der Operation am Golf. Erst im Golfkrieg drohte den amerikanischen Streitkräften bei fortgesetztem Kampf gegen den Irak die Perspektive längerer und zäherer Kampfhandlungen. Dies wollten Bush und Powell vermeiden.[186]

Bush hatte den Krieg umsichtig vorbereitet und deshalb Zustimmung und internationale Unterstützung für eine gerechte Sache erzielt, weil die Ziele klar und die militärischen Mittel nicht halbherzig, sondern im großen Stil eingesetzt wurden. Dabei konnte Bush durchsetzen, daß der Krieg den amerikanischen Steuerzahlern praktisch keinen Cent kostete, sondern von den Verbündeten und Betroffenen selbst getragen wurde. Mit dem Helm in der Hand sammelten die USA bei den Verbündeten 61,1 Milliarden Dollar Kriegskosten ein, weil der Primat des Krieges überzeugte und die Amerikaner selbst bereit waren, die Kriegskoalition mit eigenen Truppen anzuführen. Entscheidend war, daß im Namen der Vereinten Nationen gehandelt wurde.

Ein großer Teil der Weltbevölkerung hatte erwartet, daß die Kriegskoalition bis zur völligen Kapitulation der irakischen Armee, bis zur Absetzung Saddam Husseins weiterkämpfen würde. Aber am 27. Februar erklärte Bush das Ende der Kampfhandlungen: »Iraks Armee ist geschlagen, und Kuwait ist befreit.« Die Straßen nach Bagdad waren frei, es gab keinen irakischen Widerstand mehr. Warum ließ George Bush den Irak nicht besetzen? Hierzu erklärte er selbst:

»Ich muß gestehen, daß ich über die zur Zeit immer wieder aufgestellte Behauptung, ich hätte den Golfkrieg zu früh beendet, sehr verärgert bin. Ein Großteil dieser Kritik kommt von Leuten, die zur Zeit der Besetzung Kuwaits durch irakische Truppen vorschlugen, ›die Sanktionen wirken zu lassen‹, und die sich weigerten, als erstes den Einsatz militärischer Macht zu erwägen. Im nachhinein schlauer zu sein ist eine große Tugend, oder? Niemand ist unglücklicher darüber, daß Saddam Hussein immer noch an der Macht ist, als ich, aber die Betrachtungen, die heute über eine zu frühe Beendigung des Golfkrieges angestellt werden, machen mir zu schaffen. Deshalb lege ich im folgenden die Gründe dar, weshalb wir den Krieg zu dem Zeitpunkt beendeten, zu dem wir ihn beendeten; ich bleibe davon überzeugt, daß wir das Richtige taten.

Erstens: Wir definierten den Auftrag, und er wurde von Resolutionen, die der Sicherheitsrat der Vereinten Nationen verabschiedete, gebilligt. Der Auftrag war eindeutig: Beendigung der Aggression. Vertreibung der Truppen Saddam Husseins aus Kuwait. Das war es. Es bestand jedoch kein Auftrag, die Republikanische Garde zu vernichten oder soviel fliehende Soldaten wie möglich zu töten, noch Saddam zu entmachten. Der Auftrag war einfach und umfassend: Beendigung der Aggression. Ich bin nicht der Ansicht, daß man die Beendigung einer Aktion hinauszögern sollte. Vielmehr bin ich der Überzeugung, daß der Augenblick, einen Krieg zu beenden, gekommen ist, wenn die Kommandeure der Truppen erklären, daß der Auftrag erfüllt ist. Dann sollte das Töten aufhören. Dies gilt insbesondere dann, wenn eine große Koalition verschiedener

Mächte den Krieg führt. Die verantwortlichen Politiker dieser Mächte fühlten sich durch internationales Recht, so wie es in den Resolutionen des UN-Sicherheitsrats festgelegt ist, gebunden. Diese Resolutionen billigten den Einsatz militärischer Gewalt und legten die Ziele klar fest.

Zweitens: Hätten wir den Krieg auch nur um einen einzigen Tag fortgesetzt, nur um mehr Panzer zu vernichten und mehr jämmerliche Soldaten zu töten, die auf der Autobahn nach Basra mit erhobenen Händen liefen, dann hätte sich die öffentliche Meinung sofort gegen die Koalition gewandt. Jedem Krieg wohnt eine gewisse Immoralität inne, obgleich der Golfkrieg ein gerechter Krieg war, aber die Größe des Sieges darf nicht daran gemessen werden, wie viele Soldaten getötet, oder daran, wie viele Panzer außer Gefecht gesetzt worden sind. Wir nahmen dem Irak die Potenz, sich gegen seinen Nachbarn zu wenden. Nun ist es Aufgabe der Vereinten Nationen und aller ihrer Mitgliedsstaaten, darauf zu achten, daß Saddam nicht seine militärische Macht wiederaufbauen kann, um in Kuwait oder irgendeinem anderen Land einzufallen.

Drittens: Hätten wir den Krieg fortgesetzt, bis wir Saddam in unseren Händen hatten, wäre die Koalition sofort auseinandergefallen. Wären amerikanische Truppen in Bagdad eingedrungen, um den unbarmherzigen Diktator zu finden, wären die USA zu einer Besatzungsmacht in einem arabischen Land geworden, wenn überhaupt, dann nur mit wenigen Alliierten an unserer Seite; möglicherweise hineingezogen in den Sumpf eines städtischen Guerillakrieges. Jeder Tag der Besatzungszeit wäre ein Alptraum für die Vereinigten Staaten und für ihre im Irak stationierten Streitkräfte geworden. Unsere zuverlässigsten Alliierten hätten sich zu unseren heftigsten Kritikern gewandelt. Und alle Mächte auf der Erde, die uns nicht freundlich gesonnen sind, hätten gesagt: ›Seht ihr, wir haben recht, die USA wollen nichts anderes, als den Irak zu kontrollieren.‹ Um jedem Mißverständnis vorzubeugen: Wir hätten mit unserer großen Streitmacht problemlos in Bagdad einrücken können – aber was dann? Teil des Erfolges der Operation Desert Storm war, daß sie von einer disparaten, außergewöhnlichen Koalition unternommen wurde. Sie allein zu unternehmen hätte ein verheerendes Ergebnis gehabt: Die Weltmeinung hätte die USA in Grund und Boden verdammt.

Viertens: Saddam Hussein wäre nicht mehr als der verachtenswerte Despot erschienen, der er ist, sondern als neuer Nasser der arabischen Welt, der sich den USA widersetzt, die in sein Land eingefallen sind und dabei internationales Recht, wie es vom Sicherheitsrat der Vereinten Nationen festgelegt wurde, mißachten.

Fünftens ist da noch die Frage des Gleichgewichts in jener Region. Es war niemals unser Ziel, den Irak zu vernichten, was die Entstehung eines Vakuums in jenem überaus wichtigen Teil der Welt zur Folge gehabt hätte; aber jetzt erklären einige Leute, wir hätten genau das tun sollen. Wie alle politisch Verantwortlichen der Koalition, mit denen ich 1991 sprach, war ich der Ansicht, daß das irakische Volk selbst sich Saddams entledigen würde. Diese Einschätzung hat sich bislang als falsch erwiesen. Aber eines Tages wird er stürzen. Erinnern Sie sich dann meiner Worte. Kein rücksichtsloser Diktator kann dem Zorn seines Volkes auf Dauer entgehen.«[187]

Nach der irakischen Niederlage nutzten die oppositionellen Kräfte im Irak ihre Chance. Es brachen Aufstände im Inneren des Iraks aus, zuerst im schiitischen Süden, ab dem 3. und 10. März in den kurdischen Gebieten, vor allem im Norden des Irak. Binnen kurzer Zeit gelang es den beiden wichtigsten Kurdenführern, Massud Barzani und Jalal Talabani, das gesamte irakische Kurdengebiet zu befreien; die Iraker und die demoralisierten Truppen der irakischen Armee, die in Kurdistan stationiert waren, wurden vertrieben oder gefangengenommen. Am 22. März konnte Barzani sogar ein »befreites Kurdistan« ausrufen, aber der Triumph währte nur wenige Wochen. Saddam Hussein reorganisierte die Reste der irakischen Armee und setzte sie rücksichtslos ein, um die Aufstände im Norden und im Süden niederzuschlagen. Mit Panzern, schwerer Artillerie und vor allem mit Kampfhubschraubern und den Resten seiner Luftwaffe wurden die Kurden in die Flucht geschlagen. Die Bilder der Massenflucht von rund 1,5 Millionen Kurden, die sich bei Schnee und Regen über die Gebirgsstraßen in Richtung türkischer und iranischer Grenze bewegten, führten zu einem Sturm der Entrüstung in der freien Welt. Jetzt wurde die Frage noch dringlicher gestellt, warum Bush seinerzeit Saddam Husseins Regime und vor allem seine Armee nicht vollständig vernichtet hatte.

Selbst General Schwarzkopf erklärte angesichts dieser Entwicklung resignierend: »Ich habe mich hereinlegen lassen.«[188] Schwarzkopf hatte kein generelles Startverbot für irakische Hubschrauber erlassen und hatte damit erst die brutalen Maßnahmen der irakischen Armee und Luftwaffe nach dem Waffenstillstand gegen die irakische Bevölkerung und die Kurden beziehungsweise gegen die Aufständischen, die sich gegen Saddam Hussein erhoben, ermöglicht. Wut, Frustration und Enttäuschung in den USA und in der Welt rüttelten die Bush-Regierung zu halbherzigen humanitären Maßnahmen auf. Auf Grundlage der Resolution 688 vom 5. April 1991 wurde die Aktion »Provide Comfort« mit der Hilfe von 6000 amerikanischen, 1800 britischen und 1200 französischen Soldaten durchgeführt, um mit Unterstützung anderer Staaten, vor allem der

Bundesrepublik Deutschland, Lebensmittel und Hilfsgüter für die Flüchtenden abzuwerfen und dann vor allem eine Schutzzone auf irakischem Gebiet einzurichten. Ende Juni 1991 war mehr als die Hälfte der in den Iran und in die Türkei geflohenen Kurden wieder zurückgekehrt. Durch eine geschickte Hinhaltetaktik gelang es Saddam Hussein, die kurdischen Führer untereinander zu entzweien und alle Autonomiebemühungen im Keim zu ersticken.

Unter dem Eindruck dieser Ereignisse wandelte sich die Einschätzung der amerikanischen Rolle im Golfkrieg. Die Weltöffentlichkeit warf der Regierung Bush vor, die irakische Bevölkerung und die Welt getäuscht zu haben. Durch falsche Signale hatten die USA den Aufstand der Kurden und Schiiten erst ermuntert, aber dann Saddam Hussein die Möglichkeit gelassen, diesen Aufstand niederzuschlagen. Nur weil die USA nicht eingriffen, konnte Saddam Hussein seine blutige Herrschaft über den Irak wieder festigen. Der verheerende Einsatz irakischer Kampfhubschrauber gegen Aufständische, Zivilisten und Flüchtende stieß auf überwältigende Kritik im In- und Ausland. Bush wurde zu erneutem Eingreifen gezwungen. Der halbe Sieg im Krieg gegen den Irak und die halbbewältigte Krise im Irak nach Ende des Waffenstillstandes zeigten jetzt, wie prekär die neue Ordnung im Nahen und Mittleren Osten war. Hatte Bush sich doch mehr Versäumnisse und Fehler zuschulden kommen lassen, als allgemein angenommen wurde? Warum hatte er der irakischen Armee weitgehend freie Hand gegenüber Schiiten und Kurden gelassen?

Auch das amerikanische Engagement im Golfkrieg zeigte, daß die USA in fast allen Kriegen, die sie im 20. Jahrhundert führten, klar zwischen militärischen Kriegszielen und einer politischen Nachkriegsordnung zu unterscheiden suchten, dabei aber die Gunst der Stunde des militärischen Siegs für eine kraftvolle Neugestaltung der Nachkriegsordnung versäumten. Das war auch der Vorwurf von 1945, als sich die US-Truppen aus Thüringen und dem südlichen Sachsen zurückzogen, obwohl die Sowjetunion sich nicht an die gemeinsamen Abmachungen hielt. Deshalb forderte Winston Churchill, die amerikanischen Truppen so lange an Ort und Stelle zu belassen, bis die Sowjetunion alle Abmachungen erfüllt hätte.[189] Die Lage im Krieg gegen Saddam Hussein wies gewisse Parallelen auf.

Während rücksichtslose Diktatoren wie Stalin oder Saddam Hussein schon während des Krieges die politische Nachkriegsordnung zu beeinflussen suchten, trennten die USA streng zwischen beiden Bereichen. Kriegsziele wurden unter massivem Materialeinsatz mit der Absicht minimaler menschlicher Verluste geführt. Das ist verständlich. Nach Erreichung der Kriegsziele wurde in einem zweiten Schritt der optimale Weg zur Nachkriegsordnung gesucht, aber selten gefunden, weil nach dem militärischen Sieg sofort der Waffenstillstand ausgerufen wurde.[190]

Bushs Entscheidung hatte einen weiteren Grund: Für die regionale Nachkriegsordnung im Nahen/Mittleren Osten hätte eine territoriale Zerstückelung des Irak nach den schiitischen und kurdischen Aufständen im März 1991 zu einem Zerfall des Irak führen können, der nicht im Interesse der USA lag. Nicht nur Saudi-Arabien fürchtete einen unabhängigen, proiranischen schiitischen Südirak mehr als ein geschwächtes Regime unter Saddam Hussein. Auch die USA befürchteten negative Entwicklungen. Deshalb hatte Bush aus regionalen Stabilitätsüberlegungen ein Interesse daran, daß der Irak ungeteilt fortexistierte. Sein Dilemma bestand darin, daß einerseits der Konflikt vitale Interessen der USA berührte, andererseits jedoch regionale Ursachen hatte und eine spezifische Eigendynamik besaß, die nur sehr begrenzt von den USA beeinflußt werden konnte.[191] Ein autonomes Kurdistan innerhalb des Irak hätte darüber hinaus auch die kurdischen Minderheiten in der Türkei und im Iran zu Autonomiebestrebungen ermuntert. Die Auswirkungen auf die innere Stabilität der Türkei als NATO-Mitglied wie auch die gesamtregionalen Folgen und die Auswirkungen auf die NATO und atlantische Allianz waren schwer vorauszusehen. Es war also die politische Explosivkraft eines autonomen Kurdistan in der Region, welche die USA fürchteten, vor allem eines politisch eng mit schiitischen Regierungen verbundenen Kurdistan. Auch eine Machtübernahme der Schiiten in Bagdad lag nach einem hypothetischen Rücktritt Saddam Husseins im Bereich des Möglichen. Diese Alternative hätte die Probleme der USA im Nahen und Mittleren Osten ebenfalls weiter erschwert. Deshalb verzichtete Bush nach Ausbruch der Aufstände gegen Saddam Hussein auf eine Unterstützung der irakischen Opposition. Saddam Hussein erschien als das kleineren Übel, ja er wurde, so paradox es klingen mag, selbst zum Stabilitätsfaktor, denn ohne Saddam hätten sich Kurden und Schiiten – nicht nur im Irak – durchgesetzt. Aus diesen Gründen entschloß sich die Regierung Bush, Saddam Hussein an der Macht zu belassen, ihn aber an der kurzen Leine zu führen. Das Wirtschaftsembargo wurde beibehalten und eine Politik der Isolation betrieben. Eine Art »Morgenthau-Plan für den Irak«, das war der Preis, den Saddam Hussein und vor allem die irakische Bevölkerung bezahlen mußten.

Aber es gab auch positive Zeichen für eine Friedensordnung als Ergebnis des Golfkriegs. Zunächst erfuhr die Rolle der USA – als Führungsmacht der erfolgreichen Koalition gegen den Irak und als Verbündeter Israels, aber auch vieler arabischer Staaten –eine ganz entscheidende Aufwertung in der Region. Auch die militärischen und politischen Gegner der USA blickten hoffnungsvoll auf die letzte Weltmacht.

Am 6. März 1991 erläuterte Bush in einer Rede vor beiden Häusern des Kongresses die Ziele der amerikanischen Nahostpolitik. Zwei zentrale Elemente hob er hervor: die Bereitschaft, zur Sicherheit in der Region beizutragen, sowie die Unterstützung der Formel »Land für Frieden« im arabisch-israelischen Friedensprozeß auf Grundlage der Resolutionen 242 und 338 des UNO-Sicherheitsrates. Außenminister Baker begann konsequenterweise eine intensive Besuchsdiplomatie.

Diese Entwicklung war nicht selbstverständlich. Das Ende des kalten Krieges hätte auch isolationistische Auswirkungen auf die Außenpolitik der USA in der Weltpolitik haben können. Die Auflösung der alten Nachkriegsordnung und die Neubestimmung der weltpolitischen Rolle der USA wurde durch den Sieg im Golfkrieg entscheidend beeinflußt.[192] Auch verlor die Regierung Bush erst im Zuge des Golfkrieges ihre nahostpolitische Unsicherheit, die zugegebenermaßen auch ein Reflex der schwierigen Situation im Nahen Osten selbst gewesen war.

Mag Amerika auch durch den kalten Krieg enorm geschwächt worden sein, es war nach wie vor die herausragende westliche Macht, die den Willen zum außenpolitischen Handeln in die Tat umsetzte und in der Lage war, eine beispiellose Kriegsallianz auf die Beine zu stellen. Damit behauptete sich die Strategie der Abschreckung auch nach dem Ende des kalten Krieges als Leitlinie amerikanischer Sicherheitspolitik. Der Gemeinschaftsgeist innerhalb der alliierten Streitkräfte wurde gestärkt. Die Auswirkungen auf den Gesamtzusammenhalt der NATO waren positiv.[193]

Vor allem wurde die UNO als Friedensmacht aufgewertet. Auf ihrem Treffen in London im Juli 1991 hatten die führenden westlichen Industrienationen (G-7) ihren Willen bekundet, den Vereinten Nationen in Zukunft eine zentrale Rolle in der noch zu entwickelnden Weltordnung und eine entscheidende Funktion für die Bewältigung regionaler Konflikte im Rahmen einer präventiven Diplomatie einzuräumen. Nach der irakischen Invasion in Kuwait bewies sich die neue Handlungsfähigkeit der UNO im Zuge der neuen amerikanisch-sowjetischen Kooperation. Endlich konnte die UNO jetzt diesen eklatanten Bruch des Völkerrecht korrigieren. Der militärische Überfall und die anschließende Annexion Kuwaits hatte zentrale Prinzipien des Völkerrechts verletzt: den Grundsatz der Unverletzbarkeit der Grenzen und den Grundsatz der Souveränität der Staaten. Zweifellos war das Gewaltverbot seit 1945 immer wieder verletzt worden, wie die rund 160 Kriege seit 1945 zeigen. Aber die Invasion und

Annexion Kuwaits durch den Irak war besonders eklatant. Auch vorher wurden fremde Territorien mit militärischer Gewalt annektiert, wie zum Beispiel Goa durch Indien oder die Golan-Höhen und die Westbank durch Israel oder Tibet durch China. Aber der Irak hatte demonstrativ gültiges Völkerrecht verletzt. Am 8. August 1990 wurde Kuwait sogar per Wiedervereinigungsdekret zur 19. Provinz erklärt. Die Annexion wurde mit der Behauptung gerechtfertigt, Kuwait sei zur Zeit des Osmanischen Reiches ein Bestandteil des Irak gewesen, das war historisch falsch.

Saddam Hussein forderte die Weltgemeinschaft zu einem für ihn ungünstigen Zeitpunkt heraus. Nach dem Ende der Konfrontation zwischen West und Ost traten die Vereinten Nationen der irakischen Aggression schnell, einig und entschlossen entgegen. Niemals zuvor hatte der UN-Sicherheitsrat so weitreichende Entscheidungen für kollektive Sicherheit getroffen. In dieser Hinsicht konnte Bush am Ende des Krieges selbstbewußt Bilanz ziehen: »Wir werden keine US-Streitkräfte rund um die Welt einsetzen müssen. Wenn wir etwas sagen, das objektiv richtig ist, wie: ›Besetze nicht dein Nachbarland, oder du wirst dafür zur Rechenschaft gezogen werden‹, dann werden die Leute darauf hören, denn ich denke, aus all dem wird sich eine neu gefundene, eine wiederhergestellte Glaubwürdigkeit für die USA ergeben.«[194]

Aber Fehler und Versäumnisse dürfen nicht übersehen werden. Obwohl die CIA vor einem Angriff des Irak auf Kuwait gewarnt hatte, gab es keine entsprechende Reaktion im Weißen Haus. Die Nachricht paßte nicht in die Politik der USA der achtziger Jahre, als der Irak massiv unterstützt und zum neuen Alliierten der USA im Nahen Osten aufgebaut wurde. Letztlich war es für die Regierung Bush zweitrangig, welche innere Ordnung im Irak herrschte, entscheidend war, daß die Außenpolitik des Irak den amerikanischen Interessen im Nahen und Mittleren Osten diente. Hätte die US-Regierung aber die Menschenrechtsverletzungen im Irak angeprangert, hätte Bush gegenüber dem Irak nicht nur interessenorientierte, sondern auch eine werteorientierte Politik verfolgt und hätte er sich nicht von Saddam Hussein abhängig gemacht, dann hätte manches vermieden werden können. Wäre die Regierung Bush vor Ausbruch des Krieges aufmerksamer gewesen, hätte die US-Botschafterin in Bagdad, Frau Glaspie, Saddam Hussein deutlich vor Augen geführt, daß er bei einer militärischen Aktion mit dem Eingreifen der USA rechnen müsse, so hätte dies abschreckend gewirkt. Auch hätten die USA zwischen dem Irak und Kuwait vermitteln müssen. Aber der Regierung Bush fehlten vorausschauende Krisendiplomatie, diplomatische Geschmeidigkeit, militärische Festigkeit und politische Entschlossenheit vor Ausbruch der irakischen Aggression. Diese war in gewisser Weise »hausgemacht«, die USA waren durch Unterlassungen mitverantwortlich.

Vor allem hätte die militärische Führung, hätte Generalstabschef Powell dem amerikanischen Präsidenten vorschlagen müssen, durch Verlegung von Seestreitkräften in den Golf Saddam Hussein vorab deutliche Signale der Abschreckung zu senden. Colin Powell sprach sich jedoch gegen den Rat von Verteidigungsminister Cheney aus, der sich von Anfang an für eine überzeugende Strategie der Abschreckung eingesetzt hatte, aber als Minister von seinen Militärs nicht unterstützt wurde. Selbst nach der Invasion Saddam Husseins im Irak zögerte Colin Powell immer noch, Kuwait zu befreien. »Die Zivilisten suchten nach einem Weg, die Iraker ›zurückzurollen‹, während die Militärs eher ein behutsames Vorgehen anmahnten«[195], denn General Powell war sich sicher: »In den nächsten Tagen wird sich der Irak zurückziehen, aber Saddam Hussein wird seine Marionette einsetzen. Jeder in der arabischen Welt wird zufrieden sein. Ich denke nicht, daß die höhere Führung uns wegen der Geschehnisse der letzten vierundzwanzig Stunden in einen bewaffneten Konflikt führen wird. Das amerikanische Volk will seine Jugend nicht für einen Dollar fünfzig pro Barrel Öl dahinsterben sehen.«[196]

Seine Einschätzung war falsch und die innenpolitische Beurteilung der Lage problematisch. Vor allem wird deutlich, daß Präsident und Verteidigungsminister keinen klaren politischen Primat vorgaben, sondern die Militärs politisch mitentschieden. Außenminister Baker war im Golfkrieg sowieso völlig abgetaucht und behielt seine Zweifel weitgehend für sich.[197] Die Generalität der US-Streitkräfte fürchtete einfach eine langwierige und kostenintensive Aktion gegen den Irak. Hier zeigte sich die traumatische Erfahrung der Powell-Generation im Vietnamkrieg. Sie wollte Krieg unter allen Umständen vermeiden und hätte sich mit Sanktionen zufriedengegeben.[198] Mit ihrer Verweigerung schwächten die Generale aber eine Politik der Stärke und der Abschreckung. Bush versäumte es zudem, der Generalität durch seinen Verteidigungsminister einen klaren politischen Primat vorgeben zu lassen. Er führte zu wenig; erst unvorsichtig in der Allianz mit dem Irak und dann zu vorsichtig gegen den Irak. So fehlten Glaubwürdigkeit, Entschlossenheit und Ausgewogenheit, drei unverzichtbare Momente überzeugender Abschreckungspolitik.

Powells Zögern, amerikanische Streitkräfte zur Abschreckung in den Golf zu entsenden, trug vor dem Ausbruch des Krieges zum Versagen der USA auf militärischer Ebene bei. Die Kriegsführung selbst überzeugte dann zwar durch den überwältigenden Einsatz technischer Mittel, doch nach Ende der Kriegshandlungen versagten die Militärs und Bush erneut. Der Präsident gab Schwarzkopf keine Richtlinien für die Waffenstillstandsverhandlungen vor. Dieser verhandelte selbst und war überfordert. Eine Besetzung des Westirak wurde von Powell als Alternative verworfen, obwohl sie für sich sprach: Im Verteidigungsministerium schlug Staatssekretär Henry Rowen vor, den Westen des Irak durch amerikanische Streitkräfte besetzen zu lassen. Beabsichtigt war, den Krieg direkt in den Irak zu tragen und Bagdad zu bedrohen, um politische Veränderungen an der Spitze des Irak zu forcieren. Auch weitere Ziele der militärischen Besetzung des Westirak wirkten überzeugend:

- Die Intervention und Inbesitznahme von irakischem Boden hätte die Entschlossenheit signalisiert, über den Status quo hinaus gegen den Irak vorzugehen. Dann wäre Saddam Hussein deutlich geworden, daß er für seine Weigerung einen großen Preis auf dem Territorium des Irak selbst würde bezahlen müssen.
- Von diesem Brückenkopf im westlichen Irak aus wären weitere Aktionen auf Bagdad denkbar gewesen.
- Der Druck auf Saddam Hussein, seine Truppen aus Kuwait abzuziehen, bevor es zur großen Schlacht kommen würde, hätte zugenommen. Vielleicht wäre eine politische Lösung des Rückzugs der irakischen Truppen ohne den Einsatz der 500000-Mann-Armee möglich geworden.
- Die amerikanischen Truppen in der Wüste des westlichen Irak wären praktisch unangreifbar gewesen, weil irakische Truppen aus der Luft leicht und rechtzeitig auszumachen gewesen wären und folglich durch Luftangriffe rechtzeitig hätten vernichtet werden können.
- Die arabischen Staaten hätten die Besetzung des westlichen Irak bevorzugt, besonders Saudi-Arabien, weil eine massive Stationierung westlicher Truppen auf der arabischen Halbinsel mit gemischten Gefühlen betrachtet wurde und so vielleicht hätte vermieden werden können.
- Durch die Besetzung des westlichen Irak wäre Israel vor den »Scud«-Raketenangriffen der Iraker rechtzeitig geschützt und vom Irak nicht bedroht worden.[199]

Cheney stand diesem Vorschlag aufgeschlossen gegenüber. Da die Stabschef jedoch ablehnten, konnte er sich weder durchsetzen noch die Zustimmung des Präsidenten gewinnen. Anstatt militärisch begrenzt, das heißt angemessen und politisch weitsichtig zu handeln, schlug Colin Powell vor, unter Einsatz absolut überlegener Streitkräfte direkt in Kuwait gegen die irakischen Truppen vorzugehen und den Irak selbst massiv zu bombardieren. Powell plädierte entweder völlig gegen einen militärischen Einsatz und für wirtschaftliche Sanktionen oder forderte massivsten Militäreinsatz. Er konnte relativ frei schalten und walten. Das wurde deutlich, als er sich am 27. Februar 1991 im Weißen Haus klar gegen eine Fortsetzung der Kriegshandlungen aussprach, weil er eine endlose militärische Verwicklung wie in Vietnam und hohe Verluste der eigenen Truppen befürchtete. Powell hatte auch die öffentliche Meinung der USA im Auge. Für ihn war das Ziel – die Befreiung Kuwaits mit Einsatz weit überlegener Bodentruppen und Luftangriffen – erreicht, der schnelle Sieg hatte das Ansehen Amerikas und seiner Truppen wiederhergestellt. Weitere Aktionen hätten auch dem UNO-Auftrag widersprochen, aber wäre die alternative Vorgehensweise, die Besetzung des Westirak, nicht sinnvoller gewesen?

Saddam Hussein hätte durch eine angemessene Militäroperation zum Rückzug veranlaßt werden können. Diese Option wäre im Sinne der *flexible response* gewesen und hätte sowohl Deeskalation und auch Eskalation zu angemessenen Kosten ermöglicht. So wie Kennedy in der Kubakrise ein Beispiel für politische und militärische Stärke mit Gefühl für Flexibilität gab, so hätte auch Bush für die Zeit nach dem kalten Krieg ein wegweisendes Beispiel für angemessene politisch-militärische Geschmeidigkeit und Stärke geben können. Kosten an Menschenleben und Material hätten vermieden werden können. Die Zustimmung der westlichen und arabischen Welt wäre bei dieser Vorgehensweise höher gewesen. Das Ziel des Rückzugs der irakischen Truppen aus Kuwait hätte mit geringeren Kosten verwirklicht werden können. Bush hätte auch durch zurückhaltende Rhetorik den Eindruck vermeiden können, daß er oppositionellen Kräften im Irak zu Hilfe eile. Eine maßvolle militärische Vorgehensweise hätte als Vorbild für die Bewältigung von Krisen und Kriegen in der Zeit nach dem kalten Krieg dienen können.

Bush hatte die größte Militärmacht seit dem Ersten und Zweiten Weltkrieg politisch zusammengeschweißt; das war eine große politische Leistung. Die amerikanischen Truppen bestärkten die Welt in dem Glauben, die USA seien auch nach Ende des kalten Krieges die stärkste Macht der Welt. Aber Bush muß gespürt haben, daß »irgend etwas seit dem Waffenstillstand nicht stimmte, er sah bedrückt aus. Auf die Frage, warum, antwortete er: ›Ich will ganz offen sein. Ich möchte ein Ende sehen, wie nach dem Zweiten Weltkrieg; aber Saddam Hussein ist immer noch an der Macht, eine Gefahr.‹«[200]

Der Krieg der Generale, so militärisch triumphal er war, brachte keine neue politische Ordnung – nicht für den Irak, nicht für den Mittleren Osten und schon gar nicht für die Neue Welt nach dem Ende des kalten Krieges. Wegen militärischer Bedenken wurde die irakische Armee nicht völlig aufgerieben, sondern erhielt die Möglichkeit des Rückzugs in den Irak. Saddam Hussein nutzte diese Chance für seine eigenen Interessen. Cheney und Bush ließen sich von den rein militärischen Überlegungen ihrer Militärs leiten, faßten aber keine politische Nachkriegsordnung ins Auge. Der militärische Sieg über Saddam Hussein wurde somit verspielt.[201] Ein Jahr nach dem Golfkrieg saß Hussein politisch wieder fest im Sattel, und das irakische Volk wurde weiter unterdrückt.

Deshalb bleibt die politische Bilanz des Golfkrieges zwiespältig. Es wäre optimal gewesen, wenn die USA Saddam Hussein von vornherein von einer Invasion Kuwaits abgeschreckt hätten. Allerdings wurde das Völkerrechtsprinzip der Unverletzlichkeit staatlicher Grenzen durch entschlossenes Handeln überzeugend verteidigt – aber nur, weil handfeste Interessen der USA wie auch der westlichen Industrienationen auf dem Spiel standen. Nur wenn Prinzipien sich mit Interessen verknüpfen lassen – das ist die Lehre des Golfkrieges –, werden die Westmächte und vor allem die USA aktiv. Hier lassen sich Parallelen zum Eingreifen in Panama und Somalia ziehen. Das Eingreifen am Golf verlief nach ähnlichem Schema wie in Panama. Zwar wurde damals Noriega gestürzt und in den USA in Haft genommen, aber seine Anhänger gewannen ihre alte politische Macht zurück.[202] Im Irak blieb ebenfalls alles beim alten.

Auch Bushs Eingreifen in Somalia verlief nach vergleichbarem Muster. Zuerst wurde mittels einer militärischen Intervention humanitäre Hilfe geleistet, aber dann hielt man die US-Truppen nicht einmal dazu an, die somalischen Banden zu entwaffnen. Die Kämpfe zwischen den Clans gingen weiter, die USA zogen sich wie alle anderen 1993 frustriert aus Somalia zurück, und heute herrschen dieselben anarchischen Zustände wie vor Amerikas Eingreifen im Dezember 1991, als die große humanitäre Hilfsaktion begann.[203] Diese Pathologie amerikanischer Machtpolitik unter Berücksichtigung der Anwendung von Gewalt wird von Robert Tucker und David Hendrickson folgendermaßen charakterisiert: »Wir haben uns auf eine Formel für die Kriegsführung fixiert, in der amerikanische Opfer minimiert und langgezogene Gefechte vermieden werden. Diese Formel macht den massiven Einsatz amerikanischer Feuerkraft und einen schnellen Rückzug von den Schauplätzen der Zerstörung erforderlich … das Gemeine an der Formel ist, daß sie es uns ermöglicht, mit sehr viel größerer Überstürzung in den Krieg zu ziehen, als wir das unter anderen Umständen tun würden, während sie uns zugleich gestattet, die Zerstörung, die wir anrichten, ohne ein entsprechendes Gefühl der Verantwortung hinter uns zu lassen. Sie schafft Anarchie und nennt diese Frieden. Im Namen der Ordnung wird sie ein Chaos anrichten. Sie erlaubt es uns, in eine imperiale Rolle *(role)* zu steigen, ohne die klassischen Pflichten der imperialen Herrschaft *(rule)* ausüben zu müssen.«[204]

Vor diesem Hintergrund kann nach Ende des Golfkrieges Bushs Vision einer neuen Weltordnung gesehen werden. Wer einen Krieg zur Durchsetzung einer neuen Weltordnung – und die zukünftige amerikanische Führungsrolle – führen ließ, dem konnte man keinen Mangel an Zukunftsperspektive vorwerfen. Der Begriff der neuen Weltordnung war George Bushs Ersatz für den großen moralischen Wurf seiner Vorgänger, war sein *»vision thing«* – geboren nicht aus ideologischen Vorlieben, sondern aus praktischen innenpolitischen Notwendigkeiten.[205] In diesem Sinne erklärte Bush: »Seit zwei Jahrhunderten haben wir für die Freiheit hart gearbeitet. Und heute führen wir die Welt im Kampf gegen eine Bedrohung der Anständigkeit und Menschlichkeit. Es geht um mehr als ein kleines Land, es geht um eine große Idee: um eine neue Weltordnung, in der verschiedene Nationen sich um eine gemeinsame Angelegenheit kümmern, um die Verwirklichung der universellen Hoffnungen der Menschheit: Frieden und Sicherheit, Freiheit und Gesetzlichkeit. Eine solche Welt ist unseres Kampfes würdig und der Zukunft unserer Kinder.« Die Formulierung der neuen Weltordnung diente also der innen- und außenpolitischen Legitimation des Krieges. Danach sah sich Bush allerdings vor die Aufgabe gestellt, diese Vision in konkrete Politik umzusetzen.

Die universelle Hoffnung der Menschen auf Frieden und Sicherheit, Freiheit und Rechtsstaatlichkeit, der Triumph der demokratischen Idee und das Konzept der Vereinten Nationen wurden von Bush für die Begründung des amerikanischen Führungsanspruchs nach Ende des kalten Krieges bemüht: »Ich trete vor dieses Haus mit einem Aufruf zur Erneuerung, sich auf das nächste amerikanische Jahrhundert vorzubereiten: Wer von unseren Bürgern wird uns in das nächste amerikanische Jahrhundert führen? Jeder, der einen Schritt nach vorn macht, der einen Süchtigen bewegt, Drogen aufzugeben, der einen Jugendlichen in Not davon überzeugt, nicht aufzugeben, der einen Aidskranken tröstet, der einem hungrigen Kind hilft.« Dann wurde Bush deutlich: »Wir sind eine Nation, die von steinhartem Realismus und klarsichtigem Realismus geprägt ist. Wir werden im Golf Erfolg haben. Und wenn wir das tun, wird dies ein für allemal eine Warnung der internationalen Staatengemeinschaft an jeden Diktator sein, der gesetzlose Aggression in Betracht zieht. Die Welt kann deshalb diese Gelegenheit ergreifen, um die langgehegte Hoffnung auf eine neue Weltordnung zu erfüllen, in der Brutalität nicht zum Ziel führt und Aggression auf kollektiven Widerstand stößt. Wir sind das einzige Land auf der Welt, das diese Riesenstreitkräfte zusammenbringen konnte. Unsere Sache ist gerecht, moralisch und richtig. Wir sind aufgestanden, als uns die Pflicht rief. Der Wind des Wandels weht aus unserer Richtung. Die Kräfte der Freiheit sind vereint.«[206] Die eigenen globalen Machtinteressen wurden geschickt in selbstlosen Idealismus gehüllt, aber es blieb unverkennbar, daß auch in der neuen Weltordnung der alte Anspruch der USA auf globale Führung aufrechterhalten blieb. Bush glaubte nicht, daß die neue Weltordnung von selbst eintreten, also eigengesetzlich entstehen würde, sondern erst von den USA durchgesetzt werden mußte. Deshalb war für ihn die Weltordnung von Anfang an eine amerikanische Weltordnung. Die gemeinsamen Werte, die er postulierte, waren zuerst amerikanische Werte.

Wie schon bei der Formulierung der Truman-Doktrin 1947, so stellte sich auch bei dieser außenpolitischen »Bush-Doktrin« die Frage, inwieweit ein spezifisch historischer, geopolitischer Anlaß als Regel für universales zukünftiges Vorgehen gewertet werden kann. Vermutlich läßt sich keine Konstellation so verallgemeinern, daß sie als beispielhaft für zukünftiges Vorgehen gelten kann. Aber die Geschichte hat auch gezeigt, daß die amerikanische Bevölkerung in Fragen der Außenpolitik zu Isolationismus neigt und nur dann einzugreifen bereit ist, wenn die Sache gerecht erscheint und moralisch zum Eingreifen zwingt. Vor diesem Hintergrund war Bush mit ähnlichen Problemen konfrontiert wie Truman 1947. Bush wollte nach dem Ende des kalten Krieges die amerikanische Bevölkerung von einem fortgesetzten internationalen Engagement der USA überzeugen. Wie Truman wollte er isolationistische Tendenzen überwinden. Wie Truman in Griechenland und der Türkei sah Bush in der irakischen Invasion den Anlaß, Amerikas Führungsrolle in der Welt erneut zu begründen.

Nach dem Zusammenbruch des Sowjetimperiums wurde in der Tradition von Woodrow Wilson und Franklin D. Roosevelt die Vision der »Einen Welt« unter Amerikas Führung möglich.[207] Das amerikanische Jahrhundert fand seinen krönenden Höhepunkt nicht nur im Zusammenbruch der Mauer und den Freiheitsrevolutionen in Mittel- und Osteuropa, sondern ebenso im entschlossenen Eingreifen der USA im Krieg gegen Saddam Hussein. Jetzt fiel den USA auch eine globale Beschützerrolle zu, wenn Staaten angegriffen wurden. Völkerbund und UNO bildeten den Strukturrahmen für kollektive Sicherheit: »Bereits zweimal in diesem Jahrhundert haben amerikanische Präsidenten nach Weltkriegen die Bemühungen angeführt, einen internationalen Mechanismus für den kollektiven Widerstand gegen Aggression ins Leben zu rufen – zuerst Wilson und der Völkerbund, später dann Roosevelt und die Vereinten Nationen. Doch erst heute, am Ende des kalten Krieges, hat am Persischen Golf zum ersten Mal ein internationales Gremium – die Vereinten Nationen – die von ihren Begründern vorgesehene Rolle gespielt: Organisation und Sanktionierung kollektiven Widerstands gegen einen Aggressor. Das Potential der UNO, diese Rolle auch weiterhin auszufüllen, und die neue Bereitschaft zahlreicher Staaten, Geld und militärische Einheiten dafür zur Verfügung zu stellen, sind die Grundsteine eines neuen Zeitalters der internationalen Sicherheit – einer neuen Weltordnung, die durch den wachsenden Konsens gekennzeichnet ist, daß Gewalt nicht angewendet werden darf, um Streitigkeiten zu regeln, und bei einem Bruch dieses Konsenses die Lasten und Verantwortlichkeiten von vielen Nationen geteilt werden.«[208]

Freiheit und Verpflichtung wurden zentral für amerikanisches Handeln: Keine andere Macht konnte die außenpolitische Verantwortung der USA ersetzen. Dabei wurde auch folgender Widerspruch deutlich: Einerseits betonte Amerika seine Verpflichtung zum Multilateralismus im Rahmen der UNO, andererseits forderte Bush für die USA eine Sonderrolle in einer unipolaren Welt. Bushs Hinweis auf Amerikas Anpassung an die globale Ordnung schien taktisch; strategisch zielte Bush auf eine langfristige Dominanz der USA, wie anhand der ungewollten Veröffentlichung verschiedener Dokumente des Verteidigungsministeriums im März 1992 belegt wurde: Militärstrategisch sollte die neue Weltordnung für die USA nach Ende des kalten Krieges »eine Supermachtswelt« sichern. Der Schritt von der »Einen Welt« zur »Supermachtswelt« symbolisierte die Entschlossenheit, die globale Pax Americana jetzt voll auszubauen. Nach dem Zusammenbruch der Sowjetunion hätte der Verteidigungsetat logischerweise drastisch gekürzt werden müssen. Aber Bush hielt an massiver militärischer Überlegenheit der USA fest und forderte für die kommenden fünf Jahre 1,2 Billionen Dollar für Militärausgaben, um das Entstehen einer neuen Weltmacht zu verhindern. Die Nichtweiterverbreitung von Nuklearwaffen wurde gefordert, aber Bush behielt sich selbst den Einsatz militärischer Mittel als letzte Möglichkeit vor, zum Beispiel gegenüber dem Irak, Nordkorea, Pakistan oder Indien. Zur Sicherung des eigenen Territoriums sollte SDI weiterentwickelt werden. Einen Machtzuwachs von potentiellen Weltmächten wie Rußland oder der Volksrepublik China galt es zu vereiteln. Befreundete potentielle Weltmächte wie Japan, Deutschland oder die EU durften den Grundcharakter der Weltordnung, mit der herausragenden Position der USA, nicht gefährden. Regionale Konflikte galt es zu vermeiden, um Amerikas Interessen zu sichern: Zugang zu Rohstoffen wie am Persischen Golf, Nichtweiterverbreitung von Massenvernichtungswaffen, Bekämpfung des Terrorismus und des Drogenhandels.

Die Erfahrung mit Aggressionen und Kriegen von Diktatoren im 20. Jahrhundert, wie Italiens Angriff auf Abessinien Anfang der dreißiger Jahre, Hitlers Intervention in der ČSR und Nordkoreas Angriff auf Südkorea bilden den historischen Erfahrungshintergrund für die neue Weltordnung. Recht und Ordnung wurden die Zielvorstellungen, um die Anwendung militärischer Mittel zu rechtfertigen. Aggression als Mittel nationaler Macht dagegen war unverzeihlich. In Bushs Neuer Weltordnung wurde nicht nach den Ursachen von Gewaltanwendung und Krieg gefragt. Status-quo-Überlegungen dominierten. Wer auch immer den Status quo herausforderte, ob gerecht oder ungerecht, befand sich im Unrecht. Die Anwendung militärischer Gewalt zur Veränderung der Gegebenheiten war verdammenswert, nur zur Verteidigung der neuen Weltordnung war die Anwendung von Gewalt legitim und notwendig. Ordnungspolitisch war diese Neue Welt Status-quo-orientiert.[209]

Bush berief sich auf eine eindrucksvolle Tradition ordnungspolitischen Handelns. Zu Beginn des 20. Jahrhunderts war für Woodrow Wilson die Verurteilung von Krieg zentral, Hilfe zur Verteidigung also konsequent. Franklin D. Roosevelt handelte vor dem Hintergrund der negativen Erfahrungen Wilsons taktisch vorsichtiger, aber weitsichtig und entschlossen. Eisenhower scheute sich in der Suezkrise nicht, befreundete Staaten wie England und Frankreich mit Macht zu außenpolitischen Kursänderungen zu zwingen, gerade im Nahen Osten. Kennedy wollte mit idealistischer Rhetorik die Außenpolitik der USA zu neuen Grenzen führen. Ronald Reagan verband diesen Idealismus mit schroffem Antikommunismus und leitete durch kompromißlose Machtpolitik die Ära ein, in der die amerikanischen Werte über die kommunistische Ideologie triumphierten.

In dieser Tradition war auch in der neuen Weltordnung von George Bush kein Platz für Sonderrechte oder Bevorzugung von Einflußsphären – außer für die USA. In der Karibik sowie in Mittel- und Südamerika standen die Monroe-Doktrin und nationale Interessen der USA im Vordergrund. Die Sicherung des Panamakanals war mitentscheidend für die amerikanische Intervention. Die nationalen Interessen der USA allein wurden weltweit interpretiert. Es gab also »gerechte« Kriege, die die USA zur Aufrechterhaltung des Status quo der neuen Weltordnung führten, und »ungerechte« Kriege, die diese Ordnung störten oder unterminierten. Der Angreifer führte per se einen ungerechten Krieg, der Verteidiger der neuen Weltordnung einen gerechten. Der Golfkrieg ist das klassische Beispiel für diese Sicht der Dinge, die nur die eine Seite der Medaille sieht. Diese Prämissen der neuen Weltordnung waren so fragwürdig wie das gesamte Gebäude des kollektiven Sicherheitssystems. Die Grenzen zwischen Gut und Böse, zwischen Angreifer und Verteidiger waren nicht so eindeutig, wie Bush es glauben machen wollte. Vielmehr waren die USA selbst vor dem Krieg mit dem Irak verbunden, so daß sich Saddam Husseins Angriff ohne Fehler und Versäumnisse der USA nicht erklären läßt.

Außenpolitik von Diktatoren ist grundsätzlich bedrohlich. Noch gefahrvoller wird die Lage allerdings dann, wenn Demokratien sich selbst aus eigennützigen Interessen mit Diktatoren einlassen. Die Geschichte der USA zeigt, daß die zeitweilige, taktisch motivierte Zusammenarbeit mit Diktatoren zur Eindämmung einer noch größeren Macht zeitweilig hingenommen werden kann. Bis zum Sommer 1989 wollte die Regierung Bush durch Zusammenarbeit mit dem Irak ein Gegengewicht zum Iran schaffen. Dieser Versuch scheiterte. Bushs neue Weltordnung suggerierte hingegen fiktive Gefahren, die zudem noch vergrößert wurden, um den hohen Militäretat zu legitimieren. Unter Berufung auf die neue Weltordnung wurden die eigenen Interessen maximiert, die der anderen wurden ausgeklammert. Die neue Weltordnung war eine Chimäre, mit der allein der dominante Platz der USA in der Welt legitimiert werden sollte. Wo aber war der Platz für Großmächte, die an der Schwelle zu Weltmächten standen, wie Rußland, Deutschland, Japan oder die Volksrepublik China? Wo sind der Platz und die Aufgabe der Staaten an der Schwelle zur Großmacht, wie Brasilien und Indien, oder der dynamischen Mittelmächte des Fernen Ostens? Müssen sie sich alle an die Status-quo-Politik der neuen Weltordnung halten, oder genießen sie regionale oder historische Sonderrechte, wie sie die USA allein für sich in Anspruch nehmen? Dürfen sie sich im Notfall oder zur Verteidigung selbst helfen, oder müssen sie sich zur Sicherung ihrer Interessen auf UNO und USA verlassen? Ist dann gewährleistet, daß die UNO und die USA ihre Interessen so umfassend garantieren wie die Länder selbst?[210]

Bushs neue Weltordnung sagte nichts über die Rolle und Entwicklung Rußlands in der Weltpolitik, nichts über die Rolle Rußlands im Osten Europas oder in den Beziehungen zu den ehemaligen Sowjetrepubliken aus. Bush gab keine Hinweise auf Gemeinschaftsinteressen, auf die Rolle Europas, der EG oder der NATO. Über die anderen Mächte, wie China und Japan, oder über andere Regionen gab Bushs neue Weltordnung ebensowenig Auskunft. Auch zu den neuen globalen Umweltproblemen und den Wegen zu ihrer Lösung fehlte jeglicher Hinweis. Der rigide Legalismus der neuen Weltordnung fror den gegenwärtigen globalen Status quo auf unnatürliche Weise ein und verstellte so den Blick auf die reale Dynamik und die wirklichen Ursachen von Krisen und Kriegen. In dieser Weltordnung wurden Konflikte nur als pathologisch, nicht aber als Herausforderung angesehen. Konflikte wurden nicht in ihrer menschlichen oder politischen Dimension erfaßt, sondern zu einem metaphysischen Grundübel stilisiert, das es ein für allemal auszumerzen galt. Vor allem fehlte der neuen Weltordnung der historische Hintergrund. Bushs Ausführungen waren nicht ohne Selbstgerechtigkeit. Im Namen von Frieden und Gerechtigkeit stellte er den USA einen Freifahrschein für Intervention aus, forderte aber von allen anderen in der Welt Zurückhaltung. Wer schon seit Jahren und Jahrzehnten auf der Schattenseite der Welt lebte, der sollte im Rahmen der neuen Weltordnung dort bleiben. Bush porträtierte eine Ordnung der Scheingerechtigkeit für die Machtlosen, die ihre Interessen an die einzige Macht der Welt übertragen sollten. Thomas Hobbes ließ grüßen!

Ordnung wurde von der Interessenfrage abgekoppelt und allein auf die Problematik der Aggression zugeschnitten. Für die komplexen Realitäten der Welt blieb kein Raum. Aber Kriege wie in Korea oder am Golf unter UNO-Mandat waren nicht die Regel, sondern die Ausnahme, wurden jedoch von Bush zum Regelfall erklärt, um eine neue Weltordnung zu begründen. Es fehlte eine Dimension, die nicht nur die Vielfältigkeit der Werte, sondern auch die Pluralität der Interessen angemessen berücksichtigt hätte.

Bush wollte die hegemoniale Rolle der USA nur neu begründen, um das Land vor einem Rückfall in den Isolationismus zu bewahren. Die Grundstruktur der neuen Weltordnung war wie die der alten Eindämmungsdoktrin konfrontativ. Dieses Freund-Feind-Grundmuster war der amerikanischen Außenpolitik seit Mitte dieses Jahrhunderts in gewisser Weise aufgezwungen worden, zuerst durch die Nationalsozialisten und das kriegerische Japan, dann durch den weltrevolutionären Anspruch des Kommunismus beziehungsweise der Sowjetunion. George Bushs Vision für eine neue Weltordnung zeigte, daß es der durch den kalten Krieg geformten politischen und militärischen Elite schwerfiel, sich auf eine neue, kooperative Weltpolitik einzustellen.

Bush suchte auch in der neuen Weltordnung die Gefolgschaft der Welt für Kriege gegen diabolische Diktatoren. Aber solche Kriege waren die Ausnahme, nicht die Regel. In Wirklichkeit sind Angriff und Verteidigung, sind Recht und Unrecht, Schuld und Unschuld bei kriegerischen Auseinandersetzungen viel schwerer zu unterscheiden, weil oft beide Seiten, wenn auch zu unterschiedlichen Anteilen, Schuld tragen. War vielleicht Amerikas kompromißlose Einstellung gegenüber Saddam Hussein auch darauf zurückzuführen, daß es sich insgeheim mitverantwortlich dafür fühlte, daß Washingtons Versäumnisse und Fehler den Angriff auf Kuwait erst ermöglichten? Die USA wuschen ihre politischen Hände nicht in Unschuld, wie es Bush gegenüber der Öffentlichkeit und in seiner Vision der neuen Weltordnung vorgab. Darüber hinaus war Bushs Vorstellungswelt Fiktion und Anmaßung. Nur er konnte diese Ordnung als gerecht, fair, harmonisch und für alle vorteilhaft darstellen. Mit dem moralisch-legalistischen Trick der neuen Weltordnung wurden die eigenen machtpolitischen Interessen verhüllt, denn die Ordnungsperspektive war pur amerikanisch: Was hat eine Oppositionsgruppe, die sich in den Vororten Pekings und Wäldern Chinas verstecken mag, mit Bushs Weltordnung gemeinsam? Nichts. Was haben Aufständische in Zentralamerika, die ihr Land ökonomisch und politisch von den USA unabhängig oder fairer behandelt werden wollen, mit Bushs Weltordnung gemeinsam? Nichts. Was hat der Mensch, der glaubt, daß diese Welt in Unordnung ist und verändert werden kann, mit Bushs neuer Weltordnung gemeinsam? Nichts. Was haben kleine, arme, benachteiligte Staaten, die seit Jahren und Jahrhunderten auf der Schattenseite der Welt leben, mit Bushs neuer Weltordnung gemeinsam? Nichts. Was haben verantwortungsbewußte Regierungschefs der zweihundert Staaten dieser Welt, die die Geschichte, die Interessen und die Zukunft ihres eigenen Landes im Auge haben, mit Bushs Weltordnung gemeinsam? Wenig.

Hinter der neuen Weltordnung versteckte sich eine tiefe amerikanische Sehnsucht nach den klaren Fronten des kalten Krieges, in denen die politischen Strukturen für eine gewisse Zeit eingefroren waren und die beiden Weltmächte deshalb ihre Teilordnungen beherrschen konnten. Bush wollte im Namen der neuen Weltordnung die günstigen Teile und Zustände in der Welt einfrieren, die anderen zugunsten der USA weiter auftauen. Aber die wirklich brennenden gemeinsamen globalen Herausforderungen wie soziale Fragen, Flüchtlingsprobleme, Umwelt, Bevölkerungsexplosion, Drogen, Verbrechen und andere erforderten völlig neue multilaterale Ansätze, die den USA letztlich fremd geblieben waren. Was hatte die neue Weltordnung zu diesen Problemen zu sagen? Nichts. Aber gerade diese neuen Fragen veränderten den Status quo der neuen Weltordnung dramatisch. Sie fehlten in Bushs Entwurf. Es gab keinerlei visionäre Ansätze und globale Perspektiven, die mit Carters Bericht »Global 2000« vergleichbar gewesen wären. Der Zerfall alter Imperien, die Begründung neuer Territorial- beziehungsweise Nationalstaaten, die Ursache für Kriege und Bürgerkriege, die historischen Tiefenkräfte, seit Beginn des 20. Jahrhunderts im Sowjetimperium eingefroren, jetzt aufgetaut, wurden in seinen abstrakten Vorstellungen von Bush völlig übersehen. In einer hochrevolutionären Zeit verordnete er in der Tradition Metternichs die Einfrierung des bestehenden globalen Gleichgewichts, das in Wirklichkeit nur amerikanische Suprematie sichern sollte. Das zeigte sich nach dem Waffenstillstand im Nahen Osten. Welchen Platz hatten die zwei Millionen Kurden, die zwischen Türkei, Iran und Irak vor Saddam Husseins Hubschraubern Schutz suchten, oder die Schiiten, die im Süden zu Hunderttausenden in die Sümpfe flüchteten? Für diese zwei bis drei Millionen Menschen gab es keinen Platz in einer neuen Weltordnung, sondern sie sollten wieder in die alte eingepfercht werden. Aber diese Millionen Menschen wären gar nicht erst in Aufruhr geraten und wären gar nicht erst geflohen, hätte Bush den Krieg entweder gar nicht oder konsequent gegen Saddam Hussein geführt. Bush führte ihn aber inkonsequent und rief zugleich zum Aufstand gegen Saddam auf. Das war die schlimmste aller Kombinationen. Hätte der Aufstand der Minderheiten gegen Saddam nicht im Sinne der neuen Weltordnung von Bush unterstützt werden müssen? Vielleicht ja, aber Bush hatte kein Interesse daran, daß durch die Aufstände im Norden und Süden die Integrität des Irak verlorenging. Ihm lag die alte ungerechte Ordnung im Nahen Osten mehr am Herzen als eine neue Ordnung mit allen möglichen Unwägbarkeiten.[211]

Bush zeigte sich am Ende des Golfkrieges als der Gesinnungsethiker großer Worte, aber ratlos angesichts von Machtveränderungen, die er selbst ermutigt hatte, um dann jedoch die Betroffenen den Armeen Saddam Husseins hilflos auszuliefern. Bushs humanitäre Hilfe für Kurden und Schiiten war nur ein schwacher Trost, zumal er sich erst auf Druck der öffentlichen Meinung und auf Druck der Verbündeten dazu durchgerungen hatte. Bush hatte einen Krieg gewonnen, aber den gerechten Frieden verspielt. Hätten die Amerikaner eine andere Handlungsweise ihres Präsidenten bevorzugt? Eine befriedigende Antwort fällt schwer, aber Bushs Ratlosigkeit hat tiefere Gründe. Auch im Golfkrieg wird das charakteristische Merkmal amerikanischer Außenpolitik, der Widerstreit zwischen interventionistischen und isolationistischen Tendenzen, deutlich. Es ist ja nicht so, daß die USA erst seit Mitte des 20. Jahrhunderts interventionistisch handelten. Bis in die dreißiger Jahre dieses Jahrhunderts intervenierten die USA rund sechzigmal in der lateinamerikanischen und karibischen Staatenwelt. Diese ursprünglich regionale Interventionspolitik wurde in dem Umfang globalisiert, in dem die USA vor allem im Zuge der antikommunistischen Rivalität in weltweite Auseinandersetzungen hineingezogen wurden. Bush intervenierte in Mittelamerika militärisch, wie in Panama 1989, in anderen Teilen der Welt, wie im Golfkrieg oder in Somalia 1991, oder auch im Zuge der sich ausweitenden Drogenkriege in Lateinamerika.

Er intervenierte aber nicht in Jugoslawien. So entstanden nach dem Ende des Ost-West-Konflikts zwei neue Arten von Intervention: War es im kalten Krieg einerseits die Furcht vor dem Nuklearkrieg und andererseits vor dem Guerillakrieg, die paradoxerweise beide auf der obersten und untersten Sprosse der Eskalationsleiter die Hauptaufmerksamkeit der USA hervorriefen, so markierte der Golfkrieg die Rückkehr der konventionellen Kriegsführung. In diesem Sinne war die Operation »Desert Storm« die Wiedereinsetzung des klassischen Konzepts des Krieges als Anwendung maximaler konventioneller militärischer Macht, um den Feind zu überwältigen.

»Gleichzeitig allerdings ist mit den humanitären Interventionen im Nordirak und in Somalia ein Paradigma entstanden, das dem des Golfkrieges tendenziell widerspricht. Humanitäre Interventionen werden – idealtypisch betrachtet – weniger zum Nutzen des eigenen nationalen Interesses geführt als zu dem Zweck, das Leiden von Bevölkerungsgruppen zu lindern. Humanitäre Interventionen unterliegen damit anderen politischen Begründungszusammenhängen und haben ihre eigene strategische Logik. [Sie] sind Beispiele einer Interventionsstrategie, die nicht die Niederwerfung des Gegners, sondern die Herstellung einer friedlichen Umwelt zum Ziel hat – zumindest auf deklaratorischer Ebene.«[212]

So gesehen, personifizierte Bush folgendes Dilemma amerikanischer Interventionspolitik nach dem Ende des kalten Krieges: »Innen- und außenpolitisch müssen Argumente den Militäreinsatz rechtfertigen, die sich tendenziell widersprechen. Außenpolitisch muß die Administration ihre Militäraktionen als multilaterale Unternehmen ausweisen und mit Hinweis auf universale Ideale rechtfertigen, damit sie im Staatensystem akzeptiert werden. Innenpolitisch muß die Administration die Bedrohung der nationalen Interessen betonen und ihre internationale Führungsrolle herausstellen, um die Unterstützung der Bevölkerung zu gewinnen. In dem Maße, in dem Interventionen altruistisch begründet und unter Aufgabe nationaler Entscheidungsbefugnisse durchgeführt werden, gewinnen sie an internationaler, verlieren aber an innenpolitischer Akzeptanz; umgekehrt verlieren sie an internationaler und gewinnen an innenpolitischer Akzeptanz, wenn sie dem nationalen Interesse dienen.«[213]

Dieses Dilemma war auch die Regel in der Zeit vor dem kalten Krieg. Es wird deutlich, daß dieser die Ausnahme für die amerikanische Außenpolitik darstellte, nun aber die historischen Grundmuster wieder sichtbar werden. Das Dilemma hat sich durch die neuen globalen Probleme verschärft, die durch humanitäre, militärische oder andere Formen der Intervention gelöst werden müssen. Deshalb betonte Bush mit Blick auf die innenpolitische Legitimierung, daß »die neue Weltordnung nicht bedeutet, auf unsere nationale Souveränität zu verzichten oder unsere Interessen preiszugeben. Sie bezeichnet eine Verantwortung, die uns durch unsere Erfolge auferlegt ist.« Aber Bushs kühne Vision erregte in den USA Widerspruch aus außenpolitischen Gründen und aus Mitgefühl gegenüber den Aufständischen im Irak.

Während George Bush die Vereinigten Staaten an die Spitze einer unipolaren Welt führen wollte, kritisierte die amerikanische Bevölkerung die innenpolitischen Versäumnisse seiner Regierung. Die zunehmenden wirtschaftlichen Schwierigkeiten, die Verödung der Städte, die katastrophalen Versäumnisse in der Bildungspolitik, die Oberflächlichkeit der Unterhaltung, das Ansteigen der Kriminalität und die schlimmen Auswirkungen wachsenden Drogenkonsums wirkten frustrierend. Bush, der ursprünglich in vier großen Reden die Grundzüge der neuen Weltordnung vorzustellen gedachte[214], beließ es bei einer einzigen grundsätzlichen Ansprache.

Bushs neue Weltordnung wurde vor allem an drei Punkten in Frage gestellt:

1. Die wirklichen globalen Herausforderungen nach Ende des kalten Krieges waren nicht militärischer Art wie im Golfkrieg, sondern sie waren umweltpolitischer, ökonomischer und sozialpolitischer Art. Sie erforderten ein neues Maß an Multilateralismus und Kooperation.
2. Den USA fehlten zunehmend die innenpolitischen Voraussetzungen für eine kraftvolle Außenpolitik.
3. Für die Vereinigten Staaten unter der Regierung Bush stellte sich die Frage, wie sie auf den ersten bewaffneten Konflikt in Europa nach 1945 reagieren sollten. Auch auf dem Balkan war die neue Weltordnung tangiert. Verwies der Golfkrieg auf Chancen amerikanischer Politik nach dem Zusammenbruch des Sowjetimperiums, so machte Jugoslawien das zentrale Dilemma amerikanischer Weltordnungspolitik deutlich: Ohne eine entschlossene Führungsrolle der USA konnten Konflikte nicht eingedämmt werden. Aber die USA waren nach 1989/90 weniger willens, für Ordnung zu sorgen, wenn nationale Interessen nicht auf dem Spiel standen. Doch in Jugoslawien waren nach Ende des kalten Krieges keine vitalen strategischen Interessen der USA mehr tangiert. Also war keine risikobereite Machtpolitik mehr vonnöten, wie sie Bush für die Golfregion noch als notwendig erachtete.

Bush suchte die außenpolitische Führungsrolle der USA im Rahmen der neuen Weltordnung, aber die eigene Bevölkerung forderte innenpolitische, wirtschaftliche und soziale Sicherheit. Damit war klargeworden, daß das ambitiöse außenpolitische Programm von George Bush der innenpolitischen Grundlage und Unterstützung völlig entbehrte.

Zusammenfassung

Eine gerechte Ordnung läßt sich nicht allein durch Gesetz und Legitimität erreichen. Da es keine verbindliche internationale Gerechtigkeit gibt, kann Ordnung nur auf der Zustimmung beziehungsweise Übereinstimmung der großen

Mächte und der Institutionen beruhen, die die großen Mächte gemeinsam oder in Teilen aufgebaut haben und selbst mittragen. Leopold von Rankes Überlegungen zur Rolle der Großen Mächte werden wieder aktuell zusammen mit der Frage, wie über ein Gleichgewichtssystem hinaus diese Mächte die institutionellen Grundlagen einer gerechten Weltordnung errichten wollen.[215] Die USA müssen ihre Erfahrung und ihre herausragende Machtstellung seit dem Zweiten Weltkrieg mit GATT, IWF, NATO und so weiter mit einem neuen Rollenverständnis eines Primus inter pares verknüpfen. Die Westeuropäer, insbesondere die Deutschen, haben mehr und konstruktivere Erfahrungen mit multinationaler und multilateraler Außenpolitik, die für die neue Weltordnung beispielhaft sein könnten. Aber den Europäern, besonders den Deutschen, fehlt der Wille zur Macht. Allein die USA bleiben letztlich bereit zu handeln – vor allem wenn militärische Maßnahmen nötig sind, um Aggressoren in die Schranken zu weisen.[216]

Nach Ende des kalten Krieges ist vor allem deutlich geworden, daß die Meinungsvielfalt in der amerikanischen Bevölkerung, auch außenpolitisch, größer geworden ist. Folglich gibt es keinen großen überparteilichen Konsens mehr für internationales Eingreifen wie zu Zeiten des kalten Krieges. Jeder Präsident muß außenpolitisches Engagement von Fall zu Fall gegen einen stärker isolationistisch ausgerichteten Kongreß und gegen eine neue Welle von Neoisolationismus in der Bevölkerung durchsetzen. Dabei ist die Charakterisierung der Einstellung der Amerikaner als neoisolationistisch nicht ganz richtig, denn seit den achtziger Jahren wurde deutlich, daß die Bevölkerung einerseits eine dramatische Reduzierung der Auslandshilfe wünschte, andererseits aber auch eine aktive Neuorientierung in der Außenpolitik, die auf die neuen Gefahren und Sorgen angemessenere Antworten gibt. Amerikas Bevölkerung ist bereit, die internationale Führungsrolle mitzutragen, aber nur wenn die neuen globalen Probleme angemessen gelöst werden. Diese nuancierten Einstellungen in der amerikanischen Bevölkerung wurden von Bush verkannt.

Die Mehrzahl der Amerikaner befürwortet nach wie vor eine internationale Führungsrolle der USA. Dazu gehören militärische Stärke und auch, daß die USA gemäß ihren Idealen und Interessen Demokratie, Freiheit und Marktwirtschaft in der Welt fördern. Aber die Bevölkerung forderte neue Grundlagen für Amerikas Wettbewerbsfähigkeit in der Welt und deshalb radikale Reformen: Zuviel war in den vergangenen Jahrzehnten versäumt worden; zu viele Probleme waren im Namen antikommunistischer Gemeinsamkeit unter den Teppich gekehrt worden.[217] Die Bevölkerung war beunruhigt, weil Amerikas wirtschaftliche Lage im Innern und seine ökonomische Rolle in der Welt sich seit den achtziger Jahren so dramatisch verschlechtert hatten. Die Verschuldung des Staatshaushaltes hatte ein gigantisches Ausmaß angenommen.[218]

Seit Mitte der achtziger Jahre, besonders seit Gorbatschows Machtantritt, fühlte sich die amerikanische Bevölkerung vom ideologischen Antikommunismus alter Prägung zunehmend irritiert. Reagan erkannte dies und setzte in der zweiten Amtszeit entsprechend neue Akzente, zum Beispiel in den Beziehungen zur Sowjetunion. Doch die Bevölkerung blieb wegen der wirtschaftlichen Stagnation und Rezession beunruhigt. Der Lebensstandard sank, Arbeitsplätze gingen verloren, die Staatsverschuldung stieg dramatisch, das soziale Gefüge und das Bildungssystem zeigten katastrophale Schwächen. Die Bevölkerung kostete nur kurz mit ihrem Präsidenten den Sieg im Krieg gegen den Irak aus, war aber enttäuscht, daß Bush nicht den Finger auf die innenpolitischen Wunden legte, um mit Mut und Engagement politische Koalitionen zu schmieden und das Land wieder auf Vordermann zu bringen. Waren es zunächst nur die unteren Schichten, so folgten der Mittelstand und bald die Bessergestellten und Wohlhabenden, die von der Wirtschaftsmisere betroffen waren. Es waren nicht Stagnation und Rezession an sich, sondern die Art und Weise, wie die Regierung Bush mit dem Problem umging, was die Menschen störte. Bush besaß keine Antenne für die neuen sozialen Probleme. Er wie auch Außenminister Baker kamen aus reichen Familien. Andere republikanische Politiker wie Nixon oder Dole hingegen hatten Gespür für soziale und wirtschaftliche Nöte. Bush selbst hat seine schwindende politische Popularität auf die Rezession zurückgeführt – zu Recht. Aber er verkannte dabei, daß der Umschwung der öffentlichen Meinung und der Bevölkerung nicht auf den wirtschaftlichen Niedergang an sich, sondern auf die Unfähigkeit seiner Regierung und seiner Person zurückzuführen war, diese Probleme zum politischen Thema Nummer eins zu machen. Bushs Versäumnis, auf Innen- und Wirtschaftspolitik umzuschalten und neue Prioritäten zu setzen, kostete ihn die Wiederwahl. Die Erneuerung wirtschaftlicher Stärke, die Reform des Bildungssystems, ein ausgeglichener Staatshaushalt und die Stärke des Dollars waren wichtiger als die Aufrechterhaltung militärischer Stärke. Die schweren Probleme im Innern erschwerten zugleich eine zeitgemäße außenpolitische Kursbestimmung.[219]

Wachsende Verschuldung, Vergeudung von Energie und Ressourcen, Erosion der bildungspolitischen und zivilisatorischen Grundlagen zwangen zur Konzentration auf die Probleme im eigenen Land. Aber Bush forderte für die USA, wie ein autoritärer Patriarch, eine Führungsrolle für die Menschheit, die dem Land nicht mehr zustand. Aus Dankbarkeit und Respekt wurde ihm der Kriegseinsatz am Golf zugestanden, aber mit dem Hinweis, jetzt endlich die innenpolitischen Probleme anzugehen. Die USA hatten keine angemessenen Kapazitäten und Strukturen mehr, sie hatten ihre Interessen überdehnt, wodurch wiederum strukturelle Verfallserscheinungen im Innern beschleunigt wurden. Die Niedergangsdebatte der achtziger Jahre wurde zu Beginn der neunziger Jahre neu entfacht.[220] Anstatt aber diese Fragen selbstkritisch und zugleich selbstbewußt aufzugreifen, kaschierte Bush die ökonomischen Versäumnisse durch traditionelle Machtpolitik, durch Militarisierung der Außenpolitik. Auch verhielt er sich zum Beispiel gegenüber der Sowjetunion kleinlich. Gorbatschow mußte wegen amerikanischer Einwände um die Teilnahme am G-7-Gipfel geradezu betteln, während so kleine Wirtschaftsmächte wie Kanada und Italien dort Mitglieder sind. Der Sowjetunion wurde auch die Mitgliedschaft im IWF verweigert, während Länder, deren Namen wir kaum kennen, Mitglieder sind, so zum Beispiel Vanuatu, die Fidschi-Inseln und der Tschad. Beim GATT wurde der Sowjetunion Beobachterstatus zugestanden, während Burundi und El Salvador Stimmrecht haben. Auch dem neuen Rußland unter Boris Jelzin ging es anfangs nicht besser; Bush hatte ihm in der neuen Weltordnung nur ein Abteil dritter Klasse angeboten. Der Wille zur Macht war da, aber die Bereitschaft zur Solidarität – typische Charaktereigenschaft des Amerikaners – fehlte bei der Regierung Bush. Die USA hatten auch nicht mehr die Wirtschaftskraft, um wie Ende der vierziger Jahre Hilfe und Reformen für Europa anzubieten. Japan und Deutschland waren finanzstark. Im übrigen hörten die Verbündeten immer weniger auf die Regierung Bush, sondern kritisierten die amerikanische Politik, luden Gorbatschow auch gegen Bushs Wunsch zum G-7-Gipfel ein und formulierten gegen Amerikas Veto Richtlinien für die Osteuropa-Hilfe oder für den globalen Umweltschutz. Die Europäer bauen die EG aus und vertiefen sie. Sie stärken die Bande zu Osteuropa und werden zu Konkurrenten der USA in der Weltwirtschaft. Japan dehnt seinen Einfluß in Asien aus, während die USA mühsam eine Freihandelszone mit Kanada und Mexiko skizzierten, aber als höchst verschuldetes Land der Welt, in der die Kraft des Dollars schwand. Als Bush schließlich mit Amerikas Autohändlern im Troß nach Japan aufbrach und dort beim offiziellen Festbankett vor Schwäche zusammensackte, symbolisierte diese Szene die wirkliche Lage der Regierung Bush. Amerika strandete unter Bushs Führung. Auf der Kommandobrücke waren die neuen Tiefenströmungen ab 1989/90 falsch eingeschätzt worden. Amerika wurde nicht, wie die Sowjetunion, auf einen Felsen geschleudert, es zerbrach nicht, aber unter Bush fühlten sich die USA letztlich hilflos, wie auf einer Sandbank gestrandet. Doch Bush war nicht bereit, den politischen Ballast aus der Zeit des kalten Krieges über Bord zu werfen.

Das Dilemma der Weltpolitik besteht darin, daß es in der internationalen Politik weit und breit kein Schiff gibt, das der »Amerika« gleichkommt und anderen Schutz und Hoffnung bietet. Deshalb müssen Kapitän und Offiziere die Mannschaft neu einweisen. Das Schiff muß in dieser schwierigen Lage auch überholt werden, denn die USA bleiben zur Weltmacht verdammt.

Der Sieg im kalten Krieg, die amerikanische Leistung bei der Vereinigung Deutschlands und im Golfkrieg konnten aber den Bedeutungsverlust der USA nicht verschleiern. In dieser Phase der außenpolitischen Selbstzweifel war die Wucht der innenpolitischen Probleme fatal. Bushs Herausforderer Clinton erkannte den Ernst der Lage klarer als der amtierende Präsident.

Die Aussenpolitik der Regierung Clinton

Mit William Jefferson Clintons Vereidigung am 20. Januar 1993 zum 42. Präsidenten der USA fand ein Generationswechsel statt. Erstmals trat ein Mann an die Spitze der USA, dessen Generation im Wirtschaftswunder aufwuchs, im Aufbruch der sechziger Jahre erwachsen wurde und der zum ersten Mal einer Gesellschaft vorstand, der es nicht mehr »automatisch« besser ging als den vorangegangenen Generationen.

Im Präsidentschaftswahlkampf hatte sich Bill Clinton als Demokrat neuen Typs präsentiert. Nach zwölf Jahren Opposition und nach vergeblichen Anläufen der demokratischen Präsidentschaftskandidaten Walter Mondale und Michael Dukakis hatte Bill Clinton gewonnen, weil es dem amerikanischen Mittelstand immer schlechter gegangen war und Clinton versprochen hatte, die soziale und wirtschaftliche Lage zu verbessern. Weil nur 43 Prozent der Wähler für ihn stimmten, wurde Clinton zum ersten Präsidenten seit Richard Nixon, der nicht die absolute Mehrheit der Stimmen erreichte. Doch bedeutete seine Wahl eine Absage an die Politik von George Bush, der die Bedeutung der Wirtschaftskrise für die Amerikaner nicht nachvollziehen konnte, wie folgender Ausschnitt aus einer Fernsehdiskussion zwischen Bush und Clinton zeigt: Auf die Frage »Wie haben die nationale Schuldenkrise und die Wirtschaftsprobleme ihr Leben persönlich beeinflußt?« antwortete Bush: »Nun, ich glaube, die Verschuldung berührt jeden.« Auf die Nachfrage des Moderators, wie ihn diese Dinge persönlich berührten, erwiderte Bush: »Offensichtlich hat die Wirtschaftslage eine Menge mit der Höhe der Zinsen zu tun.« Erneut fragte der Moderator: »Es geht um Sie, wie hat Sie persönlich diese Krise beeinflußt?« Bush: »Sicherlich hat sie mich beeinflußt. Ich liebe meine Enkel.« Der Moderator: »Wie bitte?« Darauf Bush: »Ich möchte, daß sie eine gute Erziehung bekommen, das ist wichtig. Falls ich die Frage vielleicht falsch verstanden habe, meinen Sie, daß ... ich bin nicht sicher, daß ich Sie richtig verstehe, können Sie mir mit der Frage helfen, und ich will versuchen, sie zu beantworten.« Darauf der Moderator: »Ich habe Freunde, und die haben ihren Job verloren.« Präsident Bush:

»Ja-a.« Darauf der Moderator: »Ich kenne eine Menge Leute, die nicht länger ihr Haus halten können, die sich kein Auto mehr leisten können. Wie hat Sie dieses Problem persönlich berührt, und falls Sie darin keine Erfahrung haben, wie können Sie uns helfen, wenn Sie gar nicht wissen, was wir fühlen?« Darauf Bush: »Nun hören Sie mal zu, Sie sollten im Weißen Haus einmal für einen Tag sein und hören, was ich höre, und was ich täglich in der Post lese. Ich meine, man macht sich Sorgen. Jeder macht sich Sorgen, wenn es den Leuten nicht gutgeht.«

Als Bill Clinton dieselbe Frage gestellt wurde, antwortete er weitaus sensibler: »Ich bin Gouverneur eines kleinen und armen Staates seit zwölf Jahren. Ich werde Ihnen sagen, wie mich diese Schwierigkeiten berühren. In meinem Staat sieht es so aus, daß, wenn Leute ihren Job verlieren, es sehr gut möglich ist, daß ich sie sogar persönlich kenne. Wenn eine Fabrik schließen muß, kenne ich die Leute, die dafür verantwortlich sind. Wenn ein Geschäft pleite geht, kenne ich die Leute. Ich bin seit dreizehn Monaten jeden Tag unterwegs und spreche mit Leuten wie Ihnen überall in Amerika seit dem vergangenen Oktober, mit Leuten, die ihren Job verloren haben, ihre Lebensweise, ihre Lebensversicherung und vieles mehr. Was ich Sie wissen lassen möchte, ist, die nationale Verschuldung ist nicht der einzige Grund für unsere Misere. Die wirkliche Schuld liegt darin, daß die Verantwortlichen in Amerika nicht mehr in ihre Bevölkerung investieren. Seit zwölf Jahren wird wirtschaftlich hier nichts mehr getan.«[1]

Es waren nicht allein die unterschiedlichen Aussagen von Präsident und Herausforderer, die für Clinton sprachen, sondern auch die Art und Weise, wie beide auf die gestellte Frage reagierten. Clinton traf im Gegensatz zu Bush die Gefühle und Sorgen der Menschen. Er gewann die Wahl, weil die Menschen hofften, daß Clinton die Wirtschaft ankurbeln würde.

Er hatte schon als Gouverneur bewiesen, daß er nicht nur ein progressiver Vollblutpolitiker war, der wie Johnson die Macht liebte und wie Kennedy seinen Charme wahlpolitisch geschickt einsetzte, sondern auch sozialpolitische Reformen durchsetzen und die Lebensbedingungen verbessern konnte. Clinton hatte den kleinen und armen Staat Arkansas wirtschaftlich in Schwung gebracht.

Bill Clinton wurde am 19. August 1946 in der Ortschaft Hope in Arkansas als Kind armer Eltern geboren und wuchs in zerrütteten Familienverhältnissen auf. Er boxte sich durch Kindheit und Jugend, trat der American Legion, einem Jugendclub patriotischer Prägung, bei und durfte 1963 als Vertreter der Legion in Washington seinem Vorbild John F. Kennedy die Hand schütteln. Clintons weiterer Lebensweg ist typisch amerikanisch und verdient Respekt: Er studierte in den sechziger Jahren an der Georgetown University in Washington, D. C., und schloß 1973 sein Jurastudium an der Law School von Yale ab. Von 1968 bis 1970 studierte er als Rhodes-Stipendiat an der Oxford University in England. Seine politische Karriere begann Clinton 1974 mit einer erfolglosen Kampagne für die Wahl zum Kongreßabgeordneten. Aber schon 1978 gewann er die Wahl zum Gouverneur von Arkansas und blieb mit kurzer Unterbrechung (1980–1982) schließlich bis 1992 im Amt. Seine steile politische Karriere bewies Ehrgeiz, Stehvermögen und Anpassungsfähigkeit. Er war zwar gegen den Vietnamkrieg, konnte der Einberufung entgehen, doch an Protestmärschen beteiligte er sich nie. Deshalb war er bei den Kriegsgegnern ebensowenig beliebt wie bei den Befürwortern des Vietnamkrieges.[2] Clinton wurde 1992 in dreifacher Hinsicht der erste Nachkriegspräsident. Er war der erste, der nach dem Zweiten Weltkrieg geboren wurde, der nach dem Vietnamkrieg seine ersten politischen Erfahrungen machte und der als erster nach Ende des kalten Krieges die Präsidentschaft übernahm.

Der letzte einschneidende Generationswechsel hatte 1961 mit der Wahl Kennedys stattgefunden. Mit Clintons Wahlsieg gelangten die »Babyboomer« an die Macht. Ihre prägenden Erinnerungen waren nicht der Zweite Weltkrieg, sondern die Ermordung der Kennedy-Brüder und Martin Luther Kings, der Antivietnam-Protest, Woodstock und Watergate.

Im Wahlkampf 1992 zeigte sich Clinton als ein außenpolitisch interessierter Mann. In Georgetown hatte er internationale Politik studiert und in Washington, D. C., für Senator Fulbright, den mächtigen Vorsitzenden des Außenpolitischen Ausschusses und wortgewaltigen Gegner des Vietnamkrieges, gearbeitet. An der Oxford University in England beschäftigte sich Clinton mit europäischer Politik und Geschichte. Als Gouverneur unternahm er Handelsreisen nach Asien und Westeuropa, nahm an bedeutenden Konferenzen teil.

Im Laufe der Jahre rückte Clinton, außenpolitisch gesehen, in die Mitte, teilweise sogar nach rechts, und geriet in Gegensatz zu denjenigen Demokraten, die vom Pazifismus George McGoverns oder dem idealistischen Moralismus Jimmy Carters beeinflußt waren. Als Gouverneur befürwortete Clinton sogar US-Hilfe für die antisandinistischen Contras in Nikaragua und erklärte sich zum Einsatz militärischer Mittel bereit, falls nationale Interessen bedroht wären. In seinen Parteitagsreden forderte er nicht selten ein »Amerika mit der stärksten Armee der Welt, das bereit und willens ist, diese auch einzusetzen, wenn es sich als notwendig erweist«.[3]

Clintons Persönlichkeit wurde von Anfang an kontrovers beurteilt. War und ist er für die einen der Robert Redford aus Arkansas, so wurde er von anderen als »Slick Willy« bezeichnet. Dieser Ruf hing auch mit seiner Neigung zur Promiskuität zusammen, die er mit seinem Vorbild John F. Kennedy teilte. Aber im Unterschied zu Kennedy, der in delikaten Dingen Diskretion wahrte, blieb Clintons Präsidentschaft von Skandalen und Frauenaffären überschattet, die in der Lewinsky-Affaire ihren dramatischen Höhepunkt erfuhr. Mit Bill Clinton setzte ein Generationswechsel ein, der auch die politische Kultur stärker am Geschmack des modernen Mittelstands ausgerichtet hat. Politik und Unterhaltung wurden bei Clinton neu miteinander verbunden. Er repräsentierte nicht mehr das WASP-Establishment der Ostküste, die »weißen angelsächsischen Protestanten«, sondern sprach ganz Amerika, auch Minderheiten, an. Folglich berief er vier Frauen, vier Afro- und zwei Hispano-Amerikaner in sein sechzehnköpfiges Kabinett.

Zum Vizepräsidenten ernannte er Senator Al Gore aus Tennessee. Clinton schätzte Gores Erfahrungen als Senator in Washington wie auch sein Urteilsvermögen in Umweltfragen und in der Außen- und Sicherheitspolitik. Ihre Weltanschauungen stimmten weitgehend überein, in Wirtschafts- und Sozialfragen stand Gore der First Lady näher als Clinton. Gore wurde weltweit durch seinen Bestseller *Wege zum Gleichgewicht. Ein Marshallplan für die Erde* berühmt, in dem er für eine neue globale Umweltpolitik plädiert.[4] Er stammt aus einer alten Politikerfamilie, diente in Vietnam, arbeitete als Journalist, studierte in Harvard und machte sich als unabhängiger Kopf im Senat einen Namen, als er als einziger von zehn demokratischen Senatoren Bush im Golfkrieg unterstützte.

Den 67jährigen kalifornischen Rechtsanwalt Warren Christopher ernannte Clinton wegen seiner Diskretion und Erfahrung zum Außenminister. Ursprünglich hatte Clinton nicht an Christopher als Außenminister gedacht, aber zwischen November 1992 und Januar 1993 hatte Christopher im Übergangsteam Clintons Vertrauen gewonnen. Zudem brachte Christopher beachtliche außenpolitische Erfahrungen mit. Er war stellvertretender Außenminister unter Carter gewesen und hatte 1980 mit dem Iran die schwierigen Verhandlungen über die Freilassung der Geiseln aus Teheran verhandelt.[5] Christopher betrieb bis 1997 eine unauffällige und pragmatische Außenpolitik. Wie sein politischer Ziehvater, Außenminister Cyrus Vance, setzte er taktische Prioritäten: wirtschaftliche Sicherheit, Reform in Rußland, Reform der NATO, neues Verhältnis zu Asien, Friedensprozeß in Nahost, Nichtweiterverbreitung von Nuklearwaffen. Vor allem hatte ihm Clinton die Wirtschaft als oberste außenpolitische Aufgabe ans Herz gelegt. »Es ist die Wirtschaft, Dummerchen«, war der bekannte Slogan, der Clintons Wahlprogramm prägte. Clinton wollte keineswegs die Führungsrolle der USA in der Welt abgeben, im Gegenteil, aber seine Forderung zielte auf außenwirtschaftliche Notwendigkeiten und multilaterale Vorgehensweisen, die schon von den amerikanischen Wissenschaftlern Robert Keohane und Joseph Nye angedeutet wurden.[6]

Auch die Berufung von Anthony Lake zum nationalen Sicherheitsberater dokumentierte die außenpolitische Tradition der Carter-Jahre.

Außenpolitik hatte für Clinton zunächst innenpolitische Bedeutung. Die Außenwirtschaftspolitik sollte die innenpolitische, soziale und ökonomische Lage der USA verbessern helfen. Deshalb kam es zwischen Christopher und Lake bald zu Rivalitäten. Lake dachte konzeptionell, während Christopher sich auf den Nahen Osten konzentrierte. Doch die außenpolitische Mannschaft war auf sich allein gestellt, weil Clinton sich für innenpolitische Probleme, vor allem für die Gesundheitsreform engagierte.

Zum Verteidigungsminister ernannte Clinton Les Aspin, den langjährigen Vorsitzenden des Streitkräfteausschusses des Repräsentantenhauses. Aspin griff aktiver in die Sicherheitspolitik ein als sein Vorgänger Dick Cheney, der unter Bush eine nachgeordnete Rolle gespielt hatte. Aber Aspin gewann nie das Vertrauen der Streitkräfte, sein Arbeitsverhältnis zum Präsidenten blieb unterkühlt, er dachte zu intellektuell und handelte zu unentschlossen. Er strahlte keine Autorität aus, politische Führung fiel ihm schwer. Deshalb genoß er weder in der Öffentlichkeit noch im Kongreß Respekt. Schließlich mußte er nach der Katastrophe von Mogadischu 1993 seinen Hut nehmen. Sein Nachfolger William Perry, der ebenfalls unter Carter im Pentagon gearbeitet hatte, handelte zupackender und wirkte aufgeschlossener.[7] Er erwarb sich Achtung bei den Militärs und im Kapitol, zeigte fachliche Kompetenz und griff wirkungsvoll in das gesamte Spektrum der Außenpolitik ein. In der zweiten Amtsperiode wurde William Cohen zum dominierenden Verteidigungsminister, der vor allem mit seinem deutschen Kollegen Rühe die NATO-Osterweiterung forcierte, dann aber der Nachfolgeregierung Schröder/Fischer die Leviten las, weil sie die Bundeswehr vernachlässigte.

Der mächtige Vorsitzende der Demokratischen Partei und frühere Mitarbeiter Jesse Jacksons, Ron Brown, der eigentlich Außenminister werden wollte, wurde Handelsminister. Er forcierte die amerikanischen Interessen in der Weltwirtschaft. Zusammen mit führenden Wirtschaftsexperten reiste Brown rund um die Welt, um amerikanische Produkte auf ausländischen Märkten zu etablieren, bis er im Febraur 1996 auf dem Balkan mit dem Flugzeug abstürzte.

Seinen Studienfreund Robert Reich ernannte Clinton zum Arbeitsminister. Der Wirtschaftswissenschaftler an den Universitäten Yale und Harvard forderte vor allem eine Verbesserung der qualitativen Ausbildung zur Stärkung beziehungsweise Wiederherstellung der wirtschaftlichen Konkurrenzfähigkeit Amerikas in der Welt. Reich hatte in seinem Buch *Die neue Weltwirtschaft* als Gegenentwurf zu den »Reagonomics« gefordert, in erster Linie komme es auf die Qualität der menschlichen Arbeitskraft an. So lautete Clintons Wahlprogramm konsequenterweise: *»Putting people first«*. Die Verbesserung der Sozial- und Bildungspolitik hatte Vorrang. Reich verließ zum Ende der ersten Amtsperiode die Regierungsmannschaft, nachdem er sich mit seinen arbeits- und sozialpolitischen Vorstellungen nicht durchsetzen konnte.[8]

Zum intellektuellen Kopf, zur Vorsitzenden des wirtschaftlichen Beraterstabes im Weißen Haus, ernannte Clinton Laura Tyson, Wirtschaftsprofessorin an der University of California in Berkeley. Laura Tyson forderte die Unterstützung der Hochtechnologie durch öffentliche Subventionen, trat für eine Öffnung der Märkte ein, wollte die Führung in den Zukunftstechnologien zurückerobern und konzentrierte ihre strategische Handelspolitik deshalb auf die forschungsintensiven Sektoren der Volkswirtschaft.[9] Tysons Politik reflektierte einen aggressiven industriepolitischen Ansatz mit außenwirtschaftlicher Orientierung. Doch zunächst blieb die Wirtschaftspolitik innenpolitisch orientiert. Clinton hatte vor der American University in diesem Sinne erklärt: »Ein Großteil unserer Wettbewerbssituation kann nicht durch handelspolitische Vergeltung korrigiert werden. Zu viele der Ketten, die uns im Handelswettbewerb behindern, sind *made in America*.«[10] Tysons Auffassung wurde von Mickey Kantor[11], den Clinton zum Handelsbeauftragten ernannt hatte, und Handelsminister Ronald Brown geteilt. Die Ernennung von Geffrey Garten, Professor an der New York University, zum Wirtschaftspolitischen Berater im Weißen Haus signalisierte erhöhte ökonomische Konkurrenzbereitschaft. Diese härtere amerikanische Interessenverfolgung spiegelte sich auch im Titel des 1992 von Garten veröffentlichten und kontrovers diskutierten Buches *Der Kalte Frieden. Amerika, Japan und Deutschland im Wettbewerb um die Hegemonie*[12] wider.

Senator Lloyd Bentsen, ein älterer, eleganter und wohlhabender »Aristokrat« aus Südtexas, wurde von Clinton zum Secretary of the Treasury (Finanzminister) ernannt. Bentsen war 1988 Vizepräsidentschaftskandidat von Michael Dukakis gewesen. Er hatte Clintons Sympathie gewonnen, weil er, wenn auch vergeblich, versucht hatte, Ross Perot von der Kandidatur abzuhalten. Der Senator aus Texas wurde mit dem konservativen Alan Greenspan, dem Vorsitzenden des Federal Reserve Board, also Amerikas oberstem »Banker«, zum konservativen Gegengewicht in der Wirtschaftspolitik der Regierung Clinton. Auf indirekte Weise war Greenspan verantwortlich für Bushs Niederlage und Clintons Sieg 1992, denn er hatte Bush eine »weiche Landung« der Wirtschaft versprochen, die allerdings nicht stattfand.[13]

Robert Rubin wurde Vorsitzender des neugegründeten nationalen Wirtschaftsrates. Analog zum Nationalen Sicherheitsrat von 1947 wollte Clinton die weltwirtschaftlichen Herausforderungen durch einen Nationalen Wirtschaftsrat meistern. Leon Panetta aus Kalifornien wurde Direktor des Office of Management and Budget (OMB), der wirtschaftlichen und politischen Machtzentrale in Washington – Nadelöhr aller haushaltspolitischen Entscheidungen.

Doch Clintons Kabinett war bei näherem Hinschauen auch typisch für die neue Yuppie-Generation: 14 von 18 Kabinettsmitgliedern waren Rechtsanwälte. Auch die First Lady, die vorher 200000 Dollar jährlich als Anwältin verdient hatte, gehörte dazu, ebenso der neue Handelsminister Ron Brown mit 750000 Dollar jährlich, der von seiner Kanzlei, bevor er in das Kabinett Clintons eintrat, eine Million Dollar als Abschiedsgeschenk erhalten hatte. Außenminister Christopher verdiente als Rechtsanwalt ebenfalls über eine Million Dollar pro Jahr, Robert Reich über 500000 Dollar, Robert Rubin und andere waren Multimillionäre. Dies war ein Kabinett reicher Männer, wie es die Geschichte der USA bisher nicht gekannt hatte.[14] In der Bevölkerung nahm man allerdings mehr Anstoß am Verhalten einiger potentieller Regierungsmitglieder als am Reichtum der Minister und hohen Beamten. Der Posten des Attorney General (Justizminster) sollte ursprünglich von Zoe Baird, einer Kollegin Christophers in dessen Anwaltskanzlei, besetzt werden. Aber als bekannt wurde, daß sie, wie auch ein weiterer Kandidat für das Kabinett, eine illegal im Land lebende Ausländerin als Haushaltshilfe beschäftigte, sie zudem schlecht bezahlte und nicht einmal für ihre Sozialversicherung aufkam, wurde von der Ernennung Abstand genommen.

Die Yuppie-Arroganz und Doppelmoral in der Regierung Clinton wurden von der veröffentlichten Meinung wiederholt kritisiert: Als sich abzeichnete, daß Clinton seine Amtsgeschäfte mit einer starken Dosis Unterhaltung verband, setzte Kritik ein. Deshalb war der Start der Regierung Clinton unglücklich, zumal der Präsident zu offenkundig die Rhetorik seines Vorbildes John F. Kennedy imitierte. Doch dabei übersah man Clintons politische Entschlossenheit, den wirtschaftlichen Niedergang der USA zu stoppen, die Wettbewerbsprobleme zu lösen, die Exporte zu fördern, die binnenwirtschaftlichen Voraussetzungen zu verbessern und die Rolle des Landes in der Weltwirtschaft insgesamt zu stärken. Mitte Februar 1993 stellte Clinton seine wirtschaftspolitischen Ziele vor:

»1. Wirtschaftsanreize, um neue Arbeitsplätze zu schaffen,
2. eine Reduzierung des Haushaltsdefizits,

3. Erhöhung der Regierungsausgaben für produktive Investitionen,
4. eine Gesetzesvorlage zur Reform der Wahlkampffinanzierung,
5. ein Gesetzesvorschlag für nationalen Dienst,
6. Reform des Wohlfahrtssystems,
7. eine völlige Neufassung des Gesundheitssystems,
8. Handelsinitiativen,
9. Vorschläge zur Verbesserung der Umwelt und andere Sozialprogramme.«[15]

Im Gegensatz zur Außenpolitik erörterte Clinton mit seinen Mitarbeitern eingehend die zentralen innenpolitischen Ziele – die Reform des Gesundheitswesens, eine Verminderung der Haushaltsschulden, Verbesserung des Bildungssystems, Reform der Sozialpolitik, verstärkte Verbrechensbekämpfung und die Reform der Bundesbehörden.

Die Ausgangsbedingungen für innenpolitische Reformen waren günstig. Die Demokratische Partei verfügte im 103. Kongreß über komfortable Mehrheiten in beiden Häusern. Bill Clinton verstand sich bei seinem Amtsantritt als Innenpolitiker in der Tradition der großen Reformer seiner Partei wie Woodrow Wilson, Franklin D. Roosevelt und Lyndon B. Johnson. Zudem sah Clinton in der inneren Erneuerung der USA die Voraussetzung für eine aktive und globale Führungsrolle der USA. Der Einfluß Hillary Clintons war dabei unübersehbar. Seit Edith Bolling Galt Wilson, die ein knappes Jahr lang ihren durch einen Schlaganfall ans Bett gefesselten Ehemann bei seinen Staatsgeschäften unterstützte, und nach Eleanor Roosevelt, einer machtvollen und kämpferischen First Lady, die sich für soziale Belange einsetzte[16], ist Hillary Clinton ohne Zweifel die markanteste und vielleicht tatkräftigste Präsidentengattin, die Amerika je gesehen hat. Alle anderen Präsidentenfrauen waren stille und nicht selten leidende Begleiterinnen ihrer Männer. Mit Jackie Kennedy wurde es üblich, daß jede First Lady eine unmaßgebliche, aber persönlich charaktervolle Aufgabe ausfüllte. Sie schmückte das Weiße Haus, »Ladybird« Johnson sorgte sich um das Aussehen der nationalen Autobahnen, Pat Nixon machte sich für Sozialarbeit stark, Betty Ford kümmerte sich um Behinderte, Nancy Reagan sagte den Drogen den Kampf an, und Barbara Bush betonte die Wichtigkeit von Lesen und Schreiben. Eine Rolle »dazwischen« nahm Rosalind Carter ein. Sie verstand sich persönlich als engste Beraterin ihres Mannes, wollte sogar bei den offiziellen Besprechungen anwesend sein, mußte sich dann aber nach öffentlichem Protest schneller zurückziehen, als ihr lieb war.

Hillary Clinton hingegen schaltete sich von Anfang an in die Regierungsgeschäfte ihres Mannes ein. Die innenpolitischen Reformen, vor allem die Gesundheitsreform, wurden ihr persönliches Anliegen. Die öffentliche Meinung über das Engagement der First Lady blieb aber geteilt. Wurde sie für die einen zum Vorbild der modernen, kultivierten, gebildeten und erfolgreichen Frau, so personifizierte sie für die Gegner der Emanzipation negative Eigenschaften einer Feministin. Im Zuge der Lewinsky-Affaire ihres Mannes reifte vermutlich ihr Plan für eine eigenständige politische Karriere.

Außenpolitische Krisen

George Bush hatte Clinton ein außenpolitisches Erbe hinterlassen, das den Handlungsspielraum der neuen Administration von Anfang an einengte: »Als wir am 21. Januar das Amt übernahmen«, erklärte Außenminister Christopher, »standen wir vor einer Situation, die von Krisen und Katastrophen nur so wimmelte. Wir mußten einen großen Teil unserer Zeit und Energien darauf verwenden, auf allen Kontinenten zwischen Strudeln und Klippen unter der Wasseroberfläche durchzumanövrieren.«[17] Die Wiederherstellung Rußlands und der unabhängigen Nationalstaaten in Mittel- und Osteuropa hatte Krisen und Kriege mit sich gebracht, die Amerikas Aufmerksamkeit erforderten. Aber auch weltweit standen die USA vor neuen, zum Teil brennenden Problemen:

- Der Krieg auf dem Balkan hatte weder von der Regierung Bush noch von den Europäern beendet werden können.
- Nach dem Ende des kalten Krieges hatte Saddam Hussein seinen Konfrontationskurs fortgesetzt, er verletzte die Waffenstillstandsabmachungen und drohte weiter mit Krieg.
- Im Nahen Osten stagnierte der Friedensprozeß. Durch Israels militante Übergriffe auf den Libanon waren erneut kriegerische Auseinandersetzungen nicht auszuschließen. Israels Politik in den besetzten Gebieten schürte Haß und Auflehnung.
- In Somalia war George Bushs Konzept einer humanitären Intervention im Rahmen der UNO gescheitert, die USA wurden dafür verantwortlich gemacht.
- In Haiti standen die USA ebenfalls vor einem Scherbenhaufen. Das diktatorische Regime löste eine Massenflucht der Einwohner in die USA aus.
- Die Volksrepublik China, die letzte kommunistische Weltmacht, mißachtete die Menschenrechte, festigte ihr diktatorisches Regime und setzte wirtschaftlich zum Sprung zur Weltmacht an.

- Mit Blick auf Japan machte der US-Wirtschaft mehr und mehr das chronische Handelsdefizit zu schaffen.
- Der Trend zu Protektionismus gefährdete die Grundlagen des Weltwirtschaftssystems.

Auch nach Ende des kalten Krieges standen amerikanische Soldaten im weltweiten Einsatz. Marineinfanterie war in Somalia, die Luftwaffe zerstörte irakische Radarstationen, unterhielt eine Luftbrücke nach Bosnien. Küstenwache und Marine errichteten eine Blockade um Haiti. Von Port-au-Prince bis Bagdad, von Pjöngjang bis Mogadischu waren amerikanische Soldaten präsent. Aber Waffeneinsätze wurden nicht mehr nach dem Ost-West-Konflikt-Raster begründet und bewilligt. Jetzt entwickelten Krisen und Konflikte eigene historische und politische Gesetzlichkeit. Deshalb mußte jeder einzelne Einsatz von amerikanischen Streitkräften vom Präsidenten gegenüber dem Kongreß und gegenüber der Öffentlichkeit begründet werden.

Somalia

Als Clinton am 3. Oktober 1993 auf CNN schreckliche Bilder erblickte, war die Situation eskaliert. Tote amerikanische Soldaten wurden durch die Straßen von Mogadischu geschleift. Was war geschehen?[18]

In einer Straßenschlacht in Mogadischu waren achtzehn Amerikaner getötet, knapp hundert zum Teil schwer verletzt worden. Auf der Seite der somalischen Rebellen waren mehrere hundert, vielleicht sogar an die tausend getötet worden. Seit Sommer 1993 hatte sich abgezeichnet, daß die UNO-Friedensmission in Somalia immer schwieriger wurde. Wiederholt waren UNO-Soldaten – nicht nur amerikanische – von den somalischen Clans, insbesondere von den Freischärlern unter dem Kommando General Aidids, in Hinterhalte gelockt und getötet worden. Ohne klare Führung des Präsidenten stritten seine außenpolitischen Berater über die Frage, wie zu reagieren sei. Während Christopher und seine Staatssekretärin Madeleine Albright für eine Verstärkung der US-Streitkräfte votierten, sprachen sich Verteidigungsminister Aspin, der Vorsitzende der Vereinigten Stabschefs (JCS), General Colin Powell, sowie General Hrar, der Chef des US-Zentralkommandos (CENTCOM) in Tampa, gegen eine Aufstokkung der Streitkräfte aus. Sie befürchteten eine Eskalation der Auseinandersetzung und vor allem eine tiefere Verstrickung der USA in Somalia. Aber als am 8. August 1993 vier amerikanische Patrouillen auf raffinierte Weise mit Zeitzünderminen getötet wurden, zeigte sich, daß die somalischen Rebellen auch technisch gesehen neue, gefährliche Fähigkeiten entwickelt hatten. Deshalb entschloß sich Verteidigungsminister Aspin, die sogenannten »Delta«-Streitkräfte einzusetzen, die geheim und auf Überraschung gedrillt operieren. In Somalia war ihr Einsatz allerdings unglücklich. Übermotiviert, die eigenen Fähigkeiten überschätzend, voreilig und plump griffen sie schon am ersten Tag in Mogadischu versehentlich das Haus der UN-Behörde an. Dann behaupteten sie, Aidid gefangen zu haben. In Wirklichkeit blieb der gewitzte Clanchef unentdeckt, nur einige seiner Mitarbeiter konnten gefaßt werden. Die Amerikaner waren also nicht ganz unschuldig daran, daß die Auseinandersetzung zwischen UNO-Friedenstruppen und den somalischen Clans seit Sommer 1993 eskalierte. Vor allem war von Anfang an versäumt worden, die Entwaffnung der Clans durchzusetzen.[19]

Die Straßenkämpfe in Mogadischu im Oktober 1993 weckten in den USA schlimmste Erinnerungen. Vor allem hinterließ »dieses Vietnam von Mogadischu im Kongreß und in der Öffentlichkeit den Eindruck, daß das UNO-Engagement der Clinton-Regierung Gefahr lief, die USA in internationale Konflikte zu verwickeln, die keine amerikanischen Interessen betrafen«.[20]

Clinton war alles andere als ein Militärexperte, aber sein politischer Instinkt sagte ihm, daß es nach Monaten der Vernachlässigung außenpolitischer Fragen für ihn höchste Zeit wurde, die Dinge selbst in die Hand zu nehmen. Die US-Streitkräfte waren in einen Stadtguerillakrieg verwickelt worden, auf den sie nicht eingestellt waren und der den Auftrag der UNO in Somalia unzulässig verengte. Der UNO-Auftrag wurde immer mehr auf das amerikanische Interesse abgestellt, Aidid zu fassen, auf den inzwischen 25000 Dollar Kopfgeld ausgesetzt waren. Hatte man ursprünglich versucht, deutlich zwischen friedensbewahrenden und friedenschaffenden Aktionen zu unterscheiden, so war die Praxis unübersichtlicher und gefährlicher – theoretische Trennungslinien wurden durch die Realität aufgehoben. Noch am 27. September 1993 hatte Clinton vor der UNO die Grundsätze seiner Regierung zur multilateralen Friedensmission vorgetragen, die mit der bitteren Wirklichkeit in Somalia längst nicht mehr in Einklang zu bringen waren. Clinton erkannte, daß er jetzt die außenpolitische Verantwortung persönlich übernehmen mußte. Unverzüglich rief er seinen Vize Gore und die wichtigsten Mitarbeiter zusammen, die ihm vier Optionen vortrugen:

1. massive Verstärkung der Truppen mit der Folge verstärkter militärischer Auseinandersetzungen in Somalia,
2. Verstärkung des Drucks auf Aidid bei gleichzeitig signalisierter Verhandlungsbereitschaft,
3. Beendigung des Engagements in Somalia unter politischer Gesichtswahrung und/oder

4. Verzögerung des Abzugszeitpunkts, bis eine zufriedenstellende politische Lösung ohne militärischen Einsatz gefunden war.[21]

Die Beziehungen zum Kongreß hatten sich verschlechtert, weil Verteidigungsminister Aspin das Kapitol nicht überzeugen konnte, daß sich in Somalia keine Schatten von Vietnam zeigten: »Vietnam war ein Geist, den Clinton nicht abschütteln konnte.«[22] Nachdem Clinton mit kontroversen Vorschlägen über die Rolle von Homosexuellen in der Armee bei den führenden Militärs in Mißkredit geraten war, er sich vor dem Dienst in Vietnam gedrückt hatte und sein Desinteresse an militärischen Fragen nicht verbarg, wurde ihm aus den Streitkräften nur wenig Sympathie entgegengebracht. Clinton galt als »Weichei«. Er mußte also in Somalia beweisen, daß er klare Entscheidung treffen konnte. Seine Situation wurde dadurch erschwert, daß auch seine Mitarbeiter, wie Aspin, offenbar überfordert waren. Anthony Lake bot sogar seinen Rücktritt an, Christopher tauchte bei der Somalia-Krise völlig ab. General Colin Powell wollte ohnehin zurückzutreten.

Am 7. Oktober kündigte Clinton eine amerikanische Truppenverstärkung in Somalia auf 20000 Mann an, nannte aber gleichzeitig als Datum für den endgültigen Abzug aller US-Truppen den 31. März 1994. Dabei plädierte Clinton für eine politische Lösung auf dem Verhandlungswege und warnte vor einem Absturz ins Chaos. Am 10. Oktober reagierte Rebellenchef Mohammed Aidid positiv und rief zu einem allgemeinen Waffenstillstand auf. Umgehend reiste der amerikanische Sonderbeauftragte für Somalia, Robert Oakley, nach Mogadischu und konnte erreichen, daß am 14. Oktober ein gefangener amerikanischer Hubschrauberpilot und ein nigerianischer Blauhelmsoldat freigelassen wurden.[23] Damit war die Krise vorerst entschärft. Clinton hatte gehandelt und außenpolitisches Gespür gezeigt. Er hatte überzeugende Kriterien für multilaterale Friedensmissionen entwickelt und internationales Verantwortungsbewußtsein dokumentiert: »Sollten wir Somalia verlassen, würden auch andere Nationen gehen. Chaos würde wieder einkehren.«[24] Aber Clinton fügte auch hinzu, daß es nicht Aufgabe der amerikanischen Soldaten sei, die Gesellschaft Somalias wiederaufzubauen. Ursprünglich war Clinton bereit gewesen, die Rolle der UNO als Friedensstifter und als Instrument multilateraler Friedenssicherung zu stärken. UNO-Botschafterin Madeleine Albright bekräftige sogar die Absicht der USA, in den »Vereinten Nationen eine tatkräftige und starke Rolle zu spielen«, und prägte im Februar 1993 den Begriff des *»assertive multilateralism«.*[25]

Die protokollarische Erhöhung von UNO-Botschafterin Albright in den Kabinettsrang unterstrich Clintons ursprüngliche Absicht, die UNO für die amerikanische Außenpolitik aufzuwerten. Doch die innenpolitische Reaktion war kritisch, denn man fürchtete, die USA würden an außenpolitischer Souveränität einbüßen. So meinte die ehemalige UNO-Botschafterin Kirkpatrick bissig, nicht Clinton, sondern Boutros-Ghali würde die amerikanische Außenpolitik lenken.[26]

Nur mit Mühe konnte Clinton den im Kongreß geforderten sofortigen Rückzug der US-Truppen aus Somalia verhindern. Aber eine Resolution des Senats zwang ihn zu Konsultationen, bevor US-Truppen dem »fremden« Kommando unterstellt würden. Der Seitenhieb gegen die UNO war unübersehbar. Deshalb rückte Clinton bald von seinem UNO-freundlichen Multilateralismus ab und erklärte: »Diese amerikanischen Truppen werden unter amerikanischem Kommando stehen.«[27] Der Kongreß gab nach. Nachdem Clinton Verteidigungsminister Aspin durch Perry und den Vorsitzenden der JCS durch General Shalikashvili ersetzt hatte, wurde die Sicherheitspolitik geschmeidiger.

Clinton hatte die amerikanische Beteiligung an friedenserhaltenden Missionen der UNO unter dem Eindruck der Krise in Somalia überdacht: Förderten solche Missionen amerikanische Interessen? Lag eine Bedrohung des internationalen Friedens vor? Gab es klare Zielsetzungen für *peace keeping* oder *peace enforcement*? Waren die entsprechenden Mittel zur Hand? Gab es eine realistische Aussicht auf Erfolg? War amerikanische Beteiligung zwingend? Gab es einen letzten Ausweg für die USA im Falle des Scheiterns? Stimmten Kongreß und Bevölkerung zu? Gab es überzeugende Pläne und entsprechenden Handlungsspielraum für die USA, um das Ziel zu erreichen oder gegebenenfalls Mittel und Ziele zu überprüfen? Im Zuge dieser Fragen vollzog Clinton mit der PDR 25[28] eine außenpolitische Wende. Multilaterales *peace-keeping* stand nicht mehr im Zentrum der Außen- und Verteidigungspolitik: »Der Auftrag unserer Streitkräfte ist es nicht, Friedensoperationen durchzuführen, sondern Kriege zu gewinnen«, lautete die ernüchternde und realistische Prämisse von Sicherheitsberater Anthony Lake.[29]

Im Mai 1993 hatte Staatssekretär Peter Tarnoff aus dem State Department wohl zu freimütig erklärt, daß sich die USA wegen der wirtschaftlichen Probleme und angesichts des Vorrangs innenpolitischer Fragen nur eine sehr eingeschränkte Rolle in der Weltpolitik erlauben könnten: »Wir haben einfach nicht den notwendigen Spielraum, wir haben keinen Einfluß und keinen Anlaß, militärische Gewalt einzusetzen. Außerdem haben wir nicht das Geld, um positive Ergebnisse auf schnellem Wege herbeizuführen«[30], erklärte er zur Überraschung der Öffentlichkeit im In- und Ausland. Vermutlich hatte Tarnoff damit den Nagel auf den Kopf getroffen, aber seine Offenherzigkeit hatte eine fatale Wirkung, die auch sein Dementi nicht rückgängig machen konnte. Clintons anschließende Entscheidung im Somaliakonflikt konnte den Eindruck der außenpolitischen Tatenlosigkeit zwar ein wenig zerstreuen, aber was in Somalia unter Bush vielversprechend als »humanitäre Intervention« begonnen hatte und von den USA und der Welt begrüßt worden war, endete mit Ernüchterung, ja Enttäuschung.[31] Clinton blieb letztlich nichts anderes übrig, als den geordneten Abzug der US-Truppen bis März 1994 anzuordnen. Danach setzte der Bürgerkrieg in Somalia wieder ein. Die soziale und gesellschaftliche Tragödie war nur vorübergehend durch die UNO beziehungsweise die USA unterbrochen worden.

Unter Clinton zeigten sich die Vereinigten Staaten ebensowenig wie andere Staaten bereit, das eigene Gewicht voll in die Waagschale zu werfen. Somalia zählte nicht auf dem Schachbrett der geopolitischen oder geoökonomischen Interessen. Dort ging es »nur« um Menschen. Somalia hatte keine innenpolitische Lobby in den USA.

Haiti

Doch Haiti verfügte über eine Lobby im Kongreß, zumal die USA auch auf eine lange »Interventionserfahrung« in Haiti zurückblickten. Der Inselstaat gehört zum strategischen »Hinterhof« der USA. Die Errichtung eines amerikanischen Protektorats in Haiti war das Ergebnis politischer und finanziell orientierter Entwicklungen, die ineinander übergingen und von amerikanischen Finanzleuten und Diplomaten koordiniert wurden. Dem seit 1804 von Frankreich unabhängigen Haiti war 1915 von den Vereinigten Staaten ein Knebelungsvertrag aufgezwungen worden, obwohl es den USA gegenüber niemals eine feindliche Haltung eingenommen oder sonstwie Veranlassung gegeben hatte, sich in seine Angelegenheiten einzumischen. Aber Amerika entwickelte maritime Interessen und benötigte Operationsbasen für seine Marine.[32] Nach Landung amerikanischer Marineinfanterie wurde der Republik Haiti 1915/1918 faktisch die Unabhängigkeit genommen. So durfte es zum Beispiel keinen Vertrag mit auswärtigen Regierungen schließen, und die USA sprachen sich das Recht zu, »wirksame Hilfe« für die »Bewahrung der Unabhängigkeit« Haitis zu leisten. Scheinbar unabhängig, wurde die Insel als Protektorat von den USA regiert, zuerst durch einen Hochkommissar und später durch einen Diplomaten. Das gesamte Leben des Staates stand unter amerikanischer Kontrolle. Aber die amerikanische Verwaltung diente der Insel auch zum Vorteil: »Die Amerikaner haben vor allem eine große erzieherische Leistung vollbracht. Sie haben bewirkt, daß nach und nach ein großer Teil der Beamten und Angestellten des Zivil- und Militärdienstes aus Eingeborenen genommen werden konnte.«[33] Schon 1914 hatte Woodrow Wilson den deutschen Kaiser gewarnt: Falls Deutschland wirtschaftliche Interessen in Haiti bekunden sollte, könnte dies zu Maßnahmen führen, die die Unabhängigkeit der amerikanischen Staaten berühren könnten.[34] Von 1915 bis 1934 stand Haiti unter amerikanischer Besatzung, und bis in die heutige Zeit nehmen sich die USA das Recht, in Haiti direkt oder indirekt zu intervenieren.

Nach fast einem Jahrhundert der Abhängigkeit und chaotischer Herrschaftsverhältnisse wurde der erste demokratisch gewählte Präsident Aristide 1991 bereits nach acht Monaten von einer Militärclique gestürzt. Die Regierung Bush versuchte mittels eines Vertrages, den sie zwischen der UNO und den neuen Machthabern im Juli 1993 vermittelt hatte, Aristide bis Oktober 1993 wieder ins Amt einzusetzen. Aristide, ein populistischer Jesuitenpater, genoß bei den Schwarzen in den USA, aber auch bei prominenten Weißen, wie zum Beispiel bei den Kennedys und in Teilen der Medien, große Unterstützung. Auch Bill Clinton hatte als Präsidentschaftskandidat Aristides Rückkehr gefordert und Bush heftig kritisiert, weil dieser 130 000 Flüchtlinge aus Haiti wieder zurückschicken wollte. Clinton versprach, als Präsident alles zu tun, um die Demokratie in Haiti wiederherzustellen. Nach seiner Wahl forderte er aber lediglich, das Asylverfahren für die Flüchtlinge aus Haiti zu erleichtern.[35] Als General Cedras sich weigerte, die Macht an Aristide abzugeben, verhängten die Vereinten Nationen im Oktober 1993 ein Öl-, Waffen- und Finanzembargo. Ursprünglich war mit den haitischen Militärs vereinbart worden, daß die USA zweihundert leichtbewaffnete Militärausbilder als Teil eines UN-Kontingents nach Haiti schicken sollten, um Brücken, Schulen und Verkehrswege zu bauen und Polizisten auszubilden. Aber die haitische Junta wollte nicht abtreten. Sollten die USA (im Namen der UNO) Truppen nach Haiti entsenden oder nicht? In der Regierung Clinton plädierte Aspin dagegen, Lake und Christopher hingegen waren davon überzeugt, daß die Regierung eingreifen sollte.

Der Präsident wurde gar nicht erst gefragt[36], Aspin überstimmt: Am 11. Oktober 1993 wurde die »Harlan County« mit zweihundert amerikanischen Spezialisten (vermutlich mehrheitlich von der CIA) nach Haiti geschickt, wo das Schiff unter entwürdigenden Begleitumständen anzulanden versuchte. Da der Hafenmeister keinen Platz am Kai frei machte, lag das Schiff zunächst einen Tag auf Reede, während sich am Hafen bewaffnete antiamerikanische Demonstrationen ausweiteten. Niemand sah sich auf Haiti imstande, für die Sicherheit der Amerikaner zu sorgen. Clinton entschied schließlich, daß das Schiff samt Besatzung unverrichteterdinge wieder zurückkehren sollte. Die mächtigen USA hatten angesichts einer kleinen Gruppe marodierender Demonstranten im Hafen von Port-au-Prince aufgegeben.

Nur wenige Tage nach dem Desaster in Mogadischu war die Öffentlichkeit in den USA und in der Welt angesichts der erneuten Tatenlosigkeit Washingtons schockiert. In Haiti hatte sich Clinton lächerlich gemacht. Als der Präsident in einer Rede an der Universität von North Carolina erklärte: »Haiti soll wissen, daß ich fest entschlossen bin, daß das Abkommen von ihnen eingehalten wird«[37], erntete er höhnisches Gelächter. Es gab offensichtlich keine ernstzunehmende Strategie seiner Regierung. Den Vorschlägen Christophers, er solle sich aktiver in die Außenpolitik einschalten, begegnete Clinton mit Desinteresse.

Sein Ansehen schwand weiter, zumal sein legerer Regierungsstil die Kritik förderte. Beim ersten Gipfel mit dem russischen Präsidenten Jelzin in Vancouver machten beide Männer nur vor der Kamera den Eindruck freundschaftlicher Übereinstimmung, in Wirklichkeit hatten sie sich nicht viel zu sagen. Clinton wirkte auf dem Gipfel uninteressiert, Jelzin verbrachte einen ganzen Nachmittag auf einer Bootstour mit einer Flasche schottischem Whisky. Clinton blieb in seiner Suite und eilte nach dem offiziellen Abendessen sofort in seine Privatgemächer, um sich mit Sharon Stone und anderen Filmschauspielern zu treffen. Er hatte alles mögliche im Kopf, nur nicht die Außenpolitik.[38]

Die Lobby der schwarzen Amerikaner war über Clintons Unentschlossenheit besonders enttäuscht. Am 31. Juli 1994 erbat und erhielt die Regierung Clinton schließlich von der UNO die Vollmacht, eine multinationale Streitmacht einzusetzen, um mit allen notwendigen Mitteln den Regierungswechsel in Haiti zu erzwingen. Es war das erste Mal, daß die UNO in der westlichen Hemisphäre, in der Einflußsphäre der USA, einen militärischen Einsatz legitimierte. Alle früheren Präsidenten hatten ihr Eingreifen in Zentral- und Lateinamerika mit der Monroe-Doktrin begründet. Clinton war der erste, der auf dieses machtpolitische Gewohnheitsrecht bewußt verzichtete und statt dessen die Legitimation der UNO einholte. Dann bemühte sich die Regierung Clinton bei der Organisation amerikanischer Staaten (OAS) um eine multinationale Beteiligung an der UNMIH-Operation auf Haiti, die aber von allen Mitgliedern bis auf Argentinien abgelehnt wurde. Zweihundert Jahre Dollarimperialismus ließen sich nicht so schnell aus der Erinnerung streichen.

Aber Clinton zeigte jetzt in Haiti der Welt, daß er anders als in Somalia Menschenrechte und Demokratisierung durchsetzen konnte, denn er ließ seinen Erklärungen Taten folgen. Die Umstände in Haiti waren auch günstiger als in Somalia, denn die Despoten traten freiwillig ab. Zudem waren eine demokratische Alternative, ein klares UNO-Mandat sowie ein ausgeprägtes nationales Interesse der USA und vor allem eine innenpolitische Lobby vorhanden. Der linke Flügel der Demokratischen Partei, der vor einem Blutbad in Haiti im Falle der Invasion gewarnt hatte, schwieg.

Haiti, aber auch Somalia, zeigten, daß Clinton außenpolitisch zu lernen bereit war. Auch stieg der Einfluß derjenigen Berater an, die für Engagement, für militärische Abschreckung und diplomatisch-politische Anreize plädiert hatten wie die UNO-Botschafterin Madeleine Albright, Schülerin von Zbigniew Brzezinski. Anthony Lake und sein Stellvertreter Samuel (»Sandy«) Berger zeigten sich jetzt machtpolitischem Handeln aufgeschlossener. Doch als im März 1994 in Ruanda ethnische Gewalt zu einem Genozid eskalierte, verweigerte die Regierung Clinton die amerikanische Teilnahme an einer UNO-Friedensmission, die unerläßlich gewesen wäre.[39] Die Passivität der Regierung Clinton in Ruanda war schwer zu verstehen, weil Clinton den Menschenrechten einen hohen Rang in seiner Außenpolitik einräumte und Ruanda paradigmatisch für die Notwendigkeit stand, aus humanitären Gründen zu intervenieren. Clinton umschrieb den Krieg in Ruanda nicht zu Unrecht als »schlimmste Menschheitskrise seit einer Generation«, tat aber nichts, um den Genozid zu stoppen oder der Krise vorzubeugen, obwohl sie vorherzusehen war. 2500 UNO-Soldaten waren schon seit geraumer Zeit als Beobachter im Land, bevor die Massentötungen begannen. Warren Christophers mutige Erklärung, daß er als Außenminister eine neue Diplomatie entwickeln wolle, die Krisen im voraus erkennt und verhindert, statt sie »nur« zu managen, entpuppte sich als hohle Phrase.[40]

In der Karibik verschärfte sich die Lage, weil Fidel Castro wegen der katastrophalen Verhältnisse in Kuba ab August 1994 zuließ, daß Kubaner zu Tausenden mit kleinen Booten und selbstgezimmerten Flößen die gefährliche Flucht nach Florida wagten. Schon einmal – 1980 – hatte Fidel Castro mehr als hunderttausend, meist Kriminelle oder Kranke, ausreisen lassen. Damals hatte Clinton als Gouverneur von Arkansas einen Teil dieser Flüchtlinge in seinem Staat aufgenommen. Als Präsident wollte Clinton jedoch angesichts der erneuten Flüchtlingswelle aus Kuba jetzt einen Flüchtlingsstopp erzwingen. Dahinter standen auch wahltaktische Überlegungen. 1992 hatte Clinton bei der Präsidentschaftswahl Florida nicht gewinnen können. Durch die drastische Begrenzung der Flüchtlingsströme aus der Karibik wollte er konservative Stimmen in Florida für sich gewinnen. Diese Rechnung ging im Wahljahr 1996 auch auf.

Daß in Haiti schließlich doch eine Intervention vermieden werden konnte, lag am ehemaligen Präsidenten Carter, der zusammen mit Colin Powell und Sam Nunn in Haiti eine Verhandlungslösung erreichen konnte. Am 19. September 1994 landeten amerikanische Truppen in Haiti, ohne einen Schuß abzufeuern, und am 15. Oktober wurde Aristide als Präsident Haitis wiedereingesetzt. Auch mit Fidel Castro kam man überein, den Flüchtlingsstrom in die USA einzudämmen. In den weiteren Jahren hat sich die Situation auf Haiti unter Aristide stabilisiert, aber die fortgesetzte Präsenz der UNO bleibt beim Aufbau der Demokratie unerläßlich.[41]

Beim Krisenmanagement von Haiti zeigte Clinton außenpolitische Lernfähigkeit. Er fand schließlich mit Hilfe von Expräsident Carter eine diplomatische Lösung, die allerdings von den Machthabern in Haiti erst aufgegriffen wurde, als für sie die Gefahr der Invasion unmittelbar bevorstand und ihnen außerdem nach der Schreckensherrschaft freies Geleit zugestanden wurde. Erst die machtvolle Drohung einer Invasion trug dazu bei, die Demokratie auf unblutige Weise in Haiti wiederherzustellen – wenn auch in letzter Minute und nach einer langen Phase von Halbherzigkeiten und Widersprüchlichkeiten in der Außenpolitik der Regierung Clinton.[42]

Clinton wertete nach den Erfahrungen in Somalia und Haiti die Bedeutung der UNO für die amerikanische Außenpolitik ab. Hatte er anfänglich noch für eigene UNO-Streitkräfte plädiert, zu denen auch die USA Einheiten beisteuern sollten, so war nach Somalia und Haiti hiervon nicht mehr die Rede. Die Idee der UNO-Armee wurde stillschweigend ad acta gelegt, die Bedeutung der UNO-Friedensmissionen, wie überhaupt die Idee multilateraler Außenpolitik, rückte in den Hintergrund. In der Regierung Clinton fand ein Prozeß der Ernüchterung statt; beide Krisen hatten gezeigt, daß multilaterales Handeln das Prestige des Präsidenten und die Handlungsfähigkeit der USA einschränkten. Jetzt wollte Clinton seine außenpolitischen Entscheidungen an den amerikanischen Interessen ausrichten, wie das Beispiel Korea zeigte.

Korea

Nirgendwo auf der Welt war der Kalte Krieg unerbittlicher ausgefochten worden als in Korea. Er war dort in einen Heißen Krieg übergegangen, hatte das Land völlig zerstört und auch die USA große Menschenopfer gekostet.[43] Seit dem Waffenstillstand von 1953, der erst durch Eisenhowers Nukleardrohung durchgesetzt werden konnte, war jeglicher Kontakt zwischen Nord und Süd unterbrochen. Das Land trennte eine waffenstrotzende Frontlinie des kalten Krieges, wodurch selbst kleinste Entspannungsansätze unmöglich wurden. Im Vergleich zum geteilten Deutschland und Europa waren die Gräben zwischen Nord- und Südkorea tiefer und breiter.[44] Ein Ende der Konfrontation war auch nach Ende des kalten Krieges unvorstellbar.

Das amerikanische Interesse war zu Beginn der neunziger Jahre nicht nur auf Sicherheit Südkoreas und nationale Wiedervereinigung ausgerichtet, sondern vor allem auf Nichtweiterverbreitung von Nuklearwaffen, weil Nordkorea offenbar an der Entwicklung eigener Nuklearwaffen arbeitete. Deshalb betrachtete Clinton Nordkorea nicht nur ideologisch, sondern auch militärisch als gefährlichen »Verbrecherstaat«[45], der die Sicherheit auf der koreanischen Halbinsel gefährdete. Nordkorea gebärdete sich aggressiv, obwohl sich die Lage in Asien nach der Zeitenwende verbessert hatte: Nach dem Ende der kommunistischen Vorherrschaft in der Sowjetunion und in Rußland zerbrachen die Bande Nordkoreas mit Moskau, zumal Gorbatschow gute Beziehungen zum Erzfeind Südkorea anstrebte. Nordkorea drohte die außenpolitische Isolation im eigenen ideologischen Lager, auch gegenüber der pragmatischen Führung in Peking. Nach dem Ende des kalten Krieges verschlechterte sich vor allem die nordkoreanische Wirtschaftslage. Auch die innerkoreanischen Verhandlungsansätze, welche die Denuklearisierung ganz Koreas zum Ziel hatten, verschlechterten sich zu Beginn der neunziger Jahre plötzlich; ein neuer Krieg zwischen Nord und Süd schien nicht mehr ausgeschlossen. Vor allem arbeitete Nordkorea mit Macht an eigenen Nuklearwaffen. Niemand wußte, ob sie zum Schutz des eigenen Territoriums oder zum Angriff auf den Nachbarn gedacht waren.[46]

Die Zeitenwende hatte zwar die sicherheitspolitische Lage in Asien insgesamt entspannt, aber Nordkoreas Lage rapide verschlechtert. Hier lagen die Gründe für Nordkoreas manische Nuklearrüstung. Aber nach dem Zusammenbruch des Sowjetimperiums hatte für die USA das Problem der irregulären Weitergabe von Kernwaffen und Nukleartechnologie Vorrang gewonnen; hier drohten neue Gefahren. Nukleare Rüstung im Irak wurde durch den Golfkrieg verhindert. Freiwillig gaben potentielle Nuklearmächte wie Südafrika, Brasilien und Argentinien ihr Atomprogramm auf. Neue Nuklearstaaten wie Weißrußland oder Kasachstan verzichteten ebenfalls nach langwierigen Verhandlungen aus freien Stücken, die Ukraine erst im Januar 1994, als sie von der Regierung Clinton dazu überredet werden konnte, in den nächsten sieben Jahren gegen beträchtliche amerikanische Wirtschaftshilfen sämtliche Nuklearwaffen an Rußland abzutreten.

Als besonders schwieriger Fall erwies sich aber Nordkorea, wo seit 1989 mit Hochdruck an der Produktion von Kernwaffen gearbeitet wurde. Atomwaffen in den Händen der orthodox-kommunistischen Führung in Pjöngjang hätten die sicherheitspolitische Lage auf der koreanischen Halbinsel mit Auswirkungen auf ganz Asien verschlechtert. Deshalb konzentrierte sich die Regierung Clinton auf fünf Verhandlungsziele:

1. Nordkorea mußte daran gehindert werden, eine Nuklearwaffenkapazität zu entwickeln. Verteidigungsminister Perry erklärte am 24. Januar 1995, daß er 1994 ernsthafte Überlegungen darüber angestellt habe, wie Nordkoreas Nuklearwaffen zerstört werden könnten.[47]
2. Clinton suchte auf diplomatischem Wege den Nichtweiterverbreitungsvertrag gegenüber Nordkorea durchzusetzen.
3. Clinton wollte die amerikanische Sicherheitspolitik in der gesamten asiatisch-pazifischen Region, besonders mit Japan, intensivieren.
4. Nordkorea sollte durch wirtschaftliche Anreize aus seiner außenpolitischen Isolation befreit werden. Der drohende ökonomische Kollaps sollte mit amerikanischer Hilfe verhindert werden.
5. Nordkorea sollte mit allen Mitteln vom Aufbau einer eigenen Nuklearkapazität wie auch von einem Angriff auf Südkorea abgeschreckt werden.[48]

Als Nordkorea zunächst Kontrollen der IAEO verweigerte, forderte Washington eine Aufwertung der Wiener Behörde und eine Erweiterung des Kontrollinstrumentariums, um auch geheime Nuklearprogramme aufspüren zu können. Nordkorea reagierte im März 1993 auf die zu erwartenden effektivierten IAEO-Inspektionen mit der Kündigung des Nichtweiterverbreitungsvertrages. Die USA wiederum reagierten mit Wirtschaftssanktionen und schlossen eine militärische Eskalation nicht aus: »Wenn man die Art der amerikanischen Sicherheitseinrichtungen in Korea und Japan für diese Region unter die Lupe nimmt«, so Clinton, »erweist es sich als nutzlos für die Nordkoreaner, daß sie Kernwaffen zu entwikkeln versuchen, denn wenn sie sie jemals einsetzen würden, wäre das das Ende ihres Landes.«[49] Clinton stieß mit dieser Äußerung in der Volksrepublik China, in Japan, ja selbst in Südkorea auf Kritik. Während die USA das geheime nordkoreanische Nuklearprogramm aggressiv einschätzten, überwog in Asien die Meinung, daß das rückständige und verunsicherte Regime defensive Absichten verfolge. Aber bei dem Katz-und-Maus-Spiel um die geheimen Anlagen verlor die Regierung Clinton schließlich die Geduld. 1994 erklärte Verteidigungsminister Perry sogar, daß Nordkorea die größte Bedrohung für die Sicherheit der Welt und für die USA darstelle[50], und die Stimmen mehrten sich, die einen präventiven Schlag gegen Nordkoreas Nuklearanlagen forderten. Doch nach dem Tod Kim Il Sungs im Juli 1994 entspannte sich die Lage vorübergehend.[51] Wieder war es der ehemalige Präsident Jimmy Carter, der Ende Oktober 1994 nach schwierigen Verhandlungen eine Einigung erzielte. Nordkorea blieb Mitglied des Nichtweiterverbreitungsvertrages von Atomwaffen und legte seine nukleare Produktion still. Im Gegenzug erhielt es die so dringend benötigte Wirtschaftshilfe. Als auch noch der Kernwaffensperrvertrag im Mai 1995 verlängert und verbessert wurde, konnte die Regierung Clinton in Anspruch nehmen, Verantwortung für das schwierige Erbe des Atomzeitalters auch für die Zeit nach dem kalten Krieg übernommen zu haben.

In den folgenden Jahren verhandelte das am Rande des Abgrunds stehende Regime von Kim Il-Chung provokant, setzte die dringlichen internationalen Energie- und Lebensmittelhilfen sogar aufs Spiel, bezichtigte die USA des Vertragsbruchs und unterbrach den Abbau der Atomwaffen. Im August 1998 schoß Nordkorea sogar eine dreistufige Rakete über japanisches Territorium hinweg und provozierte anschließend bewaffnete Zusammenstöße mit Südkorea. Deshalb intensivierte Präsident Clinton 1998 die Korea-Politik und betraute den ehemaligen Verteidigungsminister William Perry mit der Überprüfung dieser Politik. Dank Perrys Bemühungen lenkte Nordkorea teilweise ein, doch nur um Zeit zu gewinnen und um mit Amerikas und internationaler Hilfe sein Regime zu stabilisieren. Hatte Pjöngjang zu Beginn der neunziger Jahre versucht, die Staatengemeinschaft zu erpressen, so setzt es nun auf spektakuläre Wiedervereinigungsgesten und wirtschaftliche Öffnung. Beim koreanischen Gipfel im Juni 2000 in Pjöngjang wurde der südkoreanische Staatspräsident von Konzernchefs begleitet, die Nordkorea Investitionen zwischen 500 und 1 000 Milliarden Dollar in Aussicht stellten. Vielleicht nimmt sich Nordkorea die VR China zum Vorbild einer Politik der Teilöffnung – wirtschaftlich ja, politisch und gesellschaftlich nein. Die Zukunft wird zeigen, ob die Politik der USA und Südkoreas gegenüber Nordkorea zur Stabilisierung oder zum Zerfall des nordkoreanischen Regimes führen wird. Im Juni 2000 kündigte Präsident Clinton an, daß die USA fünfzig Jahre nach dem Ende des Koreakrieges die Wirtschaftssanktionen lockern werden, weil Nordkorea auf die Erprobung von Langstreckenraketen verzichtete. Außenministerin Albright plädierte nun für eine neue Sprachregelung: »Wir nennen diese Staaten nun Sorgenstaaten (States of Concern)«. Der Begriff »Schurken-Staaten«, der noch Anfang Juni von Verteidigungsminister Cohen zur Rechtfertigung der amerikanischen Raketenabwehrpläne benutzt worden war, wurde aufgegeben, auch weil im Iran Reformer an Einfluß gewannen und Libyen sich um Wiederherstellung seiner Reputation bemühte, z.B. durch die Auslieferung der Lockerbie-Terroristen.

Aber die Probleme schwelen weiter, solange die »Krypto-Atommächte«, das heißt diejenigen mit unklarem Nuklearmachtstatus wie Pakistan, Indien und Israel, weiter unkontrolliert ihre nuklearen Aspirationen zu verwirklichen suchen. Ein weiteres Problem bilden jene Nichtkernwaffenstaaten, die ähnlich wie Nordkorea vor Vertragsabschluß der heimlichen Nuklearrüstung verdächtigt oder gar überführt wurden, wie Irak, Iran und Libyen, aber auch kernwaffenfähige Staaten wie Brasilien oder Argentinien, die sich dem Vertrag verweigern.[52]

Auf diesem Hintergrund formierten sich, vor allem bei den Republikanern, die Befürworter von Raketenabwehrsystemen. Sie argumentieren, daß gegenüber unkalkulierbaren Nuklearstaaten die Raketenabwehr weiterentwickelt werden müsse. Weil aber Raketenabwehrsysteme den ABM-Vertrag tangieren, bemühte sich die Regierung Clinton um Neuinterpretation bzw. um Erweiterung des ABM-Vertrages[53], um militärische Kooperation mit Rußland bei der Raketenabwehr, um nukleare Abrüstung und um Konversion der militärischen in zivile Produktion.

Die Abmachungen zwischen den USA und Nordkorea vom 21. Oktober 1994 waren die wichtigsten seit dem Waffenstillstand von 1953, warfen aber auch ein bezeichnendes Licht auf die latenten Spannungen zwischen den USA und Südkorea. Südkoreas außenpolitische Souveränität ist nach wie vor unvollständig, weil die USA die politischen Geschicke Südkoreas mitbestimmen. Die USA entscheiden die Schlüsselfragen der politischen und militärischen Sicherheit in Südkorea ohne Konsultation mit den Südkoreanern. Schon der Waffenstillstand von 1953 war eine Abmachung zwischen Nordkorea, China und den USA. Südkorea war nicht dabei. Erst die Regierung Clinton zeigte sich im November 1994 – wenn auch zunächst zögerlich – bereit, die operative Kontrolle der südkoreanischen Streitkräfte an die südkoreanische Militärführung abzutreten.[54] Wachsender Antiamerikanismus veranlaßte die Regierung in Seoul, mehr Unabhängigkeit von Washington zu fordern. Zudem mußte Seoul mit ansehen, wie die erpresserische Taktik der Brüder im Norden Erfolge in Washington mit sich brachte, die man selbst auf diese Weise nie zu fordern gewagt hätte. Folglich fordert nun Seoul um so dringlicher, daß Washington den südkoreanischen Interessen entgegenkomme.

Doch die USA sind mit dem derzeitigen Status quo in Korea nicht unzufrieden. Die Teilung des Landes ist menschlich und politisch bedauerlich, wirkt aber an der Oberfläche stabilisierend. Eine Wiedervereinigung könnte neue nationalistische Kräfte in Korea entfachen und die gesamte Machtbalance in Asien verschieben. So paradox es klingt, aber ein kommunistisches China und ein geteiltes Korea machen derzeit Amerikas Präsenz in der asiatischen Region notwendig, Amerika wird auch von den anderen als Garant für Sicherheit gebraucht. Japan ist Amerikas wichtigster Verbündeter und Partner, zugleich ist Japan in Asien nicht sonderlich beliebt, in Korea schon gar nicht.

Die Geschichte der japanisch-koreanischen Beziehungen in diesem Jahrhundert gleicht einer Tragödie. Daß es ein ehemaliger japanischer Außenminister im Juni 1995 immer noch zu behaupten wagte, Korea sei 1910 freiwillig eine japanische Kolonie geworden, ist in Südkorea auf Empörung gestoßen. Japan, das sich in Korea ähnlich verhalten hat wie das nationalsozialistische Deutschland in Europa, hat bis heute keine angemessenen Worte der Entschuldigung und Taten der Wiedergutmachung gegenüber Korea gefunden und keine selbstkritische Bestandsaufnahme seiner Politik vorgenommen.

Fiele die gemeinsame Furcht vor kommunistischer Bedrohung in Korea und in Asien weg, dann könnten sich Korea und Japan konfrontativ gegenüberstehen wie Deutschland und Polen oder Deutschland und Frankreich nach dem Ersten Weltkrieg – also ohne eine Periode der Aussöhnung und des Bemühens um Entspannung, Ausgleich und Freundschaft. Amerikas vermittelndes Interesse in Korea betrifft also die ganze Region.

Auf diesem Hintergrund war es verständlich, daß die USA ihre Militärpräsenz in Südkorea ebensowenig aufgaben wie ihre Stützpunkte in der Region und ihr Netz bilateraler militärischer Kooperations- und Beistandsvereinbarungen. Auch der schwelende Konflikt zwischen Taiwan und der VR China, wachsende nationalistische und religiös-fundamentalistische Phobien und eine Ausbreitung des Terrorismus sowie eine Vielzahl von ungelösten Territorialkonflikten und traditionelle Machtrivalitäten zwischen den asiatischen Mächten dienten den USA zur Begründung, ihre strategische Überlegenheit in der Region, um ihr Bemühen um Entspannung und Sicherheit in Zusammenarbeit mit den Partnern zu vergrößern. Treffen die USA vielerorts mit ihrer Asienpolitik auf Zustimmung, so hat sich jedoch die Kritik an den Plänen eines Raketenabwehrsystems, das offiziell mit Blick auf Nordkorea begründet wurde, in der Region verstärkt. Nicht nur die VR China, Rußland und Nordkorea protestierten gegen das Raketenabwehrsystem, auch in Japan mehrten sich kritische Stimmen. Der ehemalige japanische Premierminister Morihiro Sosokawa forderte sogar den Abzug der amerikanischen Truppen aus Japan.

Der Krieg in Jugoslawien

Als Präsidentschaftskandidat kritisierte Bill Clinton die Balkanpolitik Bushs als moralisches Versagen, weil er die Muslims schutzlos ihrem Schicksal überlassen hatte. Er äußerte sich kritisch zum Vance-Owen-Plan, der seiner Meinung nach die serbischen Interessen favorisierte, und deutete ein kraftvolles amerikanisches Engagement an. Nach seiner Wahl zum Präsidenten blieb Clinton aber tatenlos.[55] Der Krieg in Bosnien-Herzegowina war nach Ansicht von Außenminister Christopher und UNO-Botschafterin Madeleine Albright höchst brisant. Clinton glaubte jedoch nicht, daß »der Einsatz von Bodentruppen eine gute Idee ist. Ich glaube auch nicht, daß wir dort einseitig hineingehen sollten. Wir müssen weiterhin den Druck erhöhen, die Friedensvorschläge durchsetzen und so viele Menschen als möglich am Leben erhalten.«[56] Doch Anfang Februar 1993 legte Clinton einen Sechs-Punkte-Plan vor, »die USA aktiv an dem Vance-Owen-Verhandlungsprozeß zu beteiligen, indem sie das ganze Gewicht der amerikanischen Diplomatie zum Tragen bringen«.[57] Clinton beauftragte Botschafter Reginald Bartholomew als Unterhändler und kündigte Maßnahmen zur Durchsetzung der Wirtschaftssanktionen an, um den politischen Druck auf Serbien zu erhöhen. Er forderte Schritte, »um das Leiden und das Blutvergießen zu mindern, während die Verhandlungen im Gang sind«.[58] Dazu gehörten die Durchsetzung der Flugverbotszone über Bosnien-Herzegowina, eine wirkungsvollere Zuteilung humanitärer Hilfe, die Einsetzung einer Regierungskommission zur Erfassung der humanitären Bedürfnisse und die Schaffung eines Tribunals für Kriegsverbrecher. Clinton suchte dabei in Reaktion auf das Versagen der Westeuropäer zusammen mit Rußland die Initiative und gab die Zurückhaltung der Regierung Bush auf.[59] Angesichts der dramatischen Verschlechterung der Lage auf dem Balkan wollte der Präsident das Waffenembargo für Bosnien stillschweigend umgehen, weil es die Serben bevorzugte. Die Regierung Clinton folgte den Vorschlägen des Vance-Owen-Planes also nicht, sondern übernahm den russischen Vorschlag der sechs Sicherheitszonen. Doch letztlich versandete das wortreiche Engagement in kraftloser Rhetorik: »Ich bin genauso wie jeder andere auf dieser Welt um die Moslems im Herzen von Bosnien besorgt, und ich würde alles tun, um diese ›ethnische Säuberung‹ zu beenden.«[60]

Kein Land übernahm couragiert Verantwortung, sondern jeder versteckte sich hinter der Formel vom gemeinsamen Handeln. Im Namen der Gemeinsamkeit drückten sich alle vor politischer Verantwortung.[61] Dabei war im Frühjahr 1993 der Preis des Krieges schon sehr hoch: Die Serben hatten rund siebzig Prozent von Bosnien in ihre Gewalt gebracht. Das Leid, das über die Menschen hereinbrach, traf die Zivilbevölkerung, vor allem Frauen und Kinder. Knapp zweihunderttausend Menschen hatten ihr Leben lassen müssen, knapp zwei Millionen waren auf der Flucht aus einem Land, das völlig zerstört wurde. Die Formel vom gemeinsamen Handeln verdeckte die tiefen Gegensätze zwischen den USA und Westeuropa. Die USA erwarteten, daß die Europäer im eigenen Haus für Frieden sorgen würden. Doch der Krieg eskalierte. Als am 5. Februar 1994 eine Mörsergranate auf einem Markt in Sarajevo 68 Menschen tötete und über zweihundert verletzte, wurde der Bann endlich gebrochen. Die Welle öffentlicher Empörung ergriff auch das politische Washington. Der Ruf nach militärischem Eingreifen der NATO brachte schließlich die Wende der westlichen Balkanpolitik. Amerikas mutiges Engagement angesichts der Brutalisierung und Verschärfung des Krieges, seine Initiative für die Bombardierung der serbischen Truppen führte schließlich dazu, daß Serbien, wenn auch widerstrebend, am Verhandlungstisch in Dayton Platz nahm. Danach war Clinton auch entschlossen, die USA nach Unterzeichnung eines Abkommens mit eigenen Bodentruppen an einer Friedensmission der UNO zu beteiligen.[62] Auch die demonstrative Entsendung amerikanischer Flugzeugträger in die Adria verfehlte nicht ihre Wirkung. Als der Flughafen Sarajevo endlich wieder geöffnet wurde, war klar, daß nur militärisches Eingreifen die Serben verhandlungsbereit machte.

Am 8. September 1995 stimmten die bosnischen Serben schließlich nach einer militärischen Niederlage, nach heftigen Luftangriffen der NATO und unter Druck politischen Grundprinzipien zu, die ihren bisherigen Kriegszielen widersprachen. Als die Verhandlungen wieder stockten, nahmen die NATO-Kampfflugzeuge erneut bosnisch-serbische Stellungen unter Beschuß, so daß schließlich am 12. Oktober 1995 ein vorläufiger Waffenstillstand zustande kam. Nach einer unermüdlichen »Shuttlediplomatie« zwischen den Vereinigten Staaten, Westeuropa, dem Balkan und Rußland konnten schließlich am 1. November auf dem amerikanischen Luftwaffenstützpunkt in Dayton, Ohio, die Gespräche zwischen den Konfliktparteien beginnen. Die Vereinigten Staaten, Großbritannien, Frankreich, Deutschland und Rußland sowie die Europäische Union nahmen ebenfalls an diesen Gesprächen teil. Am 14. Dezember wurde schließlich in Paris das Abkommen unterzeichnet. Der Erfolg der Verhandlungen war dem amerikanischen Chefunterhändler Richard Holbrooke zu verdanken, aber auch Wolfgang Ischinger, Politischer Direktor im Auswärtigen Amt, trug zum Gelingen bei. Zugleich drängte sich der Eindruck auf, als ob die Vereinigten Staaten nur bei diesen Verhandlungen die Bundesrepublik als Partner gleichberechtigt anerkannten; amerikanische Enttäuschung zeigte sich in protokollarischer Abstufung der anderen Westeuropäer während der Verhandlungen.

Nach den schwierigen Verhandlungen in Dayton, die mehrfach durch die Abreise der einen oder anderen Delegation bedroht waren, wurden in Paris schließlich die Grundprinzipien des Abkommens der Öffentlichkeit vorgestellt[63]: die Aufrechterhaltung der Integrität Bosnien-Herzegowinas, wobei das Gebiet im Verhältnis 51 zu 49 zwischen den beiden Gebilden der Föderation Bosnien-Herzegowina und einer serbischen Republik (Republika Srpska) aufgeteilt wurde. Sarajevo blieb die vereinte Hauptstadt des Gesamtstaates, wobei einige Stadtbezirke von den Serben autonom verwaltet wurden. Die zentralen Institutionen sollten nur noch für die Außenpolitik, den Außenhandel, die Geldpolitik sowie für Fragen der Staatsbürgerschaft zuständig sein. Alle Flüchtlinge sollten in ihre Heimat zurückkehren dürfen oder angemessen entschädigt werden.

Als Friedenstruppe wurde die unter NATO-Befehl stehende IFOR beauftragt, die Kombattanten zu trennen und den Waffenstillstand zu sichern. Dayton war ein Erfolg amerikanischer Führungsstärke, und in der Folge verstummte die Kritik an Präsident Clinton, insbesondere in Europa, statt dessen wurde er wegen seiner Führungsstärke gepriesen. Doch zeigte das Abkommen auch Mängel.[64] Eines der Hauptprobleme war, daß in Dayton das Kosovo-Problem unter den Teppich gekehrt wurde, weil sonst keine Friedensregelung für Bosnien erreicht worden wäre.[65] Vergeblich hatte man gehofft, daß sich die Lage auf dem Balkan verbessern würde. Seit Herbst 1998 hatte sich die Auseinandersetzung zwischen USA und NATO einerseits und Jugoslawien andererseits auf eine bewaffnete Auseinandersetzung zugespitzt, weil Milosevic die militärische Entschlossenheit der NATO bezweifelte. Als dann die OSZE in Racak im Kosovo die Leichen von 45 Albanern entdeckte, die von Serben umgebracht worden waren, wurde der Westen endlich initiativ. Doch die Verhandlungen in Rambouillet im Februar 1999 scheiterten. Der jugoslawische Präsident Milosevic verweigerte die Unterschrift unter den Vertragsentwurf, weil dieser eine Stationierung von 28000 NATO-Soldaten in der serbischen Provinz vorsah. Nachdem der amerikanische Sonderbotschafter Holbrooke noch am 22. März Milosevic ein letztes Mal vergeblich zu einer Unterschrift zu überreden versucht hatte, erteilte NATO-Generalsekretär Solana am selben Abend den Einsatzbefehl für die Luftstreitkräfte. Die erste Bomberstaffel der NATO flog am 24. März 1999 Angriffe gegen Militärziele in ganz Jugoslawien. Die NATO-Staaten hatten aus ihren Versäumnissen und Fehlern der vergangenen acht Jahre endlich gelernt. Nachdem es von 1992 bis 1995 nicht gelungen war, Milosevics Strategie von Krieg, Völkermord und Vertreibung zu stoppen, wurde er endlich 1999 durch den Luftkrieg gezwungen, die sogenannte Politik der ethnischen Säuberung aufzugeben und seine Truppen aus dem Kosovo zurückzuziehen.

Es war nicht Amerikas Krieg und schon gar nicht der von Madeleine Albright, wie manche Schlagzeilen im Westen behaupteten, aber sie war die erste Frau an der Spitze des State Departments, die resolut ein militärisches Eingreifen gegen Milosevic durchsetzte. Als ehemalige UNO-Botschafterin war sie gegenüber der Handlungsfähigkeit der Vereinten Nationen skeptisch: »Kofi, wir brauchen keine Vermittler, die da durcheinanderrennen«, soll sie erklärt haben. Sie war geprägt durch den Vietnamkrieg und durch das Nachgeben gegenüber Hitler 1938 in München. Appeasement war für sie deshalb die tödlichste aller politischen Schwächen. Nach ihrem Amtsantritt im Januar 1997 als gebürtige Tschechoslowakin jüdischer Abstammung und geprägt durch die Erkenntnis, daß ihre Großeltern in Auschwitz ums Leben kamen, verkörperte sie militante Entschlossenheit und moralisches Engagement. Das Ergebnis war der Luftkrieg der NATO gegen Rest-Jugoslawien. Albright plante und kontrollierte in der täglichen Telefonkonferenz der »Quint« im Rahmen der fünf wichtigsten Kriegspartner – der USA, Frankreichs, Englands, Deutschlands und Italiens – die Aktionen gegenüber Rest-Jugoslawien militärstrategisch wie auch diplomatisch-politisch. Die Luftoperation war zwar formal eine gemeinsame NATO-Aktion, aber realpolitisch ein amerikanisch geführter Krieg mit europäischen Einsprengseln. Die amerikanische Luftwaffe stellte 80 Prozent aller Flugzeuge; von den 1800 Zielen wurde nur ein einziges britisches nicht aus den von den USA kontrollierten Computern gefüttert, die 3800 Feindflüge wurden von den USA dominiert.

Der Krieg zeigte schwere Mängel der Interoperabilität der NATO aufgrund des massiven technologischen Rückstands der Europäer gegenüber den USA. Auf diesem Hintergrund schien die Regierung in Berlin zu Unrecht ein wenig berauscht von ihrem diplomatischen Einfluß auf Rußland, als sie nach dem glücklichen Ende des Krieges erklärte: »Es war die Stunde Europas.« Dieses Bild, in dem das deutsch geführte Europa moralisch-diplomatisch für die Staatskunst des Friedens und die USA für das Kriegshandwerk verantwortlich zeichnen, weist in die Irre.[66] Der Krieg zeigte, daß Europa ihm nicht alleine gewachsen war, gewachsen war nur eine illusorische Selbsteinschätzung von außen- und sicherheitspolitischer Unabhängigkeit. Vielmehr müssen die Europäer ihre vollmundigen Ankündigungen für eine gemeinsame Außen- und Sicherheitspolitik realisieren, d.h. die militärisch modernisierten Mittel beschaffen.

Europa bleibt auf die Unterstützung und Führung durch die USA angewiesen. Doch die USA neigen grundsätzlich nur zu Multilateralismus, wenn er im eigenen Interesse steht. Schon deshalb muß Europa sein eigenes außen- und sicherheitspolitisches Profil entwickeln. Auch nimmt ein politisch handlungsfähiges Europa Amerika nichts von seiner militärischen Stärke[67]. Doch unterschiedliche nationale Interessen der Westeuropäer ziehen die Grenzen für die gemeinsame Außen- und Sicherheitspolitik sehr eng. Deshalb befindet sich Europas Sicherheitspolitik in einem beklagenswerten Zustand. Was in Europa oft als amerikanische Dominanz oder Arroganz verstanden wird, ist in Realität nichts anderes als das Ergebnis einer selbstverschuldeten außen- und verteidigungspolitischen Unmündigkeit. Im Zuge der Erweiterung der NATO bleibt das sicherheitspolitische Engagement der USA auf dem alten Kontinent nur dann mittelfristig gewährleistet, wenn die Europäer selbst auf dem Weg zu einer europäischen Sicherheits- und Verteidigungsidentität voranschreiten, nicht mit Blaupausen und Sprechblasen, sondern mit Taten.

Der Westen hat seit Anfang der neunziger Jahre auf dem Balkan versagt und nicht rechtzeitig und umfassend Krieg und Bürgerkrieg eindämmen können. Nun muß der Westen, salopp gesprochen, die Suppe, die er sich zum Teil selbst eingebrockt hat, selbst auslöffeln. Der Krieg im Kosovo hat auch gezeigt, daß durch humanitäre Intervention ohne klare Siegstrategie letztlich mehr Probleme aufgeworfen als gelöst werden. Doch wenigstens hatte der Luftkrieg Milosevic zum Einlenken gezwungen. Damit hat die NATO in letzter Sekunde ihre Existenz gerechtfertigt. Doch humanitäre Intervention blieb für Washington die Ausnahme, wie Ruanda oder Osttimor zeigten, weil dort humanitäre und realpolitische Interessen der USA nicht deckungsgleich waren.

Der Krieg auf dem Balkan offenbarte eine Tragödie, für die der Westen Mitschuld trägt und die die psychologische Landschaft Europas geprägt hat wie keine andere seit dem Zweiten Weltkrieg.

Die Suche nach einem außenpolitischen Konzept

Im Zuge dieser und anderer außenpolitischer Krisen suchte die Regierung Clinton ein schlüssiges außenpolitisches Konzept für den Führungsanspruch der USA in der Welt: »Amerika muß auf alle Fälle die Welt weiter anführen, für die wir so viel getan haben.«[68] Aber die Verringerung der äußeren Bedrohung und die wachsende Bedeutung der wirtschaftlichen Faktoren veränderte die Führungsrolle der USA. Neue kooperative Hegemonieformen waren gefragt. Clinton erklärte deshalb bewußt im Gegensatz zu seinem Vorbild John F. Kennedy: »Wenn unsere Herausforderung schon nicht mehr jede Last auf sich nehmen soll, dann soll sie wenigstens noch den Ausschlag geben.«[69] Der Staatssekretär im State Department, Peter Tarnoff, zog in einer programmatischen Rede im Mai 1993 dramatische Schlußfolgerungen: Amerika könne wegen des Vorrangs der eigenen wirtschaftlichen Probleme nur eine eingeschränkte Führungsrolle in der Welt spielen, folglich hätten andere mehr Verantwortung und Lasten zu übernehmen: »Wir haben einfach nicht die Macht, wir haben nicht den Einfluß noch die Neigung, von militärischer Gewalt Gebrauch zu machen. Wir haben nicht das Geld, um in nächster Zeit positive Ergebnisse herbeizuführen.«[70] Außenminister Christopher kritisierte Tarnoffs Äußerungen heftig, weil sie den

Rückzug aus der weltpolitischen Verantwortung umschrieben. Aber hatte Tarnoff nicht den Nagel auf den Kopf getroffen? Die außenpolitische Passivität der Regierung Clinton war in den ersten Monaten nicht zu übersehen.

Um diesen Eindruck zu widerlegen, hielt am 21. September 1993 der Nationale Sicherheitsberater Anthony Lake an der Johns Hopkins University eine Rede, in der eine »Strategie der Erweiterung« die außenpolitische Interessenlage umriß. Lakes Strategie zielte auf vier Bereiche ab: die Gemeinschaft der marktwirtschaftlichen Demokratien, die neuen Demokratien und Marktwirtschaften, die reaktionären Staaten und schließlich auf die Menschenrechtsfragen.[71]

Vor allem die Gemeinschaft der marktwirtschaftlichen Demokratien sollte gestärkt werden. Dabei waren die Vergrößerung der Wirtschaftskraft und die Erweiterung der sicherheitspolitischen Handlungsfähigkeit durch eine reformierte NATO zentral. Diktaturen wie Irak, Iran, Nordkorea oder Serbien sollten eingedämmt werden. Weltweit galt weiterhin das Ziel der Sicherung von wirtschaftlichem Wohlstand, Demokratie und Durchsetzung der Menschenrechte. Beim Blick auf die Vergabe von Auslandshilfe wurde jedoch deutlich, daß diese Neuorientierung primär rhetorisch blieb, denn in Wirklichkeit flossen die Mittel im Rahmen der Auslandshilfe nach wie vor in erster Linie nach Israel und Ägypten sowie nach Jordanien. Auch Rußland erhielt 1992/93 zwei Milliarden Dollar an direkter bilateraler Leistung. Ende Oktober 1994 ergänzte Lake sein Konzept, wobei er militärische Macht in den Vordergrund stellte.

Es erstaunt, daß Lake die humanitäre Intervention ans Ende der Prioritätenliste plazierte, obwohl alle drei Krisen – Haiti, Somalia und der Balkan – diesem Typus entsprachen. Auch ließ er die Bedeutung von ethnischen Konflikten, die zur Hauptursache von Krisen und Kriegen nach der Zeitenwende wurden, völlig unerwähnt.[72]

Clinton war um ein Programm bemüht, aber letztlich blieb sein Interesse an einer außenpolitischen Konzeption begrenzt. Dies galt auch für die Sicherheitspolitik. Verteidigungsminister Aspin hatte als Vorsitzender des Streitkräfteausschusses des Repräsentantenhauses das Sicherheitskonzept der Regierung Bush als zu konservativ kritisiert. Jetzt wollte er das sicherheitspolitische Konzept von Grund auf erneuern[73] und initiierte den »Bottom-Up-Review« der Streitkräfte. Ohne klar umrissenes außenpolitisches Konzept orientierte er sich vage an vier möglichen Gefahren: Weiterverbreitung von ABC-Waffen, regionale Konflikte, Krisen in Mittel- und Osteuropa und ökonomische Schwächung der USA. Die Streitkräfte müßten demnach in der Lage sein, so Aspin, vier Aufträge simultan durchzuführen: Die USA müßten für zwei große Regionalkonflikte parallel gerüstet und auf Friedensoperationen, weltweite Militärpräsenz und Abschreckung von Angriffen mit Massenvernichtungswaffen eingestellt sein.

Aufgrund des Bottom-Up Review wurde eine Verkleinerung der Streitkräfte von 1,6 auf 1,4 Millionen Mann empfohlen. Die Regierung Clinton war also zu einer drastischen Abrüstung wie nach dem Ende des Zweiten Weltkriegs nicht bereit. Vielmehr sah die Regierung Clinton »ungeachtet des Niedergangs der sowjetischen Militärmacht, des Vorrangs der Innenpolitik und der Betrachtung der Welt als Wirtschafts- und Handelswelt keinen Anlaß für eine grundlegende Neubewertung der militärischen Macht«.[74]

Die NATO wurde vielmehr zum Instrument einer Erweiterungsstrategie, die amerikanischen Einfluß in Europa bis an die russische Grenze vorschieben sollte. »Von der Eindämmung zur Erweiterung« – diese von Anthony Lake formulierte Leitidee prägte das neue außenpolitische Konzept, auch sicherheitspolitisch: »Uns aktiv in der Welt zu engagieren, um unseren Wohlstand zu erhöhen, unsere Sicherheitsvorkehrungen zu modernisieren und die Demokratie in der Welt zu fördern.«[75]

Die logische Konsequenz lautete: »Amerikas Herausforderung besteht heutzutage darin, auf einer Basis der Chancen anstatt auf einer Basis der Furcht zu führen.«[76] Die auf ganz Europa erweiterten Sicherheitsvorstellungen führten zum Interesse der Regierung Clinton an einer schnellen Osterweiterung der NATO. Diese stieß allerdings auf den erbitterten Widerstand aller gesellschaftlichen und politischen Kräfte in Rußland, was aber weder die Regierung Clinton noch die Mehrheit der Staaten des westlichen Bündnisses von der geplanten NATO-Osterweiterung abbrachte. Auch der Aufbau einer Raketenabwehr, von Clinton im Wahlkampf noch heftig kritisiert, gehörte nun zur Reorganisation der Streitkräfte. SDI sollte im Rahmen des Zwei-Kriege-Konzepts modifiziert werden.

Die Struktur der nuklearen Streitkräfte blieb nach den Vorstellungen des Verteidigungsministers bestehen, obwohl sich das militärische Verhältnis zu Rußland durch die Strategie der gegenseitig garantierten Sicherheit gewandelt hat. Dieser Wandel blieb jedoch zerbrechlich, denn in Rußland ändert sich die Außen- und Sicherheitspolitik nur sehr langsam.

Die positive Entwicklung der Beziehungen führte zu einer kontinuierlichen Kürzung des Verteidigungsbudgets zwischen 1985 und 1995 um 35 Prozent. Der Anteil des Verteidigungsbudgets am Bruttoinlandsprodukt lag 1996 schließlich nur noch bei vier Prozent. Die Zahl der aktiven Soldaten wurde ebenfalls um ein Drittel verringert, von 2,2 auf 1,45 Millionen 1996. Die Ausgaben für Forschung und Entwicklung wurden sogar um 57 Prozent drastisch gekürzt. Trotzdem ist der Verteidigungsetat der USA, international gesehen, immer noch extrem hoch, auch weil er in der zweiten Hälfte der neunziger Jahre wieder anstieg.

Ernst Otto Czempiel weist zu Recht darauf hin[77], daß nicht nur sicherheitspolitische Gründe dafür ausschlaggebend sind. Jetzt dienen Streitkräfte nicht mehr der Abwehr einer übermächtigen Gefahr, sondern der Fähigkeit, Macht jederzeit global einsetzen zu können. Die Beibehaltung eines überproportional großen Rüstungshaushaltes dient zudem der Verwirklichung eines Weltmachtanspruches, der ausschließen soll, daß rivalisierende Großmächte – insbesondere die Volksrepublik China – den USA zu nahe treten könnten. In einer geheimen Pentagonstudie wurden auch Rußland, Deutschland und Japan als Rivalen erwähnt[78], deren Entwicklung zu Weltmächten verhindert werden soll. Die militärpolitische Absicherung einer unipolaren herausragenden Position wurde zum Hauptanliegen der Regierung Clinton in der zweiten Amtsperiode. Clinton überließ dem konservativen Militärestablishment die Initiative. Auch lehrte Clintons Amtserfahrung, »daß eine Großmacht sich durch ihre Macht nach außen definiert und nicht durch gesellschaftliche Stärke im Innern«.[79] Aufrüstung und Militarisierung der Außenpolitik bekräftigte und modernisierte also den sicherheitspolitischen Anspruch der USA auf eine Weltmachtstellung. Unter Clinton wurde Amerikas Rolle weniger als Weltpolizist verstanden, sondern differenzierter betrachtet. Aber die militärischen Planer rückten vom Multilateralismus ab und gaben keine überzeugenden Antworten auf die neuen globalen Sicherheitsfragen.

Rein strategisch gesehen, gab der Bottom-Up Review keine überzeugenden Antworten auf die neuen globalen Sicherheitsfragen. Zwei Regionalkonflikte gleichzeitig gewinnen zu wollen bedeutete die Fortsetzung der Planung des kalten Krieges unter modifizierten Bedingungen. Daß aber in Wirklichkeit die USA fast niemals allein Krieg geführt haben, wurde in der Streitkräfteplanung der Regierung Clinton völlig ignoriert.[80] Aber die größte Gefahr nach der Zeitenwende, nämlich mögliche Konflikte mit Regionalmächten, die entweder schon über ABC-Waffen verfügen oder im Begriff sind, diese zu entwickeln oder zu erwerben, wurde im Streitkräftebericht überhaupt nicht erwähnt. Die Regierung Clinton war nicht in der Lage, die sicherheitspolitischen Konsequenzen aus Somalia, Haiti und dem Balkan zu ziehen, das heißt die Rolle der Streitkräfte zur Unterstützung von UN-Friedensoperationen neu zu bewerten. Folglich wurden entweder Interventionsoperationen zum Nulltarif wie in Haiti geplant, oder sie wurden völlig unterlassen, wie in Somalia oder zunächst in Bosnien. Unter Clinton wurde die amerikanische Sicherheitspolitik nach Überwindung des Vietnam-Syndroms von einem »Desert-Storm-Syndrom« befallen, das die Rolle amerikanischer Militärmacht zwar theoretisch auf die klassische Kriegführung zuschnitt, aber praktisch in peripheren Konflikten zur Ohnmacht, allenfalls zur humanitären Hilfe verurteilte[81] oder den totalen, übermächtigen Materialeinsatz, dann aus der Luft wie im Kosovokrieg, erforderte.

Im sicherheitspolitischen Konzept der Regierung Clinton blieb der Gesamtkomplex humanitärer Intervention ungeklärt: Was war eine humanitäre Intervention, und wie würden die USA diese Intervention interpretieren? Der Begriff war irreführend, denn er umschrieb die Forderung nach einer friedlichen Regelung von ethnischen Konflikten, auf die die amerikanischen Landstreitkräfte nicht vorbereitet sind.

Humanitäre Intervention im ursprünglichen Sinne bezog sich auf nichtpolitische Krisen, zum Beispiel als im April 1991 in Bangladesch 140000 Menschen von einem gigantischen Wirbelsturm heimgesucht wurden, der Schäden in Höhe von zwei Milliarden Dollar anrichtete. Amerikanische Streitkräfte wurden zur humanitären Intervention nach Bangladesch beordert. Eine unparteiliche Haltung bei humanitären Aktionen ist nur bei Naturkatastrophen unproblematisch. Im Falle von Bürgerkriegen oder ethnischen Konflikten ist sie jedoch nicht durchzuhalten. Das zeigten die Engagements in Somalia, in Haiti und auf dem Balkan. Die gesamte UN-PROFOR der humanitären Intervention auf dem Balkan, die auf Überparteilichkeit aufgebaut war, blieb wirkungslos, weil sie weder für Gerechtigkeit sorgen konnte noch Effektivität besaß. Erst als diese Scheinlogik der humanitären Neutralität durchbrochen wurde, weil eine Seite angegriffen hatte und die benachteiligte Seite schließlich durch eine von den USA tolerierte Aufhebung des Waffenembargos zurückschlagen konnte, konnten die Serben zurückgedrängt und schließlich durch Einsatz der Militärmacht NATO und das Abkommen von Dayton in die Schranken gewiesen werden. Erst als die Serben das Kosovo brutal unterjochten, reagierten die USA an der Spitze der NATO und bombardierten aus der Luft Rest-Jugoslawien.

Krieg und Chaos in der Welt werden nur dann wirksam und wirklich bekämpft, wenn vitale Interessen der Mächte tangiert werden. Der Begriff der humanitären Intervention verschleiert, daß jede Militäraktion voller Risiken und der Erfolg ungesichert ist. Alles andere ist Augenwischerei. Was nützt ein Blauhelm-Einsatz in Bosnien, wenn die humanitären Aktionen nicht mit Waffengewalt durchgesetzt werden können? Das Mandat der UNO-Truppen war so begrenzt, daß eine serbische Patrouille über die Schulter eines UN-Offiziers hinweg den stellvertretenden bosnischen Ministerpräsidenten in einem Fahrzeug der Vereinten Nationen aus wenigen Metern Entfernung unbehindert und ohne Reaktion erschießen konnte. Die Roten Khmer konnten in Kambodscha tagelang Blauhelme gefangenhalten, weil die 15000 UN-Soldaten jeden Versuch unterließen, ihre Kameraden zu befreien. Daß die UNO-Truppen durch diese und ähnliche Vorfälle nicht an Autorität gewinnen, liegt auf der Hand.[82]

Die Regierung Clinton zog endlich Schlüsse und distanzierte sich von humanitären Interventionen auf fremdem Territorium. In Bosnien zeigte sie – wenn auch spät – Entschlossenheit zur bewaffneten Intervention, dem einzig angemessenen kollektiven Mittel, um wieder Frieden herzustellen. Humanitäre Intervention, sowohl unilateral wie auch multilateral, war zur leeren Hülse geworden. Auch die regionalen Sicherheitsorgane, denen die USA vorstanden oder als mächtigstes Mitglied hätten Leben einhauchen können, wie die NATO, OSZE und natürlich auch die UNO, versagten bei humanitären Interventionen. Der Luftkrieg gegen Rest-Jugoslawien brachte eine Wende.

Die Vormachtstellung der USA war nach der Zeitenwende von 1989/90 zwar militärisch weiter gewachsen, aber die Weltmacht USA wußte nicht, wie und wofür sie ihre Militärmacht einsetzen sollte. Die Konfliktstrukturen der Welt hatten sich schlagartig verändert, so daß die Mittel anachronistisch wirkten. Clinton hat die Sicherheitspolitik der USA den neuen Gegebenheiten nur partiell angepaßt.

Unter Clinton fehlte die völlige Bereitschaft der USA zur Übernahme der Führungsposition, wie sie noch von den USA zur Abwehr der sowjetischen Bedrohung weltweit bereitwillig übernommen worden war. Führung und Sicherheit sind grundsätzlich schwieriger geworden, doch ohne militärische Dominanz und entsprechend angemessene ordnungspolitische Fähigkeit bleibt die Welt in Unordnung. Gegenüber nationalistischen Bewegungen und Regimen, vor allem in Bürgerkriegsorganisationen, sind die USA nicht mehr bereit, den hohen Preis als Weltordnungsmacht zu zahlen wie zu Zeiten des kalten Krieges. Außerdem hat sich gezeigt, daß der Weg zu einer neuen und besseren Weltordnung über Ökonomisierung und Globalisierung führte.

Der außenpolitische Paradigmenwechsel zur Weltwirtschaftsmacht

Die Idee des Handelsstaates war schon vor Gründung der Vereinigten Staaten, ja sogar vor dem Unabhängigkeitskrieg zentrales Gedankengut der Gründungsväter. Amerikas Außenpolitik war von Anfang an auf wirtschaftliches Wohlergehen abgestellt.[83]

Der große Dreikampf der Weltideologien des 20. Jahrhunderts – zwischen Faschismus, Kommunismus und Demokratie – hatte vorübergehend dieses Grundinteresse der USA in den Hintergrund treten lassen. Nach dem Sieg über Faschismus und Nationalsozialismus 1945 rüsteten die USA ab und suchten die wirtschaftspolitische Vorherrschaft in der Welt neu zu begründen. Amerikas Weltmachtrolle nach dem Zweiten Weltkrieg beruhte auf den Mitteln und Methoden wirtschaftlicher Stärke, wie das System von Bretton Woods, der Marshallplan, die Gründung des GATT, der OECD und der Weltbank dokumentieren. Die wirtschaftliche Stärke und die Grundlage für eine vorbildliche Gesellschaft waren aber durch die Anspannungen des kalten Krieges ausgedünnt worden. Im Triumph von Marktwirtschaft, freiem Handel und Demokratie 1989/90 wurden zugleich die Versäumnisse und Schwächen des Westens, also auch der USA, sichtbar.

Der außenpolitische Paradigmenwechsel von einer Politik der militärischen Stärke zur Notwendigkeit der wirtschaftlichen Erneuerung und zur Anpassung an die neuen internationalen Bedingungen waren also überfällig. Die offensichtlichen Gründe waren:

- der relative wirtschaftliche Niedergang der USA, das heißt der Verlust der dominanten Position im Welthandel, der Industrieproduktion und der weltweiten Wertschöpfung;
- die besonderen Probleme in den einzelnen Sektoren der amerikanischen Industrie, im Bildungssystem und in der Ausbildung;
- der Aufstieg von neuen Rivalen im asiatisch-pazifischen Raum wie auch in Europa;
- hohe Defizite der amerikanischen Handelsbilanz und steigende Verschuldung des Staatshaushaltes;
- schwindende Bereitschaft der Verbündeten, die Lasten der USA als Hegemon in der multilateralen Handels- und Wirtschaftsordnung weiter mitzutragen[84];
- steigende Abhängigkeit der US-Wirtschaft von ausländischen Märkten, aber unzureichende internationale Konkurrenzfähigkeit hinsichtlich Arbeitskraft und Produktion;
- freier Handel und Laisser-faire-Wirtschaft waren nicht mehr in der Lage, der Wirtschaftskrise Herr zu werden.

Nach Ende des kalten Krieges lagen plötzlich die innen- und wirtschaftspolitischen Schwächen der USA bloß. Deshalb drängten bereits weitsichtige Mitglieder der Regierung Bush auf Erneuerung von Wirtschaft, Handel und Finanzen durch innenpolitische Reformen, so etwa Robert Zoellick, Staatssekretär für

Wirtschaftsfragen im Außenministerium, auch Außenminister Bakers »rechte Hand« im deutschen Vereinigungsprozeß. Er umriß in einer Rede im April 1992 diese Problematik:

»Die Vereinigten Staaten sind heutzutage das einzige Land auf der Welt, das an der Spitze politischer, militärischer und wirtschaftlicher Macht steht. Im Verlauf der letzten Jahre haben wir erneut unsere politische und militärische Führerschaft unter Beweis gestellt. Aber es ist auch lebenswichtig, daß wir an vorderster Front der internationalen Wirtschaftpolitik stehen[85].

Erst Bill Clinton erkannte, daß in der neuen Weltordnung der Faktor Wirtschaft für die USA von zentraler Bedeutung sein würde. Kein Kabinett, kein Mitarbeiterstab war nach dem Zweiten Weltkrieg so auf Wirtschaftsfragen fixiert wie die Clinton-Administration. Mitarbeiter Clintons wie Jeffrey E. Garten, der spätere Staatssekretär für internationale Handelsfragen, erklärte in seinem Buch *Der Kalte Frieden.* Amerika, Japan und Deutschland im Wettstreit um die Hegemonie« ungeschminkt: »Sich im In- und Ausland neu zu orientieren und zu positionieren wird die größte Herausforderung für Amerika beim Herannahen des neuen Jahrhunderts sein. Es wird nicht genügen, uns bloß aus dieser Rezession herauszuwursteln. Wir brauchen nichts Geringeres als eine Revolution, wie wir uns selbst und unsere Teilhaber an der Welt verstehen.«[86]

Ähnlich äußerte sich auch der Militärstratege Edward Luttwak: »In der neuen Ära tritt geduldiges Investitionskapital an die Stelle von Feuerkraft, die Entwicklung ziviler Produkte nimmt die Stelle militärischer Innovation ein, und die Eroberung ausländischer Märkte ersetzt die militärischen Garnisonen auf fremdem Boden.«[87]

Garten plädiert für einen wirtschaftlichen Nationalismus als Ausdruck verstärkten Gemeinschaftsgefühls. Die Überlegungen Gartens wie auch das Buch von Robert B. Reich, »Die neue Weltwirtschaft. Das Ende der nationalen Ökonomie« dienten als Blaupause für die künftige Wirtschaftspolitik der Regierung Clinton. Reich, unter Clinton Arbeitsminister bis 1996, entwarf ein Bild, »das die Realitäten der sich herauskristallisierenden neuen Weltwirtschaft und der in ihrer Folge entstehenden neuen Gesellschaftsformen widerspiegelt. Da fast sämtliche Produktionsfaktoren – Geld, Technologien, Fabrikanlagen und Ausrüstungen – mühelos Grenzen überschreiten können, wird das Konzept einer nationalen Wirtschaft praktisch bedeutungslos[88]. Deshalb lautete Reichs Botschaft: »Die Konkurrenzfähigkeit der Amerikaner auf diesem weltumspannenden Arbeitsmarkt wird nicht vom Wohlergehen irgendeines amerikanischen Unternehmens oder von der amerikanischen Industrie abhängen, sondern von den Funktionen, die Amerikaner innerhalb des globalen Netzes erfüllen, das heißt von dem Wert, den sie der Weltwirtschaft hinzufügen.«[89] Für Reich entscheidet vor allem die Qualität des amerikanischen Arbeitskräftepotentials über Erfolg oder Mißerfolg der amerikanischen Wirtschaft.[90] Auch veränderte Clinton die institutionellen Voraussetzungen. So schuf er nach dem Vorbild des Nationalen Sicherheitsrates einen ökonomischen Sicherheitsrat, dessen Vorsitz er selbst übernahm.

Clintons wirtschaftspolitische Berater setzten auf Verbesserung der Angebotsseite *(supply side economics)* und auf eine aktive Rolle des Staates.

Der Handelsbeauftragte Mickey Kantor und Handelsminister Ron Brown scheuten nicht vor Strafzöllen, protektionistischen Maßnahmen und Subventionen zum Schutz der amerikanischen Wirtschaft zurück. Die Regierung Clinton betrieb eine Strategie aggressiver Marktöffnung gegenüber Japan bei Gütern, die für die größten Defizite in den bilateralen Handelsbeziehungen verantwortlich waren und wo sich die USA gute Marktchancen erhofften, zum Beispiel bei Computern und Finanzdienstleistungen: *»We must compete, not retreat«* (»Wir müssen uns dem Wettbewerb stellen, nicht davor weglaufen«)[91] erhielt gegenüber Japan einen drohenden Unterton. Nicht Protektionismus, sondern Aggressivität prägte Clintons Handelspolitik, die auch durch Steuererleichterungen und Subventionen, vor allem aber durch eine Intensivierung von Forschung und Entwicklung – besonders durch die Gründung des National Science and Technology Council – staatlich gefördert werden sollte.

Die Konversion des überwiegend staatlich finanzierten »Militärisch-Industriellen-Komplexes« in zivile marktwirtschaftliche Betriebe und Betriebsformen hatte nicht so dramatische Konsequenzen für die USA wie für die Sowjetunion. Dennoch sah sich Clinton – im Gegensatz zu Bush – gezwungen, einige Anstrengungen zu unternehmen, um der um rund 45 Prozent geschrumpften Rüstungsindustrie (Aufträge 1988: 80 Milliarden Dollar, 1995 nur noch 43 Milliarden Dollar) bei der Umstellung auf zivile Produktion zu helfen. Die Regierung Clinton hat 1993 »20 Milliarden US-Dollar im Haushaltsplan bereitgestellt, um Rüstungsbetrieben die teilweise oder vollständige Umstellung auf die zivile Produktion zu erleichtern. Mit diesem Geld werden Umschulungen für entlassene Arbeiter und Angestellte, Investitionshilfen für besonders betroffene Gemeinden und mittelständische Rüstungsfirmen sowie vor allem für die Forschung und Entwicklung von ›dual-use‹-Technologien finanziert.«[92]

Allerdings verstärkte sich innerhalb der Administration im Laufe der Jahre der Einfluß derjenigen, die vermehrte Waffenexporte aus wirtschaftlichen Erwägungen begrüßten. Während Rüstungsexporte weltweit sanken, stieg der amerikanische Anteil stark an. »Die Clinton-Administration hat bei der Unterstützung der Exporte Großartiges geleistet«, erklärte der Vorstandsvorsitzende eines der größten Hersteller von Militärgütern.[93]

Im Zuge der Auslandshilfe wurden großzügige Kredite für Rüstungsexporte gewährt, sogar für Computer, Nuklear- und Weltraumtechnologie. Exportkontrollen seien hoffnungslos, erklärte der Verteidigungsminister achselzuckend.[94] Die Regierung Clinton zeigte kein Interesse an einer Eingrenzung der Rüstungsexporte, weil sie die amerikanische Wirtschaft stärkten. In diesem Licht muß auch das amerikanische Drängen nach Osterweiterung der NATO gesehen werden. Sie sollte einen Markt in dreistelliger Milliardenhöhe, vor allem für amerikanische Rüstungsgüter, eröffnen. Das Pentagon wird in dieser Hinsicht auch in Zukunft eine wichtige Rolle in der amerikanischen Wirtschaftspolitik spielen; der Faktor Rüstung nimmt an Bedeutung für die Sicherheit der USA ab, aber als Gewinnfaktor der Außenwirtschaft zu.[95]

Befreit von der Konzentration auf jahrzehntelange Eindämmungsstrategie, weitete sich die Außenhandelspolitik der USA unter Clinton aus zwischen den Polen »multilateraler Freihandel« und »bilateraler« Protektionismus«, wobei dem Freihandel grundsätzlich Vorrang eingeräumt wurde.[96] Im Zuge der Gesundung der amerikanischen Wirtschaft verzichtete Clinton zunehmend auf aggressive Handelsstrategien. Der sinkende Einfluß von Jeffrey Garten und Laura Tyson bestätigte diese Entwicklung. Die Wirtschafts- und Handelspolitik blieb auf die »Big Emerging Markets« und die »Big Emerging Sectors« wie Telekommunikation, Umwelt- und Gesundheitstechnologie ausgerichtet.[97] Die zehn Länder, von denen die Regierung glaubte, sie würden in den nächsten fünfzehn Jahren ihren Anteil am Welthandel verdoppeln und im Jahre 2010 mehr Importe als Japan und Westeuropa zusammen aufnehmen, waren China, Indonesien, Südkorea, Indien, die Türkei, Südafrika, Polen, Argentinien, Brasilien und Mexiko. Für jedes Land wurde im Wirtschaftsministerium eine Arbeitsgruppe eingerichtet, die mit der amerikanischen Geschäftswelt zusammenarbeitet. Die Wirtschaftsbosse legten der Regierung Wunschlisten für Güter und Märkte vor, die die Regierung Clinton mit ihnen zusammen beriet. Brown und Garten richteten sogar einen »Kriegsraum« im Wirtschaftsministerium ein, um die Strategien für die »Big Emerging Markets« zu koordinieren. Der Verkauf von Boeing-Flugzeugen an China und Saudi Arabien, von AT & T-Telekommunikation nach Indonesien und China, von General-Electrics-Kraftwerken nach Brasilien und Indonesien – all dies wurde von dort aus geleitet beziehungsweise koordiniert. Die Operationen wurden strikt geheimgehalten, und Clinton scheute nicht davor zurück, persönlich mit Staats- und Regierungschefs die Geschäftsabschlüsse zu beschleunigen.[98]

Bei der Schaffung neuer regionaler Wirtschaftszonen stehen die drei »Großen« in der Triade USA–Westeuropa–Japan unter Konkurrenzdruck. Deshalb richtete die Regierung Clinton ihr Augenmerk zunächst verstärkt auf die Wirtschaftsregionen in ihrer unmittelbaren Nachbarschaft. Im Dezember 1992 wurde das Freihandelsabkommen von 1989 zwischen den USA und Kanada zur Nordamerikanischen Freihandelszone – NAFTA – erweitert. Bill Clinton hatte sich schon während des Wahlkampfes für NAFTA ausgesprochen, wollte aber das Abkommen bezüglich der Umweltpolitik, der Arbeitsstandards und in Importfragen nachbessern. In den USA fürchteten viele, daß wegen der Billiglohnkonkurrenz aus Mexiko die Arbeitsplätze in den USA für ungelernte Arbeitskräfte gefährdet würden. Clinton machte die Nordamerikanische Freihandelszone zu seinem persönlichen Anliegen und setzte im Dezember 1993 schließlich die Ratifizierung im Kongreß durch.[99] So entstand ein Wirtschaftsraum mit 360 Millionen Menschen und einem Bruttosozialprodukt von etwa sieben Billionen Dollar, größer als der EG-Binnenmarkt. Im Laufe der nächsten fünfzehn Jahre sollen etwa zwanzigtausend Tarife und Zölle zwischen den drei Staaten abgeschafft oder reduziert werden. Noch wichtiger war der Abbau nichttariflicher Vorschriften, wodurch die Kapitalmobilität erhöht werden soll, so daß Experten NAFTA eher als Investitions- denn als Handelsabkommen charakterisieren. Anders als in der EU wurden aber keine supranationalen Interventionsmechanismen vereinbart.[100] Clinton prophezeite, »daß NAFTA die zwischen unseren drei Nationen bestehenden Handelsschranken abbauen wird. Es wird die weltweit größte Handelszone errichten und bis 1995 zur Schaffung von zweihunderttausend Arbeitsplätzen allein in diesem Lande führen.« NAFTA war Teil der neuen Lateinamerikapolitik der Regierung Clinton. Ziel war eine Freihandelszone von Alaska bis nach Feuerland. Clinton wollte dem europäischen Binnenmarkt und der südostasiatischen Handelsregion wirtschaftspolitisch entgegentreten. Mit der Einrichtung der Welthandelsorganisation (WTO) suchte die Regierung Clinton auch faire Arbeits- und Sozialbedingungen weltweit durchzusetzen.

Jeder weiß, daß die Billigprodukte der Dritten Welt auf Ausbeutung von Menschen und Umwelt beruhen. Deshalb unterfütterten die USA ihre Führungsrolle unter Clinton auch mit sozialpolitischen Menschenrechtsforderungen.

Clintons Weltwirtschaftspolitik reflektierte und beschleunigte den Paradigmenwechsel von Militarisierung und Ideologisierung zum Primat der Wirtschaft in der Weltpolitik nach 1989/90. Sie symbolisierte eine außenpolitische Schwerpunktverschiebung durch neue Ansätze, mit denen die USA zum Motor der neuen Entwicklung wurden: »Clintons Haupterkenntnis hinsichtlich der Art und Weise, wie sich die Welt verändert hat, ist die, daß das geopolitische und geostrategische System des kalten Krieges einer Ära der Geo-Ökonomie und des Geo-Finanzwesens Platz gemacht hat. Die Abrüstungsgipfel zwischen den Supermächten, aus denen die Hochdiplomatie des kalten Krieges bestanden hatte, waren bereits durch internationale Handelspakte und Wirtschaftsgipfel ersetzt worden. An die Stelle von Raketen, die jeden Punkt auf der Erde erreichen konnten, waren Exporte getreten, die sowohl harte wie sanfte Macht verkörperten, vom Jumbo Jet bis zur Computer-Software, von CNN bis zu Finanzderivaten.«[101] Das bedeutete auch, daß den machtpolitischen Rivalen unter den neuen Bedingungen besondere Aufmerksamkeit zukam.

Eindämmung oder Kooperation der Rivalen?

Die Politik gegenüber Rußland

Hatte noch die Regierung Bush ursprünglich auf eine geregelte Zusammenarbeit mit der Sowjetunion gesetzt, so mußte Clinton als erster amerikanischer Präsident mit Rußland und den GUS-Staaten eine differenziertere Mittel- und Osteuropapolitik entwickeln, die auf Zusammenarbeit mit Rußland abgestellt wurde. Clinton hatte Bush kritisiert, weil er zu lange auf Gorbatschow gesetzt hätte, anstatt frühzeitig den ersten demokratisch gewählten Präsidenten Boris Jelzin tatkräftig zu unterstützen. Deshalb war nach Clintons Auffassung die Erneuerung Rußlands unter Jelzin für die USA vordringlich, weil Reformen auch die Chance boten, Sicherheit durch gemeinsame Abrüstung zu erzielen. Reformen bieten neue außenpolitische Kooperationsmöglichkeiten bei der Lösung globaler Probleme. Clinton verwies in diesem Zusammenhang auf bereits praktizierte Gemeinsamkeiten bei der Bekämpfung der irakischen Aggression in Kuwait, bei den Friedensverhandlungen in Nahost und in El Salvador.

Clinton umschrieb die russischen Reformen als Schlüssel für Investitionen in Amerikas eigene Zukunft, weil der amerikanische Steuerzahler, von den Billionen Dollar Belastungen für die Führung des kalten Krieges befreit, jetzt diese Summe für bessere Zwecke ausgeben kann: »Heute muß nicht die Furcht, sondern eine Vision unseren Investitionen und unserem Engagement in dieser neuen Welt zugrunde liegen. Nirgends ist dieses Engagement wichtiger als in unserer Politik gegenüber Rußland und den neuen unabhängigen Staaten der ehemaligen Sowjetunion. Ihr Kampf zum Aufbau freier Gesellschaften ist eines der großen menschlichen Dramen unseres Zeitalters. Er stellt die größte sicherheitspolitische Herausforderung unserer Generation dar.«[102]

Clinton sah ein reformiertes Rußland als Chance für zukünftigen Handel mit 150 Millionen Russen. Deshalb plädierte er am Vorabend seines ersten Gipfeltreffens mit Jelzin für ein strategisches Bündnis mit den russischen Reformern und für Investitionen, Privatisierung der Staatsbetriebe, Entnuklearisierung, Festigung von Demokratie, Marktwirtschaft und bürgerlichen Freiheiten.

Dabei fehlten allerdings die historischen und machtpolitischen Einflußmöglichkeiten der USA wie gegenüber Japan und Deutschland nach dem Zweiten Weltkrieg. Trotzdem setzte Clinton auf Kooperation. Washington ermutigte amerikanische Investoren, um Rußlands Integration in die Weltwirtschaft zu erleichtern. Alle Demokraten in Washington glaubten an die Reformfähigkeit Rußlands, vor allem Bill Clinton. So setzte er sich bei den G7/8-Staaten und beim IWF für Wirtschaftshilfe ein, um Rußlands politische und wirtschaftliche Transformation zu fördern. Doch der IWF reagierte zunächst zögerlich und bewilligte im Juli 1993 lediglich eine erste Zahlung über 1,5 Milliarden Dollar.[103] Ein demokratisches und prosperierendes Rußland war und ist für die USA ein Ziel, auch um sich gegen Gefahren aus dem weiteren eurasischen Raum, z.B. gegen islamischen Fundamentalismus, zu wappnen. Vor allem sollte ein autokratisches, nationalistisches, imperialistisches oder slawophiles Wiedererwachen von Machtambitionen verhindert werden.[104]

Clintons Rußlandpolitik war also ambitiöser als die seines Vorgängers. Betrachtete Bush noch Demokratie und Marktwirtschaft als innere Angelegenheiten der UdSSR/Rußlands und war gegenüber ökonomischer Unterstützung von Anfang an skeptisch, so machte Bill Clinton ganz in der Tradition von Woodrow Wilson, F. D. Roosevelt und Jimmy Carter die Transformation Rußlands zur Demokratie und Marktwirtschaft zum Ziel seiner Außenpolitik. Er wollte also nicht nur die außenpolitische Zusammenarbeit verbessern, sondern direkt die innere Entwicklung beeinflussen, um Rußland zum Juniorpartner der Weltpolitik zu machen. In der Rußland-Politik wurde der zweite außenpolitische Paradigmenwechsel deutlich: Nach der Ökonomisierung wurde auch die Strategie der militärischen Eindämmung durch die der Erweiterung der Zone demokratischer Staaten vorangetrieben. Rußland sollte zum strategischen Brückenkopf, zum Dreh- und Angelpunkt, »zur größten strategischen Herausforderung unserer Zeit« werden. (So Außenminister Warren Christopher am 22. März 1993 in Stanford.)

Folglich weitete Clinton die bilaterale Wirtschaftshilfe aus und drängte den IWF und die Weltbank, Moskau vorteilhafte Kredite zu gewähren. Als Jelzin im September 1993 frustriert die Duma auflöste und Neuwahlen ansetzte und die anschließende innepolitische Krise von ihm gemeistert werden konnte, schien sich Clintons Politik zu bestätigen. Aber sosehr die Amerikaner ein reformiertes demokratisches Rußland begrüßten, so zögerlich blieben sie bei der tatsächlichen Unterstützung Rußlands. 1993 befürworteten nur vierzig Prozent der Amerikaner Hilfe für Rußland.[105] Als bei den Wahlen zur Duma im Dezember 1993 Boris Jelzins Partei nur 14,5 Prozent der Stimmen erhielt und mit Koalitionspartnern nur eine hauchdünne Mehrheit erreichte, aber der ultrarechte Nationalist Schirinowski ein Viertel aller Stimmen und die Kommunisten weitere vierzehn Prozent erhielten, stieg die Skepsis auch in den USA gegenüber Clintons optimistischer Rußlandpolitik. So hatten sich die Amerikaner Rußlands Transformation zur Demokratie nicht vorgestellt. Folglich gerieten die Beziehungen zu Rußland unter Druck, zumal seit dem republikanischen Erdrutsch bei den Kongreßwahlen im November 1994 sich die innenpolitischen Voraussetzungen in den USA verändert hatten. Clinton mußte auf die politische Rechte mehr Rücksicht nehmen. Zwar rückte er nicht von Jelzin ab, aber er schien skeptischer. Schließlich gab er dem Drängen des Kongresses nach mehr Ausgaben zur militärischen Sicherheit und einer beschleunigten NATO-Osterweiterung nach. Die Beziehungen zu Moskau kühlten ab, Jelzin sprach an der Jahreswende 1994/95 sogar von einem »Kalten Frieden« zwischen den USA und Rußland und lehnte die Neuauflage einer »Partnerschaft für den Frieden« ab. Durch die Entscheidung vom 12. Dezember 1994 zur blutigen Eroberung von Tschetschenien froren die Beziehungen weiter ein. Der Krieg hat Rußlands Ansehen erschüttert und die Kritik in den USA an Clintons Rußlandpolitik verschärft, weil der Präsident keine direkten Maßnahmen oder gar Sanktionen ergriff. Clinton modifizierte allerdings seine großzügige Haltung gegenüber Boris Jelzin. Er widersetzte sich dessen Wunsch nach voller Mitgliedschaft im G-7-Club und trieb schließlich die Erweiterung der NATO ohne Rücksicht auf russische Einwände gemeinsam mit den europäischen Verbündeten massiv voran. Auch deshalb demonstrierte Jelzin auf dem amerikanisch-russischen Gipfel in Helsinki Ende März 1997 Stärke und Unnachgiebigkeit.

Da in Rußland weder Demokratie noch Marktwirtschaft noch kooperative Außenpolitik sich durchsetzten, geriet Clintons Rußland-Hilfe in die Kontroverse, zumal die Mittel hauptsächlich dazu dienten, die russische Kleptokratie innerhalb und außerhalb des Kremls sowie die Mafia-Strukturen in Rußland zu stabilisieren. Als schließlich im Sommer 1998 Jelzin entgegen der Verabredung mit dem IWF in der russischen Finanzkrise dirigistische Maßnahmen ergriff, die Reformer entmachtete und Kredite für eine sinnlose Abstützung des Rubels verschleuderte, wurde die Rußland-Hilfe weitgehend eingestellt. Als dann im Sommer 1999 die russische Zentralbank durch dubiose Praktiken Währungsreserven manipulierte und offensichtlich die russische Mafia die Bank of New York zur Geldwäsche in Milliardenhöhe mißbrauchte, erklärte der einflußreiche Abgeordnete im Repräsentantenhaus, Dick Armey, die Rußlandpolitik Bill Clintons sei der größte Fehlschlag in der amerikanischen Außenpolitik seit Vietnam.[106]

Beim Ausbruch des zweiten Tschetschenien-Krieges im Herbst 1999 war Clintons ambitionierte Rußlandpolitik gescheitert. Bedauerlich war, daß Clinton Rußland zugestand, »gewalttätigen tschetschenischen Rebellen Einhalt zu gebieten«. Anstatt Kritik an der Tschetschenien-Politik, der Einschränkung der Pressefreiheit und Putins undemokratischer Regierungsführung zu üben, verhielt sich Clinton zurückhaltend. So bestand sein Hauptfehler vermutlich darin, daß er Hilfe, Anreize und Entgegenkommen zu wenig realpolitisch konditionierte und zu wenig Druck auf die russische Führung auszuüben suchte.

Rußlands Stationierung von zusätzlichen Truppen im Nordkaukasus verstieß gegen den Vertrag über konventionelle Streitkräfte in Europa. Die Duma weigerte sich, den noch von Bush ausgehandelten START-II-Vertrag zu ratifizieren. Die Hauptursache lag in der Verschlechterung der innenpolitischen Bedingungen in Rußland: Korruption, organisiertem Verbrechen in Staat, Wirtschaft und Gesellschaft. Eine mitschuldige Kremlführung führte zu der schmerzlichen Einsicht, daß dem amerikanischen Einfluß in Rußland engere Grenzen gesetzt wurden, als Clinton es sich anfangs vorgestellt hatte. Konsequenterweise orientierte sich die Regierung Clinton neu und konzentrierte sich auf die ehemaligen sowjetischen Republiken Ukraine und des Kaukasus. Im Juli 1997 wurden die NATO-Ukraine-Carta und Aktivitäten im Rahmen des PfP-Programms beschlossen.[107]

Die außenpolitische Interessenperspektive für die fünf zentralasiatischen Republiken Kasachstan, Tadschikistan, Turkmenistan, Usbekistan und Kirgisien hatte geopolitische Bedeutung, auch wenn dies in Washington rhetorisch negiert wurde. Realpolitisch war ein Wiederaufleben der Eindämmungsdoktrin, wenn nicht sogar Züge von *roll back* im Sinne von John Forster Dulles, unübersehbar. Doch Rußland war jetzt zu schwach, um die Region von amerikanischem Einfluß abzuschirmen, und zu arm, um das Gebiet allein politisch weiter zu beherrschen. Deshalb bauen die USA ein neues Netz von Beziehungen auf, mit dem die jungen Staaten aus Rußlands Einfluß herausgelöst und in den Einflußbereich der USA gezogen werden sollen. Im Zuge dieser Entwicklung wertete Clinton die Türkei als Partner auf, um die Nervenstränge des Industriezeitalters, die Ölpipelines, zu verstärken und Iran sowie Rußland zu isolieren. Dies geschah durch die Unterzeichnung des Vertrages über den Bau einer Pipeline von Baku zum türkischen Mittelmeerhafen Zeyhan am 18. November 1999 in

Istanbul im Beisein von Präsident Clinton auf dem OSZE-Gipfel. Bei der geplanten transkaspischen Pipeline sorgte die Regierung Clinton beim Besuch des turkmenischen Präsidenten Nijasov im April 1998 in Washington dafür, daß trotz mangelnder Demokratisierung und Verankerung der Menschenrechte Turkmenistan amerikanische Interessen berücksichtigt. Zwar sind die USA in der Region militärisch nicht direkt präsent, aber die NATO dient als verlängerter Arm amerikanischer Interessen.

Die Einbindung der kaspischen Region im Namen der PfP der NATO verweist auf entsprechende Überlegungen, wie auch der Besuch des Präsidenten von Aserbaidschan im Juli 1997 in Washington, um ein Gegengewicht zu Armenien zu bilden, das von Rußland unterstützt wird.[108] Die USA verfolgen strategische und rohstoffpolitische Ziele und drängen russischen, aber auch iranischen Einfluß zurück. Dazu dient vor allem der Ausbau der strategischen Partnerschaft mit der Türkei. Folglich beobachten die Russen mißtrauisch die amerikanischen Pläne – auch die für ein Raketenabwehrsystem. Doch Clintons größter Fehler war, die Einführung von Marktwirtschaft und Demokratie in Rußland öffentlich zum obersten Erfolgskriterium zu erheben.

Moskau bildet nicht mehr den Magnetpol, nach dem sich Amerikas Kurs ausrichtet, sondern ist Hauptstadt eines Riesenreiches, das dem Niedergang entgegentaumelt.

Noch ist unklar, ob auf Dauer eine liberale und kooperative Außenpolitik oder eine nationalistisch-autarke, auf Distanz zum Westen und den Vereinigten Staaten ausgerichtete Außenpolitik obsiegen wird. Auch auf dem Treffen zwischen Präsident Clinton und Präsident Putin im Juni 2000 in Moskau blieb diese Frage offen, obwohl Clinton den russischen Präsidenten zur Kooperation ermunterte. So hängt die zukünftige amerikanische Rußlandpolitik vor allem von der Entwicklung in Rußland und der russischen Außenpolitik ab.

Doch auch die amerikanische Rußlandpolitik Clintons blieb durch Widersprüche gekennzeichnet. Die NATO-Osterweiterung widersprach Rußlands Sicherheitsbedürfnis und verschärfte Konflikte, die sie vermeiden sollte. Sie war dem Demokratisierungsprozeß in Rußland abträglich und erweckte Einkreisungsängste in der russischen Außenpolitik. Andererseits bemühte sich Clinton um wirtschaftspolitische Hilfe für Rußland.

Als der republikanische Speaker (Präsident) des Repräsentantenhauses, Newt Gingrich, Clinton aufforderte, amerikanische Hilfe für Moskau von einer Annullierung des russisch-iranischen Nukleargeschäfts abhängig zu machen, lenkte Moskau allerdings ein und verzichtete im Frühjahr 1995 darauf, Technologie zur Urananreicherung an Iran zu verkaufen. In der von Premierminister

Tschernomyrdin und Vizepräsident Gore geleiteten Kommission versprach Rußland, lediglich Leichtwasserreaktoren an den Iran zu liefern.[109]

Auf dem Balkan waren die amerikanisch-russischen Kooperationsansätze nur von kurzer Dauer. Die Gegensätze vertieften sich, als die USA die bosnischen Muslims unterstützten und die Serben als Aggressoren verurteilten, während Jelzin die traditionelle Freundschaft mit Belgrad und den Serben festigte und für serbische Interessen eintrat, vor allem gegen die Serben gerichtete Aktionen der UNO und der westlichen Welt zu vereiteln suchte. Jelzin war gegen eine Intervention der NATO auf dem Balkan, während die Regierung Clinton zur entscheidenden Triebkraft der NATO-Intervention wurde. Doch letztlich beugte sich Rußland auch der westlichen Überlegenheit auf dem Balkan.

Grundsätzlich verstand die Regierung Clinton Rußland nicht mehr als Gegner, aber Rußland wurde unter Jelzin und Putin auch kein vertrauenerweckender Partner. Ist Rußlands Politik gegenüber seinen Nachbarn darauf gerichtet, diesen die neu gewonnene Autonomie wieder zu nehmen? Offensichtlich will Rußland die GUS-Staaten durch eine entsprechende Charta und mit Hilfe eines kollektiven Sicherheitsvertrages stärker kontrollieren. Die russische Außenpolitik wird auf die teilweise Wiederherstellung des versunkenen Imperiums ausgerichtet bleiben. Auch wird der militärische Weltmachtanspruch weiter aufrechterhalten. Noch immer unterhält Moskau eine riesige Militärmaschinerie, die Unsummen verschlingt, um außenpolitisches Prestige und Weltmachtanspruch zu suggerieren. Wie Schatten einer machtvollen Vergangenheit ragen die Langstreckenraketen aus den Silos oder kreuzen gigantische Atom-U-Boote unter der Wasseroberfläche der Ozeane. Der Untergang des Atom-U-Bootes »Kursk« verweist auf die schweren Mängel der Flotte, die immer noch Milliarden Rubel verschlingt. Schlechte Wartung und sinkender Ausbildungsstand machen die Nukleararsenale Rußlands zur ökologischen Gefahr. Deshalb war die Außerdienststellung und Verschrottung der Nuklearwaffensysteme Rußlands Ziel von Clintons Rußlandpolitik.

Rußland ist längst kein gleichrangiger Machtfaktor, auch kein Feind mehr, aber noch kein Partner. Die unmittelbare Hauptgefahr, die heute von Rußland ausgeht, ist technischer Art: Rußlands Schwäche, Armut und der Zerfall der Streitkräfte. So hat die wachsende machtpolitische Diskrepanz zwischen beiden Staaten die Beziehungen erschwert. Während die USA zur letzten politischen Weltmacht aufgestiegen sind, bewegt sich Rußland am Rande des Zusammenbruchs. Deshalb war Clintons Politik der Rücksichtnahme von der Überlegung geleitet, den angeschlagenen russischen Bären nicht zu reizen.

Als Außenministerin Albright in Moskau im Februar 2000 den Tschetschenien-Krieg offen kritisierte und für eine politische Lösung plädierte, stieß sie auf taube Ohren. Auch fand ihr Vorschlag zur Modifizierung des ABM-Vertrages, um ein amerikanisches Raketenabwehrsystem legal aufzubauen, bei Putin kein Verständnis. Vielmehr kündigte Putin an, daß Rußland sich aus dem START-I und II-Abkommen zurückziehen werde, falls die USA den ABM-Vertrag nicht einhalten werden. Entgegenkommen zeigte Putin immerhin, indem er die Duma dazu bewegen konnte, im April 2000 das START-II-Abkommen und den Vertrag über einen vollständigen Atomteststop (CTBT) zu ratifizieren.

Als Präsident Clinton im Juni 2000 Europa besuchte, kam es in Moskau zu Meinungsverschiedenheiten über Tschetschenien und die amerikanischen Raketenabwehrpläne. Clinton widersprach aber Putins Befürchtung, der Westen wolle Rußland ausgrenzen. Keine westliche Organisation verschließe Rußland ihre Türen, antwortet Clinton, es liege jedoch an Rußland selber, sich durch demokratischen und wirtschaftlichen Fortschritt in Europa zu integrieren.

Auffällig war die nüchterne Distanz zwischen Clinton und Putin. Litten die Beziehungen in den letzten Jahren durch Jelzins gesundheitliche Schwäche, so konnte Clinton im letzten Jahr wenigstens mit einem vollpräsenten Präsidenten Putin rechnen, der allerdings erkennen muß, daß die Globalisierung Rußland zur Entscheidung zwingen wird: entweder zur Modernisierung und Kooperation oder zu Auflehnung und Isolation, also Rückfall in autarken Isolationismus. Rußland hat sich und die Welt im 20. Jahrhundert grausam überfordert. Wohlstand, Humanität und zivile Lebensformen wurden der kommunistischen Ideologie und der Diktatur geopfert. Rußlands kooperativer Wiedereintritt in die Völkergemeinschaft ist deshalb notwendig, aber ohne Kooperation mit den USA schwer denkbar. Seit dem Zusammenbruch Rußlands hat sich Clinton darum bemüht, an diesem Ziel mitzuarbeiten, die USA haben allerdings auch durch eigene diplomatische Schritte und Entscheidungen diese Entwicklung gefährdet.

Die Politik gegenüber der Volksrepublik China

Schon Nixon wollte das Riesenreich China politisch und ökonomisch in die internationale Staatengemeinschaft integrieren und so ein gemeinsames Gegengewicht zur Sowjetunion bilden. Außerdem bemühten sich die USA gegenüber der Volksrepublik China um friedliche Lösungen verschiedener Probleme, wie zum Beispiel die Regelung des Status von Hongkong, Macao und Taiwan. Viele Streitfragen, wie im Shanghai-Kommuniqué angesprochen, blieben ungelöst, doch Washington und Peking vermieden in den vergangenen 25 Jahren eine ideologische Konfrontation. Dispute über Menschenrechtsfragen erinnern an den fundamentalen Wertegegensatz, jedoch bemühten sich beide Seiten um eine sachliche Interessenverknüpfung.[110]

Diese Politik war bisher von mäßigem Erfolg gekennzeichnet. Durch die Weltbank-Mitgliedschaft der VR China sollen die starren kommunistischen Planungsprinzipien aufgelöst und durch Reformen und Markwirtschaft abgelöst werden. Chinas ständige Mitgliedschaft im Weltsicherheitsrat der UNO führte zur Unterstützung von UNO-Missionen, wie zum Beispiel im Golfkrieg gegen den Irak, und zur direkten Beteiligung an friedensbewahrenden Missionen, zum Beispiel in Kambodscha. Aber primär baut die VR China ihre Macht zur Unterstützung ihrer Interessen in Asien aus.

Deshalb blieb – wenn auch unausgesprochen – die Dimension der Eindämmung kommunistischer Macht hinsichtlich Chinas gültig, da die Volksrepublik als letzte kommunistische Weltmacht dem Rest des versunkenen kommunistischen Imperiums – Nordkorea, Vietnam und Kuba – voranzustehen scheint.[111] Zusätzlich haben sich im Machtdreieck China—Rußland—USA die Gewichte verschoben, seit der Rivale im Norden an Gewicht und Kraft verloren hat. Rußland ist schwach und deshalb von guten Beziehungen zur Volksrepublik China abhängig. Folglich »rückt China in der asiatisch-pazifischen Region zunehmend in die Position einer aufsteigenden Vormacht und damit zugleich in die Rolle eines Gegenspielers der alten Hegemonialmacht USA«.[112] Implizite Eindämmung und explizites Bekenntnis zu einem konstruktiven Engagement bilden die beiden Pole, zwischen denen die Chinapolitik der Regierung Clinton oszillierte: Menschenrechtsverletzungen, Unterdrückung der Bevölkerung, der Primat der kommunistischen Ideologie, Rechtsunsicherheit, militärische Hochrüstung, Weiterverbreitung von Nukleartechnologie, Aggressivität in der Taiwanfrage, ein aggressives nationales Interesse in der Wirtschaftspolitik und wenig Verständnis für die globalen Umweltprobleme machen die VR China zu einem Herausforderer in der Weltpolitik an der Schwelle zum 21. Jahrhundert.[113]

Clinton versuchte anfänglich, die Handelsfragen mit der Frage der Menschenrechte in der Volksrepublik zu verknüpfen. Diese »Linkage«-Politik war schon in der Vergangenheit wenig erfolgreich gewesen. Doch zunächst setzte Clinton den wirtschaftlichen Hebel zur Verbesserung der Menschenrechte in China an – ohne Erfolg. Schon am 26. Mai 1994 nahm er deshalb öffentlich Abschied von dieser Verknüpfung und entschied, Menschrechtsfragen von Wirtschaftsfragen strikt zu trennen. Folglich wurde die Meistbegünstigungsklausel für China nicht mehr mit der Menschenrechtsfrage verknüpft.[114]

Die Volksrepublik China reagierte, indem sie die Rechtslage durch drei neue Gesetze verbesserte und zusagte, daß die chinesischen Bürger gegen staatliche

Stellen klagen dürften, sofern sie sich falsch behandelt oder benachteiligt fühlten. Allerdings ist die geringe Bedeutung formaler Rechtsvorschriften in Diktaturen hinlänglich bekannt. So haben international anerkannte Menschenrechtsgruppen seitdem kaum mehr Menschenrechte in der VR China erkennen können. Vielmehr muß man davon ausgehen, daß das Ausmaß der organisierten Unterdrückung schlimmer ist, als international angenommen. Es ist nicht auszuschließen, daß es in der Weite Chinas Konzentrationslagern ähnliche Einrichtungen gibt, in denen Hunderttausende, vielleicht sogar Millionen gefangengehalten werden. Ein Großteil der Billigwaren aus der Volksrepublik wird vermutlich hinter diesen Mauern produziert. Über diese Fragen geht die westliche Politik ebenso hinweg wie über die Grausamkeiten gegenüber chinesischen Kindern und jungen Frauen, die sich hinter der harmlosen Rubrik »Familienplanung« verbergen. Auch nach Dengs Tod im Februar 1997 änderte sich nichts an der Tatsache, daß die wirtschaftliche Liberalisierung mit einer Festigung des Terrorregimes einhergeht.

Eine objektive Bewertung der Chinapolitik Clintons fällt nicht leicht, aber hat er das chinesische Regime nicht ohne Not von dem öffentlichen und politischen Druck der freien und demokratischen Welt, mehr Menschenrechte zuzulassen, befreit? Clinton verbesserte die Wirtschaftsbeziehungen und stellte dafür die politischen Forderungen wie die nach Verwirklichung der Menschenrechte zurück. Er vernachlässigte zugunsten von Wirtschaftsinteressen Wertvorstellungen und Traditionen amerikanischer Politik und löste sie von Menschenrechtsfragen ab.

Illegale Raubpressungen amerikanischer CDs, Fabrikation und Imitation von amerikanischen Markenwaren, Erschwernisse bei der Einführung amerikanischer Produkte auf dem chinesischen Markt und insgesamt eine neue Dimension der Piraterie von sogenannten geistig-intellektuellen Eigentumsrechten, die sich auf Patentrechte und obengenannte Verfehlungen beziehen, belasteten die Beziehungen mehr als Grundsatzfragen. Aber Clinton hatte damit Erfolg. Im Mai 1996 schränkte die Volksrepublik China den kalten Handelskrieg und die chinesische Wirtschaftspiraterie teilweise ein.[115] Belastet blieben die Beziehungen vor allem durch die Weiterverbreitung von Nuklearwaffen an Pakistan und durch Chinas Waffenexporte an Staaten des Mittleren Ostens, die den USA weniger freundlich gesonnen sind, wie an den Iran.

Als die Regierung Clinton am 22. Mai 1995 entschied, daß der Präsident der Republik Taiwan, Lee Ten-Hui, zu einem privaten Besuch der Cornell University, wo er 1968 den Doktortitel der Wirtschaftswissenschaften erwarb, einreisen dürfe, reagierte das Regime in Peking heftig: Es berief seinen Botschafter aus Washington sofort ab, kündigte sämtliche politischen Besuche und diplomatischen Kontakte auf, legte aktuelle Verhandlungen auf Eis und eröffnete ein propagandistisches Trommelfeuer gegen die amerikanische Entscheidung. Lees Einreise widerspreche den Abmachungen von 1979, als zwischen den USA und der Volksrepublik China die Beziehungen aufgenommen wurden, hieß es in Peking, denn bisher war taiwanesischen Regierungsmitgliedern die Einreise in die USA verweigert worden, seitdem Washington im Zuge der offiziellen Anerkennung Pekings seine diplomatischen Beziehungen zu Taiwan 1979 abgebrochen hatte. Peking betrachtet die Insel als Teil Chinas und verurteilt jede Art offizieller Beziehungen mit dem taiwanesischen Regime als unfreundlichen Akt. Die Regierung Clinton schien 1994 Peking versichert zu haben, Taiwanesen dürften lediglich für Transitstops amerikanischen Boden betreten. Doch auch dagegen protestierte Peking, zum Beispiel als der taiwanesische Regierungschef 1994 auf Hawaii kurz zwischenlandete.[116]

Als Sicherheitsberater Anthony Lake beschwichtigend erklärte, daß Lee während seines Aufenthaltes mit keinem amerikanischen Regierungsvertreter zusammentreffen werde, empfanden die Amerikaner dies als Kotau gegenüber Peking. Deshalb entschloß sich Clinton, dem taiwanesischen Staatschef einen privaten Besuch in den USA zu gestatten, denn einen Machtkampf mit dem Kongreß wollte er nicht riskieren. Die Abgeordneten hätten den Präsidenten durch eine Entschließung zur Bewilligung der Einreise zwingen können. Die Situation wurde paradox: Der demokratisch gewählte Präsident Lee darf nicht einreisen, aber die kommunistischen Diktatoren aus Peking werden mit allen Ehren in Washington begrüßt.

In den Beziehungen zu China herrscht allein das Gesetz der Macht und der Eigeninteressen. Der steile wirtschaftliche Aufstieg und die demokratische Entwicklung Taiwans hätten eigentlich Respekt, Sympathie und Anerkennung in Washington hervorrufen müssen, zumal sich der totalitäre Charakter der Volksrepublik gleichzeitig dramatisch verfestigt hat. Die Entwicklung Taiwans ist den Machthaber in Peking ein Dorn im Auge. Deshalb verschärften sie im März 1996 ihre Politik und störten die ersten demokratischen Wahlen auf Taiwan. Durch die in Richtung Taiwan abgeschossenen Raketen ließen sie die Krise zeitweilig eskalieren, so daß schon mit Krieg spekuliert wurde. Doch die Regierung Clinton reagierte entschlossen mit der Entsendung von zwei Flugzeugträgern. Diese Demonstration amerikanischer Macht verlieh Taiwan ein gewisses Gefühl der Sicherheit. Pekings Einschüchterungspolitik stieß weltweit auf Kritik, weckte Ängste im Westen sowie eine Mischung aus Angst und Respekt in Asien, blieb aber letztlich wirkungslos.[117]

Nach vorübergehender Abkühlung der Beziehungen kam es zu einem Gipfelgespräch zwischen Clinton und dem chinesischen Staats- und Parteichef Yang Zemin auf der Jahrestagung des asiatisch-pazifischen Wirtschaftsforums in Manila im November 1996. Die Beziehungen zur Volksrepublik China wurden aus wirtschaftlichen Gründen verbessert. Schon auf der Tagung der Aseanstaaten im August 1995 hatte Außenminister Christopher den kooperativen Charakter der amerikanischen Chinapolitik bekräftigt, so daß schließlich Hillary Clinton im September 1995 zur vierten Weltfrauenkonferenz nach Peking reiste und der Botschafter in der Volksrepublik China in Washington wieder seinen Platz einnehmen konnte. Im Oktober 1995 wurden in der gemeinsamen Wirtschaftskommission beider Länder weitere Fortschritte erzielt. Beide Seiten waren grundsätzlich um Ausgleich bemüht. Peking vermittelte bei den amerikanischen Verhandlungen mit Nordkorea und verpflichtete sich, keine Raketen mehr mit Reichweite von über 300 Kilometer an Pjöngjang zu liefern.

Präsident Clintons Politik gegenüber der VR China war ambitiös. Er suchte die strategische Partnerschaft, die im Oktober 1997 anläßlich des Besuches des chinesischen Staats- und Parteichefs Jiang Zemin in Washington offiziell bekräftigt wurde. Clinton setzte auf gute Zusammenarbeit, weil China schriftlich zugesichert hatte, die nukleare Zusammenarbeit mit dem Iran einzustellen und angekündigt hatte, dem Information Technology Agreement zur Öffnung der Märkte für Telekommunikationsprodukte beizutreten. Darüber hinaus wurde im Oktober 1997 ein Vertrag über den Verkauf von 40 Boeing-Flugzeugen im Wert von 3 Milliarden Dollar vereinbart – für Boeing ein wichtiger Sieg über die europäische Konkurrenz.

Risse zeigten sich, als Clinton unverblümt erklärte, daß in Menschenrechtsfragen China auf der falschen Seite der Geschichte stünde. Trotzdem: Zwar blieben die USA unter Clinton wegen der Menschenrechtsverletzungen in China besorgt, aber er hatte diese Frage von Wirtschaftsthemen abgekoppelt. Wirtschaftlicher Druck auf Peking stand für Clinton außer Frage. So wurde sein neuntägiger China-Besuch im Juni 1998 zum spektakulären Höhepunkt, mit dem die strategische Partnerschaft bekräftigt werden sollte. Im Einklang mit dem pompösen Programm stand der Aufwand auf amerikanischer Seite. Clinton reiste mit einem 1200köpfigen Gefolge an, das an die einstigen feudalen Gebräuche im Gastgeberland erinnerte. Dazu gehörte auch ein amerikanischer Regierungsangestellter, dessen einzige Aufgabe darin bestand, ein aus Washington mitgebrachtes Holzstühlchen bei Auftritten der nicht sehr hoch gewachsenen Außenministerin Albright diskret so zu plazieren, daß sie hinter dem Rednerpult größer wirkte. Die Luftflotte, die die »Airforce One« begleitete, bestand aus vierzig Flugzeugen inklusive Begleitschutz, dazu mehrere Transportmaschinen, insgesamt zehn gepanzerte Limousinen, 60 Tonnen Ausrüstungsmaterial sowie rein amerikanische Nahrungsmittel.

Zwar gab sich die Regierung Clinton bei diesem Besuch imperial, doch politisch kam sie Peking sehr weit entgegen, wie in der Taiwan-Frage. Fast könnte man von einem Kotau sprechen, denn in Shanghai erklärte Clinton zum ersten Mal öffentlich, daß die USA weder Taiwans Unabhängigkeitsbestrebungen fördern noch dessen Beitritt zu den Vereinten Nationen befürworten, noch die Zwei-China-Politik unterstützen werde. Als erster Präsident übernahm Clinton ohne Not die drei Neins von Peking: Nein zu der Unabhängigkeit Taiwans, Nein zur Mitgliedschaft Taiwans in internationalen Organisationen und Nein zur Abkehr von der Ein-China-Politik. Mit dieser Umarmung suchte Clinton die neubegründete strategische Partnerschaft auf Kosten von Taiwans Interessen. Kein Wunder, daß Taiwans Präsident Lee ein Jahr später, am 9. Juli 1999, die Abkehr von der Ein-China-Politik öffentlich verkündete und die Beziehungen zu Peking gleichberechtigt zwischenstaatlich definierte, um Distanz und Handlungsspielraum gegenüber Peking und Washington zu gewinnen. Oder ist zu vermuten, daß Clinton wegen der Lewinsky-Affäre außenpolitischen Erfolg suchte und Peking ihm dies nur zugestand, falls er die drei Neins öffentlich verkündete? Bald wurde die Brüchigkeit dieser strategischen Partnerschaft deutlich. Als im Zuge der Luftkriege der NATO gegen Jugoslawien in der Nacht 7./8. Mai 1999 versehentlich die chinesische Botschaft in Belgrad zerstört wurde, kannte die Empörung Chinas keine Grenzen. Antiamerikanische Demonstrationen in Peking und anderen Städten wurden in großem Propagandastil organisiert. Die gelenkte chinesische Presse kritisierte die Luftangriffe der NATO als Verstoß gegen die UNO-Charta, gegen Internationales Recht und als ungerechtfertigte Einmischung in die inneren Angelegenheiten Jugoslawiens. Peking lehnt grundsätzlich die Einmischung in innere Angelegenheiten ab, auch im eigenen Interesse. Schon die Angriffe der USA und Großbritanniens gegen den Irak im Dezember 1998 wurden mit ähnlichen Argumenten kritisiert. Da die Volksrepublik China einen ständigen Sitz im UNO-Sicherheitsrat innehat, sah sie sich durch diese Aktionen, die an diesem Gremium vorbei beschlossen wurden, ihrer legitimen Rolle und ihres Mitspracherechts auf internationaler Ebene beraubt. Logischerweise wurde die ablehnende Haltung gegen eine NATO-Osterweiterung von Peking unterstützt. So verwundert es nicht, daß Peking und Moskau in der Folge eine Partnerschaft mit antiamerikanischer Spitze eingingen. Vorläufiger Höhepunkt dieser Entwicklung war der Besuch Jelzins 1999 in Peking. Moskau und Peking definierten zum ersten Mal eine breite Palette gemeinsamer Interessen: gemeinsam warnten sie die USA, die 1972 verabschiedete ABM-Raketenabwehrverträge nicht aufzuweichen, forderten die Aufhebung der Sanktionen gegenüber dem Irak, wandten sich gegen die Vormachtstellung und Supermachtrolle der USA in der Weltpolitik und kritisierten Clintons Politik der humanitären Intervention. Dieser konnte nicht verhindern, daß Moskau und Peking eine neue strategische Partnerschaft begründeten, auf Distanz gegenüber Washington gingen und regional wie auch global eine gemeinsame antihegemoniale Politik mit Blick auf Washington initiierten. Umgekehrt löste sich die amerikanisch-chinesische strategische Partnerschaft in Luft auf, weil Peking glaubte, die USA betreibe alleine oder mit Hilfe der NATO Kanonenboot-Diplomatie. China fürchtete ein von den USA dominiertes globales Sicherheitssystem und fühlte sich eingekreist. Die Pläne für einen amerikanischen Raketenabwehrschirm in Nordostasien bekräftige Pekings Befürchtungen zusammen mit der Erweiterung der NATO und dem Luftkrieg gegen Rest-Jugoslawien. Diese Bedenken hielten jedoch die Chinesen nicht davon ab, die suspendierten Verhandlungen über einen Beitritt Chinas zur WTO wiederaufzunehmen und die antiamerikanische Kampagne so plötzlich einzustellen, wie sie begonnen hatte.

Im November 1999 einigten sich die USA und die VR China auf den Beitritt Pekings zur Welthandelsorganisation (WTO). Doch es bleibt zu befürchten, daß Peking zwar seine Exporte steigern wird, aber die Öffnung Chinas für ausländische Güter hintertreiben könnte.

In der Regierung Clinton rangen zwei Gruppen um die amerikanische China- und Asien-Politik. Die eine vertrat die Auffassung, das sicherheitspolitische Engagement der USA in Asien sollte drastisch verringert werden und China durch eine Politik der wirtschaftlichen Anreize in die Weltpolitik eingebunden werden. Die andere Gruppe plädierte für den Ausbau der amerikanischen Hegemonialrolle in Asien, für die Eindämmung Pekings, solange die aufstrebende Weltmacht noch eingehegt werden kann. Dieselbe Gruppe setzte auf eine Stärkung Taiwans und hoffte, daß das taiwanesische Demokratiemodell Schule machen werde. Die Schwankungen der Chinapolitik der Regierung Clinton hatten ihre Wurzel in diesen Widersprüchen, die objektiv nicht auflösbar waren. Vermutlich ist eine klare Alternative zwischen Eindämmung einerseits und konstruktivem Engagement andererseits voreilig. Beide Vorgehensweisen bleiben notwendig, solange die Volksrepublik China eine Außenpolitik unter zu geringer Rücksicht auf Menschenrechte, zivilisatorische Werte und internationale Umgangsformen betreibt. Die amerikanischen Sorgen über eine angebliche militärische Bedrohung durch die VR China sind vorerst unbegründet. Das zeigt ein

Vergleich mit Rußland, das strategische Raketenarsenale besitzt, während die Chinesen heute lediglich über 25 Langstreckenraketen verfügen. Diese sind im übrigen für offensive Operationen ungeeignet. China bleibt vorerst eine zweitrangige Militärmacht im Vergleich zu den USA. Auch kann China weder Japan noch Taiwan ernsthaft bedrohen: »Bevor die strategische Paranoia ausbricht, sollte sich der Westen klarmachen, daß die chinesische Bedrohung absolut nicht die gleiche ist, wie die sowjetische es war. China ist unwichtiger ... als der Irak in den neunziger Jahren, eine rein regionale Bedrohung, kein globaler ideologischer Rivale.«[118]

China bleibt eine potentielle Weltmacht, aber westliche Sorgen sollten darauf abzielen, daß die VR China im Innern transparenter, menschenrechtsfreundlicher wird und nach außen kooperativer, engagierter für die weltpolitischen Belange eintritt. China hat einen ständigen Sitz im Weltsicherheitsrat, doch anders als die anderen Mitglieder trägt es wenig zum Wohl der Weltgemeinschaft bei, weder durch Finanzierung internationaler Organisationen noch durch Kooperation bei friedenserhaltenden Maßnahmen. Kaum eine andere Macht steht so alleine und ohne Freunde da wie die VR China, weil es internationale Hilfeleistungen und Zusammenarbeit meidet. Wenn kulturelle chinesische Werte weltweit vermittelt werden, dann über Hongkong, Singapur und vor allem über Taiwan, aber nicht über Peking, wo nach wie vor im autoritären Griff der kommunistischen Alleinherrschaft regiert wird. Deshalb müssen die USA ein besseres Verhältnis über die strategischen Interessen und Differenzen zwischen beiden Ländern und eine entsprechende innenpolitische Unterstützung für diese Politik entwickeln. Weder Eindämmung noch strategische Partnerschaft umschreiben die ambivalenten Beziehungen realistisch. Vielmehr steht im Vordergrund Chinas risikoreiches wirtschaftspolitisches Reformvorhaben, wie auch Chinas riskante Wiedervereinigungspolitik. Nach Hongkong 1997 und Macao 1999 ist Pekings Blick auf Taiwan konzentriert. Da wirtschaftspolitisch, gesellschaftspolitisch und staatspolitisch nicht Peking, sondern Taipeh idealtypisch die Zukunft Chinas verkörpert, sind die USA vor allem verhandlungspolitisch gefordert, um den prekären und labilen Status zwischen Taiwan und der Volksrepublik nicht zu gefährden. Er ist und bleibt Voraussetzung für Stabilität und Fortschritt in Asien. Auch haben Washington und Peking gemeinsame Interessen in Asien, z.B. die Eindämmung des islamischen Fundamentalismus, eine Friedensregelung für Korea und die Lösung anderer Konflikte in Asien. So blieben die Beziehungen krisenanfällig, wenn auch Peking und Washington um taktische Kompromisse bemüht sind. Doch im Gegensatz zu den USA hat China in seiner Geschichte und Gegenwart kein globales Sendungsbewußtsein, keine weltweiten Zivilisationsansprüche oder globale Interessen formuliert, sondern versteht sich als regionale Großmacht, vielleicht als asiatische Führungsmacht, die allerdings die amerikanischen Ansprüche auf weltweite Dominanz kulturell und politisch zurückweist. Nach dem Zusammenbruch des Sowjetimperiums ist die gemeinsame Grundlage der informellen strategischen Allianz antisowjetischer Ausrichtung – wie von Nixon und Kissinger begründet – entfallen. Seitdem haben die direkten bilateralen Beziehungen zwischen den USA und China an Bedeutung gewonnen, aber beide sind sich noch unklar über die wechselseitige Interessenentwicklung.

Die Asienpolitik

Nicht nur China, die gesamte asiatische Region, ist für Clintons Außen- und Wirtschaftspolitik bedeutsam geworden. Wegen der Unberechenbarkeiten der Außenpolitik der Volksrepublik China blieben Clintons Prioritäten in Asien zunächst unklar. Bei seinem Besuch in Korea betonte Clinton am 10. Juli 1993 folgende Interessen der USA in Asien:

1. ein fortgesetztes militärisches Engagement der USA,
2. vermehrte Anstrengungen um die Nichtweiterverbreitung von Massenvernichtungswaffen,
3. neue regionale Verhandlungen, um die ganze Spannbreite der gemeinsamen Sicherheitsinteressen abzudecken,
4. Unterstützung für Demokratie und offene Gesellschaften in der pazifischen Region.

Die asiatisch-pazifische Region wurde aufgrund ihrer wirtschaftlichen Dynamik Anfang der neunziger Jahre immer wichtiger. Geographisch erstreckt sich diese Region über vier Hemisphären, 14000 Kilometer von Amerikas Westküste bis Burma und 15000 Kilometer von Alaska bis Neuseeland. Die Region umfaßt die reichsten und ältesten Kulturen sowie die letzten kommunistischen Regime der Welt – die Volksrepublik China, Nordkorea und Vietnam, aber auch bewährte Partner der USA wie Japan und – als größte Demokratie im asiatisch-pazifischen Raum – Australien. In dieser heterogenen Region wachsen Wirtschaft und Handel am stärksten, aber integrative Strukturen sind im Vergleich zu Westeuropa nur ansatzweise vorhanden.

Die achtzehn Mitgliedstaaten des APEC-Forums machen mehr als ein Drittel der Weltbevölkerung aus und produzieren Waren und Dienstleistungen im Wert von vierzehn Billionen Dollar, rund die Hälfte der Weltproduktion mit ansteigender Tendenz. Vor allem Asiens Tigerstaaten, wie man sie respektvoll nennt, Taiwan, Thailand, Südkorea, Singapur und die Philippinen, gehören zu den bevorzugten Adressaten der amerikanischen Wirtschaftspolitik.

Ostasien machte Anfang der neunziger Jahre ein Drittel des amerikanischen Exports aus und sicherte Arbeitsplätze für 2,5 Millionen Amerikaner, nirgendwo waren die Wachstumsraten des US-Exports größer. Auch strategisch ist diese Region für Amerikas Interessen unverzichtbar. Die USA haben in Asien drei Kriege geführt, den Zweiten Weltkrieg, den Koreakrieg und zuletzt den Vietnamkrieg. Zugleich hat in den USA der Bevölkerungsanteil asiatischer Abstammung stark zugenommen. Die USA werden an der Schwelle zum 21. Jahrhundert zunehmend eine »asiatische« Macht.[119]

Dabei hat sich vor allem das Bild Japans in den USA verändert. Bis Ende der achtziger Jahre dominierten die liberalen Wirtschaftsüberlegungen, die ein sympathisches Japanbild prägten. Die wirtschaftlichen Erfolge Japans wurden respektiert, solange die eigenen Überlegenheitsvorstellungen nicht ins Wanken gerieten. Aber Japans gigantische Fortschritte ließen Neid und Aggressivität aufkommen. Mit der Ernennung des ehemaligen Vizepräsidenten Mondale zum Botschafter in Japan wollte Clinton die Wogen glätten und Japan aufwerten; das wurde in Tokio mit Genugtuung zur Kenntnis genommen. Schon im Juli 1993 vereinbarten der japanische Ministerpräsident Miyazawa und US-Präsident Clinton einen Rahmen für eine neue wirtschaftliche Partnerschaft, um eventuelle Handelskriege zu vermeiden. Japan ist auf die Märkte Amerikas und Europas angewiesen. Clinton beharrte auf einem Abbau der Ungleichheiten in der Handelspolitik und forderte eine Öffnung des japanischen Marktes für amerikanische Produkte, insbesondere Mikroelektronik, Autos und landwirtschaftliche Erzeugnisse und bestand auf klaren Mengenabsprachen. Der amerikanische Handelsbeauftragte Mickey Kantor forderte mehr konkrete Vereinbarungen und meßbare Fortschritte beim japanischen Import amerikanischer Produkte. Er fürchtete eine Bedrohung der weltwirtschaftlichen Stellung der USA durch Japan. Aber die Entwicklung der bilateralen Beziehungen blieb spannungsreich. Wettbewerb und Zusammenarbeit hielten sich nur mühsam die Waage. Die Direktinvestitionen blieben einseitig: Die Japaner investieren in den USA viermal soviel wie die Amerikaner in Japan, bei steigender Tendenz. Auch bei den Unternehmensverflechtungen zeigt sich ein ähnliches Bild. 1990 zum Beispiel kauften japanische Unternehmen 464 Firmen im Ausland, es gab aber nur siebzehn Aufkäufe japanischer Firmen durch ausländische Unternehmen.[120]

Japans Markt blieb für die USA schwer zugänglich. Die verschärften wirtschaftspolitischen Rivalitäten relativierten die Partnerschaft, schufen Konflikte und führten zum »Japan Bashing« (»Japan-Schelte«), wobei besonders im Kongreß die antijapanische Rhetorik anschwoll. Die Regierung Clinton wirkte diesem Trend entgegen, bei Berücksichtigung ihrer wirtschaftspolitischen Interessen. So suchte sie Japans ökonomisches Eindringen in die USA zu begrenzen.[121] Auch gewisse zivilisatorische Frontlinien im Sinne von Samuel Huntington verstärkten antijapanische Ressentiments, während europäische Wirtschaftsinvestitionen in den USA begrüßt wurden.[122] Doch erschien Clintons Vision einer »pazifischen Gemeinschaft« als Wunschdenken, denn die Asiaten fürchteten die Entfremdung ihrer gesellschaftlichen, politischen und kulturellen Traditionen durch den »American way of life«.

Seit Ende des kalten Krieges war Asien selbstbewußter geworden. Seine politischen und wirtschaftlichen Oppositionen hatten sich bis Mitte der neunziger Jahre vergrößert.

Allerdings fehlten in Asien die multilateralen Traditionen, wie sie in Westeuropa seit dem Zweiten Weltkrieg entstanden waren. Zwar genießen die asiatischen Staaten mehr nationale Handlungsfreiheit, andererseits fehlen Kooperation und Integration, die das Gefühl – auch für wirtschaftliche – Sicherheit geschaffen hätten. Dies zeigte sich, als am 8. Dezember 1997 das Bankensystem von Thailand zusammenbrach und eine Kettenreaktion auslöste, die Asien in die schwerste Wirtschaftskrise seit dem Zweiten Weltkrieg trieb.

Zugleich markierte sie die erste Krise in der Ära der Globalisierung, weil ein wirtschaftspolitisches Beben über Nacht die Gesellschafts- und Sozialstruktur der meisten asiatischen Länder so schwächte, wie nur die Weltwirtschaftskrise in den dreißiger Jahren.[123] Weil die südostasiatischen Länder informell ihre Währungen an den US-Dollar gebunden hatten, waren die USA von der Krise tangiert. Doch als in der Logik der Globalisierung Panik die Finanzmärkte in Südostasien erfaßte und eine massive Kapitalflucht einsetzte, sahen sich die USA zunächst außerstande, direkt zu helfen.

Die Krise breitete sich weiter aus. Während die Regierung Clinton in der mexikanischen Finanzkrise sofort Hilfe leistete, unterstützte sie in Asien nur zögerlich und indirekt die Maßnahmen des IWF, weil der Kongreß sich gegen finanzielle Direkthilfen aus den USA aussprach. Weil die Krise im August 1998 auch Rußlands Wirtschafts- und Finanzsystem erfaßte und die internationalen Banken und Investoren große Verluste erlitten, fühlte sich Bill Clinton schließlich zur Führung verpflichtet: »Die Vereinigten Staaten haben eine absolut zwingende Verpflichtung zur Übernahme einer Führungsrolle … Es ist eine Ironie des Schicksals, daß wir uns in einem Augenblick beispielloser wirtschaftlicher Stärke in einer Zeit solcher Turbulenzen in der Weltwirtschaft befinden.«[124] Clinton forderte sechs Schritte zur Eindämmung der finanziellen Turbulenzen: Ankurbelung von Wachstum in den USA zusammen mit Japan und Europa, Ausbau von Unternehmen in Asien, soziale Unterstützung, Einsatz des Nothilfefonds des IWF in Höhe von 15 Milliarden Dollar und Intensivierung der Wirtschaftsaktivitäten über die Export-Import-Bank; dazu appellierte er an den Kongreß, den Verpflichtungen gegenüber dem Internationalen Währungsfonds nachzukommen. Schließlich plädierte er für ein stärkeres, transparenteres und gerechteres Handelssystem als Beitrag zur Reform des internationalen Finanzsystems.

Am Ende der Präsidentschaft Clinton war die Wirtschaftskrise in Asien nicht völlig überwunden, aber mit Hilfe der USA konnte sie eingedämmt werden. So erklärte Clinton im März 1999 selbstbewußt, »daß die Vereinigten Staaten einen großen Beitrag zur Verhinderung einer weiteren Verschärfung der Krise geleistet haben«.[125]

Die Europapolitik

Nach dem Zusammenbruch der kommunistischen Gefahr war die größte Herausforderung der europäisch-amerikanischen Zusammenarbeit gelöst, aber beide Seiten haben nach wie vor ein vitales Interesse an der Aufrechterhaltung der atlantischen Gemeinschaft. Die Bedeutung der Europäischen Gemeinschaft für eine neue europäische Ordnung nach dem kalten Krieg stieg sogar an. Deshalb kam es auf Vorschlag der Regierung Bush im November 1990 zu der »Transatlantischen Erklärung« mit den europäischen Partnern. Auf der Ebene von Gipfel- und Ministertreffen wurde ein Netz von Konsultationen zwischen USA und EG institutionalisiert. Motiviert wurde die »Transatlantische Erklärung« durch die gemeinsame Überzeugung, daß Europa und Amerika nach dem Ende der Bedrohung aus dem Osten auseinanderdriften könnten.

Die Europäische Union intensivierte ihre Aktivitäten nach 1990 in Richtung Osten, während sich die Amerikaner stärker auf Lateinamerika und Asien konzentrierten. Die wirtschaftlichen und finanziellen Turbulenzen in Mexiko waren plötzlich von größerem nationalem Interesse für die USA als die Anarchie und Armut in Rußland, die ihrerseits zum Hauptthema der europäischen Staaten wurden.[126]

Waren die USA bis 1989 vor allem als Garant der Sicherheit für die Europäer von Bedeutung, so sollte nun, nach dem »Ende der Selbstverständlichkeiten«[127], eine neue, vertiefte Partnerschaft zwischen den USA und Europa institutionalisiert werden, um die anstehenden Herausforderungen zu meistern: Umweltverschmutzung, Terrorismus, Drogenhandel, internationale Kriminalität, Verbreitung von ABC-Waffen. Für gemeinsame Aktionen wurden in der »Transatlantischen Erklärung« 150 konkrete Vorschläge gemacht, um Frieden und Stabilität, demokratische Entwicklung, eine Ausweitung des Welthandels und engere Wirtschaftsbeziehungen zwischen den USA und Westeuropa zu entwickeln.

Amerika und Westeuropa hatten sich unterschiedlich entwickelt. Der vertrauliche Kontakt zwischen den Eliten hatte seit der Zeitenwende abgenommen. Mitglieder von Senat und Repräsentantenhaus vernachlässigten die Außenpolitik, vor allem die Beziehungen zu Europa. Eine Welle von ethnischem Provinzialismus entwickelte sich an Hochschulen und Universitäten der USA. Das kulturelle Erbe der europäischen Einwanderer wurde jetzt als »kultureller Imperialismus« diffamiert, statt dessen wurden die Traditionen der anderen ethnischen Gruppen, wie der Afro- und Hispano-Amerikaner, aufgewertet. Bei den neuen Formen von Multikulturalismus schwangen antieuropäische Gefühle und Vorurteile mit.[128]

Der schleichenden Erosion im transatlantischen Verhältnis sollte durch eine vertiefte euro-atlantische Wirtschaftsintegration entgegengewirkt werden. So kam es im Mai 1998 in London auf dem euro-asiatischen Gipfeltreffen zur Unterzeichnung der Transatlantic Economic Partnership (TEP), nachdem die Vision einer transatlantischen Freihandelszone wie die eines neuen transatlantischen Marktes 1997 gescheitert waren. Den institutionellen Rahmen bildet der Transatlantic Business Dialogue (TABD), der 1995 zur »größten Erfolgsstory in der euro-amerikanischen Wirtschaftskoopeation« wurde.[129]

Auch die Regierung Clinton verfolgte vitale wirtschaftspolitische Interessen in Europa. Die USA und die Europäische Union sind weltweit die größten Handelsmächte und füreinander die wichtigsten Wirtschaftspartner. Unter dem Eindruck der wachsenden Handelskonflikte mit asiatischen Staaten erscheinen die Vorzüge des alten Kontinents wieder in einem glanzvolleren Licht.[130] Der euro-amerikanische Raum repräsentiert die verflochtenste Wirtschaftsregion der Welt, allerdings hat das handelspolitische Konfliktpotential zugenommen – auf dem Agrarmarkt und im Rahmen der Welthandelsordnung, wie das Scheitern der WTO-Konferenz in Seattle im Dezember 1999 zeigte. Die Konflikte verschärften sich, weil die Regierung Clinton wirtschaftspolitisch aggressiv handelte, aber nach Ende des kalten Krieges die Konfliktfähigkeit und die wirtschaftspolitische Stärke der Europäer anstieg. Dies zeigte sich beim Streit um die Subventionierung des europäischen Airbus, wo es um zentrale industriepolitische Interessen mit Rückwirkungen auf die militärische Raumfahrtindustrie geht. Im Mittelpunkt der Auseinandersetzung steht die Frage, ob Boeing oder Airbus den Weltmarkt im Flugzeugbau beherrschen werden. Folglich standen die transatlantischen Wirtschaftsbeziehungen während der Regierung Clinton im Zeichen von antagonistischer Kooperation oder kooperativer Rivalität. Deshalb entwarf die Regierung Clinton folgende transatlantische Wirtschaftsstrategien:

- Die Unterstützung für die Vertiefung und Erweiterung der europäischen Integration sollte von einer parallelen Vertiefung der transatlantischen Beziehungen abhängig gemacht werden. Diese Konditionierung steht ganz in der Tradition der Zwei-Säulen-Theorie, wie sie Kennedy für die Europapolitik seinerzeit entwickelte.
- Zwischen europäischem Wirtschaftsraum, NAFTA und APEC sollten engere Konsultationen und Zusammenarbeit stattfinden, um die regionalen Integrationsansätze mit der globalen Wirtschaftspolitik der USA zu koordinieren.
- Eine abgewogene Erweiterung der Europäischen Union galt als wichtigster Schritt zur Festigung der Demokratien und Marktwirtschaften in Osteuropa.
- Durch die Erweiterung der NATO sollen die sicherheitspolitischen Interessen der USA nach Osten ausgedehnt werden.

Der amerikanische Handelsminister Ron Brown, der Handelsbeauftragte Mickey Kantor, auch der Präsident des Repräsentantenhauses, der Republikaner Newt Gingrich, forcierten diese Idee, die in Europa von Bundesaußenminister Kinkel und dem britischen Außenminister Malcolm Rifkind unterstützt wurde. TAFTA scheiterte jedoch am Widerstand von Außenminister Christopher und EU-Handelskommissar Sir Leon Brittan, die beide unlösbare Probleme in der Landwirtschaft und der Textilindustrie sahen. Deshalb wurde das Projekt verkleinert und als »neue transatlantische Agenda« am 2. Juli 1995 von Christopher in Madrid vorgestellt.

Erst unter dem Eindruck europäischer Untätigkeit in Bosnien und bei der NATO-Osterweiterung übernahm die Regierung Clinton die europapolitische Initiative, die vom Abteilungsleiter für europäische Angelegenheiten im US-Außenministerium, Richard C. Holbrooke, zuvor Botschafter in Bonn, ausging.

Da weder die USA noch die Westeuropäer ihre wichtigsten innen- und außenpolitischen Probleme seit der Zeitenwende allein lösen können, gehörte die Weiterentwicklung der transatlantischen Partnerschaft zum Hauptanliegen Richard Holbrookes. Illusionslos stellte er allerdings fest, daß die Tragödie in Bosnien einen fundamentalen Neuanfang erforderte, der Amerikas Führung erneut unverzichtbar machte: »Die Tragödie in Bosnien schmälert nicht die Verantwortung zum Aufbau neuer umfassender Beziehungsstrukturen zur Gestaltung einer neuen Sicherheitsarchitektur. Im Gegenteil, Bosnien, das größte kollektive sicherheitspolitische Versagen des Westens seit den dreißiger Jahren, unterstreicht nur die Dringlichkeit dieser Aufgabe.«[131]

So bestimmten drei Themen die Europapolitik der Regierung Clinton: die wirtschaftspolitischen Interessen, die NATO-Osterweiterung und die Eindämmung des Krieges auf dem Balkan.

Eigene Interessen multilateral durchzusetzen war die Devise von Clintons Europapolitik. Er war der erste, der die Institutionen in Brüssel aufwertete: »Die friedliche umfassendere Integration, die wir vollziehen, ist nicht nur ein europäisches Anliegen ... sie liegt eindeutig im Interesse der Vereinigten Staaten.« Clinton erkannte, daß die transatlantische Partnerschaft nur unter verstärkter Mitwirkung der Europäischen Union vorangetrieben werden konnte.

Durch die Unterzeichnung der »neuen transatlantischen Agenda« am 3. Dezember 1995 in Madrid durch Clinton, den Präsidenten der Europäischen Kommission, Jaques Santer, und den spanischen Ministerpräsidenten Felipe González in seiner Eigenschaft als Vorsitzender des Europäischen Rates rückten die Beziehungen zur Europäischen Union in den Vordergrund.

Gegenüber der für Europa wichtigsten Wirtschaftsfrage, der Einführung der europäischen Währungsunion bzw. des Euro, verhielten sich die USA ambivalent: einerseits erklärte Präsident Clinton, daß ein wirtschaftlich starkes Europa gut für Amerika und die Welt sei, andererseits hielten sich die Wirtschafts- und finanzpolitischen Führungskräfte der Administration auffallend zurück. Bei den Republikanern wurden Vorbehalte deutlich, als der frühere Präsident des Repräsentantenhauses, Newt Gingrich, erklärte, die europäische Währungsunion bedeute das Diktat Frankfurts über die Nachbarn Deutschlands und werde Krisen hervorrufen, an denen Europa zerbrechen werde. Kein Wunder, daß seine Empfehlung an Großbritannien lautete, sich lieber der nordamerikanischen Freihandelszone statt der europäischen Währungsunion anzuschließen.[132] Henry Kissinger verweist auf folgendes Dilemma: Eine erfolgreiche Währungsunion bedeute eine europäische Kampfansage an die amerikanische Führung in der Welt, aber ein Scheitern der Währungsunion würde selbstzerstörerischen Nationalismus in Europa nach sich ziehen.[133]

Noch hat der Euro seine (Be)währungsprobe nicht bestanden, aber Fred Bergsten schließt eine währungspolitische Bipolarität zwischen Dollar und Euro in der Welt nicht aus. Sollte sich die Perspektive bewahrheiten, daß der Euro als Währungsreserve weltweit an Gewicht und Bedeutung gewinnt und daß der Welthandel zunehmend auch in Euro abgewickelt wird, dann wird für die USA Dollar-Diplomatie schwieriger, d.h., das finanzielle Druckmittel des Dollar verlöre an Bedeutung. Auch könnten die USA, wie schon so oft, nicht mehr ihre eigene Inflation folgenlos ins Ausland, insbesondere nach Japan, exportieren, wie in den siebziger und achtziger Jahren. Der Euro, aber auch die neue europäische Aktienkultur und vor allem die Umstrukturierung und Neuorientierung der europäischen Unternehmen, vor allem die spektakulären transatlantischen Investitionen und Fusionen von DaimlerChrysler und Bertelsmann-Random House, verweisen auf ein zunehmend symmetrisches Verhältnis in den transatlantischen Wirtschaftsbeziehungen. Im Zuge dieser Entwicklung könnte sich Europa zur zweiten finanziellen Supermacht neben den USA in der Welt etablieren. Die Regierung Clinton hat im Zuge dieser sich abzeichnenden Entwicklung punktuell Konflikte nicht gescheut. Folglich entwickelten sich Meinungsunterschiede über die Wirksamkeit von Sanktionen vor allem bei der Frage über die Gültigkeit von amerikanischen Gesetzen für Nicht-Amerikaner, bei den vom amerikanischen Kongreß beschlossenen Sanktionen gegen Kuba und den Iran.

Auseinandersetzungen über den Agrarmarkt, über die Wirkung von Scientology, kulturelle und rechtliche Meinungsverschiedenheiten über die amerikanische Todesstrafe oder der Import von genetisch verändertem Fleisch machen zwar fast täglich Schlagzeilen, ihre Bedeutung darf jedoch nicht überschätzt werden. Wirtschaftspolitisch ziehen Europa und die USA an einem Strang, sie sind wechselseitig voneinander abhängig. Beide stellen ein Viertel der Weltproduktion im Wert von 800 Milliarden Dollar, wobei beide Wirtschaften zu einem Viertel vom Welthandel abhängig sind.

Allerdings fällt den USA Europas Aufstieg zur wirtschaftlichen Supermacht nicht immer leicht. Während die Europäer Schritt für Schritt ihre gegenseitige Abhängigkeit verinnerlichen und mühsam, ja bisweilen selbstquälerisch die Europäische Union zu vertiefen und zu erweitern suchen, sind die USA bis heute nur schwer dazu zu bewegen, ihre Außen-, Sicherheits- und Wirtschaftspolitik auf ähnliche Weise mit den Europäern, geschweige denn mit dem Rest der Welt zu verflechten. Vielmehr neigten die USA auch unter der Regierung Clinton dazu, entweder multilaterale völkerrechtliche Regeln aufzustellen, die jedoch nur für andere, aber nicht für sie selbst Gültigkeit besitzen, oder sie handelten nach Maßgabe von offenem Unilateralismus und entsprechenden nationalen Gesetzen, die den anderen vorschreiben, wie sie sich zu verhalten haben. »Die Souveränität zu teilen gehört nicht unbedingt zu den Grundreflexen Amerikas«, wie Elizabeth Pond zu Recht feststellt.[134] Nirgendwo wurde dies deutlicher, als bei der Erweiterung der NATO und im Krieg gegen Rest-Jugoslawien 1999.

Umgekehrt war Europa unfähig, in Krisen oder Kriegen ohne Führung der USA entscheidendes auszurichten. Der Einsatz militärischer Macht fällt den Westeuropäern, insbesondere den Deutschen, nach wie vor schwer. Doch bei den sogenannten weicheren Formen der Machtausübung haben die Westeuropäer vorbildlich gehandelt. Sie zahlen ihre UNO-Beiträge pünktlich, übernehmen in internationalen Organisationen Führungsrollen, setzen sich für technische und wirtschaftliche Hilfsprogramme ein, besonders mit Blick auf Mittel- und Osteuropa, und sind weltweit wirtschaftlich und diplomatisch präsent, weil die Amerikaner im nichtmilitärischen Bereich große Schwächen zeigen.

Die USA bezahlen ihre UNO-Schulden nicht, bauen den diplomatischen Dienst weltweit ab und halten sich bei nichtmilitärischen internationalen Problemen zurück. Durch eine gemeinsame amerikanisch-westeuropäische Agenda könnte internationale Verantwortung durch Arbeitsteilung wahrgenommen werden. Aber vor perfekten Lösungen sei gewarnt. Schon Henry Kissinger hatte in den sechziger Jahren pragmatisch auf die Schlüsselfrage der atlantischen Allianz verwiesen: »Welches Maß an Einheit wollen wir wirklich haben? Und wieviel Pluralismus können wir uns leisten?«[135] Kissinger plädierte für Pragmatismus:

»Die Einheit Europas ist kein Allheilmittel für atlantische Meinungsverschiedenheiten. Sie könnte die Differenzen in vieler Beziehung sogar eher vergrößern als verkleinern. In dem Maße, in dem Europa Gestalt annimmt, wird es immer besser imstande sein, auf Unterschieden zu bestehen, die im letzten Grunde eher strukturell als personell bedingt sind. Ausdrücke wie ›unteilbare Interessen‹ sind zutreffend, solange man sie auf die Verteidigung Europas oder die Ost-West-Beziehungen anwendet, im übrigen wirken sie beinahe wie Gemeinplätze. Eine kluge Bündnispolitik wird nicht alles auf die Erwartung abstellen, man könne auf weltweiter Basis gemeinsame Stellungnahmen entwickeln; sie wird auch der Tatsache Rechnung tragen, daß die Interessen Amerikas und Europas nicht überall identisch sind. … Wenn die atlantische Politik vollkommen zentralisiert wird, könnte sie leicht stagnieren.«[136]

Die USA und die Osterweiterung der NATO

Die NATO entstand 1949 als Reaktion auf akute militärische Bedrohung von seiten der Sowjetunion. Sie war der sicherheitspolitische Anker, der dem Westen ein halbes Jahrhundert Frieden beschert hat. Doch nach dem kalten Krieg traten vier sicherheitspolitische Neuentwicklungen in eine komplexe Wechselbeziehung:

- die amerikanische Sicherheitspolitik im Rahmen der NATO;
- Amerikas sicherheitspolitische Beziehungen zu den GUS-Staaten, insbesondere zu Rußland;
- die neue sicherheitspolitische Entwicklung in Westeuropa, insbesondere in Deutschland, nach Ende der kommunistischen Bedrohung;
- die neuen Sicherheitsbedürfnisse und Bestrebungen der mittel- und osteuropäischen Reformstaaten zum NATO-Beitritt.

Die Signalwirkung für die Osterweiterung der NATO ging vom tschechoslowakischen Staatsoberhaupt Vaclav Havel aus, als er bei seinem Besuch im NATO-Hauptquartier im März 1991 in Brüssel vor den Gefahren eines Sicherheitsvakuums in Mittel- und Osteuropa warnte.[137] Aufgrund einer amerikanisch-deutschen Initiative beschloß die NATO Ende Dezember 1991 für die Staaten des ehemaligen Warschauer Pakts die Einrichtung des sogenannten Nordatlantischen Kooperationsrates, in dem gemeinsame Sicherheitsfragen erörtert und damit das Vertrauen zwischen West- und Osteuropa über die ehemaligen Blockgrenzen hinweg gefördert werden sollte. Zu Beginn der Amtszeit Clintons sollte die NATO unter Anknüpfung an die Politik von Bush von einer militärischen Verteidigungsallianz zu einem sicherheitspolitischen Bündnis umgestaltet werden. Nicht nur die kollektive Verteidigungsverpflichtung nach außen gemäß Artikel 5, sondern neue kollektive Sicherheitsüberlegungen rückten in den Vordergrund. Doch für Clinton stand 1993 eine Aufnahme ostmitteleuropäischer Staaten nicht auf der Tagesordnung. Wiederholt drängten die ostmitteleuropäischen Staaten, vor allem Polen, auf Öffnung des Bündnisses nach Osten.

Bis Ende 1993 war es vor allem der deutsche Verteidigungsminister Volker Rühe, der die NATO-Erweiterung propagierte. 1993 änderte jedoch die Regierung Clinton überraschend ihre zurückhaltende Einstellung. Auslöser war Jelzins öffentliche Erklärung, es würde Rußland nicht stören, wenn Polen der NATO beitrete. Lech Walesa hatte trickreich bei einem Besuch Jelzins in Warschau diesen zu der Erklärung gebracht – durch Alkohol. Als dann Walesa und der tschechische Präsident Havel anläßlich der Eröffnung des Holocaust-Museums in Washington Clinton beschworen, nie wieder ähnliches zuzulassen und die Sicherheit Polens und der Tschechoslowakei endgültig in die Hand zu nehmen, stimmte Präsident Clinton emotionalisiert zu. In Absprache mit Clinton ersetzte sein Sicherheitsberater Anthony Lake die Strategie der Eindämmung durch eine Strategie der Erweiterung der freien Gesellschaften und marktwirtschaftlichen Demokratien in der Welt – zunächst mit Blick auf Polen und die Tschechoslowakei. Doch das Verteidigungsministerium warnte vor der Übernahme neuer Verpflichtungen zu einer Zeit, in der das Verteidigungsbudget und die militärische Präsenz in Europa schrumpften.

Verteidigungsminister Les Aspin und vor allem Clintons Sonderberater für die Nachfolgestaaten der Sowjetunion, Strobe Talbott, der Architekt der amerikanischen Rußlandpolitik, waren strikt gegen eine Öffnung der NATO nach Osten, weil damit neue Trennlinien geschaffen und die Beziehungen zu Rußland erschwert würden. Beide glaubten auch, daß das krisengeschüttelte Rußland auf absehbare Zeit keine ernsthafte militärische Bedrohung für Osteuropa darstellen würde. Der Vorsitzende der Joint Chiefs of Staff (JCS), General Shalikashvili, setzte sich mit dem Kompromißvorschlag des Konzepts der »Partnership for Peace« durch, die als bürokratischer und politischer Kompromiß zunächst auf Zeitgewinn abgestellt war.

Auf amerikanischen Vorschlag hin einigten sich die Staats- und Regierungschefs der NATO im Januar 1994 in Brüssel darauf, »alliierte Streitkräftekommandos« aus Einheiten verschiedener Partner für künftige Aufgaben innerhalb und außerhalb des Bündnisses aufzustellen. Clinton sagte am 9. Januar in Brüssel die fortgesetzte Stationierung von hunderttausend amerikanischen Soldaten zu.[138] Aber noch betrachtete er die Frage der NATO-Osterweiterung gelassen: »Diese Aufgabe erfordert stetige und geduldige Anstrengungen, die von einer auf die gesamteuropäische Integration abzielenden Strategie geleitet werden. Sie erfordert auch ein gewisses Maß an Bescheidenheit – die Erkenntnis, daß wir nicht jedes Ereignis in jedem Land zu jedem Zeitpunkt unter Kontrolle haben können.«[139] Clinton betonte lediglich die »Partnerschaft für den Frieden«: Sie »wird einen Evolutionsprozeß für die offizielle Erweiterung der NATO fördern. Sie ist auf den Tag ausgerichtet, an dem die NATO neue Mitglieder aufnimmt, die die uneingeschränkte Verantwortung des Bündnisses übernehmen. Sie wird einen Rahmen schaffen, in dem sich die ehemals kommunistischen Staaten und andere Nichtmitglieder der NATO gemeinsam mit den NATO-Mitgliedsstaaten an militärischer Planung, Ausbildung, Übungen und anderen Bestrebungen beteiligen können.«[140]

Mit der Initiative der »Partnerschaft für den Frieden« gewann die Forderung nach einer NATO-Osterweiterung Aufmerksamkeit. In den USA entwickelten sich vor allem Henry Kissinger und Zbigniew Brzezinski zu Befürwortern einer Erweiterung, weil beide wie Vaclav Havel ein Vakuum in Ostmitteleuropa befürchteten. Mit der Forderung nach der NATO-Erweiterung kritisierten die Republikaner im Kongreß auch indirekt die ihrer Meinung nach zu nachgiebige Rußlandpolitik der Regierung Clinton.

Die Entscheidung der Staats- und Regierungschefs der NATO vom 11. Januar 1994 für die »Partnerschaft für den Frieden« war zunächst auf Zeitgewinn abgestellt. Doch Clinton setzte sich unter Einfluß seines Sicherheitsberaters Anthony Lake selbst unter Zeitdruck, als er im Januar 1994 in Prag erklärte: »Zwar ist die Partnerschaft keine NATO-Mitgliedschaft, doch ist sie auch kein ewiger Wartesaal. Sie verändert den gesamten NATO-Dialog, so daß jetzt die Frage nicht mehr lautet, ob die NATO neue Mitglieder aufnehmen wird, sondern wann und wie. Sie läßt die Tür offen für das bestmögliche Ergebnis in unserer Region, Demokratie, Märkte und Sicherheit in einem größeren Europa, während sie Zeit und Vorbereitung für ein schlechteres Ergebnis gewährt.«[141] Als dann jedoch Strobe Talbott im Februar 1994 im Zuge seiner Ernennung zum stellvertretenden Außenminister den Eindruck der Nachgiebigkeit gegenüber Rußland erweckte, erhielten die Erweiterungsbefürworter Auftrieb, vor allem Richard Holbrooke.

Clinton wiederholte bei seinem Besuch in Polen im Juli 1994 seine Prager Aussage, und im Dezember 1994 erklärte Warren Christopher, daß er zur Einleitung des Erweiterungsprozesses bereit sei. Er wies darauf hin, daß Clinton den Kongreß um hundert Millionen Dollar zur Förderung von Zielen der Partnerschaft bitten werde und daß der Kongreß bereits entsprechende Mittel für gemeinsame Manöver im kommenden Jahr zugesagt habe. Christopher plädierte für Aktivismus: »Es ist an der Zeit, den Prozeß zu beginnen und die Erörterung der praktischen Anforderungen für die Maßnahmen neuer Mitglieder in das Bündnis anzugehen. Es ist unabdingbar, daß wir als Bündnis bei Ziel und Zweck dieser historischen Evolution übereinstimmen. Der Washingtoner Vertrag ist keine papierene Garantie. Neue Mitglieder werden feierliche Verpflichtungen und Verantwortung übernehmen, ebenso wie wir unsere feierlichen Verpflichtungen auf sie ausdehnen.«[142] Clinton zog mit den Republikanern offensichtlich am gleichen Strang. Nach dem überwältigenden Wahlsieg der Republikaner in beiden Häusern des Kongresses, in denen sie nun jeweils die Mehrheit hielten, wurde der republikanische Druck für Erweiterung der NATO auf den Präsidenten noch größer. Bei einer Grundsatzdebatte über die NATO-Osterweiterung im Auswärtigen Ausschuß des Repräsentantenhauses setzten sich der frühere Außenminister Baker, der vormalige Sicherheitsberater Brzezinski, Außenminister Christopher und die ehemalige UN-Botschafterin Jeanne Kirkpatrick für eine baldige Erweiterung der NATO ein. Im Verlauf dieser Entwicklung kühlten die Beziehungen zu Rußland merklich ab. Zwar unterzeichnete der russische Außenminister Andrej Kosyrew noch im Mai 1995 das individuelle Partnerschaftsprogramm, aber die Rußlandpolitik der Regierung Clinton stieß in Moskau auf wachsende Vorbehalte.[143]

Erfahrene Experten wiesen auf die Gefahren einer NATO-Osterweiterung hin. Vor allem die beiden großen alten weisen Männer der amerikanischen Außenpolitik, Paul Nitze und George F. Kennan, wie auch der frühere US-Botschafter in der Sowjetunion, Jack Matlock, waren von den Argumenten der Regierung nicht zu überzeugen. Der konservative demokratische Senator Sam Nunn erklärte im Sommer 1995: »Irgendwie habe ich eine logische Erklärung vermißt, wozu das gut sein soll.«[144] Er verlieh damit der allgemeinen Skepsis treffend Ausdruck. Die Kritiker sehen in der NATO-Erweiterung weder mehr Sicherheit noch bessere Beziehungen zu Rußland, noch eine Stützung amerikanischer Sicherheitsinteressen. Trotzdem fuhr die Regierung Clinton in ihrer Politik fort. Dafür gab es drei Gründe:

1. Die Sorge um die Führungsrolle der USA in Europa. Senator Lugar erklärte treffend: »*Out of area* oder aus dem Geschäft.«[145] Durch die Erweiterung der NATO wollen die USA in Europa das Heft in der Hand behalten.
2. Rußlands rhetorische Aggressivität trotz seiner Schwäche läßt eine Wiederauflage der Eindämmungspolitik gegenüber Rußland – unausgesprochen natürlich – sinnvoll erscheinen.
3. Vor allem wollen die Republikaner Clintons bisherige Rußlandpolitik aushebeln und durch Erweiterung der NATO auch innenpolitisch bei den Amerikanern ostmitteleuropäischer – zum Beispiel polnischer – Herkunft Sympathien gewinnen. Im Ergebnis soll die NATO nach Osten erweitert und gleichzeitig eine Sicherheitspartnerschaft zwischen der NATO und Rußland aufgebaut werden.

Die Quadratur des Kreises scheint perfekt. Was sind die Gründe dafür? Es wurde offensichtlich, daß das von Clinton geforderte Programm der »Partnerschaft für den Frieden« aus diesem Dilemma nicht herausführte, als sich Kosyrew weigerte, das individuelle Partnerschaftsprogramm Rußlands mit der NATO zu unterzeichnen.[146] Folglich suchte Clinton im direkten Gespräch mit Jelzin nach Auswegen. Am 10. Mai 1995 erklärte sich Clinton in Moskau bereit, zusätzlich und außerhalb der »Partnerschaft für den Frieden« neue Wege der Kooperation zwischen der NATO und Rußland zu beschreiten: »Es muß eine besondere Beziehung zwischen der NATO und Rußland geben.«[147] Aber die Sache ging schief. Wie sollte Rußland vor dem Hintergrund der NATO-Erweiterung zum verläßlichen Partner für ein kooperatives Sicherheitssystem in Europa werden? Das russische Vorgehen in Tschetschenien begünstigte jedoch die NATO-Erweiterung. Angesichts des brutalen Angriffs auf Tschetschenien wuchsen die Zweifel am politischen Verhalten Rußlands, die Befürworter der NATO-Osterweiterung erhielten weiteren Auftrieb. Jetzt wollte man in Washington, Brüssel und anderswo die Allianz möglichst schnell nach Osten ausweiten, nachdem das Tauziehen in der Regierung Clinton zugunsten der Osterweiterung abgeschlossen worden war.

Nachdem der stellvertretende Außenminister Strobe Talbott die Erweiterung befürwortete, vor allem aber nachdem William Perry Verteidigungsminister geworden war, schwenkte auch das Pentagon auf Befürwortungskurs ein. Es war schließlich die neue Außenministerin Madeleine Albright, die ab 1997 nachdrücklich für die Aufnahme Polens, Ungarns und ihres alten Heimatlandes Tschechien in die NATO eintrat.[148]

Beim 50jährigen Jubiläum der NATO im Mai 1999 wurden Polen, Ungarn und Tschechien feierlich in den Kreis der NATO-Mitglieder aufgenommen. Geschickt kündigten die USA der sowjetischen Führung alle Schritte ausführlich an und banden Rußland über die »Partnerschaft für den Frieden« und den »ständigen gemeinsamen NATO-Rußland-Rat« mit ein. Außerdem wurde Rußland in die Gruppe der G7-Industrieländer als achter Teilnehmer aufgenommen und Rußland erhielt großzügige Kredite. Aus diesen Gründen fiel die russische Kritik an der Erweiterung der NATO zurückhaltend aus.

Unmittelbar waren die Folgen der Erweiterung positiv: die sicherheitspolitischen Beziehungen zwischen Ungarn und Rumänien, zwischen Polen und der Ukraine, aber auch im Baltikum verbesserten sich. Westliche Normen friedlicher Kooperation wurden übernommen. Doch ob die kollektive Verteidigung des Territoriums der Mitgliedstaaten die Hauptaufgabe des Bündnisses bleiben wird oder ob doch humanitäre Interventionen außerhalb des NATO-Verteidigungsgebietes notwendig werden, kann erst die Zukunft zeigen. Die Revision des strategischen Konzepts der NATO im Sommer 1999 gab nur wenig Aufschluß. Ob in Zukunft weitere neue Mitglieder aufgenommen werden, ist ebenfalls offen. Es scheint, als ob zunächst nach der anfänglichen Erweiterungsdynamik nun eine Phase der Politik der offenen Tür betrieben wird, mit der Washington sich weitere Optionen offenhalten möchte.

Die Regierung Clinton folgte in ihrer NATO-Politik einer doppelten Erweiterungsstrategie: die Erweiterung der Mitglieder auf 19 wurde vorerst erfolgreich abgeschlossen. Ob eine zweite Erweiterung der NATO-Aufgaben unter geopolitischen Gesichtspunkten die Zustimmung der Europäer finden wird, muß angezweifelt werden. Die USA werden unter Präsident Bush von den europäischen Verbündeten mehr globale sicherheitspolitische Verantwortung auch im Rahmen der NATO fordern. Doch sind europäische Zweifel und Kritik gewachsen, weil die USA NATO-Aktivitäten auch ohne Mandat der Vereinten Nationen befürworten. Kollektive Verteidigung in Europa oder weltweite Intervention der NATO – darauf wird die transatlantische Kontroverse in den kommenden Jahren hinauslaufen.

Konflikte drohen der NATO im Zuge der amerikanischen Entscheidung für ein Raketenabwehrsystem. Die europäischen Partner kritisieren, daß sie wieder vor vollendete Tatsachen gestellt werden – entweder diesen einsam gefaßten Beschluß der USA nur ablehnen oder akzeptieren zu können. Weil Präsident Bush an der Aufstellung eines Raketenabwehrsystems festhält, stehen der Allianz schwere Zeiten bevor. Nicht gemeinsame Sicherheit, sondern Abkoppelung der amerikanischen Sicherheit von der europäischen wäre denkbar. Mancher befürchtet, daß im Zuge des Aufbaus eines defensiven Raketenabwehrsystems im Kern die offensive Weltmachtpolitik der USA abgestützt werden soll.[149]

Hinzu kommt, daß nicht nur Deutschland, sondern viele europäische Staaten sich durch Wirtschaftsspionage durch die USA verunsichert fühlen. Doch diese kritischen Einsprengsel dürfen nicht darüber hinwegtäuschen, daß das deutsch-amerikanische Verhältnis Anker und Angelpunkt amerikanischer Europapolitik bleibt, wenn auch auf beiden Seiten Klage geführt wird, daß sich das deutsch-amerikanische Verhältnis gelockert habe. Zu Beginn des neuen Jahrhunderts hat sich das außenpolitische Koordinatensystem der USA verschoben. Deutschland hat strategisch an Gewicht verloren. Asien, vor allem China, der Nahe und Mittlere Osten wie auch Lateinamerika sind auch wegen ihres wachsenden Konfliktpotentials ins Zentrum amerikanischer Interessen gerückt. Präsident Clintons abschließender Besuch in Europa und Deutschland im Mai 2000 zeigte in Stil und Substanz, daß die transatlantischen Beziehungen derzeit von nachgeordneter Bedeutung sind. Das hat auch sein Gutes, zumal die Normalität von Wohlstand und Gemeinsamkeit weniger schlagzeilenträchtig ist. Doch die drängenden sicherheitspolitischen Fragen müssen Europa und die USA bald klären.

Die USA waren vor Clinton eine europäische Macht, und sie werden es auch nach ihm bleiben. Sie sind an der Schwelle zum 21. Jahrhundert aus eigenen Interessen, aber auch wegen der Schwäche der Westeuropäer und der drohenden Konflikte zur atlantischen Vormacht verdammt. Dabei stützen sie sich mehr und mehr auf die Bundesrepublik Deutschland. Sie ist zum potentiell wichtigsten Partner der USA herangewachsen. In europäischen Dingen beriet sich Clinton oft mit deutschen Bundeskanzlern[150], während die traditionellen Partner, Großbritannien und Frankreich, an Einfluß verloren. Rußland, der Feind aus dem kalten Krieg, ist heute weder Gegner noch Partner, sondern steht vor einer langen Umbruchphase.[151] Zu keinem Land der Welt unterhalten die USA so enge transnationale Beziehungen wie zur Bundesrepublik. Natürlich zählen die Amerikaner bei der NATO-Osterweiterung auf deutsche Unterstützung. Die USA als militärische Weltmacht und die Bundesrepublik Deutschland als »der sanfte Hegemon«, also »hier die Weltmacht Amerika, dort die Regionalmacht Deutschland, hier der Ad-hoc-Weltpolizist, dort die sich selbst eindämmende Bundesrepublik« begünstigen eine Arbeits- und Rolleneinteilung in den Beziehungen mit geringem Reibungs- und hohem Kooperationspotential.[152] Amerika, so Joseph Joffe, bleibt der segensreiche Puffer und Legitimator deutscher Macht. Diese »wunderbare Freundschaft« (Joffe) wird andauern, weil nicht nur solide Interessen, sondern enge gesellschaftliche und zivilisatorische Bande die Beziehungen elastisch halten.

Die Nah- und Mittelostpolitik der Regierung Clinton

Mit dem am 13. September 1993 in Washington unterzeichneten Gaza-Jericho-Abkommen zwischen Israel und der PLO verband sich die Hoffnung, einen der schwierigsten und langwierigsten Konflikte seit dem Zweiten Weltkrieg endlich zu lösen. Nach Jahrzehnten, die von Kriegen geprägt waren, gerieten im Nahen Osten die starren Fronten endlich in Bewegung.

Am 4. Mai 1994 unterzeichneten der israelische Ministerpräsident Yitzhak Rabin und der PLO-Vorsitzende Yassir Arafat in Gegenwart der Außenminister der USA und Rußlands in Kairo das Abkommen über den Gaza-Streifen und die Stadt Jericho. Auch gegenüber Jordanien kam es zum Ausgleich. Auf dem durch Clinton initiierten Gipfeltreffen vom 25. Juli 1994, an dem König Hussein und Ministerpräsident Rabin teilnahmen, wurde durch die »Washingtoner Erklärung« der seit 46 Jahren herrschende Kriegszustand zwischen Jordanien und Israel offiziell beendet. Beide Parteien wollen einen gerechten, dauerhaften und umfassenden Frieden erreichen. Israel erklärte sich bereit, die besondere Rolle Jordaniens hinsichtlich der moslemischen Heiligenstätten in Jerusalem anzuerkennen. Außerdem vereinbarten beide Länder zur Normalisierung ihrer Beziehungen gemeinsame Maßnahmen für Verkehr, Handel und Tourismus.

Bereits drei Monate später, am 26. Oktober, wurde an der israelisch-jordanischen Grenze am Roten Meer der Friedensvertrag zwischen Israel und Jordanien feierlich unterzeichnet. Nach Ägypten war Jordanien das zweite arabische Land, das mit Israel Frieden schloß. König Hussein erklärte anläßlich der Unterzeichnung: »Präsident Clinton, Sie sind unser Partner, Sie sind unser Freund, Sie haben uns zusammen mit der Regierung der Vereinigten Staaten von Amerika unterstützt. In diesem historischen Augenblick sind Sie am Ruder ... keiner wird diesen Tag je vergessen; insbesondere werden wir uns stets daran erinnern, daß Sie persönlich hierherkamen, um mit uns diesen glücklichen Anlaß an einem Tag zu begehen, an dem ein Kapitel der Dunkelheit zu Ende geht und ein Buch des Lichtes aufgeschlagen wird.«[153]

Die Anwesenheit des amerikanischen Präsidenten bei der Unterzeichnung des Friedensvertrages zwischen Israel und Jordanien in Avrona ist bezeichnend für die Schlüsselrolle der USA im arabisch-israelischen Friedensprozeß. Nicht ohne Pathos, aber auch die wirtschaftlichen Interessen im Blick, erklärte Clinton: »In der Wüste gibt es viele Rohstoffe. Mineralien können aus dem Meer gefördert werden. Hier, wo ehemals Sklaven gezwungen wurden, Steine mit Meißeln zu bearbeiten, wird die Erde, wie der Koran sagt, erbeben und das Leben hervorbringen. Die Wüste wird sich freuen und die Steppe soll jubeln und blühen.«[154]

An die Nahost-Politik seines Vorgängers, besonders an die Ergebnisse der Konferenz von Madrid von 1991 anknüpfend, wies Clinton darauf hin, daß die Streitfragen ohne Einmischung von dritter Seite gelöst werden sollten. Hinter den Kulissen trieb die Regierung Clinton durch die Vermittlung von Unterhändler Dennis Ross den Friedensprozeß voran und konzentrierte sich auf fünf Punkte:

1. Förderung der regionalen Initiativen zur Lösung der Streitfragen auf überwiegend bilateraler Ebene;
2. Unterscheidung zwischen externen und internen Gefahrenherden, um die Verhandlungsprozesse möglichst direkt und eingegrenzt zum Ziel zu bringen;
3. Unterstützung der innenpolitischen Kräfte in Israel, die den Friedensprozeß vorantreiben, und Stärkung von Israels militärischen Sicherheitsinteressen;
4. Verhandlungsbemühungen, um Syrien in den Friedensprozeß einzubeziehen; und
5. Schaffung von Anreizen, besonders wirtschaftlicher Art, um die Beteiligten vom Friedensprozeß zu überzeugen.[155]

Nach der Unterzeichnung des Friedensabkommens von 1993 zwischen den Israelis und den Palästinensern und nach Unterzeichnung des Friedensvertrages mit Jordanien 1995 begann eine hoffnungsvolle Phase im Friedensprozeß. Doch zeigte sich bald, daß auch nach der Unterzeichnung des Gaza-Jericho-Abkommens genügend Konfliktpotential weiterwirkte. Die Ermordung von Ministerpräsident Rabin, die terroristischen Attacken in Jerusalem und in Tel Aviv sowie das Verhalten der palästinensischen Polizei beim Aufruhr nach der Öffnung des Tunnels unter dem Tempelberg im Herbst 1996 erschwerten Fortschritte, ja verschärften die Krise. Die Wiederaufnahme der Siedlungstätigkeit in den besetzten Gebieten führte zu Wellen des Protests und der Empörung bei den Palästinensern, wodurch auch Arafats Verständigungspolitik in Mitleidenschaft gezogen wurde. Die Regierung Clinton favorisierte Shimon Peres als Amtsnachfolger Rabins, doch wurde Benjamin Netanjahu im Juni 1996 israelischer Regierungschef.[156] Jetzt drohte Stagnation im Friedensprozeß. Clintons Hauptfehler bestand darin, daß er zu lange Netanjahu freie Hand ließ, obwohl der die vertraglichen Abmachungen einseitig zugunsten Israels interpretierte oder einfach negierte, d.h. nicht einhielt, z.B. den 1993 vereinbarten Abzug der israelischen Truppen aus Hebron und aus Teilen der besetzten West-Bank. Doch Clintons Kritik an Netanjahu stieß auf Widerstand innerhalb des Kongresses. Damit schwand sein Prestige als Vermittler. Anstatt als Garantiemacht der Abkommen von Oslo rigoros für eine Umsetzung der Vereinbarungen zu sorgen, sah sich Clinton zunehmend gezwungen, auf mittlerer diplomatischer Ebene Unterhändler auf Verhandlungsmission zu schicken. Diese Zurückhaltung wurde in der arabischen Welt kritisch bewertet. Folglich konnte Washington keine neue Anti-Saddam-Koalition zusammenschweißen, als sich ab Mitte 1996 die Situation im Irak wieder zuspitzte. Die Militärschläge der USA auf Bagdad wirkten konfus und waren völkerrechtlich fragwürdig. Sie führten auch zu Kontroversen mit Amerikas Verbündeten, weil Clinton gleichzeitig gegenüber Israels Vertragsbrüchen tatenlos blieb.[157] Konsequenterweise distanzierten sich die Araber von den USA, z.B. 1997 durch Teilboykottierung einer von Washington organisierten Wirtschaftskonferenz in Doha.

Erst 1998 drängte Clinton Netanjahu zum Einlenken, so daß am 23. Oktober 1998 das Abkommen von Wye unterzeichnet wurde – eine schriftliche Garantie über den vertraglich bereits abgemachten Abzug der israelischen Truppen aus Hebron und den übrigen besetzten Gebieten. Wye war nichts weiter als die Bestätigung der vergangenen Verpflichtungen, wobei der Zeitplan für den Rückzug jetzt allerdings definiert wurde. Als Druckmittel diente auch Arafats Ankündigung im Mai 1999, fünf Jahre nach Unterzeichnung des Oslo-I-Abkommens, einseitig einen palästinensischen Staat auszurufen – eine Schreckensvorstellung für Netanjahu, falls dieser Staat international anerkannt worden wäre.

Nach zu langer Indifferenz zeigte Clinton endlich mehr balanciertes Engagement für den Friedensprozeß. Außenministerin Albright erklärte sogar, die Israelis trügen die alleinige Schuld am Verhandlungsstillstand. Auch Clintons Lewinsky-Affäre und die veränderten Mehrheitsverhältnisse im US-Kongreß zugunsten der Republikaner zwangen ihn zur Initiative. Schließlich reiste er selbst Ende 1998 in den Nahen Osten. Bewußt besuchte Clinton den Chef der PLO in den autonomen Gebieten, um seine politische Rolle aufzuwerten.[158]

Erst nachdem 1999 Ehud Barak Israels Regierungschef geworden war, stiegen wieder die Hoffnungen auf Fortsetzung des Friedensprozesses. Doch Clintons Ziel eines umfassenden Friedens zwischen Israelis und Palästinensern blieb unerfüllt. Im Juli 2000 unternahm Clinton einen letzten, leider vergeblichen Versuch, den israelischen Ministerpräsidenten Barak und Palästinenserpräsident Arafat auf dem historischen Boden von Camp David zum Vertragsfrieden zu motivieren. Doch der Gipfel scheiterte, weil der Druck auf Arafat und Barak aus den eigenen Reihen eine gemeinsame Lösung verhinderte. Aber erstmals wurde direkt über »sakrosankte« Themen gesprochen wie über die zukünftige Verwaltung und die Oberhoheit in der Heiligen Stadt Jerusalem.

In seiner Nahostpolitik koppelte Clinton wie Henry Kissinger Diplomatie geschickt mit wirtschaftlichen Anreizen. Der Friedensprozeß sollte sich wirtschaftlich für alle Verhandlungspartner als vorteilhaft erweisen und die Region für ausländische Investoren attraktiver gestalten. Diese neue Art von Wirtschaftsdiplomatie hat die Regierung Clinton nicht nur im Nahen Osten, sondern auch auf dem Balkan, beim Abkommen von Dayton, eingesetzt.

Die Regierung Clinton hat gezeigt, daß sie gegenüber Israel nicht mehr allein auf Auslandshilfe oder auf eine strategische Sicherheitspartnerschaft setzt, sondern auf eine Ausweitung von bilateralem Handel und Wirtschaftsinvestitionen. Sie will Israel davon überzeugen, daß der Friedensprozeß nicht nur eine Friedensdividende, sondern auch wirtschaftliche Vorteile abwirft. Schon heute beträgt der amerikanische Anteil am israelischen Import zwanzig Prozent. Nach vollständiger Verwirklichung des amerikanisch-israelischen Abkommens über eine Freihandelszone sind weitere positive Entwicklungen zu erwarten. Mit Blick auf die Märkte des 21. Jahrhunderts wird Israel als wirtschaftliche Drehscheibe für Amerikas Marktstrategien im Nahen und Mittleren Osten zentral.

Die Politik der doppelten Eindämmung

Bis zum Niedergang der Sowjetunion war für die amerikanische Nahostpolitik die markante »Holy Trinity of Israel, Oil, and anti-communism« noch in Takt, verlor aber an Bedeutung, als sich andeutete, daß die Nachfolgestaaten der ehemaligen UdSSR nichtkommunistische Wege gingen und vor allem ehemals sowjetfreundliche Staaten im Nahen Osten ihre alte Unterstützung aus Moskau verloren. Hierdurch wurde ihr Einfluß im Nahen Osten geschwächt, und es ergaben sich neue Möglichkeiten für die amerikanische Nah- und Mittelostpolitik. Besonders militante und unberechenbare Staaten wurden von den USA auf die Liste der »States of Concern« plaziert und mit verschiedenen Sanktionen belegt, wie etwa der Irak, der Iran oder auch Libyen. Diese »Schutzmaßnahme« sollte den Spielraum der USA in der Region jedoch einengen, ja Konflikte mit den Verbündeten z.B. in Europa nach sich ziehen. Suchte Syrien jahrzehntelang die Konfrontation gegenüber Israel, so schmolz seine militante Strategie in dem Umfang, in dem die Rückendeckung aus Moskau abnahm. Assad sah sich schließlich sogar zur Kooperation mit der von den USA geführten Anti-Saddam-Allianz gezwungen und mäßigte seine Haltung gegenüber Israel und den USA. Damaskus tolerierte jetzt Gegenschläge der Israelis gegen irakische SCUD-Angriffe und stimmte später, im Rahmen der Madrider Konferenz, auch direkten Gesprächen mit Israel zu. Doch bald stiegen in Syrien wieder die Zweifel an der Maklerrolle der USA, weil Washington gegenüber Israel und dem Irak bei UN-Resolutionen zweierlei Maß anlegte. Auch der amerikanische Druck auf Syrien, die Raketenangriffe der Hisbollah auf Israel zu unterbinden, stieß auf Ablehnung, weil gleichzeitig Washington israelische Luftangriffe auf Hisbollah-Stellungen im Süd-Libanon kritiklos hinnahm. Schließlich rief die willkürliche Verhängung von Flugverbotszonen im Nord- und Süd-Irak bei Hafez al Assad so viel Befremden hervor, daß Syrien die von den USA initiierten Verhandlungen mit Israel über die Rückgabe der Golan-Höhen verzögerte, nachdem Assad sich zeitweise für eine UNO-Regelung erwärmt hatte.[159] Nach der Ermordung Yitzhak Rabins im November 1995 und der Wahl Netanjahus zerbrach das Vertrauen Syriens in die USA völlig, weil die Clinton-Regierung sich gegenüber dem Kongreß nicht durchsetzen konnte. Vielmehr konterkarierte der Kongreß Clintons Nahostpolitik, als er z.B. für die Verlegung der amerikanischen Botschaft nach Jerusalem votierte und insgesamt Clintons überparteiliche Maklerrolle unterminierte. Aus syrischer Sicht war eine weitere Bedrohung entstanden, als die Regierung Clinton die israelisch-türkische Militärallianz mit ins Leben rief, die als »one of the most important political developments in the region since the 1991 Gulf War«[160] die regionale Mächtekonstellation erheblich veränderte.[161] Als Syrien von der Türkei bezichtigt wurde, PKK-Führer Öcalan zu unterstützen, standen beide Staaten am Rand eines Kriegsausbruches. Konsequenterweise bemühte sich Damaskus um eine Annäherung an den Irak und öffnete 1997 nach 15 Jahren wieder die Grenze zum Nachbarstaat. Eine neue Achse Damaskus–Bagdad–Teheran war als Gegengewicht zur türkisch-israelisch-amerikanischen Allianz entstanden. Damit war die Vorstellung der USA auf Wiederbelebung der Anti-Saddam-Koalition hinfällig geworden. Vielmehr suchte Damaskus seine Position durch Annäherung an den Irak und Iran zu stärken. Auch der überstürzte israelische Rückzug aus der Sicherheitszone im Süd-Libanon verwirrte Syrien, weil seine Forderung nach Rückzug der Israelis als Vorbedingung für den Frieden auf dem Golan über Nacht von den Israelis selbst erfüllt wurde. Der Libanon und Syrien waren bisher nicht zum Frieden mit Israel bereit. Zwar zog sich Israel aus der Sicherheitszone im Süd-Libanon zurück, doch Frieden mit dem Libanon wird es erst geben, wenn dessen Schutzmacht Syrien diesem zustimmt. Nach dem Tod von Hafez al Assad steigt die Hoffnung, daß Syrien sich dem Westen gegenüber öffnet und auch Teil der Friedenspolitik im Nahen Osten werden könnte.

Weil nach dem Golfkrieg und dem Rückzug aus Kuwait Saddam politisch überlebte, entwickelte Präsident Clinton eine Politik der Eindämmung mit dualem Charakter, die sich auch gegen den Iran richtete. Das ursprüngliche Ziel lautete, »to neutralize, contain and, through selective pressures, perhaps eventually transform these backlash states (...) It was expected to remain in effect, with the active support of the coalition that had waged the war, until circumstances changed«.[162] Der Irak, zuvor von Washington gegen den Iran in Stellung gebracht, wurde nach dem Golfkrieg zum erbittertsten Gegner der USA im Nahen Osten. Washington versucht bis heute eine Revolution gegen Saddam Hussein von innen heraus durchzusetzen, doch konnte Saddam Hussein sein Regime seit dem Golfkrieg zunehmend festigen. Washington hingegen konnte die Allianz gegen den Irak nicht mehr zusammenhalten, vielmehr gelang es Saddam, die USA und die UNO bei Kontrollen seiner Waffenarsenale politisch vorzuführen. Das Problem scheint derzeit unlösbar, Konflikt oder Krieg ist in der Zukunft nicht ausgeschlossen, es sei denn, die USA ändern ihre Politik. Nicht mehr Eindämmung und Sanktionen, sondern Einbindung und humanitäre Hilfe sind von den USA gefordert.

Anders verhält sich die Eindämmungspolitik gegenüber dem Iran, dem strategisch gesehen eine Schlüsselrolle am Golf zukommt.[163] Doch regiert in Teheran seit 1979 ein fundamentalistisches Mullah-Regime, das die Spielregeln der internationalen Diplomatie oft mißachtet, die USA herausfordert und den Nahost-Friedensprozeß torpediert hat. Nach wie vor bereitet Washington Teherans Versuch, in den Besitz nuklearer Waffen zu gelangen, und vor allem Irans Unterstützung des internationalen Terrorismus Kopfzerbrechen.[164]

Gegenüber dem Irak war Washington zwar wortstark, aber nicht in der Lage, sich konsequent durchzusetzen. Die Förderung einer inneren Opposition im Irak blieb außerdem weitgehend erfolglos. Außenminister Christophers Aufruf im Januar 1995 zum Sturz der irakischen und iranischen Führung war in Wirklichkeit Ausdruck von Ohnmacht und Scheitern der Strategie der doppelten Eindämmung.[165]

Im Zuge wachsender amerikanischer Truppenpräsenz am Golf und amerikanischer Militärhilfe fürchten viele Araber eine schleichende Amerikanisierung, die wiederum den Parolen der islamischen Fundamentalisten förderlich ist. Damit schließt sich die Quadratur des Kreises.

Verstimmt über die Strategie der doppelten Eindämmung zeigen sich auch die Europäer. Sie halten sie politisch für fragwürdig, aber auch den eigenen wirtschaftlichen Interessen gegenüber abträglich, zumal die Hoffnung auf Reformen im Iran ansteigt.

So verstärkt sich heute der Eindruck, als ob die amerikanische Strategie zur Doktrin erstarrt ist und auf doppelte Weise in eine Sackgasse geführt hat: Der Friedensprozeß stagniert, ja seit den schweren Ausschreitungen in den besetzten Gebieten seit September 2000 ist der Friedensprozeß in höchster Gefahr. Dazu wird die Politik der doppelten Eindämmung von Fachleuten wie Zbigniew Brzezinski, Brent Scowcroft und Richard Murphy[166], als »ineffective, strategically unviable, and carrying a high financial and diplomatic cost«[167] bezeichnet. Zusätzlich wurde der Iran nicht isoliert, sondern Washingtons Strategie hat Irans Annäherung an Moskau begünstigt. Auch die Verstimmung der europäischen NATO-Partner wiegt schwer. Insbesondere Deutschland wurde zum Schrittmacher eines kritischen Dialogs mit dem Iran, wurde aber in Washington als »opportunist and freeloader«[168] kritisiert.

Ein geeigneter Anlaß zur Lockerung der Sanktionen wäre die Wahl des gemäßigten Khatami zum neuen iranischen Präsidenten im Juni 1997 gewesen, zumal er die Beziehungen zu den USA verbessern wollte. Doch selbst als Khatami seinen angekündigten Öffnungskurs fortsetzte, wurden die U.S.-Sanktionen nicht aufgehoben. Doch eine Annäherung zwischen den USA und dem Iran liegt in beider Interessen. Beide unterstützen die ungehinderte Schiffahrt im Persischen Golf und den freien Fluß des Erdöls durch die Meerenge von Hormuz, beide wollen den Irak in seine Schranken weisen, beide befürchten eine Veränderung des territorialen Status quo am Golf durch Interventionen anderer Mächte wie z.B. Rußland oder China, Pakistan oder Indien. Schließlich plädieren beide für mehr Verantwortung der kleinen Golfstaaten im Rahmen der regionalen Sicherheit.

Zusammenfassend läßt sich festhalten: In der Nahostpolitik der Regierung Clinton lagen Fortschritte, Stagnation und Rückschritt eng beieinander. Einerseits konnte Clinton durch diplomatisches Geschick Erfolge erzielen. Leidenschaftlich versuchte er Feinde zu Gesprächspartnern zu machen. Auch wenn die USA zu Beginn des Oslo-Prozesses nicht direkt beteiligt waren, gelang es Clinton, die Vereinigten Staaten als Garantiemacht in den Prozeß einzubringen. Doch gegenüber Israel blieb Clinton zu lange und zu oft zu zögerlich. Mit Blick auf den Irak, insbesondere der Inspektion seiner Waffensysteme, wurde Washington zunehmend ratlos.

Clintons Rolle im arabisch-israelischen Friedensprozeß war ambivalent. Einerseits stellte er Kredite, Schuldenerlaß und militärische Garantien in Aussicht, andererseits versuchte er sich als ehrlicher Makler, gab aber in der Regel den Israelis den Vorzug[169], z.B. auch durch das häufige amerikanische Veto vor der UNO gegen Anträge und Verurteilungen Israels. Damit wurde vor allem das Mißtrauen der Araber gestärkt.

Die Eindämmungspolitik der Regierung Clinton gegenüber dem Iran und Irak kann als weitgehend irreführend und erfolglos angesehen werden. Weder Saddam Hussein noch die Mullahs haben ihre Macht abgetreten, vielmehr haben die USA durch Druck von außen das Regime im Innern – wenn auch unfreiwillig – gefestigt. Auch die Hisbollah im Süd-Libanon wird weiter vom Iran unterstützt. Den internationalen Terrorismus bekämpfen die USA unangemessen durch Cruise Missiles. Viele Terroristen wurden – wie z.B. in Afghanistan – einst von Washington selbst zum Kampf gegen Moskau ausgebildet. Auch der dritte Erzfeind der Amerikaner, der libysche Revolutionsführer Ghaddafi bleibt im Sattel, zeigt sich seit kurzem sogar kooperationsbereit und sucht Respekt und Aufnahme in der internationalen Staatenwelt.

Clintons Politik am Golf vergrößerte die politischen Kosten und verringerte Amerikas Handlungsspielraum. Andererseits stärkt amerikanische Militärpräsenz am Golf die Sicherheit der Region und schreckt vor neuen Regionalkonflikten ab. Wie die USA nach Clinton diesem Dilemma entkommen wollen, bleibt schwer zu beantworten. Aber Washington sollte gegenüber dem Iran und Irak seine Politik modifizieren und beide Staaten in die Region einbinden, wie Clinton dies schon im Fall der Türkei und Syrien getan hat. Doch mit Blick auf den Friedensprozeß überwiegen positive Aspekte der Nahostpolitik Clintons, weil er an bewährte Kontinuitätsmerkmale anknüpfte, auf die sein Nachfolger aufbauen kann. Clinton förderte den Ausgleich zwischen dem israelischen Ministerpräsidenten Yitzhak Rabin und PLO-Chef Arafat und das Friedensabkommen zwischen Israel und Jordanien. Nach dem ersten Etappenerfolg durch Jimmy Carter im Jahr 1978 in Camp David war Bill Clinton dem umfassenden Frieden vorübergehend einige Schritte nähergekommen. Nach den schweren Auseinandersetzungen zwischen Palästinensern und Israelis in den besetzten

Gebieten seit September 2000, provoziert durch Sharons Besuch auf dem Tempelberg in Jerusalem, droht neue Konfrontation. Präsident Clinton konnte auch auf dem Gipfel in Scharm-el-Scheich im Oktober 2000 keine Lösung erzielen. Die Kompromißgegner in Israel und bei den Palästinensern könnten in den kommenden Monaten die Oberhand gewinnen. Um so notwendiger ist es, daß Präsident Bush rasch die Verhandlungsinitiative ergreift.

Zusammenfassung

Die amerikanische Geschichte zeigt, daß nur 14 der bisher 43 Präsidenten eine zweite Amtsperiode regierten. Schon George Washington hatte daran keine rechte Freude, weil sich seine engsten Berater, Thomas Jefferson und Alexander Hamilton, so erbittert stritten, daß beide enerviert zurücktraten. Clinton war seit Franklin D. Roosevelt der erste demokratische Präsident, der zwei Amtszeiten regierte und der mit seinen Mitarbeitern innerhalb und außerhalb des Kabinetts den Eindruck außenpolitischer Geschlossenheit erwecken konnte. Gleichzeitig durchschritt Bill Clinton, ähnlich wie Harry Truman, einen bemerkenswerten außenpolitischen Reifeprozeß. Schien er anfangs unsicher, so entwickelte er Machtbewußtsein und taktisches Geschick. Mußten seine Vorgänger die strategischen Finessen der Geopolitik des kalten Krieges beachten, so zeigte Clinton, daß er die Interessen der USA in der Welt des Handels und der Rohstoffe erfolgreich verteidigte und erweiterte. Clinton verbrämte dabei amerikanische Machtpolitik mit weltwirtschaftlichen Argumenten: »Clintons Befund, daß sich die Welt des kalten Krieges in eine neue Ära des globalen Finanzwesens verwandele, entsprach nur zum Teil der Wahrheit; in dem Großen Spiel waren Geopolitik und Geo-Ökonomie ununterscheidbar«.[170] Er stellte seine Außenpolitik in den Dienst erweiterter nationaler Interessen der USA. Bill Clinton war der erste Präsident, der die Interessen der USA im Zeichen der Globalisierung primär ökonomisch zu verwirklichen suchte. Konservative Kritiker werfen ihm vor, er hätte Amerikas militärische Stärke aufs Spiel gesetzt und in außenpolitischen Krisen versagt. Linke Kritiker hingegen bemängeln, daß Clinton den Genozid in Ruanda nicht verhindert, im Bürgerkrieg auf dem Balkan zu lange zugeschaut und die internationalen Organisationen, wie die UNO, geschwächt bzw. vernachlässigt habe.

Clintons Außenpolitik war nicht fehlerfrei, aber seine Kritiker übersehen, daß die Spielräume für ihn enger geworden waren. Innenpolitisch stand der

Präsident ab 1994 einem Kongreß gegenüber, der in beiden Häusern von republikanischen Mehrheiten angeführt wurde und der die Politik des Präsidenten zu blockieren suchte. Die Lewinsky-Affäre verschärfte während der zweiten Amtsperiode die Polarisierung. Diese Affäre war zwar im Vergleich zu Watergate von privater Leichtigkeit getragen, aber die Republikaner wollten die Rechnung, die sie seit Watergate mit dem Demokraten offen hatten, begleichen; Nixons von den Demokraten erzwungener Rücktritt sollte gerächt werden.[171] Daß Ronald Reagan in der Iran-Contra-Affäre einem terroristischen Schurkenstaat Waffen verkaufte und mit dem Erlös einen geheimen Krieg finanzierte, störte seine Anhänger nicht, vielmehr heiligte bei Reagan der Zweck die Mittel. Bei Clintons privaten Affären wirkten dagegen pharisäerhaftes Moralisieren sowie Gewinn- und Sensationssucht der Medien auf bedenkliche Weise zusammen: »Das war Mittelalter, Hexenjagd, ein Gericht aus Hohenpriestern und Pharisäern. Pornographisch waren nicht die Passagen zum Sex, sondern der Sadismus der Verhörer. Ihre Fragen waren anstößiger als die Antworten des Präsidenten.«[172] Die eifernden Ankläger wirkten abstoßend, Clintons Verhalten hingegen anstößig. Kein Wunder, daß sich die Bevölkerung weigerte, ihren Präsidenten fallenzulassen, wie die Kongreßwahlen 1998 bewiesen. Doch Umfrageergebnisse zeigten, daß die Mehrheit der Amerikaner den Charakter des Präsidenten nicht so hoch einschätzte wie seine Regierungsfähigkeit. Dieser Unterschied zwischen der Einschätzung Clintons als Privatperson und als Präsident fiel im Ausland geringer aus. Die Einschätzung des amerikanischen Präsidenten durch ausländische Politiker entsprach dem Bewußtsein der Weltmacht USA. Umgekehrt überraschte es nicht, daß im Zuge der Lewinsky-Affäre Bill Clinton besonders durch außenpolitischen Aktivismus sein Ansehen wiederherzustellen versuchte. Doch stemmte sich der Kongreß von Anfang an gegen Clintons Außenpolitik im Zeichen eines liberalen und multilateralen Internationalismus: er kürzte dem Präsidenten die außenpolitischen Mittel, blokkierte dessen UNO- und Abrüstungspolitik, verhinderte die Einsetzung eines internationalen Gerichtshofes zur Ahndung von Kriegsverbrechen, bremste die Klimakonferenzen oder forderte mehr nationalen Handlungsspielraum. Formulierte Clinton Außenpolitik multilateral, nicht militärisch und vor allem wirtschaftspolitisch mit Blick auf Stärkung der Gemeinschaftsinstitutionen, stieß er auf den Widerstand der Republikaner. Deshalb stärkte Clinton im Laufe seiner Amtszeit die klassischen, d.h. auch militärischen und interventionistischen Aspekte der Weltmachtrolle der USA. Er rückte außenpolitisch nach »rechts«. Auch unter dem Eindruck der Krisen in Somalia, Haiti, Korea und auf dem Balkan, die anfänglich falsch eingeschätzt bzw. nicht gelöst worden waren, richtete Clinton seine Außenpolitik realistischer, d.h. nach nationalen Sicherheitsinteressen aus. So führte das gespannte Verhältnis zwischen Präsident Clinton und dem Kongreß paradoxerweise auch zu Erfolgen: Die Osterweiterung der NATO und Clintons Einsatz amerikanischer Streitkräfte im NATO-Luftkrieg gegen Restjugoslawien 1999 basierten auf der Zustimmung von Republikanern. Im Zuge der »Fast-Track«-Debatte hinsichtlich internationaler Handelsverträge kooperierte Clinton mit den Republikanern, um den Druck der Gewerkschaften aufzufangen. Auch beim NAFTA-Vertrag im November 1993 suchte Clinton die Unterstützung der Republikaner, um Kritiker und Globalisierungsgegner in den eigenen Reihen in die Schranken zu weisen.

In der Regel plädierten die Republikaner für eine Außenpolitik der freien Hand. Ihr Ziel war eine Neudefinition der außenpolitischen Prioritäten von Präsident Clinton. So votierten die Republikaner für eine globale Hegemonialpolitik mit traditionellen Mitteln, ausgehend von einem konfrontativen Grundcharakter des internationalen Systems, das durch aufstrebende Großmächte, Schurkenstaaten und Terroristen bedroht wurde und in dem die USA am besten beraten waren, allein zu handeln. Diese vereinfachte Grundeinstellung einer neuen republikanischen Politikergeneration im Senat korrespondierte mit geringer Kenntnis der weltpolitischen Belange, kombiniert mit provokativ insularem Selbstbewußtsein.

Präsident Clinton kam in krisenpolitischen, militärischen, aber auch wirtschaftlichen Schlüsselfragen dem republikanischen Kongreß oft entgegen, obwohl er ursprünglich anders handeln wollte. Folglich erweckte seine Außenpolitik bisweilen den Eindruck der Halbherzigkeit. Die Asienkrise suchte Clinton durch Aufstockung der Kredite des IWF zu bewältigen, aber die Republikaner stimmten dagegen. Während Präsident Clinton eine multilaterale Lösung unter Führung der USA anstrebte, befürchteten die Republikaner, daß die USA nicht nur in Asien vor den Karren anderer Interessen gespannt werden könnten. Angst ging um in Washington, daß man über UNO, NATO, OSZE, IWF, Weltbank oder andere Institutionen in Konflikte hineingezogen werden könnte, in denen keine eigenen Interessen auf dem Spiel standen. War Präsident Clinton für eine Stärkung der Auslandshilfe, so zwang ihn die republikanische Mehrheit zu drastischen Kürzungen, mit der einprägsamen Begründung, »die Regierung wolle nur das Geld des Steuerzahlers an fremde Länder verschleudern, weil sie sich einen Dreck darum schert, was zu Hause passiert«[173]. Vor 1989 betrug die Auslandshilfe im Schnitt 12 Milliarden Dollar, ab 1996 war sie auf ca. 6,5 Milliarden Dollar gesunken. Auf ähnlichem Niveau bewegte sich auch die Argumentation der neuen jungen republikanischen Abgeordneten, von denen ein Großteil stolz erklärte, sie brauche keinen Paß, weil sie schon einmal im Ausland waren und schon alles kennen würden. Dieser erschreckende Trend zur Provinzialisierung vieler republikanischer Abgeordneter korrespondierte mit einem naiven Patriotismus und unangemessener Militarisierung der außenpolitischen Vorstellungen. Clintons sensiblere Wahrnehmung der Welt hob sich vom Anti-Globalismus mancher Republikaner wohltuend ab. Die Auseinandersetzung um ein landesweites Raketenabwehrsystem verweist ebenfalls auf die außenpolitische Grundproblematik in der Polarisierung zwischen Präsident und Kongreß, aber auch auf den Zwang zum Kompromiß: »We're going to deploy the system, whether we get a change in the (ABM) treaty or not. Our national defense is more important than this treaty.«[174] Weitere Konfrontation schäumte gewaltig auf, als Präsident Clinton zu Beginn seiner Präsidentschaft mit dem Gedanken liebäugelte, amerikanische Truppen einer UNO-Friedenstruppe zu multilateralen Einsätzen zu unterstellen. Als die Friedensmission in Somalia scheiterte und auf dem Balkan das mörderische Treiben gemeinsam mit den Europäern nicht eingedämmt werden konnte, pochten die USA als einzige Weltmacht um so mehr auf uneingeschränkte nationale Handlungsfreiheit. Gleichzeitig wurde Clintons Handlungsspielraum enger, weil er mehr außenpolitische Mitspieler im Regierungssystem berücksichtigen mußte. Die außenpolitische Rolle des Präsidenten änderte sich: Konsultation und Koordination innerhalb des Regierungssystems und mit Interessengruppen sowie nichtstaatlichen Akteuren wurde zwingend. Außenpolitik unter Clinton blieb nicht die Domäne von Weißem Haus, State Department und Pentagon, sondern innerhalb der Exekutive stiegen die institutionellen und personellen Mitspieler drastisch an. So verschob sich unter Clinton die Rolle des Präsidenten vom Chef zum Chefkoordinator. Er wurde zum Taktieren gezwungen. Seine Amtshandlungen bezogen sich immer weniger auf die klassische Rolle als Staatschef, sondern immer mehr auf die des Chefkoordinators.

Bei diesem außenpolitischen Führungsstil stieg der Handlungsspielraum für Außenministerin Albright und Verteidigungsminister Cohen. Beide personifizierten einen zupackenden Internationalismus und eine Verstärkung des machtpolitischen Denkens und Handelns während der zweiten Amtsperiode. Verteidigungsminister Cohen verkörperte im Kabinett Clinton die Notwendigkeit für überparteiliche Außen- und Sicherheitspolitik. Gerade in der zweiten Amtsperiode dominierten die beiden Falken Albright und Cohen die Außenpolitik und verliehen ihr realpolitischen Schwung. Multilaterale Zurückhaltung und Mangel an außenpolitischer Anpassung oder Rücksichtnahme wurden dabei bisweilen unabwendbar. Doch beide haben das Bewußtsein für Risikobereitschaft gestärkt. Gleichzeitig herrschte im Gegensatz zur Regierung Reagan innerhalb der Regierung Clinton weitgehend außenpolitische Übereinstimmung, so daß die Schritte abgestimmt und kraftvoll gesetzt wurden, aber an den Toren des Kongresses oft neu bedacht werden mußten. Clinton wandelte sich vom Idealisten zum Realisten unter dem Druck der Verhältnisse und im Zuge eines außenpolitischen Lernprozesses. Die imperialen Strukturen und Institutionen aus der Zeit des kalten Krieges wurden von ihm gestützt und ausgebaut. Auch innerhalb des amerikanischen Regierungssystems wurde das sicherheitspolitische Establishment nicht verringert, sondern gestärkt, und die Mittel, wie z.B. für den Militärhaushalt, wurden, wenn auch unter Druck des Republikanischen Kongresses, erhöht, die sicherheitspolitischen Einrichtungen modernisiert. An die Stelle der Sowjetunion traten nun Schurken, Terroristen und Fanatiker, die den Weltfrieden bedrohten und nur durch die USA als unverzichtbare Weltmacht – teilweise in Kooperation mit den Verbündeten – in Schach gehalten werden sollten. Dabei entstand trotz aller Menschenrechts- und Freihandelsrhetorik nicht selten der Eindruck von Hybris und Selbstbezogenheit. Zwar begrüßte man Clintons Vermittlerrolle, wie z.B. im Nahen Osten, und bedauerte das Scheitern, doch entstand der Eindruck, als ob die USA als Weltpolizist, Richter, Vermittler und Ankläger in einer Person handeln.

Amerikas Präsidenten des 20. Jahrhunderts haben die imperialen Interessen der USA stets in eine Rhetorik von Verantwortung und Sendungsbewußtsein gehüllt. Auch Präsident Clinton hat historische Verpflichtung und politische Vision in dieser Tradition selbstbewußt formuliert: »Das Versprechen Amerikas wurde im 18. Jahrhundert aus der kühnen Überzeugung geboren, daß wir alle gleich geschaffen sind. Es wurde im 19. Jahrhundert erweitert und bewahrt, als unsere Nation sich auf dem Kontinent ausbreitete, die nationale Einheit rettete und die schreckliche Geißel der Sklaverei abschaffte. Danach, in Zeiten des Aufruhrs und Triumphes, katapultierte sich dieses Versprechen auf die Weltbühne, um dieses Jahrhundert zum amerikanischen Jahrhundert zu machen. ... Jetzt liegt zum dritten Mal ein neues Jahrhundert vor uns und wiederum eine Zeit der Entscheidungen. Wir begannen das 19. Jahrhundert mit der Entscheidung, unsere Nation von Küste zu Küste auszubreiten. Wir begannen das 20. Jahrhundert mit der Entscheidung, der industriellen Revolution das Zaumzeug unserer Werte des freien Unternehmertums, der Bewahrung der Umwelt und menschliche Anständigkeit anzulegen ... im Morgenrot des 21. Jahrhunderts muß dieses freie Volk sich dafür entscheiden, die Kräfte des Informationszeitalters und der globalen Gesellschaft zu formen.« Stolz auf die geleistete Arbeit wurde deutlich, als Clinton hinzufügte: »In diesen vier Jahren haben uns Tragödien angerührt, wurden wir von Herausforderungen belebt und sind durch Leistungen gestärkt worden. Amerika steht allein als die unverzichtbare Nation der Welt.«[175]

Diese selbstbewußte Einschätzung hat Clintons Rußland- und Chinapolitik nicht immer erleichtert. Gegenüber Rußland setzte Clinton auf Kooperation. Er ermutigte amerikanische Investoren, um Rußlands Integration in die Weltwirtschaft zu erleichtern, und setzte sich bei den G7/G8-Gipfeln und beim IWF für Wirtschaftshilfe ein, um Rußlands politische und wirtschaftliche Transformation zu fördern. Clintons Rußlandpolitik war also ambitiöser als die seiner Vorgänger, weil er in der Tradition von Woodrow Wilson und Jimmy Carter die Transformation Rußlands zur Demokratie und Marktwirtschaft zum Ziel seiner Außenpolitik machte. Da die Kredite leider hauptsächlich dazu dienten, die russische Kleptokratie und die Mafia zu stabilisieren und auch den Tschetschenien-Krieg ungewollt mitfinanzierten, geriet Clintons Rußlandpolitik der guten Absicht ins Kreuzfeuer der Kritik. Als im Sommer 1998 Jelzin entgegen den Verabredungen in der russischen Finanzkrise dirigistische Maßnahmen ergriff, die Reformer entmachtete und Kredite für eine sinnlose Abstützung des Rubels verschleuderte, schien Clintons Rußlandhilfe gescheitert. Korruption, organisiertes Verbrechen in Staat, Wirtschaft und Gesellschaft und eine mitschuldige Kremlführung führten zu der schmerzlichen Einsicht in Washington, daß der amerikanischen Rußlandpolitik engere Grenzen gesetzt waren, als Clinton sich anfangs vorgestellt hatte. Clinton verstand Rußland nicht mehr als Gegner, aber Rußland wurde unter Jelzin und Putin noch nicht zum vertrauenserweckenden Partner.

Clintons Chinapolitik war ebenfalls ambitiös. Er suchte die strategische Partnerschaft, die bei seinem Chinabesuch im Juni 1998 spektakulär bekräftigt wurde, aber von vielen als Kotau gegenüber Peking empfunden wurde, weil Clinton als erster Präsident Pekings Chinapolitik übernahm: Nein zur Unabhängigkeit Taiwans, Nein zur Mitgliedschaft Taiwans in internationalen Organisationen und Nein zur Abkehr von der Ein-China-Politik. Mit dieser Umarmung suchte Clinton die strategische Partnerschaft mit der VR China. Kein Wunder, daß Taiwans Präsident Lee ein Jahr später, im Juli 1999, die Abkehr von der Ein-China-Politik öffentlich verkündete, die Beziehungen zu Peking gleichberechtigt zwischenstaatlich definierte, um Distanz und Handlungsspielraum wiederzugewinnen. Als im Zuge des Luftkriegs der NATO gegen Jugoslawien am 8. Mai 1999 versehentlich die chinesische Botschaft in Belgrad zerstört wurde, lag auch die strategische Partnerschaft zwischen Washington und Peking in Scherben. Peking kritisierte grundsätzlich die Einmischung in innere Angelegenheiten im eigenen Interesse. Deshalb wurden schon die Angriffe der USA und Großbritanniens gegen den Irak im Dezember 1998 von China verurteilt. Da die VR China einen ständigen Sitz im UNO-Sicherheitsrat innehat, sah sie sich durch diese Aktionen brüskiert und ihrer legitimen Rolle und ihres Mitspracherechts auf internationaler Ebene beraubt. Auch wurden die NATO-Osterweiterung wie auch die amerikanischen Pläne für ein Raketenabwehrsystem von Peking heftig kritisiert. So verwundert es nicht, daß Peking und Moskau eine antihegemoniale strategische Partnerschaft mit antiamerikanischer Spitze eingingen und eine breite Palette gemeinsamer Interessen definierten. Immerhin befürworteten die USA Pekings Beitritt zur WTO (Welthandelsorganisation).

Beide Seiten sind sich noch unklar über die wechselseitige Interessenentwicklung. Die Regierung Clinton hat zur Klärung dieser Frage zu wenig beigetragen.

Die Europapolitik Clintons wurde durch die NATO-Osterweiterung, durch die Eindämmung des Krieges auf dem Balkan und durch Wirtschaftsinteressen bestimmt. Clintons Führungsrolle beim Einsatz der Streitkräfte im NATO-Luftkrieg war von ambivalenter Wirkung: er führte die NATO mit Erfolg durch den Luftkrieg und bewahrte damit den entscheidenden sicherheitspolitischen Arm der USA in Europa vor der Lähmung, erweiterte sogar seinen Wirkungsbereich und hielt die Allianz zusammen. Andererseits verwies der Krieg auf eklatante politische und militärstrategische Schwächen und auf die Problematik der sogenannten humanitären Intervention. So scheint es, als ob die Europäer auch nach der Erweiterung der NATO und nach Ende des Kosovo-Krieges noch immer nicht erkennen, daß die von Washington angemahnte Modernisierung der Streitkräfte verwirklicht werden muß. Massive Konflikte drohen allerdings im Zuge der amerikanischen Entscheidung für ein Raketenabwehrsystem. Hätten die Westeuropäer in den vergangenen Jahren die Rückständigkeiten der Streitkräfte abbauen können, so wäre ihre Verhandlungsposition gegenüber den USA in dieser Frage kraftvoller. Doch weil Präsident Bush an der Aufstellung eines solchen Systems festhalten wird, stehen der Allianz schwere Zeiten bevor.

Die wirtschaftspolitische Perspektive in transatlantischen Beziehungen hat sich unter Clinton verbessert. Mit der Einführung des Euro schien sich eine größere ökonomische Rolle Westeuropas in der Welt anzudeuten, aber wieder müssen die USA den Euro stützen. Mehr Hoffnung macht die europäische Wirtschaft, die in den neunziger Jahren im Zeichen von Umstrukturierung und Globalisierung stand und seitdem europäische mit amerikanischen Unternehmen fusionieren, wie z.B. DaimlerChryser und Bertelsmann-Random-House. Allerdings fiel den USA unter Clinton Europas Aufstieg zur wirtschaftlichen Großmacht nicht leicht. Die USA neigen als konkurrenzlose Weltmacht nicht dazu, Konkurrenten zu ermuntern oder multilaterale Organisationen zu fördern – es sei denn, sie können diese selbst klar führen. Die Souveränität zu teilen gehörte nicht zu den Grundreflexen der USA, auch nicht unter Clinton. Aber im Unterschied zu den Westeuropäern sind die USA auch in Krisen in Europa handlungsfähig, während die Westeuropäer jahrelang über ihre Identität diskutieren, ohne sich sachpolitisch vom Fleck zu rühren. Die Europäer, vor allem die Deutschen, waren den USA in den neunziger Jahren nicht immer ein verläßlicher Partner in der Not, sondern sie glichen verwöhnten und zunehmend quengelnden Kindern, die auf der Wohlstandsinsel Europa mit den neuen Realitäten nicht zurechtkommen. Deutschland, bis 1989 Eckpunkt aller europapolitischen Überlegungen der USA, hat bis heute Amerikas Angebot für »Partnership in Leadership« nicht angenommen.

In der Nahostpolitik der Regierung Clinton lagen Fortschritte, Stagnation und Rückschritt eng beieinander. Einerseits konnte Clinton durch diplomatisches Geschick Erfolge erzielen. Leidenschaftlich versuchte er Feinde zu Gesprächspartnern zu machen. Auch wenn die USA zu Beginn des Oslo-Prozesses nicht direkt beteiligt waren, gelang es Clinton, die Vereinigten Staaten als Garantiemacht in den Prozeß einzubringen. Doch gegenüber Israel blieb Clinton zu lange und zu oft zu zögerlich. Mit Blick auf den Irak, insbesondere der Inspektion seiner Waffensysteme, wurde Washington zunehmend ratlos.

Clintons Rolle im arabisch-israelischen Friedensprozeß war ambivalent. Einerseits stellte er Kredite, Schuldenerlaß und militärische Garantien in Aussicht, andererseits versuchte er sich als ehrlicher Makler, gab aber in der Regel den Israelis den Vorzug, z.B. auch durch das häufige amerikanische Veto vor der UNO gegen Anträge auf Verurteilungen Israels. Damit wurde vor allem das Mißtrauen der Araber gestärkt.

Die Eindämmungspolitik der Regierung Clinton gegenüber dem Iran und Irak war weitgehend erfolglos. Weder Saddam Hussein noch die Mullahs haben ihre Macht abgetreten, vielmehr haben die USA durch Druck von außen das Regime im Innern – wenn auch unfreiwillig – gefestigt.

Wie die USA nach Clinton diesem Dilemma entkommen wollen, bleibt schwer zu beantworten. Aber Washington sollte gegenüber dem Iran und Irak seine Politik modifizieren und beide Staaten in die Region einbinden. Doch mit Blick auf den Friedensprozeß überwiegen positive Aspekte der Nahostpolitik Clintons, weil er an bewährte Kontinuitätsmerkmale anknüpfte, auf die Präsident Bush aufbauen kann.

Bei der Lösung der neuen globalen Fragen schneidet die Regierung Clinton nicht gut ab. In der internationalen Umweltpolitik verweigerten die USA unter Clinton Reformen, auch weil der Kongreß Initiativen verwässerte oder blokkierte, wie die Auseinandersetzung um das Kyoto-Protokoll dokumentierte.

Clintons entscheidende Leistung besteht im außenpolitischen Paradigmenwechsel von der militärischen Eindämmung hin zur Ökonomisierung von Politik. Handels- und wirtschaftspolitisch konnte Clinton den kosmopolitischen Grundcharakter der USA bewahren und die Interessen ausweiten.

Amerikas »Reich der Freiheit« hat sich unter Clinton ausgeweitet. Globalisierung steht beispielhaft für die mannigfaltigen Facetten amerikanischer Dynamik im Spannungsfeld von Wirtschaft, Kultur, Militärstrategie und Politik.

Verstehen sich die USA nach fast fünf Jahrzehnten kaltem Krieg politisch und militärisch wieder in der Tradition der großen insularen Macht und artikulieren im Weltmaßstab nur Finanz- und Wirtschaftsinteressen? Oder verstehen sich die USA heute, wie schon seit Beginn des 20. Jahrhunderts, umfassend als Weltmacht und wirkten dann der kalte Krieg und die Politik der Eindämmung des Weltkommunismus nur als Beschleuniger, nicht aber als Ursache für den Aufstieg der USA zur letzten Weltmacht?

Für diejenigen, die die Auffassung vertreten, daß die USA im Verlaufe des 20. Jahrhunderts ihre Interessen geopolitisch ausdehnten, ist es nicht verwunderlich, daß die USA auch nach dem Untergang des Sowjetimperiums eine Strategie der globalen Vorherrschaft umfassend und konsequent weiterverfolgen und – nicht nur der Logik des kalten Krieges folgend – weiterrüsten, obwohl kein nennenswerter Herausforderer in Sicht ist.

Aber für jene, die glaubten, daß nach dem Wegfall der globalen Gegenmacht Sowjetunion die Zeit für Abrüstung, Rezivilisierung und kooperative Einbettung amerikanischer Außenpolitik gekommen sei, bedeutet die realpolitische Entwicklung der USA in den neunziger Jahren eine Enttäuschung, denn die Maximierung der weltweiten Vorherrschaft bleibt Kontinuitätsmerkmal der Außenpolitik von Theodore Roosevelt bis Bill Clinton. Auf diesem Hintergrund erscheint der erwähnte Paradigmenwechsel von der Militarisierung zur Ökonomisierung der Außenpolitik vielleicht voreilig. Beide Strategien werden, wenn auch bisweilen widersprüchlich, gleichzeitig verfolgt. Diese Strategie der Vorherrschaft beruht zu Beginn des 21. Jahrhunderts auch auf militärischen Mitteln, aber zunehmend auf weicheren Kraft- und Machtquellen, wie Wirtschaft, Finanzen, Technologie und Massenkultur.

Doch selbst ein wohlwollender Hegemon wie die USA stößt auf Mißtrauen und fördert Gegenmachtbildung. Ja, die Regierung Clinton provozierte durch die NATO-Osterweiterung, durch die – vom Kongreß forcierten – Pläne zur Raketenabwehr, durch die Nichtratifizierung des Atomteststoppabkommens und durch überzogene außenpolitische Alleingänge Kritik. Andererseits scheint es naiv, zu glauben, daß die einzige Weltmacht ihre außenpolitische Entscheidungsfreiheit freiwillig aufgeben würde. Kein Imperium hat in der Geschichte selbstlos gehandelt. Gegenmachtbildung ist also die unvermeidliche Konsequenz bei Amerikas Entwicklung zur letzten Weltmacht.[176]

Präsident Clinton hat guten Willen, aber nicht immer entsprechendes Vermögen zu liberalem Internationalismus gezeigt, wenn dieser druckvoll, d.h. auch durch militärische Drohung oder Intervention, durchgesetzt werden sollte. Dann relativierte die Regierung Clinton die anfängliche Bedeutung des Multilateralismus und entschied sich für eine robuste, bisweilen unilaterale Interventionsstrategie nach Maßgabe nationaler Interessen. Nordkorea, Irak, und der Balkan bedrohten vitale, Haiti und Somalia wichtige, während der Genozid in Ruanda offensichtlich nur nachgeordnete Interessen der USA berührte. Zu Unklarheiten in der Einschätzung der Clintonschen Interventionspolitik kam es, weil der moralische Eigenanspruch hoch war, dann aber Amerikas Reaktion wie im Fall des Völkermords in Ruanda, der eine rein humanitäre Intervention gerechtfertigt hätte, ausblieb. Clinton intervenierte nur dann, wenn neben dem humanitären Moment auch die Interessenlage es erforderte und die Zustimmung des Kongresses und der öffentlichen Meinung absehbar war. Clinton bestand allerdings auf dem Recht präsidentieller Prärogative, als er als Oberbefehlshaber der Streitkräfte für deren Einsatz im NATO-Luftkrieg votierte. Hier setzte er sich über Kritik in Öffentlichkeit und Kongreß hinweg. Seine Führungskraft wurde honoriert, vor allem die unschlüssigen Europäer atmeten auf.

Die Zustimmung des Kongreß gegenüber Clintons Führung im Luftkrieg der NATO beruhte vor allem auf der Einschätzung, daß die NATO als Instrument für amerikanische Interessen unverzichtbar bleibt.

Präsident Clinton rückte oft unter Druck von Kongreß und Öffentlichkeit von seiner ursprünglich aufgeschlossenen Haltung gegenüber multinationalen Institutionen ab und hielt nur dann an gemeinsamem Vorgehen fest, wenn sich diese Institutionen als Instrument für amerikanische Interessen einsetzen ließen. Präsident Clinton und Außenministerin Albright waren zunächst gewillt, das Gewicht der UNO zu stärken, forderten aber als Voraussetzung für die Begleichung der amerikanischen Beitragsrückstände in Höhe von 1,3 Milliarden Dollar eine Reform der UNO an Haupt und Gliedern. Doch Repräsentantenhaus und Senat blockierten Clintons UNO-Politik mit sachfremden, ja befremdlichen Zusatzforderungen.

So entsprach die Haltung der USA auch unter Clinton gegenüber Universal- und Regionalorganisationen dem Verständnis einer klassischen Weltmacht, die sich nur sehr begrenzt dem multilateralen Trend der Weltpolitik anpaßt. Bilanziert man die Politik der Regierung Clinton, so variieren die USA ihre außenpolitischen Strategien im Spannungsfeld von Unilateralismus und Multilateralismus sowie zwischen regionalen und globalen Interessen nur taktisch, strategisch orientierte man sich an »America first«. Das zeigt auch Clintons Primat der wirtschaftlichen Globalisierung. Clinton nutzte multilaterale Ansätze, wie beim Ausbau des Welthandelssystems, handelte aber auch unilateral, um Partner mit mißliebigen Handelspraktiken, z.B. Japan und Westeuropa, unter Androhungen von Sanktionen zu Marktöffnungen zu zwingen. Aber auch vor extraterritorialer Anwendung von Gesetzen, wie dem Helms-Burton-Act (gegenüber Kuba) und dem D'Amato-Act (gegenüber Iran und Libyen) gegen ausländische Unternehmen schreckte der Kongreß nicht zurück, und Clinton paßte sich an. Für einen regionalen Ansatz steht die NAFTA. Die WTO, Fixpunkt von Globalisierung, wurde von konservativen Unilateralisten und Isolationisten wie Jesse Helms, dem Rechtspopulisten Ross Perot und Newt Gingrich besonders mit Blick auf den neuen Streitbeilegungsmechanismus der WTO bekämpft, weil sie die Außerkraftsetzung amerikanischer Gesetze und Interessen befürchteten und deshalb einem populistischen Antiglobalismus das Wort redeten. Dank der veritablen Einspruchsrechte des Kongresses wurden amerikanische Verpflichtungen gegenüber dem multilateralen Welthandelssystem relativiert, z.B. bei Weltbank und IWF.

Trotzdem konnte in der Handels- und Wirtschaftspolitik Clinton den kosmopolitischen Grundcharakter der USA im Kern bewahren, denn neben den traditionell unilateralen oder multilateralen Strategien forcierte Clinton regionale Strategien, wie NAFTA. Für Clinton wurden regionale Marktstrategien zum entscheidenden Verbindungsstück zwischen nationalen und globalen Wettbewerbsstrategien. Marktöffnung, Marktsicherung, Regionalisierung von US-Standards, Stärkung der Wettbewerbsfähigkeit, aber auch Abbau von Antiamerikanismus und Stärkung proamerikanischer Kräfte wurden am Beispiel der Hilfe für Mexiko deutlich. Mexiko stieg in der Folge zum drittwichtigsten Handelspartner auf, vergrößerte den regionalen Einfluß für die USA und stärkte die kontinentale Basis für weltweiten Einfluß.

Die USA sind zwar politisch und militärisch eine »Weltmacht ohne Gegner« (so der Titel des Buches von Peter Rudolf und Jürgen Wilzewski), aber handels-, finanz- und wirtschaftspolitisch zeigen sich Japan und Westeuropa als Rivalen, die zwar noch nicht ebenbürtig sind, die aber den Führungsanspruch der USA in Zukunft stärker herausfordern.

Innenpolitische, zum Teil isolationistische Gegenkräfte wie auch weltwirtschaftliche Multipolarität und die privatwirtschaftlichen Gesetze der Globalisierung zwangen Clinton zu Anpassung. Andererseits hat er dafür gesorgt, daß das anbrechende Zeitalter der Globalisierung für Amerikas Interessen in der Welt genutzt wird. Doch nicht nur der Blick in Gegenwart und Zukunft, auch der in die Vergangenheit zeigt, daß die USA seit ihrer Gründung beispielhaft für das Phänomen der Globalisierung stehen. Nach der Entdeckung Amerikas durch Kolumbus 1492 entstand der erste große Globalisierungsschub, der über Kolonisierung zur Gründung der USA führte. Die USA sind selbst Produkt der Globalisierung, wenn man darunter die schrittweise Einbeziehung der Welt in ein System globaler Interdependenzen und der Verringerung der Grenzen von Zeit und Raum versteht: »Als Produkt der Globalisierung sind die USA dazu prädestiniert, Produzent der Globalisierung zu sein, also den Globalisierungsprozeß ständig voranzutreiben. ... Die Notwendigkeit, die eigene Identität nicht ethnisch, sondern politisch zu bestimmen, verführt zu universalistischen Ansprüchen – zum Glauben an den eigenen Vorbildcharakter für den Rest der Welt auf der einen Seite, zur Überzeugung, im Interesse universaler Werte amerikanische Macht zum Einsatz bringen zu müssen, auf der anderen Seite. In dem Maße, wie die USA sich als Einwanderungsland öffneten, spiegelte die amerikanische Gesellschaft selbst die Globalisierungsprozesse wider. Sie wurde zu einer globalisierten Gesellschaft. ... Die offensichtliche Attraktivität der amerikanischen Kultur trägt ihrerseits dazu bei, den Glauben der Amerikaner an ihre eigene Vorbildrolle zu bestätigen. So stärkt die Globalisierung den Amerikanismus der Amerikaner.«[177]

Die Informationsrevolution als wichtigster Aspekt von Globalisierung durch das Internet, die ihre militärischen Wurzeln in der Rüstungspolitik von Präsident Reagan hatte, hat Amerikas Rolle in der Welt bestärkt und gefestigt. Nach den Siegen im Ersten und Zweiten Weltkrieg, im kalten Krieg, und danach, haben die USA ihre Rolle als letzte Weltmacht nicht nur auf der Erde oder im Weltraum, sondern auch im virtuellen Raum errichtet. Doch weitet sich »Das Reich der Freiheit« nicht nur virtuell aus, sondern sucht auch Vergrößerung und Erweiterung auf der Erde, wirtschaftlich und durch Vergrößerung und Erweiterung der Demokratien. Thomas Friedman hat dazu erklärt: »Wenn man vor hundert Jahren einem visionären Geoarchitekten gesagt hätte, die Welt werde im Jahre 2000 von einem Globalisierung genannten System bestimmt und er solle doch ein Land ersinnen, das in dieser Welt konkurrieren und gewinnen könne, dann hätte er ein Gebilde entworfen, das den Vereinigten Staaten von Amerika verdammt ähnlich gesehen hätte.«[178]

Amerikas Fähigkeiten haben andere Staaten und Gesellschaften schon das ganze 20. Jahrhundert über fasziniert, aber auch irritiert, wenn diese ihre Existenz zu unterminieren drohten, vor allem wenn die USA ihre politische Mission mit unübertroffenem Bekehrungseifer koppelten: »Amerika verdrießt und dominiert, aber es erobert nicht. Es will das Sagen haben, aber es zieht nicht in den Krieg, um Land und Ruhm zu erwerben. ... Die USA sind definitiv eine Klasse für sich, was die weiche Machtausübung betrifft. In diesem Spiel können weder China noch Japan, noch Rußland, nicht einmal Westeuropa mit den USA mithalten. ... Diese Art von Macht – eine Kultur, die nach außen abstrahlt, und ein Markt, der die Menschen anlockt, beruht auf Anziehung, nicht auf Druck, auf Akzeptanz, nicht auf Eroberung. Schlimmer noch, diese Art von Macht kann weder angesammelt noch durch ein Gegengewicht neutralisiert werden. Auf diesem Feld können sich nicht alle anderen gegen die USA zusammenschließen wie in den Bündnissen vergangener Zeiten. Auch alle ihre Filmstudios zusammen könnten die Macht von Hollywood nicht brechen. Aus diesem Grund wirkt die 1997 von China und Rußland geschlossene strategische Partnerschaft so anachronistisch. Jelzin wird schwerlich Know-how und Computer in Peking einkaufen wollen, und China wird gewiß nicht seinen wichtigsten Exportmarkt aufs Spiel setzen wollen.«[179]

So fällt die außenpolitische Bilanz von Bill Clinton überwiegend positiv aus, weil er die Führung der USA wiederherstellte. Seine Weltwirtschaftspolitik bildet die Krönung eines außenpolitischen Lernprozesses, der zu eindrucksvollen Erfolgen geführt hat: »Clinton wird wahrscheinlich in die Geschichte eingehen als der wahre Architekt der Welt nach dem kalten Krieg. Trotz des isolationistischen Gepolters wird ihm Amerika eines Tages dankbar dafür sein. Clinton hatte die Mechanismen entworfen, um einen globalen Einfluß Amerikas bis weit in das nächste Jahrhundert zu erhalten.«[180] Vom Nahen Osten bis Nordirland, von Kuba bis Burma, von Estland bis Südafrika hat Clinton unter den neuen Bedingungen nach dem kalten Krieg Amerikas Rolle in der Welt vergrößert, sein Ansehen gestärkt, seine Interessen ausgedehnt.

Innenpolitische Rundumerneuerung und vermehrte Einflußnahme in der Welt gehörten für ihn zusammen. Die traditionelle Trennung zwischen Innen- und Außenpolitik wurde ab 1993 unter Clinton poröser, weil er stärker als seine Vorgänger außen- und innenpolitische Faktoren unter wirtschaftlichen Gesichtspunkten miteinander verband. Man könnte noch weiter gehen: Außenpolitik wurde von Clinton auf die innenpolitischen Strukturen und Antriebsfaktoren zugeschnitten, so daß von einem Primat der Außenpolitik nicht mehr gesprochen werden kann. Außenpolitik kann keine weltpolitischen Wunder mehr bewirken, sondern trägt dazu bei, daß durch Eroberung von neuen Märkten und durch Steigerung des Exports die amerikanische Wirtschaft und Industrie wieder gesundet, das Handelsbilanzdefizit abgebaut und mehr Mittel für Forschung, Bildung und Erziehung freigesetzt werden. So gesehen, wurde seine Außenpolitik einem innenpolitischen Primat zugeordnet. Auch unter dieser Sichtweise kann sich die wirtschaftspolitische Bilanz der Amtszeit Clintons sehen lassen: steigende Einkommen, niedrige Zinsen, geringe Inflationsraten und ein starker Beschäftigungszuwachs, hohe Profite der Unternehmen, die Aufhebung der Staatsverschuldung entstanden in einem unverkrampften Miteinander von Regierung und Unternehmen. Clinton beschritt den Dritten Weg zwischen ermüdeten Wirtschaftsideologien von Rechts und Links und brachte Amerika auf ökonomischen Erfolgskurs. Dabei handelte er fiskalpolitisch konservativ, vollzog eine radikale Abkehr vom sozialstaatlichen Prinzip und beschleunigte vor allem Globalisierung und technischen Wandel. Als Clinton sein Amt antrat, war das Staatsbudget mit 290 Milliarden Dollar verschuldet, heute schreibt der Haushalt mit über 100 Milliarden Dollar schwarze Zahlen. Außerdem sank der Anteil der Staatsausgaben am Bruttoinlandsprodukt auf unter 20 Prozent. Insgesamt hat sich das Nettovermögen der amerikanischen Haushalte in den vergangenen zehn Jahren auf über 630 Billionen Dollar verdoppelt. Doch reicher wurden nur die Reichen, vor allem die 2,7 Millionen Bürger, die auf der Einkommenspyramide das oberste Prozent ausmachen. Sie haben heute genausoviel Geld und Wohlstand angehäuft wie 100 Millionen ihrer Landsleute in der unteren Hälfte der Vermögensskala.[181] Die wirtschaftliche Blüte gilt also nicht für alle gesellschaftlichen Bereiche. Vielmehr hat sich die Einkommensschere unerbittlich geöffnet, und jene, die durch die weiten Maschen des Sozialstaates fallen, sind arm dran. Bis heute haben die USA es nicht geschafft, ein taugliches öffentliches Schulsystem zu errichten oder die Gewaltkriminalität entscheidend einzudämmen. Aber wirtschaftlich können die Europäer lernen, vor allem vom amerikanischen Mißtrauen gegenüber interventionistischen Regulationsformen, z.B. daß ein Staat mit einer zu hohen Bürde an Sozialaufgaben die Wirtschaft lähmt und damit allen schadet. Nicht der Geist des satten Wohlstandsstaates, sondern das Klima des Einwanderungslandes sorgt noch immer für Dynamik. Clinton kommt das Verdienst zu, das Land mit wirtschaftlichem Spürsinn geführt zu haben; er förderte den Handel, brachte Vertrauen zur Börse und zu Investoren. Deshalb ist die exzellente wirtschaftliche Verfassung der USA zu einem guten Teil sein Verdienst. Clinton ließ sich stark vom Eigeninteresse der USA leiten und intervenierte, wenn er die strategischen und ökonomischen Interessen seines Landes in Gefahr sah und wenn er glaubte, den öffentlichen Ruf nach Schutz von Menschenrechten nicht überhören zu dürfen. Lokale oder regionale Konflikte interessierten ihn nur mit Blick auf vitale oder wichtige nationale Interessen.

So erlebte die Weltmacht USA unter Clinton eine Blütezeit. Nach dem Sieg im kalten Krieg schicken sich die USA nun auch an, im Zuge der Globalisierung den Wettkampf der Systeme und Ideen nach dem bekannten Prinzip »America first« zu bestreiten.

Der Vorwurf, daß Clinton nur Kooperation und Multilateralismus predige, in Wirklichkeit jedoch überwiegend unilateral und aggressiv auf Kosten der übrigen Welt handele, ist nicht von der Hand zu weisen. Auch Clintons Auffassung, daß die ökonomische Zukunft der USA primär vom Erfolg auf den Überseemärkten handele, ist zutreffend[182]. Doch hat Clintons aggressive Wirtschaftspolitik auch zu politischer und ökonomischer Aggressivität bei anderen geführt. Das schlechte Vorbild der USA wurde teilweise von anderen Staaten übernommen. Ferner kann man sich des Eindrucks nicht erwehren, daß im Zuge der Ökonomisierung der Außenpolitik auch Militärstrategen zum geopolitischen Sprung zur Großraumwirtschaft ansetzen. Dabei bauen die Konservativen auf die Leistungen der USA im kalten Krieg und auf die Überlegenheit der Marktwirtschaft, während die Liberalen nach drohendem Verfall der amerikanischen Werte und Wirtschaft jetzt ein neues Sendungsbewußtsein betonen. Beide finden sich in dem gemeinsamen Leitmotiv »America first«.

Nach Ende des kalten Krieges aber fehlt den USA eine neue »wertemäßige Unterfütterung«[183] der weltpolitischen Rolle zu Beginn des 21. Jahrhunderts. Wirtschaftswachstum, Technologisierung und Kommunikation sind wichtig, aber hat Amerika mehr anzubieten als die Rückkehr zum Kapitalismus? Konnte Clinton damit allein den Weltmachtstatus begründen? Die Amerikaner haben sich seit dem Zweiten Weltkrieg daran gewöhnt, die freie Welt zu führen. Aber hat Clintons Politik die »Sinnkrise« der Amerikaner zu Beginn des neuen Jahrhunderts schließen können? Für viele repräsentierte Clinton einen bedenklichen Zustand der USA – ohne Vision, wirtschaftlich ehrgeizig und egozentrisch, unruhig und ohne gelassenes kooperatives Selbstbewußtsein. Clinton konnte nicht alle neuen Herausforderungen und Probleme bewältigen, aber im Unterschied zu den Republikanern schaute er nach vorn, stellte richtige Fragen und fand zukunftsweisende Antworten. Er hat Schritte in Richtung einer neuen, kraftvollen Stellung der USA in der Welt unternommen und Amerikas Rolle als demokratischen Hegemon untermauert, zugleich die machtpolitischen Reflexe wiederbelebt.

Clinton trieb vor allem die Revolution des Informationszeitalters im amerikanischen Interesse weiter voran: »Das eine Land, das es am besten versteht, die Revolution auf dem Gebiet der Informatik anzuführen, wird mächtiger sein als alle anderen. Für die vorhersehbare Zukunft werden das die Vereinigten Staaten sein. … Der Vorsprung auf diesem Gebiet ist gleichermaßen wichtig als Multiplikator der Stärke amerikanischer Diplomatie einschließlich der ›sanften Macht‹ – der Anziehungskraft amerikanischer Demokratie und freier Märkte.«

Diese »sanfte Macht« des zivilisatorischen Vorbilds der USA hat jedoch in den vergangenen Jahrzehnten nie wieder die Strahlkraft erreichen können, die sie zu Beginn der sechziger Jahre hatte.

Clinton war ein politisches Chamäleon, das sich der Volksstimmung anpaßte, aber in der Wirtschaftspolitik hat er die Nation zu führen gewußt. Man bewunderte ihn wegen seiner politischen Fähigkeit, die Bevölkerung direkt und über die Medien für sich einzunehmen. Dabei schwankte die Einstellung der Amerikaner zwischen Bewunderung und Kritik. Amerika respektierte seinen Intellekt, seine taktische Raffinesse, aber die Lewinsky-Affäre hätte ihn fast zu Fall gebracht. Sie spiegelte auch die Widersprüche zwischen Wirtschaft, Politik und Gesellschaft der USA wider.

Verbrechen, Gewalt, Drogenmißbrauch, Rassenhaß, Zerfall der Familien, Unfähigkeit der Eliten sowie unzureichende Bildung haben Bilder von Amerika in der Welt vermittelt, die durch die Revolution des Informationszeitalters noch schneller und unmittelbarer in aller Welt wahrgenommen werden. Amerikas Unterhaltungsindustrie tut ein übriges, diese Bilder noch aufwendiger, noch teurer und schneller in die Welt zu tragen. Der Wandel von Amerikas Traum zum Alptraum ist vielleicht zur größten Hypothek der amerikanischen Außenpolitik im 21. Jahrhundert geworden.[184] Verkörpert Clinton zu Beginn des 21. Jahrhunderts den Willen, Amerika innen- und außenpolitisch zu reformieren? Reicht dazu die Ökonomisierung des Lebens aus? Clinton hat diese Neuorientierung nicht erfunden, sie zeichnete sich schon vor 1989 ab, aber er war der erste Präsident, der die Ökonomisierung der Außenpolitik vorangetrieben und damit das Interessenspektrum der USA wie auch das Risikopotential erweitert hat.

Schlussbetrachtung

Kontinuität und Wandel der Außenpolitik von Kennedy bis Clinton

Unter Berücksichtigung der einleitenden Fragestellungen läßt sich die Außenpolitik der USA von Kennedy bis Clinton wie folgt zusammenfassen: Alle Präsidenten von Kennedy bis Bush sen. wurden vom Primat der Außenpolitik geleitet – mit Ausnahme von Lyndon Johnson. Er verzweifelte an der militärischen Intervention in Vietnam und hinterläßt deshalb einen tragischen Eindruck. Vielleicht verkörpert er treffender als Kennedy die Anmaßungen und Irrungen amerikanischer Außenpolitik zur Zeit des kalten Krieges.[1] Alle Nachkriegspräsidenten ordneten die Innenpolitik den außenpolitischen Prioritäten des kalten Krieges unter, doch dabei wurden die innenpolitischen Kräfte im Dienste der Außenpolitik zu sehr mobilisiert und letztlich überfordert. Der Antikommunismus beziehungsweise die Eindämmung der Sowjetunion waren Bindemittel für Staat und Gesellschaft in Schlüsselfragen der Außenpolitik.

Truman personifizierte den ersten grundlegenden Wandel nach dem Zweiten Weltkrieg – von der Kooperation mit der Sowjetunion zu ihrer Eindämmung. Im Kern bestand die Außenpolitik aller seiner Nachfolger bis zu Bush lediglich aus Variationen der Truman-Doktrin. Als der Kalte Krieg seine konfrontativen Höhepunkte in der Berlinkrise 1961 und der Kubakrise 1962 und seinen rhetorischen Gipfel unter Ronald Reagan erlebte, war die innenpolitische Zustimmung am größten. Doch seit dem Ende des kalten Krieges wurde das außenpolitische Meinungsspektrum komplexer. Umfragen deuten darauf hin, daß die meisten Amerikaner nach wie vor das internationale Engagement der Vereinigten Staaten befürworten, aber militärisches Eingreifen mit Zurückhaltung betrachten. Vielmehr wünschen die Amerikaner die Förderung des freien Handels und der freien Märkte. Vor allem wollen sie, daß die internationalen Lasten und Kosten von anderen Staaten stärker mitgetragen werden. Dabei ist die Bevölkerung mehrheitlich nicht isolationistisch gesinnt. Der republikanische Senator Phil Gramm aus Texas hat diese Einstellung treffend umschrieben: »Die amerikanische Außenpolitik, insbesondere die Auslandshilfe, sieht so aus, als wenn ein kleiner Junge mit einem großen Kuchen inmitten einer Slumsiedlung steht. Anstatt den Kuchen stückchenweise zu verteilen, wobei doch nur Neid aufkommt, sollten die USA den Kuchen behalten und nur das Rezept, nämlich Demokratie und Marktwirtschaft, weitergeben.«[2] Innenpolitische Zustimmung zur Außenpolitik, vor allem in Krisensituationen, ist nach dem kalten Krieg nur noch als Ergebnis komplizierter Wechselwirkungen zwischen Präsident, Kongreß und öffentlicher Meinung vorstellbar. Für militärisches Eingreifen muß der Präsident jeweils von Fall zu Fall die Zustimmung des Kongresses und der öffentlichen Meinung gewinnen.

Das globale Engagement der USA im 20. Jahrhundert ist vielschichtig geblieben. Um sie vereinfacht darzustellen, haben die Präsidenten oft außenpolitische Grundsätze in Form von Doktrinen verfaßt.[3] Diese drücken historische Verpflichtung, aktuelle Herausforderung und die persönliche Sicht des Präsidenten von der Rolle der USA in der Weltpolitik aus. Sie stellen eine spezifisch amerikanische Form dar. Aber sie verschleiern die realen Eigeninteressen in Form von altruistischen Notwendigkeiten und verbrämen die Machtpolitik idealistisch.

Manche Doktrinen wirken bis heute fort, selbst wenn sie realpolitisch gescheitert waren. So bleiben die »Vierzehn Punkte« Woodrow Wilsons, seine Völkerbundsidee und sein idealistisches Sendungsbewußtsein für die USA gültig. Fast alle Präsidenten des 20. Jahrhunderts haben in ihrer Außenpolitik auf Woodrow Wilson Bezug genommen. Er wirkt mit seinen Gedanken bis ins 21. Jahrhundert fort[4], während die erfolgreiche Truman-Doktrin der Eindämmung 1989 – vorerst – zu einem glanzvollen Ende kam. Sollte die Volksrepublik China außenpolitisch im Sinne der kommunistischen Ideologie wieder aktiv werden, ist mit einer Wiederauflage der Eindämmungsdoktrin zu rechnen.

Die Eisenhower-Doktrin, ursprünglich zur Begründung für die Intervention der USA im Nahen und Mittleren Osten gedacht, wurde von John Foster Dulles als Freibrief für weltweite Intervention interpretiert. Sie überlebte die fünfziger Jahre nicht, vielmehr entwickelten die USA seit den siebziger Jahren eine vorbildliche Vermittlerrolle. Deshalb gehört die Eisenhower-Doktrin der Vergangenheit an. Abgesehen von Europa gibt es keinen anderen Bereich in der Welt, in dem die USA eine so erfolgreiche Diplomatie betrieben haben wie im Nahen und Mittleren Osten, welche die Eisenhower-Doktrin völlig vergessen läßt.

Nach dem Sieg Fidel Castros und seiner Anlehnung an die kommunistische Sowjetunion wurde Kuba zur Bedrohung der amerikanischen Hemisphäre stilisiert. Nach der Kubakrise wurde allerdings nur noch selten auf die Monroe-Doktrin oder auf die sogenannte Stimson-Doktrin verwiesen, doch wirkten sie im außenpolitischen Denken fort. Erst Clinton begründete 1993 das Eingreifen in Haiti ausdrücklich nicht mehr mit der Monroe-Doktrin, sondern unter Berufung auf die Grundsätze der UNO.

Kennedys Doktrin der »Neuen Grenze« (»New Frontier«) war eine Mischung aus Idealismus und Aggressivität, auf Kennedys Person zugeschnitten und deshalb Ausdruck einer spezifischen Phase des kalten Krieges. Doch scheint sie heute überholt, denn der Mythos der kontinentalen Grenzerweiterung nach Westen läßt sich nur schwerlich auf die Außenpolitik übertragen. Doch bleibt die »New Frontier«-These mit »Manifest Destiny« verknüpft: Der Golfkrieg wurde in den USA nicht ausschließlich des Öls wegen propagiert, sondern im Namen der Freiheit der Völker und der Menschenrechte, die allesamt Bestandteile der »New Frontier«-Ideologie sind. Dieses Mißverständnis führte die USA unter Johnson tief in die Verstrickungen des Vietnam-Krieges, der zum schlimmsten außenpolitischen Debakel der USA in diesem Jahrhundert wurde. Zum ersten Mal mußten sie einen Krieg verlorengeben. Der Vietnamkrieg wurde zur Wasserscheide der amerikanischen Nachkriegspolitik. Deshalb war die sogenannte Nixon-Doktrin vor allem Ausdruck des Versuchs, das Vietnamproblem zu lösen, um außenpolitische Handlungsfähigkeit zurückzugewinnen. Die Nixon-Doktrin war die erste eines Präsidenten während des kalten Krieges, die die kommunistische Gefahr differenzierter darstellte und das Schwarzweißdenken durch neue multipolare und interessenbetonte Überlegungen versachlichte. Neoisolationistische Tendenzen suchte Nixon geschickt zu neutralisieren, indem er ihnen begrenzt entgegenkam. Das war ein Drahtseilakt, der Balance und Klugheit erforderte. Die USA folgten den anspruchsvollen Überlegungen Nixons schon lange vor Watergate nicht mehr, weil die Nixon-Doktrin zu komplex war und der Bevölkerung nicht überzeugend vermittelt werden konnte. Da Nixon weniger in idealen und moralischen, sondern in machtpolitischen Kategorien dachte, wurde seine Doktrin als »unamerikanisch« diffamiert. Die Watergate-Affäre gab den Amerikanern willkommenen Anlaß, Nixon und seine außenpolitische Doktrin im Orkus der amerikanischen Geschichte verschwinden zu lassen. Das war tragisch für die USA und für Nixon. Vielleicht hätte er ohne Watergate die USA vor dem Vietnamdebakel bewahren können? Für das politische und gesellschaftliche Selbstverständnis war 1975 vielleicht noch wichtiger als 1945. Vietnam veränderte die gesamte Außenpolitik der USA.

Carters Menschenrechtsdoktrin war die Reaktion auf die machtbetonte Außenpolitik seiner Vorgänger. Er berief sich auf das idealistische Erbe der Gründungsväter sowie auf Woodrow Wilson. Aber die Carter-Doktrin war puristisch und realitätsfremd. Die Kremlführung nutzte Carters Schwäche zum eigenen Vorteil. Als Carter reagieren mußte, wirkte er unglaubwürdig. Seine Golfdoktrin bleibt aber realpolitisch für das 21. Jahrhundert bedeutsam, weil die USA dort ihre Vormachtstellung verteidigen werden. Zur neuen außenpolitischen Grenzziehung (»New Frontier«) gehört heute sicherlich der Nahe und Mittlere Osten.

Die Reagan-Doktrin hat ihre antikommunistische Wirkung 1989 unter Beweis gestellt. Prägnant hatte Reagan die fundamentalen Wertgegensätze zwischen freiheitlicher Demokratie und totalitärem Kommunismus in einer Zeit verdeutlicht, in der die Kenntnis des realen Kommunismus im Westen verlorengegangen schien. Als Reagan in Berlin Gorbatschow aufforderte, die Mauer niederzureißen, wurde er belächelt. Die lateinamerikanische Komponente der Reagan-Doktrin hingegen hat im Zuge der Iran-Contra-Affäre die Außenpolitik der USA und das Ansehen des Präsidentenamtes schwer erschüttert. Auch wurden die Interessen der lateinamerikanischen Staaten nicht angemessen berücksichtigt. Reagan füllte die interventionistische Komponente der Monroe-Doktrin antikommunistisch auf, als längst deutlich war, daß Zentral- und Lateinamerika keine Einmischung durch die USA wünschten, und kommunistische Infiltration einem Schreckgespenst glich.

Der zweite zentrale außenpolitische Paradigmenwechsel seit der Truman-Doktrin hat unter Clinton stattgefunden, aber noch keine offizielle Doktrin nach sich gezogen. C. W. Maynes spricht von der Clinton-Doktrin mit Blick auf »Erweiterung« der außenpolitischen Interessen.[5] Doch präziser gesprochen ist es die Ökonomisierung der Außenpolitik, die eines Tages vielleicht in den Rang einer »Clinton-Doktrin« erhoben wird.

Die Doktrinen suchen also außenpolitisches Engagement mit der nationalen Tradition und mit der Vision einer neuen Weltordnung in Einklang zu bringen. Außenpolitische Doktrinen drücken Leitmotive und Ideale aus, an denen sich die USA von Generation zu Generation orientierten. Sie sind Teil des »American Dream«. Aber nur wenige Präsidenten haben, wie Truman, das einlösen können, was sie in ihren Doktrinen versprochen haben. Die Regel war vielmehr, daß Präsidenten unerfüllte Visionen hinterließen, die aber fortwirken und von den Nachfolgern thematisiert werden. Doch die meisten Doktrinen treiben in zunehmender zeitlicher und räumlicher Distanz als »Schlagworthülsen« im Kosmos der amerikanischen Außenpolitik. Dabei wird deutlich, daß in Europa außenpolitische Doktrinen unüblich sind. Weder de Gaulle, Adenauer, Churchill oder De Gasperi noch Bismarck, Talleyrand oder Disraeli haben je außenpolitische Doktrinen formuliert. Doktrinen reflektieren eine spezifisch amerikanische Vorliebe für außenpolitische Grundprinzipien, die Moral, demokratische Werte und Rechtsprinzipien betonen, mit denen die eigenen nationalen Interessen verdeckt werden. Diese Spannung zwischen altruistischer Rhetorik und machtpolitischem Handeln verweist auf die Ambivalenzen der Weltmachtrolle der USA.

Auch unter Clinton beanspruchen die USA einen besonderen Platz in der Gemeinschaft der Staaten, wobei die Einzigartigkeit der amerikanischen Gesellschaft mit der Idee von Amerikas Vorbild und Auftrag in der Welt verknüpft und zum säkularen Leitmotiv amerikanischer Politik erhöht wird: »Unsere größte Verantwortung ist es, einen neuen Gemeinsinn für ein neues Jahrhundert zu gewinnen. Es ist unser großes Glück, daß die Zeit und der Zufall uns nicht nur an die Schwelle eines neuen Jahrhunderts und eines neuen Jahrtausends geführt haben, sondern auch an die Schwelle einer neuen strahlenden Aussicht für alle menschlichen Belange. Dies ist ein Augenblick, der unseren Weg und unseren Charakter auf Jahrzehnte hinaus bestimmen wird.«[6]

Bis in die dreißiger Jahre klaffte eine Lücke zwischen globalem Anspruch und entsprechenden Mitteln. Bis zu den »Vierzehn Punkten« Woodrow Wilsons waren Doktrinen lediglich Absichtserklärungen. Doch im Verlauf des 20. Jahrhunderts wurden Doktrinen zu universalen Kreuzzugsideen erweitert, wie bei Wilson, Dulles oder Carter.[7]

Thomas Jefferson, Woodrow Wilson und Harry Truman bilden das Dreigestirn für den altruistischen Weltmachtanspruch, der von einer natürlichen Harmonie amerikanischer und globaler Interessen ausgeht und die USA als Bewahrer und Verteidiger von demokratischen Idealen und Interessen versteht. Gleichzeitig veränderte sich der Charakter der Doktrinen im Lauf des 20. Jahrhunderts. Sie begründeten immer weniger Schutz und Defensive, sondern legalisierten Amerikas Interessenausdehnung, zunächst regional, dann global. Der Umschwung vom statischen Vorbild zum aktiven Vorkämpfer für eine neue Weltordnung bildete die entscheidende Veränderung der Außenpolitik der USA an der Schwelle zum 20. Jahrhundert, nach 1945 und erneut nach der Zeitenwende von 1989/90.

Die Verpflichtung zu Frieden und nichtkriegerischen Beziehungen zu anderen Staaten sind zentraler Glaubenssatz außenpolitischer Doktrinen. Wenn es eine überragende Zielsetzung der Gründungsväter gegeben hat, dann die, die USA von kriegerischen Verwicklungen fernzuhalten. Von der Monroe- bis zur Carter-Doktrin zieht sich der Leitgedanke der Bewahrung des Friedens. So erklärte Trumans Außenminister Dean Acheson, daß nur eine einzige Außenpolitik für die USA nicht in Frage komme – die außenpolitische Aggression.[8] Die demokratische Außenpolitik der USA im Dienst für außenpolitische Ziele schließt Aggression im Selbstverständnis aus. Amerika versteht sich per se nie als Angreifer, sondern immer als Verteidiger von politischen Tugenden, wobei über wirtschaftliche Eigeninteressen ungern gesprochen wird. Dabei haben Wirtschaftskraft, zivilisatorische Attraktivität und antikommunistische Führungsrolle im 20. Jahrhundert ein »informelles Imperium« begründet, wobei die antikoloniale Tradition nach 1945 in Gegensatz zur antikommunistischen Ausrichtung der amerikanischen Außenpolitik geriet. Sympathisierten die USA grundsätzlich mit den nationalen Unabhängigkeits- und Freiheitsbestrebungen, so wurden sie diesen gegenüber zunehmend kritisch, weil sie mehr oder weniger ins sozialistische beziehungsweise kommunistische Fahrwasser gerieten. Die Interessengegensätze des kalten Krieges siegten über die antikolonialen Freiheitsideale in der amerikanischen Außenpolitik nach dem Zweiten Weltkrieg. Diese Neuorientierung nach 1945 war grundlegend und führte letztlich zur Verstrikkung in Vietnam, weil dort die antikoloniale Grundhaltung zugunsten einer antikommunistischen Kampfstellung aufgegeben wurde.

Es liegt im Wesen des Begriffs, unter Zuhilfenahme von Doktrinen aus lokalen oder regionalen Problemen unzulässige globale Schlußfolgerungen zu ziehen. Wie Truman aus dem regionalen Beistand für Griechenland und die Türkei 1947 globale Schlußfolgerungen zog, so suchte auch Carter nach der sowjetischen Invasion in Afghanistan 1979 mit seiner Golf-Doktrin sowjetische Einflußnahme unter globalen Implikationen einzudämmen.[9]

Ein zweites zentrales Merkmal von außenpolitischen Doktrinen ist ihr Anspruch auf Wandel. Woodrow Wilson wies die machtpolitische Einstellung seines Vorgängers Theodore Roosevelt zurück, Truman die Kooperation seines Vorgängers gegenüber der Sowjetunion, Kennedy die außenpolitische Passivität Eisenhowers. Nixon wollte mit seiner Doktrin die Ratlosigkeit Johnsons überwinden, Carter die Unmoral der Politik Nixons. Alle Präsidenten haben sich bemüht, der Außenpolitik ihrer Amtsperiode in Form von Doktrinen einen persönlichen und neuen Stempel aufzudrücken. Aber die realpolitische Bilanz sah nach vier oder acht Jahren Amtszeit oft dürftig aus. Alle Präsidenten versuchten ihre außenpolitischen Zielvorstellungen, zum Teil in Form von Doktrinen, durch entsprechende Entscheidungen durchzusetzen. Aber in der Regel klafften Anspruch und Wirklichkeit auseinander. Das Schicksal fast aller Doktrinen seit den fünfziger Jahren beweist das. Auch ohne Zuhilfenahme der außenpolitischen Doktrinen wird die Lücke zwischen Anspruch und Wirklichkeit vieler außenpolitischer Entscheidungen deutlich. Bush konnte nach dem Golfkrieg seine neue Weltordnung nicht durchsetzen. Lediglich bei Kennedys Handhabung der Kubakrise im Oktober 1962 konnten ursprüngliche Intention und objektive Wirkung in Übereinstimmung gebracht werden.

Trotzdem dürfen außenpolitische Doktrinen nicht für zu leicht befunden werden. Sie drücken im außenpolitischen Zusammenhang demokratische und religiöse Empfindungen aus, ohne die die Werte von Freiheit, Selbstbestimmung und die Menschenrechte im Kampf gegen Kommunismus, Diktatur und Armut schwerlich zu den Erfolgen geführt hätten, wie sie unter Amerikas Führung im 20. Jahrhundert und vor allem nach 1945 erzielt wurden. Deshalb bleibt die Bewertung der amerikanischen Doktrinen als Instrument präsidentieller Außenpolitik letztlich zwiespältig: Sie stehen für unzulässige Vereinfachung ebenso wie für kraftvolle politische Führung, für problematisches Eingreifen wie für mutige politische Entscheidungen.

Mit Ausnahme von England und Frankreich kann kein Land auf eine vergleichbare zweihundert Jahre alte Tradition außenpolitischer Grundsätze und Handlungsanleitungen verweisen. Tradition, Würde, Prestige und außenpolitische Entscheidungskraft sind dabei angewachsen. Die USA als Hort der Demokratie haben das Banner der Freiheit zum Merkmal der Außenpolitik gemacht und dabei zwei Weltkriege und den kalten Krieg gewonnen. Historisch gesehen, haben die außenpolitischen Doktrinen von Washingtons Neutralitätserklärung bis zur Neuen Weltordnung von George Bush oder der Ökonomisierung der Außenpolitik unter Bill Clinton den USA ein Gefühl von Kontinuität und Sinn vermittelt, das in der modernen Geschichte beispiellos ist. Trotz berechtigter Einzelkritik spiegeln die Doktrinen die Außenpolitik einer Weltmacht wider, die sich ihre Verantwortung für Frieden und Freiheit in der Welt nicht leicht gemacht hat. So wurden außenpolitische Doktrinen im untersuchten Zeitraum zu Antriebskräften, die den Führungswillen des Präsidenten gegenüber dem Kongreß, der eigenen Bevölkerung und gegenüber der Welt ausdrückten:

- John F. Kennedy zeigte die USA als angespannte, aber auch als entspannungsbereite Großmacht.
- Lyndon B. Johnson personifizierte den Verfall in außenpolitische Ohnmacht und Verbitterung.
- Richard M. Nixon wies den Weg aus der außenpolitischen Krise, versäumte es aber, sein Land in demokratischer Tradition zu regieren.
- Gerald R. Ford bemühte sich, außenpolitische Schocks und innenpolitische Verwirrung zu klären.
- James E. Carter zeigte gute Absichten, aber Unvermögen, die außenpolitischen Krisen zu meistern.

- Ronald W. Reagan personifizierte amerikanischen Optimismus, weltpolitische Rivalitäten durch eigene Anstrengungen und Stärke zu bewältigen.
- George H. Bush handelte beim Niedergang des Sowjetimperiums mit Vorsicht und zupackend bei der deutschen Vereinigung.
- William J. Clinton verkörpert den Paradigmenwandel zur Ökonomisierung der Außenpolitik, um für Amerikas Weltmachtrolle die Brücke ins 21. Jahrhundert zu schlagen.

Diese Analyse zeigt, daß die außenpolitischen Doktrinen mehrere Funktionen haben: Sie dienen der Begründung außenpolitischer Ideale, Grundsätze, Werte, Ideen und Interessen der USA; sie begründen den Weltmachtanspruch der USA unter jeweils veränderten Bedingungen, das heißt entsprechend den strukturellen und dynamischen Veränderungen der Weltpolitik; sie dienen der außenpolitischen Profilierung des Präsidenten, auch unter innenpolitischen Gesichtspunkten; sie reflektieren Anspruch und Vision amerikanischer Außenpolitik; schließlich dienen sie der Dramatisierung von außenpolitischen Krisensituationen, um die innenpolitische Zustimmung zu erleichtern.

Außenpolitische Doktrinen geben wichtige Aufschlüsse, aber zur vollständigen kritischen Analyse der amerikanischen Außenpolitik reichen sie nicht aus. Außenpolitische Veränderungen richten sich nicht nach den Gezeiten der Präsidentenwahlen oder nach dem Anspruch von Doktrinen, sondern haben andere Ursachen, die die meisten Präsidenten zu mehr Kontinuität zwangen, als ihnen lieb war.

Die Nachkriegsgeschichte zeigt, daß sieben der zwölf amerikanischen Präsidentschaftswahlen nach dem Zweiten Weltkrieg zu einem Wechsel im Weißen Haus führten. Viermal lösten die Republikaner die Demokraten ab (1952, 1968, 1980 und 2000), und dreimal traten die Demokraten an die Stelle der Republikaner (1960, 1976 und 1992). In jedem Wahlkampf versprach der letztlich siegreiche Kandidat außenpolitischen Wandel. Nach der Amtsübernahme jedoch verblaßte dieser Anspruch. Der neue Präsident trat vielmehr in die Fußstapfen seines Vorgängers und bemühte sich um eine von beiden Parteien getragene Außenpolitik.

Im Wahlkampf 1952 hatte beispielsweise Dwight D. Eisenhower die Politik der Eindämmung der Sowjetunion als zu milde kritisiert und wollte sie sogar aus Osteuropa und Asien zurückdrängen. Nach Amtsantritt praktizierte Eisenhower jedoch die Eindämmungspolitik seines Vorgängers weiter und entwikkelte sogar Ende der fünfziger Jahre Ansätze zur Entspannungspolitik. Eisenhowers Vorgehensweise wird heute als fortschrittlich gewürdigt, doch vom demokratischen Präsidentschaftskandidaten Kennedy wurde sie seinerzeit als den nationalen Interessen abträglich kritisiert. Kennedy vergrößerte die militärische Stärke der USA und trat Revolutionsbewegungen in der Dritten Welt entschiedener entgegen als Eisenhower, doch verstärkte er nach der Kubakrise 1962 seine Entspannungsbemühungen mit der Sowjetunion und trat damit in die Fußstapfen der späten Eisenhower-Jahre.

Als der Republikaner Richard Nixon 1968 im Wahlkampf gegen den damaligen demokratischen Vizepräsidenten Hubert Humphrey antrat, versprach er der Bevölkerung einen ehrenhaften Frieden im Vietnamkrieg, nachdem er sich von der Vietnampolitik Johnsons distanziert hatte. Als jedoch Nixon Präsident wurde, setzte er die von der Johnson-Regierung entwickelte Politik der Vietnamisierung fort. Auch Nixons Entspannungspolitik gegenüber der Sowjetunion und das Auftauen der Beziehungen zur Volksrepublik China sowie der Beginn des Friedensprozesses zwischen Arabern und Israelis baute auf Initiativen der Regierung Johnson auf.

1976 gewann der Demokrat Jimmy Carter die Präsidentschaftswahlen, weil er die Vernachlässigung der Menschenrechte durch Kissinger und dessen Dritte-Welt-Politik kritisierte. 1977 und 1978 widmete die Regierung Carter den Entwicklungsländern und den Menschenrechten mehr Aufmerksamkeit. Aber nach der sowjetischen Invasion in Afghanistan mußte Carter genau die Politik der Stärke praktizieren, die er bei seinen Vorgängern kritisiert hatte. Unter Carter kam es zum größten Zuwachs der Verteidigungsausgaben seit zwanzig Jahren. Hatte Carter die Eindämmungspolitik zuvor kritisiert, so mußte er schließlich als letzter demokratischer Präsident des kalten Krieges die Eindämmung der Sowjetunion zur außenpolitischen Doktrin erheben.

Ronald Reagan verkörperte militanten Antikommunismus, entwickelte aber zunächst die Politik der letzten beiden Regierungsjahre Carters fort. So entsprach die Aufrüstung während Reagans erster Amtszeit den Plänen von Carters letzten Verteidigungsanstrengungen. Aber während seiner zweiten Amtsperiode engagierte sich Reagan zunehmend für den Abbau von Spannungen und für Abrüstungsabkommen zwischen den Vereinigten Staaten und der Sowjetunion.

Bush setzte zunächst die Außenpolitik seines Vorgängers fort, sprach dann aber von einer »Neuen Weltordnung«, die wenig Neues zu bieten hatte.

Im Wahlkampf 1992 hatte Clinton die Gleichgültigkeit gegenüber den Menschenrechtsverletzungen in China und die Zurückhaltung Bushs in Jugoslawien kritisiert. Als Präsident trat er aber in Bushs Fußstapfen: Er entwickelte freundschaftliche Beziehungen zur Volksrepublik China und schrak zunächst ebenfalls vor einer militärischen Intervention in Bosnien zurück.

Kontinuität und Wandel richten sich also weniger nach den Gezeiten der Präsidentenwahlen und den deklaratorischen Ansprüchen der Amtsinhaber, sondern beziehen sich auf reale Ereignisse und Veränderungen in der Weltpolitik.

Seit Ende des kalten Krieges hat sich auch das Verhältnis zwischen Präsident und Kongreß verändert. Die Abgeordneten handeln noch stärker unter innenpolitischen Überlegungen. Gleichzeitig ist das außenpolitische Desinteresse im Kongreß angestiegen. Für den Präsidenten ist es schwerer geworden, im Kongreß außenpolitische Unterstützung zu gewinnen. Die Meinungsverschiedenheiten sind weniger außenpolitisch begründet, sondern innenpolitischer und wahltaktischer Natur. Das war nicht immer so. Bis Mitte der sechziger Jahre folgte der Kongreß dem Präsidenten außenpolitisch fast blindlings. Erst nach dem Mißbrauch der »Tonkin-Resolution« von 1964 wurde das große überparteiliche außenpolitische Vertrauensverhältnis zwischen Präsident, Kongreß und öffentlicher Meinung erschüttert. Die Verstrickung in Vietnam führte schließlich zum Vertrauensverlust in das Präsidentenamt. Folglich wandelte sich das amerikanische Regierungssystem seit Ende der sechziger Jahre in außenpolitischer Hinsicht vom »presidential« zum »congressional government«.[10] Die Iran-Contra-Affäre hat dieses Mißtrauen in den achtziger Jahren wiederaufleben lassen. Nur weil Kongreß und Öffentlichkeit Reagans große Popularität und seine außenpolitischen Erfolge würdigten, wurde von strafrechtlicher Verfolgung beziehungsweise von einer Anklage des Präsidenten abgesehen. Heute ist im Verhältnis Präsident–Kongreß wieder gespannte Normalität eingetreten – keine der beiden Seiten hat die Oberhand, sie sind beide zur Kooperation verpflichtet, aber der Präsident hat grundsätzlich mehr außenpolitische Hemmnisse im Kongreß und in der öffentlichen Meinung zu überwinden, um seine Außenpolitik durchzusetzen, als noch in den achtziger Jahren.

Die außenpolitischen Einstellungen und Denkschulen in den USA mit Blick auf ihre Weltmachtrolle

Im Vergleich zur Zeit vor 1989 findet heute die außenpolitische Debatte in den USA weniger im Kongreß als vielmehr in der interessierten Öffentlichkeit statt. Die Spannung liegt nicht mehr zwischen Realisten und Idealisten, zwischen Internationalisten und Neoisolationisten allein. Nach dem Ende des kalten Krieges ist das linke und das rechte Spektrum insgesamt breiter geworden.[11] Vor allem haben die neuen globalen Probleme die Debatte erweitert. Es wird nicht unbedingt isolationistischer, aber nationaler argumentiert. Dabei sind die neuen ökonomischen Dimensionen in der Debatte unübersehbar. Auch das Problem der sogenannten humanitären Intervention hat die innenpolitische Diskussion über Außenpolitik verbreitert und zugleich intensiviert. Dabei haben sich verschiedene Denkschulen herausgebildet, die sich idealtypisch folgendermaßen einteilen lassen:

Die Neoisolationisten

Die Neoisolationisten haben die längste Tradition in der amerikanischen Außenpolitik. Nach Ende des kalten Krieges und Wegfall der jahrzehntelangen Bedrohung durch das Sowjetimperium sehen sie sich wieder im Aufwind. Ihr Argument lautet, daß die USA nicht überall als Polizist Konflikte beseitigen sollten. Strategische Unabhängigkeit, Betonung der maritimen Macht, der Wirtschaftsinteressen, die Unterordnung der Außenpolitik gegenüber der Innenpolitik, die Betonung des nationalen Interesses, Mißtrauen gegenüber multilateralen Organisationen und der Wunsch, mit freier Hand entscheiden und nötigenfalls auch allein intervenieren zu können, sind die bestimmenden Merkmale. Die neoisolationistische Denkschule zeigt große politische Spannbreite. Pat Buchanan formulierte auf dem rechten Pol des Spektrums folgendes Credo: »Was wir brauchen, ist ein neuer Nationalismus. Ein neuer Patriotismus, eine neue Außenpolitik, die Amerika nicht nur an erste, sondern auch an zweite und dritte Stelle setzt.«[12]

Unilateralismus, ein widerborstiger Nationalismus, nicht ganz frei von rechtsextremen, rassistischen und protektionistischen Untertönen sind Kennzeichen dieser Form von robust-ländlichem, antiintellektualistisch gefärbtem Neoisolationismus. Am Ende des anderen neoisolationistischen Spektrums stehen diejenigen, die sich politisch in der Tradition der Gründungsväter sehen. Auch in der öffentlichen Meinung, in der Wissenschaft und in den Eliten haben die Revisionisten in der Tradition von William Appleman Williams isolationistische Positionen vertreten, wie auch zum Beispiel Ronald Steel oder William Fulbright.[13] In dieser Tradition wird für eine aufgeklärte, das heißt nicht militärische außenpolitische Interessenwahrnehmung, für Reform und Erneuerung von Wirtschaft, Politik und Gesellschaft in den USA plädiert. In Spuren finden wir hier auch Auffassungen der Regierung Clinton. Das Ende des kalten Krieges wird als Chance gesehen, daß Amerika sich wieder auf seine besten Traditionen besinnt und in der Tradition von George Washingtons Abschiedsadresse eine insulare Außenpolitik betreibt, die demokratische Werte im eigenen Lande erneuert beziehungsweise hochhält. Linke und rechte Isolationisten haben keinerlei innenpolitische Gemeinsamkeiten. Im Gegenteil, ihre Wertvorstellungen und Interessen sind unterschiedlich. Aber außenpolitisch teilen sie die Auffassung, daß Allianzen und kollektive Sicherheitssysteme den nationalen Interessen abträglich sind. Außenpolitischer Rückzug wegen chronisch finanzieller Überanstrengung war und ist in ihren Augen nach Vietnam sinnvoll, aber nach Ende des kalten Krieges auch möglich geworden.[14]

Die globalen Unilateralisten

Die zweite außenpolitische Denkschule bilden die globalen Unilateralisten. Sie stehen für ein kraftvolles internationales Engagement der USA unter Betonung des nationalen Interesses.[15] Intellektuell sind sie vor allem bei den sogenannten Realisten zu finden, deren Wurzeln des außenpolitischen Denkens geopolitisch und in den Kategorien des Gleichgewichts gesehen werden müssen. Strategische Unabhängigkeit, Betonung des maritimen Denkens und Handelns sind weitere Kennzeichen. Institutionell gesehen, gehören die »think tanks«, also die großen Forschungsinstitute wie die Hoover Institution, die Heritage Foundation und das American Enterprise Institute, zu den bevorzugten Plätzen, wo in diesem Sinne gedacht, gelehrt und Politikberatung vorgenommen wird. Folgende Interessendefinition ist typisch:

»In der postsowjetischen Welt wird die Aufgabe, Amerikas vitale Interessen zu schützen, weniger anstrengend sein. Nachdem die Außenpolitik nicht länger ein Nullsummenspiel ist, kann sich Amerika frei dafür entscheiden, sich in viele Konflikte nicht einzumischen. Wenn Armenien gegen Aserbaidschan oder Kroatien gegen Serbien kämpft, kann Amerika es anderen überlassen, die Führung zu ergreifen, weil keine vitalen amerikanischen Interessen auf dem Spiel stehen. Bei verringerter Bedrohung kann auch an den Verteidigungsausgaben gespart werden, und Hunderttausende Amerikaner, die jetzt in Europa und anderswo auf der Welt stationiert sind, können abgezogen werden.«[16]

Europa, Asien, der Nahe und Mittlere Osten gehören zu den zentralen Interessen der globalen Unilateralisten. Die Hauptgefahr sehen sie in einem kommunistischen China, einem nationalistisch-revanchistischen Rußland, den sogenannten *Rogue States*, den »Verbrecherstaaten«, und regionalen Diktaturen wie Irak, Iran, Libyen oder Nordkorea: »Ein wirkliches internationales Engagement erfordert eine wirkliche Strategie. Die USA müssen klar zum Ausdruck bringen, welche Interessen für das amerikanische Volk am wichtigsten sind und welche, je nach Risiko und Kosten, die meiste Aufmerksamkeit verdienen. Amerika kann nicht der Weltpolizist sein, aber es sollte auch nicht zum nächsten Opfer von gewissenlosen Schurken wie dem Iraker Saddam Hussein oder dem Nordkoreaner Kim Yung Il werden. Die USA können ihre eigene Freiheit und Sicherheit nur dann verteidigen, wenn sie sich rational und selektiv in der internationalen Politik engagieren. Darüber zu entscheiden, wie dies zu geschehen hat – genau das ist Strategie. Daran ist nichts Geheimnisvolles. Die USA brauchen einen Plan, der schlicht und einfach das Mittel amerikanischer Macht mit dem Zweck des Schutzes spezifischer Interessen und Werte vor spezifischen Bedrohungen in Übereinstimmung bringt.«[17]

In einer unipolaren Welt müssen die USA ihre Weltordnungsvorstellungen durch kraftvolle Eindämmung und Intervention durchsetzen, um Amerikas Interessen vor potentiellen machtpolitischen Rivalen zu schützen. Militärstrategische Überlegungen im Pentagon ergänzen diese Denkschule. Allianzen, kollektive Sicherheitssysteme – regional oder global – stoßen bei den unilateralen Globalisten auf Kritik und Skepsis. Die UNO ist nur dann sinnvoll und nützlich, wenn sie, wie im Fall des Koreakrieges 1950 oder im Golfkrieg 1990/91, amerikanische Interessen decken beziehungsweise unterstützen.[18]

Die multilateralen Globalisten

Die multilateralen Globalisten setzen vor allem auf Kooperation und Interdependenz in der Weltpolitik. Selbstbewußt gehen sie davon aus, daß die USA in den regionalen und internationalen Organisationen mitarbeiten, weil Amerikas Stärke diese Institutionen zu nützlichen Instrumenten amerikanischer Außenpolitik macht. Die Vertreter dieser Denkschule würden aber weder Amerikas Rückzug aus internationaler Verantwortung noch Amerikas alleinige Verantwortung befürworten. Statt dessen plädieren sie für ein aufgeklärtes, das heißt kooperatives und interdependentes sowie integrationspolitisch aufgelockertes nationales Interesse der USA – zum Teil nehmen sie sich die westeuropäische Integration zum Vorbild, natürlich nicht deren außen- und sicherheitspolitische Kraftlosigkeit, sondern vielmehr deren integrationspolitische Entwicklung der fünfziger bis achtziger Jahre.

Die multilateralen Globalisten setzen vor allem auf die wirtschaftspolitische Zusammenarbeit in der Triade USA–Japan–Westeuropa und hoffen auf Impulse für gemeinsame globale politische Verantwortung. Sie setzen auf die klassischen Institutionen UNO, NATO, OECD, G-7, Weltbank, IWF und WTO wie auch auf OSZE und andere Regionalsysteme kollektiver Sicherheit, um ein globales und vor allem multilaterales Verantwortungsbewußtsein in den USA zu fördern. Für die globalen Multilateralisten ist außenpolitische Interdependenz ebenso wichtig wie die enge Verknüpfung von Innen- und Außenpolitik. Für sie hat sich auch die Bedeutung militärischer Macht abgeschwächt, die der Wirtschaft zugenommen. Auch die neuen globalen Probleme, vom Umweltschutz über die Abrüstung bis zur gemeinsamen Krisenbewältigung und Kriegsverhinderung sowie die Bekämpfung des internationalen Terrorismus und organisierten Verbrechens, zwingen die Staaten der Welt zur Zusammenarbeit. Für die globalen Multilateralisten ist die Forderung nach der »freien Hand« nicht mehr zeitgemäß. Konsequenterweise fordern sie ein neues außenpolitisches Selbstverständnis für die USA:

»Kollektive Aktionen kosten auch Geld. Mit anderen zusammenzuarbeiten kann lästig und anstrengend sein. Es ist äußerst schwierig, unter souveränen Staaten Konsens zu bilden und sich auf eine gemeinsame Vorgehensweise zu einigen, wenn unterschiedliche Eigeninteressen auf dem Spiel stehen. Dieses Unterfangen wird sogar noch mühsamer, wenn demokratische Länder beteiligt sind, deren Regierungen einer sprunghaften öffentlichen Meinung rechenschaftspflichtig sind ... wenn wir mit einer neuen Art der Führung Erfolg haben wollen, müssen wir zuweilen ein Stück der Autonomie aufgeben, die wir während des größten Teils unserer Geschichte uns so eifersüchtig bewahrt haben ... die Herausforderungen der kollektiven Führung werden besonders anspruchsvoll bei der Regelung unserer Beziehungen zu den anderen Großmächten. Sie fühlen sich freier, ihre eigenen Tagesordnungen zu verfolgen, und sind weniger bereit, sich einer amerikanischen Führung unterzuordnen ... [Wir] Amerikaner müssen die Art und Weise ändern, wie wir über die Welt und unsere Rolle darin denken.«[19]

Außenpolitische Anpassung der USA an die neuen internationalen Gegebenheiten ist das Credo der multilateralen Globalisten.[20] Während die Neorealisten die internationale Politik primär als einen Anpassungsprozeß der restlichen Welt an die Gegebenheiten und Interessen der USA sehen und »America first« proklamieren, glauben die globalen Multilateralisten, daß zur gemeinsamen Lösung der Probleme sich die USA an die neuen Entwicklungen anpassen müßten.

Die »Laisser-faire«-Internationalisten

Die »Laisser-faire«-Internationalisten sehen und praktizieren Weltpolitik mit lässigem Überlegenheitsgefühl. Sie glauben an die »Unsichtbare Hand«, die letztlich alles im amerikanischen Interesse lenken wird, auch wenn bisweilen der Interessensicherung von »God's own country« ein bißchen nachgeholfen werden muß. Unausgesprochen verstehen sich diese selbstbewußten Machtpolitiker als Handhaber dieser Politik, würden aber vehement widersprechen, wenn man ihnen dies unterstellen würde. Rhetorisch bleibt für sie das Credo des freien Handels gültig, obwohl sie längst schon aggressivere Formen der Wirtschaftspolitik praktizieren. Für sie ist politische Entschlußkraft und eine stolze Tradition machtpolitischen Eingreifens wichtiger als übereifriges Bauen an internationalen Organisationen, die ohnehin von den großen Mächten machtpolitisch manipuliert werden. Die »Laisser-faire«-Internationalisten sind weniger Intellektuelle als vielmehr Praktiker der Macht, die aufgrund von Erfahrung und Desillusionierung zu der Einsicht gelangt sind, daß die Welt, wie sie wirklich ist, so wenig wie möglich institutioneller und multilateraler Regelung bedarf.[21] Diese Praktiker amerikanischer Macht, nicht selten mit großzügigem wirtschaftlichem Hintergrund und unabhängigem Urteil, sind gegen Wettbewerbs- und Handelsbeschränkungen und glauben an die Kraft des Marktes. Wird der freie Handel zum Problem der Dritten Welt, so ist das bedauernswert, aber die »Laisser-faire«-Internationalisten sind gegen eine institutionelle Neuordnung des Nord-Süd-Verhältnisses. Sie glauben vielmehr: »Kommt Zeit, kommt Rat«. Das Ostküsten-Establishment, aber auch Eliten an der Westküste und im Süden, denken in diesem Sinne international.

Die Werte-Internationalisten in der Tradition Woodrow Wilsons

Die Werte-Internationalisten in der Tradition von Woodrow Wilson stellen eine Denkschule dar, deren Einfluß schwankt, aber deren herausragende Bedeutung für die Formulierung und Vision der amerikanischen Außenpolitik im 21. Jahrhundert gültig bleibt. Fast alle Präsidenten des 20. Jahrhunderts haben sich auf Woodrow Wilson berufen. Auch F. D. Roosevelt betonte Amerikas Rolle und Sicherheitsinteressen unter globaler Perspektive:

»Ich glaube, die fundamentale Aufgabe ist, zu erkennen, daß die Kämpfe in Europa, in Afrika und in Asien alle Teile eines einzigen Weltkonfliktes sind. Wir müssen deshalb erkennen, daß unsere Interessen in Europa und in Asien bedroht werden. Wir sind der Aufgabe verpflichtet, unsere Lebensweise und unsere vitalen Interessen zu verteidigen, wo immer sie ernsthaft gefährdet sind. Unsere Strategie der Selbstverteidigung, die jede Front berücksichtigt und jede Gelegenheit nutzt, zu unserer totalen Sicherheit beizutragen, muß deshalb global sein.«[22]

Die Globalität der Interessen wurde von Dean Rusk 1965 auf die Spitze getrieben: »Wir müssen uns um alles kümmern, um alle Länder, Gewässer, die Atmosphäre und den uns umgebenden Weltraum.«[23] Ob nach Vietnam, nach der Zeitenwende von 1989/90 und angesichts neuer isolationistisch-nationaler Strömungen dieses globale Sendungsbewußtsein fortwirken wird, ist zweifelhaft. Aber Globalisierung, zivilisatorische Vorbildrolle und unbekümmerter Machtanspruch bilden zusammen die Vitalität dieser Denkschule.

Sie baut auf der Voraussetzung auf, daß ein großer Teil der Welt von den USA erwartet, daß diese für Recht und Ordnung sorgen beziehungsweise die entsprechenden Weltorganisationen anführen, damit die Werte und notwendigen Ziele verwirklicht werden können. F. D. Roosevelts Vision der »Einen Welt« könnte wieder an Wirkung gewinnen. In diesem Sinne bleiben die USA an der Schwelle zum 21. Jahrhundert zur Weltmacht verdammt. Aber unter welchen Bedingungen werden sie handeln und entscheiden müssen?

Die zukünftige Rolle der USA: zur Weltmacht verdammt

Vieles spricht dafür, daß an der Schwelle zum 21. Jahrhundert die Vereinigten Staaten zentraler Pol der Weltpolitik bleiben werden. In dieser unipolaren Welt werden sie möglicherweise noch mehr Einfluß entwickeln als im kalten Krieg. Venedig zur Zeit der Renaissance oder Großbritanniens Weltreich im 19. Jahrhundert sind historische Vorläufer spezifischer Schlußfolgerungen für die USA. Andererseits könnte eine neue Bipolarität zwischen den USA und der Volksrepublik China eine Neuauflage der Nachkriegszeit mit sich bringen. Athen und Sparta zur Zeit des Perikles[24] sowie die amerikanisch-sowjetische Bipolarität von 1945 bis 1989, aber auch die amerikanisch-britische Wirtschaftsrivalität seit Ende des Ersten Weltkrieges bis Anfang der fünfziger Jahre bilden historische Vorbilder für eine solche Konstellation. Die Triade USA–Westeuropa–Japan wird von wirtschaftlicher Bedeutung bleiben, von der kooperative, aber auch konfrontative Impulse ausgehen können. Vorstellbar ist aber auch, daß Welt- und Großmächte gemeinsam ein Machtgleichgewichtssystem analog zum Europa des 19. Jahrhunderts bilden werden. Der Frieden würde gesichert, wenn die Mächte sich gemeinsam in den Dienst regionaler und globaler Gemeinschaftsinstitutionen stellten. Dieser hegemonial-multilaterale Altruismus ist allerdings zu schön, um wahr zu werden. Statt dessen könnten hierarchische Systeme in autoritären wie auch in demokratischen Formen (wieder-)entstehen – analog zum Sowjetimperium und zur westlichen Allianz inklusive Japan vor 1989. Während das demokratische Hegemonialsystem Elastizität und Vitalität zeigte, führten Starrheit, überproportionale Militarisierung und wirtschaftlicher Kollaps zum Zusammenbruch des kommunistischen Hegemonialsystems. Doch werden auch im 21. Jahrhundert verschiedene Formen von Hegemonie auftauchen, denn »Isolierung, Beschützung und Repräsentation eines Staatenkreises sind wesentliche Stücke der Handhabung einer Hegemonie«.[25] Die USA werden auch im 21. Jahrhundert vor allem im zentralamerikanischen Raum wie auch in Europa und in Asien ihre hegemonialen Ansprüche formulieren und damit ihr »informelles Imperium« weltweit zu sichern suchen.

China könnte sich im 21. Jahrhundert verstärkt um den Aufbau eines Hegemonialsystems in Asien bemühen. Vom Charakter ihrer Hegemonie wird es abhängen, ob sich die Volksrepublik zum Herausforderer der USA in der Weltpolitik entwickeln wird, wobei wieder eine bipolare Welt entstehen könnte.

Hegemoniale Führung folgt im wesentlichen also drei Grundmustern: Eine Nation sucht im Alleingang die Vorherrschaft, bipolare Formen der Weltmachtrivalität entstehen, oder einige wenige Großmächte entwickeln gemeinsam Gleichgewichts- beziehungsweise Führungsprinzipien. Nach dem Ende der Bipolarität und angesichts der unvergleichlichen Stärke der USA ist zu erwarten, daß in Washington an der Schwelle zum 21. Jahrhundert vor allem ökonomisch und militärisch auf eine unipolare Welt unter der Führung der USA hingearbeitet wird. Unter Clinton wird deutlich, daß die USA ihren Anspruch, Weltmacht Nummer eins zu sein, nicht aufgeben werden. Allenfalls werden veränderte Mittel eingesetzt. Kein anderes Land hat hinsichtlich Struktur und Dynamik ähnliche Voraussetzungen vorzuweisen wie die USA.

Die Weltmachtstruktur der USA ergibt sich also aus der Summe der regionalen Großmachtrollen und Großmachtinteressen, aus ihrer Fähigkeit zur globalen Machtprojektion. Die USA bleiben die wichtigste Welthandelsmacht; sie allein besitzen die militärischen, ökonomischen, politischen und rohstoffmäßigen Ressourcen sowie die jahrhundertealte Erfahrung in weltweiter Diplomatie, die sie zur Weltmacht befähigen. Neben diesen strukturellen Voraussetzungen lassen folgende dynamische Faktoren darauf schließen, daß die USA auch im 21. Jahrhundert die führende Macht der Welt bleiben werden.

Der Wille der politischen, militärischen und wirtschaftlichen Eliten mag zwar hier und da gelähmt erscheinen, aber aufs Ganze gesehen, befürworten und tragen sie die aktive Weltmachtrolle. Nur die USA zeigen den Willen zum Einsatz von Truppen, Flugzeugen, Schiffen und Raketen zur Erhaltung von Regeln und ethischen Normen sowie der Herrschaft des Rechts. Daß dabei die Sicherung der wirtschaftlichen Macht für das eigene Wohlergehen und für die Dominanz bei Welthandel, Weltwirtschaft und Weltfinanzen nicht zu kurz kommt, liegt im Interesse jedes Staates. Von den USA ist deshalb auch in Zukunft zu erwarten, daß Machtmittel und Ressourcen entwicklungs- beziehungsweise ausbaufähig bleiben, wie die Bemühungen Washingtons um die Erweiterung der NATO zeigen. Vor allem glänzen die USA durch Innovationsfähigkeit und können sich deshalb auf außenpolitische Veränderungsprozesse besser einstellen beziehungsweise diese herbeiführen und im eigenen Interesse beeinflussen als andere Staaten.

Entscheidungspolitische Erfahrung, Einsatz gegenüber Aggressionen und die alltägliche Bereitschaft der USA, gegen Unterdrückung und für Menschenwürde einzutreten, bleiben für die Dynamik des Weltmachtanspruchs unter zivilisatorischem Vorzeichen für die USA ausschlaggebend. Die Attraktivität der USA, die Vorbildlichkeit ihres gesellschaftspolitischen Systems, ihrer Werte und Ideale könnten ihre weltweite Wirkung erhalten und verbreitern. Die beeindruckende Geschichte von weltpolitischer Verantwortung der USA im 20. Jahrhundert läßt eine entsprechende Dynamik auch für das 21. Jahrhundert erwarten. Aber die USA müssen mehr sein als nur reich, mehr als nur einen wirtschaftspolitischen Wandel vollziehen können. Ihre Institutionen, ihre Gesellschaft, ihre Werte und ihre Zivilisation müssen wieder vorbildlich werden. Nur dann werden die USA in ihrer Rolle als »sanfter Hegemon« weltweit weiter überzeugen. Doch wichtige innenpolitische Faktoren erschweren diese Weltmachtrolle.

Das nachgeordnete Interesse der Bevölkerung an der Außenpolitik, der Wegfall einer überragenden Bedrohung, die Rückkehr zur traditionellen Konzentration auf die Innenpolitik, Risse im amerikanischen Gesellschaftssystem, vor allem veränderte Einstellungsmuster bei den Eliten, haben die Basis für eine aktive Weltmachtrolle ausgedünnt. Die Medien haben diese Prozesse verstärkt und beschleunigt. Das Computer- und Informationszeitalter sowie die wachsende internationale Interdependenz erschweren eine traditionelle Führungsrolle unter hegemonialem Vorzeichen. Ohne globale Konfrontation mit der Sowjetunion ist eine klare weltpolitische Ziel- beziehungsweise Interessenbestimmung in den Augen derer, die die Dringlichkeit innenpolitischer Reformen und den Abbau der Verschuldung des Staatshaushaltes im Auge haben, wenig einsichtig. Ärger über die Unfähigkeit der Partner, besonders in Europa, für eigene Sicherheit zu sorgen, fördert neoisolationistische Tendenzen, setzt aber auch neue Handlungsspielräume für die USA frei, wie die NATO-Osterweiterung zeigt. Die traditionelle Abneigung der Amerikaner gegen außenpolitische

Einbindung in multilaterale Institutionen und neoisolationistische Neigungen erschweren ein kooperatives und zivilisatorisches Verständnis von Weltmacht, das darin besteht, zusammen mit anderen Großmächten als »Primus inter pares« die internationalen und regionalen Gemeinschaftsinstitutionen zu stärken.

Ohne klare militärstrategische Bedrohung, ohne ideologische Herausforderung, bei abnehmender Bereitschaft der Bevölkerung für kraftvolles Engagement, bei gesunkener Solidarität der Bündnispartner und schwindender zivilisatorischer Attraktivität und Vorbildrolle ist die globale Führungsrolle der USA keine feste, berechenbare Größe mehr. Sie sind an der Schwelle zum 21. Jahrhundert zu einer Weltmacht geworden, füllen diese Rolle aber nur widerstrebend aus, bleiben jedoch letztlich zur Weltmacht verdammt.[26] Das ist der Widerspruch, der die derzeitige Außenpolitik der USA durchzieht. Sie bleiben die einzige Weltmacht im klassischen Sinne, die nach der Zeitenwende von 1989/90 übriggeblieben ist, aber der bekannte Rahmen der internationalen Politik ist zerbrochen. Alles befindet sich im Übergang. Es gibt nur wenige verläßliche Eckdaten in der internationalen Politik. Die Interdependenzen nehmen zu, aber neue Konfrontationslinien weiten sich über staatliche Grenzen hinweg aus[27]:

- In der Zeit nach dem kalten Krieg sind wesentliche alte ordnungspolitische Faktoren weggefallen. Die ehemalige Machtstaatenhierarchie ist einer unipolaren Welt gewichen. Aber die alleinige Ordnungsmacht mit globalem zivilisatorischem Anspruch, die USA, besitzt keine kraftvolle politische Führung, keine überzeugende politische Leitidee, keinen globalen Gestaltungswillen. Sie zeigt zu wenig kooperations- und vor allem zu wenig integrationspolitische Bereitschaft.
- Westeuropa, Rußland, Japan und die Volksrepublik China sind alle – wenn auch in unterschiedlicher Intensität – mit innen- und wirtschaftspolitischen Problemen konfrontiert. Allein Westeuropa und Japan könnten von ihrem Reichtum und Überfluß an ärmere Staaten abgeben. Aber alle Mächte vergessen ihre internationale Ordnungspflicht als potentielle Mächte von globalem Rang und weltpolitischer Verantwortung.
- Die brennenden globalen Probleme verschärfen sich angesichts der Trends zur Innenpolitisierung der großen Mächte.
- Regionale Sicherheitsstrukturen und Wirtschaftsorganisationen bleiben halbherzige Versuche zur Problemlösung, solange große Mächte auf dem Primat bilateraler Außenpolitik bestehen.
- Das Vorbild des sogenannten Handelsstaates hat angesichts neuer zivilisatorischer, ideologischer und militärischer Bedrohungen seit 1989/90 ausgedient. Kraftvolle und gemeinsame Selbstbehauptung sowie internationale

Verantwortung lassen sich nicht länger allein handelspolitisch buchstabieren. Wirtschaftliche Machtstaaten ohne politischen und militärischen Willen zur Aufrechterhaltung oder Wiederbelebung von Recht, Frieden, Ordnung und guter Nachbarschaft sind ein Anachronismus angesichts der heutigen Herausforderungen.

- Analog zu Arnold Wolfers' Unterscheidung von Milieu- und Besitzzielen[28] konzentrieren sich heute vor allem die neuen internationalen Verbrechersyndikate, gestützt auf alte kommunistische Strukturen und Kräfte, auf Durchsetzung von Milieuzielen. Diese indirekte Durchdringung von Gesellschaften wirkt schleichend und lähmend, ist aber im Endeffekt nicht weniger gefährlich als die traditionelle Eroberung im Sinne des machtpolitischen Besitzzieles.
- Die Vereinten Nationen bedürfen – nicht zuletzt auch vor dem Hintergrund des katastrophalen Versagens der UNO in den letzten Jahren in Afrika, Asien und Europa (besonders in Somalia, Kambodscha und Jugoslawien) – der Reform an Haupt und Gliedern. Hier müssen die großen Mächte zeigen, daß sie internationale Mitverantwortung selbst praktizieren oder andere (mittlere und kleine) Mächte stärker mit einbinden.
- Der Zusammenbruch des Sowjetimperiums bedeutet nicht den Zusammenbruch totalitären Denkens und Handelns in den postkommunistischen Staaten. Im Gegenteil, nach dem Zusammenbruch des sowjetischen Stalinismus wird die Welt heute mit vielen kleinen Diktatoren konfrontiert, die schon jetzt in der Maske Stalins oder Hitlers lokal oder regional eine Rücksichtslosigkeit zeigen, die vor 1989 unvorstellbar war. Die großen Mächte zeigen dabei Machtlosigkeit. Ihre Rhetorik der Gemeinsamkeit und der Verantwortung kann potenzierte Schwäche und den Trend zur Beschwichtigung nicht verhüllen. Die großen Mächte sind mittlerweile zum Spielball kleiner Diktatoren geworden, die je nach Laune ihre Schaftstiefel rot oder braun lackieren, hilflose Menschen und Völker überfallen und unterdrücken. Die großen und reichen Mächte schauen nur zu oder wenden sich ab.
- Die großen Zivilisationen und Kulturen lassen chauvinistische, nationalistische, fundamentalistische und militaristische Strömungen zu, die als Republikaner oder im Namen von Liberalismus oder im Auftrag Allahs oder im Namen von Recht und Ordnung alle Werte, die sich mit diesen Worten verbinden, in Wirklichkeit mit Füßen treten.
- Die postkommunistische Welt befindet sich in einer Phase des Übergangs, in der die Chancen kraftvoll genutzt und die zerstörerischen Kräfte machtvoll in die Schranken gewiesen werden müssen. Beides geht nicht ohne verantwortungsbewußte große Mächte, die nicht nur nationale Interessen ver-

folgen, sondern auch internationale Verantwortung kooperativ praktizieren müssen, am besten integrationspolitisch in regionalen oder globalen Institutionen nach Vorbild der UNO.

Dazu befinden sich die Gemeinschaftsinstitutionen des Westens und der freien Welt in einer tiefen Krise. Angesichts des rasanten Aufstiegs der Volksrepublik China könnten die USA neue Formen von Eindämmungspolitik entwickeln. Die schnelle Ausbreitung globaler Probleme wie Umweltverschmutzung, Drogenhandel, Bevölkerungswachstum, Kriminalität und vielem mehr erfordert heute Koordination im globalen Maßstab und vor allem: weltpolitische Führung. Das Schicksal der Welt hängt also im 21. Jahrhundert nach wie vor von Struktur und Dynamik der USA als Weltmacht ab. Kein anderes Land besitzt neben den materiellen Ressourcen auch eine zupackende politische Elite, die kontrovers und kreativ über diese Schlüsselfragen nachdenkt. Die verschiedenen Einstellungen der Eliten zur Weltpolitik zeigen, daß die USA als einzige Macht an der Schwelle zum 21. Jahrhundert die nötigen materiellen Ressourcen und geistigen Kapazitäten sowie den nötigen Willen und die historische Erfahrung besitzen, um die führende Rolle in der Welt wahrzunehmen.

Amerika hatte Glück, daß es sich frei und kontinuierlich zu einer Weltmacht entwickeln konnte und seit der Geburtsstunde der Republik kompetente und demokratisch gesinnte Eliten die Politik bestimmen. Die Außenpolitik wurde von Interessen und Ideen geleitet, die zwar nicht uneigennützig waren, aber nicht nur den eigenen Vorteil auf Kosten anderer suchten, wie dies die europäischen Mächte in ihrer Geschichte getan haben. Bis Anfang des 19. Jahrhunderts dominierte in den USA eine kleine Schicht vermögender und kultivierter Farmer aus den Südstaaten zusammen mit der Handelsaristokratie des Nordens und der neuenglischen Staaten.[29] Dabei sorgte der Austausch zwischen Wirtschaft, Politik, Wissenschaft, Militär und Jurisprudenz für neue Ideen und konstruktive Konkurrenz im Kreislauf der demokratisch gewählten Eliten. Wer in Europa beziehungsweise in Deutschland die Nase über die angebliche Geschichtslosigkeit der USA rümpft und das Geschichtsbewußtsein der Europäer und Deutschen dagegenhält, übersieht, daß die Vereinigten Staaten auf eine stolze demokratische Tradition und auf einen Fundus von eindrucksvollen Ideen und kompromißfähigen Interessen zurückblicken, die Achtung verdienen. Nur wenige europäische Staaten können auf eine vergleichbare Wertetradition und Interessenstruktur verweisen.

Kraftvolle und verantwortungsbewußte Außenpolitik bedarf nicht nur der klugen politischen Führung, nicht nur entsprechender außenpolitischer Institutionen und demokratischer Kontrollen, sondern vor allem braucht sie, innenpolitisch gesehen, einen Resonanzboden, der zeigt, daß die Bevölkerung die Rolle der USA in der internationalen Politik trägt. Außenpolitische Kultur, außenpolitische Eliten und eine aufgeklärte Öffentlichkeit sind Voraussetzung für eine nationale Interessenpolitik, die auch internationale Verantwortung übernimmt. Die zweihundertjährige Geschichte der Vereinigten Staaten beweist diese eindrucksvolle Entwicklung zur verantwortungsbewußten Weltmacht. Bei Schlüsselentscheidungen haben die USA auch geirrt und Fehler gemacht; aber der offene und selbstkritische Charakter dieser Debatten hat den USA auch in schweren Zeiten Sicherheit zurückgegeben. Ihre Ideale und Interessen wirkten wie Fixpunkte, zu denen das Land, selbst wenn es außenpolitisch abgetrieben schien, immer wieder zurückkehrte. Die Kraft der außenpolitischen Erneuerung, der Wille zum Aufbruch und zur Kursänderung machen die USA zur letzten Weltmacht. Es gibt keine andere Macht, die weltweit für menschenwürdige, tolerante und fortschrittliche Werte und Interessen eintritt. Europa scheint weltpolitisch abgedankt zu haben, seine Wirtschaftskraft hat kein entsprechendes politisches Verantwortungsbewußtsein entstehen lassen. Die USA tun sich schwer bei der Frage, wie sich wirtschaftliche Macht in politischen Einfluß umsetzen läßt. Aber Europa fragt erst gar nicht.

Nur wer handelt, riskiert Fehler, wer nicht handelt, sondern nur analysiert und beobachtet, riskiert politische oder intellektuelle Überheblichkeit und realitätsferne Perfektion. Erst in der politischen Entscheidung werden Unzulänglichkeiten, Fehler und Schwächen menschlicher Existenz deutlich, auch weil die Verführung zu Machtmißbrauch groß ist. Dieses Streben nach Einklang zwischen individuellen Bürgerrechten und Freiheiten in der Welt adelt die Außenpolitik der USA auch dort, wo sie scheitert. Dank demokratischem Bewußtsein und Zivilcourage decken Amerikaner ihre Irrungen selbst auf und korrigieren Fehler selbstkritisch. Es ist diese Kraft der Erneuerung und der Wille, das Ruder herumzureißen, was Amerika und Amerikaner auch in der Außenpolitik stark gemacht und die Weltmachtrolle moralisch und realistisch begründet hat.

Es wäre irreal, zu erwarten, daß die USA in Zukunft altruistisch handeln würden. Aber nur wenige Länder haben ihre eigenen Interessen zugleich mit den Wünschen und Interessen der übrigen Welt so weitläufig verknüpft wie die USA. Die Welt hat sich letztlich an Amerikas weltpolitisches Eingreifen gewöhnt, ja es wird sogar erwartet.

Amerikas außenpolitische Geschichte zeigt Größe und Tragik, die durch Interessenkalkül, Ideale, aber auch durch Irrtümer und Fehler bestimmt wurde. Doch es ehrt bis heute die amerikanischen Gründungsväter, daß sie im Wissen um menschliche Schwächen alles taten, um durch Kontrolle, durch »checks and balances« und durch Zwang zur Zusammenarbeit den Mißbrauch von Macht auch außenpolitisch in Grenzen zu halten. Andere Verfassungen mögen effizienter sein, aber die amerikanische Verfassung reflektiert die Furcht vor der Übermacht der Exekutive. Daß diese Beschränkung außenpolitischer Macht in der Verfassung, zusammen mit dem isolationistischen Grundgefühl der Amerikaner, den Aufstieg zur Weltmacht teilweise behinderte, macht den Reiz und die Würde der amerikanischen Außenpolitik aus, die sich im außenpolitischen Spannungsfeld zwischen Weißem Haus und Kapitol widerspiegeln.

Trotz dieser Spannungen bleiben im Kern die zentralen politischen Werte, die auch die Außenpolitik bestimmen, weiter erhalten: Nach wie vor werden heute junge Amerikaner in dem Glauben erzogen, daß den Vereinigten Staaten eine besondere Rolle in der Welt zukommt. Seit Generationen werden sie in dem Glauben erzogen, daß sich das Land auf friedliche Weise nach Westen ausdehnte, daß es nur zur Verteidigung großer Werte in den Ersten und in den Zweiten Weltkrieg zog und daß Amerikas Mission von besonderer Bedeutung ist und daß Gott auf Amerikas Seite steht. Die religiöse Begründung dieser Ausnahmerolle ist für viele Amerikaner fast selbstverständlich.

Dieser Mythos von politischer Unschuld, Wohltätigkeit und Vorbild bleibt die zentrale, kraftvolle Grundlage im politischen und kulturellen Selbstverständnis der Amerikaner und Fixpunkt für die weitere Entwicklung. So erklärte Clinton am 4. Juli 1996 anläßlich der Feiern zum 220. Jahrestag der Unabhängigkeitserklärung: »Heute durchleben wir wieder eine Zeit tiefgreifenden, historischen Wandels im Hinblick darauf, wie wir arbeiten, leben, wie wir miteinander und mit der übrigen Welt verbunden sind. Die in unserer Unabhängigkeitserklärung niedergelegten Wahrheiten sind jedoch unabänderlich und weisen uns weiterhin den Weg zu den Herausforderungen und Chancen der Zukunft. Gleichberechtigung, Rechte des einzelnen, Freiheit, Chancen – wir halten diese Werte immer noch in Ehren und müssen sie auch in Zukunft jeden Tag erneut bekräftigen. Amerika entwickelt sich immer noch weiter, und während Jahrzehnten der Herausforderungen waren wir bestrebt, das zu verwirklichen, was sich unsere Gründerväter an unserem ersten Unabhängigkeitstag vorstellten. Auch bei unseren weiteren Bestrebungen wollen wir zusammenarbeiten, um ein Amerika zu schaffen, das weltweit die stärkste Kraft für Frieden, Gerechtigkeit und Freiheit bleibt.«[30] Diese selbstbewußte und bisweilen selbstgerechte Sicht des »American way of life« ist heute einer selbstkritischeren Sicht gewichen.

Gleichzeitig verstärkten die USA unter Clinton ihre Wirtschaftskraft weiter. Nach Jahrzehnten der Bekämpfung des Kommunismus ist heute der Primat der amerikanischen Wirtschaftsinteressen angesagt. Die neue globale Wirtschaftskonkurrenz angesichts der revolutionären technologischen Entwicklungen im Kommunikationszeitalter beschleunigt den außenpolitischen Wandel. Um Amerikas Interessen in diesem ständig wachsenden Netz globaler Verflechtungen zur Geltung zu bringen, bedarf es des weltpolitischen Engagements der USA, wollen sie nicht Gefahr laufen, daß die Handels- und Wirtschaftsströme und Finanzmärkte an Amerika vorbeifließen. Für Amerikas globale Führung gibt es also keinen Ersatz, wenn auch die Mittel geringer, der Wille schwächer und die Welt unübersichtlicher geworden sind. Denn nach dem Ende des kalten Krieges »ist das amerikanische Volk äußerst unwillig, für irgendein Ziel einen größeren Krieg zu riskieren, geschweige denn zu führen. Es toleriert von den USA im Alleingang oder im Namen der UNO durchgeführte Militäraktionen nur, wenn möglichst kein amerikanischer Soldat getötet wird und die wirtschaftlichen Kosten begrenzt bleiben. Diese Grundstimmung konfrontierte die Regierung Clinton mit einem Dilemma: Während die täglich durch das Fernsehen frei Haus gelieferten Bilder von Kriegen, Hungersnöten und Unterdrückung ein Meinungsklima erzeugte, wonach die Regierung irgend etwas tun müsse, fehlte auf der anderen Seite jede Bereitschaft, die Opfer einer kriegerischen Intervention auf sich zu nehmen. Nach den Erfahrungen der US-Außenpolitik im 20. Jahrhundert wird sich diese Lage ändern, wenn ein starker Gegner das Land eint und eine Großmacht zum Reich des Bösen stilisiert wird.«[31]

Trotzdem bleiben die USA zum globalen Handeln verurteilt, denn die internationalen Herausforderungen an der Schwelle zum 21. Jahrhundert lassen sich ohne entschlossene Führung nicht meistern. Selektiver, nicht doktrinärer Globalismus ist vonnöten. Eine Weltmachtrolle wird gesucht, die neben den berechtigten nationalen Interessen stärker auf internationale Kooperation zur Bewältigung der neuen gemeinsamen Herausforderungen setzt. Die zivilisatorische Vorbildrolle, nicht die militärische Macht muß von den USA fortentwikkelt werden.

Amerikas Möglichkeiten sind immer noch größer als die jedes anderen Staates, deshalb kann keine andere Macht Amerikas Platz einnehmen. Die USA bleiben zur Weltmacht verdammt, doch das Dilemma ist unübersehbar: »Der Widerstreit zwischen großen Zielen und begrenzten Mitteln, zwischen Reden und Handeln – ein Spagat zwischen Wollen und Können. Kein Wunder, wenn Standfestigkeit und Klarheit fehlen.«[32]

Die »soft power« der Computertechnologie ist heute zum Schlüsselbegriff für Politik und amerikanische Alltagskultur geworden. Über die millionenfachen Kanäle des Technologie- und Kommunikationszeitalters wird die Welt stärker denn je mit amerikanischen Produkten, Ideen und Unterhaltung überschwemmt. Diese »soft power« ist kein Teil der amerikanischen Außenpolitik, aber diese schwimmt in den Wellen von CNN, Popkultur und Hollywood.

Wird die Unterhaltungsindustrie die Politik auflösen? Wohl kaum, aber die Botschaft von Individualität, Freiheit, Glück und Wohlstand ist seichter geworden. Die Zeitenwende von 1989 brachte auch unpolitische Dynamik. Die Freiheitsrevolution wird von den Medieninformationen und der Computerrevolution überrollt. Die Reichweite des »Amerikanismus« hat einen neuen Schub erhalten, doch die Inhalte sind dürftiger geworden. Der »American way of life« gelangt jetzt zwar in die letzten Winkel der Welt, aber was hat er noch zu bieten? Clinton personifiziert auch die Oberflächlichkeit des »Amerikanismus«, der wirtschaftlich aggressiver geworden ist. Beide Tendenzen entpolitisieren den Kern des »Amerikanismus«. Erlebt die individuelle Ethik in der amerikanischen Version ihren Niedergang? Haben die USA sich nicht nur politisch und militärisch überdehnt, sondern auch kulturell-zivilisatorisch ihren Anspruch verwässert?

Sie sind wieder die stärkste und innovativste Wirtschaftsmacht der Welt, während in Europa an der Schwelle zum 21. Jahrhundert fast jedes Land von Arbeitslosigkeit und wirtschaftlicher Stagnation betroffen ist. Clintons Außenwirtschaftspolitik hingegen bewirkte Dynamik. Aber war das alles, was Clintons Amerika anzubieten hat? Materielle Gier und Hedonismus wurden schon unter Reagan freigesetzt. Clintons Wirtschaftspolitik hat diese Untugenden – zum Teil unbewußt – wiederbelebt. Dabei ist die Kluft zwischen Arm und Reich auch in den USA größer geworden. Zugleich verblaßt das republikanische Leitbild, das den Bürger an gemeinsame ethische Werte und an das Gemeinwohl gebunden hat. Während die »Weltunordnung« die USA zur Weltmacht verdammt, droht im Innern die Spaltung zwischen Arm und Reich und der Abstieg der Mittelklasse. Die immer wieder aufflammenden Unruhen in den Großstädten und zwischen den Rassen und die Feudalisierung der Reichen könnten zu Konflikten führen und die Gesellschaft der USA erschüttern, wenn das Land keine anderen Entwicklungsmöglichkeiten mehr bereithält. Diese dramatische Entwicklung ist nicht vorprogrammiert. Die Vereinigten Staaten von Amerika haben schon in der Vergangenheit in Perioden tiefster Krise Vision, Energie und Willen zur Erneuerung gezeigt.[33] Mag sein, daß die Freiheitsideale verwelken, aber die Wirtschaftsinteressen könnten die Führungsrolle in der Welt im Bewußtsein der Amerikaner aktivieren. Clinton erkannte, daß er Amerikas wirtschaftliche Ziele durch weltweite Strategien abstützten mußte. Diese Wechselwirkung zwischen Sendungsbewußtsein und wirtschaftlicher Stärke wird Amerikas Weltmachtrolle dynamisch halten. Ob strategische Handelspolitik oder wirtschaftliche Ausweitung der Interessen mit weiterführenden strategischen Zielen bestimmend bleiben – wer kann das entscheiden? Es überrascht nicht, daß Clinton in seiner Antrittsrede im Januar 1997 Theodore Roosevelt zitierte. Ein Jahrhundert nach ihm haben die USA ihre früheren Gegner Deutschland und Japan zu Partnern und Freunden, aber auch zu wirtschaftlichen Rivalen gemacht. Dank der jahrzehntelangen Unterstützung der Westeuropäer und der Japaner ist die Rolle der USA als »sanfter Hegemon« weltweit abgesichert worden. Dies wird in den USA nicht immer angemessen gewürdigt. »[Amerikas] Partner brauchen die Impulse aus Washington, wenn sie sich selbst nicht zu helfen wissen und ohne amerikanische Führungskraft in gefährlichen Regionalkrisen nichts geschehen würde. Umgekehrt brauchte auch die amerikanische Regierung, die von einer außenpolitisch ›unbedarfteren neuen Generation‹ geprägt wird, brauchte auch ein zusehends desinteressierter und neoisolationistischer Kongreß von Fall zu Fall überlegten und gehaltvollen Widerspruch. Ihn können die Amerikaner ertragen, sie respektieren ihn auch.«[34] Die USA können nicht mehr schalten und walten, wie sie wollen. Sie sind längerfristig auf Freunde und Verbündete angewiesen, auch wenn der Alleingang möglich und vielleicht auf den ersten Blick einfacher erscheint. Deshalb konnte Clinton letztlich die Herausforderungen auch in Kooperation mit den Partnern und Freunden meistern, behauptete ihnen gegenüber aber die Führung. Clinton verstand sich im Anspruch auf bündnispolitische Führung in der Tradition der großen außenpolitischen Präsidenten seit dem Zweiten Weltkrieg. Bisweilen schien es sogar, als ob nach Ende des kalten Krieges die USA ihre Interessen in Europa sogar noch deutlicher durchsetzten als zuvor. Global gesehen, könnte Clinton folgendes Diktum von Theodore Roosevelt erneuern, weil es auch heute noch zum »American Dream« gehört: »Ich predige Euch«, hatte Theodore Roosevelt 1899 erklärt, »daß unser Land nicht zu einem Leben des Müßiggangs, sondern zu einem Leben harter Arbeit aufgefordert ist. Das 20. Jahrhundert und damit das Schicksal vieler Nationen steht vor der Tür. Falls wir untätig beiseite stehen … falls wir vor dem harten Wettkampf zurückschrecken … dann werden uns die kühneren und stärkeren Völker überholen.«[35]

Bill Clinton übernahm diese puritanische Ethik persönlich wohl kaum. Aber als Präsident trug er, wie fast alle Präsidenten seit Theodore Roosevelt, dafür Sorge, daß Amerika beim Beginn des 21. Jahrhunderts das bleibt, was es im vergangenen Jahrhundert war – Second to none.

Außenpolitische Anfänge von Präsident Bush

George W. Bush wurde nach dem wohl außergewöhnlichsten Wahlkampf in der amerikanischen Geschichte zum 43. Präsidenten der USA gewählt.

Der teuerste Wahlkampf der amerikanischen Geschichte, dessen Kosten auf eins bis zwei Milliarden Dollar geschätzt werden, verweist auf oligarchische Züge im Regierungs- bzw. Parteiensystem. Dank der finanziellen und politischen Dominanz von Bush senior in der republikanischen Partei siegte Bush junior über den Konkurrenten John McCain. Letzterer war im Vorwahlkampf wegen seines politischen Programms und seiner Persönlichkeit zunächst erfolgversprechend, mußte dann jedoch mangels finanzieller Unterstützung aufgeben. Er wäre ein würdiger republikanischer Präsidentschaftskandidat gewesen.

Bush ist nach John Quincy Adams (1825) der zweite Amerikaner, der als Präsidentensohn in das Weiße Haus einzieht, und der vierte, der nur die (knappste) Mehrheit der Wahlmännerstimmen, aber nicht die Mehrheit der Wählerstimmen erhielt. Bush erhielt 334 000 Stimmen weniger als der ehemalige Vizepräsident Gore.

Bush kann man als politischen Spätzünder bezeichnen. Erst nach einer wechselvollen beruflichen Laufbahn wurde er im Alter von 48 Jahren zum Gouverneur von Texas gewählt. Es war die Reputation seines Vaters, der von 1989 bis 1993 in Washington präsidierte, die ihn letztlich politisch reüssieren ließ.

Sein nur hauchdünner Sieg über Al Gore wird ihn zunächst dazu zwingen, die politische Polarisierung im Lande und im Kongreß zu lindern und zu überwinden, d.h., die politischen Streitfragen müssen von Bush unter kooperativen Prämissen ins Visier genommen werden. Für die Außenpolitik bedeutet dies, daß Bush einerseits sein eigenes, noch wenig entwickeltes Profil mit Blick auf die Zusammenarbeit mit den Demokraten entfalten wird. Dies dürfte ihm nicht leicht fallen, da der rechtslastige Flügel der Republikaner auch im Kongreß Druck machen wird. Andererseits zeigte aber auch schon der Wahlkampf sehr deutlich, daß es bei den außenpolitischen Grundlinien zwischen Demokraten und Republikanern vielerlei Berührungspunkte gibt: Bush wie auch sein unterlegener Herausforderer, der frühere Vizepräsident Gore, betonen und begrüßen die Führungsrolle der USA als einzige Weltmacht, stehen für freien Handel, suchen die Zusammenarbeit mit den Großmächten Rußland und der VR China, plädieren für Amerikas Vermittlung bei Krisen, setzen sich für Menschenrechte und Demokratie ein und suchen schließlich den Schulterschluß mit den Verbündeten in Europa und Asien. Geht man jedoch ins Detail, dann zeigt sich deutlich, daß Präsident Bush sich bemühen wird, in der Zukunft eigene politische Akzente zu setzen.

Zum jetzigen Zeitpunkt kann die Beantwortung der Frage nach der künftigen Außenpolitik von Präsident George W. Bush nur spekulativ sein. Führt man sich vor Augen, daß er nur sehr wenig außenpolitische Erfahrung besitzt und seine bisherigen Äußerungen zur Außenpolitik wahltaktischen, d.h. innenpolitischen Charakter hatten, wird klar, daß erst die Zukunft Aufschluß über seine Außenpolitik geben wird. Doch in Umrissen werden seine Vorstellungen erkennbar: »Ich bin ein hartgesottener Realist ohne Illusionen, wenn es um die Einschätzung der Welt geht«, pflegt Bush gern zu sagen. Das bedeutet konkret, daß er für die USA ein Maximum an nationaler Entscheidungsfreiheit und, wenn nötig, auch den Einsatz militärischer Mittel befürworten wird, wenn wichtige strategische Interessen berührt werden. So lehnte Bush eine Intervention der USA in Ruanda seinerzeit ab, befürwortete aber das Eingreifen der USA im Kosovokrieg. Bush versteht sich zuerst als Repräsentant amerikanischer Interessen; die USA können nicht »für jeden alles sein. Unser Militär ist dazu da, Kriege zu führen und zu gewinnen, nicht für den Aufbau von Nationen«. Bush ist nicht grundsätzlich gegen langfristige Friedensmissionen, aber gegen eine langfristige Einbindung der USA im Rahmen von humanitären Interventionen. Bush ist alles andere als ein Isolationist. Ein außenpolitischer Rückzug der USA wäre für ihn »eine Abkürzung ins Chaos« und würde ein »stagnierendes Amerika in einer wilden Welt heraufbeschwören«. Aber Bush warnt vor einer bloßen Krisenreaktionspolitik ohne Konzept. Statt dessen fordert er – mit einem kritischen Seitenhieb auf die sogenannte humanitäre Intervention – eine klare Siegstrategie beim Einsatz amerikanischer Soldaten.

Bush reflektiert die bekannte Sorge der Republikaner, daß die USA durch zu starke Einbindung in multinationale bzw. multilaterale Institutionen an Handlungsfreiheit verlieren könnten. Statt dessen betont und begrüßt er Amerikas Führungsrolle im Rahmen der Allianzen mit den demokratischen Partnern, wie z.B. in der NATO. Gegenüber der UNO ist Bush kritisch eingestellt. Er will amerikanische Soldaten nicht dem Befehl der UNO unterstellen und die ausstehenden Beiträge der USA nur begleichen, wenn die UNO grundlegend reformiert wird, andere ihre Beiträge vergrößern und sich der amerikanische Anteil verringert.

Mit dieser prononciert nationalen Interessenorientierung als Grundvoraussetzung für Amerikas Rolle in der Welt wird Bush auf innenpolitische Zustimmung stoßen. Auch werden viele Partner in der Welt dank Bushs Signal zu mehr krisenpolitischer Entscheidungsfreudigkeit aufatmen. Andere Partner hingegen, vor allem in Europa, befürchten, daß sie in Zukunft zu wenig gehört und konsultiert werden. Denn Bush drängt in Schlüsselfragen wie z. B. der Modernisierung der Streitkräfte im Rahmen der NATO vor allem zur zügigen Entwicklung von Raketenabwehrsystemen. Die Mehrheit der Europäer steht dagegen seit Reagans SDI-Initiative diesem Projekt mit unverhohlener Skepsis gegenüber und kommt bei der Modernisierung der Streitkräfte seit Jahren nicht vom Fleck. Die Europäer zeigen nur wenig Neigung, die Streitkräfte in Form zu bringen, so daß mit Blick auf diese beiden Fragen langwierige transatlantische Konflikte vorprogrammiert sind. Hinzu kommt, daß Bush eine Revision bzw. Aushöhlung des ABM-Vertrages von 1972 in diesem Zusammenhang in Kauf zu nehmen bereit scheint, die Europäer und vor allem die Russen ihn aber als unumstößlich ansehen. Bushs Kritik und Europas Festhalten am atomaren Teststoppvertrag (CTBT) vertieft diese Konfliktlinien weiter.

Darüber hinaus hat George W. Bush schon im Wahlkampf angedeutet, daß er eine grundsätzliche Überprüfung der Streitkräfte veranlassen wird. Es wäre nicht verwunderlich, wenn am Ende dieser Reform die Forderung nach mehr Militärausgaben und vor allem eine beschleunigte und erweiterte Erforschung neuer Militärtechnologien stehen würde. Bush hat in diesem Zusammenhang auch eine Neuausrichtung der Militärstrategie im Auge: »Ich werde das Vertrauen zwischen dem Präsidenten und den Streitkräften erneuern, ich werde das amerikanische Volk gegen Raketen, Terror und Schurkenstaaten verteidigen, und ich werde die Militärmacht der USA auf das nächste Jahrhundert vorbereiten«, so Bush am 23. September 1999.

Bush wird vermutlich einen außenpolitischen Führungsstil entwickeln, der seinen Mitarbeitern grundsätzlich eigenen Spielraum einräumen wird. Dies hat er mit Blick auf die anstehende Reform der Streitkräfte schon angedeutet: »Ich werde dem Verteidigungsminister hierzu ein umfassendes Mandat erteilen für eine neue Verteidigungsstruktur der kommenden Jahrzehnte.« (Bush am 23. September 1999)

Für Bush haben die amerikanischen Streitkräfte eine unverzichtbare Aufgabe in der Welt: »Sie geben unseren Freunden Vertrauen, schrecken unsere Feinde vor Aggression ab und erlauben es, für unsere Nation einen stabilen Frieden aufzubauen.«

Nach den langen Jahren einer recht diffusen Militärstrategie der Regierung Clinton trifft Bush im eigenen Lande, besonders bei den Streitkräften, auf Zustimmung mit der Aussage: »Wenn Amerika Streitkräfte in der Welt einsetzt, muß die Sache gerecht, das Ziel klar und der Sieg überwältigend sein.« (Rede am 3. August 2000)

Die engagierte globale Ausrichtung von Bushs außenpolitischer Vorstellungswelt hat eine zweite wichtige Dimension: die wirtschaftspolitische. Sein Bekenntnis zum Freihandel ist unzweideutig. Bushs Nationale Sicherheitsberaterin Condoleezza Rice, die schon im Nationalen Sicherheitsrat von Bushs Vater als Rußlandexpertin mitwirkte, erklärte die Stabilität der internationalen Wirtschaftsordnung zur wichtigsten außenpolitischen Angelegenheit. Nicht zuletzt die texanische Herkunft und Perspektive erklärt, warum Präsident Bush vermutlich die Beziehungen zu Lateinamerika wirtschaftspolitisch intensivieren wird. Schon Bushs Vater schmiedete das historische Freihandelsabkommen zwischen den USA und Mexiko. Zusammen mit Kanada entstand die trilaterale nordamerikanische Freihandelszone NAFTA, die zur dynamischsten Wirtschaftszone der Welt wurde, v. a. mit Blick auf die amerikanisch-mexikanischen Beziehungen. Mexiko ist heute nach Kanada und Japan der drittwichtigste Handelspartner der USA. Präsident Bush wird den Traum seines Vaters von einer gesamtamerikanischen Freihandelszone von »Alaska bis Feuerland« (Free Trade Area of the Americans, FTAA) zu verwirklichen suchen. Bush will nach der Überwindung des West-Ost-Gegensatzes nun das Nord-Süd-Verhältnis neu ordnen. Als Befürworter von freiem Handel wird Präsident Bush vermutlich NAFTA intensivieren und ausweiten, auch um im Zuge der weltweiten Konkurrenz die wirtschaftspolitische Vormacht der USA zu sichern. Ob dies im Interesse der NAFTA-Partner stehen wird, bleibt abzuwarten.

Nicht nur militärische, sondern vor allem wirtschaftliche Globalinteressen dienen aus amerikanischer Sicht der Stabilisierung des internationalen Systems, so daß, so Condoleezza Rice, kein Hegemon sich entwickeln kann, um diese Stabilität zu gefährden. Im Klartext bedeutet dies, daß in Bushs Augen nur die alleinige Hegemonie der USA internationale Sicherheit garantiert und der Aufstieg anderer Großmächte oder entsprechender Koalitionen zur ebenbürtigen Weltmacht verhindert werden muß.

Präsident Bushs Leitlinie »America first« gilt auch gegenüber Rußland und der VR China – wenn auch dieser Gedanke unausgesprochen bleibt, öffentlich die Rhetorik der Zusammenarbeit dominiert, während der Regierung Clinton zu viel Nachgiebigkeit gegenüber Moskau und Peking vorgeworfen wird. Im Unterschied zu seinem Vorgänger hat Präsident Bush nicht vor, Rußland zu retten, d. h. zu demokratisieren und zu transformieren. Dennoch macht er keinen Hehl daraus, daß mit einem demokratischen und freien Rußland die Zusammenarbeit leichter fallen dürfte. Aber bis dahin sieht Bush einen langen Transformationsprozeß, bei dem Rußland vor allem gegenüber seinen Nachbarn nicht auf Zwang und Vormachtstellung, sondern auf Gleichberechtigung, Handel und

Diplomatie setzen sollte. Auch sorgt sich Bush um das Erbe aus der Zeit des kalten Krieges, um das russische Nuklearpotential. Tausende von zum Teil sehr veralteten Nuklearwaffen müssen davor bewahrt werden, in falsche Hände zu fallen oder unbeabsichtigt ausgelöst zu werden. Auch Bush hat anerkannt, daß die Regierung Clinton zur Lösung dieser Problematik gemeinsam mit Moskau manches versucht hat. Was Bush jedoch an Clinton und Gore kritisierte, war deren strategische Ausrichtung gegen Rußland. Für Bush gibt es keinen Grund mehr, in Rußland eine nukleare Bedrohung zu sehen. Er fordert deshalb auch eine Reduzierung der amerikanischen Nuklearpotentiale, vor allem eine Veränderung der Zielplanung. Bush drängt darauf hin, daß die Vereinigten Staaten bei der Gestaltung einer neuen Strategie in erster Linie ihre eigenen Interessen in den Vordergrund stellen sollten. Für ihn macht es nach dem kalten Krieg keinen Sinn mehr, die strategischen U.S.-Streitkräfte in Konsultation mit Rußland festzulegen.

Gleichwohl wird Bushs Absicht, Raketenabwehrsysteme zu entwickeln und aufzustellen, auf erhebliche Kritik in Moskau, aber auch in Peking stoßen.

Bushs Äußerungen bezüglich der VR China sind kryptisch. Seine abwartende Haltung resultiert aus der Aufgeschlossenheit seines Vaters gegenüber Peking, die allerdings wenig erfolgreich war. Folglich hielt sich Bush mit Kritik an der Chinapolitik der Regierung Clinton–Gore zurück, die schließlich ganz in Kontinuität von Bush senior gesehen werden kann und in den USA zunehmend auf Widerstand stieß.

Bush stellt die VR China im Gegensatz zu Clinton nicht als strategischen Partner dar, sondern als Wettbewerber. In einer Bemerkung, die an das Konzept der Eindämmung erinnerte, sagte er: »Es wird nicht bedroht werden, aber auch nicht unkontrolliert bleiben.« Mit Peking müsse man »ohne bösen Willen, aber ohne Illusion umgehen«. Als Gebiete notwendiger Zusammenarbeit nannte er die Nichtverbreitung von Waffen und die Friedenssicherung in Korea. Auch begrüßte Bush die Aufnahme Chinas in die Welthandelsorganisation WTO und äußerte die Hoffnung, daß dies auch für Taiwan die Tür öffnen werde. Bush bekennt sich zur Ein-China-Politik mit dem Zusatz: »Wir werden Taiwan helfen, sich selbst zu verteidigen.« Für die Regierung Bush sind Peking und Moskau keine potentiellen Feinde mehr, aber auch noch keine strategischen Partner – so Außenminister Colin Powell.

In der Chinapolitik wie auch grundsätzlich wird sehr bald deutlich werden, daß Präsident Bush die letzte verbleibende Weltmacht mit viel Realitätssinn und einem Gefühl für gewachsene Kontinuitäten regieren muß. In der realen Welt wird kälter gegessen, als in der Hitze des Wahlkampfs gekocht wurde, das wird auch George W. Bush erkennen. Aber sein Plädoyer für einen nüchternen Realismus läßt erwarten, daß er mit diesem Wechsel vom Wahlkämpfer zum Präsidenten kaum Probleme haben wird. Noch außenpolitisch unerfahren, wird er in der Verantwortung des Amtes schnell lernen. Dabei wird Bush bald erkennen, daß er auch die Interessen, Hoffnungen und Ängste der Freunde, Partner und Konkurrenten mitzuberücksichtigen hat. Gerade im transatlantischen Verhältnis wird Präsident Bush erfahren, daß im Konzert gemeinsam gespielt wird und der amerikanische Dirigent zugleich Durchsetzungsvermögen und Takt zeigen muß.

Mit dem Wahlsieg um Haaresbreite und den austarierten Mehrheitsverhältnissen im Kongreß haben die Amerikaner dem Präsidenten das Mandat gegeben, extreme, also polarisierende Entscheidungen auch in der Außenpolitik zu vermeiden. Deshalb wird der kritische Rat der Freunde um so nötiger und um so wichtiger, sei es aus Europa oder aus Asien.

Auch ein Präsident Bush wird bald erkennen müssen, daß bei einer übertriebenen Militarisierung die militärische Macht der internationalen »Schurken« weniger, der politische Schaden aber viel stärker ins Gewicht fällt. So stößt das geplante Raketenabwehrsystem auf Kritik bei denjenigen, die für Amerikas Interessen zentrale Bedeutung haben, bei den Partnern und Freunden in Europa und Asien wie auch bei den potentiellen Rivalen Rußland und der VR China.

Mit Blick auf die Krisenregionen der Welt wird von Bush eine baldige Initiative im Nahen Osten erwartet, die ihm vermutlich schwerfallen könnte. Ganz in der Tradition seines Vaters neigt Bush junior zum Abwarten, zum Pragmatismus und zur stärkeren Eigenverantwortung der Konfliktparteien. Doch angesichts der verhärteten und konfrontativen Lage reicht diese Einstellung nicht aus. Im Rückblick auf die Außenpolitik von Präsident Bush senior und Außenminister Baker ist nicht auszuschließen, daß Präsident Bush junior gegenüber Israel abwartender und kritischer handeln wird als Bill Clinton. Andererseits muß Bush im Kongreß dann mit Kritik der rechten Republikaner rechnen, die mit den fundamentalistisch-religiösen Kräften im Likud und rechts davon sympathisieren.

Auch mit Blick auf die Golfregion bleibt der Krisenaspekt virulent. Gegenüber Saddam Hussein wird Präsident Bush vermutlich unversöhnlich bleiben. Das ist er auch seinem Vater schuldig, der Ziel eines irakischen Attentats war. Politisch gesehen zählt Saddam Hussein seit seinem Angriff auf Kuwait bis heute zu den Hauptschurken, die in Washington aufs Korn genommen werden.

Für eine realistische Ausrichtung amerikanischer Außenpolitik spricht auch die Ernennung erfahrener und kompetenter außenpolitischer Mitarbeiter. Vizepräsident Dick Cheney wird auf Grund seiner Erfahrungen als Verteidigungsminister die nationale Sicherheitspolitik der USA mitprägen. Eine geschickte Hand bewies Präsident Bush bei der Ernennung von Condoleezza Rice zur Nationalen Sicherheitsberaterin und von General Colin Powell zum Außenminister. Beide sind populär und klug, v. a. sind beide schwarz. Folglich wird zum ersten Mal in der Geschichte der USA die Außenpolitik von zwei »people of colour« repräsentiert. Aber weil beide schon zum Beraterstab von Bushs Vater gehörten, führte dies zu Kritik: »Das Beste, was man über George W. Bush sagen kann, ist, daß er über die Welt nachgedacht hat. Er hat aber entschieden, daß wir uns immer noch im Jahre 1980 befinden, und deswegen will er die Probleme aus der Zeit, in der sein Vater Präsident war, mit dessen alten Beratern lösen«, so Thomas L. Friedman in der *New York Times*. Kein Wunder, daß vielerorts in den USA unter Bush kein neuer außenpolitischer Aufbruch, sondern ein Vorwärts in die Vergangenheit erwartet wird, zumal die neue Sicherheitsberaterin Rice drängende weltpolitische Fragen wie Umweltpolitik, internationales Recht und multilaterale Ordnungsfragen zu Modethemen der Regierung Clinton abwertete, die die klassische Außenpolitik nur konfus gemacht hätten.

Hierbei wird deutlich, daß nicht nur Präsident Bush, sondern insbesondere Condoleezza Rice und Colin Powell ein konservatives Amerika und eine entsprechende Variante des amerikanischen Traums verkörpern, wie ihn nicht Außenseiter, sondern karrierebewußte Aufsteiger träumen. Rice und Powell haben in ihrer bisherigen politischen Karriere zähen Aufstiegswillen und hohe Anpassungsbereitschaft bewiesen. Beide sind durch die Erfahrungen der Rassentrennung geprägt, aber keiner von beiden zeigte große Begeisterung für die Bürgerrechtsbewegung oder für die Demokratische Partei. Colin Powell lehnte sogar seinerzeit das Angebot ab, in der Regierung Clinton außenpolitisch verantwortlich mitzuwirken.

Beide stehen in der Tradition des außenpolitischen Realismus, d.h., sie verstehen Außenpolitik als Machtkampf, als Ringen um Einfluß, als Kräftemessen von Nationen mit unterschiedlichen Interessen. Folglich besteht die Kunst der Politik im Ausgleich und in der gleichzeitigen Wahrung von Vorteilen für die USA. Im Verständnis von außenpolitischen Realisten wie Bush, Powell oder Rice sind ideologische oder moralische Feldzüge unangemessen, es sei denn, es werden vitale Interessen der USA berührt. Folglich beurteilt die Regierung Bush humanitär begründete Truppeneinsätze problematisch.

Konsequenterweise werden Powell und Rice den vorteilhaften Interessenausgleich v. a. gegenüber Rußland und der VR China suchen, die Rohstoffinteressen der USA konzentriert verfolgen, aber humanitäre Interventionen zu vermeiden suchen. Powell kündigte schon eine Überprüfung der amerikanischen Auslandseinsätze an, auch in Bosnien und im Kosovo. Er wies darauf hin, daß »unsere Streitkräfte ziemlich dünn gestreckt« seien, fügte aber hinzu: »Wir werden nicht kürzen und davonlaufen. Wir werden in Absprache mit unseren Verbündeten eine sorgfältige Bestandsaufnahme machen und dann urteilen«.

Condoleezza Rice wird auf Grund ihrer Erfahrung im nationalen Sicherheitsrat und ihrer Kenntnisse über Rußland und Europa der Regierung Bush wichtige Impulse vermitteln. Robert Zoellick wird als ehemaliger Staatssekretär der Regierung Bush senior die Europapolitik und die Weltwirtschaftspolitik mitformulieren, hatte er doch schon vor Präsident Clinton nachdrücklich für eine Ökonomisierung der republikanischen Außenpolitik plädiert. General Colin Powell als Außenminister wird eine herausragende Rolle für die Außenpolitik spielen. Seine Erfahrungen als General und militärischer Berater von Präsident Bush senior vor allem im Golfkrieg werden sich vor allem in künftigen Konfliktsituationen möglicherweise als nützlich erweisen.

George W. Bush hat in Grundzügen seine Außenpolitik skizziert. Er möchte Außenpolitik »im Geist der nationalen Einheit und Überparteilichkeit« betreiben und amerikanische Stärke »mit Bescheidenheit« einsetzen. Er will als Präsident bald außenpolitische Prioritäten setzen, denn »wenn wir nicht unser eigenes Programm bestimmen, werden das andere tun, potentielle Gegner oder die Krisen des Augenblicks«. Diese Überlegungen beziehen sich auf vier Schwerpunkte: Friedenssicherung im Zusammenwirken mit den europäischen und asiatischen Alliierten, Förderung der Demokratie und des Freihandels in Lateinamerika, Verteidigung der amerikanischen Interessen am Persischen Golf und im Nahen Osten.

Bush personifiziert eine engagierte Außenpolitik der USA, wenn er erklärt: »Uns werden sich Chancen ergeben, weil die alte Weltkarte, wie wir sie kannten, mit einem roten und einem blauen Feld, die im Wettbewerb um etwas lagen, das Dritte Welt genannt wurde, nicht mehr existiert. Die neue Karte ist ein Mosaik aus vielen verschiedenen Stücken und Farben, die sich über die ganze Welt erstrecken. Es ist eine Welt, die gesehen hat, daß Faschismus, Kommunismus und Nazismus nicht funktionierten.«

Es bleibt abzuwarten, inwieweit die Regierung Bush ihre außenpolitischen Prioritäten verwirklichen kann oder ob sie nicht ebensosehr durch außenpolitische Ereignisse zu Kurskorrekturen gezwungen wird. Wie fast alle seine Vorgänger des 20. Jahrhunderts wird auch Präsident Bush der zentralen Maxime »America first« verpflichtet bleiben, allerdings unter stärkerer Betonung der nationalen Eigeninteressen der USA.

Anmerkungen

(Vollständige bibliographische Angaben im nachfolgenden Literaturverzeichnis)

Einleitung

1 Vgl. Schlesinger, *The Imperial Presidency.*

2 Hofstadter, *The American Political Tradition.*

3 Vgl. hierzu und im folgenden: Mewes, *Einführung in das politische System der* USA, S. 180f.

4 So Thomas Jefferson 1807, zit. nach Schlesinger, *The Imperial Presidency*, S. 25.

5 Fisher, *Presidential War Powers*, S. 38ff. Siehe auch David Herbert Donald, *Lincoln*, New York 1996 S. 559ff.

6 »Im Falle einer ausländischen Invasion war der Präsident jedoch nicht nur bevollmächtigt, sondern sogar verpflichtet, Gewalt mit Gewalt zu begegnen. Er beginnt den Krieg nicht, ist aber verpflichtet, die Herausforderung anzunehmen, ohne auf eine spezielle parlamentarische Vollmacht zu warten.« Ebd.

7 »Welcher Staat befand sich jemals in der Lage, ein genaues Programm des Krieges zu verfassen, in den er eintrat, geschweige denn dessen Ausgang im vorhinein festzulegen? Der Kongreß kann einen Krieg erklären, aber eine höhere Macht bestimmt seine Grenzen und legt seine Beziehungen und Verantwortungen fest. Der Präsident kann die Bewegungen der Soldaten im Feld und die der Flotten auf dem Meer dirigieren, aber er kann nicht das Ergebnis dieser Bewegungen vorhersehen oder deren Begrenzung vorschreiben.« Ebd., S. 43f.

8 Theodore Roosevelt 1904, zit. nach Fisher, *Presidential War Powers*, S. 47.

9 Roosevelt brüstete sich sogar seiner Machtpolitik mit folgenden Worten: »Ich nahm die Kanalzone ein und ließ den Kongreß debattieren, und während die Debatte weitergeht, tut dies der Kanal ebenfalls.« Zit. nach Pringle, *Theodore Roosevelt*, S. 330.

10 Vgl. Raeithel, *Geschichte der nordamerikanischen Kulturen*, Bd 2: *Vom Bürgerkrieg bis zum New Deal 1860 bis 1930*, S. 263.

11 Vgl. hierzu LaFeber, *Inevitable Revolutions.*

12 Konrad Adam, »Enge Grenzen. Europa ist sich selbst im Weg«, *Frankfurter Allgemeine Zeitung*, 17. Februar 1994.

13 Zur Geschichte des NSC s. Paul H. Nitze, »The Development of NSC 68«, *International Security Fear*, Spring 1980, S. 170–176; Leffler, *A Preponderance of Power*; Schilling et al., *Strategy, Politics, and Defense Budgets.*

[14] Seabury, *Power, Freedom and Diplomacy*, S. 301.

[15] Vgl. hierzu Cooper, *The Warrior and the Priest.*

[16] Zur Geschichte des Department of State s. Elder, *The Policy Machine*; Stuart, *The Department of State*; Bemis, Hrsg., *American Secretaries of State and Their Diplomacy.*

[17] So Cordell Hull, zit. nach Raymond, *Power at the Pentagon*, S. 65.

[18] Vgl. hierzu Acheson, *Present at the Creation*; ders., *This Vast External Realm*, S. 255–275.

[19] Miscamble, *George F. Kennan and the Making of American Foreign Policy.*

[20] Bemis, *John Quincy Adams and the Foundations of American Foreign Policy.*

[21] Van Deusen, *William Henry Seward*; Paolino, *The Foundations of the American Empire.*

[22] Zu den Mitgliedern des NSC gehören neben dem Präsidenten als Vorsitzendem, dem Außenminister, dem Verteidigungsminister, dem Vorsitzenden der vereinigten Generalstäbe, dem Leiter des Geheimdienstes, dem Leiter des Büros für zivile Verteidigungsmobilisierung, dem Direktor des Budgetbüros bei Bedarf weitere Kabinettsmitglieder und Unterstaatssekretäre. Koordinierung und Planung der Sitzungen liegen beim Planungsstab, dessen Vorsitz der Sonderberater des Präsidenten für nationale Sicherheitsfragen führt. I. M. Destler, »National Security Advice to U. S. Presidents: Some Lessons from 30 Years«, *World Politics*, January 1977, S. 143–176; grundlegend: John Prados, *Keepers of the Keys: A History of the National Security Council from Truman to Bush*, New York 1991.

[23] Vgl. Luttwak, *The Pentagon and the Art of War*, Millitt, Maslowski, *For the Common Defense.*

[24] Blecham, Kaplan, *Force Without War.*

[25] Cohen, *The Making of United States International Economic Policy*; Charles P. Kindleberger, »U.S. Foreign Economic Policy, 1776–1976«, *Foreign Affairs*, January 1977, S. 395–417.

[26] Zur Politik der »Offenen Tür« s. William Appleman Williams, »Open Door Interpretation«, in: DeConde, Hrsg., *Encyclopedia of American Foreign Policy*, vol. II, S. 703–710; ders., »The Legend of Isolationism in the 1920's«, *Science and Society*, no. 18, New York 1954.

[27] Wasser, *Portrait einer Weltmacht*, S. 405.

[28] Vgl. hierzu Monika Medick-Krakau, »Die Außenpolitik der USA«, in: Knapp, Krell (Hrsg.), *Einführung in die internationale Politik*, S. 74f.

[29] *U.S. Foreign Aid. Its Purpose, Scope, Administration and Related Information*, Washington, D.C., 1959.

[30] Die gesetzlichen Grundlagen für den Handel, vor allem in Form der Verweigerung von Exporten und Importen, gehen zurück auf Kongreßermächtigungen

des Präsidenten im Ersten und Zweiten Weltkrieg, die dann in der Nachkriegszeit ausgebaut wurden. Vgl. Krippendorff, *Die amerikanische Strategie*, S. 403.

31 Zit. nach *Foreign Economic Policy for the 1960's*, S. 8.

32 Kennedy am 4. Mai 1962, zit. nach Krippendorff, *Die amerikanische Strategie*, S. 393f.

33 So Außenminister Dean Rusk am 5. November 1962, zit. ebd., S. 390.

34 So Berle, *Power without Property*, S. 19.

35 Der internationale Handel der USA ist kontinuierlich angewachsen, aber unübersichtlich geworden. Der Export amerikanischer Güter, 1955 15,5 Mrd. Dollar, stieg auf 49 Mrd. Dollar 1972 und explodierte auf 320 Mrd. Dollar 1988. Die Importe zeigten folgende Entwicklung: 11,6 Mrd. Dollar 1955, 55,3 Mrd. Dollar 1972 und 441 Mrd. Dollar 1988. Das Handelsdefizit betrug 1987 159 Mrd. Dollar und 1988 127 Mrd. Dollar. Die amerikanische Wirtschaft und der Lebensstandard werden also zunehmend vom internationalen Handel beeinflußt. Rosati, *The Politics of United States Foreign Policy*, S. 231.

36 Vgl. hierzu Wilson, *Congressional Government.*

37 Zum außenpolitischen Entscheidungsprozeß in den USA s. Halperin, *Bureaucratic Politics and Foreign Policy*; Charles E. Lindblom, »The Science of ›Muddling Through‹«, *Public Administration Review*, 29/1959; Snyder et al., *Foreign Policy Decision Making.*

38 Von 1941 bis 1973 wurden 5590 Executive Agreements abgeschlossen, aber nur 368 formelle Verträge.

39 Vgl. hierzu Rosati, *Politics of U.S. Foreign Policy*, S. 363f.

40 Vgl. hierzu Powers, *Not Without Honor.*

41 Vgl. hierzu Rosati, *Politics of U.S. Foreign Policy*, S. 462. Hierin nicht enthalten sind die ebenfalls enormen Kosten, die für Propaganda und andere nichtmilitärische Maßnahmen aufgewandt wurden.

42 Nach wie vor grundlegend: Varg, *Foreign Policies of the Founding Fathers*; McDougall, *Promised Land, Crusader State.*

43 Vgl. hierzu Beard & Beard, *The American Leviathan.* Die historischen Grundlagen der amerikanischen Außenpolitik. Vergleiche Walter A. McDougall, *Promides Land, Crusader State: The American Encounter with the World since 1776*, New York 1997; Fareed Zakaria, *From Wealth to Power: The Unusual Origins of America's World Role*, Princeton University Press, Princeton N.-J. 1998.

44 »Haben wir denn immer noch nicht genug von dem Lug und Trug jener Idoltheorien, die uns mit Versprechungen amüsiert haben, frei von den der Gesellschaft in jeglicher Form innewohnenden Unzulänglichkeiten, Schwächen und Übeln zu sein? Ist es nicht an der Zeit, aus dem trügerischen Traum eines Goldenen Zeitalters zu erwachen und als praxisgerechte Maxime für die Ausrichtung unses politischen Verhaltens zu akzeptieren, daß wir, ebenso wie die an-

deren Bewohner des Erdenrunds, noch weit entfernt sind von dem glücklichen Reich der perfekten Weisheit und perfekten Tugend?« Alexander Hamilton, zit. nach Margaritha Mathiopulos, *Amerika*, S. 90.

45 Zu John Adams s. Hutson, *John Adams and the Diplomacy of the American Revolution*; zu Hamilton s. Lang, *Foreign Policy in the Early Republic*, S. 91 ff.

46 Alexander Hamilton in: *Federalist*, Nr. 6, zit. nach Zehnpfenning, Hrsg., *Die Federalist-Papers*, S. 75 f.; zur aktuellen Wirkung von Hamilton siehe Michael Lind, *Hamilton's Republic: Readings in the American Democratic Nationalist Traditions*, New York 1997.

47 Vgl. hierzu Burke, *Betrachtungen über die Französische Revolution*; Zimmer, *Edmund Burke*; Hoffman, Levack, Hrsg., *Burke's Politics*.

48 Alexander Hamilton am 10. Juli 1793, zit. nach Graebner, *Ideas and Diplomacy*, S. 61.

49 Ebd.

50 Vgl. hierzu Julian P. Boyd, »Thomas Jefferson's ›Empire of Liberty‹«, *Virginia Quarterly Review*, Nr. 24, Charlottesville 1948, S. 538–557.

51 Vgl. hierzu auch Tucker, Hendrickson, *The Imperial Temptation*, S. 33 ff.

52 Vgl. hierzu Graebner, *Empire on the Pacific*

53 Zit. nach Tucker, *Hendrickson, The Imperial Temptation*, S. 162; vergleiche auch Joseph J. Ellis, *American Sphinx: The Character of Thomas Jefferson*, New York 1997.

54 Zit. nach Schoenthal, *Amerikanische Außenpolitik*, S. 27.

55 Vgl. hierzu Felix Gilbert, *To the Fair Well Address*.

56 Vgl. Tucker, Hendrickson, *The Imperial Temptation*, S. 252.

57 So Schlesinger, *The Cycles of American History*, S. 278.

58 John Quincy Adams' berühmte Rede vom 4. Juli 1821. Abgedruckt in Graebner, *Ideas and Diplomacy*, S. 88.

59 Vgl. hierzu LaFeber, *The New Empire: An Interpretation of American Expansion*; Robert L. Beisner, *From the Old Diplomacy to the New*; Williams, *Die Tragödie der amerikanischen Diplomatie*.

60 Vgl. hierzu Kissinger, *Vernunft der Nationen*, S. 34.

61 »Nach dem Bürgerkrieg wurde mit Sewards ehrgeizigem Expansionsprogramm gar nichts gewonnen, außer dem Staubkorn Midway sowie Alaska, das Rußland loswerden wollte und das der Kongreß widerstrebend annahm, nachdem einige Abgeordnete bestochen worden waren, vielleicht von dem russischen Gesandten. Der Senat verwarf den Hawaiianischen Reziprozitätsvertrag, den Kauf der Jungferninseln von Dänemark, die Annexion von Santo Domingo und die Annexion von Samoa. Wir haben weder die Zölle reduziert noch die Handelsmarine wiederaufgebaut, noch den Konsulardienst verstärkt. Es bedurfte eines halben Jahrhunderts der Debatten, bevor wir Hawaii annektierten, und dazu wäre

es ohne den Krieg mit Spanien vielleicht auch nicht gekommen. Nicht einmal aufgrund dieses Krieges annektierten wir Kuba, wir annektierten zwar die Philippinen, gaben sie aber 40 Jahre später wieder frei.« Schlesinger, *Cycles of American History*, S. 151.

62 Vgl. Tucker, Hendrickson, *The Imperial Temptation*, S. 257.

63 Vgl. hierzu Bradford Perkins, »The Creation of a Republican Empire, 1776–1865«, in: *The Cambridge History of American Foreign Relations*, vol. I, Cambridge, New York 1995.

64 Zum angelsächsischen insularen Selbstverständnis s. Ritter, *Die Dämonie der Macht*, S. 53 ff.

65 Gebhard Schweigler, »›America First‹? Die öffentliche Meinung und die amerikanische Außenpolitik«, in: Dembinski et al., Hrsg., *Amerikanische Weltpolitik nach dem Ost-West-Konflikt*, S. 34.

66 Graebner, *Empire on the Pacific*; George Liska, *Imperial America*, Baltimore 1967; Tucker, *Nation or Empire?*; Williams, Hrsg., *From Colony to Empire*; Lundestad, *The American Empire*.

67 Strong, *Our Country*, S. 165.

68 Vgl. hierzu das klassische Werk von Mahan, *The Influence of Sea Power upon History*; Westcott, *Mahan on Naval Warfare*; vgl. hierzu auch Williams, Hrsg., *The Shaping of American Diplomacy*, S. 424 ff.

69 Ritter, *Die Dämonie der Macht*, S. 93; Hildebrand, *No Intervention*, S. 27–65.

70 Ebd., S. 105.

71 Woodrow Wilson vor der amerikanischen Friedensliga in Washington am 27. Mai 1916, zit. nach Kissinger, *Vernunft der Nationen*, S. 48.

72 Vandenberg, *The Private Papers of Senator Vandenberg*, S. 273.

73 Ebd.

74 Vgl. hierzu Van Alstyne, *Empire and Independence*.

75 Vgl. hierzu Krakau, *Missionsbewußtsein und Völkerrechtsdoktrinen*, S. 128.

76 Vgl. hierzu Schwabe, *Der amerikanische Isolationismus*, S. 4.

77 Senator William Borah während des Ersten Weltkriegs, zit. nach Schwabe, *Der amerikanische Isolationismus*, S. 5.

78 Senator Borah, ebd., S. 3.

79 Boveri, *Amerika-Fibel*, Berlin 1946, S. 7.

80 Schweigler, *America First*, S. 23.

81 Vgl. hierzu Alfred Vagts, »The United States and the Balance of Power«, *Journal of Politics*, November 1941, S. 401.

82 Fraenkel, *USA – Weltmacht wider Willen*, S. 25.

83 »So spielen die Vereinigten Staaten heute vielleicht nicht ganz die Rolle auf dem Welttheater, die der Weite und Geschlossenheit ihres Gebiets, der Größe ihrer Bevölkerung und der Fülle ihrer Hilfsmittel entspräche. Aber im Ernstfall müßte sich

das Gewicht dieser Faktoren doch immer wieder geltend machen. Eine Weltmacht wie die, zu der die amerikanische Außenpolitik hingeführt hat, bringt Aufgaben und Verpflichtungen mit sich, denen es auf die Dauer nicht möglich sein wird, sich zu entziehen.« Luckwaldt, *Der Aufstieg der Vereinigten Staaten*, S. 170.

84 Vergl. hierzu Stefan Fröhlich, *Zwischen selektiver Verteidigung und globaler Eindämmung: Geostrategisches Denken in der amerikanischen Außen- und Sicherheitspolitik während des kalten Krieges*, Baden-Baden 1989, und ders., *Amerikanische Geopolitik von den Anfängen bis zum Ende des Zweiten Weltkrieges*, München 1998.

85 Vgl. hierzu Arthur M. Schlesinger, »The Ike Age Revisited«, *Reviews in American History*, März 1983, S. 1–11; Ambrose, *Eisenhower*, vol. II, *The President*; Cook, *The Declassified Eisenhower*; Ferrell, Hrsg., *The Eisenhower Diaries*.

Die Aussenpolitik der Regierung Kennedy

1 So Henry Kissinger 1974, zit. nach Hacke, *Von Kennedy bis Reagan*, S. 21; zu Kennedy grundsätzlich siehe Victor Lasky, *J. F. K. and the Myth, The Man and the Myth, A Critical Portrait*, New York 1963; Arthur Schlesinger, jr., *Die 1000 Tage Kennedys*, Frankfurt/Main 1966; Joan and Clay Blair, *The Search for J. F. K.*, New York 1976, Herbert S. Parmet, *The Struggle of John F. Kennedy*, New York 1980 und ders., *J. F. K.: The Presidency of John F. Kennedy*, New York 1983; Henry Fairlie, *The Kennedy Promise, The Politics of Expectation*, New York 1973; Seymour M. Hersh, *Kennedy. Das Ende einer Legende*, Hamburg 1998; Thomas C. Reeves, *John F. Kennedy. Die Entzauberung eines Mythos*, Hamburg 1992.

2 Senator John F. Kennedy am 14. Juni 1960, zit. nach Schoenthal, *Der neue Kurs*, S. 18.

3 Antrittsrede von Präsident John F. Kennedy, 20. Januar 1961, zit. nach Schoenthal, *Der neue Kurs*, S. 30.

4 Halberstam, *The Best and the Brightest.*

5 J. F. Kennedy, *Der Weg zum Frieden*, S. 274f.

6 Antrittsrede von Präsident Kennedy, zit. nach Schoenthal, *Der neue Kurs*, S. 29.

7 Ebd.

8 Zit. nach Walker, *The Cold War*, S. 137.

9 Vgl. hierzu Calleo, *The Imperious Economy.*

10 Zur Geschichte der amerikanisch-kubanischen Beziehungen s. Morley, *Imperial State and Revolution.*

11 Vgl. hierzu Bundy, *Danger and Survival*, S. 416f.; Fairlie, *The Kennedy Promise*, S. 173–177.

12 Zur Einschätzung des Gipfeltreffens im April 1961 s. Schlesinger, *A Thousand*

Days, S. 333–352; Sorensen, *Kennedy*; Beschloss, *JFK – Die Kennedy-Jahre*, S. 213–239.

13 Vgl. hierzu Brandt, *Begegnungen und Einsichten*, S. 71–103.

14 John F. Kennedy am 20. April 1961 vor amerikanischen Chefredakteuren.

15 Ebd.

16 Zur Roosevelts Außenpolitik s. Dallek, *F. D. Roosevelt and American Foreign Policy*; zu seiner politischen Wirkung auf die Präsidenten von Truman bis Reagan s. Leuchtenburg, *In the Shadow of F. D. R.*

17 »Achesons Ansichten zu Vietnam waren stark beeinflußt von seinen Rücksichten auf Frankreich … wenn der Preis für ein starkes Frankreich darin bestand, seine Kolonie in Südostasien am Leben zu erhalten, dann sollte es eben so sein.« Isaacson, Thomas, *The Wise Men*, S. 478; zu Trumans Außenpolitik s. Leffler, *A Preponderance of Power*; Clifford, *Counsel to the President.*

18 Siehe Beschloss, *Eisenhower.*

19 Zu Dulles s. Immerman, Hrsg., *John Foster Dulles and the Diplomacy of the Cold War.*

20 Zit. nach Hacke, *Von Kennedy bis Reagan*, S. 29.

21 Vgl. hierzu Karnow, *Vietnam*; Gelb, Betts, *The Irony of Vietnam*; Chromsky, *The Chronsky Reader*, S. 227.

22 McNamara, *Vietnam*, S. 135 f.

23 Schlesinger, *Robert Kennedy*, S. 756.

24 Ebd., S. 761.

25 Zit. nach Barnet, *Roots of War*, S. 88.

26 Zit. nach Schlesinger, *Robert Kennedy*, S. 786.

27 Ebd., S. 779.

28 Halberstam, *The Best and the Brightest*, S. 130.

29 Siehe McNamara, *Vietnam*, S. 55.

30 Zit. nach Paterson, Hrsg., *Kennedy's Quest for Victory*, S. 20.

31 Zit. nach Walton, *Cold War and Counter Revolution*, S. 200.

32 Zit. nach Schoenthal, *Der neue Kurs*, S. 298.

33 Ebd., S. 300.

34 Clifford, *Counsel to the President*, S. 381 f.; vergleiche auch Reeves, *John F. Kennedy. Die Entzauberung eines Mythos*, S. 403 ff.; Robert Dallek, *Lone Star Rising, Lyndon B. Johnson and his Times, 1908–1960*, New York 1991; Robert Dallek, *Flawed Giant: Lyndon Johnson and his Times*, 1961–73, New York 1999.

35 Zit. nach Paterson, Hrsg., *Kennedy's Quest*, S. 21.

36 Herring, *America's Longest War*, S. 79.

37 Ebd., S. 82; Galbraith, *Memoiren*, S. 454 f.

38 Isaacson, Thomas, *The Wise Men*, S. 646 ff.

39 Lucien S. Vandenbroucke, »Anatomy of a Failure. The Decision to Land at the Bay of Pigs, *Political Science Quarterly*, 99 (1984), S. 471–491.

40 Nach wie vor grundlegend: Allison, *Essence of Decision*.

41 Vgl. hierzu Christian Hacke, »John F. Kennedy und die Kubakrise 1962«, APUZ, B 33–34, 20. August 1977, S. 39–54.

42 Mitte der achtziger Jahre wurden eine Fülle von geheimen Unterlagen der Regierung Kennedy freigegeben. Vgl. hierzu Greiner, *Kubakrise*; »Documentation: White House Tapes and Minutes of the Cuban Missile Crisis«, *International Security*, Summer 1985, vol. 10, no. 1, S. 164–203; »The 11th Hour of the Cuban Missile Crisis: The ExComm Transcripts«, *International Security*, Winter 1987/88, vol. 12, no. 3, S. 5–89.

43 John F. Kennedy am 4. Juli 1962 in Philadelphia, zit. nach Schoenthal, *Der neue Kurs*, S. 183.

44 Ebd.

45 Kissinger, *Kernwaffen und auswärtige Politik*.

46 Rede von Präsident Kennedy zur Amtseinführung, Januar 1961.

47 Hierzu grundlegend: Beschloss, *Kennedy versus Khrushchew*.

48 Kissinger, *Was wird aus der westlichen Allianz?*

49 Vgl. Newhouse, *De Gaulle and the Anglosaxons*.

50 Hans-Peter Schwarz, »Die europäische Integration als Aufgabe der Zeitgeschichtsforschung«, *Vierteljahreshefte für Zeitgeschichte*, Heft 4, Nr. 4, 1983, S. 565 ff.

51 Zit. nach Schoenthal, *Der neue Kurs*, S. 181 ff.

52 Vgl. hierzu Grewe, *Rückblenden*, S. 442–576.

53 Vgl. hierzu Schwarz, *Adenauer. Der Staatsmann: 1952–1967*, S. 627 ff., 727 ff.

54 Zit. nach Klaus Gotto, »Adenauers Deutschland- und Ostpolitik 1954–1963«, in: Morsey, Repgen, Hrsg., *Adenauer Studien* III, S. 139 f.

55 Vgl. hierzu Besson, *Die Außenpolitik der Bundesrepublik*, S. 329 ff.

56 Zit. nach Schoenthal, *Der neue Kurs*, S. 189.

57 Ebd.

58 Kiep, *Good Bye Amerika*, S. 106.

59 John F. Kennedy am 27. Dezember 1962.

60 Zit. nach Schoenthal, *Der neue Kurs*, S. 144 f.

61 Schlesinger, *The Imperial Presidency*, S. 175.

62 Vgl. hierzu Besson, *Von Roosevelt bis Kennedy*; Biermann, *John F. Kennedy und der Kalte Krieg*; hierzu kritisch Reeves, *John F. Kennedy. Die Entzauberung eines Mythos*, Kapitel 15, S. 328 ff.

63 Vgl. hierzu Wicker, *JFK and LBJ*.

Die Aussenpolitik der Regierung Johnson

1 Vgl. hierzu Herring, *America's Longest War*, S. 44; Gardner, *Pay Any Price*, S. 141 f.

2 Hierzu grundsätzlich: Brandson, *The Wages of Globalism*; Wicker, *J. F. K. and L. B. J.*; Robert Dallek, *Flawed Giant: Lyndon B. Johnson and his Times, 1961–1973*, S. 54 ff.

3 Vgl. hierzu Cherwitz, *The Rhetoric of the Gulf of Tonkin Resolution*.

4 *Pentagon Papers*, S. 234 ff.

5 Vgl. hierzu Fisher, *Presidential War Powers*, S. 114 und Robert Dallek, *Flawed Giant*, a.a.O., S. 143–156.

6 Lyndon Johnson am 25. September 1964, zit. nach Goldman, *The Tragedy of Lyndon Johnson*, S. 235 f.

7 Vgl. hierzu Johnson, *Vantage Point*, S. 579–589.

8 Zit. nach Hacke, *Von Kennedy bis Reagan*, S. 60; vergleiche auch Michael R. Beschloss, *Taking Charge, The Johnson White House Tapes, 1963–1964*, New York 1979.

9 Vgl. Thompson, *Rolling Thunder*, sowie George C. Herring, *L. B. J. and Vietnam: A Different Kind of War*, Austin, Texas, 1994.

10 »Wenn der Krieg weitergeht und sich ausweitet, wenn dieser fatale Prozeß sich weiterhin beschleunigt, bis Amerika das wird, was es weder ist und noch jemals war, ein Land, das nach unbeschränkter Macht und Weltherrschaft strebt, Führer einer globalen Konterrevolution, dann hat Vietnam wahrhaft mächtige und tragische Auswirkungen gehabt.« Fulbright, *The Arrogance of Power*, S. 138.

11 Walter Lippmann, »On Defeat«, *Newsweek*, 11. März 1968, S. 25; vgl. hierzu ausführlich: Steel, *Walter Lippmann and the American Century*.

12 Vgl. hierzu Mayers, *George Kennan and the Dilemmas of U.S. Foreign Policy*; Hixson, *George F. Kennan*; Gardner, *Pay Any Price*, S. 287 ff.

13 Siehe Morgenthau, *Vietnam and the United States*.

14 Vgl. Powers, *Not Without Honor*, S. 322.

15 Salisbury, *Hinter den feindlichen Linien*; Halberstam, *Vietnam*.

16 Vgl. hierzu Kolko, *Hintergründe der* US-Außenpolitik; Horowitz, *Der Kalte Krieg*; ders., Hrsg., *Strategien der Konterrevolution*; Barnet, *Intervention and Revolution*; nach wie vor unverzichtbar: Krippendorff, *Die amerikanische Strategie*; zur Kritik an der revisionistischen Schule s. Tucker, *The Radical Left*; Maddox, *The New Left*.

17 Zu den Kosten des Vietnamkrieges s. Goodman, *The Lost Peace*, S. 185.

18 Vgl. hierzu Isaacson, Thomas, *The Wise Men*, S. 676 ff.

19 Walker, *The Cold War*, S. 209.

20 David Brinkley, *Dean Acheson*, S. 261.

21 Vgl. hierzu Gregg, Kegley, *After Vietnam*, und James A. Bill, *George Ball: Behind the Scenes in US Foreign Policy*, New Haven, Conn., 1979.

22 Powers, *Not Without Honor*, S. 319.

23 Siehe hierzu Arenth, *Johnson, Vietnam und der Westen.*

24 P. Kennedy, *Aufstieg und Fall der großen Mächte*, S. 601.

25 Vgl. hierzu Newhouse, *Krieg und Frieden im Atomzeitalter*, S. 292ff.

26 Vgl. hierzu Newhouse, *Cold Dawn*, S. 130ff.

27 Vgl. hierzu Hacke, *Amerikanische Nahost-Politik*, S. 8ff.

28 Safran, *Israel*, S. 581.

29 So Lacey, *The Kingdom.*

30 *Public Papers of the Presidents (Lyndon B. Johnson)*, S. 948.

31 Vgl. hierzu Wolfgang Mallmann, »Waffen nach Nahost. Die Rüstungsexporte der Großmächte seit dem Juni-Krieg 1967«, *Beiträge zur Konfliktforschung*, Nr. 4/1971, S. 136ff.

32 Vgl. hierzu Kissinger, *Memoiren 1968–1973*, S. 377.

33 Quandt, *Decade of Decisions*, S. 66.

34 Safran, *Israel*, S. 584.

35 Rubin, *The Arab States and the Palestine Conflict*, S. 1–22.

36 Vgl. hierzu Arenth, *Johnson*, S. 269ff.

37 Zit. nach Hacke, *Von Kennedy bis Reagan*, S. 75.

38 Harmel-Bericht, zit. nach Schubert, Hrsg., *Sicherheitspolitik der Bundesrepublik Deutschland*, Teil I, S. 362–365.

39 Henry Kissinger, zit. nach Hacke, *Von Kennedy bis Reagan*, S. 77.

40 Vgl. hierzu Califano, *The Triumph and Tragedy of Lyndon Johnson.*

41 Kissinger, *Vernunft der Nationen*, S. 739.

42 Ebd.

43 Zit. nach Kearns, *Lyndon Johnson*, S. 263. Zur umfassenden Kritik an der Vietnampolitik von L. B. Johnson s. Noam Chromsky, *American Power and the New Mandarins*, London 1969.

Die Aussenpolitik der Regierung Nixon

1 Nixon, *Memoiren.*

2 Isaacson, *Kissinger*; Hersh, *The Price of Power*; H. W. Brands, *The Wages of Globalism: Lyndon Johnson and the Limits of American Power*, New York 1995; zur Nixon-Doktrin siehe William Bundy, *A Tangled Web, The Making of Foreign Policy in the Nixon Presidency*, New York 1995, S. 518f.

3 Wilson, *Congressional Government.*

4 Zur Nixon-Doktrin s. Hacke, *Die Ära Nixon-Kissinger*, S. 30ff.

5 Antrittsrede von Präsident Nixon, zit. nach Hacke, *Von Kennedy bis Reagan*, S. 79.

6 Osgood et al., *Retreat From Empire?*

7 Vgl. hierzu Aron, *Die imperiale Republik.*

8 Siehe Szulc, *The Illusion of Peace*; Brandon, *Retreat of American Power.*

9 Ansprache von Richard Nixon an die Nation zum Vietnamkrieg vom 3. November 1969, vgl. auch Kissinger, *Vernunft der Nationen*, S. 781.

10 Richard Nixon, »Asia after Vietnam«, *Foreign Affairs*, Nr. 1, October 1967; interessante Einblicke in Nixons Überlegungen zu China gibt James Mann, *About Face: A History of America's Curious Relationship with China from Nixon to Clinton*, New York 2000.

11 Kissinger, *Vernunft der Nationen*, S. 799.

12 Vgl. hierzu St. Hoffmann, *Primacy or World Order*, S. 52 ff.

13 Kissinger, *Vernunft der Nationen*, S. 802 f.; zu Kissingers Verhandlungsstil siehe William Burr, Hrsg., *The Kissinger Transcripts, The Top Secret Talks with Beijing and Moscow*, New York 1999.

14 Vgl. hierzu J. & G. Kolko, *The Limits of Power*, S. 256 f., 534 f.

15 Zit. nach *Europa Archiv* 6/72, D 139.

16 Vgl. hierzu Joachim Glaubitz, »Das amerikanisch-chinesische Gipfeltreffen vom Februar 1972«, *Europa Archiv* 6/72, S. 194.

17 *Europa Archiv* 6/72, D 139 f.

18 Kissinger, *Vernunft der Nationen*, S. 804.

19 Vgl. hierzu Bundy, *A Tangled Web*, S. 303 ff., und Whiting, *China and the United States.*

20 Vgl. hierzu Glaubitz, *Die Außen- und Sicherheitspolitik Japans*; ders., *Japan im Spannungsfeld.*

21 Vgl. hierzu die gemeinsame Erklärung vom 29. September 1972 über den Besuch des japanischen Ministerpräsidenten Tanaka, *Europa Archiv* 21/72, D 531 f.

22 »Das Auffallende an dieser ganzen Diplomatie war die Tatsache, daß es sich um altmodische, klassische Großmachtpolitik handelte ... es war Realpolitik, die von einem der weltgrößten Meister der Realpolitik betrieben wurde.« Salisbury, *To Peking and Beyond*, S. 298.

23 Vgl. hierzu Solomon, Hrsg., *The China Factor.*

24 Vgl. hierzu und im folgenden Löwenthal, *Weltpolitische Betrachtungen*, S. 194 ff., und Anatoly Dobrynin, *In Confidence, Moscow's Ambassador to America's Six Cold War Presidents (1962–1986)*, New York 1995.

25 Henry Kissinger am 19. September 1974 zur Außenpolitik der USA gegenüber der UdSSR, zit. nach *Europa Archiv* 20/74, D 478.

26 Zum historischen Hintergrund s. George, Smoke, *Deterrence in American Foreign Policy.*

27 Vgl. hierzu Potter, *Verification and SALT.*

28 Kissinger am 19. September 1974 (s. Anm. 25).

29 Ebd.

30 Grosser, *Das Bündnis*, S. 442.

31 Nixon, *Memoiren*, S. 7 f., 288.

32 Kissinger, *Vernunft der Nationen*, S. 811; Bundy, *A Tangled Web*, S. 312 ff.

33 Kissinger, *Memoiren 1968–1973*, S. 109.

34 Hacke, *Weltmacht wider Willen*, S. 213.

35 Kissinger, *Memoiren 1973–1974*, S. 172 ff.

36 Kissinger am 7. August 1980, zit. nach Hacke, *Die Ära Nixon-Kissinger*, S. 163.

37 Manfred Knapp, »Politische und wirtschaftliche Interdependenzen im Verhältnis USA–Bundesrepublik Deutschland 1945–1975«, in: Knapp et al., *Die USA und Deutschland 1918–1975*, S. 198 ff.

38 »Ohne politische Vereinigung erscheint die neue Gruppierung [gemeint ist die EG, Anm. d. Verf.] vielen Amerikanern als eine riesige Zollvereinbarung, die … amerikanische Güter auf dem europäischen Markt diskriminiert. Diese Sicht mischt sich mit der Vorstellung, daß die Gemeinschaft ein Rivale sei, ohne noch viel daran zu denken, was Amerika für sie in der Nachkriegsperiode getan hat.« Kaiser, *Die europäische Herausforderung*, S. 37.

39 Vgl. hierzu Calleo, *Atlantic Phantasy*, S. 87.

40 Harald B. Malmgren, »Coming Trade Wars?«, *Foreign Policy*, Nr. 1, Winter 1970/71, S. 21.

41 Strange, *States and Markets*, S. 103 f.

42 Strange, *International Monetary Relations*, S. 338 f.

43 Gilpin, *Political Economy of International Relations*, S. 140 ff.

44 Vgl. hierzu Stanley Hoffman, »No Trumps, No Luck, No Will. Gloomy Thoughts on Europe's Plight«, in: Chase, Ravenal, Hrsg., *Atlantic Lost*, S. 1–46.

45 Zu den grundsätzlichen Reaktionsmöglichkeiten der USA auf die Ölkrise s. Rosecrance, *Der Handelsstaat*, S. 21 ff.

46 »Die Regierung Richard Nixons stellte insofern eine Wasserscheide dar, als sie die erste war, die sich mit der Herausforderung des wachsenden Ungleichgewichts zwischen Amerikas internationaler Stellung und seiner Fähigkeit auseinandersetzte, diese zu finanzieren. Die Vereinigten Staaten haben daran gearbeitet, dieser Herausforderung durch politische Selbstbeschränkung, durch Entspannungsbemühungen gegenüber der Sowjetunion, Annäherung an China und die Schaffung zusätzlicher Ressourcen durch Änderung ihrer Binnen- und Außenwirtschaftspolitik zu begegnen.« Gilpin, *War and Change*, S. 240.

47 Vgl. hierzu Hacke, *Die Ära Nixon-Kissinger*, S. 189.

48 Vgl. hierzu Hager, Hrsg., *Erdöl und Internationale Politik*, S. 231–254.

49 Einleitend zur Nahostpolitik der USA s. Quandt, *Peace Process*; Spiegel, *The Other Arab-Israeli Conflict.*

50 Vgl. hierzu Hacke, *Amerikanische Nahost-Politik*, S. 24f.

51 Kissinger, *Memoiren 1968–1973*, S. 1362f.

52 Vgl. hierzu Sheehan, *The Arabs, Israelis and Kissinger*, S. 26ff.

53 Ball, *Diplomacy for a Crowded World*, S. 65.

54 So soll Nixon im März 1968 erklärt haben: »Ich bin zu dem Schluß gekommen, daß es keine Möglichkeit gibt, den Krieg zu gewinnen. Aber wir können nicht das Gegenteil behaupten, nur um uns ein gewisses Maß an Verhandlungsstärke zu bewahren.« Zit. nach Whalen, *Catch the Falling Flag*, S. 137.

55 Kissinger, *Vernunft der Nationen*, S. 762.

56 Kissinger, *Memoiren 1968–1973*, S. 1561.

57 Text des Abkommens abgedruckt in *Europa Archiv* 5/73, D 113.

58 Zu Watergate s. Ervin, *The Whole Truth*; Kutler, *The Wars of Watergate*; Schudson, *Watergate in American Memory*; Bernstein, Woodward, *All the President's Men*; Sorensen, *Watchmen in the Night.*; White, *Breach of Faith*; Wise, *The Politics of Lying.*

59 Vgl. hierzu Nixon, *Memoiren*, S. 645ff., 790ff., 1072ff.

60 »In Caracas sah ich den Mob auf uns eindringen, und ich wußte: Das war geplant … dieser Mob war Killer-Mob. Sie waren völlig außer Kontrolle, und ich kann mir vorstellen, daß einige unter Rauschgifteinfluß standen … das ist wirklich Kommunismus, so wie er ist.« Nixon, zit. nach Barber, *The Presidential Character*, S. 380; vgl. auch Nixon, *Six Crises*, S. 235f.

61 »Kommunisten sind ein Haufen Ratten … warum sollte man sich Gedanken über Fairneß machen, wenn man auf Ratten schießt?« Nixon, zit. nach Mazo, SteHess, *Nixon*, S. 137.

62 Vgl. hierzu Hacke, *Die Ära Nixon-Kissinger*, S. 265ff., und Monica Crowly, *Nixon Off the Record*, New York 1996.

63 Vgl. hierzu Schell, *The Time of Illusion*; ders., *Observing the Nixon Years.*

64 Vgl. hierzu Ambrose, *Nixon*, Vol. III: *Ruin and Recovery.*

65 Siehe Wicker, *Nixon and the American Dream.*

66 Vgl. hierzu Hoff, *Nixon Reconsidered*, S. 335ff.

67 Kissinger, *Vernunft der Nationen*, S. 819.

68 Richard Nixon hatte in den sechziger Jahren den englischen Premierminister Macmillan gefragt, wie er, Nixon, mit der sowjetischen Führung umgehen solle. Macmillan riet ihm: »Behandeln Sie sie als Mitglied des Clubs.« Das hatte Nixon getan.

69 Kissinger, *Memoiren 1968–1973*, S. 67.

70 Kissinger, *Vernunft der Nationen*, S. 825.

Die Aussenpolitik der Regierung Ford

1 Ford, *A Time To Heal*, S. 30; grundsätzlich: Henry A. Kissinger, *Jahre der Erneuerung, Erinnerungen (1975–1976)*, München 1999.

2 Kissinger, *Vernunft der Nationen*, S. 822 ff.

3 Dallek, *Hail to the Chief*, S. 183 ff.

4 Ford, *A Time To Heal*, S. 33.

5 Newhouse, *Krieg und Frieden*, S. 361.

6 Kissingers Erklärung vor dem außenpolitischen Ausschuß des Senats am 19. September 1974 (die Entspannungsdoktrin der Vereinigten Staaten), *Europa Archiv* 20/1974, D 463 ff.

7 Ebd.

8 Ebd.

9 Ebd.

10 Ebd.

11 Genscher, *Erinnerungen*, S. 300 f.

12 Ford, *A Time To Heal*, S. 33.

13 Vgl. hierzu Talbott, *Raketenschach*, S. 365 f.; ders., *The Master of the Game*, S. 142 f.

14 Newhouse, *Krieg und Frieden*, S. 364 .

15 Vgl. hierzu Barnet, *The Rockets' Red Glare*, S. 365 f.

16 Schweigler, *Von Kissinger zu Carter*, S. 165 ff.

17 Zit. nach Ford, *A Time To Heal*, S. 373.

18 Zit. nach Newhouse, *Krieg und Frieden*, S. 387.

19 Hacke, *Die Ära Nixon-Kissinger*, S. 277 ff.

20 Powers, *Not Without Honor*, S. 377; Kissinger, *Vernunft der Nationen*, S. 825–843.

21 So Kissingers Erklärung vor dem außenpolitischen Ausschuß des Senats am 19. September 1974 (die Entspannungsdoktrin der Vereinigten Staaten), *Europa Archiv* 20/1974, D 463 ff.

22 Kissinger, *Jahre der Erneuerung*, S. 36 f., und Liska, *Beyond Kissinger*.

23 Zu Kambodscha s. Becker, *When the War was Over*. Zu Kissingers Politik gegenüber Kambodscha s. kritisch: Shawcross, *Sideshow*.

24 Dobrynin, zit. nach Newhouse, *Krieg und Frieden*, S. 350 f.

25 Hacke, *Die Ära Nixon-Kissinger*, S. 254.

26 Henry Kissinger, »The Conservative Dilemma. Reflections on the Political Thought of Metternich«, *Am. Po. Sc. Rev.*, Nr. 4, December 1954, S. 1030.

27 Zit. nach Isaacson, *Kissinger*, S. 644; siehe Kissinger, *Jahre der Erneuerung*, S. 371 ff.

28 Vgl. hierzu P. Kennedy, *Aufstieg und Fall der großen Mächte*, S. 601.

29 McNamara, *Vietnam*, S. 407; Gardner, *Pay Any Price*, S. 112, 143.
30 Ebd., S. 410 ff.; siehe Kissinger, *Jahre der Erneuerung*, S. 371 ff.
31 Vgl. Crocker, *High Noon in Southern Africa*, S. 46.
32 Vgl. hierzu Martin Schümer, »Politik der USA gegenüber dem südlichen Afrika«, *Internationale Politik*, Jahrbuch 1975/76, München–Wien 1981, S. 277; Stockwell, *In Search of Enemies*, S. 123 f.
33 Vgl. hierzu Eugene K. Lawson, »China's Policy in Ethiopia and Angola«, in: Weinstein, Henrikson, Hrsg., *Soviet and Chinese Aid to African Nations*, S. 175.
34 »Kissinger sah in Angola den ersten Testfall für die neuen Regeln der Entspannung, eine Möglichkeit, die Grenzen abzutasten, wie weit jede der Supermächte gehen konnte, um in der Dritten Welt einen Vorteil zu suchen.« Isaacson, *Kissinger*, S. 675.
35 Vgl. hierzu Nathaniel Davis, »The Angola Decision of 1975. A Personal Memoir«, *Foreign Affairs*, Fall 1978, S. 120 ff.
36 So der Afrikaspezialist Colin Legum, zit. nach Rodman, *More Precious than Peace*, S. 175.
37 Henry Kissinger, »Implications of Angola for the Future US Foreign Policy«, Rede vor dem African Affairs Senate Committee on Foreign Relations, 29. Januar 1975, zit. nach *Department of State Bulletin*, 16. Januar 1976, S. 176 f.
38 Zit. nach Isaacson, *Kissinger*, S. 673.
39 Kissinger, »Implications of Angola«, S. 176 f.
40 Breschnew, zit. nach Newhouse, *Krieg und Frieden*, S. 383; vgl. auch Rodman, *More Precious than Peace*, S. 163.
41 Davis, »The Angola Decision«, S. 125 f.
42 Siehe hierzu auch Kwitny, *Endless Enemies*.
43 Zit. nach Rodman, *More Precious than Peace*, S. 179.
44 Vgl. hierzu Crocker, *High Noon*, S. 85 ff.
45 Schweigler, *Von Kissinger zu Carter*, S. 261.
46 So Isaacson, *Kissinger*, S. 684.
47 Kissinger, *Vernunft der Nationen*, S. 847.
48 Vgl. hierzu Crocker, *High Noon*, S. 58 ff.
49 Vgl. hierzu Golan, *Secret Conversations of Henry Kissinger*, S. 232.
50 Vgl. hierzu Edward R. S. Sheehan, »How Kissinger did it. Step-by-Step in the Middle East«, *Foreign Policy*, Nr. 22, Spring 1976, S. 53.
51 »Sechs Monate lang, von März bis September 1975, weigerten sich die Vereinigten Staaten, einen neuen Waffenhandel mit Israel abzuschließen.« Rabin, *The Rabin Memoirs*, S. 204.
52 Sheehan, *The Arabs, Israelis and Kissinger*, S. 196.
53 Siehe hierzu *Europa Archiv*, Nr. 19/75, Z 166 f.

54 Henry Kissinger am 16. September 1975, zit. nach Kissinger, *American Foreign Policy*, S. 289.

55 Vgl. hierzu Dietrich Strothmann, »Raketen ins Pulverfaß?«, *Die Zeit*, 26. September 1975.

56 *New York Times*, 13. November 1976.

57 Vgl. hierzu Marwan R. Bubeiry, »The Saunders Document«, *Journal of Palestine Studies*, Nr. 1, Fall 1978, S. 28–60.

58 So Saunders gegenüber dem Autor.

59 Quandt, *Decade of Decisions*, S. 271 ff.

60 Vgl. hierzu Christian Hacke, Bergedorfer Gesprächskreis, Protokoll Nr. 66: »Europas Sicherheit, Probleme der westlichen Welt in den achtziger Jahren«, 11. Juli 1980, Hamburg 1980, S. 36f.

61 Vgl. hierzu Hans J. Morgenthau, »Henry Kissinger, Secretary of State. An Evaluation«, *Encounter*, Nr. 5, November 1974.

62 Kissinger, *Memoiren 1968–1973*, S. 83.

63 Hacke, *Amerikanische Nahost-Politik*, S. 54ff.

64 Schmidt, *Menschen und Mächte*, S. 210.

65 Vgl. hierzu Merlini, *Economic Summits*.

66 Schmidt, *Menschen und Mächte*, S. 213.

67 Vgl. hierzu George de Menil, Anthony M. Solomon, »Weltwirtschaftsgipfel«, Arbeitspapiere zur internationalen Politik, Nr. 26, Forschungsinstitut der Deutschen Gesellschaft für Auswärtige Politik, Bonn, Mai 1983.

68 Genscher, *Erinnerungen*, S. 235.

69 Schmidt, *Menschen und Mächte*, S. 215.

70 So Newhouse, *Krieg und Frieden*, S. 385.

71 Vgl. hierzu Dallek, *Hail to the Chief*, S. 184. Vgl. auch John Lewis Gaddis, *We Now Know: Rethinking Cold War History*, Oxford 1989.

Die Aussenpolitik der Regierung Carter

1 Jones, *The Trusteeship Presidency*, S. 1.

2 Austin Ranney, »The Carter Administration«, in: ders, Hrsg., *The American Elections of 1980*.

3 Vance, *Hard Choices*.

4 G. Smith, *Morality, Reason and Power*, S. 36.

5 Brzezinski, *Power and Principle*, S. 459f.

6 Ebd., S. 53ff.

7 Vance, *Hard Choices*, S. 34–44.

8 Ebd.

9 Brzezinski, *Power and Principle*, S. 3.

10 Zit. nach Melanson, *American Foreign Policy*, S. 102.

11 Zit. nach Hacke, *Von Kennedy bis Reagan*, S. 145.

12 Carter am 22. Mai 1977.

13 Ebd.

14 Ebd.

15 Pflüger, *Menschenrechtspolitik*.

16 Zu Panama s. Kagan, *A Twilight Struggle*, S. 74, 87, 96.

17 Vgl. hierzu ebd., S. 127.

18 Franklin D. Roosevelt soll einmal über rechte Diktatoren gesagt haben, sie seien allesamt Hurensöhne, aber sie seien immerhin unsere Hurensöhne.

19 Zu Andrew Young s. Pflüger, *Menschenrechtspolitik*, S. 121 f.

20 Vgl. G. Smith, *Morality, Reason and Power*, S. 135.

21 Carter-Pressekonferenz, 24. März 1977, *Europa Archiv* 9/77, D 231.

22 Pflüger, *Menschenrechtspolitik*, S. 223.

23 Andrej Sacharow, »Advice in Dissent«, *Time*, 12. Februar 1979, S. 31.

24 Pflüger, *Menschenrechtspolitik*, a.a.O.

25 Vgl. hierzu die Reden von Außenminister Vance am 30. April 1977, von Warren Christopher am 9. August 1977 und von Präsident Jimmy Carter am 22. Mai 1977.

26 *Europa Archiv*, Nr. 13/77, D 378 ff.

27 Pflüger, *Menschenrechtspolitik*, S. 241 f.

28 Carter am 6. Dezember 1978 anläßlich der Unterzeichnung der allgemeinen Erklärung der Menschenrechte.

29 Jeanne Kirkpatrick, »Dictatorship and Double Standards«, *Commentary* 68, November 1979, S. 24 ff.

30 Vogelsang, *American Dream*.

31 Kennan, *Im Schatten der Atombombe*, S. 182–189.

32 Brzezinski, *Power and Principle*, S. 426 ff.

33 Zu SALT II s. Kubbig, *Gleichgewicht oder Überlegenheit*.

34 Lothar Rühl, »Das SALT II-Abkommen und die europäischen Interessen«, *Europa Archiv*, Nr. 15/1979, S. 462.

35 Kissinger vor dem Ausschuß für Auswärtige Beziehungen des Senats am 31. Juli 1979, zit. nach Kissinger, *Die weltpolitische Lage*, S. 190.

36 Ebd., S. 192.

37 Carter am 1. Oktober 1979, vgl. hierzu G. Smith, *Morality, Reason and Power*, S. 214 ff.

38 So Verteidigungsminister Brown am 5. April 1979.

39 Vgl. hierzu Hacke, *Amerikanische Nahost-Politik*, S. 60 ff.

40 Carter, *Keeping Faith*, S. 302.

41 Zur gemeinsamen amerikanisch-sowjetischen Initiative s. Hacke, *Amerikani-*

sche Nahost-Politik, S. 65 ff., und Kenneth W. Stein, *Heroic Diplomacy: Sadat, Kissinger, Carter, Begin and the Quest for Arab-Israelic Peace*, New York/London 1999, S. 212 f.; Lou Cannon, *President Reagan: The Role of a Lifetime*, New York 2000[2].

42 Sadat am 20. November 1977 vor der Knesset, zit. nach *Europa Archiv* 4/78, S. D 103.

43 Vgl. hierzu Vance, *Hard Choices*, S. 196 ff.

44 Vgl. hierzu Brzezinski, *Power and Principle*, S. 246.

45 Dajan, *Mission meines Lebens*, S. 153 ff.

46 Carter, *Keeping Faith*, S. 312.

47 Zu Camp David s. Quandt, *Peace Process*, S. 255 ff.

48 Vgl. hierzu die Äußerungen von Sonderbotschafter Robert Strauss, in: »Status of Middle East Peace Talks Regarding the West Bank and Gaza October 1979«, Hearing, Sub-Committee on Europe and the Middle East, Committee on Foreign Affairs, House of Representatives, 96. Congress, 23. Oktober 1979, Washington, D.C., 1979, S. 1–32.

49 Vgl. hierzu Bohlen, *Witness to History*, S. 263 f.

50 Vgl. hierzu Ulam, *Expansion and Co-Existence*, S. 425 f.

51 Kissinger, *Memoiren 1968–1973*, S. 1337.

52 Haikal, *Return of the Ayatollah*, S. 62.

53 Vgl. hierzu K. Roosevelt, *Countercoup.*

54 Dieter Mahncke, »Stützpunkte als Faktum maritimer Macht«, in: Mahncke, Schwarz, Hrsg., *Seemacht und Außenpolitik*, S. 433.

55 Vgl. hierzu Rouhollah K. Ramazani, »Iran and the Arab-Israeli Conflict«, MEJ, Summer 1978, S. 413–428.

56 Haikal, *Return of the Ayatollah*, S. 72.

57 Vgl. hierzu Parson, *The Pride and the Fall.*

58 Vgl. hierzu Leslie M. Pryor, »Arms and the Shah«, *Foreign Policy*, Nr. 31, Summer 1978, S. 56 ff.

59 Zit. nach U.S. Congress, *New Perspectives on the Persian Gulf*, Washington 1973, S. 2 ff.

60 Vgl. hierzu Abul Kasim Mansur (Pseud.), »The Crisis in Iran. Why the US Ignored a Quarter Century of Warning«, *Armed Forces Journal International*, January 1979, S. 26–33.

61 Ebd.

62 Rubin, *Paved with Good Intentions*, S. 171.

63 Zonis, *Majestic Failure.*

64 Vgl. hierzu Alam, *The Shah and I.*

65 Vgl. hierzu Richard Sale, »Carter and Iran. From Idealism to Desaster«, *The Washington Quarterly*, Nr. 4, Fall 1980, S. 80.

66 Brzezinski, *Power and Principle*, S. 354.
67 Hacke, *Amerikanische Nahost-Politik*, S. 148.
68 Rubin, *Paved with Good Intentions*, S. 236.
69 Brzezinski, *Power and Principle*, S. 363.
70 Sullivan, *Mission to Iran*, S. 196ff.
71 Brzezinski, *Power and Principle*, S. 366.
72 Scott Armstrong, »The Fall of the Shah« (6teilige Serie), *Washington Post*, 25.–30. Oktober 1980, hier: 25. Oktober.
73 So Woodrow Wilson, zit. nach Baker, *Woodrow Wilson*, vol. 7, S. 355.
74 Vgl. hierzu Muravchik, *The Uncertain Crusade*.
75 Kirkpatrick, »Dictatorship and Double Standards« (vgl. Anm. 29), S. 32.
76 Brzezinski, *Power and Principle*, S. 385f.
77 Vgl. hierzu die Rede von Cyrus Vance in Harvard am 5. Juni 1980, abgedruckt in *New York Times* vom 6. Juni 1980.
78 Brzezinski, *Power and Principle*, S. 397.
79 Hierzu grundsätzlich: Niebuhr, *Moral Man*.
80 Vance, *Hard Choices*, S. 410.
81 Brzezinski, *Power and Principle*, S. 493.
82 Zit. nach Scott Armstrong, George C. Wilson, Bob Woodward, »New Disclosures reopened Debate on US Hostage Rescue Attempt«, *International Herald Tribune*, 29. April 1982.
83 Vgl. hierzu William Pfaff, »The Risk of Miscalculation«, *International Herald Tribune*, 14. Mai 1980.
84 Vgl. hierzu Zbigniew Brzezinski, »The Failed Mission. The Inside Account of the Attempt to free the Hostages in Iran«, *New York Times Magazine*, 18. April 1982, S. 28–79, vgl. auch die gekürzte Fassung dieses Berichtes unter dem Titel: »Die Nacht zwischen Krieg und Frieden«, ZEIT Magazin, 11. Juni 1982, S. 64.
85 Im übrigen spielte die Bundesregierung, insbesondere Außenminister Hans-Dietrich Genscher, eine Vermittlerrolle bei den amerikanisch-iranischen Gesprächen über die Bedingungen zur Freilassung der Geiseln. Genscher, *Erinnerungen*, S. 412.
86 Haikal, *Return of the Ayatollah*, S. 189.
87 Kissinger, *Memoiren 1973–1974*, S. 789.
88 Ebd.
89 Kirkpatrick, »Dictatorship and Double Standards« (vgl. Anm. 29), S. 32f.
90 Vance, *Hard Choices*, S. 386ff.
91 Smith, *Morality, Reason and Power*, S. 220.
92 Breschnew am 13. Januar 1980.
93 Vgl. hierzu und im folgenden: Hacke, *Von Kennedy bis Reagan*, S. 178ff.
94 Smith, *Morality, Reason and Power*, S. 228.

94a Vgl. hierzu Patrick Tyler, *The Abnormalization of U.S.-Chinese Relations*, in: Foreign Affairs, Vol. 78, Nr. 5, Sept./Oct. 1999, S. 93–122.

95 Brzezinski, *Power and Principle*, S. 432.

96 Ebd.

97 Genscher, *Erinnerungen*, S. 403 f.

98 Helmut Schmidt, zit. nach H. Hoffmann, *Atompartner*, S. 270.

99 Genscher, *Erinnerungen*, S. 407 f.

100 Zur Neutronenwaffe s. H. Hoffmann, *Atompartner*, S. 107 ff.

101 Zit. nach Hacke, *Von Kennedy bis Reagan*, S. 188 f.

102 Ebd., S. 192 f.

103 Carter, *Keeping Faith*, a.a.O.

104 Vgl. hierzu Heep, *Helmut Schmidt und Amerika*.

105 Vgl. H. Hoffmann, *Atompartner*, S. 115 ff.

106 Carter, *Keeping Faith*, a.a.O.

107 Brzezinski, *Power and Principle*, a.a.O.

108 Ebd.

109 P. Kennedy, *Aufstieg und Fall der großen Mächte*, S. 609 f.

110 So verwundert es nicht, daß Jimmy Carter nach seiner Abwahl den Ruf erwarb, der beste ehemalige Präsident in der Geschichte der USA zu sein, weil er im Ruhestand nützlicher sei als zuvor im Weißen Haus. Vgl. hierzu Douglas Brinkley, *The Unfinished Presidency, Jimmy Carter's Journey beyond the White House*, New York 1998.

111 Smith, *Morality, Reason and Power*, S. 246.

112 Kennan, *Im Schatten der Atombombe*, S. 248.

Die Aussenpolitik der Regierung Reagan

1 Anderson, *Revolution*.

2 Powers, *Not Without Honor*, S. 319.

3 Zu Jackson s. Kissinger, *Vernunft der Nationen*, S. 825–838.

4 Reagan, *An American Life*, und Edmund Morris, *Dutch, A Memoir of Ronald Reagan*, New York 1999, S. 230 ff.

5 Powers, *Not Without Honor*, S. 219.

6 Reagan, *An American Life*, S. 82 f.

7 Sanders, *Peddlers of Crisis*.

8 Vgl. hierzu Kristol, *Reflections of a Neo-Conservative*.

9 Reagan, *An American Life*, S. 265.

10 Anderson, *Revolution*, S. 114 f.

11 Zu Casey s. Persico, *Casey*.

12 Siehe hierzu Casey, *Scouting the Future*.

13 Bierling, *Der Nationale Sicherheitsberater*, S. 131.

14 Theodor Draper, »Reagan's Junta«, *New York Review of Books*, 29. Januar 1987, S. 5ff.

15 So ließ Pointdexter North in dem Glauben, der Präsident habe der Verwendung der Erlöse aus den Waffenverkäufen für die Unterstützung der Contras zugestimmt. Der Sicherheitsberater gestand später ein, dies mit Reagan nie diskutiert zu haben. Siehe *Report of the Congressional Committee Investigating the Iran Contra Affair*, S. 200.

16 Vgl. hierzu Powell, *My American Journey*.

17 Haig, *Geisterschiff*.

18 Schmidt, *Menschen und Mächte*, S. 118ff.

19 Vgl. hierzu H. Smith, *Ronald Reagan*.

20 Zit. nach Anderson, *Revolution*, S. 20; zu Mitterrands anfänglich skeptischer Beurteilung von Ronald Reagan vgl. Morris, *Dutch*, S. 442.

21 Ernst Otto Czempiel, *Machtprobe*, S. 206.

22 Ebd., S. 209.

23 *International Herald Tribune*, 4. Januar 1988.

24 H. Smith, *Reagan*, S. 139.

25 So Ronald Reagan, zit. nach *New York Times*, 6. Juni 1982, S. A 16.

26 So Ronald Reagan, *Public Papers of the Presidents of the United States (Ronald Reagan), 1983*, S. 271.

27 Ronald Reagan, Excerpts from an Interview with Walter Cronkite, CBS New, 3. März 1981, zit. nach Melanson, *American Foreign Policy*, S. 152.

28 Lewis, Tambs, Hrsg., *The Committee of Santa Fé. A New Inter-American Policy for the Eighties*, S. 52, zit. nach Melanson, *American Foreign Policy*, S. 163.

29 Reagan im Mai 1981, zit. nach H. Smith, *Reagan*, S. 273.

30 Aufschlußreich: Richard Pipes, »How to Cope with the Soviet Threat: A Long-Term Strategy for the West«, *Commentary 1984*.

31 Vgl. hierzu und im folgenden: Anderson, *Revolution*.

32 Zu SDI s. Kubbig, *Eroberung des Weltraums*.

33 Jastrow, SDI und Frances FitzGerald, *Way Out There in the Blue*.

34 Powers, *Not Without Honor*, S. 428.

35 Reagan, zit. nach Kubbig, *Eroberung des Weltraums*, S. 88.

36 Zu Schdanow s. Heller, Nekrich, *Geschichte der Sowjetunion*, Bd. 2, S. 174f.

37 Vgl. hierzu grundsätzlich: Staack, *Entspannungspolitik*.

38 Verteidigungsminister Weinberger vor dem Senate Armed Services Committee im März 1981, zit. nach *New York Times*, 5. März 1981.

39 Reagan, *Erinnerungen*, S. 623.

40 Haig, *Geisterschiff*, S. 281.

41 Vgl. hierzu und im folgenden: Carl Bernstein, »The Holy Alliance«, *Time Magazine*, 24. Februar 1992, S. 14–21.
42 Haig, *Geisterschiff*, S. 286.
43 Reagan, *An American Life*, S. 301.
44 Zit. nach Powers, *Not Without Honor*, S. 401.
45 Vgl. hierzu T. Smith, *America's Mission*, S. 299.
46 Powers, *Not Without Honor*, S. 405.
47 Haig, *Geisterschiff*, S. 302.
48 Frances FitzGerald, »A Critic at Large. Memoirs of the Reagan Era«, *The New Yorker*, January 1989, S. 71–94.
49 Siehe hierzu Gilpin, *Political Economy*, S. 328 ff.
50 Vgl. hierzu McFarlane, *Special Trust*.
51 Reagan, zit. nach Brown, *Faces of Power*, S. 489.
52 Schewardnadse, *Die Zukunft gehört der Freiheit*, S. 137.
53 Shultz, *Turmoil and Triumph*, S. 576.
54 Zit. nach Alexander Dallin und Gail Lapidus, »Reagan and the Russians. American Policy toward the Sovietunion«, in: Oye et al., Hrsg., *Eagle Resurgent?*, S. 235.
55 Vgl. hierzu Walker, *Cold War*, S. 290 f.
56 Gorbatschow, *Erinnerungen*, S. 580.
57 Ebd.
58 Ebd., S. 582.
59 Vgl. hierzu Gebhard Schweigler, »Die Wiederbelebung des Ost-West-Verhältnisses«, in: *Die Internationale Politik, Jahrbuch der Deutschen Gesellschaft für Auswärtige Politik*, 1985/86, München 1988, S. 94.
60 Gorbatschow, *Erinnerungen*, S. 589.
61 Ronald Reagan, zit. nach Brown, *Faces of Power*, S. 452.
62 Shultz, *Turmoil and Triumph*, S. 743.
63 Zum Gipfel in Reykjavik s. Garthoff, *Great Transition*, S. 252.
64 Shultz, *Turmoil and Triumph*, S. 771.
65 Gorbatschow, *Erinnerungen*, S. 592.
66 Ebd., S. 594.
67 Ebd.
68 Garthoff, *Great Transition*, S. 290.
69 Gorbatschow, *Erinnerungen*, S. 596.
70 Kissinger, *Vernunft der Nationen*, S. 868.
71 Brown, *Faces of Power*, S. 494.
72 Reagan, zit. nach: Brown, ebd.
73 Shultz, *Turmoil and Triumph*, S. 888.
74 Draper, *A Very Thin Line*.
75 Shultz, *Turmoil and Triumph*, S. 1003.

[76] Haig, *Geisterschiff*, S. 266.
[77] Genscher, *Erinnerungen*, S. 576.
[78] Shultz, *Turmoil and Triumph*, S. 890.
[79] Gorbatschow, *Erinnerungen*, S. 624.
[80] Ebd., S. 628.
[81] Shultz, *Turmoil and Triumph*, S. 1009.
[82] Zum Abkommen s. Lothar Rühl, »Strategische Politik und Rüstungskontrolle zwischen den beiden Supermächten«, *Internationale Politik*, Jahrbuch 1987/88, München 1990, S. 29–45.
[83] Genscher, *Erinnerungen*, S. 556 ff.
[84] Gorbatschow, *Erinnerungen*, S. 620.
[85] Reagan, *An American Life*, S. 580.
[86] Garthoff, *Great Transition*, S. 330.
[87] Shultz, *Turmoil and Triumph*, S. 1094.
[88] Zit. nach Rodman, *More Precious than Peace*, S. 357.
[89] Genscher, *Erinnerungen*, S. 489 ff.
[90] Ebd., S. 504.
[91] Ebd., S. 526 f.
[92] Ebd., S. 528.
[93] Ebd., S. 623 ff.
[94] Zu Reagans Politik in Afghanistan s. Garthoff, *The Great Transition*, S. 270 f., 331 f., 736 f., sowie Prados, *Presidents' Secret Wars*; B. Woodward, *Reagan und die geheimen Kriege der CIA*.
[95] Gorbatschow, *Erinnerungen*, S. 584.
[96] Ebd., S. 620.
[97] Mandelbaum, Talbott, *Reagan and Gorbatschow.*
[98] Kissinger, *Vernunft der Nationen*, S. 852.
[99] Zum Briefwechsel Andropow–Reagan s. Anderson, *Revolution*, S. XXXVI ff.
[100] Zu Reagans Rede in London s. Brown, *Faces of Power*, S. 620 f.
[101] Reagan, zit. nach George Liska, »The Reagan Doctrine. Monroe and Dulles Reincarnate?«, SAIS Review Nr. 6, 1986, S. 83–98.
[102] So Reagan in Dublin am 4. Juni 1984.
[103] Kirkpatrick, »Dictatorship and Double Standards« (vgl. Anm. 29), S. 34–45.
[104] Vgl. hierzu Melanson, *American Foreign Policy*, S. 185 f.
[105] Raymond Copson, Richard Cronin, »The Reagan Doctrine and Its Prospects«, *Survival* 29, 1987, S. 40–55.
[106] George Shultz, »New Realities and New Ways of Thinking«, *Foreign Affairs*, Spring 1985, S. 705–721.
[107] Lagon, *Reagan Doctrine.*
[108] Shultz, zit. nach: *Department of State Bulletin*, vol. 85, April 1985, S. 17 f.

109 Garthoff, *The Great Transition*, S. 696.

110 Ebd.

111 Christopher Layne, »Requiem for the Reagan Doctrine«, SAIS Review Nr. 8, Winter/Spring 1988, S. 1–17.

112 Garthoff, *The Great Transition*, S. 698.

113 Charles Krauthammer, »The Reagan Doctrine«, *Time Magazine*, 1. April 1985.

114 Czempiel, *Machtprobe*, S. 308 ff.

115 Zu Grenada s. O'Shaughnessy, *Grenada*; Dujmovic, *The Grenada Documents*.

116 Zur Amerikapolitik gegenüber den Philippinen s. Shultz, *Turmoil and Triumph*, S. 628 ff.

117 Reagan am 16. März 1986.

118 Kagan, *A Twilight Struggle*, S. 212.

119 Ebd., S. 213.

120 Siehe hierzu *Report of the Congressional Committee Investigating the Iran Contra Affair.*

121 Zu Libyen s. Helmut Hubel, »Der Konflikt zwischen Libyen und den USA«, in: *Die Internationale Politik 1985/1986*, München 1988, S. 316 ff.

122 Zit. nach *International Herald Tribune*, 6. Mai 1986.

123 Zu Pakistan s. Garthoff, *The Great Transition*, S. 121.

124 Seymour Lipset, William Schneider, »The Confidence Gap during the Reagan Years 1981–1987«, *Political Science Quarterly*, Nr. 102, 1987, S. 1–23.

125 Shultz, *Turmoil and Triumph*, S. 298.

126 Vgl. hierzu und im folgenden Hacke, *Amerikanische Nahost-Politik*, S. 124.

127 Ebd., S. 221.

128 Quandt, *Peace Process*, S. 335 ff.

129 Hacke, *Amerikanische Nahost-Politik*, S. 244 ff.

130 Vgl. hierzu Haig, *Geisterschiff*, a.a.O.

131 Tad Szulc, »Dateline Washington. The Vicar Vanquished«, *Foreign Policy*, No. 43, Summer 1981, S. 173–186.

132 Vgl. hierzu Morton Kondracke, »Even Paranoids Have Enemies. The Sinister Force Returns, *The New Republic*, 25. November 1981, S. 10–12.

133 Text der Rede von Präsident Reagan in *Europa Archiv* 21/1982, S. D 557–562.

134 McFarlane, *Special Trust*, a.a.O.

135 Shultz, *Turmoil and Triumph*, S. 792, und Cannon, *President Reagan*, S. 289 ff.

136 Ebd., S. 850.

137 Ronald Reagan, zit. nach Brown, *Faces of Power*, S. 452.

138 Hubel, *Das Ende des kalten Krieges im Orient*, S. 83.

139 Tibi, *Konfliktregion Naher Osten*.

140 Quandt, *Peace Process*, S. 364 ff.

141 Gorbatschow, *Erinnerungen*, S. 770.

142 Ebd., S. 772.
143 Rodman, *More Precious than Peace*, S. 507.
144 Vgl. hierzu Haftendorn, Schissler, Hrsg., *Rekonstruktion amerikanischer Stärke.*
145 Von grundlegender Bedeutung: *Die Vereinigten Staaten von Amerika und Europa.*
146 Vgl. hierzu Hacke, *Weltmacht wider Willen*, a.a.O.
147 *Süddeutsche Zeitung*, 7./8. Januar 1989, S. 25.
148 Vgl. hierzu Manfred Knapp, *Länderbericht*, S. 124.
149 Vgl. hierzu Burt, *Deutschland und Amerika*, S. 154.
150 Vgl. Kubbig, *Eroberung des Weltraums*, Bd. 2, S. 644ff.
151 Genscher, *Erinnerungen*, S. 150.
152 Hacke, *Von Kennedy bis Reagan*, a.a.O.
153 Vgl. hierzu Pflüger, Lipscher, Hrsg., *Feinde wurden Freunde.*
154 Vgl. hierzu Carl Bernstein, »The Holy Alliance«, *Time Magazine*, 24. Februar 1992, S. 14–21.
155 Zum NATO-Doppelbeschluß s. Rühl, *Mittelstreckenwaffen.*
156 Czempiel, *Machtprobe*, S. 145f.
157 Haig, *Geisterschiff*, S. 312ff.
158 Woyke, *Frankreichs Außenpolitik*, S. 123–129.
159 Schmidt, *Menschen und Mächte*, S. 264.
160 Hacke, *Weltmacht wider Willen*, S. 336ff.
161 Rühl, *Mittelstreckenwaffen in Europa*, S. 314ff.
162 Vgl. hierzu Tirman, SDI, S. 236ff.
163 Christian Hacke, »Dolchstoß für die Atlantiker. Weshalb auch die konservative Kritik an SDI immer stärker wird«, *Deutsches Allgemeines Sonntagsblatt*, 27. Oktober 1985, S. 7.
164 Benien, *Der SDI-Entscheidungsprozeß.*
165 Shultz, *Turmoil and Triumph*, S. 541–560, und Morris, *Dutch*, S. 513ff.
166 So der amerikanische Botschafter in Bonn, Richard Burt.
167 Reagan am 12. Juni 1987.
168 Czempiel, *Machtprobe*, S. 210ff.
169 Szuka, *U.S. Merchandise Trade and Trade Balances*, S. 1f.
170 Figgie, *Bankrott 1995.*
171 Vgl. hierzu Hanrieder, *Deutschland, Europa, Amerika*, S. 361ff.
172 Gilpin, *Political Economy*, S. 328ff.
173 Zu Japan s. Johnson, *Japan through American Eyes*; Calder, *Japan's Changing Role*; Seitz, *Die japanisch-amerikanische Herausforderung.*
174 Siehe hierzu Nye, *Bound to Lead*, S. 231f.; Silber, *Ist Amerika zu retten?*
175 Gilpin, *Political Economy*, S. 348ff.
176 Draper, *A Very Thin Line.*

177 Czempiel, *Machtprobe*, S. 349.

178 Ebd.

179 Vgl. hierzu Schweizer, *Victory*.

180 Arthur M. Schlesinger, »The Turn of the Cycle«, *The New Yorker*, 16. November 1992, S. 46 ff.

181 Robert Gilpin, »American Policy in the Post-Reagan Era«, *Daedalus*, Summer 1987, S. 33 ff.

182 Paul Johnson, »Europe and the Reagan Years«, in: *Foreign Affairs*, vol. 68, no. 1, 1989, S. 28 ff.

183 Zit. nach Searle, *Quest for National Efficiency*, S. 101.

184 So Todd, *Vor dem Sturz*, S. 17; vgl. auch Searle, a.a.O.

185 Powers, *Not Without Honor*, S. 415, und Deborah Hart, Gerald S. Strober, Hrsg., *Reagan: The Man and His Presidency*, New York 1998.

Die Aussenpolitik der Regierung Bush

1 Als Einführung in die Außenpolitik der Regierung Bush s. Barilleaux, Stuckey, *Leadership and the Bush Presidency*; Campbell, Rockman, Hrsg., *The Bush Presidency*.

2 Siehe hierzu Duffy, Goodgame, *Marching in Place*, und George Bush, Brent Scowcroft, *Eine neue Welt. Amerikanische Außenpolitik in Zeiten des Umbruchs*, Berlin 1999.

3 Siehe hierzu Charles-Philippe David, »Who Was the Real George Bush? Foreign Policy Decision Making under the Bush Administration«, in: *Diplomacy and State-Craft*, vol. 7, March 1996, no. 1, S. 198.

4 Baker, *Erinnerungen*, S. 255.

5 So Präsident Bush in seiner Rede zur Amtseinführung.

6 1988 durften 250 000 Taiwan-Chinesen in die VR China reisen, die privaten Investitionen von Taiwan-Chinesen auf dem Festland waren 1988 auf 500 Millionen angestiegen.

7 Robert S. Ross, »National Security, Human Rights, and Domestic Politics. The Bush Administration and China«, in: Oye et al., Hrsg., *Eagle in a New World*, S. 281 ff.

8 Siehe hierzu Banning N. Garrett, Bonnie S. Glaser, »From Nixon to Reagan: China's Changing Role in American Strategy«, in: Oye et al., Hrsg., *Eagle Resurgent?*, S. 289 f.

9 Christian Hacke, »Plädoyer für eine neue Chinapolitik des Westens ...«, *Frankfurter Allgemeine Zeitung*, 12. Oktober 1989, S. 16.

10 Bushs Entscheidung wurde in Öffentlichkeit und Kongreß als anbiederisch, als »Kotau«, als Beleidigung der Menschenrechtstraditionen der USA kritisiert. Vgl. hierzu Ross, »National Security« (vgl. Anm. 7), S. 300.

11 Winston Lord, »China and America: Beyond the Big Chill«, in: *Foreign Affairs*, vol. 68, no. 4/1989, S. 12.

12 *Washington Post*, 12. Dezember 1989.

13 »I know how China works.« Präsident Bush, zit. nach *New York Times*, 11. April und 9. Dezember 1989.

14 Hacke, *Plädoyer*, S. 14f.

15 Nancy Bernkopf Tucker, »China and America, 1941–1991«, *Foreign Affairs*, vol. 70, no. 5, Winter 1991/92, S. 75ff.

16 Hinkley, *Less than Meets the Eye*, S. 41 ff.

17 Castor, *Whirl Pool*, S. 86f.

18 Baker, *Erinnerungen*, S. 56.

19 Zentral: Kagan, *Twilight Struggle*.

20 Castor, *Whirl Pool*, S. 85.

21 Brown, *Faces of Power*, S. 527.

22 Zur Intervention in Panama s. B. Woodward, *The Commanders*, S. 81–145, 156–196.

23 Vgl. hierzu Pastor, »George Bush and Latin America«, in: Oye et al., Hrsg., *Eagle in a New World*, S. 361–387.

24 Vgl. hierzu Heinrich Krumwiede, »Fortschritte bei der Konfliktregulierung in Zentralamerika und die amerikanische Intervention in Panama«, in: *Die Internationale Politik 1989/90. Jahrbuch der Deutschen Gesellschaft für Auswärtige Politik*, München 1992, S. 411.

25 Vgl. hierzu Helmut Hubel, »Die Rolle von Regionalkonflikten im sowjetisch-amerikanischen Verhältnis«, in: *Europa Archiv* 2/1990, S. 61–68.

26 Vgl. hierzu Quandt, *Peace Process*, S. 386.

27 Baker, *Erinnerungen*, S. 99.

28 Ebd., S. 107.

29 Hubel, *Ende des kalten Krieges*, S. 94.

30 Baker, *Erinnerungen*, S. 112.

31 Ebd., S. 117.

32 *New York Times*, 11. Februar 1990; Ludwig Watzal, *Frieden ohne Gerechtigkeit – Israel und die Menschenrechte der Palästinenser*, Köln 1994, S. 179ff.

33 Baker, *Erinnerungen*, S. 405.

34 Ebd.

35 Quandt, *Peace Process*, S. 404ff.

36 Baker, *Erinnerungen*, S. 419.

37 Zbigniew Brzezinski, »The Consequences of the End of the Cold War for International Security«, in: New Dimensions in International Security, Part I, London (IISS, Adelphi Paper Nr. 265) 1992, S. 3.

38 Vgl. hierzu Hubel, *Der zweite Golfkrieg*, S. 44ff.

39 Baker, *Erinnerungen*, S. 277.

40 Hubel, *Ende des kalten Krieges*, S. 242.

41 Graham E. Fuller, »Moscow and the Gulf War«, in: *Foreign Affairs*, Summer 1991, S. 55–76.

42 Hubel, *Ende des kalten Krieges*, S. 124.

43 Quandt, *Peace Process*, S. 406 ff.

44 Baker, *Erinnerungen*, S. 548.

45 Michael Mandelbaum, »The Bush Foreign Policy«, in: *Foreign Affairs*, no. 70, February 1991 (America and the World, 1990), S. 3–23.

46 Terry Diebel, »Bush's Foreign Policy. Mastery and Inaction«, in: *Foreign Policy* no. 84, Fall 1991, S. 20 f.

47 Vgl. hierzu Garthoff, *The Great Transition*, S. 380 ff.

48 Beschloss, Talbott, *At the Highest Levels*, S. 28.

49 Baker, *Erinnerungen*, S. 55.

50 Zum außenpolitischen Entscheidungsprozeß der Regierung Bush s. Charles Kegley, »The Bush Administration and the Future of American Foreign Policy. Pragmatism or Procrastination?«, in: *Presidential Studies Quarterly*, no. 19, Fall 1989, S. 717–731; Maureen Dowd, »Basking in Powers Glow. Bush's Year as President«, *New York Times*, 31. Dezember 1989, S. A1; Maureen Dowd, Thomas Friedman, »The Fabulous Bush and Baker Boys«, *New York Times Magazine*, 6. Mai 1990, S. 36.

51 Baker, *Erinnerungen*, S. 52.

52 Ebd., S. 55.

53 Melanson, *American Foreign Policy*, S. 210.

54 Baker, *Erinnerungen*, S. 59.

55 Brown, *The Faces of Power*, S. 509.

56 Garthoff, *The Great Transition*, S. 385.

57 Baker, *Erinnerungen*, S. 74 f.

58 Quayle, *Standing Firm*, S. 164 ff.

59 Baker, *Erinnerungen*, S. 86 f.

60 Ebd., S. 93.

61 Genscher, *Erinnerungen*, S. 611.

62 Ebd., S. 618.

63 Beide trafen sich 1989 sechs- und 1990 neunzehnmal, vgl. hierzu Garthoff, *The Great Transition*, S. 382.

64 Genscher, zit. nach Hacke, *Weltmacht wider Willen*, S. 384.

65 Baker, *Erinnerungen*, S. 89.

66 Vgl. hierzu Gorbatschow, *Erinnerungen*, S. 495 ff.

67 Gorbatschow, zit. nach Hacke, *Weltmacht wider Willen*, S. 386 ff.

68 Ebd.

69 Ebd.

70 Baker, *Erinnerungen*, S. 156.

71 Zum Malta-Gipfel s. Garthoff, *The Great Transition*, S. 405.

72 Baker, *Erinnerungen*, S. 162.

73 Gorbatschow, *Erinnerungen*, S. 692.

74 Vgl. hierzu Hannes Adomeit, Annette Messemer, »Politische Annäherung zwischen USA und Sowjetunion«, in: *Die internationale Politik 1989/90. Jahrbuch der Deutschen Gesellschaft für Auswärtige Politik*, München 1992, S. 42 ff.

75 Baker, *Erinnerungen*, S. 216.

76 Vgl. hierzu Brown, *The Faces of Power*, S. 517 f.

77 Baker, *Erinnerungen*, S. 207.

78 Ebd., S. 209.

79 Garthoff, *The Great Transition*, S. 418 ff.

80 Baker, *Erinnerungen*, S. 220.

81 Beschloss, Talbott, *At the Highest Levels*, S. 215 ff.

82 Baker, *Erinnerungen*, S. 226.

83 Kaiser, *Deutschlands Vereinigung*, S. 51 f.

84 Hubel, *Ende des kalten Krieges*, S. 222.

85 Vgl. hierzu Freedman, Karsh, *The Gulf Conflict*, S. 175 f.

86 Schewardnadse, *Die Zukunft gehört der Freiheit*, S. 307–332.

87 Baker, *Erinnerungen*, S. 466.

88 Zum Moskauer Gipfel 1991 s. Hans-Peter Riese, »Das Ende der sowjetischen Weltmacht«, in: *Die internationale Politik 1991/92*, S. 23 ff.

89 Schewardnadse am 1. August 1991, zit. nach Garthoff, *The Great Transition*, S. 472.

90 Präsident Bush, zit. nach Brown, *Faces of Power*, S. 523.

91 Vgl. hierzu Beschloss, Talbott, *At the Highest Level*, S. 416 ff.

92 Baker am 10. September 1991 in Moskau, zit. nach Baker, *Erinnerungen*, S. 519.

93 Memorandum des State Department vom 25. Oktober 1991, zit. nach Baker, *Erinnerungen*, S. 550.

94 Beschloss, Talbott, *At the Highest Level*, S. 438 f.

95 Siehe hierzu Jelzin, *Auf des Messers Schneide*, S. 23 ff.

96 Brown, *Faces of Power*, S. 524.

97 Baker, *Erinnerungen*, S. 612 ff.

98 Beschloss, Talbott, *At the Highest Level*, S. 468.

99 Etzold, Gaddis, *Containment*, S. 64 ff.

100 Michael Stürmer, »Die sowjetische Erbfolge«, *Frankfurter Allgemeine Zeitung*, 24. Dezember 1991, S. 1.

101 Thomas Omestad, »Why Bush Lost«, *Foreign Policy*, no. 89, Winter 1992/1993, S. 70–81.

102 Baker, *Erinnerungen*, S. 149; Bush, Scowcroft, *Eine neue Welt*, S. 204ff., und Robert M. Gates, *From the Shadows: The Ultimate Insider's Story of Five Presidents and How They Won the Cold War*, New York 1996, S. 472ff.

103 Michael Howard, »1989. Eine neue Zeitenwende«, in: *Europa Archiv* 14/89, S. 441.

104 Pond, *Beyond the Wall*, S. 162.

105 Brent Scowcroft, vgl. Beschloss, Talbott, *At the Highest Level*, S. 17f.

106 Siehe hierzu Burckhardt, *Über das Studium der Geschichte*, S. 205ff.

107 Siehe hierzu Zelikow, Rice, *Sternstunde der Diplomatie*, S. 158.

108 Genscher, *Erinnerungen*, S. 665f.

109 Ebd., S. 667f.

110 Vgl. hierzu Walters, *Die Vereinigung war voraussehbar*, S. 31.

111 Ebd., S. 24.

112 Baker, *Erinnerungen*, S. 160.

113 Hannes Adomeit, Annette Messemer, »Politische Annäherung zwischen USA und Sowjetunion«, in: *Die internationale Politik 1989/90, Jahrbuch der Deutschen Gesellschaft für Auswärtige Politik*, München 1992, S. 51f.

114 Zelikow, Rice, *Sternstunde der Diplomatie*, S. 195.

115 Kohl, *Ich wollte Deutschlands Einheit*, S. 189ff.

116 Baker an Bush, zit. nach Baker, *Erinnerungen*, S. 169.

117 Genscher, *Erinnerungen*, S. 695f.

118 Ebd.

119 Ebd., S. 696.

120 Teltschik, *329 Tage*, S. 127.

121 Zit. nach Kaiser, *Deutschlands Vereinigung*, S. 175f.

122 Ebd.

123 Baker, *Erinnerungen*, S. 174ff.

124 Ebd.; vgl. auch Zelikow, Rice, *Sternstunden der Diplomatie*, S. 216ff.

125 Baker, a.a.O.

126 Teltschik, *329 Tage*, S. 134, 396.

127 Elbe, Kiessler, *Ein runder Tisch mit scharfen Kanten*, S. 75.

128 Baker, *Erinnerungen*, S. 182.

129 Elbe, Kiessler, *Ein runder Tisch mit scharfen Kanten*, S. 78

130 So Genscher am 6. Januar 1990 auf dem Dreikönigstreffen der Liberalen in Stuttgart.

131 So Elbe, Kiessler, *Ein runder Tisch mit scharfen Kanten*, S. 78f.

132 Genscher, *Erinnerungen*, S. 714.

133 Elbe, *Ein runder Tisch mit scharfen Kanten*, S. 87.

134 Baker, *Erinnerungen*, S. 183ff.

135 Elbe, Kiessler, *Ein runder Tisch mit scharfen Kanten*, S. 91.

136 Zit. nach ebd.
137 Baker, *Erinnerungen*, S. 223; Zelikow, Rice, *Sternstunde der Diplomatie*, S. 365.
138 Ein Lieblingsausdruck des Bundesaußenministers.
139 Baker, *Erinnerungen*, S. 196 f.; Genschers Memoiren ergänzen diesen Eindruck: Genscher, *Erinnerungen*, S. 728 f.
140 Teltschik, *329 Tage*, S. 137.
141 Elbe, Kiessler, *Ein runder Tisch mit scharfen Kanten*, S. 95 f.
142 So Robert Blackwill, zit. nach ebd., S. 96.
143 Baker, *Erinnerungen*, S. 195.
144 Vgl. hierzu und im folgenden Baker, *Erinnerungen*, S. 226 ff.
145 Teltschik, *329 Tage*, S. 252 f.
146 Baker, *Erinnerungen*, S. 227.
147 Vgl. hierzu Londoner Erklärung der NATO vom 5./6. Juli 1990, in: *Europa Archiv* 17/90, S. D 456–460.
148 Bush, zit. nach Zelikow, Rice, *Sternstunde der Diplomatie*, S. 435 f.
149 Teltschik, *329 Tage*, S. 287 ff.
150 Londoner Erklärung der NATO, in: *Europa Archiv* 17/90, S. D 456 ff.
151 Genscher, *Erinnerungen*, S. 828.
152 Zelikow, Rice, *Sternstunde der Diplomatie*, S. 444 f.
153 Kohl, *Ich wollte Deutschlands Einheit*, S. 308.
154 Ebd., S. 415 ff.
155 Zelikow, Rice, *Sternstunde der Diplomatie*, S. 446 f.
156 Grußbotschaft von Präsident Bush vom 3. Oktober 1990.
157 Der Begriff der atlantischen Zivilisation wird hier gebraucht im Sinne von Hannah Arendt, *Über die Revolution*, S. 178, 278, 389.
158 Siehe hierzu Zimmermann, *Origins of a Catastrophe*, S. 42 ff.
159 Meier, *Wie Jugoslawien verspielt wurde*, S. 381.
160 S. L. Woodward, *Balkan Tragedy*, S. 397 f.
161 Hacke, *Weltmacht wider Willen*, S. 484 ff.
162 Zimmermann, *Origins of a Catastrophe*, S. 214 ff.
163 Ebd.
164 Vgl. hierzu und im folgenden: Salinger, *Secret Dossier*.
165 Baker, *Erinnerungen*, S. 244.
166 Theodore Draper, »American Hubris«, in: Sifry, Zerf, Hrsg., *The Gulf War Reader*, S. 54 ff.
167 Baker, *Erinnerungen*, S. 245 f.
168 Ebd.
169 Ambrose, *Rise to Globalism*, S. 382.
170 Vgl. hierzu Salinger, *Secret Dossier*, S. 82 ff.
171 Auch Erich Honecker stattete im Oktober 1982 Kuwait einen offiziellen Besuch

ab. Umgekehrt reiste die kuwaitische Königsfamilie in die kommunistischen Staaten Bulgarien, Ungarn und Rumänien, um die Beziehungen auszubauen. Vgl. Draper, »American Hubris«, S. 46ff.

172 Vgl. hierzu und im folgenden: Udo Steinbach, »Der Verlauf des Konflikts«, in: *Die internationale Politik 1989/90*, S. 210f.

173 Siehe hierzu B. Woodward, *The Commanders*, S. 320ff.

174 In diesem Sinne: Tucker, Hendrickson, *The Imperial Temptation*, S. 82f.

175 Ebd., S. 91.

176 Baker, *Erinnerungen*, S. 313f.

177 David Gergen, »America's Missed Opportunities«, in: *Foreign Affairs, America and the World 1991/92*, New York 1992, S. 1ff.

178 Vgl. McArthur, *Die Schlacht der Lügen*.

179 Baker, *Erinnerungen*, S. 328.

180 Steinbach, »Der Verlauf des Konflikts« (vgl. Anm. 172), S. 215ff.; vgl. ebenfalls Faour, *The Arab World after Desert Storm*.

181 Baker, *Erinnerungen*, S. 344.

182 So Präsident Mubarak gegenüber der amerikanischen Regierung, zit. nach Baker, *Erinnerungen*, S. 350.

183 Vgl. hierzu *Conduct of the Persian Gulf War*, S. 589.

184 Gordon, Trainor, *The Generals' War*, S. 430ff.

185 William Schneider, »The Old Politics and the New World Order«, in: Oye et al., Hrsg., *Eagle in a New World*, S. 65.

186 Freedman, Karsh, *The Gulf Conflict*, S. 400ff.

187 George Bush, »Weshalb wir Saddam 1991 nicht aus Bagdad vertrieben haben«, in: *Welt am Sonntag*, 22. September 1996, S. 1f.

188 Zit. nach Freedman, Karsh, *The Gulf Conflict*, S. 425.

189 Haffner, *Winston Churchill*, S. 155.

190 Vgl. hierzu Gaddis, *The U.S. and the Origins of the Cold War*, S. 353ff.

191 Tibi, *Die Golfregion zwischen Krieg und Frieden*, S. 75.

192 Vgl. hierzu Michael Klare, »Pax Americana. US Military Policy in the Post-Cold War Era«, in: Bennis et al., Hrsg., *A Reader in the New World Order*, S. 49ff.

193 Zalmay Khalilzad, »Losing the Moment? The United States and the World after the Cold War«, in: Roberts, Hrsg., *Order and Disorder*, S. 57ff.

194 George Bush einen Tag nach Ende des Krieges, zit. nach: Gordon, Trainor, *The Generals' War*, S. 467.

195 Ebd., S. 31.

196 General Powell, ebd., S. 33.

197 Vgl. hierzu Freedman, Karsh, *The Gulf Conflict*, S. 144 ff, 203f.

198 Gordon, Trainor, *The Generals' War*, S. 130.

199 So der damalige Unterstaatssekretär im Verteidigungsministerium, Dr. Henry Rowen, gegenüber dem Autor.

200 Gordon, Trainor, *The Generals' War*, S. XV.

201 So Tucker, Hendrickson, *Imperial Temptation*, S. 142 ff.

202 Siehe hierzu Buckley, *Panama*.

203 Hirsch, Oakley, *Somalia and Operation Restore Hope*; Sahnoun, *Somalia. The Missed Opportunities*.

204 Tucker, Hendrickson, *The Imperial Temptation*, S. 197 ff.

205 So Hippel, *Die Neue Weltordnung*, S. 90.

206 Bush vor dem amerikanischen Kongreß, 29. Januar 1991.

207 Charles Krauthammer, »The Unipolar Moment«, in: Allison, Treverton, *Re-Thinking America's Security*, S. 295 ff.

208 Robert Gates, »USA weiterhin engagiert für Neue Weltordnung«. Rede vor dem Verband amerikanischer Zeitungsverleger, zit. nach *Amerika Dienst*, Nr. 19, 15. Mai 1991.

209 Tucker, Hendrickson, *Imperial Temptation*, S. 65 f.

210 Vgl. hierzu Allison, Treverton, *Re-Thinking America's Security*, S. 15 ff.

211 Vgl. hierzu Fröhlich, *Die USA und die Neue Weltordnung*.

212 So Christopher Daase, »Regel oder Ausnahme? Der Golfkrieg und die Zukunft der amerikanischen Interventionspolitik«, in: Dembinski et al., Hrsg., *Amerikanische Weltpolitik*, S. 375 f.

213 Ebd.

214 So Michael Stark, »Management von Unordnung in einer neuen Weltordnung«, in: *Das Parlament*, 12./19. Juni 1992, S. 15.

215 Vgl. hierzu Christian Hacke, »Die Großen Mächte«, in: Kaiser, Schwarz, Hrsg., *Die neue Weltpolitik*, S. 316–336.

216 Muravchik, *The Imperative of American Leadership*.

217 Vgl. hierzu Daniel Yankelovich, »Foreign Policy after the Election«, in: *Foreign Affairs*, Fall 1992, S. 1 ff.

218 Gergen, *America's Missed Opportunities*, S. 5 f.

219 Luttwak, *The Endangered American Dream*.

220 Callahan, *Between Two Worlds*; Shapiro, *Die verlorene Weltmacht*.

Die Aussenpolitik der Regierung Clinton

1 Text der Fernsehdiskussion zit. nach Walker, *The President We Deserve*, S. 156 f.

2 Vgl. Frey, *Clintons Amerika*, S. 34 ff., und Stanley A. Renshon, *High Hopes, The Clinton Presidency and the Politics of Ambition*, 2. Aufl., New York, London 1998, S. 200 ff.

3 Zit. nach ebd., S. 153.

4 Gore, *Wege zum Gleichgewicht.*

5 Hacke, *Amerikanische Nahost-Politik*, S. 198 ff.

6 Keohane, Nye, *Power and Interdependence.*

7 Drew, *On The Edge*, S. 419.

8 Vgl. Reich, *Die neue Weltwirtschaft. Das Ende der nationalen Ökonomie*, Berlin, Frankfurt/M. 1993.

9 Tyson, *Who's Bashing Whom?*; Andreas Falke, »Auf dem Weg zu einer neuen Handelspolitik? Die USA und das Welthandelssystem«, in: Dembinski et al., Hrsg., *Amerikanische Weltpolitik*, S. 301.

10 Präsident Clinton, zit. nach *Amerika Dienst*, 3. März 1993, S. 1–9.

11 Vgl. hierzu Marc Levinson, »Mickey Kantor's Cant«, *Foreign Affairs*, vol. 75, no. 2, März/April 1996, S. 2–7.

12 Garten, *Der Kalte Frieden.*

13 Drew, *On The Edge*, S. 78 ff.

14 Walker, *The President We Deserve*, S. 179 f.

15 Melanson, *American Foreign Policy*, S. 251.

16 Goodwin, *No Ordinary Time.*

17 Außenminister Christopher, zit. nach Walker, *The President We Deserve*, S. 265.

18 Vgl. hierzu Hirsch, Oakley, *Somalia and Operation Restore Hope.*

19 Vgl. hierzu Sahnoun, *Somalia. The Missed Opportunities.*

20 K.-D. Schwarz, *Amerikanische Weltmacht im Wandel*, S. 59.

21 *Report to the Congress on U.S. Policy in Somalia.*

22 Drew, *On The Edge*, S. 328.

23 Hirsch, Oakley, *Somalia*, S. 130 ff.

24 Drew, *On The Edge*, S. 330.

25 K.-D. Schwarz, *Amerikanische Weltmacht im Wandel*, S. 58.

26 Jeanne Kirkpatrick, »Where Is Our Foreign Policy?«, *Washington Post*, 30. August 1993, S. A 19.

27 Präsident Clinton, 27. September 1993, zit. nach US Pit, 29. September 1993, S. 6.

28 Muravchik, *The Imperative of American Leadership*, S. 75 f.

29 Zit. nach *International Herald Tribune*, 7. Februar 1994, S. 4.

30 Peter Tarnoff, 24. Mai 1993, zit. nach Daniel Williams, John Goshko, »Reduced U.S. World Role Outlined But Soon Altered«, *Washington Post*, 25. Mai 1993, S. A 1; Daniel Williams, »Administration Rushes to Clarify Policy Remarks by ›Brand X‹ Official«, *Washington Post*, 27. März 1993, S. A 45.

31 Vgl hierzu Michael Mandelbaum, »Like It or Not. We Must Lead«, *New York Times*, 9. Juni 1993, S. A 21.

32 Vgl. hierzu Nearing, Freeman, *Dollar-Diplomatie*, S. 203.

33 Triepel, *Die Hegemonie*, S. 307.

34 LaFeber, *Inevitable Revolutions*, S. 53, 373.

35 Brown, *The Faces of Power*, S. 600.
36 Drew, *On The Edge*, S. 333.
37 Zit. nach Drew, *On The Edge*, S. 334.
38 Vgl. hierzu Walker, *The President We Deserve*, S. 188.
39 Donald Rothchild, Timothy Sisk, »U.S.-Africa Policy. Promoting Conflict Management in Uncertain Times«, in: Lieber, Hrsg., *Eagle Adrift*, S. 271 ff.; Charim Kaufmann, »Impossible Solutions to Ethnic Civil Wars«, *International Security*, vol. 20, no. 4, Spring 1996, S. 136–175.
40 Jentleson, »Who, Why, What and How«, S. 57.
41 Vgl. hierzu Walter Clarke, Jeffrey Herbst, »Somalia and the Future of Humanitarian Intervention«, *Foreign Affairs*, vol. 75, no. 2, March/April 1996, S. 70–85; »Ordnungskraft statt Repressionsapparat in Haiti«, *Neue Zürcher Zeitung*, 6. Januar 1997.
42 Debate: »The Haiti Intervention«: Robert I. Rotberg, »Clinton Was Right«; John Sweeney, »Stuck in Haiti«, *Foreign Policy*, no. 102, Spring 1996, S. 135–151.
43 Michael Hunt, »Crises«, in: *U.S. Foreign Policy*, S. 170–231.
44 Vgl. hierzu George, Smoke, *Deterrence*, S. 140 ff.
45 Vgl. hierzu Klare, *Rogue States and Nuclear Outlaws*,.
46 Kongdan Oh, Ralph C. Hassing, »Korea as a Pawn in the Global Non-Proliferation Conflict«, *The Korean Journal of Defense Analysis* VI, no. 21, Winter 1994, S. 157–177.
47 Cox, *U.S. Foreign Policy*, S. 95.
48 Brown, *The Faces of Power*, S. 605.
49 Clinton, zit. nach Gwen Ifill, »In Korea Chilling Reminders of Cold War«, *New York Times*, 18. Juli 1993.
50 Perry, zit. nach Melanson, *American Foreign Policy*, S. 267; grundsätzlich: William J. Perry, »Defense in an Age of Hope«, *Foreign Affairs*, vol. 75, no. 6, November/December 1996, S. 64–79.
51 Shinn, Sutter, *North Korea after Kim Il Sung*.
52 Vgl. hierzu Erwin Häckel, »Die Zukunft des Atomwaffensperrvertrags«, in: *Europa Archiv* 21/1994, S. 611–619.
53 Vgl. hierzu K.-D. Schwarz, *Amerikanische Weltmacht im Wandel*, S. 121.
54 Vgl. hierzu Chalmer Johnson, »Korea and Our Asia Policy«, *The National Interest*, Fall 1995, S. 66–77.
55 S. L. Woodward, *Balkan Tragedy*, S. 306.
56 Clinton, zit. nach *Frankfurter Allgemeine Zeitung*, 21. Januar 1993, S. 2.
57 Paulsen, *Jugoslawienpolitik*, S. 105 ff.
58 Ebd.
59 Das Versagen der Westeuropäer wurde von Außenminister Christopher als »katastrophal« bezeichnet. Vgl. hierzu *Süddeutsche Zeitung*, 8. Februar 1993, S. 1.

60 Zitiert nach S. L. Woodward, *Balkan Tragedy*, S. 314.

61 Christian Hacke, »Deutschland und die neue Weltordnung. Zwischen innenpolitischer Überforderung und außenpolitischen Krisen«, in: *Aus Politik und Zeitgeschichte,* Beilage zur Wochenzeitung *Das Parlament*, B 46/92, 6. November 1992, S. 9.

62 Vgl. hierzu *Frankfurter Allgemeine Zeitung*, 18. Februar 1994.

63 Zum Abkommen von Dayton s. *Internationale Politik*, Nr. 12, Dezember 1995, S. 65–114; James A. Schear, »Bosnia's Post-Dayton Traumas«, *Foreign Policy*, Nr. 104, Fall 1996, S. 87–101.

64 Vergleiche hierzu Richard Holbrooke, *Meine Mission: Vom Krieg zum Frieden in Bosnien*, München 1998, S. 450ff.

65 Vgl. AA, Hrsg., Deutsche Außenpolitik 1995, *Auf dem Weg zu einer Friedensregelung für Bosnien und Herzegowina. 53 Telegramme aus Dayton*, eine Dokumentation, Bonn 1998, S. 65.

66 Christian Hacke, *Das Ende der Unschuld. Zwischen gutmütigem Multilateralismus und neuem Tatendrang.* In: Rheinischer Merkur, Nr. 39, 29. September 2000.

67 Egon Bahr, *Die »Normalisierung« der deutschen Außenpolitik, Mündige Partnerschaft statt bequemer Vormundschaft.* In: Internationale Politik, Jg. 54, 1999, Nr. 1, S. 41–53.

68 So Clinton in seiner Antrittsrede am 21. Januar 1993.

69 Clinton, Gore, *Putting People First*, S. 130. Kennedy hatte in seiner Antrittsrede am 20. Januar 1961 erklärt: »Wir werden jeden Preis zahlen, jede Last tragen, jede Strapaze auf uns nehmen, jeden Freund unterstützen, jedem Feind entgegentreten, um den Fortbestand und Erfolg der Freiheit sicherzustellen.«

70 Zit. nach: *Washington Post*, 27. Mai 1993, S. 1f.

71 Anthony Lake, »From Containment to Enlargement. Address at the School of Advanced International Studies, Johns Hopkins University, Washington D.C., 21. September 1993«, zit. nach U.S. Department of State Dispatch, 27. September 1993, vol. 4, no. 39, S. 658–664.

72 Vgl. hierzu Melanson, *American Foreign Policy*, S. 265.

73 Zum sog. Bottom-Up-Review vgl. Klare, *Rogue States and Nuclear Outlaws*, S. 111ff.

74 K.-D. Schwarz, *Amerikanische Weltmacht im Wandel*, S. 105.

75 Anthony Lake, 21. September 1993 (vgl. Anm. 68).

76 Ebd.

77 Ernst-Otto Czempiel, »Rückkehr in die Hegemonie. Zur Weltpolitik der USA unter Präsident Clinton«, *Aus Politik und Zeitgeschichte,* Beilage zur Wochenzeitung *Das Parlament* B 13/96, 18. Oktober 1996, S. 32.

78 »Unsere Strategie muß sich jetzt wieder darauf konzentrieren, das Erstehen eines potentiellen zukünftigen globalen Konkurrenten auszuschließen. Unser erstes Ziel ist es, das Wiedererstehen eines neuen Rivalen zu verhindern, sei es auf dem Gebiet der ehemaligen Sowjetunion oder anderswo, der eine Bedrohung der Art darstellt, wie sie früher von der Sowjetunion dargestellt wurde. Das ist ein beherrschender Gesichtspunkt … und erfordert, daß wir danach streben, jede feindliche Macht daran zu hindern, eine Region zu beherrschen, deren Ressourcen unter gefestigten Verhältnissen ausreichen würde, globale Macht zu schaffen.« »Excerpts from Pentagon's Plan: Prevent the emergence of a new rival«, *New York Times*, 8. März 1992, S. 14.

79 Czempiel, *Rückkehr in die Hegemonie*, S. 33.

80 K.-D. Schwarz, *Amerikanische Weltmacht im Wandel*, S. 130.

81 Ebd.

82 Vgl. hierzu Klaus Otto Nass, »Grenzen und Gefahren humanitärer Interventionen«, in: *Europa Archiv* 10/1993, S. 284.

83 Beard & Beard, *The American Leviathan*.

84 Vgl. hierzu Andreas Falke, »Handelspolitik«, in: Dittgen, Minkenberg, Hrsg., *Das amerikanische Dilemma*, S. 321.

85 Robert B. Zoellick, »The North American FTA. The New World Order Takes Shape in the Western Hemisphere«, April 1992, zit. nach Melanson, *American Foreign Policy*, S. 223.

86 Garten, *Der Kalte Frieden*, S. 220,

87 Edward Luttwak, »For America, Again, The World is a New Ballgame«, in: *International Herald Tribune*, 23. September 1991, S. 8; vgl. auch: ders., *The Endangered American Dream*.

88 Ebd., S. 15.

89 Ebd., S. 192

90 Ebd., S. 247, 275.

91 So Präsident Clinton am 26. Februar 1993 vor der American University.

92 K.-D. Schwarz, *Amerikanische Weltmacht im Wandel*, S. 24.

93 Zit. nach *Defense News*, 18.–24. Juli 1994, S. 12.

94 Zit. nach K.-D. Schwarz, *Amerikanische Weltmacht im Wandel*, S. 21 ff.

95 Christian Hacke, »Im Osten was Neues. Die Ost-Erweiterung der NATO dient den Interessen der USA«, *Die Woche*, 14. Februar 1997, S. 6.

96 Vgl. hierzu Jeffrey E. Garten, »Is America Abandoning Multilateral Trade?« *Foreign Affairs*, November/December 1995, S. 50–62.

97 Vgl. hierzu John Stremlau, »Clinton's Dollar Diplomacy«, *Foreign Policy*, no. 97, Winter 1994/95, S. 18–35.

98 Vgl. hierzu Walker, *The President We Deserve*, S. 297.

99 Drew, *On The Edge*, S. 338–355.

100 Vgl. hierzu Edgar Göll, »NAFTA als neues Instrument regionaler Wirtschaftskooperation«, *Europa Archiv*, 2/1994, S. 48.

101 Walker, *The President We Deserve*, S. 286f.

102 Präsident Clinton am 1. April 1993 in Annapolis, zit. nach *Europa Archiv*, 10/93, D 210.

103 Peter Rudolf, »Nicht mehr Gegner, noch nicht Partner. Von der Sowjetunion- zur Rußlandpolitik«, in: Dembinski et al., Hrsg., *Amerikanische Weltpolitik*, S. 125.

104 Vgl. hierzu Michael Stürmer, »Röntgenaufnahme der Rüstungskontrolle. Ein Bericht über die amerikanisch-russischen Beziehungen«, *Neue Zürcher Zeitung*, 9. Januar 1997, S. 4.

105 Brown, *The Faces of Power*, S. 585.

106 Vgl. Michael Dobbs, Paul Blustein, *Who Lost Russia? Finger-Pointing in Washington is Widespread*, International Herald Tribune, 13. Sept. 1999, S. 2)

107 Vgl. hierzu Stefan Bierling, *Weder Partner noch Gegner: Die Rußlandpolitik der USA* in: Dieter Rudolf, Jürgen Wilzewski, Hrsg., *Weltmacht ohne Gegner, Amerikanische Außenpolitik zu Beginn des 21. Jahrhunderts*, Baden-Baden 2000, S. 139.

108 Vgl. hierzu: Stephen Larrabee, *US and European Policy Towards Turkey and the Caspian Base*, in: Robert Blackwill, Michael Stürmer, Hrsg., *Allies Devided, Transatlantic Policies for the Greater Middle East*, Cambridge, Ma., 1997, S. 153–173.

109 Stewart Goldmann, »Russian Nuclear Reactor and Conventional Arms Transfer to Iran«, Washington, D.C., CRS, 23. Mai 1995.

110 Robert S. Ross, »Enter the Dragon«, *Foreign Policy*, Nr. 104, Fall 1996, S. 18ff.

111 Gerald Segal, »East Asia and the ›Constrainment‹ of China«, *International Security*, vol. 20, no. 4, Spring 1996, S. 107–135; Arthur Waldron, »Deterring China«, *Commentary*, October 1995, S. 17–21.

112 Peter J. Opitz, »Veränderungen in einem strategischen Dreieck. Zum gewandelten Verhältnis Chinas gegenüber Rußland und den USA, *Aus Politik und Zeitgeschichte*, Beilage zur Wochenzeitung *Das Parlament*, Nr. 50/95, 8. Dezember 1995, S. 3.

113 Qingshan Tan, »Explaining U.S.-China Policy in the 1990's. Who is in Control?«, *ASEAN Affairs*, Vol. 20, Nr. 3, Fall 1993, S. 143–160.

114 Peter Van Ness, »Addressing the Human Rights Issues in Sino-American Relations«, *Journal of International Affairs*, Vol. 49, Nr. 2, Winter 1996, S. 309–331.

115 Greg Mastel, »Beijing at Bay«, *Foreign Policy*, Nr. 104, Fall 1996, S. 27–34.

116 Sutter, *China Policy.*

117 Dumbaugh, *China*–US Relations.

118 Gerald Segal, *Does China Matter?* In: Foreign Affairs, Vol. 78, Nr. 5, Sept./Oct. 1999, S. 30.

119 Vgl. hierzu Winston Lord, »US Policy toward East Asia and the Pacific«, Vor dem Unterausschuß für asiatische und pazifische Angelegenheiten des außenpolitischen Ausschusses des Repräsentantenhauses am 9. Februar 1995, US Department of State Dispatch, 27. Februar 1995, S. 143.

120 Vgl. hierzu Reinhard Rode, »Die USA und Japan«, *Aus Politik und Zeitgeschichte*, Beilage zur Wochenzeitung *Das Parlament*, 9/94, 4. März 1994, S. 29.

121 Vgl. hierzu Thomas U. Berger, »Von der Kooperation zur Eindämmung? Die amerikanische Japanpolitik«, in: Dembinski et. al., Hrsg., *Amerikanische Weltpolitik*, S. 193.

122 Vgl. hierzu Werner Pascha, »Japans Wirtschaft: Krise und Wandel«, *Aus Politik und Zeitgeschichte*, Beilage zur Wochenzeitung *Das Parlament*, 50/94, 16. Dezember 1994, S. 17.

123 Zu den Ursachen der Asienkrise siehe Thomas L. Friedman, *Globalisierung verstehen, Zwischen Marktplatz und Weltmarkt*, Berlin 1999; Paul Krugman, *Die große Rezession*, Frankfurt/Main 1999; George Soros, *Die Krise des globalen Kapitalismus*, Berlin 1998.

124 Rede von Präsident Clinton am 14. September 1998 in New York, zitiert nach Amerika-Dienst, 24. September 1998, S. 1.

125 Clinton am 26. Februar über die Aussichten der Vereinigten Staaten in San Francisco, zitiert nach Amerika-Dienst, 10. März 1999, S. 8.

126 Vgl. hierzu Stefan Fröhlich, »Möglichkeiten europäisch-amerikanischer Kooperation: Der Aktionsplan zur transatlantischen Agenda«, Konrad-Adenauer-Stiftung, Arbeitspapier, St. Augustin, Januar 1997, S. 5.

127 So Außenminister Kinkel am 27. Februar 1996 vor der Deutsch-Amerikanischen Handelskammer, zit. nach Bulletin Nr. 17, 28. Februar 1996, S. 182.

128 Vgl. hierzu Weidenfeld, *Kulturbruch mit Amerika?*; Arthur Schlesinger, *The Disuniting of America*, New York 1993.

129 So Jens van Scherpenberg, *Konkurrenten und Partner, die Außenwirtschaftsbeziehungen zwischen USA und EU*, in: Rudolf/Wilzewski, *Weltmacht ohne Gegner*, S. 96.

130 Vgl. hierzu Gunther Hellmann, »Die Europäische Union und Nordamerika nach Maastricht und GATT. Braucht die atlantische Gemeinschaft einen neuen transatlantischen Vertrag?«, Konrad-Adenauer-Stiftung, Interne Studien Nr. 70/1994, S. 36.

131 Vgl. hierzu Richard Holbrooke, »Amerika – eine europäische Macht« (*Foreign Affairs*, March/April 1995), zit. nach *Amerika Dienst*, 9. März 1995, S. 2.

132 Vgl. Elizabeth Pond, *Die Stunde Europas. Ein Kontinent auf dem Weg zur Weltmacht*, Berlin 2000, S. 282.

133 So Henry Kissinger in: WELT AM SONNTAG, 10. 05. 1998, S. 34.

134 Pond, *Die Stunde Europas*, S. 300.

135 Kissinger, *Was wird aus der westlichen Allianz*, S. 15.

136 Ebd., S. 270.

137 Vgl. hierzu *Europa Archiv*, 10/1991, D 243ff.

138 Clinton, zit. nach *Europa Archiv*, 3/94 D 119ff.

139 Ebd., D 121.

140 Ebd., D 123.

141 Clinton, zit. nach *Europa Archiv*, Nr. 5/1994, D 168–171.

142 Christopher, zit. nach *Internationale Politik*, 2/1995, S. 108f.

143 Vgl. hierzu Erklärung von Kosyrew am 4. Dezember 1994, *Internationale Politik* 2/1995, S. 22f.

144 Sam Nunn, »The Future of NATO in an Uncertain World«, USPIT, Nr. 57, 28. Juni 1995, S. 21–23.

145 So Lugar, am 2. August 1993, zit. nach Michael Mandelbaum, *The Dawn of Peace in Europa*, New York 1996, S. 24.

146 Kosyrew, zit. nach *Internationale Politik*, 2/95, S. 122f.

147 Clinton, zit. nach *Internationale Politik*, 11/1995, S. 99–104.

148 Vgl. Madeleine Albright, *Bringing New Democracies into the NATO Fold*, International Herald Tribune, 8. Juni 1997, S. 8.

149 So Ernst Otto Czempiel, *Am Scheideweg: Zur Situation der atlantischen Gemeinschaft*, in: Blätter für deutsche und internationale Politik, Nr. 5/2000, S. 572.

150 Vgl. hierzu Robert Gerald Livingston, »Die Erwartungen der neuen Clinton-Administration an Deutschland«, *Aus Politik und Zeitgeschichte*, Beilage zur Wochenzeitung *Das Parlament*, B 1–2/97, 3. Januar 1997, S. 54.

151 David Remnick, »Rußland fehlt es an einer kritischen Masse von Demokraten«, *Welt am Sonntag*, 2. März 1997, S. 34.

152 Josef Joffe, »Amerika und Deutschland: Die Weltmacht, der ›sanfte Hegemon‹ und die natürliche Partnerschaft«, in: Kaiser, Krause, Hrsg., *Deutschlands neue Außenpolitik*, Bd. III: *Interessen und Strategien*, S. 117.

153 Clinton, zit. nach *Internationale Politik*, Nr. 7/1995, S. 86.

154 Ebd.

155 Vgl. hierzu Ludwig Watzal, »Die Nahostpolitik der USA und der EU im Vergleich«, *Internationale Politik*, Nr. 7/1995, S. 37ff.

156 Hatten die USA noch 1992 bei ihrer Unterstützung von Yitzak Rabin eher indirekt, aber sehr erfolgreich auf den Wahlausgang Einfluß genommen, so war es im Mai 1996 genau umgekehrt. Diesmal bezog die US-Regierung eindeutig Position und favorisierte öffentlich den Friedensnobelpreisträger Schimon Peres. Außerdem setzte sie wenige Wochen vor den Wahlen die PLO erheblich unter Druck, deren in Israel noch immer als Bedrohung empfundene Charta zu annullieren. Tatsächlich setzte Arafat am 25. April 1996, also genau einen Monat vor

den Wahlen, als »Wahlhilfe« für Peres im Exekutivkomitee durch, den Paragraphen, in dem zur Zerstörung Israels aufgerufen wird, zu streichen. Doch das half Peres ebensowenig wie der Besuch Bill Clintons in Israel im März 1996. Clinton kam darüber hinaus mit einem Soforthilfeprogramm in Höhe von 100 Mio. US-Dollar nach Jerusalem, mit dem die US-Regierung Israels Kampf gegen den Terror unterstützen wollte. Vgl. Braun, Stefan: *Duell zweier Freunde.* Münster 1999, S. 434. Nähere Hintergründe zum Wahlsieg Netanjahus u.a. in: Doron, Gideon: *The Nationalists return to Power.* In: Current History, Januar 1997, S. 31–35.

157 Vgl. hierzu grundsätzlich Christian Hacke und Udo Steinbach: *Auf ewig der Juniorpartner Amerikas? Im Konfliktfeld Naher und Mittlerer Osten wachsen Europa neue Aufgaben und Verantwortlichkeiten zu.* In: FAZ v. 15. 5. 1999, S. 11.

158 Erstmals konnte Gastgeber Yassir Arafat so als halboffizieller Präsident in einer halb-offiziellen provisorischen Hauptstadt eines halb-offiziellen Staates den US-Präsidenten offiziell mit allen militärischen Ehren empfangen. US-Präsident Clinton hatte indirekt mit seinem Besuch die Möglichkeit angedeutet, schon bald die Eigenstaatlichkeit eines palästinensischen Gemeinwesens zu akzeptieren. Arafat hatte im Gegenzug dafür zu sorgen, daß alle Israel-anstößigen Passagen aus der PLO-Charta zu streichen waren.

159 Vgl. hierzu auch: Meredith R. Sarkees/Stephen Zunes: *Disenchantment with the »new world order«: Syria's relations with the United States.* In: International Journal XLIX, Frühling 1994, S. 374; siehe hierzu auch: Dore Gold: *US forces on the Golan Heights and Israeli-Syrian Security Arrangements*, JCSS Memorandum, Nr. 44, Tel Aviv 1994.

160 Alain Gresh: *Turkish-Israeli-Syrian Relations and their Impact on the Middle East.* In: Middle East Journal, Vol. 52, Nr. 2, Frühling 1998, S. 188–203. S. 203.

161 Die Allianz, die von der Türkei im Zeichen einer Aufwertung ihrer Rolle nach dem Zusammenbruch der Sowjetunion initiiert worden war, hatte auch für Israel erhebliche Vorteile. Das anatolische Hochplateau konnte fortan als Trainingsgebiet für israelische Kampfjets genutzt werden, Syrien befand sich in der Zange. Gleichzeitig war die Möglichkeit gegeben, über türkisches Territorium einen Schlag gegen den die Hisbollah im Südlibanon unterstützenden Iran zu fliegen. Vgl. hierzu auch: Michael Eisenstadt: *Turkish-Israeli Military Cooperation: An Assessment*, The Washington Institute for Near East Policy, »Policywatch«, Nr. 262, Washington, June 1997, sowie: Mahmut B. Aykan: *The Turkey-U.S.-Israeli triangle. Continuity, change and implications for Turkey's Cold War Middle East policy.* In: Journal of South Asian and Middle Eastern Studies, 22 (Sommer 1999), 4, S. 1–31.

162 Anthony Lake: *Confronting the Backlash States.* In: Foreign Affairs 173, Nr. 2

(März/April 1994), hier zit. nach: Simon Serfaty: *Bridging The Gulf across the Atlantic: Europe and the United States in the Persian Gulf.* In: Middle East Journal, Vol. 52, Nr. 3, Sommer 1998, S. 337–350, S. 345.

Martin Indyk erläuterte im Rahmen eines Symposiums im Frühjahr 1993 die Grundzüge der »Dual containment«-Strategie. Siehe: Martin Indyk: *The Clinton Administration's Approach to the Middle East. Address by special assistant to the President to the Soref Symposium*, 18–19 Mai 1993. In: Y. Mirsky/Matt Ahrens/J. Sultan (Hrsg.): *Challenges to U.S. Interests in the Middle East: Obstacles and Opportunities.* Washington D. C. 1993.

163 Mohsen M. Milani: *Iran's post-Cold War policy in the Persian Gulf.* In: International Journal XLIX, Frühling 1994, S. 328–354, S. 354.

164 Ferner wurde beobachtet, daß die Volksrepublik China sich zunehmend um Einfluß im Iran bemühte und mit Waffenverkäufen lockte. »China's proliferation activities, specifically with respect to Iran, its most important customer in the region, have emerged as a major bone of contention between the United States and China«. John Calabrese: *China and the Persian Gulf: Energy and Security.* In: Middle East Journal, Vol. 52, Nr. 3, Sommer 1998, S. 351–366, S. 363. »Chinese leaders view the US policy of containing Iran as a unilateral initiative, designed by the United States to ensure its predominance in the Gulf and impose its will on others.« Ebd., S. 361.

165 Gerade am Beispiel Irak wird erkennbar, wie umstritten die Position der Amerikaner war. Inwiefern wäre der Weg sinnvoller und effektiver gewesen, Saddam durch einen neuen Militärschlag davon abzuhalten, die kurdische Schutzzone wieder unter seine Kontrolle zu bringen oder ihn gar komplett zu entmachten? Umstritten ist auch, inwiefern Clinton der »Signal-Theorie« verfallen gewesen war, indem er grundsätzlich für Zurückhaltung plädierte – eine Theorie, die sich bereits in Vietnam als sehr nachteilig erwiesen hatte. Jedenfalls ließ das Verhalten der Regierung Clinton einen Diktator vom Schlage Saddam Hussein rasch erkennen, daß die USA zu nicht mehr fähig waren, als hohle Warnungen abzusetzen. Zu den strategischen Überlegungen der Clinton-Administration siehe u.a.: Michael Sterner: *Closing the Gate: The Persian Gulf War Revisited.* In: Current History, Januar 1997, S. 13–19, S. 18f.

166 Vgl. hierzu: Zbigniew Brzezinski/Brent Scowcroft/Richard Murphy: *Differentiated Containment.* In Foreign Affairs 76, Nr. 3 (Mai/Juni 1997), S. 20–30 sowie: Zbigniew Brzezinski: *Die einzige Weltmacht. Amerikas Strategie der Vorherrschaft.* Weinheim/Berlin 1997.

167 Fawaz A. Gerges, *America and Political Islam. Clash of Cultures or Clash of Interests?* Cambridge 1999, S. 131.

168 Vgl. Rosemary Hollis: *Europe and the Middle East: power by stealth?* In: International Affairs 73, 1 (1997), S. 15–29, sowie: Simon Serfaty: *Bridging The Gulf*

across the Atlantic: Europe and the United States in the Persian Gulf. In: Middle East Journal, Vol. 52, Nr. 3, Sommer 1998, S. 337–350, S. 343ff.

169 Victor Cygielman: *Great Power Short Comings*, Editorial, in: Palestine-Israel Journal, Vol. IV, Nr. 3/4, S. 4–6, S. 4.

170 Walker, *The President We Deserve*, S. 306.

171 William Goldman, *Finally, It's Nixon's Revenge*, IHT, 10. 10. 1998, S. 8.

172 *Clintons Videobefragung aus europäischer Sicht*, in: NZZ, 23. 09. 1998, S. 4.

173 Zitiert nach Karen deYoung, *U.S. Grows Stingier On Foreign Aid*, IHT 26. 11. 96, S. 1.

174 Senator Cochran (R, Mississippi), zitiert nach Rudolf/Wilzewski, *Weltmacht ohne Gegner*, Seite 58.

175 Präsident Bill Clinton am 21. Januar 1997, zit. nach *Frankfurter Allgemeine Zeitung*, 23. Januar 1997, S. 2.

176 Werner Link, *Die Neuordnung der Weltpolitik, Grundprobleme globaler Politik an der Schwelle zum 21. Jahrhundert*, München 1998, S. 135.

177 Gebhard Schweigler, *Globalisierung und Außenpolitik: Identität und Interdependenz*, in: Rudolf/Wilzewski, *Weltmacht ohne Gegner*, S. 27.

178 Thomas L. Friedman, *Globalisierung verstehen. Zwischen Marktplatz und Weltmarkt*, Berlin 1999, S. 358.

179 Josef Joffe, *How America Does It.* In: Foreign Affairs, September/October 1997, Vol. 76, Number 5, S. 13–27, S. 24f.

180 Walker, *The President We Deserve*, S. 286.

181 Vgl. Christian Tenbrock, *Party für die Oberen 10 000,* Die Zeit, 9. 12. 1999.

182 Vgl. hierzu Paul Krugman, »Competitiveness. A Dangerous Obsession, *Foreign Affairs*, vol. 73, no. 2, March/April 1994.

183 Vgl. hierzu P. Kennedy, *In Vorbereitung auf das 21. Jahrhundert*, S. 371.

184 Christian Tenbrock, *Amerika wohin?*, Stuttgart 1996, S. 200f. Zu einer ersten zusammenfassenden Bewertung der Außenpolitik Clintons siehe auch: Christian Hacke, *Weltordnungspolitik mit engeren Handlungsspielräumen. Eine erste außenpolitische Bilanz der Präsidentschaft Clintons,* in: *Frankfurter Allgemeine Zeitung*, 19. Dezember 2000, S. 15.

SCHLUSSBETRACHTUNG

1 Siehe Gardner, *Pay Any Price.*

2 Senator Phil Gramm, zit. nach Jeremy D. Rosner, »The No-Nothings Know Something«, *Foreign Policy*, Winter 1995/96, no. 101, S. 117.

3 Vgl. hierzu Crabb, *American Foreign Policy Doctrines.*

4 Vgl. hierzu T. Smith, *America's Mission*, S. 345.

5 Charles William Maynes, »Bottom-Up Foreign Policy«, S. 35.

6 Präsident Clinton bei seiner zweiten Amtseinführung, 21. Januar 1997.

7 »Amerika wurde gegründet, um eine Vision zu realisieren, um ein Ideal zu verwirklichen, um Freiheit unter den Menschen zu entdecken und aufrechtzuerhalten. Die Bestimmung Amerikas ist eine ideale Bestimmung. Amerika hat keinen Grund für seine Existenz, es sei denn, seine Bestimmung und seine Verpflichtung ideal zu erfüllen. Es ist ihr verpflichtendes Privileg, die Menschenrechte auszurufen und für sie einzustehen.« So Woodrow Wilson am 12. Dezember 1912 und am 31. Januar 1916, zit. nach Krakau, *Missionsbewußtsein*, S. 81.

8 Vgl. hierzu Acheson, *This Vast External Realm*, S. 35.

9 Zur grundsätzlichen Kritik an außenpolitischen Doktrinen s. Kennan, *Memoiren eines Diplomaten*, S. 319 ff.

10 Vgl. hierzu Wilson, *Congressional Government.*

11 Vgl. hierzu: Rosati, *The Politics of U.S. Foreign Policy*, S. 357 ff., 560 ff.

12 Pat Buchanan, »A First and Second and Third«, *The National Interest*, Spring 1990, S. 82.

13 Vgl. hierzu Fulbright, *The Crippled Giant*; Steel, *Pax Americana.*

14 Vgl. hierzu Calleo, *The Imperious Economy*; ders., *The Bankrupting of America*; Lind, *The Next American Nation.*

15 Muravchik, *The Imperative of American Leadership*, S. 206 ff.

16 The Heritage Foundation, *Making the World Safe for America*, S. 2.

17 Edwin Feulner, Vorwort zu Holmes, Moore, *Restoring American Leadership*, S. VIII.

18 Michael Lind, »Twilight of the UN«, in: *The New Republic*, 30. Oktober 1995, S. 25–33.

19 Zit. nach Carnegie Endowment, *Changing Our Ways*, S. 13.

20 Vgl. hierzu Maynes, »Bottom-Up Foreign Policy«, S. 39 ff.

21 Vgl. hierzu Smith, Böröcz, Hrsg., *A New World Order?*

22 So Franklin D. Roosevelt am 21. Januar 1941 an den amerikanischen Botschafter in Japan, Joseph C. Grew, zit. nach Junker, *Von der Weltmacht zur Supermacht*, S. 8.

23 Ebd.

24 Vgl. hierzu Fliess, *Thucuydides and the Politics of Bipolarity*; Meiggs, *The Athenian Empire.*

25 Triepel, *Die Hegemonie*, S. 299.

26 Selbst ein sozialkritisch eingestellter Denker wie Raymond Chandler erklärte hierzu: Die USA »sind durch natürliche Begabung für Produktionstechnik zu reich und zu mächtig geworden, und als Ergebnis ist uns die Rolle zugefallen, die Welt zu beherrschen, noch ehe wir überhaupt wußten, was das heißt, oder sie uns wirklich wünschen konnten. Wir sind einfach auf Platz eins gerutscht.« Raymond Chandler am 21. Mai 1957, zit. nach Frank MacShane, *Raymond Chandler, Briefe 1937–1959*, München 1990, S. 627.

27 Christian Hacke, »Die großen Mächte«, in: Kaiser, Schwarz, Hrsg., *Die neue Weltpolitik*, S. 333 f.

28 Arnold Wolfers, »Ziele der Außenpolitik«, in: Nerlich, *Krieg und Frieden*, S. 240.

29 Vgl. hierzu Wehler, *Grundzüge der amerikanischen Außenpolitik*, S. 21.

30 Präsident Clinton am 4. Juli 1996 anläßlich der Feier zum 220. Jahrestag der Unabhängigkeitserklärung.

31 Junker, *Von der Weltmacht zur Supermacht*, S. 112.

32 K.-D. Schwarz, *Amerikanische Weltmacht im Wandel*, S. 53.

33 Vgl. hierzu auch Tenbrock, *Amerika wohin?*, S. 244 ff.

34 Leo Wieland, »Der amerikanische Maßstab«, *Frankfurter Allgemeine Zeitung*, 5. März 1997, S. 1.

35 Theodore Roosevelt, zit. nach Garten, *Der Kalte Frieden*, S. 246.

LITERATURVERZEICHNIS

Dean Acheson, *Present At The Creation. My Years in the State Department*, New York 1969.

–, *This Vast External Realm*, New York 1973.

Asadollah Alam, *The Shah and I. The confidential Diary of Iran's Royal Court 1969–1977*, London 1991.

Graham T. Allison, *Essence of Decision. Explaining the Cuban Missile Crisis*, Boston 1971.

Graham T. Allison, Gregory F. Treverton, *Re-Thinking America's Security. Beyond Cold War to New World Order*, New York 1992.

Stephen Ambrose, *Eisenhower. A Life*, vol. II, *The President*, New York 1984.

–, *Nixon*, Vol. III: *Ruin and Recovery 1973–1990*, New York 1992.

–, *Rise to Globalism. American Foreign Policy since 1938*, New York 1993.

Martin Anderson, *Revolution. The Reagan Legacy*, Stanford, Cal., 1990.

Hannah Arendt, *Über die Revolution*, München 1986.

Joachim Arenth, *Johnson, Vietnam und der Westen. Transatlantische Belastungen 1963–1969*, München 1994.

Raymond Aron, *Die imperiale Republik. Die Vereinigten Staaten von Amerika und die übrige Welt seit 1945*, Stuttgart, Zürich 1975.

Auswärtiges Amt (Hrsg.), *Deutsche Außenpolitik 1995, Auf dem Weg zu einer Friedensregelung für Bosnien und Herzegowina. 53 Telegramme aus Dayton. Eine Dokumentation.* Bonn 1998

James A. Baker, *Erinnerungen. Drei Jahre, die die Welt veränderten*, Berlin 1996.

Ray Stannard Baker, *Woodrow Wilson. Life and Letters*, 8 Bde., New York 1927–39, Neudruck 1968.

George Ball, *Diplomacy for a Crowded World*, Boston 1976.

James D. Barber, *The Presidential Character*, Englewood Cliffs, N. J., 1972.

Ryan Barilleaux, Mary Stuckey, *Leadership and the Bush Presidency. Prudence or Drift in an era of Change?*, Westport 1992.

Richard J. Barnet, *Intervention and Revolution. America's Confrontation with Insurgent Movements around the World*, New York 1968.

–, *Roots of War. The Men and Institutions behind US Foreign Policy*, New York 1973.

–, *The Rockets' Red Glare. War, Politics and the American Presidency*, New York 1990.

Charles A. Beard, William Beard, *The American Leviathan*, London, Toronto 1931.

Elisabeth Becker, *When the War was Over. Cambodia's Revolution and the Voices of Its People*, New York 1986.

Robert L. Beisner, *From the Old Diplomacy to the New, 1865–1900*, Arlington Heights, Ill., 1975.

Samuel Flagg Bemis, *John Quincy Adams and the Foundations of American Foreign Policy*, 2 vols., New York 1949.

–, Hrsg., *American Secretaries of State and Their Diplomacy*, New York 1928.

Theodor Benien, *Der SDI-Entscheidungsprozeß in der Regierung Kohl/Genscher 1983–1986*, München 1991.

Phyllis Bennis, Michel Mouchabeck, Hrsg., *Altered States. A Reader in the New World Order*, New York 1993.

Adolf A. Berle, *Power without Property*, New York 1959.

Carl Bernstein, Bob Woodward, *All the President's Men*, New York 1975.

Michael R. Beschloss, *Eisenhower. A Centennial Life*, New York 1990.

–, *JFK – Die Kennedy-Jahre*, München, Wien 1993.

–, *Kennedy versus Khrushchew. The Crisis Years 1960–1963*, New York 1991.

–, *Taking Charge. The Johnson White House Tapes, 1963–1964*. New York 1979.

Michael R. Beschloss, Strobe Talbott, *At the Highest Levels. The Inside Story of the End of the Cold War*, Boston, New York 1994.

Waldemar Besson, *Von Roosevelt bis Kennedy. Grundzüge der amerikanischen Außenpolitik 1933–1963*, Frankfurt/M. 1964.

–, *Die Außenpolitik der Bundesrepublik. Erfahrungen und Maßstäbe*, München 1970.

Stefan G. Bierling, *Der Nationale Sicherheitsberater des amerikanischen Präsidenten. Anatomie und Hintergründe einer Karriere, 1947–1989*, Frankfurt/M. 1990.

Harald Biermann, *John F. Kennedy und der Kalte Krieg*, Paderborn 1997.

James A. Bill, George Ball, *Behind the Scenes in US Foreign Policy*. New Haven, Conn. 1979.

Robert Blackwill, Michael Stürmer (Hrsg.), *Allies Devided. Transatlantic Policies for the Greater Middle East*. Cambridge, Mass. 1997

Barry M. Blecham, Stephen S. Kaplan, *Force Without War. U.S. Armed Forces as a Political Instrument*, Washington, D. C., 1978.

Charles E. Bohlen, *Witness to History 1929–1969*, New York 1973.

Margret Boveri, *Amerika-Fibel für erwachsene Deutsche*, Berlin 1946.

Henry Brandon, *Retreat of American Power*, New York 1973.

H. W. Brands, *The Wages of Globalism. Lyndon Johnson and the Limits of American Power*. New York 1995

Willy Brandt, *Begegnungen und Einsichten. Die Jahre 1960–1975*, Hamburg 1976.
Stefan Braun, *Duell zweier Freunde.* Münster 1999.
David Brinkley, *Dean Acheson. The Cold War Years*, New Haven 1992.
Douglas Brinkley, *The Unfinished Presidency. Jimmy Carter's Journey beyond the White House.* New York 1998.
Seyom Brown, *The Faces of Power. Constancy and Change in the United States Foreign Policy from Truman to Clinton*, Boston 1994.
Zbigniew Brzezinski, *Power and Principle. Memoirs of the National Security Adviser 1977–1981*, New York 1983.
–, *Die einzige Weltmacht. Amerikas Strategie der Vorherrschaft.* Weinheim, Berlin 1997.
Kevin Buckley, *Panama. The Whole Story*, New York 1991.
McGeorge Bundy, *Danger and Survival*, New York 1988.
William Bundy, *A Tangled Web. The Making of Foreign Policy in the Nixon Presidency.* New York 1995.
Jacob Burckhardt, *Über das Studium der Geschichte. Weltgeschichtliche Betrachtungen*, hrsg. von Peter Ganz, München 1982.
Edmund Burke, *Betrachtungen über die Französische Revolution* (1790), Zürich 1987.
William Burr (Hrsg.), *The Kissinger Transcripts. The Top Secret Talks with Beijing and Moscow.* New York 1999.
Richard Burt, *Deutschland und Amerika – Partner für eine Welt im Wandel*, Herford 1988.
George Bush, Brent Scowcroft, *Eine neue Welt. Amerikanische Außenpolitik im Zeichen des Umbruchs.* Berlin 1999
Kent Calder, *Japan's Changing Role in Asia. Emerging Co-Prosperity?*, New York 1992.
Joseph A. Califano, *The Triumph and Tragedy of Lyndon Johnson*, New York 1991.
David Callahan, *Between Two Worlds. Realism, Idealism and American Foreign Policy after the Cold War*, New York 1994.
David Calleo, *The Atlantic Phantasy. The US, NATO and Europe*, Baltimore 1970.
–, *The Imperious Economy*, Cambridge, Mass., 1982.
–, *The Bankrupting of America. How the Federal Budget is impoverishing the Nation*, New York 1992.
The Cambridge History of American Foreign Relations, vol. I, Cambridge–New York 1995.
Colin Campbell, Bert Rockman, Hrsg., *The Bush Presidency. First Appraisals*, Chatham 1991.
Lou Cannon, *President Reagan. The Role of a Lifetime.* 2. Aufl., New York 2000.
Jimmy Carter, *Keeping Faith*, New York 1982.

Carnegie Endowment, National Commission, *Changing Our Ways*, Washington, D. C., 1992.

William Casey, *Scouting the Future. The Public Speeches of William J. Casey*, Washington, D. C., 1989.

Robert A. Castor, *Whirl Pool. U.S. Foreign Policy toward Latin America and the Caribbean*, Princeton, N.J., 1992.

James Chase, Earl Ravenal, Hrsg., *Atlantic Lost*, New York 1976.

Richard A. Cherwitz, *The Rhetoric of the Gulf of Tonkin Resolution. A Study of Crisis Speaking of President Lyndon B. Johnson*, Dissertation, University of Iowa 1978.

Noam Chromsky, *American Power and the New Mandarins*, London 1969.

–, *The Chronsky Reader*, New York 1987.

Clark Clifford, *Counsel to the President. A Memoir*, New York 1991.

Bill Clinton, Al Gore, *Putting People First*, New York 1992.

–, *Weil es um die Menschen geht. Politik für ein neues Amerika.* Düsseldorf, Wien 1993.

Stephen D. Cohen, *The Making of United States International Economic Policy: Principles, Problems and Proposals for Reform*, New York 1988.

Conduct of the Persian Gulf War. Final Report to Congress, Washington, D. C. (US Department of Defense), April 1992.

Blanche Wiesen Cook, *The Declassified Eisenhower*, Garden City, N. J., 1981.

John Milton Cooper, *The Warrior and the Priest. Woodrow Wilson and Theodore Roosevelt*, Cambridge, Mass., 1983.

Michael Cox, *U.S. Foreign Policy after the Cold War. Super Power Without a Mission?*, London 1995.

Cecil Crabb, *The Doctrines of American Foreign Policy*, Baton Rouge 1982.

Chester A. Crocker, *High Noon in Southern Africa. Making Peace in a Rough Neighborhood*, New York, London 1992.

Monica Crowly, *Nixon Off the Record.* New York 1996.

Ernst Otto Czempiel, *Machtprobe. Die USA und die Sowjetunion*, München 1989.

–, Hrsg., *Die anachronistische Souveränität. Zum Verhältnis von Innen- und Außenpolitik*, Köln 1969.

Moshe Dajan, *Die Mission meines Lebens*, München 1981.

Robert Dallek, *F. D. Roosevelt and American Foreign Policy 1932–1945*, New York 1995.

–, *Hail to the Chief. The Making and Unmaking of American Presidents*, New York 1996.

–, *Lone Star Rising. Lyndon B. Johnson and his Times, 1908–1960.* New York 1991.

–, *Flawed Giant. Lyndon B. Johnson and his Times 1961–1973.* New York 1999.

Alexander DeConde, Hrsg., *Encyclopedia of American Foreign Policy*, New York 1978.

Matthias Dembinski, Peter Rudolf, Jürgen Wilzewski, Hrsg., *Amerikanische Weltpolitik nach dem Ost-West-Konflikt*, Baden-Baden 1994.

Die Vereinigten Staaten von Amerika und Europa. Erfahrungen transatlantischer Beziehungen seit dem Ersten Weltkrieg, Baden-Baden 1991.

Herbert Dittgen, Michael Minkenberg, Hrsg., *Das amerikanische Dilemma. Die Vereinigten Staaten nach dem Ende des Ost-West-Konflikts*, Paderborn 1996.

Anatoly Dobrynin, *In Confidence. Moscow's Ambassador to America's Six Cold War Presidents (1962–1986)*. New York 1995.

David Herbert Donald, *Lincoln*. New York 1996.

Theodore Draper, *A Very Thin Line. The Iran Contra Affair*, New York 1991.

Elizabeth Drew, *On The Edge. The Clinton Presidency*, New York 1994.

Michael Duffy, Dan Goodgame, *Marching in Place. The Status Quo Presidency of George Bush*, New York 1992.

Nicholas Dujmovic, *The Grenada Documents. Window on Totalitarianism*, Cambridge, Mass., 1988.

Kerry Dumbaugh, *China–US Relations*, Congressional Research Service, Washington, D. C., 15. Mai 1996.

Michael Eisenstadt, *Turkish-Israeli Military Cooperation. An Assessment. The Washington Institute for Near East Policy*, Policywatch, No. 262, Washington, June 1997.

Frank Elbe, Richard Kiessler, *Ein runder Tisch mit scharfen Kanten. Der diplomatische Weg zur deutschen Einheit*, Baden-Baden 1993.

Robert E. Elder, *The Policy Machine. The Department of State and American Foreign Policy*, Syracuse, N. Y., 1960.

Joseph J. Ellis, *American Sphinx. The Character of Thomas Jefferson*. New York 1997.

Sam Ervin, *The Whole Truth. The Watergate Conspiracy*, New York 1980.

Thomas Etzold, John Lewis Gaddis, *Containment. Documents on American Policy and Strategy 1945–1950*, New York 1978.

Henry Fairlie, *The Kennedy Promise. The Politics of Expectation*, New York 1973.

Muhammad Faour, *The Arab World after Desert Storm*, Washington, D. C., 1993.

Robert H. Ferrell, Hrsg., *The Eisenhower Diaries*, New York 1981.

Harry E. Figgie, *Bankrott 1995. Die Schuldenkatastrophe der USA und das Ende des »American Way of Life«*, Berlin–Frankfurt/M. 1992.

Louis Fisher, *Presidential War Powers*, Kansas City 1995.

Frances FitzGerald, *Way Out There in the Blue. Reagan, Star Wars and the End of the Cold War*. New York 2000.

Peter Fliess, *Thucydides and the Politics of Bipolarity*, Nashville, Tenn., 1966.

Gerald Ford, *A Time To Heal*, New York 1979.

Foreign Economic Policy for the 1960's. Report of the Joint Economic Committee to the Congress of the U.S., Washington, D. C., 1962.

Ernst Fraenkel, *USA – Weltmacht wider Willen*, Berlin 1957.

Lawrence Freedman, Efraim Karsh, *The Gulf Conflict 1990–1991. Diplomacy and War in the New World Order*, Princeton, N. J., 1993.

Eric Frey, *Clintons Amerika. Präsident einer neuen Generation*, Frankfurt/M. 1993.

Thomas L. Friedman, *Globalisierung verstehen. Zwischen Marktplatz und Weltmarkt.* Berlin 1999.

Stefan Fröhlich, *Die USA und die Neue Weltordnung*, Bonn 1992.

Stefan Fröhlich, *Amerikanische Geopolitik von den Anfängen bis zum Ende des Zweiten Weltkrieges.* München 1998.

–, *Zwischen selektiver Verteidigung und globaler Eindämmung. Geostrategisches Denken in der amerikanischen Außen- und Sicherheitspolitik während des kalten Krieges.* Baden Baden 1998

William Fulbright, *The Arrogance of Power*, New York 1966.

–, *The Crippled Giant. American Foreign Policy and its Domestic Consequences*, New York 1972.

John Lewis Gaddis, *The United States and the Origins of the Cold War 1941–1947*, New York 1972.

–, *We Now Know. Rethinking Cold War History.* Oxford 1989.

John Kenneth Galbraith, *Leben in entscheidender Zeit, Memoiren*, München 1982.

Lloyd C. Gardner, *Pay Any Price. Lyndon Johnson and the Wars for Vietnam*, Chicago 1995.

Jeffrey E. Garten, *Der Kalte Frieden. Amerika, Japan und Deutschland im Wettstreit um die Hegemonie*, Frankfurt/M.–New York 1992.

Raymond L. Garthoff, *Detente and Confrontation. American-Soviet Relations from Nixon to Reagan.* 2. Aufl., Washington 1984.

Robert M. Gates, *From the Shadows. The Ultimate Insider's Story of Five Presidents and How they Won the Cold War.* New York 1996.

Leslie H. Gelb, Richard K. Betts, *The Irony of Vietnam. The System Worked*, Washington, D. C., 1979.

Hans-Dietrich Genscher, *Erinnerungen*, Berlin 1996.

Alexander L. George, Richard Smoke, »America's Missed Opportunities«, *Deterrence in American Foreign Policy. Theory and Practice*, New York 1974.

David Gergen, »America's Missed Opportunities«, in: *Foreign Affairs. America and the World 1991/92*, New York 1992.

Fawaz A. Gerges, *America and Political Islam. Clash of Cultures or Clash of Interests?* Cambridge 1999.

Felix Gilbert, *To the Fair Well Address. Ideas of Early American Foreign Policy*, Princeton, N.J., 1961.

Robert Gilpin, *The Political Economy of International Relations*, Princeton 1987.

–, *War and Change in World Politics*, Cambridge, Mass., 1989.

Joachim Glaubitz, *Die Außen- und Sicherheitspolitik Japans*, Stiftung Wissenschaft und Politik (SWP), Januar 1973.

–, *Japan im Spannungsfeld zwischen China und der Sowjetunion. Japanisch-chine-*

sische Normalisierungsschritte und sowjetische Reaktionen, SWP, November 1976.

Matti Golan, *The Secret Conversations of Henry Kissinger. Step-by-Step Diplomacy in the Middle East*, New York 1976.

Eric Goldman, *The Tragedy of Lyndon Johnson*, New York 1969.

Allan Goodman, *The Lost Peace*, Stanford, Cal., 1978.

Doris Kearns Goodwin, *No Ordinary Time. Franklin and Eleanor Roosevelt: The Home Front in World War* II, New York 1994.

Michael Gordon, Bernard E. Trainor, *The Generals' War. The Inside Story of the Conflict in the Gulf*, Boston 1995.

Al Gore, *Wege zum Gleichgewicht. Ein Marshallplan für die Erde*, Frankfurt/M. 1993.

Norman A. Graebner, *Ideas and Diplomacy*, New York 1964.

–, *Empire on the Pacific. A Study in American Continental Expansion*, Oxford 1955.

Robert W. Gregg, Charles W. Kegley, *After Vietnam. The Future of American Foreign Policy*, New York 1971.

Bernd Greiner, *Kubakrise. 13 Tage im Oktober. Analysen, Dokumente, Zeitzeugen*, Hamburg 1988.

Wilhelm Grewe, *Rückblenden*, Berlin 1979.

Alfred Grosser, *Das Bündnis*, München 1978.

Christian Hacke, *Die Ära Nixon-Kissinger 1969–1974. Konservative Reform der Weltpolitik*, Stuttgart 1983.

–, *Von Kennedy bis Reagan. Grundzüge der amerikanischen Außenpolitik 1960–1984*, Stuttgart 1984.

–, *Amerikanische Nahost-Politik, Kontinuität und Wandel von Nixon bis Reagan*, München–Wien 1985.

–, *Weltmacht wider Willen*, Berlin–Frankfurt/M. 1988 (erw. Neuaufl. 1997).

Sebastian Haffner, *Winston Churchill*, Reinbek 1957.

Helga Haftendorn, Jakob Schissler, Hrsg., *Rekonstruktion amerikanischer Stärke. Sicherheits- und Rüstungskontrollpolitik der USA während der Reagan-Administration*, Berlin 1988.

Wolfgang Hager, Hrsg., *Erdöl und Internationale Politik*, München 1975.

Alexander Haig, *Geisterschiff USA. Wer macht Reagans Außenpolitik?*, Stuttgart 1984.

Mohamed Haikal, *Return of the Ayatollah*, New York 1982.

David Halberstam, *Vietnam oder: Wird der Dschungel entlaubt?* Reinbek 1965.

–, *The Best and the Brightest*, New York 1972.

Morton H. Halperin, *Bureaucratic Politics and Foreign Policy*, Washington, D. C., 1974.

Daniel S. Hamilton, *Jenseits von Bonn. Amerika und die Berliner Republik*, Berlin–Frankfurt/M. 1994.

Wolfram Hanrieder, *Deutschland, Europa, Amerika*, Paderborn 1991.

Barbara Heep, *Helmut Schmidt und Amerika*, Bonn 1990.
Michail Heller, Alexander Nekrich, *Die Geschichte der Sowjetunion*, Bd. 2, Königstein/Ts. 1981.
The Heritage Foundation, *Making the World Safe for America. A US Foreign Policy Blueprint*, Washington, D. C., April 1992.
George C. Herring, *America's Longest War. The United States and Vietnam 1950–1975*, New York 1986.
George C. Herring, *L. B. J. and Vietnam. A Different Kind of War.* Austin, Texas 1994
Seymour M. Hersh, *The Price of Power. Kissinger in the Nixon White House*, New York 1983.
–, *Kennedy. Das Ende einer Legende.* Hamburg 1998.
Klaus Hildebrand, *No Intervention. Die Pax Britannica und Preußen 1865–1870*, München 1997.
Barbara Hinkley, *Less than Meets the Eye. Foreign Policy Making and the Myth of the Assertive Congress*, Chicago 1994.
Jochen Hippel, *Die Neue Weltordnung*, Hamburg 1991.
John L. Hirsch, Robert B. Oakley, *Somalia and Operation Restore Hope*, Washington, D. C., 1995.
Walter L. Hixson, *George F. Kennan. Cold War Iconoclast*, New York 1989.
Joan Hoff, *Nixon Reconsidered*, New York 1994.
Hubertus Hoffmann, *Die Atompartner, Washington–Bonn und die Modernisierung der taktischen Kernwaffen*, Koblenz 1986.
Ross J. S. Hoffman, Paul Levack, Hrsg., *Burke's Politics: Selected Writings and Speeches of Edmund Burke on Reform, Revolution and War*, New York 1959.
Stanley Hoffmann, *Primacy or World Order. American Foreign Policy since the Cold War*, New York 1978.
Richard Hofstadter, *The American Political Tradition*, New York 1948.
Richard Holbrooke, *Meine Mission. Vom Krieg zum Frieden in Bosnien.* München 1998
Kim R. Holmes und Thomas G. Moore, *Restoring American Leadership, A US Foreign and Defense Policy Blueprint*, The Heritage Foundation, Washington, D. C., 1996.
David Horowitz, *Der Kalte Krieg. Hintergründe der US-Außenpolitik von Jalta bis Vietnam*, 2 Bde., Berlin 1969.
–, Hrsg., *Strategien der Konterrevolution*, Darmstadt 1969.
Helmut Hubel, *Der zweite Golfkrieg in der internationalen Politik*, Bonn (Forschungsinstitut der DGAP, Arbeitspapier zur internationalen Politik, Nr. 62) 1991.
–, *Das Ende des kalten Krieges im Orient. Die USA, die Sowjetunion und die Konflikte in Afghanistan, am Golf und im Nahen Osten 1979–1991*, München 1995.

James H. Hutson, *John Adams and the Diplomacy of the American Revolution*, Lexington, Kent., 1980.

Richard Immerman, Hrsg., *John Foster Dulles and the Diplomacy of the Cold War*, Princeton, N.J., 1990.

Walter Isaacson, *Kissinger*, New York 1992.

Walter Isaacson, Evan Thomas, *The Wise Men*, New York 1986.

Robert Jastrow, *SDI. So werden Atomwaffen überflüssig*, Herford 1985.

Boris Jelzin, *Auf des Messers Schneide. Tagebuch des Präsidenten*, Berlin 1994.

Lyndon Johnson, *Vantage Point*, New York 1971.

Sheila Johnson, *Japan through American Eyes*, Stanford 1988.

Charles O. Jones, *The Trusteeship Presidency. Jimmy Carter and the United States Congress*, Baton Rouge 1988.

Detlef Junker, *Von der Weltmacht zur Supermacht. Amerikanische Außenpolitik im 20. Jahrhundert*, Mannheim 1995.

Robert Kagan, *A Twilight Struggle. American Power and Nicaragua 1977–1990*, New York 1996.

Markus Kaim, *Zwischen globaler Hegemonie und regionaler Begrenzung. Die amerikanische Politik im arabisch-israelischen Konflikt 1991–1996*. Baden-Baden 1998

Karl Kaiser, *Die europäische Herausforderung und die USA*, München 1973.

–, *Deutschlands Vereinigung. Die internationalen Aspekte*, Bergisch Gladbach 1991.

Karl Kaiser, Joachim Krause, Hrsg., *Deutschlands neue Außenpolitik*, Bd. III: *Interessen und Strategien*, München 1996.

Karl Kaiser, Hans-Peter Schwarz, Hrsg., *Die neue Weltpolitik*, Baden-Baden 1995.

Stanley Karnow, *Vietnam. A History*, New York 1984.

Doris Kearns, *Lyndon Johnson and the American Dream*, New York 1977.

Geoffrey Kemp, *Forever Enemies. American Policy and the Islamic Republic of Iran*. Washington, D. C. 1994.

George F. Kennan, *Memoiren eines Diplomaten*, Stuttgart 1971.

–, *Im Schatten der Atombombe*, Köln 1982.

John F. Kennedy, *Der Weg zum Frieden*, München–Zürich 1964.

Paul Kennedy, *Aufstieg und Fall der großen Mächte*, Frankfurt/M. 1989.

–, *In Vorbereitung auf das 21. Jahrhundert*, Frankfurt/M. 1993.

Robert Keohane, Joseph Nye, *Power and Interdependence*, Boston 1977.

Walther Leisler Kiep, *Good Bye Amerika. Was dann?*, Stuttgart 1972.

Henry A. Kissinger, *Was wird aus der westlichen Allianz*, Wien–Düsseldorf 1965.

–, *Kernwaffen und auswärtige Politik*, München 1974.

–, *American Foreign Policy*, New York ^{3}1977.

–, *Memoiren 1968–1973*, München 1979.

–, *Memoiren 1973–1974*, München 1982.

–, *Die weltpolitische Lage. Reden und Aufsätze*, München 1983.

–, *Die Vernunft der Nationen. Über das Wesen der Außenpolitik*, Berlin 1994.

–, *Jahre der Erneuerung. Erinnerungen (1974–1976).* München 1999.

Michael Klare, *Rogue States and Nuclear Outlaws. America's Search for a new Foreign Policy*, New York 1995.

Manfred Knapp, Gerd Krell (Hrsg.), *Einführung in die internationale Politik*, München [3]1996.

Manfred Knapp, Werner Link, Hans Schröder, Klaus Schwabe, *Die USA und Deutschland 1918–1975*, München 1978.

Helmut Kohl, *Ich wollte Deutschlands Einheit*, Berlin 1996.

Gabriel Kolko, *Hintergründe der* US-Außenpolitik, Frankfurt/M. 1969.

Joyce und Gabriel Kolko, *The Limits of Power. The World and United States Foreign Policy 1945–1954*, New York 1972.

Knud Krakau, *Missionsbewußtsein und Völkerrechtsdoktrinen in den Vereinigten Staaten von Amerika*, Frankfurt/M. 1967.

Ekkehart Krippendorff, *Die amerikanische Strategie. Entscheidungsprozeß und Instrumentarium der amerikanischen Außenpolitik*, Frankfurt/M. 1970.

Irving Kristol, *Reflections of a Neo-Conservative. Looking back, Looking ahead*, New York 1983.

Paul Krugman, *Die große Rezession. Was zu tun ist, damit die Weltwirtschaft nicht kippt.* Frankfurt/Main 1999.

Bernd W. Kubbig, *Gleichgewicht oder Überlegenheit. Amerikanische Rüstungskontrollpolitik und das Scheitern von SALT II*, Frankfurt/M.–New York 1984.

–, *Die militärische Eroberung des Weltraums*, 2 Bde., Frankfurt/M. 1990.

Richard L. Kugler, *Enlarging NATO. The Russia Factor*, Santa Monica, Calif., 1996.

Stanley Kutler, *The Wars of Watergate. The Last Crisis of Richard Nixon*, New York 1990.

Jonathan Kwitny, *Endless Enemies*, New York 1984.

Robert Lacey, *The Kingdom. Arabia and the House of Saud*, New York 1983.

Walter LaFeber, *The New Empire: An Interpretation of American Expansion*, Ithaca, N.Y., 1963.

–, *Inevitable Revolutions: The United States in Central America*, New York–London 1993.

Mark P. Lagon, *The Reagan Doctrine*, London 1994.

Daniel George Lang, *Foreign Policy in the Early Republic*, Baton Rouge 1982.

Victor Lasky, *J. F. K. and the Myth. The Man and the Myth. A critical portrait.* New York 1963.

Melvyn P. Leffler, *A Preponderance of Power: National Security. The Truman Administration and the Cold War*, Stanford, Cal., 1992.

William E. Leuchtenburg, *In the Shadow of F. D. R. From Harry Truman to Ronald Reagan*, Ithaca, N.Y., 1983.

Robert J. Lieber, Hrsg., *Eagle Adrift. American Foreign Policy at the End of the Century*, New York 1996.

Michael Lind, *The Next American Nation*, New York 1995.

–, *Hamilton's Republic. Reading the American Democratic Traditions.* New York 1997.

George Liska, *Imperial America*, Baltimore 1967.

George Liska, *Beyond Kissinger. Ways of Conservative Statecraft*, Baltimore 1975.

Richard Löwenthal, *Weltpolitische Betrachtungen*, hrsg. von H. A. Winkler, Göttingen 1983.

Friedrich Luckwaldt, *Der Aufstieg der Vereinigten Staaten zur Weltmacht. Eine Geschichte ihrer Außenpolitik*, Berlin–Leipzig 1935.

Geir Lundestad, *The American Empire*, London 1990.

Edward N. Luttwak, *The Pentagon and the Art of War*, New York 1985.

–, *The Endangered American Dream*, New York 1993.

Robert James Maddox, *The New Left and the Origins of the Cold War*, Princeton 1973.

Alfred Thayer Mahan, *The Influence of Sea Power upon History 1660–1783*, Boston 1890.

Dieter Mahncke und Hans-Peter Schwarz, Hrsg., *Seemacht und Außenpolitik*, Bonn–Frankfurt/M. 1974.

Michael Mandelbaum, *The Dawn of Peace in Europe*, New York 1996.

Michael Mandelbaum, Strobe Talbott, *Reagan and Gorbatschow*, New York 1987.

James Mann, *About Face. A History of America's Curious Relationship with China from Nixon to Clinton.* New York 2000.

Margaritha Mathiopulos, *Amerika. Das Experiment des Fortschritts. Ein Vergleich des politischen Denkens in den* USA und Europa, Paderborn 1987.

David Mayers, *George Kennan and the Dilemmas of U.S. Foreign Policy*, New York/Oxford 1988.

Earl Mazo, Stephen Hess, *Nixon. A Political Portrait*, New York 1968.

John M. McArthur, *Die Schlacht der Lügen. Wie die USA den Golfkrieg verkauften*, München 1993.

Walter A. McDougall, *Promides Land, Crusader State. The American Encounter with the World since 1776*, Boston 1997.

Robert McFarlane, *Special Trust*, New York 1994.

H. R. McMaster, *Dereliction of Duty. Johnson, McNamara, the Joined Chiefs of Staff, and the Lies that Led to Vietnam.* New York 1997.

Robert S. McNamara, *Vietnam. Das Trauma einer Weltmacht*, Hamburg 1996.

Viktor Meier, *Wie Jugoslawien verspielt wurde*, München 1995.

Russell Meiggs, *The Athenian Empire*, Oxford 1992.

Richard A. Melanson, *American Foreign Policy since the Vietnam War. The Search for Consensus from Nixon to Clinton*, New York 1996.

Cesare Merlini, *Economic Summits and Western Decision Making*, London 1984.

Horst Mewes, *Einführung in das politische System der* USA, Heidelberg 1986.

Allan R. Millitt, Peter Maslowski, *For the Common Defense. A Military History of the United States of America*, New York 1985.

Wilson D. Miscamble, *George F. Kennan and the Making of American Foreign Policy 1947–1950*, Princeton, N. J., 1992.

Hans-J. Morgenthau, *Vietnam and the United States*, Washington, D. C., 1965.

Morris Morley, *Imperial State and Revolution. The United States and Cuba 1952–1987*, Cambridge, Mass., 1987.

Edmund Morris, *Dutch. A Memoir of Ronald Reagan*. New York 1999.

Rudolf Morsey, Konrad Repgen, Hrsg., *Adenauer-Studien* III, Mainz 1974.

Joshua Muravchik, *The Uncertain Crusade. Jimmy Carter and the Dilemmas of Human Rights Policy*, Washington, D. C., 1986.

–, *The Imperative of American Leadership. A Challenge To Neo-Isolationism*, Washington, D. C., 1996.

Scott Nearing, Joseph Freeman, *Dollar-Diplomatie. Eine Studie über amerikanischen Imperialismus*, Berlin 1927.

Uwe Nerlich, *Krieg und Frieden in der modernen Staatenwelt* II, Gütersloh 1966.

John Newhouse, *De Gaulle and the Anglosaxons*, New York 1970.

–, *Cold Dawn. The Story of* SALT, New York 1973.

–, *Krieg und Frieden im Atomzeitalter. Von Los Alamos bis* SALT, München 1990.

Reinhold Niebuhr, *Moral Man and Immoral Society*, New York 1950.

Richard Nixon, *Six Crises*, New York 1962.

–, *Memoiren*, Frankfurt/M., Berlin 1981.

OECD Wirtschaftsbericht 1992–93: Vereinigte Staaten, Paris 1993.

Robert Osgood et al., *Retreat From Empire? The First Nixon Administration*, Baltimore 1973.

Hugh O'Shaughnessy, *Grenada. Revolution, Invation and Aftermath*, London 1984.

Kenneth A. Oye, Robert J. Lieber, Donald Rothchild, Hrsg., *Eagle Resurgent? The Reagan Era in American Foreign Policy*, Boston–Toronto 1987.

–, *Eagle in a New World. American Grand Strategy in the Post Cold War Era*, New York 1992.

Ernest N. Paolino, *The Foundations of the American Empire. William Henry Seward and U. S. Foreign Policy*, Ithaca, N. Y., 1973.

Herbert S. Parmet, *The Struggle of John F. Kennedy*. New York 1980.

Herbert S. Parmet, *The Presidency of John F. Kennedy*, New York 1983.

Anthony Parson, *The Pride and the Fall. Iran 1974–1979*, London 1984.

Thomas G. Paterson, Hrsg., *Kennedy's Quest for Victory. American Foreign Policy 1961–1963*, Oxford 1989.

Thomas Paulsen, *Jugoslawienpolitik der* USA 1989–1994, Baden-Baden 1995.

The Pentagon Papers, New York 1971.

Joseph Persico, *Casey. From the* OSS to the CIA, New York 1990.
Friedbert Pflüger, *Die Menschenrechtspolitik der* USA, München, Wien 1983.
Friedbert Pflüger, Winfried Lipscher, Hrsg., *Feinde wurden Freunde*, Bonn 1993.
Elizabeth Pond, *Beyond the Wall. Germany's Road to Unification*, Washington, D. C., 1993.
–, *Die Stunde Europas. Ein Kontinent auf dem Weg zur Weltmacht.* Berlin 2000.
William Potter, *Verification and* SALT. The Challange of Strategic Deception, Boulder, Col., 1980.
Colin Powell, *My American Journey*, New York 1995.
Richard Gid Powers, *Not Without Honor. The History of American Anti-Communism*, New York 1995.
August Pradetto, Hrsg., *Ostmitteleuropa, Rußland und die Osterweiterung der* NATO, Opladen 1997.
John Prados, *Presidents' Secret Wars.* CIA and Pentagon Covert Operations from World War II through Iranscam, New York 1988.
–, *Keepers of the Keys. A History of the National Security Council from Truman to Bush.* New York 1991
Henry F. Pringle, *Theodore Roosevelt*, New York 1931.
Public Papers of the Presidents of the United States (Lyndon B. Johnson), Public Messages, Speeches, and Statements of the President 1968/69, Book II: *1. Juli 1968 – 20. Januar 1969*, Washington D. C. 1970.
Public Papers of the Presidents of the United States (Ronald Reagan) 1983.
Dan Quayle, *Standing Firm. A Vice-Presidential Memoir*, New York 1994.
William Quandt, *Decade of Decisions*, Berkeley, Cal., 1977.
–, *Peace Process. American Diplomacy and the Arab-Israeli Conflict since 1967*, Washington, D. C., 1993.
Mohamed Rabie, *U. S.-PLO Dialogue. Secret diplomacy and conflict resolution.* Gainesville, Tallahassee 1995.
Yitzhak Rabin, *The Rabin Memoirs*, London 1979.
Gerd Raeithel, *Geschichte der nordamerikanischen Kulturen*, Bd. 2: *Vom Bürgerkrieg bis zum New Deal 1860 bis 1930*, Weinheim 1992.
Austin Ranney, Hrsg., *The American Elections of 1980*, Washington, D. C., 1980.
Jack Raymond, *Power at the Pentagon*, New York 1965.
Ronald Reagan, *An American Life*, New York 1990 (dt.: *Erinnerungen. Ein amerikanisches Leben*, Berlin 1990).
Thomas C. Reeves, *John F. Kennedy. Die Entzauberung eines Mythos.* Hamburg 1992
Robert Reich, *Die neue Weltwirtschaft. Das Ende der nationalen Ökonomie*, Berlin, Frankfurt/M. 1993.
Stanley A. Renshon, *High Hopes. The Clinton Presidency and the Politics of Ambition.* 2. Aufl., New York, London 1998.

Report of the Congressional Committee Investigating the Iran Contra Affair, November 1987, US Senate and US House of Representatives, Washington 1987.
Report to the Congress on U.S. Policy in Somalia, Office of the President, October 13th, 1993.
Gerhard Ritter, *Die Dämonie der Macht*, München 1948.
Brad Roberts, Hrsg., *Order and Disorder after the Cold War*, Cambridge, Mass., 1985.
Peter W. Rodman, *More Precious than Peace. The Cold War and the Struggle for the Third World*, New York 1994.
Kermit Roosevelt, *Countercoup. The Struggle for the Control of Iran*, New York 1981.
Jerel A. Rosati, *The Politics of United States Foreign Policy*, Fort Worth 1992.
Richard Rosecrance, *Der Handelsstaat*, Frankfurt/M. 1987.
Barry Rubin, *Paved with Good Intentions. The American Experience and Iran*, New York 1980.
–, *The Arab States and the Palestine Conflict*, Syracuse, N.Y., 1981.
Dieter Rudolf, Jürgen Wilzewski (Hrsg.), *Weltmacht ohne Gegner. Amerikanische Außenpolitik zu Beginn des 21. Jahrhunderts*. Baden-Baden 2000.
Lothar Rühl, *Mittelstreckenwaffen in Europa. Ihre Bedeutung in Strategie, Rüstungskontrolle und Bündnispolitik*, Baden-Baden 1987.
Nadav Safran, *Israel – The Embattled Ally*, Cambridge, Mass. 1981.
Mohamed Sahnoun, *Somalia. The Missed Opportunities*, Washington, D. C., 1994.
Pierre Salinger, *Secret Dossier. The Hidden Agenda behind the Gulf War*, New York 1991.
Harrison E. Salisbury, *Hinter den feindlichen Linien. Ein Amerikaner in Hanoi*, Frankfurt/M. 1967.
–, *To Peking and Beyond. A Report on the New Asia*, New York 1973.
Jerry W. Sanders, *Peddlers of Crisis. The Committee on the Present Danger and the Politics of Containment*, Boston 1983.
Jonathan Schell, *The Time of Illusion*, New York 1976.
–, *Observing the Nixon Years*, New York 1989.
Eduard Schewardnadse, *Die Zukunft gehört der Freiheit*, Reinbek 1991.
Warner R. Schilling, Paul Y. Hammond, Glenn H. Snyder, *Strategy, Politics, and Defense Budgets*, New York 1962.
Arthur M. Schlesinger, *A Thousand Days*, New York 1965.
–, *The Imperial Presidency*, Boston 1973 / New York 1974.
–, *Robert Kennedy and His Times*, New York 1979.
–, *The Cycles of American History*, Boston 1986.
Helmut Schmidt, *Menschen und Mächte*, Berlin 1987.
Klaus Schoenthal, *Amerikanische Außenpolitik*, Köln 1964.
–, *Der neue Kurs. Amerikas Außenpolitik unter Kennedy 1961–1963*, München 1964.

Klaus von Schubert, Hrsg., *Sicherheitspolitik der Bundesrepublik Deutschland. Dokumentation 1945–1977*, Teil I, Köln 1978.

Michael Schudson, *Watergate in American Memory. How We Remember, Forget and Reconstruct the Past*, New York 1992.

Klaus Schwabe, *Der amerikanische Isolationismus im 20. Jahrhundert*, Wiesbaden 1975.

Hans-Peter Schwarz, *Adenauer. Der Staatsmann: 1952–1967*, Stuttgart 1991.

Klaus-Dieter Schwarz, *Amerikanische Weltmacht im Wandel. Halbzeitbilanz der Clinton-Administration*, Baden-Baden 1995.

Gebhard Schweigler, *Von Kissinger zu Carter. Entspannung im Widerstreit von Innen- und Außenpolitik 1969–1981*, München, Wien 1982.

Peter Schweizer, *Victory. The Reagan Administration's Secret Strategy that Hastened the Collpase of the Soviet Union*, New York 1994.

Paul Seabury, *Power, Freedom and Diplomacy. The Foreign Policy of the United States of America*, New York 1963.

G. R. Searle, *The Quest for National Efficiency. A Study in British Politics and British Political Thought, 1899–1914*, Oxford 1971.

Konrad Seitz, *Die japanisch-amerikanische Herausforderung*, Berlin 1995.

Andrew L. Shapiro, *Die verlorene Weltmacht*, München 1993.

William Shawcross, *Sideshow. Kissinger, Nixon and the Destruction of Cambodia*, New York 1979.

Edward R. S. Sheehan, *The Arabs, Israelis and Kissinger. A Secret History of American Diplomacy in the Middle East*, New York 1976.

Rinn-Sup Shinn, Robert Sutter, *North Korea after Kim Il Sung*, Congressional Service Report (CRS), Nr. 94–578 F, Washington, D. C., 20. Juli 1994.

Andrew Shonfield, Hrsg., *International Economic Relations of the Western World 1959–1971*, Bd. 2: Susan Strange, *International Monetary Relations*, London 1976.

George P. Shultz, *Turmoil and Triumph. Diplomacy, Power and the Victory of the American Ideal*, New York 1993.

Micah L. Sifry, Christopher Zerf, Hrsg., *The Gulf War Reader. History, Documents, Opinions*, New York 1991.

John Silber, *Ist Amerika zu retten? Moral und Ethik einer Weltmacht*, Frankfurt/M. 1992.

David A. Smith, Jozsef Böröcz, Hrsg., *A New World Order? Global Transformations in the Late Twentieth Century*, Westport, Conn., 1995.

Gaddis Smith, *Morality, Reason and Power. American Diplomacy in the Carter Years*, New York 1986.

Hedrick Smith, *Ronald Reagan. Weltmacht am Wendepunkt*, Bergisch Gladbach 1981.

Tony Smith, *America's Mission*, Princeton, N. J., 1994.

Richard C. Snyder, H. W. Bruck, Burton M. Sapin, *Foreign Policy Decision Making. An Approach to the Study of International Politics*, New York 1962.

Richard Solomon, Hrsg., *The China Factor: Sino-American Relations and the Global Scene*, Englewood Cliffs, 1981.

Theodore C. Sorensen, *Kennedy*, New York 1965.

–, *Watchmen in the Night. Presidential Accountability after Watergate*, Cambridge, Mass., 1976.

George Soros, *Die Krise des globalen Kapitalismus. Offene Gesellschaft in Gefahr.* Berlin 2000.

Stephen Spiegel, *The Other Arab-Israeli Conflict. Making America's Middle East Policy from Truman to Reagan*, Chicago 1985.

Michael Staack, *Entspannungspolitik und rüstungskontrollpolitischer Entscheidungsprozeß in den USA 1981–1987*, Baden-Baden 1989.

Ronald Steel, *Pax Americana. Weltreich des kalten Krieges*, Darmstadt 1968.

–, *Walter Lippmann and the American Century*, Boston 1980.

Kenneth W. Stein, *Heroic Diplomacy. Sadat, Kissinger, Carter, Begin and the Quest for Arab-Israelic Peace.* New York, London 1999.

Udo Steinbach, *Die Türkei im 20. Jahrhundert*, Bergisch Gladbach 1996.

John Stockwell, *In Search of Enemies*, New York 1978.

Susan Strange, *International Monetary Relations*, London 1976 (Bd. 2 von Andrew Shonfield, Hrsg., *International Economic Relations of the Western World 1959–1971*).

–, *States and Markets. An Introduction to International Political Economy*, London 1989.

Deborah Hart Strober, Gerald S. Strober, *Reagan. The Man and His Presidency.* New York 1998

Josiah Strong, *Our Country*, New York 1885.

Graham H. Stuart, *The Department of State. A History of its Organization, Procedure and Personnel*, New York 1949.

William Sullivan, *Mission to Iran*, New York 1981.

Robert G. Sutter, *China Policy. Crisis over Taiwan, 1995*, CRS Report, Washington D. C., 5. Dezember 1995.

Dario Szuka, *United States Merchandise Trade and Trade Balances 1945–1987*, Washington, D. C. (Congressional Research Service), 2. März 1988.

Tad Szulc, *The Illusion of Peace. Foreign Policy in the Nixon Years*, New York 1978.

Strobe Talbott, *Raketenschach*, München 1984.

–, *The Master of the Game. Paul Nitze and the Nuclear Peace*, New York 1989.

Horst Teltschik, *329 Tage. Inneneinsichten der Einigung*, Berlin 1991.

Christian Tenbrock, *Amerika wohin?*, Stuttgart 1996.

James Clay Thompson, *Rolling Thunder. Understanding Policy and Program Failure*, Chapel Hill 1980.
Bassam Tibi, *Konfliktregion Naher Osten. Regionale Eigendynamik und Großmachtinteressen*, München [2]1991.
–, *Die Golfregion zwischen Krieg und Frieden*, Hannover 1992.
John Tirman, *SDI. Der Krieg im Weltraum*, Bern, 1985, S. 236ff.
Emmanuel Todd, *Vor dem Sturz. Das Ende der Sowjetherrschaft*, Frankfurt/M. 1977.
Heinrich Triepel, *Die Hegemonie. Ein Buch von führenden Staaten*, Stuttgart 1943.
Robert W. Tucker, *Nation or Empire?*, Baltimore 1968.
–, *The Radical Left and American Foreign Policy*, Baltimore, London 1971.
Robert W. Tucker, David C. Hendrickson, *The Imperial Temptation. The New World Order and America's Purpose*, New York 1992.
Laura D'Andrea Tyson, *Who's Bashing Whom?*, New York 1992.
Adam E. Ulam, *Expansion and Co-Existence. The History of Soviet Foreign Policy 1917–1967*, New York 1968.
U.S. Congress, House of Representatives, Committee on Foreign Affairs, *New Perspectives on the Persian Gulf*, Washington 1973.
U.S. Foreign Aid. Its Purpose, Scope, Administration and Related Information, Washington, D. C., 1959.
U.S. Foreign Policy, An International History Reader, New Haven 1996.
Richard W. Van Alstyne, *Empire and Independence. The International History of the American Revolution*, New York 1965.
Cyrus Vance, *Hard Choices. Critical Years in America's Foreign Policy*, New York 1983.
Arthur H. Vandenberg, *The Private Papers of Senator Vandenberg*, Boston 1952.
Glyndon G. Van Deusen, *William Henry Seward*, New York 1967.
Paul A. Varg, *Foreign Policies of the Founding Fathers*, Michigan State University Press 1963.
Sandy Vogelsang, *American Dream – Global Nightmare. The Dilemma of U.S. Human Rights Policy*, New York 1980.
Martin Walker, *The Cold War*, New York 1995.
–, *The President We Deserve. Bill Clinton: His Rise, Falls and Come Backs*, New York 1996.
Vernon A. Walters, *Die Vereinigung war voraussehbar*, Berlin 1994.
Richard Walton, *Cold War and Counter Revolution. The Foreign Policy of John F. Kennedy*, Baltimore 1972.
Hartmut Wasser, *Portrait einer Weltmacht. Die Vereinigten Staaten von Amerika*, Stuttgart 1980.
Hans-Ulrich Wehler, *Grundzüge der amerikanischen Außenpolitik, 1750–1900*, Frankfurt/M. 1984.

Werner Weidenfeld, *Kulturbruch mit Amerika? Das Ende transatlantischer Selbstverständlichkeit*, Gütersloh 1996.

Peter Weilemann, *Weltmacht in der Krise. Isolationistische Impulse in der amerikanischen Außenpolitik*, Stuttgart 1982.

Warren Weinstein und Thomas Henrikson, Hrsg., *Soviet and Chinese Aid to African Nations*, New York 1980.

Allan Westcott, *Mahan on Naval Warfare*, Boston 1918.

Richard Whalen, *Catch the Falling Flag. A Republican's Challenge to His Party*, Boston 1972.

Theodore H. White, *Breach of Faith. The Fall of Richard Nixon*, New York 1976.

Allan Whiting, *China and the United States. What next?*, New York 1976.

Tom Wicker, *J.F.K. and L.B.J. The Influence of Personality upon Politics*, Baltimore 1968.

–, *Richard Nixon and the American Dream*, New York 1991.

William Appleman Williams, *Die Tragödie der amerikanischen Diplomatie*, Frankfurt/M. 1973.

–, Hrsg., *The Shaping of American Diplomacy. Readings and Documents in American Foreign Relations 1750–1955*, Chicago 1956.

–, Hrsg., *From Colony to Empire. Essays in the History of American Foreign Relations*, New York 1972.

Woodrow Wilson, *Congressional Government. A Study in American Politics* (Dissertation, 1885), New York 1965.

David Wise, *The Politics of Lying. Government Deception, Secrecy and Power*, New York 1973.

Bob Woodward, *Reagan und die geheimen Kriege der CIA*, München 1976.

–, *The Commanders*, New York 1991.

Susan L. Woodward, *Balkan Tragedy. Chaos and Dissolution after the Cold War*, Washington, D. C., 1995.

Wichard Woyke, *Frankreichs Außenpolitik. Von de Gaulle bis Mitterrand*, Opladen 1987.

Fareed Zakaria, *From Wealth to Power. The unusual Origins of America's World Role.* Princeton, N.-J., 1998

Barbara Zehnpfenning, Hrsg., *Die Federalist-Papers: Alexander Hamilton, James Madison, John Jay*, Darmstadt 1993.

Philip Zelikow, Condoleezza Rice, *Sternstunde der Diplomatie. Die deutsche Einheit und das Ende der Spaltung Europas*, Berlin 1997.

Robert Zimmer, *Edmund Burke. Zur Einführung*, Hamburg 1985.

Warren Zimmermann, *Origins of a Catastrophe. Yugoslavia and its Destroyers – America's Last Ambassador Tells What Happened and Why*, New York 1996.

Marvin Zonis, *Majestic Failure. The Fall of the Shah*, Chicago 1991.

Abkürzungsverzeichnis

ABC-Waffen Atomare, biologische und chemische Waffen
AFL-CIO *American Federation of Labor–Congress of Industrial Organisations* (Dachverband amerikanischer Industriegewerkschaften)
ANZUS *Australia, New Zealand, United States* – Pazifik-Pakt
APEC *Asian-Pacific Economic Cooperation* – Asiatisch-Pazifische wirtschaftliche Zusammenarbeit
CENTCOM Zentralkommando der US-Streitkräfte
CENTO *Central Treaty Organization* (»Bagdadpakt«)
CIA *Central Intelligence Agency*
CPD *Committee on Present Danger* – Komitee über die gegenwärtige Gefahr
EG Europäische Gemeinschaft
ER-RB *Enhanced Radiation, Reduced Blast* (»erhöhte Strahlen- und verminderte Druckwirkung«)
EU Europäische Union
EWG Europäische Wirtschaftsgemeinschaft
FNLA *Frente Nacional de Libertação de Angola* – Nationale Front zur Befreiung Angolas
FRELIMO *Frente de Libertação de Moçambique* – Befreiungsfront von Mosambik
GATT *General Agreement on Tariffs and Trade* – Allgemeines Zoll- und Handelsabkommen
GCC *Gulf Cooperation Council* – Golfrat
GUS Gemeinschaft unabhängiger Staaten
IEA *International Energy Agency* – Internationale Energie-Agentur
IFC *International Finance Corporation* – Internationale Finanz-Corporation
IISS *International Institute for Strategical Studies* – Internationales Institut für Strategische Studien
IMF *International Monetary Fund* – Internationaler Währungsfonds
INF *Intermediate-range nuclear forces* – nuklearfähige Mittelstreckenkräfte

IWF	Internationaler Währungsfonds
JCS	*Joint Chiefs of Staff* – Vereinigte Stabschefs
KP	Kommunistische Partei
KSE-Vertrag	Vertrag über konventionelle Streitkräfte in Europa (vgl. VKSE)
KSZE	Konferenz für Sicherheit und Zusammenarbeit in Europa
KVAE	Konferenz über vertrauens- und sicherheitsbildende Maßnahmen und Abrüstung in Europa
LRTNF	*Longer-range tactical nuclear forces* – taktische Nuklearkräfte größerer Reichweite
MBFR	*Mutual Balanced Forces Reductions* (»beiderseitige und ausgewogene Truppenreduzierungen«)
MIK	Militärisch-Industrieller Komplex
MIRV	*Multiple Independently Targetable Reentry Vehicle* (»Wiedereintrittkörper mit unabhängig voneinander auf verschiedene Ziele programmierbaren Sprengköpfen«)
MLF	*Multilateral Force* – Multilaterale Streitmacht
MPLA	*Movimento Popular de Libertação de Angola* – Volksbewegung zur Befreiung Angolas
NAFTA	*North American Free Trade Area* – Nordamerikanische Freihandelszone
NATO	*North Atlantic Treaty Organization* – Nordatlantik-Pakt
NSA	*National Security Agency* (Nachrichtendienst des US-Verteidigungsministeriums)
NSC	*National Security Council* – Nationaler Sicherheitsrat (Institution der US-Regierung)
OAU	*Organization of African Unity* – Organisation für afrikanische Einheit
OECD	*Organization for Economic Cooperation and Development* – Organisation für wirtschaftliche Zusammenarbeit und Entwicklung
OMB	*Office of Management and Budget*
OPEC	*Organization of Petroleum Exporting Countries* – Organisation Erdöl exportierender Länder
OSZE	Organisation für Sicherheit und Zusammenarbeit in Europa
PLO	*Palestinian Liberation Organisation* – Palästinensische Befreiungsorganisation
Polisario	*Frente Popular para la Liberación de Saguia el Hamra y Río de Oro* – Volksfront für die Befreiung von Saguia el Hamra und Río de Oro (Westsahara)
SALT	*Strategic Arms Limitation Talks* (»Gespräche über die Begrenzung strategischer Waffen«)
SBZ	Sowjetische Besatzungszone (Deutschlands)

SDI	*Strategic Defense Initiative* – Strategische Verteidigungsinitiative
SEATO	*South East Asian Treaty Organization* – Südostasienpakt
SLBM	*Submarine-launched Ballistic Missiles* – U-Boot-gestützte ballistische Raketen
SNF	*Short-range nuclear forces* – Nuklearkräfte kurzer Reichweite
START	*Strategic Arms Reduction Talks* – Gespräche über die Reduzierung strategischer Waffen
SWAPO	*South West Africa People's Organization* – Volksorganisation von Südwestafrika
TAFTA	*Transatlantic Free Trade Association* – Transatlantische Freihandels-Assoziation
UNEF	*United Nations Expeditionary Force* – Expeditionsstreitmacht der Vereinten Nationen
UNITA	União Nacional para Independência Total de Angola – Nationale Union für die vollständige Unabhängigkeit Angolas
USIA	*United States Information Agency*
VAR	Vereinigte Arabische Republik
VKSE	Verhandlungen über konventionelle Streitkräfte in Europa
VR	Volksrepublik
WASP	*White Anglo-Saxon Protestants* (Bevölkerungsschicht angelsächsisch-protestantischer Herkunft in den USA mit elitärem Anspruch)
WTO	*World Trade Organization* – Welthandelsorganisation

Präsidenten, Aussenminister, Verteidigungsminister, Nationale Sicherheitsberater 1789–1997

Präsident	Außenminister	Kriegsminister	Marineminister
George Washington (1789–1797)	Thomas Jefferson (1789–1794) Edmund Randolph (1794/95) Timothy Pickering (1795–1797)	Henry Knox (1789–1795) Timothy Pickering (1795/96) James McHenry (1796/97)	./.
John Adams (1797–1801)	Timothy Pickering (1797–1800) John Marshall (1800/01)	James McHenry (1797–1800) Samuel Dexter (1800/01)	Benjamin Stoddert (1797–1801)
Thomas Jefferson (1801–1809)	James Madison (1801–1809)	Henry Dearborn (1801–1809)	Benjamin Stoddert (1801) Robert Smith (1801–1809)
James Madison (1809–1817)	Robert Smith (1809–1811) James Monroe (1811–1817)	William Eutis (1809–1813) John Armstrong (1813/14) James Monroe (1814/15) William Crawford (1815–1817)	Paul Hamilton (1809–1812) William Jones (1813/14) Benjamin W. Crowninshield (1815–1817)
James Monroe (1817–1825)	John Quincy Adams (1817–1825)	George Graham (1817) John C. Calhoun (1817–1825)	Benjamin W. Crowninshield (1817/18) Smith Thompson (1819–1823) Samuel L. Southard (1823–1825)
John Quincy Adams (1825–1829)	Henry Clay (1825–1829)	James Barbour (1825–1828) Peter B. Porter (1828/29)	Samuel L. Southard (1825–1829)
Andrew Jackson (1829–1837)	Martin Van Buren (1829–1831) Edward Livingston (1831–1833) Louis McLane (1833/34) John Forsyth (1834–1837)	John H. Eaton (1829–1831) Lewis Cass (1831–1837) Benjamin Butler (1837)	John Branch (1829–1831) Levi Woodbury (1831–1834) Mahlon Dickerson (1834–1837)
Martin Van Buren (1837–1841)	John Forsyth (1839–1841)	Joel R. Poinsett (1837–1841)	Mahlon Dickerson (1837/38) James K. Paulding (1838–1841)

Präsident	Außenminister	Kriegsminister	Marineminister
William H. Harrison (1841)	Daniel Webster (1841)	John Bell (1841)	George E. Badger (1841)
John Tylor (1841–1845)	Daniel Webster (1841–1843) Hugh S. Legaré (1843) Abel P. Upshur (1843/44) John C. Calhoun (1844/45)	John Bell (1841) John C. Spencer (1841–1843) James M. Porter (1843/44) William Wilkins (1844/45)	George E. Badger (1841) Abel P. Upshur (1841–1843) David Henshaw (1843/44) Thomas W. Gilmer (1844) John Y. Mason (1844/45)
James K. Polk (1845–1849)	James Buchanan (1845–1849)	William L. Marcy (1845–1849)	George Bancroft (1845/46) John Y. Mason (1846–1849)
Zachary Taylor (1849/50)	John M. Clayton (1849/50)	George W. Crawford (1849/50)	William B. Preston (1849/50)
Millard Fillmore (1850–1853)	Daniel Webster (1850–1852) Edward Everett (1852/53)	Charles M. Conrad (1850–1853)	William B. Preston (1850) William A. Graham (1850–1852) John P. Kennedy (1852/53)
Franklin Pierce (1853–1857)	William L. Marcy (1853–1857)	Jefferson Davis (1853–1857)	James C. Dobbin (1853–1857)
James Buchanan (1857–1861)	Lewis Cass (1857–1860) Jeremiah S. Black (1860/61)	John B. Floyd (1857–1861) Joseph Holt (1861)	Isaac Toucey (1857–1861)
Abraham Lincoln (1861–1865)	William H. Seward (1861–1865)	Simon Cameron (1861/62) Edwin M. Stanton (1862–1865)	Gideon Welles (1861–1865)
Andrew Johnson (1865–1869)	William H. Seward (1865–1869)	Edwin M. Stanton (1865–1867) Ulysses S. Grant (1867/68) John M. Schofield (1868/69)	Gideon Welles (1865–1869)
Ulysses S. Grant (1869–1877)	Elihu Washburne (1869) Hamilton Fish (1869–1877)	John A. Rawlins (1869) William T. Sherman (1869) William W. Belknap (1869–1876) Alphonso Taft (1876) James D. Cameron (1876/77)	Adolph E. Borie (1869) George M. Robeson (1869–1877)

Präsident	Außenminister	Kriegsminister	Marineminister
Rutherford B. Hayes (1877–1881)	William M Evarts (1877–1881)	George W. McCrary (1877–1879) Alexander Ramsey (1879–1881)	Richard W. Thompson (1877–1880) Nathan Goff, Jr. (1881)
James A. Garfield (1881)	James G. Blaine (1881)	Robert T. Lincoln (1881)	William H. Hunt (1881)
Chester A. Arthur (1881–1885)	F.T. Frelinhuysen (1881–1885)	Robert T. Lincoln (1881–1885)	William H. Hunt (1881/82) William E. Chandler (1882–1885)
Grover Cleveland (1885–1889)	Thomas F. Bayard (1885–1889)	William C. Endicott (1885–1889)	William C. Whitney (1885–1889)
Benjamin Harrison (1889–1893)	James G. Blaine (1889–1892) John W. Foster (1892/93)	Redfield Proctor (1889–1891) Stephen B. Elkins (1891–1893)	Benjamin F. Tracy (1889–1893)
Grover Cleveland (1893–1897)	Walter Q. Gresham (1893–1895) Richard Olney (1895–1897)	Daniel S. Lamont (1893–1897)	Hilary A. Herbert (1893–1897)
William McKinley (1897–1901)	John Sherman (1897/98) William R. Day (1898) John Hay (1898–1901)	Russel A. Alger (1897–1899) Elihu Root (1899/01)	John D. Long (1897–1901)
Theodore Roosevelt (1901–1909)	John Hay (1901–1905) Elihu Root (1905–1909) Robert Bacon (1909)	Elihu Root (1901–1904) William H. Taft (1904–1908) Luke E. Wright (1908/09)	John D. Long (1901/02) William H. Moody (1902–1904) Paul Morton (1904/05) Charles J. Bonaparte (1905/06) Victor H. Metcalf (1906–1908) T.H. Newberry (1908/09)
William H. Taft (1909–1913)	Philander C. Knox (1909–1913)	Jacob M. Dickinson (1909–1911) Henry L. Stimson (1911–1913)	George von L. Meyer (1909–1913)
Woodrow Wilson (1913–1921)	William J. Bryan (1913–1915) Robert Lansing (1915–1920) Brainbridge Colby (1920/21)	Lindley M. Garrison (1913–1916) Newton D. Baker (1916–1921)	Josephus Daniels (1913–1921)
Warren G. Harding (1921–1923)	Charles E. Hughes (1921–1923)	John W. Weeks (1921–1923)	Edwin Denby (1921–1923)

Präsident	Außenminister	Kriegsminister	Marineminister
Calvin Coolidge (1923–1929)	Charles E. Hughes (1923–1925) Frank B. Kellogg (1925–1929)	John W. Weeks (1923–1925) Dwight F. Davis (1925–1929)	Edwin Denby (1923/24) Curtis D. Wilbur (1924–1929)
Herbert C. Hoover (1929–1933)	Henry L. Stimson (1929–1933)	James W. Good (1929) Patrick J. Hurley (1929–1933)	Charles F. Adams (1929–1933)
Franklin D. Roosevelt (1933–1945)	Cordell Hull (1933–1944) E.R. Stettinius, Jr. (1944/45)	George H. Dern (1933–1936) Harry H. Woodring (1936–1940) Henry L. Stimson (1940–1945)	Claude A. Swanson (1933–1939) Charles Edison (1940) Frank Knox (1940–1944) James V. Forrestal (1944/45)
Harry S. Truman (1945–1953)	Edward R. Stettinius (1945) James F. Byrnes (1945–1947) George C. Marshall (1947–1949) Dean G. Acheson (1949–1953)	Robert P. Patterson (1945–1947) Kenneth C. Royall (1947)	James V. Forrestal (1945–1947)

Präsident	Außenminister	Verteidigungsminister	Nationaler Sicherheitsberater
		James V. Forrestal (1947–1949) Louis A. Johnson (1949/50) George C. Marshall (1950/51) Robert A. Lovett (1951–1953)	Sidney Souers (1947–1950) Averell Harriman (1950–1953)
Dwight D. Eisenhower (1953–1961)	John Foster Dulles (1953–1959) Christian A. Herter (1959–1961)	Charles E. Wilson (1953–1957) Neil McElroy (1957–1959) Thomas S. Gates (1959–1961)	Robert Cutler (1953–1955) Dillon Anderson (1955/56) William H. Jackson (1956) Robert Cutler (1956–1958) Gordon Gray (1958–1961)
John F. Kennedy (1961–1963)	Dean Rusk (1961–1963)	Robert S. McNamara (1961–1963)	McGeorge Bundy (1961–1963)

Präsident	Außenminister	Verteidigungsminister	Nationaler Sicherheitsberater
Lyndon B. Johnson (1963–1969)	Dean Rusk (1963–1969)	Robert S. McNamara (1963–1968) Clark M. Clifford (1968/69)	McGeorge Bundy (1963–1965) Walt Rostow (1965–1969)
Richard M. Nixon (1969–1974)	William P. Rogers (1969–1973) Henry A. Kissinger (1973/74)	Melvin R. Laird (1969–1973) Elliot L. Richardson (1973) James R. Schlesinger (1973/74)	Henry Kissinger (1969–1974)
Gerald R. Ford (1974–1977)	Henry A. Kissinger (1974–1977)	James R. Schlesinger (1974/75) Donald H. Rumsfield (1975–1977)	Henry Kissinger (1974/75) Brent Scowcroft (1975–1977)
Jimmy Carter (1977–1981)	Cyrus R. Vance (1977–1980) Edmund S. Muskie (1980/81)	Harold Brown (1977–1981)	Zbigniew Brzezinski (1977–1981)
Ronald Reagan (1981–1989)	Alexander M. Haig, Jr. (1981/82) George P. Shultz (1982–1989)	Caspar W. Weinberger (1981–1987) Frank C. Carlucci (1987–1989)	Richard Allen (1981/82) William Clark (1982/83) Robert McFarlane (1983–1985) John Poindexter (1985/86) Frank C. Carlucci (1986/87) Colin Powell (1987–1989)
George Bush (1989–1993)	James A. Baker (1989–1992) Lawrence S. Eagleburger (1992/93)	Richard Cheney (1989–1993)	Brent Scowcroft (1989–1993)
William Clinton (1993–2001)	Warren M. Christopher (1993–1996) Madeleine Albright (1997–2001)	Les Aspin, Jr. (1993/94) William Perry (1994–1996) William Cohen (1997–2001)	Anthony Lake (1993–1997) Sandy Berger (1997–2001)
George W. Bush (seit 2001)	Colin Powell (seit 2001)	Donald H. Rumsfield (seit 2001)	Condoleezza Rice (seit 2001)

Personenregister

Zehn Jahre deutsche Einheit – doch noch sind sich Ost und West nicht sehr viel nähergekommen. Was bewegt die Menschen in den neuen Ländern jenseits der großen Schlagzeilen? Birgit Lahann hat bekannte Ostdeutsche aus Kultur und Politik befragt, darunter Heiner Müller, Tamara Danz, Hermann Kant, Friedrich Schorlemmer, Christa Wolf, Frank Castorf und Walter Janka. Sie sprach mit Idolen und Aufsteigern, aber auch mit Vergessenen und Gestrauchelten.
Eine spannende Sammlung von Innenansichten aus dem Osten, die erklärt, warum sich so viele nicht von ihrer Vergangenheit lösen wollen.

Birgit Lahann

Geliebte Zone
Geschichten aus dem neuen Deutschland

Mit Fotos von Ute Mahler und einem Vorwort von Thomas Brussig

Econ | Ullstein | List

»Adenauerstaat und APO. RAF und Anti-AKW-Bewegung. SPD und ›Deutscher Herbst‹ (1977). Woher kamen die Grünen? Sie waren rebellisch und wollten eine völlig andere Gesellschaft, soziale Gerechtigkeit und Emanzipation, ein Leben ohne Ausbeutung, Krieg, Rassismus und Naturzerstörung. Eine Alternative sein zu den etablierten Parteien. - Die Grünen heute: eine unsoziale, naturzerstörerische Atom- und Kriegspartei.«

Jutta Ditfurth, Mitbegründerin der Grünen und ehemalige Bundesvorsitzende, zieht kompromißlos Bilanz über den Niedergang einer Partei, die einmal eine Hoffnung war.

Jutta Ditfurth

Das waren die Grünen

Abschied von einer Hoffnung

Originalausgabe